上海圖書館 編

中國叢書綜錄

徐森玉題

3

索引

上海古籍出版社

編　例

一、本册爲《中國叢書綜録》第三册，包括《子目書名索引》和《子目著者索引》，以供檢索第二册《子目分類目録》之用。

二、索引按四角號碼檢字法的順序排列。每條字頭單獨標出，注明四角號碼及附角；同號碼字頭，除首見一字注明號碼外，其下從略。每條第二字取一、二兩角號碼，以斜體字列于本條之前，其下一、二兩角號碼相同時，亦從略。

例：　0060₁ 言

*00*言文

*17*言子書

音

*07*音韵記號

音調定程

0060₃ 畜

*24*畜德錄

三、索引前附有《四角號碼檢字法》、《索引字頭筆劃檢字》及《索引字頭拼音檢字》。

四、書名及著者姓名中的古體字、別體字，都按原書著録，並據以編製索引。

五、一書的正名、異名、簡名等，見于《子目分類目録》的，在書名索引中分別反映。凡有習用簡名而未見于本録的，也予反映，以便查檢，簡略部份以"……"代之。

例：　趙盼兒風月救風塵　（原名）

……救風塵　（簡名）

六、異書同名，在書名下加注著者爲別。

例：　南唐書（馬令）

南唐書（陸游）

七、著者以眞姓名或通用署名爲主，集中反映其見于《子目分類目録》的全部著作。對其曾見之于本録的別號或原名等，均另編參見條。

例：　㮚園居士（明）　見葉憲祖

炃孺（清）　見成蓉鏡

八、同姓名的著者以時代爲別（例一）；時代亦同者，加注籍貫爲別（例二）。

例一：吳鎮（元）

吳鎮（淸）

例二：朱琦(清・濟南)

朱琦(清・桂林)

九、著者缺姓、缺名的，以"口"代之，四角號碼作6000₀；姓名全缺的，不收入著者索引。

十、一書爲兩種以上叢書所收，所題著者爲兩人的，分别反映。其經考訂認爲較可靠的不加注，另一著者下則在書名後加注"(一題某某撰)"。

例：杜光庭(前蜀)

虯髯客傳

張説(唐)

虯髯客傳(一題前蜀杜光庭撰)

十一、一書因輯佚、版本等不同，書名相異時，在著者下並列其不同書名，首見的用一般字體，後見的用小一號字體，以便識别。

例：楊衒之(後魏)

洛陽伽藍記

伽藍記

十二、《子目著者索引》中，凡著作方式爲撰著的，略去不注；如係編輯箋注，均加括號，注于書名之後。

例：文選(輯)

十三、一書經後人箋注、評釋，書名雖已變更而保留原文的，于原著者及箋注、評釋者下，均予反映。

例：庾信(北周)

哀江南賦注

徐樹穀(清)

哀江南賦注(徐炯同注)

徐炯(清)

哀江南賦注(徐樹穀同注)

十四、附屬性著作，在《子目分類目録》中係附著于原書之後，在《書名索引》中不單獨反映；而《著者索引》中，則以獨立書名反映之，但加"*"符號，以資區别。

例：張元濟

洛陽伽藍記校勘記*

十五、一書因節録、選集、編輯等不同，書名不變而内容有差異，在《子目分類目録》中作兩類處理的，在索引中並列其兩類頁碼。

例：日知録　171左

1023右

目　　録

目　録 …… I

四角號碼檢字法 …… III

索引字頭筆畫檢字 …… V

汉語拼音方案 …… XVIII

索引字頭拼音檢字 …… XXI

子目書名索引 …… 1

子目著者索引 …… 345

目 錄

I.	序　言	....	
III.	조사경과보고	....	
V.	조사참가자명단	....	
VII.	유적 분포지	....	
IX.	조사대상지역	....	
1.	조사연혁목차	....	
	조사유형목차	....	352

四角號碼檢字法

第一條　筆畫分為十種，用0到9十個號碼來代表：

號碼	筆名	筆形	舉例	説明	注意
0	頭	亠	言 主 广 疒	獨立的點和横相結合	123都是單筆，0456789都由二以上的單筆合為一複筆．凡能成為複筆的，切勿誤作單筆；如亠應作0不作3，寸應作4不作2，厂應作7不作2，丷應作8不作3、2，小應作9不作3、3．
1	横	一 ㇀ ㇂ ㇏	天土地江元風	包括横、挑(趯)和右鈎	
2	垂	丨 丿 亅	山 月 千 則	包括直、撇和左鈎	
3	點	丶 ㇏	宀 礻 冖 厶 之 衣	包括點和捺	
4	叉	十 乂	草杏皮刈大對	兩筆相交	
5	插	扌	扌 戈 中 史	一筆通過兩筆以上	
6	方	口	國鳴目四甲由	四邊齊整的方形	
7	角	㇇ 厂 亅 ㇗ 𠂆 ㇖	羽門灰陰雪衣學罕	横和垂的鋒頭相接處	
8	八	八 丷 人 𠂉	分頁羊余災汆足午	八字形和它的變形	
9	小	小 𭕄 ⺌ 个 忄	尖 糸 粦 杲 惟	小字形和它的變形	

第二條　每字只取四角的筆形，順序如下：

(一)左上角　(二)右上角　(三)左下角　(四)右下角

(例) (一)左上角……端……(二)右上角
(三)左下角……端……(四)右下角

檢查時照四角的筆形和順序，每字得四碼：

(例) 顏＝0128　截＝4325　烙＝9786

第三條　字的上部或下部，只有一筆或一複筆時，無論在何地位，都作左角，它的右角作0．

(例) 宣　直　首　冬　軍　宗　母

每筆用過後，如再充他角，也作0．

(例) 成　持　掛　大　十　卓　時

第四條　由整個囗門鬥行所成的字，它們的下角改取內部的筆形，但上下左右有其他的筆形時，不在此例．

(例) 因＝6043　閉＝7724　關＝7712　衡＝2143

茵＝4460　瀾＝3712　荇＝4422

附　則

I. 字體寫法都照楷書如下表：

正	⌒¹	隹¹	匕¹	反¹	衤¹	戶²	安³	心⁰	卜²	斤³	刃²	业²	亦¹	草⁴	真⁰	執⁴	禺²	衣⁰
誤	⌒²	隹²	匕²	反²	衤²	戶⁵	安⁶	心⁴	卜⁴	斤⁴	刃⁴	业³	亦⁴	草²	真¹	執³	禺⁴	衣⁴

II. 取筆形時應注意的幾點：

1. 宀尸等字，凡點下的橫，右方和他筆相連的，都作3，不作0。
2. 尸皿門等字，方形的筆頭延長在外的，都作7，不作6。
3. 角筆起落的兩頭，不作7，如⁷⁷₇。
4. 筆形"八"和他筆交叉時不作8，如美。
5. 业仆中有二筆，水小旁有二筆，都不作小形。

III. 取角時應注意的幾點：

1. 獨立或平行的筆，不問高低，一律以最左或最右的筆形作角。

（例）非² 肯⁴ 疾⁴ 浦³ 帝⁰

2. 最左或最右的筆形，有他筆蓋在上面或托在下面時，取蓋在上面的一筆作上角，托在下面的一筆作下角。

（例）宗³ 幸⁴ 寧⁴ 共⁴

3. 有兩複筆可取時，在上角應取較高的複筆，在下角應取較低的複筆。

（例）功⁷ 盛⁵ 頗¹ 鴨⁷ 奄⁴

4. 撇為下面他筆所托時，取他筆作下角。

（例）春⁵ 奎⁴ 碎⁴ 衣⁰ 辟⁴ 石¹

5. 左上的撇作左角，它的右角取作右筆。

（例）勾⁷ 鈎⁷ 倖² 鳴²

IV. 四角同碼字較多時，以右下角上方最貼近而露鋒芒的一筆作附角，如該筆已經用過，便將附角作0。

（例）芒=4471₀ 元¹ 拼² 是² 疷² 歆² 畜² 殘² 儀² 難² 達² 越²
繕² 蠻² 軍² 覽² 功⁷ 郭² 疫² 癥² 愁² 金² 速² 仁² 見²

附角仍有同碼字時，再照各該字所含橫筆（一ノ乚丶）的數目順序排列。例如市帝二字的四角和附角都相同，但市字含有二橫，帝字含有三橫，所以市字在前，帝字在後。

索引字頭筆畫檢字

一　畫

一 1000_0
乙 1771_0

二　畫

丁 1020_0
七 4071_0
乃 1722_7
參見　迺
九 4001_7
了 1720_7
二 1010_0
人 8000_0
入 8000_0
八 8000_0
刀 1722_0
刁 1712_0
十 4000_0
卜 2300_0
又 7740_0

三　畫

万 1022_7
三 1010_1
上 2110_0
下 1023_0
丸 4001_7
久 2780_0
乞 8071_7
也 4471_2
于 1040_0
兀 1021_0
凡 7721_0
勺 2732_0
千 2040_0
口 6000_0
囗 6000_0
土 4010_0
士 4010_0
夕 2720_0
大 4003_0
女 4040_0
子 1740_7
孑 1740_7
寸 4030_0
小 9000_0
尸 7727_0
山 2277_0
川 2200_0
工 1010_0
己 1771_7
已 1771_7
巾 4022_7
干 1040_0
弋 4300_0
才 4020_0

四　畫

不 1090_0
丑 1710_5
中 5000_6
丹 7744_0
之 3030_7
予 1720_2
云 1073_1
五 1010_7
井 5500_0
亢 0021_7
仁 2121_0
仇 2421_7
今 8020_7
介 8022_0
仍 2722_7
从 8800_0
允 2321_0
元 1021_1
內 4022_7
公 8073_2
六 0080_0
凶 2277_0
分 8022_7
切 4772_0
刈 4200_0
勿 2722_0
化 2421_0
卅 4400_5
升 2440_0
午 8040_0
卞 0023_0
卬 7772_0
友 4004_7
反 7124_7
壬 2010_4
夨 2743_0
天 1043_0
太 4003_0
夫 5003_0
夭 2043_0
孔 1241_0
少 9020_0
尤 4301_0
尹 1750_7
尺 7780_7
巴 7771_7
幻 2772_0
廿 4477_0
弔 1752_7
引 1220_0
心 3300_0
戈 5300_0
手 2050_0
支 4040_7
文 0040_0
斗 3400_0
方 0022_7
无 1041_0
日 6010_0
曰 6010_0
月 7722_0
木 4090_0
欠 2780_2
止 2110_0
毋 7755_0
比 2171_0
毛 2071_4
氏 7274_0
水 1223_0
火 9080_0
爪 7223_0
父 8040_0
爻 4040_0
片 2202_1
牙 7124_0
牛 2500_0
王 1010_4

五　畫

且 7710_0
世 4471_7
丘 7210_1
丙 1022_7
主 0010_4
乍 8021_1
仕 2421_0
他 2421_2
仗 2520_0
仙 2227_0
參見　僊
代 2324_0
令 8030_7
以 2810_0
册 7744_0
冉 5044_7
冬 2730_3
凹 7777_0
出 2277_2
刊 1240_0
功 1412_7
加 4600_0
包 2771_2
北 1111_0
半 9050_0
卉 4044_0
占 2160_0
卡 2123_1
卯 7772_0
去 4073_1
古 4060_0
句 2762_0
叩 6702_0
召 1760_2
可 1062_0
台 2360_0
史 5000_6
右 4060_0
叶 6400_0
司 1762_0
四 6021_0
外 2320_0
失 2503_0
奴 4744_0
孕 1740_7
宂 3021_7
尻 7721_7
尼 7721_1
屶 2222_7
左 4001_1
巧 1112_7
巨 7171_7
市 0022_7
布 4022_7
平 1040_9
幼 2472_7
弁 2344_0
弗 5502_7
弘 1223_0
必 3300_0
忉 9702_0
戊 5320_0
打 5102_0
未 5090_0
本 5023_0
札 4291_0
正 1010_1
母 7750_0
民 7774_7
永 3023_2
氾 3711_2
汀 3112_7
玄 0073_2
玉 1010_3
瓜 7223_0
瓦 1071_7
甘 4477_0
生 2510_0

用	7722_0
田	6040_0
由	5060_0
甲	6050_0
申	5000_6
白	2600_0
皮	4024_7
目	6010_1
矢	8043_0
石	1060_0
示	1090_1
禾	2090_4
穴	3080_8
立	0010_2

六　畫

丞	1710_3
肙	2722_7
乩	2261_0
亙	1010_7
交	0040_8
亦	0033_0
仰	2722_0
仲	2520_6
任	2221_4
仿	2022_7
伊	2725_7
伍	2121_7
伏	2323_4
伐	2325_0
休	2429_0
兆	3211_3
充	0021_3
先	2421_1
光	9021_1
全	8010_4
共	4480_1
再	1044_7
冰	3213_0
冲	3510_6
刑	1240_0
列	1220_0
匡	7171_1
卍	1221_7
印	7772_0
危	2721_2
各	2760_4
合	8060_1
吉	4060_1
同	7722_0
名	2760_0
后	7226_1
參見	後
吏	5000_6
吐	6401_0
向	2722_0
回	6060_0
因	6043_0
在	4021_4
圭	4010_4
圯	4711_7
地	4411_2
多	2720_7
夙	7721_0
夷	5003_2
好	4744_7
如	4640_0
妄	0040_4
字	3040_7
存	4024_7
宅	3071_4
宇	3040_1
守	3034_2
安	3040_4
寺	4034_1
尖	9043_0
尗	2190_1
屺	2771_7
州	3200_0
年	8050_0
式	4310_0
戎	5340_0
托	5201_4
扣	5600_0
收	2874_0
攷	1824_0
旨	2160_1
旬	2762_0
旭	4601_0
曲	5560_0
有	4022_7
朱	2590_0
朴	4390_0
次	3718_2
此	2111_0
死	1021_2
汗	3114_0
汎	3711_0
汝	3414_0
江	3111_0
池	3411_2
汲	3714_0
灰	4008_9
牟	2350_0
玎	1112_0
百	1060_0
竹	8822_0
米	9090_4
羊	8050_1
羽	1712_0
老	4471_1
考	4420_7
而	1022_7
耒	5090_0
耳	1040_0
肉	4022_7
臣	7171_7
自	2600_0
至	1010_4
舌	2060_4
舟	2744_0
艮	7773_2
色	2771_7
艸	4400_7
艾	4440_0
血	2710_0
行	2122_1
衣	0073_2
西	1060_0
邗	1742_7

七　畫

亨	0020_7
伯	2620_0
伴	2925_0
伶	2823_7
伸	2520_6
伽	2620_0
佇	2322_1
位	2021_8
住	2021_4
佐	2421_1
何	2122_0
佘	8090_1
余	8090_4
佚	2523_0
佛	2522_7
作	2821_1
佟	2723_3
克	4021_6
兌	8021_6
兵	7280_1
冶	3316_0
冷	3813_7
删	7240_0
判	9250_0
別	6240_0
利	2290_0
助	7412_7
劫	4472_7
却	4772_0
即	7772_0
卤	2160_0
君	1760_7
吞	2060_3
吟	6802_7
否	1060_9
含	8060_7
呈	6010_4
吳	2643_0
吹	6708_2
吾	1060_1
告	2460_1
呂	6060_0
呆	6090_4
困	6090_4
均	4712_0
坊	4012_7
坎	4718_2
坐	8810_4
壯	2421_0
夾	4003_8
妒	4347_7
妓	4444_7
妖	4243_4
妙	4942_0
妝	2424_0
孚	2040_7
孝	4440_7
孛	4040_7
宋	3090_4
尾	7721_4
局	7722_7
岕	2222_8
岑	2220_7
岐	2474_7
巡	3230_3
巫	1010_8
巵	7221_7
希	4022_7
庇	0021_7
序	0022_2
延	1240_1
廷	1240_1
弄	1044_1
弟	8022_7
形	1242_2
彤	7242_2
彷	2022_7
往	2521_4
忍	1733_2
志	4033_1
忘	0033_1
快	9503_0
忱	9401_2
忻	9202_1
成	5320_0
我	2355_0
戒	5340_0
扶	5503_0
批	5101_0
抄	5902_0
抑	5702_0
抒	5702_2
投	5704_7
折	5202_1
拋	5401_2
改	1874_0
攻	1814_0
旰	6104_0
更	1050_6
杉	4292_2
參見	檆
李	4040_7
杏	4060_9
村	4490_0
杖	4590_0
杜	4491_0
杞	4791_7
束	5090_6
步	2120_1
每	8050_7
求	4313_2
沔	3112_7
汪	3111_4
汰	3413_0
汲	3714_7
汴	3013_0
汶	3014_0
決	3513_0
汾	3812_7
沁	3310_0
沃	3213_4
沅	3111_1
沈	3411_2
沌	3511_7
沐	3419_0
沖	3510_6
沙	3912_0
汨	3610_0

沂	3212_1
沆	3011_7
沚	3111_0
灼	9782_0
災	2280_9
牡	2451_0
狂	4121_4
狄	4928_0
玒	1111_7
甫	5322_7
甬	1722_7
男	6042_7
禿	2021_7
秀	2022_7
私	2293_0
肖	9022_7
肘	7420_0
良	3073_2
芋	4440_1
芍	4432_7
芒	4471_0
芑	4471_7
虬	5211_0
見	6021_0
角	2722_7
言	0060_1
谷	8060_8
豆	1010_8
貝	6080_0
赤	4033_1
走	4080_1
身	2740_0
車	5000_6
辛	0040_1
辰	7123_2
迂	3130_4
參見	迃
迃	3130_2
邑	6071_7
邠	8722_7
邢	1742_7
那	1752_7
邦	5702_7
酉	1060_0
里	6010_4
阮	7121_1
防	7022_7

八畫

並	8010_7
乖	2011_1
乳	2241_0
事	5000_7
亞	1010_7
亟	1010_4
些	2110_1
享	0040_7
京	0090_6
佩	2721_0
佳	2421_4
使	2520_6
來	4090_8
侍	2424_1
侑	2422_7
供	2428_1
依	2023_2
兒	7721_7
兔	1741_3
兩	1022_7
其	4480_1
具	7780_1
典	5580_1
凭	2221_7
函	1077_2
制	2220_0
刺	5290_0
刻	0220_0
券	9022_7
初	3722_0
匋	2772_0
卓	2140_6
協	4402_7
卦	4310_0
卷	9071_2
匡	7121_4
厎	7129_1
叔	2794_0
取	1714_0
受	2040_7
周	7722_0
味	6509_0
呵	6102_0
呻	6500_6
命	8062_7
咄	6207_2
和	2690_0
參見	龢
固	6060_4
坡	4414_7
坤	4510_6
坦	4611_0
垂	2010_4
夜	0024_7
奇	4062_1
奈	4090_1
奉	5050_3
妮	4741_1
始	4346_0
姍	4744_0
姑	4446_0
姓	4541_0
委	2040_4
姤	4146_0
孟	1710_7
季	2040_7
孤	1243_0
宗	3090_1
官	3077_7
宙	3060_5
定	3080_1
宛	3021_2
宜	3010_7
宓	3033_2
尙	9022_7
居	7726_4
屈	7727_2
岡	7722_0
岣	2772_0
岩	2260_1
岫	2576_0
岳	7277_2
岷	2774_7
岸	2224_1
參見	岍
岍	2174_1
岱	2377_2
帕	4620_0
帖	4126_0
幸	4040_1
庚	0023_7
府	0024_0
弦	1023_2
弧	1223_0
弢	1224_7
彼	2424_7
征	2121_1
徂	2721_0
忠	5033_6
念	8033_2
忽	2733_2
怡	9306_0
性	9501_4
怪	9701_4
戔	5350_3
或	5310_0
房	3022_7
所	7222_1
承	1723_2
披	5404_7
抱	5701_2
押	5605_0
抽	5506_0
拂	5502_7
拈	5106_0
拉	5001_8
拊	5400_0
拍	5600_0
拔	5304_7
拘	5702_0
拙	5207_2
招	5706_2
拄	5001_4
放	0824_0
政	1814_0
於	0823_3
昂	6072_7
昆	6071_1
昇	6044_0
昌	6060_0
明	6702_0
昏	7260_4
易	6022_7
昔	4460_1
昕	6202_1
昊	6043_1
朋	7722_0
服	7724_7
杭	4091_7
杯	4199_0
東	5090_6
杼	4792_2
松	4893_2
板	4194_7
枉	4191_4
析	4292_1
枕	4491_2
林	4499_0
枚	4894_0
果	6090_4
枝	4494_7
杲	6090_4
欣	7728_2
武	1314_0
河	3112_0
治	3316_0
沽	3416_0
沿	3716_1
況	3611_0
泄	3411_7
泊	3610_0
泌	3310_0
法	3413_1
泗	3610_0
泛	3213_7
泠	3813_7
泡	3711_2
波	3414_7
泣	3011_8
泥	3711_1
注	3011_4
泳	3313_2
泖	3712_0
泝	3212_1
沸	3512_7
炅	6080_9
炊	9788_2
炎	9080_9
炙	2780_9
爭	2050_7
牧	2854_0
物	2752_0
狀	2323_4
狗	4722_0
玩	1111_1
玫	1814_0
疚	0018_7
疝	0017_2
盂	1010_7
盱	6104_0
直	4010_7
知	8640_0
社	3421_0
祁	3722_7
秉	2090_7
秇	2491_7
穹	3020_7
空	3010_1
竺	8810_1
罔	7722_0
股	7724_7
肥	7721_7
肩	3022_7
肯	2122_7
育	0022_7
臥	7370_0
舍	8060_4
芙	4453_0
芝	4430_7
芥	4422_8
芬	4422_7
花	4421_4

芳	4422_7
芷	4410_1
芸	4473_1
芹	4422_1
虎	2121_7
迎	3730_2
近	3230_2
迓	3130_4
返	3130_4
邯	4772_7
邱	7712_7
邴	1722_7
邵	1762_7
邶	1712_7
郂	1762_7
采	2090_4
金	8010_9
長	7173_2
門	7777_7
阜	2740_7
阿	7122_0
陂	7424_7
附	7420_0
雨	1022_7
青	5022_7
非	1111_1

九 畫

亭	0020_1
修	2722_2
參見 脩	
侮	2825_7
侯	2723_4
侶	2626_0
便	2124_6
促	2628_1
俄	2325_0
俊	2324_7
俎	8781_0
俗	2826_8
俚	2621_4
俑	2722_7
保	2629_4
俞	8022_1
俟	2323_4
俠	2423_3
信	2026_1
冒	6060_0
冠	3721_4
則	6280_0
前	8022_1
勅	5492_7
勇	1742_7
勉	2441_2
卻	8762_0
南	4022_7
厚	7124_7
厝	7126_1
咫	7680_8
咸	5320_0
咽	6600_0
哀	0073_2
品	6066_0
哈	6806_1
垛	4719_4
垢	4216_1
啬	4077_5
契	5743_0
奏	5043_0
奕	0043_0
姚	4241_3
姜	8040_4
姝	4549_0
姬	4141_6
姽	4741_2
威	5320_0
客	3060_4
宣	3010_6
宦	3071_7
封	4410_0
屏	7724_1
峋	2772_0
峒	2772_0
帝	0022_7
帥	2472_7
幽	2277_0
度	0024_7
建	1540_0
弇	8044_6
弈	0044_3
彖	2723_2
彥	0022_2
待	2424_1
律	2520_7
後	2224_7
參見 后	
思	6033_0
急	2733_7
恆	9101_7
恤	9701_0
恨	9703_2
恬	9206_4
扁	3022_7
拏	4750_2
拜	2155_0
括	5206_4
拯	5701_3
拾	5806_1
持	5404_1
指	5106_1
按	5304_4
挑	5201_3
拼	5804_1
故	4864_0
斫	1262_1
施	0821_2
昝	2360_4
星	6010_4
映	6503_0
春	5060_3
昨	6801_1
昭	6706_2
是	6080_1
昱	6010_8
枯	4496_0
枳	4698_0
柈	4995_0
柏	4690_0
某	4490_4
染	3490_4
柔	1790_4
柘	4196_0
柚	4596_0
查	4010_6
柯	4192_0
柱	4091_4
柜	4191_7
柳	4792_0
柴	2190_4
柿	4092_7
段	7744_7
泉	2623_2
洋	3815_1
洗	3411_1
洛	3716_4
參見 雒	
洙	3519_0
洞	3712_0
津	3510_7
洨	3014_3
汧	3114_0
洩	3510_6
洪	3418_1
洱	3114_0
洲	3210_0
洹	3111_6
洺	3716_0
活	3216_4
洽	3816_1
洄	3610_0
洎	3610_0
洴	3814_1
洮	3211_3
炳	9182_7
爲	3402_7
爰	2044_7
玲	1813_7
玻	1414_7
珂	1112_0
珊	1714_0
珍	1812_2
畏	6073_2
畊	6500_0
毘	6071_1
疢	0018_9
疣	0011_4
疫	0014_7
癸	1243_0
皆	2160_2
皇	2610_4
盆	8010_7
盈	1710_7
相	4690_0
盾	7226_4
省	9060_2
眉	7726_7
看	2060_4
砂	1962_0
祇	3224_0
祈	3222_1
禹	2042_7
禺	6042_7
秋	2998_0
參見 秌	
秌	9289_4
科	2490_0
种	2590_6
穿	3024_1
紀	2791_7
約	2792_0
紅	2191_0
紉	2792_0
美	8043_0
耐	1420_0
玨	1111_0
耶	1712_7
胎	7326_0
脟	7725_0
胤	2201_0
胡	4762_0
胥	1722_7
苑	4421_2
苓	4430_7
苔	4460_3
苕	4460_2
苗	4460_0
苟	4462_7
若	4460_4
苦	4460_4
苧	4420_1
英	4453_0
苹	4440_9
苻	4424_0
茂	4425_3
范	4411_2
茅	4422_2
茆	4472_7
虹	5111_0
虺	1521_3
衍	2110_3
衎	2140_1
表	5073_2
要	1040_4
訂	0162_0
計	0460_0
貞	2180_6
貟	1780_6
赴	4380_0
軍	3750_6
迦	3630_0
迪	3530_6
迮	3830_1
述	3330_9
郁	4722_7
郗	4722_7
郄	4742_7
郊	0742_7
郤	8762_7
郎	2762_7
重	2010_4
陋	7121_2
降	7725_4
限	7723_2
陔	7028_2
面	1060_0
革	4450_6
韋	4050_6
音	0060_1
風	7721_0
飛	1241_3
食	8073_2
首	8060_1

香 2060_9

十 畫

乘 2090_1
亳 0071_4
俺 2421_6
俾 2624_0
倉 8060_7
倒 2220_0
倪 2721_7
倚 2422_1
借 2426_1
倣 2824_0
倦 2921_2
倩 2522_7
倫 2822_7
倭 2224_4
兼 8033_7
冥 3780_0
凋 3712_0
凍 3519_6
剡 9280_0
務 1722_7
匪 7171_1
原 7129_6
員 6080_6
哥 1062_1
哦 6305_0
哭 6643_0
哲 5260_2
哺 6302_7
唐 0026_7
圃 6022_7
埃 4313_4
埋 4611_4
城 4315_0
埔 4312_7
夏 1024_7
奚 2043_0
娑 3940_4
娱 4643_4
娟 4642_7
孫 1249_3
宮 3060_6
宰 3040_1
宴 3040_4
宵 3022_7
家 3023_2
宸 3023_2
容 3060_8
射 2420_0
尅 4421_0
屑 7722_7
展 7723_2
峨 2375_0
峯 2250_4
島 2772_7
峴 2671_0
峽 2473_3
差 8021_1
師 2172_7
席 0022_7
座 0021_4
庫 0025_6
庭 0024_1
弱 1712_7
徐 2829_4
徑 2121_1
恐 1733_1
恕 4633_0
恥 1310_0
參見 耻
恩 6033_0
恭 4433_8
息 2633_0
悦 9801_6
悔 9805_7
悚 9509_6
悞 9603_4
悟 9106_1
拳 9050_2
振 5103_2
挹 5601_7
捉 5608_1
捍 5604_1
捕 5302_7
效 0844_0
旅 0823_2
旃 0824_7
晁 6011_3
時 6404_1
晉 1060_1
晏 6040_4
書 5060_1
朔 8742_0
條 2729_4
栖 4196_0
栗 1090_4
校 4094_8
核 4098_2
根 4793_2
格 4796_4
桂 4491_4
桃 4291_3
桐 4792_0
桑 7790_4
桓 4191_6
栩 4792_0
栯 4492_7
栲 4492_7
栴 4894_7
欬 0728_2
殉 1722_0
殷 2724_7
氣 8091_7
泰 5013_2
浙 3212_1
浚 3314_7
浣 3311_1
浦 3312_7
浩 3416_1
流 3011_3
浪 3313_2
浮 3214_7
浯 3116_1
浴 3816_8
海 3815_7
涂 3819_4
涇 3111_1
消 3912_7
涉 3112_1
涌 3712_7
涑 3519_6
涔 3212_7
涬 3414_1
烟 9680_0
參見 煙
烈 1233_0
烏 2732_7
烘 9488_1
牂 2825_1
特 2454_1
珞 1716_4
珠 1519_0
珤 1817_2
珩 1112_1
班 1111_4
瓞 7523_3
留 7760_2
畚 2360_3
畜 0060_3
疹 0012_2
病 0012_7
症 0011_1
益 8010_7
盍 4310_7
眞 4080_1
眠 6704_7
矩 8141_7
砥 1264_0
破 1464_7
祐 3426_0
祖 3721_0
祗 3224_0
祝 3621_0
神 3520_6
祕 3320_0
祠 3722_0
秝 2299_4
參見 曆
秣 2599_0
秤 2194_9
秦 5090_4
秩 2593_0
窈 3072_7
笏 8822_7
笑 8843_0
粉 9892_7
納 2492_7
純 2591_7
紙 2294_0
級 2794_7
紞 2491_0
素 5090_3
索 4090_3
翁 8012_7
耄 4471_4
耆 4460_1
耕 5590_0
耘 5193_1
參見 [illegible]
耿 1918_0
耻 1111_0
胭 7620_0
能 2121_1
脈 7223_2
脊 1122_7
脩 2722_7
致 1814_0
航 2041_7
般 2744_7
舠 2742_7
茗 4460_7
荔 4422_7
茝 4471_6
茨 4418_2
茉 4490_1
茯 4423_4
茶 4490_4
茸 4440_1
茹 4446_0
荀 4462_7
荆 4240_0
荇 4422_1
草 4440_6
參見 艸
茙 4474_3
荒 4421_1
荑 4453_2
茱 4490_4
[illegible] 4433_7
虔 2124_0
蚍 5111_0
蚓 5210_0
衰 0073_2
衲 3422_7
袁 4073_2
衿 3822_7
訊 0761_0
討 0460_0
訐 0164_0
訒 0762_0
訓 0260_0
託 0261_4
記 0761_7
豈 2210_8
豹 2722_0
貢 1080_6
起 4780_1
躬 2722_7
軒 5104_0
迷 3930_9
追 3730_7
退 3730_3
逃 3230_1
逢 3730_4
逆 3830_4
迴 3630_0
迺 3130_6
邕 2271_7
郗 4722_7
郘 6762_7
郜 2762_7
郢 6712_7
郝 4732_7
郎 3772_7
郡 1762_7
郟 4702_7
酌 1762_0
酒 3116_0
釜 8010_9

針 8410$_0$
參見 鍼
陝 7423$_8$
院 7321$_1$
陣 7520$_6$
除 7829$_4$
隻 2040$_7$
釘 8172$_0$
馬 7132$_7$
骨 7722$_7$
高 0022$_7$
門 7711$_4$
參見 闕
鬲 1022$_7$
鬼 2621$_3$

十一畫

乾 4841$_7$
偁 2124$_7$
偃 2121$_4$
假 2724$_7$
偈 2622$_7$
偉 2425$_6$
偏 2322$_7$
偕 2126$_2$
停 2022$_1$
健 2524$_0$
偪 2126$_6$
偰 2723$_4$
側 2220$_0$
偵 2128$_6$
偶 2622$_7$
偷 2822$_1$
僞 2422$_7$
兜 7721$_7$
冕 6041$_6$
凰 7721$_0$
剪 8022$_7$
剮 7220$_0$
勒 4452$_7$
動 2412$_7$
勘 4472$_7$
勗 6012$_7$
匏 4721$_2$
區 7171$_6$
參 2320$_2$
唯 6001$_4$
唱 6606$_0$
唵 6401$_6$
啗 6707$_7$
唾 6201$_4$
啁 6702$_0$
商 0022$_7$
問 7760$_7$
啓 3860$_4$
啖 6908$_9$
啞 6101$_7$
圈 6071$_2$
國 6015$_3$
執 4441$_7$
堊 1010$_4$
培 4016$_1$
堅 7710$_4$
堆 4011$_4$
埤 4614$_0$
埽 4712$_7$
婁 5040$_4$
婚 4246$_4$
婦 4742$_7$
宿 3026$_1$
寂 3094$_7$
寄 3062$_1$
寅 3080$_6$
密 3077$_2$
寇 3021$_4$
寃 3041$_3$
將 2724$_0$
專 5034$_3$
尉 7420$_0$
崇 2290$_1$
崎 2472$_1$
崑 2271$_1$
崔 2221$_4$
崦 2471$_6$
崧 2293$_2$
巢 2290$_4$
帶 4422$_7$
常 9022$_7$
庶 0023$_1$
康 0023$_2$
庸 0022$_7$
張 1123$_2$
強 1323$_6$
參見 彊
彩 2292$_2$
彪 2221$_2$
彬 4292$_2$
得 2624$_1$
從 2828$_1$
御 2722$_0$
悉 2033$_9$
悼 9104$_6$
情 9502$_7$
惆 9702$_0$
惇 9004$_7$
惕 9602$_7$
惜 9406$_1$
惟 9001$_4$
戚 5320$_0$
扈 3021$_7$
捧 5505$_3$
捫 5702$_0$
据 5706$_4$
掃 5702$_7$
授 5204$_7$
排 5101$_1$
掖 5004$_7$
採 5209$_4$
探 5709$_4$
接 5004$_4$
推 5001$_4$
掬 5702$_0$
敍 8194$_7$
敎 4844$_0$
敏 8854$_0$
救 4814$_0$
敕 5894$_0$
敖 5824$_0$
斌 0344$_0$
斜 8490$_0$
斬 5202$_1$
旋 0828$_1$
旌 0821$_4$
族 0823$_4$
旣 7171$_4$
晚 6701$_6$
晝 5010$_6$
晞 6402$_7$
晦 6805$_7$
晨 6023$_2$
曹 5560$_6$
曼 6040$_7$
參見 曼
朗 3772$_0$
望 0710$_4$
梧 4196$_9$
梩 4691$_4$
梧 4196$_1$
桴 4294$_7$
梁 3390$_4$
梃 4294$_1$
梅 4895$_7$
參見 楳
槑
梓 4094$_1$
梭 4394$_7$
梟 2790$_4$
梡 4391$_1$
梨 2290$_4$
梯 4892$_7$
梵 4421$_7$
欲 8768$_2$
欸 2748$_2$
欵 2748$_2$
殺 4794$_7$
涵 3717$_2$
涼 3019$_6$
淑 3714$_0$
淙 3319$_1$
淚 3313$_4$
淛 3210$_0$
淞 3813$_2$
淡 3918$_9$
淨 3215$_7$
淩 3414$_7$
淮 3011$_4$
深 3719$_4$
淳 3014$_7$
涪 3016$_1$
淶 3419$_8$
混 3611$_1$
淸 3512$_7$
淺 3315$_3$
添 3213$_3$
淥 3713$_2$
淄 3216$_3$
淇 3418$_1$
焉 1032$_7$
爽 4003$_4$
猗 4422$_1$
猛 4721$_7$
率 0040$_3$
珵 1611$_4$
現 1611$_0$
理 1611$_4$
琉 1011$_3$
瓠 4223$_0$
瓷 3771$_7$
瓶 8141$_7$
參見 缾
甜 2467$_0$
產 0021$_4$
畢 6050$_4$
畬 8060$_6$
略 6706$_4$
畦 6401$_4$
痎 0018$_2$
皎 2064$_8$
眼 6703$_2$
眭 6401$_4$
硃 1569$_0$
砮 1760$_1$
研 1164$_0$
祥 3825$_1$
祭 2790$_1$
移 2792$_7$
竟 0021$_6$
章 0040$_6$
笙 8810$_4$
笛 8860$_3$
笠 8810$_8$
笥 8862$_7$
符 8824$_3$
笨 8823$_4$
笪 8810$_6$
第 8822$_7$
笳 8846$_3$
粗 9791$_0$
紺 2497$_0$
紫 2190$_3$
細 2690$_0$
紹 2796$_2$
終 2793$_3$
紘 2093$_2$
絅 2792$_0$
羚 8853$_7$
翊 0712$_0$
翏 1720$_2$
習 1760$_2$
耜 5797$_7$
聊 1712$_0$
脚 7722$_0$
脫 7821$_6$
脯 7322$_7$
春 5077$_7$
船 2746$_1$
荳 4410$_8$
荷 4422$_1$
荻 4428$_9$
荼 4490$_4$
莊 4421$_4$
莎 4412$_9$
莘 4440$_1$
莞 4421$_1$
莨 4473$_2$
莫 4443$_0$
莆 4422$_7$
莅 4421$_8$
處 2124$_1$
虛 2121$_7$
蛇 5311$_1$

蛉 5813_7
術 2190_4
袞 0073_2
袍 3721_2
衷 0073_2
袖 3526_0
參見 衷
袪 3423_1
被 3424_7
規 5601_0
訟 0863_0
訥 0462_7
訪 0062_7
許 0864_0
貧 8080_6
貨 2480_6
販 6184_7
貪 8080_6
貫 7780_6
責 5080_6
赦 4834_0
逭 3130_6
逍 3930_2
透 3230_2
逐 3130_3
途 3830_9
通 3730_2
逞 3630_1
造 3430_6
連 3530_0
郘 9722_7
郭 0742_7
郵 2712_7
郯 9782_7
郴 4792_7
野 6712_2
釣 8712_0
釵 8410_0
閉 7724_7
陰 7823_1
陳 7529_6
陵 7424_7
陶 7722_0
陷 7727_7
陸 7421_4
雀 9021_4
雩 1020_7
雪 1017_7
頂 1128_6
魚 2733_6
鹿 0021_1
麥 4020_7
麻 0029_4

十二畫

傜 2722_7
傍 2022_7
傅 2324_2
備 2422_7
割 3260_0
劉 7210_0
參見 鐂
剩 2290_0
勝 7922_7
勞 9942_7
博 4304_2
啐 6804_6
善 8060_5
喉 6703_4
喜 4060_5
喟 6602_7
喻 6802_1
喪 4073_2
喬 2022_7
單 6650_6
喀 6306_4
圍 6050_6
堞 4419_4
堪 4411_1
堯 4021_1
報 4744_7
堵 4416_0
壹 4010_8
壺 4010_7
婺 1840_4
婼 4446_4
媕 4844_6
媚 4746_7
富 3060_6
寒 3030_3
寓 3042_7
尊 8034_6
尋 1734_6
就 0391_4
屠 7726_4
嵋 2776_7
嵇 2397_2
嵐 2221_7
巽 7780_1
幾 2245_3
庾 0023_7
彭 4212_2
復 2824_7
循 2226_4
悲 1133_1
惑 5333_0
惠 5033_3
惲 9705_6
惺 9601_4
掌 9050_2
掣 2250_2
掾 5703_2
揆 5203_4
描 5406_0
提 5608_1
插 5207_7
揖 5604_1
揚 5602_7
換 5703_4
握 5701_4
揣 5202_7
揭 5602_7
揮 5705_6
揲 5409_4
撝 5402_7
敝 9824_0
散 4824_0
敭 6894_0
敦 0844_0
斑 1111_4
斐 1140_0
斯 4282_1
普 8060_1
景 6090_6
晰 6202_1
晴 6502_7
智 8660_0
曾 8060_6
替 5560_3
最 6014_7
朝 4742_0
棄 0090_4
棉 4692_7
棋 4498_1
參見 棊
棗 5090_2
棠 9090_4
棡 4792_0
棣 4593_2
棧 4395_3
森 4099_4
棱 4494_7
棲 4594_4
栟 4894_1
植 4491_7
椒 4794_0
棊 4490_4
欹 4768_2
欽 8718_2
款 4798_2
殖 1421_7
殘 1325_3
渚 3416_0
減 3315_0
渠 3190_4
渡 3014_7
渤 3412_7
測 3210_0
渭 3612_7
游 3814_7
渼 3813_4
渾 3715_6
滄 3813_2
湖 3712_0
湘 3610_0
滋 3813_2
湛 3411_1
溫 3611_7
湧 3712_7
湄 3716_7
湞 3118_6
湟 3611_4
湫 3918_0
湯 3612_7
淵 3210_0
焚 4480_9
無 8033_1
焦 2033_1
然 2333_3
牌 2604_0
牋 2305_3
猥 4623_2
猪 4426_0
猩 4621_4
猶 4826_1
琥 1111_7
琬 1311_2
琱 1712_0
琴 1120_7
參見 琹
琹 1190_4
琵 1171_1
甦 1550_1
甯 3022_7
番 2060_9
畫 5010_6
畬 8060_9
異 6080_1
疏 1011_3
疎 1519_6
痘 0011_8
痙 0011_1
痛 0012_7
痢 0012_0
痧 0012_9
登 1210_8
發 1224_7
皕 1166_0
皖 2361_1
戚 5320_0
盜 3710_7
睇 6802_7
硝 1762_7
硯 1661_0
稅 2891_6
程 2691_4
窗 3060_2
童 0010_4
筍 8862_7
筆 8850_7
等 8834_1
答 8860_1
策 8890_2
粟 1090_4
粵 2620_7
粥 1722_7
粧 9091_4
結 2496_1
絕 2791_7
絡 2796_4
絜 5790_3
細 2690_0
絮 4690_3
絲 2299_3
絳 2795_4
缾 8874_1
翔 8752_0
脾 7624_0
臯 2640_1
舒 8762_2
舜 2025_2
莽 4444_3
菉 4413_2
菊 4492_7
參見 蘜 鞠
菌 4460_0
菘 4493_2
菜 4490_4
菩 4460_1
華 4450_4

菰	4443_2	軫	5802_2	傳	2524_3	搊	5702_7	滑	3712_7	罨	6071_6
菽	4494_7	軼	5503_0	傷	2822_7	損	5608_6	煉	9589_6	罪	6011_1
菌	4477_2	軺	5706_2	僅	2421_4	搔	5703_6	煎	8033_2	參見	辠
菅	4477_7	辜	4040_1	僊	2121_2	搜	5704_7	煮	4433_6	羣	1750_1
萸	4443_7	逯	3730_3	剿	2290_0	敬	4864_0	煕	7733_1	義	8055_3
菿	4412_0	進	3030_1	參見	勦	新	0292_1	煖	9284_7	聖	1610_4
萃	4440_8	逸	3730_1	募	4442_7	暇	6704_7	煙	9181_4	聘	1512_7
萇	4473_2	都	4762_7	勤	4412_7	暑	6060_4	照	6733_6	肆	2540_7
萊	4490_8	鄂	6722_7	勦	2492_7	勗	6022_7	煨	9683_2	肅	5022_7
萍	4414_9	酥	1269_4	匯	7171_1	暖	6204_7	煬	9682_7	肄	7570_7
菰	4491_7	量	6010_4	嗇	4060_1	暗	6006_1	猺	4727_2	腧	7822_1
蛟	5014_8	鈍	8511_7	嗒	6406_1	暘	6602_7	猿	4423_2	與	7780_1
衆	2723_2	鈐	8812_7	嗜	6406_1	會	8060_6	獅	4122_7	艅	2849_4
袾	3529_0	鈒	8714_7	嗣	6722_0	楥	4294_7	瑋	1715_6	艇	2244_1
裁	4375_0	鈔	8912_0	園	6023_2	椿	4596_3	瑞	1212_7	萬	4442_7
視	3621_0	鈕	8711_5	圓	6080_6	楊	4692_7	瑟	1133_1	葶	4420_7
觚	2223_0	開	7744_1	塑	8710_4	楓	4791_0	當	9060_6	落	4416_4
訴	0263_1	閑	7790_4	塔	4416_1	楔	4793_4	畸	6402_1	葆	4429_4
診	0862_2	閒	7722_7	塗	3810_4	楙	4499_0	畹	6301_2	葉	4490_4
註	0061_4	閔	7740_0	塘	4016_7	楚	4480_1	畺	1010_6	葑	4414_0
詁	0466_0	陽	7622_7	塞	3010_4	楝	4599_6	痰	0018_9	葒	4491_1
詠	0363_2	隅	7622_7	塡	4418_1	楡	4892_1	痲	0019_4	著	4460_4
詐	0861_1	隆	7721_4	奧	2743_0	業	3290_4	睡	6201_4	葛	4472_7
詒	0366_0	隋	7422_7	嫏	4742_7	楮	4496_0	督	2760_4	葡	4422_7
詔	0766_2	雁	7121_4	嵩	2222_7	極	4191_4	睦	6401_4	董	4410_4
評	0164_9	參見	鴈	嵯	2871_1	楹	4791_7	睫	6508_1	葦	4450_6
詞	0762_0	雅	7021_4	嵊	2279_1	楞	4692_7	碎	1064_8	葩	4461_7
象	2723_2	集	2090_4	嵰	2873_7	楳	4499_4	碑	1664_0	葫	4462_7
貯	6382_1	雯	1040_0	廈	0024_7	歲	2125_3	祺	3428_1	葬	4444_1
貴	5080_6	雲	1073_1	廉	0023_7	殛	1121_4	祼	3629_4	葭	4424_7
貶	6283_7	靭	4752_0	廋	0024_7	殿	7724_7	禁	4490_1	葯	4492_7
買	6080_6	項	1118_6	彙	2790_4	源	3119_6	禽	8042_7	葱	4433_2
費	5580_6	順	2108_6	微	2824_0	準	3040_1	稗	2694_0	葵	4443_0
貽	6386_0	須	2128_6	想	4633_0	溝	3514_7	稚	2091_4	葚	4471_1
貿	7780_6	馭	7734_0	愁	2933_8	溪	3213_4	稜	2494_7	虞	2123_4
賀	4680_6	馮	3112_7	愈	8033_2	溶	3316_8	稟	0090_4	虜	2122_7
貰	4080_6	黃	4480_6	愍	7833_4	溼	3111_4	筮	8810_8	蛻	5811_6
超	4780_6	黍	2013_2	意	0033_6	滂	3012_7	筱	8824_8	蜥	5412_7
越	4380_5	黑	6033_1	窓	3033_6	滄	3816_7	筠	8812_7	蛾	5315_0
跋	6314_7			愚	6033_2	滅	3315_0	粲	2790_4	蜀	6012_7
十三畫				愛	2024_7	滇	3418_1	綉	2292_7	蜂	5715_4
				感	5320_0	滌	3719_4	綈	2892_7	蜃	7113_6
亂	2221_0	催	2221_4	愧	9601_3	滁	3819_4	綏	2294_4	蜎	5612_7
亶	0010_6	傲	2824_0	愼	9408_1	滏	3811_9	經	2191_1	裓	3325_0

裔 0022_7
裕 3826_8
裘 4373_2
補 3322_7
裝 2473_2
解 2725_2
觥 2921_1
詢 0762_0
試 0364_0
詩 0464_1
詰 0466_1
話 0266_4
該 0068_2
詳 0865_1
詹 2726_1
誅 0569_0
豢 9023_2
資 3780_6
賈 1080_6
賊 6385_0
跨 6412_7
跬 6411_4
路 6716_4
辟 7064_1
載 4355_0
辠 2640_1
農 5523_2
逼 3130_6
遁 3230_6
遂 3830_3
遇 3630_2
遊 3830_4
運 3730_4
遍 3330_2
過 3730_2
道 3830_6
達 3430_4
逹 3430_4
遒 3830_6
鄒 2742_7
鄔 2732_7
鄉 2772_7
鄖 6782_7
酬 1260_0
鈴 8813_7
鉅 8111_7
鉏 8711_0
鉛 8716_1
鉢 8513_0
鉤 8712_0
隔 7122_7
雉 8041_4
雌 2011_4
雍 0071_4
雋 2022_7
零 1030_7
雷 1060_3
靖 0512_7
靳 4252_1
韵 0762_0
頌 8178_6
頑 1128_6
頒 8128_6
頓 5178_6
飲 8778_2
飯 8174_7
鳩 4702_7
鳧 2721_7
鼎 2222_1
鼓 4414_7
鼠 7771_7

十 四 畫

像 2723_2
僑 2222_7
僧 2826_6
嘉 4046_5
嘔 6101_6
嘐 6702_2
圖 6060_4
團 6034_3
塵 0021_4
塹 5210_4
塾 0410_4
墅 6710_4
墓 4410_4
墉 4012_7
墐 4411_4
壽 4064_1
夢 4420_7
夥 6792_7
奪 4034_1
嫩 4844_0
察 3090_1
寢 3024_7
寤 3026_1
寥 3020_2
實 3080_6
寧 3020_1
屣 7721_4
對 3410_0
幔 4624_7
幕 4422_7
參見 幙
幙 4423_4
廓 0022_7
廖 0022_2
廕 0023_1
彰 0242_2
愻 1233_9
慈 8033_3
慥 9403_6
慵 9002_7
戩 1365_0
截 4325_0
摘 5002_7
摭 5003_1
摶 5504_3
摛 5002_7
敲 0124_7
斠 5440_0
旗 0828_1
暨 7110_6
暢 5602_7
榕 4396_8
榘 8190_4
榮 9990_4
槁 4092_7
槎 4891_1
槐 4691_3
槑 6699_4
歌 1768_2
殞 1628_6
毓 8051_3
滎 9923_2
滬 3311_7
滮 3211_2
滴 3012_7
滸 3814_0
滿 3412_7
漁 3713_6
漂 3119_1
漆 3413_2
漏 3712_7
漑 3111_4
演 3318_6
漕 3516_6
漚 3111_6
漠 3413_4
漢 3413_4
漫 3614_7
滹 3114_9
漱 3718_2
漳 3014_6
漷 3712_7
漸 3212_1
熊 2133_1
爾 1022_7
獄 4323_4
瑣 1918_6
參見 璅
瑤 1717_2
瑪 1112_7
瑯 1712_7
甄 1111_7
疑 2748_1
瘋 0011_7
瘍 0012_7
盡 5010_7
監 7810_7
睽 6203_4
睿 2160_8
碣 1662_7
碧 1660_1
碩 1168_6
福 3126_6
祿 3723_2
禘 3022_7
稧 2793_4
種 2291_4
稱 2194_7
窨 3060_1
端 0212_7
箇 8860_3
箋 8850_3
箏 8850_7
箐 8822_7
箕 8880_1
算 8844_6
箜 8810_1
管 8877_7
精 9592_7
綠 2793_2
綦 4490_3
維 2091_4
綰 2397_7
綱 2792_0
網 2792_0
綴 2794_7
綵 2299_4
綸 2892_7
綺 2492_1
綿 2692_7
緇 2296_3
緋 2191_1
罰 6062_0
翟 1721_4
翠 1740_8
翡 1112_7
聚 1723_2
聞 7740_1
肇 3850_7
腐 0022_7
臧 2325_0
臺 4010_4
舞 8025_1
蒐 4421_3
蒓 4491_7
蒔 4464_1
蒙 4423_2
蒨 4422_7
蓴 4434_2
蒯 4220_0
蒲 4412_7
蒼 4460_7
蒿 4422_7
蓀 4449_3
蓄 4460_3
蓉 4460_8
蓋 4410_7
蓑 4473_2
蒹 4433_7
蜜 3013_6
蜩 5712_0
蜨 5518_1
裨 3624_0
裴 1173_2
製 2273_2
誌 0463_1
認 0763_2
語 0166_1
誠 0365_0
誡 0365_0
誤 0663_4
誥 0466_1
誦 0762_7
誨 0865_7
說 0861_6
豪 0023_2
賑 6183_2
賓 3080_6
赫 4433_1
趙 4980_2
踈 6519_6
輔 5302_7
遙 3730_7
遜 3230_9
遠 3430_3
遣 3530_7
遡 3730_2
鄢 1722_7

鄞	4712_7
鄣	0742_7
酷	1466_1
酸	1364_7
銕	8513_2
銀	8713_2
銅	8712_0
銖	8519_0
銘	8716_0
閣	7760_4
閥	7725_3
閨	7710_4
閩	7713_6
際	7729_1
隙	7929_6
需	1022_7
維	2061_4
頖	9158_6
飴	8376_0
飼	8772_0
飽	8771_2
駁	7434_0
參見	駮
骰	7424_7
髤	7290_4
魁	2421_0
魂	1671_3
鳳	7721_0
鳴	6702_7
鼻	2644_6
齊	0022_3

十五畫

儀	2825_3
億	2023_6
儆	2824_0
儉	2828_6
劇	2220_0
劉	7210_0
參見	鎦
劍	8280_0
厲	7122_7
嘻	6406_5
噉	6804_0
噀	6708_1
增	4816_6
墨	6010_4
奭	4003_6
嬌	4242_7
審	3060_9
寫	3032_7
寬	3021_3
層	7726_6
履	7724_7
嶠	2272_7
廟	0022_7
廢	0024_7
廣	0028_3
彈	1625_6
影	6292_2
德	2423_1
慕	4433_3
慧	5533_7
慮	2123_6
慶	0024_7
憂	1024_7
憐	9905_9
憤	9408_6
慤	4733_4
[illegible]	1150_2
摩	0025_2
摯	4450_2
摹	4450_2
撏	5704_6
撫	5803_1
播	5206_9
撰	5708_1
敷	5824_0
數	5844_0
毆	7174_7
槧	5290_4
樁	4597_7
樂	2290_4
樊	4443_0
樓	4594_4
樗	4192_7
樞	4191_6
模	4493_4
槲	4490_0
樅	4898_1
歐	7778_2
歔	2728_2
殢	1422_7
殤	1822_7
毅	0724_7
潏	3712_7
潔	3719_3
潘	3216_9
潛	3116_1
潠	3718_1
澗	3712_0
潤	3712_0
滕	7923_2
潭	3114_6
潮	3712_0
潯	3714_6
潼	3011_4
澂	3814_0
澄	3211_8
澎	3212_2
澈	3814_0
澆	3411_1
潁	2128_6
熬	5833_4
熱	4433_1
獞	4021_4
瑪	1112_7
璅	1219_4
璇	1818_1
畿	2265_3
瘞	0011_4
瘟	0011_7
瘦	0014_7
瘧	0011_1
[illegible]	0011_4
皺	2444_7
盤	2710_7
瞑	6708_0
確	1461_4
磊	1066_1
稷	2694_7
稻	2297_7
稼	2393_2
稽	2396_1
穀	4794_7
窮	3022_7
窰	3077_2
窳	3023_2
箸	8860_4
箴	8825_3
節	8872_7
篁	8810_4
範	8851_2
篆	8823_2
篇	8822_7
篋	8871_3
緒	2496_0
緗	2690_0
緝	2694_1
緣	2793_2
編	2392_7
緘	2395_0
緩	2294_7
緬	2196_0
緯	2495_6
緱	2793_4
練	2599_6
緹	2698_1
罰	6064_0
羯	8652_7
翦	8012_7
翫	1161_1
耦	5692_7
膝	7423_2
膠	7722_2
蔬	4411_7
蓬	4430_4
蓮	4430_4
蓼	4420_2
蔗	4423_1
蔘	4420_2
蔚	4424_0
蔡	4490_1
蔣	4424_7
蔭	4423_1
蝦	5714_7
蝨	1713_6
蝯	5214_7
蝴	5712_0
蝶	5419_4
蝸	5712_7
衝	2110_4
褐	3622_7
褘	3425_6
褚	3426_0
課	0669_4
誶	0064_8
調	0762_0
談	0968_9
請	0562_7
諏	0764_0
論	0862_7
豎	7710_8
賜	6682_7
賞	9080_6
賡	0028_6
賢	7780_6
賣	4080_6
賦	6384_0
質	7280_6
踐	6315_3
輝	9725_6
輞	5702_0
輟	5704_7
輦	5550_6
輪	5802_7
適	3030_2
遭	3530_6
遯	3130_3
遲	3730_4
鄧	1712_7
鄭	8742_7
鄮	7782_7
鄯	8762_7
鄰	9722_7
鄱	2762_7
醇	1064_7
醉	1064_8
醋	1466_1
銷	8912_7
鋤	8412_7
閫	7760_7
閬	7773_2
閭	7760_6
閱	7721_6
隣	7925_9
霆	1040_1
震	1023_2
靚	5621_0
鞏	1750_6
頤	7178_6
餅	8874_1
養	8073_2
駉	7732_0
駒	7732_0
駕	4632_7
骳	7424_7
髮	7244_7
鬧	7722_7
魯	2760_3
鴈	7122_7
黎	2713_2

十六畫

儒	2122_7
冀	1180_1
凝	3718_1
噩	1010_6
噴	6408_6
噶	6402_7
嘯	6502_7
駡	6632_7
圜	6073_2
墾	2710_4
壁	7010_4
壆	2710_4
奮	4060_1
學	7740_7

寰 3073$_2$
導 3834$_3$
嶰 2775$_2$
嶧 2674$_1$
彊 1121$_6$
憑 3133$_2$
憖 1833$_4$
憩 2633$_0$
憶 9003$_6$
憺 9706$_1$
戰 6355$_0$
撻 5403$_4$
撼 5305$_0$
擁 5001$_4$
擇 5604$_1$
操 5609$_4$
擒 5802$_7$
擔 5706$_1$
據 5103$_2$
整 5810$_1$
暹 3630$_1$
曆 7126$_9$
曇 6073$_1$
曉 6401$_1$
樵 4093$_1$
樸 4293$_4$
樹 4490$_0$
橋 4292$_7$
橐 5090$_4$
橘 4792$_7$
機 4295$_3$
橡 4793$_2$
橢 4492$_7$
橫 4498$_6$
歙 8718$_2$
歷 7121$_1$
澤 3614$_1$
澳 3713$_4$
澹 3716$_1$
澼 3014$_1$
激 3814$_0$
濁 3612$_7$
濂 3013$_7$
潞 3716$_4$
澠 3711$_7$
澧 3511$_8$
熹 4033$_6$
燃 9383$_3$
燈 9281$_8$
參見 鐙
燉 9884$_0$
燎 9489$_6$
燒 9481$_1$
燕 4433$_1$
獨 4622$_7$
璞 1213$_4$
璣 1215$_3$
瓢 1293$_0$
甌 7171$_7$
甎 5131$_7$
瘳 0012$_2$
瘴 0014$_6$
瘸 0012$_7$
盧 2121$_7$
磧 1568$_6$
磨 0026$_1$
磬 4760$_1$
禦 2790$_1$
穆 2692$_2$
積 2598$_6$
窺 3051$_6$
窻 3026$_1$
篔 8880$_6$
築 8890$_4$
篤 8832$_7$
糖 9096$_7$
縉 2196$_1$
縐 2792$_7$
縣 6299$_3$
翰 4842$_7$
耨 5698$_6$
聱 5840$_1$
膳 7826$_5$
興 7780$_1$
蕃 4460$_9$
蕅 4412$_7$
蕈 4440$_6$
蕉 4433$_1$
蕊 4433$_3$
蕙 4433$_3$
蔬 4411$_3$
蕩 4412$_7$
蕪 4433$_1$
蕭 4422$_7$
蕘 4421$_1$
融 1523$_6$
螘 5211$_8$
螢 9913$_6$
螙 4013$_6$
衛 2122$_7$
衡 2143$_0$
親 0691$_0$
觱 5322$_7$
諭 0862$_1$
謚 0861$_7$
諧 0166$_2$
諫 0569$_6$
諸 0466$_0$
諺 0062$_2$
諾 0466$_4$
諜 0469$_4$
謁 0662$_7$
豫 1723$_2$
貓 2426$_0$
賭 6486$_0$
賴 5798$_6$
踵 6211$_4$
蹄 6012$_7$
輯 5604$_1$
輶 5806$_1$
辦 0044$_1$
辨 0044$_1$
遵 3830$_4$
選 3730$_8$
遺 3530$_8$
遼 3430$_9$
鄴 3792$_7$
醒 1661$_4$
醞 1661$_7$
錄 8713$_2$
錡 8412$_1$
錢 8315$_3$
錦 8612$_7$
錫 8612$_7$
錯 8416$_1$
閻 7777$_7$
隨 7423$_2$
雕 7021$_4$
霍 1021$_4$
霏 1011$_1$
霓 1021$_7$
靜 5225$_7$
頻 2128$_6$
穎 2198$_6$
餐 2773$_2$
餞 8375$_0$
餘 8879$_4$
駢 7834$_1$
駱 7736$_4$
駮 7034$_8$
髻 7260$_1$
膚 2122$_7$
鮑 2731$_2$
鮓 2831$_1$
鴛 2732$_7$
鴨 6752$_7$
麈 0021$_4$
黔 6832$_7$
默 6333$_4$
龍 0121$_1$

十七畫

優 2124$_7$
勵 7422$_7$
壓 7121$_4$
嬰 6640$_4$
孺 1142$_7$
嶺 2238$_6$
嶼 2778$_1$
嶽 2223$_4$
彌 1122$_7$
徽 2824$_0$
應 0023$_1$
戲 2325$_0$
擊 5750$_2$
擬 5708$_1$
斵 7212$_1$
曖 6204$_7$
檀 4091$_6$
樜 4196$_0$
檇 4092$_7$
檗 7090$_4$
檜 4896$_6$
檢 4898$_6$
歗 5728$_2$
濛 3413$_2$
濟 3012$_3$
濠 3013$_2$
濬 3116$_8$
濯 3711$_4$
濰 3011$_4$
濮 3213$_4$
營 9960$_6$
燭 9682$_7$
牆 2426$_1$
環 1613$_2$
甑 8161$_7$
療 0019$_6$
癆 0012$_7$
瞥 9860$_4$
瞶 6508$_6$
磯 1265$_3$
磵 1762$_0$
磷 1965$_9$
礁 1063$_1$
磻 1266$_9$
禪 3625$_6$
篷 8830$_4$
簋 8810$_7$
糜 0029$_4$
縱 2898$_1$
縻 0029$_3$
縵 2694$_7$
繇 2279$_3$
縹 2199$_1$
總 2693$_0$
績 2598$_6$
繆 2792$_2$
聯 1217$_2$
聰 1613$_0$
聲 4740$_1$
臆 7023$_6$
臨 7876$_6$
舉 7750$_8$
薄 4414$_2$
薇 4424$_8$
薈 4460$_6$
薑 4410$_6$
薛 4474$_1$
薌 4472$_7$
薊 4432$_0$
薝 4426$_1$
薦 4422$_7$
薩 4421$_4$
薜 4464$_1$
螺 5619$_3$
蟄 4413$_6$
蟇 4413$_6$
蟋 5213$_9$
襄 0073$_2$
縠 4724$_7$
謇 3060$_1$
謎 0963$_9$
謏 0764$_7$
謔 0161$_1$
謙 0863$_7$
講 0564$_7$
謝 0460$_0$
謟 0267$_7$
謠 0767$_2$
谿 2846$_8$
豁 3866$_8$
賸 7928$_6$
趨 4780$_2$
蹇 3080$_1$
輾 5703$_2$
輿 7780$_1$
轄 5306$_1$
轅 5403$_2$
避 3030$_4$
邁 3430$_2$
還 3630$_3$

幽 2277_0
鍊 8519_6
鍾 8211_4
鍼 8315_0
闇 7760_1
闌 7790_6
隰 7623_3
隱 7223_7
隸 4593_2
霜 1096_3
霞 1024_7
鞟 4044_7
鞠 4752_0
韓 4445_6
餞 8375_3
館 8377_7
䤵 8365_0
騃 7333_4
鮚 2436_1
鮦 2732_0
鮮 2835_1
鮫 2034_8
鴻 3712_7
鴿 8762_7
麋 0090_4
黛 2333_1
黜 6237_2
黝 6432_7
點 6136_0
齋 0022_3

十八畫

儲 2426_0
叢 3214_7
嚮 2722_7
壘 6010_4
彝 2744_9
戴 4385_0
擲 5702_7
擴 5008_6
擷 5108_6
斷 2272_1
曙 6606_4
檳 4398_6
檮 4494_1
歸 2712_7
濾 3113_6
瀋 3316_9
瀑 3613_2
燼 9581_7
獵 4221_6
璧 7010_3
璿 1116_8
甓 7071_7
甕 0071_7
癖 0014_1
癘 0012_7
曖 6204_7
瞻 6706_1
瞽 4460_4
瞿 6621_4
禮 3521_8
簟 8840_6
簠 8810_7
簡 8822_7
簣 8880_6
簪 8860_1
簫 8822_7
織 2395_0
繙 2296_9
翻 2762_0
翹 4721_2
翼 1780_1
職 1315_0
聶 1014_1
舊 4477_7
薋 4480_6
藁 4490_4
藍 4410_7
藏 4425_3
蟠 5216_9
蟫 5114_6
蟬 5615_6
蟲 5013_6
覆 1024_7
觴 2822_7
誶 0364_8
謫 0062_7
謬 0762_2
諜 0269_4
謹 0461_4
豐 2210_8
[illegible] 5808_1
轉 5504_3
贅 5880_6
邇 3130_2
邃 3330_3
鄺 0722_7
醪 1762_2
醫 7760_1
釐 5821_4
鎖 8918_6
鎌 8813_7
鎦 8716_2
鎮 8418_1
鎏 3010_9
闕 7748_2
雙 2040_7
雚 4421_4
雛 2041_4
雜 0091_4
雞 2041_4
鞦 4958_0
鞭 4154_6
題 6180_8
額 3168_6
顏 0128_6
顓 2128_6
馤 2662_7
馥 2864_7
騎 7432_1
髀 7624_0
魏 2641_3
鯁 2134_6
鵝 2752_7
參見 鵞
鵞 2332_7
鵠 2762_7
譍 0060_4
黟 6732_7
鼂 6071_7
龜 2711_7
繹 2694_1
讐 0077_2
羅 6091_4
羹 8043_0
翾 6772_0
艤 2845_3
藕 4492_7
參見 蕅
藜 4413_2
藝 4473_1
參見 秇
萟
藤 4423_2
藥 4490_4
藩 4416_9
蟹 2713_6
蟻 5815_3
蟾 5716_1
證 0261_8
譎 0762_7
譜 0866_1
譏 0265_3
譙 0063_1
譚 0164_6
識 0365_0
贈 6886_6
贊 2480_6
蹴 6311_4
蹶 6118_2
辭 2024_1
邊 3630_2
醮 1063_1
鏡 8011_6
關 7777_2
隴 7121_1
離 0041_4
難 4051_4
霧 1022_7
韜 4257_7
韞 4651_7
韻 0668_6
願 7128_6
類 9148_6
饁 8471_7
鯨 2039_6
鵪 4772_7
鵲 4762_7
鶇 5722_7
鶉 0742_7
麒 0428_1
麓 4421_1
麗 1121_1
麴 4724_2
龐 0021_1

十九畫

嚥 6403_1
壟 0110_4
壠 4111_1
嬹 4748_1
嬾 4748_6
寵 3021_1
廬 0021_7
懶 9708_6
參見 孄
懷 9003_2
攀 4450_2
曝 6603_2
曠 6008_6
櫝 4498_6
櫟 4299_4
瀨 3118_6
瀛 3011_7
瀟 3412_7
瀧 3111_1
瀣 3711_1
牘 2408_6
犢 2458_6
獸 6363_4
璽 1010_3
瓊 1714_7
瓣 0044_1
疆 1111_6
疇 6404_1
癡 0018_1
禱 3424_1
籀 8856_2
簷 8826_1
簾 8823_7
繩 2791_7
繪 2896_6
繫 5790_3
藺 4422_7
繡 2592_7

二十畫

嚴 6624_8
嚶 6604_4
夔 8024_7
參見 夒
寶 3080_6
懸 6233_9
懺 9305_0
攖 5604_4
攘 5003_2
斆 7144_7
瀼 3013_2
瀾 3712_0
獻 2323_4
竇 3080_6
竈 3071_7
籌 8864_1
籍 8896_1
繼 2291_3
纂 8890_3
罌 6677_2
臙 7423_1
臚 7121_7
蘋 4428_6
藹 4462_7
藻 4419_4
藿 4421_4
蘀 4454_1
藥 4490_4
蕙 4433_6
蘅 4422_1

蘆	4421_7	鐙	8211_8
蘇	4439_4	鐘	8011_4
蘊	4491_7	闞	7714_8
蘋	4428_6	闌	7750_6
蘐	4414_3	闠	7780_6
蠙	5318_6	露	1016_4
蠕	5112_7	飄	1791_0
蠖	5414_7	騰	7922_7
覺	7721_6	騶	7732_7
觸	2622_7	騷	7733_6
警	4860_1	鰈	2439_4
譯	0664_1	鶚	6722_7
議	0865_3	鶡	6772_7
贍	6786_1	鹹	2365_0
醴	1561_3	麵	4124_6
釋	2694_1	黨	9033_1
鐔	8114_6		

二十一畫

囂	6666_3	躍	6711_4
寱	3022_7	辯	0044_1
嚾	2471_4	酆	2712_7
懼	9601_4	鐫	8012_7
攝	5104_1	鐵	8315_0
櫻	4694_4	參見	銕
灌	3411_4	韡	4455_4
爝	9284_6	霸	1052_7
爛	9782_0	顧	3128_6
瓔	1614_4	顥	6198_6
癧	0011_1	顨	1144_8
籐	8823_2	飜	2261_3
續	2498_6	饋	8578_6
罍	6077_2	饌	8778_1
藕	4452_7	饒	8471_1
蘟	4423_7	驃	7139_1
蘧	4430_3	驂	7332_2
蘗	4490_3	鬘	7240_7
蘭	4422_7	魔	0021_3
蠛	5415_3	鶮	0722_7
蠟	5211_6	鶯	9932_7
蠲	9313_6	鶴	4722_7
蠡	2713_6	鷃	6742_7
蠢	5013_6	鶼	8732_7
護	0464_7	鷄	2742_7
麝	0024_1	齩	2074_3
黯	6036_1		

二十二畫

儼	2624_8	臞	7621_4
囈	6403_1	臟	7425_3
囊	5073_2	讀	0468_6
彎	2240_7	酈	1722_7
懿	4713_8	鑄	8414_1
攤	5001_4	鑑	8811_7
權	4491_4	鑒	7810_9
灞	3112_7	霽	1022_3
灑	3111_1	韃	4453_4
灘	3011_4	響	2760_1
疊	6010_7	饗	2773_2
禳	3023_2	鬻	1722_7
穰	2093_2	鷓	0722_7
竊	3092_7	鷗	7772_7
籛	8815_3	鼈	5871_7
籟	8898_6	齋	0022_3
纏	2091_4	龔	0180_1
聽	1413_1	龢	8229_4
聾	0140_1		

二十三畫

巖	2224_8	躔	6011_4
欒	2290_4	顯	6138_6
癰	0011_4	驗	7838_6
曬	6101_1	驚	4832_7
纓	2694_4	驛	7634_1
纖	2395_0	體	7521_8
蘼	4421_1	鱗	2935_9
蘿	4491_4	鷸	5722_7
變	2224_7	麟	0925_9

二十四畫

孏	4442_7	讔	0263_7
攬	5801_6	讕	0762_0
讐	2260_9	讖	0365_0
蠶	7113_6	鑪	8111_7
蠹	5013_6	靄	1062_7
衢	2121_4	靈	1010_8
讒	0761_3	鬭	7712_1
讓	0063_2	鱠	2836_6
鹽	7810_7		

二十五畫

爦	9783_6	顱	2128_6
蠻	2213_6	鬮	7722_7
觀	4621_0	釁	7780_6
贛	0748_6		

二十六畫

灤	3219_4	驢	7131_7

二十七畫

讜	0963_1	鱷	2131_6
鑾	2210_9		

二十八畫

爨	7780_9	鸚	6742_7
豔	2411_7		

二十九畫

戇	0733_8	鬱	4472_2
驪	7131_1		

三十畫

鸝	1722_7	鸞	2232_7

汉 語 拼 音 方 案

一 字母表

字 母	A a	B b	C c	D d	E e	F f	G g
名 称	ㄚ	ㄅㄝ	ㄘㄝ	ㄉㄝ	ㄜ	ㄝㄈ	ㄍㄝ
	H h	I i	J j	K k	L l	M m	N n
	ㄏㄚ	ㄧ	ㄐㄧㄝ	ㄎㄝ	ㄝㄌ	ㄝㄇ	ㄋㄝ
	O o	P p	Q q	R r	S s	T t	
	ㄛ	ㄆㄝ	ㄑㄧㄡ	ㄚㄦ	ㄝㄙ	ㄊㄝ	
	U u	V v	W w	X x	Y y	Z z	
	ㄨ	ㄪㄝ	ㄨㄚ	ㄒㄧ	ㄧㄚ	ㄗㄝ	

V 只用来拼写外来語、少数民族語言和方言。

字母的手写体依照拉丁字母的一般书写习惯。

二 声母表

b	p	m	f	d	t	n	l
ㄅ玻	ㄆ坡	ㄇ摸	ㄈ佛	ㄉ得	ㄊ特	ㄋ訥	ㄌ勒
g	k	h		j	q	x	
ㄍ哥	ㄎ科	ㄏ喝		ㄐ基	ㄑ欺	ㄒ希	
zh	ch	sh	r	z	c	s	
ㄓ知	ㄔ蚩	ㄕ詩	ㄖ日	ㄗ資	ㄘ雌	ㄙ思	

在給汉字注音的时候，为了使拼式簡短， zh ch sh 可以省作 ẑ ĉ ŝ。

三 韵母表

	i ㄧ　衣	u ㄨ　烏	ü ㄩ　迂
a ㄚ　啊	ia ㄧㄚ　呀	ua ㄨㄚ　蛙	
o ㄛ　喔		uo ㄨㄛ　窩	
e ㄜ　鵝	ie ㄧㄝ　耶		üe ㄩㄝ　約
ai ㄞ　哀		uai ㄨㄞ　歪	
ei ㄟ　欸		uei ㄨㄟ　威	
ao ㄠ　熬	iao ㄧㄠ　腰		
ou ㄡ　欧	iou ㄧㄡ　忧		
an ㄢ　安	ian ㄧㄢ　烟	uan ㄨㄢ　弯	üan ㄩㄢ　冤
en ㄣ　恩	in ㄧㄣ　因	uen ㄨㄣ　温	ün ㄩㄣ　晕
ang ㄤ　昂	iang ㄧㄤ　央	uang ㄨㄤ　汪	
eng ㄥ　亨的韵母	ing ㄧㄥ　英	ueng ㄨㄥ　翁	
ong （ㄨㄥ）轰的韵母	iong （ㄩㄥ）　雍		

(1) “知、蚩、詩、日、資、雌、思”等字的韵母用 i。
(2) 韵母儿写成 er,用作韵尾的时候写成 r。
(3) 韵母せ单用的时候写成 ê。
(4) i 行的韵母,前面沒有声母的时候,写成

yi ya ye yao you
yan yin yang ying yong

u 行的韵母,前面沒有声母的时候,写成

wu wa wo wai wei
wan wen wang weng

ü 行的韵母,前面沒有声母的时候,写成

yu yue yuan yun

ü 上两点省略。

ü 行的韵母跟声母 j, q, x 拼的时候,写成 ju, qu, xu, ü 上两点也省略;但是跟声母 l, n 拼的时候,仍然写成 lü, nü。

(5) iou, uei, uen 前面加声母的时候,写成 iu, ui, un, 例如 niu, gui, lun。
(6) 在給汉字注音的时候,为了使拼式簡短, ng 可以省作 ŋ。

四 声調符号

声調符号标在音节的主要母音上。輕声不标。

阴平	阳平	上声	去声	輕声
ā	á	ǎ	à	a

五 隔音符号

a, o, e, 开头的音节連接在其他音节后面的时候,如果音节的界限发生混淆,用隔音符号(')隔开,例如 pi'ao (皮袄)。

索引字頭拼音檢字

A

ā

阿 7122_0

āi

哀 0073_2
埃 4313_4

ái

呆 6090_4
騃 7333_4

ǎi

欸 2748_2
譪 2662_7
藹 4462_7
靄 1062_7

ài

艾 4440_0
愛 2024_7
曖 6204_7

ān

安 3040_4
媕 4844_6
唵 6804_6
鵪 4772_7

ǎn

俺 2421_6
唵 6401_6

àn

屽 2174_1
岸 2224_1
按 5304_4
暗 6006_1
闇 7760_1
黯 6036_1

áng

卬 7772_0
昂 6072_7

āo

凹 7777_0
熬 5833_4

áo

敖 5824_0
熬 5833_4
聱 5840_1
鼇 5871_7

ào

傲 2824_0
奥 2743_0
墺 2710_4
澳 3713_4

B

bā

八 8000_0
巴 7771_7

bá

拔 5304_7
跋 6314_7

bà

霸 1052_7

bái

白 2600_0

bǎi

百 1060_0
柏 4690_0

bài

拜 2155_0
稗 2694_0

bān

班 1111_4
般 2744_7
斑 1111_4
頒 8128_6
瘢 0011_4

bǎn

板 4194_7

bàn

半 9050_0
伴 2925_0
辦 0044_1
瓣 0044_1

bāng

邦 5702_7

bàng

傍 2022_7

bāo

包 2771_2

báo

薄 4414_2

bǎo

保 2629_4
珤 1817_2
葆 4429_4
飽 8771_2
寶 3080_6

bào

抱 5701_2
褒 0073_2
豹 2722_0
報 4744_7
鮑 2731_2

bēi

杯 4199_0
陂 7424_7
桮 4196_9
悲 1133_1
碑 1664_0

běi

北 1111_0

bèi

貝 6080_0
邶 1712_7
被 3424_7
備 2422_7
孛 4040_7
骳 7424_7

bén

本 5023_0
畚 2360_3

bèn

笨 8823_4

bī

偪 2126_6
逼 3130_6

bí

鼻 2644_6

bǐ

比 2171_0
彼 2424_7
俾 2624_0
筆 8850_7

bì

皕 1166_0
必 3300_0
畢 6050_4
閉 7724_7
敝 9824_0
賁 4080_6
碧 1660_1
壁 7010_4
臂 5322_7
避 3030_4
薜 4464_1
璧 7010_3
髀 7624_0

biān

編 2392_7
鞭 4154_6
邊 3630_2

biǎn

扁 3022_7
貶 6283_7

biàn

卞 0023_0
弁 2344_0
汴 3013_0
扁 3022_7
便 2124_6
遍 3330_2
辨 0044_1
辯 0044_1
變 2224_7

biāo

驃 7139_1
彪 2221_2
滮 3211_2

biǎo

表 5073_2

bié

別 6240_0

bīn

邠 8722_7
彬 4292_2
斌 0344_0
賓 3080_6
豳 2277_0

檳 4398_6
瀕 3118_6
蠙 5318_6

bīng

冰 3213_0
兵 7280_1
栟 4894_1
檳 4398_0

bǐng

丙 1022_7
秉 2090_7
邴 1722_7
炳 9182_7
稟 0090_4
餅 8874_1

bìng

並 8010_7
病 0012_7

bō

波 3414_7
般 2744_7
玻 1414_7
盋 4310_7

鉢 8513_0
播 5206_9

bó

柏 4690_0
伯 2620_0
孛 4040_7
泊 3610_0
亳 0071_4
博 4304_2
渤 3412_7
駁 7434_0
駮 7034_8
薄 4414_2
檗 7090_4

bǔ

卜 2300_0
哺 6302_7
捕 5302_7
補 3322_7

bù

不 1090_0
布 4022_7
步 2120_1
埔 4312_7

C

cái

才 4020_0
裁 4375_0

cǎi

采 2090_4
彩 2292_2
採 5209_4
綵 2299_4

cài

菜 4490_4
蔡 4490_1

cān

參 2320_2
湌 3813_2
餐 2773_2
驂 7332_2

cán

殘 1325_3
蠶 7113_6

càn

粲 2790_4

cāng

倉 8060_7
滄 3816_7
蒼 4460_7

cáng

藏 4425_3

cāo

操 5609_4

cáo

曹 5560_6
漕 3516_6

cǎo

艸 4400_7
草 4440_6

cào

慥 9403_6

cè

夨 2743_0
冊 7744_0
側 2220_0
測 3210_0
策 8890_2

cén

岑 2220_7
涔 3212_7

céng

層 7726_6

chā

插 5207_7

chá

查 4010_6
茶 4490_4
察 3090_1

槎 4891_1

chà

汊 3714_0

chāi

差 8021_1
釵 8414_0

chái

柴 2190_4

chǎi

茝 4471_6

chán

禪 3625_6
蟬 5615_6
蟾 5716_1
纏 2091_4
躔 6011_4
讒 0761_3

chǎn

產 0021_4
闡 7750_6

chàn

懺 9305_0

chāng

昌 6060_0

cháng

長 7173_2
常 9022_7
萇 4473_2

chàng

唱 6606_0
暢 5602_7

chāo

抄 5902_0

超 4780_6
鈔 8912_0

cháo

晁 6011_3
巢 2290_4
朝 4742_0
潮 3712_0
鼂 6071_7

chǎo

㑳 2722_7

chē

車 5000_6

chè

掣 2250_2

chēn

郴 4792_7

chén

臣 7171_7
忱 9401_2
辰 7123_2
宸 3023_2
晨 6023_2
陳 7529_6
塵 0021_4

chèn

稱 2194_7
疢 0018_9
讖 0365_0

chēng

偁 2124_7
稱 2194_7

chéng

丞 1710_3
成 5320_0
呈 6010_4

承 1723_2
乘 2090_1
城 4315_0
珵 1611_4
程 2691_4
誠 0365_0
澂 3814_0
澄 3211_8

chěng

逞 3630_1

chèng

秤 2194_9
稱 2194_7

chī

摛 5002_7
癡 0018_1
郗 4722_7

chí

池 3411_2
持 5404_1
遲 3730_4

chǐ

尺 7780_7
恥 1310_0
耻 1111_0

chì

赤 4033_1
勅 5492_7
敕 5894_0

chōng

充 0021_3
冲 3510_6
沖 3510_6
舂 5077_7
衝 2110_4

chóng

种 2590_6
重 2010_4
崇 2290_1
蟲 5013_6

chǒng

寵 3021_1

chōu

抽 5506_0
搊 5702_7
瘳 0012_2

chóu

仇 2421_7
惆 9702_0
愁 2933_8
酬 1260_0
嚋 6404_1
籌 8864_1

chǒu

丑 1710_5

chū

出 2277_2
初 3722_0
樗 4192_7

chú

芻 2742_7
除 7829_4
滁 3819_4
鉏 8711_0
鋤 8412_7
雛 2041_4

chǔ

處 2124_1
楮 4496_0
楚 4480_1
褚 3426_0
儲 2426_0

chù

黜 6237_2
畜 0060_3
觸 2622_7

chuǎi

揣 5202_7

chuān

川 2200_0
穿 3024_1

chuán

船 2746_1
傳 2524_3

chuāng

窗 3060_2

chuī

吹 6708_2
炊 9788_2

chuí

垂 2010_4

chūn

春 5060_3
椿 4596_3

chún

純 2591_7
淳 3014_6
蒓 4491_7
醇 1064_7
鶉 0742_7

chǔn

蠢 5013_7

chuò

輟 5704_7

cī

雌 2011_4

cí

祠 3722_0
茨 4418_2
瓷 3771_7
詞 0762_0
慈 8033_3
雌 2011_4
辭 2024_1

cǐ

此 2111_0

cì

次 3718_2
刺 5290_0
賜 6682_7

cōng

葱 4433_2
聰 1613_0

cóng

从 8800_0
從 2828_1
淙 3319_1
叢 3214_7

cū

粗 9791_0

cú

徂 2721_0

cù

促 2628_1
醋 1466_1
蹴 6311_4

cuàn

爨 7780_9

cuī

衰 0073_2
崔 2221_4
催 2221_4

cuì

萃 4440_8
翠 1740_8

cūn

村 4490_0

cún

存 4024_7
郁 4722_7

cùn

寸 4030_0

cuó

嵯 2871_1

cuò

錯 8416_1

D

dá

笪 8810_6
畣 8060_6
答 8860_1
達 3430_4
韃 4453_4

dǎ

打 5102_0

dà

大 4003_0

dāi

呆 6090_4
騃 7333_4

dài

代 2324_0
岱 2377_2
待 2424_1
帶 4422_7
黛 2333_1
戴 4385_0

dān

丹 7744_0
單 6650_6
擔 5706_1

dǎn

紞 2491_0
亶 0010_6

dàn

啗 6707_7
啖 6908_9
淡 3918_9
噉 6804_0
彈 1625_6
憺 9706_1
澹 3716_1

dāng

當 9060_6

dǎng

[illegible] 9722_7
黨 9033_1
讜 0963_1

dàng

當 9060_6
蕩 4412_7

dāo

刀 1722_0
忉 9702_0

dǎo

倒 2220_0
島 2772_7
導 3834_3
檮 4494_1
禱 3424_1

dào

悼 9104_6
盜 3710_7
道 3830_6
稻 2297_7
菿 4412_0

dé

得 2624_1
德 2423_1

dēng

登 1210_8
燈 9281_8
鐙 8211_8

děng

等 8834_1

dèng

鄧 1712_7

dī

滴 3012_7

dí

狄 4928_0
迪 3530_6
笛 8860_3
荻 4428_9
滌 3719_4
翟 1721_4

dǐ
砥 1264$_0$
dì
地 4411$_2$
弟 8022$_7$
帝 0022$_7$
第 8822$_7$
棣 4593$_2$
睇 6802$_7$
禘 3022$_7$
diān
滇 3418$_1$
diǎn
典 5580$_1$
點 6136$_0$
diàn
殿 7724$_7$
簟 8840$_6$
diāo
刁 1712$_0$
凋 3712$_0$
琱 1712$_0$
雕 7021$_4$
diào
弔 1752$_7$
釣 8712$_0$
dié
胅 7523$_3$
堞 4419$_4$
揲 5409$_4$
蜨 5518$_1$
蝶 5419$_4$
鰈 2439$_4$
疊 6010$_7$
dīng
丁 1020$_0$
玎 1112$_0$
dǐng
頂 1128$_6$
鼎 2222$_1$
dìng
定 3080$_1$
訂 0162$_0$
飣 8172$_0$
dōng
冬 2730$_3$
東 5090$_6$
dǒng
董 4410$_4$
dòng
洞 3712$_0$
凍 3519$_6$
動 2412$_7$
dōu
兜 7721$_7$
dǒu
斗 3400$_0$
dòu
豆 1010$_8$
鬥 7711$_4$
荳 4410$_8$
痘 0011$_8$
竇 3080$_6$
鬭 7712$_1$
dū
都 4762$_7$
督 2760$_4$
dú
獨 4622$_7$
櫝 4498$_6$
牘 2408$_6$
犢 2458$_6$
讀 0468$_6$
dǔ
堵 4416$_0$
篤 8832$_7$
賭 6486$_0$
dù
妒 4347$_7$
杜 4491$_0$
妬 4146$_0$
度 0024$_7$
渡 3014$_7$
螙 4013$_6$
蠹 5013$_6$
duān
端 0212$_7$
duàn
段 7744$_7$
斷 2272$_1$
duī
堆 4011$_4$
duì
兌 8021$_6$
對 3410$_0$
dūn
惇 9004$_7$
敦 0844$_0$
燉 9884$_0$
dùn
盾 7226$_4$
鈍 8511$_7$
遁 3230$_6$
頓 5178$_6$
遯 3130$_3$
duō
多 2720$_7$
duó
咄 6207$_2$
奪 4034$_1$
duǒ
垛 4719$_4$

E

é
俄 2325$_0$
哦 6305$_0$
峨 2375$_0$
蛾 5315$_0$
額 3168$_6$
鵝 2752$_7$
鵞 2332$_7$
è
堊 1010$_4$
鄂 6722$_7$
萼 4420$_7$
噩 1010$_6$
餓 8375$_0$
鶚 6722$_7$
鱷 2131$_6$
ēn
恩 6033$_0$
ér
而 1022$_7$
兒 7721$_7$
ěr
耳 1040$_0$
洱 3114$_0$
爾 1022$_7$
邇 3130$_2$
èr
二 1010$_0$

F

fā
發 1224$_7$
fá
伐 2325$_0$
閥 7725$_3$
罰 6062$_0$
fǎ
法 3413$_1$
fà
髮 7244$_7$
fān
番 2060$_9$
繙 2296$_9$
翻 2762$_0$
飜 2261$_3$
fán
凡 7721$_0$
氾 3711$_2$
樊 4443$_0$
蕃 4460$_9$
藩 4416$_9$
蘩 4490$_3$
fǎn
反 7124$_7$
返 3130$_4$
fàn
氾 3711$_2$
汎 3711$_0$
泛 3213$_7$
范 4411$_2$
梵 4421$_7$
販 6184$_7$
飯 8174$_7$
範 8851$_2$
fāng
方 0022$_7$
坊 4012$_7$
芳 4422$_7$
fáng
防 7022$_7$
房 3022$_7$
fǎng
仿 2022$_7$
彷 2022$_7$
倣 2824$_0$
訪 0062$_7$
fàng
放 0824$_0$
fēi
非 1111$_1$
飛 1241$_3$
緋 2191$_1$
霏 1011$_1$
féi
肥 7721$_7$
fěi
匪 7171$_1$
斐 1140$_0$
翡 1112$_7$
fèi

費 5580$_6$
廢 0024$_7$

fēn

分 8022$_7$
芬 4422$_7$

fén

汾 3812$_7$
焚 4480$_9$

fěn

粉 9892$_7$

fèn

憤 9408$_6$
奮 4060$_1$

fēng

封 4410$_0$
風 7721$_0$
峯 2250$_4$
楓 4791$_0$
葑 4414$_0$
蜂 5715$_4$
酆 2712$_7$
瘋 0011$_7$
豐 2210$_8$

féng

馮 3112$_7$

fèng

奉 5050$_3$
鳳 7721$_0$

fó

佛 2522$_7$

fū

敷 5824$_0$

fú

夫 5003$_0$
弗 5502$_7$
伏 2323$_4$
孚 2040$_7$
扶 5503$_0$
宓 3033$_4$
拂 5502$_7$
服 7724$_7$
芙 4453$_0$
苻 4424$_0$
浮 3214$_7$
茯 4423$_4$
桴 4294$_7$
涪 3016$_1$
符 8824$_3$
鳧 2721$_7$
福 3126$_6$

fǔ

甫 5322$_7$
府 0024$_0$
拊 5400$_0$
釜 8010$_9$
脯 7322$_7$
滏 3811$_9$
腐 0022$_7$
輔 5302$_7$
撫 5803$_1$
簠 8810$_7$

fù

父 8040$_0$
阜 2740$_7$
附 7420$_0$
負 1780$_6$
赴 4380$_0$
婦 4742$_7$
傅 2324$_2$
富 3060$_6$
復 2824$_7$
賦 6384$_0$
覆 1024$_7$
馥 2864$_7$

G

gāi

陔 7028$_2$
該 0068$_2$

gǎi

改 1874$_0$

gài

溉 3111$_4$
蓋 4410$_7$

gān

干 1040$_0$
甘 4477$_0$

gǎn

感 5320$_0$
澉 3814$_0$

gàn

紺 2497$_0$
贛 0748$_6$

gāng

岡 7722$_0$
棡 4792$_0$
綱 2792$_0$

gàng

戇 0733$_8$

gāo

高 0022$_7$
皐 2640$_1$

gǎo

杲 6090$_4$
槁 4092$_7$
藁 4490$_4$

gào

告 2460$_1$
郜 2762$_7$
誥 0466$_1$

gē

戈 5300$_0$
哥 1062$_1$
割 3260$_0$
歌 1768$_2$
鴿 8762$_7$

gé

革 4450$_6$
格 4796$_4$
鬲 1022$_7$
隔 7122$_7$
葛 4472$_7$
閣 7760$_4$
噶 6402$_7$

gě

葛 4472$_7$

gè

各 2760$_4$
箇 8860$_3$

gēn

根 4793$_2$

gèn

亙 1010$_7$
艮 7773$_2$

gēng

更 1050$_6$
庚 0023$_7$
畊 6500$_0$
耕 5590$_0$
賡 0028$_6$
羹 8043$_0$

gěng

耿 1918$_0$
鯁 2134$_6$

gèng

更 1050$_6$

gōng

工 1010$_0$
公 8073$_2$
功 1412$_7$
攻 1814$_0$
供 2428$_1$
宮 3060$_6$
恭 4433$_8$
躬 2722$_7$
觥 2921$_1$
龔 0180$_1$

gǒng

䂬 1760$_1$
鞏 1750$_6$

gòng

共 4480$_1$
貢 1080$_6$

gōu

句 2762$_0$
溝 3514$_7$
鉤 8712$_0$
緱 2793$_4$

gǒu

岣 2772$_0$
狗 4722$_0$
苟 4462$_7$

gòu

垢 4216$_1$

gū

姑 4446$_0$
孤 1243$_0$
沽 3416$_0$
菰 4443$_2$
觚 2223$_0$
辜 4040$_1$

gǔ

古 4060$_0$
谷 8060$_8$
股 7724$_7$
骨 7722$_7$
詁 0466$_0$
轂 4794$_7$
鼓 4414$_7$
瞽 4460$_4$

gù

固 6060$_4$
故 4864$_0$
顧 3128$_6$

guā

瓜 7223$_0$

guǎ

剮 7220$_0$

guà

卦 4310$_0$

guāi

乖 2011$_1$

guài

怪 9701$_4$

guān

官 3077$_7$
冠 3721$_4$
關 7777$_2$
觀 4621$_0$

guǎn

莞 4421_1
管 8877_7
館 8377_7

guàn

冠 3721_4
貫 7780_6
祼 3629_4
雚 4421_4
灌 3411_4

guāng

光 9021_1

guǎng

廣 0028_6

guī

圭 4010_4
規 5601_0
閨 7710_4
歸 2712_7
龜 2711_7

guǐ

姽 4741_2
癸 1243_0
鬼 2621_3
簋 8810_7

guì

瞶 6508_6
柜 4191_7
桂 4491_4
貴 5080_6
會 8060_6
檜 4896_6

guō

郭 0742_7
過 3730_2

guó

國 6015_3
馘 8365_0

guǒ

果 6090_4

guò

過 3730_2

H

hā

哈 6806_1

hǎ

哈 6806_1

hǎi

海 3815_7

hān

憨 1833_4

hán

邗 1742_7
含 8060_7
函 1077_2
邯 4772_7
涵 3717_2
寒 3030_3
韓 4445_6

hàn

汗 3114_0
捍 5604_1
菡 4477_2
漢 3413_4
撼 5305_0
翰 4842_7

háng

杭 4091_7
航 2041_7

hàng

沆 3011_7

hāo

蒿 4422_7

háo

豪 0023_2
濠 3013_2

hǎo

好 4744_7
郝 4732_7

hào

好 4744_7
昊 6043_1
浩 3416_1
顥 6198_6

hē

呵 6102_0

hé

禾 2090_4
合 8060_1
何 2122_0
和 2690_0
河 3112_0
郃 8762_7
核 4098_2
荷 4422_1
鶡 6772_7

hè

和 2690_0
賀 4680_6
荷 4422_1
黑 6033_1
赫 4433_1
褐 3622_7
鶮 0722_7
鶴 4722_7
龢 8229_4

hēi

黑 6033_1

hèn

恨 9703_2

hēng

亨 0020_7

héng

恒 9101_6
珩 1112_1
横 4498_6
衡 2143_0
蘅 4422_1

hōng

烘 9488_1

hóng

弘 1223_0
瓨 1711_7
玒 1111_0
洪 3418_1
紅 2191_0
虹 5111_0
葒 4491_1
鴻 3712_7
黌 7780_6

hóu

侯 2723_4
喉 6703_4

hòu

后 7226_1
厚 7124_7
後 2224_7

hū

忽 2733_2
滹 3114_9
寣 3026_1

hú

弧 1223_0
壷 4077_5
胡 4762_0
壺 4010_7
湖 3712_0
葫 4462_7
槲 4490_0
蝴 5712_0
縠 4724_7
鵠 2762_7

hǔ

虎 2121_7
琥 1111_7
滸 3814_0

hù

笏 8822_7
扈 3021_7
瓠 4223_0
滬 3311_7
鄠 1722_7
護 0464_7

huā

花 4421_4
華 4450_4

huá

華 4450_4
滑 3712_7

huà

化 2421_0
畫 5010_6
華 4450_4
話 0266_4

huái

淮 3011_4
槐 4691_3
懷 9003_2

huán

洹 3111_6
桓 4191_6
寰 3073_3
環 1613_2
還 3630_2

huǎn

緩 2294_7

huàn

幻 2772_0
宦 3071_7
浣 3311_1
換 5703_4
豢 9023_2

huāng

荒 4421_1

huáng

皇 2610_4
凰 7721_0
湟 3611_4
黃 4480_6
篁 8810_4

huī

灰 4008_9
虺 1521_3
揮 5705_6
撝 5402_7
輝 9725_6
徽 2824_0

huí

回 6060_0

洄 3610_0
迴 3630_0

huǐ

悔 9805_7

huì

卉 4044_0
屶 2222_7
晦 6805_7
惠 5033_3
匯 7171_1
彙 2790_4
會 8060_6
誨 0865_7
慧 5533_7
蕙 4433_3
薈 4460_6
繪 2896_6

hūn

昏 7260_4
婚 4246_4

hún

渾 3715_6
琿 1715_6
魂 1671_3

hùn

混 3611_1
渾 3715_6

huō

豁 3866_8

huó

活 3216_4

huǒ

火 9080_0
夥 6792_7

huò

或 5310_0
貨 2480_6
惑 5333_0
霍 1021_4
藿 4421_4
蠖 5414_7

J

jī

乩 2261_0
姬 4141_6
嵇 2397_2
畸 6402_1
箕 8880_1
畿 2265_3
績 2598_6
稽 2396_1
機 4295_3
激 3814_0
璣 1215_3
積 2598_3
擊 5750_2
磯 1265_3
緝 2694_1
雞 2041_4
譏 0265_3
齎 0022_3
鷄 2742_7

jí

吉 4060_1
即 7772_0
汲 3714_7
亟 1010_4
急 2733_7
級 2794_7
集 2090_4
極 4191_4
殛 1121_4
輯 5604_1
籍 8896_1

jǐ

己 1771_7
泲 3512_7
脊 1122_7
幾 2245_3
濟 3012_3

jì

妓 4444_7
季 2040_7
洎 3610_0
紀 2791_7
計 0460_0
記 0761_7
偈 2622_7
寂 3094_7
寄 3062_1
既 7171_4
祭 2790_1
暨 7110_6
際 7729_1
稷 2694_7
冀 1180_1
髻 7260_1
濟 3012_3
薊 4432_0
繼 2291_3
霽 1022_3

jiā

加 4600_0
伽 2620_0
夾 4003_8
佳 2421_4
迦 3630_0
家 3023_2
笳 8846_3
葭 4424_7
嘉 4046_5

jiá

郟 4702_7

jiǎ

甲 6050_0
假 2724_7
賈 1080_6

jià

稼 2393_2
駕 4632_7

jiān

尖 9043_0
戔 5350_3
肩 3022_7
兼 8033_7
堅 7710_4
牋 2305_3
菅 4477_7
煎 8033_2
監 7810_7
箋 8850_3
蒹 4433_7
緘 2395_0
鶼 8732_7
籛 8815_3

jiǎn

剪 8022_7
減 3315_0
戩 1365_0
儉 2828_6
翦 8012_7
檢 4898_6
謇 3060_1
蹇 3080_1
簡 8822_7
繭 4422_7

jiàn

見 6021_0
建 1540_0
健 2524_0
漸 3212_1
監 7810_7
劍 8280_0
澗 3712_0
踐 6315_3
諫 0569_6
磵 1762_0
薦 4422_7
餞 8375_3
鑑 8811_7
鑒 7810_9

jiāng

江 3111_0
姜 8040_4
將 2724_0
畺 1010_6
薑 4410_6
疆 1111_6

jiǎng

蔣 4424_7
講 0564_7

jiàng

降 7725_4
絳 2795_4

jiāo

交 0040_8
𠩺 7129_1
郊 0742_7
茮 4490_1
椒 4794_0
焦 2033_1
蛟 5014_8
嘐 6702_2
嬌 4242_7
澆 3411_1
膠 7722_2
蕉 4433_1
鮫 2034_8

jiǎo

角 2722_7
皎 2064_8
脚 7722_0
剿 2290_0
勦 2492_7
𧭹 0269_4
湫 3918_0

jiào

校 4094_8
敎 4844_0
斠 5440_0
嶠 2272_7
醮 1063_1
爝 9284_6

jiē

皆 2160_2
接 5004_4
痎 0018_2
揭 5602_7
裓 3325_0

jié

孑 1740_7
劫 4472_7
結 2496_1
絜 5790_3
睫 6508_1
詰 0466_1
截 4325_0
碣 1662_7
潔 3719_3
節 8872_7
羯 8652_7
鮚 2436_1
蠽 9313_6

jiě

解 2725_2

jiè

介 8022_0
岕 2222_8
戒 5340_0

芥 4422_8
借 2426_1
解 2725_2
誡 0365_0

jīn

巾 4022_7
今 8020_7
金 8010_9
津 3510_7
衿 3822_7

jǐn

僅 2421_4
錦 8612_7
謹 0461_4

jìn

近 3230_2
晉 1060_1
進 3030_1
禁 4490_1
靳 4252_1
墐 4411_4
盡 5010_7
縉 2196_1
燼 9581_7

jīng

京 0090_6
涇 3111_1
荊 4240_0
旌 0821_4
經 2191_1
箐 8822_7
精 9592_7
鯨 2039_6
鶄 5722_7
驚 4832_7

jǐng

井 5500_0
景 6090_6
儆 2824_0
警 4860_1

jìng

徑 2121_1
淨 3215_7
竟 0021_6
痙 0011_1
敬 4864_0
靖 0512_7
靚 5621_0
靜 5225_7
鏡 8011_6

jiōng

駉 7732_0

jiǒng

炅 6080_9
絅 2792_0

jiū

鳩 4702_7

jiǔ

九 4001_7
久 2780_0
酒 3116_0

jiù

疚 0018_7
救 4814_0
就 0391_4
舊 4477_7

jū

居 7726_4
車 5000_6
岣 2772_0
拘 5702_0
掬 5702_0
駒 7732_0
鞠 4752_0

jú

局 7722_7
菊 4492_7
橘 4792_7
鞠 4752_0
蘜 4452_7

jǔ

矩 8141_7
榘 8190_4
舉 7750_8

jù

句 2762_0
巨 7171_7
具 7780_1
鉅 8111_7
聚 1723_2
劇 2220_0
據 5103_2
懼 9601_4

juān

娟 4642_7
鐫 8012_7

juàn

卷 9071_2
倦 2921_2
雋 2022_7
圈 6071_2
雟 2122_7

jué

決 3513_0
角 2722_7
潏 3712_7
絕 2791_7
譎 0762_7
蹶 6118_2
覺 7721_6
爝 9284_6

jūn

君 1760_7
均 4712_0
軍 3750_6

jùn

俊 2324_7
浚 3314_7
郡 1762_7
菌 4460_0
雋 2022_7
濬 3116_8

K

kā

喀 6306_4

kǎ

卡 2123_1

kāi

開 7744_1

kān

刊 1240_0
勘 4472_7
堪 4411_1

kǎn

坎 4718_2

kàn

看 2060_4
衎 2140_1
勘 4472_7
闞 7714_8

kāng

康 0023_2

kàng

亢 0021_7

kāo

尻 7721_7

kǎo

攷 1824_0
考 4420_7
栲 4492_7

kē

柯 4192_0
珂 1112_0
科 2490_0

ké

欬 0728_2

kě

可 1062_0
[illegible] 1762_7

kè

克 4021_6
刻 0220_0
客 3060_4
尅 4421_0
敤 6894_0
愙 3033_6
課 0669_4

kěn

肯 2122_7
墾 2710_4

kōng

空 3010_1
箜 8810_1

kǒng

孔 1241_0
恐 1733_1

kǒu

口 6000_0

kòu

叩 6702_0
扣 5600_0
寇 3021_4

kū

枯 4496_0
哭 6643_0

kǔ

苦 4460_4

kù

庫 0025_6
酷 1466_1

kuà

跨 6412_7

kuǎi

蒯 4220_0

kuài

快 9503_0
蒯 4220_0
檜 4896_6
鱠 2836_6

kuān

寬 3021_3

kuǎn

梡 4391_1
欵 2748_2
款 4798_2

kuāng

匡 7171_1

kuáng

狂 4121_4

kuàng

況 3611_0
鄺 0722_7
曠 6008_6

kuī

窺 3051_6

kuí

揆 5203_4
葵 4443_0
睽 6203_4
魁 2421_0
蘬 4414_8
夔 8024_7

kuǐ

揆 5203_4
跬 6411_4

kuì

喟 6602_7
愧 9601_3
簣 8880_6
饋 8578_6

kūn

坤 4510_6
昆 6071_1
崑 2271_1

kǔn

閫 7760_7

kùn

困 6090_4

kuò

括 5206_4
廓 0022_7
漷 3712_7
鞟 4054_7
擴 5008_6

L

lā

拉 5001_8

là

蠟 5211_6

lái

來 4090_8
淶 3419_8
萊 4490_8

lài

賴 5798_6
籟 8898_6

lán

嵐 2221_7
闌 7790_6
藍 4410_7
瀾 3712_0
蘭 4422_7
讕 0762_0

lǎn

嬾 4748_6
懶 9708_6
孏 4442_7
攬 5801_6

làn

爛 9782_0

láng

郎 3772_7
嫏 4742_7
瑯 1712_7
閬 7773_2

lǎng

朗 3772_0

làng

浪 3313_2
蒗 4473_2
閬 7773_2

láo

勞 9942_7
癆 0012_7
醪 1762_2

lǎo

老 4471_1

lè

勒 4452_7
樂 2290_4

léi

雷 1060_3
罍 6077_2

lěi

耒 5090_0
磊 1066_1
壘 6010_4

lèi

淚 3313_4
類 9148_6

léng

棱 4494_7
楞 4692_7
稜 2494_7

lěng

冷 3813_7

lí

梨 2290_4
黎 2713_2
氂 5821_4
藜 4413_2
離 0041_4
灕 3011_4
驪 7131_1
鸝 1722_7
蠡 2713_6

lǐ

李 4040_7
里 6010_4
俚 2621_4
理 1611_4
澧 3511_8
禮 3521_8
醴 1561_8
蠡 2713_6

lì

立 0010_8
吏 5000_6
利 2290_0
栗 1090_4
秝 2299_4
荔 4422_7
笠 8810_8
莅 4421_8
痢 0012_0
厲 7122_7
曆 7126_9
歷 7121_1
勵 7422_7
隸 4593_2
癘 0012_7
櫟 4299_4
麗 1121_1
癧 0011_1
酈 1722_7

lián

連 3530_0
廉 0023_7
憐 9905_9
蓮 4430_4
濂 3013_7
聯 1217_2
鎌 8813_7
簾 8823_7

liàn

楝 4599_6
煉 9589_6
練 2599_6
鍊 8519_6

liáng

良 3073_2
梁 3390_4
涼 3019_6
量 6010_4

liǎng

兩 1022_7

liáo

聊 1712_0
寥 3020_2
遼 3430_9
療 0019_6

liǎo

了 1720_7
蓼 4420_2
燎 9489_6

liào

廖 0022_2

liè

列 1220_0
烈 1233_0
獵 4221_6

lín

林 4499_0
鄰 9722_7
隣 7925_9
磷 1965_9
臨 7876_6
麐 0060_4
鱗 2935_9
麟 0925_9

líng

令 8030_7
伶 2823_7
泠 3813_7
玲 1813_7
苓 4430_7
淩 3414_7
羚 8853_7
蛉 5813_7
陵 7424_7
鈴 8813_7
零 1030_7
靈 1010_8

lǐng

嶺 2238_6

lìng

令 8030_7

liú

流 3011_3
留 7760_2
琉 1011_3
翏 1720_2
劉 7210_0
鎦 8716_2
鎏 3010_9

liǔ

柳 4792_0

liù

六 0080_0
翏 1720_2

lóng

隆 7721_4

龍 0121_1
瀧 3111_1
聾 0140_1

lǒng

壟 0110_4
壠 4111_1
隴 7121_1

lòng

弄 1044_1

lóu

婁 5040_4
樓 4594_4

lòu

陋 7121_2
漏 3712_7

lú

盧 2121_7
廬 0021_7
臚 7121_7
蘆 4421_7
鑪 8111_7
顱 2128_6

lǔ

虜 2122_7
魯 2760_3

lù

六 0080_0
淥 3713_2
陸 7421_4
鹿 0021_1
逯 3730_3
菉 4413_2
路 6716_4
禄 3723_2
綠 2793_2
潞 3716_4
錄 8713_2

麓 4421_1
露 1016_4

lǘ

閭 7760_6
驢 7131_7

lǚ

呂 6060_0
侶 2626_0
旅 0823_2
郘 6762_7
履 7724_7

lǜ

律 2520_7
綠 2793_2
慮 2123_6
濾 3113_6

luán

孿 2240_7
欒 2290_4
灤 3219_4
鑾 2210_9
鸞 2232_7

luàn

亂 2221_0

lüè

略 6706_4

lún

倫 2822_7
綸 2892_7
論 0862_7
輪 5802_7

lùn

論 0862_7

luó

螺 5619_3

羅 6091_4
蘿 4491_4

luǒ

[illegible] 9703_6

luò

洛 3716_4
珞 1716_4
絡 2796_4
落 4416_4
雒 2061_4
駱 7736_4

M

má

麻 0029_4
痲 0019_4
蟇 4413_6

mǎ

馬 7132_7
瑪 1112_7

mà

駡 6632_7

mái

埋 4611_4

mǎi

買 6080_6

mài

脈 7223_2
麥 4020_7
賣 4080_6
邁 3430_2

mán

漫 3614_7
鬘 7240_7
蠻 2213_6

mǎn

滿 3412_7
矕 2260_9

màn

曼 6040_7
[illegible] 6022_7
幔 4624_7
漫 3614_7
縵 2694_7

máng

芒 4471_0

mǎng

莽 4444_3

māo

貓 2426_0

máo

毛 2071_4
茅 4422_2
茆 4472_7

mǎo

泖 3712_0

mào

冒 6060_0
茂 4425_3
耄 4471_4
貿 7780_6
楙 4499_0
鄮 7782_7

méi

玫 1814_0
枚 4894_0
眉 7726_7
梅 4895_7
嵋 2776_7
湄 3716_7
槑 6699_4
楳 4499_4

měi

每 8050_7
美 8043_0
渼 3813_4

mèi

媚 4746_7

mén

門 7777_7
捫 5702_0

méng

蒙 4423_2
濛 3413_2

měng

蒙 4423_2
猛 4721_7

mèng

孟 1710_7
夢 4420_7
㝱 3022_7

mí

迷 3930_9
彌 1122_7
麋 0029_4
縻 0029_3
謎 0963_9
麋 0029_4
蘼 4421_1

mǐ

米 9090_4
洣 3414_1

mì

汨 3610_0
泌 3310_0
祕 3320_0
密 3077_2
蜜 3013_6

mián

眠 6704_7
棉 4692_7
綿 2692_7

miǎn

沔 3112_7
勉 2441_2
冕 6041_6
緬 2196_0

miàn

面 1060_0
麵 4124_6

miáo

苗 4460_0
描 5406_0

miǎo

藐 4428_6

miào

妙 4942_0
廟 0022_7
繆 2792_2

miè

滅 3315_0
蠛 5415_3

mín

民 7774_7
岷 2774_7

mǐn

敏 8854_0
閔 7740_0
愍 7833_4
閩 7713_6

míng

名 2760_0
明 6702_0
洺 3716_0
冥 3780_0
茗 4460_7
銘 8716_0
鳴 6702_7
暝 6708_0

mǐng

茗 4460_7

mìng

命 8062_7
暝 6708_0

miù

謬 0762_2

mó

摩 0025_2
摹 4450_2
模 4493_4
磨 0026_1
魔 0021_3

mò

万 1022_7
秣 2599_0
脈 7223_2
莫 4443_0
漠 3413_4
墨 6010_4
默 6333_4

móu

牟 2350_0
謀 0469_4
繆 2792_2

mǒu

某 4490_4

mǔ

母 7750_0
牡 2451_0
胟 7725_0

mù

木 4090_0
目 6010_1
沐 3419_0
牧 2854_0
募 4442_7
睦 6401_4
墓 4410_4
幕 4422_7
幙 4423_4
慕 4433_3
穆 2692_2

N

nā

那 1752_7

ná

拏 4750_2

nà

納 2492_7
衲 3422_7
訥 0462_7

nǎi

乃 1722_7
迺 3130_6

nài

奈 4090_1
耐 1420_0

nán

男 6042_7
南 4022_7
難 4051_4

nàn

難 4051_4

náng

囊 5073_2

nào

鬧 7722_7

nè

訥 0462_7

nèi

內 4022_7

nèn

嫩 4844_0

néng

能 2121_1

nī

妮 4741_1

ní

尼 7721_1
泥 3711_1
倪 2721_7
霓 1021_7

nǐ

擬 5708_1

nì

逆 3830_4

niān

拈 5106_0

nián

年 8050_0

niǎn

輦 5550_6

niàn

廿 4477_0
念 8033_2

niè

聶 1014_1

níng

甯 3022_7
寧 3020_1
凝 3718_1

niú

牛 2500_0

niǔ

鈕 8711_5

nóng

農 5523_2

nòng

弄 1044_1

nú

奴 4744_0

nuǎn

暖 6204_7
煖 9284_7

nuò

諾 0466_4

nǚ

女 4040_0

nüè

瘧 0011_1

nùn

嫩 4844_0

O

ōu

區 7171_6
漚 3111_6
歐 7778_2
甌 7171_7
鷗 7772_7

ǒu

偶 2622_7
嘔 6101_6
耦 5692_7
蕅 4412_7
藕 4492_7

P

pā

葩 4461_7

pà

帕 4620_0

pāi

拍 5600_0

pái

排 5101_1
牌 2604_0

pān

番 2060_9
潘 3216_9
攀 4450_2

pán

柈 4995_0
般 2744_7
盤 2710_7
磻 1266_9
蟠 5216_9

pàn

判 9250_0
泮 3212_1
頖 9158_6

pāng

滂 3012_7

páng

逄 3730_4
龐 0021_1

pāo

拋 5401_2

páo

匏 4721_2
袍 3721_2

pào

泡 3711_2

péi

培 4016$_1$
裴 1173$_2$

pèi

佩 2721$_0$

pēn

噴 6408$_6$

pén

盆 8010$_7$

pēng

澎 3212$_2$

péng

朋 7722$_0$
彭 4212$_2$
澎 3212$_2$
蓬 4430$_4$
篷 8830$_4$

pěng

捧 5505$_3$

pī

批 5101$_0$
披 5404$_7$

pí

皮 4024$_7$
毘 6071$_1$
蚍 5111$_0$
埤 4614$_0$
琵 1171$_1$
脾 7624$_0$
裨 3624$_0$

pǐ

否 1060$_9$
癖 0014$_1$

pì

辟 7064$_1$
澼 3014$_1$
甓 7071$_7$

piān

扁 3022$_7$
偏 2322$_7$
篇 8822$_7$

pián

駢 7834$_1$

piàn

片 2202$_1$

piāo

漂 3119$_1$
飄 1791$_0$

piáo

朴 4390$_0$
瓢 1293$_0$

piǎo

縹 2199$_1$

piào

驃 7139$_1$

piē

瞥 9860$_4$

pīn

拼 5804$_1$

pín

貧 8080$_6$
頻 2128$_6$
薲 4480$_6$
蠙 5318$_6$

pǐn

品 6066$_0$

pìn

聘 1512$_7$

píng

平 1040$_9$
凭 2221$_7$
屏 7724$_1$
洴 3814$_1$
苹 4440$_9$
瓶 8141$_7$
缾 8874$_1$
萍 4414$_9$
評 0164$_9$
憑 3133$_2$
蘋 4428$_6$

pō

坡 4414$_7$

pó

鄱 2762$_7$

pò

拍 5600$_0$
破 1464$_7$
蒪 4434$_2$

pú

苻 4424$_0$
莆 4422$_7$
菩 4460$_1$
葡 4422$_7$
蒲 4412$_7$
璞 1213$_4$
濮 3213$_4$

pǔ

圃 6022$_7$
浦 3312$_7$
普 8060$_1$
樸 4293$_4$
譜 0866$_1$

pù

瀑 3613$_2$
曝 6603$_2$

Q

qī

七 4071$_0$
栖 4196$_0$
戚 5320$_0$
棲 4594$_4$
欹 4768$_2$
溪 3213$_4$
谿 2846$_3$
漆 3413$_2$

qí

岐 2474$_7$
其 4480$_1$
奇 4062$_1$
祁 3722$_7$
祈 3222$_1$
耆 4460$_1$
崎 2472$_1$
淇 3418$_1$
棋 4498$_1$
棊 4490$_4$
畦 6401$_4$
祺 3428$_1$
旗 0828$_1$
綦 4490$_3$
鼓 7424$_7$
齊 0022$_3$
騎 7432$_1$
麒 0428$_1$

qǐ

乞 8071$_7$
屺 2771$_7$
杞 4791$_7$
芑 4471$_7$
豈 2210$_8$
起 4780$_1$
啓 3860$_4$
綺 2492$_1$

qì

泣 3011$_8$
契 5743$_0$
氣 8091$_7$
棄 0090$_4$
厩 7721$_4$
憩 2633$_0$
磧 1568$_6$

qià

洽 3816$_1$

qiān

千 2040$_0$
汧 3114$_0$
鉛 8716$_1$
謙 0863$_7$

qián

前 8022$_1$
虔 2124$_0$
乾 4841$_7$
鈐 8812$_7$
潛 3116$_1$
錢 8315$_3$
黔 6832$_7$
灊 3112$_7$

qiǎn

淺 3315$_3$
嵰 2873$_7$
遣 3530$_7$

qiàn

欠 2780$_2$
倩 2522$_7$
塹 5210$_4$
蒨 4422$_7$

qiáng

強 1323$_6$
彊 1121$_6$
牆 2426$_1$

qiǎng

強 1323$_6$

qiāo

雀 9021$_4$
敲 0124$_7$

qiáo

荍 4474$_8$
喬 2022$_7$
僑 2222$_7$
橋 4292$_7$
樵 4093$_1$
翹 4721$_2$
譙 0063$_1$

qiǎo

巧 1112$_7$

qié

伽 2620$_0$

qiě

且 7710$_0$

qiè

切 4772$_0$
篋 8871$_3$
竊 3092$_7$

qīn

欽 8718$_2$
親 0691$_0$

qín

芹 4422$_{1}$
秦 5090$_{4}$
琴 1120$_{7}$
琹 1190$_{4}$
勤 4412$_{7}$
禽 8042$_{7}$
擒 5802$_{7}$

qǐn

寢 3024$_{7}$

qìn

沁 3310$_{0}$

qīng

青 5022$_{7}$
清 3512$_{7}$

qíng

情 9502$_{7}$
晴 6502$_{7}$

qǐng

請 0562$_{7}$

qìng

慶 0024$_{7}$
磬 4760$_{1}$

qióng

穹 3020$_{7}$
窮 3022$_{7}$
瓊 1714$_{7}$

qiū

丘 7210$_{1}$
邱 7712$_{7}$
秋 2998$_{0}$
秌 9289$_{4}$
湫 3918$_{0}$
龜 2711$_{7}$
鞦 4958$_{0}$

qiú

仇 2421$_{7}$
求 4313$_{2}$
虬 5211$_{0}$
裘 4373$_{2}$
遒 3830$_{6}$

qū

曲 5560$_{0}$
屈 7727$_{2}$
區 7171$_{6}$
袪 3423$_{1}$
毆 7174$_{7}$
趨 4780$_{2}$
麴 4724$_{2}$

qú

渠 3190$_{4}$
瞿 6621$_{4}$
蘧 4430$_{3}$
臞 7621$_{4}$
衢 2121$_{4}$

qǔ

曲 5560$_{0}$
取 1714$_{0}$

qù

去 4073$_{1}$

quán

全 8010$_{4}$
泉 2623$_{2}$
拳 9050$_{2}$
巏 2471$_{4}$
權 4491$_{4}$

quàn

券 9022$_{7}$

quē

闕 7748$_{2}$

qué

瘸 0012$_{7}$

què

却 4772$_{0}$
卻 8762$_{0}$
雀 9021$_{4}$
确 1762$_{7}$
愨 4733$_{4}$
確 1461$_{4}$
闕 7748$_{2}$
鵲 4762$_{7}$

qún

羣 1750$_{1}$

R

rán

然 2333$_{3}$
燃 9383$_{3}$

rǎn

冉 5044$_{7}$
染 3490$_{4}$

ráng

禳 3023$_{2}$
穰 2093$_{2}$

rǎng

攘 5003$_{2}$

ràng

瀼 3013$_{2}$
讓 0063$_{2}$

ráo

蕘 4421$_{1}$
饒 8471$_{1}$

rè

熱 4433$_{1}$

rén

人 8000$_{0}$
仁 2121$_{0}$
壬 2010$_{4}$
任 2221$_{4}$

rěn

忍 1733$_{2}$

rèn

任 2221$_{4}$
紉 2792$_{0}$
訒 0762$_{0}$
靭 4752$_{0}$
葚 4471$_{1}$
認 0763$_{2}$

réng

仍 2722$_{7}$

rì

日 6010$_{0}$

róng

戎 5340$_{0}$
容 3060$_{8}$
茸 4440$_{1}$
溶 3316$_{8}$
榕 4396$_{8}$
榮 9990$_{4}$
蓉 4460$_{8}$
融 1523$_{6}$

rǒng

宂 3021$_{7}$

róu

柔 1790$_{4}$

ròu

肉 4022$_{7}$

rú

如 4640$_{0}$
茹 4446$_{0}$
儒 2122$_{7}$
孺 1142$_{7}$
蠕 5112$_{7}$

rǔ

汝 3414$_{0}$
乳 2241$_{0}$

rù

入 8000$_{0}$
肉 4022$_{7}$
孺 1142$_{7}$

ruǎn

阮 7121$_{1}$

ruǐ

蕊 4433$_{3}$
蘂 4490$_{4}$

ruì

瑞 1212$_{7}$
睿 2160$_{8}$

rùn

潤 3712$_{0}$

ruò

若 4460$_{4}$
弱 1712$_{7}$
婼 4446$_{4}$
箬 8860$_{4}$

S

sǎ

灑 3111$_{1}$

sà

卅 4400$_{5}$
鈒 8714$_{7}$
薩 4421$_{4}$

sāi

塞 3010$_{4}$

sài

塞 3010$_{4}$

sān

三 1010$_{1}$
參 2320$_{2}$
蔘 4420$_{2}$

sǎn

散 4824$_{0}$

sàn

散 4824$_{0}$

sāng

桑 7790$_{4}$
喪 4073$_{2}$

sāo

搔 5703$_{6}$
騷 7733$_{6}$

sǎo

掃 5702$_{7}$

sào

埽 4712$_{7}$

sè

色 2771$_{7}$
嗇 4060$_{1}$
塞 3010$_{4}$
瑟 1133$_{1}$

sēn

森 4099$_4$

sēng

僧 2826$_6$

shā

沙 3912$_0$
砂 1962$_0$
殺 4794$_7$
痧 0012$_9$

shài

曬 6101$_1$

shān

山 2277$_0$
刪 7240$_0$
杉 4292$_2$
姍 4744$_0$
珊 1714$_0$
椯 4196$_0$

shǎn

陝 7423$_8$

shàn

疝 0017$_2$
單 6650$_6$
善 8060$_5$
鄯 8762$_7$
膳 7826$_5$
贍 6786$_1$

shāng

商 0022$_7$
傷 2822$_7$
殤 1822$_7$
觴 2822$_7$

shǎng

賞 9080$_6$

shàng

上 2110$_0$
尙 9022$_7$

shāo

燒 9481$_1$

sháo

勺 2732$_0$
芍 4432$_7$
苕 4460$_2$
韶 0766$_2$

shǎo

少 9020$_0$

shào

邵 1762$_7$
紹 2796$_2$

shé

舌 2060$_4$
佘 8090$_1$
蛇 5311$_1$
揲 5409$_4$

shè

舍 8060$_4$
社 3421$_0$
射 2420$_0$
涉 3112$_1$
赦 4834$_0$
歙 8718$_2$
攝 5104$_1$
麝 0024$_1$

shēn

申 5000$_6$
伸 2520$_6$
身 2740$_0$
呻 6500$_6$
深 3719$_4$

shén

神 3520$_6$

shěn

沈 3411$_2$
審 3060$_9$
瀋 3316$_9$

shèn

愼 9408$_1$
蜃 7113$_6$
葚 4471$_1$

shēng

升 2440$_0$
生 2510$_0$
昇 6044$_0$
勝 7922$_7$
笙 8810$_4$
聲 4740$_1$

shéng

澠 3711$_7$
繩 2791$_7$

shěng

省 9060$_2$

shèng

剩 2290$_0$
勝 7922$_7$
盛 5320$_0$
嵊 2279$_1$
聖 1610$_4$
賸 7928$_6$

shī

尸 7727$_0$
失 2503$_0$
施 0821$_2$
師 2172$_7$
溼 3111$_4$
獅 4122$_7$
詩 0464$_1$
蝨 1713$_6$

shí

十 4000$_9$
石 1060$_0$
拾 5806$_1$
食 8073$_2$
時 6404$_1$
碩 1168$_6$
實 3080$_6$
識 0365$_0$

shǐ

史 5000$_6$
矢 8043$_0$
使 2520$_6$
始 4346$_0$

shì

士 4010$_0$
氏 7274$_0$
世 4471$_7$
仕 2421$_0$
市 0022$_7$
示 1090$_1$
式 4310$_0$
事 5000$_7$
侍 2424$_1$
是 6080$_1$
柿 4092$_7$
視 3621$_0$
嗜 6406$_1$
筮 8810$_8$
試 0364$_0$
蒔 4464$_1$
奭 4003$_6$
適 3030$_2$
諡 0861$_7$
釋 2694$_1$

shōu

收 2874$_0$

shǒu

手 2050$_0$
守 3034$_2$
首 8060$_1$

shòu

受 2040$_7$
授 5204$_7$
壽 4064$_1$
瘦 0014$_7$
獸 6363$_4$

shū

尗 2190$_1$
抒 5702$_2$
叔 2794$_0$
姝 4549$_0$
書 5060$_1$
淑 3714$_0$
菽 4494$_7$
疏 1011$_3$
踈 1519$_6$
舒 8762$_2$
樞 4191$_6$
[illegible] 1112$_7$
蔬 4411$_3$

shú

塾 0410$_4$

shǔ

黍 2013$_2$
暑 6060$_4$
蜀 6012$_7$
鼠 7771$_7$
曙 6606$_4$

shù

束 5090$_6$
杼 4792$_2$
述 3330$_9$
恕 4633$_0$
庶 0023$_1$
術 2190$_4$
腧 7822$_1$
墅 6710$_4$
潄 3718$_2$
數 5844$_0$
豎 7710$_8$
樹 4490$_0$

shuāi

衰 0073$_2$

shuài

帥 2472$_7$
率 0040$_3$

shuāng

霜 1096$_3$
雙 2040$_7$

shuǎng

爽 4003$_4$

shuǐ

水 1223$_0$

shuì

蛻 5811$_6$
稅 2891$_6$
睡 6201$_4$

shùn

舜 2025$_2$
順 2108$_6$

shuō

說 0861$_6$

shuò

勺 2732$_0$
帥 2472$_7$
朔 8742$_0$

sī

司 1762$_0$

私 2293_{0}
思 6033_{0}
斯 4282_{1}
絲 2299_{3}

sǐ

死 1021_{2}

sì

四 6021_{0}
寺 4034_{1}
泗 3610_{0}
俟 2323_{4}
笥 8862_{7}
耜 5797_{7}
嗣 6722_{0}
肆 7570_{7}
飼 8772_{0}

sōng

松 4893_{2}
崧 2293_{2}
淞 3813_{2}
菘 4493_{2}
嵩 2222_{7}

sǒng

悚 9509_{6}

sòng

宋 3090_{4}
訟 0863_{2}
頌 8178_{6}
誦 0762_{7}

sōu

廋 0024_{7}
搜 5704_{7}
蒐 4421_{3}

sòu

漱 3718_{2}

sū

甦 1550_{1}
酥 1269_{4}
蘇 4439_{4}

sú

俗 2826_{8}

sù

夙 7721_{0}
涑 3519_{6}
素 5090_{3}
宿 3026_{1}
粟 1090_{4}
訴 0263_{1}
塑 8710_{4}
肅 5022_{7}
遡 3730_{2}
鷫 5722_{7}

suān

酸 1364_{7}

suàn

算 8844_{6}

suī

眭 6401_{4}
綏 2294_{4}

suí

隋 7422_{7}
綏 2294_{4}
隨 7423_{2}

suì

歲 2125_{3}
碎 1064_{8}
遂 3830_{3}
誶 0064_{8}
邃 3330_{3}

sūn

孫 1249_{3}
蓀 4449_{3}

sǔn

筍 8862_{7}
損 5608_{6}

sùn

潠 3718_{1}

suō

娑 3940_{4}
惢 4433_{7}
梭 4394_{7}
莎 4412_{9}
蓑 4473_{2}

suǒ

所 7222_{1}
索 4090_{3}
瑣 1918_{6}
璅 1219_{4}
鎖 8918_{6}

T

tā

他 2421_{2}

tǎ

塔 4416_{1}

tà

嗒 6406_{1}
撻 5403_{4}

tāi

台 2360_{0}
胎 7326_{0}

tái

台 2360_{0}
苔 4460_{3}
臺 4010_{4}

tài

太 4003_{0}
汰 3413_{0}
泰 5013_{2}

tān

貪 8080_{6}
攤 5001_{4}
探 5709_{4}

tán

郯 9782_{7}
痰 0018_{9}
彈 1625_{6}
潭 3114_{6}
談 0968_{9}
曇 6073_{1}
檀 4091_{6}
蟫 5114_{6}
譚 0164_{6}
鐔 8114_{6}

tǎn

坦 4611_{0}

tàn

探 5709_{4}

tāng

湯 3612_{7}

táng

唐 0026_{7}
棠 9090_{4}
塘 4016_{7}
糖 9096_{7}

tāo

弢 1224_{7}
謟 0267_{7}
韜 4257_{7}

táo

匋 2772_{0}
洮 3211_{3}
桃 4291_{3}
逃 3230_{1}
陶 7722_{0}
檮 4494_{1}

tǎo

討 0460_{0}

tè

特 2454_{1}

téng

滕 7923_{2}
藤 4423_{2}
騰 7922_{7}
籐 8823_{2}

tī

梯 4892_{7}

tí

荑 4453_{2}
提 5608_{1}
綈 2892_{7}
緹 2698_{1}
蹄 6012_{7}
題 6180_{8}

tǐ

體 7521_{8}

tì

惕 9602_{7}
替 5560_{3}
殢 1422_{7}

tiān

天 1043_{0}
添 3213_{3}

tián

田 6040_{0}
恬 9206_{4}
甜 2467_{0}
塡 4418_{1}

tiáo

苕 4460_{2}
條 2729_{4}
蜩 5712_{0}
調 0762_{0}

tiǎo

挑 5201_{3}

tiě

銕 8513_{2}
鐵 8315_{0}

tiè

帖 4126_{0}

tīng

汀 3112_{0}
桯 4691_{4}
聽 1413_{1}

tíng

廷 1240_{1}
亭 0020_{1}
庭 0024_{1}
停 2022_{1}
霆 1040_{1}

tǐng

梃 4294_{1}
艇 2244_{1}

tōng

通 3730_{2}

tóng

同 7722_0
佟 2723_3
彤 7242_2
峒 2772_0
桐 4792_0
童 0010_4
銅 8712_0
潼 3011_4

tòng

痛 0012_7

tōu

偷 2822_1

tóu

投 5704_7

tòu

透 3230_2

tū

禿 2021_7

tú

涂 3819_4
荼 4490_4
途 3830_9
屠 7726_4
塗 3810_4
圖 6060_4

tǔ

土 4010_0
吐 6401_0

tù

兔 1741_3

tuán

團 6034_3
摶 5504_3

tuàn

彖 2723_2

tuī

推 5001_4

tuì

退 3730_3
蛻 5811_6

tūn

呑 2060_3

tún

庉 0021_7

tuō

托 5201_4
脫 7821_6

tuó

橐 5090_4

tuǒ

橢 4492_7

tuò

唾 6201_4
蘀 4454_1

W

wǎ

瓦 1071_7

wài

外 2320_0

wán

丸 4001_7
玩 1111_1
頑 1128_6
翫 1161_1

wǎn

宛 3021_2
晚 6701_6
琬 1311_2
皖 2361_1
畹 6301_2
綰 2397_7

wàn

卍 1221_7
玩 1111_1
翫 1161_1
萬 4442_7

wāng

汪 3111_4

wáng

王 1010_4
忘 0033_1

wǎng

往 2521_4
枉 4191_4
罔 7722_0
網 2792_0
輞 5702_0

wàng

妄 0040_4
忘 0033_1
望 0710_4

wēi

倭 2224_4
危 2721_2
威 5320_0
微 2824_0
煨 9683_2
薇 4424_8

wéi

危 2721_2
爲 3402_7
韋 4050_6
唯 6001_4
惟 9001_4
圍 6050_6
違 3430_4
維 2091_4
褘 3425_6
濰 3011_4

wěi

尾 7721_4
委 2040_4
爲 3402_7
偉 2425_6
僞 2422_7
猥 4623_2
葦 4450_6
緯 2495_6

wèi

未 5090_0
位 2021_8
味 6509_0
畏 6073_2
尉 7420_0
渭 3612_7
蔚 4424_0
衞 2122_7
魏 2641_3

wēn

溫 3611_7
瘟 0011_7

wén

文 0040_0
雯 1040_0
聞 7740_1

wèn

汶 3014_0
問 7760_7

wēng

翁 8012_7

wèng

甕 0071_7
罋 0077_2

wō

倭 2224_4
蝸 5712_7

wǒ

我 2355_0

wò

沃 3213_4
臥 7370_0
握 5701_4

wū

巫 1010_8
烏 2732_7
鄔 2732_7

wú

无 1041_0
毋 7755_0
吳 2643_0
吾 1060_1
[illegible] 7126_1
浯 3116_1
梧 4196_1
無 8033_1
蕪 4433_1

wǔ

五 1010_7
午 8040_0
伍 2121_7
武 1314_0
侮 2825_7
舞 8025_1

wù

兀 1021_0
勿 2722_0
戊 5320_0
物 2752_0
務 1722_7
悞 9603_4
悟 9106_1
婺 1840_4
寤 3026_1
誤 0663_4
霧 1022_7

X

xī

夕 2720_0
卤 2160_0
西 1060_0
希 4022_7
析 4292_1
昔 4460_1
奚 2043_0
息 2633_0
悉 2033_9
惜 9406_1
晞 6402_7
晰 6202_1
溪 3213_4
熙 7733_1
[illegible] 5412_7
嘻 6406_5
膝 7423_2
熹 4033_6

錫 8612_7
蟋 5213_9
谿 2846_8

xí

郋 2762_7
席 0022_7
畦 6401_4
習 1760_2
隰 7623_3

xǐ

洗 3411_1
喜 4060_5
璽 1010_3

xì

郄 4742_7
赫 4433_1
繫 5790_3
細 2690_0
隙 7929_6
稧 2793_4
戲 2325_0

xiā

蝦 5714_7

xiá

俠 2423_8
洽 3816_1
峽 2473_8
暇 6704_7
轄 5306_1
霞 1024_7

xià

下 1023_0
夏 1024_7
廈 0024_7
諕 0364_8

xiān

仙 2227_0
先 2421_1
僊 2121_2
暹 3630_1
鮮 2835_1
纖 2395_0

xián

弦 1023_2
咸 5320_0
絃 2093_2
閑 7790_4
閒 7722_7
賢 7780_6
鹹 2365_0

xiǎn

顯 6138_6

xiàn

限 7723_2
峴 2671_0
現 1611_0
陷 7727_7
縣 6299_3
獻 2323_4

xiāng

相 4690_0
香 2060_9
湘 3610_0
鄉 2772_7
緗 2690_0
薌 4472_7
襄 0073_2

xiáng

祥 3825_1
翔 8752_0
詳 0865_1

xiǎng

享 0040_7
想 4633_0
響 2760_1
饗 2773_2

xiàng

向 2722_0
相 4690_0
象 2723_2
項 1118_6
像 2723_2
橡 4793_2
嚮 2722_7

xiāo

宵 3022_7
消 3912_7
梟 2790_4
逍 3930_2
銷 8912_7
蕭 4422_7
簫 8822_7
瀟 3412_7
囂 6666_8

xiáo

洨 3014_8

xiǎo

小 9000_0
筱 8824_8
曉 6401_1
謏 0764_7

xiào

孝 4440_7
肖 9022_7
效 0844_0
笑 8843_0
嘯 6502_7
歗 5728_2
斅 7144_7

xiē

些 2110_1

xié

叶 6400_0
協 4402_7
擷 5108_6
偕 2126_2
斜 8490_0
諧 0166_2

xiě

血 2710_0
寫 3032_7

xiè

泄 3411_7
洩 3510_6
屑 7722_7
偰 2723_4
解 2725_2
嶰 2775_2
謝 0460_0
瀣 3711_1
蟹 2713_6

xīn

心 3300_0
忻 9202_1
辛 0040_1
昕 6202_1
欣 7728_2
莘 4440_1
新 0292_1

xín

鐔 8114_6

xìn

信 2026_1

xīng

星 6010_4
惺 9601_4
猩 4621_4
興 7780_1
醒 1661_4

xíng

刑 1240_0
行 2122_1
邢 1742_7
形 1242_2
滎 9923_2

xǐng

省 9060_2
醒 1661_4

xìng

杏 4060_9
姓 4541_0
幸 4040_1
性 9501_0
荇 4422_1

xiōng

凶 2277_0

xióng

熊 2133_1

xiū

休 2429_0
修 2722_2
脩 2722_7
髹 7290_4

xiù

秀 2022_7
岫 2576_0
袖 3526_0
褎 0073_2
綉 2292_7
繡 2592_7

xū

盱 6104_0
旴 6104_0
胥 1722_7
訏 0164_0
虛 2121_7
須 2128_6
需 1022_7
歔 2728_2

xú

徐 2829_4

xǔ

栩 4792_0
許 0864_0

xù

旭 4601_0
序 0022_2
恤 9701_0
勗 6012_7
敘 8194_7
絮 4690_3
蓄 4460_3
緒 2496_0
續 2498_6

xuān

蜎 5612_7
宣 3010_6
軒 5104_0
翾 6772_0
藼 4433_6

xuán

玄 0073_2
旋 0828_1
璇 1818_1
璿 1116_8
懸 6233_9

xuǎn

選 3730_8

xuē

薛 4474_1
鞾 4455_4

xué

穴 3080_2
學 7740_7

xuě

雪 1017_7

xuè

血 2710_0
謔 0161_1

xún

旬 2762_0
巡 3230_3
峋 2772_0
荀 4462_7
尋 1734_6
詢 0762_0
撏 5704_6
循 2226_4
潯 3714_6

xùn

殉 1722_0
訊 0761_0
訓 0260_0
巽 7780_1
愻 1233_9
遜 3230_9
噀 6708_1
蕈 4440_6
顨 1144_8

Y

yā

押 5605_0
鴨 6752_7
壓 7121_4

yá

牙 7124_0
厓 7121_4

yǎ

啞 6101_7
雅 7021_4

yà

亞 1010_7
迓 3130_4

yái

厓 7121_4

yān

咽 6600_0
烟 9680_0
胭 7620_0
崦 2471_6
焉 1032_7
煙 9181_4
燕 4433_1
臙 7423_1

yán

延 1240_1
言 0060_1
岩 2260_1
沿 3716_1
炎 9080_9
研 1164_0
揅 1150_2
閻 7777_7
檐 4796_1
顏 0128_6
簷 8826_1
嚴 6624_8
巖 2224_8
鹽 7810_7

yǎn

弇 8044_6
衍 2110_3
剡 9280_0
偃 2121_4
眼 6703_2
罨 6071_6
演 3318_6
儼 2624_8

yàn

彥 0022_2
宴 3040_4
晏 6040_4
研 1164_0
硯 1661_0
雁 7121_4
鴈 7122_7
燕 4433_1
諺 0062_2
嚥 6403_1
鷃 6742_7
驗 7838_6
豔 2411_7

yáng

羊 8050_1
洋 3815_1
揚 5602_7
陽 7622_7
暘 6602_7
楊 4692_7
煬 9682_7
瘍 0012_7

yǎng

仰 2722_0
養 8073_2

yāo

夭 2043_0
妖 4243_4

yáo

爻 4040_0
姚 4241_3
堯 4021_1
軺 5706_2
猺 4727_2
瑤 1717_2
遙 3730_7
窰 3077_2
謠 0767_2

yǎo

窈 3072_7
齩 2074_8

yào

要 1040_4
葯 4492_7
藥 4490_4
鑰 7722_7

yē

耶 1712_7

yé

耶 1712_7

yě

也 4471_2
冶 3316_0
野 6712_2

yè

夜 0024_7
掖 5004_7
業 3290_4
葉 4490_4
謁 0662_7
鄴 3792_7
饁 8471_7

yī

一 1000_0
伊 2725_7
衣 0073_2
月 2722_7
依 2023_2
猗 4422_1
壹 4010_8
揖 5604_1
醫 7760_1
黟 6732_7

yí

圯 4711_7
夷 5003_2
沂 3212_1
宜 3010_7
怡 9306_0
移 2792_7
詒 0366_0
貽 6386_0
疑 2748_1
飴 8376_0
儀 2825_3
頤 7178_6
遺 3530_8
彝 2744_9

yǐ

乙 1771_0
已 1771_7
以 2810_0
倚 2422_1
螘 5211_8
錡 8412_1
艤 2845_3
蟻 5815_3

yì

弋 4300_0
刈 4200_0
亦 0033_0
佚 2523_0
抑 5702_0
邑 6071_7
易 6022_7
秇 2491_7
奕 0043_0
弈 0044_3
疫 0014_7
挹 5601_7
益 8010_7
掖 5004_7
翊 0712_0
異 6080_1
萟 4491_7
軼 5503_0
逸 3730_1
意 0033_6
義 8055_3
肄 2540_7
裔 0022_7
億 2023_6
毅 0724_7
瘞 0011_4
蓺 4411_7
嶧 2674_1
憶 9003_6
臆 7023_6
翼 1780_1
繹 2694_1
藝 4473_1
譯 0664_1
議 0865_3
囈 6403_1
懿 4713_8
驛 7634_1

yīn

因 6043_0
音 0060_1
殷 2724_7
陰 7823_1
絪 2690_0

yín

吟 6802_7
寅 3080_6
鄞 4712_7
銀 8713_2
螾 5114_6

yǐn

尹 1750_7
引 1220_0
蚓 5210_0
飲 8778_2
隱 7223_7
蘟 4423_7
讔 0263_7

yìn

印 7772_0
胤 2201_0
癊 0023_1
窨 3060_1
蔭 4423_1
隱 7223_7

yīng

英 4453_0
嬰 6640_4
應 0023_1
嚶 6604_4
攖 5604_4
罌 6677_2
櫻 4694_4
瓔 1614_4
鶯 9932_7
纓 2694_4
鸚 6742_7

yíng

迎 3730_2
盈 1710_7
楹 4791_7
滎 9923_2
螢 9913_6
營 9960_6
瀛 3011_7

yǐng

郢 6712_7
影 6292_2
潁 2128_6
穎 2198_6

yìng

映 6503_0
應 0023_1

yōng

邕 2271_7
庸 0022_7
雍 0071_4
墉 4012_7
慵 9002_7
擁 5001_4
癰 0011_4

yǒng

永 3023_2
甬 1722_7
泳 3313_2
俑 2722_7
勇 1742_7
涌 3712_7
湧 3712_7
詠 0363_2

yòng

用 7722_0

yōu

幽 2277_0
憂 1024_7
優 2124_7

yóu

尤 4301_0
由 5060_0
疣 0011_4
逌 3130_6
郵 2712_7
游 3814_7
猶 4826_1
遊 3830_4
輶 5806_1
繇 2279_3

yǒu

友 4004_7
有 4022_7
酉 1060_0
黝 6432_7

yòu

又 7740_0
右 4060_0
幼 2472_7
侑 2422_7
柚 4596_0
祐 3426_0

yū

迂 3130_4
迃 3130_2

yú

于 1040_0
予 1720_2
余 8090_4
於 0823_3
盂 1010_7
俞 8022_1
禺 6042_7
娛 4643_4
雩 1020_7
魚 2733_6
畬 8060_9
萸 4443_7
隅 7622_7
愚 6033_2
榆 4892_1
艅 2849_4
虞 2123_4
漁 3713_6
媆 4748_1
餘 8879_4
輿 7780_1

yǔ

宇 3040_1
羽 1712_0
雨 1022_7
禹 2042_7
庾 0023_7
與 7780_1
語 0166_1
窳 3023_2
嶼 2778_1

yù

玉 1010_3
芋 4440_1
育 0022_7
昱 6010_8
郁 4722_7
棫 4492_7
浴 3816_8
尉 7420_0
御 2722_0
欲 8768_2
喻 6802_1
寓 3042_7
馭 7734_0
愈 8033_2
裕 3826_8
遇 3630_2
毓 8051_3
獄 4323_4
罊 2710_4
禦 2790_1
諭 0862_1
豫 1723_2
鬻 1722_7
鬱 4472_2

yuān

寃 3041_3
淵 3210_0
鴛 2732_7

yuán

元 1021_1
沅 3111_1
爰 2044_7
原 7129_6
員 6080_6
袁 4073_2
園 6023_2
圓 6080_6
源 3119_6
猿 4423_2
圜 6073_2
緣 2793_2
蝯 5214_7
轅 5403_2

yuǎn

苑 4421_2
遠 3430_3

yuàn

苑 4421_2
院 7321_1
掾 5703_2
畹 6301_2
願 7128_6

yuē

曰 6010_0
約 2792_0

yuè

月 7722_0
岳 7277_2
悅 9801_6
粵 2620_7
越 4380_5
葯 4492_7
樂 2290_4
閱 7721_6
嶽 2223_4
藥 4490_4
躍 6711_4

yún

云 1073_1
芸 4473_1
耘 5193_1
雲 1073_1
筠 8812_7
鄖 6782_7
篔 8880_6
䅿 5698_6

yǔn

允 2321_0
殞 1628_6

yùn

孕 1740_7
惲 9705_6
運 3730_4
韵 0762_0
醞 1661_7
韞 4651_7
韻 0668_6
蘊 4491_7

Z

zá

雜 0091_4

zāi

災 2280_9

zǎi

宰 3040_1

zài

再 1044_7
在 4021_4
載 4355_0

zān

簪 8860_1

zǎn

昝 2360_4

zàn

贊 2480_6

zāng

牂 2825_1
臧 2325_0

zàng

葬 4444_1
藏 4425_3
臟 7425_3

zāo

遭 3530_6

zǎo

棗 5090_2
藻 4419_4

zào

造 3430_6
竈 3071_7
慥 9403_6

zé

則 6280_0
迮 3830_1
責 5080_6

zè

夨 2743_0
擇 5604_1
澤 3614_1
賊 6385_0

zéi

賊 6385_0

zēng

曾 8060_6
增 4816_6

zèng

甑 8161_7
贈 6886_6

zhā

查 4010_6

zhá

札 4291_0

zhà

乍 8021_1
詐 0861_1
鮓 2831_1

zhāi

摘 5002_7
齋 0022_3

zhái

宅 3071_4
翟 1721_4
擇 5604_1

zhān

旃 0824_7
占 2160_0
薝 4426_1
栴 4894_7
詹 2726_1
瞻 6706_1

zhǎn

展 7723_2
斬 5202_1
輾 5703_2

zhàn

占 2160_0
棧 4395_3
湛 3411_1
戰 6355_0

zhāng

張 1123_2
章 0040_6
彰 0242_2
漳 3014_6
鄣 0742_7

zhǎng

長 7173_2
掌 9050_2

zhàng

仗 2520_0
杖 4590_0
瘴 0014_6

zhāo

招 5706_2
昭 6706_2
啁 6702_0
朝 4742_0
鼂 6071_7

zhǎo

爪 7223_0

zhào

召 1760_2
兆 3211_3
詔 0766_2
照 6733_6
肇 3850_7
趙 4980_2

zhé

折 5202_1
哲 5260_2
摘 5008_7
蟄 4413_6
謫 0062_7

zhè

柘 4196_0
浙 3212_1
淛 3210_0
蔗 4423_1
鷓 0722_7

zhēn

珍 1812_2
貞 2180_6
眞 4080_1
針 8410_0
偵 2128_6
湞 3118_6
甄 1111_7
箴 8825_3
鍼 8315_0

zhěn

枕 4491_2
疹 0012_2
診 0862_2
軫 5802_2

zhèn

振 5103_2
陣 7520_6
陳 7529_6
賑 6183_2
震 1023_2
鎮 8418_1

zhēng

正 1010_1
征 2121_1
爭 2050_7
箏 8850_7

zhěng

拯 5701_3
整 5810_1

zhèng

正 1010_1
政 1814_0
症 0011_1
鄭 8742_7
證 0261_8

zhī

之 3030_7
支 4040_7
卮 7221_7
枝 4494_7
知 8640_0
芝 4430_7
祗 3224_0
隻 2040_7
織 2395_0

zhí

直 4010_7
執 4441_7
植 4491_7
殖 1421_7
摭 5003_1
蟄 5413_6
職 1315_0

zhǐ

止 2110_0
旨 2160_1
沚 3111_0
芷 4410_1
咫 7680_8
指 5106_1
祇 3224_0
枳 4698_0
砥 1264_0
茝 4471_6
紙 2294_0

zhì

至 1010_4
志 4033_1
制 2220_0
治 3316_0
炙 2780_9
秩 2593_0
致 1814_0
智 8660_0
稚 2091_4
雉 8041_4
製 2273_2
誌 0463_1
摯 4450_2
質 7280_6
擲 5702_7

zhōng

中 5000_6
忠 5033_6
終 2793_3
鍾 8211_4
鐘 8011_4

zhǒng

踵 6211_4

zhòng

中 5000_6
仲 2520_6
衆 2723_2
種 2291_4

zhōu

州 3200_0
舟 2744_0
周 7722_0
洲 3210_0
啁 6702_0
粥 1722_7

zhǒu

肘 7420_0

zhòu

宙 3060_5
晝 5010_6
皺 2444_7
縐 2792_7
籀 8856_2
鮦 2732_0

zhū

朱 2590_0
洙 3519_0
珠 1519_0

茱 4490_4
硃 1569_0
猪 4426_0
袾 3529_0
誅 0569_0
銖 8519_0
諸 0466_0

zhú

竹 8822_0
竺 8810_1
逐 3130_3
燭 9682_7

zhǔ

主 0010_4
拄 5001_4
渚 3416_0
煮 4433_6
麈 0021_4

zhù

住 2021_4
佇 2322_1
助 7412_7
注 3011_4
柱 4091_1
苧 4420_1
祝 3621_0
註 0061_4
貯 6382_1
粥 1722_7
著 4460_4
築 8890_4
鑄 8414_1

zhuān

專 5034_3
甎 5131_7
顓 2128_6

zhuǎn

轉 5504_3

zhuàn

撰 5708_1
篆 8823_2
傳 2524_3
沌 3511_7
饌 8778_1

zhuāng

妝 2424_0
莊 4421_4
粧 9091_4
裝 2473_2

zhuàng

壯 2421_0
狀 2323_4
獞 4021_4
戇 0733_8

zhuī

追 3730_7

zhuì

綴 2794_7
贅 5880_6

zhǔn

準 3040_1

zhuō

卓 2140_6
拙 5207_2
捉 5608_1

zhuó

灼 9782_0
斫 1262_1
酌 1762_0
劅 7210_0
濁 3612_7
濯 3711_4
斵 7212_1

zī

淄 3216_3
滋 3813_2
資 3780_6
緇 2296_3

zǐ

子 1740_7
梓 4094_1
紫 2190_3

zì

字 3040_7
自 2600_0

zōng

宗 3090_1
椶 4294_7
樅 4898_2
䡯 5808_1

zǒng

總 2693_0

zòng

縱 2898_1

zōu

鄒 2742_7
諏 0764_0
騶 7732_7

zǒu

走 4080_1

zòu

奏 5043_0

zú

族 0823_4

zǔ

俎 8781_0
祖 3721_0

zuǎn

纂 8890_3

zuàn

纂 8890_3

zuì

最 6014_7
醉 1064_8
罪 6011_1
辠 2640_1
檇 4092_7

zūn

尊 8034_6
遵 3830_4

zuó

昨 6801_1

zuǒ

左 4001_1
佐 2421_1

zuò

作 2821_1
坐 8810_4
迮 3830_1
座 0021_4

中國叢書綜錄

子目書名索引

中國叢書綜錄

子目書名索引

0

0010₄ 主

*10*主一集 1323左
*30*主客圖、圖考 1568右
*80*主父偃書 961右

童

*10*童賈集 1352右
*17*童子摭談 744右
*22*童山文集 1431右
　童山詩音說 63左
　童山詩集 1431右
　童山詩選 1432左
　童山選集 1432左
*32*童溪王先生易傳 14左
　童溪易傳 14右
*44*童蒙訓 758右
　童蒙須知 759右
　童蒙須知韻語 761左
*77*童學書程 921左

0010₆ 亶

*20*亶爰子詩集 1342左
*60*亶甲集 1171右

0010₈ 立

*00*立齋外科發揮 832左
　立齋遺文 1335右
　立方立圓術 887左
　立方奇法 890左
*10*立雪齋琴譜 937右
　立雪稾 1300左
*14*立功勳慶賞端陽 1680右
*18*立政臆解 46右
*22*立山詞 1626右
*24*立德堂詩話 1588右
*48*立教十五論 1172左
*50*立本趣時說 722右
*53*立成湯伊尹耕莘 1661右
*77*立學先基條說 744左

0011₁ 症

*00*症方發明 821左
*60*症因脈治 820右

痓

*50*痓書、或問 811左

癧

*24*癧科全書 833左

瘧

*00*瘧疾論 830左
*27*瘧解補證 810左

0011₄ 疣

*58*疣贅錄、續錄 1344左

瘞

*10*瘞雲巖傳奇 1710左
*47*瘞鶴銘辯 667左
　瘞鶴銘考(吳東發) 667左
　瘞鶴銘考(汪士鋐) 667左
　瘞鶴銘考(顧元慶) 667左
　瘞鶴銘考(翁方綱) 667左

癰

*00*癰疽神祕驗方 832左
*83*癰館集 1351左

瘫

08……瘫論萃英 840右

0011₇ 瘋

*77*瘋門辨症 833左
　瘋門全書 833左

瘟

*00*瘟疫論 827左
　瘟疫霍亂答問 829右
　瘟疫平議 816右
　瘟疫明辨(戴天章)、方 827左
　瘟疫明辨(鄭奠一) 827左

0011₈ 痘

00……痘疹方 840右
　痘疹方論 840右
　痘疹詮 841左
　痘疹詮古方 841左
　痘疹論 840左
　……痘疹玉髓金鏡錄 841左
　痘疹傳心錄、種痘 840右
　痘疹良方 841左
　痘疹寶鑑 840右
　……痘疹心法 840右
　……痘疹心法要訣 841左
　痘疹索隱 842左
　痘疹摘錄 839右
　痘疹全集 841左
　……痘疹金鏡錄 841左
　痘疹會通 841右
　痘疹精華 841右
　痘痲紺珠 841左
*08*痘論 841右
*24*痘科切要 842左
*31*痘源論 841右
*33*痘治理辨、方 840右

0012₀ 痢

*00*痢症三字訣 830左
　痢瘧纂要 830左
　痢疾三字訣歌括 830右
　痢疾明辨 830右

0012₂ 疹

*24*疹科 841左

0012₂ 瘳

*00*瘳忘編、續論、附後　722左
1005右

0012₇ 病

*00*病亡始末紀　432右
*16*病理方藥匯參　824右
病理發揮　824右
病理各論　825右
病理概論　824右
*22*病後調理服食法　847左
*24*病牀日札　1009右
*27*病約三章　1125右
*37*病逸漫記　492左、右
*42*病機部　820左
病機約論　823右
……病機沙篆　820右
病機氣宜保命集　809左
*46*病榻瑣談　1034右
病榻手吷　995右
病榻寤言　971右
病榻遺言　312右
病榻夢痕錄、錄餘　410右
病榻夢痕錄節要　410右
病榻答言　733右
*48*病梅龕詩　1529左
*50*病中抽史　375右
51……病打獨角牛　1666右
*60*病因證治問答　824右

癆

*00*癆病指南　827左

痛

*88*痛餘雜錄　351右

瘸

*40*瘸李岳詩酒翫江亭　1660右

瘍

*24*瘍科綱要　832右
瘍科淺說　832右
*77*瘍醫準繩　832左
瘍醫雅言　832右

癘

*00*癘瘍機要　833左

0012₉ 痧

*00*痧症全書　829左
痧疫指迷　829右
*67*痧喉正義　834右
*71*痧脹玉衡書　829左

0014₁ 癖

*00*癖齋小集　1287左
*09*癖談　663右
*17*癖玗堂收藏金石書目　653左
*41*癖顛小史　1071左
*44*癖草文鈔　1365右

0014₆ 瘴

*00*瘴瘧指南　830左

0014₇ 疫

*00*疫痧草　829右

瘦

*10*瘦玉詞鈔　1638右
瘦石文鈔、外集　1457右
*16*瘦碧詞　1641右
*50*瘦春詞　1633右
瘦春詞鈔　1633右
*68*瘦吟詞　1637左
瘦吟樓詩草　1450右

0017₂ 疝

*00*疝癥積聚編　826左

0018₁ 癡

*08*癡說四種　1742左
*26*癡和尙街頭笑布袋　1685右
*77*癡學　1009左

0018₂ 痎

*00*痎瘧論疏　830左

0018₇ 疚

*00*疚齋小品　1741左

0018₉ 疢

*40*疢存齋文存、詩存　1523左
疢存齋文存三編　1523左
疢存齋詩存續編　1523左
疢存齋自訂年譜　424左
疢存齋隨筆　1016右
疢存齋隨筆續編　1016右

痰

*00*痰瘧法門　833左
*80*痰氣集　503左
*90*痰火點雪　826右

0019₄ 痳

*00*痳疹證治要略　842左
痳疹備要方論　842左

0019₆ 療

*00*療言　1002右
*41*療妬羹記　1699右
療妬羹譜　1717左
療妬羹傳奇　1699右
*77*療閒集　1544右
療服石醫方　830右

0020₁ 亭

*44*亭林文集、詩集　1381右
亭林文錄　1381右
亭林文鈔　1382左
亭林雜錄　1023右
亭林詩集、校補、文集　1381右
亭林詩集校文　1382左
亭林先生集外詩　1381右
亭林軼詩　1381右
亭林餘集　1381右

0020₇ 亨

*53*亨甫詩選　1461左

0021₁ 鹿

*20*鹿儕詩賸　1513左
*22*鹿川文集　1525左
鹿川詩集　1525左
鹿川詞　1643左
鹿山雜著　1503右
*28*鹿谿子　1197左
*32*鹿洲文錄　1412右
鹿洲初集　1412右
鹿洲奏疏　499右
鹿洲吟草　1491右
鹿洲公案　488右
*40*鹿太保詞　1592左
鹿皮子集　1310右
鹿樵集葺　1380右
鹿樵紀聞　318右
*43*鹿城紀舊　1120左
鹿城夢憶　1120左
*44*鹿葱花館詩鈔　1408右
……鹿革囊　1093右

鹿菴集 1300左
48鹿乾嶽集 1363左
50鹿忠節公集 1363左
鹿忠節公年譜 408右
77鹿門詩集、拾遺、續補詩 1238左
鹿門詞 1635左
鹿門子 966左、右
鹿門子隱書 966左
鹿門集、拾遺、續補遺 1238左
鹿門宕嶽諸遊記 634左
鹿門隱書 966右

龐

36龐涓夜走馬陵道 1665右
龐涓夜走馬陵道雜劇 1665左
43龐娥親傳 1095右
72龐氏家訓 753左
77龐居士誤放來生債 1663左
龐居士誤放來生債雜劇 1663左

0021$_3$ 充

24充射堂文鈔 1406左
充射堂詩集、二集、三集、四集、五集 1406左
充射堂大易餘論 21左
充射堂春秋餘論 127右
37充軍考 486右

魔

80……魔合羅 1659右

0021$_4$ 座

40座右箴言 1036左

産

00産育寶慶方 835左
産育寶慶集 835左
産育寶慶集方 835右
17産孕集 837右
22産後編 836左
30産寶 837右
産寶諸方 835右

塵

44塵夢醒談 1080左
62塵影 432右

麈

01麈譚摘 740右
50麈史 981右
88麈餘(謝肇淛) 1070左
麈餘(曹宗璠) 1075左

0021$_6$ 竟

22竟山樂錄 101左
74竟陵文選 1548左
竟陵詩話 1585右
竟陵詩選 1548左
竟陵王集選 1209右

0021$_7$ 亢

44亢藝堂集 1486左
80亢倉子 699左、右
亢倉子註 699左
亢倉子洞靈眞經 699右

庇

44庇村志 519左

廬

22廬山詩錄 1556右
廬山記 576左
廬山記校勘記 576左
廬山記略 576左
廬山二女 1081右
廬山集 1295右
廬山紀游圖詠 605右
廬山紀遊(查愼行) 605右
廬山紀遊(蔣湘南) 605右
廬山紀事 576右
廬山太平興國宮採訪眞君事實 448右
廬山草堂記 565右
廬山會 1688左
廬山錄、後錄 576左
31廬江郡何氏家記 392右
廬江馮媼傳 1100右
38廬遊雜詠 605左
74廬陵雜說 980右
廬陵詩選 1246左
廬陵詩鈔 1246左
廬陵集 1313左
廬陵官下記 1049左
廬陵歐陽文忠公年譜 427左
76廬陽客記 537左
廬陽周忠愍公垂光集 497左

0022$_2$ 彥

24彥德集 1318左
53彥威集 1304右
77彥周詩話 1571左

序

44序蘭亭內史臨波 1687右

廖

80廖公四法心鏡 901右

0022$_3$ 齊

00齊方鎭年表 367左
01齊諧記 1086左
04齊詩 1538右
齊詩翼氏學 65右
齊詩翼氏學疏證 65右
齊詩傳(轅固) 65右
齊詩傳(后蒼) 65右
齊詩遺說攷、敍錄 65右
齊詩鈐 65右
齊諸王世表 366右
08齊論語 144右
齊論語問王知道逸文補 144右
10齊雲山人文集 1456左
11齊張長史集 1209左
20齊乘 532左
22齊山稿 1333左
齊山巖洞志 573右
27齊將相大臣年表 366右
齊物論齋文集 1466右
齊物論齋詞 1631右
齊物論齋賦 1466右
齊物論釋、重定本 697左
齊魯二生 1106左
齊魯遊紀略 591左
齊魯封泥集存 664左
齊魯韓詩譜 67右
30齊永明諸王孝經講義 156右
齊家淺說 757左
齊憲副集 1341右
32齊州吟稿 1249左
44齊地記 532左
……齊世子灌園記 1693右
50齊推女傳 1102右
齊春秋 290左
齊東妄言 1076左
齊東絕倒 1674左
齊東野語 989右
990左

*50*齊東野語摘抄　672左
*72*齊丘子　967左
*77*齊風說　60右
齊民要術　777右
778左
齊民要術校　778左
齊民四術　722右

0022₃ 齋

*33*齋心草堂詩集　1445右
*53*齋戒籙　1156左
*77*齋居紀事　985左

齎

*40*齎志長懷詩集　1508右
齎志長懷聯語　945右

0022₇ 方

*00*方齋詩文集　1342左
方齋補莊七篇　975右
方齋小言　975右
方言　225左
方言疏證　225左
方言佚文　225左
方言補校　225右
方言藻　226右
方言據、續錄　226左
方言別錄　226右
方音　226右
*07*方望溪文鈔　1411左
方望溪先生年譜　431左
方望溪尺牘　1411左
*10*方正學集　1329左
方正學先生文集　1329左
方正學先生集選　1329左
方正學先生幼儀雜箴　760左
方正學先生遜志齋集　1328右
*17*方歌別類　860右
*22*方山記　573左
方山子傳　1056右
方山先生文錄　1348左
方山紀述　734左
*23*方外志　447左
*24*方侍御集　1352右
*26*方伯集　1341左
方泉詩集　1280右
方泉集　1280右
方泉先生詩集　1280右
方程　887左
方程新術草　883左
方程論　881左
方程天元合釋　887右
方程演代　891左
*27*方舟詩集　1275右
方舟詩餘　1601右
方舟集　1275右
方舟經說　170左
方叔淵遺藁　1307左
*30*方房詩牘　1377右
方家園雜詠紀事、雜記　384左
*32*方洲雜言　1066左
方洲雜錄　1066左
方洲集　1332右
方洲先生奉使錄　1332右
36……方澤集　1357左
*40*方壺詩餘　1606左
方壺存稿　1283左
方壺存藁　1283左
方志略例　514右
*44*方麓集　1352左
方藥備考　859右
方藥實在易　861左
方植之先生年譜　431右
*47*方起英詩　1424右
*50*方本傳子校勘記　718右
*60*方國珍寇溫始末　304右
方田度里　882左
方田通法補例　883左
方是閒居士詞　1602右
方是閒居士小藁　1283右
方是閒居士小稿　1283右
方是閑居小藁　1602右
方員外集　1354左
方圓冪積　880右
方圓闡幽　885右
*72*方氏五種　1742左
方氏易學五書　1727左
*77*方輿諸山考　570右
方輿紀要序錄　513右
方輿紀要形勢論略　513右
方輿紀要簡覽　514左
方輿勝覽　512右
方輿纂要　514左
*88*方簡肅文集　1336左
*90*方棠陵集　1341左

市

*72*市隱廬醫學雜著　824左
市隱園集　1366左

帝

*00*帝京歲時紀勝　523左
帝京景物略　522右
*10*帝王廟謚年諱譜　362右
帝王要略　490右
帝王經世圖譜　170左
帝王經界紀　505右
帝王紀年纂要　362左
帝王世紀　275右
276左
帝王世紀續補、考異　276左
帝王世家　276左
帝王甲子記　372右
帝王略論　374左
*40*帝女花　1709左
*43*帝城花樣　1077右
帝城景物略　522右
*47*帝妃春遊　1675左
*63*帝賦譜　363左
*77*帝學　750右
*88*帝範、校記　750左、右
帝範校補　750右

腐

*50*腐史　1124右

席

*21*席上腐談　990左、右
*72*席氏讀說文記　187右

育

*24*育德堂外制　1276左
*50*育書　976左
66……育嬰家祕　838右
*97*育怪圖　1711左

商

*00*商文毅疏藁略　496右
*07*商調蝶戀花詞　1711右
*17*商子　701右
702左
商子平議　702左
商君書、考　702左
*37*商洛行程記　614右
*44*商考信錄　380右
商芸小說　1046右
商舊社友謎存　1739左
57……商輅三元記　1702左
*77*商邱史記　376左

商周彝器釋銘 661左

高

00高齋漫錄 1058左
高唐夢 1673右
高唐賦新釋 1197左
高文秀雜劇 1749右
……高文舉珍珠記 1701左
高辛硯齋雜著 1093右
10高平行紀 614右
高雲鄉遺稿 1520左
11高麗論略 628右
高麗水道考 629左
高麗形勢 628右
高麗瑣記 629左
高麗國永樂好大王碑釋文纂攷 667左
高麗風俗記 628右
12高弧細草 873右
高弧句股合表 884左
17高子文集、詩集 1360右
高子講義 736左
高子遺書 1360右
高子遺書節鈔 1360右
高歌集 1456右
20高季迪集 1325左
21高上玉皇心印經 1134左
高上玉皇心印妙經 1134左
高上玉皇滿願寶懺 1157右
高上玉皇本行集經 1133右
高上玉皇本行集經註解、諸義攷目 1134左
高上玉皇本行經髓 1134左
高上玉皇胎息經 1134左
高上玉宸憂樂章 1172右
高上神霄玉清眞王紫書大法 1152左
高上神霄宗師受經式 1154右
高上大洞文昌司祿紫陽寶籙 1163左
高上太霄琅書瓊文帝章經 1138左
高上月宮太陰元君孝道仙王靈寶淨明黃素書、序例 1167右
22高峯文集 1261左
高峯別集 1261左
24高待詔詩 1328右
高科考 465右
26高白浦集 1353右
27高郵王氏六葉傳狀碑誌集 392右
高郵王氏父子年譜 422左
28高僧傳 444右
445左
30高淳義學義倉輯略 767右
高涼耆舊文鈔 1746左
高家堰記 584左
高適集 1222右
高宴麗春堂 1652左
高密遺書 1728左
高宗純皇帝起居注殘稿 291右
高宗皇帝御製翰墨志 919右
高宗幸張府節次略 457左
36高漫士集 1328右
38高道傳 447左
40高力士外傳 1098左、右
高力士傳 1098左、右
高太史鳧藻集 1325左
高太史大全集 1325左
高士傳(任熊) 935左
高士傳(嵇康) 441左
高士傳(皇甫謐)、逸文 441左、右
高士傳佚文 441右
44高坡異纂 1067右
高蘇門集 1344右
46高楊張徐集 1745右
50高青邱集 1325左
高忠憲公年譜 408左
高東溪集 1267左
60高昌行記 609左
高昌麴氏年表 368左
高昌專錄 673右
高景逸集 1360右
71高厚蒙求摘略 874右
72高氏塾鐸 755左
高氏三宴詩集 1551左
76高陽文集 1361左
高陽詩草、遺詩 1432左
高陽山人文集、詩集 1410右
77高風集、續集 394右
78高愍女傳 439左
80高令公集 1214左
高令公集選 1214左
88高節陳氏詞略 1647左
90高光州集 1348左
高常侍集 1222右

裔

20裔乘 623右

庸

00庸庵文編、文續編、文外編、海外文編 1500右
庸庵文九則 353右
庸齋集 1286左
庸齋小集 1290右
庸言(方學漸) 735左
庸言(魏象樞) 739左
庸言(余元遴) 744左
24庸德錄 748左
44庸菴集 1312右
庸菴遺集 1744右
50庸吏庸言 473右
庸書 995左
庸書文錄 1388右
77庸閒齋筆記 1079左
庸閒齋筆記摘鈔 1079左
80庸盦筆記 1080左

廓

10廓爾喀不丹合考 631右
23廓然子五述 997左

廟

22廟制折衷 97左
廟制圖考 97左
34廟祔十五王傳 386左
77廟學典禮 457右
90廟堂忠告 472左

0023_1 庶

00庶齋老學叢談 990右
80庶人禮略類編 462右

應

00應齋雜著 1268右
應齋雜箸、校勘記 1268右
應齋詞 1600右
01應諧錄 1123右
09應麟文集 1418左
20……應手錄 849左
22應制詩式 1591左
24應德璉集 1201左
應休璉集 1203左
43應求集 1544右
77……應用碎金 1037右

80應差蠻族 557右

0023$_1$ 廕

00廕育衆生妙經 1148左

0023$_2$ 康

00康齋文集 1330右
康雍乾間文字之獄 325右
07康部抄 335右
21康衢樂 1688左
23康狀元集 1338左
24康幼博茂才遺詩 1508左
30……康濟錄 478右
康進之雜劇 1749右
38康裕卿集 1352左
40康南海文鈔 1522左
58康輶紀行 561左
77康熙御製百家姓 396右
康熙字典 196左
康熙弋陽縣志節本 522左
康熙朝品級考 468左
康熙乾隆俄羅斯盟聘記 480左
康熙本東安縣志 515左
康熙會稽縣志 521左
88康範詩集 1279左
康範詩餘 1606左
康節邵子詩 1186左

豪

08豪譜 1127左
30豪客傳 1113左
60豪異秘纂 1054左

0023$_7$ 庚

00庚辛記事 329左
庚辛壬癸錄 1001左
庚辛泣杭錄 1732右
庚辛之間讀書記 649右
庚辛日記 328右
10庚哥國略說 638左
17庚子交涉隅錄 330右
庚子西行記事 330右
庚子消夏記 911左
庚子消夏記校文、校勘記 911左
庚子消夏錄碑帖攷 668右
庚子奉禁義和拳彙錄 330右
庚子國變記 330右
庚子雅詞 1630右
庚子銷夏記校文 911左
庚子拳變始末紀 330右
30庚寅偶存 1526左
庚寅十一月初五日始安事略 323左
庚寅始安事略 323左
庚寅奏事錄 610左
32庚溪詩話 1572左
38庚道集 1179左
50庚申噩夢記 334左
庚申君遺事 304右
庚申外史、校勘記 304左、右
庚申紀事 313右
庚申避亂實錄 334左
庚申浙變記 334右
庚申十年正月萌芽月令 332左
庚申日記 334左
71庚辰集 1562右
77庚巳編 1067右
庚桑子 699左
80庚午春詞 1643左

庾

00庾度支集 1212左
庾度支集選 1212左
17庾子山集 1214右
庾子山集註、總釋 1214右
庾子山年譜 426左
40庾吉甫雜劇 1749右
77庾開府集 1214右
庾開府集選 1215左
庾開府集箋註 1214右

廉

10廉石居藏書記 651右
26廉泉山館遺詩 1469左
廉泉先生字學一得 224右
50廉吏傳 403右
81廉矩 766右

0024$_0$ 府

17府君年譜 423右
32府州廳縣異名錄 514左

0024$_1$ 庭

00庭立記聞 1026右
02庭訓格言 750右
庭訓錄 756右
庭訓筆記 756左
04庭誥 203左
44庭幃雜錄 992左
77庭聞州世說、續 1003右
庭聞述略 350右
庭聞錄、校勘記、校勘續記 325左
庭聞憶略 749左

麝

00麝塵詞 1631左

0024$_7$ 夜

01夜譚隨錄 1082左
10夜雨秋燈錄初集、續集、三集 1093右 1094左
夜雨燈前錄、續錄 424左
20夜香臺持齋訓子 1687左
21夜行燭 731左
22夜山圖題詠、附刻 1557左
27夜船吹篴詞 1624左
37夜冢決賭記 1118左
40夜叉傳 1106右
……夜走馬陵道 1665左、右
97夜怪錄 1111左

度

22度嶺日記 617右
27……度酆都經 1149右
44度藍關 1686右
47……度柳翠 1655右
55度曲須知 1722右
71度隴記 617左
87度朔君別傳 1095右
88度算釋例 881左

庋

07庋詞 946右
20庋辭偶存 946右

慶

06慶親王外傳 331左
10慶元僞學逆黨籍 400左
慶元黨禁 385右
20慶千秋金母賀延年 1678左
22慶豐門蘇九淫奔記 1683左
慶豐年五鬼鬧鍾馗 1677右
27慶冬至共享太平宴 1677右
37慶湖集 1259右 1260左

慶湖遺老詩集、拾遺、後集補遺 1259右
慶湖遺老集 1259右
44慶芝堂詩集 1416右
46慶賀長春節 1677右
87……慶朔堂 1669右

廈

77廈門切音字母 215右

廢

77廢醫論 847左

0025_2 摩

01摩訶般若波羅蜜 1186右
摩訶般若波羅蜜經 1186右
摩訶般若波羅蜜多心經 1188左
22摩利支飛刀對箭 1666右
37摩洛哥政要 637右
60摩圍閣詩 1522左
摩圍閣詞 1641右
77摩尼經殘卷 1192左
摩尼教流行中國考略 1192左
摩尼教規 1192左

0025_6 庫

10庫爾喀喇烏蘇沿革攷 531右
庫頁島志略 633右
28庫倫記 628左
庫倫蒙俄卡倫對照表 628左
44庫葉附近諸島考 632右
50庫車州鄉土志 518左

0026_1 磨

00……磨塵鑑 1706左
01磨甋齋文存 1465左
24磨綺室詩存 1505左
50磨忠記 1698右
72磨盾集 1502左
80磨盦雜存 178右

0026_7 唐

00唐齊己詩集 1238右
唐方鎭年表、考證 368左
唐文拾遺、目錄、續拾 1541左
唐文粹 1541左
唐音 1540左
唐音癸籤 1564左
唐音審體 1583左
唐玄宗皇帝集 1219左
唐玄宗御註道德眞經 688左
唐玄宗御製道德眞經疏、外傳 688左
唐六典 467右
01唐語林、拾遺、校勘記(孫星華、錢熙祚) 339右 340左
唐語林補 340左
04唐詩評選 1540左
唐詩談叢 1564左
唐詩香奩集 1540左
唐詩名媛集 1540左
唐詩名花集 1540左
唐詩紀事 1563右
唐詩酒令 950右
唐詩酒籌 950右
唐詩選(王闓運) 1540右
唐詩選(曹學佺) 1745左
唐詩鼓吹 1540左
唐詩觀妓集 1540左
唐詩摘句 1579右
唐詩拾遺 1540左
唐詩品 1564左
唐詩品彙、拾遺 1540左
唐詩金粉 1540右
唐詩鏡 1540左
唐詩矩 1540右
唐諸蕃君長世表 368右
06唐韻 205右
唐韻正 206左
唐韻綜 206左
唐韻佚文 205右
唐韻考 206左
唐韻輯略、備考 206左
唐韻別考 206左
唐韻餘論 206左
07唐韵四聲正 206左
08……唐說硯考 804左
10唐一庵先生年譜 419右
唐一菴集 1343右
唐三藏西天取經 1658右
唐王建詩集 1226右
唐王建宮詞 1226右
唐王屋山中巖臺正一先生廟碣 449右
唐五代詞選(謝秋萍) 1645左
唐五代詞選(成肇麐) 1645左
唐五代二十一家詞輯 1748右
唐靈一詩集 1224右
唐元次山文集、拾遺 1224左
唐死罪總類 486右
唐兩京城坊考 529右
唐兩京城坊考補記 529右
唐天成元年殘曆 877左
唐石經誤字辨 185左
唐石經攷正 185左
唐石經攷異、補 185左
唐石經校文 185左
唐百家詩選 1539右
唐賈耽記邊州入四夷道里考實 511左
唐賈浪仙長江集 1231左
11唐張司業詩集 1225右
唐張處士詩集 1232右
12唐孫集賢詩集 1219左
唐孫樵集 1235左
14唐功臣世表 367右
唐確愼公集 1455右
17唐丞相曲江張文獻公集 1218右
唐丞相曲江張先生文集 1218右
唐子 963右
唐子西文錄 1570右
唐子西集 1261左
唐司空文明詩集 1226右
……唐歌詩(趙孟奎) 1539右
唐歌詩(令狐楚) 1539左
20唐喬知之詩集 1218左
唐皎然詩集 1224右
21唐盧戶部詩集 1225右
唐虞考信錄 380右
22唐任藩詩小集 1237右
唐崔補闕詩集 1226右
唐嵩高山啓母廟碑銘 568左
唐山人集 1356左
唐樂曲譜 938左
24唐儲進士詩集 1236左
唐儲光羲詩集 1220右
唐科名記 464右
25唐律疏議、釋文纂例 486右
26唐皇甫冉詩集、校勘記 1223右
唐皇甫曾詩集、校勘記 1222左
唐伯虎集 1336左
27唐御史臺精舍題名考 470右
唐將相大臣年表 368左
唐名公山水訣 929左

27唐包刑侍詩集 1222左
唐包祕監詩集 1222左
28唐僧弘秀集 1539右
30唐寫本唐韻殘卷校勘記 205右
唐寫本唐人選唐詩 1539右
唐寫本說文解字木部箋異 180右
唐宦官封爵表 368左
……唐宋文醇 1536右
……唐宋詩醇 1534左
唐宋諸賢絕妙詞選 1644左
唐宋元名表 1562右
唐宋元明酒詞 1644左
唐宋石經考 183左
唐宋衞生歌 846右
唐宋大曲考 1723右
唐宋舊經樓稿 1452左
……唐宋時賢千家詩選 1533左
唐宋八家鈔 1537左
唐宋八大家文鈔(張伯行) 1536右
唐宋八大家文鈔(茅坤) 1744右
唐宋小樂府 382左
32唐浙中長官考 399右
33唐祕書省正字先輩徐公釣磯文集、補、校勘記 1240左
唐述山房日錄 1028右
34唐褚河南陰符經墨跡 923左
36唐邊鎭年表 368左
37唐鴻臚卿越國公靈虛見素眞人傳 449右
唐選部醉經樓集 1356左
40唐大詔令集 493右
唐大家韓文公文鈔 1227右
唐大家柳柳州文鈔 1230左
唐太宗文皇帝集 1216右
唐太宗李衞公問對、直解 772右 773左
唐太古妙應孫眞人福壽論 1172右
唐才子傳 424左
唐皮日休文藪 1236右
唐女郎魚玄機詩、考異 1235右
唐李文公集 1228右
唐李靖陰山破虜 1680右
唐李鄴侯年譜 405左
唐李推官披沙集 1237右
唐李長吉詩集、外集 1231右
唐李義山詩集 1233右
……唐韋狀元自製箜篌記 1701左
……唐韋皋玉環記 1701右
42唐荊川文選 1346左
唐荊川集 1346左
唐荊川先生文集 1345右
唐荊川先生文選 1346左
唐荊川先生集選 1346左
唐荊川公著述考 651左
唐姚鵠詩集 1234右
43唐求詩集 1240左
44唐藩鎭指掌 368左
唐藩鎭年表 368左
唐韓昌黎集、外集、遺文 1228右
唐英歌詩 1239左
唐黃先生文集 1239右
唐黃御史集 1239右
唐杜環經行記地理攷證 608右
45唐棲志略稾 539左
46唐觀察詩 1328右
唐駕部侍郎知制誥中書舍人韓君平詩集 1224右
47唐朝名畫錄 926左
唐柳河東集、外集、遺文 1230右
48唐翰林學士中書舍人韓致光香奩集 1239左
50唐中丞集 1346左
唐史論斷、校勘記 378左
唐摭言 464右
唐摭言校 464右
唐書、釋音、考證 272右
……唐書詳節 371右
唐書糾繆 272右
唐書宰相世系表訂譌 368左
唐書宰相世系表補正 368左
唐書直筆 373左
唐書直筆新例、新例須知、校記 373左
唐書地理志、考證 510右
唐書藝文志 643左
唐秦隱君詩集 1224左
52唐折衝府考、拾遺 481左
唐折衝府考補 481左
唐折衝府考補拾遺 481右
唐折衝府考校補 481右
53唐甫里先生文集、校勘記 1233右
60唐國史補 1047右 1048左
唐四僧詩 1745左
唐四家詩集辨譌考異 1541左
唐愚士詩 1328左
唐昌玉蕊辨證 791右
61唐晅手記 1108左
66唐曙臺集 1356左
67唐明皇秋夜梧桐雨 1647右
唐明皇秋夜梧桐雨雜劇 1647右
唐明皇哭香囊殘本 1651左
唐明皇月令注解 503右
唐昭陵六駿贊辨 666左
唐昭陵石蹟考略 675左
72唐劉賓客詩集 1228右
唐劉蛻集 1233右
唐劉隨州詩集 1221左
唐隱居詩 1240左
唐氏先世遺文 1549右
唐氏先世著述考 651左
唐氏家乘誌傳擷華 393右
……唐氏壽域 902左
74唐陸宣公文集 1226左
唐陸宣公集、增輯 1226左
唐陸宣公翰苑集 1226左
唐陸宣公奏議註 495左
唐陸宣公年譜(丁晏) 405左
唐陸宣公年譜(楊希閔) 405左
77唐風集 1239左
唐月令續考 504左
唐月令注、考 503右
唐月令注續補遺 504左
唐月令注跋 504左
唐陶史札記 797左
唐眉山詩集 1261左
唐丹崖集 1324左
唐開元占經 894右
唐開成石經考異 185左
唐段少卿酉陽雜俎、續集 1049右
唐闕史 1052左
唐歐陽四門集 1227右
唐貫休詩集 1236右
唐賢三昧集 1540左
80唐人試律說 1564左

唐人詩鈔 1540右
唐人行書經義 1188左
唐人傳奇選 1097左
唐人選唐詩 1539右
唐人志墓諸例 670左
唐人草書經贊 1192左
唐人萬首絶句選 1540右
唐人小傳三種 1742左
唐年補錄 1048左
唐會要 454右
83唐錢起詩集 1223右
84唐鎮十道節度使表 368左
87唐鄭嵎詩 1235左
88唐鑑、晉注考異 290左
90唐尙顔詩集 1239右
唐尙書省郎官石柱題名考 470右

0028$_6$ 廣

00廣哀詩 1477右
06廣韻(□□) 206右
廣韻(陳彭年等)、校札 206右
廣韻説 211左
08廣論語駢枝 144左
廣論學三説 763左
09廣談助 1126右
10廣三字經(蕉軒氏) 762左
廣三字經(□□) 762左
廣元遺山年譜 429左
廣平梅花館詩草 1483右
廣西三江源流考 586左
廣西巡撫諡文毅馬雄鎮事實册 410左
廣西通志 522左
廣西地略 555右
廣西考略 555右
12廣列女傳 438左
廣弘明集 1191右
17……廣羣芳譜 779左
20廣愛錄 1034左
廣千字文 203右
21廣卓異記 1054右
廣經室文鈔 1482左
22廣川畫跋 913右
廣川畫跋校勘記 913右
廣川書跋 913右
25廣生編 839右
26廣釋親 221右
廣釋名 220右
27廣名將傳 403右
30廣寧縣志 516左
廣寒梯傳奇 1707左
廣寒殿記 564左
廣客談 1065左
31廣潛研堂説文答問疏證 188左
廣福廟志 569左
32廣州記 551右
廣州先賢傳 391左、右
廣州游覽小志 606右
廣州城坊志 553右
廣州四先生詩 1548左
廣州人物傳 391右
廣近思錄 742左
35廣清涼傳 445右
廣連珠(葉憲祖) 1362左
廣連珠(陳濟生) 1038左
36廣溫熱論、方 827左
37廣祀典議 461右
40廣南禽蟲述、獸述 794右
廣志 964右
廣志繹 611右
廣古今五行記 1089右
廣右戰功 310右
廣右戰功錄 310右
43廣博物志 1043右
44廣堪齋藏畫 935左
廣莊 697左
廣莫野語 1071右
廣菌譜 786右
廣蒼 202右
廣藝舟雙楫 923左
廣藝舟雙楫評論 923左
廣黃帝本行記 448右
廣林 459右
46廣楊園近鑑 1078右
50廣中四傑集 1746左
廣事同纂 1038左
廣畫錄 928左
廣惠編 478右
廣春秋人地名對 945右
廣東通志 522左
廣東地略 553右
廣東考略 553右
廣東切音字母 215右
廣東月令 553左
廣東火劫記 1077左
53廣成子 697左
廣成子註 697左
廣成子疏略 697左
廣成子解 696右
廣成子祝賀齊天壽 1678左
廣成集 1241左
廣成先先玉函經 848右
57廣抑戒錄 950左
60廣易千文 203左
廣田水月錢譜 477左
廣異記 1089左
67廣嗣要語 835右
……廣嗣紀要 835右
70廣雅 218左
廣雅疏證 218左
廣雅疏證補正 218左
廣雅疏證拾遺 218左
廣雅碎金 1500右
廣雅佚文 218左
廣雅釋詁疏證拾遺 218左
廣雅補疏 218左
廣雅堂雜著 177右
廣雅堂試帖 1500右
廣雅堂論金石札 658右
廣雅堂散體文 1500左
廣雅堂駢體文 1500右
71廣蠶桑説輯補 785右
74廣陵詩集 1255右
廣陵詩事 1566左
廣陵詩鈔 1255右
廣陵集(王令) 1255右
廣陵集(袁宏道) 1362左
廣陵集補鈔 1255右
廣陵先生文集、拾遺 1255右
廣陵儲王趙朱景蔣曾桑朱宗列傳 389左
廣陵倡和詞 1646右
廣陵從政錄 473右
廣陵通典 536右
廣陵女士花殿最 1124右
廣陵女士殿最 1068右
廣陵妖亂志、逸文 298右
廣陵事略 536右
廣陵曲江復對 537右
廣陵月 1674左
廣陵小正 536右
76廣陽雜記 1005左
77廣輿記提要 513右
80廣倉 202右
83廣錢譜 477左
86廣知 1091右 1739右
88廣笑府 1124右

90賡小圃詠 1641左
94賡惜字說 1033右

0028_6 賡

26賡和中峯詩韻 1329右
賡和錄 102左
賡緩堂集 1484左

0029_3 麼

25麼生瘥卹記 1096左

0029_4 麻

00麻疹闡注 841右
麻衣道者正易心法 896右
30麻灘驛 1710左
44麻姑傳 1096左
90麻小江 1130左

0033_0 亦

10亦玉堂稿 1353左
18亦政堂重修宣和博古圖 660左
亦政堂重修古玉圖 671右
亦政堂重修考古圖 660左
22亦樂亭詩集 1464左
24亦佳園詩存 1495右
25亦佛歌 1129右

0033_1 忘

10忘憂清樂集 943右
88忘筌書 12右
90忘懷錄 799左

0033_6 意

00意言 972右
44意林、補、拾遺 1035左、右
意林注、逸文、附編 1035左
意林逸文、補 1035左
50意中緣傳奇 1704右
意中人 1703右
60意見 972左
意園文略 1509左

0040_0 文

00文帝化書 1155左
文廟從祀先賢先儒考 412左
文廟從祀弟子贊 416左
文廟圖像檢校 412右
文康公遺集 1390左
文康公年譜 409右
文文山文集 1289左
文文山年譜 407左
文章辨體彙選 1536左
文章正宗復刻、續 1536左
文章集 1337左
文章緣起 1567右
文章流別 1566右
文章流別志論、附 1566右
文章九命 1579左
文章始 1567右
文章薪火 1581右
文章軌範 1536左
文章精義 1575右
01文評 1579左
02文端集 1398右
03文誠公文稿拾遺、詩稿拾遺 1484右
文誠公奏議、函牘 501左
05文訣 1579右
06文韻 1536右
07文毅集 1329右
08文說(劉師培) 1589左
文說(陳繹曾) 1577右
09文談(張秉直) 1584左
文談(徐昂) 1589右
10文正王公遺事 405左
文正集、別集、補編 1243右
12文瑞樓藏書目錄 646右
文水居集 1361左
13文武兩朝獻替記 298左
15文殊問疾佛曲 1714左
17文丞相督府忠義傳 400左
文子、校勘記 692左、右
文子平議補錄 692右
文子纘義 692右
文子通玄眞經 692左
20文辭我見 1589右
文辭養正舉隅 1537右
文信國公集 1288右
文信國公全集 1289左
文信公集杜詩 1289左
21文虎 946右
文貞公(繆昌期)年譜 408左
文貞公(李光地)年譜 410左
22文峯遺稿 1452左
文山詩集 1289左
文山詩補鈔 1289左
文山詩選 1289左
文山詩史 1289左
文山詩鈔 1289左
文山集 1288右
文山樂府 1609左
文山先生文集 1289左
文山先生集杜詩 1289左
文山先生紀年錄 407左
文山先生指南錄、後錄 1289左
文山先生吟嘯集 1289左
文山先生全集 1288右
1289左
文山傳信錄 407左
文山題跋 989左
23……文獻詩考 54左
文獻通考、考證 453右
文獻通考經籍校補 641右
文編 1536左
24文化集 1236右
文待詔題跋 914左
文僖公集 1334右
25文仲淸江集補鈔 1253右
26文泉子 1233右
文泉子集 1233左
文和州詩 1344右
文釋 965左
28文谿集 1286左
30文房約 960左
文房淸事 805左
文房四譜 805左
文房四友除授集 1122右
文房圖贊 805左
文房圖贊續 805左
文房器具箋 805左
文房器具箋摘抄 672左
文憲集 1322右
文憲例言 978左
文安集 1309左
文字音義 204左
文字集略 194右
文字釋訓 223左
文字釋要 223右
文字禪 1579左
文字志 197右
文字蒙求 188左
文字指歸 196右
197左
文字典說 223右
文字飲 949右
文定集 1267左
文定公詞 1603左
31文江酬唱 1615左

32文淵閣書目 645左
……文淵閣四庫全書目錄 645左
文溪詞 1608左
文溪集 1286左
文溪存稿 1286左
33文心雕龍、補注 1567左
文心雕龍註 1567左
文心雕龍私記 1567右
文心雕龍輯註 1567左
34文淶水遺文、詩 1334右
36文溫州詩 1333右
37文湖州集詞 1712左
文湖州竹派 928左
文瀾閣志 565左
文潞公文集 1245右
文潞公詩集 1245右
文潞公集 1245右
文選、攷異 1530右
文選音 1531右
文選音義 1532左
文選註 1530右
文選顏鮑謝詩評 1532右
文選課虛 1532左
文選理學權輿 1532左
文選理學權輿補 1532左
文選集註 1531右
文選集注 1531左、右
文選集腋 1532右
文選編珠 1532右
文選紀聞 1532左
文選敏音 1532右
文選注攷異 1531右
文選補遺 1532右
文選李注補正 1530右
文選李善注書目 653右
文選古字通疏證 1532右
文選考異 1532左
……文選考異補 1531右
文選擬題詩 1532右
文選錦字錄 1532左
文選箋證 1532右
文選筆記 1532左
文選類雋 1532右
38文海披沙 999左
文海披沙摘錄 999左
文裕公年譜 419左
40文太史詩 1336右
文友文選 1393右
文士傳 424左
文士傳佚文 424左
文杏山房雜稿 1277左
文奇 1536右
41文姬入塞 1675左
文概 1587右
文標集、校勘記 1234右
43文始 191左
文始經 693左
文始經釋辭 693右
文始眞經、校勘記 693左、右
文始眞經言外旨 693右
文始眞經言外經旨 693左
文始眞經註 693右
44文苑詩格 1568左
文苑珠林 1537右
文苑集 433左
文苑菁華 1563左
文苑英華 1535右
文苑英華辨證、補文、拾遺 1535右 1536左
文苑四史 805左
文苑異稱 398左
文莊集 1243右
文燕齋遺稿 1374右
文恭集 1244左
文莫室詩集 1520左
文莫室駢文 1520左
文藪 1236右
文藪雜著 1236右
文藝談 1015右
文村雜稿 1461左
文村書跋 652左
文村筆記 1010右
48文翰詔集、續集 1336右
文敬胡先生集 1333左
50文中丞詩 1335左
文中子 719左
文中子平議補錄 719右
文中子中說 719左
文史通義 373右
文史通義補編、鈔本目、刊本所有鈔本所無目 373右
文惠詩集 1285右
文忠集(顏眞卿)、拾遺 1221左
文忠集(王結) 1306右
文忠集(周必大) 1743左
文忠集(歐陽修) 1742右
53文彧詩格 1576左
60文星現 1711左
文星榜 1707右
文昌帝君救劫開心聰明大洞眞經 1133右
文昌帝君本傳 450左
文昌應化元皇大道眞君說注生延嗣妙應眞經 1150右
文昌雜錄 491左
文昌旅語 971左
文昌孝經 1150右
62文則(胡懷琛) 1589左
文則(陳騤)、校語 1573右
71文原 1577右
72文斤山民集 1505左
文所易說 17右
文脈 1580左
文氏族譜續集 392左
文氏五家集 1746右
77文學述林 1589左
文具雅編 805左
文與可古樂府 1248右
80文人畫之價值 934右
文無館詩鈔 1529右
文無館詞鈔 1643右
文會堂詞韻 208左
文公集補鈔 1272左
文公集鈔 1272左
文公朱先生感興詩 1272左
文公易說 15左
81文頌 1584左
83文館詞林 1535左
87文錄 1570右
文錄事詩集 1352左
88文簡公詞 1601左
文筆考 1587右
90文堂集驗方 861左
文省 1537右
95文燼 1526左

0040_1 辛

00辛亥武昌首義紀 331左
辛亥道情 1714左
辛亥四川路事紀略 331左
辛棄疾詞 1603左
10辛天齋集 1366右
辛酉十一年正月分曆書 332左
17辛丑紀聞 324右
辛丑消夏記 912左
20辛壬癸甲錄 436右

20辛壬類稾 1515右
47辛楣吟稾 1427右
50辛夷花館詩賸 1483右
60辛甲書 686左
72辛氏三秦記 528右
77辛巳親征錄 301左
辛巳泣蘄錄 301右

0040_3 率

10率豆社約 960左
40率眞鳴 1358左

0040_4 妄

09妄談錄 1028左

0040_6 章

12章水經流考 585右
16章碣詩集 1238左
17章羽士集 1340右
23章獻明肅皇后受上清畢法籙記 1154右
26章泉詩集 1280左
章泉稿 1280左
……章泉澗泉二先生選唐詩 1539右
30章安集 1251左
章實齋文鈔 1433左
40章大力先生集 1369左
章大力先生全稿 1369左
章太炎文鈔 1524右
章臺柳傳 1099左
44章恭毅公集 1331右
章恭毅公年譜 407右
章孝標詩集 1232右
章華詞 1610右
47章楓山集 1333右
章柳州集 1369左
72章氏文集 1433左
章氏遺書 1740右
章氏遺書外集 1433左
章氏遺書校記 1433左
80章介庵先生集 1344右
章谷屯志略 557右

0040_7 享

80享金簿 909右
享金簿摘抄 672左

0040_8 交

17交翠軒筆記 1010左
21交行摘稿 1368左
22交山平寇詳文 325左
交山平寇本末 325左
交山平寇書牘 325左
27交黎勦平事略 311左
32交州稾 1302左
交州記 551右
交州以南外國傳 621右
37交通芻議 490左
38交遊錄、續 387右
40交友論 972右
交友觀 1000左
44交帶文 1163右
50交泰韻 209左
80交食 1738左
交食論義 873左
交食經 870左
交食細草 874左
交食南車 876左
交食蒙求 872左
交食表 870左
交食捷算 875右
交食曆指 870左
交食管見 872左

0041_4 離

10離憂集 1544左
16離魂記 1098右
22離峯老人集 1298左
67離明瑞象燈儀 1158左
77離騷 1196左
離騷集傳 1196左
離騷經 1196左
離騷經章句疏義 1196右
離騷經註 1196右
離騷經訂註 1196左
離騷經正義 1196右
離騷經解 1196左
離騷釋韻 1197左
離騷釋例 1196右
離騷解 1196右
離騷注 1196右
離騷逆志 1196右
離騷草木疏 1197左
離騷草木史、拾細 1197右
離騷圖 1197右
離騷圖經 1197右
離騷賦補注 1196右
離騷箋 1196右

0043_0 奕

43奕載堂古玉圖錄 671右
60奕且評 943右
77奕問 943右

0044_1 辨

00辨疫瑣言 827右
辨言(員興宗) 984右
辨言(公孫龍) 704右
06辨誤錄 1019左
10……辨正通俗文字 199右
16辨聖學非道學文 722左
26辨釋名 218右
219左
27辨疑志 1088左
辨物小志 794左
辨名小記 221右
30辨字通俗編 199右
辨定祭禮通俗譜 82左
辨定嘉靖大禮議 457右
33辨心性書 747右
50辨忠臣不徒死文 1389左
53辨惑論 766左
辨惑編 766左
辨惑適願自惜齋摘錄 1013左
72辨脈平脈章句 850左
辨脈法篇 850左
77辨學遺牘 1192右
辨學七種 1736右
辨學錄 735右
87辨歙石說 803左

辧

30辧案要略 488右
61辧賑芻言 479左

瓣

20瓣香外集 1480左

辯

01辯誣筆錄 300右
30辯宜齋野乘 175右
74辯陸書 739左

0044_3 弈

25弈律 1124右
50弈史 943右

0060_1 言

00言文 1579右
17言子書 682左
21言行龜鑑 385右
　言行拾遺事錄 405右
　言行見聞錄 1003左
25言鯖 1005左
27言解 1579右
30言官錄 474右
44言舊錄 423左
60言易錄 28左
77言學書 749右
　言醫 864左

音

00音註河上公老子道德經
　687左
　音註小倉山房尺牘 1423右
02音訓 224左
06……音韻述微 208左
　音韻指迷 215左
　……音韻闡微 208左
　音韻問答 210右
07音韵記號 215右
　音調定程 103左
08音說 215左
　音論 209右
　音譜 204左、右
30音注孟子 145左
47音均部略 212左
　音匏隨筆 1028左
　音聲樹集 1519左
72音隱 223右
77音同義異辯 199左
　音學辨微、校正、校刊記
　214左
　音學雜述 212右
　音學五書 1729左
　音學緒餘 210左
80音分古義、附
　音義辨同 181左

0060_3 畜

24畜德錄 386右
　畜德錄選 741右

0060_4 麐

50麐史屏準 875右

0061_4 註

27註解章泉澗泉二先生選唐
　詩 1539右
　註解正蒙 725右
47註鶴山先生渠陽詩 1281右
74註陸宣公奏議 495左

0062_2 諺

01諺語 1562左
08諺說 1562左

0062_7 訪

16訪碑拓碑筆札 671左
　訪碑圖題記 670右
26訪粵集 1473左
28訪徐福墓記 630左
29訪秋書屋遺詩 1435左
37訪祖越王墳狀 1217右
44訪蘇泉記 607左

謫

00謫麐堂遺集 1500左
60謫星詞 1642左
　謫星說詩 1589左
　謫星筆談 978右

0063_1 譙

77譙周古史考 380左

0063_2 讓

71讓長秋宮表 494右
90讓堂亦政錄 1426右

0064_8 誶

44誶范叔 1656左

0068_2 該

77該聞錄 1054右

0071_4 亳

32亳州牡丹說 791左
　亳州牡丹述 791左
　亳州牡丹志 791左
　亳州牡丹表 791左

雍

10雍正朝上諭檔 494左
32雍州金石記、記餘 675左
77雍熙樂府 1715左
80雍益集 1396左
87雍錄 529左

0071_7 甕

10甕天瑣錄 1011右
　甕天脞語 1064左
15甕珠室集聯 945右
23甕牖閒評 1019右
　甕牖餘談 353左
50甕中人語 299右
68甕吟 1615左

0073_2 衣

15衣珠記 1702左
22衣山詩鈔 1431左
37衣冠盛事 338左
86……衣錦還鄉(張國賓)
　1654左
　……衣錦還鄉(口口)1667左

玄

00玄亭涉筆 1037右
　玄帝燈儀 1158左
10玄靈轉經早朝行道儀1159右
　玄靈轉經晚朝行道儀1159右
　玄靈轉經午朝行道儀1159右
　玄元十子圖 447右
　玄天上帝說報父母恩重經
　1146左
　玄天上帝百字聖號 1164左
　玄天上帝啓聖靈異錄 450左
　玄天上帝啓聖錄 450左
　玄霜掌上錄 1179左
15玄珠歌 1176左
　玄珠心鏡註 1176左
　玄珠錄 1183左
21玄虛子鳴眞集 1299右
　玄膚論 1174左
　玄經原旨發揮 690左
26玄和子十二月卦金訣1172右
27玄綱論 1170右
28玄微心印 1181右
　……玄微妙經 1138左
30玄空秘旨通釋 899左
　玄宗正旨 1173左
　玄宗集 1219左
　玄宗直指萬法同歸 1183右
　玄宗內典諸經註 1742右
33……玄秘塔 923右
34玄池說林 1091右
40玄壇刊誤論 1163右
　玄女房中經 847右

40玄女海角經纂 900右
玄眞靈應寶籤 1163右
玄眞子 1170左
玄眞子外篇 1170左
玄眞子漁歌記 1227左
42玄機通 973右
玄機賦通釋 899左
44玄英集 1237右
玄英先生詩集 1237右
47玄都律文 1155右
48玄散詩話 1576左
玄教大公案 1170右
49玄妙洞天記 1082左
50玄中記 1085左
60玄圃山靈匧祕錄 1176左
玄圃餘珍 335右
玄晏齋困思鈔 974左
玄晏春秋 1045左
玄品錄 447右
77玄風慶會錄 1182右
玄學正宗 1172右
玄門十事威儀 1162左
玄門報孝追薦儀 1158右
78玄覽人鳥山經圖 1153右
95玄精碧匣靈寶聚玄經 1146右
97玄怪記 1088右
玄怪錄 1102右

0073₂ 哀

12哀烈錄 393右
20哀紘集 1386左
31哀江南賦註 1215左
44哀蘭絕句 1431右

衷

60衷墨詞 1639左

衰

08衰說考誤 98左
80衰分 887左
衰分演代 891左

褎

13褎殘守缺齋藏器目 660左
16褎碧齋詞 1639右
褎碧齋詞話 1720右
35褎遺草堂詩鈔 1476右
1477左
50褎靑廬醫案 864左
褎春林屋詩 1498右

襄

07襄毅文集 1331右
16襄理軍務紀略 328右
43襄城文獻錄 1548左
60襄邑實錄 501右
74襄陵文集 1260左
襄陵詩草 1453右
襄陵詞草 1628右
76襄陽詩集 1257左
襄陽詩鈔 1257左
襄陽記 390右
391左
襄陽集補鈔 1257左
襄陽守城錄 301右
襄陽沿革略 546右
襄陽耆舊記 391左
襄陽耆舊記佚文 391左
襄陽耆舊傳 390右
391左
襄陽藝文略 648左
襄陽兵事略 546右
襄陽金石略 676右
……襄陽會 1656右

0077₂ [illegible]

10[illegible]天錄 1027右

0080₀ 六

00六齋卑議 977左
六言詩集 1533右
06六譯館雜著 1520右
六譯館外編 1520右
07六部總義 455右
六詔紀聞 558右
10六一詩話 1569右
六一詞、樂語、校記 1593左
六一山房詩集、續集 1497右
六一題跋 912右
六一居士詩話 1569左
六一居士傳 427左
六一居士全集錄、外集錄
1246左
六一筆說 980右
11六硏齋筆記、二筆、三筆
999左
12六烈女傳 1118左
20六壬神定經 897右
六壬大占 897右
六壬大全 897右
六壬卦課 897右
六壬摘要 897右
六壬類聚 897右
21六經病解 822左
六經正誤 180左
六經天文編 170左
六經奧論 169右
六經奧論鈔 169右
六經補疏 1728右
六經蒙求 176左
六經圖 179左
六經略注序 169左
六經堂遺事 409右
22六秝通考 874右
23六代小舞譜 939左
27六勿軒詩存 1501左
30六宜樓詩稿 1522左
六宜樓吟草 1522左
六家詩名物疏 61左
六客之廬筆談 1028右
35六禮或問 461右
37六咨言 733右
38六道因果圖說 1130右
40六十壽言 432左
六十四卦令 950右
六十甲子本命元辰曆 1181左
六九齋饌述稾 1476左
六大州說 625右
六友堂賸草 1490右
41六帖補 1041左
42六韜、逸文 768右
769左
六韜佚文 769左
六韜直解 769左
六橋詩集 1490左
43六博譜 952左
44六芳草堂詩存 1460左
六藝論 167右
168左
六藝論疏證 168左
六藝偶見 178右
六藝綱目、校勘記 759右
六藝之一錄、續編 921右
六藝通誼 178右
六藝通誼初稿 178右
46六如詩鈔 1336左
六如畫譜 928右
六如居士詩文集 1336左
六如居士制義 1336左
六如居士外集 435右

六如居士畫譜 928右
47六朝文絜 1537左
六朝麗指 1590右
六朝遺事雜詠 382右
六朝通鑑博議 374左
六朝事迹 533左
六朝事迹編類 533左
六朝四家全集辨訛攷異 1563右
六根歸道篇 1172左
48六松堂詩集、文集、尺牘 1384右
六松堂詩餘 1616左
六梅書屋存稿 1497左
六梅書屋尺牘 1493右
50六事箴言 767右
六書音均表 211左
六書說、校譌、續校 190左
六書正譌 190左
六書統 190左
六書糠秕 190右
六書例說 190右
六書例解 190左
六書綱目 190右
六書緣起 941右
六書淺說 190右
六書十二聲傳 212右
六書古微 190右
六書舊義 190右
六書故 190左
六書本義 190左
六書轉注說 190右
六書轉注錄 190左
六書叚借經徵 190右
六書分毫 190右
60六因條辨 828左
71六臣註文選 1531左
72六脈渠圖說 585右
80六義郛郭 1586右
六義圖解 198右
六合內外瑣言 1074左
六氣病考 824右
六氣解 821右
六氣感證 831右
六氣感證要義 823右
90六憶詞 1643左
99六瑩堂集、二集、評詞 1395右

0090$_4$ 棄

50棄書 1529左

稾

38稾啓零紈 1038左

0090$_6$ 京

00京塵雜錄 1080右
京塵劇錄 948左
京音集 1371左
京音簡字述略 215右
21京師五城坊巷衚衕集 522右
京師偶記 523左
京師坊巷志、考證 523右
京師坊巷志稿 523左
22京畿諸水編 581左
京畿金石考 673右
30京房易傳 4右
32京兆眉 1684左
38京遊雜記、記宦迹 620右
44京華詩 1397右
50京本通俗小說 1128右
京東考古錄 525左
55京輦題襟集 1556左
60京口三山志 572右
京口變略 319右
京口僨城錄 328左
京口遊山記 595左
京口耆舊傳 389左
72京氏易 4左
京氏易占 895右
京氏易傳 4右
京氏易傳注 4右
京氏易傳箋 29左
京氏易略 4右

0091$_4$ 雜

00雜症痘疹藥性主治合參 854右
雜症名方 861左
雜症祕笈 825右
雜症大小合參 821左
雜症匯參 822右
雜症會心錄 825右
雜病證治類方 858右
雜病源 822左
雜病源流犀燭 822左
……雜病心法要訣 821左
雜序 1361左
雜文僅存 1482左
雜文偶存 1483右
雜言(張靖之) 1002左
雜言(徐潤第) 745左
雜言(鈕琇) 975右
01雜評 930左
02雜證謨 820右
雜證要法 823右
雜證良方 860右
雜諍 1025左
03雜詠 1217左
雜識二首 1056左
07雜記(王思任) 1361右
雜記(于慎行) 998右
08雜說(盧言) 1051右
雜說(袁宗道) 999左
雜說佚文 1051右
10雜五行書 907左
22雜劇待考 1723左
雜劇選 1751右
雜劇段數 947右
26雜鬼神志怪 1087右
27雜祭法 459右
30雜字 222左
雜字便覽 199右
雜字解詁 222右
雜字指 222左
35雜禮議 93右
40雜志 1055左
43雜卦傳古音考 30左
雜卦圖、諸圖附考 30右
44……雜藏經 1187左
雜著(張滈) 1466左
雜著(任兆麟) 1729左
雜著(梅文鼎) 871右
雜著述 1739右
雜著指玄篇 1166左
雜著捷徑 1166左
50雜事祕辛 1045左
雜書琴事 936左
75雜體文稾 1433左
77雜學辨 728左
雜問 746左
87雜錄(顧炎武) 1023右
雜錄(莊元臣) 1001左
雜錄(劉喜海) 658右
88雜箸 1458左
雜纂 1121右
雜纂二續 1121右
雜纂三續 1121右
雜纂續 1121左
89雜鈔 1031右
91雜類名方 857右

0110_4 壟

47壟起雜事 362左

0121_1 龍

00龍膏記 1698左
07龍部 902左
10龍雲集 1256左
龍雲集鈔 1256右
龍雲先生文集 1256右
龍雲先生樂府 1594右
12龍瑞觀禹穴陽明洞天圖經 567右
15龍珠山房詩集 1348左
19龍砂八家醫案 861右
21龍虎元旨 1171左
龍虎手鑑圖 1153左
龍虎還丹訣(口口) 1171左
龍虎還丹訣(金陵子) 1177右
龍虎還丹訣頌 1182左
龍虎中丹訣 1164右
龍虎風雲會 1664左
龍虎精微論 1172左
龍經 796左
龍經疑龍 900右
22龍川文集、辨譌考異 1278左
龍川詞 1603右
龍川詞補 1603右
龍川集 1278左
龍川先生詩鈔 325右 1496左
龍川別志 342左
龍川略志 452左
龍山紀載 353左
龍山宴 1675左
26龍泉寺記 589左
龍泉園語 1011左
龍泉園詩草、文草、尺牘、題跋 1501右
龍泉園集 1744右
27龍角山記 567左
龍魚河圖 229右 230左
龍舟會雜劇 1685右
30龍濟山野猿聽經 1666右
31龍江船廠志 490左
龍江精舍詩集 1513右
龍潭集 1438左
龍潭清話 1016右
龍潭小志 585左
龍源夜話 499左
32龍洲詞、校記 1604左
龍洲集 1278右
龍洲道人詩集 1278右
龍洲道人集 1278左
龍淵爐齋金石書目 653左
37龍湖閒話 997右
39龍沙紀略 528左
龍湫集 1377左
40龍南集 1378右
龍南老人自述 430右
龍女傳 1106左
龍壽丹記 1114右
43龍城札記 172左 1025右
龍城書院課藝 1511左
龍城錄 1048左
44龍藏山人賸草 1492左
龍華院稿 1383右
龍柎齋稿 1365右
53龍輔女紅餘志 1065左
55龍井遊記 599右
龍井見聞錄 539左
龍井顯應胡公墓錄 569左
67龍眠遊記 596左
70龍壁山房文集、詩集 1478左
龍壁山房文鈔 1478左
龍壁山房詞二種 1748右
77……龍鳳錢 1704右
龍眉子金丹印證詩測疏 1153左
龍學文集 1245左
龍學孫公春秋經解 122右
龍母洞記 590左
龍門子凝道記 968右
龍門山魏刻目 674右
龍門象種略考 677右
龍門有年月造象錄 674右
龍門有年月造象錄初稿 674右
龍興祥符戒壇寺志 566右
龍興慈記 305左
80龕龍手鑑 196左
87龍舒居士淨土文 1188右
88龍筋鳳髓判 1041左
92龍燈賺 1705左

0124_7 敲

40敲爻歌直解 1174左

0128_6 顏

12顏延之集 1207右
顏延年集 1208左
17顏子 682左
顏子書 682左
顏子所好何學論 726左
顏習齋先生言行錄 741右
顏習齋先生闢異錄 741右
顏習齋先生年譜 421左
顏習齋遺書 1736左
22顏山雜記 532右
27顏魯公文集 1221左、右
顏魯公玄祕塔 923右
顏魯公詩集 1221左
顏魯公集 1221左
顏魯公年譜(黃本驥) 404右
顏魯公年譜(留元剛) 404右
31顏濬傳 1098右
40顏李師承記 414左
50顏書編年錄 923左
72顏氏家訓、攷證、注補併重校、注補正、壬子年重校、補校注 751左、右
顏氏家訓斠記 751右
顏氏家藏尺牘 1561左
顏氏學記 741右
80顏公筆法 918右
90顏光祿集 1207右 1208左
顏光祿集選 1208左

0161_1 諕

27諕名錄 397左
33諕浪 1124左

0162_0 訂

04訂訛類編、續補 1025左
訂譌雜錄 1024右
10訂正仲景全書傷寒論註 811右
訂正仲景全書金匱要略註 817左
訂正太素脈祕訣 850右
訂正史記眞本 263右
40訂士編 735右
47訂胡 1025左
87訂鈕篇 186右

0164_0 訏

*04*訏謨成竹 775右

0164$_6$ 譚

*00*譚意歌傳 1115左
譚襄敏奏議 497右
譚襄敏公遺集 1352左
譚襄敏公奏議 497右
*06*譚誤 1023左
*17*譚子 967左
譚子化書 966右
967左
譚子雕蟲、校補闕文 796左
*25*譚仲修先生復堂詞話 1720右
*28*譚復生文鈔 1516左
*30*譚賓錄 1106左
*32*譚瀏陽文集 1516左
譚瀏陽詩集、詞聯 1516左
*40*譚友夏批點想當然傳奇 1699右
譚友夏合集 1369右
譚友夏鍾伯敬先生批評綰春園傳奇 1700左
*44*譚苑醍醐 1022右
1578右
*57*譚輅 998左
*88*譚節婦祠堂記 569右

0164$_9$ 評

*00*評註三略 772左
評註司馬法 771左
*04*評詩格 1567右
*08*評論 1568右
*11*評琴書屋吟草 1490右
評琴書屋醫略 865左
*17*評乙古文 1036左
*22*評紙帖 802左
*30*評注產科心法 837左
評注史載之方 857左
*40*評袁 1019右
*44*評花齋詩錄 1445右
評花新譜 436右
評蘭瑣言 790右
*50*評書帖 922左
*61*評點葉案存眞類編 862右
評點馬氏醫案印機草 862左
評點鳳求凰 1701左
88……評鑑闡要 376右

0166$_1$ 語

*00*語言談 766右
*02*語新 1076左
*30*語窺今古 1000右
*44*語林 1046左
語林佚文 340左
語林考辨 1562左
*74*語助 224左
*87*語錄(李棠階) 747左
語錄(范爾梅) 744左
語錄抄 726左
語錄纂 974右
*90*語小 740左
*91*語類 978右
*97*語怪 1092左
語怪四編 1092左

0166$_2$ 諧

*01*諧語 1123右
*12*諧聯漫錄 945右
*32*諧叢 1124左
*44*諧藪 1125左
*47*諧聲譜 215左
諧聲補證、補 191左
諧聲補逸、札記 191右
*50*諧史(徐渭) 1123右
諧史(沈俶) 1122右
*61*諧噱錄 1121左
*86*諧鐸 1076左

0180$_1$ 龔

*24*龔先生詩 1383右
*30*龔憲副集 1350右
龔安節先生遺文 1330左
龔安節先生畫訣 930右
龔安節先生年譜 429左
龔定菴說文段注札記 187左
龔定盦集 1459左
龔定盦別集 1459右
*40*龔內監集 1356右
*44*龔芝麓詩 1383右
*55*龔耕廬詩 1520左

0212$_7$ 端

*10*端平詩雋 1287右
端平集 1287右
端石考 803右
端石擬 804左
*11*端研記 804左
*21*端虛勉一居文集 1462右
*22*端巖公年譜 407右
*24*端綺集 1555左
*32*端溪課藝 1562右
端溪研坑記 804右
端溪研坑考 804右
端溪硯譜 803左
端溪硯譜記 804左
端溪硯石考 804左
端溪硯坑記 804右
端溪硯史 804右
端溪書院志 569右
*40*端木子書 682左
*67*端明集 1248左
*72*端隱吟藁 1293右
*88*端敏公集奏議、函牘 500左

0220$_0$ 刻

*16*刻碑姓名錄 671左
*22*刻剡窺 1129右
*26*刻和字石印記 1500左
*40*刻李九我先生批評破窰記 1702右
*96*刻燭集 1554左

0242$_2$ 彰

*67*彰明附子記 784右

0260$_0$ 訓

*00*訓文 223右
*04*訓詁珠塵 224右
*17*訓子言 753右
訓子語 754右
……訓子詩 752右
……訓子詞 760左
訓子從學帖 752左
……訓子帖 752左
*28*訓俗邇言 767右
訓俗遺規、補編 767左、右
訓俗簡編 768左
訓俗常談 768左
……訓從子詩 754右
*40*訓士瑣言 747左
訓女三字文 758左
訓眞書屋詩存、文存 1508右
44……訓蒙詩百首 759右
訓蒙詩輯解 761右
訓蒙千文 203右
訓蒙千文註 203右
訓蒙千字文 203右
訓蒙條要 761左
訓蒙條例 760右
訓蒙駢句 1044右

77訓兒俗說 753右
訓兒錄 752右
訓學齋規 759左、右
訓門人語 738右
88……訓飭士子文淺解 764左
訓纂篇 201右

0261₈ 證

25證佛名譚 1190右
28證俗文 219左
證俗音 208左、右
33證治要訣類方 858左
證治準繩 820左
1737右
證治心傳 820右
證治指要 822右
38證道歌 1171右
證道篇 374右
60證墨篇 192右
77……證學編 735右
證學解 736右
80證人社約 763左
91證類本草 853左
95證性編 735右

0263₁ 訴

11訴琵琶 1686左

0263₇ 讔

01讔語 1069左

0265₃ 譏

01譏語 1069左

0266₄ 話

10話雨山房吟草 1483右
話雨樓碑帖目錄 665右
話雲軒詠史詩 382左
22話山草堂雜著 1741左
話山草堂詩鈔、文鈔 1452右
話山草堂詞鈔 1629左
77話陶窗遺稿 1441右
話腴 988右
話桑賦稿 1430右

0267₇ 謟

43謟卦 1126右

0269₄ 諜

35諜訷 1002左

0292₁ 新

00新序 713右
714左
新序佚文 714左
新序校補 714左
新齊諧、續 1093左
新方言 226右
新方言眉語 226右
新方八略 858右
新方八陣 858右
新唐書 272右
新唐書糾謬、校勘記、錢校補遺 273左
新唐書糾謬校補 273左
新唐書突厥傳地理攷證、吐蕃傳地理攷證、回紇等國傳地理攷證、沙陀傳地理攷證、北狄列傳地理攷證、東夷列傳地理攷證、南蠻列傳地理攷證、新舊唐書西域傳地理攷證 622右
新唐書斠議 273左
……新言（裴玄） 963右
……新言（顧譚） 717右
01新語 712左
新語平議補錄 712左
02新刻文獻詩考 54左
新刻詩說 65左
新刻詩譜 64左
新刻詩傳 64左
新刻詩傳綱領 52右
新刻詩地理考 61右
新刻詩考 67左
新刻讀詩一得 54左
新刻讀詩錄 54右
新刻三寶太監西洋記通俗演義 1130右
新刻玉海紀詩 53右
新刻玉茗堂批評焚香記 1697右
新刻五鬧蕉帕記 1696右
新刻水陸路程便覽 513右
新刻重訂出像附釋標註琵琶記 1691右
新刻山堂詩考 53左
新刻出像音註商輅三元記 1702左
新刻出像音註唐韋皐玉環記 1701右
新刻出像音註唐朝張巡許遠雙忠記 1692左
新刻出像音註王昭君出塞和戎記 1701右
新刻出像音註何文秀玉釵記 1698左
1701左
新刻出像音註釋義王商忠節癸靈廟玉玦記 1693左
新刻出像音註范雎綈袍記 1701右
新刻出像音註花將軍虎符記 1693右
新刻出像音註花欄裴度香山還帶記 1692右
新刻出像音註花欄南調西廂記 1692右
新刻出像音註花欄韓信千金記 1692右
新刻出像音註蘇英皇后鸚鵡記 1701右
新刻出像音註韓湘子九度文公昇仙記 1701左
新刻出像音註薛平遼金貂記 1701右
新刻出像音註薛仁貴跨海征東白袍記 1702左
新刻出像音註觀世音修行香山記 1702右
新刻出像音註增補劉智遠白兔記 1692左
新刻出像音註呂蒙正破窰記 1702右
新刻出像音註點板徐孝克孝義祝髮記 1693右
新刻出像音註劉玄德三顧草廬記 1701右
新刻出像音註劉漢卿白蛇記 1697左
新刻出像音註岳飛破虜東牕記 1702右
新刻出像音註姜詩躍鯉記 1692右
新刻出像音註管鮑分金記 1695右
新刻出像點板音註李十郎紫簫記 1694右
新刻出相音釋點板東方朔偸桃記 1697右

新刻出相雙鳳齊鳴記 1697右
新刻出相點板宵光記1696右
新刻出相點板櫻桃記1697左
新刻出相點板八義雙盃記 1702左
新刻牡丹亭還魂記 1694右
新刻魏仲雪先生批評投筆記 1692左
新刻宋璟鶼釵記 1697左
新刻逸詩 65左
新刻古杭雜記詩集 538右
新刻校定脈訣指掌病式圖說 848左
新刻博笑記 1695左
新刻韓詩外傳 66左
新刻華夷風土志 624左
新刻胡氏詩識 54右
新刻狄梁公返周望雲忠孝記 1696右
新刻回春記 1700左
新刻困學紀詩 53右
新刻原本王狀元荆釵記 1692左
新刻印古詩語 54右
新刻全像高文擧珍珠記 1701左
新刻全像包龍圖公案袁文正還魂記 1701左
新刻全像漢劉秀雲臺記 1697右
新刻全像古城記 1701右
新刻全像觀音魚籃記1702右
新刻全像易鞋記 1692右
新刻全像點板張子房赤松記 1701右
新刻全像臙脂記 1698右
新刻鍾伯敬先生批評封神演義 1131左
新話摭粹 1125左
*06*新譯大方廣佛華嚴經音義、敍錄 1191右 1192左
08……新論(夏侯諶) 718右
新論(湛若水) 732左
新論(桓譚) 715左
……新論(華譚) 718右
……新論(梅□) 718右
新論(劉晝) 965左、右
新論正誤 965右
新論佚文 965右
新論校正 715右
*10*新五代史記 273右
新五代史四夷附錄地理攷證 622右
新元史 275右
新元史考證 275右
新吾呂君墓誌銘 419右
*11*新疆設行省議 484左
新疆旅行記 591左
新疆要略 531左
新疆疆域總敍 531左
新疆建置志 531右
新疆後事記 327左
新疆紀略 531左
新疆志稿 517左
新疆地略 531右
新疆勘界公牘彙鈔 484左
新疆回部志 517左
新疆賦 531右
*12*新刊音註出像齊世子灌園記 1693右
新刊音註出像韓朋十義記 1701右
新刊王氏脈經 848左
新刊元本蔡伯喈琵琶記 1691右
新刊死生交范張雞黍1662左
新刊攷正全像評釋北西廂記 1651左
新刊重訂出像附釋標註音釋趙氏孤兒記 1702右
新刊重訂出像附釋標註陳情記 1696左
新刊重訂出相附釋標註裴度香山還帶記 1692右
新刊重訂出相附釋標註香囊記 1692左
新刊重訂出相附釋標註拜月亭記 1691右
新刊重訂出相附釋標註賦歸記 1696左
新刊重訂附釋標註出相伍倫全備忠孝記 1692左
新刊釋氏十三經 1742右
新刊的本薛仁貴衣錦還鄉 1654左
新刊的本薛仁貴衣錦還鄉關目 1654左
新刊的本散家財天賜老生兒 1657左
新刊的本泰華山陳摶高臥 1652右
新刊祕訣三命指迷賦 904左
新刊大字魁本全相參增奇妙註釋西廂記 1651右
新刊古列女傳、續列女傳 437右
新刊校正全相音釋青袍記 1702左
新刊萬氏家傳幼科發揮 838右
新刊萬氏家傳養生四要 846左
新刊鞠臺集秀錄 437左
新刊關目諸葛亮博望燒屯 1664右
新刊關目詐妮子調風月 1649左
新刊關目張鼎智勘魔合羅 1659右
新刊關目看錢奴買冤家債主 1655左
新刊關目漢高皇濯足氣英布 1659右
新刊關目好酒趙元遇上皇 1656左
新刊關目嚴子陵垂釣七里灘 1662左
新刊關目馬丹陽三度任風子 1653右
新刊關目陳季卿悟道竹葉舟 1663左
新刊關目閨怨佳人拜月亭 1649左
新刊關目全蕭何追韓信 1662左
新刊八仙出處東遊記1131左
新刊全相平話武王伐紂書 1128右
新刊全相平話樂毅圖齊七國春秋後集 1128右
新刊全相平話前漢書續集 1128右
新刊全相秦併六國平話 1128右
新刊合併陸天池西廂記 1693左
新刊小兒痘疹證治 840右
新刑律修正案匯錄 488左

15新建竹橋黃氏忠獻義塾記 394右
18新政先生哀思錄 444右
新政遺文 1528左
20新集至治條例 455左
新集古文四聲韻 198左
22新豐店馬周獨酌 1686右
新豐酒法 806左
新製諸器圖說 807右
新山稾 1318右
新山詩集 1318右
新出三體石經考 184左
新樂府(元好問) 1610右
新樂府(萬斯同) 383左
23新編磨塵鑑 1706左
新編龍鳳錢 1704右
新編詩義集說 54右
新編五代史平話 1128右
新編天香圃牡丹品 1671左
新編醉翁談錄 1062右
新編甄月娥春風慶朔堂 1669右
新編張天師明斷辰鉤月 1671左
新編張仲景註解傷寒百證歌 813左
新編張仲景註解傷寒發微論 813左
新編孔夫子周遊列國大成麒麟記 1701左
新編孟浩然踏雪尋梅 1671右
新編瑤池會八仙慶壽 1670右
新編雙魚珮傳奇 1706左
新編紫陽仙三度常椿壽 1670右
新編經史正音切韻指南 213右
新編豹子和尚自還俗 1672左
新編宜平巷劉金兒復落娼 1670左
新編福祿壽仙官慶會 1670左
新編清河縣繼母大賢 1669右
新編神后山秋獮得騶虞 1670左
新編洛陽風月牡丹僊 1671左
新編十美人慶賞牡丹園 1671左
新編李亞仙花酒曲江池 1671右
新編李妙淸花裏悟眞如 1671右
新編奇遇玉丸記 1698左
新編蘭紅葉從良烟花夢 1672左
新編林冲寶劍記 1693左
新編趙貞姬身後團圓夢 1670左
新編搊搜判官喬斷鬼 1671右
新編目蓮救母勸善戲文 1695右
新編黑旋風仗義疎財 1670右
新編足本關目張千替殺妻 1664右
新編劉盻春守志香囊怨 1670左
新編岳孔目借鐵拐李還魂 1657右
新編臙脂雪傳奇 1705右
新編關目晉文公火燒介之推 1658左
新編全像點板竇禹鈞全德記 1695右
新編全相點板西湖記 1702左
新編金童玉女嬌紅記 1668左
新編金匱要略方論 816右
新編分門古今類事 1059右
新編美姻緣風月桃源景 1669右
新編錄鬼簿 654左
新編篇韻貫珠集 213右
新編簡字特別課本 215左
新編筭學啓蒙、識誤 879左
新編小天香半夜朝元 1671右
25新倩籍 424右
新傳奇品、續 1722右
26新釋地理備考全書 626右
27新修本草 853左
28新儀象法要 868左
30新室志 798左
新注朱淑眞斷腸詩集、後集 1275左
新安文獻志 1547左
新安志 519右
新安學繫錄 414左
新字解訓 224左
新字林 195右
新字甌文七音鐸 216左
新定三禮圖 98右
新定魯論語述 144右
新定禮 79右
新定牙牌數 898右
32新測更漏中星表 874左
新測中星圖表 873右
新測恒星圖表 873右
34新灌園 1693右
新法表異 870左
新法曆引 870左
新法算書 1738左
40新嘉坡風土記 631右
新校晉書地理志 508左
新校資治通鑑敍錄 283左
41新坂土風 540左
43新城王氏西城別墅十三詠 1408右
新城錄 298左
44新燕語 331左
新莽職方考 507左
新莽大臣年表 363左
新舊唐書雜論 378右
新舊唐書互證 273左
新舊唐書西域傳地理攷證 622右
新舊唐書合注魏徵列傳 404右
46新加九經字樣 179右
47新聲譜 1715左
新婦譜 757右
新婦譜補(查琪) 757右
新婦譜補(陳確) 757右
48新增詞林要韻 1715右
新增發蒙古今巧對 944左
新增格古要論 909左
50新本鄭氏周易 6左
新書(諸葛亮) 772右
新書(賈誼) 712右
713左
52新槧大唐三藏法師取經記 1128右
54新斠注地理志 506右
新斠注地里志集釋 506右
60新田十憶圖詠 1558右
70新雕皇朝類苑 1042左
新雕洞靈眞經、校勘記 699右
新雕李燕陰陽三命 903右
71新歷曉惑 870左
新曆曉或 870左
72新劉河志正集、附集 583左
新彫注胡曾詠史詩 381左
77新用北方眞武祖師玄天上帝出身全傳 1131左

新學僞經考 178右
新開地中河記 638左
新門散記 539右
80新金山記 639左
新鐫磨忠記 1698右
新鐫唐明皇秋夜梧桐雨 1647右
新鐫唐氏壽域 902左
新鐫二胥記 1699左
新鐫玉蟠袁會元集 1360左
新鐫武侯七勝記 1697右
新鐫道書度人梯徑 1181右
新鐫道書五篇註 1174右
新鐫道書樵陽經、附集 1185左
新鐫李太白匹配金錢記 1663左
新鐫古今名劇酹江集 1751右
新鐫古今名劇柳枝集 1751右
新鐫杜子美沽酒遊春雜劇 1672右
新鐫杜牧之詩酒揚州夢 1662右
新鐫量江記 1697右
新鐫圖像音註周羽教子尋親記 1698左
新鐫全像藍橋玉杵記 1698左
新鐫鐵拐李度金童玉女 1669左
新鐫節義鴛鴦塚嬌紅記 1699左
新鐫半夜雷轟薦福碑 1653左
新義 963右
新會修志條例 514右
86新知錄 998左
新知錄摘鈔 998左
87新鍥重訂出像附釋標註驚鴻記 1696右
新鋟天下時尚南北新調 1715左
新鋟煙波釣徒奇門定局 905左
88新纂香譜 798右
新纂門目五臣音註揚子法言 715左
99新鶯詞 1642左

0363_2 詠

22詠梨集試帖 1489左
27詠歸堂集 1372右
詠物詩(謝宗可) 1310右
詠物詩(瞿佑) 1326右
詠物詞 1641左
詠物二十一首 1482左
詠物十詞 800左
詠物七言律詩偶記 1585左
44詠蘭瑣言 1589左
48詠梅軒雜記 747右
詠梅軒仰觀錄 895左
詠梅軒思忠錄 403左
詠梅軒劄記、增訂、賸稿、存要 747右
50……詠史 381右
……詠史詩(謝啓昆) 381右
……詠史詩(王廷紹) 382左
……詠史詩(鮑桂星) 382左
詠史詩(胡曾) 381左
……詠史詩(曹振鏞) 382左
……詠史詩(陳坤) 382左
……詠史詩(周曇) 381右
……詠史詩註 382左
……詠史詩鈔 382左
詠史樂府 381右
詠史偶稿 383右
80詠年堂詩集鈔 1394右
90詠懷堂新編十錯認春燈謎記 1700右
詠懷堂新編燕子箋記 1700右
詠懷堂新編勘蝴蝶雙金榜記 1700右

0364_0 試

25試律須知 1591左
30試官述懷 1684右
34試造氣行輪船始末 490左
41試帖存稿 1744右
44試茶錄 783左
80試金石二十四詠 1175右
88試筆 980右

0364_8 誶

44……誶范雎 1656左

0365_0 誠

00誠齋雜記 1064左
誠齋詩話 1573左
誠齋詩集 1269右
誠齋詩選 1270左
誠齋集 1269右
誠齋集補鈔 1269右
誠齋樂府(朱有燉) 1712左
誠齋樂府(楊萬里) 1601左
誠齋樂府二十四種 1750右
誠齋江湖集鈔、荊溪集鈔、西歸集鈔、南海集鈔、朝天集鈔、江西道院集鈔、朝天續集鈔、江東集鈔、退休集鈔 1269右
誠齋揮塵錄 345右
誠齋易傳 13右
誠齋策問、校勘記、校勘續記 1269右
誠意伯文集 1322右
60誠是錄 903左

諴

60諴勗淺言 763左

識

27識物 794左
30識字續編 199右
識密齋詩鈔 1457左
35識遺 989左、右
77識閒堂第一種繙西廂 1701左
88識餘 1023右
90識小編(董豐垣) 172右
識小編(周賓所) 493左
識小錄(王夫之) 493左
識小錄(徐樹丕) 1001右
識小錄(姚瑩) 1009右

讖

01讖語 1069左

0366_0 詒

10詒晉齋集、後集 1441右
詒晉齋隨筆 1008右
30詒安堂詩餘 1636右
詒安堂初稿、二稿、試帖詩鈔 1494左
47詒穀老人自訂年譜 411左

0391_4 就

10就正錄(高攀龍) 736左
就正錄(葉廷秀) 1367左
就正錄(陸世忱) 1186左
60就日錄 989左

0410_4 塾

05塾講規約 763右

0428$_1$ 麒

09麒麟闕　1696左
麒麟閣　1703右

0460$_0$ 計

23計然萬物錄　709右
27計倪子　709左
40計有餘齋文稿　1489左
53計甫艸詩　1391左

討

25討債兒　1130左

謝

00謝康樂詩　1208左
謝康樂集　1208左
謝康樂集選　1208左
謝康樂集校勘記　1208左
謝康樂集拾遺　1208左
謝文肅公集　1333左
……謝文節公集　1291左
10謝丕振文集　1409右
……謝天香　1650右
23謝參軍詩鈔　1296右
24謝幼槃文集　1260右
謝幼槃竹友集　1260右
26謝皐羽先生年譜　428右
謝皐羽墓錄　569右
謝皐羽年譜　428右
謝程山集　1384左
27謝御史文集　1359右
28謝給諫霜崖集　1374右
30謝宣城詩　1209右
謝宣城詩集　1209右
謝宣城集　1209右
謝宣城集選　1209右
34謝法曹詩　1208右
謝法曹集　1208左
謝法曹集選　1208右
40謝希逸集　1209左
42謝橋詞　1623左
44謝茂秦集　1348右
謝華啓秀　1044右
50謝中丞集　1348右
謝惠連集　1208左
60謝疊山先生文集　1291左
67謝野全集　1333左
72謝氏詩源　1576左
謝氏鬼神列傳　1085左
謝氏源流　395左
77謝與槐集　1347左
80謝金吾詐拆清風府雜劇　1667右
謝金蓮詩酒紅梨花　1658左
謝金蓮詩酒紅梨花雜劇　1658右
90謝小娥傳　1100右
　1101左
謝光祿集　1209左
謝光祿集選　1209左

0461$_4$ 謹

30謹案二十五等人圖　1031右
57謹擬籌設全國國稅局條議　475右
90謹堂集　1419右

0462$_7$ 訥

00訥庵筆談　1026右
28訥谿奏疏　497右
32訥溪文錄、詩錄　1345左
訥溪雜錄　734左
訥溪尺牘　1345左
訥溪年譜　407右

0463$_1$ 誌

08誌許生奇遇　1082左
87誌銘廣例　670左
誌舒生遇異　1082左

0464$_1$ 詩

00詩童子問　53左
詩病五事　1570左
詩序　63右
詩序辨(夏鼎武)　64左
詩序辨(朱熹)　63右
詩序辨說　52右
　63右
詩序辨正　64左
詩序韻語　64左
詩序議　64左
詩序補義　64左
詩廣傳　55右
詩文　1419左
詩文評註　1535左
詩文正法　1577左
詩文要式　1581左
詩文浪談　1580右
詩章句攷　59左
詩辨說　54左
詩辯　1574右
詩辯坻　55右
詩音辯略　62右
……詩音說　63左
詩音表　211左
01詩譚續集　988右
詩評(王世貞)　1565左
詩評(黃景仁)　1586左
詩評(梅堯臣)　1569左
詩評(敖陶孫)　1574左
詩評(景淳)　1574左
詩評(嚴羽)　1574右
02詩話　1569左
詩話雋永　1577右
詩話後編　1588右
詩話總龜前集、後集　1571右
詩話補遺　1578右
03詩識　427右
詩識名解　61左
06詩譯　1581右
詩韻析　210右
詩韻檢字　208左
詩韻舉例　210左
07詩詞一得　1589右
詩詞餘話　1577左
詩誦　58右
08……詩說(廖平)　60左
……詩說(施士丐)　51右
……詩說(張汝霖)　57左
詩說(張耒)　52左
詩說(郝懿行)　58左
詩說(申培)　65左
詩說(惠周惕)　56右
詩說(劉克)　53左
詩說(陶正靖)　56右
……詩說(俞樾)　59右
詩說(姜夔)　1573右
詩說解頤　54右
詩說活參　58左
詩說補　53右
詩說匯訂　59左
詩論(程大昌)　52左
詩論(宋大樽)　1586左
詩論(普聞)　1572右
詩議　1568右
詩譜(陳繹曾)　1577右
詩譜(鄭玄)　64右
詩譜詳說　1588左
詩譜攷正　65左

詩譜補亡後訂、拾遺 64右
……詩譜鈔 64右
09詩談(徐泰) 1578左
詩談(□□) 1576左
10詩疏廣要 62左
詩要格律 1580右
17詩羣 1545左
18詩攷 67左
詩攷補訂 60左
詩攷補注 67左
詩攷異字箋餘 67左
20詩雙聲叠韻譜 212左
詩毛氏傳疏 58右
詩毛鄭異同辨 59右
詩集傳(朱熹)、集傳考異 52左、右
詩集傳(蘇轍) 52左
詩集傳名物鈔 61左
詩集傳附釋 52右
21詩經、校刊記 49右
50左
52左、右
55左
詩經序傳擇參 64左
詩經旁訓 57左
詩經旁訓增訂精義 57左
詩經旁參 57左
詩經音註 60左
詩經音訓 63左
詩經衷要 58左
詩經讀本 50左
詩經韵讀 211右
詩經詮義 57左
……詩經說 59左
詩經說例 60左
詩經論旨 56右
詩經詳說 56左
詩經疏略 55右
詩經疏義 54左
詩經形釋 63右
詩經攷異 63左
詩經集傳校勘記 52右
詩經備旨 57左
詩經傳註 56右
……詩經傳說彙纂 56左
詩經白文 49右
詩經稗疏 55右
詩經繹 54右
詩經解 59右
詩經解註 54右
詩經疑問(朱倬) 54左
詩經疑問(姚舜牧) 54右
……詩經客難 58左
……詩經補注 57右
詩經補箋 60左
詩經通義 55右
詩經大全 54右
詩經札記 58左
詩經協韻考異 62右
詩經世本古義 55左
詩經世本目 55左
詩經聲韻譜 213左
詩經拾遺 65左
詩經口義 59左
詩經四家異文攷 67右
詩經四家異文攷補 67右
詩經思無邪序傳 59右
詩經異文 63左
詩經異文釋 67右
詩經異文補釋 67右
詩經叶音辨訛 63左
詩經叶韻辨 63左
詩經原始 59左
詩經今古文篇旨異同 60右
詩經剳記 56右
詩經小學 63左
詩經恒解 58左
詩經精華 59右
詩經精義 58左
22詩樂存亡譜 61左
23詩外傳 66左
詩外別傳 55左
詩外餘言 1588左
24詩緯 245左
1730右
1731左
詩緯新解 245左
詩緯集證 245左
詩緯紀歷樞 246右
詩緯汎歷樞 246右
詩緯氾歷樞 246右
詩緯氾歷樞訓纂 246右
詩緯推度災 246左
詩緯推度災訓纂 246左
詩緯附錄 246右
詩緯含文候 245右
詩緯含神霧 245右
詩緯含神霧訓纂 245右
詩纘緒 54左
25詩律武庫、後集 1042左
詩傳 64左
詩傳旁通 54左
詩傳詩說駁義 55右
詩傳孔氏傳 64左
詩傳名物集覽 61右
詩傳注疏 53右
詩傳補義 59右
詩傳遺說 53右
詩傳通釋 54左
詩傳題辭故、補 58左
26詩牌譜 952左
詩觸 55左
詩細 57右
詩總聞 52左
詩緝 53右
詩繹 59左
27詩解頤 54左
詩解鈔 52右
詩疑 53右
詩疑辨證 57右
詩疑問 54左
詩名物證古 61右
詩句題解韻編 1045左
詩的 1580左
詩紀歷圖 246右
詩紀曆樞 246左
詩紀匡謬 1533右
詩綱領 52右
28詩倫 1534左
30詩扇記傳奇 1708左
詩家一指 1580右
詩家集法 1581左
詩家鼎臠 1541右
詩家直說 1579左
詩宗正法眼藏 1577左
31詩酒紅梨花 1658右
詩酒揚州夢 1662右
詩源撮要 1580右
33詩瀋 57右
詩演義 54左
詩補傳 52左
34詩法(黃省曾) 1578左
詩法(嚴羽) 1574右
詩法正論 1577左
詩法正宗 1577左
詩法家數 1576右
詩法萃編 1588左
35詩禮堂雜詠 1408右
詩禮堂雜纂 1075左
詩禮堂古文 1408右

37詩汎歷樞 246左、右
詩深 57右
詩通 55左
40詩存補遺 1528左
詩志 57左
詩古音繹 213左
詩古韻表二十二部集説 212左
詩古微 67右
42詩札 55右
43詩式 1568右
44詩地理攷 61右
詩地理攷略、圖 61右
詩地理徵 61右
詩夢鐘聲錄 946左
詩苑衆芳 1541右
詩藪內編、外編、續編、雜編 1579右
詩林廣記前集、後集 1570右
47詩聲類 211左
詩聲類表 212右
詩格(王叡) 1568右
詩格(王昌齡) 1567右
詩格(魏文帝) 1566右
詩格(范梈) 1577左
48詩故、校勘記、校勘續記 55左
50詩中旨格 1580右
詩中密旨 1568左
詩史集杜 1289左
詩推度災 245右 246左
詩畫巢遺稿 1467右
詩本音 209右
詩本誼 59右
詩本事 1125左
詩本義 51右
詩書古訓 174右
詩書古訓補遺 174右
57詩契齋詩鈔 1505左
詩契齋叢稿 1505左
詩契齋駢文 1505左
60詩最 1533右
詩愚餘草 1492左
詩品(司空圖) 1568左
詩品(鍾嶸) 1566右 1567左
詩品二十四則 1568左
詩品集聯 944右
詩品箋 1567左
63詩賦盟傳奇 1698右
64詩畸、外編 1503右
70詩臆 54右
72詩所 56左
詩氏族考 61右
74詩附記 57右
75詩體 1574右
77……詩學(陸奎勳) 56右
……詩學(錢澄之) 55右
詩學正源 1577左
詩學要言 1587左
詩學源流考 1587右
詩學禁臠 1577左
詩學事類 1043左
詩學規範 1574左
詩學金丹 1583左
詩學纂聞 1584右
詩問(牟應震) 58右
詩問(汪琬) 56左
詩問(郝懿行) 58左
詩問略 55左
79詩賸 1526左
80詩人主客圖 1568右
詩人玉屑 1575左 1717右
詩鐘 946左
詩鏡總論 1580左
……詩義集說 54右
詩義指南 53右
……詩義折中(傅恆等) 57左
詩義折中(周學熙) 60左
詩義堂後集 1468左
詩含神霧 245左、右
88詩筏(吳大受) 1584左
詩筏(賀貽孫) 55左
詩答問 1583左
詩管見 59右
詩餘譜 1715右
詩餘圖譜(張綖) 1715右
詩餘圖譜(萬惟檀) 1715右
90詩小序 63右

0464_7 護

34護法論 1191右
38護送越南貢使日記 480左
60護國軍紀實 335右
護國寺元人諸天畫像讚 1192左
護國嘉濟江東王靈籤 1164左

0466_0 詁

02詁訓柳先生文集、外集、新編外集 1230右
21詁紅館殘稿 1508左
詁經精舍文集 1562右
詁經精舍自課文 1482左
24詁幼 203左

諸

00諸病論 820左
……諸病源候論 817右
諸方節氣加時日軌高度表 872左
10諸天靈書度命妙經義疏 1135左
17諸子雜記 713右
諸子雜斷 1009右
諸子平議 1735右
諸子續要 1035右
諸子釋地 681左
諸子詹詹錄 681左
諸子斟淑 681左
諸子粹言 1036右
諸司職掌 468左
20諸位大人借去書籍字畫玩物等糙賬 912右
諸乘方變式 889左
諸集揀批 1586右
諸集拾遺 990右
21諸儒奥論策學統宗前集 1562右
諸師聖誕沖舉酌獻儀 1159左
諸師眞誥 1181右
諸經緯遺 1729右
諸經緒說 174右
25諸佛出世事蹟考 445左
諸傳摘玄 1733右
30諸家論痘 841右
諸家神品丹法 1178左
諸家藏畫簿 932右
諸家藏書簿 922右
諸家易象別錄 25右
35諸神聖誕日玉匣記等集目錄 1155左
38諸道山河地名要略 511右
40諸寺奇物記 566左
諸眞語錄 1186左
諸眞論還丹訣 1164右
諸眞元奧集成 1172右
諸眞聖胎神用訣 1168左
諸眞歌頌 1182左

諸眞內丹集要 1172左
*44*諸華香室閨秀詩鈔 1544右
諸蕃志 622右
諸葛亮夜祭瀘江 1687右
諸葛亮秋風五丈原殘本 1648右
諸葛亮博望燒屯 1664右
諸葛武侯文集 1203右
諸葛武侯集 1203右
諸葛武侯傳 404左
諸葛丞相集 1203左
諸葛子 963右
諸葛忠武侯文集 1203右
……諸葛忠武侯兵法心要內集、外集 772右
諸葛忠武侯年譜 404左
諸葛忠武書 404左
諸菊品目 789左
*50*諸史瑣言 1732左
諸史然疑 379左
諸史考異 379右
諸史孝友傳 443右
諸史拾遺 379右
諸史間論 379右
*71*諸臣奏議 495左
*72*諸脈條辨 849右

0466_1 詰

*60*詰墨 706左

誥

*77*誥屏山記 595右

0466_4 諾

*26*諾臯廣志 1092右
諾臯記 1088右 1089左

0468_6 讀

*00*讀唐論略 378右
讀文雜記 1587右
讀文子 692右
讀文選 1532右
讀文選日記 1532右
讀文中子 719右
讀離騷 1685右
*01*讀龍虎經 1169右
*02*讀新約全書 1192右
*04*讀詩 55左
……讀詩一得 54左
讀詩瑣言 60左
讀詩經 57右
讀詩經筆記 59左
讀詩私記 54右
讀詩遵朱近思錄 57左
……讀詩蒙說 57左
讀詩拙言 54右
讀詩或問 58左
……讀詩日錄 59左
讀詩略記 55右
讀詩質疑 56右
讀詩劄記（夏炘） 59左
讀詩劄記（朱景昭） 59左
……讀詩錄 54右
讀諸文集偶記 1581右
讀諸子諸儒書雜記 748左
讀讀書錄 731右
*08*讀說文雜識 188右
讀說文證疑 186右
……讀說文記（席世昌） 187右
讀說文記（許棫） 188左
……讀說文記（王念孫） 187左
……讀說文記（惠棟） 186左
讀說文玉篇日記 189左
讀說文日記 189左
……讀說文小識 189左
讀論語 141左
讀論語叢說 141左
讀論語劄記 141右 152右
讀論孟筆記、補記 154左
讀論衡 962左
讀許魯齋心法偶記 731左
*10*讀三國志蠡述 269左
讀三國志書後 378左
讀王觀國學林 1019右
讀王氏稗疏 177左
讀五代史隨筆 274左
讀五胡載記 1023左
讀雪山房唐詩凡例 1564左
讀雪山房雜著 1007左
讀雪軒詞 1632右
讀爾雅補記 165左
讀爾雅日記（王仁俊） 165左
讀爾雅日記（王頌清） 165左
讀爾雅日記（包錫咸） 165左
讀爾雅日記（董瑞椿） 165左
讀爾雅日記（蔣元慶） 165左
讀爾雅日記（楊賡元） 165左
讀爾雅日記（陸錦燧） 165左
*11*讀北山酒經 806左
*12*讀水經注 577右
*17*讀孟子 147左
讀孟子劄記（崔紀） 147右
讀孟子劄記（李光地） 147右 152右
讀孟子劄記（羅澤南） 148右
讀孟集說 148右
……讀孟芻言 149左
讀孟質疑 148左
讀孟隨筆 149左
讀子集 1010左
讀子史 1005右
讀子隨識 1735右
*20*讀毛詩日記（夏辛銘） 60左
讀毛詩日記（張一鵬） 60右
讀毛詩日記（徐鴻鈞） 60左
讀毛詩日記（楊賡元） 60左
讀毛詩日記（郯鼎元） 60左
讀毛詩日記（申濩元） 60左
讀毛詩日記（陸炳章） 60左
讀毛詩日記（鳳恭寶） 60左
讀毛詩日記（錢人龍） 60右
*21*讀紅樓夢雜記 1132左
讀經 171右
讀經說 175右
詩經樂譜 102左
讀經心解 175左
讀經札記 177右
讀經如面 175右
讀經拾瀋 177右
讀經劄記 175右
……讀經筆存 175右
讀經貨記 178右
*22*讀後漢書蠡述 267左
讀山海經 710右
讀山谷詩評 1565左
*23*讀參同契 1180右
讀代數術記 891左
*25*讀律琯朗 488左
讀律歌 487右
讀律心得 487右
讀律提綱 488左
讀佛祖四十偈私記 1190右
讀朱就正錄、續編 160左
讀朱隨筆 729左
*26*讀魏書地形志隨筆 510左
讀吳越春秋 355右
*28*讀傷寒論心法 812左

○四六八六 讀(二八一五〇)

28讀儀禮記 77右
讀儀禮日記(于鬯) 78左
讀儀禮日記(費祖芬) 78左
讀儀禮略記 76右
讀儀禮錄 78左
30讀宋鑑論 378右
31讀潛夫論 716左
32讀近思錄 728左
34讀漢文記 1563左
讀漢碑 671左
讀漢摘腴 377右
讀漢書 265右
讀漢書蠡述 266左
讀漢書日記(王肇釗) 266左
讀漢書日記(朱錦綬) 266左
讀漢書日記(徐鴻鈞) 266左
讀漢書日記(鳳曾敘) 266左
讀漢書劄記 266左
35讀禮記 86右
讀禮記略記 85右
讀禮私記 87右
讀禮通考 99左
讀禮志疑 94右
讀禮問 94右
讀禮小事記 462左
37讀通考 453右
讀通鑑論 375右
讀通鑑日記 283左
讀選集箴 1532右
38讀道藏記 1186左
40讀左評錄 109左
讀左瑣錄 109左
讀左瑣言 107右
讀左剩語 109左
讀左漫筆 107左
讀左存愚 108右
讀左持平 109右
讀左日鈔、補 107左
讀左別解 109左
讀左卮言 108左
讀左隨筆(王元穉) 109右
讀左隨筆(王照) 109右
讀左劄記(易本烺) 109左
讀左劄記(劉師培) 109右
讀左管窺 107右
讀大學 132右
讀志隨筆 537左
讀古本大學 133右
43讀越絕書 355右
44讀莊子法 695右
讀莊劄記 696左
讀孝經日記 160右
讀韓詩外傳 66右
讀老札記 691右
讀舊唐書隨筆 272右
讀楚辭 1195右
讀杜詩寄廬小箋 1223左
讀杜二箋 1223左
讀杜私言 1564右
45讀隸輯詞 1045左
49讀趙注隨筆 149左
50讀中庸 135左
讀中庸叢說 134右
讀中論 717左
讀史 375右
讀史方輿紀要統論 513右
讀史雜記(方宗誠) 377左
讀史雜記(鄒維璉) 375右
讀史雜記(沈豫) 380左
讀史訂疑 379左
讀史諍言 264左
讀史記(許玉瑑) 264左
讀史記(張履祥) 377右
讀史記蠡述 264右
讀史記十表 264右
讀史記日記(朱錦綬) 264左
讀史記日記(查德基) 264左
讀史記劄記 264左
讀史論略(鄒均) 376右
讀史論略(杜詔) 376右
讀史糾謬 373右
讀史樂府 382左
讀史贅要 377左
讀史自娛 376右
讀史漫筆 375左
讀史札記 379右
讀史提要錄評 377左
讀史探驪錄 371右
讀史拾瀋 380左
讀史日記三種 1733左
讀史吟評 381右
讀史兵略 775右
讀史舉正 379右
讀史臆言 377左
讀史錄 374右
讀史管見(王穀) 376左
讀史管見(李晚芳) 373右
讀史小識 376左
讀史倘論 377左
讀史粹言 380左
讀畫山房文鈔 1451左
讀畫紀聞 932左
讀畫閒評 933左
讀畫錄(王樑) 931右
讀畫錄(周亮工) 434右
讀畫錄(屠倬) 933右
讀書齋偶存稿 1396右
……讀書雜識(王家文) 1029左
讀書雜識(勞格) 1029左
讀書雜記(王紹蘭) 1027左
讀書雜記(胡懷琛) 1031左
讀書雜記(周鎬) 1008左
讀書雜說 1008右
讀書雜釋 1028右
讀書雜志(王念孫) 173左
讀書雜志(楊城書) 1027右
讀書雜錄 1023左
讀書識餘 1031左
讀書記(王劭) 1017右
讀書記(眞德秀) 730左
讀書記疑 749左
讀書說 721右
讀書一間鈔 1585右
讀書瑣記 173左
讀書舫詩鈔 1415右
讀書止觀錄 1036左
讀書些子會心 737右
讀書經筆記 43右
讀書後 1352右
讀書樂趣約選 1036右
讀書偶識、附 176左 1028右
讀書偶記(雷鋐) 743右
讀書偶記(趙紹祖) 1027左
……讀書偶得 1026左
讀書偶見 1004左
讀書解義 1027左
讀書紀數略 1044左
讀書叢說 40左
讀書叢錄 174右 1027右
讀書叢錄節鈔 1027右
讀書法(魏際瑞) 763右
讀書法(蔡方炳) 763右
讀書法彙 765左
讀書社約 763左
讀書通(孫伯觀) 763左
讀書通(郝敬) 209右
讀書十六觀 762右

讀書十六觀補 763左
讀書求解 1426右
讀書蕞殘 1024左
讀書聲 1705右
讀書日記 1028右
讀書愚見 982右
……讀書畢記 95右
讀書質疑 1024右
讀書隨筆、續筆 1030左
讀書隅見 982右
讀書舉要 765左
讀書脞錄、續編 173左
1026左
讀書鏡 999右
讀書分年日程、綱領 762右
讀書劄記 732右
讀書錄(薛瑄)、續錄 731右
讀書錄(林金相) 1016左
讀書錄記疑 1031左
讀書錄存遺 730右
……讀書筆記(尹會一)
153左
讀書筆記(祝允明) 969右
讀書敏求記 649右
讀書管見 40左
讀書餘錄 1029右
讀書小記 1027右
讀書堂綵衣全集 1399右
讀書燈 959左
讀春秋 128右
讀春秋編 125左
讀春秋蠡述 130左
讀春秋存稿 128右
讀春秋國語四史蠡述
1732左
讀春秋略記 126右
讀春秋劄記 129右
讀未見書齋文鈔 1428左
讀素問鈔 809左
讀東坡志林 981左
55讀曲叢刊 1752左
讀曲小識 1724左
57讀抱朴子 1184左
60讀國語蠡述 295右
讀國語劄記 295右
讀四元玉鑑記 879右
……讀四書注疏 152右
讀四書叢說 150右
讀四書大全說 152左
讀易旁求 27右
讀易雜識 29左
讀易雜說 26右
讀易詳說 12右
讀易--斑 26左
讀易--鈔易餘 18右
讀易經 23右
讀易私言 15左
讀易緒言(謝文洊) 19右
讀易緒言(錢棻) 19右
讀易紀聞 17右
讀易綱領 27左
讀易寡過 25右
……讀易述 17右
讀易漢學私記 22左
讀易大旨 19左
讀易考原、校勘記 16右
……讀易日識 25右
……讀易日記 29左
讀易日札 23左
讀易日鈔 20左
讀易別錄 652右
讀易略記 19左
讀易臆說 28左
讀易隨筆 29右
讀易隅通 18右
讀易舉要 15左
讀易義例 23右
讀易會通 26右
讀易筆記(方宗誠) 27左
讀易筆記(張履祥) 19左
讀易餘言 17左
讀呂祖師三尼醫世說述管窺 1185右
讀昌黎先生集 1228右
讀困知記 732左
63讀戰國策隨筆 296左
讀賦卮言 1590左
67讀明史雜著 379左
讀明史劄記 275右
讀鶡冠子 700左
71讀厚語偶記 738右
72讀劉昫書隨筆 272右
75讀陳修園 824右
77讀風偶識 60右
讀月樓吟稿 1515左
讀周禮日記 72左
讀周禮略記 70右
……讀周易記 15左
讀周易日記(許克勤) 28右
讀周易日記(顧樹聲) 28右
讀騷樓詩初集、二集 1455右
讀學庸筆記 154左
讀段注說文解字日記 187左
讀醫隨筆 865右
讀問學錄 743右
讀歐記疑 1246左
78讀鹽鐵論 713右
讀陰符經 1137左
80讀金石萃編條記 656右
讀公孫龍子 704右
讀公羊注紀疑 116左
88讀管子 700右
讀餘誌略 1389右
90讀小戴禮盧植注日記 83右
讀小戴禮日記 87右
讀小戴日記 87右
讀尙書日記 44左
讀尙書略記 41左
98讀瞥記校補 1026右

0469_4 謀

67謀野集删 1355左

0512_7 靖

00靖康要錄 290右
靖康孤臣泣血錄 300左
靖康傳信錄 300左
靖康緗素雜記 1018右
靖康稗史 1732右
靖康紀聞、拾遺 300左
靖康朝野僉言 299右
32靖州圖經 549右
37靖逸小集 1292右
靖逸小集補遺 1292右
靖逸小藁 1292右
38靖海紀略(曹履泰) 315左
靖海紀略(鄭茂) 311右
40靖南紀事 312右
靖難功臣錄 401右
50靖夷紀事 312左
88靖節先生集 1207左
90靖炎兩朝見聞錄 300左

0562_7 請

10……請雨龍王經 1142左
請雨止雨書 895左
26請纓日記 451右
28請復河運芻言 581左
81請頒新歷奏 332左

0564_7 講

77講周易疏論家義記殘 10右
講學大義 737左
78講陰陽八卦桃花女 1664左
80講義條約 738右

0569_0 誅

42誅妖檄文 332右

0569_6 諫

00諫亭詩草 1439左
41諫垣存稿 500右
諫垣七疏 498左
諫垣奏議 498右
諫垣奏議補遺 498右
44諫草 498左
73諫院奏事錄 501右

0662_7 謁

00謁府帥 1688右
謁唐昭陵記 675左

0663_4 誤

80……誤入天台 1668左

0664_1 譯

01譯語 526左
50譯史 624左
譯史紀餘 624右
譯史補 275左
70譯雅 227左

0668_6 韻

00韻府羣玉 1042右
韻府紀字 1044右
……韻府拾遺 1044右
韻麈詞 1515右
01韻語陽秋 1572左
08韻譜(牟應震) 212左
韻譜(李燾) 207左
10韻石齋筆談 909右
韻石齋筆談摘抄 672左
20韻香廬詩鈔 1467右
韻香書室吟稿 1488左
韻集 204左
26韻白 210左
30韻字辨似 208左
33韻補 207左
韻補正 207左
34韻法本俗 210右
37韻湖偶吟、後集 1481左
38韻海鏡源 206左
44韻蘭序 1459右
韻英(靜洪) 205左
韻英(陳廷堅) 206右
韻林 207右
韻林隨筆 1582左
48韻松樓詩集 1487右
50韻史(許遯翁)、補 372左
韻史(吳鎭) 381右
韻史(陳梁) 950左
韻史(金諾) 372右
60韻圃 207右
韻園遺詩 1502右
67韻略 204右
205左
韻略易通 208左
韻略匯通 209右
77韻學要指 210左
韻學蠡言舉要 1729右
韻學源流 212右
韻學叢書三十四種題跋 215左
韻學事類 207右
韻學指要 210左
韻學餘說 213左
韻母 213右
韻問 210左
80韻鏡 213右
韻會 204左
88韻銓 206左
韻鑰 213右

0669_4 課

17課鵡詞 1620左
課子遺編 1437左
課子隨筆、續編 760右
24課徒草、續草、三刻、四刻 1527左
32課業餘談 220左
33課心錄 748左
40課士條言 764左
課士直解 1416右
44課花樓詩存 1492右
課花盦詞 1643左
課藝芻議析疑 851右
46課婢約 1126左
60課易存商 24左
67課暇吟 1487右
77課兒讀書錄 761右
88課餘偶錄、續錄 1011右
課餘偶筆 1008右
課餘隨錄 1007右

0691_0 親

21親征朔漠方略 293左
77親屬記 221右

0710_4 望

00望帝杜宇叢帝鼈令前志 569右
08望診遵經 851左
10……望雲記 1696右
望雲集 1324右
望雲閣詩集 1443右
望雲懷雨印雪廬詞 1638左
22望崖錄內編、外編 998右
31望江亭中秋切鱠 1649右
望江亭中秋切鱠雜劇 1649右
望江亭中秋切鱠旦 1649右
望江南百調 1640右
32望溪文集再續補遺、三續補遺 1411左
望溪文集補遺 1411左
望溪文鈔 1411左
望溪集 1411左
望溪先生文 1410右
望溪先生文集、集外文 1411左
望溪先生文外集 1411左
望溪奏議 499右
34望社姓氏考 386右
37望湖亭記 1700左
望湖亭題壁詩自序 1297右
40望奎樓古文集、四書制藝文、詩集 1418右
50望夫石 1690右
80望益編 1558右
望氣經 894右
86望錦樓遺稿 1427右

0712_0 翊

07翊翊齋文鈔 1424右
翊翊齋詩鈔 1424右
翊翊齋遺書 1744左
翊翊齋筆記 743右
16翊聖保德傳 450左
37翊運錄 348左

0722₇ 鷓

00鷓言內篇、外篇、雜錄 977左
47鷓鴣斑 1379左

鶮

15鶮珠堂詩藁 1438左

0724₇ 毅

00毅齋詩文集 1327右
毅齋詩集別錄 1277左
毅齋經說 170右
毅齋遺集 1500右
毅齋奏疏 497右
90毅堂集 1435左

0728₂ 欬

08欬論經旨 827左

0733₈ 戇

77戇叟詩鈔 1387右

0742₇ 郊

08郊說 96右
23郊外農談 349右
34郊社禘祫問 96左
郊社考辨 96左

郭

00郭文安公奏疏 501右
郭玄 1046左
02郭訓古文奇字 196右
10郭元釪詩選 1418左
12郭弘農集 1206左
郭弘農集選 1206左
17郭子 1046左
郭子章集 1324右
郭子翼莊 697左
20郭季產集異記 1086右
22郭山人集 1356左
24郭侍郎洋務文鈔 500右
26郭侃傳辨 303右
郭鯤溟集 1352右
28郭給諫疏稿 498左
30郭家池記 595右
郭定襄伯集 1333左
44郭孝童墓記略 569左
郭若虛畫論 926右
50郭忠節宛在堂集 1370右
60郭景純集 1206左
72郭氏玄中記 1085左
郭氏傳家易說、總論 13左
郭氏葬經刪定 900左
郭氏畫訓 926右
郭氏易占 896右

鶉

22鶉觚集 1203右

0748₆ 贛

32贛州失事紀 322左

0761₀ 訊

18訊獮 1690左

0761₃ 讒

50讒書、校 980左

0761₇ 記

00記文譚 1053左
10記栗主殺賊事 1120左
23記外大父祝公遺事 444左
25記朱一貴之亂 326右
27記響拓玉印譜 664右
37記過齋文稿 1475右
記過齋叢書 1736右
記過齋贈言、言行略、崇祀鄉賢錄 423右
38記海錯 793右
44記夢四則 1093右
記荔枝 787右
記英俄二夷搆兵 635右
記某生爲人雪冤事 1081右
記某生爲人唆訟事 1081右
47記桐城方戴兩家書案 325右
50記事珠 1052左
64記嘆咭唎求澳始末 480右
77記聞類編 1545左
80記羊城玉豬 672右
86記錦裙 798左
88記纂淵海 1042左

0762₀ 訒

00訒庵遺詩 1391右
訒庵遺稿 1480左
訒齋詩草 1354左

韵

00韵府鉤沈 212右
20韵集 204左
70韵雅 220右

詞

01詞評 1718左
06詞韻 1715右
詞韻考略 1715右
08詞說 1721左
詞論 1720右
……詞譜 1715右
20詞統源流 1719左
21詞旨 1718左
22詞爨 1712右
23詞綜 1644右
詞綜偶評 1720左
24詞科舊稾 1271左
25詞律、拾遺 1716左
詞律校勘記 1716左
27詞名集解、續編 1719右
28詞徵 1720右
30詞家辨證 1719左
31詞源 1717左、右
詞源斠律 1721左
詞逕 1720右
37詞選 1644右
40詞壇紀事 1718右
41詞垣日記 470右
詞概 1720右
42詞媛姓氏錄 438右
44詞藻 1719左
詞苑叢談 1719左
詞苑萃編 1720左
詞菁 1644右
詞莂 1646右
詞林韻釋 1715右
詞林正韻、發凡 1715右
……詞林要韻 1715右
詞林紀事 1719右
詞林萬選 1644左
詞林典故 470右
詞林拾遺 1588右
50詞書記要 1589左
60詞品(郭麐) 1719右
詞品(朱權) 1721右
詞品(楊慎)、拾遺、補 1718左
63詞賦 1506左
77詞學研究 1752左
詞學集成 1720右
詞學指南 1590右
88詞餘 1713右
詞餘叢話、續 1723右

0762$_{0}$ 詢

44詢蒭錄 225右

調

01調謔編 1122左
77……調風月 1649左
99調燮類編 847左

讕

00讕言 685左
讕言瑣記 1077右
讕言編 992右
讕言長語 992左、右

0762$_{2}$ 謬

00謬言 998右
謬言意言附識 745左

0762$_{7}$ 誦

04誦詩小識 58右
21誦經威儀 754左
35誦清閣詩鈔 1472左
44誦芬詩略 1504左
誦芬集 1549右
誦芬館詩鈔 1503左
誦芬錄 393左

譎

22譎觚 562左
譎觚十事 561右

0763$_{2}$ 認

40認眞草 1363左
80認金梳孤兒尋母 1682左

0764$_{0}$ 諏

40諏吉新書 908左

0764$_{7}$ 謏

77謏聞續筆 351右
謏聞錄 1030右

0766$_{2}$ 詔

27詔歸集 1351右
43詔獄慘言 313右
50詔書蓋璽頒行論 332左

韶

80韶舞九成樂補 100左

0767$_{2}$ 謠

01謠語 1561右

0821$_{2}$ 施

00施註蘇詩 1253左
13施武陵集 1348左
21施仁義劉弘嫁婢 1666右
22施山公兵法心略 775右
60施愚山詩 1385左
施愚山詩選 1385右
施愚山先生外集 1743右
施愚山先生別集 1747右
施愚山先生學餘文集、詩集、外集 1385左
施愚山先生年譜 430右
72施氏詩說 51右
施氏家風述略、續編 393左

0821$_{4}$ 旌

12旌烈妻 1130左
60旌異記 1087右
80旌義編 752右
88旌節錄 438左

0823$_{2}$ 旅

01旅譚 1012右
44旅燕集 1351左
旅菴奏對錄 1190右
50旅中稿 1355左
旅書 974右
80旅舍備要方 856右

0823$_{3}$ 於

31於潛令樓公進耕織二圖詩 778左
42於斯堂詩集 1368右
43於越先賢傳 935左
74於陵子 708左

0823$_{4}$ 族

08族譜誌略 392右
族譜稿存 1429左

0824$_{0}$ 放

00放言 976右
放言百首 977左
放言居詩集 1410右
25放生辨惑 1033左
放生會約 960右
46放楊枝 1688左
80放翁詩集、詩選 1270左
放翁詞 1601左
放翁先生詩鈔 1270右
放翁家訓 752左
放翁逸稿 1270左
放翁題跋 913右

0824$_{7}$ 旃

44旃林紀略 561左

0828$_{1}$ 旋

30旋宮合樂譜 101左

旗

00旗亭讌 1685左
……旗亭記 1696右
旗亭館 1686左
37旗軍志 481右

0844$_{0}$ 效

21效顰集（繆鑑） 1305左
效顰集（趙弼） 1065右

敦

00敦交集 1542右
47敦好堂論印 941右
50敦書咫聞 1030左
71敦厚堂近體詩 1514右
77敦夙好齋詩稿 1476左
敦艮齋雜篇 745左
敦艮齋遺文 1445右
敦艮齋劄記 745左
敦艮吉齋文鈔、詩存 1476右
96敦煌雜鈔 530右
敦煌新出唐寫本提要 651左
敦煌零拾 1752左
敦煌石室碎金 1741右
敦煌石室經卷中未入藏經論著述目錄、疑僞外道目錄 653右
敦煌古寫本毛詩校記 50左
敦煌古寫本周易王注校勘記 7左
敦煌隨筆 530右

0861$_{1}$ 詐

47詐妮子調風月 1649左

0861$_{6}$ 說

00說齋 1164左
說齋小集 1269左
說文 189右
192右
說文廣義 186左
說文辨疑、條記 187右
說文辨通刊俗 188右
說文辨異 188左
說文音釋 192左
說文訂訂 186左
說文諧聲譜 191右
說文諧聲孳生述 191右
說文新附攷、續、續攷、札記 192左
說文新附攷校正 192左
說文讀若字考 192左
說文讀同字考 192左
說文部首音釋 192左
說文部首讀補注 189右
說文部首歌 189右
說文部首均語 189右
說文部首表 189右
說文說 188左
說文正俗 189左
說文正字 187右
說文平段 187左
說文引詩辨證 192右
說文引經證例 192右
說文引經攷 192右
說文引經例辨 192右
說文引經異字 192右
說文發疑 188右
說文形聲後案 188左
說文職墨 189左
說文建首字讀 189右
說文瑣言 189左
說文重文管見 189左
說文雙聲 191右
說文統系圖題跋 652右
說文統釋自序 187左
說文經字考 192右
說文經斠 192右
說文外篇 188右
說文佚字攷 192左
說文佚字輯說 192右
說文釋例 187右
說文蠡箋 187左
說文解字 185右
說文解字辨證 189左
說文解字音均表 191右
說文解字韻譜 191左
說文解字部目 189右
說文解字部首訂 189右
說文解字部敍 189右
說文解字建首五百四十字 189右
說文解字注 186右
說文解字述誼 186右
說文解字通正 187左
說文解字索隱 188右
說文解字校勘記殘稾 186左
說文解字舊音 191左
說文解字繫傳、校勘記 186左
說文解字義證 186右
說文解字篆韻譜 191左
說文詹詹 188左
說文疑 189左
說文疑疑 187左
說文約言 193左
說文徐氏新補新附攷證 192左
說文注鈔、補鈔 186右
說文字樣 197右
說文字原 189右
說文字原韻表 190左
說文字原引 189右
說文字原表、字原表說 190左
說文審音 191右
說文測義 187左
說文淺說 188右
說文補攷 187左
說文補例 188右
說文凝錦錄 186右
說文逸字 192左
說文通訓定聲補遺 188左
說文通論 188左
說文通檢 193左
說文大小徐本錄異 186左
說文難檢字錄 193左
說文古語考 192右
說文古籀疏證 193右
說文古籀疏證目 193右
說文校議 187右
說文校議議 187右
說文校定本 188左
說文蒙求 193左
說文舊音 191左
說文舊音補注、續、改錯 191左
說文楬原 188右
說文聲訂、札記 191右
說文聲讀表 191右
說文聲系 191左
說文聲類 191左
說文聲類出入表 191左
說文檢字 192右
說文本經答問 188右
說文書目 652右
說文提要校訂 189左
說文提要增附 189左
1729左
說文繫傳校錄 186左
說文繫傳考異 186左
說文疊韵 191右
說文閩音通 192左
說文叉考、補考 187左
說文段注校三種 1729左
……說文段注札記（龔自珍） 187左
……說文段注札記(徐松) 186右
說文段注拈誤 187左
說文段注撰要 187左
說文段注簽記 187左
……說文段注鈔 186右
說文舉例(陳瑑) 188右
說文舉例(陳衍) 189左
說文義例 187右
說文籀文考證 193右
說文答問 186右
說文答問疏證 188左
說文管見 187左
說文粹言疏證 189左
說玄 892左
04說詩 1579右
說詩章義 59右
說詩求己 60右
說詩菅蒯 1582左
說詩晬語 1583右
說詩類編 1554右
07說部精華 1073左
10說石烈士 1109左
說雲樓詩草 1498右
11說項 1020左
14說聽 1092右
16說硯 804左
17說孟 147右
20說雋 1071左
21……說經殘稿 176右
說經囈語 176右

0861_7 諡

0862_1 諭

0862_2 診

0862_7 論

論語集注考證 141左
論語何氏注 137右
論語衛氏集注 138右
論語虞氏讃注 139左
論語熊氏說 140左
論語旨序 138右
論語比 142右
論語比考 255右
論語比考讖 255右
256左
論語師法表 144右
論語經解 142右
論語後案 142右
論語後錄 142左
論語糾滑讖 257左
論語崇爵讖 257左
論語欒氏釋疑 139左
論語俟 143左
論語稽求篇 141左
論語贊 139右
論語緯 1731右
論語緯雜篇 1731右
論語緒言 141右
論語傳 144左
論語傳註 141右
論語傳註問 141右
論語皇疏考證 138右
論語偶記 142右
論語釋疑 138左
論語殷氏解 139左
……論語解(張栻) 140右
論語解(董懋策) 151右
論語魯讀攷 144右
論語包注 137右
論語包氏章句 137左
論語包氏注 137右
論語彙解凡例 143右
論語紀滑讖 257左
論語絕句 140右
論語約注 143右
論語繆氏說 139左
論語徵知錄 144左
論語注(戴望) 143右
論語注(鄭玄) 137左
論語注疏、考證 138右
論語注疏解經 138右
論語注疏校勘記、釋文校勘記 138右
論語江氏集解 139左
論語顧氏注 139右
論語淺解 143左
論語補疏 142左
論語述註 143左
論語述何 142右
論語述義 143左
論語述義續 143左
論語梁武帝注 139右
論語梁氏注釋 139左
論語沈氏訓注 139右
論語沈氏說 139右
論語褚氏義疏 139右
論語通釋 142左
論語大學偶記 153右
論語大義定本 144左
論語太史氏集解 139右
論語直旨 142左
論語李氏集注 139左
論語古解 143左
論語古注集箋 143左
論語古注擇從 143右
論語古義 141右
論語袁氏注 139左
論語校勘記、釋文校勘記 138右
論語札記(朱一棟) 142左
論語札記(范爾梅) 141右
論語地考 144右
論語范氏注 139左
論語蔡氏注 139右
論語摘衰聖 256右
論語摘衰聖承進讖 256右
論語摘輔象 256左、右
論語素王受命讖 256右
論語或問 140右
論語撰考讖 256左
論語拾遺 140左
論語贅言 141右
論語贅解 143右
論語異文集覽 144右
論語異文考證 144右
論語時習錄 143右
論語馬氏訓說 136右
論語隱義 140左
論語隱義注 140左
論語附記 142左
論語隨筆 141右
論語體略 139左
論語陳氏義說 137右
論語周生氏義說 137右
論語周氏章句 137右
論語聞 143左
論語學而里仁說例 144左
論語學案 141左
論語陰嬉讖 257左、右
論語駢枝 142左
論語人考 144左
論語全解 140左
論語分編 143右
論語分類講誦 144左
論語義疏(皇侃) 138右
論語義疏(馬時芳) 142左
論語會心詩 141左
論語鄭氏注 137左
論語鄭氏注輯 137左
論語鄭義 143右
論語篇目弟子 415右
416左
論語筆解 140左
……論語答問集 141左
論語餘說 142左
論語小言 143左
論語類考 141左
07論詞雜著 1720左
論詞法 1721左
論詞隨筆 1720右
10論天 868左
17論孟詩 1462右
論孟疑義 154左
……論孟考證輯要 150右
論孟精義 150左
21論衡 961右
962左
論衡平議補錄 962左
論衡佚文 962左
論衡校 962左
22論嶺南詞絕句 1721左
26論粵東詞絕句 1721左
27論修史籍考要略 373右
30論定錄 408左
論定性書 726左
40論古雜識 672右
論古撮要 130右
論古錄 1005右
44論世約編 1009右
論藥集 855右
46論相 904右
50論畫雜詩 932左
論畫正則 932右
論畫瑣言 929右
論畫絕句 931左

50論畫十則 931左
論書序大傳 49左
論書絕句 923左
論書法 922右
論書十則 922左
論書目唱和集 640左
60論墨（張丑） 801左
論墨（萬壽祺） 801右
71論區田 780右
77論學 743左
論學諸篇 749左
論學三說 763左
論學酬答 738左
論學須知 1579右
論學制備忘記 97右
論學外篇 744左
論學俚言 741左
論學繩尺 1562右
論學剳說十則 1025右
論學小記 744左
論醫集 866左
論印絕句（丁敬） 940右
論印絕句（吳騫）、續編 941左
88論篆 939左
論餘適濟編 977左
95論性書 739左

0863$_{0}$ 訟

37訟過則例 743左

0863$_{7}$ 謙

00謙齋文錄 1330右
謙齋初集、二集、三集、續集 1502左
20謙受益齋文集 1495左

0864$_{0}$ 許

00許彥周詩話 1571左
許文正公雜著 1300右
許文正公語錄 730右
許文正公詩 1300右
許文正公遺書 1300右 1743左
許文正公奏疏 496右
許文正公書狀 1300右
許文穆公集 1356左
許文定集 1252左
許文肅公外集 1507左
許文肅公遺稿 1507左
許文肅公書札 1507左
許文肅公日記 451右
許文忠公圭塘小藁 1312左
10許丁卯詩眞蹟錄 1233左
許石城集 1347右
許雲村集 1339右
許雲邨貽謀 753左
12許水南詩集 1431左
14許琳詩集 1238左
17許君疑年錄 417左
許君年表攷、許君年表 417左
23許然明先生茶疏 784左
26許白雲先生文集 1303右
27許魯齋先生訓子詩 752右
許魯齋先生集 1300右
許叔重淮南子注 961左
40許太史眞君圖傳 449左
許士修集 1324右
許眞君玉匣記 1155左
許眞君石函記 1179左
許眞君受鍊形神上清畢道法要節文 1167左
許眞君仙傳 449左
許眞人拔宅飛昇 1683左
44許茗山集 1345左
48許敬宗集 1216右
許松濱先生詩集、文集 1481左
許松濱先生條答、評條答 748右
50許忠直公遺集 1359右
60許國公奏議 496左
71許長史集 1351右
72許氏詩譜鈔 64右
許氏說文雙聲疊韻譜 191右
許氏說文解字說例 189左
許氏說文解字雙聲疊韻譜 191右
許氏說音 211右
許氏貽謀四則 753左
許氏醫案 863右
77許用晦文集、拾遺 1233左
許印林遺著 188左
87許鄭經文異同詁 181右
90許少華集 1341右
94許愼淮南子注 961左

0865$_{1}$ 詳

00詳註周美成片玉集 1595右
詳註筆耕齋尺牘 1513右
10詳函廣術 891右
27詳解九章算法、纂類、札記 877右
30詳注東萊左氏博議 109右
60詳異記 1089右

0865$_{3}$ 議

37議郎 995右

0865$_{7}$ 誨

10誨爾錄 749左
77誨兒編 761右

0866$_{1}$ 譜

20譜雙 951右
29譜秋 1689右

0925$_{9}$ 麟

24麟德術解 875左
27麟角集 1235右
40麟臺故事、拾遺、考異、校記 469右 470左
50麟書 1056右
71麟原文集 1320左

0963$_{1}$ 讜

08讜論集 495右

0963$_{9}$ 謎

02謎話 947左
58謎拾 947左
77謎學 947左

0968$_{9}$ 談

00談麈 1071左
談言 1124左
01談龍錄 1583右
10談天、附 876左
……談天正義 876左
談天集證 876左
談天緒言 873右
談石 957左
20談往 352左
21談虎 795右
談經 171左
談經菀 170右
22談剩 1000左
30談賓錄 1054左
32談淵 342左、右
37談選 1065左

談資 997右
40談古偶錄 1014右
44談苑 1057左
談藪 1063左
談藝錄(鄧實) 910左
談藝錄(徐禎卿) 1578右
50談書錄 1006左
57談輅 998左
談撰 1065左
60談壘 1739右
74談助(王崇簡) 1072左
談助(晁載之) 1035右
77談閫錄 542右
82談劍廬詩稿 1485右
87談錄(王詔) 350右
談錄(丁謂) 340左
談錄(李宗諤) 405左

1

1000₀ 一

00一亭雲集 1407左
一庵雜問錄 733右
一齋雜著 1007右
一齋詩 1433右
一齋家規 755右
一齋書繹說 744左
一齋陳先生考終錄、雜文 419右
一齋劄記 744右
一文碑 1130左
一文錢 1674左
10一粟廬詩一稿、二稿 1485右
一粟齋試帖 1486左
11一斑錄、附編、雜述 976左
12一瓢詩話 1584左
一瓢稿賸稿 1297右
一瓢道士傳 1119左
20一統肇基錄 305右
21一歲芳華 504右
一經廬文鈔 1459右
一經廬謎存 947左
一經廬琴學 936右
22一片石 1688左
一鬻集 1414左
一峯集 1332右
一山文集 1321左
一山詩存 1523左
一種情傳奇 1695左
23一綫表用 873右
26一得集 863右
一得山房詩鈔 1501右
一得吟 1437右
一得錄 745左
27一蠡詩存 1485右
一角編 931右
30一家言 1524左
一家言文集、詩集、二集、別集 1381左
32一浮漚齋詩選 1523右
40一九一三年讀音統一會資料匯編 215右
42一櫻居詩稿 1401右
44一夢緣 1119左
一草亭讀史漫筆 376左
一草亭目科全書 833右
一老庵文鈔 1392右
一老庵遺稿 1392右
一菴語錄 733右
一世不伏老 1673左
一樹棠棣館詩集 1453左
一桂軒詩鈔 1487右
47一聲驚 1071左
一切經音義 1191右
一切經音義校勘記 1191右
一切道經音義妙門由起 1147右
一切如來尊勝陀羅尼 1187左
55……一捧雪 1703左
一曲灘詞 1621右
57一繫之居遺稿 1505右
60一目了然初階 216右
一目眞言注 1185右
一愚集 1314右
一是居士傳 1116右
63一瞋錄 1009左
78一覽延齡 847左
88一笠庵新編一捧雪傳奇 1703左
一笠庵新編兩鬚眉傳奇 1703右
一笠庵新編占花魁傳奇 1703右
一笠庵新編永團圓傳奇 1703右
一笠庵新編眉山秀傳奇 1703右
一笠庵新編人獸關傳奇 1703左
一笠庵彙編清忠譜傳奇 1703右
一鑑樓詩略 1391左
一笑 1127右
一笑先生詩鈔、文鈔 1504左
91一爐香室詩存 1512左

1010₀ 二

00二主詞 1645左
二亭詩鈔 1424左
二六功課 846右
01二語合編 1737左
04二謝詩集 1747右
10二王帖評釋 924右
二石傳 356右
二酉委譚 1069左
二酉委譚摘錄 1069左
二酉綴遺 1069右
二可叉銘書屋稿存 1510右
二不草堂詩鈔 1510右
11二非室詩餘別集 1629左
12二孔先生文鈔 1746右
17……二胥記 1699左
21二術編 1001左
二頃園遺稟 1438左
22二山賸稿 1490左
24二科志 388右
25二朱詩集 1746右
26二皇甫集 1549右
二程文集 1550左
二程語錄 726右
二程子遺書纂、外書纂 727左
二程子大義 727左
二程子抄釋 726右
二程外書 726右
二程遺書 726右
二程全書 1735右
二程粹言 726右
27二倪詩集 1747左
二鄉亭詞 1615右
28二佾綴兆圖 939左
二儀銘補注 871左
二徐祠墓錄 569右
30二家詠古詩 1545右
二家試帖 1745右
二家詩選 1745右
二家詞賡 1749左
二家詞鈔 1748右
二家宮詞 1745左
31二江草堂文 1482右
二顧先生遺詩 1551左
二渠九河考、圖 579左
33二浦詩集 1747左
37二郎收猪八戒 1659左
二郎神醉射鎖魔鏡 1666右
二郎神鎖齊天大聖 1683右
40二十一都懷古詩 634左
二十一史徵 373右
二十二史感應錄 1034左
……二十五言 972右
二十四詩品 1568左
二十四琅玕仙館詩鈔 1474右
二十四孝別集 443右
二十四孝原編 443右
二十四史序錄 370右
二十四畫品 933左

二十四書品 923左
……二十四門戒經 1155右
二希堂文集 1413左
二希堂文錄 1413左
二南密旨 1568左
二南遺音、續集 1546右
二李經說 172左
二李唱和集 1551左
……二奇緣 1700左
二杭詩集 1747左
44二薇亭詩集 1278右
1279左
二薇亭詩鈔 1279左
二薇亭集 1278右
二薇亭集補遺 1278右
二薇亭集補鈔 1279左
二艾遺書 1736左
二莫詩集 1747左
二茗詩集 1745右
二老堂雜誌 985左
二老堂詩話 1573右
二黄集 1747右
二黄先生詩葺 1550左
二黄先生集 1747右
二林居文錄 1433右
二林居集 1433右
46二如賦稿 1430右
49二妙集 1549左
二妙集補遺 1549右
50二申野錄 352右
55二曲集錄要 740右
二曲先生年譜 420右
二曲歷年紀略 420右
二曲全集 1392左
60二園詩集 1355右
71二蠶詞 1623左
二雁山人詩集 1352左
77二周詩集 1746右
二學亭文渼 1416左
80二介詩鈔 1745右
二俞詩集 1747左
二分明月集 1407右
二谷讀書記 734左
86二知軒詩鈔 1478左
88二餘集 1448右
二餘堂文稿 1441右
90二半山房吟草 1492左
97二懶心話 1185右

工

07工部廠庫須知 469左
工部新刊事例 455右
工部進乾隆三十年六月分用過銀錢數目黄册 490左
工部進乾隆四十三年七月分用過雜項銀錢數目黄册 490左
工部進乾隆四十九年分用過緞疋顏料數目黄册 490左
55工曹章奏 499左

1010_1 三

00三立閣史鈔 387右
三齊記佚文 532左
三齊略記 532左
三度任風子 1653左
三度城南柳 1668右
三度小桃紅 1671右
三唐詩品 1540右
三唐傳國編年 290右
02三訓俚說 739左
08三論元旨 1156右
10三一測 733右
三正記 93左
三正考 131左
三五歷記 380左
三元記 1692右
三元延壽參贊書 846左
三元報 1706右
三要達道篇 1172左
三天內解經 1148左
三天易髓 1165右
三百六十穴歌 843左
三百篇鳥獸草木記 62左
三百篇聲譜 937右
三百堂文集 1457右
三晋遊草 1415左
三晋見聞錄 525右
三雲籌俎考 525右
12三水小牘、逸文 1050左
三水小牘佚文 1050左
16三聖記 447右
17三郡圖說 550右
20三秀齋詩鈔 1443右
三秀齋詞 1624右
三番志略 505右
三統術詳說 867左
三統術衍、鈐 866右
三統術衍補 867左
三統術補衍 867左
三統超辰表 876右
三統中小餘表 876右
三統曆置閏表 876右
三統曆簡表 876右
21三徑集 1253右
……三虎下山 1667左
三術撮要 908左
三經音義 1728左
三經誼詁 1729左
三經合說 178右
22三巖洞記 574右
三峯集 1335左
三峯傳稿 387左
三峯草廬詩 1483左
三峯史論 375右
三邕翠墨簃題跋 917左
……三山志 521右
三山草堂集 1451右
三山拙齋林先生尙書全解 38左
三山吟 1374左
三山鄭菊山先生淸雋集、校勘記 1285右
1286左
三山笑史 1125右
三出辨誤 415左
23三代正朔通考 454左
三代經界通考 381左
三代鼎器錄 659左
三代紀年考 380右
三代地理小記 505右
三傅集、補 1550左
24三借廬贅譚 1080右
三借廬筆談 1080右
三續千字文注 203左
三續侍兒小名錄 397右
三續疑年錄 399左
三續疑年錄補正 399左
三續華州志 516右
25三儂贅人廣自序、附考 1072左
三傳經文辨異 129右
……三傳釋文音義 131右
三傳補注 128右
三傳折諸 127右
26三白寶海 899左
三皇內文遺祕 1168右
三得惟枝島紀略 635左
三吳水利論 583右

26三吳水利條議 583右
三吳水利錄、續錄 583左
三吳水考 583右
三吳遊覽志 587右
三吳舊語 535左
27三角和較算例 884左
三角法舉要 880右
三角數理 890右
三魚文鈔 1394右
三魚堂文集、外集 1394左
三魚堂文錄 1394右
三魚堂日記 451左
三魚堂四書講義 152右
三魚堂賸言 741左
三綱制服尊尊述義 98左
三絳隨筆 1015右
30三灘記 604右
三家雜纂 1121右
三家詩話 1565右
三家詩補遺 67右
三家詩遺說考 1727左
三家詩拾遺 67右
三家詩異文疏證 67右
三家詞品 1719右
三家宮詞 1744右
三家村老曲談 1722左
三家醫案合刻 1738左
三字石經春秋 184左
三字石經尚書 184左
三字經 332左
三字經註 761右
三字經訓詁 761右
三字經湯方歌括 861左
三字青囊經 900右
……三官寶號經 1138右
三官燈儀 1157右
三寶心鐙 1173左
三寶大有全書 1154左
……三寶太監西洋記通俗演義 1130右
三寶壠 633左
三寶萬靈法懺 1164左
三案始末 489左
31三江考(王廷瑚) 582右
三江考(毛奇齡) 582右
三江筆記 331右
32三州學錄 749右
三洲遊記 620左
三近齋語錄 733左
33三補唐折衝府考補 481右
34三社記 1700左
35三禮經義附錄 95右
三禮編繹 94右
三禮儀制歌訣 98左
三禮從今 95右
三禮述 457右
三禮考 94左
三禮指要 94右
三禮目錄 98右
99左
……三禮圖(張鎰) 98右
三禮圖(孫馮翼) 98右
……三禮圖(梁正) 98右
三禮圖(阮諶) 98右
三禮圖(劉績) 98右
三禮圖(鄭玄、阮諶) 98右
……三禮圖說 98右
三禮圖集注 98右
三禮義證 95左
三禮義宗 94左
三禮敍錄 94左
三禮鄭註考 1727左
三禮類綜 94右
36三湘從事紀 322右
三湘從事錄 322右
三祝記 1695右
37三洞讚頌靈章 1181右
三洞珠囊 1183右
三洞羣仙錄 448左
三洞修道儀 1163左
三洞衆戒文 1155左
三洞法服科戒文 1156左
三洞神符記 1151左
三洞道士居山修鍊科 1181左
三洞樞機雜說 844右
三通序(盧靖) 454左
三通序(蔣德鈞) 454左
三通序目 454左
39三消論 826左
40三十六水法 1178右
三十六字母辨 214右
三十六灣草廬稿 1464右
三十六村草堂詩鈔 1492左
三十六春小譜 1077左
三十六陂漁唱 1628右
三十一國志要 626右
三十二蘭亭室詩鈔 1501右
三十五舉 939右
三十五舉校勘記 939右
三十乘書樓詩集 1421右
三十代天師虛靖眞君語錄 1184右
三十樹梅花書屋詩鈔 1383左
三十國記 622左
三十國春秋(武敏之) 356左
三十國春秋(蕭方等) 356左
三十國春秋輯本 1733左
三友墓題詠集 1557右
三友棋譜 943右
三壇圓滿天仙大戒略說 1157左
三塘漁唱 539右
三才避忌 906左
三才定位圖 1153左
三才略 1044左
三志合編 1734右
……三奪槊 1660左
三女星傳 1117左
三袁先生年表 425左
三柱子 685右
41三垣疏稿 498右
三垣列舍入宿去極集 895左
三垣筆記、附識 318右
三極至命筌蹄 1175右
三極通 893右
42三橋春游曲唱和集 1555左
44三藩紀事本末 293左
三墳 293右
三墳補逸 294左
三墳書 294左
三夢記 1101左
三茅眞君加封事典 1154右
三藏聖教序考 445右
三萬六千頃湖中畫船錄 933左
三韓冢墓遺文目錄 675左
三華集 1747右
三蒼 200右
三蒼攷逸補正 200右
三世記 1707右
三楚新錄 361右
……三桂聯芳記 1697右
46三槐書屋詩鈔 1468右
47三朝北盟會編 292右
三朝聖諭錄 308左
三朝聖政錄 343右
三朝名臣言行錄 400左
三朝紀略 329右
三朝宮詞 1733右

三朝實錄館館員功過等第册 387右
三朝大議錄 458左
三朝奏議 496右
三朝野紀 318左
三朝野史 347左
三婦評牡丹亭雜記 1723左
……三報恩 1700左
三柳軒雜識 1064右
48三教論衡 966左
三教平心論、校譌、補校 968左
三教源流搜神大全 1032左
三教探原 978右
50三丰眞人玄譚全集 1186左
三丰丹訣 1174右
三史拾遺 267右
三史同名錄 397左
三事遡眞 971右
三事忠告 1734左
三秦記 528右
三秦記佚文 528右
53三輔決錄 388左
三輔決錄注 388左
三輔舊事 528右
529左
三輔黃圖、校勘記 563右
三輔黃圖佚文 563右
三輔故事 529左
60三國文類 1538左
三國雜事 378左
三國諸王世表 364右
三國疆域志疑 508左
三國疆域表 508左
三國職官表 364右
三國郡縣表、考證 508左
三國魏志疑年錄、蜀志疑年錄、吳志疑年錄 399左
三國紀年 378左
三國紀年表 364左
三國漢季方鎭年表 364右
三國大事表 364左
三國大事年表 364左
三國志、考證 268左
三國志旁證 268右
三國志辨誤 268左
三國志辨疑 268右
三國志評議 374左
三國志證聞校勘記 269左
……三國志詳節 371左
三國志三公宰輔年表 364右
三國志平話 1128右
三國志平議 269左
三國志攷證 268右
三國志瑣言 269左
……三國志瑣瑣 268左
三國志剿說 268右
三國志佚文 268左
三國志偶辨 268右
三國志烏丸鮮卑東夷傳附魚豢魏略西戎傳地理攷證 621左
三國志注證遺、補 268右
三國志注所引書目 653左
三國志注鈔 268左
三國志補注 268左
三國志補注續 268右
三國志補義 268右
三國志札記(李慈銘) 268右
三國志札記(楊晨) 269左
三國志世系表補遺、訂譌 364右
三國志質疑 269左
三國志小樂府箋注 382右
三國藝文志 642右
三國典略 297左
三國會要 454右
三易集 1359左
三易備遺 34左
三易偶解 34左
三易洞璣 894左
三界伏魔關聖帝君忠孝忠義眞經 1151左
三黑水考 586左
三因極一病證方論 857右
三岳山房文鈔 1463左
三異人傳 1109左
三異筆談 1076左
62三影亭寫生譜 1626左
三影低思吟草 1510右
三影閣箏語 1626左
63……三戰呂布(武漢臣) 1657右
……三戰呂布(鄭光祖) 1661右
66三器圖義 477左
67三略 772左
三略直解 772左
71三厤撮要 908左
三臣傳 403右
三長物齋文略 1464右
三長物齋詩略 1464右
72三劉家集 1550左
75三體唐詩 1539右
……三體石經考 184左
……三體石經時代辨誤 184右
77三風十愆記 536左
三岡識略 1004左
三巴集 1395右
80三年服制考 81左
461左
……三會親風流夢 1695左
三倉 200右
三倉訓詁 200右
三倉解詁 200右
三命通會 904左
三命指迷賦 904左
三公年表 470左
83三錠窩 1130左
84三釵夢北曲 1689右
88三餘集(王撰) 1389左
三餘集(黃彥平) 1264左
三餘帖 1053左
三餘贅筆 992右
90三光注齡資福延壽妙經 1134右
三省山內風土雜識 562右
三省從政錄 503左
三省邊防形勢錄 562右
三省黃河圖說 579左

1010_1 正

03正誼錄 1034右
正誼堂文集(張伯行) 1406右
正誼堂文集(董沛)、續集 1497右
正誼堂詩集 1393右
正誼堂集 499右
04正訛初稾 46右
正譌 746左
07正部論 716左
08……正論(王肅) 1017左
……正論(袁準) 1017左
……正論(趙青藜) 743右
10正一論 1163左
正一天師告趙昇口訣 1172右
正一醮宅儀 1162右
正一醮墓儀 1162右
正一殟司辟毒神燈儀 1158左

10正一出官章儀 1162左
正一修眞略儀 1163右
正一解戹醮儀 1162左
正一法文天師教戒科經 1156左
正一法文經章官品 1163左
正一法文經護國醮海品 1163右
正一法文傳都功版儀 1163左
正一法文修眞旨要 844右
正一法文法籙部儀 1163右
正一法文十籙召儀 1163左
正一法文太上外籙儀 1163右
正一指教齋儀 1162左
正一指教齋清旦行道儀 1162右
正一威儀經 1162左
正一敕壇儀 1162右
20正毛 180左
正統北狩事蹟 308右
正統臨戎錄 308左
24正德金山衞志 515左
28正俗備用字解 196左
30正字辨惑 224左
33正心會後漢書抄 371左
正心會前漢書抄 371左
34正法眼 375右
44正蒙 725左
正蒙註 725右
正蒙集說 725右
正蒙注解 725右
正蒙初義 725右
正蒙分目解按 725右
正蒙會稿 725左
46正楊 1022右
50……正書 718右
60正易心法 896右
75正體類要 833右
76……正陽篇選錄 820右
77……正骨心法要旨 833右
正學齋文集 1405左
正學文要 745右
……正學編(章懋) 732左
……正學編(何基) 730右
……正學編(呂祖謙) 729右
正學編(陳琛) 732右
正學續 412左
正學偶見述 739左
正學矩 740左
正卿集 1316左
80正念齋語 746左
87正朔考 868右

1010_3 玉

00玉麈集 1436右
玉音法事 1181右
……玉京集 1182右
01玉龍詞 1643左
玉龍經 842右
08玉詮 1157左
10玉璽譜 939右
玉雨詞 1630左
玉雨堂書畫記 912左
玉霄集 1305右
玉可盦詞存、補 1641左
玉函經 848右
玉函山房試帖、續 1473左
玉函山房詩鈔、文集 1472右
玉函山房制義 1472右
玉函祕典 1173左
玉函眞義天元歌 894右
玉函眞義古鏡歌 902左
12玉磑集 1401左
15玉玦記 1693左
16玉環記 1701右
20玉禾山人集 1418右
21玉版錄 1185左
玉虛齋集 1514左
玉虛齋唱和詩 1556右
玉虛子 1195右
22玉川子詩註 1226左
玉川子詩集、外集 1226左
玉川子嘯旨 953左
玉峯先生脚氣集 989左
玉峯續志、校勘記 519左
玉峯遊記 594左
玉峯志、校勘記 519左
玉山文集、詩集 1517右
玉山詞 1620左
玉山璞稿 1318右
玉山璞藁 1318右
玉山名勝集、外集 535右
玉山紀遊 594右
玉山遺響 576右
玉山逸稿、續補 1319左
玉山樵人集 1238右
玉山草堂集(顧瑛)、集外詩 1318右
玉山草堂集(錢林) 1446左
玉山草堂續集 1446左
玉山閣稿 1448右
玉山堂詞 1627右
24玉牒初草 291左
26玉皇宥罪錫福寶懺 1157右
玉皇心印經 1134左
玉皇十七慈光燈儀 1157右
玉泉子(盧仝) 1048右
玉泉子(口口) 338左
玉泉子眞錄 338右
27玉艶詞 1620左
玉佩考 98左
玉鳧詞 1618左
玉鴛鴦 1705左
玉名詁 220左
玉紀 671右
玉紀正誤 671右
玉紀補 671右
28玉儀軒吟草 1490右
玉谿子丹經指要 1165左
玉谿生詩箋註、補 1234左
玉谿生年譜訂誤 426右
玉犧館詩集 1497左
30玉室經 1170右
玉房祕訣、指要 847右
玉窗詩餘 1619右
玉窗遺稿 1397左
玉案山房詩草 1466右
32玉溪編事 1054左
玉溪生詩說 1564右
玉溪生年譜會箋 426右
玉溪吟草 1292左
34玉斗山人文集 1306左
玉斗山人詞 1613左
玉斗山人集 1306左
玉池談屑 350左
玉社古玉所見錄 671右
35玉清庵錯送鴛鴦被 1665左
玉清元始玄黃九光眞經 1137右
玉清无上靈寶自然北斗本生眞經 1137右
玉清无上內景眞經 1138右
1173右
玉清无極總眞文昌大洞仙經、序圖 1133右
玉清上宮科太眞文 1152右
玉清內書 1179左
玉清菴錯送鴛鴦被雜劇 1665左
玉清胎元內養眞經 1138右

1173右
玉清金笥青華祕文金寶內鍊丹訣 1165左
玉清金笥青華祕文金寶內鍊丹法 1165左
36玉禪師翠鄉一夢 1672右
37玉洞大神丹砂眞要訣 1177左
玉瀾集 1265右
玉瀾集補鈔 1266右
玉瀾集鈔 1265右
玉澗雜書 983左
玉澗小集 1260右
玉涵堂剩稿 1489左
玉通和尙罵紅蓮 1682右
38玉洤詞 1634右
玉海 1042右
……玉海紀詩 53右
玉海祥瑞錄 1037左
40……玉丸記 1698左
玉友傳 1115右
玉臺新詠 1533左
玉臺新詠考異 1533左
玉臺畫史、別錄 434左
玉臺書史 433左
玉壺詩話 1569右
玉壺記 1112左
玉壺詞 1620右
玉壺天詩錄 1523右
玉壺山房詞 1628左
玉壺冰 1066右
玉壺清話 342左
玉壺遐覽 448左
……玉壺春 1657左、右
玉壺野史 342左
41玉獅墜 1707左
玉樞寶經 1134右
42玉嬌梨 1131左
玉機微義 819右
43玉城奏疏 497右
44玉坡奏議 497右
玉芳亭詩集 1438右
玉芝堂文集 1423右
玉芝堂詩集 1423右
玉芝堂談薈 1037右
玉燕樓書法 921右
玉華詩鈔 1470左
玉茗堂還魂記、圖 1694右
玉茗堂南柯記 1695左
玉茗堂批評新著續西廂昇仙記、釋義 1698右
玉茗堂批評紅梅記 1696右
玉茗堂批評種玉記 1695右
玉茗堂批評異夢記 1698左
玉茗堂批評節俠記 1696左
玉蘂辨證 791右
玉葉詞 1627左
玉楮詩稿 1282右
玉楮詩藁 1282右
玉楮集 1282右
玉楮集鈔 1282右
玉林詞 1608左
玉楳後詞 1647左
47玉椒詞 1631右
48玉梅後詞 1640右
49玉楸藥解 854右
51玉振 737右
55玉井山館筆記 1078左
玉井搴蓮集 1429右
玉井樵唱 1302右
……玉軸經 844右
57玉搔頭傳奇 1705左
玉蟾集鈔 1279左
玉蟾先生詩餘、續 1605左
60玉田詞 1609右
玉田先生樂府指迷 1717右
玉田春水軒雜齣 1751左
玉景九天金霄威神王祝太元上經 1165右
67玉暉堂詩集 1387右
玉照新志 346左
玉照定眞經 903右
玉照堂詩稿 1493左
玉照堂詞鈔 1604左
玉照堂梅品 1062左
71玉歷鈔傳警世 1034左
玉曆通政經(李淳風) 894右
玉曆通政經(□□) 503左
玉匣記 1054左
77玉几山房聽雨錄 538右
玉几山房畫外錄 931右
玉几山房吟卷 1421左
玉隆集 447左
玉局鈎玄 943右
玉尺經、原經圖式 901右
玉尺樓畫說 934左
80玉鏡臺 1650左
玉鏡臺記 1698左
玉合記 1694左
玉食批 954左
87玉鉤斜哀隋宮人文 1474左
88玉鑑垛題闡幽 890左
玉鑑堂詩集 1477左
玉籙生神資度轉經儀 1160左
玉籙生神資度開收儀 1160左
玉籙濟幽判斛儀 1160左
玉籙資度設醮儀 1159右
玉籙資度解壇儀 1159右
玉籙資度宿啓儀 1159右
玉籙資度早朝儀 1159右
玉籙資度晚朝儀 1160左
玉籙資度午朝儀 1160左
玉籙大齋第一日早朝儀 1160左
玉籙大齋第一日晚朝儀 1160左
玉籙大齋第一日午朝儀 1160左
玉籙大齋第二日早朝儀 1160左
玉籙大齋第二日晚朝儀 1160左
玉籙大齋第二日午朝儀 1160左
玉籙大齋第三日早朝儀 1160左
玉籙大齋第三日午朝儀 1160左
玉篇 194右
玉篇直音 194左
……玉簡山堂集 1352右
玉簫詞 1639右
玉簫傳 1119左
玉簫女兩世姻緣 1662右
玉簫女兩世姻緣雜劇 1662右
玉簫樓詩集 1446右
玉符瑞圖 906右
玉笑零音 972左
玉簪記(高濂) 1696左
玉簪記(黄治) 1708右
玉簪記曲譜 1717左
玉笥詩談、續 1579右
玉笥集(張憲) 1317左
玉笥集(鄧雅) 1322右
玉笥山房要集、文 1450左
玉笥山人詞集 1609右
玉管照神局 904右
玉餘外編文鈔 1499右
玉餘尺牘附編 1499右
玉籍雜記 1064左
90玉堂稾 1302右

90玉堂雜記 470左
玉堂漫筆 994右
玉堂漫筆摘鈔 994右
玉堂逢辰錄 298右
299左
玉堂嘉話 492左
玉堂嘉話佚文 492左
玉堂薈記 351右
玉堂舊課 1482左
玉堂閒話 1054左
玉堂閒話佚文 1054左
玉堂閑話 1054左
玉堂公草 1349右
玉堂類稾 1271左
玉堂類藁 1274左
96玉燭寶典 503右

1010_3 璽

17璽召錄 612左
77璽印姓氏徵補正 664右

1010_4 王

00王彥舉集 1326右
王方伯集 1338右
……王商忠節癸靈廟玉玦記 1693左
王度記 93左
王摩詰詩集 1219右
王摩詰集 1219右
王文正遺事 405左
王文正公遺事 405右
王文正公筆錄 340右
王文正筆錄 340右
王文秀渭塘奇遇記 1682右
王文貞先生文集、別集、制義 1518左
王文貞先生學案 423右
王文憲集 1209左
王文憲集選 1209右
王文定公秋澗集 1301右
王文選 1250右
王文莊公凝齋集、別集 1335右
王文村詩稿 1461左
王文肅公遺文 1415右
王文忠詩餘 1612右
王文成先生集選 1337左
王文成傳本 419左
王文成與朱侍御三劄 1337左
王文成全書 1736左
王文成公文錄 1336右
王文成公文錄續編 1336右
王文成公外集 1337左
王文成公世德記 392左
王文成公別錄 1336右
王文成公全書 1736左
王文成公年譜 419左
……王文公文鈔 1250右
王文公年譜考略節要、附存 406左
王文簡古詩平仄論 1582右
王文簡公文集 1450左
王文簡公五言詩、七言詩歌行 1534左
王文簡公行狀 422右
王文簡公遺文集 1450左
王文敏公遺集 1507左
王玄之傳 1118左
01王龍谿集 1347左
02王端毅公奏議 496右
王端節公遺集 1362右
05王諫議集 1198右
10王正美詩 1242右
王玉叔詩選 1399左
王雪洲詩 1397左
王元章詩 1324右
王石和文 1409右
王石臞文集補編 1435右
王石臞先生遺文 1435右
王西樵詩 1391右
王西樓先生樂府 1712左
王晉卿詞 1594左
王貢士集 1357左
王賈傳 1102左
11王北山詩 1394右
12王弢園尺牘 1497右
王烈婦 1120左
王孫子 685左
王副使集 1352右
14王珪宮詞 1249右
15王建詩 1226右
王建詩集 1226右
王建宮詞 1226右
17王孟調明經西鳧草 1499左
王胥庭詩 1393左
王子正論 1017左
王子晉別傳 1097左
王子安集 1217右
王子安集佚文、校記 1218左
王子淵集 1214右
王子年拾遺記 1085右
王翠翹傳 439右
王司空集 1214右
王司空集選 1214右
王司農題畫錄 915左
王司馬集 1226右
18王政三大典考 1733左
20王季重先生文集 1361左
王季重十種 1743左
王香峯先生文集 1497左
王維集 1219右
王維山水論 926左
21王上舍集 1355左
王止一集 1346左
王虎谷集 1335左
王皆山集 1326右
王師竹先生年譜 429右
王貞文先生遺事 421左
王紫稼考 437左
22王制訂 88左
王制集說 88右
王制通論 88左
王制井田算法解 90左
王制里畝算法解 90左
王制學凡例 88左
王制義按 88左
王制箋 88左
王制管窺 88左
王鼎臣風雪漁樵記 1664右
王巖潭集 1347左
王巢松年譜 431左
王彩雲絲竹芙蓉亭殘本 1652左
23王參政集 1349左
24王魁傳 1117左
王先謙自定年譜 424左
王先生文集 1353左
王僅初集 1357左
王侍御集 1347左
王侍郎遺著 1374左
王侍中集 1200右
1201左
王勉軒查山問答 744左
王幼玉記 1115左
王岐公集 1249右
25王仲文雜劇 1749左
王仲宣集 1201左
26王伯申文集補編 1450左
王伯成雜劇 1749右

王魏公集、校勘記、校勘續記 1255左
27王詹事集 1212左
王詹事集選 1212左
王船山讀通鑑論辨正 376左
王船山叢書校勘記 1387左
……王魯齋先生傳集 730右
王督撫集 1350左
王祭酒集 1345右
王粲登樓 1661左
王叔師集 1200左
王叔和脈訣 848左
28王徵士詩 1312左
王復齋鐘鼎款識 661左
王儀部集 1355左
30王寧朔集 1209右 1210左
王寧朔集選 1210左
王守溪集 1334左
王安石文集、拾遺 1250左
王安石詩集、拾遺 1250左
王安石年譜、遺事 406左
王實甫雜劇 1749左
32王澄原集 1356右
王浮神異記 1084左
33王心齋集 1340左
王浚川集 1338左
35王禮部集 1346右
36王湘綺文鈔 1517左
37王深寧先生年譜(張大昌) 418右
王深寧先生年譜(陳僅) 418右
王逸人集 1357左
38王渼陂集 1337右
……王遂東先生尺牘存本 1361右
王遵巖文選 1349左
王遵巖先生集選 1349左
王道法言 978左
40王左丞集 1211左
王左丞集選 1211左
王大令集選 1206右
王太僕集 1340右
王太常集 1416左
王布政集 1421右
王志 977右
王志論詩 1588右
王古直集 1335左
王右丞詩集 1219右
王右丞詩鈔 1219右
王右丞集、外編附錄 1219右
王右丞集箋註 1219右
王右軍集選 1206左
王壽昌文集 1466左
王校理集 1251右
42王荊國文公年譜、遺事 406左
王荊公文集注 1250右
王荊公詩註 1250右
王荊公詩集李壁注勘誤補正 1250右
王嬌傳 1081右
43王式丹詩選 1404右
44王蓼航詩 1390右
王夢澤集 1342右
王夢樓先生墨蹟 924右
王夢樓絕句 1429左
王蘭卿貞烈傳 1672左
王恭伯傳 1105右
王勃文集 1217右
王勃集 1217右 1218左
王若之詩卷、續 1369左
王若之疏稿 498右
王著作集 1263左
王黃州小畜集、札記 1242左
王黃州小畜集校 1242左
王黃州小畜外集 1242左
王榭傳 1115左
46王旭高先生醫方歌括 860左
王旭高臨證醫案 863左
47王朝目錄 467右
48王翰林詩 1328右
王翰林集 1349右
王翰林集註黃帝八十一難經 810右
王翰檢集 1329右
王敬哉詩 1378左
王敬哉詩選 1378左
王檢討詩 1329右
50王中書勸孝歌 754右
王肅注論語 137右
王忠文公集 1323右
王忠節公文集、詩集 1368右
52王靜學先生文集 1328左
55王典籍詩 1326右
王耕野先生讀書管見 40左
60王國器詞 1613右
王昊廬詩 1392左
王昌齡詩集 1220右
王昌齡集 1220右
王圖炳詩選 1415右
62王別駕半憨集 1354右
63王貽上詩選 1396左
王貽上與汪于鼎手札 1396右
王貽上與林吉人手札 1396右
67……王昭君出塞和戎記 1701右
王昭君傳 439左
70王雅宜年譜 435右
71王阮亭詩 1396左
王陌菴詩集 1313左
王長次兄親目親耳共證福音書 332右
72王隱晉書 279左
王氏新書 717右
王氏讀說文記 187左
王氏談錄 981左
王氏三錄 1733左
王氏經說、音略、音略攷證 174左
王氏復仇記 1119右
王氏宗規 754右
王氏神仙傳 447右
王氏漁洋詩鈔 1396左
王氏喪服要記 79右
王氏蘭譜 790左
王氏藝文目 647右
王氏松雲集 1356左
王氏曲藻 1722左
王氏揮麈錄 345右
王氏見聞 1089右
王氏醫案 863左
王氏醫案三編 863左
王氏醫案續編 863左
王氏醫案初編 863左
王氏父子卻金傳 407右
76王陽明文選 1337左
王陽明集 1337左
王陽明先生文選 1337左
王陽明先生傳習錄 732右
王陽明尺牘 1337左
77王閨香夜月四春園 1650右
王鳳箋題 1524右
王屋山志 571右
王月英元夜留鞋記 1662左
王月英元夜留鞋記雜劇 1662左
王周詩集 1241左
王周士詞 1600左

77王履吉集 1342右
王眉仙遺著 1466左
王眉叔先生尺牘 1498左
王學士集 1327右
王學質疑 740左
王學人遺集選 1368左
78王臨川文選 1250右
王臨川尺牘 1250右
80王介甫先生集 1250左
王無功集 1215右
王念孫讀書雜誌正誤 1031左
王義士輞川詩鈔 1387右
王舍人詩集 1329左
王舍人集 1329左
王公四六話 1590左
王僉憲集 1343右
王僉事集 1340右
82王綉虎大鬧東平府 1681右
88王節使重續木蘭詩 1686左
王節婦女範捷錄 757右
王節愍公遺集 1370右
王餘集 1452右
90王小梧遺文 1452左
王少司馬奏疏 498右
王少伯詩格 1567右
王少泉集 1346左
王光祿遺文集 1435右
王尚書遺稿 1288右
王常宗集 1325左
96王惺所集 1363左
王烟客尺牘 1377左

1010_4 至

00至言 712右
至言總 1170左
至言總養生篇 847右
10至正庚辛唱和集 1551右
至正集 1312左
至正河防記 579右
至正妓人行 1327左
至正四明續志 520右
至元嘉禾志 520左
21至順鎭江志 519右
33至治新刊全相平話三國志 1128右
至治集 1313右
38至游子 1169右
40至大金陵新志 518右
至眞要大論闡義 824右
至眞子龍虎大丹詩 1167左
至眞歌 1173右
50至書 730左
90至堂詩鈔 1463右

垩

30垩室錄感 767左

1010_6 噩

44噩夢 721右

1010_7 五

00五方神傳 1119左
五廚經 1146右
……五廚經註 1146右
五言詩平仄舉隅 1585左
五言今體詩鈔 1534左
五音集韻 207右
……五音類聚四聲篇 207右
五雜俎 999左
1124左
04五誥解 46右
07五韵論 214右
五畝園小志、志餘、題咏 564右
五畝園懷古 565左
10五五 1078左
五五語 945右
五石瓠 1073右
1074左
五石瓠節錄 1073右
五百靈官爵位姓氏總錄 1155左
五百家註音辨昌黎先生文集 1228左
五百家註柳先生集、新編外集 1230右
五百家注昌黎文集 1228左
五百家播芳大全文粹1541左
五雲漫槀 1307左
11五研齋詩鈔、文鈔 1436左
12五刑考略 486右
13五殘雜變星書 894左
17五子緒言 738左
五子見心錄 746右
21五虎記 1707右
五行雜說 908右
五行記 1089左
五行占 908右
五行大義 907左
五行間 908右
五經 1728左
五經文字 179右
184右
五經文字疑 179右
五經章句後定 168右
五經音義 205左
五經讀 171左
五經讀法 172左
五經讀本 1728右
五經說 170左
五經論 170左
五經正義表 182右
五經要義(雷次宗) 169左
五經要義(劉向) 166右
五經然否論 168右
169左
五經稽疑 170右
五經贊 172右
五經蠡測 170右
五經疑問 169右
五經約注 1728右
五經通論 169左
五經通義(許愼) 167左
五經通義(劉向) 166左
五經大義 169左
五經析疑 168右
五經孝語 754左
五經萃室藏宋板五經目錄 652右
五經異文 180右
五經異義 167左
五經異義疏證 167右
五經同異 180右
五經今文古文考 180右
五經合編 1742左
五經鉤沈 169左
五經算術、考證 878左
五經小學述 181左
22五劇箋疑 1651右
五嶽說 571左
五嶽約 570右
五嶽遊草 587左
五嶽眞形序論 1184右
五嶽考 571左
五嶽臥遊 587右
五峯詞(李孝光) 1613左
五峯詞(翁孟寅) 1608左
五峯集(李孝光) 1314右
五峯集(胡宏) 1268右
五峯山志 572左

五山志林 553右
五山志略 573左
五種遺規 1737左
23五代新說 336左、右
五代詩話 1564右
五代諸王世表 368右
五代諸國世表 368右
五代諸國年表 368右
五代諸鎮年表 368右
五代兩宋監本考 654右
五代登科記 464右
五代將相大臣年表 368右
五代名畫補遺 434左
五代紀年表 368右
五代宮詞 382右
五代地理攷 511右
五代花月 1432左
五代史、考證 273右
……五代史評話 1128右
五代史記 273右
五代史記補考 273右
五代史記纂誤 273右
五代史記纂誤補 273右
……五代史詳節 371右
五代史職方考、考證 511右
五代史補、校勘記 298右
五代史志疑 273右
五代史闕文 298右
五代史纂誤 273右
五代春秋 290右
五代春秋志疑 290右
五代會要、校勘記 454右
五代榮 1704左
24五緯表 869右
五緯捷算 875右
五緯曆指 869右
26五總志 1058右
27五色線 1036右
五色連珠 1386左
五色瓜廬尺牘叢殘 1512左
28……五倫傳香囊記 1692左
五谿考 585右
30五家要說章句 37左
五之草堂詩稿 1481右
五之堂詩鈔 1427左
五宗圖說 95左
31五福記 1701左
32五洲方域考 625右
五溪記 547右
34五斗經 1742右
……五斗金章受生經 1145右
35五禮通攷序錄 99左
五禮通考 99左
五禮駁 93右
37五湖遊 1673右
五湖遊稿 1514左
五運六氣圖表詮註 825左
40五十麝齋詞賡 1641左
五十六種書法 919左
五十日夢痕錄 620右
五九枝譚 974右
五大洲釋 625左
五大洲輿地戶口物產表 626左
五臺山記 571右
五臺山聖境讚殘卷 1192左
五塘詩草、雜俎 1499右
五眞記 1105左
五木經 951左
42五桃軒集 1260右
43五城奏疏 497左
五狼山記 573左
44五藩檮乘 403右
五藏山經傳、海內經附傳 710右
五萬卷閣書目記 652左
47五聲反切正均 214右
五朝名臣言行錄 400左
五胡十六國考鏡 356右
五柳賡歌 1552右
五柳傳 425右
五穀考 781右
48五松遺草 1421左
五松園文稿 1442右
五梅遺詩 1440左
55五曹算經 878左
60五星聯珠 952左
五星行度解 870右
五星紀要 871左
五星簡法 874右
五星管見 871左
五國執政表 363左
五國故事 359左
61五顯靈觀大帝燈儀 1158左
72五岳遊記 587右
74五臟六腑圖說 1738左
五臟補瀉溫涼藥性歌 855右
77五周先生集 1746右
……五鬧蕉帕記 1696右
五服圖解 460左
五服異同彙考 81左
五印度論 631右
88五篇靈文 1173右
90五省溝洫圖說、補錄 578右
92五燈會元 445左

亙

36亙禪偶存草 1492左
51亙虹日記 1072左

盂

22盂鼎銘考釋 661右
44盂蘭夢 1709左
盂蘭夢傳奇、曲譜 1708右

亞

10亞哥書馬島記 544左
11亞非理駕諸國記 638左
32亞洲俄屬考略 632左
亞洲史 633右
50亞東論略 561右
52亞剌伯沿革考 632左
60亞愚江浙紀行集句詩 610左
77亞陶公遺詩 1510左
亞歐兩洲沿岸海道紀要 587左
亞歐兩洲熱度論 807右
80亞美理駕諸國記 639左
亞谷叢書 1006左

1010_8 巫

22巫山神女夢 1197左
43巫娥志 1082左

豆

00豆亭集 1322左
豆腐戒 1033右
47豆棚閒話 1130右

靈

00靈庵先生遺詩 1518左
靈應傳 1111左
靈應錄 1089右
靈言蠡勺 1192右
04靈護集、附集 1373左
10靈石軒存稿 1496右
12靈飛散傳信錄 1179左
19靈砂大丹祕訣 1177左
20靈信經旨 895左
22靈巖集 1286右

雪磯叢稾 1288右
21雪虛聲堂詩鈔 1508右
22雪巖集鈔 1294右
雪巖吟草 1294左
雪巖吟草補遺 1294右
雪巖吟草甲卷忘機集1294左
雪山詩選 1342右
雪山詞 1601右
雪山集 1271右
24雪牀遺詩、續刻 1407右
27雪舟脞語 1064左
30雪窓集 1369左
雪窗雜話 1016左
雪窗新語 1093右
雪窗零話 1016左
雪窗集 1287左
雪窗先生文集 1287左
雪窗閒筆 1015右
雪窗小集 1274右
雪窗小集補遺 1274右
雪窗小稿 1274右
雪宧繡譜 797右
雪竇寺志略、圖 566右
雪竇顯和尙明覺大師頌古集、拈古 1243右
31……雪江集 1339左
32雪溪詩集 1267左
雪溪集 1266右
雪溪集文鈔 1419左
33雪浪齋日記 1576左
雪浪集 1407右
34雪濤諧史 1124左
雪濤詩評 1564右
雪濤談叢 1070左
雪濤小說 1070左
1124左
雪濤小書 1002左
雪波詞 1634左
雪波詞鈔 1634左
37雪泥鴻爪錄 562左
雪泥留痕 1527右
雪鴻詞 1637右
雪鴻再錄 614右
雪鴻集選 1360右
雪鴻草 1490右
雪鴻吟社詩鐘 946左
雪鴻小記 1073右
雪鴻堂詩蒐逸、補 1360右
40雪木先生年譜 420右
雪樵詩存 1516右
42雪橋詩話、二集、三集、餘集 1565右
44雪坡文集 1288左
雪坡詞 1608右
雪坡舍人集、校勘記、校勘續記、校勘後記 1288左
雪坡小稾 1293左
雪坡小藁 1293左
雪苑文鈔 1384右
雪莊西湖漁唱 598右
雪蘉老人詩稿 1432左
雪蕉集鈔 1415右
雪菴集 1304右
雪芸草 1402左
雪村詩草摘刊 1462右
雪村編年詩賸 1418右
雪林刪餘 1294左
45雪樓詩選 1456左
雪樓集 1304左
雪樓樂府 1612左
50雪中人 1707右
70雪雅堂醫案 863右
71雪壓軒詞 1622左
77雪月梅傳 1131右
雪屐尋碑錄、人名通檢666右
雪履齋筆記 991左
80雪翁詩集 1372右
88雪篷詩藁 1282右
雪篷稿 1282右
90雪堂校刊羣書敘錄 655左
雪堂藏古器物目 656左
雪堂書畫跋尾 917左
雪堂墨品 801右
雪堂所藏古器物圖說 656左
雪堂金石文字跋尾 658右
91雪煩廬記異 1093右
雪煩叢識 1011右

1020_0 丁

00丁亥詩鈔 1435右
丁亥集 1303右
丁亥入都紀程 618右
丁文誠公奏稿 500右
丁辛老屋詩 1420右
丁辛老屋詞 1623左
02丁新婦傳 1095右
10丁酉北闈大獄記略 324右
丁酉續記 1012右
丁晉公談錄 340左
20丁香花 1031左
22丁山先生集 1333左
27丁叔雅遺集 1516左
40丁布衣詩鈔 1388左
44丁孝子詩集 1322左
47丁鶴年集、續集、校譌、續校 1322左
48丁敬身先生印譜 942左
53丁戊之間行卷 1522左
丁戊筆記 1028左
67丁野鶴先生遺稿 1398左
71丁亙算法 879右
丁頤生時文 1506左
72丁氏遺著殘稿 1029左
丁氏聲鑑 214右
77丁巳秋閱吟 560右
丁卯詩集、續集、續補、集外遺詩 1233左
丁卯集、續集、續補、集外遺詩 1233左
80丁年玉筍志 436右
88丁節母詩存 1497左
90丁少鶴集 1356右

1020_7 雩

47雩都行記 551左

1021_1 元

00元亮集 1310右
元高麗紀事 479右
元文類 1543左
元音 1543左
元音譜 213右
元音遺響 1543左
04……元詩 1543左
元詩選(顧嗣立) 1745右
元詩選(曹學佺) 1543左
元詩體要 1543左
06元親征錄 303右
07元郭天錫手書日記眞迹 450右
10元二大家集 1745右
元三家易說 1727左
元元棋經 943右
元西湖書院重整書目 645左
元西域三藩年表 370左
元西域人華化考 381左
11元張參議耀卿紀行地理攷證 611左
12元刊雜劇三十種 1751右

一〇二一 元(一六一—四三)

*16*元聖武親征錄地理攷證 303右
元碑存目 665右
*17*元耶律文正公西游錄略注補 610右
元耶律楚材西游錄地理攷證 610右
*20*元統元年進士錄 465右
*21*元行省丞相平章政事年表 370左
元儒考略 413左
元經(郭璞) 906右
元經(王通) 285左
元經傳 285左
元經世大典圖地理攷證 513左
元經薛氏傳 285左
*22*元豐九域志 512左
元豐題跋 913左
元豐金石跋尾 668右
元豐類稾 1249左
元豐類藁補 1249左
*23*元獻遺文、補編 1244左
元代征倭記 304左
元代畫塑記 489右
*26*元皇大道眞君救劫寶經 1150右
元魏方鎭年表 367右
元魏滎陽鄭文公摩崖碑跋 669右
元和郡縣志 511右
元和郡縣圖志、闕卷逸文、攷證 511左
元和御覽 1539左
元和紀用經 856右
元和姓纂 395右
元和姓纂校勘記、佚文 395右
元穆文鈔 1511左
元穆日記 977左
*27*元包 892左
元包經傳 892右
元包數總義 892右
元包數義 892右
*28*元微之文集校補 1231左
*30*元宵鬧傳奇 1698右
元憲詩稿 1244右
元憲集 1244左
元宮詞(朱有燉) 383左
元宮詞(蘭雪軒主人) 383左
元宮詞(陸長春) 383左
元寶媒傳奇 1704右
元寶公案 1126左
*31*元河南志 544右
*33*元祕史山川地名攷 303右
元祕史作者人名攷 303右
元祕史地理攷證 303右
元祕史略 303右
*34*元祐黨人傳 400左
元祐黨籍碑考 400左
*35*元遺山詩集箋注、補載 1299右
元遺山先生文選 1299右
元遺山先生新樂府 1610右
元遺山先生集、補載 1299左
元遺山先生集考證 1299右
元遺山先生年譜(施國祁) 429左
元遺山先生年譜(凌廷堪) 429左
元遺山先生年譜(翁方綱)、墓圖記略 428右
元遺山年譜 429左
*37*元次山詩集 1224左
元初漠北大勢論 303右
*38*元海運志 476左
元道經 1149右
*40*元太祖成吉思汗編年大事記 303右
元嘉起居注 290左
元眞錄 1742右
*42*元婚禮貢舉考 457右
*43*元城語錄、行錄、脫文 983右
元城語錄佚文 983右
元城語錄解、行錄解 983右
元城先生語錄 983右
元始高上玉檢大錄 1154左
元始說度酆都經 1149右
元始說功德法食往生經 1138右
元始說先天道德經註解 1133左
元始五老赤書玉篇眞文天書經 1134右
元始无量度人上品經法 1133左
元始无量度人上品妙經 1132右
元始无量度人上品妙經註 1133左
元始无量度人上品妙經註解 1133左
元始无量度人上品妙經通義 1133左
元始无量度人上品妙經直音 1133左
元始无量度人上品妙經內義 1133左
元始无量度人上品妙經四注、釋音 1133左
元始天王歡樂經 1138右
元始天尊說玄微妙經 1138左
元始天尊說三官寶號經 1138右
元始天尊說无上內祕眞藏經 1133右
元始天尊說北方眞武妙經 1135左
元始天尊說變化空洞妙經 1137右
元始天尊說生天得道經 1135左
元始天尊說得道了身經 1135左
元始天尊說酆都滅罪經 1138右
元始天尊說十一曜大消災神呪經 1137右
元始天尊說太古經註 1139左
元始天尊說梓潼帝君應驗經 1135左
元始天尊說梓潼帝君本願經 1135左
元始天尊說甘露昇天神呪妙經 1138右
元始天尊說藥王救八十一難眞經 1150左
元始天尊說東嶽化身濟生度死拔罪解寃保命玄範誥呪妙經 1150左
元始天尊說東嶽化身濟生拔罪保命妙經 1150左
元始天尊濟度血湖眞經 1138右
元始上帝毘盧遮耶說大洞救劫尊經 1150右
元始上眞衆仙記 1154左
元始洞眞決疑經 1138左
元始洞眞慈善孝子報恩成道經 1138右

元始消劫梓潼本願眞經 1135左
元始大洞玉經 1133右
元始八威龍文經 1135左
44元藝圃集 1543左
47元朝征緬錄 304左
元朝名臣事略、校勘記 400右
元朝祕史、續集 303右
元朝典故編年考 455右
48元故宮遺錄 564左
50元史、考證 275左
……元史語解 275左
元史講義 372右
元史譯文證補 275左
元史弼違 291左
元史攷訂 275右
元史外夷傳地理攷證 623左
元史備忘錄 275左
元史特薛禪曷思麥里速不台郭寶玉等傳地理攷 303右
元史續編 291左
元史紀事本末 292右
元史札記 372右
元史地理志 513左
元史地理志西北地 513左
元史藝文志 644左
元史本證 275左
元史氏族表 370左
元史類編 281右
元書后妃公主列傳 438右
55元曲選 1751右
元典章校補 455左
元典章校補釋例 455左
60元圖大衍 30左
61元號略 463左
元號略續校補 463左
元號略補遺 463左
67元明雜劇四種 1751右
元明詩翰 1560左
元明事類鈔 1038左
71元辰章醮立成曆 1163右
元長春眞人西游記地理攷證 610右
72元劉郁西使記地理攷證 611左
元氏誌錄、補遺目錄 665右
元氏掖庭記 347右
元氏掖庭侈政 347右
元氏長慶集、集外文章、校文 1230右
1231左
76元陽子五假論 1168右
元陽子金液集 1165左
77元邱素話 974右
元風雅(傅習、傅存吾) 1542右
元風雅(蔣易) 1542右
元丹篇 1174左
元丹篇約注 1174左
80元人雜劇全集 1751右
元分藩諸王世表 370左

1021₂ 死

00死裏逃生 1676左
12死刑之數 486右
25死生交范張雞黍 1661右
死生交范張雞黍雜劇 1661右

1021₄ 霍

22霍亂新論 830左
霍亂論 829右
霍亂平議 830左
霍亂寒熱辨正 830左
霍亂審證舉要 830左
霍亂括要 829右
霍亂吐瀉方論 829右
霍亂燃犀說 829右
90霍小玉傳 1100左
……霍光鬼諫 1662左

1021₇ 霓

90霓裳續譜 1715左

1022₃ 霽

22霽山先生集 1295左
76霽陽詩鈔 1437右

1022₇ 丙

10丙丁龜鑑 907右
丙丁龜鑑續錄 907右
17丙子學易編 14右
30丙寅北行日譜 313右
50丙申續記 1012右
丙申日記 351右
71丙辰劄記 1007左
80丙午使滇日記 616右
丙午釐定官制芻論 468左
丙舍集 1448左

兩

00兩廣紀略 323左
兩京新記 529右
兩京記 529右
兩京遺編 1741左
兩京典銓表 468右
01兩龍潭主人藏鏡圖、題詞 660右
10兩面樓詩稿 1458左
兩晉諸帝統系圖 365左
兩晉解疑 378左
兩晉南北史樂府 382右
20兩孚益記 23左
21兩征厄魯特記 326右
22兩峯慚草 1321右
兩峯慚稾 1321右
兩山稾 1301右
兩山墨談 994左
26兩粵新書 323左
兩粵遊草 587左
兩粵夢遊記 323左
兩粵猺俗記 553右
27兩般秋雨庵詩選 1459右
兩般秋雨盦曲談 1723左
兩般秋雨盦隨筆 1078左
28兩槎緒齋集 1519右
30兩淮案牘鈔存 477左
兩淮鹽筴書引證羣書目錄 653左
兩淮鹽筴書引證書目 653左
兩宮鼎建記 489右
兩宦江南紀略 452右
兩宋名賢小集 1745左
31兩河經略 579右
兩河清彙 579右
32兩淵 775右
兩浙庚辛紀略 334右
兩浙水利詳考 584右
兩浙古刊本考 654右
兩浙金石別錄 674左
兩溪文集 1330右
34兩漢訂誤 267右
兩漢三國學案 412右
兩漢五經博士考 412右
470右
兩漢刊誤補遺、校勘記 267右
兩漢雋言前集、後集 371右
兩漢經學彙考 182左

34兩漢幽幷涼三州今地考略 507左
兩漢傳經表 182左
兩漢解疑 377右
兩漢紀字句異同考 287左
兩漢紀校記 287左
兩漢博議 377右
兩漢博聞 371右
兩漢書舊本攷 267右
兩漢學術發微論 977右
兩漢金石記 656右
兩漢朔閏表 875左
兩漢筆記 377右
37兩湖塵談錄 348右
兩軍師隔江鬬智雜劇 1667右
41兩垣奏議 498左
43兩戴記分僎凡例 90左
44兩世鄉賢錄 422右
兩世姻緣 1662右
47兩朝文選要 1537左
兩朝剝復錄 318左
兩朝綱目備要 291左
兩朝恩賚記 431右
60……兩團圓 1668右
兩罍軒藏器目 659右
72……兩鬢眉傳奇 1703右
77兩同書 966左
兩周金石文韻讀 657左
兩闈試牘 1368右
89兩鈔摘腴 984右
90兩當軒詩 1437右

1022$_7$ 而

44而菴詩話 1582左

雨

10雨粟樓詩 1442右
20雨航雜錄 998右
雨航紀 998右
雨香天經咒註 1151左
22雨峯詩鈔、文鈔 1435左
30雨窗記所記 1077左
雨窗漫筆 931左
雨窗消意錄甲部 1076右
雨窗隨喜 1002右
雨窗隨筆 1009左
44雨花石子記 957左
雨花盦詩餘 1634左
雨村詩話 1585右
雨村詞話 1719右
雨村曲話 1723左
66雨暘氣候親機 895左
77雨屋深鐙詞 1642右

爾

10爾爾集 1361右
爾爾書屋詩草、文鈔 1482右
70爾雅、音釋、校勘記 161左
162左、右
164左
184右
爾雅麻氏注 163右
爾雅音(謝嶠) 163右
爾雅音(施乾) 163右
爾雅音(顧野王) 163右
爾雅音訓 165左
爾雅音注(謝嶠) 163右
爾雅音注(施乾) 163右
爾雅音注(孫炎) 162左
爾雅音注(顧野王) 163右
爾雅音義 163左
爾雅註(□□) 161右
爾雅註(鄭樵) 164左
爾雅註疏、考證 162右
爾雅註疏參義 164左
爾雅新義、敍錄 164左
爾雅謝氏音 163右
爾雅詁 165左
爾雅讀本 162右
爾雅郭注佚存補訂 162右
爾雅郭注義疏 164右
爾雅施氏音 163右
爾雅許君義 161右
爾雅許氏義 161右
爾雅一切注音 163右
爾雅正義 164右
……爾雅正義拾遺 162左
爾雅疏 163左
爾雅平議 165左
爾雅裴氏注 163右
爾雅孫氏音 162左
爾雅孫氏注 162左
爾雅翼 219右
220左
爾雅集解 165右
爾雅集注 163左
爾雅歲陽攷 165右
爾雅經注集證 165左
爾雅佚文 161左
爾雅犍爲文學注 161右
爾雅稗疏 165右
爾雅釋言集解後案 165右
爾雅釋親宗族考 165右
爾雅釋地四篇注 165右
爾雅衆家注 163右
爾雅約解 165左
爾雅注(郭璞) 162右
爾雅注(李巡) 161右
爾雅注(樊光) 161右
爾雅注(劉歆) 161右
爾雅注疏、校勘記 162右
爾雅注疏校勘記、釋文校勘記 163左
爾雅注疏本正誤 163左
……爾雅客難 164右
爾雅顧氏音 163左
爾雅補郭 164左
爾雅補注 164左
爾雅補注殘本 164左
爾雅漢注 162左
爾雅臺答問、續編 750左
爾雅直音 165左
爾雅南昌本校勘記訂補 164右
爾雅李氏注 161右
162左
爾雅古注斠 165左
爾雅古注斠補 165左
爾雅古義(黃奭) 1728左
爾雅古義(胡承珙) 164右
爾雅古義(錢坫) 164右
爾雅校勘記、釋文校勘記 163左
爾雅校義 164右
爾雅札記 164右
爾雅草木蟲魚鳥獸釋例 166左
爾雅樊氏注 161右
爾雅郝注刊誤 164右
爾雅蟲名今釋 166左
爾雅圖讚 165右
爾雅圖贊 165右
爾雅匡名 164右
爾雅劉氏注(劉歆) 161右
爾雅劉氏注(劉兆) 163左
爾雅貫珠 164左
爾雅義疏 164右
爾雅舍人注 161右
爾雅鄭註 164左
爾雅鄭君注 162左

爾雅鄭氏注 162左
爾雅小箋 164右

需

37需次燕語 1027右
64需時眇言 28左

鬲

35鬲津草堂詩 1405左

霧

27霧島山記 634右
50霧中人 1710左
90霧堂雜著 1003左
霧堂經訓 171左
霧堂詹言 1002右

1023_0 下

17下邳侯革華傳 1100左
31下江南曹彬誓衆 1687左
34下爲上 1130右
40下帷短牒 1064左
44下黄私記 1065右
60下田益宗令 493右
77下學菴句股六術 884左
下學菴句股六術 884右
下學梯航 746左
下學錄 741右

1023_2 弦

10弦哥古樂譜 938左
40弦章贈處集 1554右

震

22震川文集、別集 1345右
震川先生集、別集 1345右
震川尺牘 1345右
36震澤龍女傳 1106左
震澤集 1334左
震澤紀聞 349右
震澤長語 993左
震澤長語摘抄 993左

1024_7 夏

10夏雨軒雜文 1472右
夏百官表 366左
夏雲存稿 1409右
夏雲堂稿 1395左
22夏峯先生語錄 737右
夏峯先生集 1376右
夏峯答問 737右
24夏豔碧蓮繡符 1674右
27夏侯子新論 718右
夏侯鬼語記 1096右
夏侯陽算經 878左
夏侯常侍集 1204右
夏殷厤章蔀合表 873右
34夏爲堂散曲 1713左
夏爲堂別集 1380右
夏爲堂人天樂傳奇 1702右
40夏大正逸文考 93左
夏内史詞 1614右
夏内史集 1374左
夏赤城集 1335左
44夏考信錄 380右
夏英公雜詩 1243右
50夏蟲自語 335左
夏忠靖集 1329右
60夏日吟 1393右
64夏時說義 92左
夏時考 92左
夏時考訓蒙 92右
夏時明堂陰陽經 92左
72夏氏算學四種 1738右
77夏閨晚景瑣說 1081左
80夏令施診簡明歌訣 866左
88夏節愍公集 1374左
90夏小正 91右
夏小正試帖 1465左
夏小正詩 92右
夏小正詁 92左
夏小正說例 93左
夏小正正義 92右
夏小正疏義、異字記、釋音 92右
夏小正攷注 92左
夏小正集說 92右
夏小正經傳集解 92右
夏小正私箋 93左
夏小正傳 91右
夏小正傳校勘記 91右
夏小正解 92左
夏小正家塾本 93左
夏小正補傳 92右
夏小正補注 92左
夏小正求是 92右
夏小正戴氏傳、校錄 91右
夏小正輯註 92左
夏小正異義 92左
夏小正分箋 92左
夏小正等例 92右
夏小正等例文句音義 92左
夏小正箋 92左
夏小正箋疏 92右
夏小正管窺 92右
夏小正小箋、揭誤 92右

憂

44憂菴大司馬并夫人合稿 1545左
50憂患日錄 741右

覆

01覆瓿詞 1609右
覆瓿集(朱同) 1324右
覆瓿集(趙必瑑) 1291左
覆瓿叢談 562左
40覆校穆天子傳 711左
43覆載通幾 873右

霞

18霞珍詞 1641左
22霞川花隱詞 1637右
23霞外塵談 1069右
霞外雜俎 1032右
霞外詩集 1304左
霞外集 1304左
霞外攟屑 1013右
43霞城唱和集 1556左
48霞梯詩選 1493右
77霞間稿 1318右
88霞箋記 1701右

1030_7 零

44零芬集 1549右
74零陵先賢傳 391左
零陵總記(陸龜蒙) 1050右
零陵總記(陶岳) 548右
零陵志 548右
80零金碎玉 1038左

1032_7 焉

44焉耆府鄉土志 518左

1040_0 干

10干王洪仁玕等口供 332右
干王書福字碑拓本 333左
干王印 333左
17干子 964左、右
22干山子 1205右

*30*干寶晉紀 287右
*37*干祿字書 197右
干祿字書箋證 197右
*40*干支春帖子 945左
*72*干氏易傳 9左

1040_0 于

*00*于京集 1386左
*10*于雲殘册 1476右
*13*于武陵詩集 1236左
*22*于樂遺詩 1514左
*27*于役集 1448左
于役迤南記 328左
于役志 609左
于役東陵記 568左
于役錄 893右
于鵠詩集 1227左
*34*于濆詩集 1236左
于邁錄 893右
*35*于清端公家規範 754右
*37*于湖詞 1602左
于湖集 1272右
于湖先生長短句、拾遺 1602左
于湖題襟集 1555右
于湖居士文集 1272右
于湖居士文集樂府 1602左
于湖小集 1507右
于鄴詩集 1240左
*44*于埜左傳錄 109左
*50*于肅愍公集、拾遺 1331左
于忠肅集 1330右
于忠肅公集 1331左
*60*于景素集 1359左
*77*于闐記 608右
*80*于公德政錄 410左
于公祠墓錄 569左
*82*于鍾岳別傳 411右
88……于節闇集 1331左
*90*于常侍易注疏證、集證 25右

耳

*02*耳新 1001左
*21*耳順記 1004左
*27*耳郵 1078右
*50*耳書 1074右
*60*耳目記(張鷟) 339左
耳目記(劉口) 1114左
*67*耳鳴山人賸稾 1512左
*80*耳食錄 1077左

雯

*30*雯窗瘦影詞 1639左

1040_1 霆

*37*霆軍紀略 333左

1040_4 要

00……要言 963右
08……要論 717右
*21*要術佚文 778左
*27*要修科儀戒律鈔 1156左
*44*要藥分劑 854右
*70*要雅 1040右
*77*要用字苑 194左
78……要覽 964左

1040_9 平

*00*平齋文集、拾遺、校記 1281右
平齋詞 1606左
平方和較術 890左
平方各形術 887左
平辨脈法歌括 849右
*10*平三角和較術 884右
平三角邊角互求術 887左
平三角舉要 881右
平夏錄 306左
平平言 474左
……平西蜀文 306左
*20*平番始末 309右
平番縣誌 517左
*22*平蠻錄 309右
平山冷燕 1131左
平山堂記 595右
平巢事蹟考 298右
*25*平仲清江集補鈔 1255左
平仲清江集鈔 1255左
*26*平粵錄 311左
平泉山居記 565右
平泉山居草木記 565右
平吳事略 320右
平吳錄(孫旭) 325左
平吳錄(吳寬) 305右
*27*平叔詩存 1513右
*30*平濟 1690右
平濠記 310左
平寇志 315右
平安室雜記 452右
平安館藏器目 659右
平安悔稿 1275右
平寃錄 488左
平定交南錄 308左
平定三逆方略 293左
……平定兩金川方略 293左
平定兩金川述略 326右
平定耿逆記 325右
平定粵寇紀略、附記 333左
平定粵匪紀略、附記 333左
……平定準噶爾方略 293右
平定臺灣述略 327右
平定羅刹方略 325右
……平定金川方略 293左
平宋錄 304左
*31*平江記事 534右
*32*平浙紀略 334右
*33*平治會萃 819左
*34*平漢錄 305右
平滇始末 325右
*35*平津讀碑記、續記、再續、三續 669左
平津館文稿 1442右
平津館鑒藏記書籍、續編 651右
平津館鑒藏書畫記 911右
平津館金石萃編 657左
*37*平湖朱氏家譜錄要 392右
平洛遺草 1458左
*38*平洋論 902右
平海紀略 328左
*40*平臺紀 293左
平臺紀略 293左
平臺灣生番論 326右
平臺除氛錄 328左
平南敬親王尙可喜事實册 409右
*42*平橋稾 1331右
平橋藁 1331右
*44*平苗記 326左
*47*平胡錄 305右
306左
*50*平夷賦 309左
平夷錄 309左
平書 1010左
平書訂 722左
*52*平播全書 313左
*60*平蜀記 306左
平蜀記事 313右
平圃雜記 352右
平園集補鈔 1271左
平園續稾 1271左

平園近體樂府 1602左
平回紀略 327右
平圓各形圖 887左
68平黔紀略 329左
71平原君書 712左
72平脈法篇 850左
平脈考 850左
75平陳記 297右
86平錁記傳奇 1708左
91平叛記 315左

1041₀ 无

21无上玄元三天玉堂大法 1164右
无上三天玉堂正宗高奔內景玉書 1164右
无上祕要 1180右 1181左
无上內祕眞藏經 1133右
无上赤文洞古眞經註 1139左
无上黃籙大齋立成儀、修書本末 1160左、右
无能子 966右
28无咎題跋 913左
60无量度人上品妙經旁通圖 1153左

1043₀ 天

00天主實義 1192右
天方典禮擇要解、後編 1192左
天文說 872右
天文玉曆精異賦 895左
天文歌略 876左
天文占驗 780左
天文述 868右
天文祛異 875左
天文樞會 870左
天文考略 872右
天文本單經論語校勘記 144左
天文書 868右
天文星總 894右
天文星纂 894右
天文圖攷 876右
天文風雨賦 895左
天文管窺(倪榮桂) 873右
天文管窺(李汧) 876左
天文精義 868右
天文精義賦 868右
07天部全表 876右
10……天一閣藏書目錄 646左
天工開物 806右
天玉經 901左
天玉經外傳 901左
天玉經內傳、外編 901左
天王詔旨一 332左
天王詔旨二 332左
天元一術釋例 887右
天元一術圖說 886左
天元一釋 882右
天元一草 887右
天元玉曆 894右
天元名式釋例 887右
天元草 891左
天元加減乘除釋例 888左
天元晰理衍草 888左
天元問答 887右
天下高山大川考 625右
天下形勢考 514左
天下郡國利病書 513右
天下山河兩戒考、圖 513右
天下名山記 587右
天下名山遊記 587右
天下大勢通論 626左
天下有山堂畫藝 931右
天下同文、校記 1646右
天下同文集 1542右
天下同文前甲集 1542右
天下金石志 655右
12天水冰山錄 311左
天形道貌 929左
天瓢文鈔 1387右
16天理要論 332右
天聰朝臣工奏議 499左
17天子肆獻祼饋食禮纂 96右
20天傭子集 1363右
天傭館遺稿 1398左
天香雲舫詩草 1439右
天香樓偶得 1005左 1024右
天香樓遺澤集 1463右
天香樓唫稿 1463右
……天香圃牡丹品 1671左
天香別墅學吟 1474右
天香閣集 1374右
天香閣隨筆 351右
天爵堂集選 1365右
天爵堂筆餘 1000左
21天順日錄 309左
天上玉女記 1115右
天步眞原 870右
天步眞原人命部 904左
天行草堂主人自訂年譜 424左
天行草堂文稿 1527右
天行草堂詩 1527右
天經或問前集 870右
22天變邸抄 313左
天仙正理 1173右
天仙正理讀法點睛 1173右
天仙心傳 1175左
天仙道程寶則 1175左
天仙道戒忌須知 1157左
天仙眞訣 1185左
天仙眞理直論增註 1173右
天仙金丹心法 1173左
天山自訂年譜 408右
天山客話 531左
天山清辨 1011左
天山南北路考略 531右
天山學道編 1419左
23天外歸槎錄 620右
天代蒙泉細草 888左
天台山記(徐靈府) 574左
天台山記(蔣薰) 574左
天台山志 574左
天台遊記(顧鶴慶) 601左
天台遊記(楊葆光) 601左
天台奇遇 1713左
天台四教儀節要 1188右
天台雁蕩紀游 602左
天台風俗志 542左
天台前集、前集別編、前集拾遺、續集、續集拾遺、續集別編 542左
24天德王道說 739左
25天生先生年譜 421左
26天皇至道太淸玉册 1184右
天皇太一神律避穢經 1148左
27天象災祥分類攷 895左
天條書、改正本天條書序言 331右
天船詩集 1507左
天綠債 1706右
30天寥道人自撰年譜、續 430左
天寥年譜別記 430左
天官考異 870右
天官書 870左

30天定錄 1064左
天寶曲史 1706左
31天涯行乞圖題辭 1559右
33天心正法脩眞道場設醮儀 1162右
34天池記 590左
天池草 1355右
天潢玉牒 305左
35天津稿 1363右
天津楊柳青小志 525左
37天祿識餘 1074左
……天祿琳琅書目 651左
天祿閣外史 962左
天逸道人存稿 1477右
38天游閣集、詩補 1462左
天遊詞 1612左
天道偶測 872右
天啓宮詞(蔣之翹) 383右 384左
天啓宮詞(秦蘭徵)、校語 383右
天啓宮中詞 383右
天啓本東安縣志 515左
40天壇王屋山聖迹記 568左
天壤閣雜記 659左
天南行記 611左
天南同人集 1559右
天壽山說 571左
天眞閣詞 1627右
天柱詩草 1439左
天柱刊崖記 573左
41天樞院都司須知行遣式 1182右
天樞院都司須知格 1167右
天樞院都司須知令 1167左
42天彭牡丹譜 791左
天機經 1147右
天機素書 901左
天機餘錦 1644左
44天基聖節排當樂次 938左
天地萬物造化論 968左
天地圖儀 874左
天地間集 1541右
天地陰陽交歡大樂賦 847右
天蓬神咒 1181右
天蘇閣筆談 1015右
天老神光經 1168右
47天均卮言 423左
……天妃救苦靈驗經 1145右
天朝田畝制度 332左
天根文鈔、文法、續集、詩鈔 1509右
50天中記 1043右
……天書記 1695右
53天感孝 1709右
60天日 475左
天目游記 600左
天目遊記 600左
天星祕竅圖書 894右
天足考略 1128左
66天賜老生兒 1657左
71天原發微 893右
天馬山房文存 1530左
天馬山房詩別錄(一名雲間百詠) 524右
天馬山房遺稿 1340右
天馬媒 1705左
天長宣氏三十六聲粉鐸圖詠、鐸餘逸韻 1503右
72天隱子 1169右 1170左
天隱子養生書 1169右
天隱、堂文錄 1512左
74天隨子 1233右
77天覺樓詩集 1491右
天際烏雲帖攷 924右
……天學 895左
天學入門 874右
天學會通 870右
天開圖書樓文稿 1472右
天問天對解 1196右
天問補註 1197左
天問校正 1197左
天問略 869右
天問閣文集 1374右
天問閣集 1374右
天問閣外集 1468左
天門書院雜著 1464左
78天鑒錄 402左
80天人要義表 824右
天人解 821右
天全石錄 957左
天全先生遺事 407右
天鏡 907左
天父詩 332右
天父下凡詔書〔一〕 331右
天父下凡詔書〔二〕 331右
天父天兄天王太平天国九年會試題 332右
天父上帝言題皇詔 331右
天谷老人小兒語補 760左
天命詔旨書 331右
81天瓶齋書畫題跋 916左
天瓶齋書畫題跋補輯 916左
86天錫詞 1614左
天錫集 1318左
88天篆記 1056右
天算或問 875左
天算捷表 890左
天籟集、摭遺 1611右
天籟集補遺 1611右
天籟集鈔存 1395右
天籟軒詞譜、詞韻 1716左
天籟軒詞選 1644右
天籟閣雜著、集方 1519右
天籟閣諧鈔 1128左
天籟閣詩話 1589左
天籟閣詩存 1528右
天籟閣談小說 1131右
90天慵菴筆記 916左
95天情道理書 332右

1044₁ 弄

15弄珠詞 1641左
弄珠樓 1698左

1044₇ 再

24再續三十五舉 941右
再續千字文 203右
再續寰宇訪碑錄校勘記 665左
再續華州志 516右
25再生記 1113右
再生記略 317左
再生緣 1673右
38再送越南貢使日記 480左
40再來人 1710左
88再答夫秦嘉書 1200右
96再愧軒詩草 1521左

1050₆ 更

25更生齋文甲集、乙集、續集、詩、續集 1436左
更生齋文錄 1436左
更生齋詩餘 1625右 1748左
30更定文章九命 1583左

1052₇ 霸

00霸亭秋 1675右

1060$_0$ 石

00石亭記事、續編 536右
石交 1125左
石交錄(湯森仙) 957左
石交錄(羅振玉) 668左
01石語亭詩草 1401左
02石刻鋪敍 668左
08石譜(諸九鼎) 956右
石譜 956左
09石麟鏡 1704左
10石西集 1356左
石雲先生語錄 1002右
石雲先生詩 1345右
石雲先生濟迂談 858左
石雲先生題跋 914左
石雲先生印譜釋考 940左
石雲先生尺牘 1345右
石雲吟雅 1632右
石函記 1179左
石函平砂玉尺經纂 902左
11石頭記評贊序 1132左
石頭記評花 1132右
石頭記論贊 1132右
石頭記總評 1132右
石頭記分評 1132右
石頭山人遺稿 1457右
17石子章雜劇 1749左
石君寶雜劇 1750左
20石秀齋集 1353左
石香存稿 1497左
21石經 183右
石經論語 183右
石經殘字考 184左
石經傳本彙攷 183左
石經魯詩 183右
石經儀禮 183右
石經補攷 183左
石經考(顧炎武) 182右
石經考(萬斯同) 183左
石經考文提要 183左
石經考異 183左
……石經目錄 652右
石經閣日抄 175右
石經閣金石跋文 658左
石經公羊 183右
石經尙書 183右
22石崖遺書 126左
……石峯堡紀略 293右
石山醫案 861右
石巢詩集 1525左
石巢傳奇四種 1751左
26石泉集(郭柏蔭) 1472右
石泉集(張宇) 1300左
石泉書屋藏器目 659右
石泉書屋金石題跋 658左
石泉書屋類稿、詩鈔、律賦、尺牘、館課詩、制藝、制藝補編 1480右
27石翁詩草 1448右
石魚齋詩選 1385左
石魚偶記 1020右
石船居雜箸賸稿 1504右
石船居古今體詩賸稿 1504右
石船居公牘賸稿 502右
30石室談詩 1580右
石室先生年譜 427左
石家池王氏譜錄 392右
石守道先生集 1245左
31石渠意見、拾遺、補缺 170右
石渠紀餘 493右
石渠寶笈 911右
……石渠寶笈三編總目 911右
石渠禮論 93左
石渠隨筆 911右
石渠居士集 1312右
32石州年譜 423左
石洲詩話 1585左
石溪舫詩話 1586左
33石淙詩鈔、附 1334右
35石遺室文集 1521右
石遺室詩集 1521右
石遺室詩友詩錄 1545右
37石洞集 1353右
石洞貽芳集、考異 1557右
石湖詩集 1270右
石湖詩選 1270右
石湖詩鈔 1270右
石湖詞、校記 1601右
石湖集補鈔 1270右
石湖集鈔 1270右
石湖稿 1357右
石湖先生詩鈔 1270右
石湖紀行三錄 1735左
石湖遺稿 1348右
石湖菊譜 789左
石湖居士詩集 1270右
石初集 1314左
40石友贊 957左
石臺聯詠 1555左
石臺孝經 157左
石塘稾 1301右
石柱記箋釋 540右
42石桃丙舍草 1369左
石橋歌 1171左
43石城山志 572右
44石鼓文章句 667右
石鼓文音釋(徐昂) 668右
石鼓文音釋(楊愼) 667右
石鼓文研究 668左
石鼓文集釋 667右
石鼓文集字聯 944右
石鼓文考證 667右
石鼓文考釋 668左
石鼓文匯 667右
石鼓辨 667右
石鼓論語問答 140右
石鼓爾雅 667右
石鼓然疑 667右
石鼓釋文考異 667右
石鼓釋文考異或問 667右
石鼓鑑 667右
石莊先生文錄 1378左
石蘭詩鈔 1439左
石藥爾雅 1177右
石菊影廬筆識 1014左
石林詩話 1571右
石林詞 1597左
石林西墅遺稿 1375左
石林先生春秋傳 123右
石林家訓 752右
石林避暑錄話 983左
石林治生家訓要略 752右
石林遺事 428左
石林燕語、考異、校491左、右
石林燕語辨 491右
石林居士建康集 1261右
47石帆吟 1403右
石匏子 965右
石桐先生詩鈔 1433左
50石畫記 957左
53石成金官紳約、十反說474左
60石里雜識 1074右
石墨考異 668左
石墨鐫華 668右
石園文集 1399右
石田雜記 1066左
石田詩選 1332左
石田集(馬祖常) 1310右

60石田集（馬祖常） 1311左
石田集（陳登） 1329左
石田先生集 1332左
石曼卿詩集 1244左
61石點頭 1128右
72石隱硯談 804右
石隱山人自訂年譜 423左
石隱園藏稿 1360右
石氏喬梓詩集 1746右
77石屋禪師山居詩集 1313左
……石屋洞摩崖像 674左
石屋初集、二集、三集、四集 1400右
石屏詩集 1284右
石屏詩鈔 1284右
石屏詞 1607左
石屏集 1284右
石屏集補鈔 1284右
石屏續集 1284右
石屏長短句 1607左
石閭老集 1335右
石閭集 1399左
石民府君行狀 411左
石臼後集選 1371右
石臼前集、後集 1371右
石門文字禪 1266左
石門文字禪集補鈔 1266左
石門詩鈔 1266左
石門諸山記 571右
石門詞 1613右
石門碑刻見存目攷 674左
石門碑醳、補 675右
石門集（高灏） 1340右
石門集（馮惟敏） 1350左
石門集（梁寅） 1317左
石門題跋 913左
80石翁山房札記 1030右
石羊山房集 1264右
石倉歷代詩選 1744右
90石堂集 1291左
石堂先生遺稾 1291左

1060。百

00百哀篇 440右
10百正歌 331右
百正集 1297右
百兩篇 35右
百可漫志 1068右
20百雞術衍 885右
21百行章 751右
22百川書志 646左
26百和香集 1556右
27百將傳續編 403右
百句章 1174右
百色志略 555右
29百秋閒咏 1435右
30百空曲 1714右
百家譜 395右
百家姓度辭 396右
百家姓新箋 396右
百家姓三編 396右
百家姓考略 396右
百字碑註 1174左
……百字碑測疏 1174左
百官述 468左
百官箴 472左
百寶總珍集 957左
百宋一廛書錄 651右
百宋一廛賦 651右
34百衲琴 946左
40百十二家墨錄 802左
43百越先賢志 391右
44百蕙紅詞 1624右
百花亭 1666左
百花詩 1517左
百花彈詞 1714右
百花扇序 1516右
百花園夢記 1082左
百花吟（王初桐） 1429左
百花吟（董秉純） 1428右
百菊集譜 789左
45百塼考 673左
47百聲詩 1516右
50百末詞（尤侗） 1616左
百末詞（蔡廷弼）、續、二續 1627左
百末詞餘 1713右
60百四十齋記 615右
百四十軒吟 1448右
百旻遺草 1373左
62百影詩 1516右
63……百戰奇略 773右
74百陵學山 1741左
77百尺梧桐閣文錄 1402右
80百八唱和集 1555左
百美詩〔一〕 1517左
百美詩〔二〕 1517左
97百怪斷經 898右

西

00西亭詩 1399左
西亭詩草 1421右
西廬詩集 1367右
西廬詩草、補 1377左
西廬詩餘 1615左
西廬家書 1377左
西廬漫筆 352左
西廬懷舊集 1544右
西齋話記 1055左
西齋詩輯遺 1431右
西齋偶得 1026左
西齋淨土詩、校譌、補校 1188右
西方要紀 635左
西方子明堂灸經、校勘記 842左
西庫隨筆 351左
西廂記（王實甫） 1651左
西廂記（李日華） 1692左
西廂記五劇五本解證 1651右
西廂記五劇五本圖、考據 1651右
西廂記釋義字音 1651右
西廂記酒令 950右
西廂記古本校注 1651右
西廂酒令 950右
西玄青鳥記 1119左
西京酬唱集 1519左
西京酬唱後集 1519左
西京雜記（葛洪） 1045右 1046左
西京雜記（口口） 529右
07西郊笑端集 1327左
西郭冰雪集 1411右
10西王母傳 1095左
西王母女修正途十則 1175左
西夏文存、外編 1542左
西夏紀事本末 292右
西夏藝文志 643右
西夏姓氏錄 396右
西夏事略 361右
西夏國書略說 361右
西干記 537左
西干十寺記 566左
西晉文紀 1538左
西雲集 1301左
11西北諸水編 582左
西北水利議（許承宣） 582左
西北水利議（徐貞明） 582左
西北之文 1401左

西北邊域考 484左
西北域記 562左
西琴曲意 939左
17西子湖拾翠餘談 598左
20西番譯語 227左
西番各寺記 566左
西番事蹟 310右
21西征文存 1482右
西征詩錄 1482右
西征記(毛振翧) 326右
西征記(盧襄) 609左
西征記(宗臣) 311左
西征記(戴祚) 608左
……西征記(明太祖) 305右
西征記(劉紹攽) 614右
西征石城記 309右
西征集 1518右
西征紀程 620左
西征紀略 326左
西征述 616右
西征道里記 609左
西征日記(吳恢傑) 618左
西征日記(徐瀛) 561左
西征日記(黃家鼎) 618右
西征日錄 310左
西征賦 614左
西征響筆 500右
西行瑣錄 329右
西行日記(丁壽祺) 617右
西行日記(趙鈞彤) 615左
西行日紀 617右
西儒耳目資 213右
22西川青羊宮碑銘 568左
西嶽華山誌 571右
……西嶽華山碑考 666右
西巖詞 1613左
西巖集(張之翰) 1304左
西巖集(翁卷) 1284左
西巖贅語 743右
西峯淡話 1000右
西崑發微 1234左
西崑酬唱集 1551右
西山文集 1279右
西山文鈔 1279右
西山許眞君八十五化錄 449左
西山羣仙會眞記 1165右
西山政訓 471右
西山集 1518右
西山先生詩集 1279右
西山先生眞文忠公文集 1279右
西山先生眞文忠公讀書記 730左
西山遊記(王嗣槐) 588右
西山遊記(徐世溥) 605左
西山遊記(洪良品) 589左
西山遊記(黃鈞宰) 589左
西山志略 576左
西山眞文忠公年譜 418右
西山草堂詞 1625左
西山日記 1000左
西山題跋 914左
西山公集 1282左
25西使記 611左
26西伯利記 634右
西伯利亞東偏紀要 632左
西皐雜記 1071右
西魏將相大臣年表 367左
西魏書 281左
西吳枝乘 540右
西吳枝乘佚文 540右
西吳里語 540右
西吳類牘摘要 503左
27西歸日札 1383右
西梟殘草 1499左
28西徼水道 586右
西俗雜誌 625右
西谿詩集 1376右
西谿聯吟 600左
西谿集補鈔 1251右
西谿梵隱志 566左
西谿易說 14右
30西塞山漁翁封拜 1687右
西渡詩集 1260左
西渡集 1260左
西涼百官表 366左
31西江詩話 1566右
……西江詩選 1548左
西江紀遊草 1467右
西江源流說 585右
西江幕遊記 618右
西江軺程記 617左
西江贅語 354右
西涯樂府 381右
西漚文 1457右
西漚試帖 1457右
西漚制藝 1457右
西河文集 1389左
西河詩話 1582左
西河詩集 1389左
西河記 358左
西河詞話 1718右
西河襍箋 1004左
西河古文錄 1454右
西河舊事 529左
西河慰悼詩 1553左
32西州後賢志 391右
西州志 530右
西州猥稿 1244右
西州圖經 530右
西州合譜 425左
西溪文集 1251右
西溪雜詠 600左
西溪百詠 600左
西溪集 1251左
西溪集鈔 1251右
西溪偶錄 1452左
西溪秋雪庵志 566右
西溪叢語 1019左、右
西溪叢語校 1019右
西溪漁隱外集 1445左
西溪藂語 1019右
西溪梅竹山莊圖題詠 1558左
西溪書屋夜話錄 865左
西溪懷古詩 1524右
西泠籍 562右
西巡舊典等劄記 458右
西巡回鑾始末記 330右
33……西沱吳先生鑫遇錄 497左
西沱奏議 497左
34……西斗記名護身妙經 1144右
西法命盤圖說 904左
西漢文紀 1537右
西漢文選 1537右
西漢詔令 493右
……西漢書詳節 371左
西漢書疏 494右
西漢周官師說考 74右
西漢年紀 286右
西漢會要 454左
西漢節義傳論 377右
西遼立國本末考、疆域考、都城考 362左
西遼記北曲 1689右
西遼紀年表 369右
35西清詩話 1572左
……西清硯譜 804左

35西清古鑑 660左
西清劄記 912左
西淸筆記 352右
西神叢語 535右
37西洞庭誌 572右
西湖六橋桃評 598右
西湖雜詠 599左
西湖雜詩 599左
西湖雜記 598左
西湖雜咏 598右
西湖新舊夢 599右
西湖詩 599左
西湖韻事 598左
……西湖記 1702左
西湖記游草 599右
西湖一月記 599右
西湖二集 1128右
西湖百詠(柴杰) 599左
西湖百詠(董嗣杲) 597右
西湖水利考 584右
西湖手鏡 598左
西湖觴唱 1634右
西湖觴唱詞 1634右
西湖和蘇詩 1400左
西湖修禊詩 1555右
西湖紀述 598左
西湖紀遊 598右
西湖秋色 1128右
西湖秋柳詞 1443左
西湖冶興 597右
西湖遺事詩 598右
西湖遊詠 1552左
西湖遊記(査人渶) 599左
西湖遊記(陸求可) 598右
西湖遊記(金鶴翀) 599右
西湖遊幸記 301右
西湖遊覽志、志餘 597右
西湖志纂 598右
西湖考 598右
西湖夢尋 598左
西湖蘇文忠公祠從祀議 459左
西湖老人繁勝錄 537右
西湖拾遺、附 1130右
西湖吟 599右
西湖臥遊圖題跋 914右
西湖月觀 598左
西湖月觀紀 598左
西湖八社詩帖 1552左
西湖竹枝詞(楊維楨)1552左
西湖竹枝詞(陳璨) 599左
西湖竹枝集 1552左
西湖小史 598右
西澗草堂集、詩集 1426左
西溟文鈔 1393左
38西泠仙詠 599左
西泠續記 616右
西泠鴻爪 1462左
西泠遊記 598左
西泠遊草 599右
西泠舊事百詠 539左
西泠閨詠 599左
西泠閨詠後序 1513右
西泠懷古詩 1524右
西泠懷古集 599左
西游記金山以東釋 611左
西洋朝貢典錄 623右
西海紀行卷 620右
西海徵 532右
……西遊記(吳昌齡)1658右
……西遊記(李志常) 610右
西遊記傳 1130右
西遊補、續雜記 1130右
西遊原旨讀法、詩結 1185左
西遊錄 610右
西遊錄注 610右
40西臺記 1685左
西臺集 1257右
西臺摘疏 498右
西臺慟哭記註(張丁)1296右
西臺慟哭記註(黃宗羲) 1296右
西塘詩集 1254右
西塘詩鈔 1254右
西塘集 1254右
西塘集補鈔 1254右
西塘集耆舊續聞 1062右
西塘先生文集 1254右
西塘感症 825右
西南紀事 319左
西南邊防議 484左
西南夷改流記 326右
西南夷風土記 559右
西套厄魯特地略 530右
西樵語業 1603右
西樵詩選 1391右
西樵野記 1066右
41西垣詩鈔 1481右
西垣黔苗竹枝詞 558左
西垣類藁 1274左
43……西城別墅十三詠1408右
西城風俗記 974右
西域詩 531右
西域諸水編 582右
西域諸國志 621右
西域設行省議 484左
西域水道記 582右
西域水道記校補 582右
西域瑣記 531右
西域番國志 628左
西域行程記 628左
西域釋地 531右
西域遺聞 560左
西域南八城紀要 531右
西域志 621右
西域舊聞 531右
西域帕米爾輿地攷(許克勤) 484右
西域帕米爾輿地攷(葉瀚) 484右
西域置行省議 484左
……西域同文志 227左
44西埜楊氏壬申譜 394右
西麓詩藁 1291右
西麓詞 1609左
西麓繼周集、校記 1609左
西莊詞鈔 1617右
西藏諸水編 586右
西藏記 560左
西藏要隘考 561右
西藏建行省議 561右
西藏聖蹟考 561右
西藏攷 560左
西藏改省會論 561右
西藏後記 326左
西藏紀述 560右
西藏紀略 561左
西藏紀聞(□□) 561左
西藏紀聞(鄭光祖) 561左
西藏巡邊記 560右
西藏大呼畢勒罕考 561右
西藏日記 560左
西藏置行省論 561右
西藏圖說 560右
西藏圖考 561右
西藏賦 560右
西藏風俗記 561右
西華仙籙 448左
西華山陳摶高臥 1652右
西華山陳摶高臥雜劇1652右

西菴集(孫賁) 1324右
西菴集(楊果) 1300左
西村詩集 1336右
西村詞草 1636右
西村集 1333左
西村十記 597右
西林詩鈔 1404右
西林日記 1576右
45西樓記 1703左
西樓記傳奇考 1723右
……西樓夢傳奇 1703左
47西朝寶訓 343右
西都雜記 529左
50西事蠡測 625右
西事類編 625右
西青散記 1075右
西秦百官表 366左
西秦錄 358右
51西軒效唐集錄 1335右
西軒客談 1065右
55西農遺稿 1494左
西曹舊事 468右
57西招紀行 560右
西招紀行詩 560右
西招審隘篇 560右
西招圖略 560右
西輶紀略 619左
58西輶日記 620左
60西日月攷補遺 874右
西圃文說、詩說 1584左
西圃詞說 1719左
西圃叢辨 1006左
西圃題畫詩 916右
西園康範詩集 1279左
西園康範先生實錄、續錄、
附錄外集 428右
西園雜詠 1355右
西園雜記 350左
西園詩塵 1580右
西園記 1699右
西園記傳奇 1699右
西園遺稿 1406左
西田詩集 1400右
西田集 1400右
西昇經 1146左
西昇經集註 1146左
西署集 1351左
64西疇草堂遺詩鈔 1407左
西疇老人常言 720左
西疇居士春秋本例 123左
西疇常言 720右
67西墅雜記 1067左
西墅記譚 1053左
71西阿先生詩草 1434左
西原約言 733左
72西陲要略 531左
西陲石刻後錄 675右
西陲石刻錄 675右
西陲總統事略 531左
西陲紀事本末 293右
西陲聞見錄 530左
西陲竹枝詞 531右
西隱集 1323左
74西陂類稾 1396右
西陂類稾文錄 1396右
西陂類稿 499右
77西學課程彙編 807左
西學凡 972右
西閣寄梅記 1117右
79西塍集 1294左
西塍稿、續稿 1294右
80西畬瑣錄 1058右
87西銘 725左
西銘講義 725左
西銘解 725左
西銘述解 725左
88西笑山房詩鈔 1508右
西[illegible]賦稿 1430右
90西堂文集 1743右
西堂剩稿 1385右
西堂樂府 1713右
1750右
西堂得桂詩 1559右
西堂秋夢錄 1385右
西堂日記 972左
西堂餘集 1743右
西堂小草 1385右

1060_0 酉

22酉山遺詩 1502右
76酉陽雜俎 1049左
酉陽雜俎續集 1049右
酉陽雜俎校 1049右
酉陽修月 1689左
78酉除集 1384左

面

43面城樓集鈔 1481右

1060_1 吾

00吾廬集 1375左
吾廬筆談 1077右
吾亦廬稿 173右
10吾吾類稾 1320右
21吾師錄 737左
27吾炙集 1544左
吾炙集小傳 425左
30吾汶稿 1285左
吾汶稾、校勘記 1285右
72吾丘壽王書 713左
77吾同山館試帖 1464左
吾同山館改課 1464左
吾學編 1732左
吾學編餘 350左
吾學錄 976左
吾學錄初編 455右
88吾竹小稾 1292右
98吾悔集 1380左

晉

00晉塵 1001右
晉方鎮年表(吳廷燮) 365左
晉方鎮年表(萬斯同) 365左
晉康帝起居注 289右
晉唐指掌 1733左
晉文春秋 354右
晉文公火燒介之推 1658左
04晉詩 1538左
晉諸王世表 365左
晉諸公讚 385右
晉諸公別傳 280右
晉諸公敍讚 385右
10晉二俊文集 1747左
晉王大令集 1206左
晉王右軍集 1206左
晉五胡表 365右
晉五胡指掌 356右
晉要事 336左
晉天福四年殘曆 877左
晉百官名 467右
晉百官表注 467右
11晉張孟陽集 1204右
晉張司空集 1204左
晉張景陽集 1204右
13晉武帝起居注 288右
14晉功臣世表 365左
15晉建武起居注 289左
17晉司隸校尉傅玄集 1203右
20晉雋 1014左
21晉僭僞諸國世表 365右

21晉僭僞諸國年表 365右
22晉後略 297左
晉山陵故事 336左
24晉先賢傳 385右
26晉魏間書殘律三種 1187左
晉釋法顯佛國記地理考證 622左
27晉將相大臣年表 365左
晉紀（干寶） 287右
晉紀（裴松之） 288左
晉紀（鄧粲） 288左
晉紀（徐廣） 279左
晉紀（黃爽） 280左、右
晉紀（曹嘉之） 288左
晉紀（□□） 288右
晉紀（劉謙之） 288左
晉紀（陸機） 287左
晉紀輯本 1732左
30晉永和起居注 289右
晉永安起居注 289左
晉安帝紀 288右
晉宮閣銘 563右
晉官品令 467右
晉宋書故 381左
40晉太康三年地記 509左
晉太元起居注 289右
晉太興起居注 289左
晉眞人語錄 1183右
44晉地道記 508右
晉藏小錄 561左
晉孝武帝起居注 289右
晉摯太常集 1204右
晉世譜 288左
晉杜征南集 1203右
47晉朝雜事 336左
晉起居注（王仁俊） 289右
晉起居注（劉道薈） 288右
48晉故事 467右
50晉中興徵祥說 279右
晉中興書、徵祥說 279右
晉史乘 354右
晉史草 288右
晉泰康起居注 289左
晉泰始起居注 288右
晉泰始笛律匡謬 102右
晉書（唐太宗）、音義、考證 269左
晉書（謝靈運） 279右
晉書（王隱） 279左
晉書（虞預） 279左
晉書（臧榮緒） 279右
晉書（朱鳳） 279左
晉書（沈約） 280左
晉書（蕭子雲） 280左
晉書（黃爽） 280左、右
晉書（陸機） 287左
……晉書詳節 371左
晉書天文志校正 868左
……晉書瑣瑣 269左
晉書佚文 269左
晉書疑年錄 399左
晉書補傳贊 280右
晉書禮志校正 456左
晉書校文 269右
晉書校正 269左
晉書校勘記（周家祿） 269右
晉書校勘記（勞格） 269右 508左
晉書札記 269右
晉書地理志、考證 508左
晉書地理志證今 508左、右
晉書地理志新補正 508右
晉書地道記 508右
晉書輯本 1732左
晉書四夷傳地理攷證 621右
晉春秋（庾翼） 287右
晉春秋（杜延業） 297右
晉春秋傳奇 1708右
晉東廣微集 1204右
52晉哲會歸 387右
53晉成公子安集 1204左
晉咸康起居注 289左
晉咸和起居注 289左
晉咸寧起居注 289左
59晉抄 280右
60晉四王遺事 297左
晉昌遺文彙鈔 1546右
67晉略 280右
72晉劉越石集 1206左
74晉陵集 1354右
晉陵先賢傳 389左
76晉陽秋（庾翼） 287右
晉陽秋（孫盛） 287右
晉陽秋輯本 1732左
晉陽抄 336左
77晉風 525右
晉隆安起居注 289右
晉陶靖節集 1206右
晉陶靖節年譜 425右
晉陶徵士年譜 425右
晉問 525右
80晉八王故事 297左
晉八王易知略 365右
晉人塵 1075右
晉義熙起居注 289右
晉公談錄 340左
晉公卿禮秩 467右
晉公卿禮秩故事 467右
87晉錄（沈思孝） 525右
晉錄（□□） 288右

1060_3 雷

10雷霆玉樞宥罪法懺 1157右
雷石菴尙書遺集 1355右
32雷溪草堂詩 1413右
34雷法議玄篇 1152左
36雷澤遇仙記 1682右
50雷轟薦福碑 1653左
77雷民傳 1099左
80雷公炮製藥性解 854左
雷公炮製藥性賦 853右

1060_9 否

50否泰錄 308左

1062_0 可

00可立集 1319左
可庵詩餘 1614左
可齋雜稿、續稿 1286右
可齋雜記 348左
可齋雜藁詞、續藁詞 1608左
可齋詩集 1286右
可齋詩藁 1286右
可齋詞 1608左
可言 1015右
09可談 1058左
25可傳集 1323右
28可作集 1544右
可儀堂文集 1405左
可儀堂文錄 1407右
30可之先生全集錄 1235左
44可也簡廬筆記 525右
50可書 1060左
51可軒曲林 1603左
60可園詩存 1517右
77可閒老人集 1312右
78可鑒編稿存 403左
90可懷錄、續錄 615左
93可怡齋賸稿 1508左

1062₁ 哥

30哥窯譜 797左

1062₇ 霱

10霱雲草 1458右

1063₁ 醮

10醮三洞眞文五法正一盟威籙立成儀 1163左

1064₇ 醇

06醇親王巡閱北洋海防日記 329右
67醇曜堂集 1372左
70醇雅堂詩略 1480右

1064₈ 碎

38碎海樓自怡草 1481左
47碎胡琴 1690左
80碎金牌 1708右
碎金錄 1079右
86碎錦詞 1610左

醉

00醉言 1013右
02醉新豐 1676右
16醉醒石 1129左
21……醉經樓集 1356左
27醉鄉記(王績) 1097左
醉鄉記(孫鍾齡) 1698左
醉鄉瑣志 1079右
醉鄉律令 949右
醉鄉約法 950右
醉鄉日月 949右
醉綠圖 952左
30……醉寫赤壁賦 1666右
醉客詩草 1492右
36醉禪草 1394右
40……醉走黃鶴樓 1663右
44醉蘇齋書訣 934左
醉草堂集 1439左
醉菩提傳奇 1705左
醉茶吟草 1512右
47醉鶴詩草 1502右
50醉畫圖 1686左
51醉軒集 1263右
60醉園詩存 1510右
醉思鄉王粲登樓 1660右
醉思鄉王粲登樓雜劇 1660右
68醉吟先生傳 1101左
77醉月草 1428左
醉月隱語 946右
醉叟傳 1119左
醉鷗墨君題語 914右
80醉翁硯銘 804右
醉翁亭 1686右
醉翁談錄(羅燁) 1122右
醉翁談錄(金盈之) 1062右
醉翁琴趣外篇 1593右
醉翁寱語 1060右
88醉筆堂三十六善 1033右

1066₁ 磊

51磊軒小稿 1461右

1071₇ 瓦

67瓦鳴集 1529左

1073₁ 云

07云謠集雜曲 1645左
10云爾編 1015右

雲

00雲廬碑陰先翰詩 671左
雲齋廣錄 1057右
01雲瓿詞 1642右
07雲謠集雜曲子、校記 1645左
21雲緬山川志 570右
22雲巖小志 577左
雲仙雜記 1051右
1052左
雲仙散錄、札記 1051右
1052左
……雲峯文集易義 15右
雲峯詩餘 1612左
雲峯集 1304左、右
雲峯偶筆 1074右
雲嶠集 1306右
雲山讀書記內學、外治 1012右
雲山集 1300右
雲山洞紀遊 597左
雲山日記 450右
雲巢詩鈔 1255左
雲巢集補鈔 1255左
雲巢編 1255左
24雲岐子論經絡迎隨補瀉法 842右
雲岐子保命集論類要 814左
雲岐子七表八裏九道脈訣論并治法 848右
25雲岫山遊記 600左
26雲自在堪筆記 1014右
雲自在龕筆記 1014右
雲泉詩 1289右
雲泉詩集(永頣) 1295右
雲泉詩集(薛嵎) 1289右
雲泉詩稿 1295右
雲泉詩草 1439左
27雲阜山申仙翁傳 449右
28雲谿稿 1277左
30雲窗漫稿 1525左
……雲窗夢 1666左
雲宮法語 1170右
32雲溪集 1264左
雲溪樂府 1626左
雲溪友議、校勘記(張元濟、劉承幹) 1049右
雲溪居士集 1258右
33雲心編 1403右
37雲郎小史 437左
38雲洋山館詩鈔 1490左
……雲遊始末記 324右
40雲左山房詩餘 1629右
雲左山房詩鈔 1456右
……雲臺記 1697右
雲臺二十八將圖像 385左
雲臺集 1319右
雲臺山記 573左
雲臺編、校勘記 1238右
雲臺門聚二十八將 1679左
雲臺金石記 676左
雲在文稾 1466右
雲在軒詩集 1512右
雲在軒筆談 1080右
雲南諸水編 586左
雲南三江水道考 586左
雲南水道考 586左
雲南山川志 570左
雲南備徵志 559右
雲南通志 522左
雲南志略 558右
雲南機務抄黃 306右
雲南地略 559右
雲南考略 559右
雲南勘界籌邊記 483右
雲南風土記 559右
雲南風土紀事詩 559右
44雲藍詞 1623右

44雲夢藥溪談　1000右
雲麓漫抄　986右
雲莊詩集　1275右
雲莊詞　1601右
雲莊張文忠公休居自適小樂府、校記　1711右
雲莊集(劉爚)　1275右
雲莊集(曾協)、校勘記　1272左
雲莊禮記集說　85左
雲莊四六餘話　1590右
雲莊印話　941右
雲莊類藁　1308左
雲薖漫錄　1082右
雲芝遺詩　1527左
雲蕉館紀談　1070左
雲華詩鈔　1462右
雲華閣詩略　1398左
雲村文集　1339右
雲杜故事　1078左
雲林詞　1613右
雲林石譜　956左
雲林集(貢奎)　1308左
雲林集(危素)　1323右
雲林樂府　1613右
雲林遺事　1068左
……雲林寺志　566右
雲林堂飲食製度集　954左
45雲棲紀事　566右
47雲鶴先生遺詩　1357右
雲起軒詞　1640左
雲起軒詞鈔　1640左
雲根淸壑山房詩　1411右
雲根老屋詩鈔　1490右
48雲松巢集　1317右
雲松野褐集　1319右
50雲中紀程　614左
雲中事記　310右
雲史日記　1587左
雲東逸史年譜　429右
60雲晃子　709左
雲圃詩存　1480左
雲圃詩鈔　1480右
雲圃集　1440右
72雲丘道人集　1319右
73雲臥詩集　1290左
雲臥詩藁　1290右
76雲陽子　712左
雲陽集　1314左
77雲屋殘編　1467右
雲居聖水寺志　566右
雲閣遺草　1463左
雲間雜誌　524右
雲間三子新詩合稿　1546右
……雲間百詠　524右
雲間志、續入　515左
雲間據目抄　524右
雲間第宅志　565左
雲門詩集　1376右
雲門子　1567左
雲門初集　1518左
80雲谷雜記　987左
雲氣占候　895左
88雲笙詞　1636右
雲竹集　1437右
雲篆度人妙經　1151左
雲笈七籤　1183左
90雲光集　1298右
91雲煙過眼續錄　909左
雲煙過眼錄　909左
雲煙過眼錄續集　909左
雲煙過眼錄續集摘抄　672左
雲煙過眼錄摘抄　672左
93雲怡詩鈔　1409右

1077₂ 函

30函潼關要志　562左
35函淸館詩草　1440左
50函靑閣金石記　657左
70函雅廬詩稿、續稿、刪稿、文稿　1529右
函雅廬碑跋　925左

1080₆ 貢

11貢玩齋詩集　1314右
40貢南湖詩集　1316右
60貢愚錄　474左
77貢舉條式　206右
貢舉敍略　464左
80貢父詩話　1570左

賈

10賈雲華還魂記　1118左
17賈子　712右
賈子新書斠補、佚文輯補　713左
賈子平議　712右
21賈比部遺集　1506右
24賈先生古詞論述　1719左
27賈魯河說　585左
賈島祭詩　1689左
33賈浪仙長江集　1231左
40賈太傅文　1198左
71賈長沙集　1197右
1198左
賈長沙集選　1198左
72賈隱君集　1344左
賈氏說林　1065右
賈氏談錄　339右
77賈閬僊　1684右
80賈午傳　1111左

1090₀ 不

02不諼錄　421左
07……不認屍　1648右
10不二歌集　1361右
不可思議解脫經　1186右
15不殊堂近草　1713左
17不了緣　1684左
不已集選　1368左
21不虛齋詩　1424左
23不伏老　1673左
26不自棄齋詩草　1525左
不自是齋詩草　1460左
30不寐齋詩略　1489左
34不波山房詩鈔　1473左
不波書舫詩稿　1463右
38不冷堂遺集　1507右
41不朽錄　409左
44不封外戚詔　493右
47不騣敦蓋銘考釋　661右
48不櫛吟　1446右
57不繫舟集　1316左
不繫舟漁集　1321左
不繫園集　1375左
86不知醫必要　860右
97不懈齋詩鈔　1503右

1090₁ 示

77示兒編　1020左
示兒長語　756左

1090₄ 栗

00栗齋詩集　1276右
40栗太行集　1346右
60栗里詩草　1400左

粟

20粟香隨筆、二筆、三筆、四筆、五筆　1014右

40粟布演草、補 885右

1096$_3$ 霜

21霜紅龕詩略 1378右
霜紅龕家訓 754右
22……霜崖集 1374右
41霜柯餘響集 1421左
42霜猨集、校譌、續校 351左
44霜荄亭易說 28左
霜猿集、校記 351左
71霜厓詩錄 1528左
霜厓讀畫錄 917右
霜厓詞錄 1643右
霜厓曲跋 652右
88霜筠集 1413左

1111$_0$ 北

00北齊文紀 1538右
北齊諸王世表 367右
北齊將相大臣年表 367右
北齊書、考證 271左
北齊書平議 271左
北齊書佚文 271左
北齊書斠議 271左
北齊異姓諸王世表 367右
……北方眞武祖師玄天上帝出身全傳 1131左
……北方眞武妙經 1135左
北帝說豁落七元經 1149右
北帝伏魔經法建壇儀 1164左
……北帝伏魔神呪妙經 1149右
北帝祝法 1181右
北帝七元紫庭延生祕訣 1172右
北京廟宇徵存錄 566左
北京庚戌橋史考 331左
北京天橋志 524左
北京形勢大略 523左
北京建置談薈 524左
北京歲時志 523右
北京崇效寺訓雞圖志 524左
北京梨園金石文字錄 948右
北京梨園掌故長編 948右
北京禮俗小志 523右
北京遊記彙鈔 588右
07北郊配位議 458左
北郊配位尊西向議 458左
北郭詩帳 539右
北郭集(許恕) 1319右
北郭集(徐賁) 1326左
北邙說法 1674右
10北平梨園竹枝詞薈編 948右
北平錄 306左
北西廂 1651左
北西廂記釋義字音大全 1651右
17北磵集 1288右
21北上偶錄 1007左
北上吟草、附 1513左
北征記(楊榮) 307右
308左
北征記(□□) 608右
北征集 1366左
北征後錄 307右
北征紀略(張煌言) 323右
北征紀略(馮如京) 612右
北征事蹟 308右
北征日記(王廷鼎) 618左
北征日記(宋大業) 326左
北征日記(顧廷綸) 616左
北征日記(洪良品) 618左
……北征錄(華岳) 720左
北征錄(金幼孜)、後錄、校勘記 307右
北行紀程 618右
北行日記(王錫祺) 618右
北行日記(陳炳泰) 618右
北行日譜 313右
北行日札 1383右
北行日錄(黃鈞宰) 617左
北行日錄(樓鑰) 610左
北行吟草 1517左
北虜三娘子列傳 439右
北虜紀略 310右
北虜考 293左
北虜事蹟 310右
22北嶽辨 571右
北嶽中嶽論 571左
北嶽恆山歷祀上曲陽考 459左
北山文集 1264右
北山集(朱緒曾) 1471左
北山集(程俱) 1262左
北山集(鄭剛中) 1264右
北山之什 1457左
北山酒經 806左
北山樵唱 1488右
北山錄 1190左、右
北山小集 1262左
北山小集鈔 1262左
北樂府小令 1713右
25北使記 610左
北使紀略 319右
北使錄 308右
26北牕瑣語 1068右
北泉草堂遺稿 1342左
27北歸志 613左
28北徼方物考 636左
北徼水道考 625左
北徼形勢考 485左
北徼山脈考 628左
北徼城邑考 636左
北徼喀倫考 485左
30北涼百官表 366左
北戶錄、校勘記 552左
北窗詩藁 1293右
北窗炙輠 1060左
北窗炙輠錄 1060左
北窗草 1409右
北窗囈語 1079右
北窗吟草 1512右
北宋石經攷異 185右
北宋經撫年表 369左
北宋汴學二體石經記 185右
31北江詩話 1586左
北涇草堂外集三種 1751左
北涇草堂曲論 1723右
北河紀、紀餘 579右
32北溪先生講義 729右
北溪先生外集 1277右
北溪先生各體文 1277右
北溪先生各體詩 1277右
北溪先生字義 729右
北溪先生書問 729右
北溪先生四書字義 730左
北溪先生全集補遺 1277右
北溪先生答問 729右
北溪字義 729右
北溪大全集、外集 1277右
北巡私記 304左
34北斗治法武威經 1169左
北斗九皇隱諱經 1150左
北斗七元星燈儀 1157右
北斗七元金玄羽章 1182左
北斗本命延壽燈儀 1157右
北漢將相大臣年表 369左
36北邊備對 484右
北還錄 311左
37北湖詩餘 1597左

37北湖集 1263左
北湖小志 583左
北溟見山集 1409右
38北游集(汪夢斗) 1609右
北游集(樊增祥) 1518右
北游日記(王初桐) 615左
北游日記(陸嘉淑) 612右
北游日錄 741右
北洋海防津要表 483左
北海三攷 417右
北海集 1263右
北海草 1428左
北遊詩集 1295左
北遊記玄帝出身傳 1131左
北遊集 1295左
北遊續詠 1456左
北遊紀程 617右
北遊紀略 620左
北遊草(姜兆禎) 1413左
北遊草(佘潛士) 1456左
北道刊誤誌 512左
40北臺集、後集 1519左
北直河南山東山西職官名籍 471左
41北極高度表 873左
北極眞武佑聖眞君禮文 1163左
北極眞武普慈度世法懺 1163左
43北狩行錄 299右
北狩見聞錄 299右
44北地傅氏遺書 1747左
北夢瑣言、逸文 339左、右
北夢瑣言佚文 339右
……北苑貢茶錄 783右
北苑別錄 783右
北莊遺稿 1318左
北燕百官表 366左
北燕巖集 1364右
北燕錄 357右
北村集 1300右
45北樓集詩 1515左
46北觀集 1347右
47北朝詩 1533右
48北幹考 571左
49北狄順義王俺答謝表 312右
50北史、考證 272左
北史識小錄 372左
北史論略 378左
……北史詳節 371左
……北史瑣瑣 272左
北史佚文 272左
北史札記 272左
北東園筆錄初編、續編、三編 1077左
51北軒筆記 990右
54北轅草 1351左
北轅錄(戴夔元) 617右
北轅錄(周煇) 610左
55北曲譜(朱權) 1716左
北曲譜(范文若) 1716左
60北里志 1049右
1050左
北田文略 1414右
北田詩臆 1414右
北固山志 573左
67北墅緒言 1402右
北墅抱瓮錄 786左
……北盟會編 292右
71北鴈蕩紀遊 601右
76北隅綴錄、續錄 539右
北隅掌錄 539右
77北風揚沙錄 302右
北周公卿表 367右
北印度以外疆域考 632左
90北堂書鈔 1040右

1111_0 耻

50耻夫詩鈔、校勘記 1425右

狃

50狃靑閣秋集 1393右

1111_1 非

00非庵雜著 1740左
04非詩辨妄 53左
10非石日記鈔、雜文 640右
11非非想 1705右
44非草書 917右
非老 692左
60非見齋審定六朝正書碑目 665右
91非煙傳 1108左
96非烟香法 799左
非烟傳 1108右

玩

00玩鹿亭稿 1343右
玩齋集、拾遺 1314右
10玩石齋文集 1514左
玩石齋詩集 1514左
玩石齋隨筆錄 1014左
玩石齋筆記 1081左
30玩寇新書 1131右
40玩古 672右
41玩極堂詩藁 1418左
44玩草園詩鈔、文集 1416左
60玩易意見 16右
玩易篇 31右
77玩月約 960左、右

1111_4 班

17班孟堅集 1199右
36班禪額爾德尼傳 445左
44班蘭臺集 1199左
71班馬字類、校勘記 224左
班馬異同 266左

斑

44斑菊 1554右

1111_6 疆

46疆恕齋吟草 1495左

1111_7 瑱

44瑱荷譜 791右

琥

16琥珀匙 1704左

甄

32甄溪小稿 1427右
44……甄藻錄 1038左
60甄異記 1084右
67甄曜度讖 236左
77……甄月娥春風慶朔堂 1669右

1112_0 玎

11玎玎璫璫盆兒鬼 1665左
玎玎璫璫盆兒鬼雜劇 1665左

珂

10珂雪齋詩集、文集 1362右
珂雪齋外集 450右
珂雪齋近集 1362右
珂雪詞 1619左

1112_1 珩

14珩璜新論 981右

1112₇ 巧

57巧換緣 1706右
60巧團圓傳奇 1705左

⿰王雩

12⿰王雩琈山房紅樓夢詞 1639右

翡

17翡翠林閨秀雅集 1554左
翡翠樓詩集 1444右
翡翠樓集詩 1444右
翡翠樓集詞 1625左
翡翠園 1704右

1116₈ 璿

12璿璣圖詩讀法 1207右
璿璣錦雜劇 1688右
53璿甫綺語 1631左

1118₆ 項

10項可立集 1319左
17項羽都江都考 296右
項子遷詩、考異 1234右
42項斯詩集 1234右
43項城就任祕聞 335右
72項氏家說 1020左

1120₇ 琴

00琴言十則 936右
琴言館詩稿 1449右
琴音標準 936右
02琴話 937左
07琴韵居詩存 1470右
08琴譜 938左
琴譜序 938左
琴譜指法省文 937右
琴譜合璧 937右
16琴硯錄 1448左
20琴香閣詩箋 1450左
21琴旨 936右
22琴川三風十愆記 536左
……琴川志 519左
25琴律考 936右
32琴洲詞 1637左
琴溪集 1267左
33琴心記 1696右
35琴清英 99右
琴清閣詞 1624右
36琴況 936右
40琴士詩鈔、文鈔 1442左
琴志樓編年詩集 1522左
琴志樓遊山詩 1522左
47琴鶴山房駢體文鈔 1497右
琴聲經緯 936左
琴聲十六法 936右
琴好樓小製 1438右
琴趣外篇 1595左
50琴史 936左
琴畫樓詞 1623左
琴書 936左
琴書類集 936右
51琴軒集 1330左
55琴曲譜錄 937右
琴曲萃覽 937右
56琴操、補 937左
琴操參禪 1689左
琴操佚文 937左
琴操補釋 937左
琴操題解 936右
62琴別 1690左
71琴歷 936左
72琴隱園詩 1455右
琴隱園詞稾 1629右
77琴學隨筆 937左
琴學八則 936右
80琴鏡 937左
82琴劍集 1465右
87琴錄 936右
88琴箋 936右
琴箋圖式 936右
琴餘漫錄 937左
90琴堂諭俗編 766左
琴粹 1739左

1121₁ 麗

00麗亭遺草 1465左
17麗郡詩徵、文徵 1548右
36麗澤論說集錄 729右
41麗姬傳 1096左
45麗姝傳 1096左
50……麗春堂 1651右
1652左
55麗農詞 1617右
62麗則遺音 1315右
75麗體金膏 1545左
95麗情集(張君房) 1055左
麗情集(楊愼) 1067右

1121₄ 殛

15殛坤誌略 328左

1121₆ 彊

03彊識編、續 1028左
52彊靜齋詩錄 1512左
57彊邨棄稾 1522左
彊邨語業 1641右
彊邨詞賸稿、集外詞 1641右
彊邨樂府 1641右
彊邨校詞圖題詠 1560左

1122₇ 彌

60彌羅閣望山記 593左
73彌陀經集解 1187右

脊

80脊令原 1709左

1123₂ 張

00張廉卿先生尺牘 1484右
張文襄幕府紀聞 330右
張文襄公詩集 1500左
張文襄公電牘 502右
張文襄公電奏 501左
張文襄公家書 1500右
張文襄公治鄂記 331左
張文襄公古文 1500左
張文襄公事略 330右
張文襄公奏議 501左
張文襄公書札 1500右
張文襄公尺牘 1500右
張文襄公駢文 1500右
張文端公詩文選 1398右
張文端公恆產瑣言 755右
張文烈遺集 1372右
張文烈公遺詩 1372右
張文貞集 1404左
張文貞公文錄 1404右
……張文獻公集 1218右
張文僖集 1330右
張文忠公詩稿、續、文稿
1338左
張文忠公奏疏 497左
張文昌文集 1226左
張文昌集 1226左
張文學集 1365右
張文節公遺集 1479右
張章簡集 1263右
張襄壯奏疏 499左

*08*張說之文集、補、校記1218右
張說之集　1218左
*10*張三丰先生全集　1185左
張玉娘閨房三清鸚鵡墓貞文記　1699左
張王屋集　1348左
張靈崔瑩合傳　1119右
張元箸先生事略　409右
張爾成詩　1378右
張于湖誤宿女眞觀　1681右
張于湖集　1272右
張天師斷風花雪月　1658右
張天師斷風花雪月雜劇　1658右
張天師明斷辰鉤月　1671左
張天船詩選　1507左
……張天祿呈報功績册　324左
張石河文稿　1332左
*12*張水南文集　1343左
張弘山先生集　1345左
張延綬別傳　405左
張孔目智勘魔合羅　1659右
張孔目智勘魔合羅雜劇　1659右
*17*張孟陽集選　1204右
張子文集抄　1250左
張子語錄、後錄、校勘記　726左
張子正蒙注　725左
張子和心鏡別集　814左
張子釋要　726左
張子房赤霆經　906左
……張子房赤松記　1701右
張子房圯橋進履　1649左
張子大義　726左
張子抄釋　726左
張子野詞、校記　1592右　1593左
張子全書　1736左
張子全書拾遺　725右
張子全書附錄　725右
張子年譜　417右
張君瑞慶團圞　1651右
張司空集　1204左
張司業詩集　1226左
張司業集　1226左
張司業樂府集　1225右
張司馬集　1345左
張司馬定浙二亂志　312右
張翼德三出小沛　1679右
張翼德大破杏林莊　1679右
張翼德單戰呂布　1679右
*20*張乖崖事文錄　1241右
張喬詩、文　1237右
張喬詩集　1237右
……張千替殺妻　1664右
張季直文鈔　1520右
張雞山集　1361左
張香濤學使學究語　765左
*21*張處士詩集　1232右
22……張鼎勘頭巾　1656右　1657左
張崑崙集　1337右
23……張參議耀卿紀行地理攷證　611左
張狀元孟子傳、校勘記146右
*24*張伎陵集　1336右
*25*張生煮海　1658左
張仲景傷寒論原文淺註　812左
張仲景注解傷寒百證歌　813左
*26*張白齋集　1338右
張伯雨集外詩　1310左
張伯幾詩　1482左
張臬副集　1346右
*30*張瀼亭文鈔　1484右
張汶祥記　329右
張宛邱詩說　52左
張家口至烏里雅蘇台竹枝詞　619左
*31*張河澗集　1199右
張河間集　1199右
32……張巡許遠雙忠記1692左
*33*張心父集　1356右
*34*張爲主客圖　1568右
張漢儒疏稿　499左
張祜詩集　1232右
*35*張淸恪公年譜　410左
*36*張遇春致戈登書　328右
*37*張深之先生正北西廂祕本　1651右
張祠部詩集　1224右
張通參集　1340右
張退公墨竹記　927右
*38*張遵言傳　1103右
*40*張九齡集　1218右
張力臣先生年譜　420右
張大司馬奏稿　500左
張大受詩選　1417右
張大家蘭雪集　1302左
張太常集　1200左
張南軒先生文集　1277左
張女郎傳　1115右
張古城先生文略　1334左
張古城先生詩集　1334左
張右史文集　1257左
張壽卿雜劇　1750左
張眞人金石靈砂論　1177左
張來儀集　1324左
張來儀先生文集　1324左
*41*張樞詞　1608右
*44*張協狀元　1664右
張莊僖文集　1347右
張茂先集　1204左
張燕公集　1218左
張蒼水集　1373右
張蒼水全集、題咏　1373右
張老傳　1105右
張横渠文集　726左
張横渠先生文集　1250左
*46*張楊園訓子語　754右
張楊園先生訓子語　754右
張楊園先生年譜　420左
張楊園初學備忘　738左
*47*張都官集　1244左
48……張散騎集　1213右
張翰講集　1323左
*50*張事軒集　1352左
張忠烈公詩文題中人物攷略、補　1373右
張忠烈公年譜　409右
張表臣詩話　1571左
張東海集　1332左
*53*張蠙詩集　1239右
*55*張曲江集　1218右
*57*張抱初先生文集　1359左
張邦昌事略　300左
*58*張蛻菴詩集　1312左
*60*張國賓雜劇　1749左
張禺山集　1341左
張景陽集選　1204右
*63*張畹香醫案　863左
*65*張嘯山先生尺牘　1475左
*71*張長史集選　1209左
張長史十二意筆法　918右
*72*張丘建算經　878左
張氏詩說　57左
張氏三禮圖　98右

張氏可書 1059右
張氏溫暑醫旨 828左
張氏土地記 507右
張氏藝文 1549右
張氏拙軒集 1283右
張氏四種 1739左
張氏巵言 1073左
張氏風范 393右
張氏母訓 758右
張氏醫通 821左
*76*張陽和文選 1355右
*77*張周田集 1354右
張居來集 1354左
張叉盆詩 1390右
張學士集 1343左
張閣學文集 1373右
張卿子傷寒論 811左
*80*張企簏詩 1400右
張令傳 1112右
張無頗傳 1107左
張念簏詩 1401左
張愈詸 1297右
張愈光詩文選 1341左
張義潮傳 405左
張舍人詞 1592左
張公藝九世同居 1667左
*88*張篁村詩 1414左
*90*張小山小令 1711右
張憶娘簪華圖卷題詠 1559右
張少南先生喬梓著述目錄 648左
張光弼詩集 1313左
張雀網廷平感世 1687右
*98*張敉集 1345左

1128_6 頂

*51*頂批金丹眞傳 1175左
*77*頂門針 1190右

頑

*10*頑石廬經說 174左
*31*頑潭詩話 1581右

1133_1 悲

*77*悲鳳曲 1687右
*87*悲飢詩 1408右

瑟

*00*瑟廬詩草 1474左
瑟廬遺詩 1474左
*08*瑟譜(熊朋來) 938左
瑟譜(朱載堉) 938左
*44*瑟榭叢談 1010左

1140_0 斐

*23*斐然集 1266左
*90*斐堂戲墨蓮盟 1700左

1142_7 孺

*00*孺廬先生文錄 1415右

1144_8 頨

*51*頨軒駢儷文 1441右

1150_2 犨

*21*犨經室詩錄 1449左
犨經室一集、二集、三集、四集、四集詩、續集、再續集、外集 1449左
犨經室集 174右

1161_1 翫

31……翫江亭 1660右

1164_0 研

*00*研方必讀 861左
研六室文鈔 1456左
研六室雜著 175右
*08*研譜 803右
*11*研北雜志 1065左
*20*研香堂遺草 1435左
*21*研經言 823左
研經書院課集 1563左
*22*研幾集略 720左
研幾圖 730右
研山齋雜記 909右
研山堂集 1434左
*44*研花館吟草 1486左
*50*研史 803左
*87*研錄 803右
*90*研堂見聞雜記 352左
研堂見聞雜錄 352左

1166_0 硎

*30*硎宋樓藏書志、續志 649右

1168_6 碩

*60*碩園集 1392右

1171_1 琵

*11*琵琶語 1708右
琵琶記 1691右
琵琶婦傳 1101左
琵琶賺雜劇 1691左
琵琶錄 938右

1173_2 裴

00……裴度香山還帶記 1692右
……裴度還帶 1651左
*04*裴諶傳 1105右
*17*裴子語林 1046左
*25*裴伷先別傳 404右
*38*裴啓語林 1046左
*44*裴村遺稿 1374左
*72*裴氏新言 963右
*90*裴少俊牆頭馬上 1647右
裴少俊牆頭馬上雜劇 1647右

1180_1 冀

*43*冀越集 991右
冀越通 483右

1190_4 棐

*40*棐臺夢語 1647左

1210_8 登

*10*登天嶽山記 604左
登西臺慟哭記 1296右
*17*登君山記 604左
*20*登千佛山記 591左
*23*登岱記 592左
*24*登嵋山記 591右
登科記考 464左
*26*登嶧山記 591右
*30*登瀛寶筏 1740左
登富嶽記 634左
登富士山記 634左
*31*登涉符籙 1152右
*32*登州集 1323右
*37*登洞庭兩山記 594左
*38*登道場山記 600右
*40*登大王峯記 603左
登太華山記 590右
登南嶽記 604右
登眞隱訣 1143右
*44*登燕子磯記(王士禛) 592右
登燕子磯記(王錫祺) 592右
登燕山記 595右
登華記 590右
登華山記 590右

*50*登泰山記(沈彤) 592左
登泰山記(姚鼐) 592左
*80*登金華山記 634右
*90*登小孤山記 605右

1212_7 瑞

*00*瑞應圖 906右
瑞應圖記 906右
*01*瑞龍展墓日記 621左
*20*瑞香吟館遺草 1490右
*30*瑞安黃氏蔘綏閣舊本書目初編 647右
*32*瑞州小集 1297右
*44*瑞芝山房詩鈔、文鈔 1550右
瑞桂堂暇錄 986右
*60*瑞圃詩鈔 1438右
*88*瑞筠圖傳奇 1707左
瑞竹堂經驗方 858左

1213_4 璞

*27*璞疑詩集 1441右

1215_3 璣

*60*璣園寄梗錄 1080左

1217_2 聯

*01*聯語彙錄 945右
聯語錄存 945左
*26*聯綿字譜 196左
*27*聯句詩紀 1578右
*44*聯莊 944左
聯芳集 1550右
聯芳樓記 1117右
*70*聯璧詩鈔 1550左
*77*聯騷 944左

1219_4 璨

*00*璨言 998右
*01*璨語編 995右

1220_0 列

*17*列子、盧注攷證 697右 698左
列子平議 698右
列子張湛註補正 698左
列子張湛注校正 698左
列子僞書考 698右
列子釋文 698左
列子釋文考異 698左
列子注 698左
列子沖虛至德眞經 697右
列子沖虛至德眞經註 697右
列子沖虛眞經、音義 697右 698左
列子通義 698右
……列子口義 698右
列子纂要 698右
*22*列仙傳(王仁俊) 446左
列仙傳(劉向)、校譌、補校 446左
列仙傳佚文 446右
列仙傳校正本、讚 446左
列仙酒牌 935右
*23*列代褒崇 417右
*30*列流測 721左
*40*列士傳 441右
列女詩幷序 438左
列女傳(皇甫謐) 437右 438左
列女傳(劉向) 437右
列女傳集注 437右
列女傳佚文 437右
列女傳補注、敍錄、校正 437右
列女傳補注正譌 437右
列女補傳 438左
*47*列朝詩集小傳 424右
列朝盛事 492右
*50*列史外夷傳徵 621左
*60*列國年表 130右
列異傳 1083右 1084左

引

*00*引痘略 841右
*21*引經釋 170右
38……引導子午記 843右
*79*引勝小約 950左
*80*引年錄 846右
*87*引綴錄 890左

1221_7 卍

*00*卍齋璅錄 1026左

1223_0 水

*00*水亭詩存 1470右
水府諸神祀典記 459左
水辨 955右
*07*水部 902右
水部式 578左
*08*水族加恩簿 1122右
*10*水西紀略(王鉞) 352右
水西紀略(李珍) 313右
水西會語 734右
水西會條 734右
水西答問 734右
水雲詩集 1296左
水雲詩鈔 1296左
水雲詞 1610左
水雲集(譚處端) 1298左
水雲集(汪元量) 1296左
水雲集補鈔 1296左
水雲村稾 1302右
水雲樓詞、續、詩賸稾 1636左
水雲樓賸稾 1478右
水雲邨稾 1302右
水雲邨詩餘 1611右
*11*水北家訓 756右
*21*水衡記 503右
水師說略 481右
水經(□□) 1053左
水經(桑欽) 577左
水經序補逸 577右
水經要覽 578左
水經釋地 577右
水經注 577左
水經注正誤舉例 577右
水經注西南諸水考 577右
水經注集釋訂訛 577右
水經注佚文 577右
水經注釋、刊誤 577右
水經注圖說殘稾 577右
水經注鈔 577右
*22*水山詩草 1438右
水利雜記 581右
水利五論 583左
水利營田圖說 581右
*26*水程日記 612左
*27*水盤八針法 903右
水豹堂詩選 1408左
水鄉集 1401右
*30*水蜜桃譜 787右
*32*水浙集 1518右
*33*水心文集 1276左
水心詩鈔 1276左
水心集 1276左
水心集補鈔 1276左
水心先生文集 1276左
水心先生別集 1276左
水心題跋 914左

*38*水滸記 1696左
水滸後傳 1130右
……水滸傳 1130右
水道參攷 585左
水道總考 578左
水道提綱 578左
*40*水坑石記 803右
水南集 1339左
水南翰記 1000左
*44*水地記 578左
水地小記 74左
水濱國櫂歌 1640左
水村易鏡 30左
水莊花館詩鈔 1477左
*50*水東記略 348左
水東草堂詩 1404左
水東日記 348左
水東日記摘鈔 348左
*60*水田居文集 1388右
水田居文錄 1388右
水田居激書 974右
水田居存詩 1388右
水品 955左
水品全秩 955左
*72*水氏傳經世系表 392左
*77*水月令 504右
*80*水鏡錄 1172右
*88*水飾 953左

弘

20……弘秀集 1539右
*38*弘道書 721右
弘道錄 720右
*44*弘藝錄 1343左
*67*弘明集 1191左
*90*弘光乙酉揚州城守紀略 320左
弘光實錄鈔 319右
弘光朝僞東宮僞后及黨禍紀略 319右

弧

*10*弧三角平視法 875左
弧三角術 887左
弧三角拾遺 885左
弧三角舉要 880右
弧三角舉隅 883右
*27*弧角設如 883右
弧角平儀簡法 890左
弧角拾遺 885左
*60*弧田問率 885左
*80*弧矢啓祕 886左
弧矢算術 879右
弧矢算術細草 883左
弧矢算術細草圖解 883左
弧矢算術補 884左

1224_7 弢

*00*弢庵詩集 1449右
*60*弢園筆乘 333左

發

*00*發音錄 209左
*11*發背對口治訣、外科祕法 832右
發背對口治訣論 832右
*22*發幽錄 389左
*28*發微論 901右
*44*發蒙記 202右 203左
……發蒙三字經 761右
*60*發墨守 115左
發墨守評 115左
*67*發明義理 982右
*80*發公羊墨守 115左

1233_0 烈

*26*烈皇勤政記 315左
烈皇小識 314右
*40*烈士傳 444左
烈女記 1710右
烈女傳 438左
烈女李三行 1416右

1233_9 烝

*80*烝畬文集 1522右
烝畬詩集 1522右
烝畬四六文 1522右

1240_0 刊

*06*刊誤 1017右 1018左
*07*刊謬正俗 223右
*10*刊正九經三傳沿革例 180左

刑

*07*刑部問寧王案 310左
20……刑統 487左
刑統賦 487左
刑統賦疏 487左
刑統賦解 487左
*22*刑制總考 486左
刑制分考 486左
*34*刑法敍略 486左
*44*刑幕要略 489左
*50*刑書釋名 486左
*77*刑具考 486左

1240_1 廷

*50*廷中疏草 498左
*70*廷璧集 1313右
*80*廷美集 1316左

延

*10*延正學齋詩集 1506左
延露詞 1618右
延平二王遺集 1550右
延平李先生師弟子答問、後錄 728左
延平李先生年譜 418左
延平答問、後錄、補錄 728左
*22*延綏鎭志李自成傳 315右
*24*延休堂漫錄 349右
*25*延生證聖眞經 1150右
*31*延福宮曲宴記 299左
*32*延州筆記 998左
*34*延祐四明志 520右
延禧堂詩鈔 1466右
*37*延漏錄 957右
40……延壽妙經 1142右
延壽籙 1711左
延壽第一紳言 846左
*44*延芬堂集 1401左
*50*延青閣詞 1623左
*58*延釐堂文集 1442左
延釐堂詩集 1442左
延釐堂奏疏 499右
*74*延陵先生集新舊服氣經 844左
延陵挂劍集 432右
延陵弟子紀要 863左
*77*延月樓詩稿 1269右
*80*延令宋版書目 646右

1241_0 孔

*00*孔方伯集 1347左
孔方兄 1684右
孔廟從祀末議 459左
孔庭學裔 412右
孔文舉集 1200右

*00*孔文卿雜劇 1749左
*10*孔賈經疏異同評 181右
*11*孔北海集 1200右
*17*孔孟重行周流議 723右
孔孟志略 414右
孔孟圖歌 414右
孔子廟堂碑唐本存字 667右
孔子論語年譜 414右
孔子三朝記、目錄 93左
孔子三朝記輯注 93左
孔子集語 681右
孔子編年(胡仔) 414右
孔子編年(狄子奇) 415左
孔子家語 681左
孔子家語疏證 681右
孔子河洛讖 235右
孔子世家補訂 415左
孔子世家箋注 415左
孔子藝事考 415左
孔子門人考 416左
孔子弟子考 416左
孔子弟子目錄 415右
孔子年譜輯注 414右
*27*孔詹事集 1209左
孔詹事集選 1209左
孔紹先詩 1400右
*30*孔注論語 136右
*31*孔邇錄 501右
*32*孔叢 711右
孔叢子、釋文 711右
712左
*33*孔心一詩 1397右
50……孔夫子周遊列國大成麒麟記 1701左
*60*孔四貞事考 440左
*70*孔壁書序 48右
*72*孔氏雜說 981右
982左
孔氏談苑 1057左
孔氏三出辯 415左
孔氏祖庭廣記、校譌、續補校 415右
……孔氏大戴禮記補注 91左
孔氏志怪 1085左
*77*孔學發微 978左
孔門詩集 1522左
孔門師弟年表、後說 416左
孔門學說 723左
孔門弟子攷 416左
*90*孔堂私學 1006左
孔堂初集、文集 1417左
孔少府集 1200右

1241_3 飛

*10*飛雲洞記(許元仲) 608左
飛雲洞記(彭而述) 607右
17……飛刀對箭 1666右
*21*飛虎峪存孝打虎 1663左
*26*飛白錄 433右
飛白竹齋詩鈔 1493左
*27*飛鳧語略 958右
*37*飛鴻堂印人傳 436左
*40*飛丸記 1700右
飛來峯記 574左
*44*飛燕外傳 1094左
飛燕遺事 1115左
*48*飛翰叢語 1003左
*57*飛蝴蝶 1129左
*60*飛星賦通釋 899左
*96*飛烟傳 1108右

1242_2 形

*27*形色外診簡摩 851左
*47*形聲通 215右
形聲輯略、備考 212左
形聲類篇、餘論、校勘 211右
*60*形景盦三漢碑執 945左

1243_0 癸

*00*癸亥續遊記 599右
癸亥紀事 352右
癸辛雜識前集、後集、續集、別集 1063右
*10*癸酉消夏詩 1555右
*17*癸丑中州罷兵紀略 333右
*50*癸未歸廬陵日記 610左
*60*癸甲試賦 1509左
癸甲乙記、丙申續記、丁酉續記 1012右
*77*癸巳論語解 140右
癸巳孟子說 147左
癸巳存稿 175左
1027右
癸巳小春入長沙記 322右
癸巳類稿、詩文補遺 175左
1027右
癸卯大科記 465右

孤

*17*孤子唫 1397右
22……孤山志 600左
*37*孤鴻影 1684右
*44*孤篷聽雨錄 1077右
孤樹裒談 350右
*50*孤本元明雜劇提要 650右
孤忠後錄 321左
孤忠遺稿 408右
*60*孤圓山莊詩賸 1516左
*71*孤雁漢宮秋 1652左
*77*孤兒編 392右
*88*孤篷倦客稾 1318右
孤篷倦客集、補 1318右

1249_3 孫

*00*孫高陽先生前後督師略跋 408左
孫高陽前後督師略跋 408左
孫文定公文錄 1413左
孫文定公南遊記 588左
孫文志疑 1235左
孫文垣醫案 861右
*05*孫諫議唐史記論 378左
*07*孫毅菴奏議 497右
*10*孫雪厓詩 1400右
孫夏峯先生年譜 419右
孫夏峯遺書 1743左
孫西菴集 1324右
孫可之文集 1235左
孫可之集 1235左
孫不二元君傳述丹道祕書 1742右
孫不二元君法語 1173右
*12*孫廷尉集 1206右
孫廷尉集選 1206右
*13*孫武子 770左
孫武子直解 769右
*17*孫子(孫武) 769左、右
770左
孫子(孫綽) 964右
孫子註解、遺說 769右
孫子平議補錄 770左
孫子集註 770左
孫子集注 769右
孫子佚文 769左
孫子十家註、敍錄、遺說 769右
孫子算經 877右
孫君孚先生奏議事略 496左
20……孫集賢詩集 1219左
*21*孫綽子 964右

*22*孫山甫督學文集 1354左
孫山人集 1340左
*25*孫仲章雜劇 1749右
孫仲衍集 1324右
孫傳師先生奏議事略 495右
*26*孫白谷集 1367左
孫吳兵訣 770左
*28*孫徵君日譜錄存 451左
*30*孫淮浦先生語類 977左
*31*孫馮翌集 1204左
*32*孫淵如詩文集 1442右
孫淵如先生文補遺 1442右
孫淵如先生年譜 422右
*35*孫清愍公文集、詩集 1344左
*37*孫漁人集 1356右
*39*孫逖集 1219左
*40*孫太史稿 1432右
孫內翰北里誌 1050左
孫眞人備急千金要方、目錄 856左
孫眞人海上方 856右
孫眞人南極登仙會 1683左
孫眞人攝養論 845右
*44*孫花翁墓徵 569左
孫莘老先生奏議事略、奏議補遺 495右
*49*孫趙寰宇訪碑錄刊誤補遺 665左
*50*孫中丞詞 1592右
孫夫人詩集 1347右
孫夫人集 1347右
孫春阜詩集、文鈔、外集 1466右
*53*孫威敏征南錄 299左
*55*孫耕閒集 1295左
*58*孫拾遺文纂 1239左
孫拾遺外紀 426右
孫拾遺遺集 1239左
*67*孫明復小集 1244左
孫鷺沙集 1339左
*72*孫氏唐韻考 206左
孫氏爾雅正義拾遺 162左
孫氏瑞應圖 906右
孫氏祠堂書目內編、外編 647左
孫氏世錄 393右
孫氏書畫鈔 910右
孫氏成敗志 718右
孫氏周易集解 24左
*80*孫曾爲後議 80左
孫公談圃 342右 343左
*82*孫鍾元集 1376右
孫鍾元先生答問 737右
*90*孫少述傳 427左
*92*孫愷陽先生殉城論 408右

1260_0 酬

*18*酬酢事變 460左
*27*酬物難 733右

1262_1 斫

*82*斫劍詞 1633右

1264_0 砥

*00*砥齋文錄 1383右
砥齋題跋 668右
*10*砥石齋韻品雜齣 1688右
砥石齋散曲 1713右

1265_3 磯

*60*磯園稗史 350右

1266_9 礵

*32*礵溪詞 1610右
礵溪集 1298右

1293_0 瓢

*26*瓢泉詞 1614左
瓢泉吟稿 1309右

1310_0 恥

*00*恥言 736右
*27*恥躬堂文錄 1380左
*90*恥堂存稿 1285右

1311_2 琬

*19*琬琰錄 401右

1314_0 武

*00*武帝內傳 1094右
10……武王伐紂書 1128右
武王克殷日記 294左
武王踐阼記 294左
武元衡集 1227左
*14*武功康志 517左
武功集 1331左
武功縣志 516右 517左
*21*武經總要前集、後集 773左
武經七書 1737左
*22*武川寇難詩草 335左
*23*武編 774左
*24*武備志 541右
武備輯要 775右
武備輯要續編 775右
武備固圉錄 775右
武備圖繪 775右
*25*武仲清江集鈔 1254右
*27*武侯新書 772右
武侯心書 772右
……武侯七勝記 1697右
武侯八陣兵法輯略、用陣雜錄 772右
武侯火攻心法 777左
*30*武進李先生年譜 422右
武定詩續鈔 1480右
武宗外紀 310左
*32*武溪詩集 1244右
武溪詩鈔 1244右
武溪集、補佚 1244右
武溪集補鈔 1244右
*34*武漢戰紀 331左
武漢臣雜劇 1749右
*44*武英殿聚珍版程式 655左
武英殿聚珍版書目 654右
武英殿造辦處寫刻刷印工價併顏料紙張定例 654右
武英殿袖珍版書目 654右
武林市肆吟 539右
武林雜事詩 539右
武林新市肆吟 1524右
武林新年雜詠 1558左
武林靈隱寺誌 566右
武林元妙觀志 567右
武林西湖高僧事略、續445左
武林北墅竹枝詞 1397右
武林理安寺志 566右
武林失守雜感詩 335左
武林遊記 597右
武林梵志 566左
武林藏書錄 640右
武林草、附刻 1399右
武林舊事、後集 538左
武林金石記 676左
武林第宅考 565左
武林怡老會詩集 1552左
*50*武夷雜記 602右
武夷新集 1243左
武夷集 1279左

*50*武夷山遊記 602右
武夷紀游圖詠 602右
武夷紀勝 602右
武夷游記 602右
武夷遊記(林霍) 602右
武夷遊記(陳朝儼) 602右
武夷導遊記 602右
武夷櫂歌 602右
*53*武威縣誌 517左
*60*武昌紀事 333右
武昌縣道記 561右
*62*武則天風流案卷 1689右
*72*武氏諸王表 368左
*74*武陵競渡略 906右
武陵記(伍安貧) 549右
武陵記(黃閔) 549右
武陵山人雜著 1485左
武陵先賢傳 391左
武陵源記 549右
武陵十仙傳 448左
武陵著作譚 648左
武陵春 1675左
77……武岡王集 1355右
武岡集 1413左
武岡志 549左
*90*武當山記 575左
武當紀勝集 575左
武當福地總眞集 575左

1315_0 職

*00*職方外紀 624左
職方舊草 498右
*10*職貢圖 622左
職貢圖序 622左
*30*職官攷略 112左
職官增減裁併及堂屬簡明表 455右
職官分紀 466左
*31*職源撮要 466左
*60*職思居詩鈔 1439左

1323_6 強

*00*強齋集 1327右
*12*強聒錄 1005左
*24*強德州集 1347左
*44*強萼圃太守上當事三書 1508左
*46*強恕齋文賸 1462右
強恕齋雜著 175左
強恕齋畫論 931右
強恕齋本樊紹述遺文 1229右
強恕堂傳家集 755右

1325_3 殘

00……殘唐再創 1676左
*13*殘職官書 467右
*30*殘寫經二種 1187左
*38*殘道家書二種 1186左
*44*殘地志 511左
殘葉箋 1503左
*67*殘明紀事 322左
殘明宰輔年表 370左
殘明大統曆 877左
*88*殘篋故事 1074右

1364_7 酸

*00*酸齋集 1311右
*24*酸甜樂府 1711右

1365_0 戩

*40*戩壽堂所藏殷墟文字、考釋 672右

1412_7 功

24……功德法食往生經 1138右

1413_1 聽

*00*聽弈軒小稿 1624右
*10*聽雪詩選 1439右
聽雪詞 1625左
聽雪軒集 1375右
聽雨廔詞 1626右
聽雨詞 1634右
聽雨山房詩存、詩存外篇 1460右
聽雨紀談 993右
聽雨草堂詩存 1502左
聽雨草堂集 1420左
聽雨芭蕉館詩草 1467左
聽雨樓詩 1468左
聽雨樓集 1427右
聽雨樓隨筆 978右
聽雨軒詩鈔、文鈔 1459左
聽雨軒筆記 1076左
聽雨錄 1079右
*17*聽鸝山館文鈔 1471左
聽鸝軒詩鈔 1481右
*20*聽香館叢錄 1008右
*26*聽泉詩鈔 1468左
*29*聽秋山房賸稿 1496左
聽秋聲館詞話 1720右
聽秋軒詩稿 1462左
聽秋閣詩鈔 1490左
*33*聽心齋客問 1185左
*34*聽濤屋詩鈔 1529左
*48*聽松廬詩話 1587左
聽松廬詩略 1455右
聽松廬詩鈔 1455左、右
聽松廬駢體文鈔 1455右
聽松濤館詩選 1470右
聽松濤館詞稿 1636左
*50*聽春新詠 436右
聽春草堂詩鈔 1470右
*60*聽園西疆雜述詩 531右
*77*聽月樓遺草 1438右
聽颿樓書畫記、續刻 911右
*99*聽鶯池館閒詠 1487左

1414_7 玻

*22*玻利非亞政要 638右

1420_0 耐

*17*耐歌詞 1615右
*28*耐俗軒新樂府 1034左
*51*耐軒詞 1614右

1421_7 殖

*72*殖氏志怪記 1085左

1422_7 殢

*44*殢花詞 1638右

1461_4 確

*44*確菴先生文鈔、詩鈔 1381右

1464_7 破

*11*破研齋集 1362左
*22*破幽夢孤鴈漢宮秋 1652右
破幽夢孤鴈漢宮秋雜劇 1652左
30……破家子弟 1663右
破牢愁 1688右
破窗風雨樓詩 1445左
……破窰記(王實甫) 1652左
……破窰記(□□) 1702右
*39*破迷正道歌 1175右
*44*破苻堅蔣神靈應 1648右
*77*破邪論 721右
*83*破鐵網 909右

1466$_1$ 酷

30……酷寒亭 1653右 1654左

醋

*08*醋說 1127右

1512$_7$ 聘

*48*聘梅僊館詩草 1500左
*67*聘盟日記 480左

1519$_0$ 珠

*00*珠塵遺稿 1374左
*10*珠玉詞 1593左
*20*珠釆 1002左
*30*珠宮玉曆 1147右
*31*珠江低唱 1642左
珠江名花小傳 1081左
珠江奇遇記 1081左
珠江梅柳記 1078左
*32*珠溪詩集 1248左
珠溪集 1375左
*35*珠神眞經 903左
*44*珠樹堂集 1399右
*45*珠樓遺稿 1452左
*70*珠璧集 596右
*88*珠算金鍼 886右

1519$_6$ 疎

*00*疎齋集 1302左
*20*疎香遺影 1559左
疎香閣詞 1614右
疎香閣遺集 1373左
*30*疎寮小集 1276右
疎寮小集補遺 1276右
44……疎者下船 1654右
*62*疎影山莊吟稿 1494左
疎影樓詞 1632右
疎影軒詩稿 1429右

1521$_3$ 虺

*22*虺後方 858右

1523$_6$ 融

*50*融春小綴 1287右
*80*融谷詩草 1490左
*90*融堂書解 39右
融堂四書管見 150左

1540$_0$ 建

*00*建立伏博士始末 417左
建康集補鈔 1262左
建康集鈔 1261右
建康宮殿簿 564左
建康實錄(許嵩) 276左
建康實錄(□□) 1052右
……建康志 518右
建康同遊記 592右
建文帝後紀 307左
建文遜國之際月表 370左
建文忠節錄 401左
建文年譜 307左
*08*建譜誌餘 307左
*10*建天京於金陵論 332左
*13*建武故事 336左
*32*建州私志 324左
建州女直考 324左
建州女眞考 324左
*90*建炎維揚遺錄 300右
建炎德安守禦錄 300右
建炎以來朝野雜記逸文 455左
建炎以來朝野雜記甲集、乙集、校勘記 455左
建炎以來繫年要錄 291左
建炎復辟記 300左
建炎進退志 300左
建炎時政記 300左
建炎筆錄 300右

1561$_8$ 醴

*26*醴泉銘集字聯 944右
醴泉筆錄 1055左

1568$_6$ 磧

*50*磧東集錄 1337右

1569$_0$ 硃

*19*硃砂魚譜 793右
硃砂志 1711左
硃砂擔滴水浮漚記 1665左
硃砂擔滴水浮漚記雜劇 1665左

1610$_4$ 聖

*02*聖證論 168右
聖證論補評 168右
*08*聖諭廣訓 767左
聖諭廣訓衍 767左
聖諭衍義三字歌俗解 764左
聖諭樂本解說 101左
聖諭宣講鄉保條約、儀注 767左
聖諭圖象衍義 764左
*10*聖雨齋詩文集 1373右
聖雨齋詩集 1373右
*11*聖琵琶傳 1119左
*13*聖武親征錄 303右
聖武親征錄校注 303右
聖武記 293左
*17*聖君初政記 306右
*21*聖經學規纂 743左
*25*聖傳論 385左
*26*聖皇篇 202左
30……聖濟經 818左
聖濟總錄纂要 857左
聖安皇帝本紀 319右
聖安紀事 319右
聖安本紀 319右
……聖宋高僧詩選 1541右
聖宋九僧詩 1541右
聖宋掇遺 340左
聖宋錢塘賦 537右
*37*聖祖親征朔漠日錄 326左
聖祖五幸江南恭錄 326右
聖祖西巡日錄 326左
聖祖仁皇帝庭訓格言 750右
聖祖仁皇帝聖訓 494左
聖祖仁皇帝御製文集 1408右
聖祖仁皇帝起居注 291右
聖祖仁皇帝起居注殘稿 291右
*40*聖壽萬年歷 868右
聖壽萬年曆 869左
*43*聖求詞 1598右
聖域述聞、續編 415右
*46*聖駕親征噶爾旦方略 326左
聖駕南巡日錄 310右
聖駕臨雍錄 457右
*47*聖朝名畫評 434左
聖朝頒降新例 488左
聖歎雜篇 1743右
聖歎外書 1743右
聖歎內書 1743右
*48*聖教序集字聯 944右
*52*聖哲微言 178右
*77*聖學宗要 736右

77聖學淵源詮證 750左
聖學眞語 740左
聖學格物通 732右
聖學入門書 763右
聖學範圍圖說 736左
聖母孔雀明王尊經啓白儀 1150左
聖門諸賢述略 416左
聖門釋非錄 152左
聖門志 415右
聖門事業圖 729右
聖賢高士傳 441左
聖賢高士傳贊 441左
80聖人千案 1189左
聖人家門喻 754右
88聖節會約 415左

1611_0 現

53現成話 1412右
60現果隨錄 1191左

1611_4 珵

80珵美堂集 1375右

理

01理譚 997右
10理靈坡 1710左
21理虛元鑑 826右
25理生玉鏡稻品 781右
30理寒石先生文集 1367右
38理瀹外治方要 860右
理瀹駢文摘要 860右
50理畫括例 748右
53理惑論 1189右
77理學齋導言 1012左
理學正宗 742右
理學集 732右
理學編 732右
理學備考正編、副編 742左
理學疑問 1006左
理學字義通釋 750左
理學宗傳 412左
理學宗傳辨正 412左
理學逢源 743左
理學簡言 730右
理學類編、校勘記 731左
80理氣部 902右
理氣穴法 901右

1613_0 聽

02聽訓齋語 755左
22聽山文集 1386左
聽山文錄 1386左
聽山詩選 1386左
聽山集 1386左

1613_2 環

10環石齋詩集 1416左
16環碧主人臏稿 1469右
環碧亭詩集 1264右
環碧齋詩 1355右
環碧齋尺牘 1355右
環碧齋小言 973左
環碧軒詩集 1408左
27環綠軒選詞 1643右
32環溪詩話 1574左
50環中黍尺 880右
環書 722左
80環谷集 1317右

1614_4 瓔

17瓔珞會 1704左

1625_6 彈

22彈山吾家山遊記 593右
27彈綠詞 1638右
40彈丸小記 637右
44彈碁經 951左
51彈指詞 1619右

1628_6 殞

37殞淑集 1513左

1660_1 碧

00碧摩亭集 1381左
10碧玉朱砂寒林玉樹匱 1177左
碧霞元君護國庇民普濟保生妙經 1150左
碧雲詞(汪景龍) 1625左
碧雲詞(董受祺) 1641左
碧雲集 1240右
碧雲仙館吟草 1509左
碧雲騢 340右
碧雲騢錄 340右
碧雲龕詞 1629左
20碧雞漫志 1717左
碧香閣遺稾 1453左
21碧虛子親傳直指 1165左
22碧川文選 1333右
碧山樂府(王沂孫) 1609左
碧山樂府(王九思) 1712左
碧山堂詩鈔 1414左
碧山堂集 1308右
碧巢詞 1620左
26碧線傳 1082左
27碧血錄 402左
32碧漸堂詩草 1366左
34碧漪集、續集、三集 1547左
37碧瀣詞 1634左
碧湖雜記 1575右
碧澗詞 1607右
40碧幢雜識 976左
41碧梧玩芳詩餘 1608右
碧梧玩芳集、校勘記 1288左
碧梧紅蕉館詞 1636右
碧梧山館詞 1630右
碧梧秋館詞鈔 1636左
碧梧草 1428左
42……碧桃花 1666左
碧桃館詞 1634左
43碧城仙館詩鈔 1454右
44碧落雜誌 1155左
碧苑壇經 1185右
碧蓮繡符 1674右
碧草軒詩鈔 1403右
碧華館吟草 1496右
47碧聲吟館談麈 1079左
碧聲吟館倡酬錄 1555右
60碧里雜存 997左
碧田詞 1632右
77碧腴齋詩存 1428右
88碧筠館詩稿 1354左

1661_0 硯

00硯癡遺詩 1458右
硯齋詩談 1584左
硯齋論文 1584左
硯辨(孫森) 804右
……硯辨(何傳瑤) 804右
08硯譜(高濂) 803右
硯譜(沈仕) 803右
硯譜(李之彥) 803左
硯譜(蘇易簡) 802右
09……硯談 804右
10硯雲乙編 1741右
硯雲甲編 1741右
11硯北雜誌 1065左
22硯崗筆志 344右
硯山齋墨譜 801右
硯山堂集 1434左

27硯緣記、後記 804右
28硯谿先生遺稿 1405左
40硯壽堂詩鈔、續鈔 1452左
44硯林 803右
硯林詩集 1415右
硯林拾遺 803右
硯林印存 942右
硯林印款 940右
50硯史 802右
803左
52硯靜齋集 1429右
55硯農制義 1483左
60硯思集 1416左
72硯隱集 1382右
87硯錄(唐詢) 802右
硯錄(項元汴) 803右
硯錄(曹溶) 803右
……硯銘(王繼香) 804右
硯銘(徐錫可) 1455右
硯銘(潘耒) 804左
……硯銘(金農) 804左
88硯箋 803左
硯箋校 803左

1661_4 醒

00醒庵遺詩 1397右
醒言 1001右
33醒心眞經 1150右
39醒迷錄、附 1034右
44醒菴存稿 1497左
醒世文 332右
醒世要言 768左
60醒園錄 954右
62醒睡錄初集 1079左

1661_7 醞

20醞香樓集 1503右
34醞造品 806右
44醞藉堂試體詩 1466左

1662_7 碣

10碣石調幽蘭 937右
碣石剩譚 1071右
碣石編 1358右
碣石宮鬢語 1002左

1664_0 碑

00碑文摘奇 670右
10碑石像目 665左
21碑版文廣例 670左
碑版叢錄 671左
41碑帖紀證 668右
44碑藪 664右

1671_3 魂

10魂靈帶 1130左

1710_3 丞

46丞相魏公譚訓、校勘記983左

1710_5 丑

00丑庄日記 1067左

1710_7 孟

00孟襄陽詩集 1219左
孟襄陽詩鈔 1219右
孟襄陽集 1219左
10孟一之詩集 1240右
孟二青詩 1401左
孟晉齋文集、外集 1500左
孟雲浦集 1358左
孟雲浦先生文集 1358左
17孟子、音義、校刊記145左、右
146右
185左
孟子高氏章句 146左
孟子高氏學 148右
孟子章句 146左
孟子章指、篇敍 145右
孟子辨證 148右
孟子音義 149右
孟子音義攷證 149右
孟子音義校記 149右
孟子音義校記初稿 149右
孟子註疏解經 145右
孟子雜記 147左
孟子雜解 146右
孟子讀法 147右
孟子讀本、校語 146右
……孟子講義 148左
……孟子說 147左
孟子說例 149左
孟子說解 147左
孟子論文 147右
孟子許行畢戰北宮錡問章注 149左
孟子正義(焦循) 148左
孟子正義(趙岐、孫奭)145右
孟子疏略 147右
孟子丁氏手音 149右
孟子要略 147左
孟子平議 148右
孟子可讀 148右
孟子張氏音義 149右
孟子列傳纂 416右
孟子集註大全(胡廣等)、攷異 147左
孟子集註大全(陸隴其) 147右
孟子集語 149左
孟子集疏 147左
孟子集注考證 150右
孟子師說 147右
孟子出處時地考 416右
孟子外書 149左
孟子外書集證 149左
孟子外書補證 149左
孟子外書補注 149左
孟子俟 148右
孟子編年 416右
孟子纘義內外篇 148右
孟子生卒年月考 416左
孟子傳 146右
孟子程氏章句 145左
孟子解(董懋策) 151右
孟子解(蘇轍) 146右
孟子約解 148右
孟子注 145右
146左
孟子注疏、考證 145右
孟子注疏解經、校勘記145右
孟子注疏校勘記、音義校勘記 145右
孟子字義疏證 147右
148左
孟子補義 148左
孟子述義 148右
孟子述義續 148右
孟子逸文考 149右
孟子遊歷考 416右
孟子大義 149左
孟子古注 146左
孟子古注考 148左
孟子古注擇從 148右
孟子七篇諸國年表、說149右
孟子校勘記、音義校勘記
145右
孟子札記(朱亦棟) 148左
孟子札記(范爾梅) 147右
孟子考 149右

17孟子綦毋氏注 146左
孟子趙注補正 148左
孟子趙注考證 148右
孟子事實錄 416右
孟子書 145左
孟子或問 146右
孟子四攷 1727右
孟子異本考 150左
孟子時事略 416右
孟子時事年表、後說 416右
孟子劉注 146左
孟子劉中壘注 145左
孟子劉氏注 146左
孟子附記 148左
孟子陸氏注 146左
孟子學 148右
孟子人名廋詞 946右
孟子人考 149右
孟子分章考 149右
孟子弟子攷 417左
孟子弟子考 416右
孟子弟子考補正 416右
孟子弟子門人攷 417左
孟子年譜(程復心) 416左
孟子年譜(黃玉蟾) 416右
孟子年譜(馬徵慶) 416右
孟子鄭氏注 146左
……孟子答問集 147左
孟子性善備萬物圖說 149右
孟子精義 147左
21孟衛源集 1348右
23孟我疆先生集 1352右
24孟德耀舉案齊眉雜劇 1665右
30……孟良盜骨 1663右
34孟漢卿雜劇 1750左
孟浩然詩集 1219右
孟浩然集 1219左、右
孟浩然傳 426左
孟浩然踏雪尋梅 1671右
38孟塗駢體文鈔 1453左
孟涂駢體文 1452右
40孟有涯集 1340右
孟志編略 416右
50孟東野詩集 1225右
孟東野集、附 1225右
72孟氏八錄 1740左
77孟門草 1458右
……孟貫詩 1240右
90孟光女舉案齊眉 1665右

1710$_7$ 盈

10盈不足 887左
22盈川集 1216左
50盈書閣遺稿 1444右
74盈朒廣義 889左
盈朒演代(王元穉) 891左
盈朒演代(韓保徵) 891左

1712$_0$ 羽

00羽庭詩集、文集 1314右
羽庭集 1314右
08羽族通譜 1126左
12羽琌山民逸事 423左
30羽扇譜 800左

聊

00聊齋志異拾遺 1120左
10聊一軒詩稿 1439左
28聊復集 1595左
聊復軒斐集 1300左
40聊存草 1426左
60聊園文鈔 1546左

琱

10琱玉集 1040右

1712$_7$ 邶

77邶風說 60右

耶

22耶穌教難入中國說 1192右
25耶律文正公年譜、餘記 407左
耶律文獻公詞 1611左
耶律楚材西遊錄今釋 610右
28耶谿漁隱題辭 1559左

鄧

10鄧天君玄靈八門報應內旨 1181左
17鄧子 703右
20鄧禹定計捉彭寵 1679左
22鄧山人集 1356右
25鄧紳伯集 1264左
26鄧伯道棄子留姪殘本 1654右
31鄧潛谷集 1353左
42鄧析子 703右
鄧析子平議補錄 703右
鄧析子校錄 704左
50鄧夫人苦痛哭存孝 1651左
51鄧虹橋遺詩 1469右
74鄧尉探梅詩 593右
80鄧公嶺經行記 606左

瑯

17瑯琊漫鈔 992右
993左
瑯琊漫鈔摘錄 993左
瑯琊鳳麟兩公年譜 429右
46瑯嬛文集 1367右

弱

12弱水詩 1439右
80弱盦詩 1526右
弱盦詞 1642左

1713$_6$ 蝨

72蝨隱庵雜作 1502左

1714$_0$ 取

20取悉畢爾始末記 636右
50取中亞細亞始末記 636右

珊

17珊瑚玦傳奇 1704右
珊瑚舌雕談摘鈔 1012右
珊瑚網 914右
珊瑚木難 914左
珊瑚鉤詩話 1571左
32珊洲別墅詩鈔 1496左

1714$_7$ 瓊

13瓊琯眞人集 1279左
17瓊琚譜 671右
瓊琚珮語 739左
瓊瑤集 1591右
32瓊州雜事詩 554右
瓊州記 554左
40瓊臺紀事錄 554左
瓊臺會稿 1332左
44瓊花集 792左
瓊花志 792左
瓊花夢 1710左
瓊花鏡 1071右
瓊華室詞 1639右
瓊英小錄 792左

1715$_6$ 琿

24琿牘偶存 480右

50琿春瑣記 528左

1716$_4$ 珞

17珞琭子三命消息賦 903右
珞琭子三命消息賦註 903右
珞琭子賦註 904左

1717$_2$ 瑶

10瑶石山人詩稿 1347左、右
瑶石山人藁 1347左
22瑶峯集 1433右
34瑶池會八仙慶壽 1670右
40瑶臺片玉乙種 1713左
瑶臺片玉甲種 1713左
瑶臺片玉甲種補錄 1713左
瑶臺小錄 437左
44瑶草珠華閣詩鈔 1488左
瑶草軒詩鈔 1448右
瑶華閣詩草 1493右
瑶華閣詞 1635右
46瑶想詞 1624右
90瑶光閣集 1370左

1720$_2$ 予

30予寧漫筆 1004左

翏

44翏莫子雜識 451左
翏莫子集 1465右

1720$_7$ 了

00了齋詞 1595右
了齋易說 12右
33……了心經 1145右
67了明篇 1175右

1721$_4$ 翟

65翟晴江四書考異內句讀 181左

1722$_0$ 刀

82刀劍錄 662右

殉

12殉烈記 334右
27殉身錄 401左
40殉難傳題詞 1559右

1722$_7$ 乃

40乃有廬雜著 1477右

邴

00邴廬日記 451右

甬

21甬上高僧詩 1547右
甬上水利志 584右
甬上耆舊詩 1547右
50甬東正氣集 1547右

務

11務頭正語作詞起例 1716左
50務本公集 1346右
64務時敏齋詩集 1490左
77務民義齋算學 1738右

胥

10胥石詩存、文存 1429左
22胥山朱氏述德錄 392右
77胥屛山館詩存、文存 1472左

粥

00粥糜品 954右
61粥賑說 479左
81粥飯緣 1127右

鄠

62鄠縣鄉土志 516左

鬻

17鬻子、補、校勘記、逸文685右 686左
鬻子平議補錄 686左
66鬻嬰提要說 840左

鸝

12鸝砭軒質言 1080右
67鸝吹、附集 1366右
鸝吹詞 1614右
鸝吹選 1366右

1723$_2$ 承

21承旨學士院記 469左
35承清堂詩集 1510右
40承志錄 1173右
承吉兄字說 224右
44承華事略 750右
67承明集 1271右

聚

30聚寶盆 1704右
60聚星酬唱集 1557左
聚星札記 1028左
聚景園記 1117右

豫

00豫章文集 1261右
豫章語錄 732左
豫章詩話、校勘記 1566左
豫章記 550右
豫章三洪集 1747左
豫章先生文粹 1255右
豫章先生詩集 1261右
豫章先生論畫山水賦 926左
豫章漫抄 550右
豫章漫抄摘錄 550右
豫章遊稿 605左
豫章古今記 550右
豫章黃先生文集 1255右
豫章羅先生年譜 418左
……豫讓呑炭 1662左
22豫變紀略 316左
37豫通親王事實册 409右
豫軍紀略 329左
40豫志 544左

1733$_1$ 恐

00恐齋詩鈔 1510右

1733$_2$ 忍

00忍齋雜識 1076右
21忍經 1032右
30……忍字記 1655左
44忍菴集 1402右
50忍書 1032右
忍書續編 1032右
60忍園先生家訓 755左

1734$_6$ 尋

06尋親記 1697右
尋親紀程 612左
10尋雲草 1403左
22尋樂堂家規 755右
尋樂堂日錄 421左
尋樂堂學規 763右
尋樂堂劄記 975右
30尋淮源記 580右
44尋花日記 587右
尋芳咏 1358右
90尋常語 756左

90尋常事 1124右

1740$_7$ 孑

35孑遺錄 317左

子

00子方集 1304右
子夜歌(王金珠) 1212右
子夜歌(胡樸安、胡懷琛) 1535左
02子新遺詩 1501左
04子誂駢體文鈔 1467右
10子疏 1030右
子元案垢 994左
子夏易傳 3左、右
子平遺稾 1313左
子不語、續 1093左
25子朱子爲學次第考 418左
26子穆詩鈔 1470右
27子彙 1735右
30子家子 684左
子良詩存 1467右
32子淵詩集 1319左
44子姑神記 1056右
子華子 707右
子華子醫道篇注 817右
45子構集 1316右
48子梅公遺詩 1511右
50子中集 1303右
子史鉤沈 1741右
子史粹言 1740左
……子史精華 1044左
子素集 1313右
60子思子 683右
子思子遺編輯注 683右
子思子書 683右
子思子全書 683右
67子略 650左
子野詞 1592右
71子牙子 769左
76子賜集 1300左
77子熙賸草 1501左
子問、又問 745右
子貫附言 976左
80子午經 842左
81子敍 650左
87子銘先生遺集 1485右
90子尙詩存 1481左

孕

44孕花吟草 1473右

1740$_8$ 翠

10翠雲館律賦、試體詩 1437左
21翠虛吟 1171右
翠虛篇 1171右
翠紅鄉兒女兩團圓 1668右
翠紅鄉兒女兩團圓雜劇 1668右
27翠鄉夢 1672右
28翠微亭題名考 671左
翠微亭卸甲閒遊 1687右
翠微峯記 576右
翠微山記 571左
翠微山說 571左
翠微先生北征錄 720左
翠微南征錄、雜錄、校勘記 1280右
1281左
翠微軒詩稿 1505左
30翠寒集 1306左
31翠渠摘稾 1332右
44翠薇僊館詞 1632左
翠茗館詩 1502左
45翠樓集、二集、新集 1543右
46翠娛樓雜著 1447右
翠娛樓詩草 1447右
翠娛樓詩餘 1627左
56翠螺閣詞 1639左
60翠墨園語 659左
77翠屏集 1323左
翠屏山 1700左
86翠鈿緣 1684左
88翠竹軒詩鈔 1492左

1741$_3$ 兎

60兎園策府 1040右
77兎兒山記 571左

1742$_7$ 邗

07邗記 536右
31邗江遊記 588右

邢

24邢特進集 1214左
邢特進集選 1214左

勇

12勇烈節孝彙編 438右
21勇盧閒詰 785左
勇盧閒詰評語 785左
勇盧閒詰摘錄 785左

1750$_1$ 羣

10羣碎錄 1037右
16羣碑舊拓本辨 671左
21羣經音辨 180左
羣經音辨校 180左
羣經識小 172右
羣經韵讀 181左
羣經說 177左
羣經互解 173右
羣經平議 1728右
羣經理話 176右
羣經理畫 176右
羣經釋地(戴淸) 174左
羣經釋地(呂調陽) 176右
羣經字類 221左
羣經宮室圖 97右
羣經叢殘 1728左
羣經補義 171右
羣經冠服圖考 98左
羣經大義、補題 179左
羣經大義相通論 178右
羣經見知錄 824左
羣經質 175右
羣經咫聞錄 175右
羣經賸義 177左
羣經義證 173左
22羣仙慶壽蟠桃會 1670右
羣仙要語 1184右
羣仙要語纂集 1184右
羣仙珠玉集成 1172右
羣仙降乩語 1535左
27羣物奇制 1039右
40羣古對觀 375右
44羣芳淸玩 1739左
羣芳小集 436右
羣芳小集續集 436右
羣英續集 436右
羣英書義 40右
50羣書雜義 1028左
羣書字要 223右
羣書叢殘 1741右
羣書治要 1035左
羣書治要引賈子新書校文 713左
羣書治要子鈔 1035左
羣書通要 1043左
1123左

羣書校補 1741左
羣書札記 1026右
羣書摘旨 1009右
羣書提要 649右
羣書拾補識語 1025右
羣書拾補補遺 1740左
羣書拾補初編 1740左
羣書會元截江網 1042右
羣書答問 1027右
羣書類編故事 1043左
53羣輔錄 384右
77羣居解頤 1122左
羣賢梅苑 1644左

1750₆ 鞏

72鞏氏後耳目志 1061右

1750₇ 尹

00尹文子、校勘記、逸文 704左
23尹參卿詞 1591右
25尹健餘先生全集 1744左
尹健餘先生年譜 421右
26尹和靖集 1259右
尹和靖先生集 1259右
37尹洞山集 1347右
44尹楚珍先生年譜 410右
47尹都尉書 777右
80尹人文存、詩存、賦話、對聯、制藝存 1512右
尹人尺牘存 1512右
90尹少宰奏議 499右

1752₇ 弔

11弔琵琶 1685右
23弔伐錄 302左
77弔脚痧方論 829左

1760₁ 砦

32砦溪詩話 1572右

1760₂ 召

04召誥日名攷 873右
34召對紀實 315右
召對錄 312右

習

00習齋語要 741右
習齋記餘、遺著 1397左
21習虛堂草 1425右
30習之先生全集錄 1229左
47習嬾齋稾 1300左
60習園藏稿 1465右
77習學記言 1020右
習學記言序目 1020右

1760₇ 君

12君瑞集 1316右
17君子堂日詢手鏡 555右
71君臣政理論 966左
88君鑑錄 750右

1762₀ 司

28司牧寶鑑 472右
30……司空文明詩集 1226右
司空表聖文集、詩、校記 1237左
司空表聖詩 1237左
司空表聖詩集 1237左
司空表聖集 1237左
司空曙集 1226右
44司封集 1354右
71司馬文正公傳家集 1249右
司馬文正公年譜 406左
司馬文園集 1198左
司馬文園集選 1198左
司馬頭陀達僧問答、水法 901右
司馬子(司馬承禎) 1170左
司馬子(司馬穰苴) 771左
司馬子長集 1198右
司馬法、逸文 770右 771左
司馬法佚文 771左
司馬法直解 771左
司馬法古注、音義 771左
司馬溫國文正公年譜、遺事 406左
司馬溫公文集 1249右
司馬溫公詩話 1569右
司馬溫公詩集 1249右
司馬溫公稽古錄 285左
司馬溫公切韻 . 213左
司馬溫公居家雜儀 752左
司馬溫公尺牘 1249右
司馬才仲傳 1116右
司馬相如誄 1198左
司馬相如題橋記 1678右
司馬扎先輩詩集 1236左
司馬長卿集 1198左
司馬氏書儀 460左
司馬兵法 770右
司馬入相傳奇 1674左
司馬悔 1365左
86司鐸草 1409右
司鐸箴言 648右

酌

17酌酌古論 377左
50酌中志 318左
酌中志餘 1732右
酌史岩撫譚 1028右
70酌雅詩話、續編 1587左
酌雅堂駢體文集 1514右

硐

44硐村集 1493左

1762₂ 醪

31醪河陳氏誦芬錄 394左

1762₇ 邵

00邵康節先生外紀 417右
邵文莊公集 1335左
邵文莊公年譜 419左
06邵謁詩 1236右
邵謁詩集 1236右
10邵二泉集 1335左
12邵飛飛傳 1120左
17邵子 723右
32邵州圖經 549左
44邵蘭蓀醫案 863右
邵村詠史詩鈔 382左
邵村壽言二集 424左
邵村學易 29左
50邵青門文錄 1398左
邵青門全集 1398左
60邵易補原 31右
72邵氏家錄 393左
邵氏姓解辨誤 395右
邵氏聞見後錄 344左
邵氏醫案 863右
76邵陽志 549左
邵陽車氏一家集補錄 393左

邴

07邴邡詩稿 1457右

郡

00郡齋讀書志、後志、考異、附志 649左

一七五〇一—一七六二七 羣(五〇—七七)鞏尹弔砦召習君司酌硐醪邵邴郡(〇〇)

00郡齋影事 453左
郡齋筆乘 1010右
60郡國志 507右
郡國縣道記 511左
62郡縣分韻考 514左
77郡閣雅言 1054右

1762_7 确

22确山駢體文 1449右

1768_2 歌

00歌麻古韻考 212右
歌章祝辭輯錄 1457左
04歌詩編、集外詩 1231右
40歌臺摭舊錄 948右
44歌者葉記 1104左
77歌學譜 936左
87歌錄 937左

1771_0 乙

10乙丙紀事 314左
乙酉海虞被兵記 320右
乙酉揚州城守紀略 320左
17乙丑集 1428右
乙丑禮闈分校日記 465左
77乙閏錄 1029左
乙巳占 894右
乙卯避暑錄 983左
乙卯劄記 1007左

1771_7 已

00已瘧編 1065右
64已畦文集、詩集、殘餘詩稿 1392右
已畦瑣語 472右

己

00己庚編 475左
10己酉避亂錄、校勘記 300右
17己丑恩科鄉試監臨紀事、武鄉試監臨紀事 465左
20己壬叢稿 1513右

1780_1 翼

00翼玄 892左
08翼譜叢談 790右
44翼莊 697左
48翼梅 881右

1780_6 貟

43貟卦 1125右
44貟苓者傳 1051右
貟薪記傳奇 1709右
63貟暄雜錄 990左
貟暄野錄 908右
909左
貟暄閒語 977右

1790_4 柔

25柔佛略述 633左
34柔遠新書 723左
40柔克齋詩輯 1318右
柔克齋集 1318右

1791_0 飄

23飄然集、校勘記、校勘續記 1266左
飄然先生詞 1599左

1812_2 珍

00珍席放談 343右
15……珍珠記 1701左
珍珠船 1070左
珍珠囊 854左
17珍帚編詩集 1463左
44珍埶宧文鈔、詩鈔 1441左

1813_7 玲

11玲瓏倡和 1712右

1814_0 攻

38攻渝紀事 313右
46攻媿集 1273右
攻媿集補鈔 1274左
攻媿集鈔 1274左
攻媿題跋 913右
60攻口紀略 316左

玫

16玫瑰花女魅 1081右

政

00政府應制稾 1271左
政府奏議 495左
08……政論(崔寔) 962右
……政論(阮武) 963左
……政論(劉廙) 963左
21政經 471右
26政和五禮新儀 457左
政和堂遺稿 1458右
50政書 501右
77政學錄 472右
政問錄 721左

致

01致語 1714右
17致翼堂文集、詩集 1471左
致翼堂文鈔 1471左
21致虛雜俎 1064左
27致身錄 307左
34致遠堂集 1404右
55致曲言 736右
致曲術 888左
致曲圖解 888左
77致用書院文集、續存 1519右
86致知階略 739左
90致堂讀史管見 374左

1817_2 瑸

11瑸研齋吟草 1456右

1818_1 璇

12璇璣碎錦 1395右
璇璣經 903右
璇璣遺述、圖 871左

1822_7 殤

77殤服 81左
殤服發揮 81左

1824_0 攷

10攷工記攷辨 73左
40攷古編 1020左
攷古軒遺墨 1516右

1833_4 憨

10憨石山房詩鈔 1487右
17憨子 1127右
22憨山老人年譜自敍實錄 445右

1840_4 婺

28婺舲餘稿 1424右

1874_0 改

00改亭文錄 1391右
改亭文鈔 1391右
07改設學堂私議 465右
10改正湘山野錄、續 342左

改正內景五臟六腑經絡圖說 852左
……改正揲蓍法 897左
改元考同 462右
26改吳 1019左
28改併五音集韻 207右
改併五音類聚四聲篇 207右
30改字詩酒令 950右
改定釋奠儀注 458左
改定井田溝洫圖說 475左
40改土歸流說 563左
50改蟲齋詞 1620左
52改折始末論 1003左

1918_0 耿

10耿天臺集 1352左
14耿聽聲傳 1117左
34耿湋詩集 1225左
耿湋集 1225左
58耿拾遺詩集 1225左

1918_6 瑣

00瑣言續 844右
瑣言摘附 487右
01瑣語 341右
27瑣綴錄 348右
77瑣聞錄、別錄 352左

1962_0 砂

07砂部 902右

1965_9 磷

29磷秋閣詩鈔 1405左

2

2010₄ 壬

*12*壬癸集 1527右
壬癸消寒集 1556右
壬癸志槀 389左
*17*壬子秋試行記 618左
*30*壬寅存稿 1416右
*50*壬申消夏詩 1555右
壬申輓言錄 444右
*71*壬辰冬興 1526右
壬辰南歸錄 610左
*80*壬午龍飛錄 301左

垂

*20*垂香樓詩稿 1445右
*23*垂綫互求術 890左
*38*垂裕堂遺草 1515左
*44*垂老讀書廬詩草、雜體文 1455右
*80*垂金蔭綠軒詩鈔 1484左
*90*垂光集 497左

重

*00*重慶堂隨筆 864右
重廣補註黃帝內經素問、遺篇 808左
重文 189左
*01*重訂痧疫指迷 829右
重訂產孕集 837右
重訂帝王紀年纂要 362左
重訂唐說硯考 804左
重訂診家直訣 850左
重訂談天正義 876左
重訂三家詩拾遺 67右
重訂靈蘭要覽 820左
重訂天書記 1695右
重訂西青散記 1075右
重訂幼科金鑑評 839右
重訂名人生日表、分韻人表 399左
重訂河防通議 579左
重訂越南圖說 631左
重訂懿畜編 399右
重訂穀梁春秋經傳古義疏 120右
重訂囊祕喉書、附錄驗方、增錄 834右
重訂曲海總目 650右
重訂擬瑟譜 938左
重訂時行伏陰芻言 828右
重訂周易二閭記 23左
重訂周易小義 23左
重訂醫門普度瘟疫論 827左
重訂合聲簡字譜 215右
*02*重刻二十五言 972右
重刻元本題評音釋西廂記 1651右
重刻西沱吳先生蠢遇錄 497左
重刻出像浣紗記 1693左
重刻遊杭合集 1555左
重刻足本乾嘉詩壇點將錄 1565右
重刻畸人十篇 1192右
重刻周易本義 13右
*08*重論文齋筆錄 1010左
重詳定刑統、校勘記 487左
*12*重刊辨正通俗文字 199右
重刊續纂宜荆縣志 519右
重刊朱子通鑑綱目原本改字備考 283右
重刊紀愼齋先生祈雨全書 895右
重刊宜興縣志 519左
重刊宜興縣舊志 519左
重刊宋紹熙公羊傳注附音本校記 114左
重刊湖海新聞夷堅續志前集、後集 1064右
重刊道藏輯要子目初編、續編 653右
重刊道藏輯要總目 653右
重刊荆川先生文集、新刊外集 1345右 1346左
重刊荆溪縣志 519右
重刊草木子 969左
重刊郁離子 968右
重刊增廣分門類林雜說 1042右
重刊咽喉脈證通論 834左
重刊金匱玉函經二註、補方 816右
*15*重建羅星亭紀略 565右
*20*重重喜傳奇 1705左
重集列女傳例 438左
*23*重編五經文字 179右
重編瓊臺會稾 1332左
重編紅雨樓題跋 651左
重編淮海先生年譜節要 428左
重編九經字樣 180左
重編燕北錄 347左
重編桐庵文稿 1367右
重編會眞雜錄 1724左
*27*重修廣韻 206右
重修玉篇 194右
重修琴川志 519左
重修承旨學士壁記 469右
重修政和經史證類備用本草 853右
重修滬游雜記 589右
重修革象新書 868右
*34*重對玉梳記 1669左
*38*重遊靈應峯記 603左
重遊嶽麓記 604右
*40*重校註釋紅拂記 1693右
重校旗亭記 1696右
重校正唐文粹、校勘記 1541左
重校玉簪記 1696左
重校五倫傳香囊記 1692左
重校雙魚記 1695左
重校拜月亭記 1691左
重校稽古樓四書 1727右
重校十無端巧合紅蕖記 1695左
重校古荆釵記 1692左
重校韓夫人題紅記 1697左
重校埋劍記 1695左
重校鶴山先生大全文集 1281左
重校鶴山先生大全文集長短句 1604右
重校投筆記 1692左
重校四美記 1702左
重校呂眞人黃粱夢境記 1697右
重校金印記 1693左
重校義俠記 1695左
重校劍俠傳雙紅記 1700右
重校錦箋記 1697左
*44*重蔭樓詩集 1481左
重葺楊文襄公事略 407右
*45*重樓玉鑰續編 834左
*54*重斠唐韻攷 206左

56重輯蒼頡篇　200左
重輯曾子遺書　682左
70重雕改正湘山野錄、續342左
重雕足本鑒誡錄　1053右
76重陽立教十五論　1172左
重陽庵集、附刻　567右
重陽眞人授丹陽二十四訣　1172左
重陽眞人金關玉鎖訣1172左
重陽教化集　1298左
重陽全眞集　1298左
重陽分梨十化集　1298左
77重闓齋文集　1413右
重闓齋集　1413左
90重光集　1464右

2011$_1$ 乖

22乖崖詩集　1242左
乖崖詩鈔　1242左
乖崖集　1241右
乖崖集存　1241右
乖崖先生文集、附集　1241右

2011$_4$ 雎

23雎伏吟　1501右
40雎雄淵　775右
雎木蘭　1673左
雎木蘭替父從征　1673左
雎木蘭替父從軍　1673左

2013$_2$ 黍

00黍離續奏　1713左

2021$_7$ 秃

16秃碧紗炎涼秀士　1676右

2021$_8$ 位

10位西先生遺稿　1475右

2022$_1$ 停

10停霞詩鈔　1407左
停雲閣詩稿　1438右
73停驂隨筆　614左
停驂錄、續　994右
停驂錄摘鈔、續　994右

2022$_7$ 仿

30仿寓意草　863左
47仿橘詞　1620右
60仿園酒評　950左
80仿今言　1009左

彷

60彷園酒評　950左
彷園清語　959左

秀

12秀水董氏五世詩鈔　1550左
秀水閒居錄　1058右
22秀山志　573右
44秀華續咏　1510左

傍

29傍秋亭雜記　994左

喬

10喬三石集　1348右
喬王二姬合傳、附考　1119右
28喬復生王再來二姬合傳　1119右
36喬還一先生餘稿括抄1371右
44喬勤恪公奏議　500右
喬夢符小令　1712左
62喬影　1689右
72喬氏易佚　19右
86……喬知之詩集　1218左

雋

30雋永錄　991右
71雋區　1070右

2023$_2$ 依

27依歸草初刻、二刻、遺文　1416左
60依園詩略　1405右
72依隱齋詩鈔　1472左
依隱堂詩　1407右

2023$_6$ 億

90億堂文鈔　1506左

2024$_1$ 辭

60辭品、拾遺　1718左

2024$_7$ 愛

00愛廬吟草　1485右
10愛吾廬文鈔　1472左
愛吾廬詩鈔　1515左
愛吾鼎齋藏器目　659右
44愛蓮居詩鈔　1445左
48愛梅錫號　1688右
60愛日齋叢鈔　990左
愛日齋叢抄　990左
68愛吟草、前草、附　1427右
88愛竹館詩藁　1503右

2025$_2$ 舜

12舜水文集　1371左
55舜典補亡　44右

2026$_1$ 信

00信齋詞　1601左
10信天巢遺稿　1281左
17信及錄　328左
20信孚遺詩　1466右
28信徵錄　1092右
38信道詞、校記　1594左
40信古齋句股一貫述、雜述　888右
44信芳閣詩存　1457左
47信好錄　749左
50信摭　1026左
74信陵君義葬金釵　1687右
76信陽詩集　1340左
信陽詩鈔　1548左
80信美軒詩選　1392左

2033$_1$ 焦

11焦琴吟草　1493右
22焦山鼎銘考　660右
焦山續志　573左
焦山紀遊集　595左
焦山志　572右
焦山古鼎考　660左
37焦澹園集　1359右
50焦東閣日記　333右
60焦里堂先生軼文　1446左
焦里堂先生年譜　422右
72焦氏易林　895右
焦氏易林吉語　896左
焦氏易林校略　896左
焦氏喉科枕祕　834右
焦氏筆乘、續集　998右
焦氏類林　1043右
77焦尾集　1522右
焦尾編　1489右
焦學三種　1736右
90焦光贊活拏蕭天佑　1681左

2033$_9$ 悉

60悉曇字記 1191右

2034$_{8}$ 鮫

29鮫綃記 1692右

2039$_{6}$ 鯨

11鯨背吟 1309右
鯨背吟集 1309右
38鯨湉課藝 1440右

2040$_{0}$ 千

10千一錄客談 1002左
千百年眼 1001左
20千手千眼觀世音菩薩廣大圓滿無礙大悲心陀羅尼經 1187左
21千頃堂書目 644左
22千片雪 1552右
29千秋金鑑 719右
30千家詩注 1534右
千之草堂編年文鈔 1411右
千字文釋義 203右
千字文萃 1729左
……千字詔 332右
38……千祥記 1700右
40千古一朋 1071右
50千春一恨集唐詩六十首 1380右
60千里面譚 1578右
……千里獨行 1666右
千里醫案 863左
70千甓亭磚錄、續錄 673左
千甓亭古塼圖釋 673左
77……千叟宴詩 1553右
80千金記 1692右
千金要方 856左
千金寶要 856左
千金月令 503右
82千鍾祿 1703右

2040$_{4}$ 委

17委羽居士集 1266左
30委宛子 962左
40委內瑞辣政要 638右
44委巷叢談 538右
90委懷書舫遺草 1505右

2040$_{7}$ 孚

24孚佑帝君正教編 1185左
孚佑上帝語錄大觀 1185左
34孚遠縣鄉土志、圖說 517右

受

00受辛詞 1636右
10受正玄機神光經 905左
88受籙次第法信儀 1163右

季

21季紅花館偶吟 1505左
22季仙先生遺稿 1485左
38季滄葦藏書目 646右
40季布歌 1714左

隻

00隻麈譚、續 1007左

雙

01雙龍珠 1709右
10雙玉鈢齋金石圖錄 656左
11雙頭牡丹燈記 1117右
12雙烈記 1695右
15雙珠記 1692右
雙甦歌 488左
16雙硯齋詩鈔 1455左
雙硯齋詞話 1720左
雙硯齋詞鈔 1629左
雙硯齋筆記 1028左
17雙兔記 1707右
21雙虞壺齋藏器目 659右
……雙紅記 1700右
雙紅豆館詞賡 1641左
雙紅豆館遺稿 1398右
22雙鸞配 1129左
26雙白詞 1748右
雙和合(朱佐朝) 1704左
雙和合(□□) 1710右
27雙忽雷本事 1706左
……雙魚記 1695左
……雙魚珮 1706左
雙名錄 397右
31雙福壽 1705左
32雙溪雜記 492右
雙溪詩集 1274左
雙溪詩餘 1602右
雙溪詩鈔 1274左
雙溪詞(王炎) 1602右
雙溪詞(馮取洽) 1607右
雙溪醉隱詩餘 1613右
雙溪醉隱集 1307左
雙溪集(王炎) 1274左
雙溪集(杭淮) 1338右
雙溪集(蘇籀) 1272右
雙溪集(陳大濩) 1343左
雙溪集補鈔 1274左
雙溪樂府 1712左
雙溪泛月詞 1622左
34雙池文集 1415左
雙池先生年譜 421右
35雙清閣詩 1470右
雙清閣詩餘 1632左
37雙冠誥 1705右
40雙雄記 1700左
42雙橋書屋詞存 1627左
雙橋書屋遺詩 1449右
雙橋隨筆 1005左
43……雙赴夢 1649左
44雙藤錄別詩鈔 1554右
雙樹生詩草 1461右
雙樹幻鈔 1190右
雙桂軒尺牘 1510左
雙桂軒答問 178左
雙桂堂文錄 1437左
雙桂堂稿、續編 1437左
雙桂堂易說二種 1727左
雙桂堂時文稿 1437左
46雙柏齋女史吟、續 1479右
雙槐歲鈔 349左
雙槐公年譜 429右
47雙聲詩選 213左
雙報應 1705左
雙桐書屋賸藁 1471左
雙桐圃詩鈔 1487右
50雙丰公輓詩 410右
雙螭璧 1698右
雙青堂詩鈔 1496左
雙忠廟傳奇 1704右
……雙忠記 1692左
51雙虹堂詩合選 1511右
54雙蝶夢 1706左
60雙星館集 1353右
雙圃氏同館賦鈔、詩鈔 1466左
62雙影記 1703右
77……雙鳳齊鳴記 1697右
雙屬玉亭詞 1632左
雙門調 1071左
80……雙金榜記 1700右
雙合歡 1677左
81雙釘案 1706右
88雙節堂庸訓 755右

*99*雙鶯傳 1684右

2041$_4$ 雞

*22*雞山語要 1736左
*30*雞窗叢話 1007右
*36*雞澤脞錄 1011右
*67*雞鳴錄 860左
*74*雞肋 1037左
雞肋集(王佐) 1332左
雞肋集(晁補之) 1258左
雞肋集補鈔 1258右
雞肋編、校勘記、續校1059左

鷄

*77*鷄鳳精舍存稿 1517右

2041$_7$ 航

*38*航海述奇(張德彝) 619右
航海述奇(張德明) 625右
航澥遺聞 321右
航海圖說 586右

2042$_7$ 禹

*10*禹貢章句、圖說 45右
禹貢讀 45右
禹貢說 45右
禹貢說斷 44右
禹貢論、後論 44右
禹貢三江考 45左
禹貢正字 45右
禹貢班義述 45右
禹貢孔正義引地理志考證 45右
禹貢集註 45左
禹貢集釋 45右
禹貢集解 44右
禹貢山川地理圖 44右
禹貢山川考 45左
禹貢九州制地圖論 44右
禹貢九州今地攷 45右
禹貢地理古注考 45左
……禹貢地理舉要 45右
禹貢蔡傳正誤 45右
禹貢指南 44右
禹貢圖 45右
禹貢圖註 45左
禹貢臆參 45左
禹貢長箋 45左
禹貢錐指、正誤、例略圖45左
禹貢今釋 45右
禹貢會箋、圖 45左
禹貢鄭注釋 45左
禹貢鄭氏略例 45右
*20*禹受地記 505右
*22*禹山記 574右

2043$_0$ 夭

*42*夭桃紈扇 1674右

奚

*50*奚囊橘柚 1091右
奚囊蠹餘 1347右
*83*奚鐵生先生印譜 942右

2044$_7$ 爰

*35*爰清子至命篇 1171右
*60*爰園詞話 1718左

2050$_0$ 手

*42*手札節要 1416右
*70*手臂錄 777左

2050$_7$ 爭

*10*爭玉板八仙過滄海 1677左
*47*爭報恩三虎下山雜劇1667左
*88*爭坐位帖集字聯 944右

2060$_3$ 吞

*77*吞月子集 1383右

2060$_4$ 舌

*08*舌診問答 851右
*44*舌華錄 1124右
*73*舌胎統志 851右
*88*舌鑑總論 851右

看

*10*看雲集 1310右
看雲草堂集 1385右
看雲小集 1290右
*22*看山樓詩鈔 1504左
看山樓草 1511右
看山閣閑筆 1126右
*40*看眞 1690左
*44*看花雜詠 1381右
看花述異記 1120左
*64*看財奴買寃家債主 1654右
*71*看蠶詞 1417左
*83*看錢奴買寃家債主 1655左
看錢奴買寃家債主雜劇 1654右
*88*看鑑偶評 375右

2060$_9$ 香

*06*香韻 799左
*07*香詞百選 1623左
*08*香譜(洪芻) 798右
香譜(陳敬) 798右
*10*香雪齋樂事 959左
香雪齋吟草 1491左
香雪山房遺稿 1472左
香雪館遺詩 1515左
香天談藪 1073左
香石齋吟草 1486左
*11*香研居詞塵 936左
*20*香乘 799左
*21*香儷園偶存 1381左
*22*香山詩稿 1407左
……香山記 1702右
香山集 1273左
香山酒頌 1552右
香山九老詩 1551左
香山九老會詩 1551左
香山閒適詩選 1230左
*30*香宇詩談 1579左
香案牘 1070左
*32*香溪瑤翠詞 1623右
香溪集 1269左
香溪集補鈔 1269右
香溪集鈔 1269右
*36*香禪詞 1636左
香禪精舍游記 588左
*37*香祖樓 1707左
香祖筆記 1004右
*38*香海集 1522右
香海棠館詞話 1721左
*40*香南雪北詞 1625右
香奩詩草 1359左
香奩詞 1591右
香奩集 1239左
香奩限韻 1365左
*44*香蓮品藻 1128左
香蘇山館古體詩集、今體詩集、文集 1450左
香蘇草堂圖詠 1558右
香草亭詞 1642右
香草詞(何鼎) 1620左
香草詞(宋翔鳳) 1629左
香草詞(陳鍾祥)、附 1631左
香草詞(周曾錦) 1643右

*44*香草談文 1588右
香草校書、續 178左
香草題詞 1624右
香草吟傳奇 1703左
香草尺牘 1516右
香草箋 1413右
香草堂詩鈔 1397左
*50*香車和雪記 1118左
香本紀 799左
香囊記 1692左
香囊怨 1670左
香東漫筆 1015左
*60*香咳集選 1544左
香國 799左
香國集文錄 1423右
香圃詩鈔 1483右
*62*香影餘譜 1638左
*63*香畹樓 1708左
香畹樓憶語、附考 1077右
*66*香嚴齋詞 1615右
香嚴詞 1615右
香嚴老人壽言 411右
香嚴尙書壽言 411右
*71*香匳詠物詩 1386左
*72*香隱盦詞 1633左
*77*香閨韵事 798左
香屑集 1416左
香膽詞 1619左
*80*香谷詩鈔 1431左
*81*香罏峯紀遊 601左
*87*香錄 798右
香飲樓賓談 1080左
*88*香箋 799左
香簌集 1239左
*89*香銷酒醒詞 1632左
香銷酒醒曲 1713右

2060$_9$ 番

*34*番漢合時掌中珠殘卷 227左
番社采風圖考 543右
番社采風圖考摘略 543右
*40*番境補遺 543左
*60*番禺雜記 553右
番禺末業志 553右
番禺隱語解 227左

2061$_4$ 雒

*50*雒書 234左
雒書說禾 235左
雒書靈准聽 234右
雒書靈準聽 234右
雒書甄曜度 234右
235左
雒書緯 1730左
雒書緯雜篇 1730左
雒書寶予命 235左
雒書寶號命 235右
雒書摘六辟 235左
雒書兵鈐 235左
雒書錄運法 235右
雒書錄運期 235右
236左

2071$_4$ 毛

*00*毛文龍孔有德列傳 408右
*02*毛端峯詩 1401右
*04*毛詩 49左、右
50左
184右
毛詩序說 64左
毛詩序義 63右
毛詩序義疏 63右
毛詩音 62右
毛詩註 49右
毛詩註疏、考證 50左
毛詩證讀 211左
毛詩識小 58右
毛詩詁訓傳 49右
毛詩講義 53右
毛詩詞例舉要(詳本) 63右
毛詩詞例舉要(略本) 63右
毛詩說(諸錦) 56右
毛詩說(莊存與) 57左
毛詩說(陳奐) 58右
毛詩說序 63右
毛詩譜 64右
毛詩譜注 64右
毛詩譜暢 64右
毛詩二南殘卷 49右
毛詩正義、校勘記 50左、右
毛詩王氏注 50右
毛詩要義 53左
毛詩平議 59右
毛詩天文考 61右
毛詩賈氏義 50右
毛詩重言 211右
毛詩雙聲叠韻說 212左
毛詩集解(李樗、黃櫄) 53左
毛詩集解(段昌武) 53右
毛詩集解訓蒙 59右
毛詩集注 51右
……毛詩經筵講義 53左
毛詩後箋 58右
毛詩稽古編 56左
毛詩先鄭義 50右
毛詩傳義類 63左
毛詩傳箋通釋 58右
毛詩紬義 58左
毛詩偶記 57右
毛詩多識 59右
毛詩魚名今考 62右
毛詩物名考 61右
毛詩名物解 61左
毛詩名物鈔 61左
毛詩約注 59右
毛詩徐氏音 62右
毛詩注(王肅) 50右
毛詩注(馬融) 50右
毛詩注疏校勘記、釋文校勘記 50左
毛詩注疏校勘記校字補 50右
毛詩寫官記 55右
毛詩補疏 58左
毛詩述義 51右
毛詩沈氏義疏 51右
毛詩禮徵 61左
毛詩通考 58右
毛詩十五國風義 60右
毛詩九穀考 62右
毛詩古音攷 209左
毛詩古音參義 210右
毛詩古音述 213左
毛詩古音考 209左
毛詩古韻 212左
毛詩古韻雜論 212左
毛詩古樂音 61左
毛詩古義 57左
毛詩奇句韻攷 212左
毛詩七聲四音譜 212右
毛詩校勘記、釋文校勘記 50左
毛詩考證 63左
毛詩草名今釋 62右
毛詩草木鳥獸蟲魚疏 62左
毛詩草木鳥獸蟲魚疏廣要 62左
毛詩草蟲經 62左
毛詩札記(范爾梅) 57左
毛詩札記(劉師培) 60右
毛詩故訓傳 57右

毛詩故訓傳定本 57右
毛詩申鄭義 51左
毛詩本義 52左
毛詩奏事 51左
毛詩指說 51右
毛詩或問 54右
毛詩拾遺 62右
毛詩日箋 56左
毛詩國風定本 60右
毛詩異文箋 63左
毛詩異同評 51左
毛詩異義 58左
毛詩題綱 51右
毛詩昀訂 63左
毛詩駁 51左
毛詩原解 55左
毛詩馬王微 58左
毛詩馬氏注 50右
毛詩隱義 51右
毛詩陸疏廣要 62左
毛詩周氏注 51右
毛詩周頌口義 61左
毛詩問難 50右
毛詩義疏 51右
毛詩義駁 50右
毛詩義問 50右
毛詩鄭譜疏證 65左
毛詩鄭箋改字說 59左
毛詩舒氏義疏 51左
毛詩箋音義證 62右
毛詩答雜問 51左
毛詩類釋、續編 56右
*10*毛西河先生曼殊留視圖冊遺蹟 440右
毛西河傳贊 420右
*11*毛孺人詩 1431左
*17*毛司徒詞 1591右
*21*毛穎傳 1100左
*22*毛乳雪詩 1403左
*25*毛朱詩說 56左
*33*毛祕書詞 1592左
*34*毛對山醫話 865左
*40*毛太君徽音集 441左
*48*毛翰林詞 1616右
*50*毛本梁書校議 270左
*80*毛公鼎銘考釋 661右
毛公壇倡和詩 1552右
*86*毛錦來詩 1397左
*87*毛鄭詩釋、續錄 59左
毛鄭詩考正 57左
毛鄭詩斠議 60左

2074_8 歠

*44*歠菜根齋詩 1495右

2090_1 乘

*00*乘方捷術 886右
*24*乘化遺安 432左
*34*乘方捷算 886右
*48*乘槎筆記 619左
*57*乘軺錄 609左
*60*乘異記 1090右
乘異錄 1090左
*78*乘除通變算寶 878右

2090_4 禾

*00*禾廬新年雜詠 1524右
禾廬詩鈔 1524左
*50*禾中災異錄 540左

采

*10*采石磯 1688左
采石瓜洲斃亮記 301左
采硫日記 543左
*20*采香詞 1633右
采香樓詩集 1446右
*22*采山堂詩 1388右
采山堂詩集 1388右
采山堂遺文 1388右
*40*采眞編 1355左
*44*采蘭集 1478右
采薇集 1353右
采薇吟殘稿 1373右
采蓮船 950左
采芝集、續集 1287左
采蓴詞 1623左
采菊襍咏 789右
采菊思親圖題辭 1558左
采菽堂書牘 1511左
采菽堂筆記 1013右
*50*采畫錄 433右
*60*采異記 1090右
*72*采隱草 1366左
*99*采榮錄 1003右

集

*00*集慶路江東書院講義 731左
集唐要法 1583左
集唐楹聯 944右
集唐梅花詩(張山農)1377右
集唐梅花詩(張吳曼)1377左
集註太玄經 892左
集註草堂杜工部詩外集 1223左
集註陰符經 1135右
*02*集訓 223右
*06*集韻 206右
集韻校 207左
集韻考正 207左
集課記 524左
*10*集玉山房稿 1365左
集靈記 1087左
集西廂酒籌 950右
*16*集聖賢羣輔錄 384右
*17*集翠裘 1686左
*20*集千家註杜詩 1223左
集千家注杜工部詩集、文集 1223左
集千字文詩 1482左
*21*集虛齋文錄 1409右
*22*集仙傳 447左
集山中白雲詞 1623右
集山中白雲詞句 1623右
*25*集朱子讀書法 764左
*26*集程朱格物法 764左
*27*集解孝經 156右
集句詞 1639右
*30*集注爾雅 163左
集注毛詩 51右
集注傷寒論 811左
集注喪服經傳(裴松之)80右
集注喪服經傳(孔倫) 80左
*31*集浯溪碑字聯語 944左
*37*集選詩 1511左
*40*集李三百篇 1434右
集古詩附存 1488右
集古虎符魚符考 656左
集古梅花詩 1340右
集古目錄 657左
集古錄 657左
集古錄補目補 664右
集古錄目、原目 664右
集古錄跋尾 657左
*44*集蓼編 1015右
集世說詩 1388右
……集杜詩 1289左
*50*集事詩鑒 752右
*60*集四書對 945左
集思廣益編 484左
……集異記(郭秀產)1086右

60集異記(薛用弱) 1102右 1103左
集異記校補 1103左
集異志 1088左
78集驗背疽方 831右
……集驗良方 860左
80集美人名詩 1381左
集義軒詠史詩 382左
88集篆古文韻海 196左
集篆隸屏聯稿 944左
91集類 205左

2090_7 秉

44秉蘭錄 614左
86秉鐸公牘存稿 503左

2091_4 稚

22稚川眞人校證術 1177右
44稚黃子 975左
稚黃子文洴 740左

維

00維摩詰經解二種 1187右
維摩詰所說經 1186右
維摩醫室問答 825左
10維西見聞 560左
維西見聞紀 560左
56維揚殉節紀略 409左
維揚夢 1689右
60維園鉛擿 1000右

纏

17纏子 705左
60纏足談 1127右

2093_2 絃

04絃詩塾詩 1455左
17絃子記 939左
28絃徽宣祕 103左

穰

22穰梨館過眼錄、續錄 912右

2108_6 順

00順庵樂府 1599右
順齋樂府 1612右
10順天地略 524左
順天閨 324右
20順受老人詞 1604右
24順德師著述 1734右
27順叔吟草 1530右
30順寧雜著 559右
順寧樓稿 1403右
順適堂吟稾 1292左
順適堂吟稿 1292左
順適堂吟藁 1292左
順安詩草 1454左
順宗實錄 290左
53順甫遺書 749右

2110_0 上

00上方靈寶无極至道開化眞經 1147右
上方天尊說眞元通仙道經、釋音 1138左
上方大洞眞元妙經圖1153右
上方大洞眞元妙經品1153右
上方大洞眞元圖書繼說終篇 1153右
上方大洞眞元陰陽陟降圖書後解 1153右
上方鈞天演範眞經 1147右
上庠錄 464右
上玄高眞延壽赤書 1169左
10上三星軌迹成繞日圓象 871右
上元皇后誄表 439左
13上武詩鈔 1528右
20上乘修眞三要 1167左
21上虞羅氏枝分譜 395左
30上宜帝書 494右
上官昭容傳 1119右
34上池雜說 864左
上池涓滴 852左
35上淸高聖太上大道君洞眞金元八景玉籙 1155左
上淸高上玉眞衆道綜監寶諱 1154右
上淸高上玉晨鳳臺曲素上經 1149左
上淸高上龜山玄籙 1152右
上淸高上滅魔玉帝神慧玉淸隱書 1152右
上淸高上滅魔洞景金元玉淸隱書經 1148右
上淸高上金元羽章玉淸隱書經 1149左
上淸六甲祈禱祕法 1176右
上淸諸眞章頌 1181右
上淸諸眞人授經時頌金眞章 1182右
上淸三元玉檢三元布經 1141左
上淸三眞旨要玉訣 1143右
上淸三尊譜錄 1154左
上淸玉帝七聖玄紀迴天九霄經 1149左
上淸五常變通萬化鬱冥經 1140左
上淸靈寶大法(甯全眞) 1152左
上淸靈寶大法(金允中)、目錄 1152左
上淸元始高上玉皇九天譜籙 1152右
上淸元始譜籙太眞玉訣 1181左
上淸元始變化寶眞上經 1150左
上淸元始變化寶眞上經九靈大妙龜山玄籙 1152右
上淸天寶齋初夜儀 1158左
上淸天心正法 1167右
上淸天樞院回車畢道正法 1167左
上淸天關三圖經 1149左
上淸北極天心正法 1168左
上淸瓊宮靈飛六甲左右上符 1151右
上淸瓊宮靈飛六甲籙1152右
上淸司命茅眞君修行指迷訣 844右
上淸集(白玉蟾) 1279左
上淸集(薛玄曦) 1312右
上淸僊府瓊林經 1149右
上淸紫庭追痨仙方 826右
上淸紫微帝君南極元君玉經寶訣 1143左
上淸紫精君皇初紫靈道君洞房上經 1143左
上淸經祕訣 1172右
上淸經眞丹祕訣 1168右
上淸後聖道君列紀 1154右
上淸外國放品靑童內文 1152右
上淸化形隱景登昇保仙上經 1149左
上淸侍帝晨桐柏眞人眞圖讚 1182左
上淸傳 1106左

上清佩符文白券訣　1143左
上清佩符文絳券訣　1143右
上清佩符文黃券訣　1143右
上清佩符文青券訣　1143左
上清佩符文黑券訣　1143右
上清修行經訣　1144左
上清修身要事經　1181左
上清衆經諸眞聖祕　1154右
上清衆眞教戒德行經1155右
上清河圖寶籙　1152右
上清河圖內玄經　1149左
上清祕道九精回曜合神上眞玉經　1146右
上清神寶洞房眞諱上經　1146右
上清迴神飛霄登空招五星上法經　1149左
上清迴耀飛光日月精華上經　1149左
上清洞玄明燈上經　1142左
上清洞天三五金剛玄籙儀經　1149左
上清洞眞元經五籍符1151左
上清洞眞天寶大洞三景寶籙　1152右
上清洞眞解過訣　1143右
上清洞眞九宮紫房圖1153左
上清洞眞智慧觀身大戒文　1157左
上清道寶經　1148右
上清道類事相　1152左
上清豁落七元符　1151右
上清十一大曜燈儀　1157右
上清九天上帝祝百神內名經　1149左
上清九眞中經內訣　1177右
上清九丹上化胎精中記經　1149左
上清大洞三景玉清隱書訣籙　1152右
上清大洞九微八道大經妙籙　1152右
上清大洞九宮朝修祕訣上道　1168左
上清大洞眞經　1133右
上清大洞眞經玉訣音義　1133右
上清太玄集　1183右
上清太玄九陽圖　1153左
上清太玄鑑誡論　1156右
上清太一帝君太丹隱書解胞十二結節圖訣　1153右
上清太一金闕玉璽金眞紀　1151右
上清太霄隱書元眞洞飛二景經　1148左
上清太上帝君九眞中經　1149左
上清太上玉清隱書滅魔神慧高玄眞經　1148右
上清太上元始耀光金虎鳳文章寶經　1149左
上清太上迴元九道飛行羽經　1148右
上清太上迴元隱道除罪籍經　1149左
上清太上九眞中經絳生神丹訣　1149左
上清太上黃素四十四方經　1149左
上清太上開天龍蹻經1148右
上清太上八素眞經　1143右
上清太微帝君結帶眞文法　1163右
上清太淵神龍瓊胎乘景上玄玉章　1146右
上清太極眞人神仙經1149右
上清太極眞人撰所施行祕要經　844右
上清太極隱注玉經寶訣　1143右
上清七聖玄紀經　1149左
上清華晨三奔玉訣　1143左
上清黃庭五藏六府眞人玉軸經　844右
上清黃庭內景經　1140右
上清黃庭養神經　1149右
上清黃書過度儀　1163右
上清黃氣陽精三道順行經　1137左
上清素靈上篇　1172右
上清曲素訣辭籙　1152右
上清握中訣　1139右
上清明鑑要經　1148左
上清明堂玄丹眞經　1149左
上清明堂元眞經訣　1143右
上清長生寶鑑圖　1153左
上清胎精記解結行事訣　1143左
上清骨髓靈文鬼律　1156左
上清丹元玉眞帝皇飛仙上經　1143左
上清丹天三氣玉皇六辰飛綱司命大籙　1152左
上清丹景道精隱地八術經　1149左
上清八道祕言圖　1153右
上清金章十二篇　1172右
上清金眞玉皇上元九天眞靈三百六十五部元錄　1164左
上清金眞玉光八景飛經　1149左
上清金書玉字上經　1169左
上清金匱玉鏡修眞指玄妙經　1141左
上清金闕帝君五斗三一圖訣　1153右
上清金母求仙上法　1151右
上清無上金元玉清金眞飛元步虛玉章　1182右
上清無英眞童合遊內變玉經　1146右
上清含象劍鑑圖　1153右
上清鎭元榮靈經　1168右
*37*上洞心丹經訣　1179左
上湖文編補鈔　1419左
上湖紀歲詩編、續編　1419左
上湖分類文編　1419左
*38*上海曹氏書存目錄　648左
……上海縣志　515左
*40*上古史　372右
上壽拜舞記　457左
……上七滅罪集福妙經　1147右
*44*上老君年譜要略　448右
上蔡語錄、校記　727左
上蔡先生語錄　727左
上林春　1699左
*60*上品丹法節次　1175左
*76*上陽子金丹大要列仙誌　447右
上陽子金丹大要仙派　1163左
上陽子金丹大要圖　1170右
*77*上醫本草　855右
*80*上善堂宋元板精鈔舊鈔書目　647左
上谷訪碑記　675左
上谷存牘　502左

2110$_0$ 止

*00*止庵詞　1628左
止庵遺集　1453左
止齋文集　1273右
止齋文鈔　1472左
止齋詩鈔　1273右
止齋集　1273右
止齋集補鈔　1273右
止齋先生文集　1273右
止齋先生春秋後傳　123右
止齋題跋　914左
止唐韻語存　1713右
*21*止止齋稾　1310右
*28*止谿文鈔、詩集鈔　1378右
*33*止心篇　978左
*44*止焚稿　723左
*46*止觀輔行傳宏決　1188右
*60*止園文集　1529右
止園詩鈔　1529右
止園經術訐時　978左
止園自記　412左
止園原性論　978左
止園筆談　1012左
*90*止堂集　1275右

2110$_1$ 些

*22*些山集輯　1384左

2110$_3$ 衍

*10*衍元要義　885左
衍元略法　891右
衍元小草　891左
*11*衍琵琶行　1421左
*28*衍微　1013右
*34*衍波詞（王士禛）、附　1619左
衍波詞（孫蓀意）　1631右
*37*衍洛圖說　747右
*41*衍極　920左
*60*衍愚詞　1615右

2110$_4$ 衝

*34*衝波傳　415左

2111$_0$ 此

*22*此山集　1307右
此山先生詩集　1307右
此山先生詩集樂府　1613右
此山先生樂府　1613右
*40*此木軒廬陵文選　1246左
此木軒雜著　1005右
此木軒雜錄彙編　1024右
此木軒詩　1410左
此木軒讀四書注疏　152右
此木軒論詩　1583左
此木軒論制義彙編　1590右
此木軒五言七言律詩選讀本　1540右
此木軒自訂義存　1410左
此木軒泉下錄　387左
此木軒選四六文　1536右
此木軒枝葉錄　742右
此木軒柳州文選　1230左
此木軒贅語　1005右
此木軒四書說　152右
此木軒昌黎文選　1228左
此木軒歷科詩經文　1416左
此木軒歷科程墨　1410左
此木軒木食　1190右
此木軒尙志錄　742右
*46*此觀堂集　1369右
*50*此中人語　1081左
此事難知　819左

2120$_1$ 步

*00*步齋學吟草　1456右
*10*步雪初聲　1713左
步天歌圖註　876左
*11*步非烟傳　1108右
*30*步適堂遺詩　1421右
*47*步檐集　1401右
*60*步里客談　1059左

2121$_0$ 仁

*00*仁齋直指　857右
仁廟聖政記　308左
仁文商語　735右
*02*仁端錄　840右
*21*仁術志　863左
*22*仁山集　1288右
仁山先生金文安公文集　1288右
*24*仁德莊義田舊聞　768左
26……仁和縣志　520左
*30*仁安文稿、文乙稿　1521右
仁安詩稿　1521右
仁安詞稿　1642右
仁安自述　432右
仁安筆記　1015左
*40*仁在堂論文各法　1591左
*44*仁孝文皇后內訓　757左
*46*仁恕堂筆記　1072右
*60*仁里漫稾　1310右
*77*仁學　977左
*80*仁父集　1305右

2121$_1$ 征

*00*征廓爾喀記　327右
*10*征西紀略　325右
*21*征緬甸記　327右
征緬紀略　327左
征緬紀聞　327左
*27*征烏梁海述略　327左
*30*征準噶爾記　326左
征安南紀略　327右
*40*征南射法　776左
征南錄　299左
*44*征藩功次　350左
*50*征東實紀　313左
*58*征撫安南記　327右
征撫朝鮮記　324左

徑

*22*徑山遊草　600左

能

*10*能一編　324左
*18*能改齋漫錄　1019左
*50*能書錄　433左

2121$_2$ 僊

*77*僊屛書屋詩錄　1459右

2121$_4$ 偃

*66*偃曝談餘　999右
偃曝餘談　999右

衢

*50*衢本郡齋讀書志　649左

2121$_7$ 伍

*17*伍子胥鞭伏柳盜跖　1678左
*20*伍喬詩　1240右
伍喬詩集　1240右
*40*伍眞人丹道九篇　1173右
60……伍員吹簫　1655右

虎

11……虎頭牌　1654右

27虎阜石刻僅存錄、舊佚錄、
舊存今佚錄 676左
虎阜金石經眼錄、補 676左
30虎牢關三戰呂布 1661右
虎牢關三戰呂布殘本 1657右
44虎苑 795右
虎薈 795右
60虎口餘生記 316左
72虎丘詩唱和詩集 1554左
虎丘茶經注補 784右
77虎邱雜事詩 593右
虎邱弔眞娘墓文 568右
虎邱往還記 593左
虎門記 553右
88虎鈐經 773左
……虎符記 1693右

虚

00虚亭詩鈔遺什 1415右
虚齋集 1334右
虚齋樂府 1606右
虚齋格致傳補註 738左
05虚靖眞君詞 1596左
20虚受堂文集 1518左
虚受堂詩存 1517右
虚受堂書札 1518左
虚航集 1439右
26虚白舫詩刪存、詩焚餘、文鈔附刻 1506左
虚白山房詩集 1503左
虚皇天尊初眞十戒文 1155右
27虚舟詩草 1492右
虚舟詞餘 1712右
虚舟集 1329右
虚舟題跋 669左
虚舟題跋原 669左
30虚字說 224左
虚字考 224左
40虚直軒文集、外集 1390左
52虚靜齋詩藁 1512右
虚靜沖和先生徐神翁語錄 449右 450左
56虚損啓微 826右
80虚谷閒抄 1064左
99虚勞內傷 826右

盧

13盧武陽集 1215左
盧武陽集選 1215左
17盧羽士集 1357左
27盧僎集 1218右
28盧綸集 1225左
30盧戶部詩集 1225右
32盧溪詞 1597左
盧溪集 1262右
盧溪集補鈔 1262右
盧溪集鈔 1262右
盧溪逸稿 1262右
37盧澹崖詩選 1399右
盧次楩集 1356左
50盧忠肅公文集 1368右
盧忠肅公書牘 1368右
60盧昇之集 1216左
67盧照鄰文集 1216左
盧照鄰集 1215右
71盧長公史隟、續史隟 379左
72盧氏雜說 1051右
盧氏禮記解詁 83左
盧氏易注 10左
80盧仝詩集、集外詩 1226左
盧仝集 1226左
盧含雪詩集 1304右

2122_0 何

00……何文秀玉釵記 1698左 1701左
何文貞公文集 1478右
何文貞公千字文 203右
何文貞公遺集 1478右
何文貞公遺書 1744左
何文定公柏齋集 1337右
何文簡疏議 497左
07何記室集 1211右
何記室集選 1211右
11何北山先生遺集 1285右
12何水部集 1211右
何刑侍集 1344右
14何劭公論語義 143右
何劭公論語義臏義 142右
17何承天說 395右
何子雜言 970左
21何衡陽集 1207右
何衡陽集選 1207右
24何休注訓論語述 143左
25何仲默先生詩集 1340左
27何御史孝子祠主復位錄 459左
30何注論語 137右
何之子 973左
34何法盛晉中興書 279右
35何禮部集 1349左
37何澹安醫案 862左
40何大復詩集 1340左
何大復集 1340左
何大復先生年譜 429右
何太僕集 1362右
43何博士備論 773右
44何燕泉先生餘冬敍錄內篇、外篇、閏 994左
47何椒邱集 1332左
48何翰林集 1349左
何翰目集 1349左
52何蝯叟日記 616右
55何典 1131右
72何氏語林 1068左
何氏虛勞心傳 827左
何氏心傳 826右
何氏醫碥 821右
何氏公羊解詁十論、續十論、再續十論 116左
80何首烏錄 784右
88何竹有詩集 1470右
90何少詹文鈔 1500右
何粹夫集 1338左

2122_1 行

00行文須知 1579右
12行水金鑑 578左
行刑之制考 486左
22行山路記 591左
23行我法軒二十四孝試帖 1503左
24行先遺稿 1330左
27行役日記 613左
36行邊紀聞 310左
37行軍方便便方 861左
行軍總要 332右
40行在雜買務雜賣場提轄官題名 470左
行在陽秋 322左
47行朝錄 319左 1732右
行都紀事 1061右
50行素居詩鈔、文鈔 1488右
行素堂集古印存 664左
68行吟雜錄 615右
77行醫八事圖 821左
80行人司重刻書目 654右
99行營雜錄 346左

99行營規矩 332左

2122$_7$ 儒

00儒言 727右
21儒行集傳 90左
儒行述 413右
儒經撮要 178左
24儒先訓要十四種、續四種 1737左
儒先晤語 1025左
36儒禪 974左
40儒志編 720左
44儒藏說 641左
儒者十知略 739左
儒棋格 943左
儒林譜 181左
儒林瑣記、附 387左
儒林外史 1131左
儒林傳稿 413右
儒林宗派 412左
儒林公議 340右
341左
50儒吏完城北曲 1689右
77儒學入門 744右
儒門語要 744右
儒門崇理折衷堪輿完孝錄 902右
儒門法語 742左
儒門法語輯要 742左
儒門事親 818左

肯

38肯綮錄 1019左
43肯哉文鈔 1443右
90肯堂詩鈔 1463左
肯堂醫論 820右

虜

12虜廷事實 302左

鬳

00鬳齋列子口義 698右
鬳齋續集 1287左
鬳齋考工記解 72右
鬳齋莊子口義 695左
鬳齋老子口義 689右

衞

00衞東臏稿 1406左
25……衞生集語 847右
衞生家寶產科備要 835右
衞生寶鑑 818右
衞生十全方、奇疾方 857右
衞生易簡方 861左
30衞濟寶書 831右
衞宏 196右
38衞道編 743右
44衞花符 1685左
衞藏識略 560右
衞藏通志、校字記 522右
50衞夫人筆陣圖 917右
80衞公故物記 1048右
1049左
衞公兵法輯本 772右

2123$_1$ 卡

28卡倫形勢記 485左

2123$_4$ 虞

00虞文靖公全集 1309左
01虞諧志 1074右
10虞夏贖金釋文 663右
17虞子集靈節略 160右
虞邵菴詩集 1308右
22虞山商語 735右
虞山雜志 536左
虞山妖亂志、附後 430左
虞山畫志 435左
虞山勝地紀略 536左
虞山人詩 1327右
26虞伯生詩 1308右
27虞鄉雜記 536左
28虞徵士遺書 1739左
33虞祕監集 1215右
37虞初新志 1074左
虞初續志 1074左
38虞道園文選 1309左
虞道園先生文選 1309左
40虞喜志林 1045右
44虞菴詞 1639左
虞世南集 1215右
50虞書 536左
虞書命羲和章解 48左
虞東先生文錄 1423右
虞東學詩 57左
60虞邑紀變略 320右
72虞氏逸象考正、續纂 26左
虞氏春秋 685右
虞氏易言 24右
虞氏易象彙編 25右
虞氏易候 24右
虞氏易禮 24左
虞氏易消息圖說 31左
虞氏易消息圖說初稿 31左
虞氏易事 24右
虞氏易義補注 26左
77虞展紀遊 601左
80虞兮夢 1706右
虞美人傳 1120左

2123$_6$ 慮

26慮得集 460左

2124$_0$ 虔

40虔臺倭纂 312左
虔臺逸史 321右
虔臺節略 321右
虔南存牘 502左
84虔鎮圖 562右

2124$_1$ 處

50處囊訣 1576左
52處靜詞 1607右

2124$_6$ 便

30便宜行事虎頭牌 1654右
便宜行事虎頭牌雜劇 1654右
77便民圖纂 779左

2124$_7$ 併

50併東餓夫傳 409右
76併陽雜錄 1006左

優

01優語錄 948左
40優古堂詩話 1570右
43優盋羅室文稿、詩稿 1475右

2125$_3$ 歲

10歲貢士壽臧府君年譜 423左
30歲寒子 708左
歲寒集 1371右
歲寒居詞話 1720右
歲寒堂詩話 1573左
44歲華紀麗 504左
歲華紀麗譜 556右
60歲星記傳奇 1708左
歲星表 874右
64歲時廣記、圖說、總載 504左

歲時雜記 504左
77歲周地度合攷 872左
88歲餘度餘考 875右

2126_2 偕

30偕寒堂校書記 1030左

2126_6 偪

22偪側吟 1530左

2128_6 偵

57偵探記 484左

須

10須賈誶范雎 1656左
須賈大夫誶范叔 1656右
須賈大夫誶范叔雜劇 1656左
32須溪詞、校記 1609左
須溪集、校勘記、校勘續記 1291右
須溪先生校本唐王右丞集 1219右
須溪先生四景詩集、補 1291右
須溪四景詩集 1291右
52須靜齋雲煙過眼錄 912左
60須曼精廬算學 890左

頻

60頻羅庵詩、集杜、文 1426左
頻羅庵論書 922左
頻羅庵書畫跋 916右
頻羅庵題跋 916右

潁

12潁水遺編 1356左
22潁川語小 989左
潁川棗氏文士傳 394左
32潁州集 1344左
33潁濱先生詩集傳 52左
潁濱先生集 1253右
潁濱先生道德經解 688右
潁濱先生春秋集解 122右

顓

11顓頊厤攷 875左
顓頊厤術 873右
12顓孫子書 682右

顱

21顱顖經 838左

2131_6 鱷

34鱷渚迴瀾記 586左

2133_1 熊

00熊襄愍公集 1362右
22熊峯集 1335右
24熊先生詩 1371右
熊先生經說 170左
熊侍御集 1337右
27熊勿軒先生文集 1296左
33熊補亭遺詩 1461右
72熊氏後漢書年表校補、續補 363左
77熊學士文集錄 1391左

2134_6 鯁

04鯁詩讖 1685左

2140_1 衎

10衎石齋晚年詩稿 1456左

2140_6 卓

00卓文君私奔相如 1669右
22卓山詩集 1421右
卓山詩續集 1421右
40卓女當壚 1689左
60卓異記 337左、右
90卓光祿集 1365左

2143_0 衡

00衡廬精舍藏稿、續稿 1351右
衡齋文集 1454左
衡齋遺書 1738左
衡齋算學 883左
衡言 976右
22衡嶽遊記 604右
衡山記 575左
衡山圖經 575右
32衡州圖經 548右
55衡曲塵譚 1722右
76衡陽志 548右
77衡門集 1344右
衡門芹 721左

2155_0 拜

10拜五經樓詩賦 1472左
拜石山房詞 1631右
拜石山房詞鈔 1631右
拜石山房集 1466左
21拜經文集 174右
拜經樓詩話 1585左
拜經樓詩集、續編、再續編 1431左
拜經樓集外詩 1431左
拜經樓藏書題跋記 652左
拜經日記 174右
43拜城縣鄉土志 518左
48拜梅圖詠 1558右
76拜颺集 1545左
77拜月亭 1691左
……拜月亭記 1691左

2160_0 占

27占候 780左
34占法訂誤 897左
44……占花魁 1703右
50占書殘葉 894左
60占日月虧食 870左
78占驗書 898右
占驗錄 898右

卣

00卣底叢談 1015左

2160_1 旨

30旨准頒行詔書總目 331右

2160_2 皆

22皆山樓吟稿 1425左

2160_8 睿

50睿夫集 1319右

2171_0 比

07比部集 1399右
21比紅兒詩 1238左
比紅兒詩註 1238左
22比例規解 880左
比例匯通 884左
50比事摘錄 1037右
60比目魚傳奇 1705左
70比雅 220右
88比竹餘音 1641右

2172_7 師

17師子林別錄 1311左
21師貞備覽 775右
22師山文集、遺文 1314右

22師山集 1314右
師山先生文集 1314右
23師伏堂詠史、駢文、詩草 1509左
師伏堂詠史詞 1639右
27師魯集 1316右
28師儉堂詩鈔 1405左
40師友詩傳續錄 1582右
師友詩傳錄 1582右
師友談記 982左
師友行輩議 461左
師友淵源記 414左
師友淵源錄 387右
師友札記 1561左
師友雅言 1021左
師古堂詞 1638右
……師古堂書目提要 649右
44師范詩草 1424左
師荔扉先生詩集 1441右
60師曠占 897右
師曠紀 436左
師曠禽經 794右
88師竹軒草 1515左
師竹堂集 1353左
師竹堂尺牘 1353左

2174_1 岍

90岍堂稿 1406左

2180_6 貞

00貞文先生學行記 432右
貞文先生年譜 432右
10貞一齋文、詩稿 1310右
貞一齋雜著、詩稿 1310右
貞一齋詩說 1584左
貞一齋詞 1613右
貞元十道錄 511左
12貞烈編 440右
貞烈婢黃翠花傳 1081右
22貞山子 713右
26貞白五書 1739右
貞白遺稿 1329左
28貞復楊先生學解 735左
30貞定先生遺集 1446右
40貞壽堂贈言 440右
43貞娘墓詩 568右
45貞蕤稾略 1530左
46貞觀政要 297右
貞觀公私畫史 925右
貞觀小斷 378右
47貞婦屠印姑傳 439右
貞期生稾 1313右
48貞松老人外集 1525左
貞松堂唐宋以來官印集存 664右
50貞素齋詩餘 1614左
貞素齋集 1318左
77貞居詞 1613左
貞居先生詩集 1310左

2190_1 尗

00尗廬札記 175右

2190_3 紫

00紫庭內祕訣修行法 1169左
10紫霄軒詩集 1400左
紫元君授道傳心法 1164右
紫雯軒館課錄存、經義 1459左
……紫雲亭 1659左
……紫雲庭 1659左
紫雲詞 1618左
紫雲書院讀史偶譚 764左
……紫雲書院志 569右
13紫琅遊記 589右
17紫瓊瑤 1705右
22紫巖詩選 1297左
紫巖于先生詩選 1297左
紫巖集 1297左
紫巖易傳 13左
紫巖居士易傳 13左
紫岩詞 1607右
紫山大全集 1304左
26紫白訣通釋 899左
紫皇鍊度玄科 1157左
28紫微雜記 984左
紫微雜說 984左
紫微詞 1600左
紫微集 1264左
紫微宮慶賀長春節 1677右
紫微斗數 899右
……紫微神兵護國消魔經 1146左
35紫清指玄集 1174左
37紫泥酬唱集 1556左
紫泥日記 465左
41紫姬小傳 440右
42紫荊花傳奇 1709右
紫桃軒雜綴、又綴 999左
44紫花梨記 1047右
紫芳心館詞 1637左
紫蘭堂集 1518右
紫薇雜記 984左
紫薇詩話 1571右
紫薇二集、三集 1519右
紫薇集(樊增祥) 1519右
紫薇集(呂本中) 1261左
紫薇山館遺草 1501左
紫薇花館文稿、續編 1513左
紫薇花館雜纂 1741右
紫薇花館詩稿、外集 1513左
紫薇花館詞稿 1640右
紫薇花館經說 1728右
紫薇花館小學編 1729左
紫薇閣詩集 1497左
紫萸香館詞鈔 1634左
紫姑神 1689右
紫姑神傳 1115右
60紫團丹經 1169左
76紫陽庵集 567右
紫陽仙三度常椿壽 1670右
紫陽朱先生年譜 418左
紫陽眞人詞 1592右
紫陽眞人內傳 449左
紫陽眞人金丹四百字測疏 1171左
紫陽眞人悟眞直指詳說三乘祕要 1166右
紫陽眞人悟眞篇註疏 1166右
紫陽眞人悟眞篇講義 1166右
紫陽眞人悟眞篇三註 1166右
紫陽眞人悟眞篇拾遺 1166左
紫陽書院題解 743右
84紫釵記 1694右
88紫竹山房文集 1420左
紫簫記 1694左

2190_4 術

00術言 707左

柴

27柴舟別集四種 1750右
41柴墟文集 1335左
44柴村文集 1377右
柴村詩鈔 1377右
柴村賦集 1378左
50柴丈人畫訣 930右
柴車倦遊集 1421左
70柴辟亭詩二集 1466左
柴辟亭讀書記 1028左

72柴氏四隱集 1549左
77柴門詩鈔 1438左

2191$_0$ 紅

00紅贏山館遺詩 1522右
10紅豆齋時術錄 1411右
紅豆詞 1634左
紅豆村人詩稿 1432右
紅豆村人續稿 1432右
紅雪詞鈔 1624右
紅雪軒詩稿 1416左
……紅雨樓題跋 651左
紅雲續約 959右
紅雲社約 959右
20紅香館詩草 1451左
紅毛番暎咭唎考略 636右
22紅亂紀事草 329左
紅崖刻石釋文 667右
紅梨記 1696右
紅梨花雜劇 1658右
紅梨花記 1702右
26紅線傳 1107右
紅線女 1673右
30紅寇記 335左
34紅衲詞 1632右
42紅橋詞 1619右
紅橋倡和第一集 1646右
紅橋笛唱 1626左
43紅朮軒紫泥法 940右
紅朮軒紫泥法定本 940右
44紅蘭集 1395左
紅蘭逸乘 535右
紅薇翠竹詞 1626右
紅蓮債 1675右
紅蔦山房詩鈔 1489右
紅蕉詞 1640右
紅蕉齋詩集 1476右
紅蕙山房吟稾 1449左
紅苗紀略 638左
紅薔薇館未刪吟草 1507左
紅茗山房詩存 1471右
紅茗山房詩餘 1632左
紅樹山廬詩稿 1463右
紅樹山莊詩鈔 1485右
紅葉稿 1592左
紅葉山樵詩草 1439右
紅葉村詩稾 1400左
……紅蕖記 1695左
紅藥山房吟稿 1492右
紅藕莊詞 1621左
紅林禽館詩錄 1495左
紅林禽館詞錄 1637左
45紅樓新咏 1470左
紅樓百美詩(潘孚美)1132右
紅樓百美詩(潘容卿)1132右
紅樓百美詩(□□) 1132右
紅樓西廂合錦 1132右
紅樓復夢 1131左
紅樓夢雜詠 1132左
紅樓夢詩 1132左
紅樓夢詞 1132左
紅樓夢譜 1132左
紅樓夢觥史 951左
紅樓夢補 1131左
紅樓夢存疑 1132左
紅樓夢排律 1132右
紅樓夢題詞 1132右
紅樓夢賦 1132左
紅樓夢問答 1132左
紅樓夢竹枝詞 1132右
紅樓夢精義 1132左
紅樓葉戲譜 952右
47紅櫚書屋詩集 1433左
48……紅梅記 1696右
51紅蟫館詞雋 1644右
55紅拂記、音釋 1693右
56紅螺山館詩鈔 1522右
60紅羅鏡 1703左
87紅鉛入黑鉛訣 1178右
90紅裳女子傳 1116左
95紅情言 1700左
96紅燭詞 1635左

2191$_1$ 經

00經文辨異 131右
經言拾遺 171左
02……經訓(李楷) 171左
……經訓(陳濬) 176右
經訓書院自課文 178左
經語甲編、乙編 178左
04經讀攷異、補 181左
經讀考異、補、句讀敘述、補 181左
06經韻樓集 173左
1432左
經韻樓集文錄 1432右
經韻樓集補編 1432左
經課續編 177左
07經詞衍釋 181左
08經效產寶、續編 835左
……經說(王紹蘭)174左、右
經說(丁午) 177右
……經說(雷學淇) 175左
經說(熊朋來) 170左
……經說(朱緒曾) 176左
經說(吳夌雲) 173右
……經說(程頤) 169右
……經說(徐灝) 177左
……經說(徐養原) 174左
……經說(潘任) 178左
……經說(查鐸) 170右
經說(黃式三) 175右
……經說(楊慎) 170右
……經說(曹逢庚) 172左
……經說(曹鼐孫) 176左
……經說(劉書年) 176右
……經說(陳喬樅) 176左
經說(陳宗起) 176左
……經說(鳳應韶) 173左
……經說(周象明) 171左
……經說(俞樾) 177左
經說(姜國伊) 823右
……經說(鄭珍) 176左
經說略 177左
經說管窺 178左
10經正民興說 977左
經正錄、學規 1736右
經正堂商語 735左
經天該 869左
17經子法語 1035右
經子臆解 170右
21經行記 608右
經師經義目錄 413右
23經外雜鈔 1021左
經外緒言 764右
24經德堂文集 1477右
經德堂文鈔 1477右
經緯集 1235左
25經傳詁易 29左
經傳建立博士表 182左
經傳攷證 173右
經傳釋詞 181左
經傳釋詞補 181左
經傳禘祀通考 96右
經傳九州通解 178右
經傳摭餘 174右
經傳簡本 1729左
經傳小記 173右
26經稗 172左
27……經解(胡元直) 178左

27……經解(劉會騄) 177右
經解警世 177右
經絡診視 851左
經絡歌訣 843左
經絡總說 850右
……經絡迎隨補瀉法 842右
經絡考 843左
經絡起止歌 843左
30經濟文集 1319右
經濟文衡前集、後集、續集 728右
經濟集(王守仁) 497左
經濟集(李士瞻) 1319右
經濟編 497左
經濟類編 1043左
經進講義 172左
經進欒城文集事略、考異 1254左
經進嘉祐文集事略、考異 1247右
經進東坡文集事略、考異 1253左
經進風憲忠告 472左
經進周曇詠史詩 381右
經之文鈔 1489左
經穴釋名 843左
33經述 177右
35經禮補逸 76右
經遺說 176左
44經塔題詠 1559右
經考 172右
經考附錄、校記 172右
經世文選要 722右
經世文粹、續編 722右
經世要談 970右
經世家禮鈔 462右
經世策 286右
經藝新畬 177右
47經幄管見、校勘記 378右
50……經史證類備用本草 853右
經史證類大觀本草 853右
……經史講義 722右
經史正音切韻指南 213右
經史百家雜鈔 1537左
經史百家簡編 1537左
經史質疑 1025左
經史質疑錄 1028左
經史問答 172左 1025左
經史問答校記 1025右
經史駢枝 1029左
經史管窺 1027右
經書言學指要 742右
經書源流歌訣 182左
經書巵言 1585左
經書算學天文攷 175右
55經典文字辨證書 199左
經典文字考異 199左
經典集林 1741右
經典稽疑 170右
經典釋文、校勘記 179左
經典釋文補條例 179右
經典釋文考證 179左
經典釋文附錄 179右
經典釋文敍錄 179右
經典通用考 192右
經典異文補 179右
60經目屢驗良方 864左
67經略洪承疇奏對筆記 324左
71經歷雜論 824左
72經脈陰陽原理考 850右
經脈分圖 850右
76經咫 171右
經咫摘錄 171右
77經腴類纂 171右
經學理窟 725右
經學初程 178右
經學通論 178左
經學導言 179左
經學博采錄 177右
經學教科書 178右
……經學四變記 178右
經學略說 178右
經學臆參 171右
經學歷史 182左
經學巵言 173右
經學八書 1728右
經學策 1428右
經丹霞山記 606右
經問、補 171左
78經驗痒子症方 828右
經驗痒子症良方 828右
經驗方(邵炳揚) 860右
經驗方(葉桂) 859左
經驗方(□□) 858左
經驗方(姜國伊) 861左
經驗百病內外方 859右
經驗良方 860左
經驗奇方 861左
80……經義 176右
經義文選要 1537右
經義雜記、敍錄 173右
經義韻言 182左
經義二種 1188左
經義正衡敍錄 178左
經義積微記 178左
經義叢鈔 174左
經義述聞 174右
經義存參 177右
經義考 649右
經義考補正 649右
經義考目錄、校記 649右
經義莛撞 178右
經義模範 1562右
經義懸解 178左
經義質疑 171右
經義知新記 173左
84經鋤堂雜志 967右
87經鉏堂雜誌 968左
88經筵玉音問答 452左
經籍跋文 651右
經籍舉要 648左
經籍會通 639右
99經營外蒙古議 485右

2191₁ 緋

00……緋衣夢 1650左

2194₇ 稱

06稱謂考辨 220右
80稱人心 1705右

2194₉ 秤

60秤星靈臺祕要經 907右

2196₀ 緬

27緬甸論 635左
緬甸瑣記 631右
緬甸志 635左
緬甸考略 631右
緬甸圖說 631右
緬甸風土詩 631右
33緬述 631右
44緬藩新紀 631右
50緬事述略 631右

2196₁ 縉

10縉雲文集 1273左
縉雲集鈔 1273左

2198$_{6}$ 穎

08穎譜 952左

2199$_{1}$ 縹

26……縹緗新記 1038左
29縹緲集 1382左

2200$_{0}$ 川

00川主五神合傳 444左
27川船記 799右
50川中雜識 557左

2201$_{0}$ 胤

31胤禎外傳 1082右

2202$_{1}$ 片

10……片玉痘疹 840右
片玉詞 1595左
片玉集、校記 1595左
……片玉心書 838右
片石齋燼餘草 1407右
片雲行草 1492左
17片羽集 947右
20片舫齋詩集 1418左

2210$_{8}$ 豈

21豈止快錄 634左

豐

10豐干拾得詩 1540右
17豐豫莊本書 781左
21豐順丁氏持靜齋書目 647右
22豐川雜著 1734左
豐川易說 20右
32豐溪存稿 1237左
35豐清敏公詩文輯存 1254左
豐清敏公遺事新增附錄、續增附錄、校勘記 406左
豐清敏公奏疏輯存 496左
40豐壽山樵詩鈔 1491左
44豐草庵詩集、文前集、後集 1373右
67豐暇筆談 1093右
80豐鎬考信別錄 380右
豐鎬考信錄 380右

2210$_{9}$ 鑾

31鑾江懷古集 1554右

2213$_{6}$ 蠻

17蠻司合誌 562右
50蠻書、校譌、續校 358右

2220$_{0}$ 制

00制府雜錄 773右
制府疏草 498左
24制科雜錄 465左
制科議 464右
44制藝書存 1477左
77制服表 462左
制服成誦篇 462左
制馭澳夷論 554右
80制義科瑣記 465左
制義準繩 1590右

倒

27倒鴛鴦傳奇 1705左
33倒浣紗傳記 1702右
77倒肥黿 1129左

側

46側帽餘談 948左

劇

01劇評 947右
08劇說 947右
09劇談錄、逸文 1108右 1109左

2220$_{7}$ 岑

23岑參集 1221右
40岑嘉州詩 1222左
岑嘉州集 1221右

2221$_{0}$ 亂

00亂離見聞錄 1385右

2221$_{2}$ 彪

44彪蒙語錄 761右

2221$_{4}$ 任

00任彥升集 1210右
任彥昇集 1211左
17任子 962右
任子道論 963左
44任蕃小集 1237右
50任中丞集 1210右
任中丞集選 1211左
55任耕感言 768左
72任氏傳 1099左
77……任風子 1653左、右
80任畬文存 1529左
90任少海集 1346右

崔

00崔亭伯集 1199右
崔府君斷寃家債主 1655左
崔府君斷寃家債主雜劇 1655左
崔府君祠錄 569左
崔文敏公洹詞 1339左
崔玄微記 1103右
04崔護傳 1109左
22崔後渠集 1339右
24崔德皐先生遺書 1744左
30崔寔正論 962右
33……崔補闕詩集 1226右
35崔清獻公言行錄 406右
崔清獻公集 1278左
38崔塗詩集 1238右
50崔書生傳 1119左
崔東壁評論、續輯 422左
崔東壁先生親友事文彙輯 422左
崔東壁先生佚文 1434左
崔東壁遺書 1740右
崔東壁遺書引得 655左
崔東壁遺書初刻本校勘記 1434左
61崔顥詩集 1220右
崔顥集 1220左
66崔曙集 1220左
67崔鳴吾紀事 311右
72崔氏政論 962右
80崔舍人玉堂類稿、附 1274左
崔舍人西垣類藁 1274左
崔公入藥鏡註解 1139左
崔公入藥鏡測疏 1139右
90崔懷寶月夜聞箏殘本 1661右
崔少玄傳 1098右
94崔煒傳 1107左
99崔鶯鶯待月西廂記 1651左

催

30催官評龍篇 901右
催官篇 901右

2221$_{7}$ 凭

*10*凭西閣長短句 1618右
*72*凭隱詩餘 1628左

2221_7 嵐

*34*嵐漪小艸 1431右

2222_1 鼎

*40*鼎吉堂文鈔 1482右
鼎吉堂詩鈔 1482右
*45*鼎樓詩草 1530左
*66*鼎器歌 1174右
*87*鼎錄 662右
*90*鼎堂金石錄 661左

2222_7 僑

*26*僑吳集 1313右
1314左
僑吳遺集 1314左

嵩

*00*嵩高山記 574右
*22*嵩嶽嫁女記 1119右
嵩嶽考 574右
嵩山文集 1259右
嵩山說 575左
嵩山太无先生氣經 844左
嵩山居士集 1272左
*37*嵩洛訪碑日記 677右
嵩洛游記 603左
*72*嵩岳嫁女記 1104左
*76*嵩陽雜識 1068右
嵩陽石刻集記 676右
嵩陽酬和集 1553右
*90*嵩少遊草 1408右

2222_8 岕

*44*岕茶牋 784左
岕茶彙鈔 784左

2223_0 觚

*10*觚不觚錄 492右
493左
*79*觚賸、續編 1072右

2223_4 嶽

*10*嶽雪樓詩存 1479右
*24*嶽峙山石刻 676左
*27*嶽歸堂集選、遺集選 1369右
*88*嶽餘集 1387左

2224_1 岸

*80*岸翁散筆 1003左

2224_4 倭

*00*倭文端公遺書、續 1472左
*22*倭變事略 311左
*40*倭志 311左
*47*倭奴遺事 311右
*95*倭情考略 313左
倭情屯田議 312左
773右

2224_7 後

00……後庭花 1655左
後唐天成元年殘歷 877左
*10*後一片石 1688左
後丁戊稿 1525左
後耳目志 1061右
後西征集 1518左
後西征述 616右
後西遊記 1130右
後晉天福十一年殘歷 877左
後晉天福四年殘歷 877左
*11*後北征錄 307右
*21*後虞書 536左
*22*後山詩註 1258左
後山詩話 1570左
後山詩集 1258左
後山詩鈔 1258左
後山詞 1595左
後山談叢 1057左、右
後山談叢佚文 1057右
後山集 1258左
後山集補鈔 1258左
後山集校 1258左
後山集鈔 1258左
後山先生集 1258左
後山居士文粹 1258左
後山居士詩話 1570左
後山居士詞 1595左
後出塞錄 614左
後出劫圖 1711左
後樂集 1276右
*30*後涼百官表 366左
*31*後涇渠志 582左
後渠雜識 350左
後渠子 732右
後渠漫記 350左
*33*後梁春秋 358右
*34*後漢記 287左
後漢三公年表 363右
後漢郡國令長考 364左
後漢郡國令長考補 364左
後漢儒林傳補逸、續增 412右
後漢匈奴表 364左
後漢紀 287左
後漢紀校釋 287左
後漢藝文志 642左
後漢書（謝承） 277右
278左
後漢書（謝沈） 278左
後漢書（袁山松） 278左
後漢書（范曄）、考證 266右
後漢書（華嶠） 278左
後漢書（薛瑩） 278左
後漢書辨疑 267左
後漢書評議 374左
後漢書郡國志、考證 507右
後漢書瑣言 267左
……後漢書瑣瑣 266右
後漢書勦說 267左
後漢書疑年錄 399左
後漢書注 278左
後漢書注刊誤 267左
後漢書注補正 267左
後漢書注考證 267左
後漢書注又補 267左
後漢書補注 266右
後漢書補注續 266右
後漢書補逸 277右
後漢書補表 363左
後漢書補表校錄 363右
後漢書大秦國傳補注 621左
後漢書札記（李慈銘） 267左
後漢書札記（趙濤） 267左
後漢書蒙拾 372左
後漢書華佗傳補注 433左
後漢書東夷列傳地理攷證、南蠻西南夷列傳地理攷證、西羌傳地理攷證、西域傳地理攷證、南匈奴傳地理攷證、烏桓鮮卑傳地理攷證 621左
後漢書贅語 377右
後漢書年表 363左
後漢書朔閏攷 876右
後漢書鈔 371左
後漢抄 336左
後漢縣邑省併表 507右

後漢公卿表 364左
*36*後湘詩集、二集、續集1456右
*37*後湖詞、校記 1595右
……後漁家樂 1704左
*38*後遊桃花源記 604右
*40*後七國樂毅圖齊 1678右
*44*後勸農 1710右
後燕錄 357右
後村雜記 346左
後村詩話前集、後集、續集、新集 1574右
後村詩集 1285左
後村詩鈔 1285左
後村千家詩 1533左
後村集 1284右
後村集補鈔 1285左
後村先生大全集 1285左
後村先生四六 1285左
後村先生題跋 914左
後村題跋 914左
後村別調、補 1604右 1605左
後村別調補遺 1605左
後村長短句、校記 1605左
後村居士詩餘 1605左
*46*後觀石錄 956右
*49*後趙錄 357左
*50*後畫品錄 925左
後畫錄 925右
後書品 918右
後秦記 358右
後秦錄 358右
*60*後蜀毛詩石經殘本 185左
後蜀將相大臣年表 369左
後蜀錄 357左
後四聲猿 1750右
後甲集 1422左
*77*後周文紀 1538右
後周明帝集 1215左
*78*後鑒錄 352左
*80*後養議 459右
*95*後性理吟 727右

變

24……變化空洞妙經 1137右
*60*變異錄 354左
*70*變雅斷章衍義 61左
變雅堂文集、詩集 1380右
變雅堂文錄 1380右

2224_8 巖

*10*巖下放言 983左、右
*45*巖棲幽事 958右

2226_4 循

*16*循環餘纂 891右
*30*循良錄 411左
*50*循吏傳 403右
循吏補傳 403右
*60*循園古冢遺文跋尾 669右
循園金石文字跋尾 658右
*70*循陔吟草鈔 1445右

2227_0 仙

*10*仙靈衞生歌 846右
*22*仙樂集 1184左
*25*仙佛合宗語錄 1185左
仙傳外科祕方 830右
仙傳宗源 1155左
仙傳拾遺 1113左
*27*仙緣記傳奇 1709左
*31*仙源礪士參語 748左
*33*仙心閣文鈔 1484左
仙心閣詩鈔 1483右
*40*仙壇花雨 1094左
*44*仙苑編珠 447右
*47*仙都志 574右
*50*仙吏傳 1111右
*52*仙授理傷續斷方 833左
*77*仙闔集 1322右
……仙居縣志 521左
*88*仙籍旨訣 1175右

2232_7 鷥

*28*鷥綸紀寵詩 1519右
*65*鷥嘯集 596右
*87*鷥鏡記 1697左
*95*鷥情集選 1387右

2238_6 嶺

*10*嶺雲集 1395左
嶺雲海日樓詩鈔 1516左
嶺雲草 1375左
*21*嶺上紀行 352左
*23*嶺外雜言 553右
嶺外三州語 226右
嶺外代答 552右
38……嶺海詩鈔 1548左
嶺海焚餘 499左
嶺海樓詩鈔 1463右
嶺海輿圖 553左
*40*嶺南雜記 553左
嶺南雜事詩鈔 553右
嶺南集 1446左
嶺南遊草 1496左
嶺南荔支譜 787右
嶺南風物紀 553左
*50*嶺表錄異 552右
嶺表錄異記 552右
嶺表錄異記佚文 552右
*76*嶺隅文鈔 1480左

2240_7 學

*50*學史 1038左

2241_0 乳

*28*乳谿賦稿 1430右

2244_1 艇

*00*艇齋詩話、校譌、續校、補校 1569右
艇齋小集 1272左

2245_3 幾

*00*幾亭文錄 1364左
幾亭政書 721左
幾亭外書 1743左
幾亭續文錄 1364左
*21*幾何論約 881右
幾何要法 880左
幾何補編 880右
幾何通解 881右
幾何易簡集 881右
幾何原本 879右
*34*幾社集選 1373右

2250_2 掣

*20*掣鯨堂詩選 1402左
掣鯨堂集 1402左

2250_4 峯

*37*峯泖詩鈔 1422右

2260_1 岩

*10*岩下放言 983右
*26*岩泉山人詩四選存稿1460左

2260_9 嚳

00瞀文書屋集略、尺牘略 1422右

2261$_0$ 乩

04乩詩錄 1535左
22乩仙偈 1129右

2261$_3$ 飜

10……飜西廂 1701左

2265$_3$ 畿

40畿南河渠通論 581左
50畿東河渠通論 581左
53畿輔水利議 581右
畿輔水利私議 581右
畿輔水利輯覽 581右
畿輔水道管見 581右
畿輔紀聞 328右
畿輔安瀾志 581右
畿輔通志 515左
畿輔人物考 387右
77畿服經 509左

2271$_1$ 崑

20崑禾堂集 1398右
22崑崙 632右
崑崙記 632右
崑崙說 571左
崑崙皕詠 1523右
崑崙集、續、釋文、附 1556右
崑崙河源考 578右
崑崙奴 1674左
崑崙奴傳(馮延巳) 1113右
崑崙奴傳(楊亘源) 1108左
崑山雜詠 535右
崑山郡志 519左

2271$_7$ 邕

32邕州小集 1248左
87邕歈稿 1354左

2272$_1$ 斷

12斷水詞 1628左
27斷絲夢雜劇 1689右
30斷寃家債主 1655左
35斷袖篇 1081左
40斷肉編 1033左
47斷殺狗勸夫 1664右
76斷腸記 634右
斷腸詞 1607右
斷腸集 1275左

2272$_7$ 嶠

40嶠南瑣記 555右

2273$_2$ 製

30製字略解列表 215右
55製曲十六觀 1721右
製曲枝語 1722右

2277$_0$ 山

00山廬文鈔、詩鈔 1524右
山齋集 1335右
山齋客譚 1092右
山齋清供箋 958左
山齋志 955右
山庱明哥政要 638右
10山天衣聞 745右
山西通志 515右
山西地略 525右
山西考略 525右
12山水訣(王維) 926左
山水訣(李成) 926右
山水論 926左
山水純全集 927左、右
山水松石格 925左
山水忠肝集摘要 902左
山水同名錄 570左
山水隣新鐫出像四大癡傳奇 1700左
山水隣新鐫花筵賺 1699左
17山子詩鈔 1428右
20山傭遺詩 1525右
21山行雜記 588右
22山川記 509右
山川考 570左
23山外山房詩集 1476左
30山房集、後稿 1278右
山房十友圖贊 805左
山房隨筆 1576右
山家語 1358右
山家清供 953右
954左
山家清事 957右
山窗覺夢節要 756左
山窗餘稿、校勘記 1320右
山窗餘藁 1320右
34山對齋文詩存稿 1441左
……山法備攷 903左
35山神廟裴度還帶 1651左
38山游倡和詩 1551右
山海經、校勘記 709右
710左
山海經廣註 710左
山海經平議補錄 710右
山海經佚文 709右
山海經補註 710左
山海經存 710左
山海經地理今釋 710右
山海經表目 710右
山海經圖讚 710左
山海經圖贊補逸 710左
山海經腴詞 710左
山海經箋疏、圖讚、訂譌、敍錄 710右
山海漫談 1351右
山遊十六觀 1002左
40山左訪碑錄 674左
山左碑目 674左
山左南北朝石刻存目 674左
山左筆談 532左
山南論畫 933左
山右訪碑記 674左
山右吟草 1490左
山右金石錄 674左
山樵書外紀 667左
山樵暇語 1067左
44山莊夜怪錄 1107左
山帶閣註楚詞、餘論 1195左
山村遺稾 1306左
山村遺集 1306左
山林經濟策 722左
45山棲志 442左
47山椒戲筆 1124右
50山中一夕話 1123右
山中集(顧璘) 1338左
山中集(丘雲霄) 1347右
山中白雲、校記 1609右
山中白雲詞 1609右
山中聞見錄 318左
山中學詩記 59右
山中問答 975左
山中懷往詩 1480左
山書(口口) 570右
山書(劉蛻) 966左
山東諸水編 582右
山東通志 518右
山東軍興紀略 329左
山東地略 532右
山東考古錄 532左

山東考略 532左
山東縣名溯原 532右
52山靜居詩話 1585右
山靜居論畫 932右
山靜居畫論 932右
60山邑先後加復學額志 465左
64山曉閣詞集 1621左
67山野籓言 722左
71山長集 1319右
74山陵雜記 568左
76山陽死友傳 1095左、右
山陽河下園亭記 565左
山陽志遺 519右
山陽風俗物產志 537左
山陽錄 386右
77山屋許先生事錄 428右
山居新語 347左、右
山居新話 347左
山居詩 1313左
山居瑣言 1013左
山居存稾 1292左
山居四要 1039右
山居足音集 1555左
山居隨筆 375右
山居小適 573左
山聞詩、續集 1397右
山民詩集 1296左
山民詩鈔 1296左
山門遊記 597左
78山鹽阜安四院課藝 1511左
山陰集 1319右
……山陰縣志 521左
80山羊全書 792右
山谷詩選 1255右
山谷詩鈔 1255右
山谷詞 1594左
山谷琴趣外篇、校記、校勘記 1594右
山谷集補鈔 1255右
山谷集鈔 1255右
山谷外集詩注 1256左
山谷先生詩鈔 1255右
山谷先生年譜 427右
山谷內集、外集、別集1255右
山谷內集註、外集註、別集註 1256左
山谷內集詩注、外集詩注、別集詩注、外集補、別集補 1256左
山谷老人刀筆 1256左
山谷題跋 913左
山谷年譜 427右
山谷簡尺 1256左
山公集 1215右
山公啓事、佚事 495左
山公九原 975右
83山館偶存 1473左
山館學規 764右
90……山堂詩考 53左
山堂考索前集、後集、續集、別集 1042右
山堂肆考 1043左

凶

35凶禮 78右

豳

77豳風廣義 779左

幽

10幽憂子集 1216左
33幽心瑤草 998右
43幽求子 964左
44幽夢續影 1079右
幽夢影 1074左
幽夢影續評 1012右
幽蘭草 1458右
67幽明錄、校譌、續校 1086左
77幽閨記 1691左
幽閨怨佳人拜月亭記1691右
幽閒鼓吹 338左
幽閑鼓吹 338左
97幽怪錄（牛僧孺） 1102右
幽怪錄（田汝成） 1118右
幽怪錄（陶宗儀） 1092左

2277₂ 出

10出死期 1130左
21出行寶鏡、圖 898左
22出後者爲本父母服議 80左
出山異數記 452右
24出峽記 580右
25出使須知 474左
出使英法日記 619右
出使英法義比四國日記 619左、右
出使奏疏 501左
出使日記續刻 619右
出使美日祕國日記 620左
出使公牘 479右
出岫集鈔 1401右
30出塞紀略 613右
出塞圖畫山川記 562左
36出邊紀程 618左
38出洋瑣記 620左
出洋須知 474左
47出都詩錄 1521右
60出口程記 615左
出圍城記 328右
77出關詩 1412右

2279₁ 嵊

62嵊縣志序 521左

2279₃ 繇

17繇己錄 737左

2280₉ 災

61災賑日記 479左

2290₀ 利

11利瑪竇題寶像圖 801左
30利濟瘟疫錄驗方 829右
80……利益蠶王妙經 1142左

剩

01剩語 1302右

剿

00剿辦崇仁會匪事略 335左

2290₁ 崇

00崇文總目 644右
崇文總目輯釋補正 639右
崇文總目敍釋 639右
10崇百藥齋文錄 1451左
22崇川書香錄 387右
崇川贈言 1553右
……崇川節婦傳 438右
24崇德窰捐牘存 475右
30崇安聖傳論 730右
崇實堂醫案 863右
31崇福寺志、續崇福寺志566右
崇禎五十宰相傳 402右
崇禎癸未楡林城守紀略 316左
崇禎宮詞、校記 384左
崇禎遺錄 314右
崇禎內閣行略、閣臣年表 402右

*31*崇禎朝記事 318右
崇禎朝紀略 318右
崇禎甲申保定城守紀略 317右
崇禎甲申燕京紀變實錄 317左
崇禎甲申燕都紀變實錄 317左
崇禎長編 314右
*35*崇禮堂詩 1376右
*37*崇祀名宦錄 422右
崇祀鄉賢名宦錄 421左
崇祀鄉賢祠錄 444右
崇祀鄉賢錄 411左
崇祀錄 420右
*40*崇古文訣 1536左
*44*崇蘭堂文存外集 1507左
崇蘭堂詩初存 1507左
崇蘭堂日記 1735左
*64*崇睦山房詞 1626左
*70*崇雅堂文鈔、詩鈔、應制存稿、删餘詩 1450右
崇雅堂詩稿、文稿 1518左
崇雅堂駢體文鈔 1450右
*74*崇陵傳信錄 329右
*80*崇義祠志 569右

2290₄ 梨

*10*梨雨選聲 1621左
梨雲寄傲 1712右
梨雲榭詞 1619左
*44*梨花雪 1690右
*60*梨園舊話 948左
梨園按試樂府新聲、校記 1715左
梨園軼聞 948右
*72*梨岳詩集 1236左
梨岳集 1235右

巢

*10*巢雲山房詩鈔 1490右
巢雲軒詩鈔 1462右
巢雲閣詩鈔 1463右
*21*巢經巢文集、詩集、詩後集、遺詩、逸詩 1474右
巢經巢文鈔、詩鈔前集、後集、外集 1474右
巢經巢詩鈔 1474右
巢經巢集經說 176左
巢經巢經說 176左
*50*巢蚊睫齋詩稿 1493右
*72*巢氏病源補養宣導法 845左
巢氏諸病源候論 817右
巢氏諸病源候論校 817右
巢氏諸病源候總論 817右
*77*巢民詩集、文集 1381左

樂

*00*樂亭四書文鈔、續編 1483左
樂庵詩餘 1613右
樂庵遺稿、校勘記、校勘續記 1311左
樂齋詞 1598左
樂府雜錄 935右
936左
樂府新編陽春白雪前集、後集、補集、校記 1715左
樂府詩集 1533左
……樂府羣玉 1715左
樂府集 1533左
樂府侍兒小名 398左
樂府侍兒小名錄 398左
樂府傳聲 1723左
樂府釋 1590左
樂府解題 937右
樂府補亡 1642右
樂府補題 1646左
樂府津逮 1534右
樂府遺聲 1723左
樂府古題要解 1589右
樂府標源 1723左
樂府指迷(張炎) 1717右
樂府指迷(張炎、陸行直) 1717右
樂府指迷(沈義父) 1717右
樂府雅詞、拾遺 1645右
樂府雅聯 944右
樂府原題 1589右
樂府餘音 1712左
樂府餘論 1720左
樂府餘編 1071左
樂章集、續添曲子、校記 1592右
樂章集選 1592右
*04*樂詩考略 100左
07……樂毅圖齊七國春秋 1128右
樂郊私語 347右
樂記 99右
樂記補說 99右
樂記異文考 99右
樂部 99右
*08*樂說 100左
樂論 935右
樂譜集解 100右
*10*樂元語 99右
樂平械鬥記 551左
樂天開閣 1689左
*21*樂經 99右
樂經律呂通解 101右
樂經或問 100左
樂經凡例 100左
*22*樂山集 1442左
樂山堂文鈔 1467左
樂山堂詩鈔 1467左
樂山堂縹緗新記 1038左
*23*樂稽耀嘉 248右
249左
*24*樂動聲儀 248左
樂緯 248左
1731左
樂緯稽耀嘉 249左
樂緯動聲儀 248右
樂緯叶圖徵 249左
樂緯附錄 249右
*25*樂律正俗 102左
樂律攷 103左
樂律心得 102右
樂律逢源 102右
樂律古義 101右
樂律考 102左
樂律表微 102左
樂律舉要 100右
樂律義 100右
*27*樂阜山堂稿 1421右
*31*樂潛堂集 1471右
*34*樂社大義 100右
*40*樂志齋詩集 1381右
樂志堂文略 1473左
樂志堂詩集 1473左
*44*樂協圖徵 249左
樂菴語錄 967右
*50*樂書(信都芳) 99右
樂書(陳暘) 100左
樂書正誤 100左
樂書要錄 100右
*51*樂軒集 1293右
*52*樂靜集 1258右
樂靜居士集 1258右
*60*樂圃餘稾 1254左

樂圃餘稿 1254左
樂昌公主傳 1109左
62樂縣考 102右
64樂叶圖徵 249左
66樂器三事能言、補編 102左
77樂陶閣集 1426左
樂學新說 100左
80樂全集 1246右
樂善錄 1031右
1032左
樂善錄略 1031右
……樂善堂文集定本 1422左

欒

43欒城應詔集 1253右
欒城文集 1253右
欒城詩選 1254左
欒城詩鈔 1254左
欒城集、後集、三集 1253右
欒城先生遺言 981右
欒城先生全集錄 1254左
欒城遺言 981右

2291_3 繼

17繼配馮恭人實錄 440右
33繼述堂讀孟芻言 149左
繼述堂三刻詩鈔、文鈔
1521左
繼述堂社會談約編 978左
繼述堂中西教育合纂 466左
40繼志齋集 1329左
繼古藂編 988左
44繼芳集 1419右
繼世紀聞 309右

2291_4 種

00種痘心法 841右
種痘法 841右
種痘指掌 841右
10種玉記 1695右
種玉詞 1628右
種玉山房詩集 1475左
種玉山房詩草 1470右
44種蔬疏 786左
種蘭訣 790左
種芝山房文鈔 1461右
種芝草法 1178右
種芋法 786左
種藷經證 782左
種芸仙館詞三種 1748左
種樹郭橐駝傳 1100左
種樹書 778右
種樹軒文集、詩草 1477左
種藥疏 784右
種菊庵集 1326左
種菊法 789右
48種榆僊館印存 942右
60種果疏 787左
80種義園詩草 1424右
88種竹軒詩鈔 1417左

2292_2 彩

10彩雲曲並序 1519右
27彩舟記 1695右
37彩選百官鐸 952左

2292_7 綉

88綉餘小草 1468右

2293_0 私

40……私奔相如 1669右
50私史獄 325右

2293_2 崧

40崧臺最錄 410右
崧臺隨筆 554左
崧臺學製書 502左
44崧菴集 1265右

2294_0 紙

08紙說 802右
20紙香書屋存稿 1496右
21紙上談 1012右
27紙舟先生全眞直指 1165左
60紙墨筆硯箋 805左
紙園筆記經餘 176左
紙園筆記皇朝故事 353左
紙園筆記史略 380左
87紙錄 802左
88紙箋譜 802左

2294_4 綏

00綏廣紀事 312右
30綏寇紀略 315右
綏定縣鄉土志 517右
50綏史 315右
76綏陽鴻印 1504右
77綏服西屬國記 327左
綏服外蒙古記 324左
綏服紀略 325右
綏服紀略圖詩 325右
綏服內蒙古記 324左
綏服厄魯特蒙古記 326右

2294_7 緩

44緩菴詩鈔 1403右
94緩慟集 1338右

2296_3 緇

00緇衣集傳 89右

2296_9 繙

06……繙譯五經 227左
40繙古叢編 990右
50繙書圖 1690右

2297_7 稻

20稻香樓詩稾 1472右
27稻鄉樵唱 1501左
60稻品 781右

2299_3 絲

25絲繡筆記 797右
88絲竹芙蓉亭 1652左

2299_4 秝

34秝法 871左
秝法表 871左
77秝學卮言 874右

綵

00綵毫記 1694左
26綵線貫明珠秋檠錄 1068左
45綵樓記 1697右

2300_0 卜

07卜記 898右
16卜硯山房詩鈔、後集 1418左
17卜子書 682左
卜子年譜 416左
24卜魁紀略 528右
卜魁城賦 528右
卜魁風土記 528右
34卜法詳考 897左
40卜來敦記 637左
72卜氏雪心賦刪定 901左
88卜筮書 896右

2305_3 牋

22牋紙譜 802左

2320_0 外

00外交餘勢 479右
外交小史 479右
10外丁卯橋居士初藁 1477左
22外制集(高拱) 1349右
外制集(歐陽修) 1245右
23外編叢鈔 1548左
24外借字畫浮記簿 912右
外科方外奇方 831右
外科證治全生集 832左
外科三字經 831右
外科正宗 831左
……外科發揮 832左
外科理例、方 832左
外科集驗 831左
外科經驗方 831左
外科傳薪集 831右
外科心法 831左
……外科心法要訣 831左
外科選要、補遺方 832右
外科樞要 831左
外科切要 831右
外科摘錄 832右
外科圖形脈證 831左
外科學講義 832右
外科醫鏡(高思敬) 831右
外科醫鏡(張正) 832右
外科問答 831右
外科全生集 832左
外科鈐古方 831左
外科簡效方 831右
外科纂要 832右
外科精要(馮兆張) 831左
外科精要(陳自明) 832左
外科精義 832左
25外傳精語 294右
28外傷金鏡錄 833左
30外家紀聞(汪曾武) 392右
外家紀聞(洪亮吉) 394右
外家紀聞(冒廣生) 393左
33外治壽世方 860右
40外臺秘要 856右
外臺秘要校 856右
44外藩疆理考 485右
外藩列傳 484左
47外切密率 885右
50外書 1030右
60外國紀 624右
外國史略 626右
外國事 621右
外國圖 621右
外國竹枝詞 624左
80外金丹 1181右

2320_2 参

04参讀禮志疑 95左
08参譜 784右
10参兩算經 883左
30参寥詩鈔 1257左
参寥子詩集、校勘記 1257左
参寥子集 1257左
参寥集 1257左
参寥集補鈔 1257左
60参易發凡 24右
1179右
77参同契 1180左
参同契註 1180右
参同契正文 1179左
参同契五相類祕要 1177右
……参同契發揮五言註摘錄 1180左
参同契經文直指 1180左
参同契直指三相類 1180左
参同契直指箋註 1180左
参同契口義 1180左
参同契闡幽 1180右
参同契分章注 1180左

2321_0 允

28允從集 1306右
47允都名教錄 541右

2322_1 佇

77佇月樓琴言 1626左

2322_7 偏

00偏方補遺 860左
30偏安藝流 947右

2323_4 伏

00伏魔經壇謝恩醮儀 1164左
10伏西紀事 312左
18伏敔堂詩集 1502左
21伏虎韜 1708左
伏虎韜譜 1717左
25伏牛洞記 604左
伏生授經 1688右
伏生尚書 34右
27伏侯古今注 490左
36伏瘟症治實驗談 829左
53伏戎紀事 312左
77伏邪新書 828右
伏卵錄 1014左
78伏陰論 828右
80伏羲圖贊 30左
伏氣解 828右

狀

10狀元會倡和詩集 1554左
狀元堂陳母教子 1651左

俟

27俟解 739右
44俟菴集 1311左
80俟命錄 748右

獻

00獻帝春秋 297左
16獻醜集 1287右
62獻縣劉氏懿行錄 394右
94獻忱集 1349右

2324_0 代

00代言錄 1522右
10代醉編 1070右
11代北姓譜 396右
30代字訣 216左
44代某校書謝某狎客饋送局帳啓 1128左
55代耕堂雜著 1506右
代耕堂中藁 1506右
58代數盈朒細草 891左
代數術 890右
代數句股術 889右
代數初學 889左
代數難題解法 890右
代數助變術 891右
90代少年謝狎妓書 1124左

2324_2 傳

00傳文恪公全集 1362右
……傳玄集 1203右
07傳鶉觚集 1203右
傳鶉觚集選 1203右
10傳玉樓詩集 1317右
傳平叔先生集 1375左
17傳子、訂譌 718左
傳子校補 718右
傳司馬集 1199右

22傅山人集 1337右
28傅徵君霜紅龕詩鈔 1378右
36傅渭磯先生手札 1529左
40傅木虛集 1337右
44傅夢求集 1344左
傅蘭臺集 1199右
傅若金詩 1317右
50傅中丞集 1204左
傅中丞集選 1204左
傅忠壯公文集、詩集 1363左
傅忠肅集 1264右
傅忠肅公集 1264右
66傅暘谷詩 1393左
77傅與礪詩集、文集 1317右
90傅光祿集選 1207右

2324_7 俊

37俊逸亭新編 1414右
46俊婢傳 1116右

2325_0 伐

22伐山語 1044右
40伐檀齋集 1350右
伐檀集 1250右
50伐蛟說 781右

俄

10俄西亞尼嘎洲志略 635左
11俄疆客述 636右
38俄遊日記 636右
60俄羅斯方域 636左
俄羅斯諸路疆域考 636左
俄羅斯互市始末 480左
俄羅斯疆域編 636左
俄羅斯疆界碑記 485左
俄羅斯水道記 636左
俄羅斯形勢考 636左
俄羅斯山形志 636左
俄羅斯佐領考 635右
俄羅斯戶口略 636左
俄羅斯進呈書籍記 640右
俄羅斯源流考 636左
俄羅斯叢記 636左
俄羅斯事補輯 635右
俄羅斯事輯 635右
俄羅斯國總記 636左
俄羅斯國紀要 636左
俄羅斯國志略（徐繼畬） 636左
俄羅斯國志略（沈敦和） 636右
俄羅斯盟聘記 480左
俄羅斯長編稿跋 635右
俄羅斯附記 480左
俄羅斯分部說 636左
77俄屬海口記 632右

臧

99臧榮緒晉書 279右

戲

00戲言 948右
17戲瑕 1000左、右
55戲曲考原 1723右
57戲擬青年上政府請弛禁早婚書 1128左
77戲鷗居詞話、叢話 1720左

2332_7 鶩

32鶩溪草堂存稿 1438左
37鶩湖集 1323左
……鶩湖書田志 569右

2333_1 黛

50黛史 1072右

2333_3 然

44然藜餘筆 1062左
48然松閣賦鈔、詩鈔、存稿 1472左
71然脂百一編 1742左
然脂集例 1582左
77然犀志 793右
92然燈記聞 1582右

2344_0 弁

22弁山小隱吟錄 1311左
77弁服釋例 98左

2350_0 牟

15牟珠詞 1643左
牟珠洞記 607右
17牟子 1189右
牟子校補 1189右
72牟氏陵陽集 1295左

2355_0 我

04我詩略 1392右
20我信錄 976左
21我師錄（沈汝瀚） 747左
我師錄（成蓉鏡） 748左
22我川寓賞編 916右
我川書畫記 912左
我私錄 1011右
27我疑錄 154左
40我存稿、續稿 1510右

2360_0 台

22台巖詩鈔 1434左
台山遊草 601左
32台州詩話 1566左
台州外書 541右
台州札記（童賡年） 390左
台州札記（洪頤煊） 542左
台州藝文略 648左
台州金石略 674右
台州金石錄、甎錄、金石甎文闕訪目 676左
台灣鄭氏始末 323右
50台事隨筆 541右
77台學源流 414左

2360_3 畚

40畚塘芻論 722右

2361_1 皖

07皖詞紀勝 537左

2365_0 鹹

38鹹海紀略 632左

2375_0 峨

20峨秀堂詩鈔 1470左
27峨嵋槍法 776右
77峨眉詩錄 1521右

2377_2 岱

22岱巖訪古日記 677右
30岱宗大觀 572左
38岱游集 1454右
40岱南閣集 1442左
41岱帖詩 1362右
50岱史 572左
77岱輿詩選 1426右

2392_7 編

15編珠、續編珠 1040右
37編次鄭欽悅辨大同古銘論 1099左
56編輯痘疹心法要訣 841左

56編輯雜病心法要訣 821左
編輯正骨心法要旨 833右
編輯外科心法要訣 831左
編輯幼科雜病心法要訣 839左
編輯幼科種痘心法要旨 841左
編輯傷寒心法要訣 815左
編輯運氣要訣 825左
編輯婦科心法要訣 836右
編輯刺灸心法要訣 842右
編輯四診心法要訣 851左
編輯眼科心法要訣 834右
80編年歌括 372左
編年通載 285左
91編類運使復齋郭公敏行錄 407左

2393₂ 稼

44稼村樂府 1611左
稼村塡詞 1621右
稼村類稾 1301左
50稼書先生年譜 420右
51稼軒詞 1602右 1603左
稼軒詞補遺、校記 1603左
稼軒詞甲集、乙集、丙集、丁集 1602右
稼軒先生年譜 428右
稼軒長短句 1603左
57稼邨類稾 1301左
60稼墨軒詩集、文集、外集 1460左
稼墨軒易學 26左
90稼堂文鈔 1402右

2395₀ 緘

00緘齋遺稿 1505右
10緘石集文鈔 1462右

織

10織雲樓詩稿 1439左
25織繡史札記 797右
40織女 1113左
織女星傳 1114右
86織錦璇璣圖 1207右
88織餘草 1511右

纖

00纖言 352左
40纖志志餘 1561右

2396₁ 稽

12稽瑞 907右
稽瑞樓文草 1452右
稽瑞樓書目 647左
21稽愆詩 1360左
22稽山會約 734右
35稽神錄、拾遺 1090左
稽神錄校補 1090左
40稽古齋讌集 1553右
稽古千文 203左
稽古定制 457右 489右
稽古錄(司馬光)、校勘記 285左
稽古錄(楊浚) 1079右
稽古堂文集 1379左
77稽留詩選 1397右

2397₂ 嵇

27嵇叔夜集 1203左
50嵇中散集 1202右 1203左
嵇中散集佚文 1203左
嵇中散集選 1203左

2397₇ 縮

50……縮春園傳奇 1700左

2408₆ 牘

20牘雋 1376右
23牘外餘言 976左

2411₇ 豔

10豔雲亭 1704左
豔雲亭曲譜 1717左
60豔囮二則 1074左
75豔體聯珠 1125左
豔體集聯 946左

2412₇ 動

00動文昌狀元配簪 1687左
27動物學 216右

2420₀ 射

05射訣集益 776右
21射經(王琚) 776左
射經(李呈芬) 776左
27射侯考 78右
76射陽先生文存 1344左
射陽先生曲存 1713左
90射堂集選 1365右

2421₀ 化

16化碧錄 1374右
35化清經 964左
50化書 966右 967左
化書新聲 967左
80化人遊 1703左

仕

00仕意篇 720右
27仕的 472右
77仕學備餘 908右
仕學規範 985左
88仕餘吟草 1513左

壯

38壯遊草 1464左
77壯學堂文 1527右
98壯悔堂文集、遺稿 1384右
壯悔堂文錄 1384右

魁

60魁罡六鎖祕法 1176右

2421₁ 先

00先府君事略(焦廷琥) 422右
先府君事略(汪琬) 430右
先文恭公年譜 410右
10先正讀書訣 764左
先正嘉言約鈔 750左
先天玄妙玉女太上聖母資傳仙道 1169左
先天一炁度人妙經 1150右
先天集 1290左
先天集鈔 1290左
先天斗帝敕演無上玄功靈妙眞經疏解 1150右
先天斗母奏告玄科 1164左
……先天道德經註解 1133左
先天大順等戶籍四種 477左
先天金丹大道玄奧口訣 1176左
16先聖廟林記 568右
先聖生卒年月日攷 415左
先聖大訓 729右
先醒齋廣筆記 820右

*17*先君趙冢宰忠毅公行述　408左
先君年表　422左
*21*先師小德錄　422右
*23*先我集　1534右
*24*先德記　394左
先德述聞　395左
先德錄　394右
先德小識　393左
*26*先自如府君年譜　429右
*30*先進遺風　400右
先進風格　1003右
*37*先祖通奉府君遺稾　1336右
*40*先友記　385右
*41*先妣吳太君行實　440左
*44*先考調庵府君行實　430右
先考侍御公年譜　411右
先考皓庭府君事略　423右
先考幼山府君年譜　424左
先考徵齋府君家傳　410右
先喆格言　1036右
先世遺事紀略　394左
先世事略　392右
先桂軒府君年譜　429左
*50*先秦韵讀　211右
*52*先撥志始　318左
先哲醫話　865右
*77*先賢傳　384右
*80*先公談錄　405左
先公徐印香先生先妣陸太淑人傳志　444右

佐

*00*佐玄直指圖解　904左
*33*佐治芻言　580左
佐治藥言　473左

2421$_2$ 他

*40*他士文尼亞島考略　639左

2421$_4$ 佳

*22*佳樂堂遺稿　1479右
*47*佳趣堂書目　646右
*80*佳谷遺稿　1481右

僅

*00*僅齋集　1399右
*40*僅存集、校勘記、校勘續記　1314右

2421$_7$ 仇

*30*仇宛娘雜劇　1691左
*34*仇池筆記　1056左

2422$_1$ 倚

*10*倚玉生詩稿　1502右
倚霞宮筆錄　1535左
倚雲樓遺集　1351右
倚雲閣詞　1632左
*27*倚魚山閣詩集　1490右
*41*倚棹閒吟　1471右
*44*倚華樓詩　1428左
*45*倚樓詞　1629右
*48*倚松老人詩集　1252左
倚松老人集　1252左
*65*倚晴樓詩集、續集　1474左
倚晴樓詩餘　1632右
倚晴樓七種曲　1751左
*88*倚竹齋詞草　1637左

2422$_7$ 僞

*00*僞齊錄　301左
*02*僞刻重樵碑記　671左
*22*僞後燕將相大臣年表　366左
僞後秦將相大臣年表　366左
*30*僞官據城記　316右
*34*僞漢將相大臣年表　365右
*40*僞南燕將相大臣年表　366左
*44*僞燕將相大臣年表　365右
*49*僞趙將相大臣年表　365右
*50*僞秦將相大臣年表　366左
*53*僞成將相大臣年表　365右
*87*僞鄭逸事　323右

侑

*28*侑觴瑣言　1406右

備

*00*備忘集　1350左
備忘錄　738左
備忘小抄　1036右
*22*備倭記　482右
備倭事略　311右
備倭圖記　482左
*27*備急灸法　842右
備急海上仙方　856右
*35*備遺錄、校勘記　401左
*36*備邊屯田車銃議　773右
*44*備荒通論　479左
*87*備錄　479右

2423$_1$ 德

*00*德意志國志略　637左
德言　965右
*21*德經異同字　690右
*22*德山暑譚　973左
*30*德宗承統私記　329右
*38*德滋堂歌詩附鈔　1410右
*42*德機集　1308右
*60*德星堂家訂　755右
德國議院章程　637左
*76*德隅齋畫品　927左
德隅堂畫品　927左
*77*德風亭詞　1627右
德風亭初集　1450右
德輿子、中篇、外篇　976左
德輿集　1460左

2423$_8$ 俠

*40*俠女記　1710右
俠女希光傳　1082左

2424$_0$ 妝

*45*妝樓記　1121右

2424$_1$ 侍

*00*侍疾要語　847左
侍疾日記(梁濟)　451右
侍疾日記(周彞)　452右
侍齋文鈔、詩鈔　1529左
侍齋古今詩鈔　1529左
侍帝晨東華上佐司命楊君傳記　449左
*05*侍講日記　982右
*10*侍雪堂詩鈔　1473右
*21*侍衛瑣言、補　493左
*27*侍御馬師山先生軼詩、軼文　1342左
*37*侍郎集　1305左
侍郎葛公歸愚集　1268左
*77*侍兒小名錄(王銍)　397右
侍兒小名錄(張邦幾)　398左
侍兒小名錄(洪遂)　397右
侍兒小名錄(溫豫)　398左
侍兒小名錄拾遺　398左

待

*00*待庵日札　1383右
待廬集　1416左

00待廬遺集 1417左
待烹生文集 1525左
22待制詞 1613左
待制集 1308左
35待淸軒遺稿 1297右
37待潮集 1426左
44待蘭軒存稿 1496右
51待軒詩記 55左
60待且集 1530左
待園瑣語 1011左
72待質錄 177右
90待堂文 1499左

2424_{7} 彼

26彼得興俄記 637右

2425_{6} 偉

46偉觀集 1557左
90偉堂詩鈔 1434右

2426_{0} 儲

50儲素樓詞 1635右
67儲嗣宗詩集 1236左
90儲光羲詩 1220右
儲光羲詩集 1220右
儲光羲集 1220右

貓

20貓乘 795右
44貓苑 795右

2426_{1} 借

00借庵詩選 1468右
22借巢筆記 353左
44借薇山館詩 1471左
借菴詩鈔 1468右
借樹軒集 1420左
47借根方句股細草 888右
借根方法淺說 883右
借根代數會通 889右
50借中秋集 1556右
51借軒墨存 802左
60借園詩存 1496右
77借閒生詩 1453右
借閒生詞 1631左
借閒隨筆 1009右
88借箸雜俎 1011左
借箸集 330左
借箸錄 722右

牆

11牆頭馬上 1648左
50牆東詩餘 1612右
牆東類稾、校勘記 1305右

2428_{1} 供

11供冀小言 722右

2429_{0} 休

00休庵前集、後集 1381右
28休復齋雜志 1016右
60休園語林 1004左
休園詩餘 1615右

2436_{1} 鮎

24鮎鯑小詠 1448左
44鮎埼亭詩集 1420右
鮎埼亭集、外編 1420右
鮎埼亭集文錄 1420右

2439_{4} 鰈

20鰈舫集 1519右

2440_{0} 升

00升庵韻學七種 1729左
升庵先生年譜 429右
升齋草 1360右
44升菴詩話 1578右
升菴辭品 1718左
升菴集 1341左
升菴經說 170右

2441_{2} 勉

00勉齋集 1277左
勉齋集鈔 1277右
勉齋先生集 1277右
40勉憙集詞 1638左
84勉鋤山館存稿 1502右

2444_{7} 皺

12皺水軒詞筌 1718左

2451_{0} 牡

77牡丹亭 1694右
牡丹亭骰譜 952左
牡丹譜 791左
……牡丹仙 1671左
牡丹八書 791左
牡丹燈記 1117右
牡丹榮辱志 791左

2454_{1} 特

08特效藥選便讀 855右

2458_{6} 犢

22犢山文稿 1443左
犢山詩稾 1443左

2460_{1} 告

24告先師文 763右
44告蒙編 176左

2467_{0} 甜

80甜食品 954左

2471_{4} 巏

18巏嵍山人詞集 1748左

2471_{6} 崦

00崦廔詞 1642右

嵯

21嵯峢子 962右

2472_{1} 崎

76崎陽雜詠 1492左

2472_{7} 幼

00幼主詔書 332右
幼童傳 444左
02幼訓 760左
24幼幼集成 839左
幼幼近編 839左
……幼科雜病心法要訣 839左
幼科證治準繩 838右
幼科要略 839左
幼科發揮 838右
幼科集要 839右
……幼科種痘心法要旨 841左
幼科釋謎 839右
幼科良方 839左
幼科心法集解 839右
幼科直言 839左
幼科切要 839右
幼科指歸 839右
幼科指迷 840左
幼科輯要 839左

……幼科金鑑評 839右
幼科鐵鏡 839左
幼科簡效方 840左
28……幼儀雜箴 760左
32幼溪集 1355左
40幼眞先生服內元炁訣 844右
77幼學詩 332左
幼學存草 1502右
幼學堂文稿 1451右

帥

17帥子文公崇祀鄉賢錄、行述、贈詩 423左
帥子古詩選 1406左
72帥氏淸芬集萃編 1549左
80帥公子文重與鹿鳴筵宴錄 423左
90帥惟審先生集 1357右

2473$_2$ 裝

34裝潢志 804右

2473$_8$ 峽

10峽石山水志 570左
22峽川志略 540左
26峽程記 580右
27峽船志 580右
30峽流詞 1619右
31峽源集 1511左

2474$_7$ 岐

22岐山縣鄉土志 516右

2480$_6$ 貨

14……貨殖列傳注 444左
……貨殖傳評 444左
37貨郎旦 1665左

贊

10贊靈集 1182右
贊雪山房詩存 1480右
38贊道德經義疏 687右

2490$_0$ 科

40科布多政務總册 628右
46科場條貫 464右
科場餤口 1127左
科場案 324右
科場則例 465左
80科侖比亞政要 638右

2491$_2$ 紌

46紌如鼓 1708右

2491$_7$ 秇

44秇林伐山 1037左

2492$_1$ 綺

03綺詠 1375右
綺詠續集 1375右
10綺霞詞 1621右
22綺川詞 1600左
44綺樹閣詩稾、賦稾 1401右

2492$_7$ 納

24納貓經 795右
44納蘭詞 1621左
納蘭性德詞 1621左

勦

08勦說 1026左
10……勦平粵匪方略 334右
47勦奴議撮 313左

2494$_7$ 稜

80稜翁詩鈔 1401右

2495$_6$ 緯

50緯攟 1729右
緯靑詞 1628右
緯靑遺稿 1454左
67緯略 987右
77緯學原流興廢考 227右

2496$_0$ 緒

00緒言 744左
02緒訓 752左
40緒南筆談 1008左

2496$_1$ 結

00結廬草 1365左
10結一廬書目、宋元本書目 647右
12結水滸全傳 1131右

2497$_0$ 紺

15紺珠記事錄 1038左
紺珠集 1042左

2498$_6$ 續

00續齊諧記 1087左 1096右
續方言(杭世駿) 226左
續方言(戴震) 226左
續方言新校補 226右
續方言疏證 225左
續方言補正 226右
續方言又補 227左
續高士傳 442左
續唐書 281左
續廣博物志 1039左
續文章緣起 1567右
續文章志 645右
續文獻通考 453右
續文房圖贊 805左
續離騷 1750右
續玄怪錄(李復言) 1105左
續玄怪錄(□□) 1112右
01續諧鐸 1076左
02續證人社約誡 763左
續訴琵琶 1686左
04續詩譚 1580右
續詩話 1569右
續詩傳鳥名 62右
續詩品 1584右
續詩人徵略後集 425左
07續詞選 1644右
08續論語詩 1385右
續論語駢枝 143右
09續談助 1739右
10續一鄉雅言 767左
續三十五舉(黃子高) 942左
續三十五舉(桂馥)、再續 941左
續三十五舉(桂馥·乙巳更定本) 941左
續王上舍集 1355左
續王鳳洲集 1352右
續王僉憲集 1343右
續五九枝譚 1078左
續琉球國志略 630右
續丙丁龜鑑 907右
續震澤紀聞 349右
續天文略 873左
續百家姓印譜 664左
續百家姓印譜考略 664左
續西廂 1684左
續西廂記 1651右
……續西廂昇仙記 1698右
續晉陽秋 287右

10續晉陽秋 288左
11續北山酒經 806左
12續列女傳 437右
續刊靑城山記 577左
續刊同人吟鈔 1544右
續刑法敍略 486左
16續理學正宗 748左
17續孟子 719右
續甬上耆舊詩集 1547右
20續千文 203左
續千字文(龔璁) 203右
續千字文(黃祖顓) 203右
續雞肋 1037左
21續偃曝談餘 999右
22續後漢儒林傳補逸 412右
續後漢書(蕭常)、義例、音義 278左
續後漢書(郝經) 278右
續後漢書札記 278右
續仙傳 446右
續幽明錄 1088左
續幽怪錄、拾遺、校勘記、續校、札記、佚文 1105左
23續傅山人集 1337右
續傳夢求集 1344左
續編綏寇紀略 315右
續編宋史辯 378右
24續豔體連珠 1517左
續佐治藥言 473左
續侍兒小名錄 398左
25續積善錄 1032右
26續皇甫百泉集 1343右
續皇甫理山集 1349左
續泉說 664左
續吳郡志 519左
續吳川樓集 1353右
續吳先賢讚 388右
續釋名 217右
續釋常談 225右
27續蟹譜 793右
續修雲林寺誌 566右
續修藁城縣志 515右
續殷代學術史 978左
續疑年錄 398右
續名醫類案 861右
續名賢小記 388右
續名人生日表 399左
續句圖 1532左
續鄉程日記 617右
28續復古編 198左
續徐龍灣集 1353右
30續定命錄 1048右
續宋編年資治通鑑 284右
續宋中興編年資治通鑑、佚文 284右
續宋中興編年資治通鑑校記 284右
32續近思錄 742右
33續補侍兒小名錄 397右
398左
續補彙刻書目、再續補、三續補 648左
續補寰宇訪碑錄 665左
34續沈鳳峯集 1346右
續漢志補注 267左
續漢書 278左
續漢書辨疑 267右
續漢書郡國志釋略 507右
續漢書佚文 266右
續漢書志瑣言 267右
續漢書志注補校正 267右
續漢書志注所引書目 653左
續漢書人表考校補 398右
35續淸言 972右
續淸涼傳 445右
續神仙傳 446右
續神咒錄 1181右
37續通志 453右
續通典 453左
續資治通鑑 285左
續資治通鑑綱目校勘記 284左
續資治通鑑長編 284右
38續澉水誌 520左
續道藏經目錄 653右
39續娑羅館淸言 973左
40續十二詞品 1719右
續左氏膏肓 104右
續南方草木狀 551右
續志林 991右
續幸存錄 318右
續李滄溟集 1350左
續古文辭類纂 1537左
續古文苑 1535右
續古摘奇算法 879左
續古今考 1021左
續古篆韻 198右
續校讐通義 640左
41續板橋雜記 1073右
42續姚山人集 1343右
43續尤西堂擬明史樂府 383左
續博物志 1039左
44續考古圖 660左
續萬履菴集 1351左
續華州志 516右
續世說 1057左
續廿二史彈詞 1714右
續黃五嶽集 1342右
……續焚書 997右
續茶經 783左
續杜工部詩話 1564左
45續隸篇所據碑目 671左
47續穀梁廢疾 118右
48續增補折疑頌論詩 1191右
續翰林志 469左
50續史疑 375左
續事始 1041左
續夷堅志 1091右
續畫品 925右
續畫品錄 925右
續本事詩 1563右
續書譜 920左
續書法論 922左
續書品 919左
續春秋左氏傳博議 109右
續春秋左氏傳義略 105右
續東河櫂歌 584左
51續軒渠集 1311左、右
55續曲品 1722右
57續搜神記 1085左
60續墨客揮犀 1055右
續四聲猿 1750右
續呂子校補獻疑 709左
續呂氏家塾讀詩記 52右
續異記 1087右
續異書四種 1742左
67續明季遺聞 321右
68續黔書 557右
71續歷代紀事年表 370右
72續髻鬟品 1121左
73續驂鸞錄 616左
74續骫骳說 1062左
77續同人集 1553右
續騷堂集 1368左
續學言 737左
續巳編 1092左
續印人傳 435右
80續人表考校補 398右
續金石稱例 670右
續金鍼詩格 1569左

續前定錄 1104右
續會稽掇英集校補 1547左
……續命妙經 1138左
續公羊墨守 115左
續公羊墨守附篇 115左
82續劍俠傳 1117右
86續錦機 1583右
88續竹譜 782右
續笑林 1125左
續筆叢 1739右
90續小兒語 760左
95續性理吟 727右
續精忠記 1698右

2500_0 牛

00……牛癀妙經 1142左
牛應貞傳 1102左
10牛西蘭島紀略 639左
11牛頭山 1703右
17牛丞相 1129左
28牛給事詞 1591右
31牛涇村遺著三種 1736右
40牛奇章集 1215左
牛奇章集選 1215右
50牛中丞詞 1592左
80牛羊日曆 298左
99牛營奕營記略 328右

2503_0 失

50失春酒 1130左
72失氏名後漢書 278右

2510_0 生

00生齋文藁 1453右
生齋詩藁 1453右
生齋讀易日識 25右
生齋自知錄 746右
生齋日識、續 746右
10生天經頌解 1135左
……生天得道經 1135左
生霸死霸考(王國維) 876右
生霸死霸考(俞樾) 876左
16生理新語 824左
20生香館詞 1627右
60生日會約 960左
71生辰倡和集 1556左
80……生金閣 1657右

2520_0 仗

80……仗義疏財 1670右

2520_6 仲

10仲可筆記 1016左
12仲弘集 1308右
17仲子書 681右
30仲安集鈔 1276左
仲安遺草 1479左
仲實詩存 1498右
仲實集 1314左
仲實類藁 1498右
32仲淵集 1321左
35仲禮集 1321右
51仲軒詞 1626右
58仲贅集 1313右
66仲瞿詩錄 1445左
71仲長子昌言 717左
仲長統論 717左
72仲氏易 20右
80仲愈集 1313右

伸

31伸顧、劄記 209右
44伸蒙子 719右

使

00使高麗錄 626右
使高昌記 609左
使交集 1397右
10使琉球雜錄 630右
使琉球記 630右
使琉球紀 630左
使琉球錄 627右
使西紀程 619左
使西域記 628左
使西書略 619左
使西日記 619右
17使豫日記 620右
21使緬錄 480左
23使俄草 480右
使俄日記 480左
24使德日記 620左
26使粵日記 615左
34使法雜記 637左
使法事略 480右
使滇紀程(楊懌曾) 615右
使滇紀程(晏端書) 617左
使滇日記 616左
使遼錄 609左
36使還日記 619右
44使英雜記 636右
使楚叢譚 615左
50使東雜記 629右
使東詩錄 619右
使東述略 629右
60使蜀日記(方象瑛) 613左
使蜀日記(孟超然) 615左
使足編 479左
68使黔集 1480左
71使臣碧血 319右
74使陝記 618右
77使閩日記(費延釐) 618右
使閩日記(瞿鴻禨) 620右
80使金錄 301右
使美紀略 620左
使會津記 634左

2520_7 律

00律唐 1465右
律文、音義 487左
律音義 487左
04律詩定體 1582右
律詩四辨 1584右
22律例類鈔 487右
27律綱 487右
37律選 1465右
40律李 1465右
44律蘇和陶 1377右
律杜 1465右
50律書律數條義疏 102右
58律數說 103左
60律目考 486右
律易 103左
律呂 100右
律呂新論 101右
律呂新書 100右
律呂新書補注 101左
律呂新義 101右
律呂正義 101右
……律呂正義後編 102左
律呂元音 103左
律呂納音指法 215左
律呂名義算數辨 103左
律呂心法全書 101右
律呂通今圖說 103左
律呂直解 101左
律呂古誼 102左
律呂考 102右
律呂成書 100右
律呂臆說 102右
律呂闡微 101右

60律呂精義外篇 101左
律呂精義內編 101左
71律歷融通、音義 869左
律曆逸文 866右
74律髓輯要 1533右
77律陶(王思任) 1361左
律陶(李炤祿) 1465右
律服考古錄 461右
律學新說 101左
80律令 486左

2521$_4$ 往

25往生奇逝傳 1129右
52往哲錄 388右

2522$_7$ 佛

08佛說雜藏經 1187左
佛說鬼問目蓮經 1187左
佛說安宅呪經 1187左
佛說十八泥犂經 1187左
佛說大乘金剛經論 1187左
佛說四十二章經 1187左
佛說四十二章經注 1188左
佛說八大人覺經 1187左
佛說金剛般若波羅蜜經 1186右
10佛爾雅 1191右
20佛垂般涅槃略說教誡經 1186右
佛乘階位 1188右
27佛解 1190右
34佛法靈感記 1191左
35佛遺教經 1186右
37佛祖通載 1189右
44佛地考證三種 1734右
55佛曲三種 1714左
60佛國記 621右
……佛國記地理考證 622左
佛國禪師文殊指南圖讚 1192左
77佛學地理志 626右
佛學筆記 1191左

倩

40倩女離魂 1661左
62倩影廔遺詞 1635右

2523$_0$ 佚

35佚禮扶微 95左

2524$_0$ 健

44健菴集 1401右
88健餘先生文集 1414右
健餘先生讀書筆記 153左
健餘先生撫豫條教 472右
健餘先生尺牘 1414右
健餘劄記 743左

2524$_3$ 傳

傳 1047左
00傳註問 1727右
05傳講雜記 982右
17傳習則言 732右
傳習錄 732右
20傳信記 338右
傳信適用方 857右
21傳經室文集、賦鈔 1458左
傳經始末 161左
傳經表(洪亮吉) 182左
傳經表(畢沅) 181右
傳經表補正 182左
傳經堂家規 755右
27傳疑錄 994右
傳魯堂文集 1509左
傳魯堂詩二集 1509左
傳魯堂詩初集 1509左
傳魯堂駢文 1509左
30傳家集 1249右
傳家陽宅得一錄 900左
33傳心要語 746右
35傳神秘要 932左
38傳道集 1172右
40傳古別錄 663左
傳奇 1107左
傳奇二種 1751左
傳奇品 1722右
傳眞祕要 929左
43傳載(贊寧) 361左
傳載(劉餗) 336右
傳載略 361左
44傳芳集(唐胄) 1339左
傳芳集(傅以禮) 1550左
50傳忠錄 820右
傳忠堂書目 652左
傳忠堂學古文 1486右
傳書樓詩稿 1439右
52傳授三洞經戒法籙略說 1157左
傳授經戒儀注訣 1163左
60傳國璽譜 939右
傳是樓宋元板書目 646右
傳是樓宋元本書目 646右
傳是樓書目 646右
82傳鐙賸稿 1506左

2540$_7$ 肆

08肆許外篇 188左

2576$_0$ 岫

22岫巖志略 516左

2590$_0$ 朱

00朱方旦案 325右
朱慶餘詩集、校勘記 1232右
朱文端公文集 1410右
朱文端公年譜 410左
朱文肅公詩文集 1364右
朱文公刊誤古文孝經 158左
朱文公刊誤孝經旨意 158右
朱文公政訓 471右
朱文公政訓摘要 471右
朱文公白鹿洞書院揭示集解 762左
朱文公定古文孝經 158左
朱文公校昌黎先生文集、外集、遺文 1228左
朱文公易說 15左
17朱子童蒙須知 759右
朱子文集 1272左
朱子語類、文集、正譌、記疑 728右
朱子語類評 728右
朱子語類輯略 728右
朱子語類日鈔 728右
朱子語類四纂 728右
朱子語類纂 728右
朱子訓子帖 752左
朱子訓蒙詩百首 759右
朱子詩集 1272左
朱子詩選 1272左
朱子讀書法 762左
朱子說書綱領 38右
朱子論學切要語 762右
朱子五經語類 170左
朱子五書 728右
朱子行狀 418左
朱子師友傳 413左
朱子白鹿洞書院揭示 762左
朱子白鹿洞規條 762左

朱子价集 1351右
朱子儀禮釋宮 81右
朱子爲學次第考 418左
朱子禮纂 94右
朱子遺書重刻記疑 729左
朱子遺書重刻合編 1736左
朱子大全文集、續集、別集、文集正譌、文集記疑、正譌記疑補遺 1271右
朱子大義 729左
朱子孝經刊誤 158左
朱子增損呂氏鄉約 765右
朱子事彙纂略 418右
朱子書 728右
朱子抄釋 729左
朱子四書纂要 148右
朱子晚年定論 732右
朱子原訂近思錄 728左
朱子周易參同契考異 1179右
朱子閒適詩選 1272左
朱子學訓 762左
朱子學歸 729左
朱子學的 728右
朱子陰符經考異 1135右
……朱子全書 728左
朱子年譜、考異 418左
朱子節要 729左
朱子節要鈔 729左
20朱秉器文集、詩集 1357右
21朱上如木刻四種 1739左
22朱鼎甫先生尺牘 1507右
朱山人集 1356左
朱絲詞 1641右
23朱參軍畫象題詞 444右
24朱先生行狀、附刻 418左
朱升之集 1338右
朱勉齋集 1369左
25朱仲開集 1348左
31朱汗朱詩 1392左
朱福州集 1342左
37朱淑眞斷腸詞 1607右
朱淑眞斷腸詩集 1275左
40朱太守風雪漁樵記 1656右
朱太守風雪漁樵記雜劇 1656右
朱布衣詩鈔 1388左
44朱蕩南集 1337右
朱藤老屋詩鈔 1480右
朱茉堂經進文 1451左
朱茉堂奏稿 499右
46朱柏廬先生編年毋欺錄、附 420右
朱柏廬先生治家格言 754右
朱柏廬先生大學講義、中庸講義 152右
朱柏廬先生勸言 754右
48朱梅崖文譜 1565右
50朱中尉詩集、校勘記、校勘續記 1374左
60朱呂問答 746右
72……朱氏集驗醫方 857右
73朱臥菴藏書畫目 911左
74朱陸異同書 738右
77朱丹木詩集 1472左
朱丹木詩選 1472左
80朱令昭詩 1414左
84朱鎭山集 1347左
88朱笥河先生年譜 422左
90朱雀橋邊野草 1445左

2591_7 純

10純正蒙求 762左
12純飛館詞 1643左
純飛館詞三集 1643左
純飛館詞續 1643左
24純德彙編、續刻 443右
26純白齋類稿 1309右
純白類稾 1309右
76純陽帝君神化妙通紀 449右
純陽祖師金剛般若波羅密經註講 1187右
純陽眞人渾成集 1232右
純陽呂眞人文集 1232右
純陽呂眞人藥石製 1177右
純陽呂公百字碑測疏 1174左
88純節先生集 1316左

2592_7 繡

04繡詩樓詩 1516左
08繡譜 797右
15繡珠軒詩 1460右
22繡山文鈔 1470左
繡山小草 1492右
25繡佛齋詩鈔 1474右
31繡江集 1001右
繡襦記 1694左
44繡幃燈傳奇 1706左
繡藥軒遺詩 1467右
46繡帕記 1708右
60繡墨軒詞 1640右
68繡吟樓詩鈔 1488左
77繡閒詞 1615右
繡閒草 1420右
80繡谷亭薰習錄經部、集部 647左
88繡餘小集 1472右
繡餘詞 1630右
繡餘草（李葆素） 1487右
繡餘草（趙環） 1434左
繡餘吟稿 1444右
繡餘小稿 1407右

2593_0 秩

90秩堂賸稿 1492左

2598_6 積

00積齋集 1311左
17積承錄 733右
22積山雜記 425左
40積古齋藏器目 659右
積古齋鐘鼎彝器款識 661左
積古齋鐘鼎彝器款識補遺 661左
50積較術 889左
積較客難 889左
積書巖詩集 1387右
80積善錄 1032左

績

01績語堂詩存、文存 1499左
績語堂論印彙錄 942左
績語堂碑錄 666右
績語堂題跋 917左
32績溪山水記 570左

2599_0 秫

74秫陵集 1351左
秫陵秋 1365左
秫陵春 1703右
秫陵春傳奇 1703右
秫陵盛氏族譜 394左

2599_6 練

17練勇芻言 776左
22練川雜詠 1425右
32練溪漁唱 1623右
40練榜眼集 1328左
50練中丞集 1328左
練中丞金川集 1328左
72練兵紀實、雜集 774左

72綀兵實紀、雜集 774左
77綀閲火器陣記 777左

2600$_0$ 白

00白鹿洞書院學規 762左
白鹿洞揭示 762左
白鹿書院教規 762左
白齋詩集 1338右
10白雪詞 1610左
白雪遺音 1610左
白霓裳 1690右
白雨齋詞話 1720右
白石詩詞評論 1565左
白石詩集 1280左
白石詞 1605右
白石山房文錄 1400右
白石山房逸槀 1325右
白石山房逸稿、補錄 1325右
白石道人詩詞評論 1565左
白石道人詩說 1573右
白石道人詩集、集外詩 1280左
白石道人詞集、別集 1605右
白石道人歌曲、歌詞別集、校記 1605右
白石道人集 1280左
白石道人集補遺 1280右
白石道人續書譜 920左
白石道人逸事、逸事補遺 428右
白石道人年譜 428右
白石樵眞稿 1360左
白石樵唱集 1295左
白石樵唱集補鈔 1295左
白石樵唱鈔 1295左
白石樵尺牘 1360左
白雷登避暑記 637左
白醉題襟 1555左
白雲齋選訂樂府吳騷合編 1715左
白雲槀 1323右
白雲詩藁、文藁 1323右
白雲詩鈔 1417右
白雲子 1205左
白雲子集 1300左
白雲集(唐桂芳) 1323右
白雲集(許謙) 1303右
白雲集(釋英) 1304右
白雲仙人靈草歌 1178右
白雲山房詩集、文集 1447左
白雲山樓集 1422左
白雲先生許文懿公傳集 1303右
白雲先生集 1303右
白雲儔侶傳 425右
白雲樵唱集 1326右
白雲村文集 1403左
白雲樓詩話 1583左
白雲樓詩鈔 1398左
白雲梯 1001右
白雲軒存稿 1497左
白雲小稿 1604左
11白頭新 1690右
白頭吟 1198左
12白水質問 736左
白孔六帖 1041左
17白羽黑翮靈飛玉符 1151右
白兔記 1691右
20白香亭詩 1497右
白香詞譜箋 1716左
白香山詩集 1229右
白香山詩長慶集、後集、別集 1230左
白香山年譜、年譜舊本 426右
21白仁甫雜劇 1749左
白虎通、校勘補遺、考、闕文 166右
167左
白虎通疏證 167左
白虎通德論、校勘補遺、闕文 166右
167左
白虎通德論補釋 167左
白虎通義、校勘記 166右
167左
白虎通義定本 167左
白虎通義源流考 167左
白虎通義斠補、闕文補訂 167左
22白嶽游稿 1552右
白嶽遊記 596右
白岩文存 1470右
白岩詩存 1470右
白山詞介 1647左
23白鶖洲小志 554左
26白白齋貨殖傳評 444左
35白溝草 1486右
36白澤圖 907左
白澤圖佚文 907左
38白洋里墓田丙舍錄 569右
39白沙語要 731右
白沙要語 731右
白沙子 1332右
白沙集 1332右
白沙先生語錄 731右
40白耷山人詩、文 1378右
白耷山人年譜 430右
42白桃花館雜憶 1017左
43白狼河上集 1553左
44白茅堂文錄 1388左
白茅堂詞 1616右
白蘭堂詩選 1419右
白猿傳 1097左
白蓮集 1238右
白蕉詞 1622右
白燕栖詩草 1377左
白蘇齋類集 1360左
白華詞 1632右
白華山人詩說 1586右
白華山人詩集 1468左
白華之什 1478左
白苔集 1427左
47白鶴軒集 1474右
白鶴堂文錄 1419左
白獺髓 346右
52白蠟遊記 633左
53白蛇記 1112左
60白田雜著 1024右
白田草堂文錄 1411左
白田草堂存槀 1411左
白田草堂存稿 171左
白田鄭氏遺集 1550右
67白喉辨症 835左
白喉證治通考 835左
白喉治法忌表抉微 834右
白鷺洲主客說詩 56左
71白匡集 1351右
72白氏文集 1229右
白氏文集校正 1230左
白氏長慶集 1229右
77白鳳樓詩鈔 1488左
白門衰柳附記 1079右
白門新柳記、補記 1079右
白門集 1429左
白門日札 377左
80白尊者普仁傳 445右
白尊者普仁舍利塔銘 445右
白谷集 1367左
88白敏中儌梅香 1661左

自

06自課堂文、詩選 1382右
自課堂詩餘 1615右
07自記年譜 410右
23自然集 1711右
自然經 1142左
自然好學齋詩集 1453右
自然好學齋詩鈔 1453右
自然略說 807左
26自得廬雜著 749右
自得園文鈔 1425左
28自儆錄 375右
30自家意思集 1300左
自害自 1129左
33自述錄 444右
34自滇入都程記 614左
37自湖廣武陵至貴州水旱路程記 562右
40自乂瑣言 1012左
自有樂地吟草 1515左
46自娛齋集選 1370左
48自警編 766左
自警篇 766左
50自由女請禁婚嫁陋俗稟稿 1128左
53自成都府至後藏路程 560右
自感疊韻六十章 1461左
61自號錄 398左
自題所畫 917左
67自鳴集(章甫)、校勘記 1277左
自鳴集(余濳士) 1456左
自鳴鐘表圖說 808左
71自反錄 735右
78自驗錄 741右
90自堂存稿 1292左
自省集 1257右
93自怡齋詩鈔 1483右
自怡齋吟稿 1508左
自怡集 1326左
自怡草 1372左
自怡軒詩 1468右
自怡吟拾存 1496左
自怡吟鈔 1488右
自怡悅齋藏書目 652左

2604_0 牌

08牌譜 952右
21牌經 952左

2610_4 皇

00皇帝大同學革弊興利百目 116左
皇言定聲錄 101左
10皇王大紀 286左
皇元征緬錄 304左
皇元風雅前集、後集 1542右
皇天上淸金闕帝君靈書紫文上經 1145左
皇霸文紀 1536右
21皇上七旬萬壽千字文1430左
皇經集註 1134左
27皇象本急就章、音略 201左
皇綱錄 285右
30皇宋通鑑長編紀事本末 292左
皇宋十朝綱要 290右
……皇宋中興兩朝聖政 291左
皇宋書錄、外篇 433右
34皇祐新樂圖記 938左
35皇淸文穎 1545左
皇淸職貢圖 625左
皇淸經解淵源錄、外編651左
皇淸經解提要、續編 650左
皇淸書史 433右
皇淸書人別號錄 433右
皇淸開國方略 293左
皇淸開國方略書成聯句 384左
41皇極經世 893左
皇極經世解起數訣 893左
皇極經世心易發微 893左
皇極經世索隱 893左
皇極經世觀物外篇衍義 893左
皇極經世觀物外篇釋義 893左
皇極經世書 893左
皇極經世書緒言 893左
皇極經世書解 893左
皇極外書 893右
皇極聲音數 207右
皇極書 893右
皇極闔闢證道仙經 1175左
44皇夸曲 1292左
皇華紀程 480右
皇華紀聞 613左
47皇朝文獻通考 453右
皇朝文獻通考四裔考 635右
皇朝文鑑 1542左
皇朝謚彙攷 463右
皇朝一統輿圖 514左
皇朝武功紀盛 293左
皇朝聖師考 385左
皇朝經籍志 644左
皇朝鼎甲錄 465右
皇朝續文獻通考 454左
皇朝吳郡丹靑志 434右
皇朝名臣言行續錄 400左
……皇朝禮器圖式 458右
皇朝冠服志 459左
皇朝通志 453右
皇朝通典 453左
皇朝道學名臣言行外錄 413左
皇朝本記 304右
皇朝馬政記 482左
皇朝輿地韻編 514左
皇朝類苑 1042左
皇都水利 581左
53皇甫謐說 395左
皇甫百泉集 1343右
皇甫理山集 1349左
皇甫司勳集 1343右
皇甫司農集 1200左
皇甫御史詩集 1222左、右
皇甫補闕詩集 1223右
皇甫華陽集 1341右
皇甫冉詩集 1223右
皇甫冉集 1223右
皇甫持正文集 1229左
皇甫持正集、校記 1229左
皇甫昆季集 1747左
皇甫曾集 1222左
皇甫少玄集、外集 1343左
67皇明帝后紀略、藩封 386左
皇明文衡 1544左
皇明詩話 1565左
皇明平吳錄 305右
皇明天全先生遺事 407右
皇明西江詩選 1548左
皇明職方地圖表 513右
皇明理學名臣言行錄 413左
皇明象胥錄 624左
皇明名臣琬琰錄、後錄、續錄 400右
皇明紀略 348右
皇明遜國記 307左

67皇明遜國臣傳 401右
皇明九邊考 485左
皇明大訓記 493右
皇明大政記 291左
皇明大事記 292右
皇明靑宮樂調、圖 938左
皇明本紀 304右
皇明輔世編 400右
皇明盛事 492右
皇明四朝成仁錄 402右
皇明恩命世錄 1182右
皇明開國臣傳 401左
70皇雅 1245左
74……皇陵碑 305左
77……皇輿西域圖志 517左
皇輿考 513右
78皇覽 1040左
皇覽逸禮 93右

2620_0 伯

17伯子詩稿 1522右
伯子論文 1581右
21伯穎雜文 1485右
22伯山文集、詩集 1456右
伯山文鈔 1495右
伯山詩話後集、續集、再續集、三續集、四續集 1587右
伯山詩鈔 1495右
伯山日記 451左
伯利探路記 632左
25伯生詩後 1309左
伯仲諫臺疏草 497右
27伯將集 1319左
30伯瀛詩草 1498左
37伯初文存、詩鈔、時藝 1440右
44伯韓詩鈔 1473右
伯英遺稿 1508右
71伯牙琴 1297右

伽

21伽師縣鄉土志 518左
44伽藍記 567左

2620_7 粵

04粵詩蒐逸 1548左
07粵詞雅 1721左
10粵西詩載、文載 1548左
粵西詞見 1647左
粵西瑣記 555左
粵西種人圖說 555右
粵西偶記 555左
粵西得碑記 676右
粵西從宦略 1075右
粵西叢載 555左
粵西筆述 555右
17粵歌 1561右
21粵行三志 1735左
粵行紀事 322右
粵行小紀 322右
24粵牘偶存 503左
31粵江諸水編 585右
32粵洲公年譜 419左
33粵述 555左
34粵滇雜記 563左
38粵游雜詠 1378左
粵游詞 1620左
粵游紀程 617左
粵游日記 616左
粵游見聞 322右
粵逆名目略 333右
粵逆陷寧始末記 335左
粵遊日記 587右
粵遊錄 617右
粵遊小志 606左
粵道貢國說 625左
40粵臺徵雅錄 391右
48粵槎日記 612右
50粵中偶記 322右
粵囊 553左
粵東市舶論 475右
粵東勦匪紀略 335左
粵東皇華集 1431左
粵東金石略 676右
粵東懷古 1405右
77粵風 1747右
粵屑 553右
82粵劍編 553左

2621_3 鬼

00鬼方昆夷玁狁考 380右
17鬼子母揭鉢記殘本 1658右
35……鬼神列傳 1085左
鬼遺方 830右
44鬼董 1117左
47鬼塚志 1087右
1088左
60鬼國記、續 1116左
77……鬼問目蓮經 1187左
80鬼谷子、外篇、篇目考、校記 706右
707左
鬼谷子平議補錄 707左
鬼谷子天髓靈文 1169左
鬼谷子佚文 706右

2621_4 俚

17俚歌一首 333左
55俚曲三種 1714左

2622_7 偶

00偶言 737左
01偶譚 973左
偶語 1081左
偶諧舊草、續草 1377左
07偶記(佘翹) 375右
偶記(鄭仲夔) 1070右
1071右
10偶爾吟 1473右
20偶香園詩草 1501右
23偶然欲書 1006左
30偶客談 721左
38偶遂草 1411右
40偶存草 1399左
44偶菴集 1399左
50偶書 974右
68偶吟 1398右
88偶筆 1013左

偈

00偈庵集 1361右

觸

90觸懷吟 1466左

2623_2 泉

17泉務學治錄 502左
32泉州切音字母 216左
40泉南雜志 542右
泉志、校誤 663左
44泉村詩選 1376左

2624_0 俾

67俾路芝沿革考 632左
俾路芝考略 632左

2624_1 得

00得慶記 560左
10得一齋雜著 1734右
得一山房詩集 1493左
30得宜本草 854右

得之集 1317左
31得酒趣齋詩鈔 1455右
33得心集醫案 863右
得心編 745左
38……得道了身經 1135左
44得樹樓雜鈔 1024右
77得月樓艸 1403左
……得月樓書目摘錄 646左
80得全居士詞 1597右
得會銀 1130左

2624$_8$ 儼

22儼山集、續集 1339左
儼山外集 1739右
儼山外纂 995左
儼山纂錄 995左

2626$_0$ 侶

10侶石山房詩草 1462左
22侶仙堂類辯 866左
44侶樊草堂詩鈔 1504左

2628$_1$ 促

23促織經(賈似道) 796左
促織經(金文錦) 796左
促織志(袁宏道) 796左
促織志(劉侗) 796左

2629$_4$ 保

00保產育嬰錄 835右
12保孤記、附 1067右
22保山二袁遺詩 1747左
24保德風土記 525右
25保生要錄 845右
846左
保生心鑒 844右
保生胎養良方 837右
保生月錄 845左
保生銘 1168左
26保和齋稿 1355左
保和殿曲宴記 299左
30保定府祁州束鹿縣志 515左
保定城守紀略 317右
40保赤新書 840左
保赤要言 839左
保赤輯要 839右
保赤篇 839右
……保眞養生論 845右
43保越錄 304右
53保成公徑赴澠池會 1656右
60保甲書輯要 482左
保甲團練事宜 482左
66保嬰要旨 841右
保嬰撮要 838右
保嬰易知錄 839右
保嬰金鏡錄 838右
保嬰篇 841右
保嬰粹要 838右
76保陽吟草 1447右
77保舉經學名單 413右
保民訓要 482左
80……保命歌括 820左
……保命集論類要 814左

2633$_0$ 息

00息六齋遺稿 1440左
38息游詠歌 1458左
41息柯雜著 917左
息柯白箋 1477左
60息園遺詩 1433右
息園存稿 1338右
息園舊德錄 393左
62息踵軒賸草 1464右
息影廬殘稿 1479左
80息齋尺牘、附存 1510左

憩

38憩遊偶考 562左
60憩園詞話 1720右

2640$_1$ 皐

00皐亭倡和集 1554右
44皐蘭載筆 530左

臯

00臯言 970左

2641$_3$ 魏

00魏竟甫詩 1397右
魏方鎭年表 364右
魏應德璉集 1201左
魏應休璉集 1203左
魏文帝雜事 336左
魏文帝詩格 1566右
魏文帝集 1202左
魏文毅公奏議 499左
魏文貞公故事拾遺 404右
魏文貞公年譜 404右
魏文侯書 684左
魏文節遺書 1270左
04魏詩 1538左
魏諸帝統系圖 367左
魏諸王世表 367左
10魏三體石經遺字考 184左
魏正始石經殘石考 184右
魏王花木志 787右
魏王泰括地志 510右
魏石經攷異 184左
魏石經考 184左
魏石生詩選 1384左
魏晉石存目 665右
魏晉世語 1045左
13魏武帝集 1201右
17魏子 716左
20魏季子文集 1393左
魏季子文鈔 1393左
魏季朗集 1350右
21魏貞庵先生年譜 409右
魏貞菴詩 1384左
23魏外戚諸王世表 367左
24魏特進集 1214左
魏特進集選 1214左
26魏皇覽 1040左
魏伯子文集 1387左
魏伯子文錄 1387左
魏伯子文鈔 1387左
魏伯子雜說 1004左
魏伯陽七返丹砂訣 1177左
27魏(三國)將相大臣年表 364右
魏(南北朝)將相大臣年表 367左
魏叔子文集外篇、日錄、詩集 1389右
魏叔子文鈔 1389右
28魏徵破笏再朝天 1687左
魏徵改詔風雲會 1680左
30魏宋雲釋惠生西域求經記地理攷證 608右
40魏太尉詞 1591右
魏臺訪議 963左
44魏莊渠先生集 1340左
魏莊渠先生書 1339右
魏荀公曾集 1204左
48魏敬士文集 1409左
50魏夫人傳 439左
魏忠賢始末 313右
魏書、考證 270右
魏書平議 271左

50魏書外國傳地理攷證、西域傳地理攷證、外國傳補地理攷證 622左
魏書官氏志疏證 396右
魏書禮志校補 456右
魏書校補 270右
魏書校勘記 270右
魏書札記 270右
魏書地形志、考證 510左
魏書地形志校錄 510左
魏春秋 287左
55魏曹子建集 1202左
60魏國將相大臣年表 364右
魏異姓諸王世表 367左
67魏昭士文集 1409左
魏略 297左
71魏阮元瑜集 1201左
72魏劉公幹集 1201右
魏氏補證 396右
魏氏春秋 287左
75魏陳思王年譜 425右
77魏興士文集 1404右
80魏公題跋 913左
82魏鍾司徒集 1203左
87魏鄭公詩集、文集 1216左
魏鄭公諫續錄 404右
魏鄭公諫錄 404右
88魏敏果公年譜 409右
90魏惟度詩 1398左
魏尚書奏王侯在喪襲爵議 456右

2643$_0$ 吳

00吳主一集 1323左
吳康齋集 1330右
吳文正集 1304左
吳文正公較定今文孝經 158左
吳文肅公摘稾 1335左
吳音奇字 199左
吳音奇字跋 199左
01吳評悅容編 1125右
吳語 535左
04吳詩集覽、談藪、補註 1379右
10吳三桂紀略 325左
吳霽寰集 1349右
吳下尋山記 593左
吳下名園記 564右
吳下喪禮辨 461右
吳下田家志 780左
吳平贅言 493右
11吳非熊集 1365右
吳疆域圖說 355右
吳瑟甫歌詩 1507左
12吳廷楨詩選 1409左
15吳聘君年譜 418右
17吳子 770左
吳子直解 770右
吳兎牀日記 451左
吳郡諸山錄 572右
吳郡二科志 388右
吳郡西山訪古記 677右
吳郡志、校勘記(張鈞衡、錢熙祚) 518右
519左
吳郡圖經續記、校勘記、續校 518右
吳郡丹青志 434右
吳郡金石目 674左
19吳耿尙孔四王合傳 403左
20吳季公碑 666右
吳乘竊筆 535左
22吳川樓集 1353右
吳山子遺文 1452右
吳山紀遊 599右
吳山遺事詩 574左
吳山轂音 1617右
吳山散記 865右
吳山夫先生年譜(丁晏) 421右
吳山夫先生年譜(段朝端) 421右
24吳先生詩 1379右
26吳保安傳 1102左
吳鰈放言 975左
27吳(三國)將相大臣年表 364右
吳(五代)將相大臣年表 368右
吳船書屋詩 1411右
吳船日記 481右
吳船錄 609右
610左
吳絳雪年譜 440左
28吳俗諷喩詩 535右
30吳之山集 1356左
31吳江旅嘯 1401左
吳涇蘋唱 1632右
34吳社詩鐘 946右
吳社集 1556右
吳社編 535左
35吳禮部文集 1313左
吳禮部詩話 1577左
吳禮部詞話 1717右
37吳漁山先生年譜 435右
38吳淞甲乙倭變志 312左
吳逆取亡錄 325左
吳逆始末記 325左
40吳太史遺稿 1397右
吳太夫人年譜、續 440右
吳士玉詩選 1409左
吳才老韻補正 207左
吳南溪詩 1393左
吳赤溟先生文集 1377右
吳女紫玉傳 1095左
43吳越雜事詩錄 382右
吳越備史、雜考、校勘記 361左
吳越將相州鎭年表 369左
吳越將相大臣年表 369左
吳越春秋、札記、逸文 355左
吳越春秋平議補錄 355右
吳越春秋佚文 355左
吳越春秋校 355左
吳越春秋校勘記 355右
吳越春秋札記 355右
吳越所見書畫錄 911右
44吳地記、後集 532右
533左
吳地記佚文 533左
吳地理志 508左
吳藻詞 1625右
吳草廬詩集 1304左
吳草廬先生文選 1304左
吳蕈譜 786右
吳摯甫文鈔 1506右
47吳朝請集 1211右
吳朝請集選 1211右
吳朝宗先生閒過齋集 1321右
吳鞠通方歌 860右
吳鞠通先生醫案 863左
吳鞠通醫案 863左
吳都文粹 1546右
吳都文粹續集 1546右
吳都新年雜詠 535右
吳起敵秦掛帥印 1678右
吳趨詞鈔 1637右
吳趨風土錄 535左
吳縠人尺牘 1437左
48吳梅村詩 1379右

吳梅村歌詩 1379左
吳梅村先生詩話 1581左
吳梅村先生詩餘 1615左
吳梅村先生編年詩集、詩詞補鈔 1379右
50吳中平寇記 334左
吳中水利書(張國維) 583右
吳中水利書(單鍔) 583左
吳中往哲記 388右
吳中舊事 534右
吳中故語 534右
吳中財賦考 475右
吳中唱和詩 1555右
吳中勝記 535左
吳中金石新編 675右
吳中判牘 489左
吳忠節公遺集 1369左
吳書抄 278右
吳素衣集 1359右
60吳園易解 12右
吳園周易解 12右
吳昌齡雜劇 1750左
64吳時外國傳 621右
71吳長興伯集 1374左
72吳氏詩話 1574左
吳氏遺箸 1728右
吳氏吉光集 1486右
吳氏印譜 942左
77吳風錄 535左
吳騷集 1715左
……吳騷合編 1715左
吳門集 1451左
吳門歲暮雜詠 535右
吳門耆舊記 388右
吳門畫舫續錄 1075左
吳門畫舫錄 1075左
吳興詩話 1566左
吳興詩存初集、二集、三集、四集 1547左
吳興記 540左
吳興統紀 540右
吳興山墟名 540左
吳興備志 520右
吳興遊草 600左
吳興志 520右
吳興志續編 520右
吳興藏書錄 640右
吳興園林記 565右
吳興入東記 540右
吳興金石記 676左
吳興掌故集 540右
80吳公教子書 901左
87吳錄 278右
279左
吳歈小草 1362左
88吳竹如先生年譜 423左
吳篷詩錄 1521右
90吳少君遺事 442左
吳少參集 1343左

2644$_6$ 鼻

96鼻烟叢刻 1739左

2662$_7$ ⿰皁咼

40⿰皁咼塘醫話、補編 865左

2671$_0$ 峴

20峴傭說詩 1588左
26峴泉集 1328右

2674$_1$ 嶧

22嶧山集 1403右
47嶧桐集 1378左
嶧桐後集選 1378左

2690$_0$ 和

04和謝康樂詩 1529右
05和靖詩集 1242右
1243左
和靖詩鈔 1243左
和靖尹先生文集、附集 1259右
和靖集 1259右
和靖集補鈔 1243左
10和石湖詞 1601右
11和碩親王致戈登劄 328右
22和綏遺風 864左
25和朱文公感興詩 1367左
27和約 480左
和約彙編、附 479左
和約彙抄 479右
28和徽學詩 1367左
和徽學詩續集 1367左
30和永嘉百詠 1524右
31和涉江梅花詩 1377右
32和州詩集 1344右
和州志 519右
35和清眞詞(方千里) 1595右
和清眞詞(楊澤民) 1605右
40和友人詩 1368左
和古人詩 1367右
44和林詩 628左
和林考 628左
和林格爾廳志略 515右
和林金石攷 677左
和林金石錄 677左
48和梅花百詠 1386右
53……和戎記 1701右
67和鳴集 1554左
77和陶詩(黃淳耀) 1372左
和陶詩(舒夢蘭) 1424右
和闐直隸州鄉土志 518左
80和今人詩 1368左
87和欽文初編 1526左
99和營記略 333右

細

44細草補注 871右

絪

26絪縕集 1319右

緗

50緗素雜記 1018右

2691$_4$ 程

02程端伯詩選 1371左
10程天翼詩 1390右
14程功錄 742右
17程孟陽集 1361右
程子香文鈔 1460左
程子節錄、文集抄 727左
程君房墨讚 801左
22程山謝明學先生年譜 420左
程山先生日錄 739左
24程侍郎遺集 1453左
25程朱行狀 1733右
程朱粹言 729左
36程湟榛詩 1392左
40程士集 1349右
程志 726右
程杏軒醫案初集、續錄、輯錄 862右
44程董二先生學則 762右
程蒙齋性理字訓 729右
50程中丞奏稿 501右
60程咬金斧劈老君堂 1661右
程墨前選 1562右
程易疇先生年譜 422左
67程明道先生行狀 418左

72程氏經說 169右
……程氏外書 726右
程氏家塾讀書分年日程、綱領 762右
程氏心法三種 1737右
程氏演繁露 1020左
……程氏遺書 726右
程氏考古編 1020左
程氏曲藻 1722左
程氏則古 984右
……程氏粹言 726右
程氏性理字訓 730右
77程月川先生遺集 1446左
程門主敬錄 739左
程巽隱先生文集 1328左
程巽隱先生全集 1328左
80程念伊詩 1390右
90程尙書禹貢論、後論 44右

2692_2 穆

10穆天子傳 710右
穆天子傳釋 711左
穆天子傳紀日干支表 711左
穆天子傳注疏 711左
穆天子傳注補正 711左
穆天子傳補釋 711左
穆天子傳地理攷證 711左
23穆參軍集 1243左
穆參軍遺事 426右
35穆淸堂詩鈔、續集 1470右
74穆陵關上打韓通 1681左
90穆堂文鈔 1412左

2692_7 綿

44綿蕞餘紀 468右

2693_0 總

27總督四鎭奏議 498左
30總宜山房詩集 1453左

2694_0 稗

25稗傳 424右
36稗邊小綴 1132左
50稗史 1064右
1123左
稗史集傳 424右
61稗販雜錄 1011右

2694_1 釋

00釋方譯集 1357左
釋廢疾 118右
釋文紀 1536右
釋辯機大唐西域記地理攷證、五印度疆域風俗制度攷略 622右
04釋詩 59左
10釋二辨文 1389左
釋雪江集 1339左
釋天(曹金籀) 875左
釋天(呂調陽) 876左
12釋弧 882右
17釋孟子四章 147右
20釋毛詩音 63左
27釋疑論 94左
釋名 217右
釋名疏證、續釋名、校議 217右
釋名集校 218左
釋名補證 217右
釋魯山集 1364左
28釋繒 221左
30釋字 224右
釋宮小記 97右
32釋冰書 975左
34釋滯 459右
35釋禮 95左
36釋迦牟尼如來像法滅盡之記 1189右
釋迦佛雙林坐化 1683左
40釋大 221左
釋希旦詩 1289右
釋南菴詩 1398左
44釋地三種 1734右
釋范 120右
221右
釋夢觀集 1326左
釋草小記 221左
釋蒼雪詩 1376右
釋橢 882右
47釋穀 221左
釋穀梁廢疾 118右
50釋史 221右
釋蟲小記 221左
釋書 43左
釋書名 193左
58釋輪 882右
72釋氏稽古略 1189左
釋氏疑年錄、通檢 445左
釋氏切韻 205右
77釋同石集 1356右
釋骨 220右
釋服 98左
80釋人 221左
釋人疏證 221左
釋人注 221左
釋全室集 1323右
釋負考 456左
釋命 747右
87釋鄭氏爻辰補 29左
90釋小 221右
釋小雅 61左
釋常談 225右
釋半峯集 1357左
98釋幣 221右

緝

40緝古算經 878右

繹

22繹山碑集字聯 944右
40繹志、劄記 721右
50繹史 292左
90繹堂詩選 1389右

2694_4 纓

80纓義樓金香錄 440右

2694_7 縵

00縵庵遺稿 1512右
70縵雅堂尺牘 1498左
縵雅堂駢體文 1498左

2710_0 血

02血證論 827左
48血梅記 1708右
62血影石傳奇 1704左

2710_4 壘

50壘中雜詠 1395右

墾

88墾餘讀書錄 1015左
墾餘閒話 779右

2710_7 盤

01盤龍山紀要 577左
10盤天經 1181左
15盤珠詞 1631右
盤珠集胎產症治 837左
22盤山語錄 1183左

盤山遊記 589右
……盤山志 571左
盤山棲雲王眞人語錄1183右
32盤州集 1268左
盤洲文集、拾遺、校記1268左
盤洲集 1268左
盤洲樂章、校記 1599右
盤溪歸釣圖題辭 1558右
72盤隱山樵詩集 1410右

2711_7 龜

21龜經 898左
22龜峯詞 1609左
龜山語錄 727左
龜山集 1258右
龜山先生語錄、後錄、校勘記 727右
龜山遺草 1434右
龜巢槀 1320右
龜巢詞 1614左
龜巢集 1320右
龜巢稿 1320右
龜巢槀、校勘記 1320右
28龜谿集補鈔 1264左
龜谿集鈔 1264左
32龜溪二隱詞 1608右
龜溪集 1264左
龜溪長短句 1598左
40龜臺琬琰 1094左
43龜城叟集輯 1290左
44龜樹根館詩草 1505右
80龜茲刻石 667左

2712_7 郵

26郵程日記 618右

歸

00歸廬談往錄 353右
歸庸齋詩、文 1390右
歸玄恭先生文續鈔 1381右
歸玄恭先生年譜 430右
04歸詩考異 1345右
10歸震川文選 1345右
歸震川文鈔 1345右
歸震川先生文選 1345右
歸震川先生集選 1345右
歸震川先生年譜 429右
歸震川尺牘 1345右
歸石軒畫談 934左
16歸硯錄 865左
24歸化行程記 617左
26歸程紀略 618右
歸程日記 617左
30歸安縣志 520右
31歸潛志 302右
303左
40歸有園塵談 972左
歸來草堂尺牘 1395左
42歸樸齋詩鈔戊集、己集
1506右
歸樸龕叢稿、續編 1459左
44歸藏、諸家論說 34左
歸藏母經 34左
60歸國日記 619右
歸愚文錄 1412左
歸愚文鈔、餘集 1412左
歸愚詩餘 1622右
歸愚詩鈔、餘集 1412左
歸愚詞 1600右
歸愚集 1268左
歸田槀 1334左
歸田詩話 1577右
歸田瑣記 1009左
歸田集 1412左
歸田稿 1346右
歸田倡酬稿 1552右
歸田錄 341左
歸田類槀 1308左
70歸雅堂詩集 1418左
80歸善楊先生證學編 735右
88歸餘鈔 1534右

鄷

47……鄷都滅罪經 1138右
……鄷都拔苦愈樂妙經
1142右

2713_2 黎

00黎齋詩草 1490左
黎文肅公雜著 1486左
黎文肅公奏議 501左
黎文肅公書札 1486左
黎文肅公公牘 502右
17黎瑤石集 1347右
黎子雜釋 969右
24黎岐紀聞 554左
57黎邦琛集 1355左
黎邦瑊集 1355左

2713_6 蠡

22蠡山記 574左
27蠡勺編 1027左
32蠡測集 1495右
蠡測彙抄 543右
蠡測彙鈔 1463右
蠡測卮言 625左
38蠡海集 992左
蠡海錄 992左
40蠡塘漁乃、續 540左
50蠡書 976右

蟹

08蟹譜 793右
67蟹略 793右
794左

2720_0 夕

10夕霏亭詩集 1400左
20夕秀齋詩鈔 1413左
夕秀軒遺草 1415左
67夕照編 745右
夕照回光 1406右
90夕堂永日緒論內編、外編
1581右

2720_7 多

23多稼集 781左
43多博唫 1418右
67多暇錄 1077右
多野齋印說 940右
86多鐸妃劉氏外傳 1082右

2721_0 佩

00……佩文齋詠物詩選1557右
佩文齋書畫譜 911右
佩文詩韻釋要 208左
……佩文韻府 1044右
10佩玉齋類槀 1316右
佩弦齋文存、駢文存、詩存
1507右
佩弦齋試帖存、律賦存、雜存 1507右
佩弦齋尺牘 1507右
22佩觿 197右
36佩湘詩稿 1488左
佩湘詩草 1457左
40佩章齋文集 1295左
佩章齋詩鈔 1492左
佩章齋集 1295左
佩章齋輯聞 989左

40佩韋子存稿　1336左
44佩蘅詩鈔　628左
　佩蘅詞　1634左
　佩楚軒客談　1065右
70佩雅堂詩鈔　1457左
92佩絃閣詞　1639左

2721_0 徂

24徂徠詩集　1245左
　徂徠詩鈔　1245左
　徂徠集　1245左
60徂異記　1090右

2721_2 危

40危太樸年譜　429左

2721_7 倪

00倪文正集　1367左
　倪文正公年譜　419右
　倪文貞集、續編、講編、詩集　1367左
　倪文貞奏疏　498右
　倪文僖集　1331右
　倪文僖公集　1331右
10倪石陵書、考異　1274右
　倪雲林詩　1317左
　倪雲林詩集　1316右
　倪雲林先生詩集、集外詩　1316右
20倪維嶽集　1330左
34倪汝敬集　1331右
72倪隱君集　1317左
　倪氏雜記筆法　921右

鳧

27鳧舟語柄　916右
44鳧藻集　1325左
72鳧氏爲鍾圖說補義　73右
　鳧氏圖說　73右

2722_0 勿

00勿齋集　1296左
　勿齋先生文集　1296右
10勿二三齋詩集　1456右
24勿待軒文集存稾　1459左
26勿自棄軒遺稿　176右
44勿菴歷算書記　650左
　勿菴歷算書目　650左
　勿藥須知　847左
51勿軒集　1296左
　勿軒長短句　1610左
96勿憚改齋吟草、續草　1461左

仰

00仰高軒詩草　1472右
17仰子遺語　972左
21仰止編　874右
　仰止堂集　1372右
22仰崖遺語　972左
　仰山脞錄　386右
28仰儀簡儀二銘補註　871左
60仰思記　739左
88仰節堂集　1359右

豹

17……豹子和尙自還俗　1672左
72豹隱紀談　1575左
　豹隱紀談佚文　1575左
　豹隱堂文集　1495右
　豹隱堂近作雜稿、書跋　1495右
　豹隱堂近作詩稿、楹聯　1495右

向

37向湖村舍詩二集　1527右
44向若水公政蹟行述崇祀錄　408右
　向若水公年譜　408右
60向果微言、述旨　745右
96向惕齋先生集　1413左

御

00御註道德經　691左
　御註孝經　159左
03御試備官日記　299左
06御譯大藏經目錄　653右
10御雪豹　1704左
22御製廣寒殿記　564左
　御製文初集、二集　1422左
　御製評鑑闡要　376右
　御製訓飭士子文淺解、宣講儀注、宣講條約　764左
　御製詩文十全集　1422右
　御製詩初集、二集、三集、四集　1422左
　御製平西蜀文　306左
　御製西征記　305右
　御製千字詔　332右
　御製樂善堂文集定本　1422左
　御製律呂正義後編　102左
　御製皇陵碑　305左
　御製紀夢　305左
　御製避暑山莊圖詠　1557右
　御製冠禮　457左
　御製孝慈錄　460左
　御製耕織圖詩　779左
　御製嗣統述聖詩　384左
　御製周顚仙人傳　450左
　御製人臣儆心錄　472右
　御製全韻詩恭跋千字文　1430左
30御塞行程　512右
　御注孝經疏　157左
　御定廣羣芳譜　779左
　御定韻府拾遺　1044右
　御定子史精華　1044左
　御定千叟宴詩　1553右
　御定律呂正義　101右
　御定佩文齋詠物詩選　1557右
　御定佩文韻府　1044右
　御定儀象考成　872右
　御定滿洲蒙古漢字三合切音清文鑑　227左
　御定清文鑑、補編、總綱、補總綱　227左
　御定通鑑綱目三編　284右
　御定孝經衍義　755左
　御定易經通注　19左
　御定歷代詩餘　1644右
　御定歷代題畫詩類　1558左
　御定歷代賦彙、外集、逸句　1535左
　御定月令輯要、圖說　504右
　御定駢字類編　1044右
　御定全唐詩　1540右
　御定全金詩　1542右
　御定分類字錦　1044右
37御袍恩　1705左
　御選唐詩　1540右
　御選唐宋文醇　1536右
　御選唐宋詩醇　1534左
　御選元詩　1543左
　御選宋詩　1542左
　御選古文淵鑑　1536右
　御選四朝詩　1744右
　御選明詩　1543右
　御選明臣奏議　496右
　御選歷代詩餘話　1719右
　御選金詩　1542左

50御史臺記 470右
御史臺記佚文 470右
御史臺精舍碑題名 470右
御書徵言 392右
51御批通鑑綱目 283右
御批通鑑綱目續編 284左
御批通鑑綱目前編、舉要 284左
御批通鑑輯覽 284右
御批通鑑輯覽五季紀事本末 292左
57御撰資治通鑑綱目三編 284右
78御覽詩 1539左
御覽孤山志 600左
御覽經史講義 722右
御覽書苑菁華 920左
御覽闕史 1052左
88御纂詩義折中 57左
御纂朱子全書 728左
御纂孝經集註 159左
御纂春秋直解 128右
御纂周易述義 23左
御纂周易折中 20左
御纂性理精義 742左

2722_2 修

00修齊直指(節錄) 779左
修齊直指評 749左
修唐書史臣表 272右
修文記 1694左
修文御覽 1040右
修文殿御覽 1040右
13修武氏祠堂記 670右
20修辭九論 1589右
修辭鑑衡 1576右
修辭餘鈔 1426右
21……修行指迷訣 844右
27修修利齋偶存 1501左
修身齊家章注 134左
28修復宋理學二徐先生祠墓錄 569右
修齡要指 846左
33修治藥法 812右
36修況詩餘 1628左
40修眞辨難 1174左
修眞六書 1742右
修眞演義 847右
修眞祕錄 845左
修眞十書 1742右
修眞九要 1174左
修眞太極混元指玄圖 1153左
修眞太極混元圖 1153左
修眞歷驗鈔圖 1153左
修眞精義雜論 843右
43修城 489右
48修敬詩集 1331左
60修園七種合刊 1737右
70修防瑣志 580左
修防事宜 580右
71修慝餘編 740右
77修丹妙用至理論 1164右
80修養須知 847左
85修鍊須知 1170右
修鍊大丹要旨 1177右
88修竹廬吟稿 1443右
修竹軒詩鈔 1494右
修竹軒遺草 1490左

2722_7 仍

63仍貽堂集 1367左

肙

00肙齋文集、詩集 1474左
肙齋籤記 635右

角

10角工雕刻札記 799右
40角力記、校譌、續校 949左、右

俑

00俑廬日札 659左

脩

32脩業堂稿 1366左
50脩史試筆 281左
脩本堂稿 1455左
88脩竹山房詩草 1400右
90脩省格言 1034右

躬

13躬恥齋格言 1036右

㑳

48㑳梅香騙翰林風月 1661左
㑳梅香騙翰林風月雜劇 1661左

嚮

00嚮言 721右

2723_2 彖

25彖傳論 22右
27彖象論 23左

衆

10衆天仙慶賀長生會 1677右
17衆羣仙慶賞蟠桃會 1677左
20衆香國 436右
衆香閣文稿、詩艸 1487右
22衆仙讚頌靈章 1182左
24衆僚友喜賞浣花溪 1680右
30衆家晉史 1732左
35衆神聖慶賀元宵節 1677左
49衆妙集 1539右

象

12象形文釋 188右
22象山記 573左
象山集、外集、語錄 1274右
象山先生要語 729右
象山先生集 1274左
象山先生全集 1274右
32象州沸泉記 607左
40象臺首末 406右
48象敎皮編 1189右
58象數論 19左
象數述 24左
77象居錄 1006右

像

27像象管見 17右

2723_3 佟

00佟高岡詩 1385左

2723_4 侯

00侯方域年譜 430右
10侯二谷集 1348右
侯元傳 1108右
25侯鯖新錄 1014右
侯鯖錄 982左
43侯城雜誌 720右
47侯朝宗文鈔 1384右
侯朝宗尺牘 1385左
60侯國職官表 74左
72侯氏書品 921右

2724_0 將

00將亡妖孽 315右

*03*將就園記 955右
*51*將攝保命篇 847右

2724_{7} 假

*47*假都天 1129右
*58*假數測圓 885右

殷

*00*殷商貞卜文字考 672右
殷文圭詩、文 1239右
殷文圭詩集 1239右
殷文存 661左
*10*殷石川集 1340左
*11*殷頑錄 402右
*21*殷虛古器物圖錄、附說 672右
殷虛書契待問編 673左
*23*殷卜辭中所見先公先王續考 672右
殷卜辭中所見先公先王考 672右
*35*殷禮徵文 672右
*41*殷墟書契後編 672右
*44*殷芸小說 1047左
*57*殷契餘論 672右
*77*殷周制度論 178右

2725_{2} 解

*10*解百毒方 831左
*12*解形遂變流景玉光 1181左
*16*解酲語(洳濱野客) 1080右
解酲語(李材) 347右
26……解釋呪詛經 1145右
*27*解鳥語經 794右
解疑論 114左
*30*解字贅言 212右
解字小記 190左
……解冤拔度妙經 1142右
*40*解眞篇 1185左
*50*解畫瑣言 933左
解毒編 831右
解舂集 171左
解舂集文鈔 1417右
解舂集詩鈔 1417右
*57*解招魂 1197左
*60*解圍元藪 833左
*71*解頤贅語 1125左
*77*解學士集 1329右
*78*解脫紀行錄 615右
*80*解八線割圓之根 881左
……解人頤新集 1126右
*87*解餉隨筆 620右

2725_{7} 伊

*17*伊尹書 685右
*20*伊維淵源錄 412右
*22*伊川文集 1550左
伊川經說 169右
伊川先生年譜 418左
伊川草 1363左
伊川擊壤集、集外詩 1247右
伊川易傳 12左
*27*伊犂府鄉土志 517右
伊犂定約中俄談話錄 480左
伊犂事宜 517右
伊犂日記 615右
*33*伊濱集 1312左
*37*伊洛淵源續錄 413左
伊洛淵源錄 412右
*44*伊蒿室詩餘 1628左
*60*伊園文鈔、詩鈔 1481右
*80*伊人思 1543右

2726_{1} 詹

*00*詹言 1005右
*10*詹元善先生遺集 1275右
*27*詹詹集 1413左

2728_{2} 歔

47……歔欷瑣微論 967左、右

2729_{4} 倏

*50*倏奏疏稿、續刊 499右

2730_{3} 冬

*00*冬夜箋記 1002右
*10*冬至孜 872左
*20*冬集紀程 615左
*24*冬豔素梅玉蟾 1675左
*30*冬官旁求 72右
冬官紀事 489右
*33*冬心齋研銘 804左
冬心齋硯銘 804左
冬心雜記 1739左
冬心硯銘 804左
冬心先生雜畫題記 916左
冬心先生三體詩 1414左
冬心先生集、續集、拾遺 1414左
冬心先生自度曲 1714右
冬心先生畫記 1739左
冬心先生畫竹題記 915左
冬心先生隨筆 1006左
冬心自寫眞題記 915右
冬心畫佛題記 915右
冬心畫梅題記 915右
冬心畫題記 1739左
冬心畫馬題記 915右
冬心題畫 1739左
*44*冬花庵題畫絕句 916右
冬花庵印存 942右
冬花庵燼餘稿 1436左
*50*冬青記 1695左
冬青引注 1296右
冬青樹 1707左
冬青樹引註 1296右
冬青館古宮詞 382左
冬青館甲集、乙集 1454左
60……冬日記 735左
冬日百詠 1519右
*99*冬榮室詩鈔 1493左

2731_{2} 鮑

*23*鮑參軍集 1208右
鮑參軍集選 1209左
*33*鮑溶詩、集外詩 1232左
鮑溶詩集、外集 1232左
*67*鮑明遠集 1208右
鮑照集校補 1209左
*70*鮑臆園手札 658右
鮑臆園丈手札 658右
*72*鮑氏集 1208右
鮑氏戰國策注 295右
*77*鮑覺生先生未刻詩 1446右

2732_{0} 勺

*00*勺庭文鈔 1389右

2732_{7} 烏

*00*烏衣香牒 1040左
烏衣鬼軍記 1096左
*10*烏石山題名 675左
*22*烏蠻瀧夜談記 586左
烏絲詞 1617左
*24*烏什直隸廳鄉土志 518左
*27*烏將軍記 1105右
烏魯木齊雜詩 530右
烏魯木齊雜記 530右
烏魯木齊事宜 517左
*40*烏臺詩案(周紫芝) 427右

烏臺詩案(朋九萬)、雜記　427右
42烏斯藏考　561左
44烏蘭誓　1708左
烏蒙祕聞　326右
48……烏槎幕府記　311右
50烏拉乖政要　638右
60烏里雅蘇臺志略　628右

鴛

37鴛湖求舊錄　389右
鴛湖唱和稿　1552右
50鴛央湖櫂歌　584左
鴛鴦譜　1125右
鴛鴦牒　1124右
鴛鴦縧傳奇　1699左
……鴛鴦被　1665左
鴛鴦湖櫂歌、續　584左
鴛鴦夢　1676右
鴛鴦夢傳奇　1704右
鴛鴦棒　1699左
……鴛鴦塚嬌紅記　1699左
鴛鴦鏡　1709左

2733$_6$ 魚

00……魚玄機詩　1235右
04魚計軒詩話　1585右
17魚歌子詞殘葉　1592左
21魚經　792右
22魚樂軒吟稿　1268左
51魚軒詩集　1316右
60魚品　793左
77魚兒佛　1675右
魚兒佛譜　1717左
魚服記　1105左

2733$_7$ 急

00急痧方論　829左
03急就　201左
急就章、攷證、音略、音略攷證　201左
急就章攷異　201右
急就章考異　201右
急就章跋　201右
急就探奇　201右
急就篇　201左、右
急就篇直音　201右
08急效便方　832右
33急治喉痧要法　834左
48急救方補遺　831右
急救須知　858右
急救仙方　857右
急救良方　858右
急救異痧奇方　829右
急救腹痛暴卒病解　829右

2740$_0$ 身

10身雲閣集　1519左
身雲閣後集　1519左
30……身家盛衰循環圖說　1032右
44身世要則　737右
身世準繩　1034左
身世金箴　1034右
60身易　23左
75身體二十六詠　1517左

2740$_7$ 阜

00阜康縣鄉土志　517右

2742$_7$ 芻

00芻言　967右
44……芻蕘　963右
芻蕘集　1328左
芻蕘私語　722右
芻蕘奧論　495右

鄒

01鄒訏士詩選　1394右
17鄒子(鄒衍)　906右
鄒子(鄒口)　964左
鄒子書　906右
28鄒徵君遺書　1738右
鄒徵君存稿　886右　1479右
40鄒九峯集　1344左
50鄒東廓集　1342左
62鄒縣四山摩厓目　674左
76鄒陽書　960右

鷄

44鷄林志　627左
鷄林類事　627左
61鷄跖集　1056左
67鷄鳴偶記　973左
74鷄肋集鈔　1258右
鷄肋編　1058右　1059左

2743$_0$ 夨

27夨彝考釋　661右

2744$_0$ 舟

21舟行記　614右
舟行紀略　620左
舟行日記　612右
舟行吟草　1513左
22舟山紀略　321右
舟山興廢　321左
50舟車聞見錄、雜錄續集、續錄三集　353左

2744$_7$ 般

27般烏紀略　635左
44般若波羅蜜多心經　1186右

2744$_9$ 彝

00彝齋文編　1286左
彝齋詩餘　1606右
彝齋集　1286左

2746$_1$ 船

22船山詩選　1446右
船山經義　1386右
船山學譜　420右
30船窗夜話　1063右

2748$_1$ 疑

00疑辯錄　170右
01疑龍　900右
疑龍經　900右
03疑誼偶述　733右
10疑雨集　1369左
17疑孟　146右
22疑仙傳、校譌、續校　447左　1117左
40疑難急症簡方　861左
43疑獄集　488左
60疑思錄　735右
疑團　1024左
80疑年賡錄　399左
疑年表　875右
疑年錄　398右
疑年錄外編、分韻人表　399左
疑年錄彙編、分韻人表　399左
疑年錄彙編補遺、分韻人表　399左
97疑耀　1022右

2748$_2$ 欸

*17*欸乃書屋乙亥詩集 1416右

2752_0 物

*08*物詮、附 806右
*16*物理論 964右
物理小識 1039右
*42*物妖志 1080右
*48*物猶如此錄 1082左
*60*物異考 1091左
*71*物原 1043左
*91*物類相感志 1039左
*97*物怪錄 1111右

2752_7 鵝

*22*鵝山文摘鈔 353右

2760_0 名

*00*名文前選 1562右
*20*名香譜 798右
*21*名儒草堂詩餘 1646右
*22*名例律 487右
名山文約、續編 1527左
名山六集 1526右
名山詩話 1589左
名山詞 1642左
名山詞續 1642左
名山三集 1526右
名山五集 1526右
名山聯語 945右
名山集 1526右
名山續集 1526右
名山福壽編 1556左
名山叢書 1744右
名山洞天福地記 570右
名山游記八種 1735左
名山志 570右
名山七集 1527左
名山書論 923左
名山四集 1526右
名山錄 1537右
名山小言 1016右
*27*名疑 397左
名疑集 397左
名物法言 1043右
名物蒙求 762左
*30*名家詞(侯文燦) 1748右
名家詞(繆荃孫) 1748右
名家詞集十種 1748右
名宦錄 407右
*50*名畫記 926左
名畫神品目 929左
名畫獵精錄 926左
*65*名蹟錄 666右
*71*名馬記 792左
名臣言行錄後集 400左
名臣言行錄外集 413左
名臣言行錄續集 400左
名臣言行錄別集 400左
名臣言行錄前集 399右
名臣記 400右
名臣碑傳琬琰集 400左
名臣經濟錄 496右
名臣傳 399右
*77*名醫別錄 855左
名醫類案 861右
名卿績記 401右
名賢詩旨 1577右
……名賢詞話草堂詩餘 1644左
名賢氏族言行類稿 384右
*79*名勝雜記 588左
*80*名人忌日表 399右
名人生日表 399左
名人軼事 354右
名義考 1023左
名公像記 386右
名公書判清明集 489左
*82*名劍記 799右

2760_1 響

*22*響山詞 1623左
響山閣詞 1627左
*26*響泉詞 1621右
*77*響屧譜 951右

2760_3 魯

*00*魯齋詩集 1286左
魯齋詞 1611左
魯齋王文憲公文集、考異 1286左
魯齋集(許衡) 1301左
魯齋集(王柏) 1286左
魯齋集鈔 1286左
魯齋述得 1025右
魯齋遺書 1300右
魯齋遺書約鈔 1301左
……魯齋郎 1650右
魯府禁方 858左
魯文恪公集 1338右
*04*魯詩傳(端木賜) 64左
魯詩傳(申培) 65左
魯詩遺說攷、敍錄 65右
魯詩韋氏說 65右
魯詩韋氏義 65右
魯詩故 65右
*08*魯論語 144右
……魯論語述 144右
22……魯山集 1364左
*23*魯峻碑集字聯 945左
*24*魯化遺詩鈔 1375左
*25*魯仲連單鞭蹈海 1687左
*27*魯鄒游記 612左
魯紀年 321左
*35*魯禮禘祫志 96左
魯禮禘祫義 96左
魯禮禘祫義疏證 96左
魯連子 685右
*37*魯軍制九問 481左
*40*魯大夫秋胡戲妻 1659左
魯大夫秋胡戲妻雜劇 1659左
*44*魯藩二宗室集 1746右
*46*魯媿尹集 1369右
*50*魯春秋 321左
*60*魯國先賢傳 388左
魯國先賢志 388左
*86*魯智深喜賞黃花峪 1667右

2760_4 各

*21*各經承師立學考四編 1729左
*22*各種聯語 945左
*50*各史地志同名錄 505右
*75*各體自著 1421右
*90*各省水道圖說 578左
各省進呈書目 645左
各省獨立史別裁 331右

督

*21*督師袁崇煥計斬毛文龍始末 315左

2762_0 句

*04*句讀敍述、補 1026右
*10*句雲堂詞 1618左
*32*句溪雜箸 176右
*50*句婁詞 1639右
*55*句曲張外史詩集 1310左
句曲外史集 1310左
句曲外史貞居先生詩集 1310左
*60*句圖 1376左

77句股 887左
句股六術 884右
句股引蒙 881右
句股容三事拾遺、附存884左
句股割圜記 882左
句股演代(王元穉) 890右
句股演代(江衡) 888右
句股通義 890右
句股截積和較算術 884左
句股闡微 880右
句股舉隅 881左
句股義 880右
句股矩測解原 881右
句股斜要 882左
句股算術細草 883左
句留集、續集 1448左
88句餘土音補注 540右

旬

60旬日紀游 588右

翻

06翻譯名義集 1191右
43翻卦挨星圖訣考著 902右
47翻切簡可篇 214右

2762₇ 郇

60郇園論學書札 978左
郇園山居文錄 1524左

部

34部凌玉詩 1388右

鄱

76鄱陽記 551左
鄱陽詞 1598左
鄱陽五家集 1746左
鄱陽集(洪皓) 1272左
鄱陽集(彭汝礪) 1254右

鴝

22鴝山小隱文集 1464左
鴝山小隱詩話 1585右
鴝山小隱詩集 1464左
32鴝鵒集選 1369右
鴝鵒遺稿 1369右
68鴝吟樓詩鈔 1488左

2771₂ 包

01……包龍圖公案袁文正還魂記 1701左
包龍圖智勘後庭花 1655左
包龍圖智勘後庭花雜劇 1655左
包龍圖智賺合同文字雜劇 1665右
12包刑侍詩集 1222左
21包何集 1222左
24包侍御集 1347左
包待制三勘蝴蝶夢 1650右
包待制三勘蝴蝶夢雜劇 1650右
包待制陳州糶米雜劇1665右
包待制智勘灰闌記 1659左
包待制智斬魯齋郎 1650右
包待制智斬魯齋郎雜劇 1650右
包待制智賺生金閣 1657右
包待制智賺生金閣雜劇 1657右
包待制智賺灰闌記雜劇 1659左
包待制智賺合同文字1665右
包佶集 1222左
33包祕監詩集 1222左
44包孝肅奏議 495左
51包軒遺編 1432右
53包咸注論語 137右
72包氏喉證家寶、方 834右
94包愼伯先生年譜 423左

2771₇ 色

46色楞格河源流考 628左

岜

10岜雲樓詩話 1588左
岜雲樓詩選初集、二集、三集 1485右
岜雲樓詞 1635右
71岜雁哀 425左

2772₀ 幻

10幻雲居詩稿 1251左
23幻戲志 1100右
27幻緣箱傳奇 1705左
44幻花別集 1626左
60幻異志 1098左
62幻影集 596右
幻影傳 1113左

岣

25岣嶁文草雜著 1421左
岣嶁韻語 1421左
岣嶁韻賸 208左
岣嶁仿古 1421左
岣嶁時藝 1421左
岣嶁刪餘文草 1421左
岣嶁刪餘詩草 1421左
岣嶁鑑撮 372右

訇

70訇雅 796右

峋

44峋菴詩 1469左

峒

28峒谿纖志 563左
峒谿纖志志餘 1561右

2772₇ 島

50島夷誌略校注 623左
島夷志略 623左
島夷志略廣證 623左
77島居隨錄 1072左

鄉

04鄉塾正誤 765左
09鄉談 1073左
24鄉射直節 460右
26鄉程日記 616右
27鄉約(尹畊) 774左
鄉約(呂大忠) 765右
55鄉曲枝詞 1076左
72鄉兵管見 776左
77鄉賢公遺著 1263左
鄉賢錄 407右
80鄉人社會談 1015左
鄉會試硃卷 1409左
鄉會試策判墨藝 1376左
87鄉飲詩樂譜 101左
90鄉黨正義 144左
鄉黨補義 144左
鄉黨圖考 171右

2773₂ 餐

10餐玉詞 1631左
餐霞集 1528右
44餐燕堂殘詩 1365左

44餮芍華館詩集 1478左
47餮楓館文集 1466右

2773$_2$ 饗

35饗禮補亡 82右

2774$_7$ 岷

31岷江紀程 617右
76岷陽古帝墓祠後志 569右

2775$_2$ 嶰

80嶰谷詞 1622右
嶰谷集 1428左

2776$_7$ 嵋

17嵋君詩鈔 1490左

2778$_1$ 嶼

32嶼浮閣賦集 1364右

2780$_0$ 久

51久軒公集 1283右

2780$_2$ 欠

00欠庵避亂小記 351右
29欠愁集 1422左

2780$_9$ 炙

16炙硯詞 1636左
炙硯瑣談 1007左
47炙轂子雜錄 979右
炙轂子詩格 1568右
炙轂子錄 979右

2790$_1$ 祭

00祭亡弟開先文 1413左
26祭皐陶 1685右
28祭儀攷 96右
31祭酒琴溪陳先生集、附 1341右
34祭法記疑 461右
50祭夫徐敬業文 1212右
55祭典 459右
95祭煉心咒註 1186左

禦

16……禦殟經 1147左
38禦海備覽 775右

2790$_4$ 粲

44粲花樓詩稿 1478右
粲花軒詩稿 1429左
粲花別墅五種曲 1751左
粲花館詩鈔 1500右
粲花館詞鈔 1638左

梟

44梟林小史 329左

彙

20彙集經驗方 859右
彙集實錄 586左
41彙帖舉要 925左
60彙呈朱子論治本各疏 496左
90彙堂摘奇 666右

2791$_7$ 紀

00紀唐六如軼事 435右
紀文達公文錄 1426左
08紀效新書 774左
09紀談錄 982右
10紀元要略、補 462右
紀元編 463左
紀元考 362右
紀琉球入太學始末 458右
14紀聽松菴竹鑪始末 959右
16紀硯 804左
17紀君祥雜劇 1749右
22紀剿除徐海本末 311右
33紀述 733右
38紀游草 588左
紀遊 587右
紀遊吟草 1505左
紀遊合刻 1743左
40紀太山銘集字聯 945左
紀古滇說原集 558右
43紀城文稾、詩稾 1401左
紀載彙編 1732右
44……紀夢 305左
紀夢編年、續編 445右
紀草堂十六宜 959右
紀藝 926右
50紀事約言 377左
60紀墨小言、補編 801右
紀異錄 1054右
64紀時略 432左
67紀略 977左
紀略摘鈔 977左
70紀槩子詩 1388左
71紀曆撮要 780左
72紀氏敬義堂家訓述錄 756左
77紀周文襄公見鬼事 1092左
紀聞 1102左
80紀年錄、附 407左
紀善錄 388右
83紀錢牧齋遺事 430左
87紀錄彙編 1732右
90紀堂遺稿 1415右
紀半樵詩 1446左
94紀慎齋先生崇祀錄 422左
紀慎齋求雨全書 895左

絕

10絕三尸符咒 1181左
22絕倒錄 1122右
23絕代語釋別國方言 225左
43絕域紀略 527右
49絕妙好詞校錄 1646左
絕妙好詞箋、續鈔、續鈔補錄 1645右
88絕筆 1466左

繩

00繩齋印稾 942右
48繩槎遺詩 1502右

2792$_0$ 紉

29紉秋軒詞鈔、聯句 1647左
44紉芳齋文集 1426左
紉芳堂遺詩 1468右
紉蘭佩 1708右
紉蘭軒詩稿 1509右

約

00約言(張適) 1126左
約言(薛蕙) 733左
……約言(劉沅) 746左
約六齋制藝 1422右
01約語補錄 976左
約語追記 976左
22約仙遺稿 1503右
40約喪禮經傳 79左
50約書 976右

絅

00絅齋隨筆 744右

綱

60綱目訂誤 283右
綱目續麟、校正凡例 284左

綱目續麟彙覽、附案 284左
綱目疑誤 283右
綱目通論 376右
綱目志疑 283右
綱目隨筆 283右
綱目分注補遺 283右
88綱鑑正史約 285右
綱鑑紀年 463左

網

22網山集 1273左
網山月魚集 1273左

2792₂ 繆

30繆宜亭醫案 862右
31繆沅詩選 1412左
88繆篆分韻、補 199左

2792₇ 移

44移芝室詩鈔 1474右

縐

10縐雲石圖記 957左

2793₂ 緣

27緣督集 1275左
95緣情手鑒詩格 1580右

綠

00綠衣人傳 1117左
10綠雪亭雜言 995右
綠雪館詞鈔 1629右
綠天亭詩集、文集 1439右
綠天香雪簃詩話 1588右
綠天脞說 1071右
綠雲山房詩草 1478左
綠雲山房遺草 1501左
綠雲軒吟草 1489右
15綠珠傳、校勘記、續校 1114左、右
綠珠內傳 1114左
17綠珊軒詩草 1480右
24綠牡丹 1699右
綠牡丹傳奇 1699左
綠綺新聲 937右
綠綺樓詩鈔 1504右
26綠伽楠精舍詩草 1464右
29綠秋草堂詞 1631右
綠秋書屋詩集 1434右
30綠寥軒遺詞 1633左
綠窗遺稿 1317右
綠窗吟稿 1488左
綠窗吟草 1492左
32綠溪語 1025右
綠溪詩 1427左
綠溪詞 1620右
綠溪初稿 1427左
綠淨軒詩鈔 1408左
34綠漪草堂詩鈔 1473右
綠滿窗前草 1486右
43綠榕書屋賸草 1491右
44綠蔭齋詩稿 1441左
綠苔軒集 1325右
綠芸吟館詩鈔 1496左
綠蘿山莊駢體文集 1455左
綠林鐸 1711右
46綠槐書屋詩初稿 1461左
67綠野莊詩草 1462左
77綠月廔詞 1638左
78綠陰亭集 1401右
綠陰紅雨軒詩鈔 1462左
綠陰槐夏閣詞 1624左
88綠筠軒稿 1355右
綠簫詞 1632右

2793₃ 終

37終軍書 960右
40終南山說經臺歷代眞仙碑記 448左
終南山祖庭仙眞內傳 448左
終南十志 564右
終南八祖說心印妙經解 1134左

2793₄ 稧

41稧帖緒餘 925左

緱

22緱山集 1300右

2794₀ 叔

32叔淵遺藁 1307左
40叔皮集 1199左
44叔苴子 970右
叔苴子內篇、拾遺、外篇 970右

2794₇ 級

58級數回求 886左

綴

21綴術釋戴 885右
綴術釋明 882左
77綴學堂河朔碑刻跋尾 669右

2795₄ 絳

10絳雪詞 1622左
絳雪園古方選註 859左
絳雲樓俊遇 1073右
絳雲樓書目 646左
絳雲樓書目補遺 646右
絳雲樓印拓本題辭 1558左
30絳守園池記 1229右
絳守居園池記註(張子特) 1229右
絳守居園池記註(趙仁舉、吳師道、許謙) 1229右
絳守居園池記註(趙師尹) 1229右
絳守居園池記句讀(趙仁舉) 1229右
絳守居園池記句讀(陶宗儀) 1229右
41絳帖平、總錄 924左
50絳囊撮要 859左
64絳跗草堂詩集 1454右

2796₂ 紹

13紹武爭立紀 322左
21紹仁齋浦游吟 1509右
77紹陶錄 441右
紹熙行禮記 301右
紹熙州縣釋奠儀圖 457左
紹熙長沙志 548左
紹興十八年同年小錄 465右
紹興內府古器評 662左
紹興考 541右
紹興題名錄 465右
紹興縣志資料第一輯 521左
80紹前集 1408左

2796₄ 絡

24絡緯吟 1432右
32絡冰絲 1676右

2810₀ 以

77以學集 1414左
80以介編 430左
92以恬養智齋詞錄 1631右

2821_1 作

*00*作文法　1591左
*43*作嫁集　1519右
*60*作邑自箴　471左
*63*作賦例言　1590左
*77*作用部　902左
作朋集選　1550右
*80*作義要訣　1590右

2822_1 偷

42……偷桃記　1697右
偷桃捉住東方朔　1687右
*77*偷閒集賸稿　1438左

2822_7 倫

*08*倫敦風土記　637左
倫敦竹枝詞　637左
*16*倫理約編　977右
倫理教科書　977右

傷

*24*傷科方書　833右
*30*傷寒方講義　816左
傷寒方經解　816左
傷寒方解　816右
傷寒方法　816左
傷寒六經辨證治法　811右
傷寒六經定法、問答　815右
傷寒六經纂註　811右
傷寒雜病論章句　812右
傷寒雜病論讀本　812右
傷寒雜病論補注　812左
傷寒雜病論古本　812右
傷寒雜病心法集解、醫方合編　815右
傷寒證辨　816左
傷寒證治準繩　814右
傷寒證脈藥截江網　814右
傷寒新義　812右
傷寒讀本　812左
傷寒講義　812右
傷寒說意　815左
……傷寒論(張遂辰)　811左
傷寒論(張機)　811左
傷寒論章節　811左
傷寒論註(柯琴)　811右
傷寒論註(成無已)　811左
傷寒論讀　811右
傷寒論講義　812右
傷寒論研究　816右
傷寒論翼　811右
傷寒論條辨　811左
傷寒論綱目　812左
傷寒論注(王丙)　812左
傷寒論注(朱音恬)　812左
傷寒論淺註方論合編　812左
傷寒論淺注補正　812左
傷寒論校勘記　811左
傷寒論輯義按　812右
傷寒論附餘　812左
傷寒論陽明病釋　816左
傷寒論類方　815左
傷寒一提金　814右
傷寒平議　816右
傷寒百證歌　813左
……傷寒百問歌　813左
傷寒理解　816右
傷寒尋源　816左
傷寒瑣言　814右
傷寒舌鑑　851右
傷寒例新注　812左
傷寒緒論　811右
傷寒纘論　811右
傷寒總病論、音訓、札記　812右
813左
傷寒總論　816左
傷寒約編　815左
傷寒微旨　812右
傷寒微旨論　812右
傷寒家祕的本　814右
傷寒家祕殺車槌法方　814右
傷寒活人指掌　814左
傷寒近編前集、後集　815左
傷寒心要　814左
……傷寒心法要訣　815左
傷寒補亡論　813左
傷寒補例　816左
傷寒法祖　815右
傷寒十六證類方　816左
傷寒九十論、校譌、續校　813左
傷寒直格方　813右
傷寒直格論　813右
傷寒古本攷　812右
傷寒眞方歌括　815右
傷寒來蘇集　1737右
傷寒標本心法類萃　813右
傷寒析疑　816左
傷寒藥性　813左
……傷寒摘錦　814右
傷寒表　816左
傷寒括要　815左
傷寒捷訣　816左
傷寒捷徑　816右
傷寒典　815左
傷寒撮要　815右
傷寒提鉤　815右
傷寒懸解　812左
傷寒明理論、後集　813右
傷寒明理續論　814右
傷寒附翼　811右
傷寒醫訣串解　815右
……傷寒醫鑒　814左
傷寒貫珠集　811右
傷寒金匱方易解　816右
傷寒金鏡錄　851左
傷寒兼證析義　815左
傷寒鈐法　813右
傷寒類方　815左
傷寒類證　813右
傷寒類書活人總括　813右
857右
*32*傷逝記　425左
60……傷暑全書　827左
*77*傷風約言　816右
*96*傷燥論　822右

觴

*18*觴政(沈中楹)　950左
觴政(袁宏道)　950左
觴政述　949右

2824_0 做

*51*做指南錄　322左
*75*做體詩　1387左

傲

*10*傲霜園詩鈔　1501左
*51*傲軒吟稿　1319左

徵

*00*徵言摘要　1173左
*10*徵雲詞　1619右
*25*徵積溯源　890右
徵積初學　889左
*34*徵波亭詞選　1624右
徵波詞(石韞玉)　1628右
徵波詞(錢枚)　1624右

徵波榭遺書 1433右
90徵尙齋詩 1523左
徵尙錄存 536右

徵

30徵寧池太安慶廣德總兵將領清册 471左

徵

02徵刻唐宋祕本書目、考證 648右
徵刻書啓五先生事略 648右
09徵麟錄 1034右
10徵吾錄 350左
17徵君孫先生年譜 419右
徵君陳先生年譜 423左
20徵信錄 328右
22徵仙集 1559左
徵仙彙錄 1559左
78徵驗圖考 899左

儆

20儆季文鈔 1497右
44儆嬉草 1428左
77儆居集 1740右
儆居外集 1458左
儆學詩 1364右
90儆炫遺詩 1362右

2824_7 復

00復庵先生集 1518左
復齋詩鈔 1465左
復齋日記 349左
復齋易說 12左
復齋公集 1276左
復齋錄 739左
10復丁老人草 1437右
24復續丙丁龜鑑 907右
30復淮故道圖說 581左
34復社紀事 314右
復社紀略 314右
37復初齋文集補遺 1431右
復初齋詩集 1431右
復初齋王漁洋詩評 1565右
復初齋集外詩、集外文 1431右
復初文錄 1505左
復初集賸稿 1438左
復初堂文集 1503右
40……復奪衣褵車 1666左
復古詩集 1315右
復古香奩集 1315右
復古編 198左
復眞劉三點先生脈訣 848右
44復莊詩問 1474左
復莊駢儷文榷、二編 1474左
復葊遺書 1429右
45復姓紀事 430右
60復園紅板橋詩 1558右
70復雅歌詞 1645右
復辟錄 308右
80復龕覓句圖題詠 1560左
復命篇 1171右
90復小齋賦話 1590左
復堂詩 1499左
復堂詩續 1499左
復堂詞 1638左
……復堂詞話 1720右
復堂諭子書 756右
復堂日記 451右
復堂日記續錄 451右
復堂日記補錄 451右
復堂類集 1499左
95復性書院講錄 750左
復性圖 747右

2825_1 牂

41牂柯客談 558右

2825_3 儀

21儀衞軒遺詩 1452右
27……儀象考成 872右
31儀顧堂集 1499右
儀顧堂題跋、續跋 652右
35儀禮、校錄、續校 75左、右
儀禮旁通圖 82左
儀禮商 76右
儀禮章句 77左
儀禮音訓 82右
儀禮識誤 82左
儀禮讀本、監本正誤、石本誤字 76右
儀禮讀異 82右
儀禮正義 77右
儀禮疏、校勘記 75右 76左
儀禮要義 76左
儀禮平議 78左
儀禮石經校勘記 183左
儀禮可讀 78左
儀禮班氏義 75右
儀禮集說 76右
儀禮集編 77左
儀禮集釋 76左
儀禮經傳註疏參義內編、外編 77左
儀禮經傳通解(朱熹)、續 76左
儀禮經傳通解（楊丕復）、序說、雜說、綱領 78左
儀禮經注一隅 77右
儀禮經注疏正譌 76左
儀禮經注疑直 77右
儀禮私箋 78左
儀禮先簿 78左
儀禮釋例 81右
儀禮釋注 78左
……儀禮釋宮(朱熹) 81右
儀禮釋宮(李如圭) 81右
儀禮釋宮增註 81右
儀禮釋官 81右
儀禮約解 78左
儀禮注疏、考證 75右
儀禮注疏詳校 76左
儀禮注疏校正 76左
儀禮注疏校勘記、釋文校勘記 76左
……儀禮客難 77右
儀禮宮室圖、說 82左
儀禮述注 76右
儀禮漢讀考 82右
儀禮禮服通釋 81左
儀禮逸經傳 76右
儀禮爽固 78右
儀禮爽固禮事圖 82左
儀禮爽固禮器圖 82左
儀禮士冠禮箋 78右
儀禮古文今文考 82右
儀禮古今文疏證 82右
儀禮古今文疏義 82右
儀禮古今文異同 82右
儀禮古今文異同疏證 82右
儀禮古今考 82右
儀禮古義 77左
儀禮喪服文足徵記 81左
儀禮喪服經傳 79左
儀禮喪服經傳略注 80右
儀禮喪服注 79右
儀禮喪服馬王注 79左

*35*儀禮校勘記、釋文校勘記 75右
儀禮札記 77右
儀禮析疑 77左
儀禮圖 82左
儀禮肊測、敍錄 77右
儀禮學 77右
儀禮今古文異同疏證 82右
……儀禮義疏 77左
儀禮鄭注句讀、監本正誤、石本正誤、校刊記 76右
儀禮鄭注監本刊誤 75右
儀禮節略、圖 77左
儀禮管見 77左
儀禮纂錄 77左
儀禮小疏 77左
儀禮恒解 77右
儀禮精義、補編 77右
*87*儀鄭堂文 1441右
儀鄭堂文集 1441右
儀鄭堂殘稾 1468左
儀鄭堂遺稿 1441右
*90*儀小經 1024左

2825_7 侮

*44*侮莊 974左

2826_6 僧

*30*僧寶傳 445左
僧寮吟課 1555左
*77*僧尼共犯 1673左
僧尼共犯傳奇 1673左
*80*僧無可詩集 1238左

2826_8 俗

*00*俗言(楊慎) 226左
……俗言(劉沅) 746左
*01*俗語詩 1517左
俗語集對 944左
俗語對 944右
*06*俗誤辨 1003左
*08*俗說(沈約) 1046右
俗說(羅振玉) 1040左
*12*俗砭 461右
*30*俗字證誤 197右
*44*俗考 1020左
*50*俗事方 1039右
俗書證誤 197左
俗書刊誤 198右
*62*俗呼小錄 225右
*77*俗用雜字 198右

2828_1 從

*00*從亡隨筆 307左
*10*從西紀略 326左
*18*從政瑣記 474右
從政遺規 472右
473左
從政未信錄 1554右
從政錄(汪喜孫) 1457左
從政錄(薛瑄) 472左
*21*從征緬甸日記 327左
從征安南記 327右
*22*從川詩集 1347左
*24*從先維俗議 766左
*30*從扈隆福寺小記 452右
*33*從心錄 1631左
*37*從祀鄉賢錄 419右
從軍雜記 614右
從軍紀事 334左
*38*從游集 1544左
*44*從姑山記 576左
*46*從駕記 346右
*53*從戎紀略 333左
從戎始末 316左
*67*從野堂存稿 1361左
*77*從學劄記 746右
*80*從今文孝經說 158右

2828_6 儉

*24*儉德齋隨筆 335左

2829_4 徐

*00*徐文長佚草 1352左
徐文長自著畸譜 429右
徐文長逸稿 1352左
徐文學集 1352左
*01*徐龍濶集 1353右
徐評外科正宗 831左
*04*徐詩 1380右
*10*徐正字詩賦 1239右
徐正字集 1240左
徐元歎先生殘稾 1366右
徐雨峯中丞勘語 489左
徐霞客遊記 587右
徐電發楓江漁父小像題詠 1557右
*12*徐璣集補 1278右
*17*徐子(徐幹) 717左
徐子(徐口) 685右
徐勇烈公行狀 411左
*20*徐集小箋 1251右
*21*徐偃王志 355右
*22*徐僕射集 1213左、右
徐僕射集選 1213右
徐仙眞錄 449右
徐仙翰藻 1184右
徐樂書 961右
*23*徐俟齋先生年譜 442左
*24*徐偉長集 1200右
徐幼文集 1326左
*26*徐伯株貧富興衰記 1682左
28……徐徵士年譜 442左
徐徐集 1347左
*30*徐渡漁先生醫案 864左
徐永宣詩選 1408左
*32*徐州輿地考 537左
徐巡按揭帖 314左
*35*徐清正公詞 1606左
徐清正公年譜 406右
徐迪功詩集、外集 1339右
徐迪功集 1339右
*37*徐郎小傳 1118右
*38*徐海本末 311右
*40*徐太常公遺集 1467左
*43*徐娘自述詩記 1449右
*44*徐莊愍公算書 1738右
徐茂公智降秦叔寶 1680左
徐懋功智降秦叔寶 1680左
徐孝穆集 1213右
徐孝穆集箋註、備考 1213右
徐孝穆全集、備考 1213右
……徐孝克孝義祝髮記 1693右
*46*徐相公集 1344左
*47*徐都講詩 1403右
*48*徐松龕批後漢書殘本 378左
*50*徐本夏小正舉異 92左
*51*徐批葉天士晚年方案眞本 862右
*60*徐星伯說文段注札記 186右
徐園秋花譜 788右
徐昌穀集 1339右
徐昂發詩選 1408左
*67*徐昭夢詩集 1239右
徐照集補 1284左
*72*徐氏本支敍傳 393右
徐氏胎產方 835右
徐氏算學三種 1738左
徐氏筆精 1023左

77徐問渠印譜 943左
80徐念陽公集 1361左
徐公文集、校勘記 1241右
88徐竹所先生遺稿 1495右
徐節孝先生年譜 417右
90徐尚書集 1339左

2831$_{1}$ 鮓

02鮓話 554左

2835$_{1}$ 鮮

00鮮庵遺文 1509左
鮮庵遺稿 1509左
21鮮虞中山國事表疆域圖說 506左
37鮮潔亭詩餘 1622右

2836$_{6}$ 鱠

13鱠殘篇 824左

2845$_{3}$ 艤

27艤舟亭集 1432右

2846$_{8}$ 谿

21谿上遺聞集錄、別錄 541左
22谿山臥游錄 933右
谿山餘話 995左

2849$_{4}$ 艅

26艅艎日疏 1065右

2854$_{0}$ 牧

00牧庵詞 1611右
牧庵集 1302左
牧庵年譜 429左
牧齋詩鈔 1376左
牧齋集外詩、補 1376左
牧齋先生年譜 430左
牧齋遺事 430左
牧齋初學集 1376左
牧齋有學集、校勘記 1376左
牧齋尺牘 1376左
牧廠地略 527右
14牧豬閑話 952左
25牧牛圖頌、又十頌 1190右
31牧沔紀略 474右
牧潛集 1305右
44牧莊詞 1642右
牧菴文集 1302左
牧菴詞 1611右
牧菴集 1302左
50牧東紀略 503左
77牧豎閒談 1054左
牧民忠告 472左
牧民贅語 474左
80牧翁先生年譜 430左
牧令要訣 473右
牧令書輯要 474左
牧令書鈔 474左
牧羊指引 792右
88牧鑑 472左
牧篴餘聲 1714左
牧餘詩草 1424左
90牧堂公集 1272左

2864$_{7}$ 馥

10馥雲軒詩集 1428左
44馥芬居日記 451左

2871$_{1}$ 嵯

23嵯峨山記 571右

2873$_{7}$ 嵰

22嵰山甜雪 1464右

2874$_{0}$ 收

12收到書畫目錄 912右

2892$_{7}$ 綸

00綸音堂詩集 1497左
30綸扉稿 1349右

綈

37……綈袍記 1701右
43綈裘寶書 908左

2896$_{6}$ 繪

30繪宗十二忌 928右
44繪芳錄 1131右
繪林題識 929右
47繪聲閣詩稿 1462右
49繪妙 930左
50繪事發微 931左、右
繪事備考 434左
繪事微言 929右
繪事津梁 934左

2898$_{1}$ 縱

00縱方備證 888右

2921$_{1}$ 觥

07觥記注 797左

2921$_{2}$ 倦

10倦雲憶語 1082右
38倦游雜錄 1055右
倦游錄 1055右
倦遊集 1436右

2925$_{0}$ 伴

20伴香閣詩 1441左

2933$_{8}$ 愁

00愁言、附集 1372右
愁言選 1373左
60愁思集 1528右

2935$_{9}$ 鱗

72鱗爪集 1737右

2998$_{0}$ 秋

00秋瘧指南 830左
……秋夜雲窗夢 1666左
秋夜瀟湘雨 1653右
秋夜梧桐雨 1647右
10秋雪詞 1616左
秋雪山房初存詩 1492右
12秋水亭詩鈔 1435右
秋水文集 1389左
秋水文叢外集 382左
秋水詩、文 1390右
秋水詞 1616右
秋水集 1401右
秋水宮詞 1390右
秋水菴花影集 1713左
秋水軒詩選 1462右
秋水軒詞 1631右
秋水園印說 941左
秋水鏡 1002左
秋水堂文集、餘集、詩集 1416左
秋水堂遺詩 1497右
16秋碧樂府 1712左
20秋舫詩鈔 1451右
21秋虎丘 1705右
秋紅霓詠 1511右
秋紅丈室遺詩 1451左
22秋崖詩選 1286右
秋崖詞（方岳） 1606右

二九九八〇 秋(二二—九四)

22秋崖詞(奚減) 1607右
秋崖集 1286左
秋崖集補鈔 1286右
秋崖先生小藁詞 1606右
秋崖小稿鈔 1286右
秋崖小藁集 1286右
秋巖詩集 1305左
秋岩遺詩 1447右
秋山文存 1529左
24秋豔丹桂鈿合 1674右
30秋室集 1443左
秋室遺文 1443左
秋宜集 1309左
秋窗病餘錄 1448左
秋窗隨筆 1584左
秋審實緩、章程、直省附錄 487右
秋審指掌 487右
31秋江煙草 1294左
秋江煙草補遺 1294左
秋涇筆乘 1000右
秋潭詩選 1399左
33秋心集、續 1424右
34秋濤 1001右
37秋澗集 1301右
秋澗樂府、校記 1611右
秋澗先生大全文集樂府 1611右
秋澗先生大全集 1301右
40秋士先生遺集 1434右
秋塘蜀道詩 1426左
秋樵雜錄 1036左
秋樵詩鈔 1451右
44秋夢齋詩稿 1443左
秋夢龕詞 1635左
秋花四十詠 1462右
秋蓬俚語 1405左
秋芸館詩稿 1485左
秋芸館古文稿 1485左
秋芸館駢體文稿 1485左
秋樹讀書樓遺集 1453左
46秋槐堂詩集 1371右
47秋聲詩餘 1608右
秋聲譜 1751左
秋聲集(衞宗武) 1291右
秋聲集(黃鎭成) 1312右
秋聲館詩草 1478右
……秋胡戲妻 1659左
秋根詩鈔 1527右
48秋槎雜記 173左
60秋星閣詩話 1581左
秋園雜佩 959左
秋思草堂遺集 324右
秋思草堂遺集雲遊始末記 324右
62秋影樓詩集 1412左
64秋曉先生覆瓿集 1291左
70秋雅 1637右
76秋陽草 1525右
77秋岡先生集 1301右
秋閒詞 1617左
秋屏詩存 1458右
秋興詩 1367左
秋興八首偶論 1564右
78秋陰雜記 1009右
80秋谷詩鈔 1410左
秋谷集 1305左
82秋鐙瑣憶 1078左
秋鐙錄 352左
86秋錦文鈔 1404左
秋錦山房詞 1619右
88秋笳集 1395左
秋籟吟 1626左
90秋堂詩餘 1608右
秋堂集 1287右 1288左
秋堂遺稿 1288左
91秋煙草堂詩稿 1418右
92秋燈集錦 1534右
秋燈叢話 1075右
94秋粒樓眉判 1068右

3

3010₁ 空

00空言 1031左
10空一切盦詞 1639右
22空山堂文集、詩集 1420右
空山堂史記評註 373右
34空爲惡 1129右
50空靑石傳奇 1706左
空靑水碧齋文集、詩集補遺 1478左
空靑館詞 1634左
67空明子文集、詩集 1416左
空明子雜錄 1005左
空明子崇川獨行傳 387右
空明子崇川節婦傳 438右
空明子茸城賦注 524右
空明谷詞 1621右
77空同詩集 1337左
空同詞 1608右
空同子 970左
空同子纂 970左
空同集 1337左
空同集選 1337左
80空谷香 1707左
90空堂話 1685左

3010₄ 塞

01塞語 774左
10塞爾維羅馬尼蒲加利三國合考 637右
11塞北紀行 611左
塞北紀程 326左
塞北紀聞 326左
塞北漠南諸水彙編 581右
塞北小鈔 613右
21塞上雜記 527左
23塞外雜識 562左
塞外行軍指掌 775左
塞外紀程 614左
26塞程別紀 613左

3010₆ 宣

00宣夜說 867右
05宣靖備史 299右
宣靖妖化錄 1059右
10……宣平巷劉金兒復落娼 1670左
18宣政雜錄 1063左
20宣統大事鑑 331左
24宣德鼎彝譜 660右
宣德彝器譜 660右
宣德彝器圖譜 660右
26宣和論畫雜評 927右
宣和石譜 956右
宣和北苑貢茶錄 783右
宣和乙巳奉使金國行程錄 299右
宣和牌譜 952右
宣和御製宮詞 1258右
宣和遺事前集、後集 1128右
宣和博古圖 660左
宣和畫譜 433右
宣和奉使高麗圖經 626右 627左
宣和奉使高麗圖經校 627左
宣和書譜 433左
宣和册禮圖 798左
30宣室志 1107左
宣室志佚文 1107右
宣宗皇帝御製詩 1330右
40宣大山西三鎭圖說 485左
宣南雜俎 948左
宣南零夢錄 948左
43宣城記 537左
宣城秋雨錄 1082左
53……宣威州志 522右
67宣明論方 818左
77宣卿詞 1600右
78宣驗記 1086左、右
81宣鑪博論 660右
91宣爐歌注 662右
宣爐注 662右
宣爐小志 662右

3010₇ 宜

00宜亭草 1483右
宜齋野乘 987左
09宜麟策、續集 836左
22宜川鄉土志 516左
29宜秋山趙禮讓肥雜劇 1663左
30宜之集 1312右
32宜州乙酉家乘 450左
宜州家乘 450右
37宜祿堂收藏金石記、補編 658左
42……宜荆縣志 519右
44宜黃竹枝詞 551左
47宜都記 547左
宜都山川記 547左
宜都內人 1106左
50宜春張氏所著書二種 1740左
宜春傳信錄 550右
60宜園詞 1625左
宜田彙稿 1417左
67宜略識字 199右
77宜興荆溪縣新志 519右
……宜興縣志 519左
……宜興縣舊志 519左

3010₉ 鋈

22鋈山臏稿 1468左

3011₃ 流

00流離雜記 1011右
20流香一覽 566右
21流紅記 1115左
30……流注指要賦 842右
流寇瑣記 315右
流寇瑣聞 315右
流寇陷巢記 317左
37流通古書約 641左
39流沙訪古記 591左
流沙墜簡、考釋、補遺、補遺考釋 673右
流沙墜簡考釋補正 673右
44流芳亭記 565左
60……流星馬 1669右
63流賊傳 315右
91流類手鑑 1581左

3011₄ 注

10注疏瑣語 182右
注疏考證 1728右
25……注生延嗣妙應眞經 1150右
27注解傷寒論 811左

淮

10淮雲問答、續編 738右
淮雲問答輯存 738右
11淮北水利說 584左
12淮水說 581左
淮水編 580右
淮水考 581左
17淮郡文渠志 583左
26淮程旅韻 1555右

*28*淮鹺本論 476右
淮鹺問答 476右
*30*淮安北門城樓金天德年大鐘款識、附 662左
*37*淮軍平捻記 329左
*38*淮海詞 1594右
淮海集、後集、攷證 1256右
淮海集補鈔 1256右
淮海集鈔 1256右
淮海先生文粹 1256右
……淮海先生年譜節要 428左
淮海英靈集甲集、乙集、丙集、丁集、戊集、壬集、癸集 1546右
淮海易談 17左
淮海題跋 913左
淮海長短句 1594右
淮海居士長短句、校記 1594右
淮遊紀略 587右
*40*淮南許注鉤沈 961左
淮南王萬畢術 906左
淮南天文訓補註 961右
淮南子 960右
961左、右
淮南子正誤 961右
淮南子要略篇釋 961右
淮南子佚文 960右
淮南子注 961左
淮南子補校 961右
淮南集解補正 961右
淮南鴻烈解 960右
961左
淮南鴻烈閒詁 961左
淮南內篇平議 961右
淮南萬畢術 905右
906左
淮南枕中記 845左
*43*淮城紀事 316右
淮城日記 316右
*44*淮封日記 611右
*76*淮陽詩餘 1611右
淮陽集 1300右
淮陽樂府 1611右
*78*淮陰金石僅存錄、附編 676左

3011₄ 濰

*62*濰縣宏福寺造像碑考 675右
濰縣竹枝詞自註 532左

潼

*22*潼川書院志 764右
潼山子 709左
*31*潼江草 1487左

灘

*31*灘江雜記 555右
灘江游草 1517右
*36*灘湘二水記 585右

3011₇ 沆

*37*沆瀣子 974左
沆瀣集 1545右

瀛

*16*瀛環志略訂誤 626左
*30*瀛寰瑣紀 626左
*31*瀛涯勝覽 623左
瀛涯勝覽集 623左
*32*瀛洲咫聞 1030左
*38*瀛海論 625左
瀛海採問紀實 625右
瀛海卮言 625右
*40*瀛奎律髓 1533左
瀛奎律髓刊誤 1533右
瀛壺文鈔 1524左
瀛壺文鈔補 1524左
瀛壺詩鈔 1524左
瀛壺聯鈔 1524左
*41*瀛壖雜誌 524右
瀛壖雜志 524右

3011₈ 泣

*63*泣賦眼兒媚 1676左

3012₃ 濟

*11*濟北先生文粹 1258右
濟北晁先生雞肋集 1258左
濟北頌言 431右
*25*濟生方 857右
濟生拔粹方 1737右
*27*濟急仙方 858左
*32*濟州學碑釋文 675右
*34*濟瀆考 582右
*37*濟祖師文集 1186左
*40*濟南集 1256右
濟南先生文粹 1256右
濟南先生師友談記 982左
濟南紀政 1069右
濟南竹枝詞 532右
*78*濟陰近編 836右
*80*濟美錄摘略 1355右

3012₇ 滂

*40*滂喜齋宋元本書目 647右
滂喜齋學錄 1740右

滴

*10*滴露堂小品 1621右
滴天髓 904左

3013₀ 汴

*00*汴京知異記 1092左
汴京遺蹟志 544右
*12*汴水說 585左
*30*汴宋竹枝詞 544右
*38*汴遊錄(徐充) 611右
汴遊錄(蕭士瑋) 612左
*47*汴都平康記 1056右
汴都賦 544左
*48*汴故宮記 564左
*60*汴圍濕襟錄 316左

3013₂ 瀼

*32*瀼溪草堂稿 1340右

濠

*52*濠塹私議 776左

3013₆ 蜜

*48*蜜梅花館文錄 1453左
蜜梅花館詩錄 1453左

3013₇ 濂

*32*濂溪通書 724右
濂溪書院勸學編 764左
濂溪書院興學編 764左
*37*濂洛風雅(張伯行) 1542左
濂洛風雅(金履祥) 1541右
濂洛關閩書 730右

3014₀ 汶

*76*汶陽端平詩雋 1287右
*77*汶叟詩存 1520左

3014₁ 澼

*77*澼月樓詞稟 1637左

3014₆ 漳

31漳河源流考 581左
32漳州切音字母 215右

3014₇ 渡

38渡海後記 616右

淳

24淳化祕閣法帖源流考 924左
淳化祕閣法帖考正 924左
淳化閣帖釋文 924左
淳化閣帖跋 924左
34淳祐臨安志 520左
淳祐臨安志輯逸 520左
77淳熙三山志 521右
淳熙玉堂雜紀 470左
淳熙稿 1280左
淳熙薦士錄 385右

3014₈ 洨

33洨濱語錄 733右
77洨民遺文 1510左

3016₁ 涪

32涪州石魚文字所見錄 677左
涪州石魚題名記 677左
80涪翁雜說 1019左

3019₆ 涼

07涼記(張諮) 357右
涼記(段龜龍) 358左
32涼州記 357右
涼州異物志 530左

3020₁ 寧

24寧化風俗志 543左
34寧波府簡要志 520右
寧遠州志 516左
寧遠縣鄉土志 517右
37寧澹語 736左
寧澹居遺文 1359右
寧澹居奏議 498左
40寧古塔紀略 527右
528左
寧古塔志 527右
41寧極齋稿 1288右
寧極齋樂府 1610右
44寧藏七十九族番民考 557右
50寧東羅譜禮俗譜 554左
80寧羌州鄉土志 516右

3020₂ 寥

10寥天一閣文 1516左
76寥陽殿問答編 1185右

3020₇ 穹

10穹天論 867右

3021₁ 寵

16寵硯錄 1557右

3021₂ 宛

10宛平歲時志稿 523左
20宛委山房詩詞賸藁 1479右
宛委山房集 1429右
宛委餘編 997右
40……宛在堂集 1370右
72宛丘詩集 1257右
宛丘詩鈔 1257右
宛丘集補鈔 1257右
宛丘先生文粹 1257右
宛丘題跋 1257右
74宛陵詩集 1245左
宛陵詩選 1245左
宛陵詩鈔 1245左
宛陵二水評 584左
宛陵羣英集 1546右
宛陵集 1245左
宛陵先生文集 1245左
宛陵先生集、拾遺 1245左
宛陵遺藁 1309左
77宛邱集 1257左
97宛鄰文 1447左
宛鄰文集 1447左
宛鄰詩 1447左
宛鄰書屋古詩錄 1447左

3021₃ 寬

71寬厚富 1129右

3021₄ 寇

17寇子翼定時捉將 1679左
44寇萊公集 1242右
寇萊公遺事 405右
寇萊公思親罷宴 1687右
50寇忠愍公詩集 1242右

3021₇ 宂

88宂餘草 1435左

扈

28扈從詩 1315左
扈從親耕記 459左
扈從西巡日錄 613右
扈從紀程 613右
扈從木蘭行程日記 615左
扈從東巡日錄 613右
扈從賜遊記 452右

3022₇ 扁

27扁舟載酒詞 1626右
47扁鵲心書、神方 818左
扁鵲神應鍼灸玉龍經 842右
……扁鵲倉公傳補注 432右
80扁善齋詩選 1504左

房

22房山集 1306左

宵

25宵練匣 733左
90……宵光記 1696右

禘

08禘說(觀頮道人) 96右
禘說(惠棟) 96右
38禘祫觿解篇 96右
禘祫考辨 96左
禘祫問答 96右
禘祫答問 96右

肩

77肩鳳齋存稿 1496右

甯

17甯子 685左
38甯海將軍固山貝子功績錄 410左

窮

29窮愁志 966左
窮愁錄 1012右
71窮阮籍醉罵財神 1687左
90窮忙小記 335右
97窮怪錄 1087右

寱

36寱湘廋詞 1638左
62寱影廋詞 1635右

3023_2 永

10永平詩存、續編 1548左
永平三子遺書 1740左
21永順小志 550左
22永樂大典書目考 645左
永樂大典目錄 645左
24永牘 315右
永德堂詩草 1382右
30永寧祗謁筆記 617左
永憲錄 326右
永定河源考 581左
32永州紀勝 548右
永州圖經 548右
永州風土記 548右
35永清文徵 1546右
永清縣志 515左
37永初山川記 509右
永初山川古今記 509右
40永嘉高僧碑傳集、補 445左
永嘉證道歌 1189左
永嘉三百詠 542左
永嘉郡記 542左
永嘉集 1189左
永嘉先生集 1329右
永嘉先生八面鋒 1042左
永嘉八面鋒 1042左
永嘉金石百詠 677右
43永城紀略 315左
44永慕廬文集 1495右
46永觀堂海內外雜文 1527右
47永報堂詩集 1443左
60……永團圓 1703右
永昌土司論 559右
永昌縣誌 517左
71永歷紀事 322右
永歷紀年 322左
永曆帝入緬本末 323左
永曆實錄 322左
80永矢集 1475左
永年申氏遺書 1740左

家

00家庭庸言 753右
家庭雜憶 1016左
家慶圖詠 1558左
家言 746左
01家語 681左
家語證僞 681右
家語疏證 681右
家語佚文 681左
02家訓（方宏靜） 753左
家訓（霍韜） 753右
家訓（張習孔） 754左
家訓筆錄 752左
03家誡要言 753右
家誡錄 755右
04家塾座右銘 763右
家塾課程 764右
家塾瑣語 761右
家塾私言 995右
家諱考 464左
10家王故事 361左
18家政須知 754右
家政法 777右
家政學 216右
22家山遊 1365左
家山圖書 752左
25家傳 393右
27家祭禮 461左
35家禮 460左
家禮辨說 461左
家禮雜儀 460左
家禮喪祭拾遺 461右
家禮摘要 460右
家禮拾遺 461右
44家蔭堂詩鈔、文鈔 1454右
家蔭堂家言 1009左
家蔭堂尺牘 1454右
家藏集 1333左
家藏書畫記 912左
家世舊事 394左
家世舊聞 394左
50家書 1357右
56家規 756左
……家規輯略 753左
77家兒私語 393右
家居小適 568右
家學樹坊 651左
80家人子語 767左
家人箴 753左
81家矩 753右
88家範 751右
90家常語 761左

窳

40窳櫎詩質 1499右
窳櫎日記鈔 451右
77窳叟墨錄 802左

宸

41宸垣識餘 523左
48宸翰樓所藏書畫目錄 912右

禳

22……禳災度厄經 1141右

3024_1 穿

22穿山記 573左
穿山小識 573左

3026_1 宿

77宿月詩草 1439右

寤

00寤齋先生遺稿 1354左
寤言（許錫祺） 748右
寤言（陳濬然） 978左
寤言質疑 749右

寱

77寱凡 1023右

3030_1 進

10進石臺孝經表 161左
27進修譜 745右
44進藏紀程 560左
60進呈鷹論 795左
77進賢說 459左

3030_2 適

00適意吟 1447右
適言 1081左
30適安藏拙餘稾、乙稾 1283右
適安藏拙餘稾 1283右
40適來子 975右
60適園語錄 996右
適園檏著 996右

3030_3 寒

00寒廳詩話 1583右
寒夜集 1473右
寒夜叢談 1007右
寒夜錄、校勘記、校勘續記 1002右
……寒衣記 1674右
10寒雲書景 655左
16寒碧孤吟 1381左
寒碧軒詩存 1509左

寒碧軒賸墨 1515左
寒碧堂詩葺 1402右
20寒秀艸堂筆記 1010右
22寒山誌傳 442左
寒山詩 1218左
寒山詩集 1218左
寒山詩餘 1617右
寒山帚談、拾遺 921左
寒山子詩集 1218左
寒山舊廬詩 1557右
寒山留緒 442左
寒山金石林部目 655右
寒山堂金石林時地考 655右
27寒螿詩藁存 1354右
36寒溫指南 823右
40寒木居詩鈔 1372右
48寒檠膚見 973左
寒松閣詩 1498左
寒松閣詞 1637右
寒松閣談藝瑣錄 934左
寒松閣集 1283左
寒松閣題跋 917左
寒松閣駢體文、續 1498左
寒松堂詩集 1384左
寒松堂集 1384左
58寒拾里人稾 1304右
92寒燈絮語 755右

3030_4 避

04避諱錄 464左
22避亂錄 300右
44避地三策 1003左
53避戎夜話 299右
避戎嘉話 299右
60避園擬存 1361左
避園擬存詩集 1361左
避暑山莊紀事詩 1443右
……避暑山莊圖詠 1557右
避暑漫抄 1060右
避暑錄話 983左

3030_7 之

31之江濤聲 540左

3032_7 寫

00寫麋廔詞 1636左
21寫經齋文稿 1504右
寫經齋續稿 1504右
寫經齋初稿 1504右
22寫山水訣 928左
27寫像祕訣 928右
33寫心二集 1560右
寫心集 1560右
35寫禮廎文集 1508左
寫禮廎詩集 1508左
寫禮廎讀碑記 669右
寫禮廎遺詞 1639左
47寫均廔詞 1630左
67寫照瑣言 1406右
77寫風情 1675左
88寫竹雜記 932右
95寫情集 1614左

3033_2 宓

17宓子 682右
47宓妃影傳奇 1709左

3033_6 愙

00愙齋集古錄校勘記 661左
愙齋藏器目 660左

3034_2 守

00守齋詞 1617右
守庚申法 1181右
10守一齋筆記 1076右
21守虞日記 334左
守貞節孟母三移 1678右
22守山閣賸稿 1484左
27守身執玉軒遺文 1504左
30守汴日志 316左
31守濬記傳奇 1708左
32守溪長語 349右
守溪筆記 349右
36守邊輯要 484左
43守城機要 773右
守城錄 773右
52守拙齋詩存、文存 1505右
58守撫紀略 335左
63守默齋詩稿 1496左
67守鄖紀略 316右
81守瓶文賸 1483右

3040_1 宇

40宇內高山大河考 626右

宰

17宰子書 682左
24宰德小記 503左
40宰嘉訓俗 767左
50宰惠紀略 474左

準

00準齋雜記 730左
準齋雜說 730左

3040_4 安

00安市 1690左
01安龍紀事 323左
安龍逸史 322左
10安正忘筌集 730右
安天論 868左
17安孟公手訂文稿 1406左
22安豐聯詠 1555右
安樂窩吟 1248左
24安德明詩選遺 1546右
26安得長者言 1033左
安吳論書 922右
27安般簃集 1507右
28安徽地略 537左
安徽考略 537左
安徽金石略 676左
30安流舫存稿 1438左
……安宅呪經 1187左
……安宅八陽經 1145左
安定言行錄 417右
36安邊紀事 312左
37安瀾紀要 580左
……安次縣志 515左
安祿山事跡、校記 298左
安祿山事蹟 298左
38安道公年譜 420左
40安南雜記 630右
安南論 634右
安南集 1530右
安南行記 611左
安南供役紀事 321右
安南傳 627右
安南紀遊 631左
安南軍營紀略 327右
安南志略 634左
安南來威圖冊、輯略 311左
安南圖誌 628左
安南圖說 627右
安南小志 633右
43安城記 551左
50安東改河議 580左
53安甫遺學 175右
63安默庵先生文集 1307右
67安晚堂詩集、補編、輯補 1279右

70安雅堂文集、重刻文集 1382右
安雅堂詩 1382右
安雅堂詩選 1382右
安雅堂集 1312右
安雅堂觥律 949右
安雅堂酒令 949右
安雅堂書啓 1383左
安雅堂未刻稿 1382右
72安所遇軒詩鈔 1496右
安岳吟稿 1254左
74安陸集 1592右
76安陽張承小說 1068左
安陽集 1246右
安陽集補鈔 1246右
安陽集鈔 1246右

3040_4 宴

79宴滕王子安檢韻 1688左
80宴金臺 1708右

3040_7 字

02字訓(殷仲堪) 223左
字訓(□□) 223右
04字詁 224右
字誥 223右
06字諟 197左
08字譜 223右
10字雲巢文集 1402右
字雲巢詩鈔 1402右
20字香亭梅花百詠 1431右
字統 195左
22字彙 198右
26字觸 898右
32字溪集 1296右
37字通 198左
44字苑 194左
字林 194左
字林經策萃華 220右
字林補逸 194左
字林考逸 194左
47字格 918右
48字樣 197右
50字書 193右
194左
字書音義 224左
字書誤讀 208右
字書三辨 199左
51字指 222右
223左
55字典 195右
字典翼 195右
字典紀字 196左
67字略 194右
195左
71字原徵古 658右
75字體 197左
字體辨正 199右
字體蒙求 199右
77字學新書摘鈔 920右
字學韻學 193左
字學備考 193左
字學源流 193左
字學憶參 923左
字貫案 327右
80字鏡 223右
字義補 224右
字義鏡新 224右
88字鑑 198右
91字類 195右

3041_3 寃

25寃債志 1089左
1110左
30……寃家債主 1654右
1655左

3042_7 寓

00寓庵詩集、校勘記、校勘續記 1321右
寓庵詞 1611左
寓庵集 1308右
寓庸室遺草 1462左
寓意編 910左
寓意草、校勘記、校勘續記 862左
寓意錄 911右
寓言 1073右
寓言集 1615右
14寓破草 1413右
22寓山注 1557右
寓崇雜記 525左
44寓楚雜著 316左
寓林清言 1069右
60寓圃雜記 350左
67寓嘐雜詠 525左
77寓同谷老杜興歌 1688左
88寓簡 984右

3051_6 窺

07窺詞管見 1718右
10窺天外乘 350右
25窺生鐵齋詞 1639右
27窺豹集 1484左
60窺園集 1399右
窺園吟稿 1415左

3060_1 窨

44窨花書屋遺稿 1465右

謇

00謇齋瑣綴錄 348右

3060_2 窗

77窗閒記聞 1060右

3060_4 客

00客亭樂府 1602左
客亭類稿 1285右
客座新聞 1066左
客座曲語 1722左
客座贅語 533右
客塵醫話 864右
客齋使令 1124右
客齋使令反 1124右
客齋餘話 974左
09客談 1590右
26客牕二筆 1076右
客牕偶談 468左
客牕臆語 1010右
30客寓雜錄 1007右
客窗偶談 864右
客窗偶吟 1447右
客窗隨筆 1071右
客窗閒話(吳熾符) 1077右
客窗閒話(吳熾昌)、續 1080左
33客心草 1365左
34客滇述 317左
36客還草 1365左
37客退紀談 1091右
40客杭詩帳 1528左
客杭日記 450右
43客越志 611右
客越志略 611右
47客椒自删、再删 1365右
50客中異聞錄 1079左
60客星零草 1413右
77客問 971左
客邸塵談 1189左

80客人三先生詩選 1746左
客人對 553右
客人駢體文選 1545右
客舍偶聞 1072左

3060_5 宙

43宙載 996右

3060_6 宮

00宮庭睹記 458左
07宮詞(王珪) 1249右
宮詞(王建) 1226右
宮詞(王仲脩) 1260左
宮詞(王叔承) 1358左
宮詞(張公庠) 1251右
宮詞(朱權) 1329右
宮詞(和凝) 1240右
宮詞(徐昂發) 1408左
宮詞(宋白) 1241右
宮詞(宋徽宗) 1258右
宮詞(胡偉) 1283左
宮詞(費氏) 1241左
宮詞(周彥質) 1262左
宮詞小纂 1733右
30宮室攷 97左
宮室考 97左
37宮鴻曆詩選 1409左
40宮大用雜劇 1750左
46宮觀碑誌 567左
48宮教集 1274左
77宮閨詞 1462右
宮閨聯名譜 438左
宮閨小名錄 398左

富

22富山遺稿 1297左
富山嬾藁 1297左
30富良江源流考 586右
87富鄭公詩集 1245左

3060_8 容

00容齋詩話 1573左
容齋詩餘 1619右
容齋五筆 984右
容齋千首詩 1397左
容齋四六叢談 1590右
容齋題跋 1268右
容齋隨筆、續筆、三筆、四筆、五筆 984右
21容經學凡例 81右
30容安齋詩集 1416左
容窗集 1316左
40容臺佐議 458左
容臺隨筆 973右
43容城文靖劉先生文集1303左
容城忠愍楊先生文集1350左
容城鍾元孫先生文集1376右
44容菴集 1341左
容菴遺文鈔、存稿鈔 1374左
50容春堂前集、後集、續集、別集 1335左
53容成侯傳 1109左
容甫先生遺詩 1435右
容甫先生年譜 422左
60容園詞綜 1644右
容園謎存 947左
74容膝軒文集、詩草 1520左
77容居堂詞 1617右
80容美紀游 604左

3060_9 審

00審齋詞 1600右
22審嚴文集 1436左
30審安齋詩集 1523右
審定風雅遺音 63左
60審國病書 723左
審是帙 1002左
61審題要旨 1591左
92審判稿 489右

3062_1 寄

00寄亭詩遺 1255左
寄庵詩文鈔 1437右
寄廬詩草、續存 1510左
寄廬倡和詩鈔、續鈔、又鈔 1555右
寄廬遺稿 1419左
寄廬春莫懷人詩 1510左
10寄吾廬初稿選鈔 1462左
25寄生山館詩賸 1502左
寄生館集 1459左
寄生館駢文 1471右
28寄傲軒讀書隨筆、續筆、三筆 1027左
30寄窩鈔存 1510右
寄寄山房塞愚詩話 1589右
寄寄山房叢鈔 1015右
寄寄山房叢鈔續集 1015右
寄寄山房叢鈔又集 1015右
寄寄山房鼠疫雜誌 829左
寄寄山房公牘錄遺 503左
31寄漚詩存 1508左
寄漚館拾餘草 1490右
33寄心集 1358左
36寄禪遺詩 1520左
44寄楮備談 1073左
45寄樓鱗爪集 1545右
48寄梅館詩鈔 1445右
51寄軒詩鈔 1402左
60寄園集字詩 1393右
寄園寄所寄 1126左
寄園寄所寄摘錄 1073左
62寄影軒詩鈔 1481左
77寄鷗館詩錄 1494左
88寄簃文存 1517右
95寄情稾 1318左

3071_4 宅

08宅譜修方 899右
宅譜邇言 899右
宅譜指要 899右
21宅經 899右

3071_7 宧

17宧豫草 1486右
38宧游偶記 474右
宧游偶錄 353左
宧游紀略、續 473右
宧游紀聞 1067右
宧游吟草 1505右
宧海慈航 1033右
宧遊日記 472右
宧遊吟草 1513左
60宧蜀紀程 617左
宧蜀草 1486右
77宧烏波餘 1368右
宧門子弟錯立身 1664右

竈

41竈嫗解 1034左

3072_7 窈

77窈聞、續窈聞、附考 1071右

3073_2 良

33良心書 750左
50良吏述 403左
90良常仙系記 448左

寰

30寰宇訪碑錄、刊謬 665左
寰宇訪碑錄校勘記 665左
寰宇雜記 1043右
寰宇記 512左
寰宇瑣紀 626左
寰宇通志 513左

3077$_2$ 密

00密齋筆記、續記、校譌、續校 987右
02密證錄 742左
30密宗綱要譯釋陀羅尼九章 1187右
44密菴詩稾、文稾 1325右
密菴集 1325左
65密蹟金剛神咒注 1187右
71密庵文鈔 1486右
88密箴 766左

窰

66窰器說 796右

3077$_7$ 官

02官話字母讀物八種 1729右
官話切音字母 216左
官話合聲字母 216左
官話合聲字母序例及關係論說 216左
06官韻考異 210右
13官職會通 468左
17官子譜 944左
20官爵志 468左
22官制備攷 468左
官制沿革表 466左
25……官紳約 474左
27官級由陞 468左
32官業債 1129左
35官禮制攷 468左
44官藥局示諭 866左
77官閣消寒集 1554左
88官箴 471左、右

3080$_1$ 定

00定齋詩餘 1603左
定齋集 1275左
定齋先生猶存集 1415右
定齋河工書牘 578右
10定正洪範集說 46左
定死期 1130左
20定香亭筆談 1008右
22定川遺書 1274右
定川草堂文集小品 912左
定峯文選 1401右
定山集 1334左
定山堂詩餘 1615右
定巢詞集 1642右
26定泉詩話 1584左
27定鄉雜著 539右
定鄉小識 539右
30定宇詩餘 1612左
定宇集、別集 1305左
38定海遺愛錄 410左
44定菴類稿 1282右
50定中原 1708右
51定軒存稿、拾遺 1332左
60定蜀記 313右
定思小記 317左
80定盦文集、續集、文集補、續集、別集、文集補編、文集增補 1459右
定盦文集補編 1459右
定盦詩集定本、集外未刻詩 1459右
定盦詞五種 1748左
定盦詞定本 1630左
定盦先生年譜外記 423左
定盦遺箸 1459右
定命錄 1048右
95定性齋集 1433左

蹇

80蹇盦謎存 947左

3080$_2$ 穴

07穴部 902左
95穴情賦 901右

3080$_6$ 寅

30寅賓錄 430右
50寅夫集 1318右
53寅甫日記 748左
寅甫小稾 1468右

賓

24賓告 960左
37賓退紀談 353左
賓退錄(趙與時) 988右
賓退錄(趙善政) 350右
44賓萌集、外集 1482左
77賓朋宴語 1057右

實

00實齋文集 1433左
實齋詠梅集 1287右
實齋劄記鈔 1026左
30實賓錄 1036右
1037左
44實獲齋文鈔 1545左
50實事求是齋經義 176左
77實風虛風圖 823右

竇

10竇玉傳 1105左
12竇烈女傳 439右
20……竇禹鈞全德記 1695右
40竇太師流注指要賦 842右
43竇娥冤 1649右
48竇松濤詩 1390右
60竇圖山記 576右
72竇氏聯珠集 1550右

寶

00寶應文苑事略 425右
寶應儒林事略 414左
寶應錄 1109左
寶應鄭氏家譜 395左
寶應鄭氏贈言錄 1555右
寶慶語錄 736左
寶慶四明志 520右
寶章待訪錄 919右
02寶刻叢編 668右
寶刻類編 664右
寶訓 779右
07寶記 957左
10寶晉英光集 1257左
寶晉長短句、校記 1594右
寶雲詩集 1373右
16寶硯堂硯辨 804右
21寶仁堂鹿革囊 1093右
22寶峯集 1312左
寶山記遊 589右
24寶貨辨疑 957左
28寶綸堂文鈔 1420右
寶綸堂詩鈔 1420右
寶綸堂集 1420右
34寶祐登科錄 465右
寶祐四年登科錄 465右
40寶章齋文錄 1495左
寶章齋詩錄 1495左
寶章齋官書 502右

寶章齋奏疏 501左
寶章齋尺牘 1495左
寶古堂重考古玉圖 671右
寶眞齋法書贊 923右
42寶坻政書 501右
44寶藏論 1188左
寶櫝記 1092右
50寶書閣著錄 647右
寶書堂詩集 1523左
寶素室金石書畫編年錄 909右
60寶日軒詩集 1424右
寶墨樓詩册 1484左
70寶甓齋文集 174左
寶甓齋札記 174左
77寶月集 1594左
……寶月光皇后聖母天尊孔雀明王經 1150左
寶閒齋詩集 1466右
寶印集 1558右
寶賢堂集古法帖校語、考正 925左
80寶前兩溪志略 520右
寶善堂遺稿 1497右
83寶鐵齋金石文跋尾 658左
90寶光殿天眞祝萬壽 1677左

3090_1 宗

00宗廟考辨 96右
宗玄集 1221左
宗玄先生文集 1221左
宗玄先生玄綱論 1170右
08宗議 456右
宗譜纂要 412左
17宗子相集 1352右
25宗傳圖考 754左
26宗伯集(孔武仲)、校勘記 1254右
宗伯集(孫繼皐) 1358左
宗伯公賜閒隨筆 1364右
27宗約歌 1032右
28宗儀 753左
30……宗室王公功績表傳 402右
宗室武岡王集 1355右
宗室匡南集 1356左
宗定九詩 1401右
34宗法論 97右
宗法小記 97右
36宗禪辯 1191右
38宗海集 1307右
40宗悳文鈔 1418右
50宗忠簡集 1259左
宗忠簡公集 1259左
56宗規 755左
77宗賢和尙集 1382左
99宗營衞貫解 824右

察

00察病指南 851左
20察舌辨症新法 851右
31察邇言錄 1016左
40察木多西諸部考 561左
68察哈爾地略 526左

3090_4 宋

00宋方鎭年表 366右
宋高僧傳 445左
宋文紀 1538左
宋文憲先生集選 1322右
宋文憲公全集 1322右
宋文安公宮詞 1241右
宋文淸公年譜 429左
宋文選 1542左
宋文鑑 1542左
宋六十名家詞 1748右
宋六十家詞選 1646左
04宋謝康樂集 1208左
宋謝文節公集 1291左
宋詩 1538左
宋詩紀事 1564右
宋詩紀事補遺、小傳補正 1564右
宋詩選 1542左
宋詩鈔 1745左
宋諸王世表 366右
07宋望之集 1353左
宋詞媛朱淑眞事略 439右
08宋論 378右
10宋王岐公宮詞 1249右
宋王梅溪先生溫陵留墨 1267右
宋五子節要 1736左
宋石齋筆談 1028右
宋百家詩存 1745左
宋西太乙宮碑銘 567右
宋元詩會 1534左
宋元戲曲考 1723右
宋元釋藏刊本考 654右
宋元憲集 1244左
宋元資治通鑑 284右
宋元舊本書經眼錄 652右
宋元四明六志校勘記 521左
宋元學案、攷略 412右
宋元學案補遺、別附、序錄 412右
12宋孫仲益內簡尺牘 1262右
16……宋璟鶼釵記 1697左
17宋丞相文山先生別集 1743左
宋丞相李忠定公輔政本末 406左
宋丞相李忠定公別集 1732右
宋丞相韓忠獻公家傳 1733右
宋子 711左
宋子飛詩 1390右
宋司星子韋書 906右
19宋瑣語 269右
20宋季三朝政要 291左
宋季忠義錄、補錄 386左
宋季昭忠錄 386左
21宋上皇御斷金鳳釵 1655右
宋仁山金先生年譜 418右
宋何衡陽集 1207右
宋儒龜山楊先生年譜 418左
22宋俘記 302左
宋樂類編 938右
23宋代金文著錄表 659左
宋傅光祿集 1207右
24宋豔 1080右
宋先生詩 1382右
25宋朱晦庵先生名臣言行錄後集 400左
宋朱晦庵先生名臣言行錄前集 399右
26宋稗類鈔 1044左
27宋將相大臣年表 366右
宋名家詞選 1646左
宋名臣言行錄後集 400左
宋名臣言行錄外集、附 413左
宋名臣言行錄續集 400左
宋名臣言行錄別集 400左
宋名臣言行錄前集 400左
宋紀 289右
28宋徽宗詞 1595左
宋徽宗聖濟經 818左
宋徽宗御解道德眞經 688右
宋徽宗宮詞 1258右
宋徽宗道德眞經解義 689右
宋僧元淨外傳 445右
30宋淳化元年殘曆 877左

30宋永初山川記 509右
宋之問集、校勘記 1216右
宋宰輔編年錄 468左
宋宗伯徐清正公存稿、校勘記 1279左
宋宗忠簡公文集、遺事 1259左
宋宗忠簡公集 1259左
32宋州郡志校勘記 509右
34宋遼金元四史朔閏考 873左
35宋清傳 1100左
宋遺民錄(程敏政) 386左
宋遺民錄(□□) 1541右
36宋湘颿先生行述 431右
40宋九朝編年備要 290右
宋大將岳飛精忠 1681右
宋大家王文公文鈔 1250右
宋大家蘇文定公文鈔 1254左
宋大家蘇文忠公文鈔 1252右
宋大家蘇文公文鈔 1247左
宋大家歐陽文忠公文鈔 1246左
宋大家曾文定公文鈔 1249左
宋大臣年表 369左
宋太祖龍虎風雲會 1664左
宋臺秋唱 1556左
宋布衣集 1363左
宋南渡十將傳 403右
宋七家詞選 1748右
宋袁陽源集 1208右
宋眞西山先生溫陵留墨 1279右
宋眞宗御製玉京集 1182右
宋校勘五經正義奏請雕版表 182右
44宋芷灣先生詩 1437右
宋荔裳詩 1382右
宋韓忠獻公年譜 406左
宋著作王先生文集 1263左
宋藝圃集 1541右
宋舊宮人詩詞 1551右
宋葉文康公禮經會元節本 69右
宋林和靖先生詩集、補 1243左
47宋朝名畫評 434左
宋朝南渡十將傳 403右
宋朝燕翼詒謀錄 491右
宋朝事實 454右
宋起居注 289右
49宋趙忠定奏議 496左
50宋中太乙宮碑銘 568左
宋中興三公年表 369左
宋中興學士院題名 470左
宋中興館閣儲藏圖書記 927右
宋史、考證 274左
宋史論 378右
宋史夏國傳集註、系表 361右
宋史翼 281右
宋史外國傳地理攷證 622右
宋史紀事本末 292左
宋史李重進列傳注 405左
宋史地理志、考證 511右
宋史地理志考異 512左
宋史孝宗紀補脫 274左
宋史藝文志 643右
宋史藝文志補 643右
宋史忠義傳王稟補傳 406左
宋史全文 290右
宋本古文孝經 156左
宋忠獻韓魏王君臣相遇傳 405右
宋忠獻韓魏王君臣相遇遺事 406左
宋忠獻韓魏王君臣相遇別錄 405右
宋忠定趙周王別錄 406右
宋書(王智深) 280右
宋書(沈約)、考證 269右
宋書州郡志、考證 509左
宋書補表 366右
宋書札記 269右
宋書夷貊傳地理攷證 622左
宋東太一宮碑銘 567右
宋東莞遺民錄、詩文補遺 391右
52宋槧文苑英華殘本校記 1536左
56宋提刑洗寃集錄 488左
58宋拾遺錄 336左
60宋四六話 1564右
宋四子抄釋 1736左
宋四家詞選 1646左
宋四家詞選目錄序論 1720左
宋景文雜說 967左
宋景文集 1244右
宋景文公集 1244右
宋景文公長短句 1593左
宋景文公筆記 980左
宋景文筆記 980左
宋景濂先生文選 1322右
宋景濂未刻集 1322右
63宋賦韵讀 211右
72宋氏綿津詩鈔 1396右
宋岳忠武王集 1266右
77宋學商求 730右
宋學淵源記、附記 413右
宋學士文集 1322右
宋學士集 1322右
宋學士徐文惠公存稿 1285右
宋學士全集 1322右
80宋人遺稿雜抄 798左
宋人小史三種 1732左
宋金交聘表 370左
宋金元名家詞補遺 1645左
宋金元本書影 655左
宋金仁山先生大學疏義 132左
宋公明排九宮八卦陣 1682左
宋余仁仲本公羊經傳解詁校記 114左
88宋簽判龍川陳先生文鈔 1278左
90宋少保岳鄂王行實編年 406右
宋尙宮女論語 757左

3092_7 竊

88竊符記 1693右
94竊憤錄、續錄 301左

3094_7 寂

60寂園說印 940右

3111_0 江

00江亭龍女傳 1117左
江亭集 1313右
江文通文集 1210左
江文通集 1210左
10江西詩派小序 1566左
江西詩社宗派圖錄 1566右
江西水道攷 585右
江西水道考 585右
江西集 1548左
江西通志 522左
江西地略 550左
江西考略 550左
江西輿地圖說 550左
江西金石目 674右

江西谷印譜 943左
15江醴陵集 1210左
江醴陵集選 1210右
21江上雜疏 534左
江上詠花集 1554右
江上孤忠錄 320左
江上尋煙語 1626左
江上維舟詞 1636右
江上遺聞 320右
江上草堂前稾 1506右
江上吟 1415左
江止庵遺集 1374右
江行雜錄 1063右
江行日記 616左
22江變紀略 322右
江山風月譜 1633左
江山風月譜散曲 1713右
27江舟欸乃 1634右
江鄉漁話 1014右
江鄉節物詩 539左
30江注詩集 1366左
江淮旅稿 1429右
江淮異人錄 1114右
江寧蕭梁石刻見存目 674左
江寧金石待訪目 674左
江寧金石待訪錄 674左
31江源記(王仁俊) 580右
江源記(査拉吳麟) 580右
江源考 580右
江源考證、校勘記 580右
32江州司馬青衫淚 1652右
江州司馬青衫泪雜劇 1652右
江州淚傳奇 1707右
江州筆談 976右
34江漢叢談 546左
37江湖後集 1541左
江湖客詞 1622右
江湖載酒集 1618右
江湖長翁文集 1272右
江湖長翁詩鈔 1272右
江湖長翁詞 1602左
江湖長翁集 1272右
江湖小集 1541左
38江海殲渠記 310左
江海備覽外編 775右
江道編 580右
40江左王謝世系考 392左
江南經略 774左
江南催耕課稻編 782左
江南總督洪承疇詳查舊額解南本折錢糧及酌定支用起解事宜册 475右
江南魚鮮品 793右
江南徵書文牘 648右
江南額解舊南京民糧屯糧本色數目册 475右
……江南治水記 583左
江南通志 518右
江南好詞 533右
江南春詞集、考 1553左
江南按察司審土國寶招擬文册 324左
江南星野辨 533左
江南別錄 359右
江南野史、校勘記 359右
江南野錄 359右
江南聞見錄 320左
江南闈 324右
江南錄 359右
江南餘載 360左
江右集 1548左
江右紀變 322右
43江城名蹟 550右
44江花夢 1710左
江花品藻 1067右
江蘇新字母 215右
江蘇地略 533左
江蘇考略 533左
江草集 1424左
江村集(朱松年) 1413右
江村集(胡懷琛) 1529左
江村山人未定藁、續藁、閏餘藁 1412左
江村先生集 1310右
江村隨筆 1024右
江村銷夏錄 911左
47江都鄉賢錄 389左
48江檻集 1307右
江梅夢雜劇 1689右
50江表傳 297左
江表志 360左
江表忠略 403左
江東雲影集 1545右
江東白苧、續 1712右
江東十鑑 374右
江東藏書目錄小序 957右
……江東書院講義 731左
57江邨遺稿 1549右
江邨草堂紀、詩 565左
江邨書畫目 911左
60江口巡船章程 481右
70江防集要 483左
江防總論 483左
江防述略 483左
江防海防策 483左
江防圖考 483左
71江辰六文集 1399右
72江氏音學十書 1729右
江氏音學敍錄 211右
江氏百問目講禪師地理書 902右
江氏傷科學 833右
74江陵紀事 312右
江陵縣志刊誤 521右
76江陽草 1500左
77江月松風集、續集、文錄、附文 1320左、右
江民表心性說 730右
78江陰守城記 320左
江陰李氏得月樓書目摘錄 646左
江陰城守記 320左
江陰城守後紀 320左
江陰城守紀事 320左
江陰藝文志、校補 648左
江陰節義略 389左
79江隣幾雜志 1055左
80江令君集 1213右
江令君集選 1213右

沚

00沚亭自删詩 1382右
沚亭删定文集 1382右

3111_1 沅

22沅川記 585右
32沅州記 549右
沅州圖經 549右
36沅湘通藝錄、四書文 1563左
74沅陵記 549右

涇

10涇西書屋詩稿、文稿 1453右
22涇川詩話 1566左
涇川金石記 677左
涇山文載小傳 1547左
23涇獻文存、外編 1546右
涇獻詩存、外編 1546右
26涇皐藏稿 1358右
40涇南詩稿 1511左

44涇林續記 1069右
67涇野子內篇 733左
涇野集 733左
涇野先生禮問 460右
涇野先生周易說翼 17左

3111$_1$ 瀧

32瀧溪紀遊 634右

灑

10灑雪堂 1699右

3111$_4$ 汪

00汪文摘謬、校記 1390左
10汪石潭集 1342右
17汪孟慈文集 1457左
汪子文錄、二錄、三錄、詩錄、附 1427左
26汪伯子箐菴遺稾 1404左
30汪容甫文箋 1435右
汪容甫先生詩集 1435右
汪容甫先生遺文、附鈔 1435右
32汪兆銘庚戌被逮供詞 331左
37汪祠譜序 393左
38汪海樹詞 1627左
40汪大紳文鈔 1427左
汪直傳 311右
汪堯峯先生年譜 431左
汪右丞集 1323左
50汪本隸釋刊誤 666左
72汪氏說鈴 1073左
汪氏珊瑚網畫繼、畫據、畫法 930左
汪氏兵學三書 1737右
汪氏學行記、壽母小記 393左
85汪鈍翁文鈔 1390左

漑

00漑亭述古錄 172右
1448右
30漑之集 1316左
60漑園詩集 1369左
漑園詩餘 1615左
漑園集選 1369左
80漑釜家書 1521左
90漑堂詞 1620右

溼

36溼溫時疫治療法 828右
44溼熱條辯 827左

3111$_6$ 洹

07洹詞 1339左
洹詞記事鈔、續鈔 350左

漚

22漚巢詩話 1587右
80漚公遺稿 1529左
88漚簃擬墨 1508左
90漚堂賸稿 1486左

3112$_0$ 汀

67汀鷺詩餘 1636左

河

10河工書 579右
河干問答 580左
河西楊氏家譜 394右
11河北致用精舍學規 765右
河北奉使奏草 495右
17河務所聞集 580左
21河上楮談 1069左
22河嵩神靈芝慶壽 1672左
河嶽英靈集 1538右
31河源記(潘昂霄) 578右
河源記(舒蘭) 578右
……河源紀略 579左
河源紀略承修稿 579左
河源志 578右
河源圖說 579左
河源異同辨 579左
32河州景忠錄、附記 530左
33河濱遺書鈔 1739右
河梁歸 1708右
37河洛讖 1730左
河洛數釋 894左
38河汾諸老詩集、校語 1546左
河汾旅話 615左
河汾淵源 414左
河汾燕聞錄 995左
40河南府張鼎勘頭巾 1656右
河南府張鼎勘頭巾雜劇 1657左
河南邵氏聞見後錄 344左
河南邵氏聞見前錄 344左
河南邵氏聞見錄 344左
河南集(尹洙) 1245左
河南集(穆修) 1243左
河南集(曹學佺) 1548左
河南山東山西閘 324右
河南先生文集 1245左
河南程氏文集、遺文 1550左
河南程氏經說 169右
河南程氏外書 726右
河南程氏遺書 726右
河南程氏全書 1735右
河南程氏粹言 726右
河南穆公集、校補 1243左
河南通志 521右
河南古物調查表證誤 674右
河南地略 544左
河南考略 544左
河南陝西省造象纂錄 673右
河南關塞形勝說 544左
河套志略 526左
河套圖考 562右
河套略 526左
41河壖贅筆 1011右
44河莊詩鈔 1442左
50河東文錄 1383右
河東詩鈔 1230左
河東記 1088右
河東記佚文 1088右
河東君殉家難事實 440左
河東君傳 440左
河東集 1241右
河東先儒醒世文 742左
河東先儒遺訓 742左
河東先生龍城錄 1048左
河東先生集(柳宗元)、外集、集傳 1230右
河東先生集(柳開) 1241右
河東先生全集錄、外集 1230左
河東奉使奏草 495右
57河郵集選 1374右
60河圖 227右
河圖帝系譜 227右
河圖帝視萌 234左
河圖帝通紀 231左、右
河圖帝覽禧 229左
河圖帝覽嬉 229左
河圖雜緯篇 1730左
河圖雜篇 1730左
河圖龍文 230右
河圖說徵 230右
231左
河圖說徵祥 231左
河圖說命徵宋注 231左

河圖玉版 229右
河圖要元 232右
河圖要元篇 232右
河圖天靈 233左
河圖聖洽 233左
河圖聖洽符 233左
河圖稽命徵 232左
河圖稽燿鉤 228右
229左
河圖緯 1729右
河圖緯象 233右
河圖皇參待 234左
河圖皇參持 234左
河圖絳象 233右
河圖祕徵 232左
河圖祕徵篇 232左
河圖洛書解 227右
河圖洛書原舛編 227右
河圖洛書同異考 227右
河圖祿運法 230右
河圖赤伏符 230左、右
河圖眞紀鉤 231右
河圖眞鉤 231右
河圖始開圖 228左
河圖考靈曜 232右
233左
河圖考鉤 231右
232左
河圖著命 233右
234左
河圖扑光篇 230右
河圖揆命篇 232右
河圖挺佐輔 228右
河圖括地象 228左
河圖提劉 233右
河圖提劉篇 233左、右
河圖握矩記 229左
河圖握矩紀 229右
河圖握矩起 229右
河圖叶光紀 233左
河圖叶光篇 233左
河圖闓苞受 230右
河圖闓苞授 230右
河圖八丈 232左
河圖今占篇 230左
河圖令占篇 230左
河圖合古篇 230左
河圖會昌符 231左
河圖錄運法 230右
*63*河賦注 579左
*70*河防雜著 1735左
河防記 579左
河防一覽、附存 579右
河防紀略 580左
河防述言 579右
河防通議 579左
*72*河岳英靈集、校文 1539左
*77*河間獻王書 713左
河間傳 1100左
河間傷寒心要 814左
河間婦傳 1100左
河間劉氏書目考 650右
*87*河朔訪古新錄 677右
河朔訪古記 611左
河朔訪古隨筆 677右
河朔新碑目 674右
……河朔碑刻跋尾 669右
河朔金石目、待訪目 674右

3112_1 涉

*00*涉齋集 1274右
*31*涉江詞 1626左
涉江集 1518右
涉江集選 1355左
*38*涉洋管見 625右
*40*涉志 450右
涉古記事 1001左
*47*涉趣園詩集 1525右
涉趣園集、別集 1525右
*50*涉史隨筆 374右
*60*涉園修褉集 1554右
涉園題詠 1558左
涉園題詠續編 1558左
涉異志 1092左

3112_7 沔

*76*沔陽州志 521右

馮

*00*馮京三元記 1692右
*10*馮三石集 1344左
馮玉蘭夜月泣江舟雜劇 1667右
馮王兩侍郎墓錄 569右
*24*馮侍郎遺書 1743左
*30*馮安岳集 1254左
*37*馮淑妃傳 439左
*38*馮海粟梅花百詠詩 1305右
馮海浮集 1350右
*44*馮燕傳 1104左
*50*馮春暉年譜 431右
*55*馮曲陽集 1199左
*67*馮明期詩 1362右
*72*馮氏族譜 394左
馮氏家乘 394左
馮氏小集 1383左
*80*馮尊師二十首 1612右
馮舍人遺詩 1406右
*90*馮少洲集 1348右
馮少墟文集 1359右
馮少墟語錄 1736左
馮少墟集 1359右
馮少墟續集 1359右
馮少墟關中四先生要語錄 736左
馮少墟關學編 414左

灊

*22*灊山詩餘 1599左
灊山集 1266左

3113_6 滮

*77*滮月軒詩集、續集、文集、續集 1458左
滮月軒詩餘 1630左

3114_0 汗

*17*汗子 708左
32……汗衫記 1654左
*36*汗漫集 1428右
*50*汗青閣文集 1385左
*80*汗簡、目錄、敍略 198左
汗簡箋正、目錄 198左

汧

*60*汧國夫人傳 1101左
*76*汧陽述古編 529右
汧陽述古編金石編 675右

洱

*38*洱海叢談 559左

3114_6 潭

*00*潭庵集選 1365右
*10*潭西詩集 1402左
*41*潭柘紀游詩 1525右

3114_9 滹

*40*滹南詩話 1576左

40滹南遺老王先生文集、續 1299左
滹南遺老集、詩集、續編詩集 1299左
滹南遺老集補遺 1299左

3116_0 酒

00酒痕詞 1640右
酒痕錄 1448左
02酒話 1080右
08酒譜(徐炬) 806右
酒譜(竇苹) 805右
10酒爾雅 806左
18酒政六則 950右
20酒乘 806左
21酒經(朱肱) 806左
酒經(蘇軾) 805右
25酒律 1127左
27酒名記 806左
酒約 960左
30酒家傭 1695左
34酒社芻言 1125右
36酒邊詞(謝章鋌) 1640左
酒邊詞(向子諲) 1598左
酒邊集 1598左
41酒顛 806右
酒顛補 806右
44酒考 806右
45酒樓記 1711右
48酒警 950左
50酒史(馮時化) 806右
酒史(胡光岱) 806右
78酒鑒 1068左
80酒令叢鈔 951左
88酒箴 950左
90酒小史 806左

3116_1 浯

32浯溪記 605左
浯溪紀遊詩 605左
浯溪考 585右

潛

00潛庵文鈔 1392右
潛庵先生疏稿 499右
潛庵先生遺稿 1392右
潛庵先生遺藁文錄 1392右
潛庵先生志學會約 740右
潛庵先生擬明史稿 282左
潛庵先生全集 1392右
潛庵漫筆 1080左
潛廬文鈔、詩集 1521右
潛廬詩錄 1523右
潛廬隨筆 1015左
潛廬類稿 1523右
潛齋文集 1294右
潛齋詩鈔 1294右
潛齋詞 1609右
潛齋集補鈔 1294右
潛齋醫話 865左
潛齋簡效方、醫話 860左
11潛揅堂說文答問疏證 188左
潛研堂文集、詩集、詩續集 172右
1427右
潛研堂文錄 1427右
潛研堂金石文字目錄 655右
潛研堂金石文跋尾、續、又續、三續 657右
14潛確錄 420右
20潛采堂宋人集目錄、元人集目錄 654左
潛采堂宋金元人集目 654左
潛采堂書目四種 1735左
21潛虛 892右
潛虛發微論 892右
潛虛解 893左
潛虛述義、考異 893左
潛虛校正 892右
22潛山集 1289右
27潛修堂吟草 1501左
30潛室劄記 738左
31潛江舊聞 546右
32潛州集 1396右
潛溪詩眼 1571左
潛溪邃言 968右
33潛心堂集 1508右
40潛吉堂雜著 909右
50潛夫論 715右
716左
潛夫論平議補錄 716左
潛夫論佚文 715右
潛書(魏元曠) 723左
潛書(金蓉鏡) 978左
60潛園文集 1521左
潛園文續鈔 1521左
潛園詩集 1521左
潛園詩續鈔 1521左
潛園讀書法 765右
潛園詞 1641左
潛園詞續鈔 1641右
潛園書牘、續稿 1521左
潛園或問 1030右
潛園學說 723左
77潛邱劄記 171左
1024右
潛居錄 1091右
80潛井廬雜存 1526左
潛井廬詩存 1526左
潛井廬詩存初續 1526左

3116_8 濬

26濬吳淞江議 583右
90濬小清河議 582右

3118_6 湞

12湞水紀行 606右

瀕

37瀕湖二十七脈歌 849左
瀕湖脈學 849左

3119_1 漂

10漂粟手牘 1091右

3119_6 源

30源流至論前集、後集、續集、別集 1042右

3126_6 福

10福王登極實錄 319右
15福建集 1547右
福建通志 521右
福建運司志 476右
福建地略 542右
福建考略 542右
福建鹽務公牘 476右
22福山公遺集 1360左
24……福德五聖經 1147右
福幼編、附 839左
30福永堂彙鈔 756右
32福州猴王神記 1116左
福州切音字母 216左
37福祿壽仙官慶會 1670左
55福慧雙修庵小記 440右
77福履理路詩鈔 1528右
80福善圖 1711右

3128_6 顧

00顧亭林詩校記 1382左

顧亭林先生尺牘 1382左
顧亭林先生年譜（張穆）、校補 420左
顧亭林先生年譜(吳映奎)、附 420左
顧亭林先生年譜(吳映奎、車持謙) 420左
顧亭林尺牘 1382左
顧齋遺集 1503右
顧齋簡譜 432左
顧庸集 1475右
顧庸菴集 1370左
顧廉訪集 1344左
*02*顧端文公年譜 408左
*10*顧雲詩、文 1237右
*11*顧北集 1317右
顧非熊詩 1232右
顧非熊詩集 1232右
*17*顧子新言 717右
顧子義訓 718右
顧司寇集 1338右
*20*顧千里先生年譜 422右
*22*顧山人集 1357左
*25*顧仲恭討錢岱檄 444左
*26*顧伯子集 1357左
顧伯蚪遺詩 1500左
*28*顧給舍集 1347左
*30*顧憲副集 1342左
*31*顧涇陽集 1358右
*33*顧逋翁詩集 1225左
*36*顧況集 1225左
*40*顧太尉詞 1591右
*44*顧華玉集 1338右
顧菴詩選 1384右
*50*顧東江集 1336左
*55*顧曲雜言 1722右
顧曲錄 1723右
*60*顧見山詩 1391左
*67*顧嗣立詩選 1411左
*72*顧氏譜系考 395左
顧氏小史 395左
*74*顧陸遺詩 1545左
*77*顧同府集 1342左
顧與治詩集 1368右

3130_2 适

*00*适齋詩話 1576左
*50*适書 967右

邇

*00*邇言(姚永樸) 750左
邇言(劉炎) 986左、右
邇言(錢大昭) 226右
邇言(勞史) 742右
邇言志見 986右
*01*邇語 741右

3130_3 逐

*00*逐鹿記 304右

遯

*00*遯庵樂府 1611左
遯廬文稿 1744右
遯廬雜考 1031左
遯廬雜鈔 1031左
遯廬詞選 1644右
遯廬備忘 1031左
遯廬叢說 1031右
遯廬叢鈔 1031右
遯廬選曲 1715左
遯廬古今註 796左
遯廬日記 452左
遯廬吟草 1525右
遯廬駢文 1529右
遯齋殘稿 1509右
遯齋偶筆 1006左
遯齋閒覽 1055左
遯齋閑覽 1122左
*21*遯行小稿 1529右
*30*遯窟讕言 1078右
*34*遯渚唱和集、拾遺 1553左 1556右
*60*遯園漫稿 1361右
*77*遯居士戲墨 1124左
遯居士批莊子內篇 696右
*80*遯翁樂府 1643右
遯翁隨筆 1005左

3130_4 迂

*00*迂齋集 1403右
迂言百則 1036左
09……迂談 747左
*22*迂仙別記 1123右
*80*迂翁詩草 1481左

返

*16*返魂香傳奇 1709左
*25*返生香 1373左

迓

*00*迓亭雜說 1008右

3130_6 迺

*80*迺前岡詩集 1319左

逌

*08*逌旃璅言 996右

逼

*77*逼月 1690右

3133_2 凴

*77*凴几集、續集 1338左

3168_6 額

*10*額爾齊斯河源流考 582右

3190_4 渠

*00*渠亭文稾 1396右

3200_0 州

*62*州縣須知 473右
……州縣事宜 472右
州縣提綱 471左

3210_0 洲

*44*洲老虎 1129左
*77*洲居集 1425左

淛

*62*淛暖存愚 743左

測

*00*測夜時晷 874左
*10*測天約說 869右
測天約術 873右
*11*測北極出地簡法 872右
*27*測候叢談 876左
測魚詩略 1387右
*30*測字祕牒 906左
*38*測海集 1433右
*44*測地志要 886左
測莊 697左
*60*測量高遠術 887右
測量法 889左
測量法義 880左
測量異同 880左
測量全義 880左
測圜密率 884右
測圓海鏡 879左

60測圓海鏡識別詳解　879左
測圓海鏡細草　879左
測圓海鏡分類釋術　879左
80測食　870左

3210$_0$ 淵

21淵穎集　1315右
1316左
淵穎吳先生集、考異、札記
1315右
1316左
31淵源道妙洞眞繼篇　1146右
67淵明閒適詩選　1207左
70淵雅堂文稾　1443右
88淵鑑類函　1043右

3211$_2$ 滮

37滮湖漁隱圖題辭　1558左

3211$_3$ 兆

44兆芝臏玉　1525右

洮

17洮瓊館詞　1624右
33洮浦集　1398左

3211$_8$ 澄

16澄碧齋詩鈔　1421右
澄碧齋別集、遺文　1421右
31澄江集　1402右
67澄暉堂詞　1622左
78澄鑒堂律賦　1437左
90澄懷老人自訂年譜　410右
澄懷園文存　1412左
澄懷園語　755右
澄懷園載賡集　1412左
澄懷錄(袁桷)　1065左
澄懷錄(周密)　1063右
澄懷堂詩集　1479右

3212$_1$ 沂

76沂陽日記　350左
80沂公筆錄　340右

泝

50泝東樂府　1712左

浙

02浙刻雙池遺書十二種1740右
10浙西水利書　584右
21浙行偶記　612左
26浙程備覽　537右
28浙鹺紀事　476右
31浙江諸水編　584左
浙江集　1547左
浙江通志　519右
浙江通省志圖說　537右
浙江杭州西湖石屋洞摩崖像　674左
浙江地略　537右
浙江考略　537右
浙江四川直隸造象目曩錄
673右
38浙遊日記　599左
50浙東紀遊草　600右
浙東紀略　321左
浙東籌防錄　330左

漸

10漸西村人初集　1507右
91漸悟集　1298左

3212$_2$ 澎

37澎湖紀略　544左

3212$_7$ 涔

60涔園詩鈔　1439左

3213$_0$ 冰

00冰廬集　1513右
冰言、補　746右
10冰雪攜　1544左
冰天雪窖詞　1625右
26冰泉唱和集、續和、再續和、閨集　1556左
28冰谿吟草　1477右
38冰洋事蹟述略　639右
54冰持庵詞　1636右
71冰蠶詞　1634右
冰甌館詞　1636右
76冰陽筆訣(陽冰筆訣之誤)
918右

3213$_3$ 添

10添丁小酉之廬詩草　1507右

3213$_4$ 沃

32沃州鴈山吟　1281左

溪

10溪雲集　1313右
22溪蠻叢笑　550左
溪山詩集　1518左
溪山集　1328右
40溪南詩草　1438右
溪南詞　1617右
90溪堂詞　1597左
溪堂集、校勘補遺　1263左

濮

08濮議　456右
76濮陽蒲汀李先生家藏目錄
646左

3213$_7$ 泛

10泛雪小草　1381左
泛百門泉記　603右
12泛引詩緯　246右
泛引論語讖　257右
泛引雒書　235右
泛引樂緯　249左
泛引河圖　230左
泛引禮緯　248左
泛引孝經緯　260左
泛引春秋緯　255右
泛引易緯　240左
泛引尙書緯　242右
21泛潁記　584左
27泛槳錄　588左
泛舟遊山錄　450右
30泛瀛圖題詞、別錄　1560左
34泛瀟湘記　604右
37泛迦吟　1359左
泛湖偶記　1077右
泛通河記　589左
40泛大通橋記　589左

3214$_7$ 浮

22浮山詩餘　1599右
浮山集　1268右
浮山紀勝　606右
浮山志　576右
25浮生六記、附考　1076右
26浮白小草　1461左
27浮黎鼻祖金華祕訣　1173左
浮物　969右
28浮谿精舍詞三種　1748左
30浮淮集　1351左
31浮沚集　1263左
32浮溪文粹　1262左

浮溪詞 1597左
浮溪集 1262左
浮溪集補鈔 1262左
浮溪集鈔 1262左
*33*浮梁陶政志 796右
*36*浮湘訪學集 1745右
浮湘集 1338左
*38*浮海前記 616右
*48*浮梅日記 1501右
*77*浮眉樓詞 1627左

叢

*13*叢殘小語 1025左
*44*叢蘭山館詩草 1439右
叢桂草堂醫案 864左
叢桂堂文錄 1461左
叢桂堂集驗良方 859右
叢桂堂家約 754左

3215_7 淨

*21*淨行別品 1188右
*22*淨樂宧文存 1523左
淨樂宧雜存 1523左
淨樂宧詩存 1523左
淨樂宧論畫 934右
淨樂宧談藝 910左
淨樂宧簡畢 1523左
*24*淨德集 1252左
*38*淨海記 591左
*40*淨土義證 1188右
*67*淨明忠孝全書 1183右
80……淨慈寺志 566右

3216_3 淄

*16*淄硯錄 804左

3216_4 活

*24*活幼心書 838右
*25*活佛圖 1710右
*34*活法機要 819右

3216_9 潘

*00*潘方凱墨序 801左
*17*潘子眞詩話 1571左
潘司空奏疏 497右
*22*潘豐豫莊本書 781左
*27*潘象安集 1365右
*30*潘安仁集 1205左
*37*潘瀾筆記 1027右
*40*潘太常集 1205左
潘太常集選 1205左
*44*潘黃門集 1205左
*47*潘妃傳 439左
*72*潘氏詩集 1357右
潘氏一家言 1747右
潘氏三松堂書畫記 912右
*87*潘邠老小集 1263左
*90*潘尙書集 1343左

3219_4 灤

*00*灤京雜詠 526左
*12*灤水聯唫圖題詩彙存、續編 1558左
*76*灤陽續錄 1093右
灤陽消夏錄 1093左
灤陽錄 615右

3222_1 祈

10……祈雨全書 895右
*67*祈嗣眞詮 835右

3224_0 祇

*10*祇可自怡 1078左

祇

*27*祇欠庵集 1374左

3230_1 逃

*27*逃名傳 1071左
*36*逃禪詞 1599右
逃禪吟鈔 1394右
逃禪閣集 1445右

3230_2 近

*00*近言 970左
*07*近詞叢話 1721左
*10*近百年來先人詩彙 1549右
*17*近勇堂草 1375左
*22*近峯記略 348右
近峯記略摘鈔 348右
近峯聞略 994左
*32*近溪子論語答問集 141左
近溪子孟子答問集 147左
近溪子大學答問集 132右
近溪子中庸答問集 135左
*38*近遊草 1369右
*40*近古錄 754右
近古堂書目 646左
*50*近事叢殘 1070右
近事會元、校勘記、考證 490右 491左
近青山草堂詩初稿 1511右
*60*近思齋雜箸 1469右
近思齋書牘 1469右
近思齋答問 746左
近思續錄 728左
近思錄、考異 727右 728左
近思錄集註（江永） 728左
近思錄集註（茅星來）、附說 728左
近思錄集解 728左
近異錄 1086右
*75*近體樂府（周必大） 1602左
近體樂府（歐陽修） 1593左
*88*近鑑 1033右
*90*近光集（樊增祥） 1519右
近光集（周伯琦） 1315左

透

*88*透簾細草 879左

3230_3 巡

*88*巡簷筆乘 1003右

3230_6 遁

*20*遁香小草 1440右
*60*遁甲經 905左
遁甲釋要 905右
遁甲演義 905右
遁甲開山圖 905左
遁甲符應經 905左

3230_9 遜

*00*遜齋文集 1516左
*31*遜遯吟 1530左
*40*遜志齋集 1328右
遜志堂雜鈔 1007右
*60*遜國記 307左
遜國遺文攷 656左
遜國臣記 401右

3260_0 割

*40*割臺記 330左
*60*割圜密率捷法 882左
割圜連比例術圖解 883右
割圜八線綴術 885左
割圜八線表 880左

3290_4 業

21業儒臆說 742左

3300_0 心

00心病說 767右
心亭亭居文鈔 1470左
心齋文藁 1463左
心齋集詩藁 1463左
心齋約言 732右
08心說 976左
10心要經 1187右
16心聖直指 740右
21心經(程作舟) 742右
心經(眞德秀) 730左
心經易氏本 1188左
心經懸解 1188左
22心巢文錄、詩錄 1478右
心巢困勉記 748左
25心傳述證錄 1154左
26心泉詩餘 1610左
心泉學詩稿 1297右
心得要旨 902左
27心嚮往齋詩文集 1475右
28心復心齋詩鈔 1491左
33心述 747右
34心遠樓詩鈔 1391左
38心游摘稿 1282右
44心葭詩選 1493右
46心相百二十善 1034左
心相編 1031右
50心史 1290左
心史筆粹 1031左
心書(諸葛亮) 772左
……心書(馬時芳) 745左
60心日齋詞四種 1748左
心目論 966右
62心影 1078左
67心略火攻圖式 775右
72心隱集 1422左
77心學 1185右
心學宗 735左
心學小印 747左
81心矩齋尺牘 1506右
92心燈錄 1189左

必

26必自錄 748左

3310_0 沁

26沁泉山館詩 1483左
60……沁園春 1139右
……沁園春丹詞註解 1139右

泌

60泌園集 1348右
76泌陽學條規 763右

3311_1 浣

12浣水續談 1069左
22浣川集 1282右
28浣俗約 959右
29浣愁草 1376右
浣紗記 1693左
浣紗記曲譜 1717左
浣紗詞 1624右
44浣花廬詩鈔、賦鈔 1517右
浣花詞(查容) 1619右
浣花詞(韋莊) 1591右
浣花集 1241左
浣花拜石軒鏡銘集錄 660右
50浣靑詩草 1433右
浣靑詩餘 1625左
77浣月詞 1640左
浣月山房詩集 1477右

3311_7 滬

21滬上秋懷倡和集 1553右
38滬游雜記 589右
滬游脞記 589左
43滬城歲事衢歌 524右
滬城備考 524右

3312_7 浦

00浦文玉集 1343左
22浦山論畫 931右
38浦道徵集 1347左
76浦陽江記 584右
浦陽人物記 390左
80浦舍人詩集 1327左
浦舍人集 1327左
86浦鏵 533右

3313_2 泳

21泳經堂叢書 1505左

浪

00浪齋新舊詩 1366右
01浪語集 1273左
浪語集鈔 1273左
38浪遊記快 588左
浪遊草 1448左
65浪蹟續談 1009左
浪蹟叢談 1009左

3313_4 淚

88淚餘續草 1464右

3314_7 浚

22浚川內臺集、續集 1338左
浚川奏議 497左
浚川駁稿集 489左
浚川公移集 501右

3315_0 滅

60滅國五十考 380右

減

00減庵公詩存 1380左

3315_3 淺

32淺近錄 745右

3316_0 冶

31冶源紀遊 591右
38冶遊自懺文 1128左
冶遊賦 1514左
43冶城客論 1066左
80冶驣文鈔、詩鈔 1528右

治

00……治痘要法 840右
治痢捷要新書 830右
治疔錄要 833左
治病說 475右
治病藥 1190左
治疫全書 827右
治瘀偶記 865右
治齋讀詩蒙說 57左
07治記緒論 87右
10治下河論 583右
治下河水論 583右
治要節鈔 1035左
治平要術 775右
治平大略 722左
治平吟草 1526右
12治水要法 583右
治水述要 578右
27治黎輯要 554左
治鄉三約 767左

30治家要義 756右
治家條約 753右
……治家格言 754右
治家格言詩 755左
治家格言繹義 754右
治安要議 720右
治安末議 723左
治安八議 722右
31……治河方略 579右
治河議 580左
治河要語 579右
治河奏績書 579右
治河圖略 579右
34治法彙 820左
36……治瘟提要 828左
37治潮芻言 554左
40治嘉格言 767左
44治萬病坐功訣 844右
治世龜鑑 720右
治世餘聞錄 309右
50治史緒論 374左
治蠱新方 830右
56治蝗書 781右
77治印雜說 942左
78治驗錄 840左
88治算學日記三種 1738右

3316_8 溶

32溶溪雜記 1067左

3316_9 濬

48濬故 527左
76濬陽紀程(何汝霖) 616左
濬陽紀程(潘祖蔭) 618左
濬陽日記(宣若海) 352右
濬陽日記(□□) 352右
83濬館錄 352右

3318_6 演

00演玄 894左
08演說文 196右
10演元九式 884左
22演山詞 1594左
演山集 1255左
24演伎細事 947右
28演谿詩集 1388右
35演連珠編 1037左
48演教諭語 764右
80演禽通纂 904左
88演繁露、續演繁露 1020左
90演小兒語 760左

3319_1 淙

22淙山讀周易記、圖 15左

3320_0 祕

00祕府略 197右
22祕製大黃清寧丸方 859右
25祕傳證治要訣 819右
祕傳水龍經 901左
祕傳外科方 831左
祕傳大麻瘋方 833左
27祕魯形勢錄 639左
44祕藏通玄變化六陰洞微遁甲眞經 1168右
50祕書監志 470右
祕書省續編到四庫闕書目 645左
52祕授淸寧丸方 859右
77祕殿珠林 911右
祕閣閑話 1064左
87祕錄 310左

3322_7 補

00補瘞鶴銘考 925左
補庵遺稿、詩鈔 1391左
補高郵王氏說文諧聲譜 192左
補唐書張義潮傳 405左
補註東坡編年詩 1253左
02補新婦譜 757右
04……補謝八陽經 1145左
10補三史藝文志 643右
補三國疆域志 507右
補三國疆域志補注 508左
補三國藝文志 642左
補五代史藝文志(宋祖駿) 643右
補五代史藝文志(顧櫰三) 643左
補元史蓺文志 644左
補晉方鎭表 365左
補晉僭國年表 365右
補晉宗室王侯表 365左
補晉執政表 365左
補晉書經籍志 642右
補晉書藝文志(文廷式) 642右
補晉書藝文志(丁國鈞)、刊誤 642右
補晉書藝文志(黃逢元) 642右
補晉書藝文志(秦榮光) 642右
補晉異姓封爵表 365左
補晉兵志 481左
補不足齋文 1482右
12補水經注洛水涇水武陵五溪考 577右
21補上古考信錄 380右
補衍 971左
22補後漢書藝文志(侯康) 642左
補後漢書藝文志(顧櫰三) 642左
補後漢書藝文志(曾樸)、考 642左
補後漢書年表 363左
24補侍兒小名錄 397右
補續漢書藝文志 642左
26補魏書兵志 481左
27補修宋占天術 868左
補修宋奉元術 868左
補疑獄集 488左
補疑年錄 398右
補饗禮 82右
28補傷寒古本 812右
30補注黃帝內經素問 808左
補寰宇訪碑錄、失編、刊誤 665左
補寰宇訪碑錄校勘記 665左
補宋潛溪唐仲友補傳 418右
補宋書刑法志 486右
補宋書宗室世系表 366右
補宋書藝文志(王仁俊) 642右
補宋書藝文志(聶崇岐) 642右
補宋書食貨志 474右
31補江總白猿傳 1097左
33補梁疆域志 509右
補梁書藝文志 643左
34補漢兵志、札記 481左
補遼史交聘表 369右
補遼史藝文志 644左
補遼金元藝文志 643右
37補過齋遺集 1485右
補過軒四書文 1474左
40補希堂文集 1432右
補南齊書藝文志 642右

40補南北史藝文志 642右
補校庭立記聞 1026右
補校夢窗新詞稾 1607左
44補勤詩存、續編 1485右
補勤幼學錄 423右
補花底拾遺 1127左
補蕉山館詩 1483左
補華陽國志三州郡縣目錄 556左
47補欄詞 1626右
48補梅書屋詩存 1515左
52補拙齋稿 1513右
55補農書 779左
56補輯雜文 1354左
補輯朱子大學講義 133右
補輯風俗通義佚文 979左
60補園賸稾 1506左
71補歷代史表 362右
75補陳疆域志 510左
77補周易口訣義闕卦 29左
補學軒文集 1473左
補闕疑 1023左
80補俞篇 190右
88補餘堂文集 1443左
補餘堂詩鈔 1443左
補餘堂四書問答 153右
90補小爾雅釋度量衡 217左 886右
補尙史論贊 377右

3325$_0$ 祴

44祴菴黛史 1126左

3330$_2$ 遍

44……遍地錦 1699左

3330$_3$ 邃

70邃雅堂文錄 1444右
邃雅堂集、文集續編 1444右
邃雅堂學古錄 1740右
90邃懷堂詩集 1458左

3330$_9$ 述

00述庵先生年譜 421右
述庵祕錄 354左
21述征記 608左
25述朱質疑 746右
37述祖詩(汪之昌) 1500左
述祖詩(尤侗) 1386左
40述古先生詩集 1248右
述古軒詩草 1492右
述古軒詞稿 1635右
述古錄(魏元曠) 1741左
……述古錄(錢塘) 172右
述古堂藏書目、宋板書目 646右
44述煮茶小品 955左
述昔吟草 1464右
46述楊合刻 1747左
50述書賦 918右
60述異記(任昉) 1086右 1087左
述異記(東軒主人) 1092右
述異記佚文 1087左
77述聞瑣記約鈔 1030左
述學 173左 1435左
述學內篇、外篇、別錄、校勘記 1435左
90述懷小序 1435右

3390$_4$ 梁

00梁文紀 1538右
梁京寺紀 566左
梁雜儀注 456右
04梁詩 1538右
梁諸王世表 367左
10梁一儒詩 1358左
梁元帝集 1213左
梁元帝集選 1213左
梁元帝山水松石格 925左
梁天監起居注 290左
13梁武帝集 1211左
梁武帝集選 1211左
梁武帝御製集 1211左
21梁比部集 1353右
22梁任公文鈔 1526左
梁山五虎大劫牢 1681右
梁山泊李逵負荆 1658左
梁山泊李逵負荆雜劇 1658左
梁山七虎鬧銅臺 1681右
23梁代帝王合集 1550右
27梁將相大臣年表 367左
28梁谿遺稾 1271右
梁谿漫志 985左、右
30梁宣帝集 1213左
31梁江文通文集、校補 1210左
32梁州記 528右
梁溪詞 1597右
梁溪集 1264左
梁溪遺稿、補編 1271右
34梁沈約集 1210左
35梁清傳 1096右
40梁大同起居注 290左
44梁蒼巖詩 1387右
47梁起居注 290左
50梁中丞集 1362左
梁中舍集 1356右
梁書、考證 270左
梁書佚文 270左
梁書札記 270左
梁書夷貊傳地理攷證 622左
梁書斠議 270左
55……梁典 280右
58梁敷五詩 1390右
60梁國子生集 1349左
梁四公記 1097右
梁園寓稿 1324左
梁園花影 1080右
67梁昭明集選 1212右
梁昭明太子文集 1212右
梁昭明太子集 1212右
72梁丘司空集 1211右
梁劉孝綽集 1211右
梁劉孝威集 1212左
梁氏三禮圖 98右
77梁聞山先生評書帖 922左
80梁公九諫 1128左
88梁簡文帝集 1212右
梁簡文帝集選 1213左
梁簡文帝御製集 1212右

3400$_0$ 斗

00斗齋詩選 1390左
40斗南老人集 1327右
47斗野稾支卷 1294左
斗野支稾 1294左
斗野稾 1294左

3402$_7$ 爲

10爲可堂詩集鈔 1375左
18爲政忠告 1734左
爲政善報事類 472左
50爲夫請戍邊自贖表 1219左
60爲兄上書 494右
77爲學大指 764右 765左
80爲父上書 494右
爲谷文稿 1409左

3410_0 對

*01*對語 944左
10……對玉梳 1668右
對雨編 1060右
*22*對山集 1338左
對山救友 1689左
對山醫話、補編 865左
對山餘墨 1079左
*24*對牀夜話 1575右
*30*對客燕談 1066左
*56*對螺山館印存 943左
*58*對數詳解 885右
對數淺釋 888右
對數探原 886左
對數尺記 886右
對數簡法、續 885右
對數尖錐變法釋 886左
*71*對馬島考 630左
*72*對兵說話 216右
*88*對策 1027左

3411_1 洗

*00*洗塵法 959左
*16*洗硯新錄 996左
*28*洗俗齋詩草 1491左
30……洗寃集錄 488左
洗寃外編、續錄 488左
*33*洗心齋讀易述 17右
洗心錄 743右
*62*洗影樓集 1372左

湛

*23*湛然居士文集 1299右
湛然居士集 1299右
1300左
湛然居士年譜 407左
*32*湛淵集 1303左
湛淵遺藁、補 1303左
湛淵遺稿 1303左
湛淵靜語 991左
*44*湛甘泉先生文集 1335右
湛甘泉集 1335右
*60*湛園詩稿 1393左
湛園集 1393左
湛園札記 171左
1024左
湛園藏稿 1393左
湛園未定稿 1393左
湛園未定藁文錄 1393左
湛園題跋 915左
湛園肖影 929左

澆

*29*澆愁集 1513右

3411_2 沈

*00*沈彥澂詩 1407左
沈文伯詞 1597左
沈註金匱要略 817左
*02*沈端恪公年譜 410右
10……沈亞之詩 1232左
沈下賢文集 1232左
沈下賢集 1232左
沈石灣集 1366左
沈石田集 1332左
沈雲卿集 1218右
*16*沈碧樓偶存稿 1517右
*17*沈子礄遺文正編、外編 1502右
*20*沈秀英傳 1081左
*21*沈師昌詩 1366左
*24*沈德潛自訂年譜 431右
沈侍中集 1213左
沈侍中集選 1213左
沈休文集 1210左
*26*沈繹堂詩 1389右
*28*沈佺期集 1218右
*40*沈大漢 1130左
沈存仲再生紀異錄 317左
沈存中圖畫歌 926右
沈嘉則集 1352左
*47*沈媚娘秋牕情話 1689右
*48*沈警遇神女記 1098左
*50*沈中允集 1251左
沈青門集 1344右
沈忠敏公龜谿集、校勘記 1264左
*60*沈四山人詩錄 1473左
*68*沈吟樓借杜詩 1381左
*72*沈隱侯集 1210左
沈隱侯集選 1210左
沈氏三先生文集 1746右
沈氏羣峯集、外集 1448右
沈氏改正揲蓍法 897左
沈氏經學 1728右
沈氏經驗方 859左
沈氏樂府指迷 1717右
沈氏傳奇四種 1751左
沈氏遺書 747右
沈氏女科輯要箋疏 836右
沈氏農書 779左
沈氏四聲考 210右
沈氏醫案 862左
*77*沈鳳峯集 1346右
*90*沈少參集 1346右

池

*11*池北偶談 1004右
*21*池上集(獨學廬四稿詩) 1444左
池上題襟小集 1555右
*76*池陽語錄 736左
池陽吟草、續草 1503右

3411_4 灌

*27*灌將軍使酒駡座記 1674左
*31*灌江備考 586左
灌江定考 586左
*60*灌口二郎初顯聖 1687左
灌口二郎斬健蛟 1683右
灌園記 1693右
灌園集 1257右
灌園十二師 959左
灌園居偶存草、試帖 1437右
*64*灌畦暇語 979右
980左

3411_7 泄

*10*泄天機 1175左

3412_7 滿

*32*滿洲祭天祭神儀注 461右
……滿洲祭神祭天典禮 458右
滿洲家祠祭祀儀注 462左
……滿洲源流考 526右
滿洲婚禮儀注 461右
滿洲考略 526右
……滿洲蒙古漢字三合切音清文鑑 227左
*35*滿清外史 354左
滿清紀事 353右
滿清興亡史 372右
滿清入關暴政之一 320左
滿清入關暴政之二 321左
滿清入關暴政之三 320左

渤

*37*渤泥入貢記 306右

38渤海疆域考　358右
渤海國記、校錄　358右
渤海國志　358右

3412$_7$ 瀟

16瀟碧亭吟稿　1491左
36……瀟湘夜雨　1653右
……瀟湘雨　1653右
瀟湘聽雨詞　1624右
瀟湘怨詞　1616右
瀟湘秋雨舸駢文鈔　1546左
瀟湘錄　1107左

3413$_0$ 汰

40汰存錄　318右
汰存錄紀辨　319左

3413$_1$ 法

00法言　714右
715左
法言集註　715左
法言補釋　715左
02法訓　717右
18法政概　637左
21法師選擇記　1164左
法經　701右
22法製品　954左
27法綴　487右
38法海諦塵　1191左
法海衍派　1189右
法海遺珠　1152左
法海溯源　1191左
40法古宜今　859右
41法帖譜系　923右
法帖刊誤(黃伯思)　923右
法帖刊誤(陳與義)　923右
法帖釋文　923右
法帖釋文刊誤　923右
法帖釋文考異　923右
法帖神品目　924右
法帖通解　923右
法帖題跋　916右
44法苑珠林(道世)　1189右
1190左
法苑珠林(□□)　1189右
法蘭西國志略　637左
法藏碎金錄　1190左
47法楹　753右
50法書要錄　918右
法書名畫見聞表　911左
法書通釋　920右
法書考　920右
法書苑　919左
60法界觀　1188右
61法顯記　622左
66法嬰祕笈　436右
88法算取用本末　879左

3413$_2$ 漆

50漆書古文尙書逸文考　49左
70漆雕子　682左

濛

34濛池行稿　615右

3413$_4$ 漢

00漢高皇濯足氣英布　1659右
漢高皇濯足氣英布雜劇
1659右
漢唐諸儒與聞錄　746右
漢唐石刻目錄　665右
漢唐事箋前集、後集　454左
漢㶟水入尙龍谿考　507左
漢晉鉤沈、敍例、附記　212右
漢雜事祕辛　1045左
04漢詩　1537右
漢詩辨證　1563左
漢詩音註　1537右
漢詩統箋　1748左
漢詩總說　1563左
漢諸葛忠武侯年譜　404左
07漢記　286右
287左
10漢三統術　867左
漢元帝孤雁漢宮秋　1652左
漢元后本紀補　439左
漢兩京以來鏡銘集錄　662左
漢天師世家(張鉞)、序449左
漢天師世家(□□)　449左
漢石經殘字　183右
漢石經殘字攷　184左
漢石經攷異　184左
漢石經攷異補正　184左
漢石例　670右
漢石存目　665右
漢西京博士考　412右
漢西域圖攷　621左
漢晉石刻墨影　666左
漢晉迄明諡彙攷　463右
漢晉春秋　287右
漢晉春秋輯本　1732左
漢晉印章圖譜　942左
漢賈誼政事疏攷補　494右
漢賈夫人馬姜墓石刻考釋
667左
11漢張良辭朝歸山殘本1648右
12漢水發源考　585左
漢延熹西嶽華山碑考　666右
13漢武帝內傳、外傳、校勘記
1094右
漢武帝別國洞冥記　1083右
漢武梁祠堂石刻畫像考、圖　665右
漢武洞冥記　1083右
漢武內傳　1094右
漢武故事　1094右
1095左
漢武事略　1095左
16漢碑引經攷　668左
漢碑引緯攷　668左
漢碑徵經　668左
漢碑徵經補　668左
漢碑隸體舉要　199右
漢碑用字　198右
17漢丞相諸葛忠武侯列傳
404左
漢丞相諸葛忠武侯集1203右
漢丞相諸葛忠武侯傳、校勘記　404左
20漢雋　371右
21漢上叢談　1010右
漢上末言　894左
漢上易傳　12右
漢儒傳經記(孫葆田)　182左
漢儒傳經記(趙繼序)　181右
漢儒傳易源流　32右
漢儒通義　717左
漢儒趙氏從祀始末記　459左
漢師傳經表　182右
22漢制考　454左
漢後記　278左
漢後書　278左
漢樂府三歌牋註　1537右
23漢代石刻二種　1735右
漢代古文考　193右
24漢射陽石門畫象彙考　669右
25漢律摭遺　486右
漢律輯證　486右
26漢皇德傳　296右
漢泉樂府　1612右

漢泉漫稿 1305左
漢泉漫藁 1305左
漢泉曹文貞公詩集樂府 1612右
漢皐詩話 1576左
漢魏音 211左
漢魏六朝文擷 1537右
漢魏六朝一百三家集 1744右
漢魏六朝志墓金石例 670左
漢魏六朝墓銘纂例 670左
漢魏石經考 183左
漢魏碑考 668左
漢魏博士考 412右
漢魏博士題名考 412右
27漢將相大臣年表 363左
漢（三國）將相大臣年表 364右
漢紀 286右
28漢儀 467左
漢徐徵士年譜 442左
30漢安徵信錄 329左
漢宮香方鄭注 798右
……漢宮秋 1652左、右
漢宮春色 1081右
漢官 466右
漢官六種 1734左
漢官解詁 466右
漢官儀（應劭） 467左
漢官儀（衞宏） 467左
漢官儀（劉攽） 951右
漢官儀佚文 467左
漢官舊儀 466右
漢官典職儀式選用 467左
漢官典儀 467左
漢官答問 467右
漢宋學術異同論 977右
32漢州郡縣吏制考 467右
33漢濱詩餘 1600左
漢濱集 1267右
34漢褚先生集 1198右
35漢禮器制度 456左
37漢汜勝之遺書 777右
漢初年月日表 296右
40漢太初以前朔閏表 875左
漢太初曆考 867左
漢南記 546右
漢南春柳詞 1633右
漢南春柳詞鈔 1633右
漢志三統曆表 867左
漢志水道疏證 507左
漢志水道考證 507左
漢志武成日月表 294左
漢志郡國沿革攷 507右
漢志釋地略 506右
漢志沿邊十郡考略 507左
漢志志疑 266左
漢熹平石經殘字 183右
漢熹平石經殘字集錄、續編、三編、四編 183右
漢熹平石經集錄續補 183右
漢熹平石經集錄又續編、續拾 183右
42漢姚期大戰邳仝 1679左
44漢墓闕神道攷 671左
漢地理志詳釋 507左
漢鼓吹鐃歌十八曲集解 1538左
漢鼓吹鐃歌曲句解 1538左
漢蘭臺令李伯仁集 1199右
漢孝武內傳 1094右
漢孝武故事 1095左
漢蕃對音千字文殘卷 227左
漢藝文志考證 641右
漢甘露石渠禮議 93右
漢甘泉宮瓦記 673左
漢舊儀 466右
漢林四傳 1126右
45漢隸辨體 199左
漢隸字源 198左
漢隸字原校本 670右
漢隸今存錄 665右
漢隸分韻 198右
48漢乾象術 867右
漢槎友扎 1560右
49漢趙記 356右
50漢中士女志 388左
漢史億 377右
漢事會最人物志 385左
漢畫偶譚 671左
漢書 264右、265左
漢書辨疑 265右
漢書辨疑（地理志） 506右
漢書音義、敍錄 265左
漢書評議 374左
漢書評林 265左
漢書讀、辨字、常談 265右
漢書許義 265左
漢書正譌 265右
漢書西域傳補注 621左
漢書引經剳記 265右
漢書刊誤 265右
漢書瑣言 266左
漢書勦說 265右
漢書律曆志正譌 867右
漢書佚文 265左
漢書疑年錄 399左
漢書匈奴傳地理攷證、西南夷兩粵朝鮮傳地理攷證、西域傳地理攷證 621左
漢書彙鈔 372左
漢書注校補 265右
漢書注校補（地理志） 506右
漢書古字、音義異同 265右
漢書古字類 266左
漢書札記 266左
漢書地理志、考證 506右
漢書地理志詳釋 507左
漢書地理志水道圖說 507左
漢書地理志水道圖說補正 507左
漢書地理志稽疑 506右
漢書地理志補注 506右
漢書地理志補校 507左
漢書地理志校注 506右
漢書地理志校本 506右
漢書地理志考證 506右
漢書蒙拾 372左
漢書藝文志方技補注 653左
漢書藝文志攷證校補 642左
漢書藝文志條理 641右
漢書藝文志拾補 641右
漢書藝文志舉例 374左
漢書舊注 265左
漢書人表考校補 398右
漢書人表略校 398右
漢書食貨志 474右
漢書箋遺 266左
漢書管見 265右
漢東集詩 1515左
60漢四女唐五女詩咏景鈔 1534右
漢四分術 867左
漢易十三家 6右
72漢劉子駿集 1198右
漢劉熊碑攷 666右
漢劉中壘集 1198右
76漢陽郡圖經 546右
77漢學商兌 745右
漢學師承記 413右

77漢學拾遺 265右
漢學堂經解 1728左
漢閑賦稿 1430右
漢輿地圖 507右
漢桑欽古文尙書說地理志考逸 48左
79漢滕公石槨銘 666右
80漢人不服滿人表 354左
漢人經解輯存序目 650左
漢孳室文鈔 177右 1507左
漢公卿衣錦還鄉 1678右
82漢銚期大戰邳彤 1679左
漢鍾離度脫藍采和 1666左
87漢鄭君年譜 417右
88漢管處士年譜 442左
90漢堂文鈔 1518左
漢堂詩鈔 1518左

3414₀ 汝

12汝水說 585左
38汝海稿 1363右
40汝南先賢傳 390右
汝南遺事(王鶚) 302右
汝南遺事(李本固) 545左
50汝東判語 489右
60汝固集 1383右

3414₁ 洋

61洋嘔集 1596左

3414₇ 波

10波弄子 708左
42波斯考略 632左
43波弋香 1708右

淩

32淩溪丁氏雙烈卷遺蹟 438右
34淩波詞 1642右
淩波影 1709左
37淩次仲先生遺書 1744左
淩次仲先生年譜 422右
50淩忠介集 1367左
淩忠介公文集 1367右
78淩臨靈方 863右
96淩烟閣功臣圖像 385右

3416₀ 沽

31沽酒遊春 1672右

渚

22渚山堂詞話 1718左
30渚宮集選 1365右
渚宮舊事 546左
渚宮故事 546左

3416₁ 浩

17浩歌集 1599左
23浩然齋意抄 989右
浩然齋視聽抄 989右
浩然齋雅談 1575右
80浩氣吟 1366右

3418₁ 洪

00洪廬江祀典徵實 404左
洪文襄公呈報吳勝兆叛案揭帖 499左
洪文安公年譜 428左
洪文惠公年譜 428左
洪文敏公年譜 428左
11洪北江詩文集 1436右
洪北江先生年譜 422左
13洪武正韻 207右
洪武聖政記 306右
洪武宮詞 383右
洪武禮制 457右
17……洪承疇奏對筆記 324左
20洪稚存先生尺牘 1436右
27洪龜父集 1263左
洪偓傳 1115左
30洪憲舊聞 335右
31洪福異聞 333右
44洪花洞記 591右
洪芳洲集 1349左
洪老圃集 1263右
46洪楊遺聞 335右
洪楊軼聞 333右
50洪忠宣公年譜 406右
60洪恩靈濟眞君靈籤 1163右
洪恩靈濟眞君集福宿啓儀 1158右
洪恩靈濟眞君集福早朝儀 1158右
洪恩靈濟眞君集福晚朝儀 1158右
洪恩靈濟眞君集福午朝儀 1158右
洪恩靈濟眞君自然行道儀 1158右
洪恩靈濟眞君祈謝設醮科 1158右
洪恩靈濟眞君禮願文 1158右
洪恩靈濟眞君七政星燈儀 1158右
洪恩靈濟眞君事實 449右
72洪氏集驗方 857右
88洪範說 46右
洪範正論 46右
洪範五行傳 46左
……洪範集說 46左
洪範統一 46左
洪範緯 242右
洪範皇極內篇 893右
洪範微 46右
洪範注補 46右
洪範大義 46右
洪範口義 46左
洪範圖解 46左
洪範明義 46右
洪範原數 46右

淇

26淇泉摹古錄 677右

滇

00滇文叢錄、作者小傳 1549左
04滇詩重光集 1548右
滇詩拾遺 1548右
滇詩拾遺補 1548右
滇詩嗣音集 1548右
07滇記 558右
滇詞叢錄 1647左
10滇西兵要界務圖注 484左
滇雲歷年傳 559左
18滇攷 322左
21滇行紀程、續抄 612右
滇行紀程摘鈔 612右
滇行紀略 611右
滇行日記 613左
滇行日錄 614右
滇緬邊界記略 483右
滇緬劃界圖說 483右
滇緬分界疏略 483右
滇緬錄 323左
26滇釋紀 445左
36滇還日記 612右
38滇游詞 1623右
滇海虞衡記 559左
滇海虞衡志、校勘記 559左

滇遊記 608左
滇遊日記 618右
40滇南文略 1548右
滇南雜記 559右
滇南雜志 559右
滇南新語 559左
滇南詩略 1548右
滇南集 1403左
滇南山水綱目 570右
滇南山川辨誤 586左
滇南外史 323左
滇南通考 559左
滇南古金石錄 677左
滇南本草 854左
滇南銅政考 490左
滇南憶舊錄 559左
滇南慟哭記 407左
43滇載記 558右
44滇考 559左
57滇輶紀程 616左
滇繫 559右
67滇略 559左
68滇黔紀遊 562右
滇黔土司婚禮記 562右
90滇小紀 559左

3419$_8$ 淶

12淶水詩集、文集 1334右

3421$_0$ 社

20社集 1543右
50社事始末 314右
77……社學要略 762右
80……社會談約編 978左
社倉考 478右

3422$_7$ 衲

44衲蘇集 944右

3423$_1$ 祛

27祛疑說 985右
祛疑說纂 985右

3424$_1$ 禱

10禱雨雜記 895左

3424$_7$ 被

40被難紀略 315右

3426$_0$ 祐

22祐山雜說 1068左

褚

00褚亮集 1216左
24……褚先生集 1198右
38褚遂良集 1216右
72褚氏遺書 817右
90褚堂文集 1420左
褚堂閒史考證、校勘記 395左

3428$_1$ 祺

38祺祥故事 329右

3430$_2$ 邁

90邁堂文略 1452左

3430$_3$ 遠

10遠西奇器圖說錄最 807右
20遠壬文 1355左
22遠山戲 1673右
35遠遺堂集外文初編、續編 1516左
38遠道隨筆 1367左
40遠志齋詞衷 1718右
50遠春樓讀經筆存 175右
遠春樓四史筆存 372左
80遠鏡說 807左
90遠堂詩 1498右
96遠烟記 1115右

3430$_4$ 達

00達齋詩說 59右
達齋叢說 177左
1029右
達齋書說 43右
達齋春秋論 130左
10達天錄 742右
25達生篇 836右
28達僧問答 901右
40達士傳 441右
44達菴隨筆 1013左
46達觀樓遺箸二種 1733左
57達賴喇嘛傳 445左

違

17違礙書目 648右
88違竽集 1358右

3430$_6$ 造

24造化經綸圖 992左
27造各表簡法 884右
57造邦賢勳錄略 401左

3430$_9$ 遼

00遼痕五種 1732左
遼方鎮年表 369右
遼帝后哀册文錄 457左
遼廣實錄 313左
遼文續拾、彙目 1542左
遼文補錄 1542左
遼文萃 1542左
04遼詩話 1565左
遼諸帝統系圖 369左
23遼代文學考 1565左
遼代金石錄 658右
遼代年表 369右
27遼紀 310右
30遼宮詞 383左
34遼漢臣世系表 369右
38遼海書徵 651左
遼海吟、續吟 1525左
40遼大臣年表 369右
遼志 281左
44遼藝文志 644左
50遼史、考證 274左
……遼史語解 274右
遼史各外國地理攷證 622右
遼史紀事本末 292右
遼史紀年表 369左
遼史索隱 274右
遼史地理志 512右
遼史地理志考 512右
遼史藝文志補證 644左
遼史拾遺 274左
遼史拾遺補 274右
遼夷略 313左
526右
遼東行部志 526右
遼東志、解題、校勘記 515右
遼東志略 526右
76遼陽州志 516左
遼陽海神傳 1118左
遼陽圖記 527左
遼陽聞見錄 527右
77遼居稾、乙稾 1525左
遼居雜箸 1741左
遼邸記聞 312右
80遼金元姓譜 396右
遼金時蒙古考 304左
遼會要作法 455左

88遼籌 313左
90遼小史 302左

3490_4 染

20染香詞 1619右
染香集 1518右

3510_6 沖

21沖虛詞 1599左
沖虛至德眞經 697右
698左、右
沖虛至德眞經鬳齋口義
698右
沖虛至德眞經釋文 698左
沖虛至德眞經解 698右
沖虛至德眞經四解 698右
沖虛至德眞經義解 698左
沖虛通妙侍宸王先生家話
1184右
沖虛眞經 697右
34沖漠子獨步大羅天 1669右

洩

37洩湖水入江議 584左
洩湖入江議 583右

3510_7 津

21津步聯吟集、詞 1556左
31津河客集 1010左
76津陽門詩 1235左
77津門雜記 525左
津門百詠 525左
津門中都啓稿 1369左
津門小令 525左

3511_7 沌

80沌谷筆談 1082右

3511_8 澧

32澧州續圖經 549右
澧州圖經 549右
澧溪文集 1516右
澧溪姚氏詩鈔 1549左
40澧志舉要 521右
76澧陽遺草 1489右

3512_7 沛

21沛上停雲集 1554左

清

00清庵先生詞 1611左
清庵瑩蟾子語錄 1183右
清齋位置 958右
清廉官長勘金環 1682左
清夜錄 1062右
……清文鑑 227左
清言(屠隆) 972右
清言(鄭仲夔) 1070右
01清語部 1036左
清語人名譯漢 397右
10清正存稿 1279左
清平調 1685右
清平閣倡和詩 1553左
11清非集 1263右
20清雋集鈔 1286左
清香閣詩鈔 1422右
21清虛雜著 1733左
23清獻詩集 1247左
清獻詩鈔 1247左
清獻集(杜範) 1281右
清獻集(趙林) 1246右
清獻堂文錄 1427左
清獻堂詩文集 1427左
清代詞選 1647左
清代總督年表、續補 370右
清代名人趣史 353右
清代名人同姓名略 397左
清代名人小名錄 397右
清代之竹頭木屑 354右
清代宰輔年表、續補 370右
清代河臣傳 403左
清代巡撫年表 370右
清代割地談 479右
清代禁毁書目四種 1735左
清代毘陵名人小傳 389左
清代毘陵書目 648左
清代殿板書始末記 654右
清代殿板書目 654右
清代八卿年表 370右
清代館選分韻彙編 470右
24清綺齋藏書目 646右
26清白士集校補 1740右
清和眞人北遊語錄 1184右
清稗瑣綴 354右
28清微齋法 1164右
清微玄樞奏告儀 1158左
清微元降大法 1164右
清微仙譜 1154右
清微神烈祕法 1164右
清微丹訣 1176左
清儀閣雜詠 658右
清儀閣古印附注 664左
清儀閣藏器目 659右
清儀閣所藏古器物文 672左
清儀閣金石題識 658左
清谿漫稾 1333右
30清流摘鏡 313右
清涼帖 1715左
清寧館治印雜說 942左
清寧館古泉叢話 664左
清寤齋心賞編 958右
清宮交泰殿寶譜摘抄 672左
清宮詞 384左
清宮詞本事 384左
清宮瑣聞 354左
清宮禁二年記 329右
清容外集 1751左
清容居士集、札記 1307左、右
31清江詩集、文集 1325左
清江三孔集 1746右
清江碧嶂集 1309右
清江集 1317右
清江漁譜 1606左
清江貝先生文集、詩集
1325左
清江貝先生詩餘 1614右
清河集 1307右
清河祕篋書畫表 911左
清河內傳 1154右
清河書畫舫 910右
清河縣繼母大賢 1669右
清河風俗物產志 537左
32清溪詩稿 1463左
清溪遺稿 1367右
清溪暇筆 349左
清溪公題詞 409左
清溪惆悵集 1559右
33清祕藏 909左
清祕藏摘抄 672左
34清波雜志、校勘記 1061右
清波三志 539左
清波別志 1061右
清波小志 538右
539左
清波小志補 539左
36清湘瑤瑟譜、續譜 1631左
清湘老人題記 914右
清湘樓詩選 1474右
37清初僧諍記、表 1189右
39清沙吟草、文鈔 1432左

40清十三經注疏 1728右
清大司馬薊門唐公年譜 410右
清內府藏刻絲書畫錄 797右 798左
清內府藏纜線書畫錄 798左
清內府藏古玉印 664左
清嘉錄 535左
清眞集、集外詞 1595右
清眞先生遺事 428左
清眞居士年譜、校記 428左
44清麓訓詞 761右
清麓日記 749左
清麓年譜 423右
清麓答問、遺語、遺事 749右
清苑齋詩集 1284右
清苑齋詩鈔 1284右
清苑齋集 1284右
清苑齋集補遺 1284右
清苑齋集補鈔 1284右
清芬樓遺稿 1412左
清芬閣詩草 1491右
清芬館詞草 1634右
清芬錄 394右
清華集 1544右
46清娛閣詩鈔 1443右
清娛閣吟稿 1443右
47清朝論詩絕句 1565右
清朝前紀 323右
50清史 1002右
清史河渠志 578右
……清忠譜 1703右
清忠譜正案 1706右
清末實錄 331左
52清靜經註 1144左
53清戒 1033右
56清規玄妙 1157左
57清抱居賸稿 1509右
60清暑筆談 971左
清異錄(葛萬里) 1002右
清異錄(陶穀) 1041右
63清貽堂存稿 1391右
清貽堂賸稿(王琦) 1440右
清貽堂賸稿(王士駿) 1438左
65清嘯樓詩鈔 1513左
67清喚齋遺稿 1374左
清暉贈言 1553右
清暉閣贈貽尺牘 1560右
68清吟閣書目 647右
77清閨遺稿 1469左
清風亭稾 1332右
清風室文鈔、詩鈔 1512左
清居集 1347右
清閟閣詞 1613右
清閟閣集 1317左
清閟閣稾 1317左
清閟閣全集 1317左
清聞齋詩存 1429右
清學部圖書館方志目 653左
清學部圖書館善本書目 645右
清開國史料考敍論訂補篇 324左
清賢記 999左
清閑供 959左
80清人散曲選刊 1752左
清全齋讀春秋編 125左
清尊錄 1058左
88清鑑錄 976左
清籟館存稿 1496左
90清光緒帝外傳 329右
97清輝樓稾 1316右

3513_0 決

27決疑要注 456左、右
決疑數學 889左

3514_7 溝

37溝洫疆理小記 74左
溝洫私議、圖說 578右
40溝南漫存稾 1317右

3516_6 漕

27漕船志 476左
31漕河禱冰詩圖錄 1558右

3519_0 洙

36洙泗考信錄 415左
洙泗考信餘錄 415左

3519_6 涑

12涑水記聞 341右
涑水紀聞、逸文 341右
涑水家儀 751右
涑水迂書 967右
涑水鈔 1462左

凍

44凍蘇秦衣錦還鄉雜劇 1667左

3520_6 神

01神龍殿欒巴噀酒殘本 1657右
08神效脚氣祕方 826左
14神功妙濟眞君禮文 1160右
21神經系病理治療 840左
22神仙可學論 1175右
神仙傳 446左、右
神仙遯士集 1300右
神仙遺論補 830右
神仙感遇傳 1113左
神仙服食靈草菖蒲丸方傳 845左
神仙服餌丹石行藥法 1143右
……神仙會 1671左
神仙食炁金櫃妙錄 843右
神仙養生祕術 1179左
神仙鍊丹點鑄三元寶照法 1168右
神山引 1690右
神山引曲 1710右
28神僧傳(法顯) 445右
神僧傳(□□) 445左
30神室八法 1174左
神宗皇帝即位使遼語錄 299左
32神州古史考 537右
神州異產志、後志 794左
40神境記 575右
神女傳 1097右 1098左
……神眞靈符經 1152右
神木鄉土志 516右
42神機制敵太白陰經 773左
46神相證驗百條 905左
47神奴兒大鬧開封府雜劇 1667左
52神授急救異痧奇方 829右
55神農本草 852右
神農本草經 852右
神農本草經讀 853左
神農本草經疏 852右
神農本草經百種錄 852右
神農本草經贊 853左
神農書 709左
60……神異記(王浮) 1084左
神異記(東方朔) 1083左
神異經 1082右 1083左
神異經佚文 1083左

*66*神呪志 1089左
神咒錄 1181右
神器譜 777左
神器譜或問 777左
72……神后山秋獮得騶虞 1670左
*80*神氣養形論 1168左
87……神錄 1087左
88……神符經 1147右
*97*神怪錄 1087右

3521₈ 禮

*00*禮文手鈔 461右
禮雜問 93右
*02*禮訓纂 87右
*07*禮記、考證、校勘記 83右
85左、右
184右
禮記旁訓 86右
禮記旁訓增訂精義 86右
禮記章句(王夫之) 85右
禮記章句(任啓運) 86左
禮記章句(汪紱) 86左
禮記章義 86左
禮記音訓 90右
禮記音義隱(謝□) 90右
禮記音義隱(射慈) 90左、右
禮記註疏 83右
禮記衷要 87左
禮記訓義擇言 86左
禮記訓纂 87左
禮記新義疏 84右
禮記識 87右
禮記讀本 83右
禮記詳說 86左
禮記正義、校勘記 84左
禮記王氏注 84右
禮記疏略 85右
禮記要義、校勘記 85左
禮記天算釋 90左
禮記可讀 87左
禮記孫氏注 84右
禮記子思子言鄭注補正 89右
禮記集說(衛湜) 85左
禮記集說(陳澔) 85右
禮記集說(鄭元慶) 86左
禮記集說辯疑 85右
禮記集說補義 87左
禮記集說凡例 85右
禮記盧氏注 83左
禮記儒行篇 90左
禮記熊氏義疏 84右
禮記經注校證 90右
禮記外傳 84右
85左
禮記佚文 83左、右
禮記傳 85左
禮記白文 83左
禮記皇氏義疏 84右
禮記偶記 86右
禮記偶箋 86左
禮記釋注 87左
禮記解(葉夢得) 85左
禮記解(胡銓) 85左
禮記解詁 83右
禮記祭義篇 89右
禮記約解 87左
禮記徐氏音 90右
禮記注疏、考證 84左
禮記注疏校補 84左
禮記注疏校勘記、釋文校勘記 84左
禮記注疏考證 84左
……禮記客難 87左
禮記審議 87左
禮記補註 86右
禮記補疏 87左
禮記述注 86左
禮記沈氏義疏 84右
禮記冠義篇 90左
禮記通註 85右
禮記通解 85右
禮記大全 85右
禮記內則篇 89左
禮記古訓考 86右
禮記古義 86右
禮記檀弓殘石 185右
禮記校勘記、釋文校勘記 84左
禮記札記(朱亦棟) 86右
禮記札記(范爾梅) 86右
禮記析疑 86左
禮記范氏音 90右
禮記或問 86左
禮記曲禮上下內則說例 87右
禮記曲禮篇 87右
禮記臆編 86右
禮記異文箋 90右
禮記略解 84右
禮記馬氏注 83左
禮記劉氏音 90右
禮記隱義 84右
禮記附記 86右
禮記陳氏集說補正 85右
禮記月令攷異 89左
禮記全文備旨 86右
禮記義證 84右
……禮記義疏 86右
禮記義疏算法解 90左
禮記鄭讀攷 90右
禮記鄭讀考 90右
禮記篇目 85右
禮記箋(王闓運) 87右
禮記箋(郝懿行) 87左
禮記節本 87右
禮記纂言 85左
禮記恆解 87左
禮記精義 87左
……禮部韻略 206右
禮部集 1313左
禮部存稿 1367右
禮部志稿 468右
*08*禮說(廖平) 95右
禮說(淩曙) 95左
禮說(黃以周) 95右
禮說(惠士奇) 94右
……禮說(陳世鎔) 95右
……禮說(金鶚) 96左
禮說略 95右
禮論 93右
禮論條牒 93右
禮論難 93右
禮論略鈔 77右
禮論答問 93右
禮論鈔略 94左
禮議 459左
*10*禮元剩語 733左
*20*禮統 94左
*21*禮經酌古 77右
禮經偶記 77右
禮經釋例 81右
禮經釋例目錄 81右
禮經奧旨 76左
禮經宮室答問 97右
禮經通論 95右
禮經舊說 78右
禮經本義 77右
禮經質疑 95左
禮經凡例 81右
禮經學述 95左

禮經會元 69右
禮經會元疏釋 69右
禮經箋 78右
禮經小識 78左
*22*禮山園文集、文集後編、續集、詩集 1408右
*23*禮稽命徵 247左
*24*禮緯 246右
1731左
禮緯元命包 250左
禮緯稽命徵 247右
禮緯斗威儀 248左
禮緯附錄 248左
禮緯含文嘉 247左
*25*禮傳 83右
*26*禮白嶽記 611右
*27*禮疑義 94左
*28*禮儀定式 457右
*34*禮斗威儀 247右
248左
*50*禮書 99左
禮書綱目 99左
禮書通故識語 95右
*55*禮曹章奏日錄 499左
禮耕堂叢說 1027左
*66*禮器釋名 98左
*77*禮學大義 95右
禮學卮言 95左
禮問 460左
*80*禮義答問 94左
禮含文嘉 246右
247左
*88*禮箋 95左
禮範 766左
*90*禮堂經說 176左
禮堂遺集、詩 1475右

3526$_0$ 袖

*38*袖海編 629左
袖海樓文錄 1454左
*50*袖中記 1036右
袖中書 1561左
袖中錦 1037左

3530$_0$ 連

*00*連文釋義 193左
*15*連珠(王暐) 1397右
……連珠(劉基) 1323左
連珠厤 908左
16……連環記 1666左
連環記傳奇 1692右
*22*連山、諸家論說 34左
連山綏猺廳志 522左
連山歸藏逸文 34左
連山書院志 569右
連山易 34左
*76*連陽八排風土記 554左
*80*連分數學 889左

3530$_6$ 迪

*14*迪功集 1339右
迪功集選 1339右
*27*迪彝先生文 1395左

遭

*22*遭亂紀略 333右

3530$_7$ 遣

*29*遣愁集 1125右
*53*遣戍伊犂日記 615右
*77*遣興詩 1386右

3530$_8$ 遺

*00*遺言 981右
*02*遺訓存略 756右
*04*遺詩鈔 1545左
*21*遺經樓文稿 1489左
遺經樓草 1465左
*22*遺山詩 1390右
遺山集 1299左
遺山集補遺 1299右
遺山樂府、校記 1610右
1611左
遺山先生文集 1299左
遺山先生新樂府 1610右
遺山先生詩集 1299右
遺山先生年譜略 428右
遺山題跋 990右
*50*遺史紀聞 1056左
*60*遺園詩餘 1638左
*88*遺筆彙存 1515右

3610$_0$ 泗

*32*泗州集 1251右
泗州大水記 537左
*76*泗陽張沌谷居士年譜、榮哀錄 424左

汨

*60*汨羅江 1684左

泊

*00*泊庵先生文集、詩鈔 1329左
*30*泊宅編 982左、右
*44*泊菴集 1329左
泊菴芙蓉影 1701左

洎

*12*洎水齋文鈔、詩鈔 1363右

洄

*26*洄泉詩鈔 1419左
*32*洄溪祕方 859左
洄溪道情 1714左
洄溪脈學 849右
洄溪醫案、附 862右

湘

*00*湘痕閣詩稿 1480左
湘痕閣詞稿 1637左
湘痕閣存稿 1497左
湘亭詩鈔、文鈔 1413右
*10*湘靈集 1407右
湘靈館雜鈔 1555左
湘雲遺稿 1624左
*12*湘水記(王文淸) 585右
湘水記(口口) 547右
*21*湘行記 612右
*22*湘山野錄、續錄 341右
342左
湘山錄 342左
*24*湘綺樓文集、詩集 1517左
湘綺樓詩 1517左
湘綺樓詞 1640右
湘綺樓駢體文鈔 1517左
*27*湘舟漫錄 1008左
*32*湘州記(郭仲產) 547左
湘州記(甄烈) 547左
湘州滎陽郡記 548右
*34*湘漢百事 331左
湘社集 1545右
*37*湘湖水利志 584右
湘涵試帖 1443左
湘軍記 334右
湘軍志 333左
*40*湘眞閣、譜 1691左
*43*湘城訪古錄 676右
*44*湘夢詞 1631左
*47*湘帆堂文錄 1376右
*50*湘中記(庾仲雍) 547左

50湘中記(口口) 547右
湘中記(羅含) 547左
湘中怨詞 1103右
湘中怨辭 1103右
湘中名賢遺集五種 1746左
湘中草 1387左
60湘園詩草 1401左
77湘驅堂集 1375左
88湘筠館詞 1626右
湘管齋寓賞編 911右
91湘煙閣詩鐘 946左
湘煙小錄 1077右

3611_0 況
40況太守集 1330左

3611_1 混
10混元聖紀 448右
混元陽符經 1135左
混元八景眞經 1146左
28混俗頤生錄 845左
77混同天牌譜 952右

3611_4 湟
45湟榛詩選 1392左
50湟中雜記 530右

3611_7 溫
00溫症金壺錄 829左
溫瘧論 830左
溫病三字經 828右
溫病條辨 828左
溫病條辨歌括 828左
溫病明理 828右
溫病醫方撮要 828左
溫疫論 827左
溫庭筠詩集、集外詩、別集 1235左
02溫證指歸 827右
12溫飛卿詩集、別集、集外詩 1235右
溫飛卿集箋注 1235右
17溫柔鄉記 1128左
24溫侍讀集 1214左
溫侍讀集選 1214左
26溫泉銘殘卷 667左
30溫宿府鄉土志 517右
溫宿縣鄉土志 517右
溫宿縣分防柯坪鄉土志 517右
溫寶忠先生遺稿 1364左
35溫清錄 847左
40溫太眞玉鏡臺 1650左
溫太眞玉鏡臺雜劇 1650左
溫太眞晉陽分別 1687左
溫太谷集 1348右
44溫熱病論 827左
溫熱病指南集 828左
溫熱論 827右
溫熱論箋正 827右
溫熱經緯 828左
溫熱經解 828右
溫熱逢源 828右
溫熱贅言 828左
溫熱暑疫全書 827左
溫恭毅公文集 1355右
溫恭毅公集 1355右
50溫忠烈公遺稿 1364左
溫毒病論 827右
60溫國文正公文集 1249右
……溫暑醫旨 828左
72溫氏母訓 753右
74……溫陵留墨(朱炳如) 1354右
……溫陵留墨(眞德秀) 1279右
80溫公瑣語 341右
溫公續詩話 1569右
溫公易說 11右

3612_7 湯
00湯文正公家書 754右
湯文正公遺書擇鈔 740右
湯文正公志學會規 764左
湯文正公年譜定本 410左
11湯頭歌括 860左
12湯廷尉公餘日錄 994左
17湯子遺書 499左
1392右
22湯山修禊日記 620右
27湯將軍集 1335右
30湯液本草 853右
湯賽師傳 1116右
31湯潛庵先生集 1392右
46湯媼傳 1066左
60湯品(高濂) 955右
湯品(蘇廙) 955左
78湯陰風俗志 545左
80湯義仍先生集 1359左
88湯餅辭 1553左

涓
22涓川居士詞、校記 1604右
涓川劄存 1394左
40涓塘奇遇傳 1117右
涓南文集 1270左
涓南文集詞 1601左
涓南詩集 1234左
涓南逸稿 1270左

濁
26濁泉編 1455左

3613_2 瀑
26瀑泉集 1243右

3614_1 澤
22澤山雜記 1067左
55澤農要錄 780右
69澤畔吟 1379左
70澤雅堂文集 1500左
77澤月齋集 1399右

3614_7 漫
07漫記 350左
38漫遊記略 587右
漫遊隨錄 619左
漫遊小鈔 1406左
40漫塘文集 1277右
漫塘詩集 1278左
漫塘詩鈔 1278左
60漫園小稿 1243右
77漫叟詩話 1576左
漫與詩稿 1407左
88漫笑錄 1122右
90漫堂文集 1278左
漫堂說詩 1583左
漫堂書畫跋 915左
漫堂墨品、續墨品 801右
漫堂隨筆 1056右

3621_0 祝
16祝聖壽萬國來朝 1677左
祝聖壽金母獻蟠桃 1677左
17祝子小言 973左
40祝壽編年 1037右
44祝枝山集 1335左
49祝趙始末 1073右
72……祝髮記 1693右

視

14視聽抄 1060左
21視徑擧隅 888左
24視彼亭詩存 1375左
77視履約 757右

3622_7 裼

30裼塞軒集選 1365右

3624_0 裨

27裨勺 1075左
38裨海紀遊 603左
47裨幄集 1295右

3625_6 禪

00禪玄顯教編 444右
22禪樂府 1373右
30禪宗指要 1189左
40禪眞逸史 1131左
44禪林餘藻 1192左
46禪榻夢餘 1071右
50禪本草 1190左
77禪月集 1236右
1237左
禪學 1189左
禪門本草補 1190左

3629_4 祼

35祼禮摧 96右

3630_0 迦

28迦黔畬詩鈔 1457左
44迦蘭陀室詩鈔 1499右
74迦陵詞 1617左
迦陵詞全集 1617左

迴

30迴流記傳奇 1709右
37迴瀾說 815右
迴瀾正論 737右
迴瀾紀要 580左

3630_1 逞

77逞風流王煥百花亭 1666左
逞風流王煥百花亭雜劇
1666左

暹

60暹羅政要 631右
暹羅近事末議 631右
暹羅志 635左
暹羅考 631左
暹羅考略 631左
暹羅別記 631左

3630_2 遇

21……遇上皇 1656左
22遇變紀略 317左
60遇恩錄 348左

邊

18邊政考 483右
27邊紀略 484右
37邊洞玄慕道昇仙 1683右
44邊華泉詩集 1338左
邊華泉集 1338左
47邊堠紀行 611左
50邊事小紀 313右
67邊略 1732右
70邊防三事 483右
90邊省苗蠻事宜論 563左

3630_3 還

00還京日記 615右
10還玉佩 1129右
還雲草 1448左
16還硯齋雜著、古近體詩略、賦稿、大題文稿、試帖
1477左
還硯齋大學題解參略 134左
還硯齋中庸題解參略 136左
還硯齋易漢學擬旨 27右
還硯齋周易述 27右
還魂記 1694右
21還經錄 735右
22還山集 1518右
還山遺槀 1301左
還山遺稿 1301左
30還寃記 1087左
還寃志 1087右
……還牢末 1656右
31還源篇 1171右
37還初道人箸書二種 1739右
還初堂詞鈔 1634右
40還眞集 1170右
44……還帶記 1692右
還桂日記 620右
71還原篇闡微 1171右
77還丹至藥篇 1171右
還丹歌訣 1167左
……還丹歌注 1139左
還丹衆仙論 1164右
還丹復命篇 1171右
還丹祕訣養赤子神方 1164右
還丹顯妙通幽集 1165左
還丹肘後訣 1178左
還丹金液歌註 1165左
80還金述 1178左

3710_7 盜

41盜柄東林夥 402左

3711_0 汎

27汎舟錄 450右

3711_1 泥

31泥洹集 1171右
40泥丸李祖師女宗雙修寶筏
1175左
44泥封印古錄 664左

瀊

16瀊碧詞 1640右

3711_2 氾

44氾葉集 1394右
79氾勝之遺書 777右
氾勝之書 777右
氾勝之書佚文 777右

泡

62泡影集 1636右

3711_4 濯

26濯纓亭筆記 1066左
濯纓室詩鈔 1518左
60……濯足氣英布 1659右

3711_7 滬

12滬水燕談錄 342右

3712_0 洞

00洞主仙師白喉治法忌表抉微 834右
洞方術圖解 888左
洞庭記 585左、右
洞庭集 304右
洞庭山金石 676左
洞庭秋詩 1386右

00洞庭湖柳毅傳書 1659右
洞庭湖柳毅傳書雜劇 1659右
洞玄度靈寶自然券儀 1161左
洞玄靈寶齋說光燭戒罰燈祝願儀 1161左
洞玄靈寶度人經大梵隱語疏義 1133左
洞玄靈寶玄一眞人說生死輪轉因緣經 1147右
洞玄靈寶玄門大義 1183右
洞玄靈寶六甲玉女上宮歌章 1182左
洞玄靈寶諸天世界造化經 1140左
洞玄靈寶課中法 1172左
洞玄靈寶二十四生圖經 1149右
洞玄靈寶三師記 447左
洞玄靈寶三師名諱形狀居觀方所文 1154右
洞玄靈寶三洞奉道科戒營始 1156右
洞玄靈寶玉京山步虛經 1150左
洞玄靈寶玉籙簡文三元威儀自然眞經 1161右
洞玄靈寶五嶽古本眞形圖 1153右
洞玄靈寶五老攝召北酆鬼魔赤書玉訣 1181左
洞玄靈寶五感文 1172右
洞玄靈寶无量度人經訣音義 1133左
洞玄靈寶天尊說十戒經 1155右
洞玄靈寶飛仙上品妙經 1142右
洞玄靈寶千眞科 1157左
洞玄靈寶上師說救護身命經 1141左
洞玄靈寶自然齋儀 1161左
洞玄靈寶自然九天生神章經 1139右
洞玄靈寶自然九天生神章經解義 1139右
洞玄靈寶自然九天生神章經注、音釋 1140左
洞玄靈寶自然九天生神玉章經解 1139右
洞玄靈寶定觀經註 1143左
洞玄靈寶河圖仰謝三十六天齋儀 1160右
洞玄靈寶河圖仰謝三十六土皇齋儀 1160右
洞玄靈寶道要經 1142右
洞玄靈寶道士受三洞經誡法籙擇日曆 1163右
洞玄靈寶道士明鏡法 1181左
洞玄靈寶道學科儀 1163左
洞玄靈寶左玄論 1156右
洞玄靈寶九眞人五復三歸行道觀門經 1146右
洞玄靈寶太上六齋十直聖紀經 1148左
洞玄靈寶太上眞人問疾經 1147右
洞玄靈寶眞靈位業圖 1154左
洞玄靈寶眞人修行延年算法 1172右
洞玄靈寶本相運度劫期經 1140左
洞玄靈寶昇玄步虛章序疏 1182左
洞玄靈寶長夜之府九幽玉匱明眞科 1157左
洞玄靈寶丹水飛術運度小劫妙經 1140左
洞玄靈寶八仙王教誡經 1147左
洞玄靈寶八節齋宿啓儀 1163右
洞玄靈寶鐘磬威儀經 1161右
洞玄子 847右
洞玄金玉集 1298左
10洞靈經 699左
洞靈眞經 699左
洞靈眞經註 699左
洞元子內丹訣 1171右
洞霄詩集 567右
洞霄圖志 567右
洞天玄記 1672右
洞天福地記 570右
洞天福地嶽瀆名山記 570右
洞天清祿集 958左
洞天清錄 958左
洞石集 1355左
21洞經示讀 1133右
22洞山岕茶系 784左
28洞微志 1090左
32洞淵集(李思聰) 1183右
洞淵集(長筌子) 1183右
35洞神三皇七十二君齋方懺儀 1162右
洞神上品經 1147左
洞神八帝元變經 1148左
洞神八帝妙精經 1145左
37洞冥記 1083右
40洞眞高上玉帝大洞雌一玉檢五老寶經 1148左
洞眞三天祕諱 1155左
洞眞西王母寶神起居經 1148右
洞眞上清龍飛九道尺素隱訣 1152左
洞眞上清神州七轉七變舞天經 1148右
洞眞上清太微帝君步天綱飛地紀金簡玉字上經 1148左
洞眞上清青要紫書金根衆經 1148左
洞眞上清開天三圖七星移度經 1148右
洞眞太一帝君太丹隱書洞眞玄經 1148右
洞眞太上說智慧消魔眞經 1148右
洞眞太上三元流珠經 1148右
洞眞太上三九素語玉精眞訣 1172右
洞眞太上飛行羽經九眞昇玄上記 1148右
洞眞太上上皇民籍定眞玉錄 1152右
洞眞太上上清內經 1148右
洞眞太上紫度炎光神元變經 1148右
洞眞太上紫文丹章 1152左
洞眞太上紫書籙傳 1152右
洞眞太上神虎玉經 1148右
洞眞太上神虎隱文 1152左
洞眞太上道君元丹上經 1148右
洞眞太上太霄琅書 1138左
洞眞太上太素玉籙 1152右
洞眞太上青牙始生經 1148右
洞眞太上素靈洞元大有妙經 1148左
洞眞太上丹景道精經 1148右
洞眞太上八道命籍經 1148右

洞眞太上八素眞經三五行化妙訣 1143右
洞眞太上八素眞經登壇符札妙訣 1144左
洞眞太上八素眞經占候入定妙訣 1144左
洞眞太上八素眞經修習功業妙訣 1143右
洞眞太上八素眞經服食日月皇華訣 1144左
洞眞太上八素眞經精耀三景妙訣 1143右
洞眞太上金篇虎符眞文經 1148右
洞眞太上倉元上錄 1152右
洞眞太微黄書天帝君石景金陽素經 1151左
洞眞太微黄書九天八籙眞文 1165右
洞眞太微金虎眞符 1152左
洞眞太極北帝紫微神呪妙經 1138左
洞眞黄書 1152右
洞眞八景玉籙晨圖隱符 1152右
洞眞金房度命綠字迴年三華寶曜內眞上經 1148右
41洞極眞經 965左
44洞麓堂集 1347右
60洞圓主人塡詞 1708左
88洞簫廔詞 1626右
洞簫記 1118右
洞簫詞 1629左
洞簫樓詩紀 1455右
洞簫樓詞鈔 1626右

淍

44淍芳錄 441左

湖

00湖廣通志 521右
10湖天曉角詞 1639右
湖西遺事 321右
11湖北沔陽陸氏舊藏北齊造象攷 665右
湖北通志檢存稿 521右
湖北通志未成稿 521右
湖北地略 546右
湖北考略 546右
湖北金石詩 677右
20湖舫詩 1553左
21湖上草堂詩(朱崇道)1449左
湖上草堂詩(胡薇元)1513左
湖上青山集 599左
湖上篇 1348左
22湖山雜詠 598右
湖山詞 1620右
湖山集、輯補 1268右
湖山便覽 598右
湖山唱和集 1513右
湖山勝槩 597右
湖山敍遊 598右
湖山懷古集 599左
湖山類稿 1296左
27湖船續錄 799右
湖船錄 799右
32湖州詞徵 1647左
湖州十家詩選 1547左
33湖濱匪災紀略 335左
36湖湘故事 1575右
38湖海詩存 1491左
湖海草堂詞 1636左
湖海樓詩集 1391右
湖海樓詞 1617左
湖海樓詞集 1617左
湖海樓集拾遺 1391右
湖海樓尺牘 1391右
湖海同聲集 1544右
40湖塘林館駢體文鈔 1498左
湖南方物志 547右
湖南軍營紀略 327右
湖南地略 548左
湖南考略 547右
湖南風土記 547右
41湖壖雜記 538右
45湖樓集 1440左
湖樓校書記、餘記 451右
湖樓筆談 1029右
67湖墅雜詩 539右
湖墅詩鈔 1440右
湖墅倡和集 1556左
72湖隱外史 536左
87湖錄經籍考 651左
湖錄紀事詩 389右

潮

12潮水論 902右
22潮災紀略 536左
25潮生閣詩稿 1463左
32潮州海防記 482右
40潮嘉風月 1076左
潮嘉風月記 1076左

潤

10潤玉傳 1097右
21潤經堂自治官書 473右

澗

21澗上集選 1365右
澗上草堂紀略、續編、拾遺 568右
26澗泉詩餘、校記 1606左
澗泉詞 1606左
澗泉集 1280左
澗泉日記 986右 987左
澗泉吟稿 1280左
40澗南詞 1635右
澗南遺草 1491右
澗南吟稿 1439左
80澗谷遺集 1289左
澗谷精選陸放翁詩集前集、須溪精選後集、別集 1270右

瀾

90瀾堂夕話、偶書 1581左

3712_7 涌

17涌翠山房文集、詩集 1484右

湧

40湧幢小品 999左

渤

78渤陰志略 524左

漏

02漏刻經 868左

滑

23滑稽館新編三報恩傳奇 1700左

鴻

00鴻齋文集 1440左
鴻慶集補鈔 1262右
鴻慶集鈔 1262右
鴻慶居士文集 1262右
鴻慶居士集 1262右

00鴻慶居士集補遺 1262右
鴻文補擬 1127左
07鴻詞所業 1417左
10鴻雪廔詞 1627右
鴻雪詞 1629右
鴻雪偶留 1459左
鴻雪軒紀豔 1742左
鴻雪因緣圖記 616右
20鴻集亭詩草 1363右
30鴻迹館詩存 1469右
鴻迹館填詞 1632左
鴻寶樓詩鈔 1462左
72鴻爪留餘 1465右
鴻爪錄 1584右
77鴻鷗瑣錄 618右
83鴻猷錄 292右

滈

12滈水集 1259左

3713_2 淥

12淥水亭雜識 1005右
41淥坪遺詩 1480左

3713_4 澳

32澳洲紀遊 639左
40澳大利亞可自強說 639左
澳大利亞洲新志 639左
澳大利亞洲志譯本 639右
44澳蕃篇 554右
77澳門記 554右
澳門記略 554右
澳門形勢論(張甄陶) 554右
澳門形勢論(李受彤) 554右
澳門形勢篇 554右
澳門紀略 554右
澳門圖說 554右
澳門公牘錄存 480右

3713_6 漁

00漁亭小草 1471左
09漁談 975右
10漁石集 1339左
漁石賸草 1475右
27漁舟紀談、續談 1011左
32漁溪詩稾、乙稾 1287左
漁溪詩稿 1287左
漁溪詩藁 1287左
33漁浦草堂文集 1481右
漁浦草堂詩 1482左
37漁通問俗 557右
38漁洋詩話 1582右
漁洋山人文略 1396左
漁洋山人詩集、續集 1395右
漁洋山人詩問 1583左
漁洋山人集外詩 1396左
漁洋山人自撰年譜 431左
漁洋山人秋柳詩箋 1396右
漁洋山人感舊集小傳 425左
漁洋山人精華錄 1396左
漁洋山人精華錄訓纂 1396右
漁洋書籍跋尾 651右
漁洋感舊集小傳 425左
漁洋答問 1583左
40……漁樵記 1664右
漁樵對問 723右
漁樵閒話 1056右
漁樵閒話錄 1056左
漁樵問對 723右
漁樵問答 974右
漁樵笛譜 1610右
44漁莊詩集 1388右
漁莊邂逅錄 1171左
漁莊錄 1175右
漁菴詩選 1429右
67漁墅類稾 1281右
72漁隱詩鈔 1529左
76漁陽三弄 1672右
漁陽石譜 956右
漁陽公石譜 956右
77漁具詠 792右

3714_0 汊

21汊上集選 1368左

淑

20淑秀總集 1543左
44淑艾錄 738右

3714_6 潯

28潯谿紀事詩 540右
32潯溪文徵 1547左
37潯初賦稿 1430右
76潯陽記 551左
潯陽紀事 319右

3714_7 汲

37汲冢瑣語 277右
汲冢書鈔 277右
汲冢周書、校正補遺 276右
277左
汲冢周書輯要、逸書 276右
40汲古叢語 971右
……汲古閣刻書目錄 655左
汲古閣說文訂 186左
汲古閣珍藏祕本書目 646左
汲古閣校刻書目、刻板存亡考 654右
汲古錄 1495右
71汲長孺矯詔發倉 1687左

3715_6 渾

00渾齋小藁 1494右
10渾天論 868左
渾天論答難 868左
渾天象說 867右
渾天儀 867左
渾天儀說 870左
23渾然子 972左
28渾儀 867左
44渾蓋通憲圖說 869左

3716_0 洛

12洛水詞 1606左
洛水集 1279左
洛水小集 1279左

3716_1 沿

34沿波舫詞 1637左
38沿海形勢論(朱逢甲) 483左
沿海形勢論(華世芳) 483左
沿海形勢錄 482右

澹

00澹廬讀畫詩 917左
澹齋詩草 1489左
澹齋詞 1600左
澹齋集 1273左
澹齋內言、外言 1000左
澹音閣詞 1633左
10澹一齋章譜 942左
澹雪詞 1617右
澹吾室詩鈔 1484右
20澹香齋詠史詩 382左
澹香廔詞 1625右
21澹僊詞 1630左
澹盧齋詩草 1491右
22澹仙詩鈔 1483左
澹山雜識 1059左
25澹生詩鈔、文鈔 1379右

澹生堂藏書約 641左
澹生堂藏書目 646左
30澹寧居詩集 1371左
33澹心齋詩集 1379左
44澹勤室詩 1495左
澹鞠軒詩藁 1459右
澹鞠軒詞 1630右
澹菴文集 1266右
澹菴集 1266右
澹菴長短句 1599左
澹菊軒詩初稿 1459右
46澹如軒詩 1485左
澹如軒吟草 1485左
51澹軒詩餘 1601左
澹軒集(濮淙) 1402左
澹軒集(李呂) 1269右
52澹靜齋文鈔、外篇、詩鈔 1437左
澹靜齋說䄍、圖 96右
54澹持集 1492右
60澹園讀書畢記 95右
澹園集(焦竑)、續集 1359右
澹園集(汪師亮) 1441左
澹園倡和集 1555左
澹園吟草 1491右
澹園隨筆 1013右
澹園學禮畢記 87右
澹思子 972右
68澹吟樓詞 1622左
70澹雅山堂詩鈔 1470左
澹雅居小草 1512左
77澹居藁 1309左
80澹奩詞賸 1633左
澹奩自娛草 1476右
88澹餘筆記 493左

3716₄ 洛

00洛京獵記 1108左
04洛誥箋 46右
12洛水悲 1673右
22洛川詩略 1460左
33洛浦縣鄉土志 518左
35洛神傳 1106右
洛神賦 1202右
44洛花集 1519左
50洛中紀異錄 1054左
洛中九老會 1551左
洛中耆英會 1551左
洛中耆英會 1551左
洛書說河 235左
洛書甄曜度 234右
洛書甄燿度 234右
洛書緯 1730左
洛書摘六辟 235左
洛書錄運法 235右
洛書鄭注 234右
76洛陽記(□□) 544右
洛陽記(陸機) 544右
洛陽石刻錄 674右
洛陽牡丹記(周師厚) 790右
洛陽牡丹記(歐陽修) 790右
洛陽伽藍記、集證、校勘記 567左
洛陽名園記 565右
洛陽迦藍記鉤沈 567左
洛陽九老祖龍學文集 1245右
洛陽存古閣藏石目 674右
洛陽存古錄 676右
洛陽花木記 788左
洛陽搢紳舊聞記 340左
洛陽風月牡丹仙 1671左
洛陽殿無雙豔福 1689右
77洛學編 414右
洛學傳授大義 727左
洛學拾遺補編 414右

潞

12潞水客談 581左
43潞城考古錄 524左
80潞公集 1245右

3716₇ 湄

17湄君詩集 1429左
72湄丘集 1331右

3717₂ 涵

35涵清閣詩鈔 1487左
涵清館詩草 1418右

3718₁ 湨

50湨書 1387左

凝

00……凝齋集 1335右
凝齋稿 1340左
凝齋筆語 993右
16凝碧池忠魂再表 1687右
17凝翠集 1359左
凝翠樓詩集 1407右
20凝香室詩鈔 1377左
38凝道堂集 1422右
43凝始子集 1314左
76凝陽董眞人遇仙記 450左

3718₂ 次

22次山子 1224右
次山集 1224左
24次續翰林志 469左
30次室讀書記 1030右
47次柳氏舊聞、考異 336右 337左
60次園詩存 1511左
77次民詩稿 1494左
80次公詩集 1527右
次公詞稿 1643右

漱

00漱塵室集詩、文 1522右
漱六山房讀書記 1028右
10漱玉詞 1597右
漱石軒筆記 1107左
漱石閒談 1067左
11漱琴室雜著 1028右
14漱瑛樓詩存 1478右
17漱珊公遺詩 1511右
21漱經齋座右銘類編、續編 1034左
26漱泉閣詩集、文集 1391左
44漱花詞 1623右
漱芳亭詩鈔 1434左
漱芳齋文鈔 1499左
漱芳居遺草 1421左
漱蘭詩葺 1499左
漱華隨筆 1075左

3719₃ 潔

21潔貞紗㭗繡餘存草 1517左
40潔古家珍 818左
潔古老人珍珠囊 853右
44潔華錄 1034右
60潔園詩稿 1499左
潔園綺語 1638右
80潔奩金石言 659左

3719₄ 滌

38滌濫軒文殘稿 1476左
滌濫軒雜著 1740右
滌濫軒詩鈔 1476左
滌濫軒詞殘稿 1633左
滌濫軒說經殘稿 176右

3719_4 深

*00*深衣釋例　89右
深衣考　89右
深衣考誤　89右
*10*深雪偶談　1575左
*28*深牧菴日涉錄　450右
*30*深寧先生文鈔摭餘編　1288右
深寧先生年譜　418右
*47*深柳堂文集　1460左
*88*深竹間園集　1420左
*90*深省堂文集　1447右
深省堂詩集　1398右
深省堂自箴續錄　744右
深省堂自箴錄　744右
深省堂隨筆　1009右
深省堂閒吟集　1447左

3721_0 祖

*03*祖詠集　1220右
*23*祖台之志怪　1084右
*44*祖玻吟館詩鈔　1523右
祖英集　1243右
*60*祖異志　1090右
*72*祖氏家傳　393右

3721_2 袍

*36*袍澤遺音　1553左

3721_4 冠

*20*冠豸山堂文集　1413右
*35*冠禮約制　78右
*47*冠柳詞　1594左
冠柳集　1594左
*72*冠昏喪祭儀考　1734左

3722_0 初

*00*初唐四傑文集　1745左
初唐四傑集　1745左
*25*初使泰西記　619左
*26*初白詩鈔　1406右
*30*初寮詞　1598左
初寮集　1262右
*40*初眞戒律　1157左
*53*初盛唐詩選　1540左
*60*初日樓稿　1529右
*77*初月樓文談　1586右
初月樓文鈔、續鈔　1461右
初月樓詩鈔　1461右
初月樓論書隨筆　922右
初月樓古文緒論　1586右
初月樓四種　1744左
初月樓聞見錄、續錄　1076右
初學記　1041左
初學記校　1041左
初學先言　760右
初學備忘　738左
初學史論合編　1733左
初學四書文法述聞　1591左
初學入門　748右
*90*初堂遺稿　1440右

祠

*07*祠部集　1251左

3722_7 祁

*50*祁忠惠公遺集　1370左

3723_2 祿

00……祿庫受生經　1141右
*67*祿嗣奇談、附　1181左
*80*祿命要覽　904左

3730_1 逸

*00*逸亭易論　21右
逸廬天籟　1519右
逸齋詩補傳、篇目　52左
逸齋詩鈔　1493左
*04*逸詩(胡文煥)　65左
……逸詩(鍾惺)　65左
逸詩徵　65左
*05*逸講箋　740左
*08*逸論語　144右
*17*逸孟子　145左
逸珊王公行略　432左
逸子書　1735右
*21*逸經釋　176右
逸經補正　171左
*35*逸禮大義論　95右
逸禮考　82右
*40*逸士傳　441右
*44*逸莊子　694左
逸老堂詩話　1578左
*45*逸樓論史　376左
*50*逸史　1051左
逸史三傳　1733右
逸書徵　49左
*60*逸園詩稿　1502右
*70*逸雅　217右
*77*逸周書　276右
277左
逸周書雜志　277左
逸周書集訓校釋、逸文　277左
逸周書補注　277左
逸民傳　442左

3730_2 迎

*10*迎靄筆記　1011右
*22*迎鑾新曲　1688左
*46*迎駕記　452左
迎駕紀恩　452左
迎駕紀恩錄　452左
迎駕始末　452右

通

*00*通齋文集、遺稿、外集　1484左
通齋詩集　1484左
通商諸國記　626左
通玄祕術　1179左
通玄眞經、校勘記　692左、右
通玄眞經註(朱弁)　692右
通玄眞經註(徐靈府)　692左
通玄眞經纘義、釋音　692右
*01*通語　718左
*04*通詁　220左
*10*通天樂　1741右
通天臺、曲譜　1684右
1685左
*21*通肯河一帶開民屯議　485右
通占大象曆星經　894左
通經表(洪亮吉)　182左
通經表(畢沅)　182左
*22*通幽訣　1177右
通幽記　1108左
*23*通俄道里表　485右
*24*通德堂經解　1728左
通緯　1729右
*27*通疑　459右
通紀　285左
*28*通俗文、敍錄、補音　218右
通俗論　979左
通俗編　226左
通俗內科學　825右
*30*通宗易論　19左
*35*通禮　460左
*40*通志、考證　453左
通志略　453右
通志堂詞　1621左
……通志堂經解目錄(陶湘)　652右

通志堂經解目錄(翁方綱) 649右
通李 1022左
……通眞高皇解寃經 1150左
44通藝錄 1728右
50通史乞石 375左
通惠河志 581左
……通奉府君遺藁 1336右
通書 724右
通書繹義 724右
通書解 724右
通書述解 724右
……通書篇 724右
53通甫類藁文、續編 1474左
55通典、考證 453左
70通雅 1023右
71通歷 285左
77通問便集 1561左
80通介堂經說 177左
通父詩存、詩存之餘 1474左
通義堂文集 1478右
88……通鑑 282左
通鑑評語 376左
通鑑外紀、目錄 284右
通鑑續編 284左
通鑑總類 371右
通鑑釋文辯誤 283左
通鑑釋例 282右
通鑑紀事本末 291右 292左
……通鑑綱目 283右
……通鑑綱目三編 284右
……通鑑綱目續編 284左
通鑑綱目釋地糾繆 283右
通鑑綱目釋地補注 283右
……通鑑綱目前編 284左
通鑑注商 283左
通鑑注辯正 283左
通鑑宋本校勘記、元本校勘記 282右
……通鑑補正略 283左
通鑑地理通釋 283左
通鑑胡注舉正 283左
……通鑑輯覽 284右
……通鑑輯覽五季紀事本末 292左
通鑑目錄 282右
通鑑長編紀事本末 292左
通鑑問疑 282右
通鑑前編、舉要 284左
通鑑劄記 377左
通鑑答問 283左

過

00過庵遺稿 1357右
過庭記聞 1008右
過庭記餘 1074右
過庭暇錄 1003右
過庭錄(宋翔鳳) 175左 1028左
過庭錄(范公偁) 1059右
過庭錄(樓昉) 1575左
過庭錄存 863左
過庭筆記 1009右
過庭小草 1460左
10過雲廬畫論 934左
過雲精舍詞 1630左
30過宜言 1335左
31過江七事 351右
34過波蘭記 637左
41過墟志 1073右
過墟志感 1073右
60過蜀峽記 580右
77過關山記 597右

遡

60遡園文集、詩集 1377右
遡園語商 737右

3730$_3$ 退

00退庵詞 1606右
退庵論文 1586右
退庵隨筆 1010右
退庵賸稿 1479右
退庵錢譜 663右
退庵筆記 1028右
退廬文集、詩集 1525右
退廬疏稿 501右
退廬箋牘 1525右
退齋詞 1609左
退齋雅聞錄 1063左
退齋筆錄 346右
26退白居士詩草 1440左
退息篇 1014左
30退室詩稿 1502右
33退補齋隨筆 1012左
40退士傳 1114右
44退菴詞 1629右
退菴先生遺集 1282左
退菴自訂年譜 423左
退菴遺集 1282左
退菴隨筆 1009左
51退軒筆錄 1060右
60退思廬女科證治約旨 838左
退思廬女科精華 837右
退思廬古今女科醫案選粹 838左
退思廬感證輯要 824右
退思集類方歌註 860左
退思軒詩集 1392左
退思軒詩存、試帖 1504左
退思錄(方炳奎) 749左
退思錄(丁元正) 1413右
71退厓日劄 1010右
退厓公牘文字 502左
77退閒錄 744右
退學述存 177右
退學吟庵詩鈔 1491左
退學錄 1030左
88退餘叢話 1075右

3730$_4$ 遲

10遲雲閣詩稿、文稿 1511左
37遲鴻軒詩棄、文棄、詩續、文續 1479右
遲鴻軒所見書畫錄 912左
44遲菴集杜詩 1495左
98遲悔齋文鈔、雜著 1468左
遲悔齋經說 176左
遲悔齋年譜 423左

運

25運使復齋郭公言行錄 407左
26運泉約 955右
31運河水道編 580左
34運瀆橋道小志 582右
42運機謀隨何騙英布 1678右
70運甓記 1702左
運甓編 1511右
運甓漫稿 1327左
80運氣辯 825左
……運氣要訣 825左
運氣要略 825左
運氣指掌 825左
運氣易覽 825左
運氣略 825左
運氣掌訣錄 825左
90運掌經 952右

3730$_7$ 追

00追癆仙方 826右
33追述黔塗略 612左
34追遠論四十則 461右
44……追韓信 1662左
追昔遊詩集 1231右
追昔遊集 1231右
80追命鬼 1130左

3730_7 遙

20遙集堂新編馬郎俠牟尼合記 1700右
22……遙峯閣集 1374左

3730_8 選

04選詩句圖 1531右
選詩補遺 1532右
10選石記 956右
22選例彙鈔 1532右
30選注規李 1531左
選進集 1539左
44選菴叢談 1014右
選材錄 1532左
47選聲集 1429右
50選青閣藏器目 660左
56選擇通書祕竅 908左
選擇曆說 908左
選擇當知 908右
選輯駢珠小草 946左
64選時造命 899右
77選學糾何 1532右
選學膠言 1532左
選舉沿革表 466左

3750_6 軍

22軍峯記 576左
軍峯山小記 576左
37……軍次實錄 332右
40軍臺道里表 531左
50……軍中占書 898右
軍中草 1484右
軍中醫方備要 860左
76軍陽山記 576左
77軍興紀略 333左

3771_7 瓷

50瓷史札記 797左
77瓷學 796右

3772_0 朗

21朗僊唫稿 1487右
32朗州圖經 549右
68朗吟詩草 1528左

3772_7 郎

22郎川答問 974左
30郎官石柱題名 470右
31郎潛紀聞 1013左
40郎士元詩集 1223右
郎士元集 1223右
52郎刺史詩集 1223右
72郎氏事輯 418左

3780_0 冥

00冥音記 1111左
冥音錄 1110右
1111左
30冥寥子游 973左
36冥遇傳 1102右
37冥通記 1096右
38冥祥記 1086右
47冥報記 1097右
冥報錄 1092右
53冥感記 1092左
62冥影契 972左

3780_6 資

18資政新篇 332右
資政要覽、後序 722左
資政公遺訓 756右
33資治通鑑、表 282左
資治通鑑序補逸 282右
資治通鑑刊本識誤 282右
資治通鑑後編 284右
資治通鑑外紀、目錄 284右
資治通鑑釋文 282右
資治通鑑釋文辨誤 283左
資治通鑑釋例 282右
資治通鑑釋例圖譜 282右
資治通鑑綱目、凡例 283右
資治通鑑綱目三編 284左
資治通鑑綱目正編正誤補 283右
資治通鑑綱目校勘記 283右
資治通鑑綱目前編、舉要 283右
284左
資治通鑑綱目前編辨誤 284左
資治通鑑綱目前編外紀 284左
資治通鑑考異 282右
資治通鑑目錄 282右
資治通鑑問疑 282右
資治通鑑前編、舉要 284左
……資治通鑑敍錄 283左
48資敬堂家訓 756左
67資暇集 1017右
資暇錄 1017右
資暇錄佚文 1017右

3792_7 鄴

27鄴侯外傳 1097左
鄴侯家傳 1097右
50鄴中記 545左

3810_4 塗

22塗山紀遊 597左

3811_9 滏

12滏水集 1298右
滏水集補遺 1299左

3812_7 汾

10汾干訪墓 1559左
21汾上續談 1069左
36汾澤賦稿 1430右
37汾祠記 1707右

3813_2 淞

32淞溪遺稿 1495右
33淞濱瑣話 1078右
淞濱吟社集 1556右
37淞逸詩存 1474右
40淞南樂府 524右
淞南夢影錄 524右
48淞故述 524左

滋

32滋溪文稾 1314左
滋溪集 1314左
44滋蕙堂法帖題跋 916右

湌

44湌芍華館遺文 1478左
湌芍華館隨筆 1029左

3813_4 渼

74渼陂遺詩 1433右

3813_7 冷

*00*冷廬雜識 1010左
冷廬雜識節錄 1010右
冷廬醫話、補編 865左
冷齋夜話 1572右
1573左
*01*冷語 976右
*02*冷氈漫稾 1428左
*10*冷雲齋冰燈詩 1378右
*20*冷香齋詩餘 1638左
冷香室遺稿 1512右
*21*冷紅詞（秦臻） 1638左
冷紅詞（鄭文焯） 1641右
冷紅館詩補鈔 1501左
冷紅館賸稿 1501左
*22*冷仙琴聲 936右
*30*冷官餘談 1013右
*40*冷灰詞 1636右
*68*冷吟僊館詩餘 1637左
*70*冷雅 1643右
*90*冷賞 1070右

泠

*23*泠然齋詩集 1285左

3814₀ 滸

31……滸迂談 858左

澂

*40*澂志樓詩藁 1405左
*46*澂觀齋詩 1510左
*60*澂景堂史測 376左

激

*00*激衷小擬 1343左
*44*激楚齋詩集 1366左
*50*激書、校勘記 974右

澈

*04*澈誌補錄 520右
*12*澈水新誌 520左
澈水志 520左

3814₁ 洴

*30*洴澼百金方 775左

3814₇ 游

*00*游廌山集 1256左
*10*游二泉記 605左
游石竹山記 602右
*21*游上方山記 589左
*22*游仙集 1414右
游山 1690左
*23*游戲三昧（石杰） 1127右
游戲三昧（曾廷枚） 1075右
游台宕路程 602左
*27*游盤山記 589右
游名山錄 587左
*30*游宦紀聞 1062右
游宦餘談 1069左
游定夫遺文遺詩 1256左
*31*游溧陽彭氏園記 594右
*33*游梁詩賸 1521右
游梁詩賸賸 1522左
游梁集（王嵩高） 1432左
游梁集（歐大任） 1351左
*40*游九鯉湖記 602右
游志續編 587左
游樵漫草 1522右
*44*游夢倦談 1080左
游藝誌略 865右
游藝約言 1011左
游藝卮言 912右
游藝錄、別錄 976右
*60*游日生先生集 1395左
*71*游歷西藏紀 561右
游雁蕩山記 601右

3815₁ 洋

*31*洋涇雜事詩 524右
*44*洋菊譜 789右

3815₇ 海

*00*海底讐 1131右
*01*海語 623右
*08*海議 482右
*10*海王村所見書畫錄 912右
海雪詩龕詩鈔 1505右
海雪唫傳奇 1709右
海天詩話 1589左
海天琴趣詞 1631右
海天樓詩鈔 1489右
海天餘話 1079右
海石子內篇、外篇 720右
海粟集 1305右
海粟樓詞 1632右
海粟堂詩鈔 1372右
*11*海琴樓遺文 1500左
*12*海烈婦記 1710右
*17*海珊詩 1418右
海珊詩鈔 1418右
海瓊白眞君語錄 1184右
海瓊白眞人語錄 1184右
海瓊問道集 1172右
*21*海上方 856右
海上羣芳譜 1080右
海上紀略 624右
海上紀聞 1068右
海上秋吟 1556右
海上見聞錄 323右
海上吟 1494右
海上篇 1484右
海虞被兵記 320右
海虞畫苑略 435左
*22*海崖文錄 1447左
海嶽行吟草 1493右
海嶽名言 919右
海嶽志林 435右
海嶽堂詩稿 1501右
海岸梵音 600右
海峯先生文錄 1417右
海山記 1109右
海山詞 1642左
海巢集 1322左
*23*海外新書 977左
海外羣島記 632右
海外貞珉錄 665右
海外紀事 614左
海外吉金錄 659左
海外吟 1494右
海外慟哭記 321左
海外怪洋記 1116左
海參崴埠通商論 480右
海岱會集 1552左
*27*海壑吟稿 1350右
海角遺編 320右
海島逸誌摘略 632右
海島逸志 632右
海島算經 877右
*29*海綃詞 1641右
海綃說詞 1721左
海綃說詞稿 1721左
*30*海寧縣志略 520左
海寇記 323右
海寇議 311右
海寇後編 312左
海安考古錄 536右
海客論 1170左
*31*海漚漁唱 1638右
海漚小譜 1074左
海源閣藏書目 647左

32海沂子 971左
海浮山堂詞稿 1712右
33海濱外史 352右
35海神廟王魁負桂英殘本 1660左
37海潮音 1705右
海潮說 807左
海潮輯說 807左
海涵萬象 969右
海涵萬象錄、考證 969左、右
海運新考 476左
海運說 476右
海運編 476左
海運芻言 476右
海運摘鈔 476右
海運圖說 476左
38海道經 586右
海道編 589右
40海塘說 584右
海塘錄 585左
海內先賢傳 385左
海內十洲記 1083左、右
海內十洲三島記 1083右
海右集 1429左
海樵子 970右
43海域大觀 874左
44海帶政要 638右
海藏瘢論萃英 840右
海藏老人此事難知 818右
海藏老人陰證略例 814左
海藏類編醫壘元戎 818右
海若遺稿 1359左
47海鶴巢詩鈔 1490右
海杓堂文、詩 1503右
48海槎餘錄 554左
50海忠介公集 1350左
海東逸史 321左
海東日劄 1031左
海東金石存攷、待訪目 675左
海東金石苑 677左
52海虬記傳奇 1709左
55海曲方域小志 536右
60海國歸櫂詞 1635左
海國聞見 624右
海國聞見錄、圖 624右
海昌觀潮集 540左
62海喇行 1462左
65海味索隱 793左
67海野詞 1603右
70海防集要 482右
……海防私籌 483左
海防總論 482右
海防述略 482右
海防圖論、補輯 482右
海防圖論補 482右
海防篇 482右
海防餘論 483左
72海剛峯集 1350左
海剛峯先生集 1350左
海岳名言 919右
海岳題跋 913左
73海陀華館文集、詩集 1483右
74海陵三仙傳 448左
海陵集、外集 1270右
海陵稿 1294右
海陵從政錄 473右
76海隅從事錄 480左
77海陬冶遊錄、餘錄 1078右
海叟集、集外詩 1327右
海印樓集 1419右
海鷗集存稿 1468右
海鷗小譜 1074左
海門張仲村樂堂 1678左
海門先正鄉謐表 389左
海門遺詩 1467左
海桑集 1324右
78海鹽澉水志 520左
84海錯百一錄 793右
87海錄 625左
海錄碎事 1042左
90海棠譜、海棠譜詩 791右
海棠居詩集 1374右

3816$_1$ 洽

77洽聞記 1088左

3816$_7$ 滄

10滄粟庵詩存 1516右
31滄江散人集 1315左
滄江野史 350右
滄漚集 375左
32滄州紀事 317右
滄洲塵缶編 1281右
滄洲集 1297左
滄洲近詩 1410左
33滄浪詩話 1574右
滄浪詩話補註 1574右
滄浪詩集 1285左
滄浪集 1285左
滄浪集補鈔 1246右
滄浪集鈔 1246右
滄浪櫂歌 1322右
滄浪嚴先生詩談 1574右
滄浪嚴先生吟卷 1285左
滄浪吟 1285左
滄浪吟集鈔 1285左
滄浪吟卷 1574右
37滄溟詩集 1350左
滄溟集 1349右
滄溟集選 1350左
38滄海遺音集 1749左
滄海遺珠 1548右
56滄螺集 1325右

3816$_8$ 浴

36浴溫泉記 589右

3819$_4$ 滁

47滁婦傳 1118右

3822$_7$ 衿

76衿陽雜錄 779右

3825$_1$ 祥

44祥桂堂詩草 1501左
60祥異記 1087右
77祥卿集 1302左
88祥符衡州圖經 548右
祥符耆舊傳 390左
祥符茶陵圖經 548左
祥符風土記 544右

3826$_8$ 裕

24裕德堂一家言 1733右

3830$_3$ 遂

25遂生編 841左
37遂初齋文集 1469左
遂初詩草 1484左
遂初小稿 1271右
遂初堂集外詩文稿 1402右
遂初堂書目 645右
60遂昌雜錄 347右
遂昌山樵雜錄 347右
遂昌山人雜錄 347右

3830$_4$ 逆

02逆證彙錄 831右
77逆降義 80右
90逆黨姓名紀略 333左

遊

*00*遊廬山記(王思任) 605左
遊廬山記(潘耒) 605左
遊廬山記(洪亮吉) 605右
遊廬山記(袁枚) 605右
遊廬山記(惲敬) 605右
遊廬山天池記 605右
遊廬山後記 605右
遊方山記 591右
遊高麗王城記 628右
遊唐王山記 603左
遊麻姑山記 606左
遊麻姑洞記 603右
遊鷹窠頂記 600左
遊章山記 607右
遊襄城山水記 604左
遊京口南山記 595右
*01*遊龍亭記 597左
遊龍巖記 608左
遊龍山記 604左
遊龍泉記 604左
遊龍池山記(吳騫) 594右
遊龍池山記(陳經) 595左
遊龍洞山記 591左
遊龍門記 590右
*08*遊譜 451左
*10*遊三龍潭記 593左
遊三遊洞記 604左
遊玉甑峯記 602左
遊玉簾泉記 605右
遊五蓮記 591右
遊五姓湖記 590左
遊五腦山記 603右
遊靈巖記(姚鼐) 592左
遊靈巖記(尤侗) 593右
遊靈巖山記 593右
遊靈山記 596右
遊兩尖山記 600左
遊雨花臺記 593左
遊平波臺記 594左
遊天王山記 634右
遊天平山記 603左
遊天台山記(潘耒) 601左
遊天台山記(洪亮吉) 601左
遊天台山記(□□) 601左
遊天窗巖記 600右
遊天井峯記 604左
遊天目山記 600左
遊石山記 634右
遊石崆庵記 590左
遊石柱山記 597左
遊石門記(安致遠) 591右
遊石門記(羅澤南) 604左
遊石鐘山記 605右
遊石公山記 594左
遊百門泉記 603右
遊西山記(吳錫麒) 588右
遊西山記(李宗昉) 589左
遊西山記(彭績) 593右
遊西山記(懷應聘) 588右
遊西山記(常安) 588右
遊西洞庭記 594左
遊西陽山記 606左
遊晉祠記(朱彝尊) 589右
遊晉祠記(劉大櫆) 589右
遊雲龍山記 595右
遊雲巖記 600右
遊雲臺山記 595右
遊雲臺山北記 595右
*11*遊北固山記(阮宗瑗) 595左
遊北固山記(周鎬) 595左
遊北岳記 590左
遊張公洞記(邵長蘅) 594右
遊張公洞記(吳騫) 594右
*12*遊水尾巖記 602右
遊孤山記(邵長蘅) 600左
遊孤山記(韓夢周) 592左
遊磻溪記 590右
*13*遊武夷山記(洪亮吉) 602右
遊武夷山記(袁枚) 602右
*14*遊硤石兩山記 600左
*16*遊碧巖記 600右
遊碧落洞記 606右
*17*遊甬東山水古蹟記 600右
遊翠微峯記 606左
遊翠微山記(尹耕雲) 589左
遊翠微山記(馮志沂) 589左
*18*遊珍珠泉記 591左
*20*遊愛蓮亭記 595右
遊焦山記(謝振定) 595左
遊焦山記(吳錫麒) 595左
遊焦山記(顧宗泰) 595左
遊焦山記(湯金釗) 595左
遊焦山記(冷士嵋) 595左
遊焦山記(黃金臺) 595左
遊焦山記(劉體仁) 595左
遊千頂山記 590左
遊雙谿記 596左
*21*遊虎山橋記 593右
遊虎邱記 593左
遊虞山記(沈德潛) 594左
遊虞山記(尤侗) 594左
遊虞山記(黃金臺) 594左
遊岠崌院諸山記 591右
*22*遊豐山記 603右
遊嵐峽記 634右
遊後湖記 592右
遊仙詩(吳顥) 1429左
遊仙詩(馮班) 1383左
遊仙巖記 601右
遊仙窟 1097右
遊仙夢記 1115右
遊仙都峯記 602左
遊仙居諸山記 601左
遊山南記 630右
遊山日記 605右
*23*遊伏波巖記 607左
遊戲錄 1039右
遊峨眉山記 607右
*24*遊峽山寺記 607左
*25*遊牛頭山記 590右
遊牛頭隝記 593右
遊佛峪龍洞記 591左
*26*遊白龍洞記 607右
遊白雲山記(陸蓁) 606右
遊白雲山記(陳夢照) 606右
遊白鶴峯記 596左
遊白鵠山記 600右
遊保津川記 634右
遊吳山記 593左
遊細林山記 594右
遊程符山記 592左
遊綿溪記 634右
*27*遊盤山記 589右
遊龜峯山記 605左
遊徂徠記 592左
遊仰天記 591右
遊象山麓記 595右
遊鴛鴦湖記 600左
遊鷄足山記 608左
遊鷄鳴寺記 592右
遊鵝湖山記 605左
遊名山記 587左
遊包山記 594左
*30*遊滴水巖記 589左
遊寧古塔記 590左
遊永州三巖記 604右
遊永州近治山水記 604右
遊寒山記 593右

30遊寶藏寺記 589左
遊寶華山記 593左
31遊江上諸山記 595右
遊潭柘寺記 589左
遊浯溪記 604右
遊福山記 606左
32遊浮山記(何永紹) 596左
遊浮山記(李兆洛) 596左
遊浮山記(口口) 596左
33遊梁瑱記 1079左
34遊淩雲記 607右
遊婆羅洲記 633左
35遊清涼山記 592右
遊蓮雲山記 604左
36遊禪窟寺記 597右
37遊洞庭兩山記 594左
遊洞庭西山記(繆彤) 594左
遊洞庭西山記(金之俊) 594左
遊湖心寺記 599右
遊潮水巖記 606右
遊漁洋山記 594右
遊瀨鄉記 544右
遊通天巖記 606左
遊軍山記 589右
38遊海嶽庵記 595左
遊滄浪亭記 593左
遊道場白雀諸山記 600右
39遊消夏灣記 594右
40遊九仙記 591右
遊九華記(施閏章) 597右
遊九華記(懷應聘) 597左
遊九華山記 597左
遊大雲山記 604左
遊大孤山記 605右
遊大伾山記 603右
遊大明湖記 591右
遊大小玲瓏山記 600右
遊太行山記 589左
遊太室記 603右
遊太華寺記 608左
遊南嶽記(潘耒) 604右
遊南嶽記(羅澤南) 604右
遊南嶽記(金之俊) 604右
遊南池記 591左
遊南湖記 597左
遊南鴈蕩記 601右
遊赤壁 1686右
遊赤壁記 603右
遊志續編 587左
遊支硎中峯記 593右
遊喜雨亭記 590右
遊七星巖記 607左
41遊獅子林記 593左
遊柯山記 601左
42遊荆山記 597右
遊韜光庵記 599右
遊桃源山記 604左
43遊卦山記 589右
遊城南記 590左
遊城南注 590右
遊越南記 631左
44遊鼓山記(王世懋) 602左
遊鼓山記(朱仕琇) 602左
遊鼓山記(徐鈗) 602左
遊鼓山記(潘耒) 602左
遊鼓山記(洪若皐) 602左
遊薩克遜日記 620右
遊幕府山泛舟江口記 592右
遊蒙山記 591右
遊燕子磯沿山諸洞記 592右
遊燕子洞記 608左
遊草 1375右
遊萬柳池記 595右
遊姑蘇臺記(宋犖) 593右
遊姑蘇臺記(汪琬) 593右
遊華不注記 591左
遊英京記 637左
遊黃龍山記 602左
遊黃紅峪記 591右
遊黃嶽記 596右
遊黃山記(袁枚) 596右
遊黃山記(黃鉞) 596右
遊黃山記(楊補) 596左
遊黃山記(曹文埴) 596右
遊黃公澗記 594右
遊茶山記 593右
遊桂林諸山記 607左
遊橫雲山記 594右
遊橫山記 594右
遊林慮記 603左
遊林慮山記 603左
遊蒜山記 595左
46遊觀音門譙樓記 592右
遊楊歷巖記 607左
47遊鵓鴿峯記 594左
遊媚筆泉記 596左
遊桐柏山記 603右
48遊乾陽洞紀略 591右
遊敬亭山記(王慶麟) 597左
遊敬亭山記(李確) 597左
遊槐山記 606右
遊松連高雄二山記 634右
遊梅田洞記 606左
50遊中嶽記 603右
遊中岳記 603右
遊泰山記 592左
遊青山記 597左
遊青原山記 606左
遊惠州西湖記 607左
遊奉天行宮記 564右
遊秦偶記 614左
遊秦園記 594右
51遊攝山記 592右
52遊靜谷衕記 604右
55遊扶桑本牧記 630左
60遊睢寧諸山記 595右
遊日光山記 630左
遊蜀後記 618左
遊蜀山記 594右
遊蜀日記 618左
遊羅浮記 606右
遊羅浮山記 606右
遊羅漢巖記 606左
62遊吼山記(吳高增) 601左
遊吼山記(李宗昉) 601左
遊吼山記(口口) 601左
63遊踪選勝 588左
67遊明聖湖日記 598左
遊喚 602左
遊趵突泉記 591右
71遊歷意大利聞見錄 637右
遊歷記存 587右
遊歷西班牙聞見錄 637右
遊歷瑞典那威聞見錄 637右
遊歷山記 591左
遊歷芻言 626左
遊歷葡萄牙聞見錄 637右
遊歷聞見拾遺 626左
遊歷聞見總略 635右
遊歷筆記 620左
遊雁蕩山日記 601右
遊鴈蕩記 601右
遊鴈蕩山記 601右
遊鴈蕩日記 601右
遊馬鞍山記 593右
遊馬駕山記 593右
游匡廬山記 605左
72遊瓜步山記 593左
遊隱山六洞記 607左

遊隱山記 607左
75遊陳山記 600左
77遊風穴山記 603右
遊周橋記 596右
遊居柿錄 450右
遊丹霞記 606右
遊丹霞巖九龍洞記 607右
遊具雅編 799左
遊具箋 799左
78遊鹽原記 630左
80遊金粟泉記 607左
遊金焦北固山記 595左
遊金牛山記 604右
遊金華洞記 601右
遊金陵城南諸剎記 593左
遊普陀峯記 603左
遊善卷洞記 594右
81遊鑪山記 606左
82遊鍾山記(顧宗泰) 592右
遊鍾山記(洪若臯) 592右
遊劍門記 594左
83遊鐵城記 607右
86遊智門寺記 600右
87遊釣臺記(董詔) 590右
遊釣臺記(鄭日奎) 601右
遊銅瓦寺記 608左
遊錄 587左
90遊小盤谷記 592右
遊懷玉山記 605左
遊少林寺記 603右
91遊煙霞洞記 591右
97遊爛柯山記 607左
99遊勞山記(張道浚) 592左
遊勞山記(李雲麟) 592左

遵

22遵巖子 734左
遵巖集 1349左
25遵生寶訓 846右
遵生八牋 1039右
77遵聞錄 348右
80遵義平匪日記 329右

3830_6 道

00道旁散人集 1410右
道言 692右
道玄篇 1170右
08……道論(任暇) 963左
……道論(薛瑄) 731左
道譜源流圖 1155左
10……道元一炁經 1150右
道元正印經 1147左
道要靈祇神鬼品經 1148左
14道聽塗說 1077右
20道統中一經 740右
道統錄 412左
21道經異同字 690右
22道山清話 343右
24道德玄經原旨 690左
道德經 687左
道德經註(張位) 690右
道德經註(徐大椿) 691左
道德經評注 687左
道德經論兵要義述 688左
道德經儒詮 692左
道德經釋辭 691左
道德經解 688右
道德經解義 689右
道德經達詁 691右
道德經古本篇 686右
道德經考異 691右
道德經篇章玄頌 1182左
道德經箋釋 691右
道德寶章 689左
道德眞經 686左、右
道德眞經廣聖義 688左
道德眞經章句訓頌 690左
道德眞經註(王弼) 687左
道德眞經註(吳澄) 690左
道德眞經註(河上公) 686右
道德眞經註(李榮) 687右
道德眞經註(蘇轍) 688右
道德眞經註(林志堅) 690左
道德眞經玄德纂疏 688左
道德眞經新註 688左
道德眞經論 688左
道德眞經三解 690左
……道德眞經疏 688左
道德眞經疏義(江澂) 689右
道德眞經疏義(趙志堅) 689右
道德眞經取善集 689左
道德眞經集註(王雱等)、釋音 688右
道德眞經集註(彭耜)、釋文、雜說 689左
道德眞經集解(張君相) 687右
道德眞經集解(董思靖)、序說 689左
道德眞經集解(趙秉文) 689右
道德眞經集注釋文 689左
道德眞經集義(危大有) 690右
道德眞經集義(劉惟永)、大旨 690左
道德眞經衍義手鈔 689右
道德眞經傳(呂惠卿) 688右
道德眞經傳(陸希聲) 688左
道德眞經解(□□) 690右
道德眞經解(陳象古) 688右
道德眞經注疏 687右
道德眞經次解 690右
道德眞經直解 688右
道德眞經藏室纂微開題科文疏、纂微手鈔 689右
道德眞經藏室纂微篇、開題 688右
道德眞經指歸 687左
道德眞經指歸校補 687左
道德眞經口義 689左
道德眞經四子古道集解 689右
道德眞經全解 689右
道德眞經義解 689左
道德眞經頌 1182左
道德指歸論 687左
道德會元、序例 690左
27道鄉詩鈔 1259右
道鄉集 1259右
道鄉集補鈔 1259右
30道家 1186左
道迹靈仙記 1183左
道安室雜文 1509右
31道福堂詩集 1477右
32道州圖經 548右
道州風俗記 548右
34道法宗旨圖衍義 1153右
道法心傳 1172左
道法會元 1152左
36道禪集 1183右
38道海津梁 1185右
40道南講授 743右
道南先生集 1334右
道南源委 414左
道南書院錄 413左
道南錄初稿 743右
道南堂詩集 1402右
道存堂存稿 1517左

*40*道古堂外集　1740右
*41*道樞　1169右
*44*道藏經目錄　653右
　道藏輯要總目　653右
　道藏目錄詳註（白雲霽）　650右
　道藏目錄詳註（李杰）　650右
　道藏闕經目錄　653右
*46*道場山遊記　600右
*48*道教靈驗記　1183左
　道教義樞　1183右
*50*道書（敦煌祕籍留眞新編）　1186右
　道書（吉石盦叢書）　1186左
　道書試金石　1175左
　道書一貫眞機易簡錄　1185左
　……道書五篇註　1174右
　道書杯溪錄　1185右
　道書援神契　1154右
*53*道咸成案　479左
　道咸同光四朝詩史一斑錄初編敍例　1565右
*55*道典論　1183右
*60*道園子　731左
　道園樂府　1612右
　道園遺稿　1308右
　道園遺藁樂府　1612右
　道園學古錄　1308右
*73*道院集要　1190左
*75*道體論　966左
*77*道腴堂雜編　1414右
　道腴堂雜著　1414右
　道腴堂詩編、續　1414右
　道腴堂集　1410右
　道腴堂脞錄　1414右
　道學二辨　730左
　道學內篇註釋　749左
　道學世系　412左
　道學指南　1186左
　道門一切經總目　650右
　道門功課　1164左
　道門經法相承次序　1154右
　道門科範大全集　1163左
　道門定制　1152左
　道門通教必用集　1163左
　道門十規　1156右
*80*道命錄　418左
*88*道餘錄　969左
*90*道光會稽縣志藁　521左
*95*道情（徐大椿）　1714左
　道情（鄭燮）　1714左

3830_6 適

*27*適徇編　973右

3830_9 途

*50*途中記　615右

3834_3 導

12……導引訣　844右
*31*導江三議　580右

3850_7 肇

*00*肇慶修志章程　514右
*08*肇論中吳集解　1188左

3860_4 啓

*00*啓文集　1318左
*01*啓顏錄　1120右
　啓顏錄廣滑稽本　1121左
　啓顏錄敦煌卷子本　1120右
　啓顏錄續百川學海本　1120右
　啓顏錄佚文　1120右
　啓顏錄太平廣記引　1120右
　啓顏錄捧腹編本　1121左
　啓顏錄類說本　1120右
*31*啓禎記聞錄　318右
　啓禎兩朝剝復錄、札記　318左
　啓禎宮詞（高兆）　383右
　啓禎宮詞（劉城）　383右
*40*啓眞集　1299左
*44*啓蒙意見　893右
　啓蒙記　203左
*64*啓矇眞諦　1738左

3866_8 豁

*44*豁落斗　899右

3912_0 沙

*21*沙上集　1375右
　沙上吟　1375右
*30*沙定洲紀亂　322左
*31*沙河逸老小稿　1414左
*32*沙州文錄、補　1546右
　沙州記　530左
　沙州石室文字記　651左
　沙州志、校錄札記　530左
　沙州圖經　530左
　沙溪集　1338右
*50*沙中金集　1581左
*70*沙雅縣鄉土志　518左
*77*沙門島張生煮海　1658左
　沙門島張生煮海雜劇　1658左

3912_7 消

*10*消夏雜記　1588右
　消夏百一詩　1523右
　消夏閑記選存　1075右
　消夏閑記摘抄　1075右
18……消殄蟲蝗經　1138右
21……消愆滅罪經　1142右
*30*消寒新詠　436左
　消寒詩話　1584右
　消寒三十韻　1522左
　消寒集　1557左
*57*消搖墟經　1150右
*60*消暑隨筆、子目　1036左
　消暑錄　1028右
*77*消閒戲墨　1011左

3918_0 湫

*01*湫龍檻虎答慰　1510右

3918_9 淡

*23*淡然軒集　1358左
*26*淡和堂經說　172左
*30*淡安遺文　1447右
*60*淡墨錄　465左
　淡園文集　1482左
*68*淡吟集　1518右

3930_2 逍

*37*逍遙齋謎存　947左
　逍遙詞　1592右
　逍遙子導引訣　844右
　逍遙集　1242右
　逍遙先生遺詩　1240右
　逍遙遊（王應遴）　1675右
　逍遙遊（丁耀亢）　1397右
　逍遙遊釋　697左

3930_9 迷

*22*迷仙志　1533右
*45*迷樓記　1109右
*50*迷靑瑣倩女離魂　1661左
　迷靑瑣倩女離魂雜劇　1661左

3940_4 娑

*60*娑羅館淸言　972右
　娑羅館淸話　972右
　娑羅館逸稿　1358右

4

4000$_0$ 十

00十六湯品 955左
十六國疆域志 509左
十六國春秋 356左
十六國春秋佚文 356右
十六國春秋輯補、年表356右
十六國春秋纂錄校本、校勘記 356右
十六國年表 365右
十六品經 1150右 1742右
10十一經問對 170右
……十一曜大消災神呪經 1137右
十二詞品 1719右
十二硯齋隨錄 1011右
十二經動脈表 850右
十二經穴病候撮要 824右
十二經脈歌 843左
十二經脈考 850右
十二河山集 1429左
十二州箴 471左
十二眞君傳 1112右
十二樹梅花書屋古文、時文、詩鈔 1471右
十二月花神議 1127右
十二段錦 845左
十二金錢 1708右
十二釵傳奇 1708左
十二筋病表 850左
十二筆舫雜錄 1740左
十三唐人詩 1745左
十三調南曲音節譜 1716右
十三調南呂音節譜 1716右
十三經序錄 182右
十三經音略 181左
十三經註疏正字 180右
十三經詁答問 175左
十三經諸家引書異字同聲考 213左
十三經讀本評點劄記 179左
十三經紀字 181左
十三經注疏 1728左
十三經注疏序 182右
十三經注疏校勘記 1728左
十三經注疏校勘記識語 181左
十三經注疏姓氏 182右
十三經注疏錦字 182右
十三經源流口訣 182左
十三經遺文 174左
十三經古注 1728左
十三經索引 655左
十三經舊學加商 177左
十三經提綱 179左
十三經拾遺 174左
十三經義疑 172左
十三州記 509左
十三州志 510左
十三道嘎牙河紀略 582左
十三娘笑擲神奸首 1684右
十三日備嘗記 328右
十五家詞 1748右
十五福堂筆記 394左
十五弗齋詩存、文存 1481左
十五貫 1704左
21十處士傳 1118左
十經齋文二集 1466左
22十種唐詩選 1540左
24十先生奥論註前集、後集、續集 1562右
30十室遺語 976右
十家語錄摘要 747右
十家牌法 482左
十字坡 1706右
32十洲記 1083右
十洲春語 1072右
37十通索引 655左
38十道記 511左
十道志(梁載言) 511左
十道志(李吉甫) 511右
十道志佚文 511左
40……十友譜 805左
十友瑣說 1060左
十友名言 805右
十友圖贊 805左
十七帖述 924右
十七史商榷 379右
十七史商榷(新舊唐書) 510右
十七史商榷(五代史) 511右
十七史商榷(晉書) 508右
十七史商榷(後漢書) 507右
十七史商榷(魏書) 510左
十七史商榷(宋書) 509右
十七史商榷(漢書) 506右
十七史商榷(南齊書) 509右
十七史商榷(隋書) 510右
十七史說 377左
十七史百將傳 403右
十七史蒙求 1041右
十索 1215右
44十藥神書 826左
十藥神書註解 826右
46十駕齋養新錄、餘錄 172右 1025右
47十朝新語外編 354左
48十樣錦諸葛論功 1681右
53十戒功過格 1157左
十戒經 1156左
57十探子大鬧延安府 1668左
60十國雜詠 382右
十國詞箋略 382右
十國宮詞(孟彬) 382右
十國宮詞(吳省蘭) 382右
十國宮詞(袁學瀾) 382右
十國宮詞(秦雲) 382右
十國春秋 359左
十四經發揮 843左
十四州記 509左
62十影君傳 1071左
71……十長生 1670右
77十眉謠 1125右
80十八家詩鈔 1534右
十八活盤詳註 905右
……十八泥犂經 1187左
十八娘傳 1120左
十八國臨潼鬬寶 1678左
十八學士登瀛洲 1680右
……十無端巧合紅蕖記 1695左
十美詩 1418右
十美詞紀 1127左
十美人慶賞牡丹園 1671左
81十瓶齋石言 942右
84……十錯認春燈謎記1700右
85……十鍊生神救護經 1145左
86十錦塘 1700左
88十笏草堂詩 1391右
90十憶詩 1417右
十憶集 1519右
十粒金丹 1714右

4001$_1$ 左

*00*左文襄公文集、詩集、聯語 1477左
左文襄公謝摺 500右
左文襄公咨札、告示 502右
左文襄公奏稿 500右
左文襄公書牘、說帖 1477左
左文襄公批札 502右
*25*左傳評 108左
左傳列國職官 112左
左傳職官 112左
左傳歌謠 112右
左傳經世鈔約選 103左
左傳紺珠 109左
左傳釋 107左
左傳紀事本末 292左
左傳約解 109左
左傳濟變錄 107右
左傳官名考 112左
左傳補注(姚鼐) 107右
左傳補注(惠棟) 107右
左傳補注(馬宗璉) 108右
左傳禮說 110右
左傳連珠 1482左
左傳通釋 107右
左傳選 103左
左傳古本分年考 110右
左傳札記 108左
左傳博議拾遺 109右
左傳舊疏考正 108右
左傳杜註校勘記 105左
左傳杜註拾遺 108右
左傳杜解集正 108右
左傳杜解補正 107左
左傳杜注辨證 108右
左傳杜注摘謬 109左
左傳杜林合注 105左
左傳事緯 110左
左傳拾遺 107右
左傳賦詩義證 112右
左傳器物宮室 112左
左傳臆說十九條 109左
左傳兵訣 110右
左傳兵法 110右
左傳附註 107左
左傳同名彙紀 111左
左傳屬事 107左
左傳人名辨異 111左
左傳義法舉要 110左
左傳鈔 108左
左傳精語 113右
*30*左官異禮略 112左
*32*左淫類紀 111左
*37*左逸 103左
左通補釋 108左
*38*左海文集 175左
1454右
左海文集乙編 1454右
左海文錄 1454右
左海交游錄 1459左
左海經辨 175左
*40*左太沖集 1204右
左女彙紀 111左
左女同名附紀 111左
*50*左中川集 1342左
左史諫草 496左
左忠毅公集 1363左
左忠毅公年譜 408左
左忠毅公年譜定本 408左
左忠貞公文集 1369右
左忠貞公集 1369左
左書 1030右
*60*左國補議 377右
左國腴詞 371右
*72*左氏膏肓 103右
……左氏新語 107左
左氏討 107左
左氏論 107左
左氏傳說 106右
左氏傳延氏注 103右
左氏傳續說 106右
左氏傳解誼 103右
左氏釋 107左
左氏奇說 104右
左氏蒙求 106右
左氏蒙求註 106右
左氏摘奇 113左
左氏春秋古經說 109右
左氏春秋考證 108右
左氏春秋學外編凡例 113左
左氏秦和傳補注 432右
左氏兵法 110右
*77*左陶右邵 1534左
*80*左盦詞錄 1643左
左盦集、外集、詩錄 1528右
左盦集箋 1528右
左盦題跋 1528右
左盦年表、著述繫年 424左
*91*左類初定 109左

4001$_7$ 九

*00*九章翼 1738右
九章補例 888左
九章錄要 882左
九章算術、音義 877左
九章算經 877左
九諦解疏 735左
*08*九族考 177左
*10*九靈山房集、補編 1320左
九靈山房遺藁補編 1320左
九天應元雷聲普化天尊玉樞寶經 1134右
九天應元雷聲普化天尊玉樞寶經集註 1134右
九天應元雷聲普化天尊玉樞寶懺 1157右
九天三茅司命仙燈儀 1158左
九天上聖祕傳金符經 1152左
九天鳳炁玄丘大書 1152右
*12*九水山房文存 1451右
九發 974左
*16*九環西解 888左
*17*九子山行記 597左
九歌 1196右
九歌解 1196右
九歌注 1196右
*21*九經辨字瀆蒙 180右
九經誤字 180右
……九經說 172右
……九經三傳沿革例 180左
九經發題 180左
九經疑難 170左
九經約解 1728右
九經字樣 179右
184右
九經字樣疑 180左
九經補韻 207左、右
……九經直音 180右
九經古義 172左
九經學 173右
*22*九峯文鈔 1430右
九峯采蘭記 453左
九峯先生集 1279左
九峯園會詩 1434左
九峯閣詩集、文集 1512右
九峯公集 1276左
九山遊草 587右
……九幽拔罪心印妙經 1138右
*24*九射格 776左
*25*九秩壽序壽詩 431右

26九皇新經註解 1150右
九皇斗姥戒殺延生眞經 1150右
九保詩錄 1548右
九保金石文存 677左
九保節孝錄略 439左
27九候篇診法補證 850右
九疑僊館詞 1630左
九疑仙館詩鈔、諸圖題詞 1458右
九疑仙館詞鈔 1630左
30九流緒論 973左
九家集註杜詩 1222右
九家窰屯工記 475左
九家舊晉書輯本 1732左
九家易集注 6左
九家易象辨證 26左
九家易解 5右
九家周易集注 6左
九宮新式 922左
九宮譜定總論 1716右
九宮衍數 894左
九宋人集 1745左
31九江記 550右
九江志 550右
九江考 585右
九河公語錄 405左
32九州記 509左
九州要記 509左
九州春秋 297左
36九邊圖說 485左
九邊圖論 484右
九還七返龍虎金丹析理眞訣 1164右
37九通序錄 454左
40九十九峯草堂詩鈔 1460右
九十九籌 721左
九九樂府 383左
九九銷夏錄 1029右
九喜榻記 959左
43九域志 512左
44九芝仙館行卷 1745右
九執秝解 874右
九勢碎事 922左
九華新譜 789右
九華詩集 1297左
九華集 1272右
九華山錄 573右
九華日錄 597左
……九世同居 1667左
46九柏山房集 1437右
47九朝新語 354左
九朝野記 349右
九穀考 220右
50九史同姓名略 397左
九靑圖詠 1560左
55九轉靈砂大丹 1177左
九轉靈砂大丹資聖玄經 1176右
九轉流珠神仙九丹經 1179左
九轉靑金靈砂丹 1177左
九曲漁莊詞 1631右
九曲遊記 603左
58九數外錄 884右
60九星穴法 901右
九疊山房詩存 1453右
九國志、拾遺 359左
九國志佚文 359左
九國志逸文 359左
九國志校 359左
九品書 919左
63九畹遺容 929右
九畹古文 1421左
九畹史論 376右
67九曜齋筆記 1025左
九曜石刻錄 676右
九曜石考 676右
77九賢祕典、校譌、續校 773左
80九谷集 1400左

丸

21丸經 949左

4003_0 大

00大癡道人集 1308左
大癡畫訣 928左
大方廣佛華嚴經音義 1191右
大方廣圓覺修多羅了義經 1186右
大唐新語 336右
大唐郊祀錄 456右
大唐三藏玄奘法師表啓 1216右
……大唐三藏法師取經記 1128右
大唐西域記 622右
大唐西域記地理攷證 622右
大唐傳載 338左
大唐奇事 1100左
大唐開元禮 456右
大唐創業起居注 290左
大廣益會玉篇 194右
……大麻瘋方 833左
大意尊聞 746左
大六壬苗公射覆鬼撮脚 897右
04大誥武臣 493右
10大正博覽會參觀記 633右
大元氈罽工物記 489右
大元聖政國朝典章 455左
大元官制雜記 468左
大元海運記 476左
大元大一統志、輯本、考證 513左
大元馬政記 482左
大元倉庫記 477右
……大雨龍王經 1138左
大石山房十友譜 805左
大西洋記 624右
大雲山房文稿初集、二集、言事、補編 1444左
大雲山房雜記 1008左
大雲山房十二章圖說 456左
大雲山房尺牘 1444左
大雲書庫藏書題識 652右
大雲無想經 1151左
11大悲神咒注 1187右
12大廷尉茗柯淩公殉節紀略 409左
16大理行記 611右
大理縣鄉土志 522左、右
18大政記 291左
20大受堂札記 1016左
大乘起信論詮 1188左
大乘起信論綱要 1188左
大乘起信論表 1188左
大乘妙林經 1149左
……大乘金剛經論 1187左
大集經 1186右
大統秝法啓蒙 871左
大統歷志 872右
21大衍新法 893右
大衍一說 23左
大衍集 1503右
大衍守傳 23左
大衍十二次分野圖 894右
大衍索隱 893右
大衍筮法直解 897左
大行集 1348右

*21*大歲異聞證 877左
大經堂詩集、附 1388右
*22*大嶽志 575左
大山詩集 1408右
大樂元音 100左
*23*大參陳公手集同人尺牘 1560右
*24*大德昌國州圖志 521左
*25*大佛頂如來密因修證了義諸菩薩萬行首楞嚴經、校勘記 1187右
*26*大魏諸州記 510左
*27*大象賦 868左
大忽雷 1706左
*28*大復論 970左
大復集 1340左
大復集選 1340左
*30*大賓辱語 996右
大宋重修廣韻 206右
大宋寶祐四年丙辰歲會天萬年具注曆 877左
*31*大江西小姑送風 1686右
*32*大測 869右
大業雜記 297右
大業拾遺記 297右
大業拾遺錄 297右
*33*大梁守城記 316左
*34*大瀉山房遺藁 1444左
*35*大清一統志、索引 513右 514左
大清一統志表 513右
大清一統輿圖海道集釋 587左
大清律例 487右
……大清通禮 458右
大清太祖承天廣運聖德神功肇紀立極仁孝睿武弘文定業高皇帝實錄 291右
大清孝定景皇后事略 441左
……大清會典 455右
……大清會典則例 455右
*36*大還心鑑 1178右
大還丹照鑑 1178左
大還丹金虎白龍論 1178右
*37*大盜竊國記 335右
大洞玉經 1133右
大洞玉經疏要十二義 1133右
大洞玉經壇儀、總論 1133右
大洞經吉祥神咒法 1181左
大洞仙經觀想要訣 1133右
……大洞救劫尊經 1150右
大洞金華玉經 1165右
大洞鍊眞寶經修伏靈砂妙訣 1177左
大洞鍊眞寶經九還金丹妙訣 1177左
大滌子題畫詩跋 914右
大滌洞天記 567右
大初麻譜 876左
*38*大洋海大西洋海印度海北冰海南冰海攷(楊毓輝) 586右
大洋海大西洋海印度海北冰海南冰海攷(胡永吉) 587左
大洋海大西洋海印度海北冰海南冰海攷(陶師韓) 586右
大道論 1183左
大道修眞捷要選仙指源篇 844右
大道守一寶章 1176左
大道通玄要 1186左
*40*大九州說 625右
大九數 893右
大有奇書 1073左
*41*大樗堂初集 1401右
*42*大瓠堂詩錄 1485左
*43*大獄記 325右
大獄記略綴餘 324右
大戴禮記 91左
大戴禮記正誤 91左
大戴禮記正本 91右
大戴禮記平議 91右
大戴禮記解詁 91右
大戴禮記審議 91右
大戴禮記補注、序錄 91左
大戴禮記曾子疾病篇講義 93左
大戴禮注補 91右
大戴禮逸 93左
大戴喪服變除 79左
*44*大地山河圖說 513右
……大藏經目錄 653右
大藏治病藥 1190左
大葱嶺隻履西歸 1687右
大蘇文選 1252右
大華希夷志 449右
*46*大觀茶論 783右
大觀本草札記 853右
大觀園圖說 1132右
大駕北還錄 311左
*47*大聲集 1596左
大婦小妻還牢末 1656右
……大報讐 1655右 1656左
大都新栞關目的本東窗事犯 1662左
大都新編楚昭王疎者下船 1654右
大都新編關張雙赴西蜀夢 1649左
大都新編關目公孫汗衫記 1654左
*48*大梅歌 1377右
*50*大中遺事 298左
大事記、通釋、解題 285左
大事記講義 378右
大事記續編 285左
大惠靜慈妙樂天尊說福德五聖經 1147右
大書長語 921左
*52*大誓答問 46左
*53*大成曲譜論例 1716右
*60*大易旁通 18右
……大易集義粹言 20右
大易牀頭私錄 17右
大易象數鉤深圖 30左
大易通變 18左
大易通解 19右
大易札記 22左
大易擇言 21右
大易輯說 16左
……大易餘論 21左
大易粹言 14右
大圍山遊紀略 604左
*67*大明玄天上帝瑞應圖錄 450左
大明玄教立成齋醮儀範 1158右
大明律圖 487右
大明律附例 487左
大明御製玄教樂章 1182右
大明太祖高皇帝御註道德眞經 690右
大明厤 877左
大明令 455右
大昭慶律寺志 566右
*70*大雅集 1542右

71大歷詩略 1540右
大臣法則 399右
72大隱集 1263左
大隱樓集、校勘記 1351左
大隱居士集 1264左
74大陸澤圖說 581左
76大陽山遊紀略 606左
77大風集 461右
……大鬧延安府 1668左
……大鬧相國寺 1654左、右
……大鬧開封府 1667左
大學、校刊記 132左
大學章句大全、或問 132左
大學辨 132右
大學辨業 133左
大學證文 133左
大學詛詁 134左
……大學講義（朱用純） 152右
大學講義（楊名時） 133右
大學說 133右
大學正說 151右
大學疏略 133左
大學疏義 132左
大學要略 730右
大學石經 183右
大學石經古本 132右
大學石經古本旁釋、申釋 132右
大學發微 132左
大學翼眞 133左
大學集說啓蒙 132左
大學衍義 720左
大學衍義補 720左
大學衍義補輯要 720左
大學衍義輯要 720左
大學私訂本 134左
大學侯 133右
大學稽中傳 133左
大學傳註 133左
大學傳註問 133左
大學修身章說例 134左
大學述義 133右
大學述義續 133右
大學澹言 132右
大學遵古編 132右
大學大意 151右
大學大全 133左
大學大義 134左
大學直解（許衡） 132左
大學直解（王建常） 133左
大學古本 131右 132右
大學古本旁註 132右
大學古本旁釋、古本問132右
大學古本訓 134左
大學古本說 133左 152右
大學古本參誼 134左
大學古本釋（郭階） 134左
……大學古本釋（丁大椿） 133右
大學古本述註 134左
大學古本質言 133右
大學古義 134左
大學古義說 133右
大學札記 133右
大學中庸演義 154右
大學中庸本義 153左
大學本旨 132左
大學指歸、考異 132右
大學日程 132右
大學困學錄 133右
……大學題解參略 134左
大學臆說 133右
大學原本讀法 133右
大學原本說略 133右
大學學思錄 132右
大學問 133左
大學全文通釋 132右
大學知本圖說 133左
……大學答問集 132右
大學節訓 134左
大丹記 1177左
大丹直指 1165左
大丹問答 1178右
大丹鉛汞論 1178左
大丹篇 1178右
大興歲時志稿 523左
80大全集 1325左
大金弔伐錄 302左
大金集禮、校刊識語、校勘記 457右
大金德運圖說 457右
大金沙江考 586右
大金國志 281右
大慈好生九天衞房聖母元君靈應寶籤 1163右
83大錢圖錄 663右
84大錯和倘遺集 1371右
88大篪吟草 1504左
90大小宗通繹 97右

太

00太康地記 508右 509左
太康地志 509左
太玄 892左
太玄經（楊泉） 892左
太玄經（揚雄）、釋文 891右 892左
太玄佚文 891右
太玄解 892左
太玄寶典 1170左
太玄宋氏注 891右
太玄朗然子進道詩 1175右
太玄眞一本際經 1147左
太玄眞一本際妙經 1147左
太玄本旨 892左
太玄闡祕、附編、外編 892左
太玄八景籙 1165右
10太一詩存 1528左
太一救苦護身妙經 1141左
太霄琅書瓊文帝章訣1138左
太霞曲語 1722左
太平廣記 1054右
太平詩史 333右
太平詔書 1733左
太平兩同書 1156右
太平天日 332右
太平天国辛酉十一年新曆 332左
太平天国癸好三年新曆 332左
太平天国官書十種 1733左
……太平天国九年會試題 332右
太平天国戊午八年新曆 332左
太平天国甲寅四年新曆 332左
太平天國辛酉十一年新歷封面式樣並造歷人銜名 332左
太平天國論文題跋 335右
太平天國別史 333左
太平天國戰記 335左
太平經 1147左
太平經聖君祕旨 1147左
太平經國之書 70左

10太平仙記　1673右
太平御覽　1041右
太平御覽道部　1184右
太平條規　332左
太平寰宇記、補闕　512左
太平寰宇記辨僞　512左
太平寰宇記佚文　512左
太平寰宇記拾遺　512左
太平治迹統類前集　455左
太平治蹟統類　455左
太平淸話　958右
太平禮制　331右
太平軍目　332左
太平救世歌　332左
太平惠民和劑局方、指南總論　857左
太平錢　1703右
17太乙文存　1528左
太乙元眞保命長生經　1137右
太乙經　898左
太乙仙夜斷桃符記　1683右
太乙山房集　1362左
太乙舟文集　1450右
太乙叢話　1565右
太乙神鍼方　842右
太乙照神經　905左
太乙金華宗旨　1173左
太乙金鏡式經　898左
太乙箋啓　1528左
太乙火府奏告祈禳儀　1158左
21太上玄一眞人說三途五苦勸戒經　1155右
太上玄一眞人說勸誡法輪妙經　1141左
太上玄一眞人說妙通轉神入定經　1141左
太上玄靈北斗本命延生經註　1144右
太上玄靈北斗本命延生眞經　1144右
太上玄靈北斗本命延生眞經註　1144右
太上玄靈北斗本命延生眞經註解　1144右
太上玄靈北斗本命長生妙經　1144右
太上玄靈斗姆大聖元君本命延生心經　1144右
太上玄元道德經解　688左
太上玄天眞武無上將軍籙　1154右
太上玄司滅罪紫府消災法懺　1161右
太上玄都妙本清靜身心經　1137右
太上玄門早壇功課經、晚壇功課經　1164左
太上六壬明鑑符陰經　1168右
太上護國祈雨消魔經　1138左
太上諸天靈書度命妙經　1134右
太上說玄天大聖眞武本傳神呪妙經　1146左、右
太上說六甲直符保胎護命妙經　1138左
太上說西斗記名護身妙經　1144右
太上說紫微神兵護國消魔經　1146左
太上說利益蠶王妙經　1142左
太上說牛癀妙經　1142左
太上說酆都拔苦愈樂妙經　1142右
太上說通眞高皇解寃經　1150左
太上說十鍊生神救護經　1145左
太上說九幽拔罪心印妙經　1138右
太上說南斗六司延壽度人妙經　1144右
太上說朝天謝雷眞經　1134右
太上說中斗大魁保命妙經　1144右
太上說中斗大魁掌算伏魔神呪經　1145左
太上說靑玄雷令法行因地妙經　1148左
太上說東斗主算護命妙經　1144右
太上說轉輪五道宿命因緣經　1145右
太上一乘海空智藏經　1133右
太上三五正一盟威閱籙醮儀　1162左
太上三五正一盟威籙　1154右
太上三五傍救醮五帝斷殟儀　1162右
太上三元飛星冠禁金書玉籙圖　1153右
太上三元賜福赦罪解厄消災延生保命妙經　1150左
太上三天正法經　1148左
太上三生解寃妙經　1143左
太上三皇寶齋神仙上錄經　1168右
太上三洞傳授道德經紫虛籙拜表儀　1162右
太上三洞神呪　1139左
太上三洞表文　1182右
太上三十六部尊經　1133右
太上三辟五解祕法　1176右
太上正一延生保命籙　1181左
太上正一解五音呪詛祕籙　1152左
太上正一法文經　1148左
太上正一朝天三八謝罪法懺　1162右
太上正一呪鬼經　1147右
太上正一盟威法籙　1154右
太上正一閱籙儀　1162左
太上玉珮金璫太極金書上經　1138左
太上玉淸謝罪登眞寶懺　1157右
太上玉華洞章拔亡度世昇仙妙經　1139左
太上玉晨鬱儀結璘奔日月圖　1153右
太上五星七元空常訣　1169左
太上靈寶諸天內音自然玉字　1139右
太上靈寶玉匱明眞齋懺方儀　1161左
太上靈寶玉匱明眞大齋言功儀　1161左
太上靈寶玉匱明眞大齋懺方儀　1161左
太上靈寶五符序　1151右
太上靈寶元陽妙經　1141右
太上靈寶下元水官消愆滅罪懺　1161右
太上靈寶天地運度自然妙經　1140左
太上靈寶天尊說延壽妙經　1142右
太上靈寶天尊說禳災度厄經　1141右
太上靈寶上元天官消愆滅罪懺　1161右

21太上靈寶淨明玉眞樞眞經 1147左
太上靈寶淨明天尊說禦彊經 1147左
太上靈寶淨明飛仙度人經法、釋例 1167右
太上靈寶淨明宗教錄1742右
太上靈寶淨明祕法篇1167右
太上靈寶淨明法印式1167右
太上靈寶淨明洞神上品經 1147左
太上靈寶淨明道元正印經 1147左
太上靈寶淨明九仙水經 1147左
太上靈寶淨明中黃八柱經 1147左
太上靈寶淨明入道品1167右
太上靈寶補謝竈王經1142左
太上靈寶洗浴身心經1151左
太上靈寶洪福滅罪像名經 1142右
太上靈寶十方應號天尊懺 1162左
太上靈寶芝草品 1154左
太上靈寶朝天謝罪法懺 1164左
太上靈寶朝天謝罪大懺 1157右
太上靈寶中元地官消愆滅罪懺 1161右
太上靈寶昇玄內教經中和品述議疏 1147右
太上靈寶首入淨明四規明鑑經 1147左
太上靈寶智慧觀身經1141左
太上元寶金庭無爲妙經 1149左
太上元始天尊證果眞經 1137右
太上元始天尊說北帝伏魔神呪妙經 1149右
太上元始天尊說孔雀經白文 1150左
太上元始天尊說續命妙經 1138左
太上元始天尊說寶月光皇后聖母天尊孔雀明王經 1150左
太上元始天尊說消殄蟲蝗經 1138右
太上元始天尊說大雨龍王經 1138左
太上元始天尊說金光明經 1138右
太上元陽上帝無始天尊說火車王靈官眞經 1150左
太上无極總眞文昌大洞仙經 1133右
太上北斗二十八章經1145左
太上北極伏魔神呪殺鬼籙 1181左
太上登眞三矯靈應經1176左
太上飛步五星經 1145左
太上飛步南斗太微玉經 1145左
太上飛行九晨玉經 1144左
太上瑤臺益算寶籍延年懺 1162右
太上召諸神龍安鎭墳墓經 1142左
太上上淸禳災延壽寶懺 1157右
太上虛皇天尊四十九章經 1134右
太上虛皇保生神呪經1142右
太上衞靈神化九轉丹砂法 1177左
太上紫微中天七元眞經 1149右
太上經戒 1156左
太上出家傳度儀 1163左
太上化道度世仙經 1145右
太上純陽眞君了三得一經 1151左
太上保眞養生論 845右
太上修眞玄章 1146右
太上修眞體元妙道經1137右
太上宣慈助化章 1182右
太上濟度章赦 1182右
太上安鎭九壘龍神妙經 1138右
太上淨明院補奏職局太玄都省須知 1167右
太上祕法鎭宅靈符 1151右
太上浩元經 1146左
太上淸靜元洞眞文玉字妙經 1146右
太上神呪延壽妙經 1141右
太上混元聖紀 448右
太上混元眞錄 449左
太上混元老子史略 448右
太上洞玄三洞開天風雷禹步制魔神呪經 1143左
太上洞玄靈寶誡業本行上品妙經 1142左
太上洞玄靈寶護諸童子經 1140左
太上洞玄靈寶二部傳授儀 1163右
太上洞玄靈寶三一五氣眞經 1146右
太上洞玄靈寶三元玉京玄都大獻經 1142左
太上洞玄靈寶三元品戒功德輕重經 1155右
太上洞玄靈寶三元無量壽經 1140左
太上洞玄靈寶三塗五苦拔度生死妙經 1142左
太上洞玄靈寶三十二天天尊應號經 1147右
太上洞玄靈寶五帝醮祭招眞玉訣 1143左
太上洞玄靈寶五嶽神符 1151右
太上洞玄靈寶五顯觀華光本行妙經 1150左
太上洞玄靈寶无量度人上品經法 1133左
太上洞玄靈寶无量度人上品妙經註 1133左
太上洞玄靈寶天關經1146右
太上洞玄靈寶天尊說濟苦經 1142右
太上洞玄靈寶天尊說大通經 1140左
太上洞玄靈寶天尊說救苦妙經註解 1142右
太上洞玄靈寶天尊說羅天大醮上品妙經 1148左
太上洞玄靈寶天尊說養蠶營種經 1142左
太上洞玄靈寶飛行三界通微內思妙經 1147右
太上洞玄靈寶上品戒經 1155右
太上洞玄靈寶紫微金格高上玉皇本行集經闡微 1134左

21太上洞玄靈寶出家因緣經 1141右
太上洞玄靈寶往生救苦妙經 1142右
太上洞玄靈寶衆簡文1143左
太上洞玄靈寶宣戒首悔衆罪保護經 1156左
太上洞玄靈寶宿命因緣明經 1141右
太上洞玄靈寶福日妙經 1141左
太上洞玄靈寶淨供妙經 1142右
太上洞玄靈寶業報因緣經 1141右
太上洞玄靈寶滅度五錬生尸妙經 1142左
太上洞玄靈寶法身製論 1156左
太上洞玄靈寶法燭經1141左
太上洞玄靈寶消禳火災經 1141右
太上洞玄靈寶十師度人妙經 1141右
太上洞玄靈寶十號功德因緣妙經 1141右
太上洞玄靈寶大綱鈔1151右
太上洞玄靈寶太玄普慈勸世經 1142左
太上洞玄靈寶赤書玉訣妙經 1141左
太上洞玄靈寶眞文要解上經 1140右
太上洞玄靈寶眞一勸誡法輪妙經 1141左
太上洞玄靈寶觀妙經 1140左
太上洞玄靈寶救苦妙經 1142右
太上洞玄靈寶中和經1147右
太上洞玄靈寶本行宿緣經 1147右
太上洞玄靈寶本行因緣經 1147右
太上洞玄靈寶素靈眞符 1151右
太上洞玄靈寶授度儀1161右
太上洞玄靈寶轉神度命經 1141右
太上洞玄靈寶投簡符文要訣 1151右
太上洞玄靈寶國王行道經 1147左
太上洞玄靈寶四方大願經 1142左
太上洞玄靈寶開演祕密藏經 1140左
太上洞玄靈寶八威召龍妙經 1142左
太上洞玄靈寶智慧定志通微經 1140左
太上洞玄靈寶智慧禮讃 1181右
太上洞玄靈寶智慧本願大戒上品經 1142左
太上洞玄靈寶智慧罪根上品大戒經 1155右
太上洞玄濟衆經 1150右
太上洞玄寶元上經 1142左
太上洞房內經註 1139左
太上洞淵說請雨龍王經 1142左
太上洞淵三昧帝心光明正印太極紫微伏魔制鬼拯救惡道集福吉祥神呪 1143左
太上洞淵三昧神呪齋淸旦行道儀 1161左
太上洞淵三昧神呪齋十方懺儀 1161左
太上洞淵三昧神呪齋懺謝儀 1161左
太上洞淵北帝天蓬護命消災神呪妙經 1138左
太上洞淵辟瘟神呪妙經 1138左
太上洞淵神呪經 1141右
太上洞神玄妙白猿眞經 1168右
太上洞神三元妙本福壽眞經 1145右
太上洞神三皇傳授儀1163右
太上洞神三皇儀 1162右
太上洞神五星諸宿日月混常經 1146左
太上洞神五星讃 1137右
太上洞神天公消魔護國經 1146左
太上洞神行道授度儀1163右
太上洞神洞淵神呪治病口章 1181左
太上洞神太元河圖三元仰謝儀 1162右
太上洞眞五星祕授經 1137右
太上洞眞經洞章符 1151右
太上洞眞徊玄章 1172右
太上洞眞安竈經 1138右
太上洞眞凝神修行經訣 1139右
太上洞眞賢門經 1138左
太上洞眞智慧上品大誡 1155左
太上通玄靈印經 1168右
太上通靈八史聖文眞形圖 1153右
太上道君說解寃拔度妙經 1142右
太上道德寶章翼 689左
太上道德大天尊說道元一炁經 1150右
太上道德眞經章句訓頌 690左
太上道德眞經集注、釋文、雜說 689左
太上道德眞經四子古道集解 689右
太上導引三光寶眞妙經 1137右
太上導引三光九變妙經 1137右
太上消災祈福醮儀 1162右
太上消滅地獄昇陟天堂懺 1161右
太上十二上品飛天法輪勸戒妙經 1155右
太上九要心印妙經 1164右
太上九天延祥滌厄四聖妙經 1135左
太上九赤班符五帝內眞經 1148右
太上九眞妙戒金籙度命拔罪妙經 1155右
太上九眞明科 1157左
太上大聖朗靈上將護國妙經 1150左
太上大通經註 1140左
太上大道三元品誡謝罪上法 1143右
太上大道玉清經 1148左

太上太玄女青三元品誡拔罪妙經 1137右
太上太淸天童護命妙經 1145左
太上太淸天童護命妙經註 1145左
太上內丹守一眞定經 1145右
太上赤文洞神三籙 1176右
太上赤文洞古經註 1139左
太上七星神呪經 1142右
太上眞一報父母恩重經 1138右
太上求仙定錄尺素眞訣玉文 1139左
太上老子道德經集解 689左
太上老君玄妙枕中內德神呪經 1169左
太上老君說五斗金章受生經 1145右
太上老君說天妃救苦靈驗經 1145右
太上老君說了心經 1145右
太上老君說上七滅罪集福妙經 1147右
太上老君說解釋呪詛經 1145右
太上老君說安宅八陽經 1145左
太上老君說補謝八陽經 1145左
太上老君說消災經 1145左
太上老君說城隍感應消災集福妙經 1150左
太上老君說報父母恩重經 1146左
太上老君說救生眞經 1145左
太上老君說長生益算妙經 1145右
太上老君說益算神符妙經 1151右
太上老君說常淸靜經註（王元暉） 1144右
太上老君說常淸靜經註（侯善淵） 1144左
太上老君說常淸靜經註（李道純） 1144左
太上老君說常淸靜經註（杜光庭） 1144左
太上老君說常淸靜經註（□□） 1144左
太上老君說常淸靜經頌註 1144左
太上老君說常淸靜眞經 1144左
太上老君說常淸靜妙經 1144左
太上老君說常淸靜妙經纂圖解註 1144右
太上老君元道眞經註解 1149右
太上老君虛無自然本起經 1150左
太上老君經律 1156左
太上老君外日用妙經 1145右
太上老君淸靜心經 1147右
太上老君混元三部符 1151右
太上老君大存思圖注訣 1169左
太上老君太素經 1149右
太上老君內觀經 1145左
太上老君內日用妙經 1145右
太上老君內丹經 1145右
太上老君中經 1147右
太上老君戒經 1156左
太上老君開天經 1150左
太上老君金書內序 448右
太上老君養生訣 845右
太上黃庭經發微 1141右
太上黃庭外景玉經 1140右
太上黃庭外景經 1140右
太上黃庭內景玉經 1140右
太上黃庭內景玉經重註、圖說 1140右
太上黃庭中景經 1149右
太上黃籙齋儀 1160左
太上救苦天尊說消愆滅罪經 1142右
太上救苦天尊說拔度血湖寶懺 1161右
太上妙法本相經 1147右
太上妙始經 1146左
太上中道妙法蓮華經 1149右
太上泰淸皇老帝君運雷天童隱梵仙經 1145左
太上泰淸拔罪昇天寶懺 1157右
太上感應靈篇圖說 1156右
太上感應篇 1156右
太上感應篇集註 1156右
太上感應篇纘義 1156右
太上感應篇注 1156右
太上日月混元經 1146左
太上昇玄說消災護命妙經註 1134右
太上昇玄三一融神變化妙經 1137右
太上昇玄消災護命妙經 1134右
太上昇玄消災護命妙經註 1134右
太上昇玄消災護命妙經頌 1134右
太上明鑑眞經 1148左
太上長文大洞靈寶幽玄上品妙經 1146右
太上長文大洞靈寶幽玄上品妙經發揮 1146右
太上長生延壽集福德經 1134右
太上助國救民總眞祕要 1152左
太上肘後玉經方 1168右
太上開明天地本眞經 1137右
太上除三尸九蟲保生經 1169左
太上金櫃玉鏡延生洞玄燭幽懺 1162右
太上金華天尊救劫護命妙經 1148左
太上金書玉牒寶章儀 1162左
太上無極混元一炁度人妙經 1151左
太上無極大道自然眞一五稱符上經 1151右
太上慈悲道場滅罪水懺 1162左
太上慈悲道場消災九幽懺 1162左
太上慈悲九幽拔罪懺 1162左
太上養生胎息氣經 1168左
太虛齋課兒試帖 1448右
太虛齋賦稿 1447右
太虛心淵篇 1170右
太歲超辰表 875右
太師誠意伯劉文成集 1323左
太紫草 1363左
22太僕行略 409右
太僕公詩稿 1354右
26太白經 1178右
太白山行紀 590右

26太白山人漫稾 1340左
太白紀遊略 590右
太白國籍問題 426左
太白陰經 773左
太和正音譜 1716左
太和堂集 1334左
28太微帝君二十四神回元經 1150左
太微靈書紫文琅玕華丹神眞上經 1165右
太微靈書紫文仙忌眞記上經 1155左
太微仙君功過格 1155右
太微堂日錄 501右
30太宗文皇帝聖訓 494左
太宗文皇帝致朝鮮國王書 324左
太宗文皇帝招撫皮島諸將諭帖 494左
太宗文皇帝日錄 291右
太宗集 1216右
太宗皇帝實錄 290右
35太清記 1085右
太淸調氣經 844左
太淸玉碑子 1178左
太淸玉司左院祕要上法 1172左
太淸五十八願文 1155右
太淸元道眞經、別錄 1149右
太淸元極至妙神珠玉顆經 1168右
太淸石壁記 1176右
太淸經天師口訣 1176右
太淸經斷穀法 1168右
太淸修丹祕訣 1176右
太淸神鑑 904右
太淸道德顯化儀 1162左
太淸道林攝生論 845右
太淸導引養生經 1168左
太淸眞人絡命訣 1139左
太淸樓侍宴記 299左
太淸中黄眞經 1168左
太淸服氣口訣 844左
太淸金液神丹經 1176右
太淸金液神氣經 1176右
太淸金闕玉華仙書八極神章三皇內祕文 1168右
37太湖新錄 1552左
太湖石記 1048右
太湖石志 956右
太湖泉志 583左
太湖源流編 583左
太祖高皇帝聖訓 494左
太初元氣接要保生之論 844右
太初集 1310右
40太古集 1298右
……太古經註 1139左
太古土兌經 1179左
太古蠶馬記 1095右
太眞玉帝四極明科經 1155右
太眞外傳 1114左
41太極衍義 724左
太極後圖說 724左
太極繹義 724左
太極祭鍊內法、內法議略 1167左
太極連環刀法 776右
太極左仙公說神符經 1147右
太極眞人雜丹藥方 1179左
太極眞人說二十四門戒經 1155右
太極眞人九轉還丹經要訣 1177左
太極眞人敷靈寶齋戒威儀諸經要訣 1161右
太極葛仙公傳 449左
太極枝辭 724左
太極圖說 724左
太極圖說發明 724左
太極圖說述解 724左
太極圖說遺議 724左
太極圖說通書發明 724左
太極圖說考原篇 31右
太極圖攷 31右
太極圖集解 724左
太極圖象作法之研究 31右
太極圖解 724左
太極明辯 724左
太極粹言 31右
44太藪外史 970右
太華山人詩存 1456左
太華紀遊略 590右
太華太白紀游略 590右
太華書院會語 736左
47太鶴山人年譜 431右
50太史詩集 1336右
太史華句 371右
太史屠漸山文集 1346左
太史公疑年考 417左
太史公古文尙書說 47右
太史公書義法 374左
太史公素王妙論 906右
太史公繫年考略 417左
太素齋詞 1633右
太素內經傷寒總論補證 816左
太素四時病補證 816左
太素脈祕訣 850右
52太誓決疑 46左
60太曼生傳 1082左
77太醫局諸科程文 865右
太醫局程文 865右
80太倉稊米集 1269左
太倉州名考 535右
太倉州志、校勘記 519右
太倉風俗記 535右
太谷山堂集 1427右
太公三略 772左
太公家教 751右
太公兵法逸文 769左
太公陰符經 707左
太公金匱 769左
90太常續考 468右
太常遺著 1355右
太常遺著常州府志人物志 388右
太常因革禮 456右
太常因革禮校識 456右
太炎文錄初編、別錄、補編 1524右
97太恨生傳 1120左

4003$_4$ 爽

47爽鳩要錄 489左
80爽氣西來齋詩草 1483右

4003$_8$ 夾

37夾漈遺稿 1267右

4004$_7$ 友

08友論 972右
10友石山人遺稿 1321右
友晉軒詩集 1401左
21友仁錄 413左
27友約 960左
37友漁齋醫話六種 1738左
40友古詞 1598左
友古特評 375右
友古居士詞 1598右

44友林乙稿 1283左
80友義 768左
友會談叢 1054右
88友竹稿 1321左
友竹草堂文集、詩 1484右
友竹草堂楹聯 945左
友竹草堂隨筆 1012左

4008_9 灰

77……灰闌記 1659左

4010_0 土

17土司燈儀 1158左
25土牛經 908左
27土魯番侵掠哈密事蹟 309右
30土官底簿 471左
44土苴集 1331左
60土國戰事述略 635左

士

17士那補釋 785左
士翼 733左
24士緯 963右
35士禮居藏書題跋記續 652右
士禮居藏書題跋再續記 652左
40士大夫食時五觀 1031右
44士林紀實 1057右
53士戒 762右
71……士階條例 332右
72士昏禮對席圖 82左
80士人家儀考 462左
士令 1002左
88士鑑錄 764左
士範 762右

4010_4 圭

00圭齋文集 1311右
圭齋詞 1613左
圭齋集 1311右
22圭峯集 1309右
圭山近稿 1344左
30圭窗集 1175右
40圭塘樂府、別集 1613左
圭塘欸乃集 1551右
圭塘小槀 1312左
圭塘小稿、別集、續集1312左
圭塘小藁、別集、續集1312左

臺

11臺北道里記 543右
25臺積術解 889左
32臺灣雜詠 543右
臺灣雜記 543左
臺灣番社考 543右
臺灣外記 323右
臺灣使槎錄 543右
……臺灣紀略（清乾隆五十三年敕撰） 293右
臺灣紀略（林謙光） 543左
臺灣近事末議 544左
臺灣地輿圖說 543右
臺灣隨筆 543左
臺灣小志 544左
38臺海使槎錄 543右
臺遊日記 603左
臺遊筆記 603左
50臺中疏草 498左
臺中集 1342左
70臺防學治錄 502左
75臺體截積術 891右
76臺陽雜詠 544左
臺陽雜興 544左
臺陽見聞錄 544左
77臺閣集 1222左
80臺錐積演 884左
90臺懷隨筆 615左

4010_6 查

17查了吾先生正陽篇選錄 820右
22……査山問答 744左
24查他山先生年譜 431左
50查東山年譜 419右
59查抄和珅家產清單 328左

4010_7 直

00直齋書錄解題 649左
直文淵閣諸臣表 468右
01直語補證 226左
05直講李先生文集、外集 1247左
直講李先生門人錄 424右
直講李先生年譜 427左
25直積回求 885左
45直隸河渠志 581右
直隸地略 525左
直隸考略 525左
直隸口外遊記 589右
51直指玉鑰匙門法 213右
77直閣朱公祠墓錄、附刻569左
80直介堂徵訪書目 648右
90直省府名歌訣 514左

壺

00壺庵詩、駢體文 1457左
壺庵五種曲 1751左
10壺天唤語 974左
壺天錄 1080右
22壺山先生四六 1283左
壺山書屋詩略 1464右
壺山四六 1282左
50壺中樂 1690右
壺中贅錄 958左
壺東漫錄 1012左
60壺園集 1453右
72壺隱謎存 947左
壺隱子應手錄 849左
壺隱子醫譚一得 864左
80壺矢銘 949左

4010_8 壹

00壹齋集 1441右
壹齋集游記 588左
壹齋集賦 1441右

4011_4 堆

22堆山先生前集鈔 1368左
47堆垛求積術 883右

4012_7 坊

07坊記新解 89右
坊記集傳 89右

墉

43墉城集仙錄 447右

4013_6 螙

22螙仙文集 1514右
螙仙雜組 1514右
螙仙詩集 1514左
螙仙石品、續集 957左
螙仙泉譜 578左
螙仙絕句 1514右
螙仙尺牘 1514右
螙仙小品 1514右

4016_1 堷

34堷遠堂文集 1416右
堷遠堂文機 502左

34培遠堂文錄 1416右
培遠堂詩集 1407左
培遠堂手札節要 1416右
培遠堂手札節存 1416右
培遠堂偶存稿 502左
1416右
44培蔭軒文集 1447左
培蔭軒雜記 1007左
培蔭軒詩集 1447左
培林堂書目 646右
47培根堂詩鈔 1467左

4016_7 塘

47塘報稿 316左

4020_0 才

07才調集 1539右
17才子文 1336左
26才鬼記 1110右
80才人福 1707右
才人福譜 1717左
才人福傳奇 1708左

4021_1 堯

22堯峯文鈔 1389右
1390左
堯山堂偶雋 1580右
堯山堂曲紀 1722右

4021_4 在

00在庵詞 1607右
12在璞草堂詩稿 1427右
22在山泉詩話 1588右
30在窮記 1036右
在官法戒錄 473左
32在淵草 1428左
44在莒集 1494右
51在軒詞 1609右
在軒集 1294右
1302右
60在園雜志 1005右
在園曲志 1723右
在田錄 305左
74在陸文鈔 1395左

獶

17獶歌 1562左

4021_6 克

00克庵先生尊德性齋小集 1286右
克齋詞 1600右
克齋集 1283右
22克鼎銘考釋 661右
28克復諒山大略 329右
克復金陵勳德記 333右

4022_7 巾

00巾廂說 1006右

內

00內方先生集、附鈔 1342右
內府寫本書目 645右
02內訓 757左
12內弘文院職官錄 471左
14內功圖說 845左
17內務府墨作則例 802左
21內經辨言 810左
內經評文素問、遺篇、靈樞 808右
內經詮釋 809右
內經平脈攷 850左
內經釋要 809右
內經述 809右
內經遺篇病釋 810左
內經運氣病釋 810左
內經運氣表 810左
內經難字音義 810左
內經博義 809左
內經素問校義 810左
內經脈學部位考 849右
內經纂要 809右
22內制集 1245右
23內外傷辨 818左
內外傷辨惑論 818左
內外服制通釋 80右
24內科要訣 835右
內科摘要 825左
內科摘錄 825右
內科簡效方 825右
30內家拳法 777左
32內業 701左
41內板經書紀略 654右
46內觀日疏 1064左
48內翰林弘文院職官錄 471左
50內書 1030右
60內景圖解 852左
62內則章句 89左
內則衍義 757右
67內照法 851右
77內丹訣 1171右
內丹祕訣 1171左
內丹還元訣 1171右
內閣要義 455右
內閣大庫檔冊 645右
內閣志 468右
內閣藏書目錄 645左
內閣故事 468右
內閣典籍廳關支康熙廿八年秋冬二季俸米黃冊 476左
內閣小志 468右
80內金丹 1174右
內義丹旨綱目舉要 1133左
88內簡尺牘編註 1262右

肉

56肉攫部 795左

布

00布衣陳先生遺集 1331右
23布袋和尚忍字記 1655左
布袋和尚忍字記雜劇 1655左
24布特哈志略 528右

希

09希麟音義引說文攷 192右
17希子 708左
37希澹園詩集 1327右
希通錄 987左
40希古樓金石萃編 657左
45希姓錄 396左
50希夷先生傳 1115左
60……希旦詩 1289右
希呂集 1319右
68希蹤稿 1344左
72希臘學案 392左
87希鄭堂經義 1515左

有

03有誠堂詩餘 1634左
10有正味齋文續集 1436右
有正味齋詩、駢體文、律賦、試帖 1436右
有正味齋詞 1625右
有正味齋詞五種 1748左
有正味齋集南北曲 1713右
有正味齋律賦 1436右
有正味齋曲 1713右
有正味齋日記 451左

有正味齋賦稿 1436右
有正味齋尺牘 1436右
1437左
有不爲齋隨筆 1009左
有不爲齋算學 890左
17有子書 682左
30有宋佳話 1123左
有宋福建莆陽黃仲元四如先生文藁 1291左
37有深致軒文稿、駢體文稿、詩賸稿、歌謠賸稿、聯語賸稿、試帖剩稿、制藝稿 1456左
有深致軒集 1744左
40有嘉聲齋賸草 1462左
有眞意齋遺文 1447右
44有萬憙齋石刻跋 669左
46有絜吟館詩鈔 1490右
47有聲畫 1475右
67有明三家稿 1544左
有明兩大儒手帖 1560右
88有竹石軒經句說 171左
有竹居存稿 1497左
90有懷堂文集、詩集 1405右
91有恒心齋詩餘 1635左
有恒心齋詞餘 1714左
有恒心齋前集、文、詩、駢體文、外集 1485右
95有情癡(吳季子) 1002左
有情癡(徐陽輝) 1675右

南

00南病別鑑、續集 827右
南庄類稿文錄 1417右
南廱志經籍考 645左
南兗州記 532右
南齊竟陵王集 1209右
南齊文紀 1538右
南齊孔詹事集 1209左
南齊書、考證 269右
270左
南齊書州郡志、考證 509右
南齊書夷貊傳地理攷證 622左
南齋詞 1622右
南齋集 1414左
南方草木狀 551左、右
南方草木狀佚文 551右
南康記 550右
551左
南唐二主詞、校勘記 1645右
南唐將相大臣年表 368右
南唐近事 360左
南唐近事佚文 360左
南唐書(馬令)、校勘記 360右
南唐書(陸游)、音釋、校勘記 360右
南唐書注 360右
南唐書補注 360右
南唐書合刻 1733左
南唐拾遺記 360右
南晉 1528左
南雍州記 546右
南雍草 1353右
07南詞敍錄 1722左
南部新書 339右
南部烟花記 1052左
南詔野史 559左
10南西廂 1692右
南西廂記(李日華) 1692左
南西廂記(陸采) 1693左
南霅草堂詩集 1429左
南雷文約 1379右
南雷文定五集 1379右
南雷文定四集 1379右
南雷文定前集、後集、三集 1379右
南雷文案、外卷 1380左
南雷文錄 1380左
南雷詩歷 1379右
1380左
南雷餘集 1380左
南雲書屋文鈔 1420左
11……南北新調 1715左
南北郊冕服議 456左
南北詞名宮調彙錄 1723左
……南北徽池雅調 1715左
南北朝文鈔 1537左
南北朝禊記 297右
南北史帝王世系表 366右
南北史補志 454右
南北史補志未刊稿 454右
南北史世系表 366右
南北史表 1733左
南北史年表 366右
南北春秋 331右
南北學派不同論 977右
17南磵詞 1615左
20南香詩鈔 1529右
南香畫語 935左
南統大君內丹九章經 1146右
21南征記 319右
南征集 1424右
南征紀略 612右
南征日記 617左
南征錄彙 302左
南行記 619右
南行集 1347右
南行紀程 616右
南行述 420右
南行日記(吳廣霈) 619右
南行日記(黃鈞宰) 617左
南行日記(楊慶之) 617右
南行日記(楊士聰) 317右
南行吟草 1462右
22南川草堂詩鈔 1448右
南豐詩選 1249左
南豐詩鈔 1249左
南豐先生元豐類藁 1249左
南豐先生全集錄 1249左
南豐風俗物產志 551左
南崖集 1406左
南嶽記 575左
南嶽倡酬集 1551右
南嶽遇師本末 1173左
南嶽九眞人傳 448左
南嶽小錄 575右
南峯雜咏 1355右
南山集 1457左
南山先生集 1309左
南山素言 732左
南山箸作考 650右
南山堂自訂詩 1394右
南幽雜俎 1016左
南幽百絕句 1528左
南幽筆記 452左
26南皐筆記 1082左
27南歸記(方宗誠) 617右
南歸記(吳錫麒) 615右
南歸集 1451左
南歸日錄 612左
28南徐州記 532右
南谿僅眞集 1410右
30南淮集 1395左
南濠詩話 1578左
南濠居士文跋 914左
南漳子 539左
南渡宮禁典儀 457左
南渡錄 300右
1732右

四〇二二七　南（三〇—四四）

30南渡錄大略 300右
南涼百官表 366左
南窗紀談 982右
983左
南窗漫記 1581右
南宮奏稾 497右
南宮奏牘 497右
南窰筆記 796右
南宦舊事 465右
南宗抉祕 934左
南宋方爐題咏 959右
南宋市肆紀 538左
南宋六陵遺事 569左
南宋雜事詩 382右
南宋石經攷異、遺字 185右
南宋制撫年表 369左
南宋宮閨雜詠 382右
南宋江陰軍乾明院羅漢尊號碑 445左
南宋古蹟考 538左
南宋故都宮殿 564左
南宋書 281左
南宋四名臣詞集 1748右
南宋院畫錄 434左
南宋院畫錄補遺 434右
南宋八家集 1745左
南宋館閣錄、續錄 470右
31南江文鈔 649左
南江札記 1026右
南江考 582右
南江書錄 649左
南滑楛語 1029右
南潛日記 451左
南遷日記 611右
南遷錄 302右
32南州草堂詞話 1719左
南州異物志 621右
南溪詞 1616左
南溪韓公年譜 411左
南巡名勝圖說 562右
南巡扈從紀略 613左
南巡盛典 458右
南巡日錄 310右
33南浦郡報善寺兩唐碑釋文 677左
南浦駐雲錄 618左
34……南斗六司延壽度人妙經 1144右
南斗延壽燈儀 1157右
南漢文字略 361右
南漢將相大臣年表 369左
南漢紀 361右
南漢叢錄 361右
南漢地理志 511右
南漢書 361右
南漢書考異 361右
南漢金石志 656右
南社文選 1546左
南社詩選 1545右
南社詞選 1647左
36南還記 614左
南還吟草 1517左
37南湖詩餘(張綖) 1614右
南湖詩餘(張鎡)、校記 1604左
南湖集(張鎡) 1277右
南湖集(貫性之) 1316右
南湖集古詩 1525右
南湖集鈔 1401左
南湖倡和集 1553右
南湖東游草 1525右
南澗文集 1429左
南澗詩餘 1599右
南澗詞選 1615左
南澗行 1503右
南澗遺文、補編 1429左
南澗甲乙稾 1268右
南澗甲乙稿、拾遺 1268右
南澗小集 1268右
南澳氣記 632右
南潯鎭志 520右
南冠血傳奇 1710右
38南洋記 632右
南洋蠡測 633左
南洋各島國論 632右
南洋述遇 633左
南洋事宜論 632右
南海康先生傳 412左
南海百詠、校譌、續校 552右
南海百詠續編 553左
南海集 1396左
南海山水人物古蹟記 553左
南海古蹟記 553左
南遊記 588左
南遊記舊 344右
南遊志傳 1131左
南遊草 1419右
南遊日記 588右
南遊筆記 597右
40南直集 1546右
南來志 613左
……南來堂詩集 1376右
41南極新地辨 639右
南極諸星考 871左
南極星度脫海棠仙 1672左
南柯記(湯顯祖) 1694右
南柯記(李公佐) 1100右
南柯太守傳 1100右
南柯夢 1695左
43南越記 552左
南越五主傳 356左
南越叢錄 356左
南越遊記 606左
南越志 552左
南越志佚文 552左
南越筆記 553左
44南蠹集 1351左
南荒振玉 558右
南苑一知集論詩 1585左
南苑一知集叢談 1007左
南苑唱和詩 1555右
南莊類稿 1417右
南蘭紀事詩鈔 1400左
南蔭堂姚氏家乘雜詠、續詠 1530左
南燕書(王景暉) 357右
南燕書(張詮) 357右
南燕錄 357右
南薰殿圖像攷 933右
南薰殿尊藏圖像目 932左
南華經傳釋 695右
南華經解 695右
南華經解選讀 695右
南華泚筆 695右
南華瀝滴萃 696左
南華邈 695左
南華逸篇 694左
南華通 696左
南華眞經、札記(郭嵩燾、孫毓修) 693右
694左、右
695右
南華眞經章句音義、章句餘事、餘事雜錄 694右
南華眞經新傳、拾遺 695左
南華眞經識餘 696左
南華眞經正義 696左
南華眞經殘卷校記 696右
南華眞經循本 695左
南華眞經注疏 694右

南華眞經直音 695左
南華眞經口義 695左
南華眞經影史 695右
南華眞經義海纂微 695左
南華雅言、重言 697左
……南菴詩 1398左
南楚新聞 1052右
南村詩集(孫鵬) 1413左
南村詩集(陶宗儀) 1322左
南村觴政 950右
南村草堂筆記 553右
南村輟耕錄 991右
45南樓月 1675左
南樓美人傳 1117右
47南朝梵剎志 566左
南朝史精語、札記 372左
南都死難紀略 402右
南都防亂公揭 314右
南橋廬詩草 1529右
50南中雜說 559左
南中論學存笥稿 1358左
南中集 1411右
南中紀聞 562右
南史、考證 271右
南史識小錄 372左
……南史詳節 371左
……南史瑣瑣 272左
南史佚文 272左
南史札記 272左
51南軒文集 1277左
南軒集 1277左
南軒先生論語解 140右
南軒先生孟子說 147左
南軒易說 13右
55南曲譜 1716右
南曲次韻 1712右
南曲入聲客問 1716右
南耕詞 1622左
57南邨帖攷 925左
60南國講錄 737左
南園文存 1524右
南園詩選 1441左
南園詩存 1524右
南園漫錄 993左
南園遊記 588右
南田詩 1395右
南田詩鈔 1395右
南田志略 542左
南田畫跋 914右
915左
67南畇詩槀、文槀、小題文稿 1404右
南畇老人自訂年譜 421左
南畇全集 1744左
南墅閒居錄 1092左
南野堂詩集 1461右
南野堂續筆記五種 1742左
南野堂筆記 1585右
70南陔六舟記 799左
71南鴈蕩紀游(郭鍾岳) 601右
南鴈蕩紀遊(張盛藻) 601右
72南岳商語 735右
南岳詩稿 1285左
南岳魏夫人傳 439左
南岳總勝集 575右
74南陸志 587左
南陵縣建置沿革表 537右
76南陽商學偶存 749左
南陽詩集 1242右
南陽詞 1593右
南陽集(韓維) 1248右
南陽集(趙湘) 1242右
南陽集補鈔 1248右
南陽集鈔 1248右
南陽樂傳奇 1707左
南陽名畫表 930左
南陽法書表 921左
南陽藥證彙解 812右
南陽書院學規 764左
77南岡草堂詩選 1500左
南屏百詠 599右
南屏贅語 502右
南學製墨劄記 802左
80南翁夢錄 634左
83南館文鈔 1523右
90南省公餘錄 468右
95南爐紀聞 301左
南爐紀聞錄 300右

4024_7 皮

17皮子文藪 1236右
皮子世錄 392右
21皮膚新編 832右
22皮山縣鄉土志 518左
28皮從事倡酬詩 1236右
60皮日休文集 1236右

存

00存齋古文、續編 1493左
03存誠錄 737右
存誠堂應制詩 1398右
存誠堂詩集 1398右
08存論 1001右
10存吾文集錄 1432左
16存硯樓文集 1416右
21存仁心曹彬下江南 1681左
28存復齋文集 1314左
存復齋集 1314左
存復齋續集 1314左
30存家詩稿 1353左
存審軒詞 1628左
33存治編 722左
34存漢錄 316左
35存神固氣論 1176左
存神鍊氣銘 1168左
40存友札小引 1561左
存存齋醫話稿 865左
存眞錄 749右
44存孝打虎 1663左
50存素堂文藁 1456右
存素堂詩槀 1456右
存素堂絲繡錄 798左
存素堂奏疏 500左
60存是錄 313左
70存雅堂遺稿 1291左
77存學編 741左
80存人編 767左
88存笥蠹餘 1368右
……存笥小草 1370右
存餘堂詩話 1578左
95存性編 741左
98存悔齋槀 1307左
存悔齋詩 1307左
存悔齋稿 1307左
存悔集 1428右
存悔堂詩草 1466左

4030_0 寸

16寸碧堂詩集、外集 1369右
33寸心知詩集 1434左
42寸札粹編 1560左
44寸草廬奏稿 501左
寸草廬贈言 440右
寸草軒詩賸 1515左
78寸陰叢錄 1009右

4033_1 赤

12赤水玄珠 820左
赤水遺珍 881右
赤水吟 1185右

22赤巖集 1419右
赤山湖志 583左
赤山會語 736右
赤山會約 736左
26赤泉元筌 821右
32赤溪雜志 553右
43赤城新志 521左
赤城詩鈔 1479左
赤城詞 1597左
赤城集 1547右
赤城後集 1547右
赤城志 521左
赤城別集 1547右
48……赤松記 1701右
赤松子章曆 1182右
赤松子中誡經 1155右
赤松山志 574右
赤松遊 1703左
70赤壁遊 1675左
……赤壁賦 1666右
赤雅 555左
77赤鳳髓 844右

4033$_1$ 志

06志親堂集 1503右
20志乘删補 522左
22志樂輯略 102右
27志壑堂雜記 1004左
志壑堂詞 1617左
志幻錄 1092右
30志寧堂稿 1410右
34志遠齋史話 377左
38志道集 1272右
40志古編 1487右
44……志林(虞喜) 1045右
志林(蘇軾) 981左
志林新書 1045右
志林佚文 1045右
60志異續編 1074右
70志雅堂雜抄 990左
志雅堂雜抄摘抄 672左
志雅堂雜鈔 990左
77志學編八種 1741左
志學會約 740右
……志學會規 764左
志學錄(方宗誠)、續錄748右
志學錄(陸世儀) 451左
志學堂殘詩 1365右
81志矩堂商語 735右
88志節編 385左
94志料 535右
97……志怪(孔□) 1085左
……志怪(祖台之) 1084右
……志怪(曹毗) 1084右
志怪(陸勳) 1088右
……志怪記 1085左
志怪錄(祝允明) 1092左
志怪錄(祖台之) 1084右
志怪錄(陸勳) 1088左

4033$_6$ 熹

10熹平石經魯詩殘石 183右
47熹朝忠節死臣列傳 402左

4034$_1$ 寺

44寺塔記 566左

奪

29奪秋魁 1704左

4040$_0$ 爻

71爻辰表 29左

女

02女訓約言 758左
03女誡 757左
08女論語 757左
10女三字經 758左
女雲臺北曲 1689右
女不費錢功德 758右
16女彈詞 1706右
20女千字文 758右
21女紅傳徵略 798左
女紅紗塗抹試官 1676右
女紅餘志 1065左
22女仙傳 1112右
23女狀元 1673左
女狀元辭凰得鳳 1673左
24女俠翠雲孃傳 1120左
女俠傳 1119左
女俠荆兒記 1081右
女科 836左
……女科證治約旨 838左
女科證治準繩 836左
女科要旨 837左
女科要略 837右
女科百問 835右
女科歌訣 837左
女科旨要 837左
女科經綸 836左
女科祕要 837左
女科祕旨 837左
女科切要 837左
女科折衷纂要 837右
女科輯要 836右
女科撮要 835右
女科原旨 837左
女科附翼 836左
女科醫案 837左
女科簡效方 837右
女科精要 836左
……女科精華 837右
30女官傳 438右
37女盜俠傳 1120左
女冠耿先生傳 1119右
40女直考 324左
女才子 1080左
44女孝經 757左
女姑姑說法陞堂記 1682左
女英傳 438右
女世說 1079右
50女丈夫 1693右
女史 1047左
女史吟 1510左
女青鬼律 1156左
女專諸雜劇 1688右
77女兒經 758右
女兒經註 757右
女兒書輯八種 1737左
女學 758左
女學言行纂 758左
女學士明講春秋 1682左
女學七種 1737左
女學篇 758左
女閑 758右
88女鑑錄 758左
女範 757左
90女小兒語 757右
95女性詞選 1645左

4040$_1$ 幸

00幸齋詩錄 1513左
27幸魯盛典 458右
40幸存錄 318右
60幸蜀記 360右

4040$_7$ 支

00支雜漫語 375左
04支諸皐 1089左
09支談 972右

10支更說 775左
32支遁集 1206左

李

00李方叔遺稿 1256右
李商隱詩集 1233右
1234左
李鷹畫品 927左
李文誠公遺詩 1499右
李文正公集 1334左
李文山詩集 1235左
李文淸公文集 1461左
李文淸公奏疏 500左
李文蔚雜劇 1749左
李文恭公詩存 1460右
李文恭公詩集、文集 1460右
李文恭公行述 411左
李文恭公奏議 500左
李文忠公遺集 1484右
李文忠公事略 411右
李文公集 1228右
1229左
李文饒文集、別集、外集、補、訂正 1231左
李文簡詩集 1268左
李章武傳 1099右
01李襲侯遺集 1515右
02李端詩集 1225右
李端集 1225右
04李詩辨疑 1220左
李詩鈔評 1220左
10李五峯詩集 1314右
李亞仙花酒曲江池（石君寶） 1659左
李亞仙花酒曲江池（朱有燉） 1671右
李亞仙花酒曲江池雜劇 1659左
李元膺詞 1595右
李元賓文集 1227左
李元賓文編、外編 1227左
李石亭文集 1422右
李石亭詩集 1422右
李百藥集 1216左
李西崖擬古樂府 381右
李西漚老學究語 761左
李雲英風送梧桐葉 1668右
李雲英風送梧桐葉雜劇 1668右
李雲卿得悟昇眞 1683右
11李北海集 1219左
12李延平先生文集 1264右
13李武選集 1351右
17李丞相詩 1240右
李丞相詩集、校勘記 1240右
李子田詩集 1353右
李羣玉詩集、後集 1235左
李羣玉集 1235左
李君虞詩集 1225右
20李千戶集 1345左
李集 1220左
21李虛中命書 903右
李行季詩餘 1614右
李行季遺詩 1366右
李行道雜劇 1750左
李衞公詩集 1231左
李衞公替龍行雨 1686右
李衞公別傳 1105右
李衞公問對 773左
李衞公會昌一品集、別集、外集 1231左
李卓吾評于節闇集 1331左
李卓吾評選方正學文集 1329左
李卓吾評選楊椒山集 1350右
李卓吾先生批評玉合記 1694左
李卓吾先生批評琵琶記 1691右
李卓吾先生批評幽閨記 1691右
李卓吾批選王摩詰集 1219右
李卓吾批選陶淵明集 1207左
李比部集 1348左
李師師外傳、校譌、續校 1116左
22李嵩渚集 1341左
李後主詞 1592左
李嶠雜詠 1216右
李嶠集 1216右
李山甫詩集 1237右
23李崆峒先生詩集 1337左
24李德潤詞 1591右
李侍御集 1360右
李劬菴詩 1395左
25李生集 1357右
李仲修集 1326右
李仲達被逮紀略 314左
李紳傳 1104左
李繡子先生詩 1451左
26李白登科記 1685右
李白羽集 1360右
……李伯仁集 1199右
27李盤金湯十二籌、圖式 774右
李叔豹遺詩 1479左
28李徵士遺稿 1505右
29李秋羽集 1360右
30李空同詩集 1337左
李空同集 1337左
李涪刊誤 1017右
李進取雜劇 1749右
李宮詹文集 1331左
31李江州遺墨題跋 1557右
李迃仲黃實夫毛詩集解 53左
33李必恒詩選 1411左
李泌傳 1097右
34李逵負荆 1658左
李遠詩集 1234右
35李淸傳 1103左
李淸照詞 1597右
36李溫陵外紀 419右
37李洞詩集 1240左
李退叔文集 1221右
……李鄴侯年譜 405左
40……李十郎紫簫記 1694右
李太白文集 1220左
李太白詩集註 1220左
李太白詩選 1220左
李太白詞 1591左
李太白集 1220左
李太白貶夜郎 1657左
李太白匹配金錢記 1662右
李太白匹配金錢記雜劇 1663左
李太史集 1353右
李直夫雜劇 1749左
李才江詩集 1240左
李克書 684左
李克用箭射雙雕殘本 1648左
李內翰集 1353右
李希白先生年譜 432右
李赤傳 1100左
李嘉祐集 1222左
李杏山集 1344右
李壽卿雜劇 1749右
41李姬傳 1118右
44李茱猗女史全書 1744左
李莊簡詞 1596左
李蘭臺集 1199右

44李草閣詩集、拾遺、文集　1327左
李娃傳　1101左
李英集　1357右
李謩吹笛記　1048右
李林甫外傳　1111右
46李坦園詩　1391右
李駕部前集、後集　1350右
李恕谷先生年譜　421右
李恕谷遺書　1736右
李賀小傳　426右
李相國論事集、遺文　405左
47李好古雜劇　1749右
48李翰林醉草清平調　1686左
李翰林集　1220左
李梅邨詩　1400右
49……李妙淸花裏悟眞如　1671右
50李中丞遺集　1422右
李申耆先生尺牘　1450右
李夫人傳　1110左
李靑霞集　1350右
李忠定梁溪詞　1597右
李忠定公別集　1732右
李忠定公年譜　406右
李忠愍公集　1265右
李素蘭風月玉壺春　1657右
李素蘭風月玉壺春雜劇　1657左
李素園詩　1392左
53李成山水訣　926右
李咸齋文鈔　1389右
58李敷詩集　1266右
李贄　452左
60李日華南西廂記　1692左
李見羅集　1365右
李昌符詩集　1236左
67李嗣源復奪紫泥宣　1680右
71李蜃園先生年譜　419右
李厚安詩選　1524左
李頎詩集　1220右
李頎集　1220右
李長吉文集　1231右
李長吉詩集、外集　1231右
李長吉歌詩、外集　1231右
李長吉集　1231右
72李氏詩存　1746右
李氏刊誤　1017右
1018左
李氏續焚書　997右
李氏花蕚集　1645右
李氏蒙求　1041右
李氏孝經注輯本　160左
李氏焚書　1353左
李氏事蹟考　426左
李氏春秋　685左
李氏易傳校　11左
李氏易解賸義　25左
李氏學樂錄　101右
77李學憲集　1350左
80李益集　1225右
李翁醫記　862右
李介立詩鈔　1382左
李義山文集　1234左
李義山文集箋註　1234左
李義山詩註　1234左
李義山詩集　1233右
1234左
李義山詩集注　1234左
李義山集　1233右
李公子集　1344右
李公子傳　1118右
83李鐵君先生文鈔　1413右
90李懷州集　1215左
李光祿公遺集　1481右
李尙寶集　1353左
李尙書詩集　1225右

4040₇ 孛

43孛朮魯文靖公遺文　1311左

4044₀ 卉

88卉箋　788右

4046₅ 嘉

00嘉應平寇紀略　335左
嘉慶山陰縣志　521左
嘉慶東鹿縣志　515右
嘉慶東巡紀事　328左
嘉言存略　740右
02……嘉話錄　1051左、右
嘉話錄佚文　1051右
05嘉靖新例　487左
嘉靖上海縣志　515左
嘉靖仁和縣志　520左
嘉靖以來內閣首輔傳　401右
嘉靖以來首輔傳　401右
嘉靖東南平倭通錄　311左
20嘉禾百詠　540左
嘉禾徵獻錄、外紀　389左
……嘉禾志　520左
嘉禾問錄　733右
22嘉樂堂詩集　1440右
27嘉魚考　62右
30嘉定先生奏議　501左
嘉定物產表　525左
嘉定赤城志　521左
嘉定縣乙酉紀事　320右
嘉定贈別詩文　1554左
嘉定屠城紀略　320右
嘉定屠城慘史　321左
嘉定錢氏藝文志略　653左
嘉定鎭江志、校勘記　519右
嘉賓心令　949右
34嘉祐雜志　1055左
嘉祐集　1247左
嘉祐集選　1247右
44嘉蔭簃論泉截句　663右
嘉蔭簃集　1467左
嘉蔭簃藏器目　659右
嘉蓮燕語　1065右
47嘉懿集初鈔、續鈔　1036左
嘉穀山房詩草　1505左
嘉穀堂集　1442右
50嘉泰會稽志、寶慶續志　521左
60嘉量算經、問答、凡例　879右
77嘉隆新例　455右
嘉興徐子默先生吊脚痧論　829左

4050₆ 韋

00韋庵經說　171左
韋齋詩鈔　1265右
韋齋集　1265右
韋齋集補鈔　1265右
10韋弦佩　1032右
24韋先生詞　1593右
26韋自東傳　1107左
27韋鮑二生傳　1112左、右
30韋安道傳　1114左
40韋十娘傳　1119右
44韋蘇州詩集　1221右
韋蘇州詩鈔　1221右
韋蘇州集、拾遺　1221右
韋蘇州集校正拾遺　1221右
52韋刺史詩集　1221右
77韋鳳翔古玉環記　1701右
韋居聽輿　1055左

4051₄ 難

*12*難孫氏毛詩評 51左
*21*難經 810左
難經章句 810右
難經正義 810右
難經集注 810右
難經經釋 810右
難經古義 810右
難經本義 810右
難經懸解 810右
*27*難解二十四篇 900右
30……難字 222左、右
*38*難遊錄 321右
*44*難蓋天 867左
難老集 1556右
難杜 106左
*50*難中記 334右
*90*難光錄 936左
*95*難情雜記 334右

4054_7 韓

*00*韓言 1363右

4060_0 古

*00*古方彙精 859右
古方八陣 858右
古廉集 1327左
古文 196右
古文龍虎上經註 1169右
古文龍虎經註疏 1169左
古文韻語 1561右
古文論語 137左
古文瑣語 277右
古文辭彙纂序目 1537左
古文辭類纂、校勘記 1537左
古文辭類纂約選 1537左
古文集成前集 1536左
古文參同契集解、箋註集解、三相類集解 1180左
古文官書 196右
……古文淵鑑 1536右
古文奇字 196右
古文苑、校勘記 1535右
古文孝經 156左
古文孝經說 158右
古文孝經孔氏傳 156左
古文孝經述義 157左
古文孝經指解 157右
古文四聲韻 198左
古文甲乙篇 193右
古文品外錄 1536右
古文雅正 1536右
古文原始 199右
古文周易參同契註 1180右
古文關鍵 1536左
古文尙書 34右
37左
38左
古文尙書商是 47右
古文尙書辨(焦循) 47左
古文尙書辨(朱彝尊) 47左
古文尙書辨僞 47左
古文尙書辨惑 47右
古文尙書音 48左
古文尙書訓 37左
古文尙書訓旨 37右
古文尙書疏 37右
古文尙書疏證 47左
古文尙書舜典注 44左
古文尙書私議 47右
古文尙書釋難 47右
古文尙書冤詞 47左
古文尙書冤詞平議 47右
古文尙書析疑 47右
古文尙書考(惠棟) 47左
古文尙書考(陸隴其) 47左
古文尙書撰異 42右
古文尙書拾遺 44左
古文精藻 1536右
古言 1022右
古言類編 1022右
古音諧 211左
古音後語 209左
古音叢目 209左
古音複字 209左
古音獵要 208右
古音表 209右
古音輯略、備考 212左
古音略例 208右
古音附錄 208右
古音閣吟草鈔 1455左
古音駢字、續編 208右
209左
古音合 211左
古音餘 208右
古音類表 212右
古諺閒譚 1585右
古諺箋 1562左
古雜劇 1751右
*01*古語訓略 224左
*02*古刻叢鈔 666左
古訓粹編 1737左
*04*古誌新目初編 665右
古誌石華 666右
古誌彙目初集 665左
古詩評選 1534左
古詩解 1538左
古詩紀 1533右
古詩源 1534左
古詩選 1744右
古詩十九首說 1538左
古詩十九首解 1538左
古詩十九首注 1538左
古詩十九首箋注 1538左
古詩獵雋 68左
古詩鏡 1533右
*06*古韻證 212左
古韻譜 211左
古韻總論 211右
古韻通略 209右
古韻標準 210左
古韻異同摘要 211左
*07*古韵論 211右
古謠諺 1562左
*08*古論語 144右
古譜纂例 392左
*10*古三疾齋雜著 1463右
古三墳 293右
……古玉環記 1701右
古玉考 671右
古玉圖 671右
古玉圖攷 671右
古玉圖考補正 671右
古玉器 672左
古靈詩集 1248右
古靈集 1248左
古雪詩餘 1626左
古干亭詩集、文集 1462右
古石抱守錄 666左
*11*古琴疏 936左
古琴考 937左
*12*古列女傳、續列女傳 437右
*16*古碑證文選本 666右
古碑孤本錄 671左
*18*古政原論 977右
古政原始論 977右
*20*古雋 1035右
古香慶詞 1621左
古香樓詩集 1407右
古香樓詩鈔 1491右
古禾雜識 540左

20古穡雜錄 348左
古穡雜錄摘抄 348左
古穡集 1331右
21古儷府 1043右
古行記校錄 1735左
古經診皮名詞 850左
古經天象考、圖說、緒說 874左
古經解鉤沈 172右
古經服緯、釋問 98左
22古劇脚色考 948左
古鼎外集 1311右
古嶽瀆經 1100右
古仙導引按摩法 845左
古山樂府 1613右
古樂府 1533左
古樂經傳 101右
古樂苑 1533右
古樂書 100左
24古豔樂府 1472左
25古律經傳附考 102右
古律呂考 103左
古傳 1047左
26古泉雜詠 664左
古泉山館題跋 652左
古泉山館金石文編殘稿 658左
古泉叢話 663右
古泉叢攷 664左
古泉匯首集、元集、亨集、利集、貞集 663右
27古名家雜劇 1751右
28古微書 1729右
古微書訂誤 227右
古微書存考 227右
古微堂內集、外集 1460左
古俗字略 198右
30古永興往哲記 389右
古寫經尾題錄存 1192左
古寫本貞觀政要、佚篇、校記 297右
古字便覽 198右
……古宮詞 382左
32古州雜記 558右
古洲詞 1603右
33古浪縣誌 517左
34古法養生十三則闡微 847左
35古淸涼傳 445右
古禮樂述 95左
古禮器略說 662左
古禮今律無繼嗣文 461左
古遺詩鈔 1520左
古遺小集 1297左
37古氾城志 521右
古逸詩載 65左
古逸歌謠 1561右
古逸民先生集 1297左
38古洋遺響集 1248右
古海國遺書鈔 1735左
古海國沿革考、沿革表621左
40古大學注 132右
古南餘話 1008左
古女考、補考 438右
古奇器錄 957左、右
古杭雜記 538左
古杭新刊的本尉遲恭三奪槊 1660左
古杭新刊的本關大王單刀會 1649左
古杭新刊的本關目風月紫雲庭 1659左
古杭新刊關目霍光鬼諫 1662左
古杭新刊關目的本李太白貶夜郎 1657左
古杭新刊關目輔成王周公攝政 1660右
古杭新刊小張屠焚兒救母 1664右
古杭夢游錄 538左
古杭夢游錄 537右
43……古城記 1701右
古城集 1334左
古越書 541右
44古墓斑狐記 1095右
古芬書屋律賦 1437左
古藤書屋詩存 1485左
古孝子傳 1734左
古孝彙傳 443右
古林金石表 655右
45古樓觀紫雲衍慶集 567左
46古塤攷釋 673左
古觀人法 905左
古柏齋讀書雜識 1029左
古柏重靑圖題識 1559左
古槐草堂集 1420左
47古均閣文、詩 1479右
古歡室詩集 1516右
古歡社約 960左
古歡堂集 1397左
古歡堂集雜著 1024右
古歡堂經籍舉要 650左
古胡服考 381左
古桐書屋劄記 748左
古格言 1036左
48古梅吟稿、遺稿 1295右
古梅吟藁 1295右
50古史 276右
古史序論 377左
古史釋地 505右
古史紀年 286左
古史考 380左
古史考年異同表、後說286右
古史輯要 371左
古夫于亭雜錄 1004右
古夫于亭詩問答 1583左
古畫品錄 925左
古本大學解 133右
古本大學輯解 134左
古本難經闡注 810右
古本葬經 900左
古本葬書 900左
古本竹書紀年輯校 286左
古書經眼錄 652右
古書疑義舉例 1029右
古書疑義舉例續補 1029右
古書疑義舉例補 1029右
古書疑義舉例補附 1029右
古書疑義舉例校錄 1029右
古書拾遺 1036左
古書目四種 1735左
古春軒詞 1625右
55古井遺忠集 1559右
古典錄略 1728左
57古握機經、緯 768右
60古墨齋詩鈔 1463左
古墨齋金石跋 657右
古國都今郡縣合考 505左
古易音訓 33右
古易考原 32右
古品節錄 384右
古異傳 1086右
63古賦辨體、外集 1535左
66古器物識小錄 663左
古器物范圖錄、附說 656左
67古明器圖錄 673左
70古壁叢鈔 1471左
71古曆表 876右
古曆鉤沈 876右
古曆管窺 876右

72古岳瀆經 570左
古兵符考略殘稿 658左
77古周易 13右
古周易章句外編 896右
古周易訂詁 18右
古局象棋圖 943右
古學攷 182右
古學復興錄 101左
古巴雜記 638右
古巴述略 639左
古巴節略 638右
古印考略 664左
古印考略摘抄 664左
80古人言 1562右
古人居家居鄉法 767右
古金待問錄、錄餘、續錄 663左
古鏡記 1096右
古鏡圖錄 660右
古鏡錄 1077左
古今文字通釋 193右
古今文字表 196右
古今文派述略 1588左
古今交食考 870左
古今註、校記 1017左
古今諺 1562左
古今諺拾遺 1562左
古今雜劇敍錄 650右
古今譚概 1124右
古今訓 964右
古今詩刪 1533右
古今諸術考 875右
古今韻攷、附記 210左
古今韻略注訂 213左
古今韻會舉要 207右
古今韵攷 210左
古今詞話(沈雄) 1719右
古今詞話(楊偍) 1717右
古今詞論(王又華) 1718右
古今詞論(□□) 1721右
古今說海 1741右
古今論詩集句 1586右
古今正字 223右
古今五服考異 461左
古今夏時表 505左
古今列女傳 438左
古今碑帖攷 665左
古今刀劍錄 662左
古今歲實考校補 874右
古今歲時雜詠 1541左
古今樂錄 935右
古今外國名考 624右
古今僞書考 640左
古今僞書考書後 640右
……古今儲貳金鑑 376右
古今律曆考 869左
古今冬至表 876左
古今名劇合選 1751右
古今紀要 370右
古今紀要逸編 370右
古今注 1017左
古今字音 204右
古今字詁 222左
古今官制沿革圖 362左
古今禪藻集 1533右
古今逸史 1741左
古今通韻 208左
古今通韻括略 210左
古今通論 1017右
……古今女科醫案選粹 838左
古今地名 511右
古今考 1020右
古今孝友傳 443右
古今孝友傳補遺 443右
古今藥石 1035右
古今姓氏書辯證、校勘記 395右
古今趣譚 1082右
古今事物考 1043左
古今推步諸術考 875左
古今畫鑑 928右
古今靑白眼 1038左
古今書評 918左
古今書刻 654右
古今墨論 801右
古今原始 1043左
古今風謠 1561右
古今風謠拾遺 1561右
古今同姓名錄 396右
古今醫論 822右
古今醫徹 822右
古今醫案按選 861右
古今印說補 941左
古今印制 941右
古今印史 940左
古今無慶生日文 461左
古今合璧事類備要前集、後集、續集、別集、外集 1042右
古今善言 1034右
古今朔實考校補 874右
古今朔閏考 875右
85古鉢集選 1395右
87古銅瓷器攷 957右
88古算衍略 881左
古算器考 881右
古籌算考釋 891左
古籌算考釋續編 891左
90古棠塾言 978左
94古懽錄 442左

右

11右北平集 1385右
23右台仙館筆記 1078左
37右軍年譜 435左
50右書 1030右

4060₁ 吉

00吉慶圖 1704左
10吉雨山房文集 1488右
吉雨山房詩集 1488右
吉雨山房遺集 1744右
吉雲子 1198右
吉雲居書畫續錄 912右
吉雲居書畫錄 912左
17吉羽草 1458右
22吉仙賸稿 1500右
吉凶影響錄 1090右
吉凶服名用篇、敍錄 98左
32吉州二義集 1746左
38吉祥兆 1705右
吉祥錄 756右
44吉林形勢 527右
吉林外記 527右
吉林地略 527右
吉林勘界記 480右
60吉貝居雜記 275左
吉貝居暇唱 1435右
吉羅盦印存 942右
80吉人詩鈔 1485右
吉金樂石山房文集、續編、詩集 1467右
90吉光集 1404右
吉光片羽 1545右
吉光片羽錄 1550右

嗇

00嗇庵手鏡 1002右
80嗇翁檠史 1004左

4060₁ 奮

53奮威將軍左都督王忠勇公事實 410左

4060₅ 喜

37喜逢春 1701左
77喜聞過齋文集 1446左
90……喜賞黃花峪 1667右

4060₉ 杏

00杏庭摘稾 1307右
22杏山撫稿 1295左
26杏伯公遺詩 1511右
32杏溪傅氏禹貢集解 44右
44杏花村琴趣 1623右
杏花村集 1247左
杏花村傳奇 1707左
杏花村志 537右
杏林莊吟草 1434右
杏林擷秀 437左
51杏軒醫案初集、續錄、輯錄 862右

4062₁ 奇

00奇方纂要 860左
02奇證祕錄 823左
10奇石記 957左
13奇酸記傳奇 1708左
17奇子雜言 973左
21奇經八脈考 849左
22奇觚室樂石文述 666右
26奇鬼傳 1111右
30奇字韻 209左
奇字名 220左
31奇福記 1704右
36……奇遇玉丸記 1698左
38奇游漫記 587左
45奇姓通 396左
60奇男子傳 1108左
77奇聞口訣 908左
奇聞錄 1082左
奇聞類記 1068左
奇聞類紀摘鈔 1068左
奇門占驗 905右
……奇門定局 905左
奇門遁甲祕要 905右
奇門遁甲啓悟 905右
奇門賦專征 905右
奇門數略 905右
奇門臆解 905右
奇門金章 905右

4064₁ 壽

00壽亭侯怒斬關平 1680左
06壽親養老新書 845右
壽親養老書 845右
11壽研山房詞 1636右
42壽櫟廬文集、詩集 1522右
壽櫟廬巵言和天 1522右
43壽域詞 1593左
44壽萱集 440右
壽考附錄 411右
壽花軒詩略 1480左
壽花堂律賦 1433左
壽者傳 444左
壽蕿詞 1554右
壽世正編 847左
壽世青編 847左
47壽聲堂詩稿 1504左
48壽梅山房詩存 1405左
53壽甫 1690左
76壽陽記 537左

4071₀ 七

00七療 1408右
七言詩三昧舉隅 1585右
七言詩平仄舉隅 1585左
七言律詩鈔 1534右
七言今體詩鈔 1534左
07七部語要 1186左
七部名數要記 1186左
10七一軒稾 1405右
七一軒詩鈔 1405右
七元召魔伏六天神咒經 1149右
七元璇璣召魔品經 1149右
七元眞訣語驅疫祕經 1149右
七元眞人說神眞靈符經 1152右
12七烈傳 1118右
14七破論 1175左
18七政 1738左
七政細草補註 871右
七政推步 868右
七政前均簡法 871右
七政算學 876左
21七經詩 169左
七經孟子考文補遺 181右
七經樓文鈔、校勘記 1480右
七經義綱 169右
七經小傳 169右
七經精義纂要 178右
22七峯詩稿 1452右
七峯詩選 1449右
七峯遺編 320右
24七緯敍錄敍目 227右
26七釋 1386左
27七夕夜遊記 1080左
七修類稿、續稿 995右
七修類藁 1123右
30七家詞鈔 1748右
七家印跋 942左
七寶莊嚴 1133右
33七述 537右
40七十二候考(曹仁虎) 504右
七十二候考(俞樾) 505左
七十二候令 950右
七十二葬法 901右
七十四種疔瘡圖說 833左
七太子傳 386左
七克 1192右
七眞年譜 447右
41七幅菴 1002左
七姬詠林 438右
43七域修眞證品圖 1153右
44七勸口號 1033右
46七娛 1448右
50……七表八裏九道脈訣論并治法 848右
57七招 1436右
60……七里灘 1662左
七星巖記〔一〕 576右
七星巖記〔二〕 576右
七國正朔不同攷 874右
七國地理考 506左
七國考 454左
67七曜曆日 877左
七略 644右
七略佚文 644右
七略別錄 644右
七略別錄佚文 644右
77七月漫錄 60右
79……七勝記 1697右
80七人聯句詩記 1552左
81七頌堂識小錄 909右
七頌堂詩集 1392左
七頌堂詞繹 1718右
87七錄 645右
七錄序目 645右

97七怪 721右

4073₁ 去

23去伐論 718右
24……去僞齋文集 1354右
44去華山人詞 1613左

4073₂ 袁

00……袁文正還魂記 1701左
袁文箋正、補注 1423左
袁文箋正補正 1423左
10袁正獻公遺文鈔 1275右
袁天綱外傳 1105右
17袁了凡斬蛟記考 419右
袁子正論 1017左
袁子正書 718右
25袁生懺法 1190右
27袁督師配祀關岳議案 459左
袁督師遺集 1364右
袁督師事蹟 408右
袁督師計斬毛文龍始末 315左
30袁家三妹合稿 1747左
32袁州二唐人集 1746左
袁州石刻記 676右
33袁浦札記 175右
38袁海叟詩集、補 1327右
袁海叟集 1327右
40袁太史時文 1423左
44袁杜少詩 1402右
50袁中郎未刻遺稿 1362右
袁忠憲集 1208右
72袁氏傳 1113右
袁氏家書 1549右
袁氏世範 752左、右
袁氏義犬 1675左
76袁陽源集選 1208右
77袁陶村文集 1427左
袁學憲集 1345左
80……袁會元集 1360左
90袁小修集 1362右
袁小修日記 450右

喪

27喪祭雜說 461左
35喪禮雜說 461左
喪禮詳考 79左
喪禮吾說篇 78右
喪禮經傳約 79左
喪禮備纂 460左
喪禮通俗編 462右
喪禮或問 79左
喪禮輯要 461右
喪禮餘言 460右
44喪葬雜說 903左
喪葬雜錄 460右
77喪服雜說 462左
……喪服譜 80左
喪服要記(王肅) 79右
……喪服要記(賀循) 80左
喪服要記注 80右
喪服要集 80左
喪服翼注 81左
喪服經傳 79左
喪服經傳王氏注 79右
喪服經傳補疏 81左
喪服經傳袁氏注 80左
喪服經傳略注 80右
喪服經傳馬氏注 79左
喪服經傳陳氏注 80左
喪服變除(戴德) 79左
喪服變除(鄭玄) 79左
喪服變除圖 79右
80左
喪服私論 81左
喪服釋疑 80左
喪服彙識 81左
……喪服注 80右
喪服通釋 462左
喪服難問 80右
喪服古今集記 80右
喪服世行要記 80右
喪服或問 81左
喪服今制表 462左
喪服會通說 81左
喪服鄭氏學 81左
喪服答問紀實 81左

4077₅ 嗇

77嗇關錄 358右

4080₁ 走

71走馬急疳眞方 835左
77走鳳雛龐掠四郡 1679右

眞

00眞意堂佚稿 1393左
……眞文忠公文集 1279右
……眞文忠公讀書記 730左
眞文忠公政經 471右
眞文忠公心經 730左
眞率記事 1056右
眞率會約 960左
眞率筆記 1056右
01眞龍虎九仙經 1164右
04眞誥 1183左
眞誥篇 1169右
08眞詮 1173右
09眞談 733右
10眞一金丹訣 1164右
眞靈位業圖 1154左
……眞元通仙道經 1138左
眞元妙道要略 1178左
眞西山政訓摘要 471右
眞西山先生集 1279右
眞西山先生教子齋規 751右
13眞武靈應護世消災滅罪寶懺 1163左
眞武靈應眞君增上佑聖尊號册文 1154右
15眞珠船 996左
21眞經歌 1174右
22眞仙要語 1186左
眞仙祕傳火候法 1175右
眞仙眞指語錄 1172左
眞山民詩集 1295右
1296左
眞山民集 1296左
26眞傀儡 1674左
32眞州官舍十二詠 1559左
眞州救荒錄 479左
眞州風土記 536右
40眞眞曲 1325左
44眞藏經要訣 1133右
眞菩薩 1129右
46眞如室詩 1525左
48眞松閣詞 1630左
眞松閣集 1488右
65眞蹟日錄、二集、三集 911左
72眞臘風土記 627左
80眞人高象先金丹歌 1171左
眞氣還元銘 1167左
90眞賞齋賦 910右

4080₆ 賁

60賁園詩鈔 1509右
賁園書庫目錄輯略 640左

賚

26賚鬼傳 1098左
44賚藝文 975左

4090_0 木
00木庵文稾 1500右
木庵藏器目 659右
木庵居士詩 1500右
04木訥先生春秋經筌 124左
10木耳占記 577左
木天禁語 1577左
21木經 489右
40木皮子詞 1714右
木皮散人鼓詞 1714右
44木蘭女 1673左
46木棉譜 782左
47木樨香 1710左
52木剌夷補傳稿 632左
77木几冗談 973右
80木鐘集 730左
88木筆雜鈔 1576左

4090_1 奈
21奈何天傳奇 1704右
54奈搭勒政要 638左

4090_3 索
72索隱玄宗 902右
88索笑詞 1633左

4090_8 來
00來齋金石刻考略 657右
來齋金石考 657右
10來霞詩鈔 1403左
17來子 1233左
22來山閣詩草 1418左
25……來生債 1663左
28來復堂講義 1727右
來復堂論語講義 142右
來復堂孟子講義 148左
來復堂私說 722右
來復堂家禮 462左
來復堂家規 756左
來復堂海防私籌 483左
來復堂大學古本釋 133右
來復堂學內篇、外篇 746右
來復堂小學補 761左
40來南雜俎 1525右
來南錄 608右
47來鶴亭詩 1321右
來鶴亭集 1321右
來鶴山房文鈔 1473右
來鶴草堂稾 1321右
50來青堂遺草 1488右
66來瞿唐集 1352右
77來學纂言 745左

4091_4 柱
67柱明集 1375右

4091_6 檀
17檀孟批點 170左
檀弓辨誣 88左
檀弓訂誤 88左
檀弓記 87右
檀弓解 87右
檀弓疑問 88左
檀弓叢訓 87右
檀弓通 88左
22檀欒子詞 1591右
50檀青引 1526左
60檀園集 1363左

4091_7 杭
00杭府仁錢三學灑埽職 465右
17杭郡庠得表忠觀碑記事 671左
28杭俗遺風 539右
32杭州雜著 1741左
杭州上天竺講寺志 566左
杭州遊記 588左
杭州城南古蹟記 599右
37杭湖防堵記略 334右
40杭志三詰三誤辨 520左
杭嘉湖三府減漕紀略、奏稿 475右
43杭城辛酉紀事詩 335左
杭城再陷紀實 334右
杭城紀難詩 334右
杭城紀難詩編 335左
杭城治火議 538右
44杭世卿集 1337右
50杭東卿集 1338右
77杭居雜憶 1015左

4092_7 柿
44柿葉庵詩選 1387右
柿葉軒筆記 1025右

槁
88槁簡贅筆 1570右

檇
40檇李詩繫 1547左
檇李記 312左

4093_1 樵
00樵庵樂府 1612左
09樵談 968左
10樵玉山房詞 1626左
樵西草堂詩鈔 1491左
樵雲獨唱 1315左
樵雲獨唱詩集 1315左
12樵水集 1313左
17樵歌、校記 1597右
樵歌拾遺 1597右
20樵香小記 1025左
22樵川二家詩 1746左
37樵湖詩鈔 1489右
44樵菴詞 1612左
72樵隱詩存、文存 1518左
樵隱詩餘 1602右
樵隱詞 1602右
樵隱昔寱 1486右
76……樵陽經 1185左
77樵風樂府 1641右

4094_1 梓
30梓室文稿 1404右
……梓潼帝君應驗經 1135左
梓潼帝君化書 1154右
……梓潼帝君本願經 1135左
梓潼傳 1710右
梓潼士女志 391右
392左
32梓溪文鈔外集 1340右
梓溪文鈔內集 1736左
60梓里遺聞 541左
梓里舊聞 536右
80梓人傳 1100左

4094_8 校
00校註婦人良方 835右
01校訂困學紀聞三箋 1021右
04校讀漢書札記 265右
10校正康對山先生武功縣志 517左
校正元親征錄 303右
校正孔氏大戴禮記補注 91左
校正武經七書 1737左
校正九章算術及戴氏訂訛 877右
校正古今人表 398右

校正萬古愁 1714右
校正韓汝慶先生朝邑志 516右
校正朝邑志 516右
校正原本紅梨記 1696右
16校碑隨筆 668左
20校讐述林 640左
校讐通義 640左
21校經室文集 1517右
校經堂學程、勸約、學議 748左
30校官碑集字聯 944右
校定前漢書自序 265右
33校補叢殘 515左
34校漢書八表 266左
35校禮堂文集 174左
校禮堂詩集、文集 1443左
44校夢龕集 1639左
48校松江本急就篇 201右

4098₂ 核

42核桃吟 1469右

4099₄ 森

00森齋雜蒟 1462左
森齋彙稿 1741右

4111₁ 壠

21壠上記 1088左

4121₄ 狂

00狂言、別集 1362左
狂言紀略 375左
44狂鼓史漁陽三弄 1672右
47狂奴傳 1097左
50狂夫之言、續 973右
狂夫酒語 806右

4122₇ 獅

17獅子崖記 608左
62獅吼記 1695右

4124₆ 麵

81麵缸笑 1706右

4126₀ 帖

87帖錄 924右
88帖箋 924右

4141₆ 姬

24姬侍類偶 438左

4146₀ 妬

07妬記 1047左

4154₆ 鞭

17鞭歌妓 1675右

4191₄ 杠

17杠了集 1081左
80杠貪贓 1129右

極

00極玄集 1539左

4191₆ 桓

40桓眞人升仙記 449左
71桓階別傳 404左
72桓氏世要論 963左
80桓令君集 1201右

樞

00樞言、續 976右

4191₇ 柜

51柜軒筆錄 1012右

4192₀ 柯

00柯亭詞 1621右
柯齋詩餘 1617右
22柯山詩餘 1595左
柯山集 1257左
柯山集補 1257左
柯山漫錄 1012右
柯山小志 574左
30柯家山館詞 1628左
柯家山館遺詩 1451左
50柯素培詩 1400左
柯素培詩選 1400左

4192₇ 樗

30樗寮文續藁 1455右
40樗壽贈言 1555右
44樗蒲經略 951右
樗繭譜 785右
樗菴存藁 1426左
樗菴日錄 734左
樗菴類藁 1327左
樗林偶筆、續筆、閒筆 1003右
60樗園銷夏錄 1008右
72樗隱集 1320右

4194₇ 板

42板橋雜記 1072左
板橋詩鈔 1415右
板橋記 1098左
板橋詞鈔 1622右
板橋家書 1415右
板橋道情 1714左
板橋題畫 916左
77板輿迎養圖詩 1558右

4196₀ 柘

10柘西精舍詞 1620左
柘西精舍集 1620左
37柘湖宦游錄 432右
柘湖道情 1714左
44柘枝譜 939左
51柘軒詞 1614右
柘軒集 1324右

栖

10栖霞小稿 1431右
20栖香閣詞 1619右

槲

32槲溪居士集 1262右
90槲堂詩鈔 1450右

4196₁ 梧

25梧生駢體文鈔 1485右
26梧腮夜話 1005右
32梧溪集 1319左
1320右
47梧桐庭院詩鈔 1505右
……梧桐雨 1647右
……梧桐葉 1668右
72梧丘雜札 1030右
77梧風竹月書巢試帖 1483左
梧岡詩藁、文藁 1325左
梧岡集 1325左

4196₉ 栝

10栝彸經 898右

4199₀ 杯

37杯湖欸乃 1623右
50杯史 796右

4200₀ 刈

10刈雲詩草 1424左

4212_2 彭

00彭文憲公文集、殿試策 1331左
彭文憲公筆記 348左、右
彭文敬公全集 1744左
彭文思公文集 1333左
17彭子穆先生詞集 1631左
20彭禹峯詩選 1390左
27彭蠡小龍記 1117左
彭躬菴文鈔 1380左
37彭祖攝生養性論 845右
43彭城集 1251左
44彭孝介雜著 1384左
50彭中叔文鈔 1383右
彭惠安集 1332右
72彭剛直公長江百條 481右
彭氏舊聞錄 394左
77彭尺木文鈔 1433右
80彭公筆記 348右
88彭節愍公家書 1367右

4216_1 垢

16垢硯吟 1405右

4220_0 蒯

17蒯子 960右
27蒯緱館十一章 1401左
80蒯公子範歷任治所崇祀錄 432左

4221_6 獵

28獵微閣詩集 1387左
42獵狐記 1108左

4223_0 瓠

44瓠落詞 1638右
60瓠里子筆談 996左
瓠園集 587右

4240_0 荆

00荆齋詩集 1256左
22荆川集 1345右
荆川稗編 1043左
荆川學脈 386右
荆川弟子考 386右
荆川公佚文 1346左
荆山子 715左
32荆州記（庾仲雍） 545左
荆州記（郭仲產） 545左
荆州記（王仁俊） 545右
荆州記（范汪） 545左
荆州記（盛弘之） 545右
荆州記（劉澄之） 545右
荆州土地記 545右
荆州圖記 545右
荆州圖副 545右
荆州圖經 545右
荆溪疏 534左
1354右
荆溪盧司馬殉忠實錄 409左
荆溪盧司馬殉忠錄 409左
荆溪盧司馬九台公殉忠實錄 409左
荆溪外紀 1546右
荆溪林下偶談 1574左
……荆溪縣志 519右
36荆湘地記二十九種 1734右
37荆湖圖經三十六種 1734右
荆湖知舊詩鈔 1544右
40荆南記 546右
荆南石刻錄 674左
荆南倡和集 1551右
荆南遊草 594右
荆南地志 546右
荆南苗俗記 549右
荆南小志 534左
44荆楚歲時記 546左
荆楚臣重對玉梳 1668右
荆楚臣重對玉梳記雜劇 1668右
60荆園語錄 739右
荆園進語 739右
荆園小語 739右
87荆釵記 1692左

4241_3 姚

00姚文公牧菴集 1302左
姚文敏公遺稿、校勘記 1331右
姚文敏公奏議補缺 496右
02姚端恪公文錄 1390左
10姚正甫文集 1496左
姚平仲小傳 1116左
22姚山人集 1343右
25姚生傳 1112右
27……姚鵠詩 1234右
28姚牧庵年譜 429左
姚牧菴先生文選 1302左
31姚江釋毀錄 742左
姚江曹娥碑 439左
姚江學辨 747左
38姚海槎先生年譜 423右
40姚培吾集 1361左
41姚姬傳文鈔 1430左
44姚黃集輯 1557右
50姚本修集 1356右
姚秦寫本僧肇維摩詰經解殘卷校記 1187右
72姚氏殘語 1019右
姚氏先德傳 393左
姚氏家俗記 756右
姚氏藥言 753右
80姚公遺蹟詩鈔 1469右
90姚少師集 1324右
姚少監詩 1232左
姚少監詩集 1232左
94姚惜抱尺牘 1430左

4242_7 嬌

21……嬌紅記 1668左

4243_1 妖

00妖妄傳 1113左
10妖巫傳 1113右
24妖化錄 1090右
47妖婦齊王氏傳 328左
50妖蠱傳 1113右

4246_4 婚

00婚雜儀注 459右
35婚禮謁文 78右
38婚啓 462右

4252_1 靳

00靳文襄奏疏 499右
靳文襄公治河方略 579右

4257_7 韜

90韜光庵紀遊集 599右

4282_1 斯

00斯文正統 738左
斯文會詩 1557左
40斯友堂日記 1002右
50斯未信齋文編 1744左
斯未信齋雜錄 1010左
斯未信齋語錄 1010左
斯未信齋官牘 502左

斯未信齋軍書 502左
斯未信齋藝文 1460右
斯未信齋奏疏 500左

4291_0 札

37札迻正誤 1031左
42札樸 1026左

4291_3 桃

22桃川剩集 1341右
28桃谿雪 1709左
31桃源詠 1362左
桃源三訪 1676左
桃源手聽 1062左
桃源漁父 1689左
32桃溪客語 534左
桃溪札記 735左
44桃花仙館詩鈔 1481右
桃花仕女傳 1118左
桃花源(尤侗) 1685右
桃花源(楊恩壽) 1710左
桃花源記 1096左
桃花女破法嫁周公 1664左
桃花女破法嫁周公雜劇 1663右
桃花春水詞 1640右
桃花吟 1687右
桃花隘諸山記 574右
桃花人面 1676左
桃葉渡江 1689左
桃林賸傳奇 1702右
46桃帕傳 1116右
77桃隖百詠 564右
88桃符記 1695左

4292_1 析

00析言論 964右
27析疑待正 1024左
析疑指迷論 1175右
43析城鄭氏家塾重校三禮圖 98右
77析骨分經 843左

4292_2 杉

00杉亭詞 1623左

彬

70彬雅 220右

4292_7 橋

10橋西雜記 1011左

4293_4 樸

00樸廬詩稿 1431左
樸齋小集 1246右
樸齋省愆錄 1030左
11樸麗子 1008左
22樸巢詩選、文選 1381左
44樸草選 1365右
樸樹廬剩稿 1474右
77樸學廬文初鈔、詩鈔 1498右
樸學廬文鈔 1498右
樸學廬外集鈔 1498右
樸學齋夜談 1016右
樸學齋文錄 1455右
樸學齋文鈔 1545左
樸學齋筆記 1008右
樸學齋小記、雜文 1004右

4294_1 梃

57梃擊始末 313左

4294_7 桴

00桴亭先生文集、詩集 1380右
桴亭先生文鈔、續鈔、詩鈔 1380左、右

椶

30椶窗雜記 1015左

4295_3 機

47機聲鐙影詞 1625右
48機警 971左

4300_0 弋

08弋說 1002左
76弋陽山樵稾 1313右
……弋陽縣志節本 522左

4301_0 尤

10尤西川集 1345左
尤西川先生文集 1345左
尤西堂尺牘 1386左
24尤射 776左
50尤本文選考異補 1531右
72尤氏喉科祕本、喉科附方 834左
尤氏喉科祕書 834左

4304_2 博

03博識 958左
博識續箋 1001左
07博望訪星 1689右
……博望燒屯 1664右
17博子墩遊記 637左
20博愛心鑑 840右
博愛心鑑撮要 840右
博集稀痘方論 840右
27博物記(唐蒙) 978右
博物記(張華) 1038右
博物要覽 957右
博物志、補、逸文 1038右
博物志佚文 1038右
博物志補 1039左
博約齋經說 178左
30博濟方 856右
40博士詩集 1343右
博古頁子 952右
博古圖 660左
60博異記 1103左、右
博異志 1103左、右
70博雅 218左
博雅音 218右
88博笑記 1695左

4310_0 式

40式古堂書畫彙考 911左

卦

22卦變考略 18右
41卦極圖說 30右
50卦本圖攷 31左
80卦義一得 18右
卦合表 29左
卦氣續考 27左
卦氣解 22右
卦氣直日考(于鬯) 28左
卦氣直日考(俞樾) 27左
卦氣表、卦氣證 27右

4310_7 盇

22盇山詩錄 1507左
盇山舊館詞 1643左

4312_7 埔

00埔裏社紀略 543右

4313_2 求

08求放心齋詩鈔 1487左
10求一術通解 888右

戴花舲傳奇　1703左
50戴東原集、覆校札記　172右
　1425右
戴東原先生遺墨　1425右
戴東原先生全集　1744左
戴東原先生年譜　421右
72戴氏三俊集　1747右
戴氏遺書　1744左
戴氏鼠璞　1021右
73戴院長神行薊州道　1686左
77戴學憲集　1333右
80戴善夫雜劇　1750左

4391_{1} 梡

47梡鞠錄　945右

4394_{7} 棱

22棱山農譜　780右

4395_{3} 棧

10棧雲小稾　1486右
21棧行圖詩　1391左

4396_{8} 榕

22榕巢詞話　1719右
40榕壇問業　737左
榕塘吟館詩鈔　1469右
43榕城詩話　1566左
榕城隨筆　542右
44榕蔭書屋筆記　746左
榕村語錄　742左
榕村詩選　1534左
榕村詩所　56左
榕村講授　741右
榕村韻書　214左
榕村譜錄合考　421左
榕村集　1404左
榕村制義初集、二集、三集、四集　1404左
榕村續集　1404左
榕村字畫辨訛　199左
榕村通書篇　724右
榕村別集　1404左
榕村全集　1404右
榕村全集文錄　1404左
60榕園文鈔　1453右
榕園識字編　199左
榕園詩鈔　1454左
78榕陰草堂遺詩　1449右
90榕堂續錄　1038左

4398_{6} 檳

47檳榔嶼遊記　633左
檳榔浴佛集　1557左

4400_{0} 卅

00卅六芙蓉館詩存　1497右

4400_{7} 艸

00艸廬子　731左

4402_{7} 協

25協律子　1229左
協律鈎元、外集　1231右
27協紀辨方書　908右

4410_{0} 封

01封龍子　66右
08封謚繙清　370右
15封建考　380右
35……封神演義　1131左
36封禪儀記　456左
71封長白山記　590左
72封氏聞見記　979右
封氏聞見記校　979右

4410_{1} 芷

31芷潭詩鈔　1483左
32芷衫詩餘　1640左
60芷園臆草存案　861右

4410_{4} 董

00董方立文甲集、乙集　1453右
董方立遺書　1738左
董文友詩選　1394左
17董子　685右
董子文集　1198右
董子定本　117左
董子春秋繁露　116右
20董秀英花月東牆記　1648左
董秀英花月東牆記殘本　1648左
25董仲舒集　1198左
27董解元西廂、圖、考據　1691左
董解元西廂記　1691左
33董心葵事記　317右
34董漢州女傳　1119右
35董禮部集、尺牘　1360右
44董華亭書畫錄　910右
47董妃行狀　440左
60董思恭集　1217左
77董膠西集　1198左
90董小宛考　440左
董小宛別傳　440左

墓

04墓誌徵存目錄　665左
87墓銘舉例　669右

4410_{6} 薑

00薑齋文集　1386右
薑齋六十自定稿　1386右
薑齋詩文集　1386右
薑齋詩話　1581右
薑齋詩編年稿　1386右
薑齋詩賸稿　1387左
薑齋詩分體稿　1386右
薑齋五十自定稿　1386右
薑齋七十自定稿　1386右
10薑露庵雜記　1014左

4410_{7} 蓋

10蓋平縣志　516左
蓋天說　866右
44蓋地論　807左

藍

20……藍采和　1666左
22藍山詩集　1326左
藍山集　1326左
34藍染齋集　1403左
37藍澗詩集　1326左
藍澗集　1326左
42……藍橋玉杵記　1698左
藍橋集　1457左
藍橋驛　1706右
60……藍田鄉約　765右
藍田呂氏鄉約　765右
77藍尾軒詩稿　1466左
藍關雪　1686右

4410_{8} 荳

44荳蔻詞　1636右

4411_{1} 堪

77堪輿譜槧　903左
堪輿正經　900右

4411_{2} 地

00地齋詩鈔　1444右

00地府十王拔度儀 1158左
地文學 216右
10地震說 807左
13地球方域考略 626右
地球誌略 625左
地球韻言 626左
地球說略 626右
地球形勢說 625右
地球總論 807右
地球寒熱各帶論 807右
地球推方圖說 807右
地球圖說、補圖 807左
16地理辨正補正 903右
地理辨正補義 902左
地理辨正圖說 903左
地理說略 807右
地理正言 902左
地理水法要訣 903左
地理形勢考 625右
……地理備考全書 626右
地理微緒 902左
地理徵今 505右
地理淺說 626右
地理祕竅 902右
地理述 513左
地理志略 626右
地理古鏡歌 902左
地理眞蹤 903左
地理索隱 902右
地理葬書集註 901右
地理枝言 903左
地理書抄(任昉) 505左
地理書抄(陸澄) 505左
地理末學 903左
地理驪珠 902右
地理風俗記 507右
地理全志 626右
地理精語 903左
27地名辨異 111右
32地祇上將溫太保傳 449右
37地冪古義 876右
44地蘭士華路考 638左
地橢圓說 807右
60地圖 507右
地圖說 625右
地圖經緯說 807右
77地學歌略 807右
地學答問 903右
地輿總說 807右
80地鏡 907左
地鏡圖 907左
90地券徵存 656左

4411_2 范

00范彥公詩 1405右
范文正公文集 1243右
范文正公詩餘 1592右
范文正公政府奏議 495左
范文正公集、別集、政府奏議、尺牘 1243右
范文正公鄱陽遺事錄 405右
范文正公遺事 405右
范文正公年譜 405右
范文忠集 1364右
范文忠公文集 1364右
……范文忠公畫像宦蹟圖題詞 408右
10范雪樵詩 1390左
范石湖詩集注 1271左
11范張雞黍 1661右
17范子計然 709右
20范香溪先生文集 1269左
23范允公詩 1397右
24范德機詩 1308右
范德機詩集、校勘記 1308右
27范魯公訓從子詩 754右
37范運吉傳 443右
40范太史集 1254右
44范蒙齋先生遺文 1272右
范村菊譜 789左
范村梅譜 788右
46范觀公詩 1389右
范楊溪先生遺文 1273左
50范中方集 1349右
范中吳集 1351右
范忠宣文集、遺文、補編 1251右
范忠宣奏議 495右
60……范雎綈袍記 1701右
范蜀公集 1246左
72范氏記私史事 325左
范氏義莊規矩 765右
88范竹溪集 1371左

4411_3 蔬

20蔬香詞 1620右
22蔬製品 954右
80蔬食譜 953右

4411_4 墐

30墐戶錄 995右

4411_7 蓺

00蓺庵遺詩 1458左
44蓺蘭說 790右

4412_0 葑

34葑漢微言 1015右
葑漢昌言 1015右

4412_7 蒲

27蒲犂廳鄉土志 518左
30蒲室集 1309右
31蒲江詞 1604左
蒲江詞稿、校記 1604右
蒲江縣練團規約 482左
蒲江居士詞 1604左
36蒲褐山房集 1426右
60蒲團上語 1002左

蕩

10蕩平準部記 327左

勤

00勤齋詞 1612左
勤齋集 1301右
勤齋考道日錄、續錄 740左
33勤補拙齋漫錄 432右
40勤有堂隨錄 990右
88勤餘文牘、續編 1485右

蒍

00蒍唐詩集 1466右
44蒍花香榭吟草 1506右

4412_9 莎

50莎車府鄉土志 518左
莎車行紀 616右

4413_2 菉

40菉友蛾術編 1028左
菉友肊說 1028左
44菉猗室曲話 1724左
菉猗曲 1643左
88菉竹堂詩存 1432右
菉竹堂碑目 665右
菉竹堂書目 646左

藜

00藜齋小集 1258右

23藜編唾餘 1368右
24藜牀瀋餘 1071左
77藜閣十硯銘 804左

4413_6 蘽

71蘽頤山記 576右

蟄

00蟄庵詞 1642右
蟄庵日錄 1361右
30蟄室詩錄 1480左
蟄窟吟 1527右
蟄窔七篇 331左

4414_0 葑

91葑壓亭詞 1632左

4414_2 薄

27薄叔元問穀梁義 119右
38薄游草 1455左
薄游書牘 1369左
薄海番域錄 632右
80薄命曲 1514左

4414_7 坡

00坡亭詞鈔 1618左
77坡門酬唱集 1551右

鼓

22鼓山題名 675左
41鼓棹初集、二集 1616左
44鼓枻稿 1327右
67鼓吹格 938右
80鼓盆歌莊子嘆骷髏殘本 1655右

4414_9 萍

27萍緣集 1545右
30萍寄室印存 942右
32萍洲可談、校勘記 1058左
41萍梗詩鈔 1419右

4416_0 堵

00堵文忠公集 1372右

4416_1 塔

10塔爾巴哈台事宜 517右
塔爾巴哈臺沿革考 531右
17塔子溝紀略 525右
62塔影樓詞 1635左
塔影園集、詩集 1379右

4416_4 落

44落落齋遺集 1367左
落花詩 1386右
落葉相思小草 1514右
47落帆樓文集 1460右
落帆樓文遺稿 1461左
77落颿樓文稿 1460右

4416_9 藩

23藩獻記 386左

4418_1 填

07填詞 1616右
填詞雜說 1718右
填詞名解 1718右
填詞淺說 1720左
填詞圖譜、續集 1715右

4418_2 茨

44茨菴集詩鈔 1391左

4419_4 堞

62堞影軒存稿 1496右

藻

22藻川堂文內集、外集 1499右
藻川堂譚藝 1030左
藻川堂詩集 1499右
藻川堂詩集選 1499右

4420_1 苧

44苧菴二集 1403左
苧菴遺集 1403左
苧菴壽言 430右
苧蘿夢 1689右

4420_2 蓼

00蓼齋詞 1616右
蓼六唫 1486右
44蓼花洲閒錄 1061左
蓼菴手述 1469左
蓼村遺稿 1438右
50蓼東賸草 1484右

蔘

22……蔘綏閣舊本書目初編 647右

4420_7 考

00考亭遺矩 729左
01考訂河洛理數便覽 894左
02考證 1574右
10考工記、校譌、續校 72右
考工記辨證 73左
考工記註 72右
考工記解(王安石) 72右
……考工記解(林希逸)72右
考工記鳥獸蟲魚釋 73右
考工記補疏 73左
考工記通 73左
考工記析疑 73左
考工記考、圖 73左
考工記世室重屋明堂考97左
考工記車制圖解 73右
考工記圖 73左
考工記異讀訓正 75左
考工記異字訓正 75左
考工釋車 73右
考工創物小記 73左
考正德清胡氏禹貢圖 45右
14考功集 1341左
考功集選 1391右
20考信附錄 422左
考信錄 1733左
考信錄提要 380左
27考槃集 1452右
考槃集文錄 1452右
考槃集遺什 1405右
考槃餘事 958左
30考定檀弓 88左
考定磬氏倨句令鼓旁線中縣而縣居線右解 883左
考定竹書 285右
35考禮 462左
38……考道日錄 740左
40考古文集 1326左
考古續說 381左
考古圖 660左
考古圖釋文 660左
考古質疑 1020右
47考聲(王仁俊) 208右
考聲(張戩) 223左

夢

00夢痕館詩話 1588左
夢亭遺集 1444左
夢魘草 1428左

00夢庵文鈔 1440右
夢唐詩餘 1628左
夢裏緣傳奇 1708左
01夢語 998右
09夢談隨錄 474左
10夢玉詞 1642左
夢石未定稿 1527左
夢西湖絕句 599右
夢磊記 1697左
16夢碧簃石言 671左
夢硯齋詞 1630右
20夢雋 906左
夢航雜說 975右
夢航雜綴 1026右
夢香樓集 1375右
夢香園賸草 1490右
21夢占逸旨 906左
26夢白先生集 1360左
夢鯉山房詩鈔 1490左
27夢幻緣 1684右
夢幻居畫學簡明 933右
夢綠亭會合詩、續編 1559右
夢綠詩鈔 1420右
夢綠草堂詩鈔、續集 1478右
夢綠草堂槍法 777左
夢綠堂槍法 776右
30夢窗詞集 1607左
夢窗詞集小箋 1607左
夢窗詞校議 1607左
夢窗詞校勘記 1607左
夢窗稿 1607左
夢窗甲藁、乙藁、丙藁、丁藁、絕筆、文英新詞藁 1606右
1607左
32夢溪補筆談 1019左
夢溪櫂謳 1640右
夢溪筆談、補筆談、續筆談、校字記、校勘記 1018右
33夢逋草堂劫餘稿、文賸 1495右
夢粱錄 538左
36夢湘樓詩藁 1497左
夢湘囈語 432右
夢澤集 1342左
38夢遊赤壁圖題詞 1559右
夢遊錄 1110右
40夢境圖唱和詩集 1554左
44夢萱室遺詩 1510左
夢花亭尺牘 1471左
夢花亭駢體文集 1471左
夢花酣 1699左
夢花窗詞 1622左
夢花草堂詩錄 1470左
夢蕉詩話 1578左
夢蕉存稿 1340右
夢草 1375右
夢草詞 1636右
夢華瑣簿 947右
夢華錄 544右
夢蒼山館遺詩 1515右
45夢樓選集 1429左
46夢覲集 1321左
47夢鶴軒楳澥詩鈔 1440右
50夢中緣 1707左
夢中樓 1705左
夢蛟山人集 1435右
夢書 906左
55夢婕草 1473右
56夢揚州 706左
60夢園二集 1734左
夢園經解 177右
夢園叢說內篇 1011右
夢園初集 1509右
1744左
夢園蒙訓 761右
夢園史學 1732左
夢園公牘文藁 502右
夢園公牘文集 502右
夢田詞 1625左
夢因錄 617左
62夢影詞 1623左
64夢曉樓隨筆 1584右
70夢陔堂文說 1586右
夢陔堂文集 1464左
夢陔堂詩集 1464左
77夢月軒詩鈔 1471右
夢闌瑣筆 1007右
夢闌居士存稿 1487左
80夢盦居士自編年譜 432左
88夢竹軒筆記 1010右
夢符散曲 1751右
夢餘草 1420左
夢餘錄 994左
夢餘筆談 1076左
90夢憶 1071左
91夢煙舫詩 1435左
98夢悔樓詞 1639右

4420_7 萼

17萼君府君年譜 422右

4421_0 尅

56尅擇部 908左

4421_1 荒

18荒政議 477右
荒政叢言 477右
荒政叢書 1734左
荒政考(王心敬) 478右
荒政考(屠隆) 477右
荒政輯要 479左
28荒徵通考 623右
50荒書、校記 316右
88荒箸略 478左

莞

10莞石遺詩 1382左

麓

22麓山記 575右
40麓臺題畫稿 931左
71麓原詩鈔 1483左
90麓堂詩話 1577右

蕘

00蕘言 1446右
60蕘圃雜著 652左
蕘圃藏書題識再續錄 652左
蕘圃藏書題識續錄 652左

蘼

44蘼蕪紀聞 440左

4421_2 苑

37苑洛集 1339右
1712左
苑洛志樂 100右

4421_3 菟

40菟古彙編 666右

4421_4 花

00花底拾遺 1124右
花底拾遺集 1713左
花裏活 1040左
01花語詞 1642左
花語軒詩鈔 1465左
06花韻庵詩餘 1628右
花韻樓醫案 863左

07花部農譚 947右
10花王閣賸稿 · 1372左
花疏 788左
花雨香齋集 1420左
19花瑣事 1040左
20花傭月令 786左
花信平章 788右
花舫緣 1676左
21花經 788左
22花仙傳 1081右
花仙小志 440右
花山遊記 592右
23花外集 1609右
27……花將軍虎符記 1693右
花鳥春秋 1127左
花嶼詞 1624左
花嶼嚶鳴 1553左
30花案 1040左
花寮 1040左
31……花酒曲江池 1659左
32花溪集 1318左
花溪遺草 1420右
40花九錫 788左
花南老屋詩集 1402左
花木鳥獸集類 1044左
花木小志 788右
44花蕚吟傳奇 1707左
花蕊詩鈔 1241左
花蕊夫人宮詞 1241左
花草蒙拾 1719左
花草粹編 1644左
花菴詞選 1645右
花菴絶妙詞選 1644左
花村詞賸 1635左
花村談 352左
花蘂夫人詩集 1241左
花葉粉 1710左
47花塢吟 1403右
48花墩琴雅 1628右
50花史 1074右
花事草堂學吟 1477左
58花拾遺 1040左
60花國劇談 1078右
花甲自譜 431左
花甲數譜 952右
花甲閒談 431右
花品 1127左
62花影詞 1637右
花影集 1448左
71花曆 788左
77花鳳樓吟槀 1488左
花隖聯吟 1558右
花閒集、補 1645左
花間碎事 956左
花間集 1645左
花間樂府、外集 1628右
1750右
花間九奏 1750右
花間楹帖 945左
花間四友東坡夢 1658右
花間四友東坡夢雜劇 1658右
80花翁詞 1604右
花前一笑 1676左
88花簾詞 1625右
花筵賺 1699左
花筆草 1454右
90花小名 788左
花當閣叢談 1070右
96花燭閒談 462左

莊

05莊靖集 1299右
莊靖集補遺 1299右
莊靖先生集 1299右
莊靖先生樂府 1610右
莊靖先生遺集 1299右
12莊列十論 698右
17莊子 693右
694左、右
695右
696左、右
莊子章義 696左
莊子音義摘錄 696右
莊子註 694左
莊子新解 696左
莊子識小 696左
莊子平議 696左
莊子翼 695右
莊子翼評點 695右
莊子集釋 696左
莊子集解 696左
莊子集解補正 696右
莊子經說敍意 696右
莊子佚文(王仁俊) 694左
莊子佚文(馬敍倫) 694左
莊子解(王夫之) 695右
莊子解(吳峻) 696左
莊子解(吳世尙) 696左
莊子解故 696右
莊子約解、外附 696左
莊子注(王闓運) 696左
莊子注(司馬彪)、考逸、音、逸篇、逸語、疑義 694左
莊子補釋 696右
莊子達言 697左
莊子通 695右
莊子通義 695左
莊子內篇 696右
莊子內篇訂正 696右
莊子南華眞經、音義 693右
694左、右
莊子南華眞經內篇、外篇、雜篇 695右
莊子故 696右
莊子斠補 696右
莊子口義 695左
莊子闕誤 695左
莊子人名考 697右
莊子年表 417左
22莊嶽談 744右
莊嶽委談 999左
30莊定山集 1334左、右
31莊渠先生文集 1339右
莊渠遺書 1339右
72莊氏族譜 393右
莊氏史案 324右
莊氏易義 9右
莊氏算學 882左
77莊周夢胡蝶 1648左
莊周氣訣解 1168左
莊屈合詁 1741左
88莊簡集 1265右
莊敏公遺集 1352右
97莊恪集 1450右

薩

10薩天錫詩集、集外詩 1318左
40薩眞人夜斷碧桃花 1666左
薩眞人夜斷碧桃花雜劇 1666左

萑

21萑經 795左

藿

60藿園詩存 1358左

4421₇ 梵

15梵珠 1191左
44梵麓山房筆記 1586左

77梵門綺語錄 1081右

4421$_7$ 蘆

22蘆川詞 1596右
蘆川歸來集 1260左
蘆川歸來集補鈔 1260左
蘆川歸來集鈔 1260左
33蘆浦筆記 987左
蘆浦筆記校 987左
34蘆漪草 1407右
44蘆花絮 1706右
蘆菴稿 1373左

4421$_8$ 莅

18莅政摘要 472右
40莅嘉遺蹟 421左
53莅戎要略 774左

4422$_1$ 芹

66芹曝錄內篇 977左

荇

28荇谿詩集 1403右

猗

77猗覺寮雜記 985右 986左

荷

20荷香水亭吟草 1513右
荷香館瑣言 1015左
40荷塘詩集 1441左
44荷花蕩 1700左
荷花蕩將種逃生 1687左
53荷戈紀程 616左
84荷鋤草 1448左

蘅

26蘅皐遺詩 1464右
44蘅夢詞 1627左

4422$_2$ 茅

00茅亭客話、校勘記、續校 556左、右
茅鹿門先生集選 1349右
12茅副使集 1349右
22茅山記 572右
茅山紀遊 593左
茅山志 572右
88茅簷集 1368左

4422$_7$ 芬

27芬響閣初藁 1493右
芬響閣附存藁 1504左
73芬陀利室詞六種 1748左
芬陀利室詞話 1720右

芳

10芳雪軒詞 1614右
芳雪軒遺集 1372右 1373左
22芳嵕稿 1438左
26芳皐棗餘錄 1495左
32芳洲詩文集 1382左
芳洲詩餘 1611右
芳洲集、校勘記、校勘續記 1294右
37芳潤堂詩稿 1407左
44芳蘭軒詩集、補 1284左
芳蘭軒詩鈔 1284左
芳蘭軒集 1284左
芳蘭軒集補遺 1284左
芳蘭軒集補鈔 1284左
芳茂山人文集 1442右
芳茂山人詩錄 1442左
芳草詞 1624右
芳茹園樂府 1713左
77芳堅館題跋 916右
80芳谷集、校勘記 1302左

荔

08荔譜 787右
24荔牆詞 1633右
34荔社紀事 787右
44荔莊詩存 1505左
荔村隨筆 353右
荔枝話 787右
荔枝譜(鄧慶寀) 787右
荔枝譜(徐𤊹) 787右
荔枝譜(宋珏) 787右
荔枝譜(蔡襄) 787左
荔枝譜(曹蕃) 787右
荔枝譜(陳鼎) 787右
51荔軒詞 1622左
72荔隱山房文略 1506左
荔隱山房詩草 1506左
荔隱山房進奉文 1506左
荔隱居衞生集語 847右
荔隱居楹聯偶存 945左
荔隱居日記偶存 618右
90荔裳詩選 1383左
荔裳詩鈔 1382右 1383左

帶

21帶經堂集文錄 1396左
帶經堂書目 647左
47帶格 798左
55帶耕堂遺詩 1478左

莆

76莆陽比事 542右
莆陽黃御史集、別錄 1239右
莆陽知稼翁文集、校記 1267右
莆陽知稼翁詞 1599右

蒨

44蒨蒨室劇話 948右

葡

44葡萄徵事詩 1559右

幕

22幕巢館札記 178左
77幕學舉要 473左

薦

22薦後錄 502左
31……薦福碑 1652右 1653左

蒿

00蒿庵詩 1498左
蒿庵詞 1637右
蒿庵論詞 1721左
蒿庵集捃逸 1381右
蒿庵閒話 1003左
60蒿目集 334右
蒿里遺文目錄 665左
蒿里遺文目錄續編 665左
蒿里遺珍、考釋 656右
蒿里遺珍拾補 656右
80蒿盦詞 1641左

繭

20繭香館唫艸 1503左
30繭室遺詩 1512左
31繭迂集 1530左
77繭屋詩草、文存 1419左

蕭

00蕭亭詩選 1401左
蕭齋詩集 1528左
蕭齋聯語 946左
蕭齋日紀 450右
21……蕭何追韓信 1662左
22蕭山茂材錄 390左
蕭山縣志刊誤 521左
27蕭御史同野集 1350右
28蕭給諫湖山集 1334左
32蕭冰厓詩集拾遺 1289右
36蕭湯二老遺詩合編 1545左
37蕭湖遊覽記 595右
蕭淑蘭 1669左
蕭淑蘭情寄菩薩蠻 1669左
蕭淑蘭情寄菩薩蠻雜劇 1669左
40蕭太史鐵峯集 1342左
蕭爽齋樂府 1712右
44蕭茂挺文集 1224左
蕭茂挺集 1224左
77蕭閒詞 1604右
蕭閒堂遺詩 1509右
蕭閑老人明秀集注 1610右

蘭

00蘭亭序帖集字聯 944右
蘭亭集 1551左
蘭亭集詩 1551左
蘭亭續考 924左
蘭亭博議 924左
蘭亭始末記 1049右
蘭亭考(桑世昌)、羣公帖跋 924左
……蘭亭考(翁方綱) 924左
蘭亭會 1675左
蘭庭集 1327左
蘭言 790左
蘭言集 1442左
蘭言居遺稿 1509右
08蘭譜(高濂) 790左
蘭譜(王貴學) 790左
……蘭譜(趙時庚) 789右
蘭譜(陳逵) 935左
蘭譜奧法 790左
10蘭雪齋詩集 1352左
蘭雪詞 1614左
蘭雪集 1302左
蘭石齋駢體文鈔 1453右
蘭石詞 1628右
蘭雲菱夢樓筆記 1015左
20蘭舫詞 1620左
蘭舫筆記 1006左
21……蘭紅葉從良烟花夢 1672左
22蘭崙偶說 636右
蘭山詩草 1425左
26蘭泉老人遺集 1299左
蘭皐集 1288左
27蘭修館賦稿 1464左
蘭紉詞 1638右
29蘭秋介雅堂詩略 1403右
30蘭室叢談 1006右
蘭室祕藏 813右 814左
31蘭江負米集 1448左
32……蘭州紀略 293右
蘭州風土記 530左
蘭溪詩鈔 1436左
33蘭心閣詩藁 1472右
40蘭臺集 1199左
蘭臺遺藁、續編 1445左
蘭臺奏疏(水佳胤) 498右
蘭臺奏疏(馬從聘) 498左
蘭臺軌範 859左
44蘭芷零香錄 1072右
蘭莊詩話 1579左
蘭芬詩存 1512右
蘭蕙鏡 790右
46蘭如詩鈔 1495左
50蘭史 790左
51蘭軒詞 1613右
蘭軒集 1305左
60蘭易 790左
蘭圃遺草 1487右
蘭因集 438左
蘭因館吟草 1521左
67蘭暉堂集 1346左
70蘭陔絜養圖詠 1558左
72蘭隱君集 1330右
74蘭陂剩稿 1439左
蘭陵女俠 1082左
76蘭陽隨筆 1494左
蘭陽養疴雜記 1012左
77蘭閨清課 1545右
80蘭谷遺藁 1504左
90蘭堂賸稿 1438左
蘭當詞 1639左

勸

00……勸言 754右
03……勸誡法輪妙經 1141左
07勸設學緩言 465右
08勸諭十二條 1034右
17勸忍百箴考註 766左
30勸濟飢民詩 1485右
40勸眞詩 1033右
44……勸孝歌 754右
55勸農書 779左
77勸學芻言 764右
勸學淺語 765左
勸學淺說 744右
……勸學質言 764右
勸學篇(張之洞) 765左
勸學篇(蔡邕) 201右 202左
80勸善歌 1034左
勸善錄(仁孝文皇后) 1032右
勸善錄(秦觀) 1031右

4422_8 芥

20芥航詩存 1499右
27芥舟學畫編 933右
72芥隱筆記 986右

4423_1 蔗

22蔗山筆塵 374右
40蔗境軒詩鈔 1504右
蔗塘外集 1584左
77蔗閣詩餘 1620左
88蔗餘偶筆 1009右

蔭

27蔭綠詞 1620右
45蔭椿書屋詩話 1586左
88蔭餘齋詩草 1527右

4423_2 蒙

00蒙齋集 1281右
蒙齋中庸講義 134右
蒙齋年譜、續、補 431左
蒙齋筆談(節錄巖下放言) 983右
20蒙香室賦錄 1518左
22蒙川詩集 1291右
蒙川先生遺稿 1291右
蒙川遺稿 1291右
26蒙泉雜言 969右

26蒙泉詩藁 1292左
蒙泉詩鈔 1440左
蒙泉子 976右
蒙泉集 1316左
蒙泉類博稿 969右
40蒙難追筆 333右
蒙古郭爾羅斯後旗旅行記 590左
……蒙古王公功績表傳 402右
蒙古五十一旗考 526左
蒙古西域諸國錢譜 663右
蒙古水道路 581右
……蒙古源流 303右
蒙古邊防議 485左
蒙古沿革考 526左
蒙古游牧記 526左
蒙古臺卡志略 485左
蒙古臺卡略 485左
蒙古吉林土風記 526左
蒙古地略 526左
蒙古考略 526左
43蒙求 1041左
蒙求正文、集註 1041右
44蒙韃備錄 303左
蒙韃備錄箋證 303左
70蒙雅 220右
72蒙隱集 1293左
77蒙學韻語 761右
80蒙養詩教 760右
蒙養書十三種 1737左

4423₂ 猿

14……猿聽經 1666右

藤

00藤亭漫抄 1003右
藤齋小集 1291右
20藤香館詩續鈔 1479左
藤香館詩鈔 1479左
藤香館詞 1634右
藤香館詞二種 1748右
藤香館小品 944右
44藤花亭書畫跋 916右
藤花亭鏡譜 660右
51藤軒筆錄 1012右
78藤陰雜記 523左

4423₄ 茯

44茯苓仙 1690右
茯苓仙傳奇 1710右

幞

00幞府燕閒錄 1055右

4423₇ 隱

44隱蒔山莊駢散㚒存 1498右

4424₀ 苻

17苻子 964右
965左

蔚

20蔚秀軒詩存 1442右
44蔚村三約 767左

4424₇ 蔣

12蔣廷錫詩選 1411左
17蔣琛傳 1114左
蔣子文傳 1109左
蔣子萬機論 962右
30蔣之翰之奇遺稿 1550右
40蔣南泠集 1342右
44蔣恭侯集 1203右
72蔣氏家訓 755左
蔣氏日錄 1060左
77蔣丹林學使義學規條 765右
87蔣鉛山九種曲 1751左

葭

32葭洲書屋遺稿 1509右
44葭柎草堂集 1483左

4424₈ 薇

10薇雲室詩稿 1510左
20薇香集 1417左
90薇省詞鈔 1647左

4425₃ 茂

36茂邊紀事 310右
74茂陵絃 1709左
茂陵秋雨詞 1633右
茂陵書 490右

藏

00藏府標本藥式 853右
08藏說小萃 1739右
10藏一話腴內編、外編、校勘記 988右
藏天室詩 1528左
藏雲閣識小錄 664左
21藏行紀程 560左
27藏象通論 852左
藏象篇 852左
28藏俗記 561左
30藏寧路程 560右
藏密齋集 1363左
藏密齋書牘 1363左
藏密詩鈔 1419左
37藏逸經書 653右
38藏海詩話 1571左
藏海居士集 1265右
50藏書記要 641左
藏書紀事詩 641左
藏書絕句 641左
藏書十約 641右
藏書題識 651右
藏春詞 1611右
藏春集 1301左
藏春樂府 1611右
52藏拙居遺文 749右
77藏月隱日 1137左
81藏鑪總記 560左
藏鑪述異記 560左

4426₀ 猪

80……猪八戒 1659左

4426₁ 薝

44薝蔔花館詩集 1477左
薝蔔花館詞 1633右
薝蔔花館詞集 1633左

4428₆ 蘋

77蘋叟年譜、續 432左

蘋

20蘋香書屋文鈔 1513左
32蘋洲漁笛譜、集外詞、校記 1608右
1609左

4428₉ 荻

40荻塘櫂歌 584右
荻存小詠史 381右
44荻華堂詩存 1501左
45荻樓雜抄 1123左
50荻書樓遺草 1438左

4429₄ 葆

*10*葆天爵齋遺草 1467左
*24*葆化錄 1048左
*40*葆眞居士集 1269左
*50*葆素齋集 1405右
*90*葆光集 1299左
葆光錄 1053右

4430₃ 蘧

*60*蘧園集 1351右
*80*蘧龕遺墨 935右

4430₄ 蓮

*17*蓮子居詞話 1720左
*22*蓮峯集 1272右
蓮峯志 575右
*27*蓮鄉題畫偶存 917左
*32*蓮溪文稿、續刻 1470左
蓮溪試帖 1470左
蓮溪吟草 1513左
蓮溪吟槀、續刻 1470左
*34*蓮漪詞 1639左
蓮社高賢傳 444右
蓮社詞 1603右
*37*蓮湖樂府 1713左
蓮湖草 1362右
*38*蓮洋詩 1404右
蓮洋詩鈔 1404右
蓮洋集 1404右
蓮洋吳徵君年譜 431左
*40*蓮臺仙會品 1068右
蓮塘二姬傳 1117右
蓮塘遺集 1433左
*44*蓮坡詩話 1584左
蓮花山紀略 409左
蓮花博士圖詠 1558左
*50*蓮青詩館吟稿 1493左
*57*蓮絜詩存、續集 1471右
蓮絜詩翰釋文 1471右
*60*蓮因室詩集 1477左
蓮因室詞、補 1633右
*67*蓮鷺雙谿舍遺稿 1511右
*72*蓮鬚閣文鈔 1370左
蓮鬚閣集 1370左
蓮鬚閣集選 1370左
*80*蓮龕尋夢記 616右
*87*蓮飲集濠上吟稿 1426右
*90*蓮堂詩話、校譌、續校1576右

蓬

*22*蓬山密記 452右
*30*蓬室偶吟 1446左
蓬瀛眞境 1713左
蓬窗續錄 998右
*44*蓬蓬館詩稿 1493右
蓬萊山西竈還丹歌 1178左
蓬萊鼓吹 1605左
蓬萊館尺牘 1516右
蓬萊箋啓 1529左
*51*蓬軒吳記 535左
蓬軒別記 1066左

4430₇ 苓

*17*苓子 976右

芝

*00*芝亭舊稿 1468左
芝廛集 1387左
芝庭先生集 1420左
*44*芝麓詩鈔 1383右
*51*芝軒集 1316左
*60*芝田隨筆 1008左
芝田錄 1052右
芝田小詩 1295右

4432₀ 薊

*08*薊旋錄 612左

4432₇ 芍

*44*芍藥譜 791右

4433₁ 赫

*35*赫連泉館古印續存 664右
赫連泉館古印存 664右
*62*赫蹏書 1040左

蕪

*47*蕪鵶枝集 1493左
*60*蕪園詩集鈔 1370右

蕉

*00*蕉鹿夢 1675右
蕉廊脞錄 1014右
*10*蕉雨山房詩集 1476左
蕉雨吟稿 1487右
蕉石山房詩草 1463右
蕉雲遺詩 1438右
*26*蕉牕聞見錄 1014左
*30*蕉窗訓蒙錄、詩文 761右
蕉窗詞 1638右
蕉窗雨話九則 353右
蕉窗九錄 1739左
蕉窗日記 745左
*33*蕉心詞 1633右
蕉心閣詞 1633左
*44*蕉林書屋詩鈔、賦鈔 1489左
蕉林書屋詞鈔 1635右
*46*蕉帕記 1696右
*51*蕉軒摭錄 1077左
*80*蕉龕詩話、續編 1588右
蕉龕隨筆 1015右

熱

*00*熱病學 825右
*31*熱河源記 581左
……熱河志 515右
熱河小記 525右
*38*熱海遊記 634左

燕

*00*燕塵菊影錄 437左
燕市商標孴錄 523右
燕市雜詩 1374右
燕市百怪歌 524左
燕市賈販瑣錄 523右
燕市負販瑣記 524左
燕市集 1354右
燕市貨聲 523右
燕庭遺稿 1508右
燕京訪古錄 524左
燕京雜記 523左
燕京記 523左
*08*燕說 226右
*10*燕下鄉脞錄 1013左
燕石碎編 1415右
燕石集 1313左
燕石近體樂府 1613左
*11*燕北雜記 347左
燕北錄 347左
*17*燕子僧雜劇 1691左
燕子樓傳 1116右
燕子樓傳奇 1709左
燕子春秋 795左
……燕子箋 1700右
燕翼詒謀錄 492左
燕翼貽謀錄 491右
492左
燕翼篇 755左
*20*燕香集、二集 1417左
*22*燕峯詩鈔 1389左
燕山秋吟 1393右

22燕樂考原 938右
24燕射記 457左
26燕泉何先生遺藁 1337右
燕魏雜記 525左
27燕歸來簃隨筆 948右
30燕寝考 97右
38燕游詩草 1466右
燕遊草 1383右
燕遊小草 1487左
40燕太子傳 403右
燕臺再游錄 352右
燕臺集 1341右
燕臺集豔二十四花品 947右
燕臺條約 480右
燕臺鴻爪集 947右
燕臺花史 948左
燕臺花事錄 437左
燕臺花表 1081右
燕臺筆錄 523左
燕志 357左
燕喜詞 1601左
43燕城花木志 523右
燕城勝蹟志 523右
44燕蘭小譜 436左
46燕楊集 1522左
47燕都雜詠 523右
燕都識餘 317左
燕都名伶傳 437左
燕都名勝志稿 522右
燕都妓品 1068右
燕都日記 317左
49燕趙同軌 618右
50燕青博魚 1648右
燕書(宋濂) 968右
燕書(范亨) 357左
63燕貽法錄 753左
77燕几圖 797左
燕閒淸賞箋 958左
燕閒淸賞箋摘抄 672左
燕閒錄 994右
燕居集(獨學廬五稿詩) 1444左
燕居修史圖志 453左
燕丹子 711左
90燕堂詩稿 1270左

4433_2 葱

22葱嶺三幹考 571左

4433_3 蕊

10蕊雲集 1387右

慕

10慕雲山房遺稿 1489左
26慕皐廬雜稿 1522左
55慕耕草堂詩鈔 1494右
77慕閑詩草 1424左

蕙

44蕙菴詩稿 1271右
46蕙櫋雜記 1008右
77蕙風詞 1642左、右
蕙風琴趣 1642左
蕙風簃二筆 1015左
蕙風簃隨筆 1015左

4433_6 煮

17煮粥條議 478左
26煮泉小品 955左
44煮茶夢記 1065右

蕙

00蕙庭壽言 440右
30蕙宧吟稿 1487左

4433_7 蒹

44蒹葭堂雜著摘抄 350右
蒹葭堂雜抄 350右

愻

61愻題上方二山紀游 589左
愻題上方二山紀游集 589左

4433_8 恭

27恭紀聖恩詩 1411右
恭紀御試 465左
37恭迎大駕記 452左
81恭頌南巡詩 1412左

4434_3 蕁

27蕁鄉贅筆 1073左

4439_4 蘇

00蘇亭詩話 1587右
蘇齋唐碑選 670右
蘇齋題跋 669左
蘇齋金石題跋 669左
……蘇文定公文鈔 1254左
……蘇文忠公文鈔 1252左
蘇文忠公尺牘 1253右
……蘇文公文鈔 1247左
04蘇詩辨正 1253左
蘇詩王註正譌 1253左
蘇詩注補 1253右
蘇詩補注 1253左
蘇詩選評箋釋 1253左
蘇詩查注補正 1253左
09蘇談 534右
10蘇平仲文集 1325右
蘇平仲集 1325右
12蘇廷碩集 1217左
13蘇武牧羊記 1702右
17蘇子(蘇彥) 964左
蘇子(蘇淳) 700左
蘇子(蘇秦) 707左
蘇子瞻醉寫赤壁賦 1666右
蘇子瞻風雪貶黃州 1660右
蘇子瞻風雪貶黃州殘本 1660右
21蘇潁濱文選 1254左
蘇潁濱年表 427右
24蘇侍郎集 1250左
26蘇魏公集 1250左
27蘇督撫集 1346左
32蘇州汪氏族譜 392右
蘇州閒適詩選 1221右
34蘇沈良方、拾遺、校勘記 856右
蘇沈內翰良方 856右
37蘇祿記略 633左
蘇祿考 633左
38蘇海餘波 1556左
40蘇臺麋鹿記 334左
蘇臺攬勝詞 535左
43蘇城紀變 320右
蘇娥訴冤記 1095右
蘇娥訴寃記 1095右
44……蘇英皇后鸚鵡記 1701右
蘇老泉文選 1247右
蘇老泉尺牘 1247右
蘇甘室讀說文小識 189左
蘇黃滑稽帖 1123右
蘇黃門龍川別志 342左
蘇黃門龍川略志 452左
蘇林詩牘 1478右
48蘇松浮賦議 475左
蘇松浮糧考 475右
蘇松常鎭總兵將領淸册 471左
50蘇東坡文選 1252右

蘇東坡和陶詩 1252右
蘇東坡尺牘 1253右
57蘇拯詩集 1240左
60蘇四郎傳 1103右
蘇園翁 1676右
72蘇氏族譜 751右
蘇氏家語 753右
蘇氏演義 1018左
蘇氏易傳 12左
77蘇學士文集、校語 1246右
蘇學士集 1246右
蘇門六君子文粹 1745左
蘇門集 1344右
蘇門集選 1344右
蘇門山人登嘯集 1494右
蘇門山人登嘯集詩鈔、續 1494右
蘇門游記 603右
90蘇小娟傳 1117左
蘇小卿月夜販茶船殘本 1652左
蘇小小傳 1119右
蘇小小考 439左
蘇常日記 451右
蘇米齋蘭亭考 924左

4440_0 艾

00艾言 975左
10艾雪蒼語錄 736右
艾雲蒼語錄 736右
17艾子雜說 1122左
艾子後語 1123右
20艾千子先生集 1363右
艾千子先生全稿 1363右
40艾塘曲錄 1723右
50艾東鄉文選 1363右
51艾軒詩集鈔 1400左
艾軒詩鈔 1268左
艾軒集 1268左
74艾陵文鈔、詩鈔 1399左
90艾堂樂府 1624左

4440_1 芋

10芋栗園遺詩 1413左
20芋香山房詩鈔 1483右
21芋經 786左
25芋佛 1690右

莘

00莘廬文 1501右
莘廬詩餘 1637右
莘廬遺詩 1501右
67莘野先生遺書 1404右
莘野先生年譜 425左
莘野纂聞(伍餘福) 1067左
莘野纂聞(李賢) 348左

茸

43茸城老友會詩序題詞 1558右

4440_6 草

00……草廬記 1701右
草廬詞 1612左
草廬集 1304左
草廬經略 774右
草廬經略輿圖總論 513左
27草綠書窗賸稿 1453右
30草窗韻語 1288右
草窗詞、補 1608右
草窗詞集 1608右
草窗隨筆錄、續 1448右
33草心樓讀畫集 934左
36草澤狂歌 1326右
40草木疏 62左
草木子 969左
草木幽微經 902右
草木鳥獸蟲魚疏 62左
草木蟲魚疏 62左
44草花譜 788左
草草亭詩稾 1407左
草草草堂詩草 1476右
草莽私乘、附刻 386左
50草書狀 917右
77草閣詩集、拾遺、文集 1327左
草閣集、拾遺、文集 1327左
草間日記 328右
90草堂詩話 1564左
草堂詩餘 1644左
草堂三謠 565右
草堂集(王丹桂) 1298右
草堂集(魏野) 1242左
草堂題贈 1559左
草堂雅集 1551右
草堂隨筆 1001右

蕈

32蕈溪自課 763左

4440_7 孝

04孝詩 443右
17孝子傳(王韶之) 442右
孝子傳(王歆) 442右
孝子傳(王仁俊) 443左
孝子傳(虞盤佑) 443左
孝子傳(師覺授) 443左
孝子傳(徐廣) 442右
孝子傳(宋躬) 443左
孝子傳(蕭廣濟) 442右
孝子傳(茆泮林) 443左
孝子傳(劉向) 442左
孝子傳(周景式) 442右
孝子傳(鄭緝之) 443左
孝子傳補遺 443左
孝子傳輯本 442右
21孝經、校勘記 155右
156左
157左、右
158左、右
184右
孝經(黃奭輯) 257右
孝經章句(張錫嶸) 160左
孝經章句(任啓運) 159右
孝經章句(倪上述)、刊誤辯說 159右
孝經章句(汪紱)、或問 159右
孝經章句(馬國翰) 260左
孝經章義 160左
……孝經辯義 159左
孝經音訓 161左
孝經註 156左
孝經註疏 157左
孝經訓注 157左
孝經誼詁 160右
孝經讀本 159左
孝經詳說 159左
孝經三本管窺 159右
孝經正義(唐玄宗) 157左
孝經正義(宋育仁) 160右
孝經正義(陳選) 158左
孝經王氏解 156右
孝經疏鈔 157右
孝經引證 161左
孝經刊誤 157右
孝經翼 158右
孝經雌雄圖 260左
孝經集文 158右
……孝經集註(清世宗) 159左
孝經集註(余本) 158右
孝經集靈、附集 160右

*21*孝經集傳 159左
孝經集解 160左
孝經集注述疏、答問 160右
……孝經衍義 755左
孝經外傳 159右
孝經緯 257右
1731右
孝經緯雜篇 1731右
孝經緯援神契 258左
孝經緯附錄 260左
孝經緯鉤命訣 259左
孝經傳 155右
孝經皇氏義疏 157左
孝經釋疑 158右
孝經殷氏注 156右
孝經解 156右
孝經解讚 156右
孝經解紛 159右
孝經疑問 158右
孝經彙註 158右
孝經彙目 754左
孝經約解 160左
孝經約義 159左
孝經徵文 160左
孝經注(□□) 157右
孝經注(鄭玄) 156左
孝經注疏、校勘記、考證 157右
孝經注疏校勘記、釋文校勘記 157右
孝經安昌侯說 155右
孝經定本 158右
孝經宗旨 160右
孝經河圖 259右
孝經述(賀長齡) 159右
孝經述(姜國伊) 160左
孝經述註(丁晏) 160左
孝經述註(項霦) 158左
孝經述義 157左
孝經通論 160右
孝經左契 258左、右
孝經大義(唐文治) 160右
孝經大義(董鼎) 158左
孝經直解 159右
孝經內記圖 259右
孝經內事 259左、右
孝經內事圖 259左、右
孝經古祕 260左
孝經右契 258右
孝經校勘記、釋文校勘記 157右
孝經札記 159右
孝經董氏義 156左
孝經考 161左
孝經中黃 259右
孝經中黃讖 259右
孝經中契 258左
孝經本質 159左
孝經本義(王檢心) 160左
孝經本義(呂維祺) 158右
孝經本義(劉光蕡) 160左
孝經本義(姜兆錫) 159右
孝經指解 157右
孝經援神契 257右
258左
孝經或問 158右
孝經威嬉拒 259右
260左
孝經契 259左
孝經嚴氏注 157左
孝經馬氏注 156左
孝經長孫氏說 155右
孝經劉氏說 156右
孝經后氏說 155右
孝經質疑(朱鴻) 158右
孝經質疑(徐紹楨) 160右
孝經學凡例 160右
孝經問 159左
孝經問答 160左
孝經全註 159左
孝經今文音義 161左
孝經義疏(梁武帝) 157左
孝經義疏(阮元) 159右
孝經義疏(阮福) 159右
孝經義疏補 160左
孝經會通 158右
孝經鉤命決 259左
孝經鄭註 156左、右
孝經鄭注疏 160左
孝經鄭注攷證 160右
孝經鄭注補證 159右
孝經鄭注附音 160右
孝經鄭氏解 156右
孝經鄭氏注 156左、右
*23*孝獻莊和至德宣仁溫惠端敬皇后行狀、傳 440左
*24*孝德傳序 443左
*25*孝傳 442右
*30*孝字釋 754左
*38*孝道吳許二眞君傳 449左
*40*孝友堂家訓 754左
孝友堂家規 754左
孝女存孤北曲 1689右
*50*孝肅包公奏議 495左
*53*孝感天 1709右
*80*孝弟錄 443右
孝慈庵集 566右
孝慈錄 460左
孝慈堂書目 647左
孝義士趙禮讓肥 1663右
孝義無礙庵錄 566右

4440_8 萃

*01*萃龍山記 576右
*80*萃善錄 1182右

4440_9 苹

*60*苹園二史詩集 1549左
*67*苹野纂聞 1067左

4441_7 執

*50*執中成憲 750右
*77*執殳集 1519左

4442_7 萬

*00*萬病皆鬱論 825左
*10*萬靈燈儀 1158左
*20*萬季野先生遺稿 1399右
*26*萬總戎集 1343右
*27*萬壑雲樓詩 1492右
萬象一原 888右
*30*萬戶集 1316右
萬寶全書 1126右
*34*萬法精理 978右
*40*萬古愁曲 1714右
萬壽衢歌樂章 1430左
萬壽盛典 458右
萬木草堂叢書目錄 647右
*43*萬載李氏遺書四種 1734右
*44*萬花漁唱 1624左
萬花擷纈 1044左
*45*萬姓統譜 396左
*47*萬柳溪邊近話 392左
萬柳溪邊舊話 392左
*48*萬松居士詞 1623左
萬松閣記客言 522右
*50*萬事足 1700右
萬青軒先生年譜 423右
萬青閣文訓 1582左
萬青閣詩餘 1617右

萬靑閣自訂文集 1393右
萬靑閣自訂詩 1393右
萬靑閣自訂詳案 501右
萬靑閣自訂制藝 1393右
萬靑閣歸隱詩 1393右
萬靑閣勘河詩記 1393右
60萬里行程記 615右
萬里游草殘稿 1503左
萬里海防 482右
萬里圓 1703右
萬國地理全圖集 626左
萬國史記 626右
萬國風俗考略 626右
萬邑西南山石刻記 677左
71萬歷錢塘縣志 520左
萬曆丁酉同年攷 465右
萬曆仙居縣志 521左
萬曆野獲編 351左
72萬氏家傳痘疹心法 840右
萬氏家傳廣嗣紀要 835右
萬氏家傳保命歌括 820左
萬氏家傳傷寒摘錦 814右
萬氏家傳婦人祕科 835右
萬氏家藏育嬰家祕 838右
萬氏祕傳片玉痘疹 840右
萬氏祕傳片玉心書 838右
77萬履菴集 1351左
80萬年觴 1704右
萬年歷備攷 869左
萬年少先生年譜 430左
萬年少遺詩 1378右
萬首唐人絕句詩 1539右
萬善花室文稿 1453右
萬善花室文稾、續集 1453右
萬善花室詞 1628右
萬善花室駢體文鈔 1453右
萬善堂集 1422右
88萬竹樓詞選 1634右
90萬卷山房詞 1622右
萬卷書屋詩存 1470右
萬卷堂書目 646左
萬卷精華樓藏書記 649右

募

22募種兩堤桃柳議 598左

孄

30孄窟詞 1600右

4443₀ 樊

17樊子 1229右
20樊集句讀合刻三種 1742右
22樊川文集、外集、別集1233左
樊川詩集、別集、外集1233左
樊川集 1233左
樊川夢 1690右
樊山文 1518右
樊山沱水詩錄 1521右
樊山批判時文 1519右
樊山公牘 503左
27樊紹述集 1229右
樊紹述集註 1229右
30樊宗師集 1229左
40樊南文集詳注、補 1234左
樊南文集補編 1234左
樊南溟集 1346左
44樊榭山房詩 1415左
樊榭山房詞 1622右
樊榭山房集、續集、文集、集外詩 1414右
樊榭山房集北樂府小令 1713右
樊榭山房集外詩 1415左
樊榭山房賦 1415左
60樊圍五日戰時記 1588右
樊園戰詩續記 946右
41樊姬擁髻 1689左
80樊公祠錄 569左
88樊敏碑集字聯 945左

葵

26葵膤詞稿 1603右
50葵靑居詩錄 1473右
60葵圃存草 1470左
76葵陽詩鈔 1434右

莫

10莫干山志 574左
11莫非師也齋文錄 1515右
20莫焦愁 1130左
40莫南沙集 1335左
50莫中江集 1349左
80莫公遠集 1355右
90莫少江集 1353左

4443₂ 菰

50菰中隨筆 1023右

4443₇ 莢

31莢江古文存、詩存、附1443左

4444₁ 葬

00葬度 460右
06葬親社約 461左
21葬經(郭璞) 900左
葬經(靑烏子) 900左
葬經翼、圖 900右
葬經內篇 900左
葬經箋註、圖說 900右
34葬法倒杖十二法 900右
35葬禮 79左
44葬考 902右
50葬書(郭璞) 900左
葬書(陳確) 902右
葬書問對 901右

4444₃ 莽

11莽張飛大鬧石榴園 1679右
44莽蒼蒼齋詩 1516左
80莽鏡釋文 662左

4444₇ 妓

21妓虎傳 1119左

4445₆ 韓

00韓文、外集、集傳、遺集 1227右
韓文選 1228左
韓文考異、外集考異、遺文考異 1228左
韓文公雪擁藍關 1687右
韓文公歷官記 426右
韓文類譜 1734左
04韓詩 66左
……韓詩章句 66右
韓詩說 66右
韓詩翼要 66右
67左
韓詩外傳、補逸 66右
韓詩外傳疏證 66右
韓詩外傳平議補錄 66右
韓詩外傳佚文 66右
韓詩外傳校注、補逸、校注拾遺 66右
韓詩外傳纂要 66右
韓詩遺說、訂譌 67左
韓詩遺說攷、敍錄 67右
韓詩遺說補 67右
韓詩內傳 66左
韓詩內傳徵、敍錄、疑義66左

*04*韓詩故(沈清瑞) 67左
韓詩故(韓嬰) 66左
韓詩趙氏學 67左
韓詩趙氏義 67左
韓詩輯 67左
*10*韓王二公遺事 1733右
韓元帥暗度陳倉 1678右
*11*韓非子、識誤 703左
韓非子平議 703左
韓非子集解 703右
韓非子佚文 702右
韓非子校正 703左
韓非子斠補 703右
韓非子録要 703左
*16*韓理堂先生年譜 422左
*17*韓子年譜 426右
韓子粹言 1228左
韓君平詩集 1224右
韓君平集 1224右
20……韓信千金記 1692左
韓釆蘋御水流紅葉殘本 1648左
韓集補注 1228右
韓集點勘 1228右
韓集舉正、外集舉正、敍録 1228左
*22*韓仙傳 449右
韓山人詞 1614右
*23*韓參議集 1341左
*26*韓魏公集 1246右
韓魏公遺事 405右
韓魏公事 405右
*27*韓侯釣臺記 595右
36……韓湘子九度文公昇仙記 1701左
韓邊外志 527左
*40*韓內翰香奩集 1239左
韓內翰別集 1238右
韓南溪四種 1733左
*44*韓苑洛集 1339右
*47*韓柳年譜 1733右
*48*韓翰林詩集 1238右
韓翰林集 1239左
*50*韓中允集 1324左
……韓夫人題紅記 1697左
韓吏部文公集年譜 426左
韓吏部詩鈔 1228左
韓忠獻遺事 405右
韓忠獻別錄 405右
韓忠獻公遺事 405右
韓奉議鸚歌傳 1116左
*60*韓呂弋腴 709左
韓昌黎文選 1227右
韓昌黎尺牘 1228右
*72*韓氏三禮圖說 98右
韓氏山水純全集 927右
韓氏醫通 820左
77……韓朋十義記 1701右
韓門綴學、續編 1025右

4446$_{0}$ 姑

*00*姑妄聽之 1093左
姑妄存之詩鈔 1500右
*14*姑聽軒詞 1622右
*32*姑溪詞 1596左
姑溪集 1259右
姑溪題跋 913左
姑溪居士文集、後集 1259右
姑溪居士前集、後集 1259右
*44*姑蘇采風類記 535右
姑蘇名賢後紀 388右
姑蘇名賢續紀 388右
姑蘇名賢小記 388右
姑蘇志 519左
姑蘇楊柳枝詞、補、補注 1553右
姑蘇竹枝詞 535右
姑蘇筆記 1063右

茹

*44*茹草編 786右
茹草紀事 786右
茹茶軒續集 1522左

4446$_{4}$ 婼

*80*婼羌縣鄉土志 518左
婼羌縣鄉土志圖 518左

4449$_{3}$ 孫

*20*孫香詩草 1408左

4450$_{2}$ 攀

*29*攀鱗附翼 1526左

摹

*77*摹印傳燈 942左
摹印祕論 940右
摹印述 942左

摯

*40*摯太常文集 1204右
摯太常遺書 1742右

4450$_{4}$ 華

*00*華亭百詠 524右
華庭詩鈔 1506左
*10*華平戲作 1403左
華平近律 1403左
*17*華胥赤子文集 1517右
華胥赤子古今體詩 1517右
華胥赤子奏章 501左
華胥赤子尺牘 1517右
*21*華比部集 1351左
*22*華川卮辭 968右
華僑革命史 331左
華嵩遊草 587右
華嶽神女記 1119右
華嶽圖經、校勘記 572左
華峯集 1427左
華峯漫稾 1305左
華山記 571右
華山經 571右
華山志概 571右
*26*華泉集 1338左
華泉先生集選 1338左
*32*華州鄉土志 516右
華州志 516右
華溪草堂集 1439左
*44*華蓋山三仙眞經 1151左
華蓋山浮丘王郭三眞君事實 448右
華蕚館詩草 1416左
華萃山人詩集 1403左
*50*華事夷言 625左
華夷譯語 227左
華夷風土志 623右
華表柱延陵掛劍 1687左
*62*華影吹笙室詞 1643左
66……華嚴經音義 1191右
華嚴色相錄 1081左
*67*華野疏稾 499右
*70*華陔吟館詩鈔 1451右
*71*華原書院志 764右
華原風土詞 529右
*72*華氏新論 718右
華氏黃楊集 1318右
華氏中藏經 817右
*76*華陽集(王珪) 1249左
華陽集(張綱) 1263右
華陽集(顧況) 1225左

華陽宮紀事 564左
華陽眞逸詩 1225左
華陽博議 999左
華陽散稿 1422左
華陽國志 556左
華陽國志佚文 556左
華陽國志校勘記 556左
華陽國志巴郡士女逸文 391右
華陽長短句 1597右
華陽陶隱居集 1210右
華陽陶隱居內傳 449左
*77*華學士集 1343左
*80*華谷集 1294左
*88*華筵趣樂談笑酒令 1125右
華笑廎襍筆 1011右
*90*華光梅譜 927左

4450_6 革

*10*革雷得志略 637右
*27*革象新書 868右
*78*革除建文皇帝紀 307左
革除遺事 306右
307左
革除遺事節本 306右
革除逸史 307左

葦

*16*葦碧集 1284左
葦碧軒詩集 1284左
葦碧軒詩鈔 1284左
葦碧軒集 1284左
葦碧軒集補遺 1284左
葦碧軒集補鈔 1284右
*20*葦航紀談 1062右
葦航漫遊稿 1289右
*77*葦間詩集 1393左
葦間詩稿 1393左
葦間老人題畫集 916左

4452_7 鞠

*90*鞠堂野史 345左

4453_0 芙

*20*芙航集 1371右
*25*芙生詩鈔 1497右
*43*芙城錄 741右
44……芙蓉亭 1652左
芙蓉嶂諸山記 574右
芙蓉山館詞 1624左
芙蓉山館師友尺牘 1561左
芙蓉山館尺牘 1442左
芙蓉莊紅豆錄 594左
……芙蓉影 1701左
芙村文鈔 1493左
芙村學吟 1493左

英

*00*英文不規則動字分類表 227左
*18*英政概 637左
*25*英傑歸眞 332右
*30*英字入門 227左
*32*英溪集 1295右
*40*英雄記 385左
英雄記鈔 385左
英雄譜 1711左
英雄傳 1104右
英雄概傳奇 1703右
英雄報 1706右
英雄成敗 1676左
英吉利廣東入城始末 328右
英吉利記 636右
英吉利地圖說 636右
英吉利國志略 637左
英吉利國夷情紀略 636右
英吉利小記 636右
英吉沙爾廳鄉土志 518右
*44*英藩政概 626左
*50*英夷說 636右
*53*英甫遺詩 1520右
*57*英軺私記 636右
英軺日記 636右
*60*英國論略 636右
*77*英屬地志 635左
英賢傳 395右
*80*英人楊哈思班游記 588右
英人戈登游記 588右

4453_4 韃

*46*韃靼考 303右

4454_1 撻

*10*撻石齋詩 1421右

4455_4 韡

*44*韡華閣集古錄跋尾 662左

4460_0 菌

*08*菌譜 786右
*77*菌閣瑣談 1721左

苗

*11*苗疆水道考 586左
苗疆師旅考 327右
苗疆道路考 563左
苗疆城堡考 563左
苗疆村寨考 563左
苗疆指掌 327右
苗疆風俗考 563左
苗疆聞見錄 558右
苗疆險要考 563左
*17*苗歌 1562左
*22*苗變記事 329右
*28*苗俗記(田雯) 558左
苗俗記(貝青喬) 563左
苗俗紀聞 550左
*44*苗妓詩 1475左
*70*苗防論 326左
*77*苗民考 563左

4460_1 昔

*17*昔耶園集選 1373右
*22*昔巢先生遺稿 1512左
*44*昔夢錄 392右
*47*昔柳摭談 1079左

菩

44……菩薩蠻 1669左

耆

*44*耆舊續聞 1062右

4460_2 茗

*28*茗谿漁隱詩藁 389右
茗谿漁隱詞 1627左
*32*茗溪詞 1597左
茗溪集 1242右
茗溪樂章 1597左
茗溪漁隱叢話前集、後集 1572左
*44*茗華詞 1643左
*70*茗雅餘集 1641右

4460_3 苕

*10*苕石效顰集 1297左
*22*苕岑經義鈔 1563左
苕岑修禊圖題詠 1560左
苕岑社詩課 1556右

4460₃ 蓄

*44*蓄艾錄　865左

4460₄ 若

*17*若耶溪漁樵閑話　1682左
*44*若菴文　1418左
　若菴詩餘　1622右
　若菴古今詩　1418左
*80*若谷小集　1409左

苦

38……苦海回頭　1672左
*60*苦口藥　1034右
*68*苦吟　1411右
*72*苦瓜和尚畫語　930右
　苦瓜和尚畫語錄　930右

著

*33*著述偶存　1524左
*44*著花庵集　1451左
*50*著書餘料　1029右
*60*著園藥物學　855右
　著園醫話　865右

瞽

*00*瞽言　974右

4460₆ 薈

*44*薈蕞編　1078右

4460₇ 茗

*00*茗齋詩餘　1616左
　茗齋集　1384左
*20*茗香詩論　1586左
　茗香堂史論　376左
*40*茗壺圖錄　797左
*41*茗柯文稿　1445右
　茗柯文補編、外編　1445右
　茗柯文初編、二編、三編、四編　1445左
　茗柯詞　1625左
*88*茗笈、品藻　955右

蒼

*10*蒼雪齋詩存　1369右
　……蒼雪詩　1376右
　蒼雪山房稿　1416右
　蒼雪和尚南來堂詩集　1376右
*12*蒼水詩鈔　1496右
*22*蒼崖先生金石例、札記　669右
*26*蒼峴山人文錄　1398右
*31*蒼源剩草　1403右
*37*蒼潤軒碑跋　668右
*41*蒼頡訓纂　201右
　蒼頡解詁　200左
　蒼頡篇　199右
　　200左
　蒼梧雜志　1054右
　蒼梧詞　1618左
*44*蒼茛詞　1634右
　蒼茛初集詩集、文集　1479左

4460₈ 蓉

*27*蓉舟遺詩　1492左
*30*蓉渡詞　1618左
*37*蓉湖存稿　1496右
　蓉湖草堂存稿　1420右
　蓉湖吟稿　1458右
*40*蓉塘詩話　1577右
　蓉塘記聞　996右
*50*蓉史公遺詩　1511右
*90*蓉裳文稿　1502右

4460₉ 蕃

*77*蕃卿詩存　1480右

4461₇ 葩

*21*葩經旁意　55左

4462₇ 荀

*17*荀子、校勘補遺　684左、右
　　685左
　荀子新書輯注　684右
　荀子詩說　59右
　荀子詩說箋　58左
　荀子詞例舉要　685左
　荀子議兵篇節評　685左
　荀子平議　685左
　荀子非十二子篇釋　685左
　荀子集解　685左
　荀子佚文　684左
　荀子補釋　685左
　荀子補注(郝懿行)　684右
　荀子補注(劉台拱)　684右
　荀子大義錄　685左
　荀子考異　684右
　荀子斠補、佚文輯補　685左
*24*荀侍中集　1200右
*34*荀灌娘圍城救父　1687右
*60*荀勗笛律圖注　102右
*72*荀氏靈鬼志　1085左
　荀氏禮傳　93右
*77*荀卿子　684左
*80*荀公曾集選　1204左

藹

*50*藹青編年詩草　1506左

4464₁ 蒔

*40*蒔古齋吟稿、遺言　1466右
　蒔古齋隨筆　976左
*44*蒔桂堂試帖鈔　1456右
　蒔桂堂詩鈔　1456右

薜

*44*薜荔山莊詩草　1471右
　薜荔園集　1355左

4471₀ 芒

*37*芒洛冢墓遺文　676右

4471₁ 老

*17*老子　686右
　　690右
　　691左、右
　……老子章句　687左
　老子註(王弼)　687左
　老子註(河上公)　686右
　老子玄通經　1151左
　老子證義　691右
　老子識小　691右
　老子說五廚經註　1146右
　老子說略　691左
　老子下篇德經　686右
　老子平議　691右
　老子天應經　1151左
　老子殘卷六種　686右
　老子翼　690右
　　691左
　老子翼評點　691左
　老子集解、考異　690右
　老子上篇道經　686右
　老子衍　691左
　老子參註　691右
　老子化胡經、考、補考、校勘記、軼文　1151左
　老子佚文　686右
　老子像名經　1146左
　老子解(吳澄)　691左

老子解(蘇轍) 688右
老子解(葉夢得) 688右
老子約說 691左
老子微旨例略 691右
老子補註 691右
老子通義 690右
老子道德經 686右
687右
690右
691左
老子道德經玄覽 690右
老子道德經攷異 691左
老子道德經注 687右
老子道德經古本集注 689右
老子道德經本義 691右
老子道德眞經、音義 687右
老子考異 691左
老子中經 1147右
老子本義 691右
老子斠補 691右
……老子口義 689右
老子別錄 692左
老子附證 691左
老子學辨 692左
老子學派考 692左
老子開題 687右
老子義 687右
老子鍾氏注 687左
老君音誦誡經 1156左
老君變化無極經 1148左
老君清淨心經 1147右
老君太上虛無自然本起經
1150左
25……老生兒 1657左
老生常談 1588右
26老泉詩鈔 1247右
老泉集 1247左
老泉先生文集、考異 1247右
老泉先生文集補遺 1247左
老泉先生集 1247左
老泉先生全集錄 1247右
28老作孽 1129右
42老狐談歷代麗人記 1080左
44老蘇文選 1247右
老姥掌遊記 589右
老老恒言 847左
老樹軒詩集 1434右
老萊子 699左
老林說 562右
48老梅書屋遺詩 1493左
60老圃集 1263右
老圃良言 786左
老圓 1690右
77老學庵續筆記 985左
老學庵筆記 984右
985左
老學究語 761左
80老父雲遊始末 324右
老年福 1711左
82老劍文稿 1522左

甚

71甚原詩說 1584右

4471₂ 也

60也是山人醫案 863右
也是園藏書目 646右
也是錄 323左

4471₄ 耄

77耄學齋晬語 749左
耄學文集、續刻 1464左
耄學詩集、續刻 1464左
88耄餘詩話 1585右
耄餘褀識 971右

4471₆ 莔

20莔香詞 1630左
莔香詞鈔 1630左

4471₇ 世

08世族譜系 111左
世說 1046左
世說新語、校語 1046右
世說新語注鈔 1046右
世說新書 1046右
世說注所引書目 653左
世說舊注 1046右
10世玉集 1312右
世要論 963左
17世子 684左
24世德紀 392右
世德堂文集 1389左
世緯 720右
30世宗憲皇帝硃批諭旨 494左
世宗憲皇帝聖訓 494左
世宗憲皇帝上諭內閣 494左
世宗憲皇帝上諭八旗、上諭旗務議覆、諭行旗務奏議 494左
世宗憲皇帝御製文集 1412右
33世補齋文 823左
世補齋不謝方 860右
37世祖章皇帝聖訓 494左
50世本、考證 276左
世本集覽 276右
世書 974右
60世界哲理進化退化演說
977右
世恩堂文鈔 1464左
77世醫得效方 858左
80世美堂文鈔 1550左
世美堂詩鈔 1550左
世善堂藏書目錄 646左
88世範 752左、右

芭

22芭山文集、詩集、校勘記
1370右
67芭野詩鈔 1398左

4472₂ 鬱

32鬱洲遺稾 1334左
44鬱華閣遺集詩 1508右
58鬱輪袍(王衡) 1673右
鬱輪袍(黃兆森) 1706左
鬱輪袍傳 1103右
鬱輪袍傳奇 1698左
66鬱單越頌 1189右
77鬱岡齋筆麈 999左
80鬱金頌 1204右

4472₇ 劫

22劫後集 1513右
38劫海圖 1711右
40劫灰錄 322左
44劫夢淚談 333左
88劫餘雜識 334左
劫餘草 1483左
劫餘小紀 333右

葛

10葛覃集 1451右
20葛稚川內篇、外篇 1184左
22葛仙翁太極冲玄至道心傳
1173左
葛仙翁肘後備急方 856左
40葛壇遊記 606左
50葛中翰集 1371右
52葛剌巴傳 633左

72葛氏喪服變除 80右
80葛無懷小集 1280右

4472$_7$ 勘

08勘旅順記 618右
11……勘頭巾 1656右
1657左
21勘處播州事情疏 496右
30勘定回疆記 327左
50勘書巢未定稿 1471左
57……勘蝴蝶雙金榜記1700右

鄰

77鄰屏遺詩 1472右

4473$_1$ 芸

00芸庵詩餘 1603左
芸齋詩鈔 1424左
20芸香館遺詩 1502右
芸香堂詩集 1447左
30芸窗私志 1065右
芸窗課藝 1524左
芸窗詞 1610左
芸窗雅事 959左、右
44芸葊詩集 1465左
芸菴類稾 1279右
50芸書閣賸稿 1415右
67芸暉小閣吟草 1449右
72芸隱詩集 1293右
芸隱倦遊稿 1293右
芸隱橫舟稿 1293右
77芸居乙稾 1285右
芸居遺詩 1285右

藝

00藝文類聚 1040右
09藝談錄 1565右
10藝粟齋墨品 801右
20藝香詞 1616右
21藝能編 909右
藝術類徵 910左
藝經 953左
27藝舟雙楫 922右
30藝流供奉志 947右
44藝苑玄機 1578右
藝苑雌黃 1570右
藝苑古文稿 1418右
藝苑巵言 1579左
藝苑閒評 1580左
藝花譜 788左
藝蘭記 790右
藝蘭要訣 790右
藝蘭瑣言 790右
藝蘭四說 790右
藝芸書舍宋元本書目 647左
藝菊 789左
藝菊新編 789右
藝菊訣 789右
藝菊須知 789右
藝菊書 789右
藝菊簡易 789右
藝林彙攷 1024左
藝林學山 1579右
47藝觳、觳補 1022右
60藝圃傖談 1580左
藝圃擷餘 1579左
藝圃折中 967右
71藝槩 1587右

4473$_2$ 莨

44莨若渠小記 1030右

萇

44萇楚齋書目 647右
萇楚齋四筆、五筆、引用書目、目錄 1016左
萇楚齋隨筆、續筆、三筆 1016左

蓑

88蓑笠軒遺文 1430右

4474$_1$ 薛

00薛方山集 1348左
薛方山紀述 734左
薛文清集 1330右
薛文清公文集 1330右
薛文清公讀書錄 731右
薛文清公讀書錄鈔 731右
薛文清公從政錄 472左
08薛許昌詩集 1234右
10薛靈芸傳 1096左
……薛平遼金貂記 1701右
17薛子 708左
薛子讀書錄鈔 731右
薛子道論 731左
薛君韓詩章句 66右
薛司隸集 1215左
薛司隸集選 1215左
21薛仁齋先生遺集 1497右
……薛仁貴衣錦還鄉1654左
……薛仁貴跨海征東白袍記 1702左
薛仁貴榮歸故里 1654左
薛仁貴榮歸故里雜劇1654左
薛行屋詩選 1376右
24薛侍郎詞 1591右
25薛生白溼熱條辨 827右
薛生白醫案 862右
27薛御史中離集 1341右
薛象峯詩集 1307右
薛包認母 1682右
30薛家三遺文 1432左
薛憲副集 1348左
薛案辨疏 824左
32薛浮休集 1339左
34薛濤詩 1232右
薛濤傳 439右
薛濤李冶詩集 1541左
44薛考功集 1341右
薛孝廉拯庵文集 1347左
薛苞認母 1682右
48薛敬軒集 1330右
薛敬軒先生文集 1330右
薛檢討集 1337右
50薛史輯本避諱例 273右
67薛昭傳 1112左
72薛氏溼熱論歌訣 827右
薛氏選方 833右
薛氏醫案 1737右
薛兵憲集 1346右
80薛公讀書錄 731左

4474$_8$ 莪

60莪田賸筆殘稿 1434左

4477$_0$ 廿

10廿一部諧聲表 211右
廿一史約編 370右
廿一史四譜 362右
廿二史諱略 464左
廿二史發蒙 371右
廿二史攷異 379右
廿二史考異(新舊唐書) 510右
廿二史考異(五代史) 511右
512左
廿二史考異(元史) 513左
廿二史考異(晉書) 508右
廿二史考異(續漢書) 507右

廿二史考異(魏書) 510左
廿二史考異(宋史) 511右
廿二史考異(宋書) 509右
廿二史考異(漢書) 506右
廿二史考異(遼史) 512右
廿二史考異(南齊書) 509右
廿二史考異(隋書) 510右
廿二史考異(金史) 512右
廿二史劄記 379右
廿三史評口訣 373右
*23*廿我齋詩稿 1479右

甘

10……甘露昇天神呪妙經 1138右
*12*甘水仙源錄 447右
*26*甘泉新論 732左
甘泉縣鄉土志 516左
*36*甘澤謠 1107右
*44*甘藷錄 782左
*50*甘肅諸水編 582左
甘肅通志 517左
甘肅地略 530左
甘肅考略 530左
*72*甘氏家訓 756右
*90*甘棠靈會錄 1112右

4477_2 菡

*15*菡珠經 1040左

4477_7 舊

*00*舊唐書、考證 272左
……舊唐書瑣瑣 272右
舊唐書經籍志 643左
舊唐書疑義 272右
舊唐書李靖傳攷證 772右
舊唐書地理志、考證 510右
舊唐書勘同 272右
舊京詞林志 470左
舊京秋詞 523右
舊京遺事 522右
*02*舊新遺詔聖書樣本 331右
*10*舊五代史、考證 273左
舊五代史郡縣志、考證 511右
舊五代史輯本發覆 273右
*22*舊劇叢談 948右
*23*舊編南九宮譜 1716右
舊編南九宮目錄 1716右
*24*舊德集 1550右
舊德堂醫案 862左
*27*舊鄉行紀 614右
*38*舊遊日記 1078左
*77*舊月簃詞 1643左
舊聞證誤 381左
舊聞記 1091右
舊學蓄疑 1026右
舊學盦筆記 1014右
*80*舊金山紀 639左
*83*舊館壇碑考 667右
*89*舊鈔太素經校本敍 810左

4480_1 共

*43*共城從政錄 473右
共城遊記 603右

其

*25*其生詩草 1424左
*46*其恕齋詩草 1467左

楚

*07*楚望閣詩集 1525左
楚詞辨韻 1197左
楚詞講義 1195右
楚詞補註 1195左
*10*楚王鑄劍記 1095左
*20*楚辭 1195左、右
楚辭章句 1195左
楚辭音(徐邈) 1197左
楚辭音(道騫) 1197左
楚辭音義 1197左
楚辭新注 1195右
楚辭韵讀 211右
楚辭說韻 1197左
楚辭平議補錄 1195右
楚辭天問箋 1197左
楚辭集註、辨證、後語 1195左
楚辭釋 1195右
楚辭達 1196右
楚辭通釋 1195左
楚辭考異 1196左
楚辭芳草譜 1197右
楚辭輯解正編、外編、後語 1195右
楚辭拾遺 1195右
楚辭人名考 1197右
楚集 1548左
*21*楚衡嶽神禹碑文 666右
楚師儒傳 390右
*25*楚生文存 1507右
*27*楚峒志略 550左
*31*楚江情 1703左
*32*楚州城磚錄 673右
楚州金石錄、存目 676左
*34*楚漢帝月表 363左
楚漢諸侯疆域志 506左
楚漢春秋、疑義、攷證 296右
*38*楚遊紀略 604左
楚遊小草 1487左
*40*楚南小紀 547右
*41*楚狂之歌 1369右
*44*楚地記 547右
楚蒙山房文集 1416右
楚蒙山房詩 1416右
楚蒙山房易經解 1727左
*50*楚中會條 734右
楚史檮杌 354右
355左
楚書 547右
*60*楚國文憲公雪樓程先生文集樂府 1612左
楚國先賢傳 390右
楚思賦 1353右
*63*楚畹詩餘 1628左
楚畹閣詩餘 1630右
67……楚昭王踈者下船 1654右
楚昭公踈者下船 1654右
楚昭公踈者下船雜劇 1654右
*77*楚騷綺語 1197右
楚騷偶擬 1376左
楚騷品 949右
*81*楚頌亭詞第四集 1641右
*90*楚小志 546左

4480_6 黃

*00*黃帝龍首經 897右
黃帝五書 1738右
黃帝宅經 899左
黃帝祠額解 568右
黃帝九鼎神丹經訣 1176右
黃帝太一八門逆順生死訣 1176右
黃帝太一八門入式祕訣 1176右
黃帝太乙八門入式訣 1176右
黃帝太素人迎脈口診補證 850左
黃帝內經、集注敍 810左
黃帝內經靈樞 808右
黃帝內經靈樞集註 809左
黃帝內經靈樞略 808右

00黃帝內經太素、遺文 808右
黃帝內經太素診皮篇補證 850左
黃帝內經太素篇目 808右
黃帝內經素問重校正敍 810左
黃帝內經素問集註 809左
黃帝內經素問補註釋文 808左
黃帝內經素問遺篇 808右 809左
黃帝內經素問校義 809右
黃帝內經明堂 851右
黃帝內經明堂敍 810左
黃帝素問 808左
黃帝素問靈樞集註 808右
黃帝素問靈樞經 808左
黃帝素問宣明論方 818左
黃帝授三子玄女經 897右
黃帝問玄女兵法 768右
黃帝陰符經 1135左、右 1136右 1137左
黃帝陰符經註(唐淳)1136右
黃帝陰符經註(侯善淵) 1136左
黃帝陰符經註(劉處玄) 1136右
黃帝陰符經註(俞琰)1136左
黃帝陰符經註解 1136左
黃帝陰符經講義、圖說 1135右
黃帝陰符經疏 1135右
黃帝陰符經集註 1135左
黃帝陰符經集解(袁淑眞) 1136左
黃帝陰符經集解(曹道冲等) 1136左
黃帝陰符經解 1136左
黃帝陰符經解義 1136左
黃帝陰符經注(張果)1135右
黃帝陰符經注(沈亞夫) 1136左
黃帝陰符經注(黃居眞) 1136右
黃帝陰符經注(蔡□)1136右
黃帝陰符經注解 1136左
黃帝陰符經竊註、圖說 1137左
黃帝陰符經測疏 1136右
黃帝陰符經心法 1136右
黃帝陰符經十眞集解1136左
黃帝陰符經夾頌解註1136右
黃帝陰符經本義 1137左
黃帝陰符經頌 1136右
黃帝八十一難經纂圖句解、註義圖序論 810左
黃帝金匱玉衡經 897左
黃庸之集 1326右
黃庭經解 1141右
黃庭外景玉經註 1140右
黃庭外景經 1141左
黃庭遁甲緣身經 1169左
黃庭內外玉景經解 1141左
……黃庭內景玉經 1140右
……黃庭內景玉經童註 1140右
黃庭內景玉經註(梁丘子) 1140右
黃庭內景玉經註(劉處玄) 1140右
黃庭內景五藏六府圖 851右
黃庭內景五臟六腑補瀉圖 852左
黃庭內景五臟六腑圖說 852左
黃庭內景經 1140右
……黃庭中景經 1149右
……黃庭養神經 1149右
黃文獻集 1310左
黃文獻公集 1310左
黃文簡公介菴集 1329右
黃文節公尺牘 1256左
黃文節公年譜 427右
01黃龍山記 574右
04黃熟香考 799左
黃訥庵詩 1400右
10黃五嶽集 1342右
黃石齋先生集 1364左
黃石齋未刻稿 1364左
黃石子 772左
黃石婆授計逃關 1686右
黃石公 772左
黃石公望空四字數 898右
黃石公記 771右
黃石公三略 772左
黃石公素書 771右
黃石筍詩 1392右
黃雲孫詩選 1399右
11黃頭誌 795左
12黃廷道夜走流星馬 1669右
20黃辭 1001右
21黃處士遙峯閣集 1375左
22黃崑圃先生年譜 421右
黃山謎 1561右
黃山行六頌 573左
黃山紀遊(王灼) 596右
黃山紀遊(黃肇敏) 596右
黃山紀日 596左
黃山紀勝 596右
黃山遊記(王煒) 596左
黃山遊記(蘇宗仁) 596右
黃山遊記(錢謙益) 596左
黃山遊草 596左
黃山志續集、圖 573右
黃山志續集校記 573右
黃山志定本、圖 573右
黃山志定本校記 573右
黃山松石譜 596左
黃山史概 573右
黃山圖(雪莊) 573右
黃山圖(弘仁) 573右
黃山圖經 573左
黃山賦 573右
黃山谷尺牘 1256左
黃山領要錄 573右
黃崇嘏女狀元 1673左
黃梨洲先生年譜 420左
24黃先生儒行集傳 89右
黃先生緇衣集傳 89右
黃先生洪範明義 46左
黃先生月令明義 89左
黃勉齋先生文集 1277左
黃幼元集 1364左
26黃白鏡、續 1181左
27黃御史集 1239右
黃鵠山記 575左
30黃淮安瀾編 580左
31黃河說 579左
黃河工段文武兵夫記略 580左
黃河編 579左
黃河源流考 579左
黃河遠 1708右
黃河圖說 578左
黃河圖議 579右
32黃滔詩集 1239右
33……黃粱夢 1653右
……黃粱夢境記 1697右
34黃池隨筆 1008左

黃婆洞記 603右
36黃祝文 1421右
37黃澹翁醫案 864左
38黃海山花圖詠 1396右
40黃九煙先生和楚女詩 1380右
黃太泉集 1341右
黃皮山遊紀略 606左
黃赤道距度表 869右
黃志伊詩 1400右
黃嘉定吾師錄 1372左
41黃孎餘話 1007右
43黃博士詩 1328右
44黃勤敏公年譜 431右
黃蕘圃先生年譜 422右
黃花岡十傑紀實 387右
黃孝子尋親紀程 612左
黃孝子傳奇 1702右
黃孝子紀程 1735左
黃華集 1298右
黃葉庵遺稿 1374左
46黃楊集 1318右
47黃鶴樓 1684左
黃鶴賦 1174右
49黃趙客集 1357左
50黃泰泉集 1341右
黃忠端公集 1364左
黃忠端公孝經辯義 159左
黃忠端公明誠堂十四札疏證、題詞 1364左
黃忠端公年譜 408左
黃忠節公甲申日記 451左
黃書 721右
黃貴孃秋夜竹窗雨殘本 1648右
53黃輔相行狀 411左
62黃縣志稿 518右
72黃氏塾課 764右
黃氏詩法 1578左
黃氏詩餘 1631右
黃氏集千家註杜工部詩史補遺 1223左
黃氏家錄、續錄 394右
黃氏補註杜詩 1223左
黃氏世德傳贊 394右
黃氏日抄古今紀要逸編 370右
黃氏日鈔 1021右
黃氏筆記 991左
黃質山集 1349左
74黃陵詩鈔 1511左
黃陵書牘 1511左
75黃陳報冤錄 307左
77黃眉翁賜福上延年 1678左
80黃介子詩鈔 1369左
黃美中詩 1401左
黃谷譔談 998左
黃公度先生詩 1508左
黃公度先生詩箋 1508左
81黃榘卿詩選 1461左
88黃籙齋十天尊儀 1160右
黃籙齋十洲三島拔度儀 1160右
黃籙五苦輪燈儀 1158左
黃籙五老悼亡儀 1160右
黃籙破獄燈儀 1158左
黃籙十念儀 1160右
黃籙九幽醮無礙夜齋次第儀 1160右
黃籙九巵燈儀 1158左
黃籙九陽梵炁燈儀 1158左
黃籙救苦十齋轉經儀 1160右
黃竹子傳 1120左
黃竹山房詩鈔 1422左
黃竹山房詩鈔補 1422左
90黃小松先生印譜 942右

蕢

20蕢香詞選 1625左

4480_9 焚

20焚香記 1697右
焚香七要 798右
焚香錄 744右
47焚椒錄 302左
50焚書 1353左
88焚餘草(王澄世) 1373左
焚餘草(張伯楨) 1528右
焚餘草(陳希友) 1373左
焚餘小草 1488左

4490_0 村

44村老委談 1070右
50村中俏 1129右
77村居救急方、附餘 858右
村學究語 761左

樹

10樹石譜 935左
17樹君詩鈔 1463左
21樹經堂文集 1432右
樹經堂詠史詩 381右
樹經堂詩初集、續集 1432右
44樹萱錄 1088右
樹蕙編 790右
樹藼背遺詩 1486右
樹蘐草堂文集、詩集 1492右
樹蘐草堂詩餘 1638左
樹蘐堂詩 1437左
樹藝要略 785右
77樹桑養蠶要略 785右
80樹人堂詩、蒐遺 1418右

4490_1 茉

47茉聲館詞 1628左

禁

17禁忌篇 847右
30禁室女守志殉死文 461左
禁扁 563右
44禁林讌會集 469右
50禁書總目 648右
禁書目錄 1735左

蔡

12蔡癸書 777右
19蔡琰別傳 439左
21蔡虛齋集 1334右
25蔡傳正訛 39左
26蔡白石集、續集 1350右
……蔡伯喈琵琶記 1691右
30蔡洨濱集 1346右
44蔡莆陽詩集 1248左
48蔡翰目集 1342右
50蔡中郎文集、外傳 1200左
蔡中郎集、外紀、外集 1200左
蔡中郎集選 1200右
蔡夫人未刻稿 1364左
蔡忠惠集 1248左
蔡忠恪公語錄 737左
72蔡氏發微論校 901右
蔡氏化清經 964左
蔡氏喪服譜 80左
蔡氏易說 4右
蔡氏月令 88右
蔡氏月令章句 88右

4490_3 蘩

20蘩香詩草 1398右

4490_4 茶

*00*茶庫藏貯圖像目 932右
*08*茶說 783右
茶譜 783右
茶譜外集 783右
*10*茶疏 784左
*20*茶香室經說 177左
茶香室叢鈔、續鈔、三鈔、四鈔 1012左
茶香閣詞 1634左
茶香閣遺草 1468右
*21*茶經(張丑) 783右
茶經(陸羽) 782右
茶經外集 782右
*22*茶山集、拾遺 1263右 1264左
*27*茶解 784左
*30*茶寮記 955左
*44*茶董 784左
茶董補 784左
*50*茶史補 784右
*60*茶品要錄 783左
74……茶陵圖經 548左
*77*茶具圖贊 797左
*87*茶錄(馮時可) 784左
茶錄(蔡襄) 783左
*88*茶箋(屠隆) 783右
茶箋(聞龍) 784左
茶餘談薈 1080右
茶餘客話 1075右
茶餘酒後錄 1082右
茶餘漫錄 1014左
*91*茶煙閣體物集 1618右

4490_4 茱

*47*茱根譚 973右

蘗

*45*蘗棲詞 1622左

某

*50*某中丞 1081右
某中丞夫人 1081右

茱

*44*茱萸會雜劇 1691左

荼

*50*荼史 407右

蓁

*05*蓁訣 943右
*21*蓁經 943右

葉

*10*葉天寥自撰年譜、續 429右 430左
葉天寥四種 1734左
葉天士家傳祕訣 862右
葉天士溫熱論 827右
葉天士醫案 862左
*17*葉子譜、續 952左
*23*葉戲原起 952右
*24*葉先生偶言 737左
*27*葉名琛廣州之變 328右
*30*葉客集 1357左
*37*葉潤山疏稿 498右
葉潤山奏疏 498右
葉選醫衡 820右
*44*葉蓉菴詩 1390右
*72*葉氏伏氣解 828右
葉氏菉竹堂碑目 665右
葉氏眼科方 834左
葉氏印譜存目 653左
*77*葉兒樂府 1713右
葉學山先生詩稿 1403右

藁

*43*藁城縣康熙志 515右
藁城縣嘉靖志 515右
藁城縣光緒志 515右

藥

*00*藥症忌宜 854左
藥言(李惺) 746右
藥言(姚舜牧) 753左
藥言(周宗麟) 1036右
藥言賸稿 746右
*08*藥議 853左
藥譜 853左
10……藥王救八十一難眞經 1150左
16……藥理近考 854右
*28*藥徵 855右
藥徵續編 855右
*30*藥房樵唱 1313右
*32*藥洲花農詩略、文略、文略續 1445左
*47*藥欄詩話 1587左
*53*藥按 864右
*63*藥賦新編 855左
*80*藥奩醫案 864左
*87*藥錄 853左
*88*藥籠小品 855左
*95*藥性主治 855左
藥性選要 855左
藥性摘錄 855左
藥性賦 853右
藥性簡要 855左

4490_8 萊

*46*萊娛軒詩草 1425左
*50*萊史 532右
*80*萊公遺事 405右

4491_0 杜

*00*杜主開明前志 569右
*04*杜詩詳註、附編 1223右
杜詩百篇 1223右
杜詩雙聲疊韻譜括略 1564右
杜詩攟 1223左
杜詩本義 1223右
杜詩義法 1564右
杜詩箋 1222右
杜詩鈔評 1223左
*10*杜工部詩年譜 426左
杜工部詩鈔 1222右
杜工部集、外集、文集 1222右
杜工部草堂詩話 1564左
杜工部草堂詩箋、附 1223左
杜工部年譜(趙子櫟) 426左
杜工部年譜(呂大防、蔡興宗、魯訔) 426左
*17*杜子春傳 1103右
……杜子美沽酒遊春 1672右
*20*杜秀才痛哭霸亭廟 1686左
杜秀才痛哭泥神廟 1685右
杜集 1222右
*21*杜征南集 1204左
杜征南集選 1204左
*25*杜律心法 1564右
*28*杜牧之詩酒揚州夢 1662右
杜牧之詩酒揚州夢雜劇 1662右
杜牧之揚州夢 1662右
*29*杜秋傳 1104右
*30*杜審言詩集 1217左
杜審言集 1217左
*35*杜清獻集 1281右
*37*杜祁公摭稿 1243左
*40*杜壽域詞 1593左

44杜蘭香傳　1096左
杜蘭香別傳　1096左
杜荀鶴文集　1239左
杜蘂娘智賞金線池　1649右
杜蘂娘智賞金線池雜劇　1649右
杜林訓故逸文　49左
50杜東原詩集、文集　1330右
杜東原先生年譜　429左
72杜氏幽求新書　964左
杜氏體論　963左
杜氏篤論　963左
76杜陽雜編　1050左

4491₁ 莊

44莊花榭詩鈔　1478右

4491₂ 枕

01枕譚　999右
10枕干錄　411左
11枕琴僅存草　1489右
21枕上語　968左
枕上三字訣　847左
枕上吟　1469右
枕上銘　756左
枕經堂金石跋　658左
22枕山面水草堂詩鈔　1463左
50枕中記(唐□□)　845右
枕中記(沈既濟)　1098右
枕中記(□□□)　1100右
枕中經　1149右
枕中書　1154左
88枕餘　737右
91枕煙亭詩葺　1402右

4491₄ 桂

22桂巖子　116右
桂巖子春秋繁露　116右
桂巖吟稿　1286左
桂巖居詩稿　1464右
桂山堂詩鈔　1404左
32桂洲文集　1339右
38桂海雜志　555左
桂海香志　798右
桂海虞衡志　554右　555左
桂海虞衡志佚文　555左
桂海蠻志　555左
桂海巖洞志　576右
桂海酒志　806左
桂海花志　788左
桂海花木志　788左
桂海草木志　788左
桂海蟲魚志　794左
桂海果志　787左
桂海獸志　795左
桂海器志　800左
桂海金石志　677右
桂海禽志　794右
桂遊日記　607左
44桂藩事略　325右
桂考、續　784右
桂苑珠叢　195左
桂苑叢談　1052右
桂苑筆耕集　1233左
桂鬱巖洞記　576右
桂枝香　1710左
桂枝湯講義　812右
桂枝女子傳　1118右
桂林諸山別記　607左
桂林霜　1707右
桂林田海記　323左
桂林風土記　554右
47桂馨塾課　1470左
桂馨書屋遺文　1484右
48桂故　570左
50桂未谷說文段注鈔、補鈔　186右
51桂軒先生全集　1332左
62桂影軒筆記　1082左
72桂隱文集、詩集　1311右
桂隱詩餘　1612右
桂隱百課　955右
桂隱集　1311右
76桂陽記　548右　549左
桂陽石洞記　575右
桂陽列仙傳　448左
桂陽先賢傳　391左
桂陽志　549左
桂陽圖經　549左
桂陽風俗記　549左
79桂勝　570左
桂勝集、外集　1456右

蘿

22蘿山雜言　968右
44蘿摩亭札記　1029左
蘿菴游賞小志　588左
蘿菴日鈔　1535左
51蘿軒外集(楊備)　1251左
蘿軒外集(晏殊)　1244左

權

00權齋文稿　1420左
權齋老人筆記　1006左
權文公詩集　1227左
權文公集　1227左
17權子　1068右　1123右
21權衡度量實驗攷　657左
22權制　776左
24權德輿集　1227左
43權載之文集、補刻、校補　1227左
50權書　773左

4491₇ 菰

44菰蘭山房文鈔　1465左

蒓

37蒓湖公遺詩　1493右

植

27植物學　216右
45植杖閒談　1058右
63植跋簡談　1058右
80植八杉齋詩鈔　1514右

蘊

40蘊眞軒小草　1422左
80蘊入處界諦緣義　1189右

4492₇ 菊

07菊部頭傳　1116右
菊部羣英　436右
08菊說　789右
菊譜(范成大)　789左
菊譜(史正志)　789左
菊譜(劉蒙)　789左
菊譜(周履靖、黃省曾)　789右
17菊磵詩選　1281左
菊磵小集　1281左
菊磵小集補遺　1281左
31菊潭詩集　1293左
菊潭詩集補遺　1293左
菊潭集　1311左
34菊社約　960左
37菊逸山房天學　895左
菊逸山房山法備收　903左

40菊臺集秀錄 437左
44菊坡集 1278左
菊坡叢語 992左
菊莊詞 1620右
50菊史補遺 789左
51菊軒樂府 1611左
55菊農公遺詩 1511右
72菊隱吟鈔 1440右
80菊人賦稿 1430右
88菊籬詞 1640左

4492_7 栲

44栲栳山人集 1311右

葯

30葯房樂府 1613右
葯房心語 797左
葯房樵唱 1313右
44葯菴詞 1618左
60葯圃同春 788右

栯

90栯堂山居詩 1312左

橢

60橢圓新術 886左
橢圓正術 884右
橢圓正術解 886左
橢圓術 884左
橢圓求周術(徐有壬) 885左
橢圓求周術(董祐誠) 884左
橢圓拾遺 886左
橢圓盈縮簡法 890左

藕

20藕香館詩鈔 1488左
27藕船詩話 1589右
藕船題跋 651右
44藕花詞 1621右
藕華園詩 1376左
藕村詞存 1622左
71藕頤類稿、外集 1461右
77藕卿公遺詩 1511右

4493_2 菘

41菘坪小稿 1243右

4493_4 模

44模世語 999右
1036左

4494_1 檮

41檮杌近志 354右

4494_7 枝

01枝語 794左
22枝山前聞 349右
30枝安山房詞草 1637左
44……枝葉錄 742右

菽

60菽園雜記 992右
菽園雜記摘鈔 992右
菽園贅談 1031左
菽園贅談節錄 1082右
90菽堂分田錄 1006右

4496_0 枯

47枯桐閣詞 1638右

楮

07楮記室 1067左
1123右

4498_1 棋

20棋手勢 943左
21棋經 943左
60棋品 943左

4498_6 横

22横山記 574右
横山保石牘存 503左
横山遊記(吳銘道) 597左
横山遊記(馬元調) 598左
横山草堂詞 1639右
31横江詞 1618左
横渠語錄 725右
横渠正蒙 725左
横渠張子抄釋 726左
横渠子 726左
横渠經學理窟 725右
横渠先生易說 11右
横渠易說 11右
33横浦語錄 982右
横浦詩鈔 1265右
横浦集 1265右
横浦集補鈔 1265右
横浦日新 982右
34横波夫人考 440左
40横塘文鈔 1455左
横塘集 1260左
横塘泛月圖記 1559左
42横橋堰水利紀事 584右
横橋吟館圖題詠 1559左
76横陽札記 1030左

樍

44樍箸記 896右

4499_0 林

00林文忠公政書 500左
林文忠公政書三集、蒐遺 500左
林文忠公傳略 410右
林文忠公奏議 500左
林衣集 1374左
08林於館詩集 1441左
10林靈素傳 1116右
林霽山集 1295左
林下詩談 1576左
林下偶譚 1574左
林下清錄 958左
林下草 1448左
林下盟 958左
林下風清集 1439左
11林琴南文鈔 1520左
12林登州集 1324左
林水錄 577右
14林確齋文鈔 1385左
17林君復詩 1243左
林邵州遺集 1240左
23林外野言 1318右
26林泉高致 926右
林泉結契 794左
林泉隨筆 995左
林和靖詩集、拾遺 1243左
林和靖集校正 1243左
30林寬詩集 1236右
35……林冲寶劍記 1693左
37林湖遺稿 1292右
40林太僕文鈔 1498左
44林蘭香 1131右
林蕙堂集 1387左
林孝廉集選 1365右
50林東城文集 1343右
56林提學井丹集 1354左
60林邑記 622左
林員外集 1326右
72林氏弟子表 425右
73林臥遙集 1393右

77林風閣詩鈔 1509左
林屋詩藁 1463左
林屋詩錄 1521右
林屋詩餘 1624左
林屋山人夢遊草 1447右
林屋唱酬錄 1553右
林同孝詩 443右
林殿撰東莆集 1346右
林間社約 1033左
林間錄、後集 1190左
78林膳部詩 1326右
80林介山集 1345右
林公子集 1348右
90林尙書城南書莊集 1359左

楙

44楙花盦詩、外集 1459左

4499_4 楳

44楳埜集 1286右
67楳野集 1286右

4510_6 坤

77坤輿外紀 624左
坤輿圖說 624左

4541_0 姓

22姓觿、劄記 396左
姓觿采誤、劄記 396左
27姓解 395右
44姓苑 395右
50姓書 395右
71姓匯 396左
72姓氏譜纂 396左
姓氏解紛 396左
姓氏急就篇 396左
姓氏考略 396左
88姓纂 395右

4549_0 姝

12姝聯 438左

4590_0 杖

30杖扇新錄、補錄 800左

4593_2 棣

20棣香館詩鈔 1503左
44棣華雜著 1269左
棣華軒存稿 1493右
棣華居詩略 1421右
棣華館小集 1275左
棣華堂詩稿 1470右
棣華堂詞 1621右
棣韡堂吟賸 1514右
51棣軒遺藁 1438左

隸

00隸辨 199左
06隸韻 198右
21隸經文、續 174左
隸經賸義 178左
24隸續 666左
26隸釋、校勘記 666左
隸釋所錄魏石經碑圖 184右
34隸法瑣言 921右
37隸通 199左
40隸古文尙書顧命殘本補考 36左
隸古定尙書 36左

4594_4 棲

10棲霞山遊記 607左
棲霞山攬勝記 593左
棲霞長春子丘神仙磻溪集詞 1610右
棲霞閣野乘 353右
棲霞小志 572右
棲雲山館詞 1636右
棲雲山悟元子修眞辯難參證 1174左
20棲香閣藏稿 1511右
27棲約齋集選 1357右

樓

22樓山遺事 409左
樓山堂集 1367右
77樓居雜著 1333右
樓居偶錄 1016左
樓居小草 1424左

4596_0 柚

90柚堂文存 1425左
柚堂續筆談 1006右
柚堂筆談 1006右

4596_3 椿

44椿莊文輯 1458右
椿蔭堂詩存稿 1431左

4599_6 楝

00楝亭書目 646右
44楝花磯隨筆 1023左

4600_0 加

00加庶編 781左
33加減靈祕十八方 858左
加減乘除釋 882右

4601_0 旭

00旭齋文鈔 1518左
44旭林府君行述 431右

4611_0 坦

00坦庵詩餘甕吟 1615左
坦庵樂府忝香集 1713右
坦庵先生文集 1327左
坦庵浮西施雜劇 1686右
坦庵大轉輪雜劇 1686右
坦庵枕函待問編 974左
坦庵拈花笑雜劇 1686右
坦庵買花錢雜劇 1686左
坦齋通編 986左
坦齋筆衡 985右
30坦室遺文、雜著 1450左
44坦菴詞 1598右
坦菴詞三種 1748左
60坦園文錄、詩錄、賦錄、偶錄 1501右
坦園詞錄 1638左
坦園詞餘 1714左
坦園傳奇六種 1751右
坦園叢稿 1744右
坦園四書對聯 945左

4611_4 埋

10埋憂集、續集 1078右
25埋積賊 1129右
82……埋劍記 1695左

4614_0 埤

44埤蒼 202左、右
70埤雅 219右
80埤倉 202左、右

4620_0 帕

90帕米爾山水形勢風土人情說 484右
帕米爾輯略 484左
帕米爾圖說 484左
帕米爾屬中國考 484右

90帕米爾分界私議 484右

4621_0 觀

00……觀音魚籃記 1702右
觀音大士傳 445右
觀音菩薩魚籃記 1683左
10觀二生齋隨筆、楹聯附錄 1013左
觀石錄 956右
11觀玩隨筆 26右
12觀水雜記 583右
21觀貞老人哀輓錄 441左
觀貞老人壽序錄 441左
22觀劇絕句 1544右
23觀我軒集 1279右
觀稼樓詩 1411右
26觀自得廬詩存 1514右
27觀象授時 172左
觀象反求錄 28左
觀象居易傳箋 20左
觀物篇 975右
觀物篇解 893左
28觀微子 970左
觀復堂集 1368左
觀復堂稿略 1368左
30觀宅四十吉祥相 1033右
31觀酒狂齋詩錄 1530左
33觀心約 971左
37觀瀾文集甲集、乙集 1535右
觀瀾講義 761右
38觀海集（汪楫） 1397右
觀海集（劉家謀） 1477右
40觀古閣泉說 663右
觀古閣叢稿、續稿、三編 1481右
觀古堂文外集 1524左
觀古堂詩集 1523右
觀古堂駢儷文 1524左
44觀老莊影響論 1189左
……觀世音修行香山記 1702右
觀林詩話 1572右
49觀妙齋金石文考略 657右
50觀畫百詠 934右
觀書例 765左
觀書後例 765左
53觀感錄 413左
60觀易外編 31左
64觀時集 990右
71觀頤摘稿 1333左
72觀所養齋詩稾 1515左
80觀無量壽佛經、校勘記 1186右
90觀堂譯稿 1527左
觀堂集林 1527左
觀堂外集 1527左
觀堂古金文考釋 1735右
觀堂別集、後編 1527左
觀堂長短句 1643左
觀光稾 1302左
觀光紀遊 588右
觀省錄 749右

4621_4 猩

46猩猩灘記 581右

4621_7 獨

10獨石軒詩逸存 1416左
獨醉亭集 1327右
12獨孤穆傳 1110右
16獨醒雜志（吳宏） 345左
獨醒雜志（曾敏行） 1060右
20獨秀山房四書文、續編 1432左
獨絃詞 1638右
21獨步大羅天 1669右
22獨斷、校勘記 490左、右
獨斷佚文 490右
獨山平匪記 329右
獨樂園司馬入相 1674左
獨樂園稿 1249右
30獨寤園叢鈔 1732右
40獨志堂文 1527左
獨志堂詩詞 1527左
60獨異志 1050右
68獨吟樓詩 1443右
77獨學廬二稿 1444左
獨學廬三稿 1444左
獨學廬五稿 1444左
獨學廬初稿 1444左
獨學廬四稿 1444左
獨學齋詩集、文集 1440左
78獨鑒錄 1580右
91獨悟庵叢鈔 1742左

4623_2 猥

09猥談 1066右

4624_7 幔

00幔亭詩集 1365左

4632_7 駕

38駕海樓稿 1496左

4633_0 恕

80恕谷語要 740右
恕谷詩集 1410左
恕谷後集 1410左
恕谷中庸講語 135右
90恕堂存稿 1498右
恕堂存稿詩 1498右

想

90想當然詩 1458右
……想當然傳奇 1699右

4640_0 如

02如話齋詩存 1467右
10如不及齋詠史詩 382左
如不及齋詩鈔 1491左
如不及軒詩草 1490左
21如此齋詩 1364右
26如皋冒氏詩略 1549左
如皋冒氏詞略 1647左
31如江集 1360右
44如夢錄 544右
50如畫樓詩鈔 1469左
60如是齋集 1405右
如是我聞（紀昀） 1093左
如是我聞（閔一得） 1175左
如是觀 1705右
如是觀園記 565左
如是翁集 1304右
66如嬰齋文鈔 1484右

4642_7 娟

46娟娟傳 1082左

4643_4 娛

06娛親雅言（李根源） 1560左
娛親雅言（嚴元照） 1027右
44娛老集、遺稾 1396右
50娛書堂詩話（趙與虤）1575左
娛書堂詩話（□□） 1578右
60娛園叢刻 1739左

4651_7 韞

10韞玉慶詞 1627左
22韞山堂文錄 1433左
韞山堂讀書偶得 1026左

4680_6 賀

00賀方回詞、校記 1596右
賀文忠公集 1364右
28賀復齋先生行狀 423右
33賀祕監集 1218左
賀祕監外紀 426左
44賀蘭山謫仙贈帶 1687左
賀蘭山口記 530右
賀萬壽五龍朝聖 1677右
60賀昇平羣仙祝壽 1677右
72賀氏喪服譜 80左
賀氏喪服要記 80左
76賀陽亨集 1364右

4690_0 柏

00柏廬外集 1384右
柏齋集 1337右
柏齋先生樂府 1712左
22柏巖文存 1526左
柏巖詩存 1526左
柏巖聯語偶存 945右
柏巖乙稿、丙稿 1498右
柏巖感舊詩話 1589左
40柏支亭稿 1357右
44柏樹軒詩稿 1469左
柏林竹枝詞 637右
46柏梘山房文鈔 1457右
柏梘山房駢體文鈔 1457右
90柏堂讀書筆記 1740右
柏堂集前編、次編、續編、後編、餘編、補存、外編 1479左
柏堂經說 1728右
柏堂臏稿 1499左

相

10相雨書 779右 780左
20相手版經 904右
21相經 904右
22相山集 1265右
相山居士詞 1599左
25相牛經 792左
30相字祕牒 906右
相宅要說 899右
相宗絡索 1188右
34相法十六篇 904右
40相臺書塾刊正九經三傳沿革例 180左
相在爾室邇言 1012右
44相地指迷 902左
相地骨經 900左
47相鶴經 794右 795左
60相國寺公孫汗衫記 1654左
相國寺公孫合汗衫 1654左
相國寺公孫合汗衫雜劇 1654左
相思譜 1677左
相貝經 793右
71相馬經 792左
相馬書 792左
77相兒經 904右
相學齋雜鈔 991左
88相笏經 904右

4690_3 絜

10絜雪吟 1488左
77絜月詞 1631左

4691_3 槐

00槐廬詞學 1720右
10槐西雜誌 1093左
槐西雜志 1093左
44槐花吟館詩鈔 1473左
51槐軒雜著 1467左
槐軒約言 746左
槐軒俗言 746左
槐軒蒙訓 761左
67槐墅詩鈔 1408左
78槐陰樓集 1441左

4691_4 桯

50桯史 1062左

4692_7 棉

76棉陽學準 743左

楞

26楞伽阿跋多羅寶經 1186右
44楞華室詞 1635左
60楞園詩草 1475右
楞園賦說 1591左
66楞嚴集解 1187右
楞嚴咒校勘記 1192左

楊

00楊齋集 1447左
楊文襄公文集、詩集 1334右
……楊文襄公事略 407右
楊文毅公文集、詩集 1371左
楊文憲公寫韻樓遺像題詞彙鈔 1559左
楊文憲公年譜 429右
楊文懿公文集 1332右
楊文忠公三錄 497左
楊文公談苑 980左
楊文公集 1243左
楊文敏集 1329右
楊文節公詩集 1269右
楊文節公年譜 428右
楊六郎調兵破天陣 1681左
08楊議郎著書 551左
12楊弘山先生存稿 1339左
楊烈婦傳 439右
17楊孟載集 1324左
楊盈川集 1216左
18楊致存詩 1523左
20楊維節先生稿 1371左
21楊師道集 1216右
22楊幽妍別傳 1118右
23楊狀元妻詩集 1343右
24楊斛山集 1342右
楊先生冬日記 735左
楊升菴集 1341左
楊升菴先生異魚圖贊 793左
楊幼殷集 1352左
25楊仲弘詩 1308左
楊仲弘集 1308左
楊仲禮集、補 1321右
27楊龜山先生集 1258右
楊龜山先生年譜考證 418左
30楊宣樓詩 1397左
34楊漪春侍御奏稿 501左
37楊潤丘詩 1397左
楊凝詩集 1226右
楊通府集 1341左
40楊大瓢先生雜文殘稿 1401左
楊大洪先生文集 1362右
楊大洪先生忠烈實錄 408左
楊太眞外傳 1114左
楊太后宮詞、校勘記 1278右
43楊娥傳 1119右
44楊莊詩草 1482右
楊蓉裳先生尺牘 1442左
楊林兩隱君集 1746右
46楊娼傳 1106左
47楊妃外傳 1114左

*47*楊椒山集 1350右
楊椒山先生文集 1350右
楊椒山先生遺訓 753左
*48*楊猶龍詩 1388左
楊猶龍詩選 1388左
楊梅驗方 832右
*50*楊夫人樂府 1712右
楊夫人曲 1712右
楊忠烈公文集 1362右
楊忠烈公左忠毅公遺札合璧 1560右
楊忠愍集 1350左
楊忠愍傳家寶訓 753左
楊忠愍公集 1350右
楊忠愍公遺筆 753左
楊忠愍公全集 1350左
楊忠介集 1342右
楊東來先生批西遊記 1658右
*60*楊園訓子語 754右
楊園詩 1380右
楊園先生文集 1380右
楊園先生言行見聞錄 738右
楊園先生訓子語 754右
楊園先生訓門人語 738右
楊園先生詩文 1380右
楊園先生經正錄、學規 1736右
楊園先生備忘、錄遺 738左
楊園先生近古錄 754右
楊園先生喪祭雜說 461左
楊園先生喪葬雜錄 460右
楊園先生未刻稿 1380右
楊園先生門人所記 738右
楊園書 1380右
楊因之詩 1390左
*61*楊顯之雜劇 1749左
*68*楊晦叟遺集 1299左
*72*楊劉周三先生語錄合鈔 1736右
楊氏文集、別集 1410左
楊氏雜錄 1028右
楊氏太素診絡篇補證、病表、名詞 850左
楊氏太素三部診法補證 850右
楊氏女殺狗勸夫雜劇 1664左
楊氏易傳 14左
楊氏算法 878右
*78*楊監筆記 323左
*80*楊公政績紀 407右
楊公逸詩文 1243左
楊公金函經刪定 900右
楊公筆錄 982左
*83*楊鐵齋中庸講語 136左
楊鐵齋小學剳記 759左
楊鐵崖古樂府 1315左
*90*楊惟休詩 1366左
楊少尹詩集 1227右
*97*楊輝算法 878右
楊輝算法札記 879左
楊炯文集 1216右
楊炯集 1216左

4694_4 櫻
42……櫻桃記 1697左
櫻桃宴 1685左
櫻桃夢 1696左
櫻桃青衣傳 1110右
櫻桃園 1674左

4698_0 枳
*00*枳六齋詩鈔 1440左

4702_7 鳩
*12*鳩飛草堂稿 1373左
*22*鳩巢漫稾 1304右

4711_7 圯
42……圯橋進履 1649左

4712_0 均
*44*均灋 1044右
均藻 1044右
*63*均賦策 475右

4712_7 埽
*00*埽庵集 1368右

鄞
*40*鄞志稿 521左

4713_8 懿
*00*懿言日錄 1005左
……懿畜編 399右
*30*懿安事略 439右

4718_2 坎
*71*坎巨提帕米爾疏片略 484右

4719_4 垛
*25*垛積衍術 888右
垛積比類 886左
垛積比類後記 889右
垛積解義 888右
垛積演較 889左
垛積招差 884右
垛積籌法 891左

4721_2 匏
*00*匏廬詩話 1587左
匏廬詩存、賸草 1521左
*44*匏菴詩鈔 1452右
*60*匏園掌錄 1008右
*72*匏瓜室詞 1632左
*80*匏翁家藏集 1333左

翹
*44*翹懃軒文集 1529左
翹懃軒文集續編 1529左
翹懃軒謎語 947左
翹懃軒集聯 946左

4721_7 猛
*12*猛烈那吒三變化 1683右
*27*猛烏烏得記 560左

4722_0 狗
*23*狗狀元 1129左
*60*狗咬呂洞賓雜劇 1684右

4722_7 郗
*77*郗鄜山房文略 1481右
郗鄜山房詩存 1481右
郗鄜山房疏艸 501左
郗鄜山房駢文 1481右

郁
*00*郁離子 968右
郁離子微 968右
*10*郁雲語錄 749右

鶴
*01*鶴語軒詩集 1438右
*11*鶴背生詞 1635左
*14*鶴聽詩圖詠 1558右
*20*鶴舫文鈔 1395右
*22*鶴峯詩鈔 1423右
鶴山詩集 1281右
鶴山集鈔 1281右

……鶴山先生大全文集長短句 1604右
鶴山渠陽讀書雜抄 1035右
鶴山題跋 914左
鶴山全集 1281左
鶴山筆錄 1021左
鶴巢文存、詩存 1514左
鶴巢詩存 1473右
鶴巢老人語錄 747右
26鶴泉文鈔、續選 1434右
鶴泉集唐、初編 1434右
鶴皋年譜 422右
鶴和樓制義、補編 1459左
28鶴徵後錄 387左
鶴徵前錄 387左
鶴谿賸稿遺什 1430右
鶴齡錄 444左
33鶴心偶寄 1465右
37鶴澗先生遺詩 1406左
44鶴林詞(吳泳) 1606左
鶴林詞(劉光祖) 1603左
鶴林玉露 988左、右
鶴林集 1281右
46鶴場漫志 542右
67鶴鳴集(方績) 1489左
鶴鳴集(黃淵耀) 1372左
鶴野詞 1635左
77鶴月瑤笙 1712右
鶴關文賸 1418左
鶴關詩初集、二集 1418左
80鶴年詩集 1322左

4724_2 麴

50麴本草 805右

4727_2 猺

17猺歌 1561右
40猺獞傳 555右

4732_7 郝

00郝文忠公集 1301左
10郝正陽語錄 744右
郝雪海先生筆記 740左
40郝太僕遺集 1364右

4733_4 慤

60慤思錄 440右

4740_1 聲

00聲音表 211左
06聲韻攷 210右
聲韻叢說 210左
聲韻補遺 213左
聲韻轉迻略 215左
聲韻學撮要 213左
07聲韵訂訛 210右
聲調譜(吳鎭) 1585左
聲調譜(趙執信) 1583左
聲調譜拾遺 1583右
1586左
聲調三譜 1747右
聲調前譜、後譜、續譜 1583右
08聲說 212右
聲譜(□□) 204右
聲譜(時庸勱) 212右
25聲律發蒙 1044左
聲律通考 103左
聲律啓蒙 944左
聲律關鍵 1590左
聲律小記 102左
27聲紐通轉 215左
30聲之集 1305右
50聲畫集 927右
91聲類(李登) 203右
204左
聲類(錢大昕) 210右
聲類表 214右
聲類分例 211左

4741_1 妮

40妮古錄 909左

4741_2 𡟖

45𡟖嬧封 1710左
𡟖嬧封傳奇 1710左

4742_0 朝

00朝廟宮室考 97左
朝廟宮室考竝圖 97左
朝京打馬格 951左
10……朝天謝雷眞經 1134右
朝天集(法天) 1323左
朝天集(樊增祥) 1519左
朝天集(阮烜輝) 1464右
17朝珊賸草 1501右
23朝代紀元表 463左
朝俄交界考 486左
27朝綱變例 493左
28朝鮮雜述 629左
朝鮮雜志 627右
朝鮮諸水編 629左
朝鮮疆域紀略 629左
朝鮮紀事 479右
朝鮮志 633右
朝鮮考略 628右
朝鮮史略 633右
朝鮮軼事 628右
朝鮮國紀 627右
朝鮮圖說 627左
朝鮮賦、校勘記 627左
朝鮮風俗記 628右
朝鮮風土記 629左
朝鮮風土略述 628右
朝鮮輿地說 628右
朝鮮八道紀要 628右
朝鮮會通條例 628右
朝鮮小記 633右
40朝眞發願懺悔文 1164左
48朝散集、校勘記 1255左
60朝邑志 516右
朝邑韓志 516右
朝邑縣鄉土志 516右
朝邑縣志 516右
67朝野雜記校 455左
朝野新聲太平樂府 1715左
朝野遺記 346右
朝野遺紀 346右
朝野僉言 299右
朝野僉載 1047左
朝野僉載佚文 1047右
朝野類要 492左
76朝陽鳳 1704左
80朝會儀記 456左

4742_7 婦

24婦德四箴 757右
婦科雜症 836右
837右
婦科玉尺 837左
婦科良方(何夢瑤) 836右
婦科良方(曾懿) 837右
……婦科心法要訣 836右
婦科祕方 837右
婦科大略 837右
婦科指歸 837左
婦科輯要 836右
40婦女雙名記 397右
婦女贊成禁止娶妾律之大會議 1128左
66婦嬰良方 837右

77婦學(章學誠) 758左
婦學(錢保塘) 758左
80婦人集 438左
婦人集補 438左
婦人良方 835右
……婦人祕科 835右
婦人鞋襪考 798右
婦人規 836左
婦人規古方 836左

4742$_7$ 娜
46娜嬛記 1065左

4744$_0$ 奴
40奴才小史 403左

姍
47姍姍傳 1119右

4744$_7$ 好
31好酒趙元遇上皇 1656左
40好古堂家藏書畫記、續收書畫奇物記 911右
80好人歌 1033左

報
00報應記 1097右
報應錄 1053左
報慶紀行 611右
06報謁例言 1126左
34報漢元帝 494右
60報恩論 1189左
報恩緣 1707右
80……報父母恩重經 1146左

4746$_7$ 媚
22媚幽閣文娛 1543左

4748$_1$ 嫼
44嫼藝軒雜著 1030左

4748$_6$ 嬾
21嬾貞子錄 984左
40嬾眞子 983右 984左
嬾眞子錄 984左
嬾眞草堂集 1361右
60嬾園觴政 950右
72嬾髯集 1419右

4752$_0$ 靭
77靭叟自訂年譜 424左

鞠
07鞠部叢譚 948右
鞠部明僮選勝錄 437左
72鞠隱山莊遺詩、稾稿 1506右
88鞠笙遺集 1510右
鞠笙年譜、日記 432左

4760$_1$ 磬
27磬舟遺稿 1467右
52磬折古義 73左

4762$_0$ 胡
00胡廬山集 1351右
胡廣漢制度 456左
胡文穆雜著 992左
胡文恭詩集 1244左
胡文敬公集 1333左
胡文敬公年譜 419左
胡文忠公傳略 411左
胡文忠公遺集 500右 1476右
胡文忠公奏議 500右
胡文忠公書牘 1476右
02胡端敏奏議 497左
10胡二峯侍郎遺集 1371右
11胡非子 705左
17胡承諾年譜 420左
胡子衡齊 734左
胡子知言、疑義 727右
21胡盧編 1125左
25胡仲子集 1325右
37胡澹庵先生文集 1266右
44胡苑卿集 1351右
胡林翼語錄、通論 722右
胡林翼奏議 500右
胡林翼書牘 1476右
胡林翼批札 502右
胡林翼年譜 411左
48胡敬齋集 1333左
胡敬齋先生文集 1333左
胡敬齋先生居業錄 731右
50胡忠簡澹菴長短句 1599右
胡忠簡公文集補遺 1266右
72胡氏雜說 992左
……胡氏詩識 54右
胡氏疏稿 499左
胡氏家乘 393左
胡氏宕田算稿 888左
77胡周脩輝先生遺稿 1526右
88胡笳十八拍 1200右
胡笳十八拍及其他 1535左
94胡愼柔先生五書要語 826右

4762$_7$ 都
10都下贈言錄 1552左
都天寶照經 901左
12都孔目風雨還牢末雜劇 1656右
27都御史陳虞山先生集、附 1339左
都督劉將軍傳 408左
30都官集 1251左
31都濡備乘 558右
33都梁志 549左
43都城瑣記 523右
都城紀勝 537右
77都門文鈔 1469左
都門識小錄 354左
都門瑣記 523右
都門紀變百詠 330右
都門懷舊記 523右
80都公譚纂 1066右

鵠
40鵠南雜錄 1073左
44鵠華行館詩鐘 946左
鵠華秋 1690左

4768$_2$ 欹
77欹閣集 1368左

4772$_0$ 切
00切音字說明書 215右
切音字教科書 215右
切音啓蒙 215左
切音蒙引 214右
06切韻(麻果) 205右
切韻(郭知玄) 205右
切韻(王仁煦) 205右
切韻(裴務齊) 205右
切韻(孫愐) 205右
……切韻(司馬光) 213左
切韻(顧震福) 205右
切韻(潘之淙) 207右
切韻(祝尙邱) 205右
切韻(李舟) 205左

切韻(李審言) 205右
切韻(蔣魴) 205右
切韻(陸法言) 205左
切韻(陸慈) 205左
切韻正音經緯圖 214左
切韻射標 213右
切韻導原 215左
切韻考、外篇 212左
切韻指南 213右
切韻指掌圖、檢圖之例、校記 213左
切韻指掌圖校記 213右
07切韵表 212右
26切總傷寒 816左
28……切鱠旦 1649右
30切字釋疑 214右
32切近編 743右
34切法辨疑 214左
切法指南 214左
64切時政要 499右
77切問齋文錄 1426左

却

10却要傳 1108右
57却掃編 344右

4772_7 邯

67邯鄲記 1694右
邯鄲郡錯嫁才人 1687左
邯鄲道省悟黃粱夢 1653右
邯鄲道省悟黃粱夢雜劇 1653右
邯鄲夢記 1694右

鶌

07鶌鶋論 795左
鶌鶋譜 795左

4780_1 起

00起廢疾 118右
10起雲閣詩鈔 1443右
44起世經 894右
47起起穀梁廢疾 118右 120右
50起事來歷眞傳 333左
77起居器服箋 799左

4780_2 趨

00趨庭瑣語 976右
趨庭集 1448左
趨庭別錄 1519右
趨庭隨錄 1016右
趨庭聞見述 393左
趨庭錄 1016右
30趨避檢 908左
47趨朝事類 468左

4780_6 超

23超然集 1305右
78超覽樓詩稿 1520左

4791_0 楓

20楓香詞 1619左、右
楓香集 1411右
22楓山章先生語錄、考異 732左
楓山章先生集 1333右
楓山章先生年譜 419左
楓山語錄 731右
楓山集 1333右
楓山實紀 419左
30楓窗小牘 345左
31楓江漁唱 1631左
楓江草堂詩集、文集 1460左

4791_7 杞

44杞菊軒稾 1313右

楹

12楹聯聚寶 944左
楹聯集錦 945左
楹聯續剡 944左
楹聯遊戲 944左
楹聯拾存 946左
楹聯錄存 944右
41楹帖偶存 944左
50楹書集 1449右

4792_0 柳

00柳亭詩話 1585右
柳庭輿地隅說 975右
柳文、別集、外集 1230左
柳文選 1230左
07柳毅傳 1099右
柳毅傳書 1659右
10柳下詞 1634左
柳下集 1519左
20柳集點勘 1230右
22柳岸吟 1386右
23柳參軍傳 1099右
24柳先生年譜 426右
柳待制文集 1308左
27柳歸舜傳 1105右
31柳河東詩集 1230左
柳河東詩鈔 1230左
柳河東集、外集、新編外集 1230右
柳河東先生詩集 1230左
32柳州烟 1686右
柳洲遺稿 1441左
柳洲醫話 864右
柳溪碎語 1473右
柳溪倩書 1473右
33柳浪館批評玉茗堂紫釵記 1694右
36柳邊紀略 526右
37柳湄小榭詩 1483左
柳初陽詩集 1308左
40柳塘詩鈔 1483左
柳塘詞 1621右
柳塘詞話 1719右
柳塘外集 1292右
柳南隨筆、續筆 1075左
44柳蔭居詩草 1434右
柳耆卿詩酒翫江樓殘本 1660右
柳村遺草 1489右
柳枝唱和詞 1555左
46柳如是詩 1376左
柳絮集 1429右
47柳柳州文選 1230左
柳柳州集 1230左
柳柳州尺牘 1230右
50柳屯田樂章集 1592右
72柳隱叢譚 1586右
柳氏傳 1099左、右
77柳門遺稿 1494右

栩

27栩緣隨筆 1082左
47栩栩園詞鈔 1640左
栩栩園題畫 917左
栩栩園翔陽集 1514右
栩栩盦日記 452左
60栩園詞 1622左

椆

71椆蠶通說 785右

桐

*08*桐譜 782左
*10*桐石山房詩 1471左
桐西書屋詩鈔、文鈔 1497右
*22*桐山老農集 1315左
*27*桐鄉勞先生遺稿 1518左
*30*桐窓囈說 1009右
桐窗雜著十種 1736右
桐窗課解偶編、續編 1591左
桐窗殘筆 1454左
桐窗散存 1454右
桐窗餘著三書 1736右
桐窗餘藁 1454左
*31*桐江詩話 1576左
桐江集 1301右
桐江續集 1301右
*32*桐溪紀略 474左
桐溪耆隱集、補錄 1547左
*41*桐堦副墨 952右
*43*桐城文學淵源考、引用書目、名氏目錄 425右
桐城文學撰述考 1566左
桐城吳先生文集、詩集 1506右
桐城吳先生尺牘、諭兒書 1506右
桐城馬太僕奏略 498左
*44*桐埜詩集 1410右
桐花閣詞 1630左
桐花閣詞鈔 1630左
桐華仙館詞 1635左
桐華吟館稿 1444右
桐華閣文集 1486左
桐華閣詞鈔 1635右
桐菴存稿 1367右
桐芭雜著 1464左
桐桂軒課孫草 1501左
*51*桐軒詩鈔 1457左
*57*桐邨詩槀 1407左
*77*桐屋遺稾 1481左
桐月修簫譜 1632左
桐閣拾遺 1454右
桐閣關中三先生語要 745右
桐閣性理十三論 745右
*78*桐陰論畫 934右
桐陰舊話 395左
桐陰畫訣 934右
桐陰書屋詩 1449左

4792_2 杼

*22*杼山集 1224右

4792_7 郴

*31*郴江百詠 1266右
郴江志 585右
*32*郴州圖經 549左
*50*郴東桂陽小記 549左

橘

*00*橘旁雜論 822右
*08*橘譜 787左
*20*橘香堂存稿 1465右
*22*橘山樂府 1604左
橘山四六 1276左
*31*橘潭詩藁 1293左
*33*橘浦記 1696左
*44*橘坡稿 1331左
*87*橘錄 787左

4793_2 橡

*44*橡村痘訣、餘義 841右

根

*33*根心堂學規 763右

4794_0 椒

*00*椒亭小集(康與之) 1267左
椒亭小集(李光) 1265右
*22*椒山遺囑 753左
*30*椒宮舊事 492左
*60*椒園文鈔 1421左
椒園詩鈔 1498左
*72*椒丘詩 1398左
*77*椒邱文集 1332左

4794_7 殺

*47*殺狗記 1691右
……殺狗勸夫 1664右
*50*殺車槌法 814右

轂

*00*轂庵集選 1332左
*33*轂梁 120左
轂梁廢疾 118左
轂梁廢疾申何 118右
轂梁疏、校勘記 119右
轂梁傳例 120右
轂梁傳注 118右
轂梁傳補注 120左
轂梁傳選 118左
轂梁傳鈔 120左
轂梁釋經重辭說 120右
轂梁約解 120左
轂梁補注 120左
轂梁禮證 120右
轂梁大義述 120左
轂梁古義 120左
……轂梁春秋經傳古義疏 120右
轂梁春秋經傳古義凡例 120右
轂梁春秋經學外篇凡例 120右
*43*轂城山館詩集 1355左

4796_4 格

*00*格庵奏稿 496右
格齋四六、補、校勘記 1277右
格言聯璧 1036右
格言集 1036左
格言僅錄 1036左
格言彙纂 864右
*10*格正牡丹亭還魂記詞調 1716右
*18*格致彙編 807左
格致鏡原 1044左
格致餘論 819左
*21*格術補 886左
*27*格物麤談 1039左
格物須知 806右
格物通 732左
格物問答 740左
*40*格古論 909左
格古要論 909左

4798_2 款

*21*款紅社詩存 1512右

4814_0 救

*00*救文格論 373左
04……救護身命經 1141左
25……救生眞經 1145左
*27*救急經驗良方 831右
救急篇 859左
*39*救迷良方 859右
*44*救荒一得錄 479左
救荒備覽 478右
救荒定議 478左
救荒活民書 477右
救荒事宜 477右
救荒本草 786右

救荒野譜 787左
救荒全書 477右
救荒策 478左
救孝子賢母不認屍 1648右
救孝子賢母不認屍雜劇 1648右
……救苦妙經註解 1142右
77……救風塵 1650左
80救命書 774右

4816₆ 增

00增廣註釋音辯唐柳先生集、別集、外集 1230右
增廣註釋音辯柳集 1230右
增廣新術 884左
增廣聖宋高僧詩選前集、後集、續集 1541右
增廣太平惠民和劑局方、用藥總論 857左
增廣鐘鼎篆韻 198右
增廣智囊補 1070右
增廣箋註簡齋詩集、外集、正誤、校勘記 1265左
增註唐策 1562右
01增訂三體石經時代辨誤 184右
增訂發蒙三字經 761右
增訂解人頤新集 1126右
增訂傷暑全書 827左
增訂心相百二十善 1033右
增訂達生編 836右
增訂十藥神書 826右
增訂葉評傷暑全書 827左
增訂敎稼書 780右
增訂敬信錄 1034左
增訂本草備要 854右
增訂醫方歌訣 860左
增訂歐陽文忠公年譜 427左
增訂合聲簡字譜 215右
12增刊校正王狀元集注分類東坡先生詩 1253左
27增修詩話總龜、後集 1571右
增修互註禮部韻略 206右
增修雲林寺志 566右
增修鷲湖書田志 569右
增修校正押韻釋疑 207右
增修藍田鄉約 765右
增修東萊書說 38右
增修箋註妙選羣英草堂詩餘前集、後集 1644左
30增注類證活人書 813左
增定存笥小草 1370右
33增補痘疹玉髓金鏡錄 841左
增補病機沙篆 820右
增補評註溫病條辨 828左
增補評注治溫提要 828左
增補太玄集注 892左
增補菊部羣英 436右
增補史目表 373右
增補四書經史摘證 153左
增補脈訣 848左
增補食物祕書 856左
56增輯難經本義 810右
增輯易象圖說 30右
增損呂氏鄉約 765右
63增默菴詩遺集 1453左
72增刪算法統宗 879右
80增入名儒講義皇宋中興兩朝聖政、分類事目 291左
86增智慧眞言注 1185右

4824₀ 散

30散家財天賜老生兒 1657左
散家財天賜老生兒雜劇 1657左
32散溪詩文集 1528右
散溪遺書日記 451右
44散花菴詞 1608左
散花菴叢語 1075右
55散曲概論 1724左
71散原精舍集外詩 1520右
72散氏盤考釋 661右
81散頒刑部格 487左

4826₁ 猶

01猶龍傳 448右
17猶及編 1069右
26猶得住樓詩稿 1474右
猶得住樓詞稿 1632右
60猶見篇 767右

4832₇ 驁

00驁座摭遺 1071右
14驁聽錄 1050左
37……驁鴻記 1696右
40驁喜集 1080左
88驁筵辨 375左

4834₀ 赦

44赦考 486左

4841₇ 乾

10乾元子三始論 1167左
乾元祕旨 904左
27乾象術 867右
30乾淳歲時記 504左
乾淳御敎記 457左
乾淳起居注 291左
乾淳敎坊樂部 938右
32乾州小志 550左
乾溪洞記 575右
35乾清門奏對記 452右
37乾鑿度 236左
乾初先生文集 1378右
乾初先生文鈔、遺詩鈔 1378右
乾初先生詩集 1378右
乾初先生講義 1378右
乾初先生遺集外編 1553左
乾初先生別集 1743左
38乾道庚寅奏事錄 610左
乾道稾 1280左
乾道茶陵圖經 548左
乾道四明圖經 520右
乾道臨安志、札記 519右 520左
40乾嘉詩壇點將錄 1565右
乾嘉全閩詩傳小傳 425右
45乾坤正氣集 1537左
乾坤兩卦解 32左
乾坤淸氣集 1543左
乾坤鑿度 236右
乾坤大略 775左
乾坤嘯 1704左
乾坤體義 869左
乾坤義 32左
48乾乾居士集 1320左
77乾隆府廳州縣圖志 514左
乾隆三年在京文職漢官俸米及職名黃册 476左
乾隆宣威州志 522右
乾隆寶譜 942右
乾隆浙江通志考異殘稿 519右
乾隆本東安縣志 515左
乾隆東鹿縣志 515左
乾𦠆子 1051左
乾𦠆子佚文 1051左

4842₇ 翰

38翰海 1560左
44翰苑 1041左
翰苑新書前集、後集、別集、續集 1042右
翰苑羣書 1734左
翰苑集 1226左
翰苑遺事 470左
翰苑題名 469右
翰林記 470左
翰林要訣 920右
翰林集 1238右
翰林志 469左
翰林楊仲弘詩 1308右
翰林壁記 469右
翰林院故事 469右
翰林風月 1661左
翰林學士記 469左
翰林學士集 1539右
翰林學士院舊規 469右
60翰墨叢記 1060右
翰墨志 919右 920左
翰墨卮言 922右
71翰臣詩鈔 1477右

4844_0 敎

00敎童子法 761左
03……敎誡經 1186右
08敎論語、補 764左
17敎鄧子弟詔 493右
……敎子齋規 751右
敎習堂條約 763右
21敎經堂詩 1447右
敎經堂談藪 1008左
23敎稼書 780右
30敎家二書 1736右
敎家要略 753左
敎家約言 756左
40敎士彙編 764右
敎坊記 1047右
敎女彝訓 758左
敎女遺規 758左
44敎孝編 767右
50敎秦緒言 762右
77敎學編 764右
敎民榜文 482左

嫩

46嫩想盦殘稾 1484右

4844_6 婾

70婾雅堂詩話 1585左
婾雅堂詩集 1426右
婾雅堂詞 1625左
婾雅堂集 1426右

4860_1 警

00警庵文存 1508左
44警世要言 902左
警世功過格 1157左

4864_0 故

00故唐律疏議、釋文纂例 487左
故唐律疏義、律音義、校勘記 487左
22故紙隨筆 1008左
27故鄉草詩鈔 1419右
30故宮遺錄 564左
故宮漫載 564右
43故城賈氏手澤彙編 1550左

敬

00敬亭先生年譜 423左
敬齋詩鈔 1382左
敬齋先生古今黈、逸文 1022左
敬齋存稿 1506左
敬齋古今黈 1021右
敬齋古今黈補 1022左
敬齋古今黈拾遺 1022左
敬齋箴 759右
17敬聚齋稾 1313右
敬君詩話 1580左
21敬止集 584左 1358左
24敬德不伏老 1662左
敬德降唐 1660左
25敬仲集 1302左
27敬修堂釣業 499左
敬鄉錄、考異 1547右
30敬避字樣 199右
32敬業堂詩集、續集 1406右
敬業堂詩校記 1406右
敬業堂集 1406右
敬業堂集補遺 1406右
60敬畏齋公牘 503左
77敬學錄 742左
80敬義堂家訓 1737左
……敬義堂家訓述錄 756左
90敬堂文稿、詩稿 1443左
94敬愼居詩稿 1485左

4891_1 槎

21槎上老舌 1001左
44槎菴燕語 973右
80槎翁詩集 1324左

4892_1 榆

00榆廬數典 1030右
22榆巢雜識 1076右
30榆塞紀行錄 529右
32榆溪詩話 1581左
榆溪詩鈔 1379左
榆溪集選 1379左
44榆林城守紀略 316左
60榆園雜興詩 1502左

4892_7 梯

22梯仙閣餘課 1412右

4893_2 松

00松亭行紀 613左
10松雪齋文集、詩文外集記 1304右
松雪齋文集樂府 1612右
松雪齋詞 1612左
松雪齋集、外集 1304右
松雪詞 1612右
松雨軒詩集 1326右
松雨軒集 1326右
松下雜抄 1074右
松霞館贅言 974左
松石廬詩存、雜文 1514左
松石廬筆記 1081左
松石齋詩集 1489右
松石館詩集 1398左
松雲道人集 1312右
松雲閣詩鈔 1490右
20松絃館琴譜 937右
22松崖文鈔 1417左
松崖筆記 1025左
松山詞 1608左
松巢漫稿、校勘記、校勘續記 1296右
26松泉文集、詩集 1415左
松泉文錄 1415左
27松鄉文集 1305左
松鄉集 1305左
28松俗處喪非禮辨 462右

松谿小草　1400右
30松窗雜記　1050右
松窗雜錄　1050右
　1051左
松窗詞　1604右
松窗百說　967右
松窗寤言　733左
松窗寤言摘錄　733左
松窗夢語　996右
松窗錄略　1053左
松窗快筆、補、補註　535右
松寮詩訪存　1489右
31松江府志摘要　515左
松江衢歌　524右
32松溪詩餘　1621右
松溪子　975左
松溪集　1375右
33松心文鈔　1455左
松心雜詩　1455右
松心詩集　1455左
松心詩錄　1455左
松心集　1455右
34松漠紀聞、續、考異、校勘記　302右
松漠草　1417左
36松瀑稾　1310左
40松壺畫贅　933左
松壺畫憶　933右
松壽軒詩鈔　1501右
44松坡詞、校記　1602左
松坡居士詞　1602左
松花庵韻史　381右
松花菴文稾、次編　1425右
松花菴雜稾　1425右
松花菴詩草　1425左
松花菴集唐　1425右
松花菴律古、續稾　1425右
松花菴逸草　1425左
松花菴遊草　1425左
松蔭軒稿　1470左
松桂林草　1511右
松桂堂全集　1395左
松菊山房詩刪　1492左
46松柏山房駢體文鈔　1525右
51松軒講義　972右
松軒九圖　1559左
60松圓偈庵集　1361右
松圓浪淘集　1361右
松圓浪淘集選　1361右
67松吹讀書堂題詠　1557右
71松匡醫徑　820左
72松隱文集　1264左
松隱詞　1599左
松隱集　1264右
松隱樂府　1599左
74松陵水災新樂府　1501右
松陵集　1551左
76松陽講義　152右
松陽鈔存　741左
77松風閣詩鈔　1459左
松風閣琴譜　937右
松風舞鶴圖題辭　1558左
78松陰暇筆　1016左
松陰快談　1009左
80松翁未焚稾　1525左
松翁賸稿　1525左
松龕文集、詩集　1460右
松龕先生文集、詩集　1460右
松龕先生奏疏　500左
松龕奏疏　500左
松龕全集　1744左
松年長生引　1688右
松谷詩集　1322左
88松筠閣貞孝錄　440右
松籟閣詩餘　1620右
91松煙小錄　1012右

4894_0 枚

27枚叔集　1198左
44枚蓀遺草　1512左

4894_1 栟

47栟櫚詩集　1265左
栟櫚詞　1599左
栟櫚集　1265左
栟櫚集鈔　1265左

4894_7 梅

40梅檀閣詩鈔　1436右

4895_7 梅

00梅瘡見垣錄　832右
梅亭先生四六標準　1282左
04梅讀先生存稿　1330右
05梅諫議集　1247左
07梅詞　1602右
08梅譜　788右
10梅西日錄　1015右
17梅子新論　718右
梅礀詩話　1575左
20梅香館尺牘　1512左
22梅崖文鈔　1440右
梅崖詩話　1587左
梅崖居士集文錄　1422右
梅巖文集　1294右
梅巖遺詩　1468右
梅仙觀記　568左
梅峯語錄　734右
梅山詞　1605右
梅山續稿　1277右
梅山夢草　1507右
梅山小稿　1277右
26梅伯言文鈔　1457右
梅伯言先生尺牘　1457右
梅泉詩選　1530右
27梅緣詩草　1439左
28梅谿集　1267右
31梅涇草堂集鈔　1369右
32梅淵詞　1607右
梅沂詞　1621右
梅溪詩集　1267右
梅溪詩選　1267右
梅溪詞　1605左
梅溪王先生文集　1267右
梅溪集　1267右
梅溪剩稿文鈔　1422右
梅溪先生廷試策奏議　496左
梅溪先生勸學質言　764右
梅溪筆記　1076右
33梅心集、續集　1475左
35梅神吟館詩草　1477右
36梅邊集、補　1285右
梅邊吹篴譜　1632左
梅邊吹笛詞　1636左
梅邊吹笛譜、補錄　1624左
37梅湖詩鈔　1377右
梅潤詩話　1575左
38梅道人遺墨　1311左
40梅喜緣　1709右
梅喜緣傳奇　1709左
41梅墟先生別錄　419右
梅坪詩鈔　1410右
44梅苑　1644左
梅花詩　1366右
梅花詩集唐　1377右
梅花百詠（文徵明）　1336右
梅花百詠（馮子振、明本）　1551右
梅花百詠（李天植）　1377左
梅花百詠（韋珪）　1321左

44……梅花百詠(明本) 1306右
梅花百和 1377左
梅花百咏 1307左
梅花集句 1377左
梅花嶺遺事 1082右
梅花什 1552右
梅花字字香前集、後集、校譌、續校 1306右
梅花衲 1292右
梅花神數 899左
梅花逸叟集 1409左
梅花道人詞 1613左
梅花道人遺墨 1311左
梅花十咏 1377左
梅花喜神譜 935左
梅花夢 1710左
梅花草盦藏器目 660左
梅花草堂集 1069右
梅花草堂曲談 1722左
梅花草堂筆談 1069右
梅花菴稾 1311左
梅花書屋文、詩 1452右
梅花書屋詩鈔 1501右
梅花書屋倡和詩 1553右
梅花園存稿 1416左
梅花賦 1377左
梅花賦註 1377右
梅龍鎭 1706右
梅花簪 1707左
梅莊文錄 1414左
梅莊遺艸 1399左
梅芝館詩 1419左
梅華園詩餘 1620右
梅華問答編 1186左
梅村文集 1379左
梅村文鈔 1440左
梅村詩話 1581左
梅村詩餘 1615左
梅村詩鈔 1379右
梅村詞 1615左
梅村集 1379左
梅村集外詩 1379左
梅村山水記 573右
梅村樂府二種 1750右
梅村先生樂府三種 1750右
梅村先生年譜、世系 430右
梅村家藏藁 1379左
梅村賸稿 1473左
梅葉閣詩鈔、文鈔 1488右
47梅塢貽瓊 1552左
梅鶴詞 1623左
梅妃傳 1115右
梅妃作賦 1689左
梅柳詩合刻 1371右
51梅軒草 1428右
60梅田詩草 1439右
梅品 788右
62梅影山房詩賸 1482右
梅影叢談 1010右
66梅瞿山詩 1388右
72梅氏詩評 1569左
77梅屋詩稾 1287右
梅屋詩稿 1287右
梅屋詩餘 1607右
梅屋詞 1607右
梅屋集 1287右
梅屋吟 1293右
梅屋吟藁 1293右
梅屋第三稾 1287右
梅屋第四稾 1287右
梅月龕詩 1520右
梅月龕詞 1641左
梅叟閒評 755右
80梅谷文藁 1423右
梅谷行卷 1423右
梅谷續藁 1423右
梅谷偶筆 1006右
88梅笙詞 1635左
梅笛菴詞賸藁 1637右
梅簃遺詩 1443右

4896_6 檜

00檜亭集 1311右
檜亭稿、拾遺 1311右
檜庭吟稿 1290右

4898_1 樅

31樅江遊記 597右

4898_6 檢

00檢齋遺集 1424右
08檢論 977右

4928_0 狄

17狄君厚雜劇 1750左
33……狄梁公返周望雲忠孝記 1696右
50狄青復奪衣襖車 1666左
72狄氏傳 1116左

4942_0 妙

20妙香齋集 1476右
妙香室叢話 1077左
27妙絕古今 1536左
34妙法蓮華經 1186右
37……妙通轉神入定經 1141左
40妙女傳 1104左

4958_0 鞦

41鞦韆會記 1118左

4980_2 趙

00趙文學集 1356右
趙文恪公遺集 1460右
04趙計吏集 1200右
10……趙元遇上皇 1656左
12趙延嗣傳 1114右
趙飛燕外傳 1094左
趙飛燕別傳 1115左
17趙子發詞 1595右
21趙貞姬身後團圓夢 1670左
24趙待制詞 1613左
趙待制遺稾 1313左
29趙秋谷所傳聲調譜 1583右
30趙客亭先生年譜紀略 410左
趙寶峯先生文集 1312左
35趙清獻公詩集 1246右
……趙禮讓肥 1663右
37趙次閑先生印譜 942右
40趙太常集 1200左
趙喜奴傳 1119右
43趙樾村詩選 1527右
44趙蘭坡所藏書畫目錄 910左
趙蘊退詩選 1387左
47趙懿子印譜 943左
50趙夫人傳 1096右
趙忠毅公文集 1359右
趙忠毅公文錄 1404右
趙忠毅公閒居擇言 999左
……趙忠定奏議 496左
趙忠愍公景忠集 1367右
趙忠簡得全居士詞 1597右
趙忠節公遺墨 1461左
趙書(吳篤) 357左
趙書(田融) 356右
趙書癡詩 1406左
60趙園觀梅記 594左
67趙鳴秋集 1326右
68趙盼兒風月救風塵 1650左

趙盼兒風月救風塵雜劇 1650左
71趙匡胤打董達 1681左
趙匡義智娶符金錠 1667左
72趙后外傳 1094左
趙后遺事 1115左
趙氏二美遺踪 1115左
趙氏孤兒 1656左
……趙氏孤兒記 1702右
趙氏孤兒大報讐 1656左
趙氏孤兒大報讐雜劇 1655右
趙氏家法筆記 928左
趙氏淵源集 1550左
趙氏鐵網珊瑚 910左
80趙合傳 1112左

4995_0 梣

37梣湖詩錄 1474左

5

5000₆ 中

00中立公集 1349右
中庵詩餘 1612左
中庵樂府 1612左
中序 1568右
中齋詞 1609右
中庸、校刊記 134右
中庸章句大全 135左
中庸章段 135右
152右
中庸誼詁 136右
中庸讀法 136左
……中庸講語(李塨) 135右
……中庸講語(楊履基) 136左
……中庸講義(朱用純) 152右
……中庸講義(袁甫) 134右
中庸講義(楊名時) 135右
中庸說(張九成) 134右
中庸說(毛奇齡) 135右
中庸正說 151右
中庸疏略 135右
中庸發覆編 135左
中庸集註章句大全、或問 135左
中庸集說啓蒙 135左
中庸私解 136左
中庸外傳 135左
中庸俟 136左
中庸傳 134右
中庸傳註 135右
中庸傳註問 135右
中庸總說 136左
中庸釋 136左
中庸淺說 136右
中庸補注 136左
中庸述義 136左
中庸述義續 136左
中庸澹言 135右
中庸大意 151右
中庸大全 135右
中庸大義 136右
中庸直解 135左
中庸古本 134右
中庸古本旁釋、古本前引、古本後申 135左
中庸古本述註 136左
中庸札記 136左
中庸切己錄 135左
中庸本解 136左
中庸指歸、圖 135左
中庸輯略 134右
中庸提要 136左
中庸四記 135右
中庸困學錄 135右
……中庸題解參略 136左
中庸凡 135左
中庸學思錄 135右
中庸分章 135左
中庸義 134右
中庸篇義 136右
……中庸答問集 135左
中庸節訓 136左
中庸餘論 135右
152右
中唐唐求詩 1240左
中唐詩選 1540左
中唐儲嗣宗詩 1236左
中唐沈亞之詩 1232左
中唐姚合詩 1232左
中唐戎昱詩 1225左
中唐劉商詩 1227左
中唐劉言史詩 1229左
中唐劉叉詩 1231右
中唐周賀詩 1232左
中文孝經 155右
07中部縣鄉土志 517左
08中說 719左
中論、札記、逸文 716右
中論平議補錄 717左
中論佚文 717左
中論纂 716右
中議公事實紀略 411右
10中亞細亞圖說略 632左
中亞美利加五國政要 638右
中天紫微星眞寶懺 1164左
中西度量權衡表 477左
890右
中西經星同異考 871左
中西紀事 328左
中西匯參醫學 823右
中西匯通醫經精義 823右
中西骨格辯正 852左
中西醫解 823右
中西關繫略論 479右
中西算學四種 1738右
中霤禮 93右
17中丞集 1204左
21中衢一勺 475左
中行齋集 1319左
中經簿 644右
22中峯廣錄 1307左
中峯集 1340左
中峯制藝 1340左
中峯和馮海粟梅花詩 1307左
中峯禪師梅花百詠 1306右
中山文鈔、詩鈔 1391左
中山詩話 1570左
中山集詩鈔 1391左
中山傳信錄 630右
中山紀略 630左
中山沿革志 630左
中山狼 1672左
中山狼傳 1116右
中山狼圖 801左
中山史論 376左
中山奏議 499左
中山見聞辨異 630右
23中外交界各隘卡略 483右
中外紀事本末 479右
中外述遊 620左
中俄交界記 485右
中俄交界續記 485右
中俄和約 480右
中俄伊犂交涉始末 480右
中俄界綫簡明說 485右
26中白詞 1637右
中吳紀聞、校勘記 534左
中和集 1165右
中和堂隨筆 995左
27中候雜篇 1730右
中候雒予命 243右
中候雒師謀 244左
中候我應 243右
中候稷起 244右
中候儀明 244左
中候儀明篇 244左
中候準讖哲 244右
中候洛予命 243右
中候運行 244右
中候運衡 245左
中候考河命 243右
中候苗興 245左
中候摘雒貳 244左

中候摘洛戒 244左
中候擿洛戒 244左
中候握河紀 243右
中候契握 245左
中候敕省圖 244左
中候義明 244左
中候合符后 244右
28中復堂遺稿、續編 1456右
中復堂年譜 432左
中谿家傳彙稿 1343右
30中憲詩鈔 1509右
31中江詩略 1376右
中江講院建立經誼治事兩齋章程 765右
中江考 582右
中江尊經閣藏書目 645右
32中州晉韻 1716右
中州集(元好問) 1542左
中州集(倪明進) 1463左
中州觚餘 1010右
中州樂府、校記 1646左
中州樂府音韻類編 1716左
中州名賢文表 1746左
中州存牘 502左
中州切音譜贅論 1716右
中州墨錄 802左
中州人物考 390左
中州金石記 676右
中州金石攷 674右
中州金石目 674右
中州金石目錄 674右
中洲道學存眞錄 414右
中洲草堂遺集 1375左
中洲野錄 551左
34……中斗大魁保命妙經 1144右
……中斗大魁掌算伏魔神呪經 1145左
中法兵事本末 330左
37中郎女 1684左
40中古文倘書 48左
41中極戒 1157左
43中越東西定議全界約文 484左
44中麓畫品 929左
中藏經、方 817右
中華古今註 1018左
中華古今注 1018左
中華醫學 824右
中英和約 480右
中英南京舊約 479右
中菴集 1306右
中黃八柱經 1147左
47中聲集 1515右
中朝故事 338右
339左
50中書 1030右
中書典故彙記 468右
中東和約 479右
中東古今和戰端委考 380左
中東戰紀輯要 330左
60中日兵事本末 330左
中星譜 870右
中星表 874左
中國方域考 514右
中國文學教科書 1589左
中國音標字書 215左
中國形勢考略 514右
中國物產考略 514右
中國字母北京切音合訂 1729右
中國通史 372右
中國海島考略 514右
中國地理沿革史 505右
中國地理教科書 514右
中國革命日記 331右
中國切音字母 216左
中國中古文學史講義1563右
中國歷代都邑考 505右
中國歷史教科書 372右
中國學術史 978左、右
中國學術史定稿 978左
中國學術史長編 797左
中國民族志 514右
中國民約精義 723左
中國人種所從來攷 711左
中國美術史(陶瓷編) 797左
中國美術史定稿 910左
中國美術史雕刻編 799右
中田詩草 1451左
71中鴈蕩紀遊 602左
中原音韻 1716左
中原音韻作詞十法疏證 1716左
77中風論 826左
中學正宗 1736右
中興羣公吟稾戊集 1541右
中興政要 301右
中興備覽 496左
中興將帥別傳 403左
中興禦侮錄 301右
中興以來絕妙詞選 1645右
中興戰功錄 301左
中興閒氣集、校文 1539左
中興小紀 290右
85中饋錄(吳口) 954左
中饋錄(彭崧毓) 954右
90中堂事記 304左

史

00史亭識小錄 381左
史旁 375右
史文學集 1356右
史文擘要 399右
01史評 376右
03史詠詩集 381右
史詠集 381右
04史諱舉例 464左
06……史韻 1042右
07史記、考證 263左
史記辨證 264左
史記評議 374左
史記評林 263右
史記讀法 264左
史記論略 377右
……史記詳節 371左
史記三書正譌 264右
史記三書釋疑 264右
史記正譌 264右
史記正義 263右
史記天官書補目 867右
史記殰言 264右
……史記瑣瑣 263右
史記毛本正誤 264左
史記集解 263左
史記貨殖列傳注 444左
史記勸說 264左
史記佚文 263左
史記釋疑 264右
史記蠡測 264左
史記疑問 264左
史記紀疑 263右
史記注補正 263右
史記扁鵲倉公傳補注 432右
史記法語 263右
史記達旨 374左
史記選 371左
史記太史公自序注 417左
史記志疑 264左
……史記眞本 263右

07史記索隱　263右
史記札記　264左
史記考證　263右
史記菁華錄　371左
史記散筆　264左
史記惠景間侯者年表校補　264右
史記月表正譌　264右
史記弟子傳名字齒居攷　416左
史記短長說　296右
史記鈔　371左
08史說(黃式三)　376右
史說(□□)　439左
史說略　380左
史論　375左
史論五答　275左
20史系　443右
22史山人集　1333左
史糾　379左
23史外韻語書後　383右
25史佚書　705左
26史繹　376右
27史疑　375左
史匋　335右
34史漢愚按　266左
史漢異同是非　266左
史漢駢枝　266右
史漢箋論　266右
35史遺　277右
37史通、札記、札記補　373左
史通通釋　373左
史通校正　373左
史通會要　373左
38史道鄰先生遺稿　1370左
40史存　285右
43史弋　376左
史載之方　857左
44史老圃菊譜　789左
50史忠正公文集　1370左
史忠正公集　1370左
史書佔畢　379左
史表功比說　264右
史表號名通釋　506左
58史輪　375右
60史目表　373右
史見　376左
67史略(高似孫)　650左
史略(蕭震)　376右
68史瞰　335右
72……史臁　379左
史氏菊譜　789左
77史學述林　374左
史學提要　372左
史學策　1428右
史學纂要　372右
80史會大綱　375右
史公論六家要指篇釋　681左
83史館稾傳　282左
88史筌　372右
史鑑理話　377左
史鑑理畫　377左
史鑑撮要　370右
史鑑節要便讀　372右
史籀篇　193右
史籀篇疏證、敍錄　193右
史餘萃覽　347左
史纂古今通要　374右
90史懷　375左
92史剡　374左
96史惺堂集　1352左

5000₆ 吏

07吏部條法　454右
吏部進道光廿三年秋冬二季在京文職漢官領過俸米及職名黃册　476左
吏部進道光廿三年春夏二季在京文職漢官領過俸米及職名黃册　476左
36吏覗　489左
55吏曹章奏　499左

申

00申齋集　1304左
02申端愍公文集　1371左
申端愍公詩集　1371左
申端愍公集　1371左
17申子　702右
27申鳧盟詩　1386左
申鳧盟先生年譜　431左
申鳧盟先生年譜略　430右
30申定舫詩　1398右
申宗傳　1098左
31申江避寇雜感詩　329左
44申范　417右
50申忠愍詩集　1371左
72申氏拾遺集　1549左
78申鑒、札記　716左
申鑒校正　716右
87申鄭軒遺文　1432右

車

00車塵稿　1525左
車廣文集　1507右
10車貢士集　1406左
20車雙亭集　1409右
車雙秀集　1549左
22車制考　73左
車制圖解　73右
23車参政集　1359左
27車督學集　1407左
37車逸民集　1382左
40車太常集　1206右
44車孝廉集　1512右
47車都諫集　1400左
48車教授集　1382右
62車別駕集　1496左
72車隱君集　1383右
80車銃圖　773右
87車飲賓集　1405左
99車營百八叩　774右

5000₇ 事

00事文標異　1024左
事文類聚前集、後集、續集、別集、新集、外集、遺集　1042左
06事親庸言　742右
10事天謨　726左
27事物紀原　1041右
事物溯源　1039右
事物原會　1044左
30事定錄　408左
事實類苑　1042左
40事友錄　1006右
43事始　1040右
44事林廣記　1122右
71事原　1040右
77事賢錄　384右
91事類賦　1041右

5001₄ 拄

47拄楣蕝記　462左

推

00推磨記　1711左
21推步法解　872右
推步迪蒙記　876左
推步惟是　873右

43推求師意 819右
44推篷寤語 846左.
997左
50推春秋日食法、附 131左
60推易始末 20右
80推拿摘要辨證指南 843右
88推策備檢 877左

擁

46擁絮迂談 307右

攤

81攤飯續譚 1027左

5001₈ 拉

00拉雜叢談 1039右
40拉臺四境 561左

5002₇ 摛

00摛文堂集 1260左
44摛藻堂四庫全書薈要目錄
645右

摘

60摘星二集 1526右
摘星三集 1526右
摘星對聯 945右
摘星初集 1526右
摘星樓傳奇 1702右
88摘纂隨園史論 379右

5003₀ 夫

47夫椒山館詩集 1452左
夫椒山館集 1452左
夫椒山館駢文 1452左

5003₁ 摭

00摭言 464左、右
摭言述妓館五段事 1053右
35摭遺 1712左
50摭青雜說 1061左
60摭異記 1051左

5003₂ 夷

01夷語夷字 627右
10夷夏論 1185左
26夷白齋詩話 1580左
夷白齋稿、外集 1320左
夷白齋藁、外集、校勘記
1320左
28夷俗記 525右
夷俗考 622右
50夷患備嘗記、事略附記328右
60夷困文編 1370左
77……夷堅續志 1064右
夷堅志甲集、乙集、丙集、
丁集 1091左
夷堅志陰德 1091左
夷堅支志 1090右
夷堅甲志、乙志、丙志、丁
志 1091左
夷門廣牘 1741左

攘

50攘書 977右

5004₄ 接

04接護越南貢使日記 479右

5004₇ 掖

20掖乘 532右
41掖垣類稾 1271左

5008₆ 擴

00擴廓帖木兒列傳 407左

5010₆ 畫

21畫上人集 1224右
86畫錦堂詩 1239右
88畫簾緒論 471右
472左

畫

00畫麈 930左
01畫譚 934左
畫評會海 929左
畫語錄 930右
02畫話 934右
05畫訣(龔賢) 930右
畫訣(項元汴) 929左
畫訣(孔衍栻) 932右
08畫說(莫是龍) 929右
畫說(華翼綸) 934左
畫論(郭若虛) 926右
畫論(張庚) 931右
畫論(湯垕) 928右
10畫石瑣言 1406右
12畫引 930左
20畫舫記 960左
畫舫續錄投贈 1556左
畫舫約 960左
畫舫餘譚 1077左
21畫旨 929右
22畫山水訣(唐岱) 931右
畫山水訣(李澄叟) 927右
畫山水歌 928右
畫山水賦 926左
畫山水錄 926右
畫繼 927右
26畫偈 930左
30畫家知希錄 934右
32畫溪詩集 1428右
36畫禪 434左
畫禪室隨筆 910右
畫邊琴趣 1632右
40畫友詩 435左
畫友錄 434右
44畫蘭瑣言 934右
畫蘭題記 917左
畫蘭題句 916左
46畫墁詞 1593右
畫墁集 1255右
畫墁錄 1057左
47畫妃亭試帖 1519右
48畫梅譜 927左
畫梅樓倚聲 1629右
畫梅題記(朱方藹) 916左
畫梅題記(查禮) 916左
畫梅題跋 916左
50畫中人傳奇 1699右
畫史 927左
畫史會要 433右
60畫品(李廌) 927左
畫品(黃鉞) 933左
畫品(楊慎) 929左
畫羅漢頌 931左
63畫跋 914右
67畫眼 929右
70畫壁詩 1389右
72畫隱 1690左
77畫眉解 795左
畫眉筆談 795左
畫學講義 934右
畫學心法問答 932左
畫學祕訣 925右
78畫鑒 928右
87畫錄 929左
畫錄廣遺 434左
927右
88畫筌 930右

88畫筌析覽 933右
畫竹譜 928左
畫竹傳神 1688右
畫箋 929右
畫餘譜 1618左

5010_7 盡

00盡言集 495右

5013_2 泰

10泰西水法 807右
泰西君臣名號歸一圖 227左
泰西各國采風記 626右
泰西城鎮記 637右
泰西人物志 392左
22泰嶽府君記 1096左
泰山石刻記 675右
泰山生令記 1095右
泰山紀勝 592左
泰山道里記 572左
泰山圖說 572左
泰山脈絡紀 572左
25泰律、外篇 101左
泰律補 101左
26泰泉集 1341右
泰泉鄉禮 460右
泰和宜山會語合刻 978右
31泰顧北詩集 1317右
32泰州縴堤說略 584左
44……泰華山陳摶高臥 1652右
51泰軒易傳 14左
52泰誓答問 46左
71泰階六符經 894左
77泰履樓偶作 1438右
泰熙錄 721左

5013_6 蟲

10蟲天志 1040左
44蟲獲軒詩鈔 1422左
蟲薈 794左
67蟲鳴漫錄 1080右

蠢

17蠢子醫 865左
36……蠢遇錄 497左
80蠢翁詞 1625左

蠹

00蠹齋鉛刀編 1275左
27蠹魚稿 1378左
30蠹窗詩集 1420左
蠹窗詩餘 1622左
88蠹餘草 1462左

5014_8 蛟

22蛟峯文集、外集 1288左
蛟峯集鈔 1288左

5022_7 青

00青玄救苦寶懺 1161右
01青龍山集 1485右
02青氈夢 1078左
10青玉館集 305左
青霞集 1348右
青霞仙館詩錄 1483右
青霞漫稿 1350右
青霞夢 1690左
青霞吟館詩鈔 1489左
青霞醫案 863右
青霞年譜 407右
青霞館論畫絕句 933右
青天歌註釋 1139右
……青天歌測疏 1139右
青雲梯 1542右
11青瑟詞 1632右
19青瑣高議 1056右
青瑣詩話 1575右
青瑣後集 1057右
20青愛山房詩鈔 1489左
22青岑遺稿 1470右
青崖詞 1613左
青崖集 1303右
青巖叢錄 969左
青山稾 1302右
青山詩餘 1611右
青山集(郭祥正)、續集 1257右
青山集(吳山) 1407右
青山集(趙文) 1302右
青山草堂詞鈔 1640左
青山風月詩存 1555左
25青朱出入圖說 889左
27青黎子 714左
青烏先生葬經 900左
青烏緒言 902左
28青谿漫稿 1333右
30青宮譯語節本 302左
32青州先賢傳 388左
青溪詩選 1508左
青溪弄兵錄 299左
青溪集 1414右
青溪寇軌 299左
青溪載酒記 1077右
青溪暇筆 349左
青衫記 1695左
青衫淚 1652右
青衫泪 1688左
34青社黃先生伐檀集 1250右
37……青袍記 1702左
青冢志 568右
38青海地略 530右
青海考略 530右
青海事宜論 530右
40青塘錄 530右
43青城詩錄 1521右
青城詞 1617左
青城山記 577左
青城山行記 607右
青城山人集 1330右
44青藜閣文鈔 1428左
青藜閣詩集 1446右
青藜閣詞 1626右
青藜閣集詩 1446右
青藜閣集詞 1623右
青藤書屋文集 1352左
青蓮觴咏 1552右
青芝山館駢體文集 1450右
青芙館詞鈔 1629左
青苔集 1354右
青苔館詩鈔 1461右
青村遺稿 1322左
45青樓韻語 1534右
青樓集 436左
青樓夢 1131右
50青史子 711左
青囊序 901左
青囊天玉通義 901左
青囊經 900右
青囊經序 901左
青囊奥語 900右
青囊敍 901左
青未了 1365左
51青虹嘯傳奇 1698右
57青蜺居士集 1426右
60青田石考 942左
青田山廬詩鈔 1478右
青田山廬詞 1634右
青田山廬詞鈔 1634右
66青暘集 1325右
68青吟堂詞二種 1748左

71青原小艸 1431右
76青陽集 1317左
青陽山房集 1317左
青陽先生文集 1317左
77青邱高季迪先生詩集 1325左
青邱高季迪先生年譜 429左
青門文鈔 1398左
青門詩 1398左
青門消夏集 1519左
80青羊宮二仙菴碑記 568左
85青鏤管夢 921左
86青錦園賦草 1362左
88青箱雜記 981左
青箱室詩鈔 1505右
青箱書屋詞、南北曲 1636左
青箱書屋餘韻詞存 1640右
青箱餘論 1494左
90青雀集 1354右
99青燐屑 320左

肅

20肅雝集 1321右
48肅松錄 568左

5023_0 本

00本齋集 1308左
01本語 971右
21本經便讀 853左
本經逢原 854右
33本心齋疏食譜 953右
本心齋蔬食譜 953右
40本支世系記略 393右
44本艸集注序錄 853左
本草正 854左
本草發揮 854左
本草乘雅半偈 854左
本草衍句 855右
本草衍義 853右
本草經 852右
本草經疏 852右
本草經解要附餘 855左
本草崇原 852右
本草備要 854右
本草綱目 854左
本草綱目正誤 854左
本草綱目輯注札記 854左
本草從新 854右
本草必用 854右
本草法語 855右
本草通元 854左
本草選 854左
本草求眞 854右
本草擇要綱目 854左
本草撮要 855左
本草思辨錄 855左
本草滙纂 855左
本草問答 855左
本草分經 855左
本草飲食譜 856左
本草鈔 811左
本草類要 855左
47本朝詩鈔小傳 425右
本朝王公封號 370右
本朝名家詩鈔小傳 425右
本朝茶法 783左
本朝學術源流概略 978右
本朝八旗軍志 481右
50本事詩(孟棨) 1563右
本事詩(徐釚) 1534左
本事詞 1720左
77本學指南 458左
本學居文鈔 1487右
90本堂詞 1606右
本堂集 1289右

5033_3 惠

00惠帝起居注 289左
08惠施詭辯新解 705左
17惠子 705左
26惠泉鴻爪 452右
36惠禪師三度小桃紅 1671右
40惠直堂經驗方 859左
60……惠蜀書 329左
72惠氏讀說文記 186左
77惠民藥局記 865右
惠民頌言 432左

5033_6 忠

00忠文靖節編 409左
10忠正德文集 1264左
忠王致護王書 333左
忠王致潮王書 333左
12忠烈編 409右
21忠貞集 1389右
忠貞軼記 317右
忠貞錄 407左
忠經 715右
25忠傳 399右
26忠穆集 1261右
30忠宣公詩餘 1593右
38忠裕堂集 1398右
44忠孝福 1706右
50忠肅集(盧象昇) 1368右
忠肅集(傅察) 1264右
忠肅集(劉摯)、拾遺 1251右 1252左
忠惠集 1261右
70忠雅堂文集、詩集 1426右
忠雅堂文錄 1426右
忠雅堂評選四六法海 1536右
忠雅堂詞 1623左
71忠臣傳序 399右
78忠愍集 1265左
忠愍公詩集、校勘記 1242右
80忠介燼餘集 1364左
忠義集 1541右
忠義士豫讓吞炭 1662左
忠義錄 406右
88忠簡公集、辨謁考異 1259左
忠節吳次尾先生年譜 409左
忠節馬光祿先生軼詩 1340左

5034_3 專

04專誌徵存 673右
33專治痲痧初編 842左
77專門名家一集、二集、三集 673左

5040_4 婁

31婁江雜詞 535右
婁江條議 583右
婁江志 583左

5043_0 奏

08奏議集 495右
21奏上論 506左
23奏牘成帝 494右
27奏御集 1441右
28奏繳咨禁書目 648右
34奏對機緣 1190右
50奏事錄 495右
57奏摺譜 459左
奏摺款式 458左
89奏銷案 324右

5044_7 冉

17冉子書(冉雍) 682左
冉子書(冉求) 682左
冉子書(冉耕) 681右

5050$_3$ 奉

*07*奉詔錄 496左
*10*奉天刑賞錄 307右
奉天形勢 527左
奉天形勢論 527左
奉天行宮游記 564右
奉天清宮書畫錄 912右
奉天地略 527左
奉天命三保下西洋 1682右
奉天錄、附 298左
奉天等省民數穀數彙總黃冊 475右
*25*奉使集 1417右
奉使行紀 614右
奉使倭羅斯日記 613右
奉使俄羅斯行程錄 613右
614左
奉使俄羅斯日記 613右
奉使紀行詩 614右
奉使紀勝 616左
奉使倫敦記 619左
奉使安南水程日記 611右
奉使英倫記 619左
奉使朝鮮倡和集 1552左
奉使朝鮮日記 619左
奉使錄 1332右
*44*奉萱草堂文續集 1494左
奉萱草堂文鈔 1494左
奉萱草堂詩集 1494左
*60*奉思錄 394右
*90*奉常集 1352右
奉常家訓 753右
奉常公遺訓 753右

5060$_0$ 由

*44*由藏歸程記 560右
*80*由余書 707左

5060$_1$ 書

*00*書序 48右
書序辨正 43左
書序註 48右
書序說 48右
書序集傳 39左
書序述聞 49左
書齋夜話 1021右
書齋清事 959左
書齋快事 959右
書襄城公主事 1057左
書槖 1271右
*01*書評(梁武帝) 918左
書評(韋續) 919左
書評(袁昂) 918左
*05*書訣 921左
書訣墨藪 919左
*08*書說(郝懿行) 42右
……書說(呂祖謙) 38左
……書說(俞樾) 43右
……書說(鄭伯熊) 38左
書論 918左
書譜 918右
*10*書二公事 1061左
書王氏注 37右
書疏叢鈔 40右
書賈偉節廟 1056左
書賈氏義 35右
*11*書張主客遺事 1057左
書張尙書之洞勸學篇後 765左
*20*書雋 1560左
書集傳 38右
39左
書集傳或問 39右
書集傳纂疏 39左
*21*書何易于 1106右
書虞雍公守唐鄧事 301右
書經、校刊記 34右
36左
38右
39左
書經旁訓 42左
書經旁訓增訂精義 42左
書經音訓(楊國楨) 48右
書經音訓(周學熙) 48右
書經衷論 41左
書經衷要 43左
書經詮義 41右
……書經說(陳世鎔) 43右
書經說(曾鞏) 38左
書經詳說 41左
書經疏略 41左
書經備旨 42左
……書經傳說彙纂 41右
書經白文 34右
書經稗疏 41左
書經繹 40右
書經注 40左
……書經客難 42右
書經近指 41左
書經補遺 40右
920右
書經補篇 42右
書經大統凡例 48左
書經地理今釋 48左
書經蔡傳參義 39左
書經周禮皇帝疆域圖表 48左
書經恆解 43左
書經精華 43右
書經精義 42右
*22*書巖賸稿 1437右
書斷 918右
*24*書牘 721左
書牘雜著 1375右
書牘存稿 1508右
書贊 49左
*25*書傳(董鼎) 39左
……書傳(蘇軾) 38左
書傳正誤 1023左
書傳補義 43右
書傳大全 40右
書傳會選 40右
書傳纂注 39左
書种放事 1057左
書紳語略 742右
書紳要語 1002右
書紳錄 756左
*26*書繹 43右
……書繹說 744左
27……書解 39右
書舟詞 1606左
書疑(王柏) 39右
書疑(馮至) 43左
書包明事 1061左
*28*書儀 460左
書儀殘葉 460左
書儀斷片 460左
*30*書憲 1001右
*34*書法 918左
書法離鉤 921右
書法論 922左
書法三昧 920左
書法正傳 921右
書法碎語 922左
書法偶集 921右
書法約言 921右
書法雅言 921左
書法鉤玄 920右
書法粹言 921右
*37*書湖州莊氏史獄 325左

*40*書古文訓(賈逵) 37右
書古文訓(薛季宣) 38右
書古文訓旨 37右
書古文同異 37右
書古徵 43左
*42*書札記事 1513左
書札僅存 1469右
書札燼存 1358左
*44*書范氏集解 37右
書考辯 39右
……書苑菁華 920左
書蕉 999右
書勢 922左
書老生蒙難事 324右
書蔡傳旁通 39左
書蔡傳附釋 39左
書蔡氏傳旁通 39左
書葉氏女事 1119右
書林詞 1613右
書林外集 1316左
書林淸話 641左
書林揚觶 640左
*50*書中候弘道篇 243左
書史 919右
書史紀原 433左
書史會要、續編 433左
書事七則 351右
書畫說鈴 911右
書畫舫試體詩 1462右
書畫家齊名錄 434左
書畫心賞日錄 912右
書畫史 910右
書畫書錄解題補乙編 650右
書畫書錄解題補編 650右
書畫目錄 910左
書畫題跋記、續題跋記 914右
書畫跋跋、續 914左
書畫所見錄 912左
書畫金湯 910右
書畫鑑影 912左
書畫筆談 912左
書本草 1126右
*55*書農府君年譜 422右
*56*書輯 924右
*60*書目二編 647右
書目答問、校勘記 648左、右
書品(庾肩吾) 918左
書品(楊景曾) 923左
書品(楊愼) 920右
書品優劣 919左
*62*書影 1072左
書影擇錄 909右
*72*書隱曲說 1723左
*75*書肆說鈴 1000右
*77*書學緒聞 923左
書學捷要 922右
書學拾遺 923左
書學印譜 942右
書學愼餘 210左
*80*書義主意 40左
書義矜式 40左
書義斷法、作義要訣 40右
*81*書敍指南 1042左
*87*書錄 921左
*88*書簡 1246左
書筏 921右
書箋 921左
書餘 661右
書纂言 40左
89……書鈔 38右
*90*書小史 433左
書尙書弘道編 44左

5060$_3$ 春

*03*春詠亭集 1312右
*10*春雪亭詩話 1586左
春雨雜述 920右
春雨逸響 997右
春雨草堂別集 1383右
春雨樓雜文、詩 1458左
春雨樓詩鈔 1471左
春雨樓初刪稿 1429左
春雨軒集、校勘記、校勘續記 1326左
春雨堂雜抄 995左
春雨堂集 1366左
春雨堂隨筆 994右
*12*春水船詞鈔 1632左
*15*春融堂雜記八種 1734右
春融堂詞 1623左
春融堂集 1426右
*17*春及堂藁 1399右
*24*春豔夭桃紈扇 1674右
*26*春和堂詩集 1425左
春和堂紀恩詩 1425左
*27*春歸詞 1637左
*29*春秋 121左
123左
249右
春秋旁訓 128左
春秋旁訓增訂精義 128左
春秋應擧輯要 128右
春秋意林 122左
春秋文諡例 114右
春秋文曜鉤 250右
春秋文耀鉤 250右
春秋辨疑、校勘記 122右
123左
春秋辨疑校 123左
春秋辨義 126左
春秋衷要 129左
春秋詠史樂府 112右
春秋讞義 125右
春秋讞義補 125右
春秋識小錄 1727右
春秋詩話 1563左
春秋諸傳會通 125左
春秋諸家解、總論 129右
春秋諸國統紀、目錄 124右
春秋讀意 125右
春秋講義 124左
春秋說(洪咨夔) 124左
春秋說(惠士奇) 128左
……春秋說(陳世鎔) 129右
春秋說(陶正靖) 127右
春秋說(鄭杲) 130左
春秋說志 125右
春秋說題 254左
春秋說題辭 254左
春秋說略 129左
春秋說命徵 255右
……春秋論 130左
春秋詳說(家鉉翁) 124右
春秋詳說(冉覲祖) 127左
春秋一得 128右
春秋三子傳 129右
春秋三傳辨疑 125左
春秋三傳雜案 128右
春秋三傳比 128右
春秋三傳約注 130左
春秋三傳折中 130左
春秋三傳異文釋 1727右
春秋三傳異同說 121左
春秋三傳異同考 128左
春秋三傳駁語 129右
春秋三家經本訓詁 121右
春秋三家異文覈 131右
春秋正辭、擧例、要指 128右
春秋正旨 125右
春秋正傳 125右

29春秋正義、校勘記 105右
春秋玉版 255左
春秋玉版讖 255左
春秋王霸列國世紀編 124左
春秋五論 124右
春秋五禮例宗 130右
春秋五禮源流口號 110右
春秋疏略 126右
春秋元命包 250左
春秋元命苞 250左
春秋夏正 130右
春秋平議 129右
春秋平義 126右
春秋天子二伯方伯卒正附庸尊卑表 116左
春秋非左 107左
春秋瑞應傳 255右
春秋列女圖考 111左
春秋列國諸臣傳 385左
春秋列國論 130右
春秋列國官名異同考 131右
春秋列國地形口號 111右
春秋列國卿大夫世系表 111左
春秋孔演圖 249右
春秋孔義 126左
春秋孔錄法 255左
春秋職官考略 112左
春秋攻昧 106左
春秋璇璣樞 255左
春秋孜異郵 252左
春秋億 126左
春秋毛氏傳 127左
春秋集註、綱領 124左
春秋集傳（張洽） 124左
春秋集傳（汪紱） 128左
春秋集傳（李文炤） 128左
春秋集傳（趙汸） 125左
春秋集傳（啖助） 121右
春秋集傳辯疑 122左
春秋集傳釋義大成 124右
春秋集傳微旨 121右
春秋集傳纂例、校勘記 121右
春秋集傳纂例校 121右
春秋集解（蘇轍） 122右
春秋集解（呂本中） 123右
春秋集注 123右
春秋集義（方宗誠） 130左
春秋集義（李明復）、綱領 124左
春秋歲星行表 131左
春秋歲星考 131左
春秋占筮書 897左
春秋比 129左
春秋比辨 129左
春秋比事 123右
春秋比事參義 128右
春秋比事目錄 127右
春秋師說 125左
春秋經文三傳異同考 131右
春秋經論摘義 130左
春秋經玩 1727右
春秋經翼 129左
春秋經傳辨疑 125右
春秋經傳集解、考證 104右 105左
春秋經傳比事 129左
春秋經傳日表 111左
春秋經傳闕疑 125左
春秋經傳合編、雜說、書法彙表、辨疑 129右
春秋經傳朔閏表 111左
春秋經解（孫覺） 122右
春秋經解（崔子方） 123左
春秋經世 125右
春秋經筌 124左
春秋例要 123左
春秋例統 130右
春秋亂賊考 130右
春秋後語 296左
春秋後語卷背記 1645左
春秋後傳（樂資） 296右
春秋後傳（陳傅良） 123右
春秋後國語 296左
春秋剩義 128左
春秋樂府 382左
春秋外傳國語唐氏注 294右
春秋外傳國語平議 295右
春秋外傳國語孔氏注 295左
春秋外傳國語虞氏注 294右
春秋牒例章句 103右
春秋佐助期 253左
春秋備旨 128左
春秋緯 249右 1731左
春秋緯文燿鉤 250右
春秋緯雜篇 1731右
春秋緯說題辭 254左
春秋緯元命苞 250左
春秋緯佐助期 253左
春秋緯保乾圖 252右
春秋緯潛潭巴 253右 254左
春秋緯演孔圖 250左
春秋緯漢含孳 253右
春秋緯運斗樞 251右
春秋緯考異郵 252左
春秋緯感精符 251右
春秋緯握誠圖 253右
春秋緯附錄 255右
春秋緯合誠圖 252左
春秋傳（牛運震） 128左
春秋傳（葉夢得） 123右
春秋傳（胡安國）、校勘記 123左
春秋傳（劉敞） 122左
春秋傳註 127右
春秋傳說例 122右
……春秋傳說彙纂 127左
春秋傳說薈要 127左
春秋傳正誼 130左
春秋傳禮徵 110右
春秋傳駁 106左
春秋傳服氏注 104左
春秋傳義 130左
春秋白文 121左
春秋皇綱論 122左
春秋偶記 128右
春秋保乾圖 252右
春秋稗疏 126右
春秋釋 129右
春秋釋痾駁 114右
春秋釋例（顥容） 112右
春秋釋例（杜預）、校勘記 112右
春秋釋地韻編 112左
春秋解（丁壽昌） 130左
……春秋解（張應譽） 130左
春秋解（胡銓） 123右
春秋條貫篇 127左
春秋疑年錄 111左
春秋疑義 127左
春秋名字解詁補義 221右
春秋名號歸一圖、考證 109右 110左
春秋紀年 110右
春秋綱領 123左
春秋徐氏音 113左
春秋家說 126右
春秋究遺 130左

春秋客難 129左
春秋宗朱辨義 127右
春秋河圖揆命篇 255左
春秋潛潭巴 253右 254左
春秋潛澤巴 253右
春秋演孔圖 249右 250左
春秋述義 129左
春秋述義拾遺 109左
春秋漢議 114右
春秋漢含 252右
春秋漢含孳 252右
春秋決獄 117左
春秋決事 117左
春秋決事比 117右
春秋禮經 110右
春秋初讀 129右
春秋通 126左
春秋通訓 122右
春秋通說 124左
春秋通論(方苞) 127右
春秋通論(劉紹攽) 128左
春秋通議 130左
春秋通例 130右
春秋通義 124右
春秋運斗樞 250右 251左
春秋十二國年表 110左
春秋左傳 103左 104右 105左 184右
春秋左傳音訓 113左
春秋左傳註 104右
春秋左傳註疏、考證 105左
春秋左傳讖 106右
春秋左傳識小錄 108右
春秋左傳詁 108左
春秋左傳讀本 108左
春秋左傳讀敍錄 109右
春秋左傳許氏注 104右
春秋左傳許氏義 103右
春秋左傳正義 105左
春秋左傳王氏注 104右
春秋左傳要義 106右
春秋左傳平議 109左
春秋左傳賈服注輯述 108右
春秋左傳解 109左
春秋左傳注疏校正 105右
春秋左傳注疏考證 105右
春秋左傳補註 107右
春秋左傳補疏 108左
春秋左傳補注 108右
春秋左傳古義凡例 112右
春秋左傳校勘記、釋文校勘記 105右
春秋左傳校勘記補正 105右
春秋左傳杜注補輯 105左
春秋左傳杜注校勘記 105左
春秋左傳異文釋 113左
春秋左傳服注存、續 108右
春秋左傳分國土地名 112左
春秋左傳義疏 106左
春秋左傳會要 110左
春秋左傳鄭氏義 104左
春秋左傳小疏 107右
春秋左傳類聯 944左
……春秋左傳類編 106右
春秋左氏膏肓釋痾 104左
春秋左氏函傳義 105右
春秋左氏經傳章句 104右
春秋左氏經傳集解後序 113右
春秋左氏經傳義略 105右
春秋左氏傳 104右
春秋左氏傳章句 103右
春秋左氏傳說 106右
春秋左氏傳例略 113左
春秋左氏傳嵇氏音 113左
春秋左氏傳續說 106右
春秋左氏傳傳例解略 113左
春秋左氏傳傳注例略 113左
春秋左氏傳眞氏義 103右
春秋左氏傳解誼 104左
春秋左氏傳解詁 103右
春秋左氏傳注疏校勘記、釋文校勘記 105右
春秋左氏傳補注(沈欽韓) 108左
春秋左氏傳補注(趙汸) 106右
春秋左氏傳述義 106左
春秋左氏傳漢義補證簡明凡例二十則 112右
春秋左氏傳古例詮徵 113左
春秋左氏傳地名補注 112左
春秋左氏傳事類始末 106右
春秋左氏傳時月日古例考 113左
春秋左氏傳劉氏注 105右
春秋左氏傳服氏注 104左
春秋左氏傳義注 104右
春秋左氏傳答問 109右
春秋左氏傳小疏 107右
春秋左氏解詁 103右
春秋左氏疑義答問 109右
春秋左氏古經、五十凡 108左
春秋左氏古義 108右
春秋左氏長經章句 103右
春秋左氏小疏 107右
春秋大傳 121左
春秋大傳補說 121左
春秋大事表、輿圖 110左
春秋大事表序錄 110左
春秋大全 125右
春秋土地名 111右
春秋直解(方苞) 127右
……春秋直解(傅恆等) 128右
春秋直解(郝敬) 126左
春秋坊記問業 126左
春秋內事 254右 255左
春秋古經說 129右
春秋古經左氏說後義補證凡例 113左
春秋古經舊注疏證零稿 130左
春秋古經箋 130左
春秋札記 128左
春秋求中錄 128右
春秋地理考實 111右
春秋地名 111右
春秋地名辨異 111右
春秋地名攷略目 111右
春秋地名考略 111右
春秋考 123右
春秋考異 252左
春秋考異郵 252左
春秋世族譜、補正 110右
春秋世族譜拾遺 110右
春秋世論 126右
春秋世譜拾遺 110右
春秋世紀編 124左
春秋楚地答問 112左
春秋權衡 122左
春秋胡傳參義 123右
春秋胡傳考誤 123左
春秋胡傳附錄纂疏 123左

29春秋胡氏傳 123左
春秋胡氏傳辨疑 123右
春秋穀梁註疏 119左
春秋穀梁傳、校刊記、考異、攷 118左
119左
184右
春秋穀梁傳序 121左
春秋穀梁傳糜氏注 118右
春秋穀梁傳章句 118左
春秋穀梁傳音訓 120右
春秋穀梁傳讞 120左
春秋穀梁傳讀本 119左
春秋穀梁傳說 118左
春秋穀梁傳平議 120左
春秋穀梁傳殘石 185左
春秋穀梁傳集解 119左
春秋穀梁傳解釋 118右
春秋穀梁傳徐氏注 119左
春秋穀梁傳注 118右
春秋穀梁傳注疏、考證119右
春秋穀梁傳注疏校勘記、釋文校勘記 119右
春秋穀梁傳注疏考證 119右
春秋穀梁傳注義 119左
春秋穀梁傳補注 120左
春秋穀梁傳校勘記、釋文校勘記 119右
春秋穀梁傳異文釋 120右
春秋穀梁傳時月日書法釋例 120右
春秋穀梁傳鄭氏說 119右
春秋穀梁劉更生義 118左
春秋穀梁劉氏注 120左
春秋穀梁劉氏義 118左
春秋穀梁段氏注 118左
春秋事義全考 125右
春秋摘微 122左
春秋本例 123左
春秋本義(吳楫) 108左
春秋本義(程端學) 124右
春秋書法解 126左
春秋書法凡例、胡氏釋例 112右
春秋春王正月考、辨疑130右
春秋表記問業 126左
春秋折衷論 121右
春秋揆命篇 255左
春秋或辯 126右
春秋或問(程端學) 124右
春秋或問(呂大圭) 124左
春秋成長說 104左
春秋感精符 251左、右
春秋井田記 111右
春秋規過 106左
春秋規過考信 106左
春秋輯說彙解 128右
春秋輯傳、宗旨、凡例 126左
春秋提綱 124右
春秋握誠圖 253左
春秋日南至譜 131左
春秋日月考 131左
春秋日食辨正 131右
春秋日食攷 131左
春秋日食星度表 131左
春秋日食質疑 131左
春秋國都爵姓考、補 110右
春秋四傳詁經 129右
春秋四傳斷 126左
春秋四傳糾正 126右
春秋四傳私考 126左
春秋四傳異同辨 128左
春秋四傳質 126左
春秋圖表 130右
春秋異文箋 131右
春秋異地同名攷 112左
春秋別典 286右
春秋戰國異辭、通表 286右
春秋明志錄 125右
春秋盟會圖 117右
春秋臣傳 122右
春秋長歷(杜預) 111左
春秋長歷(陳厚耀) 111左
春秋長厤 111左
春秋后妃本事詩 382左
春秋質疑 126左
春秋隨筆(吳勤邦) 129右
春秋隨筆(顧奎光) 128右
春秋咫聞鈔 129左
春秋屬辭 125左
春秋屬辭比事記 126右
春秋闕如編 127右
春秋闡微纂類義統 121右
春秋問業 126左
春秋陰陽 117左
春秋人地名對 944右
春秋金鎖匙 125左
春秋前傳 296右
春秋分紀 124左
春秋分年系傳表 110右
春秋尊王發微 122左
春秋尊孟 110左
春秋年表 110左
春秋義補註 128左
春秋義存錄 127右
春秋合誠圖 251右
252左
春秋會通 125左
春秋會義 122右
春秋命歷序 254右
春秋命厤序 254右
春秋公子譜 385左
春秋公羊註疏 114左
春秋公羊顏氏記 113右
春秋公羊王門子注 115左
春秋公羊疏、校勘記 114右
春秋公羊貢氏義 113右
春秋公羊孔氏傳 115左
春秋公羊經何氏釋例 117右
春秋公羊經傳解詁 114左
春秋公羊經傳通義、敍115右
春秋公羊傳、校刊記、攷 113右
114左
184右
春秋公羊傳音訓 118左
春秋公羊傳讞 115右
春秋公羊傳讀本 114左
春秋公羊傳平議 116左
春秋公羊傳注疏、考證114左
春秋公羊傳注疏校勘記、釋文校勘記 114右
春秋公羊傳注疏考證 114右
春秋公羊傳校勘記、釋文校勘記 114右
春秋公羊傳異文釋 118左
春秋公羊傳曆譜 117右
春秋公羊傳箋 116左
春秋公羊注疏質疑 114右
春秋公羊禮疏 117右
春秋公羊通義、敍 115右
春秋公羊穀梁諸傳彙義 127右
春秋公羊穀梁二傳評 121右
春秋公羊穀梁傳集解 121右
春秋公羊穀梁傳解詁 121右
春秋公羊眭生義 113右
春秋公羊嚴氏義 113右
春秋公羊劉氏注 115右
春秋公羊鄭氏義 115左

春秋鑽燧 130右
春秋鉤玄 125右
春秋錄運法 255左
春秋錄圖 255左
春秋朔至表 131右
春秋朔閏至日考 131右
春秋朔閏表發覆 131左
春秋朔閏異同 131左
春秋簡書刊誤 127左
春秋符 255右
春秋筆削微旨 128左
春秋管窺 127左
……春秋餘論 127右
春秋繁露、校勘記、淩注校正 116左、右 117左
春秋繁露平議 117左
春秋繁露集註 117左
春秋繁露佚文 116右
春秋繁露注 117左
春秋繁露求雨止雨考定 117右
春秋繁露斠補、佚輯補117左
春秋纂言、總例 124右
春秋鈔 127右
春秋恆解、錄餘傳 129左
春秋類對賦 106左
春秋精義 129左
春秋燬餘 127左
30春宵寱賸 1075左
31春酒堂文存、詩存 1386左
春酒堂詩話 1181右
春酒堂外紀 431左
32春冰室野乘 353右
春浮園詩集、文集 1376右
春浮園偶錄 450右
34春波影 1676左
春渚紀 800右
春渚紀聞 1059左
春渚紀聞補闕 1059左
36春溫三字訣 828右
春溫三字訣方歌 828右
春瀑山館詩存 1469左
38……春遊 1675左
春遊唱和詩 1555左
40春在堂雜文、續編、三編、四編、五編、六編、補遺 1482左
春在堂詩編 1482左
春在堂詞錄 1635左
春在堂傳奇二種 1751右
春在堂輓言 423右
春在堂隨筆 1012左
春在堂尺牘 1482右
春在堂全書校勘記 1482右
春在堂全書錄要 651左
42春橋詩選 1426右
43春娘傳 1116右
44春艸堂遺稿 1502左
春藻堂詩集 1489右
春夢初覺室詩草 1483右
春夢初覺室塡詞 1635左
春夢錄 1117左、右
春蕪記 1697右
春蕪詞 1619右
春草齋集 1327左
春草遺句 1549右
春草園小記 565左
春草園小景分記 565左
春草堂詩話 1587左
春草堂詞錄 1629右
春草堂駢體文、古近體詩 1456左
春樹閒鈔 1074右
春蘿書屋詩存 1435左
春林詩選 1488右
47春帆紀程 614左
60春星草堂集 1504左
春星閣詩鈔 1481左
春星堂詩集 1746右
春星堂續集 1746右
62春影樓詩 1481右
春影樓詩稿 1481右
67春明雜著 1466左
春明歲時瑣記 523右 524左
春明叢說 1076左
春明退朝錄 491左
春明夢錄 353右
春明夢餘錄 522右 523左
春暉樓讀易日記 29左
春暉樓論語說遺 144左
春暉樓禹貢地理舉要 45右
春暉樓四書說略 155左
春暉書屋詩集 1464右
春暉閣詩選、校勘記 1480右
春暉閣紅餘吟草 1524左
春暉餘話 1010右
春煦軒文集、詩集 1354左
77春閨雜咏 1512右
春風慶朔堂 1669右
春風堂隨筆 994右
春覺齋論畫 934右
春覺齋箸述記 651左
春脚集 860左
春駒小譜 1040左
春闈雜詠 1507右
春卿遺稿、續編 1243右
80春人賦 1522左
春谷遺草 1415左
春谷嚶翔 929右
90春慵軒詩集 1321左
春光百一詞 1640右
92……春燈謎記 1700右

5073_2 表

00表度說 869右
表章先正正論 1015左
07表記集傳 89右
50表忠記 1703左
表忠錄(吳嵩梁) 407左
表忠錄(胡長新)、續錄409左
表忠錄(金武祥) 406右
表奏書啓四六集 1245右
60表異錄 1043右

囊

10囊雲文集 1377右

5077_7 舂

74舂陵褒貞錄 439左
舂陵志 546右
舂陵舊圖經 546右

5080_6 責

24責備餘談 374右
72責髯奴辭 1045左

貴

10貴耳集 987右 988左
貴耳錄 987右
32貴州通志 522左
貴州道中記 616左
貴州地略 558左
貴州考略 558左
34貴池唐人集 1746左
貴池二妙集 1746左
貴池先哲遺書待訪目 648左

76賁陽山泉志 570左

5090$_0$ 未

00未庵初集 1403左
未齋雜言 969右
21未能錄 745右
40未灰齋文集、外集 1475右
50未央天傳奇 1704左
未央術 894左
51未軒文集 1334右
60未園集選 1523左
未園集略 1523左
67未晚樓文續存、別卷 1530左
未晚樓文存、別卷 1530左
未晚樓聯稿 946左
未晚樓書牘、續存 1530左
77未覺軒牘草 1490左
未學學引 774左

耒

36耒邊詞 1620右
57耒耜經 781左

5090$_2$ 棗

44棗花老屋集 1502左
棗花書屋詩集 1465右
棗林雜俎 1001左
棗林詩集 1373右
棗林藝簣 1001左
90棗堂集選 1358左

5090$_3$ 素

00素擬集 1518左
素文女子遺稿 1424左
素言集 1487左
10……素王妙論 906右
素靈微蘊 809右
素靈摘要 809左
12素水居遺稿 1374右
40素女方 847右
素女經 847右
44素蘭集 1366左
素菴先生文 1395左
48素梅玉蟾 1674右
50素書 771右
素書輯註 772左
51素軒集 1317右
素軒公集 1283右
60素圃醫案 862左
素園詩 1367左
77素風居士集攟遺 1359右
素履齋稾 1306左
素履子 719右
素問 808左
素問病機氣宜保命集 809左
素問玄機原病式 809左
素問六氣玄珠密語 825左
素問靈臺祕典論篇新解 810左
素問佚文 808左
素問釋義 809右
素問遺篇 808左
素問校義 809右
素問懸解、校餘偶識 809右
素問隋楊氏太素注本目錄 810左
素問入式運氣論奧 808右
90素賞樓詩稿 1439左

5090$_4$ 秦

00秦亭山民移居倡和詩 1555左
秦齋怨 1366右
秦方伯集 1353左
02秦端敏公集 1335右
07秦記 358左
08秦敦考釋 662左
10秦璽始末 940左
秦晉詩存 1468右
秦晉連程 619左
秦瓦硯齋詩鈔 1492右
秦雲擷英小譜 436左
11秦張兩先生詩餘合璧 1748右
12秦廷筑 1676右
17秦弱水集 1372右
秦子 963右
27秦修敬集 1331右
秦脩然竹塢聽琴 1648左
秦脩然竹塢聽琴雜劇 1648左
28……秦併六國平話 1128右
30秦淮劇品 1722左
秦淮士女表 1068右
秦淮畫舫錄 1077左
秦淮春泛圖詠 1558右
秦淮感舊集 1081左
32秦州記 530左
34秦漢瓦圖記 673左
秦漢瓦當文字 673左
秦漢郡考 506左
36秦邊紀略 484左
38秦游詩 1443右
40秦太師東窗事犯 1662左
秦女賣枕記 1084右
42秦韜玉詩集 1238左
44秦封君集 1347左
秦地圖 506左
秦夢記 1104左
45秦樓月 1704右
47秦婦吟 1241左
50秦中歲時記 529左
秦事通徵 377右
秦書 358左
秦書疏 494右
60秦蜀驛程記 613左
秦蜀驛程後記 613左
72秦隱君集 1224左
秦鬢樓談錄 354右
77秦月娥誤失金環記 1682右
80秦金石刻辭 656左
秦鏡漢硯齋詩餘 1639左
秦公緒詩集 1224左
87秦錄 529左
90秦少游詩集 1256右

槖

88槖籥子 1172左

5090$_6$ 東

00……東鹿鄉土志 515右
……東鹿縣志 515左、右
……東廣微集 1204右

東

00東亭詩選 1428右
東齋雜誌 978右
東齋詩鈔、續鈔、文鈔、續鈔 1529右
東齋記事(許觀) 985右
東齋記事(范鎮) 341左
東齋稿略 1355右
東齋吟稿 1276左
東齋脞語 1007右
東齋小集 1291左
東齋掌鈔 1004左
東方先生集 1198右
東方大中集 1198右
東方朔記 1094左
東方朔傳 1094右
東方朔神異經 1083左
……東方朔偷桃記 1697右
東廚司命燈儀 1158左

東廂記 1709右
東京夢華錄 544左
04東塾讀書記 176右 1029左
東塾遺書 1741右
07東郊土物詩 539右
東郭記 1698左
10東三省邊防議 485右
東三省蒙務公牘彙編 485左
東三省韓俄交界道里表 485右
東三省輿地圖說 526右
東三省輿圖說 526右
東平教案記 330右
東西二漢水辯 585左
東西洋考 624左
東西勢社番記 543右
東晉方鎮年表(吳廷燮) 365左
東晉方鎮年表(萬斯同) 365右
東晉疆域志 508右
東晉將相大臣年表 365左
東晉南北朝輿地表 508左
11東北文獻零拾 527左
東北邊防論 485右
東北邊防輯要 485右
東北海諸水編 582左
東北古印鉤沈 664右
東北閩遊記 602右
東北輿地釋略 526右
20東維子文集、校勘記 1315右
東維子集 1315右
21東征雜記 543左
東征集 326右
東征紀行錄 309左
東行述 420右
東行初錄、續錄、三錄 619右
東行日記 619右
東韡集 1493右
22東嵐謝氏明詩略 1550右
……東嶽化身濟生度死拔罪解冤保命玄範誥咒妙經 1150左
……東嶽化身濟生拔罪保命妙經 1150左
東嶽大生寶懺 1162左
東倭考 629左
東倭表 629左
東巖集 1341右
東巖周禮訂義 70左
東山詶和集 1553左
東山詩選 1293左
東山詞、校記 1596左、右
東山詞補、校記 1596右
東山論草 1353左
東山酬唱 1554右
東山政教錄 723左
東山巖記 576左
東山樂府 1611左
東山外紀 420左
東山寓聲樂府 1596右
東山寓聲樂府補鈔 1596右
東山遺集二種 1743左
東山存稾 1320右
東山存稿 1320右
東山老人詩賸 1493左
東山書院課集 1563左
東山國語 281右
東山餘墨 1353左
23東牟集 1264右
東牟紀事 483左
東牟守城詩 329左
東牟守城紀略 329左
24東豔禍傳奇 1710右
……東牆記 1648左
26東白日鈔 380左
東白堂詞 1616右
……東牕記 1702右
東皐雜錄 1058右
東皐雜鈔 1075右
東皐詩鈔 1283右
東皐子集、校勘記 1215右
東皐集 1401右
東皐集補鈔 1283右
東皐先生詩集 1321左
東皐錄 1324左
東魏將相大臣年表 367左
東吳名賢記 388右
東吳小稿 1312右
27東歸集 1518右
東歸紀事 612左
東歸日記(方士淦) 616左
東歸日記(吳恢傑) 618左
東歸錄 618左
東鄉風土記 551左
30東瀛詩記 1588左
東瀛紀事 327右
東家雜記、校譌、續校、補校 415右
東窻集 1262左
東安日程 765左
……東安縣志 515左
……東窗事犯 1662左
東宮備覽 750右
東宮官寮題名 470左
東宮舊事 456右
東宮切韻 205右
31東江子 975左
東江家藏集 1336左
東江遺事 315左
東江始末 315左
……東涯集 1360左
東河新櫂歌、續 584左
東河櫂歌 584左
東潛文稿 1432右
32東洲初稾 1341左
東洲艸堂金石詩 658左
東洲艸堂金石跋 658右
東洲几上語、枕上語 968左
東溪試茶錄 783左
東溪詞 1599右
東溪集(高登) 1267左
東溪集(甘泳) 1300左
東溪草堂詞 1641左
東溪日談錄 732左
東巡記 300右
33東浦詞 1595右
34……東斗主算護命妙經 1144右
東池草堂尺牘 1512左
東漢文紀 1537右
東漢文選 1537右
東漢文鑑 1537右
東漢諸帝統系圖 363右
東漢諸王世表 363右
東漢詔令 493右
東漢三公年表 364左
東漢王叔師集 1199右
東漢雲臺功臣侯表 363右
東漢崔亭伯集 1199右
東漢外戚侯表 363右
東漢皇子王世系表 363右
東漢將相大臣年表 363右
東漢宦者侯表 363右
東漢九卿年表 364左
東漢荀侍中集 1200右
東漢中興功臣侯世系表 363右
……東漢書詳節 371左

34東漢書疏 494右
東漢書刊誤 266右
東漢馬季長集 1199右
東漢會要 454右
36東澤綺語 1605右
東還紀程、續抄 612右
東還紀略 616左
37東湖記 581右
東湖乘 540左
東湖叢記 1029左
東湖居士集 1260左
東澗集 1281左
東溟文集、外集、文後集、文外集 1456右
東溟蠡測 997右
東溟校伍錄 775右
東溟奏稿 500左
東溟粹言 735左
38東游記 592左
東游草 1482右
東洋記 629左
東洋瑣記 629右
東洋小艸 1477左
東海鰥生詞鈔 1638左
東海投桃集 1559右
……東遊記(吳元泰) 1131左
東遊記(吳鍾史) 628右
東遊集 1347右
東遊集法語 445右
東遊紀 735左
東遊紀盛 630左
東遊日記(王之春) 629右
東遊日記(黃慶澄) 630左
東遊日記(西洋□□) 635左
東道集 1497左
40東土耳其考略 632左
東塘集 1274右
東塘日劄 320右
東南諸山記 574左
東南三國記 628左
東南紀事 319左
東南紀略 334左
東南紀聞 1064右
東南洋記 632右
東南洋島紀略 635左
東南洋鍼路 632右
東南防守利便 483右
東南防守利便 483右
東古文存 1549左
41東垣先生此事難知集 818右
43東城雜記 539左
東城記餘 539右
東城志略 533右
東城老父傳 1101右
東城老父鬬雞懺傳奇 1708左
東越文苑後傳 425右
東越儒林後傳 414左
東越祭蛇記 1095右
1096左
44東坡文談錄 1564右
東坡文集(熊士鵬) 1464左
東坡文集(蘇軾) 1252右
東坡詩話 1570左
東坡詩話錄 1564右
東坡詩集(熊士鵬) 1464左
東坡詩集(蘇軾) 1252右
東坡詩集註 1253左
東坡詩選 1252右
東坡詩鈔 1252右
東坡詞 1593右
1594左
東坡手澤 1056左
東坡集、後集、奏議、外制集、內制集、樂語、應詔集、續集、校記 1252右
東坡集補鈔 1252右
東坡樂府 1594左
東坡先生詩鈔 1252右
東坡先生集 1252右
東坡先生仇池筆記 1056左
東坡先生志林 981左
東坡先生志林集 981左
東坡先生翰墨尺牘 1253右
東坡先生書傳 38左
東坡先生易傳 12左
東坡先生全集錄 1252左
東坡先生年譜 427右
東坡烏臺詩案 427右
東坡紀年錄 427右
東坡酒經 806左
東坡遺意 924右
東坡志林 981左
……東坡夢 1658右
東坡事類 427右
東坡書傳 38左
東坡易傳 12左
東坡題跋 913左
東坡閒適詩選 1253左
東坡全集 1252左、右
東坡年譜 427右
東藩紀要、補錄 628右
東莞袁督師後裔考 408右
東莞袁督師遺事 408右
東苑文鈔 1387右
東苑詩鈔 1387右
東莊論畫 931左
東莊吟稿 1388左
東莊醫案 862左
東蒙古形勢考 526左
東華塵夢 620右
東華廙廬集 1513右
東華仙三度十長生 1670右
東華錄綴言 291右
東菴集 1302右
東村記事 352左
東萊詩集 1260右
東萊子 109右
東萊郡暮夜卻金 1687左
東萊集 1273右
東萊先生唐書詳節 371右
東萊先生音註唐鑑、音註考異 290左
東萊先生詩集 1261左
東萊先生三國志詳節 371左
東萊先生五代史詳節 371右
東萊先生西漢書詳節 371左
東萊先生晉書詳節 371左
東萊先生北史詳節 371左
東萊先生左氏博議 109右
東萊先生南史詳節 371左
東萊先生史記詳節 371左
東萊先生東漢書詳節 371左
東萊先生隋書詳節 371右
東萊趙氏先世酬唱集 1553右
東萊趙氏先世學行記 394右
……東萊書說 38右
東萊呂紫微雜說 984左
東萊呂紫微詩話 1571右
東萊呂紫微師友雜志 413左
東萊呂太史文集、別集、外集、考異 1273右
東萊呂太史春秋左傳類編、校勘記 106右
東萊呂氏古易 14左
東蘿遺稿 1488右
東林商語 735右
東林列傳 402左
東林紀事本末論 314左
東林遊草 1530左
東林始末 314右

東林蓮社十八高賢傳 444右
東林事略 314左
東林本末 314左
東林書院會語 736左
東林點將錄 401右
東林同志錄 402左
東林同難錄、同難列傳、同難附傳 402右
東林朋黨錄 402左
東林會約 735右
東林籍貫 402左
東林籍貫錄 401右
東林粹語 737右
46東觀集 1242左
東觀漢記、拾遺 277右
東觀存稿 1454右
東觀奏記 298右
東觀錄 568右
東觀餘論 908右
東觀餘論校 908右
47東朝崇養錄 458右
東朝紀 307左
東都事略 281左
東都事略校記 281左
東都事略校勘記 281左
東都事略跋 281左
48東槎雜著 633右
東槎紀略 543右
東槎聞見錄 630左
50東事書 313左
東事答問 526右
東夷考略、圖 526右
51東軒集 1318左
東軒集選 1331左
東軒筆錄 342右
52東虬草堂詞 1636左
55東井文鈔 1437左
東井詩鈔 1437左
東井誥勅 494左
60東里高氏世恩錄 393右
東里全集、別集 1329左
東國名勝記 633右
東園文集、續編 1333左
東園語錄 1185左
東園集、後集 1519左
東園叢說 983右
東園友聞 1064右
東園公草 1365左
東田文集、詩集 1334右
東田集 1334右
東田辠言 970左
東田遺稾 1338右
67東明紀行 619左
東明聞見錄 322右
東野農歌集 1288左
東路記 615右
70東雅堂韓昌黎集註、外集 1228右
71東阿詩鈔 1408右
東原文集 1425右
東原錄 980右
東甌紀略 474左
東甌留別和章 474左
72東陲道里形勢 485右
74東陵紀事詩 335右
東陵盜案彙編 335右
東陵道 335右
76東陽夜怪錄 1111左
東陽兵變 315左
77東岡集 1401右
東閣吟稿 1269右
東閣剩稿 1417左
東鷗草堂詞 1635右
東門寄軒草 1418左
80東人詩話 1588左
東谷集詩、續刻、文、續刻 1390右
東谷贅言、校勘記 995右 996左
東谷易翼傳 13左
東谷所見 968左
東谷隨筆 968左
東谷鄭先生易翼傳 13左
87東銘 725左
88東籬樂府 1711右
東籬耦談 633右
90東堂詞、校記 1596右
東堂集 1260左
東堂老 1663右
東堂老勸破家子弟 1663右
東堂老勸破家子弟雜劇 1663右
東堂小集 1260左
東省與韓俄交界道里表 485右
東省養蠶成法 785右

5101_{0} 批

01批評釋義音字琵琶記、圖、劄記 1691右
37批選杜工部詩 1223左
61批點三國志瑣瑣 268左
批點晉書瑣瑣 269左
批點北史瑣瑣 272左
批點後漢書瑣瑣 266右
批點左氏新語 107左
批點南史瑣瑣 272左
批點考工記 72右
批點舊唐書瑣瑣 272右
批點史記瑣瑣 263右
批點前漢書瑣瑣 265左
77批歐陽永叔詞十二首 1593右

5101_{1} 排

06排韻增廣事類氏族大全 1043左
22排山後集、續集 1418右
排山小集 1418右

5102_{0} 打

50打棗譜 787右
62打縣官 1130右
71打馬圖 951左
打馬圖經 951左

5103_{2} 振

13振武將軍陝甘提督孫公思克行述 410左

據

43據鞍錄 614右

5104_{0} 軒

31軒渠詩稿 1999左
軒渠詩餘稿 1616右
軒渠集 1399左
軒渠錄 1122左、右
54軒轅黃帝水經藥法 1178右
軒轅黃帝傳 448右
軒轅鏡 1704左

5104_{1} 攝

22攝山紀遊 593左
攝山紀遊集 593左
25攝生三要 846右
攝生要語 847左
攝生要義 846右
攝生要錄 846左
攝生集覽 846右
攝生衆妙方 858左

25攝生消息論 846左
攝生月令 845右
……攝生養性論 845右
攝生纂錄 844左
77攝閑詞 1620左
80……攝養論 845右
攝養枕中方 843右
88攝篆半月錄 502左

5106_0 拈

40……拈古 1243右
44拈花詞 1632右
拈花錄 1190右
77拈屏語 1001左

5106_1 指

11指頭畫說 932右
27指歸集 1178左
34指法譜 936右
40指南後錄 1289左
指南摘要 827右
指南錄 1289左
66指嚴筆記 325左
71指馬樓詞鈔 1638左
77指月錄 1189左

5108_6 擷

44擷華小錄 436右

5111_0 虹

43虹城子集 1409右

蚍

52蚍蜉傳 1112右

5112_7 蠕

88蠕範 794左

5114_6 蟫

50蟫史(口口) 796左
蟫史(屠紳) 1131右
95蟫精雋 992右

5131_7 甎

00甎文考略、餘 673左

5178_6 頓

17頓子眞小傳 1119左

5193_1 耘

44耘花館詩鈔 1490左
耘蓮詩鈔 1394右

5201_3 挑

92挑燈詩話 1586左

5202_1 折

27折疑論 1191右
30折客辨學文 740左
43折獄新語 489左
折獄便覽 489左
折獄龜鑑 488左、右
折獄龜鑑補 488右
折獄巵言 488右
折獄金鍼 488右
74折肱漫錄 864左
折肱錄 933右

斬

12斬刑廳 1129右

5202_7 揣

88揣籥小錄、續錄 874左

5203_4 揆

60揆日正方圖表 874左
揆日候星紀要 871右
揆日紀要 871右

5204_7 授

00……授衣廣訓 782左
21授經教子圖題辭 1558左
授經圖 181右
授經簃集 1563左
24授徒閒筆 764右
46授楊彝書 1204左
64授時平立定三差詳說 872左
授時術諸應定率表 875右
授時術氣朔用數鈐 875右
授時通考 779左
授時歷經 868右
授時厤故 870右
90授堂文鈔、續集 1436左
授堂詩鈔 1436左
授堂金石文字續跋 657右

5206_4 括

09括談 1073左
44括地志 510右
511左
括地圖(王仁俊) 506左
括地圖(黃奭) 228左
括地略 626左
括蒼金石志補遺 676左
50括囊詩草 1499右
60括異志(張師正) 1090右
括異志(魯應龍) 1091左

5206_9 播

11播琴山館雜錄 1534右
70播雅 1548右

5207_2 拙

00拙庵詞 1601右
拙齋文集 1268左
拙齋十議 475左
拙齋別集 1297右
拙齋學測 734右
08拙效傳 1119左
18拙政編 351左
拙政園詩集 1390左
拙政園詩餘 1616右
拙政園圖題詠 1336右
27拙修集、續編、補編 1459右
拙修集記疑 1460左
拙脩老人遺稿 1503左
30拙宜園詞 1638右
35拙速詩存 1525右
37拙逸堂草 1373左
40拙存堂碑帖題跋 669左
拙存堂題跋 669左
44拙菴集 1305右
51拙軒詞(王寂) 1610右
拙軒詞(張侃) 1604右
拙軒集 1298左
60拙園詩選 1467左
80拙翁庸語 975左
88拙餘老人遺稿 1496左

5207_7 插

44插菊軒詩鈔 1490右

5209_4 探

10探硫日記 543左
20探香詞 1630左
40探樵圖 1688左
43探尤雜咏 1393右
44探芹錄 999左
探蘭雜志 1064左
探蘭紉佩 1688右

採蕁集 1411右
採茶錄 954右
56採輯歷朝詩話 1563右
1564左
80採金歌 1174右

5210$_0$ 蚓

30蚓竅集 1326右
44蚓菴瑣語 1092右

5210$_4$ 塹

44塹堵測量 880右

5211$_0$ 虬

72虬髯客傳 1112右
1113左
虬髯翁 1676左

5211$_6$ 蠟

09蠟談、雜說 1006左
40蠟丸書 1366右
65蠟味小稾 1437右

5211$_8$ 螘

09螘談 1071左

5213$_9$ 蟋

50蟋蟀在堂艸 1365右

5214$_7$ 蝯

77蝯叟詩存 1508右

5216$_9$ 蟠

42……蟠桃會 1670右

5225$_7$ 靜

00靜庵賸稿 1334右
靜齋至正直記 1065左
10靜一齋詩餘 1633右
17靜子日記 743右
20靜香樓醫案 862左
靜香閣詩草 1438右
21靜虛堂吹生草 1476右
22靜樂稾 1530右
24靜佳龍尋稾、乙稾 1286右
靜佳詩集 1286右
靜佳乙稾補遺 1286右
27靜修集、續集 1303左、右
靜修先生文集 1303右
靜修先生文集樂府 1612左
靜修遺詩、續集、拾遺 1303右
靜脩詞 1612左
30靜安文集、續編、詩稿 1527左
靜安八詠集 566左
靜寄居士樂章 1602右
34靜遠齋詩集 1425左
40靜志齋吟草 1511左
靜志居琴趣 1618右
44靜菴文集、詩集 1449左
46靜觀齋詩 1486左
靜觀齋詩鈔 1486左
靜觀自得錄 1013左
靜觀書屋詩集 1474左
靜觀堂集 1337右
50靜春詞 1612右
靜春堂詩集 1306右
靜春堂集 1306右
51靜軒詩集 1279右
靜軒集 1309右
靜軒駢文賸稿 1496右
靜軒公集 1283右
57靜獻齋遺文 1364右
60靜思集 1320左
77靜居集、校勘記 1324左
靜學廬遺文 1504右
靜學廬逸筆 1029左
靜學文集 1328左
88靜坐要訣 1189左
靜餘玄問 1172左
96靜惕堂詩 1382左
靜惕堂詞 1615右
靜惕堂藏宋元人集目 653右
靜惕堂書目宋人集、元人文集 653右

5260$_2$ 哲

71哲匠金桴 1044右

5290$_0$ 刺

00刺疔捷法 833左
25刺繡書畫錄 798左
刺繡圖 797右
27……刺灸心法要訣 842右
30刺字會鈔 487右

5302$_7$ 捕

53捕蛇者說 1100左
56捕蝗集要 781右
捕蝗考 781右

輔

21輔仁錄 748右
輔行記 1188右
輔行記校注 1188右
53輔成王周公攝政 1660右

5304$_4$ 按

00按摩導引訣 843左
47按聲指數法 214左

5304$_7$ 拔

00……拔度血湖寶懺 1161右

5305$_0$ 撼

01撼龍 900右
撼龍統說 900右
撼龍經 900右
撼龍經傳訂本注 900右

5306$_1$ 轄

60轄園窩雜著 1343左

5310$_0$ 或

01或語 1396右

5311$_1$ 蛇

08蛇譜 796左

5315$_0$ 蛾

17蛾子時述小記 1025左
21蛾術山房詩鈔 1450左

5318$_6$ 蠙

00蠙衣生馬記 792左
蠙衣生劍記 800左
32蠙洲詞 1609左

5320$_0$ 戊

00戊庚隨筆 1005左
20戊壬錄 330左
50戊申立春考證 869左
53戊戌政變始末 330左
戊戌履霜錄 330左
71戊辰雜抄 1064左
戊辰修史傳 281左
80戊午輓言錄 433左
88戊笈談兵、補校錄 775左

成

00成方切用　859左
成率菴詩　1388右
成章詩鈔　1529左
01成語　1025右
24成化間蘇材小纂　386右
25成仲謙詩　1404左
40成吉思汗陵寢辨證書　568右
47成都文類　1548右
成都理亂記　361左
成都遊宴記　557左
成都古今記　557左
成都氏族譜　396左
成柳庄詩集　1310左
60成唯識論詮　1188右
成思室聯語　945右
成思室遺稿　1525右
72成氏先德傳　392右
77成周徹法演　175左
80成人篇　756右
成公子安集選　1204左

5320₀ 威

77威卿集　1300右

戚

90戚少保軍中占書　898右

咸

10咸平詩集　1241右
咸平集　1241右
22咸豐以來功臣別傳　403左
30咸淳遺事　301右
咸淳臨安志　520左
咸定錄　1064左
咸賓錄、校勘記、校勘續記　623右
77咸同將相瑣聞　328右
咸同宣威大事記　329右

盛

00盛京諸水編　582左
盛京疆域考　527左
盛京崇謨閣滿文老檔譯本　324左
……盛京通志　516左
盛京通鑑　458右
盛京考略　527左
盛京典制備考　527左
44盛世元音　216右
盛世參苓　888左
50盛事美談　345左
67盛明雜劇　1752左
盛明雜劇二集　1752左

感

00感應經　1039右
……感應篇　1156右
感應篇註釋　1156右
感應篇韻語　1156右
……感應篇集註　1156右
……感應篇纘義　1156右
……感應篇注　1156右
……感應篇圖說　1156右
感應類從志　1039左
02……感證輯要　824右
10感天動地竇娥寃　1649左
感天動地竇娥寃雜劇　1649右
感天地羣仙朝聖　1678左
感天后神女露筋　1687左
24感劬山房日記節鈔　1014左
32感逝詩　1454左
33感逑錄、續錄　734左
37感深知己錄　1009左
44感舊集小傳拾遺　425左
77感學篇　733右
……感興詩　1272左
80感氣十六轉金丹　1177右
86感知錄　1060右

5322₇ 甫

42甫斯基游記　588右
60甫里集　1233右
甫里先生集　1233右
甫田集　1336左

鷟

88鷟策格　938右

5333₀ 惑

37惑溺供　1071右

5340₀ 戎

44戎幕閒談　1051右
60戎昱詩集　1225左

戒

00戒庵老人漫筆　996右
17戒忌禳災祈善法　1186左
戒子通錄　752左
32戒淫寶訓　1034右
戒淫錄　1034左
44戒菴漫筆　996右
47戒殺文　1033左
64戒賭文　1033右

5400₀ 拊

74拊膝錄　386右
90拊掌錄　1123左

5401₂ 拋

27拋物線說　889左

5402₇ 搗

44搗菴詩稿鈔　1443右

5403₂ 韇

10韇下吟編　1498左

5403₄ 揵

21揵虜紀事　312左

5404₁ 持

40持志塾言　748左
44持世陀羅尼經注　1187右
持世陀羅尼經法　1187右
52持靜齋藏書紀要　652左
……持靜齋書目　647右
70持雅堂文鈔、續集、三集、詩鈔、續集　1481左
持雅堂詩鈔　1481左
72持脈大法　849右

5404₇ 披

10披雲山記　596右
39……披沙集　1237右
71披肝露膽經　901右

5406₀ 描

30描寫人生斷片之歸有光　429右

5409₄ 揲

44揲蓍說　896右

5412₇ 蟜

88蟜籛瓴筆　995右

5414₇ 蠖

00蠖齋詩話　1581右
蠖齋談助　1013右

5415$_3$ 蠛

54蠛蠓集 1356左

5419$_4$ 蝶

00蝶庵自褽 738右
44蝶菴詞 1623右
60蝶園草殘稿 1370右
77蝶几譜 797右

5440$_0$ 斠

33斠補隅錄 1740右

5492$_7$ 勅

08勅議或問 493右

5500$_0$ 井

31井福錄 774右
46井觀瑣言 993左、右
50井夫詩存 1484左
54井蛙雜記 557左
60井里日札 1031左
　井田計畝 475左
77井眉居詩錄 1495左
　……井丹集 1354左
99井榮俞經合歌 843左

5502$_7$ 弗

90弗堂詞 1643左

拂

15拂珠樓偶鈔 1421右

5503$_0$ 扶

10扶天廣聖如意靈籤 1163右
40扶南記 621右
　扶南傳 621右
　扶南土俗 621右
　扶南土俗傳 621右
　扶南異物志 621右
　扶壽精方 858左
44扶荔詞 1617右
77扶風班氏佚書 1747左
　扶風傳信錄 1120左
　扶風縣石刻記 675右
　扶桑百八吟 633右
　扶桑遊記 629右

軼

01軼語考鏡 1022右
50軼史隨筆 375左
55軼典僻事便覽 1038左

5504$_3$ 摶

39摶沙錄 425右

轉

10轉天心 1706右
21轉徙餘生記 333左
　334右
30轉注古音略 209左
　轉注古義考 190左
35轉漕日記 616右
44轉蓬集 1518右
　轉菴集 1280右
58……轉輪五道宿命因緣經 1145右

5505$_3$ 捧

77捧月樓詞 1627右
78捧腹集 1516右
　捧腹集詩鈔 1127右

5506$_0$ 抽

97抽燬書目 648右

5518$_1$ 蜨

44蜨花吟館詩鈔 1492右
71蜨階外史、續編 1076右

5523$_2$ 農

00農言著實 779右
　農諺 1562右
08農說 780右
　……農譜 780右
17農務集 1306右
　農歌集補鈔 1288左
　農歌集鈔 1288左
　農歌續集 1288左
18農政全書 779左
27農候襍占 780左
30農家諺 779右
50農事直說 781左
　農書(王禎) 778右
　農書(沈口) 779左
　農書(陳旉) 778左
60農圃四書 779左
　農田餘話 992左
77農丹 780右
　農具記 781左
　農桑衣食撮要 778右
　農桑衣食撮要佚文 778右
　農桑書錄要、二編 779右
　農桑輯要 778左
　農桑撮要 778右
　農桑易知錄 779右

5533$_7$ 慧

15慧珠閣詩鈔 1478右
31慧福廔詞 1639右
　慧福樓幸草 1510左
38慧海小草 1492左
46慧觀室謎話 947左
47慧超往五天竺傳殘卷 608右
　慧超往五天竺國傳殘卷、
　　校錄札記 608右
60慧因室雜綴 353右
　慧因寺志 566左

5550$_6$ 輦

10輦下歲時記 529左

5560$_0$ 曲

01曲諧 1724左
02曲話 1723左
04曲譏 939左
08曲譜 1716右
09曲談 1724右
24曲豔品、後、續 1722左
25曲律(王驥德) 1721右
　曲律(魏良輔) 1721右
26曲稗 1723右
27曲阜集、校勘續記 1255左
　曲阜集補 1255左
31曲江集 1218右
　曲江集考證 1219左
　……曲江池 1659左
　曲江春 1672右
　曲江年譜 404右
34曲洧舊聞 344左
38曲海一勺 1724左
　……曲海總目 650右
　曲海揚波 1724右
41曲概 1723右
44曲藻 1722左
50曲中九友詩 1523右
　曲中志 1068左
60曲目韻編 654左
　曲目表 654左
　曲園雜纂 1741右

60曲園三耍 952右
曲園自述詩、補 1482左
曲園墨戲 953左
曲品 1722左
87曲錄 654左

5560$_3$ 替

80……替父從軍 1673左

5560$_6$ 曹

00曹唐詩 1237右
曹文貞詩集、後錄 1305左
10曹元寵詞、校記 1598右
曹于野集 1350右
17曹子建文集 1202左
曹子建詩箋 1202右
曹子建詩箋定本 1202右
曹子建集、逸文 1202左
曹子建年譜 425右
20曹集考異 1202左
21曹仁伯醫案論 863左
28曹從事詩集 1237右
29曹秋岳詩 1382左
曹秋岳詩選 1382左
31曹顧庵詩選 1384右
曹顧菴詩 1384左
32曹州牡丹譜、附記 791左
曹溪中興憨山肉祖後事因緣 445右
37曹澹餘詩 1397左
曹祠部詩集 1236左
曹祠部集 1236左
曹鄴詩集 1236左
40曹大家集 1199右
曹大家女誡 757左
曹大家女誡直解 757左
曹太史文集 1354左
曹貞予集 1359右
48曹松詩集 1240左
56曹操夜走陳倉路 1679右
61曹毗志怪 1084右
72曹氏女傳 1061左
74曹陸海詩 1397左
77曹月川集 1330左
曹月川先生文集 1330左
曹月川先生語錄 731左
曹月川先生家規輯略 753左
曹月川先生年譜 418右
曹月川先生錄粹 731左
80曹全碑集字聯 944右

5580$_1$ 典

01典語 717右
718左
08典論(魏文帝) 717左
典論(荀悅) 716右
35典禮質疑 462左
43典裘購書歌 1405右
典裘購書吟 1554左
48典故紀聞 493左
67典略 717左

5580$_6$ 費

00費唐臣雜劇 1750左
30費宮人傳 440左
37費冠卿詩 1232左
72費氏遺書三種 1743右
費氏古易訂文 28右
費氏易 4右
費氏易林 895右

5590$_0$ 耕

00耕廡文稿 1409左
07耕氓草 1427右
10耕雲別墅詩話 1587左
耕雲別墅詩集 1498右
23耕織圖 779右
……耕織圖詩 779左
37耕祿藁 1123左
57耕邨姑留稿 1456左
77耕學齋詩集 1323右
耕間偶吟 1416左
80耕養齋集 1425右
耕養齋遺文 1425右
84耕儘倡隨錄 1550右
88耕餘博覽 1064左
耕餘小藁 1423右
91耕煙詞 1620左
耕煙集 1403右
耕煙草堂詩鈔 1405右
96耕烟草堂詩鈔 1497右

5600$_0$ 扣

20扣舷集 1614右

拍

30拍案驚奇 1128右

5601$_0$ 規

37規過 106左
50規中指南 1165左

5601$_7$ 挹

00挹甕齋詩草 1465左
17挹翠樓詩存 1499左

5602$_7$ 揭

00揭文安公文粹 1309左、右
揭文安公詩集、詩續集、文集、校勘記 1309左
揭文安公全集 1309左
29揭秋宜詩集 1309左
44揭蒿庵先生集 1372右
60揭曼碩文選 1309右
揭曼碩詩 1309左

揚

17揚子 714右
715左
揚子新注 714右
揚子雲集 1199左
揚子法言、音義 714右
715左
揚子法言平議 715左
揚子法言斠補、佚文 715左
揚子太玄平議 892左
揚子太玄經 891右
24揚侍郎集 1199左
揚侍郎集選 1199左
32揚州北湖續志 583左
揚州水利論 583右
揚州變略 319右
揚州名勝錄 536右
揚州禦寇錄 334左
揚州十日記 320左
揚州十日屠殺記 320左
揚州城守紀略 320左
揚州鼓吹詞序 536左
……揚州夢(喬吉) 1662右
揚州夢(嵇永仁) 1705左
揚州夢(口口)、補 1071左
揚州夢(周生)、附考 1072右
揚州夢記 1110左、右
揚州芍藥譜 791左
揚州英藹勝覽 536右
揚州畫舫詞 536右
揚州畫舫錄 536左
揚州畫苑錄 934左
揚州足徵錄 1546右
揚州輿地沿革表 536右

揚州竹枝詞 536右
35揚清祠志 569左
40揚雄方言存沒考 225右
揚雄訓纂篇考 201右
揚雄說故 192右
揚雄太玄經校正 892左
43揚城殉難續錄 389左

暢

50暢春苑御試恭紀 470左
80暢谷文存、校勘記 1439右
81暢敍譜 950右

5604_1 捍

38捍海塘志 584右

揖

17揖翠山房小草 1471右

擇

60擇日便覽 908左

輯

16輯硯瑣言 804左
33輯補溫熱諸方 828左
36輯溫病條辨論 828左
40輯古算經補注 878右
87輯錄雲峯文集易義 15右

5604_1 攖

30攖寧齋詩草 1500左

5605_0 押

06……押韻釋疑 207右

5608_1 捉

00捉塵集 1489右

提

30提牢瑣記 489左
77提舉集 1323左

5608_6 損

00損齋文鈔、外集 1479右
損齋語錄鈔 748右
損齋備忘錄 993左
損齋遺書 1412右

5609_4 操

22操觚十六觀 1581右
25操練洋槍淺言 777左
26操縵古樂譜 937右
操縵易知 936右
操縵卮言 871右
77操風瑣錄 226右
81操敎齋遺書 1496左

5612_7 蜎

17蜎子考 417左

5615_6 蟬

58蟬蛻集 1479右

5619_3 螺

22螺峯說錄 740左
27螺舟綺語 1620右
31螺江日記、續編 1005左

5621_0 靦

90靦粧錄 1121右

5692_7 耦

55耦耕詩集、文集 1361右
耦耕堂集選 1361右

5698_6 耨

32耨業齋續鴛鴦湖權歌 584左

5701_2 抱

10抱一函三祕訣 1176左
抱一子三峯老人丹訣 1176左
12抱璞山房詩鈔 1471右
抱璞簡記 996左
21抱經閣集 1512右
抱經堂文集 1423右
22抱山集選 1392左
24抱犢山房集 1392左
31抱潛詩存 1494左
32抱冰堂弟子記 411右
40抱眞書屋詩鈔 1472右
42抱樸居詩、續編 1433右
43抱朴子 1184左
抱朴子平議補錄 1184右
抱朴子外篇 1184右
抱朴子佚文 1184左
抱朴子神仙金汋經 1178左
抱朴子內篇、外篇、附篇 1184左
抱朴子校記 1184右
抱朴子駢言 1184左
抱朴子養生論 845右
50抱素堂遺詩 1440左
52抱拙小稾 1292左
62抱影廬詩 1425左
74抱膝廬文集 1398右
77抱月軒詩續鈔 1470左
90……抱粧盒 1665右

5701_3 拯

44拯荒事略 477右

5701_4 握

40握奇經 768右
握奇經註 768右
握奇經訂本 768右
握奇經續圖 768左、右
握奇經解 768右
握奇經定本、正義、圖 768右
44握蘭軒隨筆 1024左

5702_0 抑

44抑菴集、後集 1330左

掬

35掬清稿 1328左

拘

21拘虛集、後集 1336左
拘虛晤言 970左

捫

17捫蝨新話 984左
74捫膝稿 1267左
78捫腹齋詩鈔 1418右

輞

22……輞川詩鈔 1387右
輞川集 1551左
輞川畫訣 926左
輞川圖傳奇 1708左

5702_2 抒

90抒懷操 937右
95抒情錄 1569左

5702_7 邦

04邦計彙編 475左

搊

57……搊搜判官喬斷鬼 1671右

5702_7 掃

44掃葉莊一瓢老人醫案 862右
51掃螄記 1711左
54掃軌閒談 1075左
56掃蝶記 1711左

擲

80擲金杯 1129右

5703_2 掾

55掾曹名臣錄 401左

5703_4 換

30換扇巧逢春夢婆 1687右

5703_6 搔

80搔首問 1004左

5704_6 撏

54撏撦集 1556左

5704_7 投

00投甕隨筆 996左
21投順提督張天祿呈報功績冊 324左
40投壺新格 948右
投壺變 948右
投壺儀節(司馬光) 948右
投壺儀節(汪禔) 949左
投壺考原 949左
投壺格 948右
42投桃記 1695右
43投梭記 1696右
44投荒雜錄 552左
53投轄錄 1061左
60投圂中 1688右
73投胎哭 1130右
88……投筆記 1692左
投筆集 1376左

搜

00搜玄曠覽 902右
10搜玉小集 1539左
28搜微錄 1022右
35搜神記(干寶) 1084左
搜神記(句道興) 1089左
搜神記(口口) 1155左
搜神後記 1084右
1085左
搜神祕覽 1090右
52搜採異聞錄 984右

輟

55輟耕曲錄 1721右
輟耕錄 991右
88輟築記 1067左

5705_6 揮

00揮麈詩話 1580左
揮麈拾遺 1082右
揮麈前錄、後錄、三錄、餘話 345右
揮麈錄 345右
346左
揮麈餘話 346左

5706_1 擔

90擔當遺詩 1377右

5706_2 招

10招西秋閱紀 560右
22招山樂章 1602右
招山小集 1283左
招山小集補遺 1283左
30招涼亭賈島破風詩 1680右
53招捕總錄 304左
57招擬假如行移體式 458左

軺

50軺中稿 1351左

5708_1 擬

00擬庵遺詩 1391左
擬唐人塞下曲 1357左
擬唐人宮詞 1357左
擬言 978左
04擬詩外傳 971左
10擬王之臣與其友絕交書 1514左
擬兩晉南北史樂府 382右
擬更季漢書昭烈皇帝本紀 278右
27擬名家制藝 1445右
35擬連廂詞 1714左
擬連珠編 1323左
40擬大統春秋條例 116左
擬太平策 722左
擬古樂府 381右
擬古宮詞(唐宇昭) 1378左
擬古宮詞(朱讓栩) 1342右
48擬故宮詞 384左
50擬摘入藏南華經 975右
60擬罪言 723左
擬易 974左
67擬明代人物志 386右
擬明史列傳 282左
擬明史樂府 383左
80擬合德諫飛燕書 1358右

撰

12撰聯偶記 944左
45撰杖預言 1406右
撰杖集 1380左

5709_4 探

10探靈巖記 590右
探西詞 1618左
44探地記 637右
50探春歷記 779右
探春曆記 779右
67探路日記(密斯耨) 620左
探路日記(口口) 620右

5712_0 蜩

88蜩笑偶言 993右

蝴

54蝴蝶夢(謝國) 1698右
……蝴蝶夢(關漢卿) 1650右

5712_7 蝸

22蝸巢聯語 945右
27蝸角棋譜 944左

5714_7 蝦

50蝦夷紀略 632右

5715_4 蜂

21蜂衙小記 792右
30蜂房春秋 1127左

5716_1 蟾

22蟾仙解老 689左
40蟾士賦稿 1430右

5722_7 鷊

44鷊夢影 1524左

鸆

17……鷫鸘裘記 1703左

5743_0 契

00契文舉例 673左
77契丹國志 281右

5750_2 擊

40擊壤集 1247右
擊壤集選 1247右
82擊劍詞 1643右
88擊筑餘音 1714右
擊竹山房吟草 1436右

5790_3 絜

00絜齋毛詩經筵講義 53左
絜齋集 1275右
絜齋家塾書鈔 38右
44絜華樓存稿 1379右
60絜園詩鐘 946右
絜園詩鐘續錄 946右

繫

20繫辭一得 32左
繫辭疏 32左
繫辭傳論 32左
繫辭補注 32左
繫辭義疏 32左

5797_7 粔

32粔洲詩鈔 1468左

5798_6 頮

40頮古集 1381左
頮古堂詩 1381左
頮古堂名賢尺牘新鈔 1561左
頮古堂書畫跋 915左
頮古堂尺牘新鈔二選 1561左
頮古堂尺牘新鈔三選 1561左
80頮公天星篇校 901右

5801_6 攬

20攬香閣詩稿 1491右
22攬轡錄 609右
44攬芳園詩鈔 1481左
攬茝微言 1000右
79攬勝圖 950左
攬勝圖譜 950左

5802_2 軫

10軫石文鈔 1378左

5802_7 擒

00擒玄賦 1166左

輪

40輪臺雜記 531右
輪臺縣鄉土志 518左
77輪輿私箋、圖 73右

5803_1 撫

17……撫豫條教 472右
22撫綏西藏記 326左
30撫安東夷記 309左
44撫楚疏稿 498右
撫楚公牘 501右
48撫松集 1269右
撫松吟集 1400右
50撫本禮記鄭注考異 83右
撫東政略 503左
68撫黔紀別錄 408左
撫黔紀略 472右
90撫掌詞 1610右

5804_1 拼

00拼音代字訣 215右
拼音字譜 216右
拼音官話報 216左
拼音對文三字經 216左
拼音對文百家姓 216左
34拼漢合璧五洲歌略 216左

5806_1 拾

17拾翠軒詞稿 1642右
20拾香草 1373左
35拾遺記 1085右
拾遺名山記 1085右
拾遺補藝齋文鈔 1451右
拾遺補藝齋詩鈔 1451右
拾遺補藝齋詞鈔 1628左
拾遺錄、校勘記、校勘續記 1023左
44拾草堂詩存 1422右
60拾甲子年事 1109右
88拾餘偶存 1471左
拾餘四種 1740左

輶

51輶軒雜錄 343右
輶軒語 765左
輶軒使者絕代語釋別國方言、校正補遺 225左
輶軒使者絕代語釋別國方言疏證補 225左
輶軒使者絕代語釋別國方言箋疏、校勘記 225右
輶軒紀事 313右
輶軒絕代語 224右
輶軒博記續編 390左

5808_1 輚

87輚鄦樓遺稿 1529右

5810_1 整

44整菴存稿 1335右

5811_6 蛻

10蛻石文鈔 1466左
20蛻稿 1427左
22蛻巖詞、校記 1614左
蛻私軒易說 28右
44蛻菴詩 1312左
蛻菴集 1312左
51蛻軒集、續 1523右
77蛻學齋詞 1634左
80蛻龕詩 1526右
蛻龕詞 1642左
蛻翁詩集、文集 1405右

5813_7 蛉

10蛉石齋詩鈔 1457左

5815_3 蟻

21蟻術詩選 1321左
蟻術詞選 1614左
88蟻餘偶筆、附筆 1475左

5821_4 鼇

10鼇正按摩要術 843右

5824_0 敖

22敖山記 572左
50敖東谷集 1342右
66敖器之詩話 1574左
72敖氏傷寒金鏡錄 851左

敷

00敷文書說 38左
敷文鄭氏書說 38左

5833_4 熬

*34*熬波圖 805右

5840₁ 謷

*76*謷隅子 967右
　謷隅子歔欷瑣微論967左、右

5844₀ 數

*00*數度衍 881右
　數度小記 873左
*16*數理摘要 882左
　數理精蘊 881右
*21*數術記遺 877右
*25*數往錄 377左
*47*數根術解 889左
*50*數書九章、札記 878右
*60*數目代字訣 216左
*77*數學、續 881右
　數學理、附 890右
　數學心得 886左
　數學九章 878右
　數學九章後記 889右
　數學拾遺 885右
　數學鑰 881右
*83*數錢葉譜 952左

5871₇ 鼇

*22*鼇峯集選 1365左
　鼇峯倡和詩 1552左
　鼇山存眞草 1491右

5880₆ 贅

*00*贅言 1001右
　贅言十則 474左

5894₀ 敕

*15*敕建淨慈寺志 566右
*66*敕賜紫雲書院志 569右

5902₀ 抄

*25*抄朱子割言 729左
*26*抄白遍地錦 1699左

6

6000_0 口

11口北三廳志 515右
口頭語 1562左
21口齒類要 835左

6001_4 唯

26唯自勉齋長物志 957右
30唯室集 1268左
90唯堂遺詩 1465左

6006_1 暗

20暗香樓樂府 1751左
47暗殺史 331左

6008_6 曠

08曠論 1014左
46曠觀樓詞 1622左
60曠園雜志 1093左

6010_0 日

02日新樓詩草 1484左
05日講禮記解義 86左
日講書經解義 41右
日講春秋解義 127左
日講四書解義 152右
日講易經解義 20左
07日記僅存 745左
10日下看花記 436左
……日下舊聞考 523左
日下題襟集 1554右
日下尊聞錄 523左
20日香居課餘吟草鈔 1465左
22日山文集 1439右
26日程 743左
31日河新燈錄 946右
日涉園集 1260右
34日法朔餘彊弱攷 873右
37日湖集 1513右
日湖漁唱、校記 1609左
40日南隨筆 1014右
50日本雜記 629右
日本雜事 629右
日本雜詩 629左
日本記遊 629右
日本疆域險要 629右
日本瑣誌 630左
日本山表說 630左
日本寄語 227左
日本河渠志 630左
日本近事記 629左
日本沿革 629右
日本通中國考 629右
日本載筆 634右
日本考 627右
日本考略（龔柴） 629右
日本考略（殷都） 627右
日本考略（薛俊） 627右
日本華族女學校規則 466左
日本犯華考 480左
日本橘氏敦煌將來藏經目錄 653右
日本國志序例 629右
日本國考略 627右
日本國見在書目錄 644左
日本圖纂 627右
日本風俗 629右
日本風土記 629左
日本金石年表 675左
日本乞師紀 321左
日東先生文 1506左
56日損齋稿 1310右
日損齋筆記 1022左
60日躔表 869右
日躔曆指 869右
日晷圖法 874左
67日照丁氏藏器目 660左
77日聞錄 991右
日貫齋塗說 1006右
80日食一貫歌 870左
日食蒙求、附說 872右
日食表 876右
86日知薈說 750右
日知錄（顧炎武） 171左 1023右
日知錄（鄒成） 739左
日知錄栞誤合刻 1023右
日知錄集釋、刊誤、續刊誤 1023右
日知錄續補正 1023右
日知錄之餘 1023右
日知錄校正 1023右
日知錄史評 379左
日知錄小箋 1023右
日知小錄 1741左
87日錄 975左
日錄裏言 975左
日錄雜說 975左
日錄論文 1582左
90日省錄（梁文科） 767右
日省錄（周宗濂） 744左

曰

44曰若編 397右

6010_1 目

00目方 834左
24……目科全書 833右
44……目蓮救母勸善戲文 1695右
55目耕帖 176左
80目前集 1359右

6010_4 呈

10呈貢文氏三遺集合鈔 1746右
呈貢二孫遺詩 1747左

里

00里言 1368右
20里乘 1079左
77里居雜詩 1407左
里居雜著 1466左
90里堂家訓 756左
里堂易學 25左
里堂思想與戴東原 744左
里堂學算記 1738左

星

02星新經 875左
08星說 895左
16星硯齋存稿 1405右
21星占 894右
星經 894右
22星變志 312右
26星伯先生小集 1455右
27星象考 868左
37星湄詩話 1586左
48星槎勝覽前集、後集 623左、右
71星歷考原 908右
77星周紀事 334左
星學大成 904左
星閣詩集 1420右
星閣正論 743右
星閣史論 376右
80星命總括 904左

六〇一〇四—六〇一二七 星(八〇—八八)墨量壘昱罪晁躧蜀(〇〇—〇四)

80星命溯源		903右
88星餘筆記		1004左

6010₄ 墨

00墨亭新賦	568右
墨商	705右
墨辨斠注	706左
墨辨斠注殘稿	706左
墨辨斠注初稿	706左
墨辯釋要札記、墨辯釋詞擬目	706左
墨辯解故序	706左
墨雜說	801左
01墨譚	801左
05墨訣	802左
07墨記(邢侗)	801左
墨記(何蓮)	800右
08墨說要指	706左
……墨譜	801左
墨譜法式	800右
10墨西哥記	639左
17墨子、篇目考	705右
	706右
墨子平議	705右
墨子引書說	706左
墨子刊誤	705右
墨子經說解	706左
墨子佚文	705右
墨子傳	417左
墨子注	706左
墨子斠注補正	706左
墨子拾補	706左
墨子閒詁、後語	706左
墨君題語(李肇亨)	914右
墨君題語(李日華)	914右
18墨憨齋訂定萬事足傳奇	1700右
墨憨齋訂定人獸關傳奇	1703左
墨憨齋新訂精忠旗傳奇	1699右
墨憨齋新定灑雪堂傳奇	1700左
墨憨齋詳定酒家傭傳奇	1695右
墨憨齋重訂永團圓傳奇	1703左
墨憨齋重定三會親風流夢	1695左
墨憨齋重定雙雄傳奇	1700右

墨憨齋重定夢磊傳奇	1697左
20墨舫賸稿	1424右
21墨經	800右
墨經詁義	706左
墨經詁義初稿	706左
22墨崑崙傳	1113右
27墨緣彙觀錄	911右
墨緣小錄	435左
30墨守要義	706左
墨客揮犀	1055右
32墨洲雜記	638左
33墨浪軒遺稿	1458右
34墨池廣和	1556右
墨池瑣錄	920右
墨池編	919右
墨池浪語	997左
墨法集要	800右
37墨瀾亭文集	1406右
38墨海	801左
40墨志	801左
墨壽閣詞鈔	1636右
42墨楯	317左
43墨娥漫錄	561右
	1734右
44墨苑序	801左
墨花書舫唫稿	1474右
墨花吟館感舊懷人集	1482右
墨莊文鈔	1449左
墨莊雜著	1734右
墨莊詩草	1444左
墨莊詩鈔	1440左
墨莊漫錄、校勘記	1060左
墨莊書跋	652左
……墨藪(汪近聖)	801左
墨藪(韋續)	919左
墨林今話、續編	435左
48墨梅人名錄	435左
49墨妙亭碑目攷、附考	676右
50墨史	800右
墨表	801左、右
55墨井詩鈔	1395左
墨井集源流考	1395左
墨井畫跋	914右
墨井題跋	914右
墨農詩草	1438右
60……墨品(張仁熙)	801左
……墨品(宋犖)	801左
……墨品(曹素功)	801左
77墨學派衍攷證	706左

80墨畬錢鎛	996左
87墨錄(項元汴)	801左
……墨錄(徐康)	802左
88墨竹記	927右
墨竹譜	928左
墨竹工卡記	560左
墨餘贅稿	802左
墨餘錄	1079左

量

31量江記	1697右
80量倉通法	883左

壘

30壘字編	199左

6010₇ 疊

17疊翠居文集	1450左
22疊山集	1291左
疊山集鈔	1291左
28疊徵比例術	890左
70疊雅	220右

6010₈ 昱

50昱青堂雜集	1400右

6011₁ 罪

00罪言	579右
罪言存略	500右
90罪惟錄	281右

6011₃ 晁

00晁文元公道院集要	1190左
10晁无咎詞	1595左
27晁叔用詞	1596左
72晁氏琴趣外篇	1595左
晁氏儒言	727右
晁氏客語	967右
77晁具茨先生詩集	1259左

6011₄ 躧

00躧離引蒙	876左
躧離法推	873左

6012₇ 蜀

00蜀產吟	557左
蜀方言	226右
蜀辛	331左
01蜀語	226左
04蜀詩	1548右

07蜀記(口口) 316右
蜀記(姜國伊)、牘說、補說 749左
10蜀王本紀 356左
蜀石經殘字 185左
蜀石經攷異 185左
蜀石經毛詩考異 185左
蜀石經校記 185右
11蜀燹死事者略傳 403左
14蜀破鏡 316右
16蜀碧 316右
蜀碑記、辨譌考異 674右
蜀碑記補 675左
22蜀亂述聞 329左
蜀山葬書 903左
23蜀牋譜 802左
24蜀僚問答 473右
27蜀將相大臣年表 368右
蜀船詩錄 1521右
28蜀徼紀聞 326右
34蜀漢文鈔 371左
38蜀游手記 588左
蜀游存稿 618左
蜀游草(黃琮) 1461左
蜀游草(鍾毓) 1500左
蜀遊記 607右
蜀遊紀略 607右
蜀遊日記 616右
蜀道征討比事 301左
蜀道驛程記 613左
40蜀九種夷記 557右
蜀才易注 8左
蜀才周易注 8左
蜀李書 357左
蜀難敘略 316右
44蜀花蘂夫人宮詞 1241左
蜀檮杌 361左
47蜀都雜抄 557左
蜀都碎事、藝文補遺 557左
50蜀中廣記 556右
蜀中詩話 1566右
蜀中名勝記 556右
蜀中草鈔 1388左
57蜀輶紀程 617右
58蜀輸日記 616左
70蜀雅 1548右
86蜀錦譜 797右
蜀錦袍傳奇 1709左
87蜀錄 357左
88蜀鑑 292左

蹄

32蹄涔集 1327右

昜

00昜亭集 1409右

6014_7 最

22最樂亭詩草 1513左

6015_3 國

01國語、札記、攷異 294左
國語章句(王肅) 294右
國語章句(鄭衆) 294右
國語音 295左
國語註 294右
國語三君注輯存 295左
……國語平議 295右
國語賈景伯注 294右
國語賈氏注 294右
國語發正 295左
國語翼解 295右
國語虞氏注 294右
國語佚文 294左
國語釋地 295右
國語解詁(賈逵) 294右
國語解詁(鄭衆) 294右
國語注(唐固) 295左
國語注(賈逵) 294右
國語注(孔晁) 295左
國語注(虞翻) 294右
國語補音 295左
國語補注 295左
國語補校 295左
國語選 294左
國語校文 295左
國語校注本三種 1732左
國語敬姜論勞逸說例 758右
國語明道本考異 295左
國語鈔 294左
17國琛集 386左
……國子監志 468右
20國秀集 1539左
22國變難臣鈔 317右
國山碑考 667左
30國寶新編 424右
37國初羣雄事略 362左
國初禮賢錄 305右
國初事蹟 306右
國初成案 479左
國初品級考 468左
40國志蒙拾 268右
44國地異名錄 626左
國老談苑 344右
47國朝文苑傳 425左
國朝文檝題辭 1565右
國朝文範 1545右
國朝文類 1543左
國朝詩評 1565左
國朝詩話 1565右
國朝詩人徵略初稿 425左
國朝諸老先生論語精義 140右
國朝諸老先生論孟精義 150左
國朝詞綜、二集 1646右
國朝詞綜續編 1646右
國朝謚法考 464左
國朝石經攷異 185右
國朝麗體金膏 1545左
國朝政令紀要 493右
國朝師儒論略 748左
國朝經師經義目錄 413右
國朝嶺海詩鈔 1548左
國朝先正事略 403左
國朝吳郡丹青志 434右
國朝名臣言行錄 403左
國朝名臣事略校 400右
國朝名人詞翰 1544左
國朝名人書札 1561左
國朝宮史 459左
國朝宋學淵源記、附記 413右
國朝河臣記 403左
國朝治說文家書目 653左
國朝漢學師承記 413右
國朝湖州詞錄 1647左
國朝古文選 1545左
國朝孝子小傳 443右
國朝耆老錄 444左
國朝隸品 922左
國朝書畫家筆錄 435左
國朝未采遺書志略 648右
國朝四庫全書辨正通俗文字 199右
國朝院畫錄 434右
國朝閨秀香咳集 1544左
國朝風雅、雜編 1542右
國朝學案目錄 414左
國朝駢體正宗評本、補編 1545左

*47*國朝人書評 922右
國朝金文著錄表 659左
國朝當機錄 351左
*48*國故論衡 1030左
*50*國史列傳 282左
國史儒林傳 414左
國史經籍志 644左
國史補 1048左
國史貳臣傳表 403左
國史考異 381左
國史異纂 1052右
*63*國賦紀略 475左
*70*國雅品 1565左
*72*國脈民天 780右
*77*國風錄 60右
國風省篇 60右
國聞備乘 354左
國學商榷記 978右
國學訓諸生十二條 762右
國學講義 743左
國學研究法 978右
國學發微 977右
國學通論 978右
88……國策 295右
國策紀年 296左
國策地名考 296左
國策鈔 296左
國策精語 296左

6021₀ 四

*00*四方令 505右
四庫著錄江西先哲遺書鈔目 648左
四庫全書序 639右
四庫全書辨正通俗文字 199右
……四庫全書總目 649左
四庫全書考證 649左
四庫全書薈要目 645右
四庫全書表文箋釋 639右
四庫全書輯永樂大典本書目 645左
四庫全書提要分纂稾 649左
四庫簡明目錄標注 645左
四率淺說 883右
四言閨鑑 758右
四音定切 214右
四六話 1590左
四六談塵 1590左
四六儷 1536右
四六叢話緣起 1590右
四六法海 1536右
四六標準 1282左
四六雕蟲 1366左
四六金針 1590右
四六餘話 1590右
四六類編 1536左
*04*四詩世次通譜 65左
*06*四譯館增定館則、新增館則 470右
*07*四部正譌 640左
四部寓眼錄補遺 649右
*08*四診要訣 850左
……四診心法要訣 851左
四診法 851左
*10*四王合傳 403右
四元玉鑑 879右
四元玉鑑細草 879右
四元釋例 879右
四元解 886左
四元名式釋例 887右
四元草 887右
四元加減乘除釋 887右
四元人集 1745右
四爲齋文集 1412右
四爲齋詩集 1412右
*16*四聖心源 821右
四聖眞君靈籤 1163右
四聖懸樞 821右
*17*四丞相高會麗春堂 1652左
四丞相高會麗春堂雜劇 1651右
四丞相歌舞麗春堂 1651右
四子觳音初編、續編、三編、四編、連語 947左
四子丹元 740右
四翼附編 776左
*20*四絃秋 1688左
*22*四川摩崖像 677左
四川集 1548右
四川通志 522左
四川地略 557左
四川考略 557左
四川省城尊經書院記 570左
*24*四豔記 1751左
四休堂逸稿、後稿 1529右
四科簡效方 860左
四續侍兒小名錄 397右
*25*四傳權衡 126左
*27*四盤紀遊 1422左
四象細草假令之圖 884左
四象假令細草 885右
四名家塡詞摘齣 1750右
四色石 1750右
*28*四繪軒詩鈔 1409左
*30*四家詠史樂府 1733右
四家選集 1745右
四家纂文敍錄彙編 1588左
四字經 903右
四宋人集 1745左
*32*四洲志 625左
*34*四斗二十八宿天帝大籙 1155左
四洪年譜 1733右
*35*四禮辨俗 462左
四禮翼 460右
四禮疑 460右
四禮寧儉編 461右
四禮補注 95右
四禮初稿 99左
四禮榷疑 99左
*36*四邊形算法 873右
*37*四溟詩話 1579左
四溟瑣記 1038左
四溟集 1348左
四溟山人詩集 1348左
四溟山人集選 1348右
*38*四海記 1094左
40……四十二章經 1187左
……四十二章經注 1188左
四十張紙牌說 952右
四十賢人集 1419左
四十八局圖說 901左
……四大癡傳奇 1700左
四大恩論 737左
四友齋叢說 997左
四友齋叢說摘鈔 997左
四友齋畫論 929左
四友齋書論 921左
四友齋曲說 1721右
四友記 1707右
四才子傳奇 1751左
四存編 1736左
四寸學 1027左
四李集 1549左
四喜記 1693左
*44*四考辨 1727左
四夢彙譚 1742左
*46*四如講稾 170左
四如集 1291左

四嬋娟 1686右
47四聲五音九弄反紐圖 213左
四聲猿 1750右
四聲切韻表、凡例、校正 214左
四聲易知錄 211右
四聲等子 213右
四聲纂句 210左
四朝名臣言行錄 400左
四朝聞見錄 346左
四朝鈔幣圖錄、考釋 663右
50四夷廣記 624左
四夷考（葉向高） 623右
四夷考（鄭曉） 623右
四夷館考 470右
四忠集 1744右
四書文（張溍）、經文、律詩、律賦、雜著、絕筆 1465右
四書文（俞樾） 1482左
四書文殘稿、試帖詩殘稿 1451左
四書文法摘要 1591左
四書章句集註 150左
四書章句集注定本辨 152右
四書章句集注附考 153右
四書辨疑（張江）、補 154右
四書辨疑（陳天祥） 150右
四書辨疑辨 154右
四書訓義 152左
四書識小錄 154右
四書詩 1385右
四書讀 151右
四書講習錄 743左
四書講義（高攀龍） 151右
四書講義（王元啓） 153左
四書講義（顧憲成） 151右
……四書講義（陸隴其） 152右
四書講義輯存 152左
四書講義困勉錄 152右
四書翊注 152左
四書詮義 153左
四書說（辛全） 151右
……四書說（焦袁熹） 152右
四書說（莊存與） 153左
四書說約 151右
四書說略（王筠） 154左
……四書說略（張鼎） 155左
四書正誤 152右
四書玩注詳說 152右
四書武備編 154右
四書理話 154左
四書理畫 154左
四書攷異（王夫之） 155左
四書攷異（翟灝） 155左
四書改錯 152左
四書瑣言 154右
四書瑣語 153右
四書集註引用姓氏攷 155左
四書集註考證 154右
四書集註管窺 153右
四書集疏附正 153左
四書集編 150左
四書集釋就正稾 154右
四書集注 150左
四書集字 154左
四書集義精要 150右
四書經疑貫通、校勘記、校勘續記 151左
四書制義 1360左
四書樂器編 154右
四書私談 154左
四書待問 151左
四書緒餘錄、補 154右
四書偶談內編、外編 153右
四書稗疏 152左
四書釋地、續、又續、三續 155左
四書釋地辨證 155左
四書解（曾日文） 154右
……四書解（佘一元） 152左
四書解細論 153右
四書解義 1727右
四書疑節、校勘記、校勘續記 151左
四書名物考 155左
四書鄉音辨譌 155左
四書紀疑錄 153右
四書約旨 153左
四書約解 154左
四書家塾讀本句讀 152右
四書字類釋義 155左
……四書客難 153右
四書近語 151右
四書近指 151右
四書述 153右
四書述義後集 1727右
四書述義前集 1727右
四書對 944右
四書漢詁纂 151右
四書溫故錄 153右
四書凝道錄 153左
四書逸箋 153右
四書通 150右
四書通證 151左
四書通旨 151左
四書存參 154左
四書古語錄證 154右
四書索解 152左
四書考異 155左
四書蒙引、別附 151左
四書孝語 754左
四書攝提 151右
四書或問 150左
四書典故覈 154左
四書典故攷辨 155左
四書拾遺（張江） 154右
四書拾遺（林春溥） 154左
四書拾義 154左
四書因問 151左
四書圖表就正 153右
四書是訓 154左
四書題說 154左
四書反身錄 152右
四書質疑（徐紹楨） 155左
四書質疑（陳梓） 153左
四書留書 151右
……四書問答 153右
四書臆言、補 152左
四書人物概 155左
四書人名庾辭 946右
四書劄記 153左
四書箋義、紀遺 150右
四書箋義纂要、續遺 150右
四書答問 1727右
四書管窺 151左
……四書管見 150左
四書纂疏 150右
四書纂箋 151左
四書恆解 153右
56四規明鑑經 1147左
64四時病機 825右
四時幽賞錄 597右
四時宜忌 504右
四時寶鏡 504左
四時花月賽嬌容 1672左
四時歡 959左
四時攝生消息論 846右
67四明文獻集 1288左

67四明文徵 1547右
四明詩幹 1547右
四明天一閣藏書目錄 646左
四明山寨紀 321左
四明山遊錄 600右
四明山志 574左
四明先生遺集 1372左
……四明續志 520右
四明它山水利備覽、釋文、校勘記 584右
四明宋僧詩、元僧詩 1547左
四明心法 821左
四明洞天丹山圖詠集 574左
……四明志 520右
四明古蹟 540右
四明撫餘錄 540右
……四明圖經 520右
四明吟稿 1282左
四明醫案 862左
四明人鑑 389右
四明餘話 540右
四照堂文集、詩集、校勘記、校勘記補 1378左
四照堂文錄 1378左
四照堂詩集 1485左
四照堂集 1399右
75四體書勢 917右
77四印齋彙刻宋元三十一家詞 1748右
四民月令、札記 503左、右
四賢記 1702左
四賢配 1709右
80四益詩說 60左
四益易說 28右
四益館雜著 1520右
四益館經學四變記、五變記 178右
四分術章蔀定律表 875右
……四美記 1702左
四并集 958左
四命寃 1129左
四氣攝生圖 844左
86四知堂文錄 1420左
88四鑑錄 1736右
四箴雜言 766右
90四憶堂詩集、遺稿 1384右
1385左

6021₀ 見

22見山樓詩集 1499左
見山樓詩草 1360右
見山樓詩鈔、文鈔 1480左
26見鬼傳 1101右
27見物 794左
44見夢記 1098左
50見素文集、續集 1334右
見素奏疏 497左
60見星廬文鈔 1470右
見星廬賦話 1590左
見星廬館閣詩話 1587右
見只編 1070左
63見貽雜錄 393左
77見聞瑣錄 1006左
見聞紀訓 1033左
見聞近錄 1093右
見聞隨筆 322左
見聞錄(徐岳) 1074左
見聞錄(李江) 1012左
見聞錄(胡納) 1054右
見聞錄(陳繼儒) 351左

6022₇ 易

00易童子問 11右
易齋集 1328左、右
易齋馮公年譜 409右
易廣記 25左
易章句(京房) 4左
易章句(孟喜) 4左
易章句(焦循) 24右
易章句(董遇) 7右
易章句(劉表) 5右
易辨終備 238右
239左
易辨終備鄭氏注 239左
易言 5右
易言隨錄 28右
易音(徐昂) 34左
易音(顧炎武) 33右
易音注(徐邈) 33左
易音注(薛虞) 6右
易音補顧 33右
易音補遺 33右
易京氏章句 4右
易雜占條例法 895右
易雜緯 1730右
易雜家注 10右
02易話 25左
05易講會籤 23左
06易韻 33右
08……易說(廖平) 28右
易說(王育) 18右
……易說(王心敬) 20右
易說(張載) 11右
……易說(張栻) 13右
易說(司馬光) 11右
……易說(朱熹) 14右
15左
易說(吳汝綸) 28左
……易說(馮時可) 17右
易說(祝塏) 27右
易說(游酢) 12右
易說(查愼行) 20右
……易說(李過) 14右
……易說(姚永樸) 28右
易說(蔡克猷) 29左
……易說(蔡景君) 4右
易說(郝懿行)、便錄 24左
……易說(胡薇元) 28左
……易說(趙彥肅) 12左
易說(趙善譽) 14左
易說(惠士奇) 21左
易說(呂嵓)、圖解 11左
易說(呂祖謙) 13右
……易說(陳瓘) 12右
易說(周錫恩) 28左
……易說(俞樾) 27左
易說醒 18左
易說通旨略 22左
易說摘存 27左
……易論 21右
09……易談 17左
10易一貫 27左
易王氏義 5左
易五贊 32右
易互 21左
易元包 892右
易下邳傳甘氏義 5左
易天人應 239左
易賈氏注 5右
易賈氏義 4左
12易水寒 1674右
易飛候 895右
16易理蒙訓 27左
易理匯參 28右
易理匯參臆言 28右
17易酌 19左
易翼說 24左
……易翼傳 13左
易翼宗 24左
易翼述信 21左

18易璇璣 12右
20……易集說 15左
易集解 8右
易統驗玄圖 239右
21易衍 18左
易經 12左
13右
易經旁訓 22右
易經旁訓增訂精義 22右
易經音訓（楊國楨） 34左
易經音訓（周學熙） 34左
易經衷論 20左
易經衷要 25左
易經新義疏證凡例 28右
易經詳說 20左
易經碎言 21右
易經備 239左
易經備旨 22左
易經白文 3左
易經繹 17右
易經象類 26左
易經解 12左
易經徵實解 28右
易經通注 19左
易經存疑 16右
易經古本 31右
易經札記 23右
易經卦變解八宮說 30右
易經蒙引 17左
易經如話 21右
易經增註 18右
易經本意 26左
易經圖釋 30右
易經異文釋 33右
易經劄記 21左
易經恆解 25左
易經精華 27右
22易例 33左
易例輯略 33左
易變體義 13左
易巛靈圖 237左、右
23易外別傳 1180右
……易佚 19右
易稽覽圖 237右
238左
易稽覽圖鄭氏注 238左
24易緯 236左
1730左、右
易緯辨終備 238右
239左
易緯天人應 239左
易緯稽覽圖 238左
易緯通卦驗 237左
易緯通卦驗鄭注佚文 237左
易緯萌氣樞 240左
易緯坤靈圖 237右
易緯乾元序制記 240左
易緯乾鑿度 236右
易緯乾坤鑿度 236右
易緯是類謀 238左
易緯略義 236左
易緯筮謀類 238左
25易生行譜例言 28右
易傳（京房） 4右
……易傳（王宗傳） 14左、右
……易傳（干寶） 9左
……易傳（張浚） 13左
……易傳（卜商） 3左、右
……易傳（朱震） 12右
易傳（程頤） 12左
易傳（李鼎祚） 11左
……易傳（李中正） 14左
……易傳（蘇軾） 12左
……易傳（葉山） 17左
……易傳（楊萬里） 13右
……易傳（楊簡） 14左
易傳（馬融） 5左
易傳（陸希聲） 11右
……易傳（闞朗） 10左
易傳偶解 26左
易傳太初篇 240左
易傳撮要 16右
易傳義附錄 15左
……易傳箋 20左
易傳燈 14右
26易觸 19左
易程傳 12左
易釋 25右
易釋文 33左
27易修墨守 17左
易象意言 14左
易象正 18左
易象致用說 27右
易象彙解 17右
易象通義 25右
易象大意存解 23右
易象妙于見形論 32右
易象授蒙 28右
易象圖說內篇、外篇 30左
易象鉤解 17右
易象鈔 17左
易解（干寶） 9左
……易解（張根） 12右
易解（陸績） 7右
易解鑒通 26左
易解附錄、後語 6右
……易解賸義 25左
易魯氏義 5左
30易注（王廙） 9左
易注（王肅） 7右
易注（干寶） 9左
易注（張璠） 8右
……易注（盧□） 10左
易注（虞翻） 8左
易注（侯果） 10右
易注（宋衷） 5右
易注（褚仲都） 9右
易注（姚信） 8左
易注（范長生） 8左
易注（黃穎） 9左
易注（周弘正） 10左
易注（鄭玄） 6左
易窮通變化論 32右
31易河圖數 238左
33易演圖 31右
易述 8左
34易漢學 22左
……易漢學擬旨 27右
36易裨傳、外篇 29右
37易洞林 896左
易通（張九鐔） 23右
易通（趙以夫） 14右
易通統圖 239左
易通變 893右
易通釋 25左
易通卦驗 236右
237左
易通卦驗鄭氏注 237左
易通卦驗節候校文 505左
易運期 239右
40易九厄讖 238右
易大誼 136左
易大象說 17左
易大義 136左
易內傳 239右
易內篇 240左
易古文 33右
42易彭氏義 5左
43易卦變圖說 31右
易卦候 31右

43易卦考 22右
易卦圖說 31左
44易考（張滔） 18右
易考（李榮陛）、續考 23右
……易軠記 1692右
易萌氣樞 239右
240左
易蘊 23右
易林（焦贛） 895右
易林（浚堃） 896左
易林集聯 944右
易林釋文 896左
易林勘複 896左
45易坤靈圖 237左、右
易坤靈圖鄭氏注 237右
46易獨斷 28右
47易楔 31右
48易乾元序制記 240左
易乾元序制記鄭氏注 240左
易乾鑿度 236左
易乾鑿度佚文 236左
易乾鑿度鄭氏注 236右
易乾坤鑿度 236右
易乾坤鑿度鄭氏注 236右
50易中孚傳 239左
易本義通釋 15右
易本義附錄纂疏 15右
易書詩禮四經正字考 177左
57易探玄 10右
58易輪 22左
易數偶得 31右
易數鉤隱圖、遺論九事 29右
60易園文集、詩集 1462左
易園詞集 1631左
易因 17右
易圖 30右
易圖親見 30右
易圖說（吳仁傑） 29右
易圖說（劉宗周） 30右
易圖正旨 27右
易圖瑣解 31右
易圖條辨 31左
易圖定本 30右
易圖通變 30左
易圖存是 31左
易圖明辨 30右
易圖略 31左
易圖管見 31右
易是類謀 238左
易是類謀鄭氏注 238右
67……易略 4右
易略例 32右
70易雅 15左
71易牙遺意 954左
易原（程大昌） 13左
易原（多隆阿） 26右
易原就正 20左
易原奥義 15右
72易劉氏義 5左
易氏醫案 861右
77易用 18左
……易學（王永祥） 25左
易學（王湜） 29右
……易學（馮椅） 14右
……易學（陸奎勳） 21左
……易學（錢澄之） 19左
……易學（光聰諧） 26左
易學辨惑（邵伯溫） 12右
易學辨惑（黃宗炎） 19右
易學變通、校勘記、校勘續記 16右
易學象數論 19左
易學演講錄第一編 29右
易學濫觴 16左
易學啓蒙、啓蒙五贊 29右
易學啓蒙意見 30左
易學啓蒙翼傳 29右
易學啓蒙通釋、圖 30左
易學啓蒙小傳、古經傳 29右
易學贅言 25左
易學圖說會通、圖說續聞 30右
易學闡元 26左
易學管窺 21左
易學精義 21右
易問 23右
易貫 27左
80……易鏡 30左
易義（翟玄） 8右
易義（向秀） 8右
……易義（莊□） 9右
……易義（胡炳文） 15右
易義參 25左
易義古象通 18左
易義來源 28左
易義考逸 24右
易義別錄 6右
易義前選 20右
易義纂釋 26右
81易領 17右
83易銧 29左
86易知錄 1034右
87易錄 25右
易鄭司農注 5左
88易筮遺占 897左
易筮通變 896右
易筮類謀 238左
易筋經義 776右
易箋 21右
易箋問 17左
易餘曲錄 1723左
易餘籥錄 1008左
易纂 11左
易纂言 15右
易纂言外翼、校勘記 15右
89易鈔引 19左
90易小傳 13左
易小帖 20右
95易精蘊大義 16右

6022₇ 圃

19圃珖巖館詩鈔 1484左

昜

80昜龕壺盧銘 959右

6023₂ 園

33園冶 955右
44園林草木疏 787右
園林午夢 1672右
77園居隨抄 1368右
園居錄詩鑑 1503左

晨

77晨風廬唱和詩存、續集 1556右

6033₀ 思

00思痛記 334右
思亭詩鈔、文鈔 1524左
思庵閒筆 1074右
思齊草堂詩鈔 1491右
思齋集 1407左
思文大紀 321右
思辨錄輯要 738左
思玄庸言 969右
思玄堂集 1351左
03思誠錄 1005右
10思可堂詩集 1405左
28思復堂文集 1406左

30思適齋集 1450左
思適齋集補遺、再補遺 1450左
思適齋書跋 652左
31思源錄 393左
33思補齋日錄 1006右
思補齋筆記 1009右
思補堂文集 1423右
37思過齋雜體詩存 1478左
40思古齋隨筆 1005右
思古堂集 1387左
44思菴野錄 731右
思舊錄(靳治荆) 387左
思舊錄(黃宗羲) 387左
50思忠錄 406右
63思貽堂詩 1470左
64思嗜齋詩賸、文賸 1521左
74思陵勤政紀 315左
思陵書畫記 910左
思陵典禮紀 458左
思陵錄 301右
77思問錄(王夫之)內篇、外篇 739右
思問錄(顧道稷) 1009左
思印氣訣法 1169左
80思益堂詞 1633右
思益堂日札 1011左
思益堂駢體文鈔 1477右
思無邪室吟草 1492右

恩

21恩旨彙紀 452右
27恩卹諸公志略 402左
恩怨錄 432左
66恩賜御書記 452左
97恩恤諸公志略 402左

6033$_1$ 黑

01黑龍江水道編 582左
黑龍江外記 528左
黑龍江述略 528左
黑龍江地略 528左
黑龍江輿地圖、輿圖說 528左
08黑旋風雙獻功 1656左
黑旋風雙獻功雜劇 1656左
黑旋風仗義疏財 1670右
12黑水洋考 586右
黑水考 586右
黑水考證 586左
22黑蠻風土記 638左
26黑白衞 1685右
31黑河紀略 631左
33黑心符 1049左
44黑熱病證治指南 829左
黑韃事略、校記、校勘記 303左
黑韃事略箋證 303左
54黑蝶齋詞 1618右
80黑美人別傳 1081右

6033$_2$ 愚

00愚庵初稿、存稿、續稿 1466右
10愚一錄 176左
愚一錄易說訂 29左
21愚慮錄 177右
22愚峯詩鈔 1489左
愚山文鈔 1385左
愚山詩選 1385左
愚山詩鈔 1385左
愚山先生文錄 1385左
26愚泉詩選 1468左
32愚溪詩稿 1446左
40愚直存稿 1334右
44愚鼓詞 1616左
愚菴雜著 1379左
愚菴小集 1379左
50愚書 720左
愚囊彙稿 1374左
80愚谷文存 1431左
愚谷集 1344右
愚谷修禊集 1557左
愚谷遺詩 1487左
愚公谷乘 564右

6034$_3$ 團

20團香吟 1421右
25團練私議 482左
30團扇詞 1622左
44團花鳳 1674右
60……團圓夢 1670左

6036$_1$ 黯

39黯淡灘記 585左

6040$_0$ 田

00田文端公行述 410左
07田畝比類乘除捷法 878右
17田豫陽集 1346左
田子 685右
20田穰苴伐晉興齊 1678左
23田俅子 705左
27田叔禾小集 1346左
28田牧志 792左
30田家五行 780左
田家五行志佚文 780左
田家四時詩 1495右
田家曆 780左
44田莘野集 1342左
60田園詩 1360左
63田賦考 74左
田賦考辨 475右
72田氏保嬰集 838右
77田閒書 968左
田居乙記 1035右
田間集 1387右
田間詩學 55右
田間易學 19左

6040$_4$ 晏

10晏元獻遺文 1244左
17晏子 683左
晏子佚文 683左
晏子春秋、校勘記 682右 683左、右
晏子春秋音義 683左
晏子春秋平議 683左
晏子春秋補釋 683右
晏子春秋內篇 683右
晏子春秋校正 683左
晏子春秋校注 683右
晏子春秋斠補、佚文輯補、黃之寀本校記 683右
晏子春秋斠補定本 683右
27晏叔原先生集 1256左
46晏如齋檠史 1004左
晏如筆記 1004左
77晏同叔先生集 1244左

6040$_7$ 曼

20曼香詞 1625右
曼香書屋詞 1634左
24曼先生語錄 731左
60曼園詩鈔 1492右
73曼陀羅寱詞 1641左
曼陀羅華閣瑣記 1078左
曼陀羅盦詩鈔 1506右
曼陀羅館紀程 618左

6041$_6$ 冕

23冕弁冠服表 98左

23冕弁冠服圖 98左
77冕服考 98左
90冕常臆稿 1493左

6042_7 男

10男王后 1673右
17男子雙名記 397右
40男女紳言 1032右

禺

10禺于日錄 634左

6043_0 因

02因話錄（趙璘） 337右 338左
因話錄（曾三異） 986左
08因論 966左
30因寄軒尺牘 1452右
33因述 1001左
47因柳閣詞鈔 1628右
60因園集 1410左
81因領錄 733右

6043_1 昊

10昊天塔孟良盜骨雜劇 1663右

6044_0 昇

10昇平瑞 1688左
22……昇仙夢 1669左

6050_0 甲

12甲癸議 488右
甲癸夢痕記 353左
17甲乙雜箸 1370左
甲乙丙丁藁 1607左
甲乙集 1237左
甲乙經 842左
甲乙剩言 1069右
甲乙消夏集 1556右
甲子元術簡法 874右
甲子紀元 463左
甲子紀元表 875右
甲子紀年表 463右
甲子會紀 362左
21甲行日注 451左
50甲申雜記 343左
甲申雜錄 343左
甲申三月忠逆諸臣紀事 317右
甲申剩事 315右
甲申傳信錄 317右
甲申紀變實錄 317左
甲申紀變錄 317左
甲申紀事（程正揆） 317右
甲申紀事（馮夢龍） 317左
甲申紀事（□□） 317右
甲申以後亡臣表 402右
甲申秋杪山僧問答 307左
甲申核眞略 317右
甲申忠佞紀事 317右
甲申臆議 721右
53甲戌雜感 1527左
80甲午戰爭電報錄 330左

6050_4 畢

90畢少保公傳 408右

6050_6 圍

44圍棋闖局 1664右
圍棋義例 943左
91圍爐詩話 1581左
圍爐瑣憶 1011右

6060_0 回

00回文片錦 1512左
回文類聚 1533左
07回部政俗論 531右
11回疆雜詠 531左
回疆雜記 531左
回疆風土記 531左
回頭岸 1711左
25回生集 859左
32回溪先生史韻 1042右
50回中子 715右
……回春記 1700左
回春錄 863左
60回回秝解 874右
77回風堂詞 1642右

呂

00呂帝文集、詩集 1232右
呂帝聖蹟紀要 1155左
呂帝心經 1150右
01呂語集粹 735左
02呂新吾訓子詞 760左
呂新吾集 1356右
呂新吾先生身家盛衰循環圖說 1032右
呂新吾先生實政錄 472右
呂新吾先生演小兒語 760左
呂新吾先生社學要略 762右
呂新吾先生去僞齋文集 1354右
呂新吾先生好人歌 1033左
呂新吾先生閨範圖說 757右
呂新吾續小兒語 760左
呂新吾好人歌 1033左
16呂聖求詞 1598右
17呂豫石集 1364右
呂子校補、續補 708右
呂子校補獻疑 709左
呂子節錄、續 734右
21呂衡州文集、考證 1229左
呂衡州詩集 1229左
呂衡州集、考證 1229左
22呂山人集、續集 1349左
24呂先生語錄 733左
25呂仲子先生四禮翼 460右
呂純陽眞人沁園春丹詞註解 1139右
呂純陽點化度黃龍 1683左
26呂和叔文集、校勘記 1229左
30呂宋記略 633左
呂宋備考 635左
呂宋紀略 633左
31呂涇野集 1339右
呂涇野經說 1728左
32呂近溪女兒語 757右
呂近溪小兒語 760左
33呂梁洪志 471左
37呂洞賓度鐵拐李岳 1657右
呂洞賓度鐵拐李岳雜劇 1657右
呂洞賓三度城南柳 1668左
呂洞賓三度城南柳雜劇 1668左
呂洞賓三醉岳陽樓 1653左
呂洞賓三醉岳陽樓雜劇 1653左
呂洞賓桃柳昇仙夢 1669左
呂洞賓花月神仙會 1671左
呂祖師三尼醫世說述 1185右
呂祖師三尼醫世功訣 1185右
呂祖沁園春 1139右
呂祖志 1155左
呂祖本傳 449右
40……呂眞人黃粱夢境記 1697右
44……呂蒙正破窰記 1702右
呂蒙正風雪破窰記 1652左

*50*呂東萊先生文集 1273右
呂東萊尺牘 1273右
*72*呂氏雜記 982右
呂氏讀詩記補闕 52右
呂氏鄉約、鄉儀 765右
呂氏家塾讀詩記 52右
呂氏官箴 471右
呂氏春秋、攷 708右
呂氏春秋高注補正 708右
呂氏春秋正誤 708右
呂氏春秋平議 709左
呂氏春秋佚文 708右
呂氏春秋補注 709左
呂氏春秋補校 709左
呂氏四禮翼 460右
呂氏纂要 708右
*77*呂用晦文集、續集 1388左
呂用晦先生行略 420右
*78*呂覽 708左
*80*呂盦稽古彙編 1038左
呂翁三化邯鄲店 1683左
呂舍人官箴、雜說 471右
*86*呂錫侯筆記 1023左
*99*呂榮公官箴 471右

昌

*00*昌言 717左
*10*昌平山水記 570左
昌平州說 524左
*13*昌武段氏詩義指南 53右
*27*昌黎雜說 979右
昌黎詩鈔 1228左
昌黎先生詩集、外集、遺詩 1227右
昌黎先生集、外集、遺文 1228左
昌黎先生集攷異 1228左
昌黎先生全集錄 1228左
*40*昌吉縣呼圖壁鄉土志 517右
60……昌國州圖志 521左
昌國典詠 541左
*80*昌谷集(李長吉)、外集 1231右
昌谷集(曹彥約) 1276右
昌谷集注 1231右

冒

*22*冒嵩少憲副年譜 408右
冒巢民徵君年譜、補 430右
*26*冒伯麐先生集 1368右
冒得庵參議年譜 429右
*72*冒氏小品四種 1743右

6060_4 固

*00*固庵詩鈔 1489左
*60*固圉錄 775右
*74*固陵雜錄 541右
固陵小草 1362右
*80*固氣還神九轉瓊丹論 1143右

暑

*00*暑症發源 829左
*30*暑窗臆說 1004左
*77*暑門症治要略 825左

圖

*04*圖詩 1290左
*08*圖說 31左
*16*圖理琛異域錄地理攷證 625左
*21*圖經集註衍義本草 853右
圖經衍義本草 853右
*24*圖緯絳象 233右
*28*圖繪寶鑑 433右
*40*圖南齋著卜 897左
圖南集 1444左
*50*圖畫攷 928右
圖畫寶鑑 433右
圖畫見聞誌 926右
圖畫精意識 931右
圖書衍 894左
圖書編 1043左
圖書檢要 1044左
*77*圖民錄 722左
*87*圖銘合看 1474左

6062_0 罰

*20*罰爵典故 949右

6066_0 品

*30*品官家儀考 462左
*44*品芳錄 788右
品茶要錄 783左
品茶要錄補 783左
品茶八要 955右

6071_1 昆

*67*昆明池 1686左
*80*昆侖釋 571左
昆侖異同考 571左

毘

*74*毘陵諸水記 582右
毘陵諸山記 572右
毘陵天甯普能嵩禪師淨土詩、臨終舟楫要語 1188右
毘陵集(張守) 1261左
毘陵集(獨孤及) 1224左
毘陵名人疑年錄 399左
毘陵楊氏詩存 1747右

6071_6 罨

*50*罨畫溪詞 1621右

6071_7 邑

*27*邑侯于公政績紀略 410左

黿

*20*黿采清課 1070左
*72*黿氏新書 960右

6073_1 曇

*20*曇香閣琴趣 1625右
*34*曇波 436右
*44*曇花記 1694左
曇花集 1636左
曇花叢稿 1493左
曇花夢雜劇 1690左
曇華詞 1637右
曇華閣詞 1624左

6073_2 畏

*00*畏庵集 1331左
畏齋文集 1428右
畏齋詩經客難 58左
畏齋爾雅客難 164右
畏齋集 1308左
畏齋儀禮客難 77右
畏齋禮記客難 87左
畏齋書經客難 42右
畏齋春秋客難 129左
畏齋四書客難 153右
畏齋周禮客難 71右
畏齋周易客難 24左
*60*畏壘山人文集 1408左
畏壘山人詩 1408左
畏壘筆記 1024右

圜

*00*圜率攷眞圖解 888右

*30*圜容較義 880左

6077$_2$ 罍

*00*罍庵雜述、附 1002右

6080$_0$ 貝

*35*貝清江先生全集 1325左

6080$_1$ 異

*00*異疾志 1089左
*01*異語 220右
*20*異辭錄 354左
*27*異魚贊閏集 793左
異魚圖贊 793左
異魚圖贊補 793左
異魚圖贊箋 793左
異物志(楊孚) 551左
異物志(口口) 1089左
異物志(陶棟) 561右
*28*異伶傳 437左
異僧傳 1114左
*30*異字 222右
異字音 223左
異字苑 195右
*43*異域志 623左
異域錄 624右
625左
異域竹枝詞 531左
44……異夢記 1698左
異夢錄 1104左
異苑(口口) 223右
異苑(劉敬叔) 1085右
1086左
異苑佚文 1086左
異林(徐禎卿) 1066右
……異林(陸雲) 1084左
*45*異姓諸侯表、傳 386左
異姓三王孔氏世家 386左
*50*異史 1068右
異書四種 1742左
*52*異授眼科 833右
*61*異號類編 398左
*77*異聞 1056右
異聞記(何先) 1116右
異聞記(口口) 1084左
異聞集 1110左
異聞總錄 1091右
異聞實錄 1088右
異聞錄(唐口口) 1088右
異聞錄(宋口口) 1091右

是

*17*是耶樓初稿鈔 1452右
*26*是程堂詞 1629右
*34*是汝師齋遺詩 1475左

6080$_6$ 員

*22*員峯稿 1343右

買

*29*買愁集 1534右
*50*買春詩話 1587左

圓

*00*圓音 1192左
*16*圓理拾遺 891右
*20*圓香夢雜劇 1690左
*60*圓圓傳 440左
*67*圓明園記 564右
圓明園詞序 564右
圓明園總管世家 353右
圓明園恭紀 564右

6080$_9$ 炅

*00*炅齋詩集 1420左

6090$_4$ 呆

00……呆齋先生策略 1331左

困

*24*困勉齋私記 744左
*40*困志集 1331右
*77*困學齋雜記 991左
困學齋雜錄 991左
困學齋詩集 1305右
困學齋集 1305右
困學瑣言 747左
……困學紀詩 53右
困學紀聞 1021右
……困學紀聞三箋 1021右
困學紀聞參注 1021右
困學紀聞注 1021右
困學紀聞補注 1021右
困學邇言初編、續編、三編 746右
困學錄(張諸之) 749左
困學錄(湯斌) 740左
困學錄集粹 742左
*86*困知記、續、三續、四續 732左
困知長語 746右

杲

*32*杲溪詩經補注 57右
*90*杲堂文續鈔 1388右
杲堂詩鈔、文鈔 1388左

果

*00*果贏轉語記、校記 221左
*07*果毅親王恩榮錄 410右
*47*果報聞見錄 1092右
*90*果堂文錄 1414左
果堂集 171右
1414左

6090$_6$ 景

*00*景廉堂偶一草拾遺 1448右
景廉堂年譜 410右
景文詩集 1244右
景文集 1244右
*01*景龍文館記 336右
*10*景石齋詞略 1639右
*12*景刊宋金元明本詞敍錄 650右
*17*景子 683右
*21*景行館論 733右
景行錄 766左
景紫堂文集 1458左
*24*景德傳燈錄 445左
景德鎮陶錄 797左
*27*景仰撮書 441右
景船齋雜記 1005左
*30*景定建康志 518右
景定嚴州續志 521右
*31*景迂生集 1259左
景迂小集 1259右
*32*景州集 1345左
*48*景教三威蒙度讚 1192右
景教流行中國碑頌 1192右
50……景忠集 1367右
*60*景園記傳奇 1698右
*72*景岳新方砭 858右
景岳十機摘要 836左
景岳全書 1737右
*74*景陸遺詩 1495左
*80*景善日記 330左
*84*景鎮舊事 796右

6091$_4$ 羅

*00*羅文止先生集 1369右
羅文止先生全稿 1369右

08羅謙甫治驗案 861右
10羅一峯集 1332右
羅天大醮設醮儀 1158右
……羅天大醮上品妙經 1148左
羅天大醮早朝科 1158右
羅天大醮晚朝科 1158右
羅天大醮午朝科 1158右
17羅豫章先生文集 1261右
羅豫章先生集 1261右
20羅紋山文集 1371左
羅紋山詩餘 1614右
21羅經祕竅圖書 899左
22羅岕茶記 784左
羅山記 575左
羅山人集 1356右
24羅贊善集 1345左
25羅生山館詩集、文稿 1526右
27羅盤解 899左
31羅江縣志 522左
32羅浮山記 576右
羅浮幻質 929左
羅浮紀游 606右
羅浮志 576右
羅浮夢記 1080左
羅衫記傳奇 1702左
羅近溪集 1350左
37羅湖野錄 1190左
羅鄴詩集 1237右
40羅太守集、續集 1336左
羅圭峯文集 1335左
羅臺山文鈔 1431左
羅李郎大鬧相國寺 1654左
羅李郎大鬧相國寺雜劇 1654右
50羅吏部瞻六堂集 1371右
羅忠節公遺集 1466右
羅忠節公年譜 411左
58羅整庵先生存稾 1335右
羅整庵先生困知記 732左
羅整菴集 1335右
羅敷采桑 1688右
67羅昭諫集 1237左
羅郢州遺文 1273左
羅鄂州小集 1273左
72羅隱秀才 430左
羅氏識遺 989右
羅氏一家集 1550右
80羅念菴集 1345左
羅含別傳 404左
82羅鍾齋蘭譜 790左
90羅光遠夢斷楊貴妃殘本 1657右

6101$_1$ 矖

50矖書堂文集、外集、別集 1444左
矖書堂詩餘 1624右
矖書堂詩鈔、試帖 1444左
矖書堂時文 1444左
矖書堂閩中文存 1444左
矖書堂筆記 1008左
矖書堂筆錄 1008左

6101$_6$ 嘔

22嘔絲 1002左

6101$_7$ 啞

26啞倡志 1117右

6102$_0$ 呵

35呵凍漫筆 997右

6104$_0$ 盱

31盱江諸山遊記 605右
60盱里子集 1317左

旴

31旴江集、外集 1247左
旴江集補鈔 1247左
旴江集鈔 1247左
旴江年譜 427左
40旴壇直詮 736右

6118$_2$ 蹶

11蹶張心法 776右

6136$_0$ 點

10點石齋字彙 196左
44點蒼山人詩鈔 1471左
點勘記 1588左

6138$_6$ 顯

38顯道經 845右
50顯忠錄 407左

6180$_8$ 題

16題硯叢鈔 1559左
21題紅 1365左
……題紅記 1697左
題紅詞 1132左
22題嵩洛訪碑圖 677右
27題象集 1559左
50題畫雜言 917左
題畫詩(劉叔贛) 927左
題畫詩(惲格) 915左
題畫詩鈔 916右
題畫梅 916左
60題園壁 1688右
67題照集 1557右
75題肆 1690左
77題留新嘉驛壁詩序 1375左

6183$_2$ 賑

17賑粥議 479左
賑豫紀略 478左

6198$_6$ 顥

00顥亭詩選 1384左

6201$_4$ 唾

10唾玉集 988左
23唾絨詞 1639左
30唾窗絨 1712左
77唾居隨錄 740左
88唾餘集選 1373右

睡

00睡方書 1002右
27睡鄉記 1071左
60睡足軒詩選 1341右
88睡餘偶筆 176右
睡餘錄 1013右

6202$_1$ 昕

10昕天論 867右
27昕夕閒談 1131右

晰

43晰獄龜鑑 488左

6203$_4$ 睽

50睽車志(郭彖) 1091左
睽車志(歐陽玄) 1091右

6204$_7$ 暖

45暖姝由筆 997右

6207$_2$ 咄

62咄咄吟 328右

6211_4 踵

26踵息廬稿 1736右
踵息廬粹語 746左

6216_3 踏

10……踏雪尋梅 1671右

6233_9 懸

27懸解錄 1178右
46懸榻齋詩集、文集 1357右
47懸磬集 1427右

6237_2 黜

25黜朱梁紀年論 373右

6240_0 别

08别論初本 1002左
10别下齋書畫錄 912左
50别本刑統賦解 487左
别本千字文 203右
别本結一廬書目 647右
别本續千字文 203左
别本十六國春秋 356右
别本韓文考異、外集、遺文 1228左
别本嗜退山房稾 1413左
60别國洞冥記 1083右
61别號錄 398左
62别縣思錄 1552左
70别雅 220左
别雅訂 220左
别雅類 220左
87别錄 644右
别錄補遺 644右
88别竹辭花記 452右

6280_0 則

90則堂詩餘 1610左
則堂集 1295右
則堂先生春秋集傳詳說、綱領 124右

6283_7 貶

00……貶夜郎 1657左
42貶妖穴爲罪隸論 332左
44……貶黃州 1660右

6292_2 影

09影談 1014右
22影山詞、外集 1633左
影山草堂詩鈔 1476左
44影樹樓詞 1617左
48影梅庵憶語、悼亡題咏集 1072左
影梅菴傳奇 1708左
影梅菴憶語、附考 1072左
50影事詞 1630右
60影園集 1374右
92影燈記 544右

6299_3 縣

88縣笥瑣探 1065右
縣笥瑣探摘鈔 1066左

6301_2 晼

20晼香閣詩鈔 1461右

6302_7 哺

07哺記 792右

6305_0 哦

77哦月樓詩存 1511左
哦月軒詩餘 1640左

6306_4 喀

10喀爾喀地略 628左
喀爾喀風土記 628左
24喀什噶爾赴墨克道里記 532左
喀什噶爾略論 532左
喀納塔政要 638右

6311_4 蹴

67蹴踘譜 949左
蹴踘圖譜 949左

6314_7 跋

40跋南雷文定 745右

6315_3 踐

78踐阼篇集解 93左

6333_4 默

00默庵樂府 1612左
默齋詞 1607右
默齋遺稿、增輯 1281左
默音集 1424右
07默記(王銍) 345右
默記(張儼) 963右
40默齋泊盧孤徂齋游記 588右
44默菴詩鈔 1439右
默菴集 1307右
默菴遺稾 1377右
53默成文集 1263右
55默耕詩選 1391左
71默厂金石三書 1735右
80默盦詩存 1521右
90默堂集 1267左
默堂先生文集 1267左

6355_0 戰

60戰國紀年、地輿、年表 286右
戰國七雄圖說 506左
戰國策、札記 295右 296左
戰國策佚文 295右
戰國策釋地 296左
戰國策約選 295右
戰國策注、序錄、年表 296左
戰國策去毒 296左
戰國策校注 295右
67戰略 772右

6363_4 獸

21獸經(張綱孫) 795右
獸經(黃省曾) 795左

6382_1 貯

10貯雲書屋詩鈔 1489左
20貯香小品 1039右
21貯虛堂詩集 1438左
50貯書小譜 641左
貯素廔詞 1635右
77貯月軒詩 1472右
貯月軒詩稿 1472右

6384_0 賦

02賦話 1590左
27……賦歸記 1696左
44賦蘤廔詞 1637左
賦草 1465右
賦稾合編 1746左
賦棋 1690右
77賦閒樓詩集 1401左

6385_0 賊

95賊情彙纂 333左

6386_0 貽

16貽硯齋詩稿 1465左
21貽經堂試體詩 1437左
32貽溪集 1300左
35貽清堂集 1371左
80貽令堂雜俎 1013右

6400₀ 叶

06……叶韻彙輯 208左

6401₀ 吐

00吐方考 861右
23吐絨記 1697左

6401₁ 曉

04曉讀書齋初錄、二錄、三錄、四錄 1027左
30曉瀛遺稿 1494右
44曉菴雜著 871左
曉菴新法 870右
曉菴遺書 1738左
47曉堀脈學 850右
50曉春閣詩集 1458左
曉春閣詩稿 1458左
80曉谷詩稾 1407左

6401₄ 畦

22畦樂詩集 1326右
畦樂先生詩集 1327左

眭

21眭仁蒨傳 1101右

睦

21睦仁蒨傳 1101右
32睦州古蹟記 542左

6401₆ 唵

42唵蒯道政要 638右

6402₁ 畸

80畸人之詩略 1399左
……畸人十篇 1192右

6402₇ 晞

72晞髮集、晞髮遺集、補1296右
晞髮集補鈔 1296左
晞髮集鈔 1296左
晞髮近稿鈔 1296右

噶

11噶瑪蘭紀略 543右
62噶喇吧紀略、拾遺 633左

6403₁ 嚥

10嚥雪山房詩 1472右
嚥雪堂詩稾 1418左

囈

01囈語偶存 746左

6404₁ 時

00時症論 842左
時病論 825右
時病精要便讀 829左
時疫白喉捷要 834右
時齋文集初刻、續刻、又續 1454左
時齋詩集初刻、續刻、又續 1454左
時齋四書簡題、補 1454右
時方歌括 859右
時方妙用 859右
時文敍 1361右
17時務論 964左
時習新知 736左
21時術堂集選 1357右
26時得佳趣軒謎存 947左
27時物典彙 1043右
40時眞人四聖鎖白猿 1683右
50時中集 1319左
時事漫紀 351左
77時學正衡 722右
時賢本事曲子集 1717左
80時畬堂詩稿 1441左
88時節氣候決病法 822左
90時尙笑談 1125右

疇

00疇齋二譜、外錄 1739左
疇齋琴譜 937右
疇齋墨譜 800右
80疇人傳 414右
疇人傳三編 414右

6406₁ 嗒

50嗒史 351右

嗜

37……嗜退山房稾 1413左

6406₅ 嘻

09嘻談錄 1126右

6408₆ 噴

81噴飯錄 1127右

6411₄ 跬

60跬園謎稿 947左

6412₇ 跨

58跨鼇集 1257右

6432₇ 黝

22黝山紀遊 596右

6486₀ 賭

44賭棋山莊集 1509右
賭棋山莊集詞話、續 1720右
賭棋山莊八十壽言 432左
賭棋山莊筆記 1740左

6500₀ 哔

40哔南詩鈔、補鈔 1462右

6500₆ 呻

68呻吟語(口口) 300左
呻吟語(呂坤) 734右
呻吟語選 735左
呻吟語摘 734右
呻吟語質疑 735左
呻吟語節錄 734右
88呻餘放言 1016左

6502₇ 晴

10晴雲書屋稿 1395左
22晴川蟹錄、後錄、續錄 794左
24晴綺軒集 1427左
31晴江遺詩 1424右
39晴沙文鈔 1440左
44晴花暖玉詞 1641左

嘯

00嘯亭雜錄、續錄 353左
10嘯雪庵詩鈔 1394左
嘯雪菴詩餘 1618左
17嘯歌 1360左
21嘯旨 953左
77嘯月樓印賞 941右
嘯閣餘聲 1617右

82嘯劍山房詩鈔 1501右
嘯劍山房剩草 1502左
90嘯堂集古錄 661左
嘯堂集古錄校補 661左

6503_0 映

10映雪齋集 1244右
88映竹軒詞 1619左

6508_1 睫

22睫巢詩鈔(吳顥) 1429左
睫巢詩鈔(姜貽績) 1447右
睫巢集、後集 1413右

6508_6 瞶

00瞶齋稿 1329左

6509_0 味

10味雪齋詩鈔、文鈔甲集、乙集 1460右
味雪樓詩稿 1449左
味雪樓詩草、別稿 1449左
味吾廬詩存、文存 1512右
味吾廬外紀 432右
12味水軒日記 450右
20味雋齋詞 1628左
味雋齋史義 376右
21味經齋制藝 1467右
味經齋存稿 1441左
味經得雋齋律賦 1477右
味經堂詞稾 1624右
28味鮮集試帖 1473右
29味秋吟館紅書 943左
35味清堂詩鈔、補鈔 1489右
37味退居文集 1508右
味退居文外集 1508右
味退居隨筆 1013左
40味古齋詩存 1494右
味眞山房詩草 1467左
44味蔗軒詩鈔 1471右
味蕉試帖 1469左
味蓴鱸軒詩鈔 1395右
味蓴鱸軒遺文 1395右
47味根山房詩鈔、文集 1453左
48味梅吟草 1487右
70味檗齋文集 1359右
味檗齋遺筆 375左
77味閒軒詩鈔 1491右
82味鐙閣詩鈔 1490左
92味燈詩話 1588左

6600_0 咽

67咽喉祕集 834右
咽喉七十二證考 834右
咽喉脈證通論 834左

6602_7 喟

44喟菴叢錄 1081左

暘

80暘谷謾錄 988右

6603_2 曝

24曝檟亭詩鈔 1465左
50曝書亭文稾 1394左
曝書亭詞 1618右
曝書亭詞三種 1748左
曝書亭集 1394左
曝書亭集外詩、文 1394左
曝書亭集葉兒樂府 1713右
曝書亭書畫跋 915左
曝書亭刪餘詞、曝書亭詞手稿原目、校勘記 1618右
曝書雜記 640右
曝書隨筆 652右

6604_4 嚶

67嚶鳴錄 1037右

6606_0 唱

08唱論 1721右
12唱酬餘響 1553左
21唱經堂語錄纂 974右
唱經堂聖人千案 1189左
唱經堂釋孟子四章 147右
唱經堂釋小雅 61左
唱經堂通宗易論 19左
唱經堂左傳釋 107左
唱經堂才子書彙稿 1743右
唱經堂古詩解 1538左
唱經堂杜詩解 1223左
唱經堂批歐陽永叔詞十二首 1593右
唱經堂隨手通 974右
26唱和詩 1553左
27唱名記 464右
38唱道眞言 1173左
44唱莊 697左

6606_4 曙

50曙春詩草 1424左

6621_4 瞿

40瞿木夫文集 1454左
瞿木夫先生自訂年譜 422右
50瞿忠宣公手札 1366右
瞿忠宣公集 1366右
瞿忠宣公蠟丸書侯忠節公絕纓書合璧 1560右

6624_8 嚴

10嚴正文詩集 1225左
13嚴武集 1224左
20嚴維詩集 1224右
嚴維集 1224右
22嚴幾道文鈔 1520右
27嚴冬有詩集 1429右
30嚴永思先生通鑑補正略 283左
嚴安書 961右
31嚴灝亭詩選 1384左
32……嚴州續志 521右
嚴州圖經、校字記 521右
嚴州金石錄 677右
38嚴滄浪詩集 1285左
40嚴柱峯詩 1400左
44嚴藥傳 1116右
61嚴顥亭詩 1384左
74嚴助書 713左
嚴陵講義 730左
嚴陵集 1547右

6632_7 鬻

00……鬻座記 1674左

6640_4 嬰

22嬰山小園詩集 1468左
77嬰兒 840左

6643_0 哭

00哭庵賞菊詩 948左
哭廟記略 324右
40……哭存孝 1651左
78哭臨紀事 1393右

6650_6 單

17單刀法選 776右
單刀會 1649左
21單行字 194左
41……單鞭奪槊 1660左

6666$_8$ 嚚

66嚚嚚子 708左

6677$_2$ 瞿

40瞿存 1365左

6682$_7$ 賜

00賜衣記 1707右
03賜誠堂文集 1370右
16賜硯齋題畫偶錄 916右
賜硯堂詩稿 1409左
22賜崔亮璽書 493右
31賜福樓啓事 1522右
賜福樓筆記 453左
38賜遊西苑記 564左
45賜姓始末 323右
50賜書堂詩稿 1412右
賜書堂集鈔、詩鈔 1435左
60賜墨齋詩 1440左
賜墨齋詞 1624左
77……賜閒隨筆 1364右
88賜餘堂集 1357右

6699$_4$ 槑

80槑龕先生惠蜀書 329左
槑龕先生籌蜀記 329左

6701$_6$ 晚

00晚唐詩選 1540左
晚唐孟貫詩 1240右
晚唐邵謁詩 1236右
晚唐伍喬詩 1240右
晚唐姚鵠詩 1234右
晚唐韓渥詩 1238右
晚唐林寬詩 1236右
晚唐曹鄴詩 1236左
晚唐劉得仁詩 1234左
晚唐劉滄詩 1236左
晚唐劉駕詩 1235右
晚唐劉威詩 1234右
晚唐劉兼詩 1240左
17晚翠軒詩鈔、續鈔、三鈔、四鈔、五鈔、漫稿 1469左
晚翠軒詞 1636左
晚翠軒集 1516左
20晚香詞 1622右
晚香樓集（獨學廬三稿詩） 1444左
晚香書札 1458左
晚香居詞 1626右
晚香堂詩藁 1470左
晚香堂集 1360左
……晚香堂小品 1360左
30晚進王生雜劇 1750左
44晚菘齋遺著 1509左
50晚書訂疑 47左
晚春堂詩 1404右
57晚邨集偶證 1388左
65晚晴軒集 1519左
66晚唱 1387右
67晚明百家尺牘 1560右
晚明百家小品 1544左
77晚盥集鈔 1403左
晚聞齋稿待焚錄 500左
晚聞錄 744右
晚學廬文稿 1523左
晚學廬詩文稿、尺牘稿 1523右
晚學廬札記 1030右
晚學廬藏碑象目存 665右
晚學齋詩初集、二集、續集、文集 1505右
晚學齋外集 1505右
晚學集 1432右
80晚年批定四書近指 151右
88晚笑堂畫傳 935左

6702$_0$ 叩

20叩舷憑軾錄 996右
叩舷吟 1417左
27叩槃集 1472右

明

00明齋小識 1076右
明唐桂二王本末 284右
明文衡 1544左
明文海 1544左
明文博士詩集 1343右
明辨錄 743左
明亡述略 319左
01明語林 352左
02明刻傳奇圖像十種 935左
明新建伯王文成公傳本 419左
03明誠意伯連珠 1323左
明誠意伯溜靈棋經解 898左
04明詩 1543右
明詩六集選、六續集 1543右
明詩評 1565左
明詩評選 1543右
明詩一集選 1543左
明詩三集選、三續集 1543右
明詩五集選、續五集、五續集 1543右
明詩綜 1543右
明詩綜采摭書目 654左
明詩綜采輯書目 654左
明詩紀事鈔 1565左
明詩次集選 1543右
明詩選 1745右
明詩四集選、四續集 1543右
07明詞綜 1646右
08明謚記彙編 463右
明謚法攷 463右
明論 379左
10明一統志 513左
明王文成公年譜節鈔 419左
明王遂東先生尺牘存本 1361右
明五忠手蹟攷 1029右
明雷石菴胡二峯遺集合刊 1746左
12明發錄 431右
明刑弼教錄 1734右
明刑管見錄 489左
13明武宗外紀 310左
15明珠 1036右
明珠記 1693左
17明翠湖亭四韻事 1750右
20明僮小錄、續錄 436右
明秀集補遺 1610右
明季六遺老集 1745右
明季詠史百一詩 384左
明季殉國諸臣錄 402右
明季吳中三老手札 1560右
明季復社紀略 314右
明季之歐化美術及羅馬字注音 216右
明季實錄 319左
明季遺聞 319左
明季遺聞拾遺 319左
明季逸史二種 1732右
明季忠烈尺牘二編 1560右
明季忠烈尺牘初編 1560右
明季國初進士履歷跋後 465右
明毛氏汲古閣刻書目錄 655左
明集禮 457右

21明何元朗徐陽初曲論 1722左
明儒言行錄、續錄 413左
明儒考 744左
明儒曹月川先生從祀錄 418右
明儒學案 413左
明經會約 763左
22明制女官考 458左
明倭寇始末 311左
明斷編 374右
23明代千遺民詩詠初編、二編、三編 1544左
明代祕籍三種 1740左
明代內府經廠本書目 654右
24明德集大旨總論 736右
明續集、再續集 1543右
25明律目箋 487右
明朱白野先生溫陵留墨 1354右
26明皇雜錄、別錄、校勘記、逸文 337右
明皇十七事 337左
明吳興閔板書目 655左
27明名臣琬琰錄、續錄 400右
明督撫年表 370左
明禦倭軍制 311右
明紀 291左
明紀編年 319左
30明宰相世臣傳 402右
明宰輔考略 370左
明宮詞 383右
明宮史 458左
明良記 350右
明良志略 385左
明良錄略 401左
明宗正學 738左
31明江南治水記 583左
明禋儀注 457左
32明州札記 540右
34明洪武四年進士登科錄 465右
明滇南五名臣遺集 1746左
35明清五百年畫派概論 934右
明清巍科姓氏錄 465右
明清藏書家尺牘 1560右
明清畫苑尺牘 1560右
明漕運志 476右
36明邊鎮題名考 400右
37明初禮賢錄 305右
明通鑑、目錄、前編、附編 291右
38明道文集 1550左
明道雜志、續 1057右
明道先生詩集 1252左
明道先生年譜 418左
明道篇 1175右
40明十五完人手帖 1560右
明九邊考 484右
明大誥峻令考 487右
明太祖文集 1324左
明太學經籍志 645左
明內廷規制考 458左
明七卿考略 370左
明眞破妄章頌 1182左
44明范文忠公畫像宦蹟圖題詞 408右
明孝廉李巢二先生圖詠 568右
47明懿安皇后外傳 439右
明朝紀事本末補編 292右
明朝國初事蹟 306右
明朝小史 351左
48明翰林學士當塗陶主敬先生年譜 407左
50明史、考證 275右
明史經籍志 644左
明史樂府 383左
明史外國傳地理攷證、西域傳地理攷證 623左
明史傳總論 378右
明史紀事本末 292右
明史十二論 379左
明史地理志 513左
明史考證攟逸 275右
明史藝文志(張廷玉等) 644左
明史藝文志(黃虞稷、倪燦) 1735左
明史擬稿、外國傳、藝文志 282左
明史分稿殘編 282左
明史鈔略 282左
明事雜詠 383左
明事斷略 378右
明夷詩鈔 1528左
明夷詞鈔 1643右
明夷待訪錄 721右
明畫錄 434右
明本釋 729左
明本大字應用碎金 1037右
明本排字九經直音 180右
明書 282左
明末羅馬字注音文章 216右
明東林八賢遺札 1560右
53明輔起家考 400右
55……明農堂集 1357右
60明呂近溪先生小兒語 760左
明景恭王之國事宜 457右
67明明子論語集解義疏 143右
明明德解義 133右
68明贈光祿寺卿路南楊公忠節錄 408左
71明臣謚彙考 463右
明臣十節 386右
明臣奏議 496右
72明氏實錄 362左
76明陽山房遺詩、遺文 1376右
77明月環傳奇 1698右
明月篇 1355左
明周端孝先生血疏題跋 314左
明周端孝先生血疏貼黃眞蹟 314左
明周愼齋先生醫家祕奧三書 820右
明周愼齋先生醫家祕奧脈法 849左
明醫雜著 820左
明卿集 1314左
明興雜記 1070左
明賢名翰合册 1560左
明賢蒙正錄 413右
明尺牘墨華 1560左
80明人詩品 1565右
明人尺牘 1560左
明人小史八種 1732右
明會典 455右
88明鑑前紀 291右
90明堂廟寢通考 97左
明堂孔穴鍼灸治要 843左
明堂億 97左
明堂制度論 96右
明堂灸經 842左
明堂大道錄 97左
明堂考(孫星衍) 97左
明堂考(胡賁) 97左
明堂月令論 88右
明堂問 97左
明堂陰陽夏小正經傳考釋 1727左

6702_0 啁

69啁啾漫記 353右

6702_2 嘐

67嘐嘐言、續 1011左

6702_7 鳴

11鳴琴集 1321右
鳴琴仙館詩鈔 1496左
40鳴眞集 1299右
47鳴鶴山記 1116左
鳴鶴餘音(虞集) 1612右
鳴鶴餘音(彭致中) 1646右
53鳴盛集 1326左
71鳴原堂論文 1587左
77鳴鳳記 1693右

6703_2 眼

24……眼科方 834左
……眼科心法要訣 834左
眼科切要 834左
眼科捷徑 834左
31眼福編初集、二集、三集 917左
77眼兒媚 1676左

6703_4 喉

00喉痧正的 834右
02喉證要旨 834右
……喉證家寶 834右
20喉舌備要祕旨 835左
24喉科家訓 835左
喉科祕訣 835左
喉科祕本、喉科附方 834左
喉科十八證 834右
50……喉書 834右
53喉蛾捷訣 835左

6704_7 眠

10眠雲閑錄 1003右
眠雲館詩集 1408右
11眠琴館詩鈔 1505右
27眠綠山房詩草 1496左

暇

60暇日記 1057右

6706_1 瞻

00瞻袞堂文集 1463左
……瞻六堂集 1371右
35瞻禮舍利記 1191左
77瞻闕集虛 1014左

6706_2 昭

00昭文遺詩 1485左
17昭君出塞 1675左
昭君夢 1685左
21昭仁殿天祿琳瑯前編目錄、續編目錄 645左
23昭代王章、名例 455右
昭代經濟言 721左
昭代樂章恭紀 458右
昭代名人尺牘小傳 387左
昭代舊聞 352右
昭代事始 493左
昭代分隸名人小傳 433右
昭代分隸名人小傳清本 433右
24昭德新編 967左
昭德先生郡齋讀書志、附志、後志、二本、攷異649左
27昭疑錄 1030右
50昭忠祠志 569左
昭忠逸詠 383左
昭忠錄(□□) 385右
昭忠錄(周璟) 404右
65昭昧詹言、續、續錄 1586右
67昭明太子集 1212右
74昭陵六駿贊辯 666左
昭陵碑錄、校錄劄記、補 675右
昭陵復古錄 675右
76昭陽趣史 1131左
77昭覺丈雪醉禪師語錄1189左

6706_4 略

22略出籯金 1041左
30略注喪服經傳 80右

6707_7 咯

18咯敢覽館稿 1496右

6708_0 瞑

00瞑庵雜識、二識 1013右
瞑庵詩錄 1479左
瞑庵叢稿 1479左
瞑庵學詩 1479左

6708_1 噀

10噀霞閣詞 1622左

6708_2 吹

27吹網錄 1010左
44吹蘭巵語 1623右
吹萬集 1563左
60吹景集 1000右
77吹月塡詞館賸稾 1625右
82吹劍續錄 988左
吹劍錄 988左
吹劍錄外集 988左

6710_4 墅

09墅談 970右

6711_4 躍

10躍雷館日記 1422左
26……躍鯉記 1692右

6712_2 野

00野齋集 1301右
01野語 1016右
07野記 349右
08野說 1054右
10野雪鍛排雜說 1062右
野雲詩鈔 1449右
20野航亭稾 1315左
野航詩稾、文稾 1333右
野航史話 1000右
野香亭集 1410右
21野處集 1321左
野處類稿、集外詩、校勘記 1268右
23野外詩 1368左
30野客叢書 1020右
37野鴻詩的 1584左
40野古集 1330左
44野獲 499左
……野獲編 351左
野老記聞 1020右
野老書 709左
野菜譜 786右
野菜贊 787左
野菜博錄 787左
野菜箋 786右
野蔌品 786右
47野鶴山房文鈔 1460左
野趣有聲畫 1301右
50野史 345左
77野服考 798左

80野人清嘯 1358右
野人閒話 360右
野人閑話 360右
野谷詩集 1280右
野谷詩稿 1280右
87野錄 1013右
90野棠軒文集、詩集 1520右
野棠軒詞集 1641左
野棠軒獻酬集 1520右
野棠軒游戲集 1520右
野棠軒摭言 1016右

6712$_7$ 郢

10郢雲詞 1642左
44郢莊詞 1607左
50郢事紀略 313左

6716$_4$ 路

42路橋志略 521左
50路史前紀、後紀、餘論、發揮、國名紀 276右

6722$_0$ 嗣

20……嗣統述聖詩 384左
48嗣教錄 1158右

6722$_7$ 鄂

00鄂商前往中國貿易過界卡倫單 480左
10鄂不齋筆記 1014右
鄂不詩詞、駢文、銘贊 1504右
21鄂行日記 618左
32鄂州小集 1273左
34鄂渚紀事 326左
36鄂湘酬唱集 1556右
44鄂韡聯吟稿 1747左
鄂韡聯吟處題贈錄、續錄 1555左
60鄂羅斯傳 635右
64鄂跗草堂詩 1483左

鶚

00鶚亭詩話 1585右 1586左

6732$_7$ 黟

22黟山紀游 597左
62黟縣山水記 570左

6733$_6$ 照

33照心犀 734左
44照世盃 1129左
77照膽臺志略 569左

6742$_7$ 鸚

17鸚鵡洲(陳與郊) 1695右
鸚鵡洲(鄭瑜) 1684左
鸚鵡舍利塔記 1191左

鷃

44鷃林子、校譌、續校 997左

6752$_7$ 鴨

31鴨江行部志節本 526右

6762$_7$ 郘

00郘亭詩鈔 1476左
郘亭外集 1476左
郘亭遺文 1476左
郘亭遺詩 1476左

6772$_0$ 翾

77翾風傳 1114左

6772$_7$ 鶡

37鶡冠子 699右 700左
鶡冠子平議補錄 700左
鶡冠子佚文 699右

6782$_7$ 鄖

00鄖襄賑濟事宜 478右
32鄖溪集、校勘記 1250右 1251左

6792$_7$ 夥

40夥壞封疆錄 401右

6801$_1$ 昨

11昨非庵日纂 1037右
昨非集 1477左
昨非錄 1079右
44昨夢錄 1060右

6802$_1$ 喻

27喻鳧詩集 1234左
37喻選古方試驗 858右
44喻林 1043左
60喻園集 1374右
72喻氏遺書三種 1737右

6802$_7$ 吟

00吟齋筆存 1587左
吟竈小鈔 1464右
16吟碧山館詞 1634右
17吟翠軒詩 1442左
吟翠軒初稿 1624左
20吟香摘蠹集 1487右
吟香館詩草 1438右
吟香館剩稿 1475左
吟香館存稿 1468右
21吟紅閣詩鈔 1488左
22吟巢遺稿 1472左
29吟秋百律 1464右
吟秋館詩草 1484左
44吟葒館遺詩 1505右
48吟梅閣集唐 1480左
65……吟嘯集 1289左
77吟鳳閣譜 1716右

睇

38睇海樓詩 1517左

6804$_0$ 噉

44噉蔗文集、詩集 1421右

6804$_6$ 啐

64啐囈集 1064右 1306左

6805$_7$ 晦

00晦庵詩說 1574左
晦庵詞(朱熹) 1602左
晦庵詞(李處全) 1605右
晦庵先生朱文公文集、續集、別集 1271右
晦庵先生朱文公易說 14右
晦庵先生校正周易繫辭精義 32左
28晦僧文略 1523左
44晦菴集、續集、別集 1271右
晦菴先生所定古文孝經句解 158左
晦菴題跋 913右
67晦鳴錄 1544右
68晦昨齋詩錄 1466左
77晦闇齋筆語 502右
80晦氣船 1130左
90晦堂文鑰 1588右

6806₁ 哈

30哈密直隸廳鄉土志 517右
哈密志 517右
哈密國王記 309右
44哈薩克述略 327左

6832₇ 黔

01黔語 558左
07黔記（文安之） 323左
黔記（李宗昉） 558左
10黔西古蹟考 558右
21黔行日記 617左
22黔亂紀實 329左
26黔粵軍營紀略 328左
黔粵接壤里數考 563左
黔臬存牘 502左
34黔滇紀略 1471右
38黔塗略 612左
黔遊記 607右
黔遊日記 607右
40黔志 557右
44黔藩存牘 502左
黔苗蠻記 558左
黔苗竹枝詞（毛貴銘） 558左
黔苗竹枝詞（舒位） 558左
50黔中雜記 557右
黔中語錄、續語錄 735左
黔中疏草 498左
黔中水道記 586左
黔中程式 1590右
黔中紀聞 558左
黔史 558左
黔婁子 699左
黔書 557右
黔囊 558左
57黔軺紀行集 615右
黔軺紀程 618左
77黔風 1548右

6886₆ 贈

00贈言萃珍 1557左
贈言錄 1554右
50贈書記 1702左

6894₀ 斁

21斁經筆記 177左

6908₉ 啖

44啖蔗軒詩存 1457右
啖蔗軒自訂年譜 432左

7

7010₃ 璧

10璧雲軒牘稿 1480左
37璧沼集 177右

7010₄ 壁

10壁疏 1000左

7021₄ 雅

01雅謔 1123右
11雅琴名録 936左
17雅歌堂文集 1467右
雅歌堂外集 1728右
雅歌堂甃坪詩話 1587右
雅歌堂賦 1467右
雅歌堂愼陟集詩鈔 1467右
20雅季詩存 1480右
22雅片事略 328左
28雅俗辨 763左
32雅州道中小記 614右
33雅述 994左
38雅道機要 1569左
40雅克薩考 485左
44雅林小集 1293左
雅林小藁 1293左
60雅園居士自敍 324右
77……雅聞錄 1063左
雅學考 216右
81雅頌正音 1543左

雕

10雕玉雙聯 945左
44雕菰集 1446左
雕菰集文錄 1446左
雕菰樓詞話 1719右
雕菰樓集選錄 744左
雕菰樓易學三書 1727左

7022₇ 防

31防江形勢考 483左
36防邊危言 483右
防邊紀事 312左
38防海形勢考 483左
防海危言 483左

7023₆ 臆

08臆說 745左
20臆乘 1021右
60臆見 1002左
68臆吟集鈔 1408左

7028₂ 陔

40陔南池館遺集 1486右
88陔餘雜著 1516左
陔餘叢考 1025右

7034₈ 駁

10駁五經異義 167左
20駁毛西河四書改錯 152右
50駁春秋釋痾 114右
駁春秋名字解詁 221右

7064₁ 辟

30辟寒部 1043右

7071₇ 甓

00甓齋遺稿 173左
37甓湖草堂文鈔 1521左
甓湖草堂詩 1521左
甓湖草堂詩餘 1641左
甓湖草堂楹聯彙存 945右
甓湖草堂筆記 1082左

7090₄ 檗

44檗菴集 1341右

7110₆ 暨

76暨陽答問 976右

7113₆ 蜃

50蜃中樓傳奇 1704右
60蜃園文集、詩前集、後集、續集、七言雜詠 1377左
蜃園集拾遺 1377左

蠶

00蠶衣 993右
21蠶經(黄省曾) 785左
蠶經(劉安) 785左
32蠶叢計陸 619左
50蠶事要略 785右
蠶書 785左
60蠶墨 1006右
77蠶尾集、續集、後集 1396左
蠶桑說 785右
蠶桑說略 785右
蠶桑實濟 785右
蠶桑摘要、圖說 785右

7121₁ 阮

00阮亭詩選 1396左
阮亭詩餘 1619左
阮亭詩鈔 1396左
阮亭選古詩 1534左
10阮元瑜集 1201左
17阮子政論 963左
21阮步兵集 1202右
阮步兵集選 1202右
30阮戶部詞 1595右
40阮南自述 432右
67阮嗣宗詠懷詩箋定本 1202右
阮嗣宗集 1202右
80阮盦筆記五種 1740左

歷

10歷下偶談、續編 1586右
歷下志遊、外編 591左
23歷代帝王廟謚年諱譜 362右
歷代帝王傳國璽譜 939右
歷代帝王疑年錄 399左
歷代帝王紀年考 463左
歷代帝王宅京記 562左
歷代帝王世次紀 363左
歷代帝王年表 362右
歷代文章論略 1589左
歷代詩話 1582左
歷代詩話考索 1582左
……歷代詩餘 1644右
……歷代詩餘話 1719右
歷代諱名考 464左
歷代諱字譜 464左
歷代郊祀志 456左
歷代貢舉志 464左
歷代疆域表 505左
歷代刑官考 468右
歷代刑法考 1734右
歷代武舉考 481左
歷代職官表 466左
歷代職源撮要 466左
歷代建元重號 463左
歷代建元考 462右
歷代聖哲學粹、後編 750左
歷代已佚或未收笑話集書目 653右
歷代統系錄 362右
歷代統紀表 362右

歷代制度詳說 454左
歷代鼎甲錄 465右
歷代循吏傳 403右
歷代山陵考 568左
歷代崇道記 1183左
歷代編年大事表 362右
歷代名儒傳 412左
歷代名畫記 926左
歷代名臣傳、續編 399右
歷代名臣奏議 494右
歷代名臣奏議選 494右
歷代名醫蒙求、釋音 432右
歷代名賢確論 374右
歷代名人生卒錄 399左
歷代紀元彙考、續編 462右
歷代紀元表 463左
……歷代紀事年表 362右
歷代綸音 394右
歷代宅京記 562左
歷代宗廟附考 568左
歷代竊據圖 505左
歷代沿革表 505左
歷代通論 376右
歷代壽考名臣錄 399右
歷代載籍足徵錄 641右
歷代地理沿革表 505左
歷代地理沿革圖 505右
歷代地理直音 505左
歷代地理志韻編今釋 505左、右
歷代地圖 505左
歷代蒙求 372左
歷代蒙求纂注 372左
歷代世系紀年編 362右
歷代舊聞 523右
歷代姓系歌訣 372右
歷代都江堰功小傳 444左
歷代史表 362右
歷代史腴 371右
歷代車戰考 776左
歷代車戰敍略 775左
歷代事變圖譜 362左
歷代畫史彙傳 434左
歷代國號總括歌 372右
歷代甲子考 870右
……歷代題畫詩類 1558左
……歷代賦彙、外集、逸句 1535左
歷代吟譜 1576左
歷代馬政志 481右
歷代長術輯要 875左
歷代兵制 480右
歷代陵寢備考 568左
歷代同姓名錄 397左
歷代關市征稅記 475右
歷代鐘鼎彝器款識法帖 661左
歷代年號重襲考 463左
歷代錢譜考 653左
歷代銓政要略 466左
歷代銓選志 466左
歷代符牌圖錄 656左
歷代符牌圖錄後編 656左
歷代小史 1732左
24歷仕錄 407右
27歷象考成後編 872右
歷象本要 872右
30歷官表奏 496左
34歷法問答 872右
38歷遊紀 587右
44歷世眞仙體道通鑑、續編、後集 447左
47……歷朝詩話 1563右
歷朝崇經記 181右
歷朝傳記九種 1733右
歷朝通略 374右
歷朝印識 436左
50歷史地名對、物名對 946左
歷史人名對 946左
75歷體略 869右
77歷學疑問補 871右
歷學駢枝 872左
78歷驗再壽編 861左
80歷年城守記 316右

隴

11隴頭芻語 1006右
60隴蜀餘聞 557左
80隴首集 1371左

7121$_2$ 陋

51陋軒詩 1385右

7121$_4$ 匡

22匡山烈傳奇 1699左
匡山集 302左

雁

22雁山雜記 574左
雁山十記 574左
雁山吟 1281左
26雁帛魚牋 1561左
雁帛書北曲 1689右
30雁字詩 1386右
雁字和韻詩 1399左
50雁書記 1708右
62雁影齋詩 1515右
雁影齋讀書記 652右
77雁門集、集外詩 1318左 1614左
雁門野說 1054右

壓

26壓線錄 502左
77壓闌樓壘掛午時牌 1681左

7121$_7$ 臚

10臚雲集 1472右
25臚傳紀事 465左

7122$_0$ 阿

04阿計替傳 301左
11阿彌陀經 1186右
21阿比西尼亞國述略 638左
22阿利未加洲各國志 638左
30阿塞亞尼亞羣島記 634右
阿富汗考略 632左
阿寄傳 1118右
47阿根廷政要 639左
52阿剌伯考略 632左

7122$_7$ 鴈

22鴈山便覽記 574右
77鴈門關存孝打虎 1663左
鴈門公妙解錄 1179左

厲

44厲樊榭先生年譜 431右
77厲學 762左

隔

31隔江鬬智 1667右

7123$_2$ 辰

10辰夏雜言 1003左
32辰州圖經 549左
辰州風土記 549左

7124$_0$ 牙

26牙牌參禪圖譜 952右

26……牙牌數 898右

7124$_7$ 反

00反離騷 1197右
08反論 962左
10反函詳級 891右
27反身要語 749右
反絕交論 375右
57反輓歌 1354右

厚

00厚齋詩選 1431左
厚齋易學 14右
24厚德錄 1032左
25厚生訓纂 1039右
77厚岡文錄 1435左
厚岡詩集、文集 1434右

7126$_1$ 厝

00厝亭雜記 1070右

7126$_9$ 曆

27曆象考成 872右
34曆法新書 869左
曆法西傳 870左
曆法表 876右
77曆學疑問 871右
曆學駢枝 872左
曆學答問 872左
88曆算雜記 877左
曆算合要 872右

7128$_6$ 願

22願豐堂漫書 995左
75願體醫話 864右
77願學齋唫藁 1468右
願學記 738右
願學集 1362左

7129$_1$ 厡

11厡麗情集 1067右

7129$_6$ 原

00原瘖要論 841右
原音瑣辨 100左
04原詩 1582右
21原旨 736右
22原仙記 1089右
24原化記 1089右
27原象 873左
30原瀀 486右
38原道醒世訓 331右
原道醒世詔 331右
原道救世詔 331右
原道救世歌 331右
原道覺世訓 331右
原道覺世詔 331右
40原李耳載 1070右
42原機啓微 833右
50原本韓文考異 1228左
原書 189左
76原陽子法語 1170右
80原善 744左

7131$_1$ 驪

22驪山傳 1710右

7131$_7$ 驢

11驢背集 330右

7132$_7$ 馬

00馬文貞公石田集 1310右
馬文莊公文集選、敘述 1354左
01馬評陶批外科全生集、新增馬氏試驗祕方 832右
02馬端肅奏議 496右
馬端肅公三記 1732右
10馬王易義 5右
馬石田文集 1310右
馬西玄集、續集 1342左
15馬融注論語 137左
17馬弔說 952右
18馬政紀 482左
馬政志 482左
馬致遠雜劇 1749左
20……馬季長集 1199右
21……馬師山先生軼詩、軼文 1342左
23馬戲圖譜 951左
26馬自然傳 1100右
馬自然金丹口訣 1172左
28馬從甫賈餘稿 1349右
32馬洲吟鈔 1488右
36馬湘蘭傳 439右
37馬通伯文鈔 1521左
……馬郎俠牟尼合記 1700右
40馬太僕奏略 498左
馬培之先生醫案 832右
43馬鞍山志 572右
47馬棚灣漫江始末 584左
52馬援撾打聚獸牌 1679左
60馬吊脚例 952左
72馬氏文通訂誤 1589右
馬氏玉堂鈔藏傳是樓足本書目殘卷 646右
馬氏心書 745左
馬氏芷君集 1336左
馬氏日抄 1066左
馬氏隨筆 1094左
……馬氏醫案印機草 862左
77馬丹陽度脫劉行首 1664左
馬丹陽度脫劉行首雜劇 1664左
馬丹陽三度任風子 1653左
馬丹陽三度任風子雜劇 1653左
馬關議和中日談話錄 330左
80……馬姜墓石刻考釋 667左
馬首農言、校勘記 779右
98馬悔齋先生遺集 1410左

7139$_1$ 驃

60驃國樂頌 938左

7144$_7$ 斆

44斆坡詩鈔 1430右
斆藝齋文集、詩 1474左

7171$_1$ 匡

00匡廬紀游 605左
匡廬遊錄 605左
07匡謬正俗 223右
22匡山避暑錄 1521左
匡山叢話 1586右
28匡徐篇 189左
38匡遊草 1417右
40……匡南集 1356右
44匡林 1004左
77匡几圖 797右

匪

10匪石山房詩鈔 1391右
匪石山人詩 1444右
匪石山人遺詩 1444右
匪石先生文集 1444右
44匪莪集 1403右
60匪目記 354左

匯

20匯香詞 1620左

7171$_4$ 既

26既白軒稾 1322左
30既濟眞經 847右

7171$_6$ 區

22區種五種 1737右
區種法 781左
40區太史詩集 1360左
60區田編 780右
區田法 780右
區田圖說(孫宅揆) 780右
區田圖說(淩霄) 780右
區田圖說(□□) 781左

7171$_7$ 巨

00巨文島形勢 629左
79巨勝歌 1178右

臣

54臣軌、校記 751左
88臣鑑錄 751左

甌

00甌文音彙 216左
甌諺略 216左
11甌北詩話、續詩話 1585左
甌北詩鈔 1427左
甌北集 1427左
甌北選集 1427右
20甌香集 1402左
甌香館集 1395右
31甌江逸志 542左
33甌濱摘稿 1337右
85甌鉢羅室書畫過目攷 912右

7173$_2$ 長

00長離閣詩 1442右
長離閣詩集 1442右
長離閣集 1442右
12長水日鈔 996右
21長行經 951右
22長山公自書年譜 422右
24長崎紀聞 630左
25長生詮經 846右
長生樂(張勻) 1705右
長生樂(蔣士銓) 1688左
長生指要篇 1171右
長生胎元神用經 844左
長生殿 1706左
長生殿補闕 1706右
……長生益算妙經 1145右
26長白山記 571右
長白山錄 572左
長白先生奏議 501左
27長物志 958右
30長安看花記 436右
長安客話 522右
長安宮詞 384左
長安志 529右
長安志圖 529右
長安城四馬投唐 1680左
長安獲古編附編目 659左
31長江集 1231左
長江津要 483左
長河志籍考 532右
32長溪瑣語 543左
39長沙方歌括 815右
長沙正經證彙 825左
……長沙志 548左
長沙耆舊傳 391左
長沙藥解 854右
長沙圖經 548左
40長眞閣詩稿 1445右
長眞閣詩餘 1626右
44長者言 1033左
46長相思詞 1642左
48長松茹退 973右
50長春子 723右
長春子遊記 610右
長春道敎源流 447右
長春眞人西遊記 610右
長春眞人西遊記注 610右
長春劉眞人語錄 1184右
65長嘯軒詩集 1410右
長嘯餘 1002左
71長歷鉤玄 908左
長曆 867右
77長毋相忘室詞 1643左
長興集 1251左
長興學記 977右
80長命縷 1694左
長公妹 1684左
81長短經 965右
88長鎗法選 776右
94長懽悅 1130左
97長恨歌傳 1101右
長恨傳 1101右

7174$_7$ 毆

50毆蠱燃犀錄 830右

7178$_6$ 頤

00頤庵居士集 1283左
頤齋僅存草 1429右
22頤山詩話 1578右
頤綵堂文錄 1433左
26頤和園詞 1527右
40頤志齋文鈔 1460左
頤志齋感舊詩 1460左
頤志齋四譜 1733右
頤壽老人年譜 410右
44頤菴文選 1329左
60頤園論畫 934左
90頤堂詞 1601右
頤堂先生文集 1267左
頤堂先生糖霜譜 805右

7210$_0$ 劉

00劉彥昺集 1326左
……劉商詩 1227左
劉庶子集 1212左
劉庶子集選 1212左
劉文烈公集 1371右
劉文安公文集 1331左
劉文安公詩集 1331左
劉文安公呆齋先生策略 1331左
劉文成先生集選 1323左
……劉玄德三顧草廬記 1701右
劉玄德醉走黃鶴樓 1663右
劉玄德獨赴襄陽會 1656右
02劉端臨先生文集 1441右
03劉誠意伯集 1323左
10劉兩谿文集 1330右
劉更生年表 417左
12劉瑞公詩 1397右
劉璠梁典 280右
……劉弘嫁婢 1666右
劉廷芝集 1217左
13劉武愼公稟牘 502右
劉武愼公行狀 411右
劉武愼公官書 502右
劉武愼公遺文詩存雜記 1479左
劉武愼公奏稿 500右
劉武愼公尺牘 1479左

17劉豫章集 1212左
劉豫章集選 1212左
劉豫事蹟 301左
劉子 965左、右
劉子文編 1363右
劉子新論 965左、右
劉子政集 1198右
劉子校記 965右
劉子威集 1351右
劉子駿集 1198右
劉子駿集選 1198右
劉子纂要 965右
20劉千病打獨角牛 1666右
劉航石詩選 1399左
21劉伍寬詩 1413左
……劉行首 1664左
劉虞部詩集 1227左
……劉熊碑攷 666右
22劉岸先詩選 1399右
23劉獻廷 420右
24……劉先生文集 1303左
劉先生譚錄 727左
劉先生道護錄 727左
劉先生年譜 430左
26劉伯溫先生百戰奇略 773右
劉伯溫先生重纂諸葛忠武侯兵法心要內集、外集 772右
……劉得仁詩 1234左
劉魏比玉集 1745右
27劉向古列女傳 437右
劉向校讎學纂微 640左
劉魚計詩 1390左
28劉佾臺記 595右
劉給諫文集 1261左
劉給事集 1261左
30劉戶曹集 1211左
劉戶曹集選 1211左
劉之遴神錄 1087左
劉寄庵文錄 1437右
劉賓客文集、外集 1228右
劉賓客詩集 1228右
劉賓客嘉話錄 1051左
31劉江東家藏善本葬書、校譌、續校 900左
劉河間傷寒直格論方 813右
劉河間傷寒醫鑒 814左
劉馮事始 1041左
33劉祕書集 1211右
劉祕書集選 1212左
34……劉漢卿白蛇記 1697左
35劉清惠集 1338右
36劉涓子鬼遺方 830右
37劉湄書畫記 435左
38劉海峯文鈔 1417右
劉滄詩集 1236左
40劉左史文集 1261左
劉左史集 1261左
劉希仁文集 1232左
43劉越石集 1206左
劉越石集選 1206左
44劉蕺山文 1363右
劉蕺山集 1363右
劉蕺山奏疏 498右
劉夢得文集、外集 1228右
劉夢聞詩 1392左
……劉孝綽集 1211右
劉孝標集 1211左
……劉孝威集 1212左
劉芙初先生尺牘 1446左
46劉駕詩集 1235右
48劉敬書 712左
50劉中丞奏稿 501左
……劉中壘集 1198右
劉申叔先生遺書校勘記 1528右
劉夫人慶賞五侯宴 1651左
劉忠宣公集 1333右
劉忠肅集 1252左
劉貴陽說經殘稿 176右
劉貴陽經說 176右
劉貴陽遺稿 1744右
53劉威詩集 1234右
60劉國師教習扯淡歌 1685右
劉晨阮肇誤入天台 1668左
劉晨阮肇誤入桃源 1653右
劉晨阮肇悞入桃源雜劇 1668左
劉果敏公文集 1479右
劉果敏公從戎識實 411右
劉果敏公奏稿 500右
劉果敏公書劄 1479右
劉果敏公批牘 502右
65劉晴川集 1341左
劉嘯林史論 376左
68劉盼春守志香囊怨 1670左
72劉氏文集 1441右
劉氏雜志 992左
劉氏碎金 212右
劉氏政論 963左
劉氏家禮 462右
劉氏遺書 173右 1740右
劉氏遺箸 1028右
劉氏菊譜 789左
劉氏春秋意林 122左
74劉隨州文集、外集 1221左
劉隨州詩 1221左
劉隨州集 1221左
77劉屏山先生聖傳論 727右
劉熙事蹟考 146左
劉叉詩集 1231右
劉關張桃園三結義 1679左
80劉令君集 1203左
劉無雙傳 1105右
劉念臺集 1363右
劉兼詩集 1240左
劉公幹集 1201右
劉公旦先生死義記 409左
86劉智侯詩 1400右
88劉籛舫先生吏治三書 1734左
劉攽貢父詩話 1570左
90劉炫規杜持平 108左

7210$_0$ 剄

32剄冰詞 1625左

7210$_1$ 丘

00丘文定公詞 1603左
丘文莊公集 1331右
17丘司空集選 1211右
20丘毛伯先生集 1363右
25丘仲深集 1332左
37丘逢甲傳 432右
66丘曙戒詩 1394左
76丘隅意見 971左

7212$_1$ 斲

32斲冰集 1403右

7220$_0$ 剮

32剮淫婦 1130左

7221$_7$ 卮

00卮言日出 1001左
20卮辭 969左
44卮林 1023左

7222$_1$ 所

08……所施行祕要經 844右
30所安遺集 1311右

子目書名索引

40所南集鈔	1290左
所南翁一百二十圖詩集、	
校勘記	1290左
60所見古書述	647左
77所聞錄	354左
86所知錄	319左

7223₀ 爪

10爪亞風土拾遺	633左

瓜

00瓜廬詩	1290右
瓜廬集	1290右
39瓜沙曹氏年表	368左
44瓜蔬疏	786左
47瓜棚避暑錄	1026右
60瓜圃小草	1372左
瓜田畫論	931右

7223₂ 脈

01脈語	849左
05……脈訣（王叔和）	848左
脈訣（崔嘉彥）	848左
……脈訣（劉開）	848左
脈訣正誤	849左
脈訣刊誤	848左
脈訣刊誤集解	848左
脈訣采真	848左
脈訣乳海	848左
脈訣參同契	848右
脈訣祕傳	848左
脈訣啓悟注釋	848左
……脈訣指掌	848左
脈訣匯纂	848左
脈訣入門	848左
脈訣纂要	848左
07脈望	972左
脈望館書目	646左
脈望館鈔校本古今雜劇	
	1751右
08脈說	850左
21脈經（王叔和）	847右
	848左
脈經（余重耀）	850左
脈經真本	848左
脈經考證	848左
脈經鈔	848左
34……脈法解	849左
脈法心參	849右
脈法考	850右

脈法刪繁	849右
35脈神章	849左
44脈藥聯珠	849右
脈藥聯珠古方考	859右
60脈因證治	819右
63脈賦	849左
脈賦訓解	849右
77脈學發微	850左
脈學綱要	850左
脈學輯要	850左
脈學輯要評	850左
脈學四種	1738左
80脈義簡摩	849左
88脈簡補義	849左

7223₇ 隱

20隱秀軒集	1363左
27隱綠軒題識	669左
30隱窟雜志	1060左
37隱湖題跋	651右
50隱書	946右
77隱几山房詩集	1426左
隱居通議	990右

7226₁ 后

22后山詩	1258右
31后渠庸書	995左

7226₄ 盾

60盾墨拾餘	330左

7240₀ 刪

10刪正方虛谷瀛奎律髓	1533右
刪正二馮評閲才調集	1539右
22刪後文集	1413右
刪後詩存	1413右
30刪定荀子	684右
刪定管子	700右
33刪補名醫方論	859左
34刪社和草	1365左

7240₇ 鬘

10鬘天影事譜	1641右
44鬘華室詩選	1513右

7242₂ 彤

40彤奩續些	439右
彤奩續些選、附	439右
44彤芬室文	1528右
彤芬室筆記	1016右

50彤史拾遺記	438右
60彤園婦科	837左

7244₇ 髮

50髮史	354左

7260₁ 髻

22髻山文鈔、校勘記、校勘續	
記	1370右
72髻鬘品	1121左

7260₄ 昏

35昏禮辨正	78右
昏禮重別論對駁義	78右

7274₀ 氏

08……氏族大全	1043右
氏族博攷	396左

7277₂ 岳

12……岳飛破虜東窻記	1702右
13岳武穆遺文	1266右
22岳山人集	1349左
26岳伯川雜劇	1749左
27岳侯訓子	1710右
30岳容齋詩集	1414右
32岳州圖經	548左
44岳麓文集	1478右
47岳起齋詩存	1379右
50岳忠武王文集	1266右
岳忠武王集	1266右
岳忠武王遺事	406右
岳忠武王年譜	406右
岳忠武撫稿	1266右
76岳陽乙志	548左
岳陽紀勝彙編	548左
……岳陽樓	1653左
岳陽甲志	548左
岳陽風土記	548左

7280₁ 兵

04兵謀	775左
07兵部問寧夏案	311左
10兵要	772右
11兵燹瑣記	316左
13兵武聞見錄	775右
22兵災紀略	334右
25兵仗記	777左
34兵法	775左
兵法彙編	1737右

七二三二一—七二八〇一 所（四〇—八六）爪瓜脈隱后盾刪鬘彤髮髻昏氏岳兵（〇四—三四）

34兵法類案 775左
50兵書接要 772右
60兵跡、校勘記 775左
80兵鏡備考 775左
兵鏡或問 775左
88兵符節制 773右

7280_6 質

00質言 721左
01質語 976右
12質璞草 1514左
質孔說、校譌、續校 742右
27質龜論 898左
質疑(任泰) 176右
質疑(杭世駿) 172左
1025左
質疑删存 1027左
質疑錄 820右

7290_4 槼

88槼飾錄、箋證 799右

7321_1 院

50院本名目 1723左

7322_7 脯

28脯鮓品 954左

7326_0 胎

00胎產新書 1738左
胎產護生篇 836左
胎產指南 836左
26胎息經 843右
胎息經註 843右
胎息經疏 844左
胎息經疏略 844左
胎息祕要歌訣 844左
胎息抱一歌 1168左
胎息精微論 1168左

7332_2 駗

22駗鸞集 1424右
駗鸞吟稾 1456右
駗鸞錄 609右
駗鸞小記 617右

7333_4 駚

22駚僕傳 1094右

7370_0 臥

00臥痾隨筆 1003右
臥廬詞話 1721左
10臥雪軒吟草 1421左
臥雲草 1409右
27臥象山房詩正集 1403左
29臥秋草堂詩鈔 1424左
38臥游錄 1061左
臥遊錄 1079右
48臥梅廬詩存 1503左
臥梅廬詩餘 1638右
77臥月軒詩稿 1366右
臥月軒稿 1366左

7412_7 助

01助語小品 224右
30助字辨略 224右

7420_0 附

21附經 865左
24附鮚軒詩 1436右
附鮚軒外集唐宋小樂府
382左
26附釋文互註禮部韻略 206右
附釋音毛詩注疏、校勘 50左
附釋音禮記注疏、校勘記
84左
附釋音春秋左傳注疏、校
勘記 105左
附釋音周禮注疏、校勘記
69左
附釋音尚書注疏、校勘記
36右
71附厤合覽 908左

肘

22肘後備急方 856左
肘後偶鈔 862右

尉

22尉山堂稿 1475左
24尉繚子 771左
尉繚子直解 771左
37尉遲恭三奪槊 1660左
尉遲恭鞭打單雄信 1680左
尉遲恭單鞭奪槊 1660左
尉遲恭單鞭奪槊雜劇
1660左

7421_4 陸

00陸文安公年譜 418右
陸文裕公集 1339左
陸文學集 1356左
陸文節公奏議 500左
07陸詞切韻 205左
08陸放翁先生年譜 428左
陸放翁全集 1743左
10陸雪樵詩 1407左
陸平原集 1205右
陸平原集選 1205右
陸天池南西廂記 1693左
11陸麗京雪罪雲遊記 325左
17陸子(陸雲) 964左
陸子(陸賈) 712左
陸子新語 712左
陸子新語校注 712左
陸子餘集 1342右
20陸紡詩草 1398左
21陸盧龍集 1357左
陸貞山集 1342右
23陸稼書先生文集 1394右
陸稼書先生松陽鈔存 741左
陸稼書先生問學錄 741左
24陸先生道門科略 1156右
27陸象山先生集節要 1274右
陸象山先生全集 1274右
30……陸宣公文集 1226左
……陸宣公奏議 495左
……陸宣公年譜 405左
陸客集 1351左
陸密菴詩 1384右
35陸清獻公治嘉格言 767左
陸清獻公年譜 421左
陸清獻公年譜定本 421左
陸清獻公年譜原本 421左
陸清河集 1205右
陸清河集選 1205右
37陸湖峯詩集 1307右
40陸太常集 1211右
陸太常集選 1211右
陸士龍文集 1205右
陸士龍集 1205右
陸士龍集校 1205右
陸士衡文集、札記 1205左
陸士衡集 1205左
陸士衡集佚文 1205右
陸士衡集校 1205右
陸塘初稿 1412右
陸右丞蹈海錄 407左
42陸桴亭先生文集 1380右
陸桴亭思辨錄輯要 738左

陸機要覽 964左
50陸忠烈公遺集 1289右
陸忠烈公書 1289右
61陸顒傳 1108右
67陸路通商章程 480左
72陸氏詩牘彙編、文牘彙編 1549右
陸氏三傳釋文音義 131右
陸氏要覽 964左
陸氏經典異文補 179右
陸氏經典異文輯 179左
陸氏先德錄 394左
陸氏家訓 753左
陸氏草木鳥獸蟲魚疏疏62左
陸氏易解 7右
8左
陸氏異林 1084左
陸氏周易述 8左
77陸學訂疑 729右
陸學士題跋 914左
88陸筦泉醫書 825右
90陸堂詩學 56右
陸堂易學 21左
陸尙寶遺文 1348左

7422₇ 隋

00隋唐石刻拾遺 675左
隋唐以來官印集存 943左
隋唐之際月表 367右
隋唐嘉話 336右
隋文紀 1538右
04隋詩 1538右
隋諸王世表 367右
21隋經籍志考證 643左
22隋巢子 705左
27隋將相大臣年表 367右
32隋州郡圖經 510右
35隋遺錄 1097左
50隋史斷 378左
隋書、考證、考異 271右
……隋書詳節 371右
隋書經籍志 643左
隋書經籍志補 643左
隋書經籍志考證(章宗源) 643左
隋書經籍志考證(姚振宗) 643左
隋書札記 271右
隋書地理志 510右
隋書地理志考證 510右
隋書斠議 271右
隋書四夷傳地理攷證 622左
71隋區宇圖志 510右
96隋煬帝集 1215右
隋煬帝集選 1215右
隋煬帝海山記 1110左

勵

40勵志雜錄 743右
勵志錄 743左
77勵學室詩存 1510左
勵學篇 764右

7423₁ 臙

71……臙脂記 1698右
……臙脂雪 1705右
臙脂獄 1690右

7423₂ 膝

30膝寓信筆 1002右

隨

20隨手雜錄 343左、右
隨手通 974右
21隨何賺風魔蒯徹 1667右
隨何賺風魔蒯通雜劇1667右
22隨鑾紀恩 452右
隨山宇方鈔 860左
隨山館詞 1637右
隨山館詞稾、續稾 1637右
隨山館叢稾 1497右
隨山館猥稾、續稾 1497右
隨山館尺牘 1497右
25隨使日記 619右
26隨息居霍亂論 829右
隨息居重訂霍亂論 829右
隨息居飲食譜 856左
40隨志 546右
隨喜庵集 1375右
隨喜盦集 1375右
42隨機應化錄 450左
44隨村先生遺集 1418左
46隨如百詠 1604右
53隨感錄 1016右
56隨扣詩草 1438左
60隨園文鈔 1423左
隨園詩話 1584右
隨園瑣記 1012左
隨園女弟子詩選 1544左
隨園雅集圖題詠 1558左
隨園隨筆 1006右
隨園八十壽言 431右
隨園食單 954右
64隨時問學再集 737左
72隨隱漫錄 989右
77隨月讀書樓集 1425左
88隨筆(張大齡) 375左
隨筆(洪邁) 984右
隨筆(□□) 1013右
隨筆雜記 1007右
隨筆兆 907右
隨筆漫記 314左

7423₈ 陜

10陜西集 1546右
陜西通志 516左
陜西南山谷口考 572左
陜西地略 529左
陜西考略 529左
40陜境漢江流域貿易稽核表 476左
44陜甘諸山考 571右
陜甘味經書院志 569右
陜甘味經書院藏書目錄 645右

7424₇ 陂

77陂門集 1351右

陵

22陵川集 1301左
76陵陽詩鈔 1260右
陵陽詞 1608右
陵陽集(牟巘) 1295右
陵陽集(韓駒) 1260右
陵陽集補鈔 1260右
陵陽先生詩、校勘記 1260右
陵陽先生集 1295右
陵陽先生室中語 1572右
陵陽室中語 1572右

敧

44敧藁 1294左

7425₃ 臟

70臟腑圖說 852右
臟腑圖說症治要言合璧 852左

7432₁ 騎

90騎省集 1241左
騎省集補鈔 1241右
騎省集鈔 1241右

7434_0 駁

10駁正朔考 868右
駁五經異義 167左
50駁中國用萬國新語說 215右

7520_6 陣

27陣紀 774左

7521_8 體

00體玄眞人顯異錄 450左
08體論 963左
28體微齋遺編語錄、詩 749左
體微齋日記錄存 451右
57體撰錄 891左

7523_3 骵

60骵園經說 173左

7529_6 陳

00陳文紀 1538右
陳文忠公遺集 1367右
陳文節公年譜 418右
04陳詩 1538右
陳諸王世表 367左
07陳記室集 1201左、右
陳謠雜詠 313左
08陳說巖詩 1402左
10陳一齋先生文集 1413右
11陳北溪先生文集 1277右
陳張散騎集 1213右
陳張事略 362左
陳張貴妃傳 439左
12陳孔璋集 1201右
陳副使遺藁 1252左
17陳羽詩集 1227右
陳子高傳 1119左
陳子高遺詩 1270左
陳子高遺稿 1270左
陳子文藪 1524左
陳子要言 963右
陳子昂集 1218左
陳司業文集 1412右
陳司業詩集 1412右
陳司業遺書 1740右
陳翼叔詩集 1370右
20……陳季卿悟道竹葉舟 1663左
陳季卿悞上竹葉舟雜劇 1663左
21陳虛齋詩選 1517右
陳虛白規中指南 1165左
陳行卿集 1336左
……陳虞山先生集 1339左
陳比部遺集 1744左
22陳嵩伯詩集 1240右
陳後主集 1213右
1214左
陳後主集選 1214左
陳巖野先生集 1373左
陳幾亭集 1364右
陳山人集 1348左
陳剩夫先生集 1331右
23陳參議集 1348左
陳獻孟遺詩 1405左
24陳侍郎玉簡山堂集 1352右
26陳白沙集 1332右
陳白陽集 1339右
陳伯玉文集 1218左
陳伯玉集 1218左
27陳修撰集 1264右
陳修園方歌 860右
陳將相大臣年表 367左
陳綠厓詩 1397右
28陳徵君詩 1328右
陳徵君行述 432左
30陳寒山子文 1365左
陳定生先生遺書三種 1739右
32陳州牡丹記 790右
33陳心泉文稿 1504右
34陳法直指 774右
35陳淸瀾先生學蔀通辯 734左
陳禮部集 1470右
36陳迦陵文集、儷體文集 1391右
37陳祠部公家傳 419右
陳資齋天下沿海形勢錄、圖 514左
40陳大士先生集 1362左
陳大士先生未刻稿 1362左
陳克齋先生集 1283右
陳希夷心相編 1031右
陳希夷坐功圖 844右
43陳榕門先生遺書補遺 1416右
陳榕門先生年譜 410右
44陳荔溪詩集 1312右
陳老蓮離騷圖像 1197右
陳其年先生尺牘 1391右
陳蔡二先生合併痘疹方 840右
48陳乾初先生年譜 420左
陳檢討集 1336左
陳檢討四六 1391右
50陳中祕稿 1371左
陳忠貞公遺集 1341左
陳忠裕全集 1372右
陳忠肅公墓錄 569左
陳忠簡公遺集 1367右
陳書、考證 270左、右
陳書斠議 270右
陳東塾先生讀詩日錄 59左
53陳輔之詩話 1570左
55……陳摶高臥 1652右
58陳拾遺集 1218左
60陳思王集 1202左
陳思王集選 1202右
67陳明水先生集 1343左
陳鳴野集 1354左
68陳盻兒傳 1116右
72陳剛中詩集 1302右
陳隱士集 1356右
陳后岡詩集、文集 1346右
陳后岡集 1346右
陳氏診視近纂 851左
陳氏幼科祕訣 840左
陳氏安瀾園記 565左
陳氏禮記集說 85左
陳氏禮記集說補正 85右
陳氏老傳 1116左
陳氏藥理近考 854右
陳氏醫學近編 821左
陳氏小兒痘疹方論 840左
陳氏小兒病源方論 838右
77陳眉公先生訂正丹淵集、拾遺 1248右
陳眉公批評玉簪記 1696左
陳眉公批評西廂記 1651右
陳眉公批評琵琶記 1691右
陳眉公批評紅拂記 1693右
陳眉公批評幽閨記 1691右
陳眉公批評繡襦記 1694左
陳學士文集 1411右
陳學士文鈔 581右
……陳母敎子 1651左
陳留志 544右
陳留耆舊傳 390右
陳留耆舊傳佚文 390右

陳留風俗傳 544右
88陳簠齋丈筆記、手札 658右
陳簠齋筆記、手札 659左
陳笏齋詩集 1302左
陳簡齋詩集 1264右
陳節愍公奏稿 499左
95……陳情記 1696左
97陳炯齋遺詩 1491左

7570_7 肆

23肆獻祼饋食禮 96右
46肆覲集 1456右

7620_0 胭

71胭脂鳥傳奇 1709右
胭脂紀事 1127左

7621_4 臞

22臞仙神隱 779左
臞仙吟館遺稿 1502左
51臞軒詩餘 1604右
臞軒集 1282左
臞軒先生四六 1282左
80臞翁詩集 1278左
臞翁集 1278左

7622_7 隅

45隅樓雜記 1017左

陽

10陽平關五馬破曹 1679右
22陽山新錄 1552右
陽山志 572右
29陽秋賸筆 353右
30陽宅論 899右
陽宅三格辨 899右
陽宅指南 899右
陽宅撮要 899右
陽宅闢謬 900左
32陽冰筆訣 918右
陽冰筆法 918右
40陽九述略 352右
44陽基部 899右
50陽春詞 1598左
陽春集(馮延己) 1592左
陽春集(米友仁) 1598左
陽春白雪、外集 1646左
陽春奏三種 1751右
67陽明理學集 732右
陽明先生要語 732右
陽明先生集要 1736左
陽明先生保甲法 482左
陽明先生鄉約法 482左
陽明先生年譜(施邦曜) 419左
陽明先生年譜(劉原道) 419左
陽明按索 899左
77陽關三疊圖譜 938右
80陽羨摩厓紀錄 675右
陽羨名陶錄、續 796右
陽羨茗壺系 796左
陽羨風土記、校刊記、補輯、續補輯、考證 534左

7623_3 隰

10隰西草堂詩、文 1378右
隰西草堂詩集、文集 1378右
隰西草堂詞 1615左

7624_0 脾

60脾胃論 818右

髀

81髀矩測營 887右

7634_1 驛

01驛站路程〔一〕 514右
驛站路程〔二〕 514右
82驛鐙小稾 1486右

7680_8 咫

30咫進齋詩文稿 1483右
77咫聞軒詩草 1459左
咫聞軒遺稾 1459左
咫聞軒賸稾 1459左
咫聞錄 1077右

7710_0 且

00且亭詩鈔 1388左
07且謠 1615左
22且巢詩存 1502左

7710_4 堅

26堅白齋詩存 1484左
32堅冰志 354左
42堅瓠首集、二集、三集、四集、五集、六集、七集、八集、九集、十集、續集、廣集、補集、祕集、餘集 1004右
47堅匏盦詩文集 1523右

閨

07閨詞雜俎 1408右
20閨秀詩評(江盈科) 1579右
閨秀詩評(棣華園主人) 1588左
閨秀詞鈔 1644右
閨秀集 1543右
閨辭百詠 1357左
25閨律 1127左
27閨怨佳人拜月亭 1649左
50閨中十二曲 1640右
60閨墨萃珍 1545左
77閨門寶鑑 835右
88閨範 757右

7710_8 豎

21豎步吟 1417左

7711_4 鬥

44鬥花籌譜 952右

7712_1 鬬

44鬬茶記 955左

7712_7 邱

37邱祖全書 1185右
40邱太守文鈔 1502左
57邱邦士文鈔 1383右
71邱長春眞人青天歌測疏 1139右

7713_6 閩

00閩產錄異 542右
閩雜記(施鴻保) 542右
閩雜記(褚華) 542右
閩雜記(黃錫蕃) 542右
04閩詩錄甲集、乙集、丙集、丁集、戊集 1547右
07閩詞鈔 1647左
閩部疏 542左
19閩瑣紀 542右
21閩行日記(魏麟徵) 614左
閩行日記(俞樾) 617右
閩行隨筆 612右
22閩川名士傳 390左
閩川閨秀詩話 1566左
26閩粵巡視紀略 612右

31閩江諸水編 585左
38閩游月記 321右
閩海蠱毒記 830右
閩遊詩紀 1375右
閩遊記略 617左
閩遊偶記 602左
閩遊紀略 602左
40閩南文鈔 1469左
閩南雜詠 1493右
閩雜記 325右
44閩幕紀略 325右
50閩中郭氏支派大略 394左
閩中理學淵源考 414左
閩中紀略 325右
閩中海錯疏 793右
閩中十子詩 1746左
閩中書畫錄 435左
閩中吟 1400左
閩中金石志 676右
閩中金石略 676右
閩中金石略考證 676右
閩中錄異 1093右
閩事紀略 321右
78閩鹽正告書 476右
90閩小紀 542右

7721₀ 凡

27凡將 201左
凡將篇 200右
201左
凡將篇逸文注 201左
77凡民謎存 947左

夙

77夙興語 739右

風

00風塵備忘錄 1553右
10……風雪漁樵 1664右
風雨像生貨郎旦雜劇 1664右
……風雲會 1664左
風雲會傳奇 1710左
12風水袪惑 903左
風水問答 901右
22風倒梧桐記 323左
27風角一覽占 895左
風角書 895左
28風俗通 979左、右
風俗通逸文 979左
風俗通姓氏篇 395左
風俗通姓氏篇佚文 395右
風俗通姓氏篇校補 395右
風俗通義 979左
風俗通義佚文 979左
風俗通義校正逸文 979左
30風流孔目春衫記殘本 1651左
……風流夢 1695左
風流棒傳奇 1706左
風流塚 1685左
……風流院 1698右
風流鑑 1711左
風憲忠告 472左
40風土雜錄 562左
風土記 534左
風木盦圖題詠 1559左
44……風花雪月 1658右
47風胡子 708左
風檻待月 1714右
70風雅翼 1533右
風雅倫音 55右
風雅遺音(林正大) 1604右
……風雅遺音(史榮) 63左
風雅逸篇 1561右
72風后握奇經 768左
77風月紫雲亭 1659左
風月牡丹僊 1671左
風月南牢記 1682右
風月夢 1131右
風月堂雜識 996左
風月堂詩話 1571左
風騷要式 1581左
風騷旨格 1569左
80風人詩話 1582左
88風箏誤傳奇 1704右
90風懷詩案 1394左
風懷詩補註 1394左
……風光好 1660右
96風燭學鈔 412右
99風勞鼓病論 826左

凰

43凰求鳳傳奇 1704右

鳳

12鳳飛樓傳奇 1710左
22鳳仙譜 791右
鳳山詩集 1335右
26鳳皇山聖果寺志 566右
32鳳洲雜編 493左
鳳洲筆記 493左
34鳳池吟稾 1323左
40鳳臺祗謁筆記 617左
43……鳳求凰 1701左
鳳城瑣錄 527左
鳳城品花記 948左
44鳳麓小志 533右
50鳳車詞 1622左
53鳳威遺稿 1513右
67鳳鳴書院課藝 1511左
鳳墅殘帖釋文 924右
72鳳氏經說 173左
77鳳凰琴 1709右
鳳凰山記 576左
鳳凰臺記事 348左
鳳凰坡越娘背燈殘本 1660左
88鳳簫集 1478右
鳳簫樓詩集 1407右
鳳筱雉噫吟草 1510右

7721₁ 尼

40尼布楚城考 485左
尼布楚考 485左

7721₄ 尾

44尾蔗叢談 1075右

隆

10隆平集 281左
隆平紀事 304右
13隆武紀年 321右
隆武遺事 321右
40隆吉詩集 1295左
隆吉詩鈔 1294右
隆吉集補鈔 1295左

屣

30屣変撫筆 1014右

7721₆ 閲

11閲裴副總稅務司和議草約第十一款致江海關道節略、贅言 479右
28閲微草堂筆記 1093左
1741右
閲微草堂筆記約選 1093左
閲微草堂筆記摘抄 672左
44閲世編 524左
50閲史郄視、續 376左
閲書隨劄 1026右

覺

00覺鹿軒詩草　1493右
11覺非堂稿　1490右
25覺生詠史詩　382左
　覺生賦鈔　1446右
39覺迷要錄　330左
44覺夢錄　329左
51覺軒公集　1283右
60覺是集　1321左

7721₇ 尻

58尻輪集　1530左

兒

24兒科醒　839右
30兒寬書　713左
40兒女英雄傳　1131左
　……兒女團圓　1668右
44兒世說　1069右
60兒易外儀　18右
　兒易內儀以　18右
88兒笘錄　188右

肥

22肥川小集　1243右

7722₀ 月

00月亭詩鈔　1455左
　月慶琴語　1630右
　月夜彈琴記　1118左
　月夜淫奔記　1683左
　月夜鐘聲　950右
　月離表　869右
　月離曆指　869右
04月詩　1451右
10月下偶談　990右
14月聽軒詩餘　1617右
15月珠樓詩鈔　1461右
20月季花譜　791右
　月香綺業　1625左
21月行九道圖併解　870右
22月巖詩遺　1433右
　月巖詩鈔　1481左
　月峯集　1428左
　月山詩話　1584右
　月山詩集　1422右
26月泉吟社　1557左
27月船居士詩稿　1426左
31月河草堂叢鈔　1520左
　月河所聞集　1055左
34月滿樓詩別集　1440右
　月滿樓甄藻錄　1038左
　月波洞中記　904右
　月波樓詩草　1457左
37月洞吟　1297左
　月湖秋瑟　1628右
　月湄詞　1616左
38月滄文集　1452左
　月滄文鈔　1452右
　月滄詩集　1452左
　月道疏　870右
40月壺題畫詩　917左
　月來軒詩稿　1503左
44月媒小史詩稿　1489左
60月旦堂仙佛奇踪　1186左
　月圓詩存　1447右
　月圓偶著　1447右
　月團詞　1621右
63月唳　1002左
67月明和尙度柳翠　1655右
　月明和尙度柳翠雜劇　1655右
72月隱先生遺集、外編　1372右
　月隱遺稿鈔　1372右
77月屋漫稾　1303左
80月鏡　375左
　月令章句　88右
　月令動植小箋　90左
　月令佚文　88右
　月令解　89左
　月令演(程羽文)　504右
　月令演(徐士俊)　504右
　月令七十二候詩　504右
　月令七十二候集解　504左
　月令七十二候贊　853左
　月令考　89左
　月令蔡氏章句　88右
　……月令輯要　504右
　月令輯佚　88右
　月令明義　89左
　月令問答　89左
　月令氣候圖說　504右
　月會約　959右
　月食一貫歌　870左
　月食蒙求　872左
97月輝詩存　1475右

用

00用六集　1378右
10用礮要言　777右
34用逵遺詩　1525右
44用藥歌訣　858左
50用表推日食三差　874右
60用易詳解　15左
88用筆法　917右

岡

00岡底斯山考　571左

同

00同亭宴傳奇　1709右
　同度記　882左
　……同文韻統　208左
　同文集　1556左
　同文考證　1729左
　同文館唱和詩　1551右
　同文鐸　213右
　同文算指前編、通編　880左
02同話錄　986左
21同仁祠錄　569左
22同川紀事百詠　536左
　同岑集(李夏器)　1547左
　同岑集(□□)　1546左
　同樂院燕青博魚　1648右
　同樂院燕青博魚雜劇　1648右
23同參經　1150右
24同科報　1711右
33同心言初集、二集　1553左
　同治乙丑補試釁案　465左
　同治東鹿縣志　515右
　同治甲子未上書　100左
40同志贈言　420左
45同姓諸王表、傳　386左
　同姓名錄、錄補　396右
47同聲假借字考　190右
50同書　1038左
60同甲會　1675右
　同昌公主外傳　1109左
　同昌公主傳　1109左
　同異錄　1037左
77同胞案　1710右
　同賢記　1047左
80同人詩錄　1745右
　同人集補　1553左
　同人唱和詩　1747右

罔

41罔極錄、附記　903左
54罔措齋聯集　944左

7722$_0$ 周

00周文忠公集	1370右
周文忠公傳略	411左
周文忠公奏議	496左
周文忠公全集	1743左
02周端孝先生血疏貼黃册	314左
04周計百詩	1390右
周訥溪集	1345左
周諸王世表	367右
08周譜	578右
10周王運新先生遺稿	1517右
周元公集	1248左
12周列士傳	385左
17……周羽敎子尋親記	1698左
周子	717右
周子文錄	1248左
周子遺文遺詩	1248左
周子遺事	417右
周子通書	724右
周子通書講義	724右
周子大義	724右
周子書注劄記	724右
周子抄釋	724右
周子全書	724右
周子年譜	417右
18周瑜謁魯肅殘本	1656右
20周季編略	286右
22周山人集	1349左
周繇詩	1237左
25周生烈子	717右
周生子要論	717右
26周伯衡詩	1391左
周程張子合鈔	727左
27周殷曆表	876右
30周濂溪先生全集	1248左
周官序論	74右
周官辨	70右
周官辨非	70右
周官新義	69右
周官識小	71右
周官記	71左
周官說	71左
周官說補	71左
周官司徒類攷	74左
周官攷徵凡例	72左
周官集傳、校勘記、校勘續記	70左
周官集注	70右
周官傳	68右
周官偶記	71右
周官總義	70左
周官總義職方氏注	72右
周官約解	72左
周官注	69左
周官禮干氏注	69左
周官禮經注正誤	71右
周官禮注	69左
周官禮異同評	69右
周官禮義疏	69右
周官祿田考	74左
周官析疑	70右
周官故書攷	75左
周官指掌	71右
周官隨筆	71左
周官肊測、敍錄	71右
……周官義疏	71左
周官箋	72左
周官恆解	71右
周定齋集	1343左
32周浮峯集	1356右
35周禮、札記、校刊記	68左、右 184右
周禮序	75左
周禮序官考	74左
周禮音訓	75左
周禮註疏	68右
周禮註疏刪翼	69左
周禮訂本略注	72左
周禮訂義	70左
周禮訓纂	70右
周禮新義凡例	72左
周禮讀本	68右
周禮詳解	69右
周禮正義	72左
周禮五官考	73右
周禮聶氏音	74右
周禮平議	72左
周禮可讀	72左
周禮賈氏解詁	68左
周禮賈氏注	68右
周禮班氏義	68右
周禮職官分屬歌	74左
周禮政要	72左
周禮集說	70左
周禮集說補	70左
周禮集傳、綱領	71左
周禮畿內授田考實	74左
周禮傳、圖說、翼傳	70右
周禮總義、考證	70左
周禮釋文問答	74右
周禮釋文答問	74右
周禮釋注	71右
周禮解	69右
周禮疑義舉要	71左
周禮句解	70左
周禮復古編	69右
周禮徐氏音	74右
周禮注疏、考證	69左
周禮注疏校勘記、釋文校勘記	69左
周禮注疏校勘記校字補	69左
周禮注疏小箋	69左
周禮完解	70右
周禮客難	71右
周禮定本	70右
周禮補注	71右
周禮述注	70右
周禮漢讀考	74右
周禮禮記殘石	185右
周禮沿革傳	70左
周禮軍賦說	74左
周禮李氏音	74右
周禮古注集疏	72左
周禮古義	71左
周禮校勘記、釋文校勘記	69左
周禮札記(朱亦棟)	71右
周禮札記(潘任)	72左
周禮札記(范爾梅)	71左
周禮地官冬官徵	72右
周禮杜氏注	68左
周禮故書疏證	75左
周禮故書考	74右
周禮車服志	74左
周禮摘箋	71右
周禮戚氏音	74右
周禮輯義	70右
周禮撮要	71左
周禮因論	70右
周禮劉氏音	74右
周禮質疑	71左
周禮學(王聘珍)	71右
周禮學(沈夢蘭)	72左
周禮醫師補注	72右
周禮問	70右
周禮全經釋原	70右
周禮今證	455右
周禮鄭司農解詁	68左

周禮鄭注商榷 72左
周禮鄭大夫解詁 68左
周禮鄭氏音 74右
周禮纂訓 70右
周禮精華 72左
周禮精義 71右
37周初年月日歲星考 882右
周祠部詩 1328右
40周大理明農堂集 1357右
周太僕集 1343左
周眞人集 1330左
41周顚仙傳 450左
周顚仙人傳 450左
42周荆山志雪堂贈言遺蹟 565右
周櫟園詩選 1381左
周櫟園奇緣記 1119右
周櫟園印人傳 435右
44周地圖記 510左
周夢巖同館賦鈔、詩鈔 1483右
周草庭集 1338右
周世宗實錄 290右
周菊人先生遺稿 1515右
46周賀詩集、校勘記 1232左
47周慤愼公自著年譜 411右
周慤愼公奏稿、電稿 501右
周慤愼公全集提要 651左
周慤愼公公牘 503左
50周中丞集 1237左
周忠毅公奏議 498右
周忠愍奏疏 498左
周忠愍公垂光集 497左
周忠介公燼餘集 1364左
周書、考證 271左
周書雜論 44左
周書王會補注 277左
周書王會篇補釋 277右
周書平議(李寶淦) 271右
周書平議(俞樾) 277左
周書後案、佚文考 277左
周書佚文 276右
周書顧命後考 46右
周書顧命禮徵 46右
周書補正 277左
周書斠議 271右
周書異域傳地理攷證 622左
周書時訓 276右
周書略說 277左
周末列國有今郡縣考 506左
周末列國有今郡縣考補 506左
周末學術史序 977右
周秦刻石釋音 666左
周秦諸子書目 650左
周秦諸子學略 681左
周秦行紀 1102右
周秦名字解故補 221右
周秦名字解故附錄 221右
周東田集 1357左
53周成難字 222左
60周見素詩集 1238左
周易、校勘記、考證 3左
6右
7左
12左
13右
周易序例 21左
周易文詮 16右
周易章句(京房) 4左
周易章句(孟喜) 4左
周易章句(董遇) 7右
周易章句(劉表) 5右
周易章句證異 23右
周易辨畫 22右
周易辨錄 17左
周易辯占 897左
周易音訓 33右
周易註 7左
周易玄義 10右
周易六龍解 32右
周易京氏章句 4左、右
周易雜卦反對互圖 23右
周易證籤 23左
周易新講義(龔原) 12左
周易新講義(耿南仲) 12左
周易新論傳疏 10右
周易新義 11左
周易諸卦合象考 24右
周易讀本 13右
周易讀異 34左
周易講疏 10右
周易講義 22右
周易施氏章句 4左
周易詮義 21右
周易說 28右
周易說研錄 23右
周易說翼 17左
周易論語同異辨 26右
周易訟卦淺說 32左
周易詳說 22右
周易議卦 17左
周易二閭記 23左
周易正解(程廷祚) 21右
周易正解(郝敬) 18左
周易正蒙 27左
周易正義、校勘記 7左
周易王氏音 33左
周易王氏注(王廙) 9左
周易王氏注(王凱沖) 10左
周易王氏注(王肅) 7右
周易王氏義(王充) 5左
周易王氏義(王嗣宗) 10左
周易互體詳述 25右
周易互體徵 27左
周易互體卦變考 24右
周易疏略 20左
周易丁氏傳 3右
周易憂患九卦大義 32右
周易干氏注 9左
周易要義 14右
周易平議 27左
周易函書約存、約注、別集 20右
周易賈氏義(賈誼) 4左
周易賈氏義(賈逵) 5右
周易玩辭(王景賢) 26右
周易玩辭(項安世) 14左
周易玩辭集解 20右
周易玩辭困學記 13右
周易班氏義 5左
周易張氏講疏 10左
周易張氏集解 8右
周易張氏義 8右
周易發明啓蒙翼傳、外篇 29右
周易孔義 18左
周易孔義集說 21右
周易孟氏章句 4左
周易翟氏義 8右
周易尋門餘論 19右
周易子夏傳 3右
周易翼 26右
周易翼釋義 26右
周易攷異 34左
周易集說 15左
周易集傳(龍仁夫)、考證、校正 16左
周易集傳(朱震) 12右
周易集解(張璠) 8右

60周易集解(孫星衍)　24左
周易集解(李鼎祚)　11左
周易集解略例　32右
周易集解纂疏　26右
周易集注　17右
周易集義　27右
周易統略　8左
周易衍義　15右
周易盧氏注　10左
周易何氏講疏　10右
周易何氏解　7右
周易虞氏消息　24左
周易虞氏略例　33左
周易虞氏學　29左
周易虞氏義　24左
周易虞氏義箋　24左
周易師說　11左
周易經傳集程朱解附錄纂註　16左
周易經傳集解　13左
周易經疑　16左
周易經典證略　27左
周易經典釋文　33右
周易崔氏注　9右
周易剩義　21右
周易外傳　19右
周易參同契　1179右 1180左、右
周易參同契註(朱熹)1179右
周易參同契註(□□)1179右
周易參同契正義　1180右
周易參同契發揮、釋疑　1180左
周易參同契集韻　1180右
周易參同契鼎器歌明鏡圖　1179右
周易參同契解　1180左
周易參同契測疏　1180左
周易參同契通眞義　1179右
周易參同契考異　1179右
周易參同契脈望　1180右
周易參同契分章註　1180左
周易參同契分章通眞義　1179右
周易參義　16右
周易伏氏集解　9右
周易傅氏注　9右
周易稽疑　18左
周易倚數錄、圖　31左
周易傳　5左
周易傳註　21左
周易傳義存疑　17左
周易傳義附錄　15左
周易傳義合訂　21左
周易朱氏義　10右
周易偶記　23右
周易程朱傳義折衷　15右
周易程氏傳　11右
周易總義、考證　14右
周易稗疏　19右
周易釋爻例　26右
周易向氏義　8右
周易象辭　19右
周易象旨決錄　17左
周易象考、辭考、占考　23左
周易象義(唐鶴徵)　17右
周易象義(丁易東)　15左
周易象纂　23右
周易像象述　18右
周易侯氏注　10右
……周易解(張應譽)　27左
周易解(牛運震)　22右
周易解故　26左
周易魯恭義　5左
周易約注　28左
周易從周　28左
周易徐幹義　5左
周易徐氏音　33左
周易注(王廙)　9左
周易注(王肅)　7右
周易注(干寶)　9左
周易注(虞翻)　8左
周易注(宋衷)　5右
周易注(李士鉁)　28左
周易注(姚信)　8左
周易注(荀爽)　5右
周易注(鄭玄)　6左、右
周易注疏、考證　7左
周易注疏校正　7右
周易注疏校勘記、略例校勘記　7左
周易注疏賸本　27右
周易淮南九師道訓　4左
周易窺餘　12右
……周易客難　24左
周易宋氏注　5右
周易叢說　12右
周易淺釋　21右
周易淺述　21左
周易補疏　25左
……周易述(趙新)　27右
周易述(惠棟)　21右
周易述(陸績)　7右
周易述翼　22左
周易述傳、續錄　26左
周易述補(江藩)　21右
周易述補(李林松)　22左
……周易述義　23左
周易梁丘氏章句　4左
周易對象通釋　29左
周易洗心　21左
周易沈氏要略　9左
周易漢讀攷　34左
周易褚氏講疏　9右
周易洞林　896左
周易通論　20左
周易通論月令　25右
周易通解、釋義　25左
周易通略、校勘記　16右
周易消息　26左
周易大衍辨　22右
周易大象解　19右
周易大全　16右
周易大義　9右
周易內傳　19右
周易內傳發例　19右
周易爻變義蘊　16左
周易爻物當名　18右
周易爻辰申鄭義　27右
周易爻辰圖　30右
周易李氏音　33左
周易古五子傳　3右
周易古占　896右
周易古占法　896右
周易古本十二篇　14左
周易古本撰、附　27右
周易古義　22左
周易校字　33右
周易校勘記、略例校勘記、釋文校勘記　7左
周易標義　27左
周易彭氏義　5左
周易姚氏注(姚信)　8左
周易姚氏注(姚規)　9右
周易姚氏學　25右
周易卦序論　8右
周易卦變圖說　31右
周易卦變舉要　25右
周易卦象集證　25右
周易卦爻經傳訓解　14左

周易卦圖 12右
周易董氏章句 7右
周易董氏義 4左
周易考占 897左
周易考異 33右
周易葬說 903左
周易韓氏傳 3右
周易荀氏注 5右
周易荀氏九家 6左
周易荀氏九家義 24右
周易薛氏記 6右
周易舊疏考正 26右
周易黃氏注 9左
周易黃氏義 3右
周易觀我 29左
周易觀彖 20左
周易觀彖大指 20左
周易乾鑿度 236左
周易乾坤鑿度 236左
周易故訓訂 27右
周易趙氏義 5左
周易史證 26左
周易史氏義 3右
周易本義 13右
周易本義辯證 22左
周易本義辨證補訂 26右
周易本義註 20右
周易本義集成 16左
周易本義通釋 15右
周易本義爻徵 20右
周易本義考 27右
周易本義拾遺 21左
周易本義附錄纂註 15右
……周易折中 20左
周易費氏學、敘錄 28右
周易輯說存正 22左
周易輯聞 15左
周易探玄 10右
周易繫辭桓氏注 32左
周易繫辭荀氏注 32左
周易繫辭明氏注 32左
周易繫辭精義 32左
周易拾遺(徐文靖) 21左
周易拾遺(李文炤) 21左
周易口訣義 11左
周易口義 11右
周易蜀才注 8左
周易易簡說 18左
周易呂氏義 3右
周易圖 30左
周易圖說 30左
周易圖書質疑 22右
周易圖贊 31左
周易略例 6右
32右
周易略例校正 32右
周易略解 23右
周易臆解 27左
周易原旨 15右
周易馬氏傳 5左
周易劉晝義 10左
周易劉氏章句 5右
周易劉氏注 10左
周易劉氏義 5左
周易劉氏義疏 9右
周易附說 26右
周易陸氏述 8左
周易周氏義疏 10左
周易屬辭、通例、通說 26右
周易學 28左
周易舉正 11左、右
周易分野 895右
周易兼義、音義 7左
周易尊翼 22右
周易義(翟玄) 8右
周易義(向秀) 8右
周易義疏 9右
周易義海撮要 13左
周易會占 896右
周易會通 16左
周易劄記(逯中立) 18左
周易劄記(楊名時) 21左
周易鄭康成注 6左
周易鄭司農注 5左
周易鄭注、敘錄 6左
周易鄭荀義 1727左
周易鄭氏注 6左
周易鄭氏義 24右
周易筮述 897左
周易筮考 21左
周易篇第 23右
周易小義 23左
周易尙占 896右
周易半古本義 23右
周易精義 24左
周甲集 1448左
周甲錄 432左
*72*周氏集驗方 861左
周氏集驗方續編 861左
周氏師古堂書目提要 649右
周氏冥通記 449左
1096右
周氏喪服注 80右
周氏曲品 1722右
周氏易簡方集驗方合刻
1738左
*76*周髀算經(謝察微) 878右
周髀算經(□□)、音義 866右
周髀算經述 866右
周髀算經校勘記 866右
*80*周人經說 174左
周金文存 661右
周無專鼎銘考 661右
周公瑾得志娶小喬 1680左
周公謹印說删 940左
周公謚法 463右
周公卜法 895右
周公城名錄 505右
……周公攝政 1660右
周公卿年表 367右
周公年表 403右
*88*周節婦志姜詩遺蹟 439右
*90*周尙書集 1337右
*94*周愼齋先生三書 820左
周愼齋先生脈法解 849左

陶

*00*陶庵文集 1372左
陶庵集 1371右
1372左
陶庵夢憶 1071左
陶廬文集 1520左
陶廬雜憶、續咏、補咏、後憶、五憶、六憶 1517右
陶廬詩續集 1520左
陶廬外篇 1520左
陶廬箋牘 1520左
陶齋金石文字跋尾 658左
陶文 1206右
*04*陶詩彙注 1207左
陶詩眞詮 1207左
陶詩附考 1207左
*05*陶靖節詩註、補注 1207左
陶靖節詩箋、餘錄、校勘記
1207右
陶靖節詩箋定本 1207右
陶靖節集 1206右
陶靖節先生詩、補注 1207左
陶靖節先生年譜 425右
陶靖節年譜 426左

05陶靖節年歲考證 426左
08陶說 796右
10陶元暉中丞遺集 1361右
17陶子師先生集 1406左
21陶貞白集、校勘記 1210右
22陶邕州小集、輯補 1248左
陶山集 1254右
23陶然集 1300左
25陶朱新錄 1059右
26陶侃別傳 404左
陶峴傳 1099左
32陶淵明詩 1206右
陶淵明集 1207左
陶淵明歸去來兮殘本 1660左
陶淵明述酒詩解 1207左
陶淵明東籬賞菊 1680左
陶淵明閒情賦注 1207左
陶淵明全集 1206右
34陶社詩鐘選 946右
37陶通明集 1210右
陶退菴先生集 1412右
40陶士升先生萸江文錄 1443左
陶眞人內丹賦 1166左
42陶彭澤詩 1206右
陶彭澤集 1206右
1207左
陶彭澤集選 1207右
44陶菴文 1372左
陶菴雜箸 1372左
陶菴詩 1372左
陶菴自監錄 1001左
陶菴夢憶、附考 1071左
陶菴全集 1371右
陶村詩鈔 1427左
陶村詞 1621右
67陶晚聞先生集、補錄 1413左
72陶隱居集 1210右
陶隱居集選 1210右
77陶學士醉寫風光好 1660左
陶學士醉寫風光好雜劇
1660右
陶學士集 1323右
陶母剪髮待賓 1663右
陶閣史詩集 1248左
90陶堂遺文 1499右
陶堂志微錄 1499右
95陶情樂府 1712右
陶情小草 1491右

7722_0 朋

40朋壽圖詩 1557左

脚

80脚氣集 989左
脚氣治法 826左
脚氣治法總要 826左

7722_2 膠

10膠西講義 747右
膠西課存 1475右

7722_7 局

00局方發揮 857左
44局勢圖譜 943右

肩

10肩玉叢譚二集 1742左
肩玉叢譚三集 1742左
肩玉叢譚初集 1742左
肩玉叢譚四集 1742左
77肩肩集 1458右

骨

44骨董禍 1082右
骨董十三說 957右

鬧

77鬧門神 1676右

閒

01閒評 376左
08閒說 998左
09閒談錄 340右
10閒雲稿 1358右
閒雲舒卷 1072左
21閒處光陰 1010左
30閒窗括異志 1091左
37閒漁閒閒錄 1007左
44閒燕常談 345左
閒者軒帖考 924右
50閒中今古錄 1066右
1067左
閒中今古錄摘抄 1066右
閒書杜律 1564右
閒書四種 1740左
77閒閒錄 1524左
閒閒錄案 327左
閒居雜錄 1009右
閒居戲吟箋注 1461右
閒居叢稿 1306左
……閒居擇言 999左
閒居錄（吾丘衍） 991左
閒居錄（周必大） 450右
80閒氣集 1493左
88閒餘筆話 1073左
95閒情偶寄 1039右
閒情十二憮 1125左

闔

10闔三寶齋詩 1498右

7723_2 展

16展碧山房駢體文選 1510左
20展重五集 1556右
展重九集 1557左
43展城或問 489右

限

10限一較數 891右

7724_1 屏

22屏巖小稿 1303左
屏山詞 1599左
屏山集 1266左
屏山集補鈔 1266左
屏山集鈔 1266右
77屏居十二課 958右

7724_7 服

27……服色肩輿永例 460右
40……服內元炁訣 844右
78服鹽藥法 856左
80服食方 846右
服食崇儉論 1033左
服氣法 1181右
服氣圖說 845左
服氣長生辟穀法 845左
服氣精義論 843右

股

41股堰備攷 584右

閉

30閉戶吟 1365左
62閉影雜識 1003右

殿

77殿閣詞林記 424右

履

00履齋示兒編、重校補 1020左
履齋先生詩餘、續集、別集、校記 1606右
履齋遺集 1282左
10履二齋集 1426右
履霜集 822右
38履道集 1314左
60履園譚詩 1587右
履園叢話 1008左
履園畫學 933左
77履閣詩集 1426左

骰

17骰子選格 951右

7725_0 胼

75胼陣譜 951左
胼陣篇 951左

7725_3 閲

77閲閲舞射柳蕤丸記 1667左

7725_4 降

77降丹墀三聖慶長生 1677左
降桑椹蔡順奉母 1657左

7726_4 居

00居庸關說 524左
22居山雜志 572右
30居濟一得 579右
居家雜儀 752左
居家制用 753左
居家儀禮 460右
居家宜忌、續錄、又續錄、三續錄 906左
居官臆測 473右
居官鑑 1709左
32居業齋文錄 1405左
居業集 1414左
居業錄 731右
居業堂文集 1405左
居業堂遺稾 1438左
40居士集、外集 1245右
43居求錄 749左
48居敬集 1431右
居敬堂集 1334左
50居東記 527左
60居易齋詩鈔、雜作 1421左
居易軒詩遺鈔、文遺鈔 1384右
居易錄 1004右
居易錄談、續談 1004右
居易堂殘稿 1497左
居易堂集、集外詩文 1388左
67居暇邇言 1007左
88居竹軒集 1310左

屠

00屠康僖公文集 1334左
11屠琴隖印譜 943左
25屠牛報 1711左
32屠漸山集 1346左
40屠赤水先生批評荆釵記 1692左

7726_6 層

32層冰文略 1529右

7726_7 眉

00眉庵詞 1614右
06眉韻樓詩話 1589左
15眉珠盦憶語 1078右
17眉子硯圖 804右
22眉山唐先生文集、校勘記 1261左
眉山詩集 1261右
眉山詩鈔 1261左
……眉山秀 1703右
眉山集補鈔 1261右
27眉綠樓詞聯 944左
40眉壽堂方案選存 862右
44眉菴集 1324左
80眉公詩鈔 1360左
眉公羣碎錄 1037右
眉公先生晚香堂小品 1360左
眉公見聞錄 351左

7727_0 尸

17尸子、存疑 707右
尸子尹文子合刻 1735右
47尸媚傳 1113右

7727_2 屈

00屈廬詩稿 1499左
17屈子離騷彙訂、雜文箋略 1196右
屈子楚辭 1196左
20屈辭精義 1196左
30屈安人遺詩 1340左
屈宋古音攷 209右
屈宋古音義 209左
40屈大夫文 1195右
63屈賦微 1196左
71屈原賦注、通釋、音義 1196左
屈原賦注初稿 1196左
屈原賦戴氏注、通釋、音義 1196左

7727_7 陷

11陷北記 608右
21陷虜記 608右

7728_2 欣

30欣寄小集 1501左
46欣如談玉摘抄 672右
72欣所遇齋詩存 1467右
90欣賞齋尺牘 1515左

7732_0 駒

78駒陰冗記 1067左

駉

60駉思室答問 1029左

7732_7 騶

72騶氏春秋說 114左

7733_1 熙

22熙豐日曆 300右
30熙寧新定時服式 798左
熙寧酒課 475左
47熙朝新語 353左
熙朝樂事 538右
熙朝嘉話 523右
熙朝尺牘 1560右
93熙怡錄 1074右

7733_6 騷

21騷旨詩詮 1196右
40騷壇千金訣 1579左
騷壇祕語 1580右
67騷略 1276右
88騷筏 1563左

7734_0 馭

00馭交記 627右

7736_4 駱

00駱文忠公奏議 500左
駱文忠公奏稿 500左

17駱丞集、辨譌考異 1217左、右
30駱賓王文集、考異 1217左、右
駱賓王集 1217左
48駱翰編集 1347右
73駱駝經 792右

7740₀ 叉

00叉玄集 1539左
27叉盤遺詩 1440左
47叉報章帝詔 493右

閔

17閔子書 682左
41……閔板書目 655左

7740₁ 聞

10聞可堂詩稾 1418左
17聞歌述憶 948右
34聞濤軒詩稿 1440右
37聞過齋集、遺詩 1321右
40聞奇錄 1054左
聞奇錄佚文 1054左
49聞妙香室詞 1634右
60聞見擲香錄 976左
聞見雜錄(柴桑) 1014左
聞見雜錄(蘇舜欽) 341右
聞見後錄 344左
聞見偶記 1079左
聞見偶錄 1075右
聞見近錄、續 343左
聞見漫錄 720右
聞見日抄 1015右
聞見異辭 1093右
聞見闡幽錄 1014左
聞見前錄 344左
聞見錄(趙槩) 1055左
聞見錄(羅點) 1062左
71聞雁齋筆談 1069右

7740₇ 學

00學廬自鏡語 748右
學齋佔畢 1021左
學齋佔畢纂 1021左
學齋佔嗶 1021左
學齋呫嗶 1021左
學庸註釋 154右
學庸識小 154右
學庸一得 153左
學庸正說 151右
學庸孟子詩 1385右
學庸集疏 153左
學庸切己錄 152左
學文堂文集、詩集 1400右
學文堂詩餘 1620左
學言(白胤謙)、續 737右
學言(劉宗周) 736右
學言(陳龍正) 737左
學言詩稿 1319右
學言詳記 737左
01學語雜篇 975左
04學計韻言 888右
學計一得 886左
學詩詳說 59左
學詩正詁 59左
學詩初稾(王同祖) 1291右
學詩初稾(查居廣) 1307右
學詩闕疑 56右
學詁齋文集 1476右
06學韻紀要 212右
07學記補注 89右
學記臆解 89左
學記箋證 89左
……學部圖書館方志目 653左
……學部圖書館善本書目 645右
10學一齋句股代數草 890左
學一齋算課草 890右
學一齋算學問答 890右
學要八箴 763右
12學孔精舍詩鈔 1354左
18學政 1002左
20學統 412左
21學旨要略 748右
學術辨 741左
22學制統述 97右
學變圖贊 1030右
學仙辨眞訣 1139右
學樂錄 101右
24學射錄 776右
學仕遺規、補篇 473左
學科考略 464左
25學律初步 1591左
27……學解 735左
學約書程 762右
30學宛堂詩稿 1513右
……學究語 765左
學宮禮器圖 458右
學宮輯略 415右
學案 743左
學案小識 414左
31學源堂詩鈔 1392左
學福齋文鈔 1445右
學福齋雜著 1025左
33學治說贅 473右
學治一得編 489左
學治續說 473右
學治存稿 1461左
學治臆說 473左
學治錄初編、二編 502左
34學爲福齋詩鈔 1478右
35學禮 94右
……學禮畢記 87右
學禮質疑 94右
學禮闕疑 95左
學禮管釋 78左
95左
38學海蠡測 1024左
學海堂志 569右
學道粹言 747左
40學士年表 469右
學古診則 849左
學古瑣言 1022右
學古集 1313右
學古編 939右
學古緒言 1362左
學古堂日記叢鈔 1029左
學校問 97右
44學蔀通辯 734左
學林、考證 1019右
50學史 374右
學畫雜論 932右
學畫淺說 931左
學書雜論 922左
學春秋理辯 129右
學春秋隨筆 127左
52學靜軒遺詩 1474左
56學規 764左
學規類編 763右
60學易庵詩選 1390右
學易討原 24左
學易記(李簡) 16左
學易記(金貢亨) 17左
學易集 1259左
學易初津 23右
學易枝言 18左
學易臆說 26左
學易居筆錄 991左
學易筆談初集、二集 29左
學圃雜疏 785右

學圃雜疏(花疏)　788左
學圃詩鈔　1419右
學圃餘力　996左
62學則辯　734左
68學吟　1287右
學吟賸草　1504左
71學歷說　871右
學曆小辯　869右
77學醫一得　864右
學醫隨筆(魏了翁)　866左
學醫隨筆(顧淳慶)　865左
80學鏡約　740右
學會約　762右
88學算存略　882右
學算筆談　888右
學箕初稿　1400左

7744_0 丹

00丹方鑑源　1178左
08丹論訣旨心鑑　1178右
21丹經示讀　1174右
丹經極論　1165左
22丹崖文鈔　1409右
24丹稜文鈔　1497左
30丹房須知　1177左
丹房奧論　1178左
32丹淵集、拾遺　1248右
丹淵集補鈔　1248右
丹淵集鈔　1248右
丹淵年譜　427左
丹溪文鈔　1549右
丹溪詩鈔、續鈔　1549右
丹溪先生心法　819右
丹溪先生金匱鉤玄　819左
丹溪朱氏脈因證治　819左
丹溪治痘要法　840右
丹溪脈訣指掌　848左
38丹道發微　1174左
40丹壺名山記　570右
44丹桂記　1696右
丹桂鈿合　1674右
50丹青扇記　1117右
丹青志　434右
55丹棘園詩　1419左
72丹丘先生曲論　1721右
丹丘生稾　1319右
76丹陽記　532右
丹陽詞　1596右
丹陽尹傳序　399右
丹陽集(殷璠)　1546右
丹陽集(葛勝仲)　1261右
丹陽舟次唱和　1553右
丹陽神光燦　1298左
丹陽眞人語錄　1183右
丹陽眞人直言　1172左
77丹邱生集　1319右
81丹甑　999左
87丹鉛雜錄　1022左
丹鉛新錄　1022右
丹鉛續錄　1022左
丹鉛餘錄、續錄、摘錄、總錄　1022右

册

00册府元龜　1041右
44册封琉球疏鈔　630右

7744_1 開

00開方　887左
開方說　883左
開方之分還原術　885左
開方通釋　882右
開方古義　889右
開方表　888右
開方別術　889右
開方用表簡術　890左
開慶四明續志　520右
01開顏集　1122左
開顏錄　1122左
04開諸乘方捷術　884右
10開元文字音義　196左
開元音義　196左
開元天寶遺事　1053左
開元殘牒　477左
……開元占經　894右
開元升平源　1102左
開元釋教錄　650右
開天傳信記　338右
開天傳信錄　338右
31開河記　1110左
34開禧德安守城錄　301右
39開沙志　534左
40開壇闡教黃粱夢　1653右
開有益齋經說　176左
43開城錄　1050右
44開封府君年譜　423右
開封府狀　299右
開蒙要訓　761右
53開成石經圖攷　185左
60開國龍興記　324左
開國平吳事略　320右
開國公遺集　1279左
71開原圖說　527右
開原縣志　516左
77開闢傳疑　380左
80開金沙江議　586右
開金榜朱衣點頭　1687左
86開知錄　745右
90開卷偶得　1028左

7744_7 段

10段玉裁先生年譜　422左
40段太尉集　1200左
段太尉逸事狀　404右
44段懋堂先生年譜　422左
53段成式詩　1235右
72段氏說文注訂、札記　186右

7748_2 闕

17闕子　707左
50闕史　1052左
60闕里述聞、補　415右
闕里問答　568右
99闕塋石刻錄、補錄　676左

7750_0 母

24母德錄　438右
48母教錄　758左

7750_6 闈

38闈道堂遺稿　1487左

7750_8 舉

22舉鼎記傳奇　1692左
30……舉案齊眉　1665右
32舉業素語　1590右

7755_0 毋

10毋不敬齋劄記　747右
26毋自欺齋詩稿　1491右
毋自欺室文集　1482右
47毋欺錄　739左

7760_1 闇

27闇修記　747左

醫

00醫病簡要　823左
醫方證治彙編歌訣　860左
醫方論　860右

00……醫方歌括 860左
醫方集解 858右
醫方便攷 831左
醫方湯頭歌訣 858右
醫方考 858左
醫方捷徑 859左
醫方簡義 860右
醫意 865右
醫意內景圖說 852左
08醫說 866左
……醫論 820右
10醫醇賸義 823左
12醫砭 822左
13……醫碥 821右
21醫便 858左
醫旨緒餘 820左
醫經讀 809右
醫經正本書、札記 818左
醫經玉屑 823右
醫經祕旨 819右
醫經溯洄集 819右
醫經小學 819右
24醫先 846左
30醫家心法 820右
……醫家祕奥三書 820左
醫家祕奥筆談摘要 821左
醫家四要 1737右
醫寄伏陰論 828右
醫宗備要 822左
醫宗寶笈 823左
醫宗金鑑 1737右
醫案摘奇 863右
醫案類錄 863右
34醫法心傳 823左
35醫津一筏 809右
37……醫通 820左
44醫權初編 821左
醫林改錯 852左
醫林獵要 823右
醫林纂要探源 821右
48醫故 866左
50醫中一得 865左
醫事啓源 866左
醫書捷鈔 823右
60醫壘元戎 818右
醫易一理 852左
67醫暇卮言 864右
醫略十三篇、列方 825右
71醫階辨證 866左
醫原(石壽棠) 823左
醫原(芬餘氏) 824左
72醫脈摘要 824左
77醫學六種 1737右
醫學雜編 866左
……醫學雜著 824左
醫學讀書記、續記 864右
醫學讀書志、附志 650左
醫學課兒策 866左
醫學說約 824左
醫學論十種 835左
醫學一統 823左
醫學一得 824左
醫學三言 824右
醫學三字經 822右
醫學三書 1737右
醫學正傳 820左
醫學發明 819左
醫學傳燈 825右
醫學總論、附 865左
醫學從衆錄 822左
醫學實在易 822左
醫學源流論 821右
……醫學近編 821左
醫學心悟 825右
醫學溯源 822右
醫學眞傳 821左
醫學薪傳 653左
醫學切要 823左
醫學妙諦 822右
醫學折衷 819右
醫學折衷勸讀篇 824左
醫學輯要 851左
醫學體用 824右
醫學舉要 823左
醫學金鍼 822右
醫學篇 823右
醫醫瑣言、續 865右
醫醫偶錄 864右
醫醫醫 824左
醫醫小草 865右
醫閭集 1333右
醫閭先生集 1333右
醫閭漫記 349左
醫門補要 823右
醫門法律、校勘記、校勘續記 820右
醫門法律續編 824右
醫門初步 822右
醫門擥要 851左
醫貫砭 822左
78醫驗隨筆 863右
88醫餘 866左
90醫粹精言 865右
92醫燈續燄 849左

7760$_{2}$ 留

10留雪堂懷人詩鈔 1402右
留雲集 1556左
留雲山館文鈔 1488右
留雲山館詩餘 1635右
留雲山館詩鈔 1488右
16留硯堂詩選 1412右
20留香閣詩問 1588右
留香閣吟鈔 1514右
23留我相庵詞 1640左
31留漚唫館詞存 1633左
32留溪外傳 402左
33留補堂文集選 1373右
44……留鞋記 1662左
留村詞 1619左
留村禮意 95右
47留都見聞錄 533右
50留青日札 351左
997右
留青日札摘鈔 997右
留素堂詩集鈔 1390左
55留耕堂詩集 1378右
72留爪集鈔 1425左

7760$_{4}$ 閣

08閣訟記略 430左
77閣居鏡語 745右
閣學公文稿拾遺、詩稿拾遺 1507左
閣學公書札 1507左
閣學公公牘 502右

7760$_{6}$ 閭

50閭史瑣言 535右
77閭邱先生自訂年譜 431左

7760$_{7}$ 問

00問辨錄 151左
08問診實在易 851左
10問天旅嘯 1393右
12問水集 578左
問刑條例 487右
17問鸝山館詩鈔 1501左
21問上元夫人書 1201右

22問山亭主人遺詩正集、續集、補集　1363右
27問魚篇　1373右
30問渡小草　1391左
問字樓詩　1523右
問字堂集　174左
1442左
問字堂外集　1442右
35問禮俗　459右
36問湘樓駢文初稿　1512左
38問道錄　1016右
40問奇集　198右
問奇室詩集、續集、文集　1502左
44問花樓詩話　1584右
問花樓詩集　1443右
問花樓詩鈔　1447右
問花樓詞話　1720左
問蘇小小鄭孝女秋瑾松風和尙何以同葬於西泠橋試研究其命意所在1516右
48問梅軒文稿偶存　1478左
問梅軒詩草偶存　1478左
問梅龕詩餘　1636左
50問青園語　1013左
問青園詩草、文草、題跋、尺牘、手帖、家書　1507左
問青園課程、雜儀學規條規　765左
問青園詞　1639左
問青園集　1740左
問青園遺囑　756右
60問目　738右
問易補　18左
問園詩集　1495左
77問月詞　1642右
問學錄　741左
88問答錄　1056左

閫

23閫外春秋　773左

7771₇ 巴

10巴西文集　1305右
巴西政治攷　638右
巴西侯傳　1111右
巴西地理兵要　638右
17……巴郡士女逸文　391右
22巴山詩錄　1521右
27巴黎賽會紀略　637左
巴船紀程　618左
40巴來蒯政要　638右
44巴勒布紀略　327右
巴楚州鄉土志　518左
巴林紀程　617右
71巴馬紀略　484右
74巴陵人物志　391左

鼠

00……鼠疫雜誌　829左
鼠疫約編　829左
鼠疫抉微　829左
12鼠璞　1021左、右
40鼠壤餘疏　1475左

7772₀ 印

33印浦賦稿　1430右

卯

27卯峒記　575左

印

00印度紀遊　635左
印度志略　635左
印度考略　632左
印度風俗記　634右
印度風俗總記　622右
印度劄記　631右
632左
印文考略　941右
印章要論　941右
印章集說(文彭)　939右
印章集說(甘暘)　940左
印章考　940左
印辨　941右
印言　940右
08印說(萬壽祺)　940左
印說(□□)　941左
印說(陳鍊)　941左
……印譜釋考　940左
印譜考　650右
印譜摘要　941左
印譜目　653左
09印談　940左
10印雪軒隨筆　1077右
21印旨　941右
印經　941右
22印山堂詞　1636右
33印心石屋文鈔、詩鈔初集、二集、試律　1452左
印述　941右
40……印古詩語　54右
50印史　940左
53印戔說　940右
55印典　940右
77印月樓詩集　1488左
印學集成　941右
印學管見　941右
印母　940左
80印人傳　435右
82印鐙箋　941左

即

00即庵詩、遊草　1385左
22即山論　1002左
60即園詩鈔　1456左

7772₇ 鷗

00鷗亭詩草　1419右
22鷗巢閒筆　1011右
30鷗寄軒詩存　1503左
34鷗渚微吟　1292左
36鷗邊漁唱　1624左
44鷗夢詞　1637左
60鷗園新曲　1712左
74鷗陂漁話　1010左
90鷗堂日記　451右
鷗堂賸藁　1486左

7773₂ 艮

00艮齋雜說　1023右
艮齋詩集　1305左
艮齋集　1269左
艮齋先生薛常州浪語集　1273左
艮齋倦稿詩集、文集　1385右
20艮維窩集考　527左
22艮嶽記　564左
艮山雜志　539左
30艮宧易說　27左
90艮堂十戒　767右

閬

22閬仙詩附集　1231左
77閬風集　1289右

7774₇ 民

10民天敬述　479左
59民抄董宦事實　351左
60民國三年本安次縣志　515左

7777_0 凹

60凹園詩鈔、續鈔 1527左
凹園詞 1643右
90凹堂詩草 1439左

7777_2 闕

10闕西講堂客問 975右
闕西馬氏世行錄、後錄、續錄、又續錄、又續錄之餘 393右
闕雲長千里獨行 1666右
闕雲長大破蚩尤 1681右
闕雲長單刀劈四寇 1679左
11闕張雙赴西蜀夢 1649左
16闕聖帝君本傳年譜 404左
17闕尹子 693左、右
闕尹子文始眞經 693左、右
闕尹子言外經旨 693左
23闕外緣 1129右
27闕絡考 825右
34闕漢卿雜劇 1749左
37闕洛紀游稿 587左
40闕大王獨赴單刀會 1649左
闕大王單刀會 1649左
50闕中記 528右
……闕中三先生語要 745右
闕中三李年譜 1733右
闕中兩朝文鈔、補 1546左
闕中兩朝詩鈔、補、又補 1546左
闕中兩朝賦鈔 1546左
闕中水利議 582左
闕中水道記 582左
闕中集、後集 1518右
闕中道脈四種書 1736右
闕中士夫會約 762右
闕中奏議 497左
闕中奏議全集 497左
闕中書院語錄 736左
闕中書院試帖 1463右
……闕中四先生要語錄 736左
闕中勝蹟圖誌 529左
闕中金石記 677左
闕中金石記隋唐石刻原目 675左
71闕隴輿中偶憶編 1011左
72闕氏易傳 10左
77闕學編 414左
闕學原編、續編 414左

7777_7 門

80門人攷 416左

閻

21閻處士詞 1592左
31閻潛邱先生年譜 421左
55閻典史傳 409左
72閻氏小兒方論 838左

7778_2 歐

00歐文選 1246左
17歐司訓集 1351右
21歐虞部文集 1351右
32歐洲族類源流略 637右
歐洲列國戰事本末 637右
歐洲總論 635右
歐洲各國開闢非洲考 638左
38歐遊雜錄 619右
歐遊隨筆 620左
60歐羅巴各國總敍 637右
76歐陽廬陵文選 1246左
歐陽文忠詩集 1246左
歐陽文忠詩補鈔 1246左
歐陽文忠詩鈔 1246左
歐陽文忠全集 1743左
歐陽文忠公試筆 980右
歐陽文忠公集 1742右
歐陽文忠公集近體樂府 1593右
歐陽文忠公奏議 495左
歐陽文忠公全集 1743左
歐陽文忠公年譜 427左
歐陽文粹 1246左
歐陽平章詞 1592左
歐陽行周文集、校記 1227右
歐陽行周集 1227右
歐陽修撰集 1266左
歐陽修尺牘 1246左
歐陽詹傳 1117左
歐陽南野集 1343左
……歐陽四門集 1227右
歐陽助教詩集 1227右
歐陽舍人詞 1592左
80歐公試筆 980右
88歐餘山房文集 1487右

7780_1 具

44具茨集、文集 1349右
具茨集補鈔 1259左
具茨集鈔 1259左
具茨晁先生詩集 1258右
具菴詩草摘刊 1480右

與

17與子宇文護書 1214右
23與俄羅斯國定界之碑 485左
27與物傳 1033右
40與古人書 1124左
與袁堂詩集鈔 1388左
44與林奮千先生書 975右
46與相如書 1198左
與楊夫人袁氏書 1201右
47與壻遺言 756右
50與春賦稿 1430右

巽

00巽齋文集 1296右
巽齋先生四六 1297左
巽齋小集 1277左
巽齋小集補遺 1277左
72巽隱集 1328左
巽隱先生文集 1328左

興

00興亡彙鑑 379左
22興樂要論 100左
24興化李審言先生與東莞張次溪論文書 1588右
28興復哈密記 309右
興復哈密國王記 309右
37興軍國圖經 546右
77興學創聞 444右
興民學校小史 570左

輿

44輿地廣記、札記、校勘記 512右
輿地形勢論 514左
輿地碑記目 664右
輿地經緯度里表 875左
輿地沿革表 505右
輿地志 510左
輿地略 514左
輿地全覽 513右
輿地今古圖考 505右
60輿圖論略 514左
輿圖總論注釋 514左
輿圖摘要 513右

78輿覽 514右

7780_6 貿

60貿易通志 626左

貫

13貫酸齋詩集 1311右
17貫虱心傳 776右
24……貫休詩集 1236右
34貫斗忠孝五雷武侯祕法 1176右
44貫華叢錄 566左
貫華堂才子書彙稿 1743右
77貫月查 950左

賢

00賢奕編 1069左
賢奕選 997右
03賢識錄 349右
17賢已編 1077左
30賢良進卷 1276左
34賢達婦龍門隱秀 1680右
77賢母錄(黃彭年) 440右
賢母錄(黃本騏) 438左
80賢首紀聞 575左

釁

22釁山子 717左

闠

35闠清山房詩 1433左

7780_7 尺

10尺雲樓詞鈔 1637左
24尺牘新鈔 1560右
尺牘集錦 1747右
尺牘初桄、附 1561左
32尺測量新法 883右
40尺壺詞 1631左
44尺櫝殘葉 1560左
88尺筭日晷新義 874左

7780_9 爨

01爨龍顏碑考 667左
47爨桐廬算賸 888右
88爨餘詞 1627右
爨餘集 1450左
爨餘叢話 1586左

7782_7 鄧

22鄧峯眞隱漫錄 1267右
鄧峯眞隱大曲、詞曲、校記 1599右

7790_4 桑

17桑子庸言 969右
40桑梓五防 775左
44桑孝子旌門錄 444左
48桑榆集詩、文 1390右
桑榆漫志 998左
桑松風集 1372右
60桑思玄集 1333右
71桑阿吟屋稿 1430右
96桑懌傳 1114右

閑

00閑齋琴趣外篇 1594右
30閑窗括異志 1091左
77閑邪記 736左
閑居叢藁 1306左
閑闢錄 732右
閑閑老人詩集 1299左
閑閑老人滏水文集、校札記 1298右
閑閑老人年譜 428右
閑閑閣草 1418左

7810_7 監

22監利風土志 546右
50監本附音春秋穀梁注疏、校勘記 119右
監本附釋音春秋公羊注疏、校勘記 114左
監本纂圖重言重意互注點校尙書 36左
60監國紀年 321左

鹽

20鹽乘 477左
34鹽法議略 476右
鹽法私礬私茶同居酒禁丁年考 486右
鹽法考略 476右
鹽法隅說 476右
60鹽邑志林 1741左
83鹽鐵論、考證、校勘小識 713左
鹽鐵論平議補錄 713右
鹽鐵論校補 713右

7810_9 鑒

00鑒齋詩草 1424左
03鑒誡錄 1053右
40鑒古百一詩 1363右
鑒古錄 1005右
53鑒戒象讚 1031右
80鑒公精舍納涼圖題詠 1558左

7821_6 脫

50脫囊穎 1675右

7822_1 腧

30腧穴折衷 843左

7823_1 陰

02陰證略例 814左
24陰德傳 1112右
40陰眞君還丹歌注 1139左
陰眞君金石五相類 1177右
71陰騭文註 1157左
陰騭文像註 1157左
陰騭文頌 1157左
76陰陽五行古義鉤沈 908右
陰陽寶海三元玉鏡奇書 899左
陰陽消長論 893右
陰陽九轉成紫金點化還丹訣 1177左
陰陽大法表 825左
陰陽獄 1711左
陰陽書(口口) 907右
陰陽書(呂才) 907右
陰陽管見 970左
77陰丹內篇 1172左
88陰符玄解 1137左
陰符天機經 1147右
陰符經 1135左 1136右 1137左
……陰符經註(唐淳) 1136右
陰符經註(張位) 1136右
陰符經註(喬中和) 1137左
……陰符經註(侯善淵) 1136右
陰符經註(徐大椿) 1137左
陰符經註(李光地) 1137左
陰符經註(劉一明) 1137左
……陰符經註(劉處玄) 1136右

88……陰符經註（俞琰）1136左
……陰符經註解（朱熹）1136左
陰符經註解（莊元臣）1137左
陰符經玄解正義 1137左
……陰符經講義 1135右
陰符經三皇玉訣 1136左
陰符經疏 1135右
陰符經疏略 1136右
……陰符經集解（袁淑眞）1136左
……陰符經集解（曹道沖等）1136左
陰符經解（焦竑）1136右
……陰符經解（蹇昌辰）1136左
陰符經解（湯顯祖）1136右
陰符經解（李筌等）1135右
……陰符經解義 1136左
……陰符經注（張果）1135右
……陰符經注（沈亞夫）1136左
……陰符經注（黄居眞）1136左
……陰符經注（蔡口）1136左
……陰符經注解 1136左
……陰符經竊註 1137左
……陰符經測疏 1136右
……陰符經心法 1136右
……陰符經十眞集解 1136左
……陰符經夾頌解註 1136右
陰符經考 1136右
陰符經考異 1135右
……陰符經本義 1137左
……陰符經墨跡 923左
……陰符經頌 1136右
陰符七篇 707左
90陰常侍詩話 1563右
陰常侍詩集 1213左
陰常侍集 1213左

7826₅ 膳

50膳夫經 953右
膳夫經手錄 953右
膳夫錄 953右

7829₄ 除

21除紅譜 951右
71除魘魅 1130右
80除氛錄 328左

7833₄ 愍

50愍忠錄 402右

7834₁ 騈

01騈語雕龍 1043左
21騈儷文 1441右
30騈字分箋 193左
……騈字類編 1044右
40騈志 1043右
44騈花閣文選 1545左
45騈隸 1044右
70騈雅 220左
騈雅訓纂 220左
75騈體文鈔 1537左

7838₆ 驗

00驗方新按 861左

7876₆ 臨

00臨症驗舌法 851右
02臨證演講錄 865右
臨證筆記 864左
10臨平記、補遺、續 538右
臨雲亭詩鈔 1461右
22臨川詩集 1250左
臨川詩選 1250右
臨川詩鈔 1250左
臨川集 1250左
臨川集補 1250左
臨川集補鈔 1250右
臨川先生文集 1250右
臨川先生歌曲、校記 1593右
臨川先生全集錄 1250右
臨川夢 1707右
臨川答問 1029左
26臨臯文集 1358左
30臨淮詩集 1227左
臨安府志序言 522右
臨安集 1325右
臨安旬制記 321左
……臨安志 519右
520左
31臨江鄉人詩、拾遺 1420左
臨江驛瀟湘夜雨 1653右
臨江驛瀟湘秋夜雨雜劇 1653右
臨汀蒼玉洞宋人題名 675左
34臨池瑣語 922右
臨池心解 923左
臨池管見 923左
臨漢隱居詩話 1570右
35……臨清紀略 293右
臨清寇略 327右
38臨海記 541右
臨海水土記 541右
臨海異物志 541右
臨海異物志佚文 541右
50臨春閣、曲譜 1684右
77臨民要略 1734右

7922₇ 勝

32勝溪竹枝詞 536左
44勝蓮社約 959右
47……勝朝殉節諸臣錄 420右
勝朝粤東遺民錄、附 391右
勝朝彤史拾遺記 438右
60勝國文徵 352右
80勝義諦 1189左
87勝飲編 806右
99勝營記略 333右

騰

43騰越杜亂紀實 329右

7923₂ 滕

10滕王閣 1684右

7925₉ 隣

22隣幾雜誌 1055左

7928₆ 膹

00膹言（魏元曠）1015右
膹言（劉沅）746左

7929₆ 隙

00隙亭膹草、雜言 1487左

8

8000_0 八

*00*八病說 1585左
*03*八識規矩頌詮解 1188右
*08*八旗詩媛小傳 438右
……八旗滿洲氏族通譜 387左
八旗通志初集 481右
八旗畫錄前編、後編 934左
八旗人著述存目 648左
*10*八一問答 1013左
八王故事 297左
*15*八磚吟館詩存 1468左
*24*八紘譯史 624左、右 1734右
八紘荒史 624右
*25*八秩壽序壽詩 431右
*26*八白易傳 17左
八線對數類編 883右
八線類編 883右
*27*八物咏 1409右
八旬自述百韵詩 1504左
八旬萬壽盛典 458右
*30*八家閒適詩選 1745左
八宅明鏡 899右
*34*八法筌蹄 922右
*40*八十自壽 1377右
八大王開詔救忠臣 1681左
……八大人覺經 1187左
八士辯 720右
*43*八卦方位說 31右
八卦方位守傳 23左
八卦觀象解 22右
*47*八朝窮怪錄 1112右
*51*八排風土記 554左
八甎吟館刻燭集 1558右
*71*八反歌 754右
*72*八劉唐人詩 1747右
*75*八陣發明 775左
八陣總述 768左、右
八陣合變圖說 773右
*77*八段錦 776右
*80*八矢注字說、注字圖 210左
八義記 1697左
……八義雙盃記 1702左
八公相鶴經 795左

人

*08*人譜 766右
人譜正篇、續篇、三篇 766右
人譜補圖 766右
人譜類記 766右
人譜類記增訂 766右
10……人天樂 1702右
*12*人瑞錄 444左
*21*人虎傳 1099右
*22*人變述略 314左
*23*人參考 784右
*27*人物志 962右
人名辨異 111左
*28*人倫大統賦 905左
*30*人家冠昏喪祭考 462左
*37*人迎辨 825右
*38*人海記 1005右
*40*人境廬詩草 1508左
人寸診補證 850左
*41*人極衍義 747左
人極圖 736右
*44*人葠譜 784右
*50*人中龍傳奇 1705右
人表考、補 398右
*54*人擡人 1129左
63……人獸關 1703左
71……人臣儆心錄 472右
*77*人學 977左
人間詞話 1721左
*80*人人能看書 216左
*88*人範 761左

入

*00*入高紀程 629左
入廣記 620右
*21*入緬路程 631右
*24*入告編、遺編 499右
*30*入塞詩 1417左
入淮亘川編 581左
*31*入江亘川編 580右
入河亘川編 579左
*34*入滇江路考 559右
入滇陸程考 559右
*43*入越記 600右
*44*入藏程站 560右
入藥鏡 1139左、右
……入藥鏡註解 1139左
……入藥鏡測疏 1139右
*47*入聲表 212左
入都日記 618左
*60*入蜀記 609左
入蜀集 1382右
入蜀紀見 556右
入蜀日記 620右
*71*入長沙記 322右

8010_4 全

*00*全唐詩話 1564左
全唐詩話續編 1564左
全唐詩說 1564左
全唐詩逸 1540右
全唐詩未備書目 654左
全唐詩錄 1540右
全唐詩錄補遺 1540右
*04*全謝山先生遺詩 1420右
全謝山先生年譜 421右
06……全韻詩 1430左
*10*全五代詩 1541左
*21*全經綱目 161左
24……全德記 1695右
全德志論 384右
*25*全生指迷方 857左
*26*全吳紀略 314左
30……全室集 1323右
全室外集、續集 1323右
*31*全河備考 578右
*32*全浙詩話刊誤 1566左
*34*全滇形勢論 559左
全遼備考 527左
全遼志、校勘記 515右
*40*全臺遊記 603左
全眞集玄祕要 1165右
全眞清規 1156右
全眞坐鉢捷法 807右
全校水經酈注水道表 577右
*44*全芳備祖前集、後集 1042右
全孝心法 754左
全孝圖說 754左
*50*全史宮詞 382左
全史日至源流 873左
全本千祥記 1700右
*60*全蜀藝文志 1548左
*75*全體新論 852右
*77*全閩詩話 1566左
全局安墳立宅入式 901右
全輿分野釋略 887右
*80*全金詩 1542右
*97*全燬書目 648右

8010₇ 盆

11盆玩品 955右
77……盆兒鬼 1665左

益

00益齋亂稿、拾遺 1530左
益齋長短句 1643右
07益部方物略記 556右
益部談資 556右
28益齡單 846右
32益州記 555右
益州于役記 613右
益州名畫錄 435左
35益神智室詩 1481左
40益古演段 879左
47益都耆舊傳 391右
77益聞散錄 1009右
80益公平園續稿鈔 1271左
益公題跋 913右
益公省齋藁集 1271左
益公省齋藁鈔 1271左
88……益算神符妙經 1151右

並

44並蒂芙蓉館倡酬集 1555右

8010₉ 金

00……金童玉女 1669左
……金童玉女嬌紅記 1668左
金方鎮年表 369右
金廠行記 559右
金文靖集 1329右
金文靖公前北征錄 307右
金文續考 661右
……金文安公文集 1288右
金文分域編 659左
01金龍四大王祠墓錄 569左
04……金詩 1542右
金諸帝統系圖 369右
10金玉詩話 1572左
金玉瑣碎 658右
金玉瑣碎摘抄 672左
金玉寶經 1150右
金石文字辨異 670右
金石文字記 657左
金石文字跋尾(朱彝尊) 657右
金石文字跋尾(潘鍾瑞) 658左
金石文鈔、續鈔 656右
金石訂例 670右
金石一跋、二跋、三跋 657右
金石三例 1735右
金石三例再續編 1735右
金石三例續編 1735右
金石要例 669右
670左
金石經眼錄 656左
金石稱例 670右
金石例 669右
金石例補 670左
金石綜例 670左
金石續錄 657右
金石緣傳奇 1708左
金石存 656右
金石志存 676左
金石古文 656右
金石萃編統補藁 656右
金石萃編補目 656左
金石萃編未刻藁 656右
金石林時地考 655右
金石史 668右
金石書目 653左
金石契 424右
金石略 655右
金石學錄 414右
金石學錄補 414右
金石錄、札記、今存碑目、校勘記 655右
金石錄後序 655右
金石錄補、續跋 657右
金石簿五九數訣 1177右
金石餘論 658右
金石小箋 657右
……金函經刪定 900右
金粟齋遺集 1509右
金粟詞(朱瑍) 1630左
金粟詞(彭孫遹) 1618右
金粟詞話 1719左
金粟逸人逸事 435右
金粟薺集 1471右
金粟閨詞百首 1618右
金粟箋說 802右
12金水橋陳琳抱粧盒雜劇 1665右
16金聖歎考 430左
金碧五相類參同契 1177右
金碧古文龍虎上經 1169右
金碧古文龍虎上經註疏 1169右
17金子有集 1346右
金子坤集 1346右
金挈寒衣記 1674右
21金衍慶宮功臣錄 369右
金仁山論孟考證輯要 150右
22金川瑣記 557右
……金川集 1328左
金川妖姬志 1082右
金川舊事 557右
金豈凡詩選 1378左
金鑾密記 338右
金山雜志 572右
……金山衛志 515左
金山倭變小志 312左
金山志(惠凱) 572右
金山志(周伯義) 572右
金絲錄 785左
24金德運圖說 457右
25金牛湖漁唱 599左
金縷裙記 1119右
26金白嶼集 1314左
金線集 1448右
……金線池 1649右
金稷山段氏二妙年譜 429左
27金將相大臣年表 369右
……金貂記 1701右
金魚品 793右
28金谿詞 1639左
金谿題跋 917左
30金漳蘭譜 789右
金液還丹百問訣 1167左
金液還丹印證圖 1153左
金液還丹印證圖詩 1153左
金液大丹詩 1171右
金液大丹口訣 1176左
金宰輔年表 369右
金安壽 1669左
金宮詞 383左
31金汀拾遺 394右
金源劄記 274右
32金州講習會論語講義 144左
金淵集 1306左
33金粱夢月詞 1629右
36……金湯十二籌 774右
金湯輯略 775右
金邊國記 631左
37金泥石屑、附說 656左
38金塗塔齋詩稿、遺文 1465左
金塗銅塔攷 660右

*40*金丸記 1701左
金太史集 1368左
金臺詩鈔 1491左
金臺殘淚記 947右
金臺集(王初桐) 1429左
金臺集(迺賢) 1319左
金臺集(樊增祥) 1518右
金臺紀聞 994左、右
金臺紀聞摘鈔 994左
金壺醉墨 1013右
金壺戲墨 1078左
金壺字考 224左
金壺遯墨 353左
金壺浪墨(潘德輿) 1457左
金壺浪墨(黃鈞宰) 353左
金壺淚墨 1078左
金壺逸墨 1013左
金壺七墨 1742左
金壇獄案 324右
金壇見聞記 334左
金壇圍城紀事詩 334左
金志 281右
金奩集 1591右
金木萬靈論 1178右
金榜山 1709右
*41*金姬傳、別記 1118右
金姬小傳、別記 1118右
*44*金荃詞 1591右
金荃集、別集 1235左
金坡遺事 469右
金鼓洞志 567右
金薤琳琅 666右
金花記傳奇 1702左
金蓮記 1697左
金蓮正宗記 447左
金蓮正宗仙源像傳 447右
金華唐氏遺書 1743左
金華章楓山先生正學編 732左
金華玉液大丹 1177右
金華王魯齋先生傳集 730右
金華子 1053右
金華子雜編 1053右
金華何北山先生正學編 730右
金華先民傳 390左
金華徵獻略 390左
金華宗旨 1173左
金華宗旨闡幽問答 1173左
金華叢書書目提要 651左
金華沖碧丹經祕旨、傳 1177右
金華神記 1115左
金華游錄 601左
金華遊錄注 601右
金華赤松山志 574右
金華黃先生文集、札記 1310左
金華呂東萊先生正學編 729右
金華晷漏中星表 874左
金華賢達傳 390左
金華鄭氏家範 752右
*45*金樓子 965左
金樓子藏書攷 645右
金樓子著書攷 647右
*47*金穀歌註解 1171左
*50*金史、考證 274右
……金史語解 274右
金史詳校 274右
金史詳校(地理志) 512右
金史外國傳地理攷證 622右
金史紀事本末 292右
金史補脫 274右
金史禮志補脫 457左
金史地理志 512右
金忠潔集 1370右
金忠潔年譜 409左
金忠潔公文集 1370右
金忠潔公集 1370右
*57*金軺籌筆 480左
*58*金輪精舍藏古玉印 664左
金鰲退食筆記 564右
60……金國語解 274右
金國志 281右
金囦集 1303右
金囦吟 1303右
金園雜纂 1128左
金愚詩草 1424左
金昌集 1354右
金晶論 1165左
*71*金匱方證詳解 817右
金匱方論 817左
金匱方歌括 817左
金匱讀本 817左
金匱玉函要略方論 816右
……金匱玉函經二註 816右
金匱要略方論 816右
金匱要略論註 816右
金匱要略編註 817左
金匱要略注 817左
金匱要略心典 817左
金匱要略淺註 817左
金匱要略淺註方論合編 817左
金匱要略淺注補正 817左
金匱翼 821左
金匱翼方選按 821左
金匱懸解 817左
金匱鉤玄 819左
*72*金剛經訂義 1188左
金剛經集字聯 945左
金剛經鳩異 1191左
金剛經易氏本 1188左
……金剛般若波羅蜜經 1186右
金剛般若波羅蜜經注 1187右
金剛般若波羅蜜經附注 1187右
金剛般若波羅蜜多心經 1186右
金剛鳳傳奇 1705右
金剛愍公表忠錄 411右
金氏文集 1250右
金氏世德紀 393左
金氏門診方案 863右
金氏尙書注 40左
*73*金陀粹編、續編 406右
*74*金陵雜事詩 1507右
……金陵新志 518右
金陵百詠 533左
金陵百四十八景 533右
金陵癸甲紀事略 333右
金陵癸甲摭談 333右
金陵癸甲摭談補 333右
金陵瑣事 533右
金陵山水街道叢考 533右
金陵冬遊紀略 592左
金陵物產風土志 533右
金陵紀遊 592右
金陵紀事雜詠 333右
金陵紀略 319右
金陵遊草 592右
金陵志地錄 533右
金陵古金石攷目 674左
金陵妓品 1068左
金陵賦 533右
金陵野鈔 319右
金陵歷代建置表 533右
77……金鳳釵 1655右

77金鳳釵記 1117左
金丹就正篇 1174左
金丹詩訣 1172右
金丹正理大全 1742右
金丹正宗 1171左
金丹要訣 1173右
金丹疑 1174右
金丹大要 1170右
金丹大旨圖 1175左
金丹大成 1166左
金丹大成集 1166左
金丹直指 1170右
金丹眞一論 1171左
……金丹眞傳 1175左
金丹四百字 1171左
金丹四百字註解 1171左
金丹四百字解(李文燭) 1171左
金丹四百字解(劉一明) 1171左
金丹四百字注 1171左
金丹四百字注釋 1171左
……金丹四百字測疏 1171左
金丹四百字內外註解 1171左
金丹賦 1166左
金丹悟 1174右
金闕帝君三元眞一經 1165右
金闕攀松集 1429右
金閨稿 1357右
……金印記 1693左
金印合縱記 1692右
金門子 712右
金門戟 1676右
80金谷遺音 1603左
81金瓶梅 1705右
金瓶梅詞話 1131左
82金釧記 1082左
金鍾山房文集 1510右
金鍾山房詩集 1510右
83金鍼詩格 1568左
金錢記 1663左
86金鈿盒傳奇 1698右
88金籙齋三洞讚詠儀 1181右
金籙齋啓壇儀 1159左
金籙齋投簡儀 1159右
金籙齋懺方儀 1159左
金籙設醮儀 1159左
金籙放生儀 1159左
金籙延壽設醮儀 1159右
金籙上壽三獻儀 1159右
金籙解壇儀 1159左
金籙祈壽早朝儀 1159左
金籙祈壽晚朝儀 1159左
金籙祈壽午朝儀 1159左
金籙十迴度人早朝轉經儀 1159右
金籙十迴度人早朝開收儀 1159右
金籙十迴度人晚朝轉經儀 1159右
金籙十迴度人晚朝開收儀 1159右
金籙十迴度人午朝轉經儀 1159右
金籙十迴度人午朝開收儀 1159右
金籙大齋宿啓儀 1159左
金籙大齋補職說戒儀 1159左
金籙大齋啓盟儀 1159左
金籙早朝儀 1159左
金籙晚朝儀 1159左
金籙午朝儀 1159左
金符經 908左
金笥玄玄 830右
89金鎖記 1697左
金鎖流珠引 1163左
90金小史 303左
金小品傳 1118右
……金光明經 1138右
金雀記 1700右

釜

12釜水吟 1392右

8011_4 鐘

22……鐘鼎篆韻 198右

8011_6 鏡

00鏡亭軼事 444右
01鏡譚 737右
02鏡話 663左
20鏡香臏草 1492左
22鏡巖樓詩集 1380左
24鏡倚樓小稿 1488左
38鏡海樓詩集 1502右
40鏡古錄 377左
42鏡機子 1202左
44鏡花亭 1686左
鏡花水月 1076右
鏡花緣 1131右
77鏡閣新聲 1615左
80鏡鏡詅癡 807左
91鏡烟堂集 1518右

8012_7 翁

00翁襄敏東涯集 1360左
21翁比部詩鈔 1447左
22翁山文外 1395左
翁山文鈔、佚文輯 1394右
25翁仲仁先生痘疹金鏡錄 841左
58翁拾遺詩集 1239右
72翁氏家事略記 393右
83翁鐵庵年譜 431左

翦

29翦綃集 1292右
79翦勝野聞 304右
305左

鐫

00鐫唐韋狀元自製箜篌記 1701左
02鐫新編全像三桂聯芳記 1697右

8020_7 今

00今齊諧 1080右
今文詩古義證疏凡例 60左
今文房四譜 805右
今文孝經直解 159左
今文尚書 34右
今文尚書說(陸奎勳) 41右
今文尚書說(歐陽生) 35右
今文尚書要義凡例 47右
今文尚書攷證 44左
今文尚書經說攷、敍錄 47右
今言 492右
今言類編 492右
06今韻古分十七部表 211左
07今詞綜 1647左
10今雨瑤華 1543左
12今列女傳 438右
今水經、表 578左
今水經注 578左
22今樂府(吳炎) 383左
今樂府(潘檉章) 383左
今樂府(陳梓) 383左
23今獻備遺 400右
今獻彙言 1741左

26今白華堂文集 1463右
今白華堂試帖 1463右
今白華堂詩錄 1463右
今白華堂時文 1463右
27今夕盦讀畫絕句 934左
今夕盦題畫詩 917左
40今有術 886右
今有錄 102右
今古學考 182左
44今世說 1073右
50今史 314右
今本竹書紀年疏證 286左
60今是齋日鈔 1003右
77今覺樓 1129左
98今悔庵詩、補錄、文 1517左
今悔庵詞 1640右

8021₁ 乍

33乍浦志、續纂 520右
80乍丫圖說 561左

差

37差次吟草 1494左

8021₆ 兑

00兑齋集 1300左
87兑鉤 1040左

8022₀ 介

00介亭文集 1432左
介亭詩鈔 1432左
介亭外集 1432左
介亭筆記 1007左
介庵琴趣外篇、補、校記 1600左
介庵印譜 942左
10介石文集、詩 1469左
介石稿 1324左
17介珊先生遺墨 1506左
22介山稿略 1345左
介山自訂年譜 421右
介山自定年譜 421右
介山時文 1409左
26介白堂詩集 1515右
40介存齋文稿 1453左
介存齋詩 1453左
介存齋論詞雜著 1720左
44介菴詞 1600左
……介菴集 1329右
介菴經說、補 175左
介菴趙寶文雅詞 1600左
51介軒詩集 1269右
77介卿遺艸 1508左
90介堂文筆 1509左
介堂詩詞 1509左
介堂經解 178左

8022₁ 俞

10俞三姑傳 1081右
16俞理初先生年譜 423左
25俞仲蔚集 1349右
俞繡峯集 1356右
45俞樓雜纂 1740右
俞樓詩記 565左
俞樓經始 565左
俞樓佚文 1482右
俞樓佚詩 1482右
55俞曲園先生日記殘稿 451右
60俞國昌集 1339左
俞國光集 1339左
72俞氏集說 15左
俞氏參同契發揮五言註摘錄 1180左
俞氏易集說 15左

前

00前塵夢影錄 910左
前塵夢影錄摘抄 672左
11前北征錄 307右
12前型紀略 444右
22前後元夕讌集詩 1553右
前後藏考 560右
前出劫圖 1711左
27前身散見集編年詩續鈔 1380右
28前徽錄 389右
30前涼錄 357右
前定錄 1104左
前定錄補 1117右
前定錄補遺 1117右
34前漢匈奴表 363左
前漢紀 286右
前漢紀校釋 286右
前漢書、考證 265左
……前漢書瑣瑣 265左
……前漢書續集 1128右
前漢書細讀 377右
前漢書注考證 265右
前漢書藝文志 641右
前漢書藝文志注 641右
前漢書食貨志注 474右
前漢書鈔 371左
38前遊桃花源記 604右
44前藏三十一城考 561左
前燕錄 357左
49前趙錄 356右
50前秦錄 358左
67前明忠義別傳 401左
77前聞記 993右
前賢小集拾遺 1541右

8022₇ 分

00分方治宜篇 824左
分毫字樣 197右
10分干詩鈔 1403左
22分梨十化集 1298左
34分法 886右
37分湖柳氏重修家譜 393左
分湖小識 519左
44分甘餘話 1004右
45分隸偶存 922左
57分撰兩戴記章句凡例 90左
67分野說 870右
77分門集註杜工部詩 1223左
分門古今類事 1059右
分門纂類唐歌詩 1539右
分門纂類唐宋時賢千家詩選 1533左
80……分金記 1695右
91分類主治 823左
……分類字錦 1044右
分類補註李太白詩、分類編次文 1220左
分類補註李太白集 1220左
分類尺牘備覽 1561左

弟

17弟子職 701左
弟子職章句訓纂 701右
弟子職音誼 701右
弟子職詁 701右
弟子職正音 701左
弟子職集解 701左
弟子職解詁 701右
弟子職注 701右
弟子職古本考注 701左
弟子職箋釋 701左
弟子規 760右
761左
弟子箴言 764右

8022$_7$ 剪

22剪綵 1001左
28剪綃集 1292右
38剪淞留影集 1545右
47剪桐載筆 1361右
72……剪髮待賓 1663右
82剪鐙夜語 1632右
92剪燈新話 1117右
剪燈餘話 1118左
96剪燭錄 1495右

8024$_7$ 夔

21夔行紀程 615右

8025$_1$ 舞

08舞譜 939左

8030$_7$ 令

21令旨解二諦義 1188左

8033$_1$ 無

00無言祕訣 214左
08無譜曲 1714右
10無弦琴譜 1612右
……無可詩集 1238左
無不自得齋詩鈔 1481右
17無瑕璧傳奇 1707左
20無住詞 1598右 1599左
無雙譜 935左
無雙傳 1105右 1106左
21無上三元鎭宅靈籙 1152左
無上三天法師說廕育衆生妙經 1148左
無上玉皇心印經 1134左
無上玉皇心印妙經測疏 1134左
無上祕要 1180右
無上九霄玉清大梵紫微玄都雷霆玉經 1134左
無上大乘要訣妙經 1138左
無上妙道文始眞經 693左
無止境初存藁、集外詩、續存藁、集外詩續存 1484右
無價寶、譜 1691左
25無生訣經 1150右
27無名氏詩集 1240左
無名氏筆記 1004右
無名公傳 1055右
無終始齋詩文集 1526左
30無寃錄 488左
34無爲集、校記 1254左、右
無爲州雜劇 1691左
無爲淸靜長生眞人至眞語錄 1183右
44無夢軒文集 1495左
無夢軒詩 1495左
無夢軒家書 1495左
無著詞 1630左
47無聲詩史 434右
無欺錄 1003右
無根樹解 1174左
50無事爲福齋隨筆 1010右
無盡鐙詞 1635左
無盡燈 1189左
60無量壽經 1186右
67無暇逸齋說文學四種 1729左
77無用閒談 994左
無邪堂答問 1030左
無聞子 976右
無聞集 1434左
80無益有益齋論畫詩 934右
86無錫縣志 519左
90無懷小集 1280右
無黨論 721左
91無類生詩選 1364右

8033$_2$ 念

00念庵子 734左
10念二史詠史詩註 382左
24念先堂詩稿 1491左
25念佛三昧 1190右
念佛功 1130右
30念宛齋詞鈔 1624左
44念䕶池館文存 1526左
念菴集 1345左
47念鞠齋時文賸稿 1496右
76念陽徐公定蜀記 313右
80念八翻傳奇 1706左
90念堂詩鈔 1463左

愈

60愈愚錄 1028左

煎

44煎茶水記 954右
煎茶集 1519左
煎茶七類 955左

8033$_3$ 慈

20慈受擬寒山詩 1260右
24慈幼新書 839左
慈幼便覽 839右
慈幼編 761右
34慈禧及光緒賓天厄 331左
37慈湖詩傳 53左
慈湖先生遺書、續集、補編、新增附錄 1275左
慈湖先生年譜 418右
慈湖家記 740左
慈湖遺書、續集 1275左
慈湖箸述攷 650右
慈湖小集 1275左
40慈壽堂文鈔 1419右
67慈暉館詞 1637左
80慈尊昇度寶懺 1162左
88慈竹軒制藝 1487左

8033$_7$ 兼

10兼三圖 952左
22兼山續草 1377右
兼山堂文集、詩集 1461右
30兼濟堂文集 1384左
兼濟堂集 1384左
32兼祧議 81左
67兼明書 1018左

8034$_6$ 尊

12尊孔大義 723左
尊孔篇 723左
17尊孟辨、續辨、別錄 146右
20尊重口 1035右
21尊經閣藏書目 1735左
尊經閣募捐藏書章程、祀典錄 641右
22尊變卑 1130右
26尊白堂集 1275左
27尊鄉錄節要 390左
30尊宗贅議 768左
31尊酒草堂詩 1515左
38尊道先生年譜 420左
尊道堂詩鈔 1437左
77尊聞居士集 1431左
尊聞堂文集、詩集 1510左
80尊前話舊 1012右
尊前集、校記 1645右
87尊俎餘功 1001右

8040_0 父

21父師善誘法 761右

午

00午亭文編 1402左
午亭文錄 1402右
午亭文鈔 1402左
30午窗隨筆 1011右
32午溪集 1319左
44午夢堂遺集 1366右
午夢堂全集 1747右
60午日吟 1675右
77午風堂詩集 1434右
午風堂叢談 1007右

8040_4 姜

04……姜詩躍鯉記 1692右
24姜先生詩詞拾遺 1393左
26姜白石詩 1280右
40姜眞源詩選 1399左
72姜氏詩說 1574左
姜氏祕史、校勘記 307左
77姜鳳阿集 1350左

8041_4 雉

27雉舟酬唱集 1555右

8042_7 禽

00禽言 1397右
21禽經 794右
50禽蟲述 796左
60禽星易見 908左
63禽獸決錄 794左

8043_0 矢

00矢音集 1412左

美

16美理哥國志略 639左
22美利加英屬地小志 638右
24美化文學名著年表 1589右
46……美姻緣風月桃源景 1669右
60美國記 639左
美國地理兵要 638右
80美人詩 1557右
美人詞 1615左
美人譜 1126左
美人香草詞 1625左
美人揉碎梅花迴文圖 1388右
美人長壽盦詞集 1642右
美人判 1125右
美會紀略 638左

虁

10虁天閣琴趣 1623右

8044_6 弇

22弇山堂別集 281右
32弇州集選 1352右
弇州山人詩集 1352右
弇州山人詞評 1718左
弇州山人四部稿、續稿 1352右
弇州山人年譜 429右

8050_0 年

01年評社集 1365左
08年譜圖詩 1386左
61年號分韻錄 463左
71年歷 867右
年歷考、校勘記 867右

8050_1 羊

20羊毛瘟論 827右
羊毛溫證論 827右
40羊士諤詩集 1227右
羊士諤集 1227右
72羊氏家傳 392右

8050_7 每

77每月統紀傳 626左

8051_3 毓

09毓麟策 837左

8055_3 義

00義府 1024左
02……義訓 718右
07義記 718右
12義烈記 1695右
義烈墓錄 569右
21義虎傳 1118左
義貞事跡 444左
22義豐集、校勘記 1274左
義豐集鈔 1274左
義山雜記 1049左
義山雜纂 1121左
24義俠記 1695左
26義和拳教門源流考 330右
27義烏朱氏論學遺札 1507右
義烏人物記 390左
43義犬記 1711左
44義莊規矩 765右
義妓傳 1118右
61義賑芻言 479左
77……義學規條 765右
義學刪稿 1188左
義民記 1710右
義門讀書記 1024右
義門題跋 669左
義門鄭氏家儀 752右
80義倉考 478右
90義火可握國記 633左

8060_1 合

01合訂刪補大易集義粹言 20右
03合讖圖 252左
31合河政記 474右
47合歡令 951左
77合肥三家詩錄 1547左
合肥相國壽言 411右
……合同文字 1665右
90合省國說 638左

首

22首山子 709左
46首楞嚴神咒灌頂疏 1187右
76首陽山記 572左

普

00普庵釋談章音釋 215左
30普濟方 858左
普濟應驗良方 860右
……普濟本事方 857左
34普法戰紀輯要 635右
普法兵事記 635右
73普陀紀勝 600右

8060_4 舍

80舍人集、校勘記 1253右

8060_5 善

01善諧集 1122左
02善誘文 1032左
10善吾廬詩存 1427右
22善後襍鈔 479右
善利圖說 736左
28善俗裨議 766左

28善俗書 1034左
48善教名臣言行錄 1733右
善教名臣安定先生言行錄 417右
善教名臣忠介先生言行錄 407右
50善夫先生集 1300左
55善慧大士傳錄 445右
60善易者言 1003右
善思齋文鈔、續鈔 1508右
善思齋詩鈔、續鈔 1508右
79善隣國寶記 480左
86善知識苦海回頭 1672左

8060$_6$ 曾

00曾庭聞詩 1392左
曾文正公雜著鈔 767右
曾文正公雜箸 767右
曾文正公詩集、文集 1476左
曾文正公手札 1476右
曾文正公集外文 1476左
曾文正公家訓 756左
曾文正公家書 1476右
曾文正公大事記 411左
曾文正公奏議 500右
曾文正公奏稿 500左
曾文正公書札 1476右
曾文正公批牘 502左
曾文正公日記 1011左
曾文正公年譜 411左
……曾文定公文鈔 1249左
曾文定公年譜 427左
曾文選 1249左
11曾麗天詩 1385左
17曾子 682左
曾子宣年譜稿 406左
曾子注釋、敍錄 682右
……曾子遺書 682左
曾子十二篇讀本 682右
曾子十篇、敍錄 682右
曾子十篇注釋 682右
曾子大孝編注 682右
曾子古本輯注 682右
曾子孝實附錄 754左
曾子書 682左
曾子固年譜稿 427左
曾子點註 682右
曾子開年譜稿 406左
曾子問講錄 682右
曾子全書 682左
20曾季衡傳 1107右
23曾狀元集 1329右
27曾侯日記 619右
37曾滌生文鈔 1476左
40曾南豐文選 1249左
曾南豐尺牘 1249左
50曾青藜文鈔 1384右
曾青藜詩 1384右
曾惠敏公文集 1506右
曾惠敏公使西日記 619右
曾惠敏公奏疏 501左
曾忠襄公文集 1486左
曾忠襄公奏議 501左
曾忠襄公書札 1486左
曾忠襄公批牘 502右
曾忠襄公年譜 411右
曾忠襄公榮哀錄 411右
72曾氏水龍經校 901左
曾氏遺書續錄 173右
80曾公遺錄 299左

會

01會語 736右
22會仙女誌 1067左
23會稽記(孔靈符) 541左
會稽記(賀循) 541左
會稽記(□□) 541左
會稽記佚文 541左
會稽三賦 541左
會稽三賦註 541左
會稽後賢傳記 389右
會稽山齋文、詩 1468左
會稽山齋文續、詩續 1468左
會稽山齋詞 1632左
會稽山齋經義 176右
會稽外史集 1316左
會稽先賢傳 389右
會稽先賢像讚 389右
會稽土地記 541左
……會稽志 521左
會稽地志 541左
會稽典錄、存疑 389右
會稽掇英總集 1547左
會稽掇英總集校 1547左
……會稽縣志 521左
……會稽縣志藁 521左
會稽懷古詩 541左
33會心編 1001右
37會湖雜文、筆餘 1516右
會通河水道記 580左
40……會眞雜錄 1724左
會眞記 1102左
會眞集 1165右
43會蕺夷情 558右
55會典學十要 455右
會典簡明錄 455右
60會昌一品集、別集、外集 1231左
會昌解頤錄 1048右
會昌進士詩集 1234右

畣

77畣問 1031左

8060$_7$ 含

00含齋詩牘 1500左
44含芳館詩鈔 1503左
50含中集 1413右
含中睫巢兩集校錄 1413左
含靑閣詩餘 1638右
62含影詞 1617左
90含少論略 936左

倉

00倉庚集 1071左
倉庚傳 1067右
1118左
41倉頡訓詁 199右
200左
倉頡解詁 199右
200左
倉頡篇 199右
200左
倉頡篇殘簡考釋 200左
倉頡篇補本續 200左
60倉田通法 1738右
倉田通法續編 883左

8060$_8$ 谷

00谷音 1542右
27谷響集 1306左
28谷儉集 1206左
30谷濂先生遺書 1372左
35谷神賦 1166左
谷神篇 1165右
44谷艾園文稿 1489右
60谷愚詩餘 1629右
谷愚學吟草 1456左
88谷簾學吟 1372左

8060$_9$ 畲

20畲香草存 1440右

8062$_7$ 命

16命理支中藏干釋例 904右

8071$_7$ 乞

27乞歸疏 1226右

8073$_2$ 公

00公文緣起 459右
10公平判 1711左
11公非集 1251左
12公孫龍子 704右
公孫龍子平議補錄 704右
公孫龍子注 704右
公孫弘書 713左
……公孫汗衫記 1654左
公孫尼子 683右
17公子牟子 699左
30公瀍導源 977左
34公法總論 977左
47公穀札記 129左
公穀精語 131右
50公車徵士小錄 387左
公車見聞錄 465左
公車前草、後草 1506右
51公振集 1321右
60公是集 1248右
1249左
公是先生七經小傳 169右
公是先生弟子記 723右
公是弟子記 723右
67公暇墨餘錄存藁 1480左
77公門不費錢功德錄 474右
公門懲勸錄 474右
80公羊 115左、右
公羊何注攷訂 116左
公羊傳佚文 113右
公羊傳補注 115右
公羊傳選 113右
公羊傳鈔 115右
公羊約解 116左
公羊注疏校勘記補正 114右
公羊治獄 117左
公羊禮說 117右
公羊禮疏 117右
公羊逸禮攷徵 117右
公羊古義 115右
公羊穀梁異同合評 129左
公羊春秋何氏解詁箋 115右
公羊春秋經傳驗推補證
116左
公羊春秋補證凡例 117右
公羊墨守 115左
公羊墨史 115右
公羊嚴氏春秋 113右
公羊臆 116左
公羊問答 115右
公羊義疏 115右
88公餘證可 740右
公餘手存 455右
公餘偶筆 1076右
公餘寄詠詩鈔 1491右
公餘日錄 994左
公餘閒詠詩鈔 1489右

食

00食療本草 855右
08食譜 953右
16食硯漱經唾餘錄 1013左
18食珍錄 953左
21食經 953右
24食貨書 537左
27食物 855左
……食物祕書 856左
食物本草 855右
食色紳言 1032右
40食古錄 177右
46食觀 1068左
77食醫心鑑 855右
78食鑒本草 855右
80食養療法 847右
88食鑑本草 856左

養

00養疴客談 1074右
養疴漫筆 1063右
養痾三編 1741右
養齋集 1459左
06養親須知 1737左
10養一齋文集、詩集、賦 1450右
養一齋文錄 1450右
養一齋詩餘 1628左
養一齋尺牘 1450右
養正編 761左
養正叢編 1737左
養正遺規、補編 760右
養正圖解 760左
養正錄 747右
養正篇 760右
養正類編 760右
養吾齋詩餘 1611右
養吾齋集 1303右
養雲廬詩草 1505左
養雲廬詞草 1639左
養雲山莊文集、續、詩集
1486右
25養生辯疑訣 845左
養生詠玄集 1168左
……養生訣 845右
……養生論 845右
養生醍醐 846右
養生膚語 846右
養生祕錄 845右
養生十三則闡微 847左
……養生四要 846左
養生月覽 845右
養生月錄 846左
養生鏡 823右
養生類纂 845右
27養魚經(范蠡) 792右
養魚經(黃省曾) 792右
793左
32養淵堂古文 1467左
養淵堂駢體文 1467左
33養心亭集 1340右
34養浩齋詩稿、詩評 1456左
養浩齋詩續稿 1456左
40養志書屋詩鈔 1501右
養志居文稿彙存、詩殘稿
1454左
養眞集 1185左
44養花軒詩鈔 1472左
養花館書畫目 912右
養蒙集 1302右
養蒙先生詞 1612左
養蒙先生集 1302右
養蒙大訓 759右
養蒙書九種 1737左
養蒙圖說 760左
養菊法 789右
50養中之塾文集 1402右
養素園詩 1559左
養素園題詠 1558左
養素居畫學 934左
養素居畫學鉤深 933右
52養拙齋詩 1475左
養拙齋詩存 1505右

52養拙齋詩鈔　1484右
　養拙堂詞　1603右
60養園漫稿　1510右
　養園賸稾　1521左
71養蠶歌括　785右
　養蠶經　785右
77養閒草堂圖記　1559左
　養閒草堂隨筆　1038右
80養羊法　792右
　養命機關金丹眞訣　1176左
82養龢軒隨筆　1015左
86養知書屋詩集　1479左
88養餘齋初集、二集、三集
　1457右
90養小錄　954右
92養恬齋筆記　524左
95養性齋經訓　176右
　養性讀書齋詩存　1512左
　養性延命錄　845左

8080₆ 貧

40貧士傳　441右
43貧卦　1126右

貪

30貪官汚吏傳　403左

8090₁ 佘

22佘山詩話　1580左
31佘潛滄四書解　152左

8090₄ 余

00余襄公奏議　495左
21余仁仲萬卷堂穀梁傳考異
　119左
30余憲副集　1353右
45余棲書屋詞稾　1630右
50余忠宣公靑陽山房集1317左
　余忠節公遺文　1369左
88余竹窗詩集　1317左

8091₇ 氣

14氣聽齋駢文零拾　1524右
27氣候備考　873左
34氣法要妙至訣　844右

8111₇ 鉅

00鉅鹿東觀集　1242左

鑪

44鑪藏道里新記　561右

8114₆ 鐔

35鐔津文集　1245右
　鐔津集　1245右

8128₆ 頏

21頏行詔書　332左

8141₇ 瓶

44瓶花齋雜錄　1070右
50瓶史　956左
　瓶史月表　955右
51瓶軒詞鈔　1640左
88瓶笙館修簫譜　1750右

矩

00矩齋雜記　1072右
22矩山詞　1606右
　矩山存稿　1285右
23矩綫原本　882右

8161₇ 甑

22甑峯先生遺稿　1419左

8172₀ 飣

81飣餖吟詞　1634左

8174₇ 飯

40飯有十二合說　954右

8178₆ 頌

00頌言　418右
31頌酒雜約　960左
40……頌古集　1243右

8190₄ 渠

44渠菴集　1304右

8194₇ 敍

37敍盜　1056左
40敍古千文　203左
44敍鼓　667右

8211₄ 鍾

00鍾離意別傳　404左
　鍾離春智勇定齊　1661右
10……鍾元孫先生文集1376右
17鍾子翱蕘　963右
　鍾司徒集選　1203左
20鍾季子文錄　1528左
　鍾秉文烏槎幕府記　311右
22鍾山札記　172左
　1025右
　鍾山書院規約　764左
25鍾律緯　100右
　鍾律通考　101左
　鍾律書　100左、右
　鍾律陳數　101右
26鍾伯敬合集　1363左
40鍾南淮北區域志　533右
60鍾呂二仙傳　449右
　鍾呂二仙修眞傳道集1166左
　鍾呂傳道集　1166左
88鍾筠溪集　1341左

8211₈ 鐙

10鐙下閑談　1115左
30鐙窗瑣話　1586右
　鐙窗叢錄　1007右

8229₄ 龢

37龢漱玉詞　1635右

8280₀ 劍

22劍川羅楊二子遺詩合鈔
　1746右
　劍峯詩鈔　1483左
　劍山詩鈔　1402右
24劍俠傳(任熊)、續　935左
　劍俠傳(段成式)　1106右
　……劍俠傳雙紅記　1700右
25劍生遺草　1494左
32劍溪文略　1415左
　劍溪說詩、又編　1587右
　劍溪外集　1415右
40劍南詩稿　1270左
　劍南詩選　1270右
　劍南詩鈔　1270左
　劍南集鈔　1270左
　劍南閒適詩選　1270右
51劍虹盦詞　1639右
62劍影琴聲室詩賸　1527右
65劍嘯閣自訂西樓夢傳奇
　1703左
　劍嘯閣鸛鶴炎記　1703左
80劍氣　774右

8315₀ 鋮

21鋮經摘英集　842右

鍼經節要 842左
27鍼灸要旨 842右
鍼灸資生經 842左
鍼灸素難要旨 842右
鍼灸甲乙經 842左

鐵

00鐵廬集、外集、後錄 1392右
鐵廬印存 942右
10鐵孟居士存稿 1463右
鐵雲藏龜之餘 672右
鐵函齋書跋 668右
11鐵琴銅劍樓詞草 1630右
鐵琴銅劍樓宋元本書目 647右
鐵琴銅劍樓藏書目錄 649右
16鐵硯齋存稿 1493右
22鐵崖樂府注 1315左
鐵崖先生詩集 1315右
鐵崖先生集 1315右
鐵崖先生復古詩集 1315右
鐵崖先生古樂府 1315左
鐵崖復古詩 1315右
鐵崖逸編註 1315右
鐵崖古樂府、樂府補 1315左
鐵嶺縣志 516左
25鐵牛翁遺稿 1308左
42鐵橋漫稿 1446右
鐵橋金石跋 658左
44鐵菱角 1129左
鐵華館藏集部善本書目 653右
鐵菴集 1282左
52鐵撥餘音 1626左
56鐵拐李 1657右
鐵拐李度金童玉女 1669左
鐵拐李度金童玉女雜劇 1669左
60鐵圍山叢談 344左、右
67鐵路國有案 331左
71鐵匡詠史 381右
鐵匡詠史注 381右
鐵匡小樂府 381右
88鐵笛詞 1640右
90鐵券攷 660右

8315₃ 錢

00錢唐西湖百咏、楊公濟原唱 597右
錢唐集鈔 1440左
錢唐遺事 346右
錢唐韋先生文集 1252左
08錢譜 663右
17錢羽士集 1357左
錢子語測 970右
錢子測語 970右
錢乙傳 433左
22錢山人集 1334左
24錢先生詩 1376左
25錢仲文集 1223右
27錢名世詩選 1409左
錢叔蓋先生印譜 942右
28錢牧齋詩 1376左
錢牧齋尺牘 1376左
34錢法纂要 477左
35錢神論 979右
37錢逸人集 1344左
錢通 477左
38錢啓新集 1355右
40錢左才集 1426右
錢大尹智寵謝天香 1650右
錢大尹智寵謝天香雜劇 1650右
錢大尹智勘緋衣夢 1650左
錢太守集 1341左
錢塘記 537右
錢塘百詠 539右
錢塘西湖百詠 1258左
錢塘瑣記 538左
錢塘集 1252左
錢塘集補 1252左
錢塘先賢傳贊 389左
錢塘遺事 346右
錢塘遺事校 347左
錢塘湖山勝槩詩文 597右
錢塘夢 1648左
……錢塘縣志 520左
錢塘懷古詩 598右
錢南園詩選 1433右
錢南園先生守株圖題詞錄 1560左
錢南園先生遺集 1433右
43錢式圖 663左
44錢考功詩集 1223右
錢考功集 1223右
48錢翰撰集 1327右
50錢本草 1121左
錢忠介公集 1372右
錢忠介公年譜 409右
60錢日庵詩選 1399右
錢罾 974左
72錢氏三種 1735右
錢氏私誌 341左、右
錢氏私志 341右
錢氏家語 978右
錢氏家變錄 440左
錢氏考古錄 395左
錢氏小兒直訣 838左
80錢公良測語 970右
87錢錄 663左
88錢竹汀日記 451左
98錢幣譜 477左
錢幣考 477左

8365₀ 醎

77醎闒小史 318左

8375₀ 餓

00餓方朔 1685左
26餓鬼報應經 1187左

8375₃ 餞

77餞月樓詩鈔 1503左

8376₀ 飴

22飴山文錄 1410左
飴山詩集、文集 1410左
飴山詩餘 1621左

8377₇ 館

06館課存稿 1452右
館課存蘽 1426左
館課擬文 1389左

8410₀ 針

27針灸問對 842右
88針餘吟稿 1434右

釵

82釵釧記 1700右
90釵小志 1121右

8412₁ 錡

00錡齋詩集 1505左

8412₇ 鋤

21鋤經書舍零墨 1012右

8414₁ 鑄

50鑄史駢言 1044左

83鑄鐵硯齋詩、續編 1467左
84鑄錯軒詩草 1381左

8416_1 錯

38……錯送鴛鴦被 1665左
46錯姻緣傳奇 1709右
55錯轉輪 1676右

8418_1 鎮

10鎮石齋詩稿鈔存 1469左
20鎮番縣誌 517左
31……鎮江志 519右
鎮沅紀略 501右
鎮沅懷德錄 407右
40鎮南浦開埠記 634左
43鎮城竹枝詞 328左
56鎮揚遊記 595左

8471_1 饒

12饒副使三溪集 1348左
40饒南九三府圖說 550右

8471_7 鐳

44鐳積室詩草 1515左

8490_0 斜

12斜弧三邊求角補術 883右
22斜川集、訂誤 1261右

8511_7 鈍

00鈍齋詩集 1419右
30鈍安文 1528左
鈍安雜著 978左
鈍安詩 1528左
鈍安詞 1643右
68鈍吟雜錄 1003左
1581左
鈍吟集 1383左
鈍吟樂府 1713右
鈍吟老人文稿 1383左
鈍吟老人雜錄 1003左
鈍吟老人集外詩 1383左
鈍吟老人遺稿 1743右
鈍吟書要 921右
鈍吟別集 1383左
鈍吟餘集 1383左
77鈍叟文鈔 1409右
80鈍翁盦脞錄 1016左
鈍翁詩稾、文稾 1389右
鈍翁外稾 1743右
鈍翁續稾 1743右
鈍翁別稾 1743右
鈍翁類稾 1743右

8513_0 鉢

34鉢池山志、志餘 573左

8513_2 銕

77銕門詩草 1439右

8519_0 銖

40銖寸錄 747左

8519_6 鍊

00鍊庵駢體文選 1545左

8578_6 饋

80饋貧糧 1561左

8612_7 錦

00錦衣歸 1704右
錦衣志 468右
469左
10錦雲堂暗定連環計雜劇
1665右
錦雲堂美女連環記 1666左
11錦瑟詞 1620右
25錦繡萬花谷前集、後集、續集 1042左
27錦盤奇勢 1580左
錦身機要指源篇 844右
30錦字書 1067右
32錦州府志 516左
37錦裙記 798左
43錦城吟 1486右
44錦蒲團 1703左
錦帶連珠 504右
錦帶書 503右
錦樹集 1330左
48錦槎軒詩集 1465左
50錦囊詩餘 1614右
錦囊集 1411左
60錦里新聞 557左
錦里詩錄 1521右
錦里耆舊傳 361左
62錦縣志 516左
83錦餞餘笑、校勘記 1290左
88錦箋記 1697左
90錦堂春 1129左

錫

09錫麟寶訓摘要 837右
22錫山補誌 519左
錫山尤氏文存、詩存 1549左
80錫金考略 631右

8640_0 知

00知言 727右
10知不足齋詩草 1494左
知不足齋輯錄宋集補遺
1745左
11知非集 1434左
知非日札 1007左
知非堂稾 1305右
知非堂稿 1305右
13知恥齋文錄 1442左
16知聖道齋讀書跋 651右
知聖道齋讀書跋尾、金石跋尾 651右
知聖道齋書目 647左
知聖篇 723左
23知我錄 387左
知稼軒詩鈔 1460左
知稼翁詞 1599右
知稼翁詞集 1599右
知稼翁集 1267右
知稼翁集補鈔 1267右
知稼翁集鈔 1267右
25知生或問 737左
27知魚樂齋存稿 1496右
36知還草 1437右
37知過軒隨錄 353右
44知蔬味齋詩鈔 1461左
50知本提綱(摘錄) 779左
60知足齋文集 1430左
知足齋進呈文稿 1430左
知足語 1128左
71知陋軒迂談 747左
77知醫必辨 823左
80知命錄(□□) 1112左
知命錄(陸深) 1066右
90知常先生雲山集 1611左

8652_7 翔

44翔鼓錄 938右
939左

8660_0 智

22智利政要 639左

44智勘魔合羅 1659右
……智勘後庭花 1655左
50智囊補 1013右
55智慧眞言注 1185右
60智因閣詩集 1515右
68……智賺合同文字 1655右
90智賞金線池 1649右

8710₄ 塑

70塑壁殘影改定稿 799右

8711₀ 鉏

21鉏經堂文鈔 1451左

8711₅ 鈕

11鈕非石遺文 1444右
30鈕寅身先生家信 1524右

8712₀ 釣

12釣磯立談(史□) 359右
釣磯立談(費樞) 1057右
釣磯文集 1239右
27釣魚船 1705右
釣船笛譜 1628右
32釣業 1378左
77釣月詞 1607右
80釣金龜 1706右

鉤

00鉤玄 1064右

鈎

10鈎天樂 1685右
鈎天樂譜 1716右

銅

18銅政條議 490左
20銅絃詞 1623左
21銅僊傳 662左
22銅仙殘淚 352右
27銅鮑館剟書、補 1009右
44銅鼓書堂詞話 1719右
71銅馬編 1362右
74銅熨斗齋隨筆 1028左
80銅人針灸經、校勘記 842右
82銅劍讚 799右
88銅符鐵劵 1173左

8713₂ 銀

12銀礫詞 1629左
22銀山鐵壁謾談 525右
34銀漢槎傳奇 1709右
38銀海指南 834左
銀海精微 833右
44銀藤花館詞 1626左
77銀月山房詩草 1505左
81銀瓶徵 439右
88銀管攷 660右
98銀幣考 477左

錄

10錄二程先生語 726左
26……錄鬼簿 654左
37錄運期讖 235右
50錄事詩集 1352左
55錄曲餘談 1724左
60錄異記 1089右
1090左
錄異傳 1087右

8714₇ 鈒

85鈒鏤稿 1360右

8716₀ 銘

88銘篇 1482左

8716₁ 鉛

10鉛汞甲庚至寶集成 1178左

8716₂ 鎦

17鎦子政左氏說 110左

8718₂ 欽

10欽天監監正元統 895左
30欽定康濟錄 478右
欽定文淵閣四庫全書目錄 645左
欽定音韻述微 208左
欽定音韻闡微 208左
欽定詩經樂譜 102左
欽定詩經樂譜全書 102左
欽定詩經傳說彙纂、詩序 56左
欽定詩義折中 57左
欽定詞譜 1715右
欽定三禮義疏 1727左
欽定元史語解 275左
欽定平定兩金川方略 293左
欽定平定準噶爾方略前編、正編、續編 293右
欽定平定金川方略 293左
欽定天祿琳琅書目 651左
欽定石經目錄 652右
欽定石峯堡紀略 293右
欽定石渠寶笈三編總目 911右
欽定西清硯譜 804左
欽定西域同文志 227左
欽定武英殿聚珍版程式 655左
欽定職官總目 455右
欽定千叟宴詩 1553右
欽定繙譯五經、四書 227左
欽定勦平粵匪方略 334右
欽定皇朝禮器圖式 458右
欽定皇輿西域圖志 517左
欽定盤山志 571左
欽定儀禮義疏 77左
欽定宗室王公功績表傳 402右
欽定河源紀略 579左
欽定補繪離騷圖 1197右
欽定補繪離騷全圖 1197右
欽定滿洲祭神祭天典禮 458右
欽定滿洲源流考 526右
欽定遼史語解 274右
欽定禮記義疏 86右
欽定軍次實錄 332右
欽定逆案 315左
欽定大淸通禮 458右
欽定大淸會典 455右
欽定大淸會典則例 455右
欽定士階條例 332右
欽定臺灣紀略 293右
欽定古今儲貳金鑑 376右
欽定校正補刻通志堂經解目錄 652右
欽定蘭州紀略 293右
欽定蒙古王公功績表傳 402右
欽定蒙古源流 303右
欽定熱河志 515右
欽定英傑歸眞 332右
欽定書經傳說彙纂、書序 41右
欽定春秋傳說彙纂 127左
欽定春秋左傳讀本 108左
欽定授衣廣訓 782左
欽定盛京通志 516左

30欽定日下舊聞考 523左
欽定國子監志 468右
欽定四庫全書總目 649左
欽定四庫全書總目提要四部類敍 639右
欽定四庫全書考證 649左
欽定四書文 1562右
欽定叶韻彙輯 208左
欽定歷代職官表 466左
欽定歷代紀事年表 362右
欽定同文韻統 208左
欽定周官義疏 71左
欽定服色肩輿永例 460右
欽定臨清紀略 293右
欽定勝朝殉節諸臣錄 402右
欽定八旗滿洲氏族通譜 387左
欽定金史語解 274右
欽定金國語解 274右
80欽命文衡正總裁精忠軍師干王寶製 332右
81欽頒州縣事宜 472右

8718_2 歙

16歙硯說 803左
21歙行日記 618左
31歙潭渡黃氏先德錄 394右
32歙州硯譜 802右
77歙問 537左

8722_7 邠

32邠州石室錄 675右

8732_7 鷄

84……鷄釵記 1697左

8742_0 朔

00朔方備乘札記 485左
10朔雪北征記 611右
80朔食九服里差 875左
88朔餘考 875右

8742_7 鄭

00鄭康成集 1200左
鄭康成年譜 417左
……鄭文公摩崖碑跋 669右
鄭玄別傳 417左
02鄭端簡公文集 1344右
鄭端簡公奏議 497右
鄭端簡公今言類編 492右
鄭端簡公年譜 419右
07鄭記 168右
鄭記攷證 168右
08鄭許字義異同評 181右
10鄭石南集 1356左
12鄭廷玉雜劇 1749右
鄭延平年譜 409右
鄭孔目風雪酷寒亭 1653右
鄭孔目風雪酷寒亭雜劇 1654左
17鄭子尹先生年譜 423右
鄭君紀年 417右
鄭君別傳 417左
鄭君駁正三禮考 95右
鄭君粹言 716左
鄭司農集 1200左
鄭司農年譜 417右
22鄭巻陽寃獄辨 408右
鄭巢詩集 1232右
24鄭德璘傳 1106右
鄭德輝雜劇 1750左
26……鄭嵎詩 1235左
30鄭注論語 137左
鄭守愚文集、校勘記 1238右
37鄭澹泉集 1344右
40鄭志、拾遺、校勘記168左、右
鄭志疏證 168右
鄭志攷證 168右
43鄭博士詩 1328右
47鄭桐菴先生年譜 419右
鄭桐菴筆記 1070右
鄭桐庵筆記補逸 1071左
48鄭敬中摘語 974左
50鄭忠肅奏議遺集 1271左
鄭忠肅公奏議遺集 496左
鄭忠肅公年譜 406右
鄭東父雜箸 1013右
鄭東父遺書 1736右
鄭東父筆記 1013右
52鄭靜庵先生文錄 1397左
53鄭成功傳 409右
58鄭敷文書說 38左
60鄭易京氏學 28左
鄭易馬氏學 28左
鄭易小學 28左
67鄭鄤事蹟 408右
71鄭長者書 700左
72鄭所南文集 1289右
鄭所南先生文集、校勘記 1289右
鄭所南先生詩選 1290左
鄭氏六藝論 167右
鄭氏詩譜 64右
鄭氏詩譜攷正 64右
鄭氏詩譜補亡 51右
鄭氏詩箋禮注異義攷 61左
鄭氏三禮目錄 99左
鄭氏聯璧集 1550右
鄭氏儀禮目錄校證 99左
……鄭氏家儀 752右
鄭氏家範 752右
鄭氏遺書 1728左
鄭氏女孝經 757左
鄭氏古文尙書 37左
鄭氏古文尙書證訛 37左
鄭氏喪服變除 79右
鄭氏婚禮 78右
鄭氏書目考 650右
鄭氏規範 752右
鄭氏周易 6左
鄭氏周易注 6左
鄭氏箋攷徵 58右
77鄭風考辨 60右
鄭月蓮秋夜雲窗夢 1666左
鄭學書目 650右
鄭學錄 417右
80鄭盦詩存、文存 1498右
鄭谷詩存 1502右
88鄭節度殘唐再創 1676左
90鄭堂讀書記 649右
鄭堂札記 1027右
鄭少谷集 1340右

8752_0 翔

77翔風傳 1096右

8762_0 卻

57卻掃編 345左

8762_2 舒

00舒文靖集 1275左
舒文靖公類槀 1275右
44舒蓺室雜存 1739左
舒蓺室雜著甲編、乙編、賸稿 1475左
舒蓺室詩 1475左
舒蓺室詩續存 1475左
舒蓺室詩存 1475左
舒蓺室隨筆、續筆、餘集 1028右

舒藝室尺牘偶存 1475左
舒藝室餘筆 1028右
47舒嬾堂詩文存 1254右
50舒東岡集 1347右
65舒嘯樓詩集 1494右
77舒學士詞 1594左

8762_{7} 郃

76郃陽雜詠 529右

鴿

21鴿經 795左

鄯

80鄯善縣鄉土志 517右

8768_{2} 欲

47欲起竹間樓存稿 1463左

8771_{2} 飽

60飽墨堂吟草鈔 1392左
77飽卿談叢 1003右

8772_{0} 飼

47飼鳩記略 479左
飼鶴亭集方 860右

8778_{1} 饌

30饌客約 959右
960左
50饌史 954左

8778_{2} 飲

10飲露詞 1640右
12飲水詩集 1409左
飲水詞 1621左
飲水詞集 1621左
飲水詞鈔 1621左
17飲瓊漿館詞 1642左
20飲香軒詩藁 1438右
30飲流齋說瓷 797左
31飲酒讀離圖 1689右
32飲冰詩集 1295左
飲冰子詞存 1629右
飲冰室詩話 1589左
37飲淥軒隨筆 1007右
1076左
50飲中仙 1706左
飲中八仙令 950右
51飲虹五種 1751左
飲虹簃論清詞百家 1721右
78飲膳正要 954左
80飲食須知(賈銘) 954左
飲食須知(朱本中) 855右
飲食紳言 1032右

8781_{0} 俎

10俎豆集 384右

8800_{0} 从

40从古堂款識學 661左

8810_{1} 竺

60竺嵒詩存 1438右

箜

88……箜篌記 1701左

8810_{4} 坐

00坐忘論 1170左
坐言集 1495右
72坐隱先生訂碁譜、題贈 943右
坐隱先生集 1356左
坐隱園戲墨 953左

笙

04笙詩補亡 1205左
70笙雅堂文集、詩集 1447左
77笙月詞 1637右

篁

21篁嵘詞 1606左
32篁溪歸釣圖題詞 1559右
篁溪家譜 393右
48篁墩集 1334左

8810_{7} 簋

43簋貳約 960左

簠

00簠齋傳古別錄 662右
簠齋藏器目 659右
簠齋藏器目第二本 659右
簠齋金石文考釋 658左

8810_{8} 笠

00笠亭詩選 1440左
20笠舫詩稿 1448右
笠舫詩藁 1448右
22笠山詩草 1494左
30笠寫壺金 876左
36笠澤叢書、攷 1233右
50笠夫雜錄 1006左
80笠翁詞韻 1715右
笠翁劇論 1722右
笠翁偶集摘錄 909右

筮

24筮仕金鑑 473左
30筮宗 15左

8811_{7} 鑑

00鑑辨小言 905左
21鑑止水齋文錄 1450右
鑑止水齋集 174右
37鑑湖隱 1686左
40鑑古齋墨藪 801右
鑑古瑣譚 375左
53鑑戒錄 1053左

8812_{7} 鈐

22鈐山堂書畫記 910右

筠

00筠廊二筆 1073右
筠廊偶筆 1073左
28筠谿詞 1598右
筠谿集 1262右
32筠溪詩草 1449左
筠溪樂府 1598右
筠溪牧潛集 1305右
33筠心堂文集 1451右
44筠菴文選 1407右
51筠軒文鈔 1449右
筠軒詩藁、文藁 1309右
筠軒詩鈔 1449右
筠軒集 1310左
筠軒清閟錄 958右
77筠閣詩鈔 1404左
80筠谷詩 1329右
筠谷詩集 1329右

8813_{7} 鎌

22鎌山草堂詩合鈔 1549左

8822_{0} 竹

00竹廬詩鈔 1434右
竹廬家聒 756右
竹齋詩集(王冕) 1324右
竹齋詩集(裘萬頃) 1276右

*00*竹齋詩餘 1608左
竹齋詞 1601右
竹齋集、續集 1324右
竹齋集鈔 1277左
竹齋先生詩集 1276右
竹裏館草 1404左
*08*竹譜(李衎)、圖 928左
竹譜(戴凱之) 782左
竹譜(□□) 935左
竹譜(陳鼎) 782右
竹譜詳錄、圖 928左
*10*竹下寱言 997左
竹西詞 1619右
竹西花事小錄 1072右
竹雲題跋 669左
*20*竹香亭詩餘 1616右
竹香齋文錄 1424右
竹香齋古文 1424右
竹香詞 1622右
*22*竹巖詩集、文集 1332左
竹巖詩鈔 1429左
竹菴盦傳鈔書目 647左
竹山詞、校記 1610左
竹山堂聯語 945左
*24*竹崦盦金石目錄 655右
*27*竹嶼詩選 1434右
竹嶼山房雜部 1039右
*28*竹谿集 1262右
*30*竹窗詞(高士奇) 1621左
竹窗詞(沈禧) 1614左
竹窗存稿 1331右
竹窗隨筆 1190右
竹窗合筆 1190右
竹窗筆記 353右
*31*竹汀先生日記鈔 640右
*32*竹洲詩集 1269左
竹洲詩鈔 1269左
竹洲詞 1601左
竹洲集 1269左
竹洲集補鈔 1269左
竹洲歸田藁 1322左
竹派 928左
竹溪雜述 1005左
竹溪詩集 1287左
竹溪稿 1305左
竹溪社易門詩鈔 1469右
竹溪十一藁詩選 1287左
竹溪十一稿 1287左
*35*竹連珠 1402左
*37*竹澗集 1338左
竹澗先生文集 1338左
竹澗奏議 497右
*40*竹友詞 1597右
竹友集 1260右
竹南賦略 1447左
*41*竹坪詩草 1491左
*42*竹橋十詠 541右
竹橋黃氏誥敕 394右
*43*竹垞府君行述 420右
竹垞文鈔 1394左
竹垞詩鈔 1394左
竹垞行笈書目 646右
竹垞老人晚年手牘 1394左
竹垞小志 565左
*44*竹坡詩話 1573左
竹坡詞 1596左
竹坡先生遺文 749左
竹坡老人詩話 1573左
竹坡老人詞 1596左
竹坡小草 1428左
竹莊詩話 1575右
竹莊小藁 1290右
……竹葉舟 1663左
竹葉舟傳奇 1700左
竹林詩評 1576左
竹林愚隱集 1282右
竹林答問 1587左
*46*竹如意 1077右
*47*竹塢聽琴 1648右
竹嬾畫媵、續畫媵 930左
竹嬾畫賸、續畫賸 930左
竹嬾墨君題語 914右
*50*竹中記 316左
竹夫人傳 1057右
竹書統箋 286左
竹書佚文 285右
竹書紀年 285右
竹書紀年辨證、補遺辨證 286左
竹書紀年雋句 286左
竹書紀年集證 286左
竹書紀年統箋、前編、雜述 286左
竹書紀年補證、本末、後案 286左
竹書紀年校正、通考 286左
竹書紀年校補 286左
竹書紀年考證 286左
竹素山房詩 1304左
竹素山房詩集 1304左
竹素山房集 1304左
竹素園詩草 1439右
竹素園詩鈔 1491左
竹素園叢談 1082右
*51*竹軒雜著 1272左
竹軒稿 1368左
*60*竹里詩集、文略 1338右
竹里耆舊詩 1454左
竹里畫者詩 434右
竹園集記 1554左
竹園陶說 797左
竹田樂府 1627右
*67*竹眠詞 1626右
*72*竹所詞稿 1631左
竹所吟稿 1294右
竹所吟藁 1294右
竹隱樓詩草 1407右
竹隱畸士集 1263左
竹岳樓艸 1419右
*77*竹屋癡語 1605左
竹屋寒衾圖 1559左
竹岡雜綴、續 1396右
竹岡詩話 1583左
竹岡詩草 1396右
竹岡鴻爪錄 422右
竹岡同學錄 391左
竹岡小草 1396右
竹閒道人自述年譜 411右
竹閒十日話 542右
*80*竹人錄 799右
*81*竹罏圖詠、補 1559右
*88*竹鎬書屋詩鈔 1490左
竹笏軒謎存 947左
*97*竹鄰詞 1628左
竹鄰遺藁 1451右
竹鄰遺稿 1628左

8822_7 笏

*00*笏庵詩、試帖 1467左
*22*笏巖詩鈔 1435右
*80*笏盦集詩 1508右
笏盦集詞 1640左

第

*00*第六水村居稿 1516左
第六絃溪文鈔 1445右
第六絃溪詩鈔 1445右
*10*第一生修梅花館詞 1642左
第一次中俄密約 480右
第一樓叢書 1728右

第一樓叢書附考 192右
第二碑 1688左
第五才子書水滸傳、續 1130右
40第十一段錦詞話 1720左

篇

06……篇韻貫珠集 213右

箐

22箐山詩鈔 1462右
44……箐莪遺稾 1404左

簡

00簡齋詩外集 1265左
簡齋詩鈔 1265左
簡齋詞 1599左
簡齋集(陳仲完) 1327左
簡齋集(陳與義) 1265左
簡齋集補鈔 1265左
簡齋先生年譜 428左
……簡文帝集 1212右
02簡端錄 170右
10簡平儀說 869左
24簡牘檢署考 655左
30簡字譜錄 1729右
……簡字特別課本 215左
簡字叢錄 215右
簡字全譜 215右
37簡通錄 1034左
44簡莊文鈔、續編 1442左
簡莊疏記 173右
簡莊隨筆 640右
48簡松草堂文集、詩集 1437右
67簡明眼科學 833右
簡明限期表 455右
77簡學齋賦鈔 1453左
80簡兮堂文賸 1380左

籥

08籥譜 938左
40籥臺公餘詞 1601左
44籥材琴德廬詞稿 1632左

8823₂ 篆

02篆刻十三略 940右
篆刻針度 941左
05篆訣辯釋 198右
34篆法辨訣 921左
44篆勢 917右
45篆隸攷異 199左
50篆書目錄偏旁字源五百四十部 189右
77篆學指南 940左
篆印發微 941右
篆印心法 940右

籐

78籐陰客贅 1011右

8823₄ 笨

50笨夫詩鈔 1428右

8823₇ 簾

34簾波閣詩鈔 1470左

8824₃ 符

17符子 962右
符君詩存 1480右
40符臺外集 1330左
80……符金錠 1667左

8824₈ 筱

10筱雲詩集 1444右
60筱園詩話 1587右

8825₃ 箴

00箴膏肓 104左
箴膏肓評 104右
40箴左氏膏肓 104左
箴友言 743右
87箴銘錄要 744右
88箴箴何篇 116左

8826₁ 簷

10簷醉雜記 354左
66簷曝雜記 635右
1007左
簷曝偶談 1000左

8830₄ 篷

11篷背吟 1487左
30篷窗附錄 1077左
篷窗類記 349左
41篷櫳夜話 612左

8832₇ 篤

08篤論 963左
40篤志齋春秋解 130左
篤志齋周易解 27左
50篤素堂文集 1398右
篤素堂詩集 1398右
篤素堂集鈔 1737左
94篤慎堂爐餘詩稿、文稿 1514左

8834₁ 等

00等音 213右
等音聲位合彙 214左
06等韻通轉圖證 215左
等韻切音指南 215左
等韻輯略 214右
等韻簡明指掌圖、論 214右
07等韵叢說 214右
17等子述 214右

8840₆ 篳

32篳溪集 1374左

8843₀ 笑

00笑府 1124左
笑府選 1124左
笑言 1121右
22笑倒 1126左
笑倒選 1126左
24笑贊 1123右
1124左
26笑得好 1126右
笑得好選 1126右
36笑禪錄 1124左
38笑海千金 1125左
44笑林(浮白齋主人) 1123右
笑林(邯鄲淳) 1120右
笑林(□□) 1125左
笑林(陸雲) 1120右
笑林廣記(程世爵) 1126右
笑林廣記(游戲主人) 1126右
50笑史 1127左
88笑笑詞 1606右
笑笑錄 1127右

8844₆ 算

21算術述 882右
算術問答 873左
算經 878右
算經十書 1738右
34……算法統宗 879右
算法須知 889右
算法通變本末 878右
算法圓理括囊 890右

34算法全能集 879右
35算迪 882左
43算式集要 890右
44算草叢存 889右
50算書廿一種 1738右
67算略 882左
77算學、續 881右
算學新說 879右
算學瑣解 886右
算學各法引蒙 889右
算學心悟 886右
算學演圖 886右
算學啓蒙 879左
算學報 890左
算學四種 1738右
算學闢邪崇正說 888左
79算賸初編、續編、餘稾 884右

8846_3 笳

77笳騷 1707左

8850_3 箋

00箋註評點李長吉歌詩、外集 1231右
08……箋說 802右
箋譜銘 802右
21箋經瑣說 130左
箋經室所見宋元書題跋 652右
30箋注陶淵明集 1207左
38箋啓補遺 1528左
40箋卉 788右

8850_7 箏

27箏船詞 1626右

筆

00筆塵 998右
03筆識 1030左
07筆記(宋祁) 980左、右
筆記(蕭良榦) 998右
筆記(陳繼儒) 999右
筆記法 926右
08筆說 980右
09筆談 821左
11筆疆偶述 175左
21筆經 800左
25筆生花 1714右
32筆叢 1739右
40筆志 800左
44筆夢 444左
筆夢清談 1080左
筆夢敍 444左
筆花樓新聲 1713左
筆花軒 1127右
筆花醫鏡 823左
筆勢論略 917右
50筆史 800左
筆耒齋訂定二奇緣傳奇 1700左
55筆耕錄 1030左
60筆墨法 917右
64筆疇 969左
74筆髓論 918左
75筆陣圖 917右
87筆錄 800左
88筆算(吳嘉善) 886右
筆算(梅文鼎) 881左
筆算便覽 882左
95筆精 1023左

8851_2 範

60範園客話 1016左

8853_7 羚

80羚羊角辨 855右

8854_0 敏

00敏齋稿 1277右
43敏求齋詩 1460右
敏求齋詩集 1460右

8856_2 籀

00籀膏詩詞 1508左
21籀經堂鐘鼎文釋題跋尾 662左
50籀史 657左
籀書文集內篇、外篇、續篇 1480左
籀書詩集 1479右
籀書詞集 1635左
87籀鄦誃賦筌 1516左

8860_1 答

00答卞夫人書 1201右
答庾亮問宗議 456右
10答三辨文 1024左
答西王母書 1201右
答雷竹卿書 1455右
22答出繼叔臨安吳景僊書 1574右
26答粵督書 1526右
27答疑孟 146右
44答薄氏駮穀梁義 119右
答萬季野詩問 1581右
49答趙象書 1231左
50答夫許邁書 1206右
答夫秦嘉書 1200右
58答數界限 889右
77答周禮難 73右
答問 738右
78答臨碩難禮 73右
答臨碩周禮難 73右
答臨孝存周禮難 73右
答臨孝存周禮難疏證 73右

簪

10簪雲樓雜說 1074右
26簪纓盛事錄 400右
44簪花髻 1675右
簪花閣詩鈔 1460右
簪華閣詩餘 1635右

8860_3 笛

37笛漁小稿 1406右

8860_4 箸

44箸藹室詩集 1399左

8862_7 筍

08筍譜 786左
77筍輿吟 1486右

笥

31笥河文集 1428右

8864_1 籌

34籌遼碩畫 496右
36籌邊記 483右
籌邊議 483右
37籌運篇 580左
38籌洋芻議 722右
籌海圖編 482右
44籌蒙芻議 485右
籌世芻議 723左
50籌表開諸乘方捷法 883右
60……籌蜀記 329左
61籌賑事略 479左
87籌餉卮言 475右
88籌算(梅文鼎) 881左

籌算(羅雅谷) 880左
籌算淺識 891左
籌算補編 888左
籌算法 890左
籌算津梁 889右
籌筆初梯 888左
籌算蒙課 891左
籌算分法淺識 891左

8871_3 篋

23篋外錄 976右
50篋中詞、續 1646右
篋中集、札記 1538右

8872_7 節

00節齋公集 1276左
24節俠記 1696左
44節孝語錄 720左
節孝詩集 1251右
節孝詩鈔 1251右
節孝記 1751左
節孝集 1251左
節孝集補鈔 1251右
節孝先生語錄、事實 720左
節菴集、續稾 1330左
87節錄元周達觀眞臘風土記 627左

8874_1 餅

03餅說奩詞 1632左

鉼

12鉼水齋詩集 1449右
鉼水齋詩別集 1449右
44鉼花譜 956左
鉼菴居士文鈔 1429右
鉼菴居士詩鈔 1429右
47鉼磬微吟 1448左

8877_7 管

10管天筆記外編 974左
17管子、校正 700左、右 701左
管子識誤 700右
管子平議 700右
管子補註 700右
管子校 700右
管子校正 701左
管子斠補 701左
管子隱義 701左
管子弟子職說例 701右
管子義證 700右
管子餘義 701左
管子小匡篇節評 701左
20管絃記 936左
21……管處士年譜 442左
27……管鮑分金記 1695右
管色攷 102右
30管窺外編 991左
管窺編 1175左
32管溪徐氏宗譜 393右
43管城碩記 1024右
48管楡詩選 1405右
57管邨文鈔內編 1405右
60管見理話 748右
管見理畫 748右
管見所及 352右
管異之先生尺牘 1452右
95管情三義 1455左

8879_4 餘

00餘慶錄 1033左
餘慶堂十二戒 767右
餘辛集 1478左
21餘師錄 1574左
25餘生隨詠 1394右
餘生錄(張茂滋) 321右
餘生錄(李元春) 745右
27餘冬詩話 1577右
餘冬璅錄 435右
餘冬緒錄摘鈔 993右
34餘波詞 1621左
42餘姚兩孝子萬里尋親記 443右
44餘菴雜錄 1001右
60餘墨 1016右
餘墨偶談節錄 1587左

8880_1 箕

21箕潁詞 1598右
27箕龜論 898右
60箕田攷 633右

8880_6 簀

30簀窓筆記 997右
簀窗詞 1604右
簀窗集 1282左
80簀谷詩選 1402右

簀

00簀齋雜著 996右

8890_2 策

10策要 991右
41策樞 721左
67策略 722左
77策學例言 465左
88策算 882左

8890_3 纂

00纂文 219左
纂言內篇、外篇 975右
06纂韻 204左
10纂要(顏延之) 219右 1040右
纂要(梁元帝) 219右
纂要文徵遺 219左
纂要解 219右
40纂喜堂詩稿 1454右
60纂圖互註禮記 83右
纂圖互注南華眞經 694右
纂圖互注荀子 684左
纂圖互注老子章句 687左
纂圖互注揚子法言 714右
纂異記(李玫) 1088右
纂異記(李孜) 1091右

8890_4 築

22築巖詩集 1428左
60築圃說 578左

8896_1 籍

22籍川笑林 1122右

8898_6 籟

27籟紀 957右
67籟鳴詩鈔 1425右
籟鳴集 1366左

8912_0 鈔

04鈔詩姓氏 425左

8912_7 銷

10銷夏部 1043右
銷夏彙存 1554右
97銷燬抽燬書目 648右

8918_6 鎖

00……鎖魔鏡 1666右
77鎖闈雜詠 1408右

9

9000_0 小

00小亭信口吟 1497左
小亭詩餘 1611左
小亭集 1300左
小廬詩鈔 1483左
小序 63右
小方壺試律詩 1488右
小庚詞 1629左
小庚詞存 1629左
小摩圍閣詩鈔 1505右
小辨齋偶存 1359左
小言 978左
小畜集 1242左
小畜集補鈔 1242左
小畜集鈔 1242左
04小謝詞存 1631右
小謨觴館文集注 1450右
小謨觴館詩集、續集、文集、續集 1450右
小謨觴館詩餘 1627右
小詩選 1545右
08小說 1047左
小說佚文 1047左
小說叢考 1132左
小說考證 1132左
小說舊聞記 1048右
小說題跋 1132左
小說閒話 1131右
10小三吾亭文甲集、詩、附 1529右
小三吾亭詞 1643右
小三吾亭詞話 1721右
小五義、續 1131右
小豆棚 1076左
小爾雅 216右
217左
小爾雅訓纂 217左
小爾雅疏 217左
小爾雅疏證 217左
小爾雅佚文 217左
小爾雅約注 217左
小爾雅補義、正誤 217左
小爾雅義證 217左
……小天香半夜朝元 1671右
小天集 742右
小石帆亭五言詩續鈔 1534右
小石帆亭著錄 1585左
小西洋記 624右
小酉詩稿 1511左
小酉山房遺詩 1437右
小酉山房賸草 1473左
小雲液草 1493右
小雲棲放生錄 1034右
11……小張屠焚兒救母 1664右
12小孫屠 1664右
13小琅嬛叢記 1740右
18小玲瓏閣詞 1638右
20小雙寂庵文稿、詩稿 1528右
小雙寂庵瑣談 1016右
小航文存 1522右
小穜字林試帖偶存 1511右
21小紅薇館拾餘詩鈔 1492右
小紅薇館吟草 1492右
22小仙都諸山記 574右
小山詞、校記 1593右
小山集 1283左
小山樂府前集、後集、續集、別集、外集、補集 1711右
小山草 1360左
小山畫譜 931右
932左
小山園吟草 1490右
小山類稿 1342左
……小樂府 381右
26小自立齋文 1525左
小泉詩草 1491左
27小忽雷 1706左
小名錄 397左
30小家語 1014右
小寒山自序年譜 408右
小字錄 397左
小窗幽記 999右
小窗豔紀 1533右
小窗自紀 1000左
小窗自紀雜著 1000左
小窗清紀 1037右
小窗別紀 1037右
31小酒令 949右
32小浮山齋詩 1492左
小浮梅閒話 1012左
33小心齋劄記 735右
34小港記 539左
小漪詩屋吟稾 1446右
35小清閟閣詩鈔 1469左
37小湖田樂府 1626左
38小滄嶼山房詩存 1494右
小滄浪詩話 1586右
小滄浪筆談 1008右
小滄桑 1687右
40小有齋自娛集(徐崑) 1428右
小有齋自娛集(徐鈞) 1503左
小有天園雜著 1499右
小奢摩詞 1630右
小奢摩館脞錄 354右
小袁幼稿 1369右
小檀欒室題詞 1555左
42小札簡 1560左
……小桃紅 1671右
43小戴禮記平議 87左
小戴禮記解 87左
小戴禮記注 83左
44小坡識小錄 1009左
小蓮記 1115右
小蓬海遺詩 1458右
小蓬萊謠 1482左
小蓬萊閣印存 942右
小蓬萊賸稾 1435右
小蘇文選 1254左
小草庵詩鈔 1473右
小茗柯館詩詞稿 1516左
小荀子 716左
小菴羅集 1366左
46小獨秀齋詩 1415左
小如詩存 1447左
小槐簃聯存 945右
小槐簃吟稿 1524右
47小鄉嬛詞箋 1631左
48小松圓閣書畫跋 916右
小松吹讀書堂題詠 1557右
50小青傳 1119左
小青娘挑燈閒看牡丹亭 1676右
小青娘風流院傳奇 1698右
55小曲三種 1645左
56小螺菴病榻憶語、附考 1079左
小螺盦病榻憶語 1079左
60小星志 1126左
小國春秋 356左
小易 990右
小羅浮山館詩鈔 1443右
62小影圖贊 1557右
67小鳴稾 1336左
小鄂不館初存草 1494右

*70*小辟疆園詩存 1526左
*71*小斅答問 193右
小匡文鈔 1387右
小長蘆漁唱 1623右
*72*小隱書全帖 442左
小隱園詞鈔 1640左
小隱園二集詩 1514右
小隱園初集詩、文集雜組 1514右
小隱園尺牘 1514右
*74*小尉遲將鬬將認父歸朝雜劇 1667右
小尉遲將鬬將將鞭認父 1667右
*75*小腆紀年附攷 319左
小腆紀敍 318右
*77*小兒痘疹方論 840左
……小兒痘疹證治 840右
……小兒病源方論 838右
小兒病叢談 840左
……小兒方論 838左
小兒語 760左
……小兒語補 760左
小兒諸熱辨 839右
小兒斑疹備急方論 840左
小兒衞生總微論方 838右
小兒治驗 839右
……小兒直訣 838左
小兒藥證直訣、方 838左
小兒藥證眞訣 838左
小兒推拿廣意 843右
小兒書輯八種 1737左
小兒則 838右
小兒則古方 838右
小腳文 1127右
小學、考異 224左 758右
小學識餘 212左
小學詩禮 758右
小學韻語 759左
小學韻補攷 207左
小學說 224右
小學弦歌約選 1534右
小學發微補 191左
小學集註 758右
小學集解 759左
小學後編 759左
小學稽業 760右
小學紺珠 1042右
小學釋文 759左
小學句讀記 759左
小學字解 193左
小學叢殘四種 1729左
小學近思理話 748右
小學近思理書 748右
小學淺說 759左
……小學補(丁大椿) 761左
小學補(馮柯) 759左
小學大義 758右
小學古訓 758右
小學考證 759左
小學考補目 652右
小學或問(尹嘉銓) 759左
小學或問(郝琛) 759左
小學駢支 220右
小學盦遺書 1026右
小學義疏 759左
……小學劄記 759左
小學鉤沈 1729左
小學篇 223左
小學餘論 210右
小丹丘詩稿 1410右
小鷗波館詩鈔 1484左
小鷗波館畫識、畫寄 934左
*80*小金傳 1111右 1112左
小舞鄉樂譜 939左
小倉山房文集 1423左
小倉山房文錄 1423左
小倉山房詩 1423左
小倉山房詩集 1423左
小倉山房外集 1423左
小倉山房續詩品 1584右
小倉山房尺牘 1423右
小倉選集 1423左
*84*小斜川室初存詩 1480右
*88*小簇園新編、續編 1414右
小緐露 226右
*90*小半斤謠 1125右

9001$_4$ 惟

*20*惟罐齋詩鈔 1452左
*30*惟實集、外集 1313左

9002$_7$ 慵

*44*慵菴小集 1297右

9003$_2$ 懷

*17*懷孟草 1407左
懷珉精舍金石跋 658右
*20*懷舫雜著、續刻 1411右
懷舫詩集、續集、別集 1411右
懷舫詞、續、別集 1622右
懷舫集 1411右
懷舫自述 421右
懷舫別集 1411右
懷香記 1693左
*22*懷山園遺文 1407右
*27*懷岷精舍金石跋尾 658右
*34*懷遠偶記 537左
懷遠堂批點燕子箋 1700右
*35*懷淸書屋吟稿 1487左
懷淸堂集 1405左
*39*懷沙記 1707左
*40*懷南草 1417左
懷古田舍詩鈔 1459右
懷古錄 404左
懷古堂新編後漁家樂傳奇 1704左
懷古堂詩集 1400左
懷古堂偶存文稿、詩稿 1415右
*44*懷荃室詩存 1528右
懷夢詞 1629右
懷麓堂詩話 1577右
懷麓堂集 1333右
懷芳記 437左
懷葛堂集、外集附錄、校勘續記 1401右
懷舊雜記 387右
懷舊集 1544左
懷舊志序 384右
懷舊吟 1419右
*60*懷星堂集 1335左
*74*懷陵流寇始終錄 315右
*77*懷賢錄 428右
80……懷人詩鈔 1402右
懷人館詞 1630右
*90*懷小編 1028右
懷米山房藏器目 659右

9003$_6$ 憶

*10*憶雲詞甲槀、乙槀、丙槀、丁槀、刪存 1630右
*22*憶山堂詩錄 1455右
*25*憶往編 421右
*26*憶得 1387左
*31*憶江南館詞 1633左
*50*憶書 1076右
*60*憶園詩鈔 1462左

9004_7 惇

38惇裕堂文集 1456左

9020_0 少

00少廣正負術內篇、外篇882右
少廣縋鑿 888左
少廣補遺 881右
少廣拾遺 881左
17少子 965左
少尹詩 1480右
26少白初稿、存稿、續稿1466右
少保于公奏議 496右
28少儀外傳 759右
30少室仙姝傳 1112左
少室山房集 1743左
少室山房曲考 1722左
少室山房筆叢 1739右
少室山房類藁 1358左
少寨洞記 608左
31少渠文鈔 1417右
38少游詩餘 1594右
44少坡遺詩(曾元海) 1469右
少坡遺詩(錢廷耀) 1487左
少蒙詩存 1503左
少林棍法闡宗 776右
47少鶴先生詩鈔 1441左
60少見錄 1076左
74少陵閒適詩選 1222右
76少陽集 1264右
77少學 760右
86少知非 1129右

9021_1 光

08光論 807左
10光霽廔詞 1637左
24光緒帝大婚粧奩單 459左
光緒大事彙鑑 329右
光緒東鹿鄉土志 515右
光緒輿地韻編 514右
光緒會典 455右
30光宣僉載 329右
37光祿集 1348右
光祿寺進康熙六十一年四月分內用豬鴨果品等項錢糧數目黃册 471左
44光菴集 1324右
67光明藏 1001右

9021_4 雀

11雀研齋文錄 1446右

9022_7 肖

22肖巖詩鈔 1433右

尙

08尙論張仲景傷寒論、後篇、校勘記、校勘續記 811右
尙論持平 1024左
尙論篇、後篇 811左
25尙仲賢雜劇 1750左
27尙絅齋集 1326左
尙絅堂尺牘 1446左
尙絅堂駢體文 1446左
40尙友記 387右
尙友堂文集 1434左
尙友堂說詩 1585右
尙志齋愼思記、訟過記749右
……尙志錄 742右
50尙史 276右
尙書、考證、校勘記 34右
35右
36左
184右
尙書序錄 48右
尙書帝驗期 241左
242左
尙書帝命期 241左
242左、右
尙書帝命驗 240右
241左
尙書帝命驗宋注 241左
尙書帝命驗期 241左
尙書商誼 44左
尙書廣聽錄 41左
尙書章句(任啓運) 41右
尙書章句(歐陽生) 35右
尙書辨解 41左
尙書辨疑 41右
尙書註疏、考證、校勘記36右
尙書註考 40右
尙書誼略、敍錄 44左
尙書讀記 42左
尙書讀本 37左
尙書讀異 48右
尙書講義(黃家辰、黃家岱) 44左
尙書講義(史浩) 38左
尙書記、校逸 42右
尙書旋璣鈐 241左
尙書說(莊存與) 42左
尙書說(黃度) 38右
尙書說要 40右
尙書詳解(夏僎) 38右
尙書詳解(胡士行) 39右
尙書詳解(陳經) 39右
尙書譜 49左
尙書正義、校勘記 36右
37左
尙書王氏注 37右
尙書五行傳 243左
尙書五行傳注 243左
尙書疏衍 40右
尙書要義、序說 39右
尙書平議 43右
尙書百兩篇 35右
尙書可解輯粹 42左
尙書引義 41左
尙書刑德放 241右
尙書砭蔡編 39左
尙書職官考略 48左
尙書殘石 184左
尙書琁璣鈐 241右
尙書琁機鈐 241右
尙書璇璣鈐 241左、右
尙書璇機鈐 241右
尙書攷辨 41右
尙書攷靈曜 240右
尙書集傳或問 39右
尙書集傳纂疏 39左
尙書集注(李顒) 37右
尙書集注(簡朝亮) 44左
尙書集注音疏 42左
尙書經師系表 181右
尙書後案 42左
尙書外傳 41左
尙書緯 240左、右
1730右
尙書緯帝命驗 241左
尙書緯刑德放 241右
242左
尙書緯璇機鈐 241右
尙書緯運期授 242左
尙書緯考靈曜 240右
尙書緯附錄 245左
尙書伸孔篇 43左
尙書佚文 49左
尙書傳授同異考 47右
尙書偶記 42右
尙書稗疏 41左

尙書釋文、校語 48右
尙書釋音 48左
尙書釋天 47右
尙書繹聞 43右
尙書解義 41右
尙書疑義 40右
尙書句解 40左
尙書約旨 42左
尙書約注（任啓運） 41右
尙書約注（劉曾騄） 43右
尙書微 43右
尙書注（馬融） 37左
……尙書注（金履祥） 40左
尙書注（鄭玄） 37左
尙書注疏校正 36右
尙書注疏校勘記、釋文校勘記 36右
尙書注疏考證 36右
尙書源流考 48左
尙書顧氏疏 37右
尙書補疏 43左
尙書述 43右
尙書述義 37右
尙書洪範記 242右
尙書逸文 49左
尙書逸湯誓考、校勘 49左
尙書通考 40左
尙書通典略 42左
尙書通義 43右
尙書運期授 242左
尙書啓幪 43左
尙書大夏侯章句 35右
尙書大傳、考異、序錄、辨譌 35左、右
尙書大傳疏證 35右
尙書大傳佚文 35左
尙書大傳注 35左
尙書大傳定本、敍錄、辨譌 35左
尙書大傳補注 35右
尙書古文辨 47左
尙書古文注 37左
尙書古文考 48右
尙書古文同異 37右
尙書古字辨異 48右
尙書古今文五藏說 47右
尙書古義 41右
尙書七篇解義 41右
尙書校勘記、釋文校勘記 36右
尙書札記（朱亦棟） 42右
尙書札記（范爾梅） 42左
尙書地說 48左
尙書地理今釋 48左
尙書考 42右
尙書考靈曜 240右
尙書考靈耀 240右
尙書考異（莊綬甲） 43左
尙書考異（梅鷟） 40右
尙書舊疏考正 43右
尙書蔡註考誤 39左
尙書隸古定經文 34右
尙書隸古定釋文 48右
尙書埤傳 41左
尙書故 43右
尙書故實 1051右
尙書中候 242右
243左
尙書中候疏證 243左
尙書中候注 243左
尙書中候馬注 243左
尙書中候鄭注 243左
尙書表注 39右
尙書未定稿 42左
尙書輯錄纂注 39左
尙書日記 40右
尙書異讀考 48右
尙書別解 41左
尙書略說 43左
尙書略說注 37左
尙書厤譜 47右
尙書馬氏傳 37左
尙書既見 42左
尙書劉氏義疏 37右
尙書質疑 42右
尙書周誥考辨 46右
尙書舉要 44左
尙書歐陽章句 35右
尙書歐陽夏侯遺說攷 47右
尙書全解 38左
尙書今文新義 44左
尙書今古文集解、校勘記 43左
尙書今古文注疏 42右
尙書今古文考證 42右
尙書令命驗 241左
尙書義疏 38左
尙書義考 42左
尙書鄭注 37左
尙書篇誼正蒙 43右
尙書篇第 42右
尙書箋 44左
尙書餘論 43左
尙書纂傳 40左
尙書小疏 41右
尙書小夏侯章句 35右
尙書小札 42左
尙書精義 38右

券

60券易苞、校勘記、校勘續記 30右

常

01常評事集 1341右
常評事寫情集 1712右
常語筆存 740右
04常熟水論 583右
常熟紀變始末 334左
09常談（吳箕） 986左
常談（陶福履） 464左
10常平權法 478左
常平倉考 478左
15常建詩 1221左
常建詩集 1220右
常建集 1220右
22常山貞石志造象目 673右
24常德圖經 549右
常侍言旨 337右
35常清集 1327左
常清靜經 1144左、右
……常清靜經註（王元暉） 1144左
……常清靜經註（侯善淵） 1144左
……常清靜經註（李道純） 1144左
……常清靜經註（杜光庭） 1144左
……常清靜經註（口口） 1144左
……常清靜經頌註 1144左
……常清靜眞經 1144左
……常清靜妙經 1144左
……常清靜妙經纂圖解註 1144右
常禮雜說 461左
45……常椿壽 1670右
77常用藥物 855左
90常棠澉水誌 520左

9023_2 豢

01豢龍子 971右

9033_1 黨

60黨目記 354左
80黨人碑 1705左

9043_0 尖

76尖陽叢筆 1007左

9050_0 半

00半庵笑政 1126左
半廬文稿、詩稿 1389右
半夜雷轟薦福碑 1652右
半夜雷轟薦福碑雜劇 1653左
02半氈齋題跋 1027左
04半讀齋賸稿、雜著 1499右
10半不軒留事 430左
18……半憨集 1354右
20半千畫訣 931左
22半巖廬遺文、補、遺詩、補 1475右
半巖廬日記 451右
……半峯集 1357左
半山詩鈔 1250右
半山先生集 1344左
半山藏稿 1354左
25半生自紀 409右
30半字集 1452右
38半淞詩存 1408左
40半塘定稿 1639左
半塘小志 566左
44半繭集 1471右
半村野人閒談 996左
51半軒集 1326左
55半農先生春秋說 128左
半農草舍詩選 1491右
半農春秋說 127右
67半野草堂新詠 1545右
70半臂寒 1684左
72半隱先生花甲紀略、文鈔 1515右
77半間雲詩 1489右
90半半山莊農言著實 779右

9050_2 拳

10拳石山房集 1441左
拳石山房遺集、雜著 1451左
21拳經 777左
22拳變餘聞 330右
30拳案雜存 330右
拳案三種 1733左
34拳法備要 777左
47拳鶴山房詞 1636左
71拳匪聞見錄 330左

掌

28掌綸集 1519左
87掌錄 1024右
88掌銓題藁 497右

9060_2 省

00省疚齋吟稿 1510右
省齋文稾 1271左
省齋詩餘 1604左
省齋詩鈔 1449左
省齋集 1276右
省齋集補鈔 1271左
省齋別稾 1271左
21省徭集 1329右
27省身雜錄 756左
省身藥石 1012右
省身錄(蘇源生) 747右
省身錄(郁法) 737右
33省心雜言 727右
省心雜錄 741左
省心詮要 723右
省心紀 734右
省心短語 740右
省心錄(林逋) 723右
省心錄(周際華) 1008右
40省克捷訣 747右
77省闈日記 616右
90省堂筆記 1588左

9060_6 當

10當下繹 735右
23當代名人事略 387右
45當樓詞 1617左
80當差紀略 452右
81當鑪豔 1709左

9071_2 卷

08卷施閣文甲集、乙集、詩 1436左
卷施閣文乙集 1436左
卷施閣詩 1436左
10卷石齋語錄 741左

9080_0 火

15火珠林 896右
18火攻挈要、圖 774右
23火戲略 949左
50……火車王靈官眞經 1150左
60火星本法 871左
火星本法圖說 871右
66火器眞訣 777左
94……火燒介之推 1658左

9080_6 賞

10賞雨茅屋外集 1445左
12賞延素心錄 804右
33賞心幽品四種 1751左
賞心樂事 504左
賞溥傑書畫目 912右
40賞奇樓蠹餘稿 1458左
44賞荷酬唱集 1557左
賞菊傾酒 1688右
88賞鑑雜說 911右

9080_9 炎

28炎徼瑣言 559左
炎徼紀聞 310左

9090_4 米

00米庵鑒古百一詩 911左
米襄陽詩集 1256右
米襄陽遺集 1256右
米襄陽志林 435右
10米元章書史 919左
38米海嶽畫史 927左
米海嶽書史 919左
米海岳年譜 435右

棠

10棠雲館殘稿 1506左
37棠湖詩 1282右
棠湖詩稿 1282右
44棠蔭軒遺稿、雜著 1520左
棠村詞 1616右
78棠陰比事 488右
棠陰比事續編、補編 488右
棠陰比事原編 488右

9091_4 粧

40粧臺記 1121左
45粧樓記 1700右

9096₇ 糖

10糖霜譜 805右

9101₇ 恆

00恆產瑣言 755左
恆齋文集 1412左
恆齋日記 749右
恆言 746左
恆言錄 226左
22恆嶽記 571右
恆峯文鈔 1418右
恆山記 571右
恆山蹟志 571右
23恆代遊記 588右
31恆河沙館草 1738右
55恆農專錄 673右
60恆星說 873左
恆星紀要 871左
恆星餘論 873右

9104₆ 悼

00悼亡詞 1514左
悼亡百韻 1522右

9106₁ 悟

00悟玄篇 1170右
01悟語 975右
10悟雪堂詩鈔 1487右
悟雲詩存 1465左
38悟道錄 1174右
40悟眞註疏直指詳說三乘祕要 1166右
悟眞集 1297右
悟眞外篇 1166右
悟眞直指 1167左
……悟眞直指詳說三乘祕要 1166右
悟眞篇 1166左、右 1167左
悟眞篇註疏 1166右
……悟眞篇講義 1166右
……悟眞篇三註 1166右
悟眞篇正義 1166右 1167左
悟眞篇約註 1166右
悟眞篇注釋 1166右
悟眞篇直指詳說 1166右
悟眞篇拾遺 1166左
悟眞篇闡幽 1166右

9148₆ 類

02類證注釋錢氏小兒方訣 838左
類證活人書、釋音、辨誤 813左
類證增注傷寒百問歌 813左
類證普濟本事方 857左
類證普濟本事方續集 857右
08類說 1035右
17類聚名賢樂府羣玉 1715左
21類經 809左
23類編朱氏集驗醫方 857右
類編草堂詩餘 1644左
27類修要訣、續附 1172右
28類傷寒辨 815右
37類次書肆說鈴 1023左
43類博稾 1331右
類博雜言 969右
44類藻引注 1044左
類林 1047左
……類林雜說 1042右
50類中祕旨 863右
類書殘卷〔一〕 1040右
類書殘卷〔二〕 1040右
類書殘卷〔三〕 1040右
88類篇 196左

9158₆ 頪

30頪宮禮樂疏 458左

9181₄ 煙

02煙話 1014左
08煙譜 784右
10煙霞嶺遊記 599右
煙霞草堂從學記 423右
煙霞萬古樓文集 1445左
煙霞萬古樓詩選 1445左
22煙艇永懷 386右 387左
27煙嶼樓文集、詩集 1477右
34煙波釣叟歌直解 905右

9181₇ 爐

90爐火監戒錄 1174右

9182₇ 炳

96炳燭齋雜著 1741左
炳燭編 1027左
炳燭室雜文 1445右
炳燭軒詩集 1353左
炳燭隨筆 1030右
炳燭錄 1010左
97炳燭偶鈔 379右

9206₄ 恬

18恬致堂詩話 1580右
80恬翁集 1409左
恬養齋文鈔 1473左

9250₀ 判

24判豔 1689右
35判決錄 1041左
88判餘隨錄 1504左

9280₀ 剡

31剡源文鈔 1303左
剡源集、札記 1303左
剡源集逸文 1303左
剡源集校 1303左
剡源戴先生文集 1303左
32剡溪野語 1062左
87剡錄 541右

9281₈ 燈

09燈謎 946右
燈謎源流攷 947左
10燈下閒談 339左
燈下閑談 339左
34燈社嬉春集 946右
44燈花占 898右
65燈味軒文稿、駢體文稿、賦、試帖詩 1488左
燈味軒詩稿、古今體詩稿 1488左
燈味軒詞稿 1635左

9284₆ 爝

90爝火錄 319左

9284₇ 煖

20煖香樓雜劇 1691左

9289₄ 烌

00烌瘦閣詞 1633左
88烌笳詞 1633左

9305₀ 懺

00懺摩錄 745左
27懺船娘張潤金疏 1128左

34㦰法大觀 1164左
44㦰花盦詩鈔 1510左
88㦰餘綺語 1627右

9306$_0$ 怡

10怡雲集 1404左
怡雲山房文鈔 1480左
怡雲軒詩集 1263右
怡雲閣浣紗記 1693左
怡雲館詩鈔 1494右
怡雲堂雜文 1504右
怡雲堂詩集 1504右
怡雲堂內集 1504右
怡雲堂戊子集 1504右
40怡志堂文集、詩集 1473左
怡志堂文初編 1473左
怡志堂文鈔 1473左
怡志堂詩鈔 1473右
48怡松軒金石偶記 659左
60怡園同人吟鈔 1544右
怡園賸稿 1528右
77怡賢親王疏鈔 581右
怡賢親王奏議、附 581右
90怡堂散記、續編 864右
95怡情小品 1544右
怡情小錄 995右

9313$_6$ 螢

00螢音 431左

9383$_3$ 燃

48燃松閣存稿 1472左

9401$_2$ 忱

21忱行錄 748左

9403$_6$ 慥

44慥菴草 1340右

9406$_1$ 惜

00惜齋詞草 1640左
惜齋吟草、別存 1514左
惜褒先生尺牘 1430左
20惜香樂府 1598右
30惜字三宜 1034左
33惜心書屋詩鈔 1472右
44惜花報 1702右
惜花軒詩稿 1502右
惜花軒詞稿 1638右
50惜春山房遺詩 1516右
57惜抱先生尺牘補編 1430左
惜抱軒文集、文後集、詩集、詩後集、詩外集 1430左
惜抱軒先生文選 1430左
惜抱軒法帖題跋 916右
惜抱軒九經說 172右
惜抱軒書錄 649左
惜抱軒筆記 1026左
78惜陰書院緒言 734左
惜陰軒詩草 1496右
惜陰日記 175左
80惜分陰軒醫案 864左
88惜餘存稿 1415左

9408$_1$ 慎

00慎疾芻言 821右 822左
慎齋集 1332右
慎齋遺書 820左
慎言 766右
慎言集訓 766右
03慎誠堂詩鈔 1422右
12慎刑便覽 486右
17慎子、逸文、內篇校文 702右
慎子佚文 702右
慎柔五書 826右
22慎鸞交傳奇 1705左
27慎終錄要 903左
30慎守要錄 774右
43慎始集 461右
46慎獨軒文集 1410左
慎獨叟遺稿 1297左
53慎甫文存 1457右
60……慎思記 749右
72慎所立齋文集 1520右
慎所立齋詩集 1520右
76慎陽子 962左
88慎餘編 744右
慎餘堂文稿 1439右

9408$_6$ 憒

17憒司馬夢裏罵閻羅 1686左
74憒叻編 740左

9481$_1$ 燒

20燒香案 1711右
燒香曲 1714右

9488$_1$ 烘

90烘堂詞 1600左
烘堂集 1600左

9489$_6$ 燎

48燎松吟 1358右

9501$_0$ 性

10性天正鵠 1185左
16性理 741右
性理說 750左
性理理話 748右
性理理畫 748右
性理羣書句解 730左
……性理字訓(程端蒙) 729右
性理字訓(程若庸) 730右
性理淺說 748左
……性理十三論 745右
性理大全書 731左
性理易讀 1736左
性理吟 727右
性理闡說 748左
性理精言 750左
……性理精義 742左
31性源詩存 1499左
33性述 747右
77性學圖說 747左
性學筌蹄 1185左
80性善繹 735左
性善圖說 738左
性善堂稿 1293左
性命雙脩慧命正旨 1174右
性命圭旨 1175右
95性情集 1318左

9502$_7$ 情

02情話記 1003右
10情天外史正册、續册 437左
27情郵記 1699右
情郵記傳奇 1699右
情郵譜 1717左
情郵傳奇 1699右
62情影集存稿 1468右

9503$_0$ 快

08快說續紀 1073右
10快雪齋集、補 1316右
快雪堂漫錄 1069左
22快山堂詩集 1394右
32快活三 1705右
快活山樵歌九轉 1686右

33快心編初集、二集、三集 1131左
65快晴室駢體文 1511左

9509_6 悚

00悚齋家傳 392左
悚齋奏議 501左
悚齋日記 451右

9581_7 爐

30爐宮遺錄 315左
88爐餘志過錄 1549右
爐餘志略 1406右
爐餘錄 347左

9589_6 煉

12煉形內旨 1173左

9592_7 精

31精河廳鄉土志 517右
37精選天下時尙南北徽池雅調 1715左
精選集驗良方 860左
精選名儒草堂詩餘 1646右
精選名賢詞話草堂詩餘 1644左
精選雅笑 1125左
44精華錄 1396左
50精忠記 1701左
精忠旗 1699右
74精騎錄 998左

9601_3 愧

04愧訥集 1384右
44愧菴稿 1368右
97愧郯錄、校勘記、闕文補錄 491右

9601_4 惺

00惺齋文鈔 1427右
惺齋詩課 1435左
惺齋詩存 1468右
惺齋論文 1591左
惺齋答問 746右
96惺惺道人樂府 1712左

懼

40懼內供狀 1128左

9602_7 惕

00惕齋先生放言 974左
惕齋見聞錄 352左
60惕園詩槀 1469右
惕園外稿 1469右
惕園初槀 1469右
惕園初藁文 1469右

9603_4 悮

80悮入桃源 1668左

9680_0 烟

08烟譜 784右
41烟坪詩鈔 1392左

9682_7 煬

00煬帝海山記 1109右
煬帝迷樓記 1109右
煬帝開河記 1110左

燭

37燭湖集、附編 1276左

9683_2 煨

42煨柮閒談 493左

9701_0 恤

07恤誦 393右

9701_4 怪

00怪疴單 861右
怪疾奇方 859右
10怪石贊 956右
怪石錄 957左
38怪道士傳 1100左
60怪男子傳 1108左

9702_0 忉

22忉利天 1688左

惆

91惆悵纍、譜 1691左

9703_2 恨

47恨塚銘 1081左

9703_6 憸

77憸母傳 1118左

9705_6 惲

17惲子居先生尺牘 1444左

9706_1 憺

60憺園文錄 1395右
憺園草、外集 1465右

9708_6 懶

00懶庵先生經史論存、補 1423右
10懶雲詩鈔 1428左
懶雲山莊詩鈔 1493左
80懶人詩集 1375右
88懶餘吟草 1499左

9722_7 鄗

32鄗冰壑先生雜著 738右

鄰

10鄰雲友月之居詩初稿 1466右

9725_6 輝

22輝山存藁 1302右

9782_0 灼

44灼艾集、續集、餘集、別集 995右

爛

40爛存詩鈔 1505左
41爛柯山記 574右
爛柯神機 944左
67爛喉痧痧輯要 834右

9788_2 炊

77炊聞詞 1617左

9791_0 粗

27粗解刑統賦 487左
40粗才集 1515右

9801_6 悅

00悅齋文鈔、補 1269左
25悅生所藏書畫別錄 910左
悅生隨抄 1063左
30悅容編 1125右
33悅心集 1036左
44悅坳遺詩 1475右

9805_7 悔

00悔庵年譜 430右
悔廬文鈔、文補 1515右

九八〇五七、九九九〇四 悔(〇〇—九〇)敞瞥燉粉憐螢榮鴛勞營榮

00 悔廬吟草	1527右
悔齋詩	1397左
悔齋詩稿(畢應辰)	1494右
悔齋詩稿(陳與倘)	1514左
悔言	749右
悔言辨正、附記	749右
37 悔逸齋筆乘	353右
悔過齋文集	1461左
悔過齋續集	1461左
悔過齋劄記	747左
40 悔存詞選	1626右
44 悔菴詩槀	1399左
悔菴學文	1451左
68 悔昨齋詩錄	1466左
悔晦堂文集	1520左
悔晦堂雜詩	1520左
悔晦堂詩集	1520左
悔晦堂對聯	945右
悔晦堂日記	1015左
悔晦堂尺牘	1520左
80 悔龕詞	1642右
88 悔餘菴文稿、詩稿	1478左
悔餘菴集句楹聯	944右
悔餘菴尺牘	1478左
90 悔少集注	1415左

9824₀ 敞

17 敞帚齋主人年譜	423右
敞帚齋餘談	1070右
敞帚齋餘談節錄	1070右
敞帚享金編	1013左
敞帚集(吳中蕃)	1374右
敞帚集(周慶森)	1515右
敞帚稿略	1282左
敞帚軒剩語	1070右
88 敞篋集	1362左

9860₄ 瞥

07 瞥記	172右
	1026右

9884₀ 燉

96 燉煌新錄	358左
燉煌實錄	358左
燉煌錄	530左

9892₇ 粉

41 粉麵品	954左
60 粉墨叢談	948左

9905₉ 憐

20 憐香伴傳奇	1704右

9913₆ 螢

10 螢雪叢說	986左
30 螢窗異草初編、二編、三編	1093右
56 螢蟬叢考	380左
92 螢燈	1001右

9923₂ 榮

76 榮陽外史集	1327右

9932₇ 鴛

36 鴛邊詞	1627右
44 鴛花小譜	947右
99 鴛鴦傳	1102左

9942₇ 勞

72 勞氏碎金	652左

9960₆ 營

10 營平二州地名記	525左
21 營衛運行楊注補證	810左
34 營造法式	489右
60 營口雜誌	527左
營口雜記	527左
營田輯要內篇、外篇	475左

9990₄ 榮

13 榮武佛傳	445右
榮武佛開光說法錄	445右
27 榮祭酒遺文	1301左
30 榮進錄	1327右
榮寶堂詩鈔	1502右

中國叢書綜錄

子目著者索引

中國叢書綜錄

子目著者索引

0

0010$_4$ 主

80 主父偃(漢)
主父偃書 961右

童

00 童賡年(清)
台州札記 390左
國朝政令紀要 493右
四明摭餘錄 540右
四明餘話 540右
明州札記 540右
梓里遺聞 541左
龍江精舍詩集 1513右
湖山唱和集 1513右
東華廡廬集 1513右
日湖集 1513右
劫後集 1513右
冰廬集 1513右
台州詩話 1566左

10 童正心(清)
留村禮意 95右

11 童冀(明)
尙絅齋集 1326左

17 童承敍(明)
平漢錄 305右
沔陽州志 521右
內方先生集、附鈔 1342右

童翼駒(清)
墨梅人名錄(輯) 435左

21 童能靈(清)
周易剩義 21右
留村禮意(分釋) 95右
樂律古義 101右
子朱子爲學次第考 418左
朱子爲學次第考 418左
理學疑問 1006左
冠豸山堂文集 1413右

27 童佩(明)
童賈集 1352右

30 童宗說(宋)
增廣註釋音辯柳集 1230右
增廣註釋音辯唐柳先生集、
別集、外集 1230右

44 童華(清)
九家窰屯工記 475左
銅政條議 490左
長崎紀聞 630左
駱駝經 792右
赤城詩鈔 1479左

46 童槐(清)
過庭筆記 1009右
今白華堂詩錄 1463右
今白華堂文集 1463右
今白華堂時文 1463右
今白華堂試帖 1463右
關中書院試帖 1463右

51 童軒(明)
清風亭稾 1332右

60 童恩(清)
尊君府君年譜 422右

童品(明)
春秋經傳辨疑 125右

64 童叶庚(清)
蝸角棋譜 944左
雕玉雙聯 945左
醉月隱語 946右
月夜鐘聲 950右
六十四卦令 950右
七十二候令 950右
合歡令 951左
五星聯珠 952左
鬥花籌譜 952右
靜觀自得錄 1013左
說快又續筆 1127右
回文片錦 1512左

77 童閏(民國)
湖海同聲集 1544右

童月軒
歷驗再壽編(輯) 861左

80 童養中(明)
新刻全像臙脂記 1698右

81 童鈺(清)
抱影廬詩 1425左

0010$_8$ 立

36 立溫斯敦(英國)
黑蠻風土記 638左

0021$_1$ 鹿

00 鹿亭翁(宋)
蘭易上卷 790左

21 鹿虔扆(後蜀)
鹿太保詞 1592左

77 鹿門老人(唐)
紀曆撮要 780左

80 鹿善繼(明)
四書說約 151右
鹿忠節公集 1363左
認眞草 1363左
鹿乾嶽集 1363左

龐

10 龐元英(宋)
文昌雜錄 491左
談藪 1063左

30 龐安時(宋)
傷寒總病論、音訓、修治
藥法 812右

35 龐迪我(明西洋)
七克 1192右

40 龐大堃(清)

易例輯略 33左
唐韻輯略、備考 206左
形聲類篇校勘* 211右
形聲輯略、備考 212左
古音輯略、備考 212左
等韻輯略 214右

77 龐覺(宋)
希夷先生傳 1115左

90 龐尙鵬(明)
龐氏家訓 753左

0021₇ 亢

43 亢樒門(民國)
容園謎存 947左

0022₂ 彦

93 彦悰(唐釋)
後畫錄 925右

廖

10 廖平(民國)
四益易說 28右
易經新義疏證凡例 28右
易生行譜例言 28右
易經古本 31右
尙書今文新義 44左
書尙書弘道編 44左
今文尙書要義凡例 47右
書經周禮皇帝疆域圖表 48左
書經大統凡例 48左
四益詩說 60左
今文詩古義證疏凡例 60左
周官攷徵凡例、周禮新義凡例 72左
周禮鄭注商榷 72左
周禮訂本略注 72左
禮經凡例、容經學凡例 81右
禮記識 87右
王制學凡例 88左
王制訂 88左
王制集說 88右
坊記新解 89右
分撰兩戴記章句凡例、兩戴記分撰凡例 90左
禮說 95右
樂經凡例 100左
左氏春秋古經說 109右
春秋左傳古義凡例、春秋左氏傳漢義補證簡明凡例、春秋古經左氏說後義補證凡例、左氏春秋學外編凡例 112右
何氏公羊解詁十論、續十論、再續十論、春秋天子二伯方伯卒正附庸尊卑表 116左
公羊春秋經傳驗推補證、擬大統春秋條例、皇帝大同學革弊興利百目 116左
公羊春秋補證凡例 117右
起起穀梁癈疾 118右
重訂穀梁春秋經傳古義疏、釋范、起起穀梁癈疾 120右
穀梁春秋經傳古義凡例 120右
穀梁春秋經學外篇凡例 120右
春秋三傳折中 130左
春秋圖表 130右
論語彙解凡例 143右
大學中庸演義 154右
孝經學凡例 160右
經話甲編、乙編 178左
經學初程(吳之英同撰) 178右
四益館經學四變記、五變記 178右
今古學考 182左
古學攷 182右
六書舊義 190右
釋范 221右
書中候弘道篇 243左
詩緯新解 245左
莊子新解 696左
莊子經說敍意 696右
墨辯解故序 706左
尊孔篇 723左
知聖篇 723左
黄帝內經明堂敍、舊鈔太素經校本敍、黄帝內經、集注敍、黄帝內經素問重校正敍(識) 810左
素問靈臺秘典論篇新解、瘧解補證 810左
素問隋楊氏太素注本目錄 810左
靈樞隋楊氏太素注本目錄 810左
營衞運行楊注補證 810左
傷寒雜病論古本(輯) 812右
補傷寒古本 812右
傷寒古本攷 812右
傷寒講義、桂枝湯講義 812右
傷寒平議、瘟疫平議 816右
傷寒總論 816左
太素內經傷寒總論補證、太素四時病補證 816左
分方治宜篇 824左
巢氏病源補養宣導法(輯) 845左
脈經考證 848左
平脈攷、內經平脈攷 850左
黄帝內經太素診皮篇補證、古經診皮名詞 850左
診筋篇補證、十二筋病表 850左
診骨篇補證 850左
楊氏太素診絡篇補證、病表、名詞 850左
黄帝太素人迎脈口診補證(一名人寸診補證) 850左
楊氏太素三部診法補證、九候篇診法補證、十二經動脈表 850右
脈學輯要評 850右
漢志三統曆表 867左
撼龍經傳訂本注 900右
都天寶照經(注) 901左
地學答問 903右
地理辨正補正 903右
命理支中藏干釋例 904右
倫理約編 977右
世界哲理進化退化演說 977右
楚詞講義 1195右
離騷釋例 1196右
高唐賦新釋 1197左
六譯館雜著(原名四益館雜著) 1520右

六譯館外編 1520右
廖雲溪(清)
切總傷寒 816左
醫門初步 822右
增補脈訣 848左
藥性簡要 855左
湯頭歌括 860左
廖雲錦(清)
織雲樓詩稿 1439左
11 廖冀亨(清)
求可堂自記 410左
求可堂家訓 755右
12 廖登宸(明)
惕齋先生放言 974左
廖瑀(宋)
九星穴法 901右
廖公四法心鏡、全局安墳立宅入式歌 901右
廖廷相(清)
太常因革禮校識 456右
大金集禮校刊識語* 457右
21 廖行之(宋)
省齋集 1276右
省齋詩餘 1604左
廖師慎(民國)
家學樹坊 651左
24 廖侁(宋)
南嶽九眞人傳 448左
25 廖積性(清)
廣生編 839右
27 廖翶(清)
書繹 43右
詩繹 59左
30 廖寅(清)
補華陽國志三州郡縣目錄* 556左
廖宗澤(民國)
重訂穀梁春秋經傳古義疏、釋范、起起穀梁癈疾(補疏) 120右
黃帝內經太素篇目 808右
靈素五解篇 810左
37 廖鴻章(清)
紫陽書院題解 743右
南雲書屋文鈔 1420左
38 廖道南(明)
殿閣詞林記 424右
40 廖士琦(清)
迪彝先生文 1395左
廖士修(清)
素菴先生文 1395左
廖志灝(清)
夢餘草 1420左
44 廖燕(清)
遊碧落洞記 606右
遊潮水巖記 606右
畫羅漢頌 931左
醉畫圖 1686左
訴琵琶 1686左
續訴琵琶 1686左
鏡花亭 1686左
柴舟別集四種 1750右
72 廖剛(宋)
高峯文集 1261左
高峯別集 1261左
99 廖瑩中(宋)
江行雜錄 1063右
昌黎先生集、外集、遺文(輯注) 1228左
東雅堂韓昌黎集註、外集(輯注) 1228右
河東先生集、外集、集傳(輯注) 1230右

0022_3 齊

00 齊辯貌(秦)
雲晃子 709左
15 齊翀(清)
三晉見聞錄 525右
思補齋日錄 1006右
杜詩本義 1223右
雨峯詩鈔、文鈔 1435左
17 齊召南(清)
尙書注疏考證 36右
禮記注疏考證 84左
春秋左傳注疏考證 105右
春秋公羊傳注疏考證 114右
春秋穀梁傳注疏考證 119右
明鑑前紀 291右
歷代帝王年表 362右
蒙古五十一旗考 526左
水道提綱 578左
黃河編 579左
入河巨川編 579左
運河水道編 580左
江道編 580右
入江巨川編 580右
淮水編 580右
入淮巨川編 581左
京畿諸水編 581左
塞北漠南諸水彙編 581右
盛京諸水編 582左
黑龍江水道編 582左
東北海諸水編 582左
西北諸水編 582左
甘肅諸水編 582左
西域諸水編 582右
山東諸水編 582右
太湖源流編 583左
浙江諸水編 584左
閩江諸水編 585左
粵江諸水編 585右
雲南諸水編 586左
西藏諸水編 586右
海道編 586右
朝鮮諸水編 629左
寶綸堂文鈔 1420右
寶綸堂詩鈔 1420右
寶綸堂集 1420右
注疏考證 1728右
齊己(唐釋)
唐齊己詩集 1238右
白蓮集 1238右
風騷旨格 1569左
21 齊倬(清)
修齊直指(節錄・注) 779左
22 齊鸞(明)
齊憲副集 1341右
24 齊德之(元)
外科精義 832左
25 齊仲甫(宋)
女科百問 835右
40 齊古(唐)
進石臺孝經表 161左
71 齊熙(宋)
朱子讀書法(張洪同輯) 762左
77 齊履謙(元)
春秋諸國統紀 124右

0022_7 方

00 方亨咸(清)
苗俗紀聞 550左

00 方彥珍(清)
有誠堂詩餘 1634左
方豪(明)
方棠陵集 1341左
方文(□)
靈寶淨明黃素書釋義祕訣 1167右
方文照(明)等
徐仙眞錄(輯) 449右
02 方新(明)
方侍御集 1352右
10 方正瑗(清)
方齋小言 975右
關西講堂客問 975右
方齋補莊七篇 975右
方正澍(清)
伴香閣詩 1441左
方玉潤(清)
詩經原始 59左
方元(民國)
史公論六家要指篇釋 681左
荀子非十二子篇釋 685左
淮南子要略篇釋 961右
方干(唐)
玄英先生詩集 1237右
玄英集 1237右
11 方張登(清)
稭堂文集 1420左
12 方登嶧(清)
依園詩略 1405右
星硯齋存稿 1405右
垢硯吟 1405右
葆素齋集 1405右
如是齋集 1405右
方瑞生(明)
墨海 801左
方弘靜(明)
千一錄客談 1002左
方孔炤(明)
西庫隨筆 351左
職方舊草 498右
撫楚疏稿 498右
撫楚公牘 501右
知生或問 737左
方飛鴻(清)
廣談助 1126右
17 方承之(清)
遊龍亭記 597左
18 方婺如(清)
偶然欲書 1006左
集虛齋文錄 1409右
20 方信孺(宋)
南海百詠 552右
觀我軒集 1279右
方千里(宋)
和淸眞詞 1595右
方秉孝(清)
盤龍山紀要 577左
行先遺稿 1330左
21 方行(元)
東軒集 1318左
方熊(清)
文章緣起(補注) 1567右
方貞元(清)
爨桐廬算賸 888右
22 方崧卿(宋)
韓集舉正、外集舉正、敍錄 1228左
方綬(清)
菌珠經(注) 1040左
24 方升(明)
大嶽志 575左
25 方傳勳(清)
養雲廬詩草 1505左
養雲廬詞草 1639左
方績(清)
鶴鳴集 1489左
27 方象瑛(清)
明史分稿殘編 282左
俗砭 461右
封長白山記 590左
遊鴛鴦湖記 600左
使蜀日記 613左
艮堂十戒 767右
方勺(宋)
青溪寇軌 299左
泊宅編 982左、右
方絢(清)
貫月査 950左
采蓮船 950左
響屧譜(注) 951右
香蓮品藻 1128左
金園雜纂 1128左
方氏五種 1742左
28 方以智(清)
兩粵新書 323左
嚮言 721右
印章考 940左
膝寓信筆 1002右
通雅 1023右
物理小識 1039右
稽古堂文集 1379左
文章薪火 1581右
方攸躋(明)
方員外集 1354左
30 方宏靜(明)
燕貽法錄(一名家訓) 753左
方良永(明)
方簡肅文集 1336左
方寔孫(宋)
淙山讀周易記、圖 15左
方宗誠(清)
讀易筆記 27左
書傳補義 43右
詩傳補義 59右
說詩章義 59右
禮記集說補義 87左
春秋傳正誼 130左
春秋集義 130左
讀學庸筆記 154左
讀論孟筆記、補記 154左
孝經章義 160左
讀史雜記 377左
讀宋鑑論 378右
病榻夢痕錄節要(輯) 410右
吳竹如先生年譜 423左
登千佛山記 591左
登小孤山記 605右
南歸記 617右
周子通書講義 724右
讀諸子諸儒書雜記 748左
志學錄、續錄 748右
俟命錄 748右
輔仁錄 748右
敎女彝訓 758左
陶詩眞詮 1207左
陸象山先生集節要(輯) 1274右
柏堂集前編、次編、續編、後編、餘編、補存、外編 1479左
讀文雜記 1587右

論文章本原 1587右
柏堂經說 1728右
柏堂讀書筆記 1740右
31 方濬(清)
觀玩隨筆 26右
讀書經筆記 43右
讀詩經筆記 59左
詩經序傳擇參 64左
春秋初讀 129右
數往錄 377左
立本趣時說 722右
周子書注劄記 724右
正蒙分目解按 725右
性述 747右
心述 747右
膠西講義 747右
毋不敬齋劄記 747右
辨心性書 747右
永矢集 1475左
顧庸集 1475右
膠西課存 1475右
方濬頤(清)
轉徙餘生記(記) 334右
夢園叢說內篇 1011右
述學校勘記* 1435左
二知軒詩鈔 1478左
33 方溶(明)
澉水新誌(修) 520左
34 方汝浩(明)
禪眞逸史 1131左
36 方澤(明釋)
釋方澤集 1357左
方澤(清)
待廬遺集 1417左
37 方瀾(元)
方叔淵遺藁 1307左
叔淵遺藁 1307左
方逢時(明)
大隱樓集 1351左
方逢辰(宋)
名物蒙求 762左
蛟峯文集、外集 1288左
蛟峯集鈔 1288左
40 方大琮(宋)
鐵菴集 1282左
壺山四六 1282左
方大湜(清)
平平言 474左
方大鎮(明)
寧澹居奏議 498左
寧澹語 736左
田居乙記 1035右
寧澹居遺文 1359右
方士庶(清)
天慵菴筆記 916左
方士淦(清)
啖蔗軒自訂年譜 432左
東歸日記 616左
蔗餘偶筆 1009右
啖蔗軒詩存 1457右
方培濬(清)
毅齋遺集 1500右
方內散人
輯補溫熱諸方 828左
方有執(明)
傷寒論條辨、本草鈔、或問、痙書 811左
方燾(清)
山子詩鈔 1428右
43 方式濟(清)
龍沙紀略 528左
陸塘初稿 1412右
出關詩 1412右
44 方芳佩(清)
在璞草堂詩稿 1427右
方薰(清)
山靜居畫論 932右
山靜居論畫 932右
山靜居詩話 1585右
方孝孺(明)
侯城雜誡 720右
宗儀、家人箴 753左
方正學先生幼儀雜箴 760左
遜志齋集 1328右
方正學先生遜志齋集 1328右
方正學先生文集 1329左
方正學集 1329左
方正學先生集選 1329左
方若(民國)
校碑隨筆 668左
方苞(清)
周官集注 70右
周官析疑 70右
周官辨 70右
考工記析疑 73左
儀禮析疑 77左
喪禮或問 79左
禮記析疑 86左
左傳義法舉要(述) 110左
春秋通論 127右
春秋直解 127右
春秋比事目錄 127右
讀經 171右
史記注補正 263右
湯文正公年譜定本 410左
望溪奏議 499右
遊鴈蕩記 601右
刪定荀子 684右
刪定管子 700右
讀子史 1005右
離騷經正義 1196右
望溪先生文 1410右
望溪集 1411左
望溪先生文集、集外文 1411左
望溪先生文外集 1411左
望溪文集補遺 1411左
望溪文集再續補遺、三續補遺 1411左
望溪文鈔 1411左
方望溪文鈔 1411左
方望溪尺牘 1411左
欽定四書文(輯) 1562右
方其義(明)
時術堂集選 1357右
45 方楝(清)
西綵賦稿 1430右
46 方旭(清)
蟲薈 794左
方觀承(清)
卜魁風土記 528右
從軍雜記 614右
東閭剩稿 1417左
入塞詩 1417左
懷南草 1417左
豎步吟 1417左
叩舷吟 1417左
宜田彙稿 1417左
看蠶詞 1417左
松漠草 1417左
薇香集 1417左
燕香集、二集 1417左
方觀旭(清)
論語偶記 142右

47 方坰(清)
生齋讀易日識 25右
生齋日識、續 746右
生齋自知錄 746右
生齋文稾 1453右
生齋詩稾 1453右
方起英(清)
方起英詩 1424右
50 方中通(清)
數度衍 881右
方中履(清)
切字釋疑 214右
汗青閣文集 1385左
方申(清)
諸家易象別錄 25右
虞氏易象彙編 25右
周易卦象集證 25右
周易互體詳述 25右
周易卦變舉要 25右
方氏易學五書 1727左
方本恭(清)
象數述 24左
等子述 214右
內經述 809右
算術述 882右
方東樹(清)
書林揚觶 640左
漢學商兌 745右
跋南雷文定 745右
未能錄 745右
進修譜 745右
山天衣聞 745右
向果微言、述恉 745右
大意尊聞 746左
解招魂 1197左
陶詩附考 1207左
考槃集文錄 1452右
半字集 1452右
考槃集 1452右
王餘集 1452右
儀衞軒遺詩 1452右
昭昧詹言、續、續錄 1586右
53 方成珪(清)
于常侍易注疏證、集證 25右
集韻考正 207左
敬業堂詩校記 1406右
琉研齋吟草 1456右
方成培(清)
香研居詞麈 936左
味經堂詞稾 1624右
聽弈軒小稿 1624右
54 方拱乾(清)
絕域紀略 527右
寧古塔志 527右
60 方回(元)
續古今考 1021左
虛谷閒抄 1064左
桐江集 1301右
桐江續集 1301右
文選顏鮑謝詩評 1532右
瀛奎律髓(輯) 1533左
62 方昕(宋)
集事詩鑒 752右
64 方時軒(清)
樹蕙編 790右
67 方略(清釋)
秀山志(重輯) 573右
72 方岳(宋)
秋崖集 1286左
秋崖小稿鈔 1286右
秋崖小藁集 1286右
秋崖集補鈔 1286右
秋崖詩選 1286右
深雪偶談 1575左
秋崖詞 1606右
秋崖先生小藁詞 1606右
73 方駿謨(清)
徐州輿地考 537左
77 方鳳(宋)
金華游錄(一題謝翺撰) 601左
夷俗考 622右
野服考 798左
物異考 1091左
存雅堂遺稿 1291左
方鵬(明)
責備餘談 374右
方殿元(清)
環書 722左
九谷集 1400左
方履籛(清)
萬善花室文稿 1453右
萬善花室文藁、續集 1453右
萬善花室駢體文鈔 1453右
萬善花室詞 1628右
方聞一(宋)
大易粹言(輯) 14右
方學漸(明)
性善繹 735左
東遊紀 735左
庸言 735左
心學宗 735左
方學周(清)
夢亭遺集 1444左
方民悅(明)
交黎勦平事略(輯) 311左
80 方金彪(清)
寅甫日記 748左
寅甫小稾 1468右
方夔(宋)
富山遺稿 1297左
富山嬾藁 1297左
84 方鑄(民國)
周易觀我 29左
論語傳 144左
三經合說 178右
華胥赤子奏章 501左
華胥赤子古今體詩 1517右
華胥赤子文集 1517右
華胥赤子尺牘 1517右
87 方朔(清)
枕經堂金石跋 658左
91 方炳奎(清)
說夢錄 617右
驂鸞小記 617右
退思錄 749左
河壖贅筆 1011右
磨盾集 1502左
92 方愷(清)
新校晉書地理志 508左
句婁詞 1639右

0022₇ 市

44 市村謙(日本)
遊天王山記 634右

席

26 席吳鏊(清)
內閣志 468右
27 席佩蘭(清)
長眞閣詩稿 1445右
長眞閣詩餘 1626右
38 席啓圖(清)

畜德錄選(輯) 741右
44 席蕙文(清)
采香樓詩集 1446右
席世昌(清)
席氏讀說文記 187右
50 席書(明)
漕船志(輯) 476左
53 席威(清)
中西算學四種(輯)1738右
55 席慧文(清)
瑤草珠華閣詩鈔 1488左

商

17 商務印書館
十通索引(輯) 655左
45 商鞅(周)
商子 701右
702左
商君書 702左
50 商書濬(清)
麓原詩鈔 1483左
57 商輅(明)
蔗山筆麈 374右
商文毅疏稾略 496右
商輅(明)等
續資治通鑑綱目 284左
60 商景蘭(明)
錦囊詩餘 1614右
80 商企翁(元)
祕書監志(王士點同撰) 470右

高

00 高彥休(唐)
唐闕史 1052左
闕史 1052左
御覽闕史 1052左
高應雷(清)
澹生詩鈔、文鈔 1379右
高應冕(明)
高光州集 1348左
高文秀(元)
好酒趙元遇上皇 1656左
新刊關目好酒趙元遇上皇 1656左
黑旋風雙獻功雜劇1656左
黑旋風雙獻功 1656左
須賈大夫誶范叔雜劇 1656左
須賈誶范睢 1656左
誶范叔 1656左
須賈大夫誶范叔 1656右
劉玄德獨赴襄陽會1656右
保成公徑赴澠池會1656右
周瑜謁魯肅殘本 1656右
高文秀雜劇 1749右
高文虎(宋)
蓼花洲閒錄 1061左
高文照(清)
闋清山房詩 1433左
蘐香詞選 1625左
高奕(清)
續曲品 1722右
傳奇品 1722右
新傳奇品、續 1722右
02 高誘(漢)
孟子高氏章句 146左
戰國策(注) 295右
呂氏春秋(注) 708右
呂子(注) 708右
淮南鴻烈解(注) 961左
淮南子(注) 961左
03 高詠(清)
遺山詩 1390右
10 高正臣(唐)
高氏三宴詩集(輯)1551左
高晉(清)
南巡名勝圖說 562右
海塘說 584右
高晉(清)等
南巡盛典 458右
高奣映(清)
等音聲位合彙 214左
太極明辯 724左
12 高登(宋)
東溪集 1267左
高東溪集 1267左
東溪詞 1599右
高登奎(清)
復齋詩鈔 1465左
高廷瑤(清)
宦游紀略 473右
高延第(清)
北遊紀程 617右
老子證義 691右
涌翠山房文集、詩集 1484右
高龏(明)
郭子翼莊(輯) 697左
翼莊 697左
13 高武(明)
鍼灸要旨 842右
鍼灸素難要旨 842右
16 高理文(美國)
美理哥國志略 639左
17 高承(宋)
事物紀原 1041右
高承勳(清)
豪譜 1127左
20 高嵣(清)
左傳鈔(集評) 108左
公羊傳鈔(集評) 115右
穀梁傳鈔(集評) 120左
國語鈔(集評) 294左
國策鈔(集評) 296左
史記鈔(集評) 371左
前漢書鈔(集評) 371左
後漢書鈔、蜀漢文鈔(集評) 371左
嘉懿集初鈔、續鈔(集評) 1036左
歸餘鈔(集評) 1534右
唐宋八家鈔(集評)1537左
高秉(清)
指頭畫說 932右
21 高順貞(清)
翠微軒詩稿 1505左
高儒(明)
百川書志 646左
22 高鼎汾(清)
醫學課兒策 866左
高繼衍(清)
演教論語 764右
蜨階外史、續編 1076右
培根堂詩鈔 1467左
鑄鐵硯齋詩、續編 1467左
養淵堂古文 1467左
養淵堂駢體文 1467左
味經齋制藝 1467右
海天琴趣詞 1631右
詞餘 1713右
23 高允(後魏)
高令公集 1214左
高令公集選 1214左
高岱(明)

鴻猷錄 292右
高白滸集 1353右

24 高先(宋)
眞人高象先金丹歌 1171左

高德基(元)
平江記事 534右

25 高生嶽(清)
伽師縣鄉土志 518左

高仲武(唐)
中興閒氣集(輯) 1539左

高積厚(清)
印辨 941右
印述 941右

26 高得暘(明)
節菴集、續藁 1330左

27 高佩華(清)
芷衫詩餘 1640左

高叔嗣(明)
煎茶七類 955左
高蘇門集 1344右
蘇門集 1344右
蘇門集選 1344右

28 高似孫(宋)
唐科名記 464右
剡錄 541右
史略 650左
子略 650左
蟹略 793右
硯箋 803左
蘭亭考、羣公帖跋(删定) 924左
唐樂曲譜 938左
緯略 987右
疎寮小集 1276右
疎寮小集補遺 1276右
騷略 1276右
選詩句圖 1531右

30 高濂(明)
四時幽賞錄 597右
燕閒清賞箋摘抄 672左
八段錦 776右
野蔌品 786右
藝花譜 788左
草花譜 788左
蘭譜 790左
硯譜 803右
醖造品 806右
解百毒方 831左
按摩導引訣 843左
治萬病坐功訣 844右
遵生寶訓(輯) 846右
四時攝生消息論 846右
服食方 846右
仙靈衞生歌 846右
相宅要說 899右
三才避忌 906左
選擇曆說 908左
法製品 954左
脯鮓品 954左
甜食品 954左
粉麵品 954左
粥糜品 954右
蔬製品 954右
湯品 955右
山齋志 955右
燕閒清賞箋 958左
座右箴言(輯) 1036左
遵生八牋 1039右
絕三尸符咒 1181左
守庚申法 1181右
續神咒錄 1181右
服氣法 1181右
玉簪記 1696左
陳眉公批評玉簪記 1696左
重校玉簪記 1696左
新刊重訂出像附釋標註陳情記 1696左
新刊重訂出相附釋標註賦歸記 1696左
節孝記 1751左

高適(唐)
高常侍集 1222右
高適集 1222右

高守元(金)
冲虛至德眞經四解(輯) 698右

高宇泰(明)
雪交亭正氣錄 402右

32 高兆(清)
啓禎宮詞 383右
續高士傳 442左
荔社紀事 787右
端溪硯石考 804左
攬勝圖譜 950左
觀石錄 956右

高兆麟(明)
生日會約 960左

33 高心夔(清)
恤誦 393右
形景龕三漢碑執 945左
陶堂遺文 1499右
陶堂志微錄 1499右

34 高斗魁(清)
醫家心法 820右
四明心法 821左
四明醫案 862左

高斗樞(明)
存漢錄 316左
守鄖紀略 316右

高邁(宋)高選(宋)等
江邨遺稿 1549右

37 高瀔(明)
石門集 1340右

高選(宋)高邁(宋)等
江邨遺稿 1549右

38 高道寬(金)
上乘修眞三要(述) 1167左

高道素(明)
南宋江陰軍乾明院羅漢尊號碑(輯) 445左

高啓(明)
高靑邱集 1325左
大全集 1325左
高太史大全集 1325左
鳧藻集 1325左
高太史鳧藻集 1325左
高季迪集 1325左
青邱高季迪先生詩集 1325左
扣舷集 1614右

40 高士魁(清)
蜀游手記 588左
虛靜齋詩藁 1512右

高士奇(清)
春秋地名考略 111右
春秋地名攷略目 111右
左傳紀事本末 292左
蓬山密記 452右
金鼇退食筆記 564右
江邨草堂紀、詩 565左
遊盤山記 589右
松亭行紀 613左、右
扈從東巡日錄 613右
扈從西巡日錄 613右
塞北小鈔 613右
扈從紀程 613右

北墅抱瓮錄 786左
江村銷夏錄 911左
江邨書畫目 911左
續編珠* 1040右
天祿識餘 1074左
三體唐詩(補注) 1539右
蔬香詞 1620右
竹窗詞 1621左
青吟堂詞二種 1748左
高克恭(元)
房山集 1306左
42 高斯得(宋)
恥堂存稿 1285右
高棅(明)
高待詔詩 1328右
高漫士集 1328右
唐詩品彙、拾遺(輯) 1540左
44 高翥(宋)
信天巢遺稿 1281左
菊磵小集 1281左
菊磵小集補遺 1281左
菊磵詩選 1281左
高懋功(清)
雲中紀程 614左
高攀龍(明)
周易孔義 18左
周易易簡說 18左
春秋孔義 126左
四書講義 151右
武林遊記 597右
程子節錄、文集抄 727左
朱子節要 729左
就正錄 736左
東林書院會語 736左
高子遺書 1360右
高子遺書節鈔 1360右
高子文集、詩集 1360右
高景逸集 1360右
高世栻(清)
醫學眞傳(輯) 821左
本草崇原(纂集) 852右
高楚芳(元)
集千家注杜工部詩集、文集(輯) 1223左
集千家註杜詩(輯) 1223左
46 高觀國(宋)
竹屋癡語 1605左
54 高拱(明)
春秋正旨 125右
問辨錄 151左
防邊紀事 312左
伏戎紀事 312左
伏西紀事 312左
撻虜紀事 312左
安邊紀事 312左
靖夷紀事 312左
靖南紀事 312右
綏廣紀事 312右
病榻遺言 312右
東里高氏世恩錄 393右
南宮奏牘 497右
掌銓題藁 497右
本語 971右
獻忱集 1349右
外制集 1349右
程士集 1349右
玉堂公草 1349右
綸扉稿 1349右
邊略 1732右
高拱京(清)
高氏塾鐸 755左
56 高輯(清)
廣西三江源流考 586左
60 高思敬
運氣指掌 825左
外科醫鏡 831右
外科三字經 831右
六氣感證 831右
外科問答 831右
逆證彙錄 831右
經絡起止歌、井滎俞經合歌 843左
三百六十穴歌 843左
臟腑圖說 852右
五臟補瀉溫涼藥性歌 855右
五臟六腑圖說 1738左
高景芳(清)
紅雪軒詩稿 1416左
64 高時明(明)
玉皇心印經(參閱) 1134左
67 高明(元)
柔克齋集 1318右
柔克齋詩輯 1318右
琵琶記 1691右
新刊元本蔡伯喈琵琶記 1691右
新刻重訂出像附釋標註琵琶記 1691右
李卓吾先生批評琵琶記 1691右
陳眉公批評琵琶記 1691右
批評釋義音字琵琶記 1691右
高鳴鳳(明)
今獻彙言(輯) 1741左
68 高晦叟(宋)
珍席放談 343右
70 高驤雲(清)
孟子外書(補注) 149左
考禮 462左
養恬齋筆記 524左
可也簡廬筆記 525右
說性 747左
仰止編 874右
津河客集 1010左
漱琴室雜著 1028右
77 高鳳臺(清)
書畫舫試體詩 1462右
高鳳樓
遼東志校勘記(許麟英同撰)* 515右
全遼志校勘記(許麟英同撰)* 515右
高閌(宋)
春秋集注 123右
高月槎(清)
二十四孝別集 443右
高鵬飛(宋)
林湖遺稿 1292右
高居誨(五代)
于闐記 608右
高層雲(清)
改蟲齋詞 1620左
高閭(後魏)
燕志 357左
高民(民國)
高雲鄉遺稿 1520左
86 高錫蕃(清)
朱藤老屋詩鈔 1480右
88 高篙(清)
繡篋小集 1472右
96 高懌(宋)
羣居解頤 1122左

0023_0 卞

03 卞斌(清)
周易通解、釋義　25左
17 卞乃譝(清)
從軍紀事　334左
30 卞永譽(清)
式古堂書畫彙考　911左
42 卞彬(南齊)
禽獸決錄　794左
50 卞夫人(魏)
與楊夫人袁氏書　1201右
60 卞思義(元)
宜之集　1312右

0023₁ 應

00 應讓(清)
澹雅山堂詩鈔　1470左
09 應麟(清)
易經碎言　21右
詩經旁參　57左
春秋剩義　128左
應麟文集　1418左
11 應璩(魏)
魏應休璉集　1203左
應休璉集　1203左
12 應廷育(明)
金華先民傳　390左
應廷吉(明)
青燐屑　320左
14 應劭(漢)
世本(宋衷、宋均合注)　276左
風俗通姓氏篇　395左
風俗通姓氏篇佚文　395右
漢官儀　467左
漢官儀佚文　467左
地理風俗記　507右
風俗通義　979左
風俗通　979左、右
通俗論　979左
風俗通佚文　979左
風俗通逸文　979左
風俗通義佚文　979左
補輯風俗通義佚文　979左
16 應瑒(漢)
魏應德璉集　1201左
應德璉集　1201左
23 應俊(宋)
琴堂諭俗編(輯補)　766左
40 應大猷(明)
周易傳義存疑　17左
容菴集　1341左
應在止(口)
篆法辨訣　921左
應喜臣(明)　見應廷吉
54 應撝謙(清)
古樂書　100左
60 應昇(清)
軍峯記　576左

0023₂ 康

00 康廣仁(清)
康幼博茂才遺詩　1508左
12 康發祥(清)
三國志補義　268右
伯山詩鈔　1495右
伯山文鈔　1495右
伯山詩話後集、續集、再續集、三續集、四續集　1587右
17 康乃心(清)
王貞文先生遺事(述)　421左
莘野先生遺書　1404右
24 康綽(清)
莘野先生年譜　421左
28 康僧鎧(魏)
無量壽經(譯)　1186右
康從理(明)
二雁山人詩集　1352左
康裕卿集　1352左
30 康進之(元)
梁山泊李逵負荆雜劇　1658左
李逵負荆　1658左
梁山泊李逵負荆　1658左
康進之雜劇　1749右
38 康海(明)
武功縣志　516右
武功康志　517左
校正康對山先生武功縣志　517左
對山集　1338左
康狀元集　1338左
中山狼　1672左
王蘭卿眞烈傳　1672左
沜東樂府　1712左
40 康堯衢(清)
蕉石山房詩草　1463右
康有爲(民國)
新學僞經考　178右
哀烈錄(輯)　393右
萬木草堂叢書目錄　647右
廣藝舟雙楫　923左
長興學記　977右
康南海文鈔　1522左
44 康范生(明)
倣指南錄　322左
康萬民(明)
璿璣圖詩讀法　1207右
50 康泰(吳)
扶南土俗　621右
扶南土俗傳　621右
吳時外國傳　621右
77 康與之(宋)
昨夢錄(一名退軒筆錄)　1060右
狄氏傳　1116左
椒亭小集　1267左
順庵樂府　1599右
78 康駢(唐)
劇談錄　1108右

0023₇ 庚

77 庚桑楚(周)
洞靈眞經　699左、右
亢倉子　699左、右
洞靈經　699左
庚桑子　699左
新雕洞靈眞經　699右
亢倉子洞靈眞經　699右

庾

10 庾天錫(元)
朱太守風雪漁樵記雜劇　1656右
朱太守風雪漁樵記　1656右
庾吉甫雜劇　1749右
17 庾翼(晉)
論語庾氏釋　139左
晉陽秋　287右
晉春秋　287右
泰嶽府君記　1096左
20 庾信(北周)
庾開府集　1214右
庾子山集　1214右
庾開府集選　1215左

哀江南賦註 1215左
庾季才(北周)
靈臺祕苑 894右
25 庾仲雍(劉宋)
荆州記 545左
湘中記 547左
湘州記 547左
26 庾儼默(口)
演說文 196右
30 庾肩吾(梁)
書品 918左
庾度支集 1212左
庾度支集選 1212左
44 庾蔚之(劉宋)
禮記略解 84右

廉

26 廉泉(民國)
南湖東游草 1525右
潭柘紀游詩 1525右
南湖集古詩 1525右
40 廉布(宋)
清尊錄 1058左

0024_7 度

10 度正(宋)
性善堂稿 1293左

慶

44 慶蘭(清)
螢窗異草初編、二編、三編 1093右
46 慶恕(清)
傷寒證辨 816左
傷寒十六證類方 816左
雜證要法 823右
四診要訣 850左
本草類要 855左

廢

44 廢莪子(清) 見裘璉

0025_6 庫

44 庫勒納(清)等
日講書經解義 41右
日講四書解義 152右

0026_7 唐

00 唐彥謙
鹿門詩集、拾遺 1238左
鹿門集、拾遺 1238左
唐庚(宋)
三國雜事 378左
鬬茶記 955左
唐眉山詩集 1261左
唐子西集 1261左
眉山唐先生文集 1261左
眉山詩鈔 1261左
眉山詩集 1261右
眉山集補鈔 1261右
文錄 1570右
唐子西文錄 1570右
唐文治
周易憂患九卦大義 32右
洪範大義 46右
禮記曲禮篇 87右
禮記內則篇 89左
禮記祭義篇 89右
禮記儒行篇 90左
禮記冠義篇 90左
大戴禮記曾子疾病篇講義 93左
大學大義 134左
中庸大義 136右
論語大義定本 144左
孟子大義 149左
孝經大義 160右
十三經提綱 179左
十三經讀本評點劄記(輯) 179左
王文貞先生學案 423右
周子大義 724右
張子大義 726左
二程子大義 727左
洛學傳授大義 727左
朱子大義 729左
唐文鳳(明)
梧岡集 1325左
梧岡詩藁、文藁 1325左
唐玄度(唐)
九經字樣 179右
184右
新加九經字様 179右
重編九經字様 180左
唐玄宗
石臺孝經(注) 157左
孝經(注) 157左
孝經正義(注) 157左、右
孝經注疏(注) 157左、右
開元文字音義 196左
開元音義 196左
唐六典 467右
唐玄宗御註道德眞經 688左
唐玄宗御製道德眞經疏、外傳 688左
玄宗集 1219左
唐玄宗皇帝集 1219左
01 唐龍(明)
漁石集 1339左
03 唐詠裳(清)
周禮地官冬官徵 72右
譯雅、泰西君臣名號歸一圖 227左
列史外夷傳徵 621左
04 唐詩(明)
唐山人集 1356左
07 唐詢(宋)
硯錄 802右
杏花村集 1247左
10 唐元(元)
筠軒詩藁、文藁 1309右
筠軒集 1310左
唐元竑(明)
杜詩攟 1223左
13 唐武后
樂書要錄 100右
臣軌 751左
20 唐受祺(民國)
浣花廬詩鈔、賦鈔 1517右
唐秉鈞(清)
人參考 784右
21 唐順之(明)
廣右戰功 310右
廣右戰功錄 310右
兩漢解疑 377右
兩晉解疑 378左
武編 774左
荆川稗編 1043左
陰符經(評釋) 1136右
陰符經考* 1136右
荆川集 1345右
唐荆川先生文集 1345右
重刊荆川先生文集、新刊外集 1346左
荆川公佚文 1346左
唐中丞集 1346左

唐荆川集 1346左
唐荆川先生集選 1346左
唐荆川文選 1346左
唐荆川先生文選 1346左
文編(輯) 1536左
22 唐彪(清)
身易 23左
父師善誘法 761右
唐鼎元(民國)
唐氏家乘誌傳擷華(輯) 393右
清大司馬薊門唐公年譜 410右
唐氏先世著述考 651左
荆川公佚文(輯) 1346左
唐氏先世遺文(輯) 1549右
唐鼎元(民國)等
荆川弟子考(輯) 386右
荆川學脈(輯) 386右
唐荆川公著述考 651左
23 唐岱(清)
繪事發微 931左
畫山水訣 931右
24 唐贊衮(清)
六如居士外集(重輯) 435右
臺陽見聞錄 544左
勇盧閒詰摘錄 785左
鄂不齋筆記 1014右
鄂不詩詞、駢文、銘贊 1504右
誦芬集(輯) 1549右
25 唐仲友(宋)
詩解鈔 52右
帝王經世圖譜 170左
九經發題 180左
魯軍制九問 481左
愚書 720左
悅齋文鈔、補 1269左
說齋小集 1269左
金華唐氏遺書 1743左
唐仲冕(清)
六如居士外集(輯) 435右
墨亭新賦(輯) 568右
登南嶽記 604右
花隖聯吟(輯) 1558右
唐仲冕(清)等
重刊荆溪縣志(修) 519右
唐積(宋)
歙州硯譜 802右
26 唐伯元(明)
唐選部醉經樓集 1356左
唐曙臺集 1356左
唐稷(宋)
硯崗筆志 344右
30 唐滂(吳)
唐子 963右
唐淳(金)
黃帝陰符經註 1136右
唐之淳(明)
會稽懷古詩 541左
唐愚士詩 1328左
唐宇昭(清)
擬故宮詞 384左
擬古宮詞 1378左
唐寅(明)
六如居士畫譜(輯) 928右
六如畫譜(輯) 928右
六如居士詩文集 1336左
六如居士制義 1336左
唐伯虎集 1336左
六如詩鈔 1336左
才子文 1336左
唐宗海(清)
傷寒論淺注補正 812左
金匱要略淺注補正 817左
中西匯通醫經精義 823右
中西醫解 823右
血證論 827左
痢症三字訣 830左
本草問答 855左
31 唐灝儒(清)
葬親社約 461左
37 唐鴻學(民國)
荒書校記* 316右
聖賢高士傳贊(補輯) 441左
四民月令札記* 503右
四民月令(輯) 503右
唐祖命(清)
嬺花詞 1638右
唐運溥(清)
謎學 947左
40 唐太宗
晉書 269左
晉書佚文 269左
晉書地理志 508左
溫泉銘 667左
帝範 750左
太宗集 1216右
唐太宗文皇帝集 1216右
唐士恥(宋)
靈巖集 1286右
唐才常(清)
論文連珠 1588左
唐堯官(明)
選詩補遺(輯) 1532右
唐志契(明)
繪事微言 929右
41 唐垣九(清)
廣福廟志 569左
唐樞(明)
易修墨守 17左
周禮因論 70右
春秋讀意 125右
證道篇 374右
國琛集 386左
海議 482右
冀越通 483右
法綴 487右
遊錄 587左
政問錄 721左
列流測 721左
偶客談 721左
太極枝辭 724左
宋學商求 730右
禮元剩語 733左
一菴語錄 733右
疑誼偶述 733右
酬物難 733右
積承錄 733右
因領錄 733右
六咨言 733右
病榻答言 733右
感學篇 733右
三一測 733右
嘉禾問錄 733右
眞談 733右
景行館論 733右
一庵雜問錄 733右
宋學學引 774左
輶圓窩雜著 1343左
激衷小擬 1343左
唐一菴集 1343右
43 唐求(唐)
唐隱居詩 1240左

中唐唐求詩 1240左
唐求詩集 1240左
44 唐夢齡(清)
紅蕉山房詩鈔 1489右
唐夢賚(清)
籌餉卮言 475右
志壑堂雜記 1004左
志壑堂詞 1617左
唐蒙(漢)
博物記 978右
唐懋功(清)
得一山房詩集 1493左
唐勒(周)
奏上論 506左
唐英(清)
轉天心 1706右
清忠譜正案 1706右
雙釘案(一名釣金龜) 1706右
巧換緣 1706右
三元報 1706右
蘆花絮 1706右
梅花鐲 1706右
麵缸笑 1706右
虞兮夢 1706右
天緣債 1706右
英雄報 1706右
女彈詞 1706右
長生殿補闕 1706右
十字坡 1706右
笳騷 1707左
唐樹森(清)
澹吾室詩鈔 1484右
唐樹義(清)
夢硯齋詞 1630右
唐桂芳(明)
白雲詩藁、文藁 1323右
白雲集 1323右
46 唐覲(明)
延州筆記 998左
唐韞貞(清)
烋瘦閣詞 1633左
47 唐鶴徵(明)
周易象義 17右
太常遺著常州府志人物志(纂修) 388右
皇明輔世編 400右
桃溪札記 735左
太常遺著 1355右
48 唐翰題(清)
唯自勉齋長物志 957右
50 唐泰(明)
唐觀察詩 1328右
唐胄(明)
傳芳集 1339左
唐肅(明)
唐丹崖集 1324左
60 唐晏(民國) 見震鈞
唐昌世(明)
隨筆漫記 314左
唐固(吳)
春秋外傳國語唐氏注 294右
國語注 295左
唐景崧(清)
請纓日記 451右
謎拾 947左
詩畸、外編 1503右
唐景星(清)
愛蓮居詩鈔 1445左
61 唐晅(唐)
唐晅手記 1108左
64 唐時升(明)
三易集 1359左
77 唐黌(清)
外科選要(輯) 832右
78 唐臨(唐)
冥報記 1097右
報應記 1097右
86 唐錦(明)
夢餘錄 994左
滄浪櫂歌(選) 1322右
88 唐鑑(清)
學案小識 414左
讀禮小事記 462左
唐確慎公集 1455右
90 唐光禕(清)
婼羌縣鄉土志 518左
唐光祖(明)
草閣集拾遺(輯)* 1327左
草閣詩集拾遺(輯)* 1327左
李草閣詩集拾遺(輯)* 1327左
94 唐慎微(宋)
證類本草 853左
經史證類大觀本草 853右
重修政和經史證類備用本草 853右
97 唐惲宸(清)
芑野詩鈔 1398左

0028_6 廣

30 廣賓(明釋)
杭州上天竺講寺志 566左
67 廣野居士(清) 見陳元龍

0029_4 麻

00 麻衣道者(□)
火珠林 896右
10 麻三衡(明)
古逸詩載(輯) 65左
墨志 801左
34 麻達(漢)
論語麻氏注 137右
44 麻革(元)
貽溪集 1300左
60 麻杲(□)
爾雅麻氏注 163右
麻果(唐)
切韻 205右

縻

20 縻信(魏)
春秋穀梁傳解釋 118右
穀梁傳注 118右
春秋穀梁傳縻氏注 118右
春秋穀梁傳注 118右

麋

77 麋月樓主(清) 見譚獻

0040_0 文

00 文彥博(宋)
潞公集 1245右
文潞公文集 1245右
文潞公集 1245右
文潞公詩集 1245右
文康(清)
兒女英雄傳 1131左
10 文元發(明)
蘭雪齋詩集 1352左
文震亨(明)
福王登極實錄 319右
長物志 958右
清齋位置 958右

10 文震孟(明)
念陽徐公定蜀記 313右
定蜀記 313右
姑蘇名賢小記 388右
文天祥(宋)
文山先生紀年錄 407左
紀年錄 407左
文山題跋 989左
文山集 1288右
文信國公集 1288右
文山先生全集 1288右 1289左
文山先生文集 1289左
文文山文集 1289左
文信國公全集 1289左
指南錄 1289左
指南後錄、附 1289左
文山先生指南錄、後錄 1289左
文山先生吟嘯集 1289左
文山先生集杜詩 1289左
文信公集杜詩(一名文山詩史) 1289左
詩史集杜 1289左
文山詩鈔 1289左
文山詩集 1289左
文山詩補鈔 1289左
文山詩選 1289左
文山樂府 1609左
宋丞相文山先生別集 1743左
12 文廷式(清)
中興政要(輯) 301右
知過軒隨錄 353右
補晉書藝文志 642右
雲起軒詞鈔 1640左
雲起軒詞 1640左
17 文珦(宋釋)
潛山集 1289右
20 文秉(明)
烈皇小識 314右
先撥志始 318左
姑蘇名賢續紀 388右
23 文俊德(清)
餘生隨詠 1394右
醉禪草 1394右
24 文化遠(清)
晚春堂詩 1404右
28 文徵明(明)
文待詔題跋 914左
甫田集 1336左
文太史詩 1336右
太史詩集 1336右
梅花百詠 1336右
文翰詔集、續集 1336右
拙政園圖題詠 1336右
太湖新錄(徐禎卿同撰) 1552左
30 文守元(清)
融谷詩草 1490左
文安之(明)
黔記 323左
文安禮(宋)
柳先生年譜 426右
34 文洪(明)
文淶水遺文、詩 1334右
淶水詩集、文集 1334右
37 文祖堯(清)
明陽山房遺詩、遺文 1376右
38 文祥(清)
巴林紀程 617右
蜀軺紀程 617右
文肇祉(明)
文錄事詩集 1352左
錄事詩集 1352左
文氏五家集(輯) 1746右
40 文嘉(明)
鈐山堂書畫記 910右
文和州詩 1344右
和州詩集 1344右
文森(明)
文中丞詩 1335左
42 文彭(明)
印章集說 939右
印史 940左
明文博士詩集 1343右
博士詩集 1343右
44 文林(明)
瑯琊漫鈔 992右 993左
瑯琊漫鈔摘錄 993左
文溫州詩 1333右
53 文彧(宋)
文彧詩格 (原題誤應作神彧撰) 1576左
60 文□
盛京崇謨閣滿文老檔譯本(譯述) 324左
文星瑞(清)
嘯劍山房詩鈔 1501右
嘯劍山房剩草 1502左
文星昭(清)
鳴琴仙館詩鈔 1496左
文晟(清)
內科摘錄(輯) 825右
外科摘錄、急效便方(輯) 832右
增訂達生編(輯) 836右
婦科雜症(輯) 836右 837右
慈幼便覽、痘疹摘錄(輯) 839右
藥性摘錄、食物、常用藥物(輯) 855左
偏方補遺(輯) 860左
宜亭草 1483右
72 文質(元)
學古集 1313右
77 文同(宋)
文與可古樂府 1248右
丹淵集、拾遺 1248右
古洋遺響集 1248右
丹淵集鈔 1248右
丹淵集補鈔 1248右
80 文含(清)
文氏族譜續集 392左
文谷(五代)
備忘小抄 1036右
81 文矩(元)
子方集 1304右
87 文翔鳳(明)
孔邇錄 501右
太微堂日錄 501右
南國講錄 737左
于邁錄 893右
于役錄 893右
朝京打馬格 951左
雲夢藥溪談 1000右
伊川草 1363左
太紫草 1363左
汝海稿 1363右
天津稿 1363右
90 文惟簡(宋)
虜廷事實 302左
99 文瑩(宋釋)
湘山野錄、續錄 341右

重雕改正湘山野錄、續 342左
改正湘山野錄、續 342左
湘山錄 342左
玉壺清話 342左
玉壺野史 342左
玉壺詩話 1569右

0040_1 辛

00 辛文(周)
計然萬物錄 709右
辛文房(元)
唐才子傳 424左
辛棄疾(宋)
南渡錄 300右
南渡錄大略 300右
南燼紀聞錄 300右
竊憤錄、續錄 301左
阿計替傳 301左
稼軒詞 1602右
稼軒詞丁集 1602右
稼軒詞補遺 1603左
辛棄疾詞 1603左
稼軒長短句 1603左
南渡錄 1732右
17 辛丑年(明)
寒螿詩藁存 1354右
27 辛紹業(清)
易圖存是 31左
冬官旁求 72右
周禮釋文答問 74右
周禮釋文問答 74右
律呂考 102右
九歌解 1196右
敬堂文稿、詩稿 1443左
28 辛從益(清)
公孫龍子注 704右
34 辛漢臣(口)
玉皇宥罪錫福寶懺1157右
60 辛口(口)
三秦記 528右
辛氏三秦記 528右
三秦記佚文 528右
辛甲(周)
辛甲書 686左
80 辛全(明)
四書說 151右
衡門芹 721左
辛天齋集 1366右
81 辛鈃(周)
文子 692左、右
文子通玄眞經 692左
通玄眞經 692左、右
道言 692右

0040_6 章

00 章庭棫(清)
續崇福寺志* 566右
章慶(清)
對語(輯) 944左
章玄應(明)
章恭毅公年譜 407右
章袞(明)
章介庵先生集 1344右
章六峯(清)
居易堂殘稿 1497左
03 章詒燕(清)
讀史諍言 264左
07 章望之(宋)
延漏錄 957右
曹氏女傳 1061左
08 章謙存(清)
尙書周誥考辨 46右
鄭風考辨 60右
春秋比辨 129左
強恕齋雜著 175左
使足編(原名備荒通論)
479左
籌賑事略 479左
校補叢殘 515左
強恕齋文賸 1462右
學律初步 1591左
10 章正宸(明)
俉東餓夫傳 409右
章雲鷺(清)
工曹章奏(王無咎同輯)
499左
11 章斐然(明)
博古圖(訂) 660左
12 章廷華
論文瑣言 1589右
13 章琬(元)
鐵崖先生復古詩集(注)
1315右
16 章碣(唐)
章碣詩集 1238左
21 章衡(宋)
編年通載 285左
章穎(宋)
宋朝南渡十將傳 403右
宋南渡十將傳 403右
春陵志 546右
22 章嶔(民國)
史瞰 335右
白門日札 377左
秦事通徵 377右
天行草堂主人自訂年譜
424左
對螺山館印存(刻) 943左
井里日札 1031左
城西日札 1031左
海東日劄 1031左
天行草堂詩 1527右
天行草堂文稿 1527右
近百年來先人詩彙(輯)
1549右
28 章綸(明)
章恭毅公集 1331右
困志集 1331右
30 章永康(清)
瑟廬遺詩 1474左
瑟廬詩草 1474左
海粟樓詞 1632右
章永祚(清)
南湖集鈔 1401左
章安(宋)
宋徽宗道德眞經解義
689右
道德經解義 689右
章定(宋)
名賢氏族言行類稿 384右
章宗源(清)
譙周古史考(輯) 380左
陽羨風土記考證* 534左
隋經籍志考證 643左
隋書經籍志考證 643左
32 章淵(宋)
槁簡贅筆 1570右
33 章黼(清)
西溪梅竹山莊圖題詠
(輯) 1558左
34 章潢(明)
圖書編 1043左
35 章沖(宋)
春秋左氏傳事類始末
106右

37 章祖程(元)
霽山先生集(注) 1295左
章祖泰(清)
四子戲晉初編、續編、三編、四編、連語 947左
呂奩稽古彙編 1038左
章粢(宋)
寄亭詩遺 1255左
40 章大來(清)
偁陽雜錄 1006左
後甲集(一名躍雷館日記) 1422左
章希賢(元)
道法宗旨圖衍義 1153右
章有謨(清)
景船齋雜記 1005左
章志宗(明)
章羽士集 1340右
章樵(宋)
古文苑(注) 1535右
44 章芝(清)
易學管窺 21左
章懋(明)
楓山語錄 731右
楓山章先生語錄 732左
金華章楓山先生正學編 732左
楓山集 1333右
楓山章先生集 1333右
章楓山集 1333右
章孝貞(清)
鏡倚樓小稿 1488左
章孝標(唐)
章孝標詩集 1232右
章華(民國)
盋山舊館詞 1643左
章世豐(清)
南湖倡和集(輯) 1553右
章世純(明)
券易苞 30右
四書留書 151右
章柳州集 1369左
章大力先生集 1369左
章大力先生全稿 1369左
章世溶(清)等
洪廬江祀典徵實(輯) 404左
章世乾(清)
元丹篇約注 1174左
章楠(清)
葉天士溫熱論(釋) 827右
薛生白溼熱條辨(釋) 827右
46 章如愚(宋)
新刻山堂詩考(編) 53左
山堂考索前集、後集、續集、別集 1042右
47 章鶴齡(清)
靜觀書屋詩集 1474左
章梫(民國)
一山詩存 1523左
50 章接(明)
楓山實紀(輯) 419左
53 章甫(宋)
自鳴集 1277左
71 章巨膺
文苑集(輯) 433左
77 章學誠(清)
文史通義 373右
論修史籍考要略 373右
文史通義補編 373右
戴重事錄 409左
方志略例 514右
永清縣志 515左
和州志 519右
湖北通志檢存稿 521右
湖北通志未成稿 521右
校讐通義 640左
婦學 758左
乙卯劄記 1007左
丙辰劄記 1007左
知非日札 1007左
信摭 1026左
實齋劄記鈔 1026左
閱書隨劄 1026右
章氏文集 1433左
實齋文集 1433左
章實齋文鈔 1433左
章氏遺書外集 1433左
永清文徵 1546左
章氏遺書 1740右
81 章鈺(民國)
黑韃事略校記* 303左
91 章炳文(宋)
搜神祕覽 1090右
章炳麟(民國)
古文尙書拾遺 44左
太史公古文尙書說 47右
春秋左傳讀敍錄 109右
春秋左氏疑義答問 109右
鎦子政左氏說 110左
廣論語駢枝 144左
新出三體石經考 184左
說文部首均語 189右
文始 191左
小斆答問 193右
駁中國用萬國新語說 215右
新方言 226右
嶺外三州語 226右
莊子解故 696右
齊物論釋、重定本 697左
管子餘義 701左
體撰錄 891左
檢論 977右
菿漢微言 1015右
菿漢昌言 1015右
國故論衡 1030左
太炎文錄初編、別錄、補編 1524右
章太炎文鈔 1524右

0043₀ 奕

00 奕賡(清)
東華錄綴言 291右
管見所及 352右
本朝王公封號 370右
封諡繙淸 370右
諡法續考 463右
侍衞瑣言 493左
煨柮閒談 493左
括談 1073左
寄楮備談 1073左
歌章祝辭輯錄 1457左
淸語人名譯漢 397右
02 奕訢(清)
和碩親王致戈登劄 328右
06 奕譞(清)
竹窗筆記 353右
郵程日記 618右
差次吟草 1494左
蘭陽隨筆 1494左

0044₁ 辯

42 辯機(唐釋)

大唐西域記 622右

0060$_1$ 言

21 言偃(周)
言子書 682左
38 言啓方(清)
有竹居存稿 1497左

0063$_1$ 譙

77 譙周(蜀)
論語譙氏注 138右
五經然否論 168右
169左
譙周古史考 380左
古史考 380左
法訓 717右

0063$_2$ 讓

00 讓廉
春明歲時瑣記 523右

0071$_4$ 雍

77 雍陶(唐)
稽神錄(一題宋徐鉉撰)
1090左
英雄傳 1104右
80 雍益堅(唐)
神呪志 1089左
雍公叡(唐)
翰苑(注) 1041左

0073$_2$ 玄

00 玄應(唐釋)
一切經音義 1191右
10 玄元眞人(口)
太上玄靈北斗本命延生
眞經註解 1144右
21 玄虛子(金)
玄虛子鳴眞集 1299右
鳴眞集 1299右
24 玄奘(唐釋)
大唐西域記(譯) 622右
金剛般若波羅蜜多心經
(譯) 1186右
持世陀羅尼經注(譯)
1187右
大唐三藏玄奘法師表啓
1216右
50 玄本(唐釋)
五臺山聖境讚殘卷(述)
1192左
80 玄全子(金)
諸眞內丹集要(輯)1172左
眞仙眞指語錄(集)1172左

0080$_0$ 六

17 六承如(清)
紀元編(集錄) 463左
40 六十七(清)
番社采風圖考 543右
番社采風圖考摘略 543右
66 六嚴(清)
歷代地理沿革圖 505右

0090$_6$ 京

30 京房(漢)
周易章句 4左
周易京氏章句 4左、右
易章句 4左
京氏易 4左
易京氏章句 4右
京氏易傳 4右
易傳 4右
京房易傳 4右
京氏易略 4右
易飛候 895右
易雜占條例法 895右
京氏易占 895右
46 京相璠(晉)
春秋土地名 111右
60 京里先生(口)
神仙服餌丹石行藥法
1143右
京黑先生(口)
神仙食炁金櫃妙錄 843右
京圖(口)
滴天髓 904左
89 京鏜(宋)
松坡居士詞 1602左
松坡詞 1602左

0121$_1$ 龍

00 龍袞(宋)
江南野錄 359右
江南野史 359右
10 龍正(明)
八陣合變圖說 773右
龍璋(民國)
韓詩(輯) 66左
公羊(輯) 115右
穀梁(輯) 120左
孔注論語(輯) 136右
馬融注論語(輯) 137左
鄭注論語(輯) 137左
包咸注論語(輯) 137右
何注論語(輯) 137右
王肅注論語(輯) 137右
白虎通義(輯) 167左
五經文字(輯) 179右
說文(輯) 192右
字書(輯) 194左
字苑(輯) 194左
單行字(輯) 194左
文字集略(輯) 194右
字略(輯) 195左
字統(輯) 195左
桂苑珠叢(輯) 195右
異字苑(輯) 195右
字類(輯) 195右
字典(輯) 195右
開元音義(輯) 196左
古文官書(輯) 196右
衞宏(輯) 196右
古文奇字(輯) 196右
古文(輯) 196右
文字指歸(輯) 197左
字體(輯) 197左
字諟(輯) 197左
文字志(輯) 197右
字樣(輯) 197右
說文字樣(輯) 197右
倉頡篇(輯) 200左
三倉(輯) 200右
凡將(輯) 201左
勸學篇(輯) 202左
聖皇篇(輯) 202左
埤倉(輯) 202右
廣倉(輯) 202右
始學篇(輯) 202右
發蒙記(輯) 203左
庭誥(輯) 203左
詁幼(輯) 203左
聲類(輯) 204左
韻集(輯) 204左
文字音義(輯) 204左
韻會(輯) 204左
纂韻(輯) 204左
音譜(輯) 204右

聲譜(輯) 204右
古今字音(輯) 204右
韻略(輯) 205左
集類(輯) 205左
五經音義(輯) 205左
韻英(輯) 205左
切韻(輯) 205左
唐韻(輯) 205右
韻詮(輯) 206右
韻譜(輯) 207左
韻林(輯) 207右
韻圃(輯) 207右
證俗音(輯) 208右
博雅(輯) 218左
通俗文(輯) 218右
辨釋名(輯) 219左
纂文(輯) 219左
證俗文(輯) 219右
纂要(輯・梁元帝撰) 219右
纂要(輯・顔延之撰) 219右
古今字詁(輯) 222左
雜字(輯) 222左
周成雜字(輯) 222右
雜字解詁(輯) 222右
異字(輯) 222右
字指(輯) 223左
字訓(輯・殷仲堪撰) 223左
小學篇(輯) 223左
異字音(輯) 223左
文字釋訓(輯) 223左
考聲(輯) 223左
古今正字(輯) 223右
集訓(輯) 223右
文字典說(輯) 223右
文字釋要(輯) 223右
音隱(輯) 223右
訓文(輯) 223右
字訓(輯) 223右
異苑(輯) 223右
羣書字要(輯) 223右
字譜(輯) 223右
字誥(輯) 223右
字鏡(輯) 223右
新字解訓(輯) 224左
正字辨惑(輯) 224左
字書音義(輯) 224左
音訓(輯) 224左

17 龍子猶(明) 見馮夢龍
21 龍仁夫(元)
周易集傳 16左
22 龍繼棟(清)
槐廬詞學 1720右
28 龍從雲(元)
魚軒詩集 1316右
30 龍之章(清)
蠢子醫 865左
34 龍汝霖(清)
堅白齋詩存 1484左
38 龍遵敍(明)
食色紳言 1032右
飲食紳言 1032右
男女紳言 1032右
龍啓瑞(清)
爾雅經注集證 165左
經籍舉要 648左
家塾課程 764右
經德堂文集 1477右
浣月山房詩集 1477右
經德堂文鈔 1477右
翰臣詩鈔 1477右
漢南春柳詞 1633右
漢南春柳詞鈔 1633右
44 龍華民(明西洋)
黄赤道距度表(訂) 869右
龍華民(明西洋)徐光啓(明)等
新法算書 1738左
46 龍柏(清)
脈藥聯珠 849右
脈藥聯珠古方考 859左
53 龍輔(元)
龍輔女紅餘志 1065左
女紅餘志 1065左
77 龍眉子(宋)
金液還丹印證圖 1153左
金液還丹印證圖詩(述) 1153左
86 龍鐸(清)
烏魯木齊事宜(達林同纂) 517左
90 龍光甸(清)
聖域述聞(修) 415右

0128₆ 顔

00 顔文選(明)
駱丞集(注) 1217右
10 顔元(清)
四書正誤 152右
禮文手鈔 461右
存治編 722左
朱子語類評 728右
存學編 741左
存性編 741左
習齋語要 741右
存人編 767左
習齋記餘、遺著 1397左
顔習齋遺書 1736左
四存編 1736左
顔元孫(唐)
干祿字書 197右
12 顔延之(劉宋)
逆降義 80右
論語顔氏說 139右
詁幼 203左
庭誥 203左
纂要 219右 1040右
纂要解 219右
顔延之集 1207右
顔光祿集 1207右 1208左
顔延年集 1208左
顔光祿集選 1208左
20 顔季亨(明)
九十九籌 721左
21 顔師古(唐)
毛詩國風定本 60右
字樣 197右
急就篇(注) 201左
匡謬正俗 223右
刊謬正俗 223右
漢書(注) 265左
前漢書(注) 265左
大業拾遺記 297右
校正古今人表(注) 398右
漢書食貨志(注) 474右
漢書地理志(注) 506右
前漢書藝文志(注) 641右
隋遺錄 1097左
24 顔幼明(晉)
靈棋經(何承天合注) 898左
靈棊本章正經(何承天合注) 898左
顔繢(清)

遺訓存略(輯) 756右
30 顏之推(北齊)
證俗音 208左
顏氏家訓 751左
集靈記 1087左
還冤記 1087左、右
還冤志 1087右
顏安樂(漢)
春秋公羊顏氏記 113右
40 顏培瑚(清)
自怡齋詩鈔 1483右
顏眞卿(唐)
韻海鏡源 206左
南岳魏夫人傳 439左
魏夫人傳 439左
張長史十二意筆法(一名顏公筆法) 918右
顏魯公玄祕塔(書) 923右
顏魯公詩集 1221左
顏魯公文集 1221左
顏魯公集 1221左
文忠集 1221左
42 顏斯綜(清)
海防餘論 483左
南洋蠡測 633左
顏札定(清)
幕巢館札記 178左
44 顏茂猷(明)
四大恩論 737左
顏芝馨(清)
瘟病條辨歌括 828左
60 顏回(周)
顏子書 682左
顏子 682左
78 顏愍楚(隋)
俗書證誤 197左、右
俗字證誤 197右
81 顏敍适(清)
馨舟遺稿 1467右
90 顏光敏(清)
顏氏家藏尺牘、姓氏考(輯) 1561左

0140₁ 聾

38 聾道人(明) 見徐應芬

0164₆ 譚

00 譚文壽(清)
常熟紀變始末 334左
守虞日記 334左
02 譚新嘉(民國)
康熙弋陽縣志節本(節錄) 522左
碧漪集、續集、三集(輯) 1547左
10 譚元春(明)
鵠灣遺稿 1369右
譚友夏合集 1369右
嶽歸堂集選、遺集選 1369右
鵠灣集選 1369右
譚友夏批點想當然傳奇 1699右
譚友夏鍾伯敬先生批評綰春園傳奇(鍾惺同評) 1700左
13 譚瑄(清)
續刑法敍略 486左
康熙弋陽縣志節本 522左
21 譚處端(金)
水雲集 1298左、右
譚貞默(明)
憨山老人年譜自敍實錄(述疏) 445右
譚子雕蟲、校補闕文 796左
埽庵集 1368右
譚紫瓔(清)
繡吟樓詩鈔 1488左
23 譚獻(清)
董子定本 117左
增補菊部羣英(一名羣芳小集) 436右
羣英續集(一名羣芳小集續集) 436右
懷芳記(注) 437左
復堂日記 451右
復堂日記補錄 451右
復堂日記續錄 451右
非見齋審定六朝正書碑目(評) 665右
復堂論子書 756右
復堂類集 1499左
復堂詩續 1499左
駢體文鈔(評) 1537左
合肥三家詩錄(輯) 1547左
池上題襟小集(輯) 1555右
復堂詞 1638左
篋中詞、續(輯) 1646右
譚仲修先生復堂詞話 1720右
28 譚儀(清)
漢鼓吹鐃歌十八曲集解 1538左
譚綸(明)
譚襄敏奏議 497右
譚襄敏公奏議 497右
譚襄敏公遺集 1352左
29 譚峭(南唐)
化書 966右 967左
譚子化書 966右 967左
齊丘子 967左
譚子 967左
30 譚宣子(宋)
在庵詞 1607右
譚宗浚(清)
荔村隨筆 353右
31 譚澐(清)
禹貢章句、圖說 45右
春秋日月考 131左
孟子辨證 148右
國語釋地 295右
古今冬至表 876左
33 譚溥(清)
四照堂詩集 1485左
譚浚(明)
說詩 1579右
言文 1579右
37 譚祖同(清)
孟蘭夢傳奇曲譜* 1708右
40 譚吉璁(清)
延綏鎭志李自成傳 315右
歷代武舉考 481左
肅松錄 568左
鴛央湖櫂歌 584左
鴛鴦湖櫂歌、續 584左
41 譚楷(清)
攬芳園詩鈔 1481左
44 譚其驤
新莽職方考 507左
48 譚乾初(清)
古巴雜記 638右
67 譚嗣先(明)
太極葛仙公傳 449左
譚嗣同(清)

仁學 977左
石菊影廬筆識 1014左
筆識 1030左
莽蒼蒼齋詩 1516左
寥天一閣文 1516左
譚瀏陽詩集、詞聯 1516左
譚瀏陽文集 1516左
遠遺堂集外文初編、續編 1516左
譚復生文鈔 1516左
71 譚頤年(民國)
南橘廬詩草 1529右
80 譚金孫(元)
諸儒奥論策學統宗前集(輯) 1562右
譚善心(元)
明道文集遺文、附錄(輯)* 1550左
伊川文集遺文、附錄(輯)* 1550左
86 譚錫朋(清)
六橋詩集 1490左
90 譚光祜(清)
中田詩草 1451左
譚尙忠(清)
紉芳齋文集 1426左
99 譚瑩(清)
樂志堂詩集 1473左
樂志堂文略 1473左

0164₉ 評
44 評花館主(清)
月季花譜 791右

0180₁ 龔
00 龔立本(明)
煙艇永懷 386右
松窗快筆 535右
龔慶宣(南齊)
劉涓子鬼遺方 830右
鬼遺方 830右
02 龔端禮(元)
五服圖解 460左
07 龔詡(明)
野古集 1330左
龔安節先生遺文 1330左
10 龔元玠(清)
畏齋周易客難 24左
畏齋書經客難 42右
畏齋詩經客難 58左
周禮客難 71右
畏齋周禮客難 71右
畏齋儀禮客難 77右
畏齋禮記客難 87左
春秋客難 129左
畏齋春秋客難 129左
畏齋四書客難 153右
畏齋爾雅客難 164右
黃淮安瀾編 580左
畏齋文集 1428右
經學策 1428右
史學策 1428右
龔丙吉(清)
江上孤忠錄(黃懷孝同重訂) 320左
12 龔廷賢(明)
魯府禁方(輯) 858左
龔廷鈞(清)
怡情小品(錢永基同輯) 1544右
15 龔璛(元)
存悔齋稿 1307左
存悔齋詩 1307左
存悔齋稾 1307左
16 龔璁(清)
續千字文 203右
20 龔受穀(清)
壺山書屋詩略 1464右
龔秉德(明)
龔憲副集 1350右
21 龔柴(清)
中國歷代都邑考 505右
中國方域考 514右
中國形勢考略 514右
中國物產考略 514右
中國海島考略 514右
直隸考略 525左
山西考略 525右
蒙古考略 526左
滿洲考略 526右
盛京考略 527左
陝西考略 529左
甘肅考略 530左
青海考略 530右
天山南北路考略 531右
山東考略 532左
江蘇考略 533左
安徽考略 537左
浙江考略 537右
福建考略 542右
臺灣小志 544左
河南考略 544左
湖北考略 546右
湖南考略 547右
江西考略 550左
廣東考略 553右
廣西考略 555右
四川考略 557左
貴州考略 558左
雲南考略 559右
西藏紀略 561左
苗民考 563左
地球形勢說 625右
地理形勢考 625右
五洲方域考 625右
天下高山大川考 625右
朝鮮考略 628右
日本考略 629右
越南考略 631左
暹羅考略 631左
緬甸考略 631右
廓爾喀不丹合考 631右
印度考略 632左
波斯考略 632左
阿剌伯考略 632左
俾路芝考略 632左
阿富汗考略 632左
東土耳其考略 632左
亞洲俄屬考略 632左
彈丸小記 637右
22 龔豐穀(清)
聽雨山房詩存、詩存外篇 1460右
龔鼎臣(宋)
東原錄 980右
龔鼎孳(清)
芝麓詩鈔 1383右
龔先生詩 1383右
龔芝麓詩 1383右
香嚴詞 1615右
香嚴齋詞 1615右
定山堂詩餘 1615右
23 龔紱(明)
龔安節先生年譜 429左
25 龔傑(清)
立方奇法、求一捷術 890左

26 龔自珍(清)
大誓答問 46左
泰誓答問 46左
春秋決事比 117右
龔定菴說文段注札記 187左
西域置行省議 484左
蒙古臺卡志略 485左
蒙古臺卡略 485左
昌平州說 524左
居庸關說 524左
青海事宜論 530右
翠微山說 571左
天壽山說 571左
蒙古水道略 581右
龔定盦集 1459左
定盦詩集定本、集外未刻詩 1459右
定盦文集、續集、文集補、續集、別集、文集補編、文集增補 1459右
定盦文集補編 1459右
定盦遺箸 1459右
龔定盦別集 1459右
無著詞 1630左
定盦詞定本 1630左
懷人館詞 1630右
影事詞 1630右
小奢摩詞 1630右
庚子雅詞 1630右
定盦詞五種 1748左
30 龔之鑰(清)
後出塞錄 614左
35 龔禮(清)
壓線錄 502左
借箸錄 722右
剪燭錄 1495右
汲古錄 1495右
38 龔道熙
孟子許行畢戰北宮錡問章注 149左
42 龔橙(清)
詩本誼 59右
55 龔輦(明)
龔內監集 1356右
龔耕廬(民國)
龔耕廬詩 1520左
60 龔昱(宋)
崑山雜詠(輯) 535右
樂菴語錄(輯) 967右
龔景瀚(清)
邶風說 60右
祭儀攷 96右
澹靜齋說裸、圖 96右
離騷箋 1196右
澹靜齋文鈔、外篇、詩鈔 1437左
67 龔明之(宋)
中吳紀聞 534左
71 龔原(宋)
周易新講義 12左
龔斆(明)
鵞湖集 1323左
龔頤正(宋)
續釋常談 225右
芥隱筆記 986右
77 龔居中(明)
痰火點雪 826右
龔開(宋)
龜城叟集輯 1290左
龔賢(清)
畫訣 930右
龔安節先生畫訣 930右
柴丈人畫訣 930右
半千畫訣 931左
79 龔勝玉(清)
仿橘詞 1620右
87 龔翔麟(清)
紅藕莊詞 1621左

0212₇ 端

40 端木百祿(清)
太鶴山人年譜 431右
端木埰(清)
碧瀣詞 1634左
端木國瑚(清)
青囊奧語(注) 900右
青囊敍(注) 901左
天玉經(注) 901左
都天寶照經(注) 901左
周易葬說 903左
端木賜(周)
詩傳孔氏傳(一名魯詩傳) 64左
新刻詩傳 64左
詩傳 64左
端木子書 682左

0261₄ 託

60 託恩多(清)等
工部進乾隆三十年六月分用過銀錢數目黃册 490左

0266₄ 話

10 話石山人(清)
紅樓夢精義 1132左

0344₀ 斌

45 斌椿(清)
乘槎筆記 619左

0365₀ 誠

00 誠齋(明) 見朱有燉

0460₀ 計

00 計六奇(清)
金壇獄案 324右
12 計發(清)
魚計軒詩話 1585右
23 計然(周) 見辛文
30 計良(清)
訓蒙條要 761左
40 計有功(宋)
唐詩紀事 1563右
44 計楠(清)
菊說 789右
牡丹譜 791左
墨餘贅稿 802左
端溪研坑考 804右
石隱硯談 804右
客塵醫話 864右
50 計東(清)
計甫艸詩 1391左
改亭文鈔 1391右
改亭文錄 1391右
53 計成(明)
園冶 955右
92 計恬(清)
野鶴山房文鈔 1460左
不自是齋詩草 1460左
青山風月詩存(輯)

謝 1555左

00 謝堃(清)
恩怨錄 432左
金玉瑣碎 658右
錢式圖 663左
金玉瑣碎摘抄 672左
花木小志 788右
書畫所見錄 912左
雨窗隨筆 1009右
雨窗記所記 1077左
春草堂駢體文、古近體詩 1456左
春草堂詩話 1587左
春草堂詞錄 1629右
黄河遠 1708右
十二金錢 1708右
繡帕記 1708右
血梅記 1708右
謝應芳(元)
懷古錄 404左
辨惑論 766左
辨惑編 766左
龜巢稾 1320右
龜巢稿 1320右
龜巢藁 1320右
龜巢集 1320右
龜巢詞 1614左
謝應芝(清)
會稽山齋經義 176右
蒙泉子 976右
會稽山齋文、詩 1468左
會稽山齋文續、詩續 1468左
會稽山齋詞 1632左
謝應材(清)
發背對口治訣論 832右
發背對口治訣、外科祕法 832右
謝文洊(清)
讀易緒言 19右
風雅倫音 55右
左傳濟變錄 107右
大學稽中傳 133左
中庸切己錄 135左
學庸切己錄 152左
大臣法則 399右
程門主敬錄 739左
程山先生日錄 739左
養正篇 760右
初學先言 760右
兵法類案 775左
謝程山集 1384左
謝章鋌(清)
說文大小徐本錄異 186左
說文閩音通 192左
賭棋山莊八十壽言(自輯) 432左
圍爐瑣憶 1011右
籐陰客贅 1011右
稗販雜錄 1011右
課餘偶錄、續錄 1011右
賭棋山莊集文、文續、文又續、詩 1509右
酒邊詞 1640左
賭棋山莊集詞話、續 1720右
賭棋山莊筆記 1740左
06 謝諤(宋)
艮齋集 1269左
07 謝諷(口)
食經 953右
09 謝讜(明)
四喜記 1693左
10 謝三秀(明)
雪鴻堂詩蒐逸、補 1360右
雪鴻集選 1360右
謝正蒙(明)
謝御史文集 1359右
謝五知
太平詩史(輯) 333右
謝靈運(劉宋)
晉書 279右
謝康樂集 1208左
宋謝康樂集 1208左
謝康樂詩 1208左
謝康樂集拾遺 1208左
謝康樂集選 1208左
謝丕振(清)
事賢錄 384右
善教名臣忠介先生言行錄(輯) 407右
友仁錄 413左
朱子師友傳 413左
河汾淵源 414左
考亭遺矩 729左
河東先儒遺訓(輯) 742左
河東先儒醒世文(輯) 742左
謝丕振文集 1409右
臥雲草 1409右
北窗草 1409右
司鐸草 1409右
八物咏 1409右
左陶右邵 1534左
善教名臣言行錄(輯) 1733右
謝元淮(清)
填詞淺說 1720左
謝元汴(明)
謝給諫霜崖集 1374右
謝晉(明)
蘭庭集 1327左
12 謝廷讚(明)
西干十寺記 566左
維園鉛摘 1000右
15 謝聘(清)
春及堂藁 1399右
17 謝承(吳)
後漢書 277右
謝承舉(明)
謝野全集 1333左
18 謝珍(清)
易學贅言 25左
三近齋語錄(錄) 733左
踵息廬粹語 746左
踵息廬稿(輯) 1736右
20 謝采伯(宋)
密齋筆記、續記 987右
謝維新(宋)
古今合璧事類備要前集、後集、續集、別集、外集 1042右
謝維輿(清)
和闐直隸州鄉土志 518左
21 謝仁(清)
青山草堂詞鈔 1640左
謝綽(梁)
宋拾遺錄 336左
22 謝鼎鎔(民國)
延陵挂劍集(輯) 432右
冶盦文鈔、詩鈔 1528右
借中秋集(輯) 1556右
難老集(輯) 1556右
展重五集(輯) 1556右
展重九集(輯) 1557左
檳榔浴佛集(輯) 1557左
愚谷修禊集(輯) 1557左
消寒集(輯) 1557左

賞荷酬唱集(輯) 1557左
聚星酬唱集(輯) 1557左
二介詩鈔(輯) 1745右
謝嶠(陳)
爾雅謝氏音 163右
爾雅音 163右
爾雅音注 163右
謝崧岱(民國)
南學製墨劄記 802左
謝崧梁(清)
今文房四譜 805右
24 謝化南(清)
淸麓答問、遺語、遺事(輯) 749右
謝緒章(清)
北溟見山集 1409右
25 謝純(明)
重葺楊文襄公事略 407右
27 謝伋(宋)
四六談塵 1590左
謝翺(宋)
睦州古蹟記 542左
金華游錄 601左
楚辭芳草譜 1197右
晞髮集、晞髮遺集、補 1296左
晞髮集鈔 1296左
晞髮近稿鈔 1296右
晞髮集補鈔 1296右
謝參軍詩鈔 1296右
登西臺慟哭記 1296右
天地間集(輯) 1541右
28 謝徽(口)
喪服要記注 80右
謝綸(清)
南征日記 617左
徼外錄 976右
蓮絜詩翰釋文 1471右
蓮絜詩存、續集 1471右
29 謝秋萍(民國)
唐五代詞選(輯) 1645左
30 謝濟世(清)
史評 376右
西北域記 562左
纂言內篇、外篇 975右
離騷解 1196右
以學集 1414左
居業集 1414左
一齋集 1414左
梅莊文錄 1414左
謝家禾(清)
衍元要義 885左
弧田問率 885左
直積回求 885左
謝家福(清)
國初成案(輯) 479左
道咸成案(輯) 479左
和約彙編(輯) 479左
善後襍鈔(輯) 479右
中外紀事本末(輯) 479右
備錄(輯) 479右
五畝園小志、題咏(輯) 564右
五畝園小志志餘（凌泗同輯）* 564右
桃隖百詠(注) 564右
鄧尉探梅詩(輯) 593右
謝守灝(宋)
混元聖紀 448右
太上混元聖紀 448右
太上老君年譜要略 448右
太上混元老子史略 448右
謝良(宋)
中山狼傳 1116右
謝良佐(宋)
上蔡語錄 727左
上蔡先生語錄 727左
謝宗可(元)
詠物詩 1310右
謝察微(宋)
算經(一名周髀算經) 878右
31 謝遷(明)
歸田稾 1334左
33 謝泳(清)
瓶軒詞鈔 1640左
34 謝沈(晉)
後漢書 278左
謝汝韶(明)
荀子(注) 684右
鬻子(注) 686左
老子道德經(注) 690右
通玄眞經(注) 692右
關尹子文始眞經(注) 693右
莊子南華眞經(注) 695右
列子沖虛眞經(注) 698右
亢倉子洞靈眞經(注) 699右
子華子(注) 708左
揚子法言(注) 715左
黃石公(注) 772左
37 謝鴻申(清)
東池草堂尺牘 1512左
謝逸(宋)
溪堂集 1263左
溪堂詞 1597左
38 謝道韞(晉)
論語贊 139右
謝肇淛(明)
西吳枝乘 540右
西吳枝乘佚文 540右
長溪瑣語 543左
滇略 559左
北河紀、紀餘 579右
紅雲續約 959右
文海披沙 999左
文海披沙摘錄 999左
五雜組 999左 1124左
麈餘 1070左
謝啓昆(清)
小學韻補攷 207左
西魏書 281左
樹經堂詠史詩 381右
山谷外集補、別集補(輯)* 1256左
樹經堂詩初集、續集 1432右
樹經堂文集 1432右
40 謝墉(清)
荀子校勘補遺（盧文弨同校） 684左
謝希深(宋)
韓非子(注) 703左
公孫龍子(注) 704右
謝杰(明)
虔臺倭纂 312左
謝嘉玉(清)
顧曲錄 1723右
謝枋得(宋)
詩傳注疏 53右
檀弓記(評點) 87右
檀弓解(批點) 87右
檀孟批點(批點) 170左
疊山集 1291左

謝疊山先生文集 1291左
宋謝文節公集 1291左
疊山集鈔 1291左
文章軌範(輯) 1536左
註解章泉澗泉二先生選唐詩 1539右
碧湖雜記 1575右
44 謝莊(劉宋)
雅琴名錄 936左
謝光祿集 1209左
謝希逸集 1209左
謝光祿集選 1209左
謝蘭生(清)
軍興紀略 333左
謝氏源流 395左
詠梅軒思忠錄 403左
輿圖總論注釋 514左
十家語錄摘要(輯) 747右
詠梅軒劄記、詠梅軒劄記增訂、臏稿、存要 747右
詠梅軒雜記 747右
詠梅軒仰觀錄 895左
謝薖(宋)
竹友集 1260右
謝幼槃文集 1260右
謝幼槃竹友集 1260右
竹友詞 1597右
謝赫(南齊)
古畫品錄 925左
謝懋(宋)
靜寄居士樂章 1602右
謝萬(晉)
集解孝經 156右
謝世南(清)
東嵐謝氏明詩略(輯) 1550右
45 謝榛(明)
四溟集 1348左
四溟山人詩集 1348左
謝茂秦集 1348右
四溟山人集選 1348右
詩家直說 1579左
四溟詩話 1579左
47 謝朝徵(清)
白香詞譜箋 1716左
50 謝肅(明)
密菴集 1325左
密菴詩稾、文稾 1325右
謝惠連(劉宋)
謝惠連集 1208左
謝法曹集 1208左
謝法曹詩 1208右
謝法曹集選 1208右
謝素聲(民國)
杏林擷秀 437左
謝東山(明)
謝中丞集 1348右
51 謝振定(清)
游上方山記 589左
登太華山記 590右
遊焦山記 595左
知恥齋文錄 1442左
58 謝掄元
溫症金壺錄 829左
雜症名方 861左
褱青廬醫案 864左
60 謝□(□)
禮記音義隱 90右
謝□(□)
謝氏鬼神列傳 1085左
謝星煥(清)
得心集醫案 863右
謝國(明)
蝴蝶夢 1698右
謝國珍(清)
嘉應平寇紀略 335左
謝國楨
清開國史料考敍論訂補篇 324左
謝旻(清)等
江西通志(修) 522左
61 謝顯道(宋)等
海瓊白眞人語錄(編) 1184右
67 謝鳴謙(清)
程山謝明學先生年譜(輯) 420左
謝鳴篁(清)
川船記 799右
71 謝階樹(清)
宜黃竹枝詞 551左
鳳凰山記 576左
貴州道中記 616左
約書 976右
72 謝朓(南齊)
謝宣城集 1209右
謝宣城詩集 1209右
謝宣城詩 1209右
謝宣城集選 1209右
77 謝開寵(清)
元寶公案 1126左
謝興堯
太平天國論文題跋 335右
洪楊遺聞 335右
80 謝金鑾(清)
教諭語、補 764左
謝介鶴(清)
金陵癸甲紀事略、粵逆名目略 333右
金陵癸甲摭談 333右
82 謝鍾英(清)
三國大事表 364左
補三國疆域志補注 508左
三國疆域表 508左
三國疆域志疑 508左
補水經注洛水涇水武陵五溪考 577右
86 謝鐸(明)
伊洛淵源續錄 413左
赤城新志(修) 521左
謝文肅公集 1333左
赤城後集(輯) 1547右
90 謝少南(明)
謝與槐集 1347左

0466₀ 諸

10 諸可寶(清)
疇人傳三編 414右
許君疑年錄(輯) 417左
元魏熒陽鄭文公摩崖碑跋 669右
12 諸聯(清)
明齋小識 1076右
諸廷槐(清)
蝶菴詞 1623右
吹蘭巵語 1623右
21 諸仁安(清)
瞥口雜記 527右
28 諸以敦(清)
熊氏後漢書年表校補 363左
40 諸九鼎(清)
石譜 956右
諸士儼(清)

勤齋考道日錄、續錄 740左
44 諸葛亮(蜀)
心書 772左
新書 772右
武侯新書 772右
武侯心書 772右
兵要 772右
諸葛子 963右
諸葛丞相集 1203左
諸葛武侯集 1203右
諸葛武侯文集 1203右
諸葛忠武侯文集 1203右
漢丞相諸葛忠武侯集 1203右
諸葛潁(隋)等
桂苑珠叢 195左
諸葛恪(吳)
諸葛子 963右
60 諸星杓(清)
明道先生年譜(池生春同撰) 418左
伊川先生年譜(池生春同撰) 418左
71 諸匡鼎(清)
猺獞傳 555右
86 諸錦(清)
毛詩說 56右
補饗禮 82右
饗禮補亡 82右
夏小正詁 92左

0468_6 讀

28 讀徹(清釋)
蒼雪和尚南來堂詩集 1376右
釋蒼雪詩 1376右

0722_7 鄺

10 鄺露(明)
赤雅 555左
12 鄺璠(明)
便民圖纂 779左
44 鄺其照(清)
臺灣番社考 543右
五大洲輿地戶口物產表 626左

0742_7 郭

00 郭應祥(宋)
笑笑詞 1606右
郭慶藩(清)
莊子集釋 696左
郭麐(清)
國志蒙拾 268右
濰縣竹枝詞自註 532右
江行日記 616左
金石例補 670左
濰縣宏福寺造像碑考 675右
樗園銷夏錄 1008右
靈芬館詩初集、二集、三集、四集、續集 1450左
靈芬館雜著、續編、三編 1450左
爨餘集 1450左
靈芬館集外詩 1450左
靈芬館詩話、續 1586左
爨餘叢話 1586左
靈芬館詞 1627左
蘅夢詞 1627左
浮眉樓詞 1627左
懺餘綺語 1627右
爨餘詞 1627右
三家詞品 1719右
靈芬館詞話 1719右
詞品 1719右
十二詞品 1719右
靈芬館詞四種 1748左
郭雍(宋)
郭氏傳家易說、總論 13左
傷寒補亡論 813左
郭京(唐)
周易舉正 11左、右
02 郭訓(漢)
雜字指 222左
05 郭諫臣(明)
郭鯤溟集 1352右
09 郭麟孫(元)
祥卿集 1302左
10 郭元英(清)
粲花樓詩稿 1478右
郭元釪(清)
郭元釪詩選 1418左
11 郭棐(明)
炎徼瑣言 559左
12 郭登(明)
郭定襄伯集 1333左
郭琇(清)
華野疏稾 499右
郭璞(晉)
毛詩拾遺 62右
爾雅(注) 162左、右
爾雅讀本(注) 162右
爾雅註疏(注) 162右
爾雅注疏(注) 162右
爾雅音義 163左
爾雅圖贊 165右
蒼頡篇(解詁) 200左
蒼頡解詁 200左
三倉解詁 200右
輶軒使者絕代語釋別國方言(注) 225左
方言(注) 225左
絕代語釋別國方言(注) 225左
山海經(傳) 709右
山海經圖讚 710左
穆天子傳(注) 710右 711左
覆校穆天子傳(注) 711左
穆天子傳注疏(注) 711左
易洞林 896左
周易洞林 896左
郭氏易占 896右
葬經 900左
葬書 900左
郭氏葬經刪定 900左
古本葬經 900左
古本葬書 900左
葬經內篇 900左
劉江東家藏善本葬書 900左
玉照定眞經 903右
元經 906右
郭弘農集 1206左
郭景純集 1206左
郭弘農集選 1206左
郭瑗(清)
寓庸室遺草 1462左
郭孔太(明)
書傳正誤 1023左
17 郭豫亨(元)
梅花字字香 1306右
郭子章(明)
蠙衣生馬記 792左
蠙衣生劍記 800左
博集稀痘方論 840右

士令(一名學政·黃寓庸同撰) 1002左
譏語 1069左
讔語 1069左
讖語 1069左
諧語、蘇黃滑稽帖(輯) 1123右
謠語(輯) 1561右
諺語(輯) 1562左
豫章詩話 1566左

17 郭翼(元)
雪履齋筆記 991左
林外野言 1318右

20 郭季產(劉宋)
郭季產集異記 1086右

郭維濬
眉壽堂方案選存(輯) 862右

21 郭步韞(清)
獨吟樓詩 1443右

郭師古(明)
倭情考略(校正) 313左

22 郭嵩燾(清)
罪言存略 500右
郭侍郎洋務文鈔 500右
使西紀程 619左
南華眞經札記* 693右
養知書屋詩集 1479左

23 郭允蹈(宋)
蜀鑑 292左

郭稽中(宋)
產育寶慶方(纂) 835左
產育寶慶集(纂) 835左
產育寶慶集方(纂) 835右

25 郭仲產(劉宋)
荆州記 545左
湘州記 547左

郭傳璞(清)
遊天窗巖記 600右
遊智門寺記 600右
鼻奩壺盧銘(注) 959右

郭傳昌(清)
惜齋吟草、別存 1514左
惜齋詞草 1640左

27 郭佩蘭(清)
貯月軒詩 1472右
貯月軒詩稿 1472右

郭象(晉)
論語體略 139左
莊子南華眞經(注) 694左、右
莊子註 694左
南華眞經(注) 694左、右
纂圖互注南華眞經 694右
南華眞經注疏 694右
郭子翼莊 697左
翼莊 697左

郭象升(民國)
左盦集箋 1528右

郭彖(宋)
睽車志 1091左

郭磐(明)
明太學經籍志 645左

郭緣生(晉)
述征記 608左

30 郭淳(明)
東事書 313左

郭家驥(清)
革雷得志略 637右

郭之奇(明)
郭忠節宛在堂集 1370右

郭憲(漢)
漢武帝別國洞冥記 1083右
別國洞冥記 1083右
漢武洞冥記 1083右
洞冥記 1083右
東方朔傳 1094右

郭守正(宋)
增修校正押韻釋疑 207右

郭良翰(明)
明謚記彙編 463右

郭寶善(清)
詁紅館殘稿 1508左

郭宗昌(明)
金石史 668右

32 郭兆麟(清)
梅崖文鈔 1440右
梅崖詩話 1587左

郭澄之(晉)
郭子 1046左
郭玄 1046左

35 郭沛霖(清)
遊寶藏寺記 589左

郭沫若
熹平石經魯詩殘石 183右
金文續考 661右
龜茲刻石 667左
石鼓文研究 668左
殷契餘論 672右
漢代石刻二種 1735右

36 郭湜(唐)
高力士外傳 1098左、右
高力士傳 1098左、右

37 郭潤玉(清)
簪花閣詩鈔 1460右

郭漱玉(清)
繡珠軒詩 1460右

38 郭祥正(宋)
錢唐西湖百咏 597右
青山集、續集 1257右
錢塘西湖百詠 1258左

40 郭友蘭(清)
嘯雪山房詩 1472右

郭士璟(清)
句雲堂詞 1618左

郭奎(明)
望雲集 1324右
郭子章集 1324右

郭堯臣(清)
捧腹集詩鈔 1127右
捧腹集 1516右

郭存會(清)
聖節會約 415左

郭志邃(清)
痧脹玉衡書 829左

43 郭式昌(清)
說雲樓詩草 1498右

44 郭夢星(清)
尙書小札 42左
漢書古字類 266左
午窗隨筆 1011右

郭芬(清)
望雲閣詩集 1443右

郭茂倩(宋)
樂府詩集 1533左
樂府集 1533左

郭若虛(宋)
圖畫見聞誌 926右
畫論 926右
郭若虛畫論 926右
紀藝 926右

郭棻(清)
學源堂詩鈔 1392左

46 郭柏蔭(清)
變雅斷章衍義 61左

嘐嘐言、續 1011左
石泉集 1472右
天開圖書樓文稿 1472右
郭柏蒼(淸)
七月漫錄 60右
左傳臆說十九條 109左
閩中郭氏支派大略 394左
閩產錄異 542右
竹閒十日話 542右
海錯百一錄 793右
我私錄 1011右
補蕉山館詩 1483左
鄂跗草堂詩 1483左
三峯草廬詩 1483左
沁泉山館詩 1483左
柳湄小榭詩 1483左
葭柎草堂集 1483左
47 郭起元(淸)
淮水考 581左
48 郭松年(元)
大理行記 611右
50 郭忠恕(後周)
佩觿 197右
汗簡目錄敍略 198左
郭槖駝(唐)
種樹書(一題元俞宗本撰) 778右
60 郭口(口)
玄中記 1085左
郭氏玄中記 1085左
郭畀(元)
客杭日記 450右
雲山日記 450右
元郭天錫手書日記眞迹 450右
快雪齋集 1316右
郭思(宋)
千金寶要(輯) 856左
畫論(原題誤應作郭若虛撰) 926右
郭昂(元)
野齋集 1301右
61 郭顯卿(漢)
古文奇字 196右
64 郭勛(明)
雍熙樂府(輯) 1715左
71 郭階(淸)
周易漢讀攷 34左
大學古本釋 134左
中庸釋 136左
學庸識小 154右
讀史提要錄評 377左
天均卮言 423右
老子識小 691右
莊子識小 696左
芹曝錄內篇 977左
遲雲閣詩稿、文稿 1511左
集選詩 1511左
郭長淸(淸)
性理淺說 748左
小學淺說 759左
種樹軒文集詩草 1477左
77 郭岡鳳(口)
元始無量度人上品妙經注(參校併贊) 1133左
郭熙(宋)
林泉高致 926右
郭氏畫訓 926右
郭印(宋)
雲溪集 1264左
80 郭夔(淸)
印山堂詞 1636右
郭毓璋
方本傅子校勘記* 718右
郭義恭(晉)
廣志 964右
郭善鄰(淸)
商邱史記(輯評) 376左
郭曾炘(民國)
邴廬日記 451右
郭文安公奏疏 501右
樓居偶錄 1016左
匏廬詩存、賸草 1521左
再愧軒詩草 1521左
81 郭鈺(元)
靜思集 1320左
郭鈺(明)
古越書(輯) 541右
紹興考 541右
武備志(訂評) 541右
郭頒(晉)
魏晉世語 1045左
古墓斑狐記 1095右
82 郭鍾儒(淸)
石洞貽芳集(重輯) 1557右
郭鍾岳(淸)
北鴈蕩紀遊 601右
南鴈蕩紀遊 601右
85 郭鈇(明)
石洞貽芳集(輯) 1557右
86 郭知玄(唐)
切韻 205右
郭知達(宋)
九家集註杜詩 1222右
87 郭欽華(淸)
漁談 975右
88 郭籛齡(淸)
周易從周 28左
吉雨山房文集 1488右
吉雨山房詩集 1488右
北山樵唱 1488右
吉雨山房遺集 1744右
郭第(明)
郭山人集 1356左
90 郭光復(明)
倭情考略 313左
郭尙先(淸)
芳堅館題跋 916右
增默菴詩遺集 1453左
郭尙賓(明)
郭給諫疏稿 498左

鄗

40 鄗樵叟(明)
穎譜 952左

0762_0 詞

72 詞隱先生(明) 見沈璟

調

10 調露子(宋)
角力記 949左

0762_7 誦

35 誦淸堂主人(民國)
辛亥四川路事紀略 331左
44 誦芬室主人(民國) 見董康

0821_2 施

00 施彥士(淸)
春秋朔閏表發覆 131左
推春秋日食法 131左
讀孟質疑 148左
孟子外書集證 149左
歷代編年大事表 362右

海運芻言　476右
求己堂詩集　1451右
求己堂文集　1451右

00 施彥恪(清)
施氏家風述略續編*393左

施文銓(清)
靜學廬逸筆　1029左
靜學廬遺文　1504右

06 施諤(宋)
淳祐臨安志　520左
淳祐臨安志輯逸　520左

10 施元之(宋)
施註蘇詩　1253左

施雯(清)
盤珠集胎產症治(嚴潔、洪煒同纂)　837左

11 施璟(清)
隨村先生遺集　1418左

12 施發(宋)
察病指南　851左

14 施璜(清)
塾講規約　763右

施耐庵(元)
第五才子書水滸傳、續　1130右

17 施子美(宋)
六韜(講義)　769左
孫子(講義)　769右
吳子(講義)　770右
司馬法(講義)　771左
尉繚子(講義)　771左
三略(講義)　772左
唐太宗李衞公問對(講義)　773左

20 施讐(漢)
周易施氏章句　4左

22 施岑(宋)
西山許眞君八十五化錄(編)　449左

施山(清)
薑露庵雜記　1014左

24 施德操(宋)
北窗炙輠錄　1060左
北窗炙輠　1060左

27 施紹莘(明)
秋水菴花影集　1713左
瑤臺片玉甲種　1713左
瑤臺片玉甲種補錄1713左

30 施肩吾(唐)
養生辯疑訣(述)　845左
嵩岳嫁女記　1104左
西山羣仙會眞記　1165右
鍾呂傳道集(傳)　1166左
鍾呂二仙修眞傳道集(傳)　1166左

施宿(宋)等
嘉泰會稽志　521左

施守平(清)
碧苑壇經　1185右

32 施漸(明)
施武陵集　1348左

33 施補華(清)
澤雅堂文集　1500左
峴傭說詩(口授)　1588左

35 施淸(淸)
芸窗雅事　959左

施淸臣(宋)
東洲几上語、枕上語968左

37 施鴻(淸)
澂景堂史測　376左

施鴻保(淸)
閩雜記　542右

38 施浴升(淸)
蠖齋談助　1013右
金鍾山房詩集　1510右
金鍾山房文集　1510右

40 施士丐(唐)
施氏詩說　51右

41 施樞(宋)
芸隱橫舟稿　1293右
芸隱倦遊稿　1293右
芸隱詩集　1293右

44 施世杰(淸)
元祕史山川地名攷 303右

48 施乾(陳)
爾雅施氏音　163右
爾雅音注　163右
爾雅音　163右

50 施靑臣(宋)
繼古藂編　988左

施惠(元)
幽閨記(一名拜月亭)　1691左
重校拜月亭記　1691左
幽閨怨佳人拜月亭記　1691右
李卓吾先生批評幽閨記　1691右
陳眉公批評幽閨記　1691右
新刊重訂出相附釋標註拜月亭記　1691右

施惠(淸)等
宜興荆溪縣新志(修)　519右

57 施邦曜(明)
陽明先生年譜　419左
經濟集(評輯)　497左
經濟編(評輯)　497左
理學集(評輯)　732右
理學編(評輯)　732右
文章集(評輯)　1337左

60 施國祁(淸)
金史詳校　274右
金源劄記　274右
史論五答　275左
吉貝居雜記(述)　275左
元遺山先生年譜　429左
元遺山年譜　429左
金史詳校(地理志)　512右
禮耕堂叢說　1027左
元遺山詩集箋注　1299右
吉貝居暇唱　1435右

61 施顯卿(明)
奇聞類紀摘鈔　1068左
奇聞類記　1068左

77 施閏章(淸)
施氏家風述略　393左
遊龍洞山記　591左
白嶽遊記　596右
山門遊記　597左
遊九華記　597左
盱江諸山遊記　605右
硯林拾遺　803右
矩齋雜記　1072右
施愚山先生學餘文集、詩集、外集　1385左
施愚山詩　1385左
愚山文鈔　1385左
愚山先生文錄　1385左
愚山詩選　1385左
愚山詩鈔　1385左
施愚山詩選　1385右
蠖齋詩話　1581右
施愚山先生外集　1743右
施愚山先生別集　1747右

80 施念曾(淸)
施愚山先生年譜　430右

0823_3 於

80 於益(清)
集浯溪碑字聯語 944左

0862_7 論

40 論志煥(元)
盤山語錄(輯) 1183左
盤山棲雲王眞人語錄(輯) 1183右

0864_0 許

00 許應龍(宋)
東澗集 1281左
許應元(明)
許茗山集 1345左
02 許新堂(清)
日山文集 1439右
07 許誦珠(清)
雯窗瘦影詞 1639左
08 許論(明)
九邊圖論 484右
許謙(元)
讀書叢說 40左
詩集傳名物鈔 61左
毛詩名物鈔 61左
讀中庸叢說 134右
讀論語叢說 141左
讀四書叢說 150右
絳守居園池記註(趙仁舉、吳師道同撰)1229右
白雲先生許文懿公傳集 1303右
許白雲先生文集 1303右
白雲集 1303右
白雲先生集 1303右
09 許麟英
遼東志校勘記(高鳳樓同撰)* 515右
全遼志校勘記(高鳳樓同撰)* 515右
10 許三階(明)
節俠記 1696左
許正綬(清)
安定言行錄(輯) 417右
許玉瑑(清)
讀史記 264左
讀漢書(一名校讀漢書札記) 265右
讀水經注 577右
讀管子 700右
晉雋 1014左
讀書日記 1028右
詩契齋詩鈔 1505左
詩契齋駢文 1505左
詩契齋叢稿 1505左
讀文選 1532右
獨絃詞 1638右
日知小錄 1741左
許元仲(清)
飛雲洞記 608左
許元淮(清)
宋葉文康公禮經會元節本 69右
花仙小志(輯) 440右
許元溥(明)
吳乘竊筆 535左
許雨田(清)
愼餘堂文稿 1439右
許雷地(清)
春閨雜咏 1512右
11 許珏(民國)
高子遺書節鈔(輯)1360右
復庵先生集 1518左
許棐(宋)
樵談 968左
梅屋集 1287右
梅屋詩稿 1287右
梅屋詩稾、融春小綴、梅屋第三稾、梅屋第四稾 1287右
獻醜集 1287右
梅屋詞 1607右
梅屋詩餘 1607右
14 許琳(唐)
許琳詩集 1238左
15 許珠(清)
薏宧吟稿 1487左
17 許瑤光(清)
蒿目集 334右
許乃濟(清)
左氏蒙求註(王慶麟同撰) 106右
許乃穀(清)
横橋吟館圖題詠(輯) 1559左
許乃釗(清)
武備輯要續編 775右
許承宣(清)
西北水利議 582左
許承家(清)
獵微閣詩集 1387左
許承祖(清)
雪莊西湖漁唱 598右
許豫(清)
白門新柳記 1079右
許豫和(清)
小兒諸熱辨 839右
小兒治驗 839右
翁仲仁先生痘疹金鏡錄(注解) 841左
橡村痘訣、餘義 841右
怡堂散記 864右
許及之(宋)
涉齋集 1274右
許子偉(明)
許忠直公遺集 1359右
許君繼(明)
許士修集 1324右
許負(漢)
相法十六篇 904右
19 許琰(清)
普陀紀勝 600右
20 許重熙(清)
江陰守城記 320左
江陰城守紀事 320左
江陰城守後紀 320左
許孚遠(明)
九諦解疏 735左
21 許顗(宋)
許彥周詩話 1571左
彥周詩話 1571左
許儒龍(清)
許水南詩集 1431左
許衡(元)
讀易私言 15左
許氏詩譜鈔 64右
大學直解 132左
中庸直解 135左
稽古千文 203左
編年歌括 372左
許文正公奏疏 496右
許文正公語錄 730右
大學要略 730右
許魯齋先生訓子詩 752右

小學大義　758右
授時歷經　868右
陰陽消長論　893右
揲蓍說　896右
許文正公遺書　1300右
魯齋遺書　1300右
許魯齋先生集　1300右
許文正公詩　1300右
許文正公書狀　1300右
許文正公雜著　1300右
魯齋集　1301左
魯齋遺書約鈔　1301左
魯齋詞　1611左
許文正公遺書　1743左

22 許嵩(唐)
建康實錄　276左

24 許德士(明)
荆溪盧司馬殉忠錄　409左
荆溪盧司馬殉忠實錄　409左
荆溪盧司馬九台公殉忠實錄　409左

許德蘋(清)
鯀澈玉詞　1635右
澗南詞　1635右

許纘曾(清)
滇行紀程、續抄　612右
滇行紀程摘鈔　612右
東還紀程、續抄　612右

25 許仲元(清)
三異筆談　1076左

許仲琳(明)
新刻鍾伯敬先生批評封神演義　1131左

26 許自昌(明)
靈犀佩傳奇　1696左
玉茗堂批評節俠記(改訂)　1696左
水滸記　1696左
橘浦記　1696左

許伯旅(明)
介石稿　1324左

許伯政(清)
詩深　57右
全史日至源流　873左

27 許將(宋)
許文定集　1252左

許名奎(元)
勸忍百箴考註　766左

許紉蘭(清)
澧陽遺草　1489右

許叔微(宋)
傷寒百證歌　813左
新編張仲景註解傷寒百證歌　813左
張仲景注解傷寒百證歌　813左
新編張仲景註解傷寒發微論　813左
傷寒九十論　813左
類證普濟本事方　857左
類證普濟本事方續集　857右

28 許徐珊(清)
耕間偶吟　1416左

29 許秋垞(清)
聞見異辭　1093右

30 許進(明)
平番始末　309右

許之珽(清)
介珊先生遺墨　1506左

許之衡(民國)
飲流齋說瓷　797左

許之獬(清)
春秋或辯　126右

許容(清・如皋)
說篆　940右

許容(清・廣城)等
甘肅通志(修)　517左

許宗彥(清)
鑑止水齋集　174右
鑑止水齋文錄　1450右

許宗衡(清)
玉井山館筆記、舊遊日記　1078左

許宗魯(明)
許少華集　1341右

許察(明)
南峯雜咏　1355右

31 許遯翁(清)
韻史　372左

32 許兆熊(清)
本支世系記略　393右
蒐舟謡柄　916右

許遜(晉)
靈劍子(述)　843右
靈劍子引導子午記(述)　843右

許眞君玉匣記　1155左
太上靈寶淨明飛仙度人經法釋例(釋)　1167右
太上淨明院補奏職局太玄都省須知(釋)　1167右
銅符鐵券　1173左
許眞君石函記　1179左
石函記　1179左

34 許汝韶(清)
有明三家稿(輯)　1544左
外編叢鈔(輯)　1548左
四李集(輯)　1549左
高涼耆舊文鈔(輯)　1746左

許汝霖(清)
德星堂家訂　755右

許汝衡(清)
郭家池記　595右

許汝濟(清)
區田編(注)　780右

許浩(明)
兩湖麈談錄　348右
復齋日記　349左

許浩基
文山傳信錄　407左
文文山年譜　407左
鄭延平年譜　409右

37 許洞(宋)
虎鈐經　773左

許潮(明)
蘭亭會　1675左
寫風情　1675左
赤壁遊　1675左
南樓月　1675左
龍山宴　1675左
武陵春　1675左
午日吟　1675右
同甲會　1675右

許鴻磐(清)
西遼記北曲　1689右
雁帛書北曲　1689右
女雲臺北曲　1689右
孝女存孤北曲　1689右
儒吏完城北曲　1689右
三釵夢北曲　1689右

許淑(漢)
春秋左傳許氏注　104右

許淑慧(清)
瘦吟詞　1637左

許渾(唐)
丁卯集、續集、續補、集外遺詩 1233左
丁卯詩集、續集、續補、集外遺詩 1233左
許用晦文集、拾遺 1233左
許丁卯詩眞蹟錄 1233左
許次紓(明)
茶疏 784左
許然明先生茶疏 784左
許迎年(清)
槐墅詩鈔 1408左
38 許瀚(清)
許印林遺著 188左
別雅訂 220左
弟子職(音) 701右
40 許九埜(民國)
梨園軼聞 948右
許友(清)
箬繭室詩集 1399左
許堯佐(唐)
柳氏傳 1099左、右
章臺柳傳 1099左
許克勤(清)
讀周易日記 28右
西域帕米爾輿地攷 484右
許有壬(元)
許文忠公圭塘小藁 1312左
至正集 1312左
圭塘小稿、別集、續集 1312左
圭塘小稾 1312左
圭塘樂府、別集 1613左
許有壬(元)等
圭塘欸乃集 1551右
許嘉德(清)
文選筆記(校) 1532左
許嘉猷(清)
加庶編 781左
43 許栽(清)
高陽詩草、遺詩 1432左
許棫(清)
讀說文雜識 188右
44 許燕珍(清)
鶴語軒詩集 1438右
許楚(清)
遊石峌庵記 590左
披雲山記 596右
遊靈山記 596右
許樹棠(清)
三易偶解、歸藏母經 34左
許桂林(清)
春秋穀梁傳時月日書法釋例 120右
許氏說音 211右
許權(清)
問花樓詩集 1443右
45 許槤(清)
讀說文記 188左
古均閣文、詩 1479右
六朝文絜(評選) 1537左
46 許旭(清)
閩中紀略 325右
閩幕紀略 325右
秋水集 1401右
許觀(宋)
東齋記事 985右
許恕(元)
北郭集 1319右
許賀來(清)
賜硯堂詩稿 1409左
許相卿(明)
許氏貽謀四則 753左
許雲邨貽謀 753左
雲村文集 1339右
許雲村集 1339右
47 許起(清)
霍亂燃犀說 829右
珊瑚舌雕談摘鈔 1012右
許楹(清)
罔極錄 903左
許穀(明)
許石城集 1347右
48 許增(清)
白石詩詞評論(輯) 1565左
白石道人詩詞評論(輯) 1565左
娛園叢刻(輯) 1739左
許翰(宋)
襄陵文集 1260左
許敬宗(唐)
許敬宗集 1216右
許敬宗(唐)等
文館詞林(輯) 1535左
50 許奉恩(清)
轉徙餘生記(述) 333左
334右
里乘 1079左
51 許振(清)
日東先生文 1506左
許指嚴(民國) 見許國英
57 許邦才(明)
許長史集 1351右
60 許國(明)
許文穆公集 1356左
許國楨(清)
伊犁府鄉土志 517右
許國英(民國)
指嚴筆記 325左
梅花嶺遺事 1082右
金川妖姬志 1082右
許恩普(清)
許氏醫案 863右
許昌齡(清)
碧摩亭集 1381左
許昂霄(清)
詞韻考略 1715右
詞綜偶評 1720左
許景衡(宋)
橫塘集 1260左
許景迂(宋)
野雪鍛排雜說 1062右
許景澄(清)
許文肅公日記 451右
帕米爾圖說 484左
許文肅公遺稿 1507左
許文肅公外集 1507左
許文肅公書札 1507左
63 許默(唐)
紫花梨記 1047右
67 許明道(宋)
還丹秘訣養赤子神方(述) 1164右
許嗣茅(清)
緒南筆談 1008左
77 許月卿(宋)
百官箴 472左
先天集 1290左
先天集鈔 1290左
許同莘(民國)
恆代遊記 588右
盤山遊記 589右
嵩洛游記 603左

77 許學范(清)
武備輯要　775右
許開(宋)
二王帖評釋　924右
許譽卿(明)
三垣疏稿　498右
許印芳(清)
增訂發蒙三字經　761右
陶詩彙注(增訂)　1207左
五塘詩草、雜組　1499右
律髓輯要(輯)　1533右
滇詩重光集　1548右
詩譜詳說　1588左
詩法萃編(輯)　1588左
許巽行(清)
文選筆記　1532左
80 許夔臣(清)
國朝閨秀香咳集(輯)　1544左
香咳集選存(輯)　1544左
香咳集選存(輯)　1544右
許令瑜(明)
容菴遺文鈔、存稿鈔　1374左
許午(清)
朝鮮雜述　629左
許善長(清)
碧聲吟館談塵　1079左
碧聲吟館倡酬錄(輯)　1555右
臙脂獄　1690右
茯苓仙　1690右
靈媧石　1690右
神山引　1690右
風雲會傳奇　1710左
瘞雲巖傳奇　1710左
86 許錫祺(清)
周易臆解　27左
痞言　748右
初學入門　748右
許松濱先生條答　748右
許松濱先生詩集、文集　1481左
90 許光治(清)
續宋中興編年資治通鑑校　284右
有聲畫　1475右
江山風月譜　1633左
紅蟫館詞雋(輯)　1644右
江山風月譜散曲　1713右
許光清(清)
爾雅南昌本校勘記訂補　164右
管子校　700右
許尙(宋)
華亭百詠　524右
許棠(唐)
吳保安傳(一題牛肅撰)　1102左
怪男子傳　1108左
奇男子傳　1108左
文化集　1236右
91 許恆(明)
筆耒齋訂定二奇緣傳奇　1700左
94 許愼(漢)
春秋左傳許氏義　103右
爾雅許君義　161右
爾雅許氏義　161右
五經通義　167左
五經異義　167左
說文解字　185右
說文　189右
192右
漢書許義　265左
淮南鴻烈解(注)　960右
961左
淮南鴻烈閒詁　961左
淮南子注　961左
許愼淮南子注　961左
許叔重淮南子注　961左
99 許棨(明)
新刊小兒痘疹證治　840右

0925₉ 麟

00 麟慶(清)
鴻雪因緣圖記　616右

0968₉ 談

00 談庭梧(民國)
桂影軒筆記　1082左
英甫遺詩　1520右
談文灯(民國)
夢石未定稿　1527左
談文烜(清)
鳳威遺稿　1513右
27 談修(明)
呵凍漫筆　997右
31 談遷(明)
棗林雜俎　1001左
棗林藝簣　1001左
棗林詩集　1373右
34 談沈雲芝(民國)
雲芝遺詩　1527左
50 談泰(清)
禮記義疏算法解　90左
王制井田算法解　90左
王制里畝算法解　90左
77 談印蓮(清)
平洛遺草　1458左
談印梅(清)
九疑仙館詩鈔、諸圖題詞　1458右
九疑仙館詞鈔　1630左
九疑僊館詞　1630左
88 談鑰(宋)
吳興志　520右
92 談愷(明)
平粵錄　311左

1

1000_0 一

21 一行（唐釋）
- 易纂 11左
- 大衍十二次分野圖 894右

26 一得愚人（清）
- 粥賑說 479左

71 一厂（民國）
- 暗殺史 331左

1010_0 二

10 二石生（清）
- 十洲春語 1072右

27 二鄉亭主人（清） 見宋琬

40 二南里人（明） 見羅懋登

1010_1 三

11 三硬蘆圩耕叟（清） 見俞鴻漸

27 三多（清）
- 庫倫蒙俄卡倫對照表 628左

31 三江遊客（民國）
- 三江筆記 331右

40 三喜寶（清）等
- 光祿寺進康熙六十一年四月分內用豬鴨果品等項錢糧數目黃册 471左

47 三朝實錄館（清）
- 三朝實錄館館員功過等第册（編） 387右

50 三泰（清）等
- 大清律例 487右

55 三農老人（清）
- 達生篇（注） 836右

正

24 正勉（明釋）
- 古今禪藻集（性通同輯） 1533右

1010_3 玉

26 玉泉樵子（清）
- 神山引曲 1710右
- 茯苓仙傳奇 1710右

60 玉壘山人（清）
- 金山倭變小志 312左

1010_4 王

00 王埅（清）
- 宛委山房詩詞賸稾1479右

王立道（明）
- 具茨集、文集、遺稿1349右
- 王翰林集 1349右

王立中（民國）
- 俞理初先生年譜 423左
- 癸巳類稿詩文補遺（輯）* 1027右

王充（漢）
- 周易王氏義 5左
- 易王氏義 5左
- 論衡 961右 962左
- 論衡佚文 962左
- 委宛子 962左

王充耘（元）
- 王耕野先生讀書管見40左
- 讀書管見 40左
- 書義主意 40左
- 書義矜式 40左
- 四書經疑貫通 151左

王亮（元）
- 刑統賦解（增注） 487左

王亮功（清）
- 讀易旁求 27右
- 春秋經論摘義 130左
- 讀史贅要 377左
- 樸齋省愆錄 1030左

王彥泓（明）
- 疑雨集 1369左

王方慶（唐）
- 魏鄭公諫錄（輯）404左、右
- 園林草木疏 787右

王育（明）
- 易說 18右
- 說文引詩辨證 192右
- 斯友堂日記 1002右

王應麟（宋）
- 周易鄭康成注（輯） 6左
- 周易鄭注（輯） 6左
- 鄭氏周易（輯） 6左
- 新本鄭氏周易（輯） 6左
- 周易注（輯） 6左
- 鄭氏周易注（輯） 6左
- 周易鄭氏注（輯） 6左
- 古文尚書（撰集） 37左
- 尚書讀本（撰集） 37左
- 鄭氏古文尚書（撰集） 37左
- 尚書鄭注（輯） 37左
- 尚書注（輯） 37左
- 新刻玉海紀詩 53右
- 新刻困學紀詩 53右
- 詩地理攷 61右
- 新刻詩地理考 61右
- 詩攷 67左
- 新刻詩考 67左
- 踐阼篇集解 93左
- 古文論語（輯） 137左
- 論語鄭氏注輯（輯） 137左
- 論語集註大全攷異*141左
- 孟子集註大全攷異*147左
- 六經天文編 170左
- 急就篇（音釋） 201左
- 急就篇（補注） 201左
- 周書王會補注 277左
- 通鑑答問 283左
- 通鑑地理通釋 283左
- 姓氏急就篇 396左
- 漢制考 454左
- 漢藝文志考證 641右
- 增訂發蒙三字經 761右
- 困學紀聞 1021右
- 玉海祥瑞錄 1037左
- 玉海 1042右
- 小學紺珠 1042右
- 四明文獻集 1288左、右
- 深寧先生文鈔摭餘編 1288右
- 王尚書遺稿 1288右
- 詞學指南 1590右

王應電（宋）
- 六義圖解 198右

王應電（明）
- 周禮傳、圖說、翼傳 70右

王應遴（明）
- 逍遙遊 1675右

王應奎（清）
- 柳南隨筆、續筆 1075左

王應垣（清）
- 南行吟草 1462右

王庭（清）
- 秋閒詞 1617左

00 王庭珪(宋)
盧溪集 1262右
盧溪集鈔 1262右
盧溪集補鈔 1262右
盧溪逸稿 1262右
盧溪詞 1597左
王庭筠(金)
黄華集 1298右
王庭筠(清)
粤西從宦略 1075右
王度(晉)
二石傳 356右
王度(隋)
古鏡記 1096右
王度(清)
歷年城守記 316右
僞官據城記 316右
王慶麟(清)
左氏蒙求註(許乃濟同撰) 106右
遊敬亭山記 597左
王慶雲(清)
石渠紀餘 493右
王慶勳(清)
詒安堂初稿、二稿、試帖詩鈔 1494左
應求集(輯) 1544右
可作集(輯) 1544右
詒安堂詩餘 1636右
沿波舫詞 1637左
同人詩錄(輯) 1745右
王慶升(宋)
爰淸子至命篇 1171右
三極至命筌蹄(述) 1175右
王廙(晉)
周易注 9左
周易王氏注 9左
易注 9左
出後者爲本父母服議 80左
王文濡(民國)
歸震川文鈔(選) 1345右
方望溪文鈔(選) 1411左
劉海峯文鈔(選) 1417右
姚姬傳文鈔(選) 1430左
梅伯言文鈔(選) 1457右
曾滌生文鈔(選) 1476左
張濂亭文鈔(選) 1484右
吳摯甫文鈔(選) 1506右
王文治(清)
王夢樓先生墨蹟(書) 924右
王夢樓絕句 1429左
夢樓選集 1429左
王文淸(淸)
湘水記 585右
王文祿(明)
大學石經古本旁釋、申釋 132右
大學石經古本(旁注) 132右
中庸古本旁釋、古本前引、古本後申 135左
龍興慈記 305左
庭聞述略 350右
葬度 460右
廣成子疏略 697左
求志編 721左
策樞 721左
泰熙錄 721左
書牘 721左
廉矩 766右
胎息經疏略 844左
胎息經疏 844左
醫先 846右
海沂子 971左
機警 971左
文昌旅語 971左
補衍 971左
竹下寤言 997左
陰符經疏略 1136右
周易參同契(疏) 1180右
文脈 1580左
詩的 1580左
百陵學山(輯) 1741左
王文選(淸)
醫學切要 823左
外科切要 831右
眼科切要 834左
幼科切要 839右
痘科切要 842左
奇方纂要 860左
王文思(清)
昔夢錄 392右
恕堂存稿詩 1498右
恕堂存稿 1498右
王文錦(清)
西域南八城紀要 531右
王章(清)
靜虛堂吹生草 1476右
王奕(元)
玉斗山人集 1306左
玉斗山人文集 1306左
玉斗山人詞 1613左
王奕清(淸)等
欽定詞譜 1715右
曲譜 1716右
御選歷代詩餘話(輯) 1719右
王奕曾(清)等
錦縣志(修) 516左
王言(清)
連文釋義 193左
西華仙籙 448左
王澄原集 1356右
王玄(口)
詩中旨格 1580右
王玄度(明)
王學人遺集選 1368左
王玄覽(唐)
玄珠錄(口訣) 1183左
王袞(宋)
博濟方 856右
王褒(漢)
僮僕傳 1094右
王諫議集 1198右
王褒(北周)
王子淵集 1214右
王司空集 1214右
王司空集選 1214右
王褒(明)
王翰林詩 1328右
王襄(宋)
輶軒雜錄 343右
01 王謳(明)
王僉事集 1340右
02 王端履(清)
重論文齋筆錄 1010左
03 王詠霓(清)
歸國日記 619右
王詒壽(清)
縵雅堂駢體文 1498左
縵雅堂尺牘(一名王眉叔先生尺牘) 1498左
花影詞 1637右
笙月詞 1637右
04 王詵(宋)

王晉卿詞　1594左

王謨(清)

周易章句(輯)　4左
易傳(輯)　4右
九家易解(輯)　5右
歸藏、連山易(輯)　34左
尙書大傳(輯)　35左
今文尙書說(輯)　35右
百兩篇(輯)　35右
尙書注(輯)　37左
古文尙書疏(輯)　37右
禹貢九州制地圖論(輯)　44右
洪範五行傳(輯)　46左
尙書地說(輯)　48左
毛詩答雜問(輯)　51左
毛詩異同評(輯)　51左
毛詩義疏(輯)　51右
毛詩箋音義證(輯)　62右
毛詩序義(輯)　63右
鄭氏詩譜(輯)　64右
毛詩譜注(輯)　64右
魯詩傳(輯)　65左
韓詩內傳(輯)　66左
韓詩翼要(輯)　66右
周官傳(輯)　68右
周官禮注(輯)　69左
喪服變除(輯)　79左
喪服經傳(輯)　79左
喪服要記(輯)　79右
喪服變除圖(輯)　79右
喪服釋疑(輯)　80左
喪服經傳略注(輯)　80右
小戴禮記注(輯)　83左
月令章句(輯)　88右
明堂月令論(輯)　88右
禮記音義隱(輯)　90左
王度記、三正記(輯)　93左
石渠禮論(輯)　93左
皇覽逸禮、中霤禮(輯)　93右
五禮駁(輯)　93右
禮統(輯)　94左
三禮義宗(輯)　94左
魯禮禘祫志(輯)　96左
三禮圖(輯)　98右
三禮目錄(輯)　98右
樂經(輯)　99右
樂元語(輯)　99右
琴清英(輯)　99右
鍾律書(輯)　100左
春秋左氏傳解詁(輯)　103右
左氏膏肓(輯)　103右
左氏傳解誼(輯)　103右
難杜(輯)　106左
春秋左氏傳述義(輯)　106左
規過(輯)　106左
春秋長厤(輯)　111左
春秋土地名(輯)　111右
春秋釋例(輯)　112右
公羊墨守(輯)　115左
春秋決事(輯)　117左
春秋盟會圖(輯)　117右
穀梁廢疾(輯)　118左、右
穀梁傳注(輯)　118右
答薄氏駮穀梁義(輯)　119右
穀梁傳例(輯)　120右
春秋公羊穀梁傳集解(輯)　121右
論語注(輯)　137左
論語義疏(輯)　138右
論語隱義(輯)　140左
逸論語(輯)　144右
孟子章指(輯)　145右
孟子注(輯)　145右
大學中庸本義(輯)　153左
孝經傳(輯)　155右
孝經註(輯)　156左
孝經述義(輯)　157左
爾雅註(輯)　161右
爾雅圖贊(輯)　165右
五經通義(輯)　166左
五經異義(輯)　167左
六藝論(輯)　167右
聖證論(輯)　168右
五經析疑(輯)　168右
五經然否論(輯)　168右
五經通論(輯)　169左
五經鉤沈(輯)　169左
七經詩(輯)　169左
五經要義(輯)　169左
五經疑問(輯)　169右
七經義綱(輯)　169右
石經(輯)　183右
河圖括地象(輯)　228左
尙書中候(輯)　243左
孝經內事(輯)　259右
世本(輯)　276左
國語註(輯)　294右
春秋後語(輯)　296左
春秋後傳(輯)　296右
孔子弟子目錄(輯)　415右
漢禮器制度(輯)　456左
胡廣漢制度(輯)　456左
問禮俗(輯)　459右
謚法(輯)　463右
十二州箴(輯)　471左
四民月令(輯)　503右
地理書抄(輯・陸澄輯)　505左
地理書抄(輯・任昉輯)　505左
帝王經界紀(輯)　505右
禹受地記(輯)　505右
四方令(輯)　505右
周公城名錄(輯)　505右
奏上論(輯)　506左
括地圖(輯)　506左
秦地圖(輯)　506左
漢輿地圖(輯)　507右
地理風俗記(輯)　507右
張氏土地記(輯)　507右
郡國志(輯)　507右
吳地理志(輯)　508左
晉地道記(輯)　508右
太康地記(輯)　509左
十四州記(輯)　509左
畿服經(輯)　509左
九州要記(輯)　509左
永初山川記(輯)　509右
輿地志(輯)　510左
十三州志(輯)　510左
大魏諸州記(輯)　510左
周地圖記(輯)　510左
隋區宇圖志(輯)　510右
隋州郡圖經(輯)　510右
魏王泰括地志(輯)　510右
十道志(輯)　511左
貞元十道錄(輯)　511左
郡國縣道記(輯)　511左
古今地名(輯)　511右
陽羨風土記(輯)　534左
古岳瀆經(輯)　570左
丹壺名山記(輯)　570右
山書(輯)　570右
周譜(輯)　578右
職貢圖(輯)　622左

山海經圖讚(輯)　710左
靈憲(輯)　867左
元包(輯)　892左、右
星經(輯)　894右
大衍十二次分野圖(輯)　894右
易飛候(輯)　895右
周易洞林(輯)　896左
遁甲開山圖(輯)　905左
張子房赤霆經(輯)　906左
地鏡圖(輯)　907左
樂論(輯)　935右
古今樂錄(輯)　935右
琴操(輯)　937左
歌錄(輯)　937左
博物記(輯)　1038右
07 王望霖(清)
天香樓唫稿　1463右
天香樓遺澤集　1463右
王翃(明)
王侍郎遺著　1374左
王詔(明)
談錄　350右
王韶之(劉宋)
晉安帝紀　288右
孝子傳　442右
南雍州記　546右
始興記　551右
神境記　575右
太清記　1085右
王歆(口)
孝子傳　442右
08 王效成(清)
伊蔿室詩餘　1628左
09 王麟趾(清)
正訛初稾　46右
王讜(宋)
唐語林　339右
語林佚文　340左
語林　1046左
10 王一清(明)
道德經釋辭　691左
文始經釋辭　693右
化書(注)　967左
化書新聲　967左
金丹四百字註解　1171左
王一鶚(明)
總督四鎭奏議　498左
王三聘(明)
古今事物考(輯)　1043左
王三才(明)
醫便(輯)　858左
王三尊(清)
醫權初編　821左
王正誼(清)
惜心書屋詩鈔　1472右
王正功(清)
中書典故彙記　468右
王正德(宋)
餘師錄　1574左
王玉峯(明)
焚香記　1697右
新刻玉茗堂批評焚香記　1697右
王丕烈(清)　見王初桐
王璋(清)
安流舫存稿　1438左
王元亮(元)
唐律疏義釋文纂例*486右
故唐律疏議釋文纂例*　487左
王元謨(劉宋)
壽陽記　537左
王元勳(清)
樵玉山房詞　1626左
涉江詞　1626左
幻花別集　1626左
王元穉(民國)
讀左隨筆　109右
讀趙注隨筆　149左
訂鈕篇　186右
匡徐篇　189左
補俞篇　190右
證墨篇　192右
讀五代史隨筆　274左
借箸集　330左
文廟圖像檢校　412右
夜雨燈前錄、續錄　424左
漢儒趙氏從祀始末記　459左
秉鐸公牘存稿　503左
句股演代　890右
說算　890右
衰分演代　891左
方程演代　891左
盈朒演代　891左
作嫁集　1519右
致用書院文集、續存　1519右
無暇逸齋說文學四種　1729左
算學四種　1738右
王元啓(清)
周易講義　22右
四書講義　153左
史記月表正譌　264右
史記正譌　264右
史記三書正譌　264右
漢書正譌　265右
祭法記疑　461右
校正朝邑志(校訂)　516右
校正韓汝慶先生朝邑志(校訂)　516右
弟子職(補注)　701右
漢書律曆志正譌　867右
讀歐記疑　1246左
惺齋文鈔　1427右
惺齋論文　1591左
王元杰(元)
春秋讞義　125右
王元壽(明)
玉茗堂批評異夢記1698左
景園記傳奇　1698右
王元楨(明)
漱石閒談　1067左
王元恭(元)
至正四明續志　520右
王元規(陳)
續春秋左氏傳義略　105右
王元暉(口)
太上老君說常清靜經註　1144左
王元臣(清)等
康熙會稽縣志(修)　521左
王元鑑(清)
鷺溪草堂存稿　1438左
王丙(清)
傷寒論注　812左
傷寒論附餘　812左
傷寒例新注　812左
讀傷寒論心法　812左
迴瀾說　815右
時節氣候決病法　822左
王爾烈(清)
瑤峯集　1433右
王爾緝(口)等

關學續編* 414左
王爾達(淸)
虛亭詩鈔遺什 1415右
王爾銘(淸)
聽秋山房賸稿 1496左
雲史日記 1587左
王雱(宋)
字書誤讀 208右
南華眞經新傳、拾遺 695左
王雱(宋)等
道德眞經集註、釋音 688右
王震元(淸)
杭城紀難詩編(輯) 335左
王霆震(宋)
古文集成前集(輯) 1536左
王无生(民國)
述庵祕錄 354左
王天與(元)
尙書纂傳 40左
王天性(明)
王別駕半憨集 1354右
王再咸(淸)
花品 1127左
王石渠(淸)
月媒小史詩稿 1489左
王晉之(淸)
貢愚錄 474左
溝洫私議、圖說 578右
問靑園遺囑 756右
廣三字經(張諧之同重訂) 762左
問靑園課程、雜儀學規條規 765左
山居瑣言 1013左
問靑園語 1013左
問靑園詩草、文草、題跋、尺牘、手帖、家書 1507左
問靑園詞 1639左
問靑園集 1740左
王靄(淸)
偸閒集賸稿 1438左
王雲鳳(明)
王虎谷集 1335左
11 王珂(明)
王止一集 1346左
王項齡(淸)
螺舟綺語 1620右
王項齡(淸)等
欽定書經傳說彙纂、書序 41右
王彌大(宋)
靑溪弄兵錄(輯) 299左
12 王瑞國(淸)
瑯琊鳳麟兩公年譜 429右
王璣(淸)
復初集賸稿 1438左
王引之(淸)
經義述聞 174右
經傳釋詞 181左
廣雅疏證(述) 218左
王文簡公遺文集 1450左
王文簡公文集 1450左
王伯申文集補編 1450左
王弘嘉(淸)
華山志槪 571右
王弘撰(淸)
砥齋題跋 668右
正學偶見述 739左
周易筮述 897左
十七帖述 924右
待庵日札 1383右
西歸日札 1383右
北行日札 1383右
砥齋文錄 1383右
王烈(明)
鎌山草堂詩合鈔(王光承同撰) 1549左
王廷珏(淸)
灌江備考(輯) 586左
王廷瑚(淸)
西洞庭誌 572右
三江考 582右
王廷鼎(淸)
尙書職官考略 48左
月令動植小箋 90左
讀左瑣錄 109左
退學述存 177右
說文佚字輯說 192右
字義鏡新 224右
府君年譜 423右
北征日記 618左
南浦駐雲錄 618左
彪蒙語錄 761右
花信平章 788右
杖扇新錄、補錄 800左
紫薇花館詩稿、外集 1513左
紫薇花館文稿、續編 1513左
殞淑集 1513左
榮蘐集 1513左
紫薇花館經說 1728右
紫薇花館小學編 1729左
裕德堂一家言 1733右
紫薇花館雜纂 1741右
王廷紹(淸)
澹香齋詠史詩 382左
霓裳續譜(輯) 1715左
王廷相(明)
喪禮備纂 460左
浚川駁稿集 489左
浚川奏議 497左
浚川公移集 501右
愼言 766右
雅述 994左
浚川內臺集、續集 1338左
王浚川集 1338左
王廷幹(明)
王巖潭集 1347左
王廷表(明)
桃川剩集 1341右
王廷陳(明)
夢澤集 1342左
王夢澤集 1342右
王廷釗(淸)
春秋列女圖考 111左
晉八王易知略 365左
漢元后本紀補 439左
王延(晉)
文字音義 204左
王延德(宋)
高昌行記 609左
使高昌記 609左
王孫(周)
王孫子 685左
王孫蘭(淸)
海虞被兵記 320右
乙酉海虞被兵記 320右
13 王武沂(淸)
左傳紺珠(輯) 109左
王璸(淸)
秋樵雜錄 1036左
王琮(宋)

雅林小藁 1293左
雅林小集 1293左
14 王珪(宋)
華陽集 1249左、右
王珪宮詞 1249右
宋王岐公宮詞 1249右
宮詞 1249右
王岐公集 1249右
王瓘(宋)
廣黄帝本行記 448右
北道刊誤誌 512左
王琦(清)
李太白詩集註 1220左
李太白文集(注) 1220左
李長吉歌詩、外集(彙解) 1231右
清貽堂賸稿 1440右
王瑞(清)
印月樓詩集 1488左
王瑛(明)
王侍御集 1347左
王瑋慶(清)
蕅唐詩集 1466右
滄浪詩話補註 1574右
王琪(宋)
漫園小稿 1243右
王瓚(明)
甌濱摘稿 1337右
王劭(隋)
讀書記 1017右
15 王聘珍(清)
周禮學 71右
儀禮學 77右
大戴禮記解詁 91右
九經學 173右
王融(南齊)
王寧朔集 1209右
王寧朔集選 1210左
王建(唐)
崔少玄傳 1098右
唐王建詩集 1226右
王建詩 1226右
王司馬集 1226右
王建詩集 1226右
王建宮詞 1226右
唐王建宮詞 1226右
宮詞 1226右
王建常(清)
大學直解 133左
太極圖集解 724左
復齋錄 739左
小學句讀記 759左
16 王聖俞(明)
秋濤(一名會心編) 1001右
17 王瓊(明)
西番事蹟 310右
北虜事蹟 310右
雙溪雜記 492右
王琚(唐)
射經 776左
王琛(清)
漢隸今存錄 665右
王弼(魏)
周易(注) 6右
周易彙義(注) 7左
周易注疏(注) 7左
易略例 32右
周易略例 32右
周易集解略例 32右
論語釋疑 138左
論語王氏注 138左
道德眞經註 687左
老子註 687左
道德經(注) 687左
老子道德眞經(注) 687左、右
老子道德經注 687右
王弼(明)
尊鄉錄節要 390左
王承烈(清)
楊齋集 1447左
王豫(清)
蕉窗日記 745左
孔堂私學 1006左
孔堂初集、文集 1417左
種竹軒詩鈔 1417左
王子韶(宋)
鷄跖集 1056左
王子一(明)
劉晨阮肇誤入天台 1668左
劉晨阮肇悞入桃源雜劇 1668左
悞入桃源 1668左
王子俊(宋)
格齋四六、補 1277右
王子接(清)
雷公炮製藥性賦(訂) 853右
得宜本草 854右
絳雪園古方選註 859左
王翬(清)
畫筌(惲格合評) 930右
清暉閣贈貽尺牘(輯) 1560右
王鞏(宋)
甲申雜記 343左
甲申雜錄 343左
聞見近錄 343左
隨手雜錄 343左
淸虛雜著 1733左
王氏三錄 1733左
王君玉(宋)
國老談苑 344右
雜纂續 1121左、右
三家雜纂(蘇軾同續) 1121右
王翼世(明)
蘆菴稿 1373左
18 王玠(元)
太上昇玄說消災護命妙經註 1134右
黄帝陰符經(張果合注) 1135右
黄帝陰符經夾頌解註 1136右
崔公入藥鏡註解 1139左
入藥鏡(李攀龍、彭好古合注) 1139左
青天歌註釋 1139右
太上老君說常清靜妙經纂圖解註 1144右
三天易髓(校正) 1165右
還眞集 1170右
道玄篇 1170右
王瑜(清)
說文正字(孫馮翼同撰) 187右
王璲(明)
青城山人集 1330右
王致遠(宋)
開禧德安守城錄 301右
王瑀(清)
王石和文 1409右
王敔(清)
莊子解(增注) 695右
19 王琰(南齊)
冥祥記 1086右
王棨之(清)
續鄉程日記 617右

芬響閣初藁 1493右
20 王重民
太平天國官書十種(輯) 1733左
王秀楚(淸)
揚州十日記 320左
揚州十日屠殺記 320左
王千秋(宋)
審齋詞 1600右
王隼(淸)
大樗堂初集 1401右
王孚(口)
安城記 551左
王季烈
明史攷證攟逸補遺*275右
孤本元明雜劇提要 650右
曲談 1724右
王禹偁(宋)
五代史闕文 298右
小畜集 1242左
王黃州小畜集 1242左
王黃州小畜外集 1242左
小畜集鈔 1242左
小畜集補鈔 1242左
王禹聲(明)
郢事紀略 343左
續震澤紀聞 349右
王釆薇(淸)
長離閣詩集 1442右
長離閣詩 1442右
長離閣集 1442右
王秉恩(民國)
平黔紀略(羅文彬合撰) 329左
章氏遺書校記 1433左
王維(唐)
畫學祕訣 925右
王維山水論 926左
山水論 926左
輞川畫訣 926左
山水訣 926左
王摩詰集 1219右
王右丞詩集 1219右
王維集 1219右
王右丞集 1219右
須溪先生校本唐王右丞集 1219右
王右丞詩鈔 1219右
王摩詰詩集 1219右
李卓吾批選王摩詰集 1219右
王右丞集 1219右
輞川集(裴迪同撰) 1551左
王維亮(民國)
大正博覽會參觀記 633右
王維德(淸)
外科證治全生集 832左
外科全生集 832左
馬評陶批外科全生集 832右
王維楨(明)
王祭酒集 1345右
21 王衍梅(淸)
月詩 1451右
王仁俊(淸)
周易史氏義(輯) 3右
周易黃氏義(輯) 3右
周易呂氏義(輯) 3右
周易賈氏義(輯) 4左
易賈氏義(輯) 4左
周易董氏義(輯) 4左
周易京氏章句(輯) 4右
易京氏章句(輯) 4右
京房易傳(輯) 4右
周易劉氏義(輯) 5左
易劉氏義(輯) 5左
周易鄭司農注(輯) 5左
易鄭司農注(輯) 5左
周易王氏義(輯) 5左
易王氏義(輯) 5左
周易魯恭義(輯) 5左
易魯氏義(輯) 5左
周易趙氏義(輯) 5左
周易徐幹義(輯) 5左
易下邳傳甘氏義(輯) 5左
周易彭氏義(輯) 5左
易彭氏義(輯) 5左
周易班氏義(輯) 5左
周易賈氏義(輯) 5右
易賈氏注(輯) 5右
周易劉氏義疏(輯) 9右
周易劉晝義(輯) 10左
周易師說(輯) 11左
尙書大傳佚文(輯) 35左
書賈氏義(輯) 35右
五家要說章句(輯) 37左
古文尙書訓(輯) 37左
書古文訓(輯) 37右
尙書古文同異(輯) 37右
書古文同異(輯) 37右
古文尙書訓旨(輯) 37右
書古文訓旨(輯) 37右
書王氏注(輯) 37右
尙書集注(輯) 37右
書范氏集解(輯) 37右
書贊(輯) 49左
尙書佚文(輯) 49左
毛詩賈氏義(輯) 50右
毛詩先鄭義(輯) 50右
毛詩集注(輯) 51右
毛詩沈氏義疏(輯) 51右
魯詩韋氏說(輯) 65右
魯詩韋氏義(輯) 65右
韓詩外傳佚文(輯) 66右
韓詩翼要(輯) 67左
韓詩趙氏學(輯) 67左
韓詩趙氏義(輯) 67左
周禮賈氏注(輯) 68右
周禮班氏義(輯) 68右
答臨碩周禮難(輯) 73右
周禮序(輯) 75左
儀禮班氏義(輯) 75右
婚禮謁文(輯) 78右
喪服要記(輯) 79右
出後者爲本父母服議(輯) 80左
孫曾爲後議(輯) 80左
賀氏喪服譜(輯) 80左
禮記佚文(輯) 83左
禮記隱義(輯) 84右
禮記外傳(輯) 85左
月令佚文(輯) 88右
月令章句(輯) 88右
月令蔡氏章句(輯) 88右
禮記音義隱(輯) 90右
荀氏禮傳(輯) 93右
三禮義宗(輯) 94左
春秋左氏傳吳氏義(輯) 103右
春秋左氏傳延氏注(輯) 103右
左傳延氏注(輯) 103右
春秋左氏傳許氏義(輯) 103右
春秋左氏傳服氏注(輯) 104左
春秋左傳鄭氏義(輯) 104左

春秋左氏傳劉氏注(輯)　105右
公羊傳佚文(輯)　113右
春秋公羊嚴氏義(輯)　113右
春秋公羊眭生義(輯)　113右
春秋公羊貢氏義(輯)　113右
駮春秋釋痾(輯)　114右
春秋釋痾駮(輯)　114右
春秋漢議(輯)　114右
春秋公羊鄭氏義(輯)　115左
春秋公羊孔氏傳(輯)　115左
春秋公羊王門子注(輯)　115左
春秋公羊劉氏注(輯)　115右
春秋繁露佚文(輯)　116右
春秋穀梁劉更生義(輯)　118左
春秋穀梁劉氏義(輯)　118左
春秋穀梁段氏注(輯)　118左
春秋穀梁劉氏注(輯)　120左
春秋穀梁傳序(輯)　121左
春秋大傳(輯)　121左
春秋三家經本訓詁(輯)　121右
論語孔氏注(輯)　136右
論語鄭氏注(輯)　137左
論語包氏注(輯)　137右
論語包注(輯)　137右
論語何氏注(輯)　137右
論語麻氏注(輯)　137右
論語王氏注(輯)　138左
論語隱義注(輯)　140左
孟子劉中壘注(輯)　145左
孟子劉氏注(輯)　146左
孟子鄭氏注(輯)　146左
孟子古注(輯)　146左
孝經董氏義(輯)　156左
孝經馬氏注(輯)　156左
孝經鄭氏注(輯)　156右
爾雅佚文(輯)　161左
爾雅許君義(輯)　161右
爾雅許氏義(輯)　161右
爾雅舍人注(輯)　161右
爾雅李氏注(輯)　162左
爾雅鄭君注(輯)　162左
爾雅鄭氏注(輯)　162左
爾雅孫氏注(輯)　162左
爾雅劉氏注(輯)　163左
爾雅麻氏注(輯)　163右
讀爾雅日記　165左
五經通義(輯)　166左
五經要義(輯)　166右
五經通義(輯)　167左
五經章句後定(輯)　168右
希麟音義引說文攷　192右
文字集略(輯)　194右
勸學篇(輯)　202左
始學篇(輯)　202右
韻略(輯)　205左
考聲(輯)　208右
小爾雅佚文(輯)　217左
廣雅佚文(輯)　218左
釋名集校　218左
纂文(輯)　219左
方言佚文(輯)　225左
河圖說命徵宋注(輯)　231左
洛書鄭注(輯)　234右
洛書甄曜度(輯)　235左
易乾鑿度佚文(輯)　236左
易緯通卦驗鄭注佚文(輯)　237左
易坤靈圖(輯)　237右
易經備(輯)　239左
尙書緯考靈曜(輯)　240右
尙書帝命驗宋注(輯)　241左
尙書緯刑德放(輯)　242左
尙書中候(輯)　243左
尙書中候馬注(輯)　243左
尙書中候鄭注(輯)　243左
詩緯(輯)　245左
詩緯含神霧(輯)　245右
詩緯推度災(輯)　246左
詩緯氾歷樞(輯)　246右
禮緯含文嘉(輯)　247左
禮緯稽命徵(輯)　247右
禮緯斗威儀(輯)　248左
樂緯(輯)　248左
樂緯動聲儀(輯)　248右
樂緯叶圖徵(輯)　249左
春秋緯(輯)　249右
春秋緯演孔圖(輯)　250左
春秋緯元命苞(輯)　250右
春秋緯文耀鉤(輯)　250右
春秋緯運斗樞(輯)　251左
春秋緯感精符(輯)　251右
春秋緯合誠圖(一名合讖圖・輯)　252左
春秋緯考異郵(輯)　252左
春秋緯保乾圖(輯)　252右
春秋緯佐助期(輯)　253左
春秋緯潛潭巴(輯)　254左
春秋緯說題辭(輯)　254左
春秋命歷序(輯)　254右
春秋玉版讖(輯)　255左
春秋說命徵(輯)　255右
論語讖(輯)　255右
孝經緯援神契(輯)　258左
孝經緯鉤命訣(輯)　259左
孝經中黃讖(輯)　259右
史記佚文(輯)　263左
漢書佚文(輯)　265左
漢書舊注(輯)　265左
漢書許義(輯)　265左
漢書音義(輯)　265左
續漢書佚文(輯)　266右
三國志佚文(輯)　268左
晉書佚文(輯)　269左
梁書佚文(輯)　270左
北齊書佚文(輯)　271左
南史佚文(輯)　272左
北史佚文(輯)　272左
帝王世紀(輯)　276左
帝王世家(輯)　276左
世本(輯)　276右
周書佚文(輯)　276右
古文瑣語(輯)　277右
東觀漢紀(輯)　277右
後漢書(輯・謝承撰)　278左
後漢書(輯・華嶠撰)　278左
後漢書(輯・袁山松撰)　278右
吳書抄(輯)　278右
吳錄(輯)　278右
晉書(輯・王隱撰)　279左
晉中興書(輯)　279右
晉中興徵祥說(輯)　279右
晉書(輯・臧榮緒撰)　279右

晉抄(輯)　280右
宋書(輯)　280右
竹書佚文(輯)　285右
漢晉春秋(輯)　287右
晉陽秋(輯)　287右
晉紀(輯)　288左
晉錄(輯)　288右
晉起居注(輯)　289右
宋紀(輯)　289右
宋起居注(輯)　289右
梁起居注(輯)　290左
梁大同起居注(輯)　290左
梁天監起居注(輯)　290左
國語佚文(輯)　294左
國語賈氏注(輯)　294右
國語虞氏注(輯)　294右
戰國策佚文(輯)　295右
春秋後語(輯)　296右
春秋前傳(輯)　296右
魏略(輯)　297左
江表傳(輯)　297左
康部抄(輯)　335右
後漢抄(輯)　336左
魏文帝雜事(輯)　336左
晉陽抄(輯)　336左
卓異記(輯)　337右
北夢瑣言佚文(輯)　339右
語林佚文(輯)　340左
吳越春秋佚文(輯)　355左
越絕書佚文(輯)　355右
蜀王本紀(輯)　356左
三十國春秋(輯)　356左
十六國春秋佚文(輯)　356右
前趙錄(輯)　356右
趙書(輯)　357左
後趙錄(輯)　357左
蜀錄(輯)　357左
後蜀錄(輯)　357左
前燕錄(輯)　357左
後燕錄(輯)　357右
北燕錄(輯)　357右
南燕錄(輯)　357右
前涼錄(輯)　357右
秦書(輯)　358左
前秦錄(輯)　358左
後秦錄(輯)　358右
西秦錄(輯)　358右
九國志佚文(輯)　359左
南唐近事佚文(輯)　360左
三五歷記(輯)　380左
懷舊志序(輯)　384右
全德志論(輯)　384右
先賢傳(輯)　384右
春秋公子譜(輯)　385左
海內先賢傳(輯)　385左
晉先賢傳(輯)　385右
三輔決錄注(輯)　388左
魯國先賢傳(輯)　388左
魯國先賢志(輯)　388左
青州先賢傳(輯)　388左
會稽典錄(輯)　389右
陳留耆舊傳佚文(輯)　390右
汝南先賢傳(輯)　390右
楚國先賢傳(輯)　390右
襄陽耆舊傳(輯)　391左
襄陽耆舊記佚文(輯)　391左
益都耆舊傳(輯)　391右
羊氏家傳(輯)　392右
孫氏世錄(輯)　393右
祖氏家傳(輯)　393右
潁川棗氏文士傳(輯)　394左
風俗通姓氏篇佚文(輯)　395右
皇甫謐說(輯)　395右
姓苑(輯)　395右
何承天說(輯)　395右
百家譜(輯)　395右
英賢傳(輯)　395右
姓書(輯)　395右
姓纂(輯)　395右
丹陽尹傳序(輯)　399右
忠臣傳序(輯)　399右
燕太子傳(輯)　403右
陶侃別傳(輯)　404左
鍾離意別傳(輯)　404左
衡波傳(輯)　415左
墨子傳(輯)　417左
鄭君別傳(輯)　417左
文士傳佚文(輯)　424左
師曠紀(輯)　436左
列女傳佚文(輯)　437右
史說(輯)　439左
蔡琰別傳(輯)　439左
高士傳(輯)　441左
高士傳佚文(輯)　441右
達士傳(輯)　441右
逸士傳(輯)　441右
列士傳(輯)　441右
孝子傳(輯・劉向撰)　442右
孝子傳(輯・宋躬撰)　443左
孝子傳(輯・鄭緝之撰)　443左
孝子傳(輯)　443左
孝德傳序(輯)　443左
史系(輯)　443右
列仙傳(輯)　446左
列仙傳佚文(輯)　446右
神仙傳(輯)　446右
漢禮器制度(輯)　456左
南北郊冕服議(輯)　456左
宗議(輯)　456右
答庾亮問宗議(輯)　456右
魏尚書奏王侯在喪襲爵議(輯)　456右
謚法劉熙注(輯)　463右
漢官儀(輯)　467左
漢官儀佚文(輯)　467左
晉公卿禮秩(輯)　467右
御史臺記佚文(輯)　470右
獨斷佚文(輯)　490右
玉堂嘉話佚文(輯)　492左
四民月令(輯)　503右
括地圖(輯)　506左
地圖(輯)　507右
太康地志(輯)　509左
九州記(輯)　509左
宋永初山川記(輯)　509右
山川記(輯)　509右
輿地志(輯)　510左
十三州志(輯)　510左
括地志(輯)　511左
十道志佚文(輯)　511左
十道記(輯)　511左
郡國縣道記(輯)　511左
太平寰宇記佚文(輯)　512左
三秦記佚文(輯)　528右
兩京記(輯)　529右
三齊略記(輯)　532左
三齊記佚文(輯)　532左
吳地記佚文(輯)　533左
宣城記(輯)　537左
錢塘記(輯)　537右
西吳枝乘佚文(輯)　540右
會稽記佚文(輯)　541左

臨海異物志(輯) 541右
臨海異物志佚文(輯) 541右
陳留風俗傳(輯) 544右
荆州記(輯・庾仲雍撰) 545左
荆州記(輯・盛弘之撰) 545右
荆州記(輯) 545右
荆州圖經(輯) 545右
漢陽郡圖經(輯) 546右
興軍國圖經(輯) 546右
荆南志(輯) 546右
湘中記(輯・羅含撰) 547左
湘州記(輯・庾仲雍撰) 547左
湘州記(輯・郭仲產撰) 547左
湘州記(輯・甄烈撰) 547右
湘州記(輯) 547右
湘中記(輯) 547右
楚地記(輯) 547右
湘水記(輯) 547右
湖南風土記(輯) 547右
衡州圖經(輯) 548右
桂陽記(輯) 549左
武陵源記(輯) 549右
朗州圖經(輯) 549右
沅州記(輯) 549右
豫章記(輯) 550右
南方草木狀佚文(輯) 551右
廣州記(輯) 551右
始興記(輯) 552左
南越志(輯) 552左
南越志佚文(輯) 552左
嶺表錄異記佚文(輯) 552右
桂海虞衡志佚文(輯) 555左
華陽國志佚文(輯) 556左
武昌縣道記(輯) 561右
三輔黃圖佚文(輯) 563右
南嶽記(輯) 575左
廬山記(輯) 575右
神境記(輯) 575右
水經注佚文(輯) 577右
江源記(輯) 580右
洞庭記(輯) 585右
職貢圖序(輯) 622左
漢書藝文志攷證校補 642左
補宋書藝文志 642右
補梁書藝文志 643左
西夏藝文志 643右
遼史藝文志補證 644左
七略別錄(輯) 644右
別錄補遺(輯) 644右
中經簿(輯) 644右
金樓子藏書攷(輯) 645右
七錄(輯) 645右
金樓子著書攷(輯) 647右
金石萃編統補藁 656右
積古齋鐘鼎彝器款識補遺 661左
漢碑徵經補 668左
碑版叢錄 671左
家語佚文(輯) 681左
晏子佚文(輯) 683左
荀子佚文(輯) 684左
王孫子(輯) 685左
老子佚文(輯) 686右
老子鍾氏注(輯) 687左
莊子佚文(輯) 694左
莊子注(輯) 694左
鶡冠子佚文(輯) 699右
蘇子(輯) 700左
愼子佚文(輯) 702右
申子(輯) 702右
韓非子佚文(輯) 702右
尹文子佚文(輯) 704左
田俅子(輯) 705左
隋巢子(輯) 705左
墨子佚文(輯) 705右
鬼谷子佚文(輯) 706右
呂氏春秋佚文(輯) 708右
山海經佚文(輯) 709右
靑史子(輯) 711左
新序佚文(輯) 714左
說苑佚文(輯) 714左
潛夫論佚文(輯) 715右
典論(輯) 716右
中論佚文(輯) 717左
仲長子昌言(輯) 717左
典論(一名典略・輯) 717左
周生子要論(輯) 717右
法訓(輯) 717右
顧子新言(輯) 717右
典語(輯) 718左
傅子(輯) 718左
袁子正書(輯) 718右
孫氏成敗志(輯) 718右
夏侯子新論(輯) 718右
華氏新論(輯) 718右
義記(輯) 718右
六韜佚文(輯) 769左
孫子佚文(輯) 769左
司馬兵法(輯) 770右
司馬法佚文(輯) 771左
黃石公記(輯) 771右
三略(輯) 772左
兵要(輯) 772右
兵書接要(輯) 772右
氾勝之書佚文(輯) 777右
要術佚文(輯) 778左
農桑衣食撮要佚文(輯) 778右
相雨書(輯) 780左
田家五行志佚文(輯) 780左
蠶經(輯) 785左
相馬經(輯) 792左
相牛經(輯) 792右
相貝經(輯) 793右
禽經(輯) 794右
漢宮香方鄭注(輯) 798右
素問佚文(輯) 808左
淮南枕中記(輯) 845左
神農本草(輯) 852右
蓋天說(輯) 866右
律曆逸文(輯) 866右
難蓋天(輯) 867左
宣夜說(輯) 867右
渾天象說(輯) 867右
論天(輯) 868左
渾天論(輯) 868左
渾天論答難(輯) 868左
太玄佚文(輯) 891右
太玄宋氏注(輯) 891右
求雨法(輯) 895左
京氏易占(輯) 895右
郭氏易占(輯) 896右
相笏經(輯) 904右
相經(輯) 904右
遁甲經(輯) 905左
淮南萬畢術(輯) 906左
鄒子書(輯) 906右
瑞應圖(輯) 906右

白澤圖佚文(輯)　907左
天鏡(輯)　907左
地鏡(輯)　907左
用筆法(輯)　917右
篆勢(輯)　917右
非草書(輯)　917右
筆墨法(輯)　917右
書論(輯)　918左
琴操(輯)　937左
琴操佚文(輯)　937左
淮南子佚文(輯)　960右
論衡佚文(輯)　962左
反論(輯)　962左
崔寔正論(輯)　962右
蔣子萬機論(輯)　962右
劉氏政論(輯)　963左
世要論(輯)　963左
體論(輯)　963左
鍾子芻蕘(輯)　963右
諸葛子(輯)　963右
裴氏新言(輯)　963右
默記(輯)　963右
陳子要言(輯)　963右
蔡氏化清經(輯)　964左
陸子(輯)　964左
幽求子(輯)　964左
干子(輯)　964右
物理論(輯)　964右
析言論(輯)　964右
孫綽子(輯)　964右
苻子(輯)　965左
新論佚文(輯)　965右
君臣政理論(輯)　966左
風俗通佚文(輯)　979左
錢神論(輯)　979右
元城語錄佚文(輯)　983右
袁子正論(輯)　1017左
古今通論(輯)　1017右
資暇錄佚文(輯)　1017右
博物志佚文(輯)　1038右
纂要(輯)　1040右
志林新書(輯)　1045右
志林佚文(輯)　1045右
語林(輯)　1046左
說苑(輯)　1046右
小說佚文(輯)　1047左
古傳(輯)　1047左
傳(輯)　1047左
類林(輯)　1047左
同賢記(輯)　1047左
女史(輯)　1047左
朝野僉載佚文(輯)　1047右
三水小牘佚文(輯)　1050左
乾𦠆子佚文(輯)　1051左
嘉話錄佚文(輯)　1051右
雜說佚文(輯)　1051右
聞奇錄佚文(輯)　1054左
玉堂閒話佚文(輯)　1054左
後山談叢佚文(輯)　1057右
神異經佚文(輯)　1083左
異苑佚文(輯)　1086左
幽明錄(輯)　1086左
述異記佚文(輯)　1087左
河東記佚文(輯)　1088右
漢武故事(輯)　1095左
王子晉別傳(輯)　1097左
宣室志佚文(輯)　1107右
笑林(輯)　1120右
啓顔錄佚文(輯)　1120右
靈寶要略(輯)　1174右
抱朴子佚文(輯)　1184左
嵇中散集佚文(輯)　1203左
陸士衡集佚文(輯)　1205右
山公集(輯)　1215右
籀鄦誃賦筌　1516左
遼文萃(輯)　1542左
豹隱紀談佚文(輯)　1575左
21 王仁裕(後周)
開元天寶遺事　1053左
王仁煦(唐)
切韻　205右
王虎榜(清)
分類尺牘備覽(輯)　1561左
王甗(清)
周易半古本義　23右
周易象纂　23右
周易圖牘　31左
周易校字　33右
周易辯占　897左
王行(明)
墓銘舉例　669右
半軒集　1326左
王肯堂(明)
傷寒證治準繩(輯)　814右
證治準繩　820左
　1737右
重訂靈蘭要覽　820左
肯堂醫論　820右
瘍醫準繩(輯)　832左
女科證治準繩(輯)　836左
幼科證治準繩(輯)　838右
雜病證治類方(輯)　858右
鬱岡齋筆塵　999左
王處一(金)
西嶽華山誌　571右
雲光集　1298右
王偁(宋)
東都事略　281左
張邦昌事略　300左
西夏事略　361右
王偁(明)
虛舟集　1329右
王檢討詩　1329右
王翰檢集　1329右
王偁(清)
歷下偶談、續編　1586右
匡山叢話　1586右
王愆期(晉)
春秋公羊王門子注　115左
王衡(明)
鬱輪袍　1673右
王睿(清)
思齋集　1407左
王師晉(清)
資敬堂家訓　756左
王貞(清)
夏小正小箋、揭誤　92右
小爾雅補義、正誤　217左
弟子職詁　701右
王貞儀(清)
德風亭初集　1450右
德風亭詞　1627右
王紫綬(清)
王蓼航詩　1390右
22 王鼎(遼)
焚椒錄　302左
王鼎(清)
六事箴言　767右
王嵩高(清)
游梁集　1432左
王巖叟(宋)
韓忠獻別錄　405右
王畿(明)
王文成公世德記(錢德洪同輯)　392左
世德記(錢德洪同輯)　392右

王文成公年譜附錄(輯)* 419左
王龍谿集 1347左
22 王崑崙(明)
王逸人集 1357左
王利器
歷代已佚或未收笑話集書目(輯) 653右
王崇慶(明)
周易議卦 17左
海樵子 970右
元城語錄解、行錄解 983右
王崇古(明)
王督撫集 1350左
王崇簡(清)
遊滴水巖記 589左
冬夜箋記 1002右
談助 1072左
王敬哉詩 1378左
王敬哉詩選 1378左
王崇炳(清)
金華徵獻略 390左
橫山記 574右
禹山記 574右
王繼香(清)
醉盦硯銘 804右
王繼藻(清)
敏求齋詩 1460右
敏求齋詩集 1460右
王崧(清)
說緯 227右
雲南備徵志(輯) 559右
樂山集 1442左
23 王允持(清)
陶村詞 1621右
王俅(宋)
嘯堂集古錄 661左
王獻(唐)
炙轂子錄(原題誤應作王叡撰) 979右
炙轂子雜錄(原題誤應作王叡撰) 979右
王獻之(晉)
晉王大令集 1206左
王大令集選 1206右
王我師(清)
藏鑪總記 560左
藏鑪述異記 560左
墨竹工卡記 560左
得慶記 560左
王岱(清)
永州紀勝 548右
王紱(明)
王舍人詩集 1329左
王舍人集 1329左
24 王仕雲(清)
格言僅錄 1036左
王先謙(民國)
魏書校勘記(輯) 270右
新舊唐書合注魏徵列傳 404右
王先謙自定年譜 424左
鮮虞中山國事表疆域圖說 506左
水經注(合校) 577左
荀子集解 685左
莊子集解 696左
鹽鐵論校勘小識* 713左
虛受堂詩存 1517右
虛受堂文集 1518左
虛受堂書札 1518左
王先恭(清)
魏鄭公諫錄(校注) 404右
魏文貞公故事拾遺(集) 404右
魏文貞公年譜 404右
王先慎(清)
韓非子集解 703右
王佐(明・晉寧)
彙堂摘奇 666右
王佐(明・吉水)
新增格古要論 909左
王佐(明・河東)
王彥舉集 1326右
王佐(明・臨高)
雞肋集 1332左
王佐(明・黃巖)
王古直集 1335左
王德文(宋)
註鶴山先生渠陽詩 1281右
王德璘(清)
錢塘懷古詩 598右
王德名(清)
澹雅居小草 1512左
王德福(清)
孫淵如先生年譜(續) 422右
王德溥(清)
寶日軒詩集 1424右
養素園詩(輯) 1559左
王德森(民國)
市隱廬醫學雜著 824左
王德棻(清)
枚蓀遺草 1512左
王德鍾(民國)
泛瀛圖題詞、別錄(輯) 1560左
王紵(清)
書學印譜(刻) 942右
王緯(清)
湖山雜詠 598右
王結(元)
文忠集 1306右
王文忠詩餘 1612右
王續(唐)
負苓者傳 1051右
王續古(清)
非非想 1705右
25 王仲文(元)
救孝子賢母不認屍雜劇 1648右
救孝子賢母不認屍 1648右
諸葛亮秋風五丈原殘本 1648右
漢張良辭朝歸山殘本 1648右
王仲文雜劇 1749左
王仲脩(宋)
宮詞 1260左
王仲暉(元)
雪舟脞語(一題宋邵桂子撰) 1064左
王倩(清)
寄梅館詩鈔 1445右
洞簫樓詞鈔 1626右
洞簫樓詞 1626右
王紳(明)
滇南慟哭記 407左
繼志齋集 1329左
王純(清)
橫橋堰水利紀事 584右
王積沂(民國)
詳函廣術 891右
反函詳級 891右

循環餘冪　891右
限一較數　891右
王績（唐）
醉鄉記　1097左
東皐子集　1215右
王無功集　1215右
王績銘（清）
石家池王氏譜錄　392右
26 王伯允（清）
王香峯先生文集　1497左
王伯大（宋）
別本韓文考異、外集、遺文（音釋）　1228左
朱文公校昌黎先生文集、外集、遺文（音釋）　1228左
韓文考異、外集考異、遺文考異（音釋）　1228左
王伯成（元）
古杭新刊關目的本李太白貶夜郎　1657左
李太白貶夜郎　1657左
王伯成雜劇　1749右
王侃（清）
皇朝冠服志　459左
寶圖山記　576右
褰頤山記　576右
治平要術　775右
放言　976右
衡言　976右
江州筆談　976右
白岩文存　1470右
白岩詩存　1470右
王得臣（宋）
麈史　981右
王保訓（清）
京氏易（輯）　4左
王保譿（民國）
王司農題畫錄（輯校）　915左
王鯤（清）
話雨樓碑帖目錄　665右
王繹（元）
寫像祕訣　928右
27 王凱（清）
痧症全書（輯）　829左
王凱沖（口）
周易王氏注　10左
王凱泰（清）
臺灣雜詠　543右
王佩珩（清）
冷香室遺稿　1512右
王修玉（清）
越問　537右
王仍縉（明）
吾廬集　1375左
王仍磐（明）
近勇堂草　1375左
王仍扆（明）
嶺雲草　1375左
王仍輅（明）
珠溪集　1375左
王象（魏）
魏皇覽（劉劭同撰）　1040左
皇覽（劉劭同撰）　1040左
王象晉（明）
清寤齋心賞編　958右
剪桐載筆　1361右
秦張兩先生詩餘合璧（輯）　1748右
王象之（宋）
輿地碑記目　664右
蜀碑記　674右
王象春（明）
問山亭主人遺詩正集、續集、補集　1363右
王舟瑤（民國）
默盦詩存　1521右
王彝（明）
王常宗集　1325左
王磐（元）
鹿菴集　1300左
王磐（明）
野菜譜　786右
王西樓先生樂府　1712左
王叡（唐）
炙轂子錄　979右
炙轂子雜錄　979右
炙轂子詩格　1568右
詩格　1568右
王叡（清）
蘆漪草　1407右
王粲（漢）
英雄記鈔　385左
英雄記　385左
王侍中集　1200右
王仲宣集　1201左
王叔承（明）
宮詞　1358左
王叔和（晉）
傷寒論（編）　811左
金匱要略方論（集）　816右
新編金匱要略方論（集）　816右
金匱玉函要略方論（集）　816右
脈經　847左
新刊王氏脈經　848左
脈經眞本　848左
王叔英（明）
靜學文集　1328左
王靜學先生文集　1328左
王叔果（明）
半山藏稿　1354左
王叔釗（清）
息影廬殘稿　1479左
王穉登（明）
丹青志　434右
皇朝吳郡丹青志　434右
吳郡丹青志　434右
國朝吳郡丹青志　434右
馬湘蘭傳　439右
荆溪疏　534左
1354右
吳社編　535左
客越志　611右
客越志略　611右
虎苑　795右
弈史　943右
雨航紀　998右
燕市集　1354右
青雀集　1354右
金昌集　1354右
晉陵集　1354右
青苕集　1354右
采眞編　1355左
明月篇　1355左
謀野集删　1355左
王上舍集　1355左
續王上舍集　1355左
梅花什（和）　1552右
新編全像點板竇禹鈞全德記　1695右
吳騷集（輯）　1715左
王紹傳（明）
西泠遊記　598左
王紹徽（明）
東林點將錄　401右

27 王紹蘭(清)
漢桑欽古文尚書說地理志考逸、中古文尚書(輯) 48左
漆書古文尚書逸文考、杜林訓故逸文(輯) 49左
夏大正逸文考(輯) 93左
騶氏春秋說(輯) 114左
齊論語問王知道逸文補(輯) 144右
周人經說 174左
王氏經說、音略、音略攷證 174左
小學字解 193左
凡將篇逸文注(輯) 201左
列女傳補注正譌 437右
漢書地理志校注 506右
弟子職古本考注(輯) 701左
讀書雜記 1027左

28 王以寧(宋)
王周士詞 1600左

王以梧(明)
王惺所集 1363左

王以慜(清)
湘煙閣詩鐘 946左

王徵(明)
遠西奇器圖說錄最(譯繪) 807右
新製諸器圖說 807右
王端節公遺集 1362右

王復(清)
箴膏肓(輯) 104左
發墨守(輯) 115左
起廢疾(輯) 118右
駁五經異義(輯) 167左
鄭志(輯) 168左
樹蘐堂詩 1437左
鄭氏遺書(輯) 1728左

王復禮(清)
御覽孤山志 600左

王儀(宋)
明禋儀注 457左

王僧孺(梁)
百家譜 395右
王左丞集 1211左
王左丞集選 1211左

王僧虔(齊)
能書錄 433左

王儉(南齊)
喪服古今集記 80右
禮義答問 94左
王文憲集 1209左
王文憲集選 1209右

王綸(明)
明醫雜著 820左

王稌(明)
瞶齋稿 1329左

30 王宜亨(清)
五狼山記 573左

王瀛(明)
西湖冶興 597右

王濟(明·烏程)
連環記傳奇 1692右

王濟(明·吳興)
君子堂日詢手鏡 555右

王汝(明)
齊山稿 1333左

王寵(明)
王履吉集 1342右

王永祥(民國)
里堂易學 25左
船山學譜 420右
焦里堂先生年譜 422右
里堂思想與戴東原、雕菰樓集選錄 744左
焦學三種 1736右

王家齊(清)
松石齋詩集 1489右

王家文(清)
古柏齋讀書雜識 1029左

王家禎(清)
研堂見聞雜記 352左
研堂見聞雜錄 352左

王家楨(明)
王少司馬奏疏 498右

王家璧(清)
緬甸風土詩 631右

王家鳳(清)
伸顧劄記* 209右

王之望(宋)
漢濱集 1267右
漢濱詩餘 1600左

王之佐(清)
賫印集(輯) 1558右

王之勳(清)
楊莊詩草 1482右

王之道(宋)
相山集 1265右
相山居士詞 1599左

王之垣(明)
歷仕錄 407右

王之樞(清)
欽定歷代紀事年表 362右

王之翰(清)
菽花榭詩鈔 1478右
紫萸香館詞鈔 1634左

王之春(清)
使俄草 480右
瀛海卮言 625右
東遊日記 629右
東洋瑣記 629右

王憲成(清)
桐華仙館詞 1635左

王守正(元)
道德眞經衍義手鈔 689右

王守上(清)
三寶萬靈法懺(閱) 1164左

王守仁(明)
大學古本旁釋、古本問 132右
大學古本旁註 132右
征藩功次 350左
十家牌法 482左
陽明先生保甲法 482左
陽明先生鄉約法 482左
經濟集 497左
經濟編 497左
傳習則言 732右
陽明先生要語 732右
王陽明先生傳習錄 732右
傳習錄、朱子晚年定論 732右
理學集 732右
理學編 732右
陽明理學集 732右
兵符節制 773右
王文成公文錄 1336右
王文成公文錄續編 1336右
王文成公別錄 1336右
王文成公外集 1337左
王陽明集 1337左
王文成先生集選 1337左
文章集 1337左

王陽明文選 1337左
王陽明先生文選 1337左
王文成與朱侍御三劄 1337左
王陽明尺牘 1337左
王文成全書 1736左
王文成公全書 1736左
陽明先生集要 1736左

王守基(清)
鹽法議略 476右

王守恂(民國)
說詩求己 60右
阮南自述 432右
仁安自述 432右
從政瑣記 474右
杭居雜憶 1015左
仁安筆記 1015左
鄉人社會談 1015左
仁安詩稿 1521右
仁安文稿、文乙稿 1521右
仁安詞稿 1642右
杭州雜著 1741左

王宇(宋)
司馬才仲傳 1116右

王宇(明)
鶡冠子(評) 700左

王安石(宋)
周官新義 69右
考工記解 72右
王介甫先生集 1250左
臨川集 1250左
臨川先生文集 1250左
王安石詩集、拾遺 1250左
王安石文集、拾遺 1250左
臨川集補 1250左
臨川詩鈔 1250左
臨川詩集 1250左
臨川集補鈔 1250右
宋大家王文公文鈔 1250右
王臨川文選 1250右
臨川詩選 1250右
半山詩鈔 1250右
臨川先生全集錄 1250右
王文選 1250右
王臨川尺牘 1250右
唐百家詩選(輯) 1539右
臨川先生歌曲 1593右

王安禮(宋)
王魏公集 1255左

王安中(宋)
初寮集 1262右
初寮詞 1598左

王安國(宋)
王校理集 1251右

王安國(清)
王文肅公遺文 1415右

王宏(宋)
卜記 898右

王宏誨(明)
天池草 1355右

王良樞(明)
詩牌譜(輯) 952左

王定保(南漢)
摭言 464左
唐摭言 464右
摭言述妓館五段事 1053右

王定安(清)
湘軍記 334右
曾文正公大事記 411左
劉武愼公行狀 411右
曾忠襄公年譜 411右

王賓(明・長洲)
光菴集 1324右

王賓(明・安亭)
員峯稿 1343右

王實(元)
東臯小稿 1312右

王實甫(元)
西廂記 1651左
新刊攷正全像評釋北西廂記 1651左
崔鶯鶯待月西廂記 1651左
北西廂 1651左
重刻元本題評音釋西廂記 1651右
新刊大字魁本全相參增奇妙註釋西廂記 1651右
張深之先生正北西廂祕本 1651右
西廂記五劇五本圖 1651右
陳眉公批評西廂記 1651右
四丞相歌舞麗春堂 1651右
四丞相高會麗春堂雜劇 1651右
高宴麗春堂 1652左
四丞相高會麗春堂 1652左
呂蒙正風雪破窰記 1652左
絲竹芙蓉亭 1652左
王彩雲絲竹芙蓉亭殘本 1652左
蘇小卿月夜販茶船殘本 1652左
王實甫雜劇 1749左

王寶(明)
慥菴草 1340右

王寶仁(清)
勵學篇 764右

王寶書(清)
味燈詩話 1588左

王宗誠(清)
說文義例 187右

王宗傳(宋)
童溪王先生易傳 14左
童溪易傳 14右

王宗稷(宋)
東坡年譜 427右
東坡先生年譜 427右

王宗沐(明)
宋元資治通鑑 284右

王宗涑(清)
攷工記攷辨 73左

王宗炎(清)
論書法 922右

王寂(金)
遼東行部志 526右
鴨江行部志節本 526右
拙軒集 1298左
拙軒詞 1610右

31 王涇(唐)
大唐郊祀錄 456右

王涯(唐)
說玄* 892左

王澐(清)
雲間第宅志 565左
漫遊記略(一名瓠園集) 587右
齊魯遊紀略 591左
閩遊紀略 602左
楚遊紀略 604左
蜀遊紀略 607右
王義士輞川詩鈔 1387右

王源(清)
居業堂文集 1405左

王源魯(清)
小腆紀敍 318右

王福賢(明)
新鐫唐氏壽域 902左

31 王禎(元)
農書 778右
農務集 1306右
32 王兆雷(清)
慕雲山房遺稿 1489左
王兆雲(明)
綠天脞說 1071右
廣莫野語 1071右
驚座摭遺 1071右
客窗隨筆 1071右
碣石剩譚 1071右
揮麈詩話 1580左
王兆琛(清)
正俗備用字解 196左
王兆鼇(清)
推拿摘要辨證指南(輯) 843右
王兆符(清)
左傳義法舉要(程崟同錄) 110左
王澄(清)
橘香堂存稿 1465右
王澄世(明)
焚餘草 1373左
王沂(元)
伊濱集 1312左
王徵士詩 1312左
王沂孫(宋)
花外集(一名碧山樂府) 1609左
玉笥山人詞集 1609右
王冰(唐)
黃帝素問(注) 808左
素問(注) 808左
黃帝內經素問補註釋文(注) 808左
重廣補註黃帝內經素問(注) 808左
靈樞經(注) 808右
黃帝內經靈樞(注) 808右
素問六氣玄珠密語 825左
元和紀用經 856右
王浮(晉)
王浮神異記 1084左
老子化胡經 1151左
33 王心敬(清)
豐川易說 20右
南行述 420右
四禮寧儉編 461右
荒政考 478右
區田法 780右
豐川雜著 1734左
王心照(清)
馮春暉年譜 431右
王泌(明)
東朝紀 307左
王溥(宋)
唐會要 454右
五代會要 454右
王浚(清)
琴言館詩稿 1449右
王黼(宋)等
亦政堂重修宣和博古圖 660左
宣和博古圖 660左
博古圖 660左
王逋(清)
蚓菴瑣語 1092右
王逡之(南齊)
喪服世行要記 80右
34 王澍(清)
大學困學錄(輯) 133右
中庸困學錄(輯) 135右
竹雲題跋 669左
虛舟題跋 669左
虛舟題跋原 669左
學案(輯) 743左
集程朱格物法、集朱子讀書法(輯) 764左
淳化祕閣法帖考正 924左
王溈(清)
以介編(張宗芝同輯) 430左
王汝玉(清)
梵麓山房筆記 1586左
王汝翼(清)
靜軒駢文賸稿 1496右
王汝潤(清)
馥芬居日記 451左
王汝南(清)
明紀編年 319左
王洪(明)
毅齋詩文集 1327右
王淶(明)
王貢士集 1357左
王禕(明)
大事記續編 285左
逐鹿記 304右
造邦賢勳錄略 401左
重修革象新書(刪定) 868右
華川卮辭 968右
卮辭 969左
青巖叢錄 969左
續志林 991右
演連珠編 1037左
王忠文公集 1323右
王禕(明)宋濂(明)等
元史 275左
元史地理志 513左
王逵(明)
蠡海錄 992左
蠡海集 992左
王邁(宋)
臞軒集 1282左
臞軒先生四六 1282左
臞軒詩餘 1604右
王達(明)
景仰撮書 441右
椒宮舊事 492左
筆疇 969左
王學士集 1327右
耐軒詞 1614右
王蘧(宋)
清江三孔集(輯) 1746右
35 王清任(清)
醫林改錯 852左
王清源(清)
醫方簡義 860右
王清臣(宋)
揮麈錄(原題誤應作王明清撰) 345右
王洙(唐)
東陽夜怪錄(一題唐□□撰) 1111左
夜怪錄(一題唐□□撰) 1111左
王洙(宋)
王氏談錄 981左
王禮(元)
麟原文集 1320左
王禮(清)
劉湄書畫記 435左
36 王渭(清)
王小梧遺文 1452左

王澤弘(清)
王昊廬詩 1392左
王渥(宋)
易學 29右
王昶(清)
後蜀毛詩石經殘本 185左
蜀徼紀聞 326右
征緬紀略 327左
征緬紀聞 327左
秦雲擷英小譜 436左
木耳占記 577左
遊珍珠泉記 591左
遊龍泉記 604左
遊鷄足山記 608左
滇行日錄 614右
雅州道中小記 614右
商洛行程記 614右
雪鴻再錄 614右
使楚叢譚 615左
臺懷隨筆 615左
鄭氏書目考 650右
金石萃編未刻稾 656右
春融堂集 1426右
蒲褐山房集 1426右
履二齋集 1426右
岱輿詩選 1426右
春融堂詞 1623左
琴畫樓詞 1623左
明詞綜(輯) 1646右
國朝詞綜、二集(輯) 1646右
春融堂雜記八種 1734右
37 王洵(清)
白狼河上集(輯) 1553左
王鴻儒(明)
掾曹名臣錄 401左
凝齋筆語 993右
王文莊公凝齋集、別集 1335右
王鴻緒(清)等
欽定詩經傳說彙纂、詩序 56左
王鴻驥(清)
醫書捷鈔(輯) 823右
脈訣采眞(輯) 848右
藥性選要(輯) 855左
王澹翁(明)
櫻桃園 1674左
王潔(清)
雙紅豆館遺稿 1398右
王祖源(清)
爾雅直音(校正) 165左
急就篇直音 201右
漁洋山人秋柳詩箋 1396右
明刑弼教錄(輯) 1734右
聲調三譜(輯) 1747右
王祖嫡(明)
書疏叢鈔 40右
報慶紀行 611右
家庭庸言 753右
師竹堂集 1353左
王先生文集 1353左
師竹堂尺牘 1353左
王祖畬(民國)
禮記經注校證 90右
論語讀本校語* 140右
孟子讀本校語* 146右
讀孟隨筆 149左
王文貞先生文集、別集、制義 1518左
溪山詩集 1518左
王初桐(清)
齊魯韓詩譜 67右
濟南竹枝詞 532右
北游日記 615左
貓乘 795右
白門集 1429左
金臺集 1429左
海右集 1429左
百花吟 1429左
十二河山集 1429左
選聲集 1429右
柳絮集附錄* 1429右
雲藍詞 1623右
鑿天閣琴趣 1623右
杯湖欸乃 1623右
杏花村琴趣 1623右
巏嵍山人詞集 1748左
王逸(漢)
正部論 716左
楚辭章句 1195左
東漢王叔師集 1199右
王叔師集 1200左
王通(隋)
元經傳 285左
元經薛氏傳 285左
文中子 719左
中說 719左
文中子中說 719左
王逢(元)
梧溪集 1319左
1320右
王追騏(清)
王雪洲詩 1397左
王朗(魏)
論語王氏說 137右
38 王澣(清)
王太常集 1416左
王洋(宋)
東牟集 1264右
王道(宋)
古文龍虎經註疏 1169左
金碧古文龍虎上經註疏 1169右
王道升(清)
王勉軒查山問答 744左
王道焜(明)
左傳杜林合注 (趙如源同輯) 105左
書法(注) 918左
饌客約 959右
拈屏語 1001左
王節愍公遺集 1370右
王肇釗(清)
讀漢書日記 266左
王啓茂(明)
渚宮集選 1365右
王粲(唐)
麟角集 1235右
王粲華(清)
消閒戲墨 1011左
妄談錄 1028左
退室詩稿 1502右
40 王十朋(宋)
梅溪先生廷試策奏議 496左
會稽三賦 541左
東坡詩集註 1253左
增刊校正王狀元集注分類東坡先生詩 1253左
梅溪集 1267右
梅溪王先生文集 1267右
梅溪詩集 1267右
宋王梅溪先生溫陵留墨 1267右
梅溪詩選 1267右

40 王九齡(清)
- 松溪詩餘 1621右

王九思(明)
- 王渼陂集 1337右
- 新鐫杜子美沽酒遊春雜劇 1672右
  - 沽酒遊春 1672右
  - 曲江春 1672右
- 碧山樂府 1712左
- 南曲次韻(李開先同撰) 1712右

王九思(明)等
- 王翰林集註黃帝八十一難經 810右
  - 難經集注 810右

王大海(清)
- 海島逸誌摘略 632右
  - 海島逸志 632右

王大隆
- 勞氏碎金(瞿熙邦同補輯) 652左
- 蕘圃藏書題識續錄、蕘圃雜著、蕘圃藏書題識再續錄(輯) 652左
- 思適齋書跋(輯) 652左
- 居易堂集集外詩文(輯)* 1388左
- 孫淵如先生文補遺(輯) 1442右

王太岳(清)
- 高平行紀 614右

王士端(清)
- 養眞集(注) 1185左

王士元(元)
- 拙菴集 1305右

王士琦(明)
- 三雲籌俎考 525右

王士俊(清)等
- 河南通志(修) 521右

王士濂(清)
- 春秋世族譜(考證) 110右
- 春秋世族譜補正* 110右
- 左女彙紀(輯) 111左
- 左女同名附紀(輯) 111左
- 左傳同名彙紀(輯) 111左
- 左淫類紀(輯) 111左
- 四書集註考證 154右
- 四書集釋就正稾 154右
- 經說管窺 178左
- 廣雅疏證拾遺 218左
- 周末列國有今郡縣考補(輯) 506左

王士源(唐)
- 孟浩然傳 426左

王士祜(清)
- 古鉢集選 1395右

王士禧(清)
- 抱山集選 1392左

王士禛(清)
- 漁洋山人自撰年譜 431左
- 古懽錄 442左
- 迎駕紀恩錄 452左
- 紀琉球入太學始末 458右
  - 琉球入太學始末 458右
- 謚法攷 463右
- 水月令 504右
- 隴蜀餘聞 557左
- 長白山錄 572左
- 東西二漢水辯 585左
- 浯溪考 585右
- 登燕子磯記 592右
- 遊攝山記 592右
- 遊金陵城南諸刹記 593左
- 遊寶華山記 593左
- 廣州游覽小志 606右
- 蜀道驛程記 613左
- 皇華紀聞 613左
- 南來志 613左
- 北歸志 613左
- 秦蜀驛程後記 613左
  - 秦蜀驛程記 613左
- 漁洋書籍跋尾 651右
- 分甘餘話 1004右
- 古夫于亭雜錄 1004右
- 池北偶談 1004右
- 居易錄 1004右
  - 居易錄談、續談 1004右
- 香祖筆記 1004右
- 說部精華 1073左
- 華泉先生集選(選) 1338左
- 迪功集選(選) 1339右
- 睡足軒詩選(徐夜同選) 1341右
- 蘇門集選(選) 1344右
- 徐詩(選) 1380右
- 考功集選(選) 1391右
- 抱山集選(選) 1392左
- 古鉢集選(選) 1395右
- 漁洋山人詩集、續集 1395右
- 蠶尾集、續集、後集 1396左
- 南海集 1396左
- 雍益集 1396左
- 漁洋山人文略 1396左
- 王氏漁洋詩鈔 1396左
- 阮亭詩鈔 1396左
- 載書圖詩 1396左
- 漁洋山人集外詩 1396左
- 王阮亭詩 1396左
- 帶經堂集文錄 1396左
- 阮亭詩鈔 1396左
- 王貽上詩選 1396左
- 阮亭詩選 1396左
- 漁洋山人精華錄 1396左
  - 精華錄 1396左
- 漁洋山人精華錄訓纂 1396右
- 漁洋山人秋柳詩箋 1396右
- 王貽上與林吉人手札、王貽上與汪于鼎手札 1396右
- 蕭亭詩選(選) 1401左
- 阮亭選古詩(輯) 1534左
- 王文簡公五言詩、七言詩歌行(輯) 1534左
- 唐賢三昧集(輯) 1540左
- 十種唐詩選(輯) 1540左
- 唐人萬首絕句選(輯) 1540右
- 五代詩話(輯) 1564右
- 漁洋詩話 1582右
- 王文簡古詩平仄論 1582右
- 然燈記聞(選) 1582右
- 律詩定體 1582右
- 師友詩傳錄(張篤慶、張實居同答) 1582右
- 師友詩傳續錄(答) 1582右
- 漁洋答問 1583左
  - 詩答問 1583左
  - 漁洋山人詩問 1583左
- 衍波詞 1619左
- 阮亭詩餘 1619左
- 花草蒙拾 1719左
- 粵行三志 1735左
- 二家詩選(選輯) 1745右

王士祿(清)
- 焦山古鼎考 660左
- 十笏草堂詩 1391右

王西樵詩 1391右
考功集選 1391右
西樵詩選 1391右
然脂集例 1582左
炊聞詞 1617左
王士雄(清)
醫砭（原名愼疾芻言・参訂） 822左
內科簡效方 825右
增補評註溫病條辨（葉霖、曹炳章合評注） 828左
溫熱經緯 828左
霍亂論 829右
隨息居霍亂論 829右
隨息居重訂霍亂論、霍亂括要 829右
外科簡效方 831右
女科輯要(評) 836右
女科簡效方 837右
幼科簡效方 840左
隨息居飲食譜 856左
四科簡效方 860左
潛齋簡效方 860左
雞鳴錄(輯) 860左
古今醫案按選(選) 861右
王氏醫案(一名回春錄) 863左
王氏醫案初編 863左
王氏醫案續編（一名仁術志） 863左
王氏醫案三編 863左
言醫(評選) 864左
柳洲醫話(輯) 864右
顧體醫話(評) 864右
潛齋醫話 865左
歸硯錄 865左
王士點(元)
祕書監志(商企翁同撰) 470右
禁扁 563右
王士駿(清)
清貽堂賸稿 1438左
王士騏(明)
吳子(評釋) 770右
王士熙(元)
王陌菴詩集 1313左
江亭集 1313右
王士性(明)
豫志 544左
黔志 557右
五岳遊記 587右
廣志繹 611右
王圭(元)
敬仲集 1302左
王直(明)
抑菴集、後集 1330左
王培德
爾雅臺答問（劉錫嘏同輯） 750左
爾雅臺答問續編（張立民同輯）* 750左
王堯臣(宋)等
崇文總目(編次) 644右
王在晉(明)
都督劉將軍傳 408左
歷代山陵考 568左
王在鎬(清)
帝王甲子記(輯) 372右
王克安(明)
吳子(沈尤含同訂) 770右
王希廉(清)
孿史 1038左
王希巢(宋)
洞玄靈寶自然九天生神玉章經解 1139右
王希程(清)
鷗寄軒詩存 1503左
王希明(唐)
太乙金鏡式經 898左
王希人(清)
課心錄 748左
王有孚(清)
愼刑便覽(輯) 486右
秋審指掌(輯) 487右
刺字會鈔(輯) 487右
洗冤外編續錄(輯)* 488左
急救方補遺(輯) 831右
王南城(民國)
周王運新先生遺稿 1517右
王存(宋)等
元豐九域志 512左
王志慶(明)
古儷府 1043右
王志謹(元)
盤山語錄(述) 1183左
盤山棲雲王眞人語錄(述) 1183右
王志逵(明)
升齋草 1360右
王志遠(明)
玄亭涉筆 1037右
鈒鏤稿 1360右
王志道(元)
玄教大公案(輯) 1170右
王志道(明)
如江集 1360右
王志長(明)
周禮註疏刪翼 69左
王志堅(明)
表異錄 1043右
四六法海(輯) 1536右
王燾(唐)
外臺祕要 856右
王嘉(前秦)
王子年拾遺記 1085右
拾遺記 1085右
拾遺名山記 1085右
薛靈芸傳 1096左
糜生瘞卹記 1096左
麗姬傳 1096左
麗姝傳 1096左
趙夫人傳 1096右
翔風傳 1096右
王嘉祿(清)
桐月修簫譜 1632左
王韋(明)
王太僕集 1340右
王古(宋)
晁文元公道院集要（刪定） 1190左
王右(宋)
桃帕傳 1116右
王吉昌(金)
生天經頌解(頌) 1135左
會眞集 1165右
王喜(元)
治河圖略 579右
王壽(清)
古禾雜識(補) 540左
王壽庭(清)
吟碧山館詞 1634右
王壽邁(清)

硯綠記、後記、眉子硯圖　804右
題硯叢鈔（輯）　1559左
徵仙集（一名徵仙彙錄·輯）　1559左
題象集（一名疎香遺影·輯）　1559左
汾干訪墓（輯）　1559左

40 王壽昌（清）
王壽昌文集　1466左
王眉仙遺著　1466左

王壽昌（清）等
王文簡公行狀　422右

王嚞（金）
重陽眞人金關玉鎖訣　1172左
重陽眞人授丹陽二十四訣　1172左
重陽立教十五論　1172左
立教十五論　1172左
五篇靈文（注）　1173右
重陽全眞集　1298左
重陽教化集　1298左
重陽分梨十化集　1298左
分梨十化集　1298左

王眞（唐）
道德經論兵要義述　688左

王來通（清）
灌江定考（輯）　586左
彙集實錄（輯）　586左

王樵（明）
尙書日記　40右
春秋輯傳、宗旨、凡例　126左
檇李記　312左
方麓集　1352左

王梓材（清）
世本集覽　276右
儒林宗派（增注）　412左
宋元學案（馮雲濠同校）　412右
宋元學案攷略（馮雲濠同輯）*　412右
宋元學案補遺、別附、序錄（馮雲濠同輯）　412右

王森文（清）
石門碑醳、補　675右

41 王楨（清）
絜華樓存稿　1379右

42 王韜（清）
春秋朔閏至日考　131右
春秋日食辨正　131右
春秋朔至表　131右
弢園筆乘　333左
甕牖餘談　353左
忠義錄（輯）　406右
瑤臺小錄　437左
吳中財賦考（輯）　475右
滇南銅政考（輯）　490左
瀛壖雜誌　524右
漫遊隨錄　619左
日本通中國考　629右
扶桑遊記　629右
琉球朝貢考　630右
琉球向歸日本辨　630右
普法戰紀輯要　635右
探地記　637右
治安八議（輯）　722右
衿陽雜錄（輯）　779右
農事直說（輯）　781左
海陬冶遊錄、餘錄　1078右
花國劇談　1078右
遯窟讕言　1078右
淞濱瑣話　1078右
眉珠盦憶語　1078右
王弢園尺牘　1497右
東人詩話（輯）　1588左

王晳（宋）
春秋皇綱論　122左

王彬（唐）
賈午傳　1111左

王梃（明）
徐徐集　1347左

43 王式言（清）
無不自得齋詩鈔　1481右

王式丹（清）
王式丹詩選　1404右

王城（清）
青霞仙館詩錄　1483右

王載宜（清）
愼終錄要　903左

王朴（後周）
太淸神鑑　904右

王栐（宋）
宋朝燕翼詒謀錄　491右
燕翼詒謀錄　491右

王樑（清）
讀畫錄　931右

44 王基（魏）
毛詩駮　51左
毛詩申鄭義　51左
王氏新書　717右

王萱齡（清）
周秦名字解故補　221右
周秦名字解故附錄　221右

王藩（清）
道光會稽縣志稾（沈元泰同纂）　521左

王夢祖（清）
傷寒撮要　815右

王夢簡（□）
詩要格律　1580右

王芮（元）
歷代蒙求纂注　372左

王蘭生（清）
國學講義　743左

王蘭遠（民國）
推蓬寤語（節錄）　846左

王蔭昌（清）
尺壺詞　1631左

王蘋（宋）
王著作集　1263左
宋著作王先生文集　1263左

王芝岑（清）
題紅詞　1132左

王恭（明）
白雲樵唱集　1326右
草澤狂歌　1326右
王典籍詩　1326右
王皆山集　1326右

王懋竑（清）
白田草堂存稿　171右
朱子年譜、考異　418左
朱子論學切要語（輯）　762右
白田草堂存稾　1411左
白田草堂文錄　1411左

王懋德（元）
仁父集　1305右

王懋明（明）
王僅初集　1357左

王懋曾（清）
松谿小草　1400右

王孝通（唐）
緝古算經（撰幷注）　878右

王萃元(淸)
星周紀事 334左
王萃(淸)
冶源紀遊 591右
王執中(宋)
鍼灸資生經 842左
王勃(唐)
王勃集 1217右
王子安集 1217右
王勃文集 1217右
王子安集佚文 1218左
王嬙(漢)
報漢元帝 494右
王英明(明)
曆體略 869右
王若虛(金)
滹南遺老集、詩集、續編詩集 1299左
滹南遺老王先生文集、續 1299左
滹南遺老集補遺 1299左
滹南詩話 1576左
王若之(明)
涉志 450右
王若之疏稿 498右
王若之詩卷、續 1369左
津門中都啓稿 1369左
薄游書牘 1369左
王蕃(吳)
渾天象說 867右
王喆生(淸)
乙丑禮闈分校日記 465左
懿言日錄 1005左
王世(民國)
治印雜說 942左
王世睿(淸)
進藏紀程 560左
王世貞(明)
弇山堂別集 281右
張司馬定浙二亂志 312右
名卿績記 401右
嘉靖以來首輔傳 401右
嘉靖以來內閣首輔傳 401右
錦衣志 468右
皇明盛事 492右
列朝盛事 492右
觚不觚錄 492右
鳳洲雜編 493左
鳳洲筆記 493左
安南傳 627右
孫子(評釋) 770左
奕問 943右
宛委餘編 997右
弇州山人四部稿、續稿 1352右
讀書後 1352右
弇州山人詩集 1352右
王副使集 1352右
續王鳳洲集 1352右
弇州集選 1352右
全唐詩說 1564左
明詩評 1565左
國朝詩評 1565左
詩評 1565左
文評 1579左
文章九命 1579左
藝苑卮言 1579左
鳴鳳記 1693右
詞評 1718左
弇州山人詞評 1718左
曲藻 1722左
王氏曲藻 1722左
王世德(淸)
崇禎遺錄 314右
王世溥(淸)
周易論語同異辨 26右
青箱餘論 1494左
王世懋(明)
經子臆解 170右
窺天外乘 350右
讀史訂疑 379左
王氏父子卻金傳 407右
閩部疏 542左
三郡圖說 550右
饒南九三府圖說 550右
關洛紀游稿 587左
東游記 592左
游溧陽彭氏園記 594右
京口遊山記 595左
遊鼓山記 602左
游石竹山記 602右
游九鯉湖記 602右
游匡廬山記 605左
游二泉記 605左
學圃雜疏 785右
瓜蔬疏 786左
學圃雜疏(花疏) 788左
澹思子 972右
望崖錄內編、外編 998右
二酉委譚 1069左
二酉委譚摘錄 1069左
遠壬文 1355左
王儀部集 1355左
歸田倡酬稿(輯) 1552右
藝圃擷餘 1579左
名山游記八種 1735左
王芑孫(淸)
碑版文廣例 670左
淵雅堂文藁 1443右
讀賦卮言 1590左
瑤想詞 1624右
金石三例(評) 1735右
王其康(民國)
王氏藝文目 647右
王楚材(淸)
全校水經酈注水道表(輯) 577右
王菼(淸)
受辛詞 1636右
王樹枏(民國)
費氏古易訂文 28右
尙書商誼 44左
學記箋證 89左
校正孔氏大戴禮記補注 91左
爾雅郭注佚存補訂 162右
廣雅補疏 218左
武漢戰紀、蟄窔七篇 331左
希臘學案 392左
閑閑老人年譜 428右
歐洲族類源流略 637右
歐洲列國戰事本末 637右
彼得興俄記 637右
墨子斠注補正 706左
天元草 891左
離騷注 1196右
陶廬文集 1520左
文莫室詩集 1520左
陶廬詩續集 1520左
文莫室駢文 1520左
陶廬外篇 1520左
陶廬箋牘 1520左
王樹枏(民國)等
近事會元考證* 491左
王樹人(淸)
西江幕遊記 618右

閒雲舒卷、亙虹日記 1072左
44 王樹榮(民國)
續左氏膏肓 104右
讀左持平 109右
續公羊墨守 115左
續公羊墨守附篇 115左
公羊何注攷訂 116左
箴箴何篇 116左
續穀梁廢疾 118右
王棻(民國)
台州金石錄、甎錄、金石甎文闕訪目(校正) 676左
王桂林(民國)
簡明眼科學(增注) 833右
王植(清)
正蒙初義 725右
皇極經世書解 893左
王楙(宋)
野客叢書 1020右
45 王構(元)
修辭鑑衡 1576右
46 王旭(元)
蘭軒集 1305左
蘭軒詞 1613右
王坦(清)
琴旨 936右
王觀(宋)
揚州芍藥譜 791左
芍藥譜 791右
冠柳集 1594左
冠柳詞 1594左
王觀國(宋)
學林 1019右
王猩酋(民國)
雨花石子記 957左
王恕(明)
玩易意見 16右
石渠意見、拾遺、補缺 170右
王端毅公奏議 496右
王柏(宋)
書疑 39右
詩疑 53右
研幾圖 730右
金華王魯齋先生傳集 730右
天地萬物造化論 968左
魯齋集 1286左
魯齋王文憲公文集 1286左
魯齋詩集 1286左
魯齋集鈔 1286左
王柏心(清)
監利風土志 546右
導江三議 580右
樞言、續 976右
王相(清)
百家姓考略(箋注) 396右
鄉程日記 616右
三字經訓詁 761右
無止境初存藁、集外詩、續存藁、集外詩續存 1484右
白醉題襟(輯) 1555左
草堂題贈(輯) 1559左
王楫(清)
吟香館剩稿 1475左
47 王翃(明)
秋槐堂詩集 1371右
紅情言 1700左
王懿榮(清)
天壤閣雜記 659左
翠墨園語(輯) 659左
漢石存目 665右
王文敏公遺集 1507左
王朝渠(清)
十三經遺文 174左
十三經拾遺 174左
唐石經攷正 185左
需次燕語 1027右
王朝俊(清)
墨浪軒遺稿 1458右
王好古(元)
海藏老人陰證略例 814左
陰證略例 814左
海藏類編醫壘元戎 818右
醫壘元戎 818右
海藏老人此事難知 818右
東垣先生此事難知集 818右
此事難知 819左
海藏斑論萃英 840右
湯液本草 853右
王好問(明)
春煦軒文集、詩集 1354左
王轂(清)
讀史管見 376左
王都中(元)
本齋集 1308左
王格(明)
王少泉集 1346左
48 王增祺(清)
燕臺花事錄 437左
王翰(元)
友石山人遺稿 1321右
梁園寓稿 1324左
王翰青(清)
東游草 1482右
鶴野詞 1635左
王敬之(清)
三十六陂漁唱 1628右
王敬之(清)等
淮海集補遺、續補遺、攷證(輯)* 1256右
王敬銘(民國)
義賑芻言 479左
辦賑芻言 479左
王松年(唐)
仙苑編珠 447右
王檢心(清)
孝經本義 160左
敬亭先生年譜 423左
歷代帝王紀年考(輯) 463左
眞州救荒錄 479左
傳心要語(輯) 746右
惺齋答問 746右
心學小印(輯) 747左
闇修記 747左
弟子規(增訂) 761左
朱文公白鹿洞書院揭示集解(輯) 762左
高淳義學義倉輯略 767右
50 王申子(元)
大易輯說 16左
王夫之(清)
周易稗疏、考異 19右
周易內傳 19右
周易內傳發例 19右
周易外傳 19右
周易大象解 19右
周易考異 33右
書經稗疏 41左
尙書稗疏 41左
尙書引義 41左

詩經稗疏　55右
詩廣傳　55右
詩經叶韻辨　63左
詩經攷異　63左
禮記章句　85右
續春秋左氏傳博議　109右
春秋家說　126右
春秋稗疏　126右
春秋世論　126右
四書稗疏　152左
讀四書大全說　152左
四書訓義　152左
四書攷異　155左
說文廣義　186左
永曆實錄　322左
讀通鑑論　375右
宋論　378右
識小錄　493左
龍源夜話　499左
蓮峯志　575右
老子衍　691左
莊子解　695右
莊子通　695右
噩夢　721右
黄書　721右
張子正蒙注　725左
思問錄內篇、外篇　739右
俟解　739右
搔首問　1004左
相宗絡索　1188右
楚辭通釋　1195左
薑齋文集　1386右
薑齋詩文集　1386右
薑齋五十自定稿　1386右
薑齋六十自定稿　1386右
薑齋七十自定稿　1386右
柳岸吟　1386右
落花詩　1386右
遣興詩　1386右
和梅花百詠　1386右
船山經義　1386右
薑齋詩分體稿　1386右
薑齋詩編年稿　1386右
洞庭秋詩　1386右
雁字詩　1386右
倣體詩　1387左
嶽餘集　1387左
薑齋詩賸稿　1387左
憶得　1387左
古詩評選(輯)　1534左
唐詩評選(輯)　1540左
明詩評選(輯)　1543右
薑齋詩話　1581右
詩譯　1581右
夕堂永日緒論內編、外編　1581右
南窗漫記　1581右
愚鼓詞　1616左
鼓棹初集、二集　1616左
瀟湘怨詞　1616右
龍舟會雜劇　1685右

王抃(清)
王巢松年譜　431左
健菴集　1401右

王泰林(清)
薛氏溼熱論歌訣　827右
退思集類方歌註　860左
增訂醫方歌訣　860左
醫方證治彙編歌訣　860左
王旭高先生醫方歌括　860左
王旭高臨證醫案　863左
西溪書屋夜話錄　865左

王泰階(清)
青箱室詩鈔　1505右

王肅(魏)
馬王易義(馬融合撰)　5右
周易注　7右
周易王氏注　7右
易注　7右
周易王氏音　33左
尙書王氏注　37右
書王氏注　37右
毛詩王氏注　50右
毛詩注　50右
毛詩問難　50右
毛詩義駁　50右
毛詩奏事　51左
儀禮喪服馬王注(馬融合撰)　79左
喪服經傳王氏注　79右
儀禮喪服注　79右
喪服要記　79右
王氏喪服要記　79右
禮記王氏注　84右
春秋左傳王氏注　104右
論語王氏義說　137右
王肅注論語　137右
孝經王氏解　156右
聖證論　168右
國語章句　294右
孔子家語(注)　681左
家語(注)　681左
魏臺訪議　963左
王子正論　1017左

王表(明)
王禮部集　1346右

王貴學(宋)
王氏蘭譜　790左
蘭譜　790左

王素(宋)
文正王公遺事　405左
王文正遺事　405左
王文正公遺事　405右

王素雯(清)
綠窗吟稿　1488左

王東寅(清)
青箱書屋餘韻詞存　1640右

51 王振綱(清)
天香別墅學吟　1474右
墨花書舫唫稿　1474右

王振聲(清)
春秋左傳校勘記補正　105右
宋余仁仲本公羊經傳解詁校記　114左
公羊注疏校勘記補正　114右
孟子音義校記初稿　149右
孟子音義校記　149右
㒷晉奇字跋　199左
急就章跋　201右
切韻指掌圖校記　213右
文村書跋　652左
文村筆記　1010右
王文村詩稿　1461左
文村雜稿　1461左
播芩山館雜錄(輯)　1534右

王攄(清)
步檐集　1401右

王軒(清)
顧齋遺集　1503右

52 王揆(清)
芝廛集　1387左

王挺(清)
減庵公詩存　1380左

53 王軾(明)
平蠻錄　309右

一〇一〇四 王(五〇—五三)

53 王成璐（清）
佩湘詩草 1457左
王成棣（金）
青宮譯語節本 302左
55 王慧（清）
凝翠樓詩集 1407右
56 王損之（唐）
玄珠心鏡註（章句）1176左
王操（宋）
王正美詩 1242右
57 王拯（清）
龍壁山房文集、詩集 1478左
龍壁山房文鈔 1478左
茂陵秋雨詞 1633右
瘦春詞鈔 1633右
瘦春詞 1633右
龍壁山房詞二種 1748右
王邦采（清）
屈子離騷彙訂、雜文箋略 1196右
王邦傅（清）
脈訣乳海 848右
王揮（宋）
燕子樓傳 1116右
湯賽師傳 1116右
王輅（清）
萬卷山房詞 1622右
王撰（清）
三餘集 1389左
王蜆（清）
尚書逸湯誓考校勘* 49左
王契眞（口）
上清靈寶大法（纂）1152左
58 王鏊（明）
震澤紀聞 349右
守溪筆記 349右
守溪長語 349右
姑蘇志 519左
震澤長語 993左
震澤長語摘抄 993左
饁母傳 1118左
震澤集 1334左
王守溪集 1334左
59 王掞（清）
西田集 1400右
西田詩集 1400右
60 王口（宋）
道山清話 343右
王口（宋）
野老記聞 1020右
王口（宋）
拙齋別集 1297右
王口（明）
燈花占 898右
王日休（宋）
龍舒居士淨土文 1188右
王曰高（清）
王北山詩 1394右
王曰仁（清）
竹裏館草 1404左
王曰睿（清）
竹書紀年雋句（輯）286左
王星誠（清）
王孟調明經西凫草1499左
西凫殘草 1499左
王昱（清）
東莊論畫 931左
王國瑞（元）
扁鵲神應鍼灸玉龍經 842右
玉龍經 842右
王國維（民國）
洛誥箋 46右
周書顧命禮徵 46右
周書顧命後考 46右
祼禮搉 96右
明堂廟寢通考 97左
樂詩考略 100左
爾雅草木蟲魚鳥獸釋例 166左
殷周制度論 178右
魏石經考 184左
魏正始石經殘石考 184右
隸釋所錄魏石經碑圖 184右
補高郵王氏說文諧聲譜 192左
史籀篇疏證、敍錄 193右
漢代古文考 193右
聯綿字譜 196左
重輯蒼頡篇 200左
校松江本急就篇 201右
唐韻佚文（輯）205右
唐寫本唐韻殘卷校勘記 205右
唐韻別考 206左
韻學餘說 213左
釋史 221右
釋幣 221右
古本竹書紀年輯校（補）286左
今本竹書紀年疏證 286左
蒙韃備錄箋證 303左
黑韃事略箋證 303左
聖武親征錄校注 303右
韃靼考 303右
遼金時蒙古考 304左
鬼方昆夷玁狁考 380右
古胡服考 381左
宋史忠義傳王稟補傳 406左
耶律文正公年譜、餘記 407左
漢魏博士考 412右
漢魏博士題名考 412右
太史公繫年考略 417左
清眞先生遺事 428左
三代地理小記 505右
秦漢郡考 506左
乾隆浙江通志考異殘稿 519右
經行記（校）608右
使高昌記（校）609左
北使記（校）610左
長春眞人西遊記注 610右
西使記（校）611左
庚辛之間讀書記 649右
古今雜劇敍錄 650右
新編錄鬼簿（校注）654左
曲錄 654左
五代兩宋監本考 654右
兩浙古刊本考 654右
簡牘檢署考 655左
兩周金石文韻讀 657左
宋代金文著錄表 659左
國朝金文著錄表 659左
毛公鼎銘考釋 661右
散氏盤考釋 661右
不𡢁敦蓋銘考釋 661右
盂鼎銘考釋 661右
克鼎銘考釋 661右
古禮器略說 662左
戩壽堂所藏殷墟文字考釋* 672右
殷卜辭中所見先公先王考 672右

殷卜辭中所見先公先王續考 672右
殷禮徵文 672右
流沙墜簡考釋、補遺考釋(羅振玉同撰)*673右
流沙墜簡考釋補正 673右
生霸死霸考 876右
古劇脚色考 948左
優語錄(輯) 948左
靜安文集、續編、詩稿 1527左
觀堂集林 1527左
觀堂外集 1527左
觀堂別集、後編 1527左
觀堂譯稿 1527左
永觀堂海內外雜文 1527右
壬癸集 1527右
頤和園詞 1527右
後村別調補遺(輯) 1605左
觀堂長短句 1643左
苕華詞 1643左
南唐二主詞補遺(輯)* 1645右
南唐二主詞校勘記* 1645右
人間詞話 1721左
宋元戲曲考 1723右
唐宋大曲考 1723右
戲曲考原 1723右
錄曲餘談 1724左
古行記校錄(輯校) 1735左
觀堂古金文考釋 1735右
唐五代二十一家詞輯 1748右

王國賓(清)
天覺樓詩集 1491右

王國祥(清)
重慶堂隨筆(注) 864右

王國梓(明)
一夢緣 1119左

王國器(元)
王國器詞 1613右

王易(宋)
燕北錄 347左
重編燕北錄 347左

王思訓(清)
滇南通考 559左

王思任(明)
歷遊紀 587右
遊喚 602左
廬遊雜詠 605左
遊廬山記 605左
弈律 1124右
避園擬存詩集 1361左
避園擬存 1361左
律陶 1361左
王季重先生文集 1361左
雜序 1361左
雜記 1361右
爾爾集 1361右
時文敍 1361右
明王遂東先生尺牘存本 1361右
王季重十種 1743左

王冕(明)
竹齋集、續集 1324右
竹齋詩集 1324右
王元章詩 1324右

王昊(清)
碩園集 1392右

王甲曾(清)
不波山房詩鈔 1473左

王回(宋)
書种放事 1057左
書襄城公主事 1057左

王昌齡(唐)
王昌齡集 1220右
王昌齡詩集 1220右
王少伯詩格 1567右
詩格 1567右
詩中密旨 1568左

王圖炳(清)
王圖炳詩選 1415右

王曇(清)
煙霞萬古樓文集 1445左
煙霞萬古樓詩選 1445左
仲瞿詩錄 1445左

王景沂(清)
盋碧詞 1640右

王景洙(清)
養正錄、復性圖(輯) 747右

王景華(清)
重訂囊祕喉書驗方(輯)* 834右

王景模(清)
二如賦稿 1430右

王景暉(口燕)
南燕書 357右

王景賢(清)
周易玩辭 26右
論語述註 143左
牧民贅語 474左
性學圖說 747左
困學瑣言 747左
伊園文鈔、詩鈔 1481右

王景羲(清)
墨商 705右

61 王晫(清)
文苑異稱 398左
西湖考 598右
行役日記 613左
兵仗記 777左
龍經 796左
石友贊 957左
紀草堂十六宜 959右
松溪子 975左
今世說 1073右
快說續紀 1073右
寓言 1073右
看花述異記 1120左
課婢約 1126左
報謁例言 1126左
諧卟 1126右
孤子唫 1397右
禽言 1397右
連珠 1397右
武林北墅竹枝詞 1397右
更定文章九命 1583左
峽流詞 1619右

王顯緒(清)
王布政集 1421右

62 王懸河(唐)
上清道類事相(修) 1152左
三洞珠囊 1183右

64 王叶衢(清)
海安考古錄 536右

王時敏(清)
奉常家訓 753右
奉常公遺訓 753右
偶諧舊草、續草 1377左
西廬詩草、補 1377左
王烟客尺牘 1377左
西廬家書 1377左
西廬詩餘 1615左

王曄(元)
桃花女破法嫁周公雜劇 1663右

桃花女破法嫁周公　1664左
禳陰陽八卦桃花女　1664左
65 王映樞(清)
汾澤賦稿　1430右
66 王嬰(晉)
古今通論　1017右
王睍(宋)
全生指迷方　857左
67 王曬升(清)
東皐集　1401右
王明清(宋)
避亂錄　300右
熙豐日曆　300右
揮麈錄　345右
王氏揮麈錄　345右
揮麈前錄、後錄、三錄、餘話　345右
玉照新志　346左
投轄錄　1061左
摭青雜說　1061左
春娘傳　1116右
王鳴韶(清)
鶴谿臘稿遺什　1430右
蓑笠軒遺文　1430右
王鳴盛(清)
尙書後案　42左
周禮軍賦說　74左
十七史商榷　379右
十七史商榷(漢書)　506右
十七史商榷(後漢書)　507右
十七史商榷(晉書)　508右
十七史商榷(宋書)　509右
十七史商榷(南齊書)　509右
十七史商榷(魏書)　510左
十七史商榷(隋書)　510右
十七史商榷(新舊唐書)　510右
十七史商榷(五代史)　511右
練川雜詠　1425右
耕養齋遺文　1425右
耕養齋集　1425右
謝橋詞　1623左
王昭禹(宋)
周禮詳解　69右
王嗣宗(口)
周易王氏義　10左
王嗣祥(清)
承清堂詩集　1510右
王嗣奭(明)
管天筆記外編　974左
夷困文編　1370左
王嗣槐(清)
錦帶連珠　504右
西山遊記　588右
王鶚(元)
汝南遺事　302右
王煦(清)
小爾雅疏　217左
王照(民國)
讀左隨筆　109右
增訂三體石經時代辨誤　184右
人人能看書(一名拼音官話報)　216左
拼音對文三字經　216左
拼音對文百家姓　216左
官話合聲字母(原名官話合聲字母序例及關係論說)　216左
對兵說話　216右
動物學　216右
植物學　216右
地文學　216右
家政學　216右
方家園雜詠紀事、雜記　384左
表章先正正論　1015左
小航文存　1522右
官話字母讀物八種　1729右
王照圓(清)
列女傳補注、敍錄、校正　437右
列仙傳校正本(校)　446左
夢書(輯)　906左
曬書堂閨中文存　1444左
和鳴集(郝懿行同撰)　1554左
68 王曦(清)
鹿門詞　1635左
70 王璧(清)
蓺蘭說　790右
71 王阮(宋)
義豐集　1274左
義豐集鈔　1274左
王厚之(宋)
王復齋鐘鼎款識　661左
吳氏印譜(一名漢晉印章圖譜·攷)　942左
王原祁(清)
大陸澤圖說　581左
王司農題畫錄　915左
論畫十則　931左
雨窗漫筆　931左
麓臺題畫稿　931左
王驥德(明)
西廂記古本校注　1651右
男王后　1673右
重校韓夫人題紅記　1697左
曲律　1721右
古雜劇(輯)　1751右
王長(口)
沖虛通妙侍宸王先生家話　1184右
王頤中(金)
丹陽眞人語錄(集)　1183右
王槩(清)
學畫淺說　931左
72 王隱(晉)
晉書　279左
王隱晉書　279左
晉地道記　508右
晉書地道記　508右
王質(宋)
詩總聞　52左
紹陶錄　441右
林泉結契　794左
雪山集　1271右
雪山詞　1601右
77 王闓運(民國)
周易說　28右
尙書大傳補注　35右
尙書箋　44左
詩經補箋　60左
周官箋　72左
禮經箋　78右
禮記箋　87右
春秋公羊傳箋　116左
論語訓　143右
爾雅集解　165右
祺祥故事　329右
湘軍志　333左
圓明園詞序(徐樹鈞合撰)　564右

入廣記 620右
莊子注 696左
鶡冠子(錄) 700左
墨子注 706左
王志 977右
楚辭釋 1195右
湘綺樓文集、詩集 1517左
湘綺樓詩 1517左
湘綺樓駢體文鈔 1517左
王湘綺文鈔 1517左
唐詩選(輯) 1540右
王志論詩 1588右
湘綺樓詞 1640右
王鳳(清)
梅影山房詩賸 1482右
王鳳嫺(明)
東歸紀事 612左
王隆(漢)
漢官解詁 466右
王用章(明)
王氏松雲集 1356左
王同祖(宋)
學詩初稾 1291右
王同愈(民國)
栩栩盦日記 452左
栩緣隨筆 1082左
王周(南唐)
峽船志 580右
王周詩集 1241左
王陶(宋)
談淵 342左
王朋壽(金)
重刊增廣分門類林雜說 1042右
王鵬運(清)
袖墨詞 1639左
半塘定稿 1639左
校夢龕集 1639左
南宋四名臣詞集(輯) 1748右
雙白詞(輯) 1748右
四印齋彙刻宋元三十一家詞(輯) 1748右
王屏世(明)
鳩飛草堂稿 1373左
王履(元)
醫經溯洄集 819右
王履泰(清)
畿輔安瀾志 581右
王履階(清)
改土歸流說 563右
王熙(清)
王胥庭詩 1393左
王又樸(清)
易翼述信 21左
春秋繁露求雨止雨考定 117右
大學原本說略、大學原本讀法 133右
中庸讀法、中庸總說 136左
論語廣義 141右
孟子讀法 147右
史記讀法 264左
介山自訂年譜 421右
介山自定年譜 421右
繼配馮恭人實錄 440右
辦案要略 488右
泰州繂堤說略 584左
聖諭廣訓衍 767左
詩禮堂雜纂 1075左
詩禮堂古文 1408右
詩禮堂雜詠 1408右
介山時文 1409左
鄉會試硃卷 1409左
王又華(清)
古今詞論 1718右
王又曾(清)
丁辛老屋詩 1420右
丁辛老屋詞 1623左
王聞遠(清)
孝慈堂書目 647左
王學浩(清)
山南論畫 933左
王學權(清)
重慶堂隨筆 864右
王丹桂(金)
草堂集 1298右
王异(明)
弄珠樓 1698左
王開祖(宋)
儒志編 720左
王譽昌(清)
崇禎宮詞 384左
王留(明)
澗上集選 1365右
王留福(清)
青箱書屋詞、南北曲兩套 1636左
王問(明)
王僉憲集 1343右
續王僉憲集 1343右
王闢之(宋)
澠水燕談錄 342右
王艮(元)
止止齋稾 1310右
王艮(明)
心齋約言 732右
王心齋集 1340左
王與(元)
無寃錄 488左
王與胤(明)
隴首集 1371左
王與之(宋)
東巖周禮訂義 70左
周禮訂義 70左
78 王鑒(清)
四聲纂句 210左
王鑒(民國)
懷荃室詩存 1528右
王臨亨(明)
粵劍編 553左
80 王人文(民國)等
歷代都江堰功小傳(輯) 444左
王益謙(清)
太華山人詩存 1456左
王益之(宋)
西漢年紀 286右
歷代職源撮要 466左
職源撮要 466左
王益明(清)
清貽堂存稿 1391右
王金珠(梁)
子夜歌 1212右
王鑫(清)
練勇芻言 776左
王鏞(清)
百家姓廋辭 396右
王介(清)
正學齋文集 1405左
王介之(明)
春秋四傳質(一名石崖遺書) 126左

80 王羲之(晉)
- 筆經 800左
- 筆勢論略 917右
- 書論 918左
- 晉王右軍集 1206左
- 王右軍集選 1206左

王羲之(晉)等
- 蘭亭集 1551左
- 蘭亭集詩 1551左

王令(宋)
- 十七史蒙求(輯) 1041右
- 廣陵集、拾遺 1255右
- 廣陵先生文集 1255右
- 廣陵詩鈔 1255右
- 廣陵詩集 1255右
- 廣陵集補鈔 1255右

王無咎(清)
- 工曹章奏(章雲鷺同輯) 499左

王念孫(清)
- 爾雅郝注刊誤 164右
- 讀書雜志 173左
- 說文解字校勘記殘稾 186左
- 說文段注簽記 187左
- 王氏讀說文記 187左
- 字書(校) 193右
- 字苑(校) 194左
- 文字集略(校) 194右
- 字略(校) 194右
- 字統(校) 195左
- 異字苑(校) 195右
- 字類(校) 195右
- 古文官書、古文奇字、郭訓古文奇字(校) 196右
- 文字指歸(校) 196右
- 字體(校) 197左
- 字諟(校) 197左
- 倉頡篇、倉頡訓詁、倉頡解詁(校) 199右
- 三倉、三倉訓詁、三倉解詁(校) 200右
- 凡將篇(校) 200右
- 勸學篇(校) 201右
- 聖皇篇(校) 202左
- 埤倉(校) 202左
- 廣蒼(校) 202右
- 聲類(校) 203右
- 韻集(校) 204左
- 音譜(校) 204左
- 聲譜(校) 204右
- 古今字音(校) 204右
- 韻略(校) 204右
- 切韻(校) 205左
- 證俗音(校) 208左
- 古韻譜 211左
- 廣雅疏證 218左
- 廣雅疏證補正 218左
- 博雅音(校) 218右
- 通俗文(校) 218右
- 辨釋名(校) 218右
- 纂文(校) 219左
- 證俗文(校) 219左
- 纂要(校) 219右
- 釋大 221左
- 羣經字類 221左
- 古今字詁(校) 222左
- 雜字(校) 222左
- 周成雜字(校) 222左
- 雜字解詁(校) 222右
- 字指(校) 222右
- 小學篇(校) 223左
- 異字音(校) 223左
- 輶軒使者絕代語釋別國方言疏證補 225左
- 漢書古字、音義異同 265右
- 逸周書雜志 277左
- 王光祿遺文集 1435右
- 丁亥詩鈔 1435右
- 王石臞先生遺文 1435右
- 王石臞文集補編 1435右
- 小學鉤沈(校) 1729左

王毓麟(清)
- 藍尾軒詩稿 1466左

王毓英(民國)
- 繼述堂讀孟芻言 149左
- 繼述堂中西教育合纂 466左
- 繼述堂社會談約編 978左
- 繼述堂三刻詩鈔、文鈔 1521左

王毓賢(清)
- 繪事備考 434左

王義(晉)
- 小學篇 223左

王義山(元)
- 稼村類稾 1301左
- 稼邨類藁 1301左
- 稼村樂府 1611左

王普耀
- 醫學體用 824右

王曾(宋)
- 王文正公筆錄 340右
- 王文正筆錄 340右
- 沂公筆錄 340右

王曾翼(清)
- 回疆雜詠 531左
- 回疆雜記 531左

王會(明)
- 歸田稿 1346右

王會汾(清)
- 樂阜山堂稿 1421右

王養濂(清)
- 宛平歲時志稿(李開泰同輯) 523左

81 王鑨(清)
- 秋虎丘 1705右
- 雙蝶夢 1706左

王銍(宋)
- 默記 345右
- 補侍兒小名錄 397右
- 四續侍兒小名錄 397右
- 侍兒小名錄 397右
- 雪溪集 1266右
- 雪溪詩集 1267左
- 王公四六話 1590左
- 四六話 1590左

王頌清(清)
- 讀爾雅日記 165左

王頌蔚(清)
- 明史攷證攟逸 275右
- 非石日記鈔、雜文(輯) 640右
- 古書經眼錄 652右
- 寫禮廎讀碑記 669右
- 寫禮廎文集 1508左
- 寫禮廎詩集 1508左
- 寫禮廎遺詞 1639左

82 王錚(清)
- 憺園草、外集 1465右

83 王鉞(清)
- 水西紀略 352右
- 粤遊日記 587右
- 朱子語類纂(輯) 728右
- 暑窗臆說 1004左
- 星餘筆記 1004左
- 讀書蕞殘 1024左
- 世德堂文集 1389左

王猷定(清)
四照堂文集、詩集 1378左
軫石文鈔 1378左
四照堂文錄 1378左
84 王錡(明)
寓圃雜記 350左
王錂(明)
綵樓記 1697右
春蕪記 1697右
尋親記(重訂) 1697右
新鐫圖像音註周羽敎子尋親記(重訂) 1698左
王鎭羣(民國)
交通芻議 490左
任盦文存 1529左
85 王鍵(宋)
刑書釋名 486左
86 王錕(清)
退學吟庵詩鈔 1491左
王錦(清)
琴譜序 938左
蘭堂賸稿 1438左
王錫(清)
四書索解(輯) 152左
毛西河傳贊 420右
王錫袞(明)
王忠節公文集、詩集 1368右
王錫琯(清)
王玉叔詩選 1399左
王錫祺(清)
巴馬紀略 484右
坎巨提帕米爾疏片略 484右
中俄交界記 485右
中俄交界續記 485右
臺灣近事末議 544左
猛烏烏得記 560左
西藏建行省議 561右
方輿諸山考 570右
恆嶽記 571右
武當山記 575左
南遊日記 588右
登燕子磯記 592右
北行日記 618右
暹羅近事末議 631右
蘇祿考(輯) 633左
庚哥國略說(輯) 638左
治安末議 723左
王錫棨(清)
選靑閣藏器目 660左
王錫極(清)
開沙志(纂) 534左
王錫振(清) 見王拯
王錫闡(清)
五星行度解 870右
曉菴新法 870右
秝法 871左
秝法表 871左
大統秝法啓蒙 871左
曉菴雜著 871左
曉菴遺書 1738左
王智深(劉宋)
宋書 280右
87 王鈞(清)
養素園題詠、附(輯) 1558左
王欽霖(清)
待蘭軒存稿 1496右
王欽若(宋)
翊聖保德傳(編集) 450左
王氏談錄(一題王洙撰) 981左
王欽若(宋)等
册府元龜(撰) 1041右
88 王鑑(元)
明卿集 1314左
王筠(梁)
王詹事集 1212左
王詹事集選 1212左
王筠(清)
禹貢正字 45右
夏小正正義 92右
四書說略 154左
說文繫傳校錄 186左
文字蒙求 188左
說文部首表(校正) 189右
說文新附攷校正 192左
毛詩重言 211右
毛詩雙聲疊韻說 212左
北史論略 378左
漢水發源考 585左
弟子職正音 701左
敎童子法 761左
菉友蛾術編 1028左
菉友肊說 1028左
王鎡(宋)
月洞吟 1297左
王簡(宋)
疑仙傳(一題隱夫玉簡撰) 447左
王符(漢)
潛夫論 715右 716左
潛夫論佚文 715右
回中子 715右
王節(明)
竹軒稿 1368左
王餘佑(清)
乾坤大略 775左
太極連環刀法 776右
89 王錟(清)
宗譜纂要 412左
90 王惟一(元)
道法心傳 1172左
了明篇(述) 1175右
明道篇 1175右
王愔(口)
文字志 197右
王光彥(清)
名勝雜記 588左
王光承(明)
鎌山草堂詩合鈔(王烈同撰) 1549左
王光魯(明)
古語訓略 224左
元史備忘錄 275左
歷代事變圖譜、古今官制沿革圖 362左
歷代地圖、歷代竊據圖 505左
歷代地理直音 505左
碧漸堂詩草 1366左
王尙絅(明)
王方伯集 1338右
王尙辰(清)
謙齋初集、二集、三集、續集 1502左
蝨隱庵雜作 1502左
遺園詩餘 1638左
王常(宋)
眞一金丹訣(集) 1164右
王常月(清)
初眞戒律 1157左
王當(宋)

春秋臣傳　122右
春秋列國諸臣傳　385左
90 王炎(宋)
雙溪集　1274左
雙溪詩鈔　1274左
雙溪詩集　1274左
雙溪集補鈔　1274左
雙溪詞　1602右
雙溪詩餘　1602右
王炎午(宋)
吾汶稿　1285左
吾汶藁　1285右
梅邊集、補　1285右
91 王炳燮(清)
國朝名臣言行錄　403左
毋自欺室文集　1482右
王炳華(清)
伯瀛詩草　1498左
王炳耀(清)
拼音字譜　216右
92 王圻濟(清)
茨菴集詩鈔　1391左
94 王慎中(明)
遵巖子　734左
遵巖集　1349左
王參政集　1349左
王遵巖先生集選　1349左
王遵巖文選　1349左
王燁(明)
樗菴日錄　734左
王煒(清)
喀史　351右
黃山遊記　596左
九諦解疏(疏)　735左
95 王愫(清)
題畫詩鈔　916右
論畫正則　932右
樸廬詩稿　1431右
林屋詩餘　1624左
96 王焜(清)
考槃集遺什　1405右
97 王恂(清)
民天敬述　479左
綏陽鴻印　1504右
王惲(唐)
幽怪錄(原題誤應作牛僧孺撰)　1102右
烏將軍記　1105右
王惲(元)
中堂事記　304左
玉堂嘉話　492左
玉堂嘉話佚文　492左
承華事略　750右
書畫目錄　910左
彭蠡小龍記　1117左
王文定公秋澗集　1301右
秋澗集　1301右
秋澗先生大全集　1301右
秋澗先生大全文集樂府　1611右
秋澗樂府　1611右
王恪(清)
遊靈巖山記　593右
遊寒山記　593右
王灼(宋)
頤堂先生糖霜譜　805右
頤堂先生文集　1267左
頤堂詞　1601右
碧雞漫志　1717左
黃山紀遊　596右
王煥(宋)
蘇小娟傳　1117左
王煥奎(清)
釋字　224右
王煥世(明)
拙逸堂草　1373左
99 王謍(元)
羣書類編故事　1043左
王榮商(民國)
容膝軒文集、詩草　1520左

1010₄ 至
21 至仁(元釋)
澹居藁　1309左

亟
00 亟齋居士(清)
達生篇　836右

1010₆ 畺
30 畺良耶舍(劉宋)
觀無量壽佛經(譯)　1186右

1010₇ 亙
36 亙禪(清釋)
亙禪偶存草　1492左

1010₈ 巫
24 巫峽逸人(清)
五藩禱乘　403右

靈
10 靈一(唐釋)
唐靈一詩集　1224右
38 靈澈(唐釋)
大藏治病藥　1190左
治病藥　1190左
靈澈(唐釋)等
唐四僧詩　1745左

1014₁ 聶
17 聶子因
小兒病叢談　840左
22 聶崇岐
宋史地理志考異　512左
補宋書藝文志　642右
聶崇義(宋)
新定三禮圖(集注)　98右
析城鄭氏家塾重校三禮圖(集注)　98右
三禮圖集注　98右
33 聶心湯(明)
萬歷錢塘縣志　520左
40 聶大年(明)
聶掌教集　1331左
東軒集選　1331左
聶士成(清)
東省與韓俄交界道里表　485右
東三省韓俄交界道里表　485右
聶古柏(元)
侍郎集　1305左
50 聶奉先(口)
續本事詩　1563右
60 聶口(口)
周禮聶氏音　74右
聶田(宋)
徂異記　1090右
88 聶欽(清)
泰山道里記　572左

1017₇ 雪
22 雪巖(清釋)
女科旨要(增廣)　837左

44 雪莊(清釋)
黃山圖(繪) 573右
雪蓑漁隱(元) 見夏庭芝
雪蓑釣隱(元) 見夏庭芝
71 雪厓嘯侶(清) 見孫郁

1020_0 丁

00 丁立(清)
謝皐羽墓錄(輯) 569右
丁立誠(民國)
武林雜事詩 539右
武林市肆吟 539右
永嘉三百詠 542左
東河新櫂歌、續 584左
永嘉金石百詠 677右
小槐簃聯存 945右
小槐簃吟稿 1524右
王風箋題 1524右
丁立志(清)
郭孝童墓記略 569左
丁立中(民國)
禾廬詩鈔 1524左
西溪懷古詩 1524右
西泠懷古詩 1524右
和永嘉百詠 1524右
禾廬新年雜詠 1524右
武林新市肆吟 1524右
丁彥臣(清)
梅花草盦藏器目 660左
丁度(宋)等
集韻 206右
武經總要前集、後集773左
丁六娘(隋)
十索 1215右
06 丁謂(宋)
丁晉公談錄 340左
晉公談錄 340左
談錄 340左
08 丁謙(清)
元祕史地理攷證、元祕史作者人名攷、元太祖成吉思汗編年大事記、元初漠北大勢論、元史特薛禪曷思麥里速不台郭寶玉等傳地理攷、郭侃傳辨 303右
元聖武親征錄地理攷證 303右
西遼立國本末考、疆域考、都城考 362左
元經世大典圖地理攷證、元史地理志西北地 513左
水經注正誤舉例 577右
魏宋雲釋惠生西域求經記地理攷證 608右
唐杜環經行記地理攷證 608右
元耶律楚材西游錄地理攷證 610右
元長春眞人西游記地理攷證 610右
元張參議耀卿紀行地理攷證 611左
元劉郁西使記地理攷證 611左
漢書匈奴傳地理攷證、西南夷兩粵朝鮮傳地理攷證、西域傳地理攷證 621左
後漢書東夷列傳地理攷證、南蠻西南夷列傳地理攷證、西羌傳地理攷證、西域傳地理攷證、南匈奴傳地理攷證、烏桓鮮卑傳地理攷證 621左
三國志烏丸鮮卑東夷傳、魚豢魏略西戎傳地理攷證 621左
晉書四夷傳地理攷證 621右
晉釋法顯佛國記地理考證 622左
宋書夷貊傳地理攷證 622左
南齊書夷貊傳地理攷證 622左
梁書夷貊傳地理攷證 622左
魏書外國傳地理攷證、西域傳地理攷證、外國傳補地理攷證 622左
周書異域傳地理攷證 622左
隋書四夷傳地理攷證 622左
新唐書突厥傳地理攷證、吐蕃傳地理攷證、回紇等國傳地理攷證、沙陀傳地理攷證、北狄列傳地理攷證、東夷列傳地理攷證、南蠻列傳地理攷證、新舊唐書西域傳地理攷證 622右
釋辯機大唐西域記地理攷證、五印度疆域風俗制度攷略 622右
大唐西域記地理攷證、印度風俗總記 622右
新五代史四夷附錄地理攷證 622右
宋史外國傳地理攷證 622右
遼史各外國地理攷證 622右
金史外國傳地理攷證 622右
元史外夷傳地理攷證 623左
明史外國傳地理攷證、西域傳地理攷證 623左
圖理琛異域錄地理攷證 625左
穆天子傳地理攷證、中國人種所從來攷、穆天子傳紀日干支表 711左
佛地考證 1734右
09 丁麟年(民國)
日照丁氏藏器目(輯) 660左
10 丁一中(明)
丁少鶴集 1356右
丁一焯(清)
書法碎語 922左
丁元正(清)
楚辭輯解正編、外編、後語 1195右
湘亭詩鈔、文鈔 1413右
退思錄 1413右
丁元吉(明)
陸右丞蹈海錄(輯) 407左
丁元薦(明)
西山日記 1000左
丁丙(清)

一〇二〇。丁（一〇—四七）

欽定勦平粵匪方略（節錄） 334右
轉徙餘生記（節錄） 334右
思痛記（節錄） 334右
殉烈記（節錄） 334右
平浙紀略（節錄） 334右
湘軍記（節錄） 334右
北隅綴錄、續錄 539右
北郭詩帳 539右
三塘漁唱 539右
于公祠墓錄 569左
續東河櫂歌 584左
風木盦圖題詠（輯） 1559左
庚辛泣杭錄（輯） 1732右

17 丁取忠（清）
輿地經緯度里表 875左
粟布演草（左潛同述） 885右
對數詳解 885右
數學拾遺 885右
四象假令細草 885右

20 丁孚（吳）
漢儀 467左

23 丁允和（明）
詩最（品定） 1533右
文奇（品定） 1536右
文韻（品定） 1536右
書雋（品定） 1560左

24 丁特起（宋）
靖康紀聞、拾遺 300左
靖康孤臣泣血錄 300左

25 丁甡（清）
清沙吟草、文鈔 1432左

丁傳（清）
魯齋述得 1025右

丁傳靖（民國）
明事雜詠 383右
福慧雙修庵小記 440右
江鄉漁話 1014右

26 丁白（清）
寶書閣著錄 647右

27 丁紹儀（清）
聽秋聲館詞話 1720右

丁紹基（清）
求是齋碑跋 669右

28 丁復（元）
檜亭集 1311右
檜亭稿 1311右

30 丁瀛（清）
倚竹齋詞草 1637左

丁寬（漢）
周易丁氏傳 3右

丁之賢（清）
丁布衣詩鈔 1388左

丁寶楨（清）
丁文誠公奏稿 500右
十五弗齋詩存、文存 1481左

丁寶楨（清）等
周易校刊記* 13右
書經校勘記* 39左
詩經校刊記* 52右
周禮校刊記* 68右
儀禮鄭注句讀校刊記* 76右
禮記校刊記* 85右
春秋公羊傳校刊記* 114左
春秋穀梁傳校刊記* 119左
大學校刊記* 132左
中庸校刊記* 134右
論語校刊記* 140右
孟子校刊記* 146右
孝經校刊記* 157右
爾雅校刊記* 162右

32 丁兆松（清）
姓觿劄記* 396左
姓觿栞誤劄記* 396左

丁澎（清）
信美軒詩選 1392左
扶荔詞 1617右

37 丁祖蔭（民國）
霜猨集校記* 351左
天啓宮詞校語* 383右
崇禎宮詞校記* 384左
松窗快筆補、補註* 535右

40 丁雄飛（清）
古人居家居鄉法 767右
行醫八事圖 821左
九喜榻記 959左
古歡社約 960左
小星志 1126左

丁大任（清）
永歷紀事 322右
入長沙記 322右
癸巳小春入長沙記 322右

丁大椿（清）
來復堂大學古本釋 133右
來復堂論語講義 142右
來復堂孟子講義 148左
來復堂家禮 462左
來復堂海防私籌 483左
來復堂私說 722右
來復堂學內篇、外篇 746右
來復堂家規 756左
來復堂小學補 761左
來復堂講義 1727右

丁奎聯（清）
禮經小識 78左

丁杰（清）
周易鄭氏注（後定） 6左
周易注（後定） 6左
周易鄭注（後定） 6左
輶軒使者絕代語釋別國方言校正補遺（盧文弨同校） 225左

丁奇遇（明）
讀書社約 763左

丁壽徵（清）
夏小正傳校勘記 91右
春秋異地同名攷 112左
丁氏遺著殘稿 1029左

丁壽祺（清）
海隅從事錄 480左
西行日記 617右

丁壽昌（清）
讀易會通 26右
詩經解 59右
小戴禮記解 87左
春秋左傳解 109左
春秋解 130左
說文辨通刊俗 188右

丁壽辰（清）
百家姓三編（注） 396右

44 丁芮樸（清）
風水袪惑 903左

丁蓉綬（清）
磨綺室詩存 1505左

丁芸（清）
墨農詩草 1438右

丁桂（清）
歐餘山房文集 1487右

47 丁鶴年（元）
松谷詩集 1322左
丁鶴年集 1322左

丁孝子詩集 1322左
鶴年詩集 1322左
丁鶴年集、續集 1322左
海巢集 1322左
48 丁敬(清)
武林金石記 676左
論印絕句 940右
硯林印款 940右
丁敬身先生印譜(刻) 942左
硯林印存(刻) 942右
硯林詩集、拾遺 1415右
50 丁申(清)
武林藏書錄 640右
丁泰(清)
朩廬札記 175右
丁惠康(清)
丁叔雅遺集 1516左
60 丁日昌(清)
牧令書輯要(重編) 474左
豐順丁氏持靜齋書目 647右
丁國瑞
治痢捷要新書(輯) 830右
丁國鈞(民國)
晉書校文 269右
補晉書藝文志 642右
荷香館瑣言 1015左
丁易東(宋)
周易象義 15左
大衍索隱 893右
丁晏(清)
周易述傳、續錄 26左
周易解故 26左
易經象類 26左
周易訟卦淺說 32左
書蔡傳附釋 39左
尚書餘論 43左
禹貢錐指正誤 45左
禹貢集釋 45右
禹貢蔡傳正誤 45右
詩集傳附釋 52右
毛鄭詩釋、續錄 59左
毛詩草木鳥獸蟲魚疏(校) 62左
鄭氏詩譜攷正 64右
詩譜攷正 65左
詩攷補注 67左
周禮釋注 71右
儀禮釋注 78左
禮記釋注 87左
佚禮扶微(輯) 95左
左傳杜解集正 108右
論語孔注證僞 143左
孝經述註 160左
孝經徵文 160左
讀經說 175右
北宋汴學二體石經記 185右
史記毛本正誤 264左
讀史粹言(輯) 380左
百家姓三編 396右
唐陸宣公年譜 405左
漢鄭君年譜 417右
吳山夫先生年譜 421右
魏陳思王年譜 425右
晉陶靖節年譜 425右
石亭記事、續編 536右
淮安北門城樓金天德年大鐘款識 662左
易林釋文 896左
淮南萬畢術(輯) 905右
投壺考原 949左
日知錄校正 1023右
諸子粹言(輯) 1036右
楚辭天問箋 1197左
枚叔集(輯) 1198左
陳孔璋集(輯) 1201左
曹子建集、逸文(銓評) 1202左
頤志齋文鈔 1460左
頤志齋感舊詩 1460左
頤志齋四譜 1733右
子史粹言(輯) 1740左
61 丁顯(清)
十三經諸家引書異字同聲考 213左
雙聲詩選 213左
丁氏聲鑑 214右
音韻指迷 215左
韻學叢書三十四種題跋 215左
諧聲譜 215左
復淮故道圖說、請復河運芻言 581左
淮北水利說 584左
遊睢寧諸山記 595右
韻學蠡言舉要 1729右
64 丁時霈(清)
開沙志(增修) 534左
丁時顯(清)
青蜺居士集 1426右
丁韙良(美國)
泰西城鎮記 637右
新開地中河記 638左
舊金山紀 639左
71 丁辰(清)
補晉書藝文志(注) 642右
補晉書藝文志刊誤* 642右
丁巨(元)
丁巨算法 879右
77 丁用晦(唐)
芝田錄 1052右
丁履恆(清)
形聲類篇、餘論 211右
丁居晦(唐)
翰林壁記 469右
重修承旨學士壁記 469右
78 丁腹松(清)
遊象山麓記 595右
80 丁午(清)
經說 177右
重文 189左
城北天后宮志 567右
紫陽庵集(輯) 567右
龍井顯應胡公墓錄 569左
揚清祠志 569左
湖船續錄 799右
詞賦 1506左
丁頤生時文 1506左
試帖存稿 1744右
丁善慶(清)
養齋集 1459左
丁善儀(清)
雙桂軒尺牘 1510左
丁公著(唐)
孟子丁氏手音 149右
丁養浩(明)
西軒效唐集錄 1335右
86 丁錦(清)
古本難經闡注 810右
丁錫田(民國)
後漢郡國令長考補 364左
韓理堂先生年譜 422左
山東縣名溯原 532右
二孔先生文鈔(輯) 1746右
90 丁惟魯(民國)

道德經箋釋 691右
南華眞經(錄) 694左
莊子音義摘錄(輯) 696右
蟄窟吟 1527右
雪泥留痕 1527右

92 丁愷曾(清)
說書偶筆 153左
韻法本俗 210右
西海徵 532右
治河要語 579右
煙波釣叟歌直解 905右
奇門占驗 905右
十八活盤詳註 905右
望奎樓古文集、四書制藝文、詩集 1418右
賈先生古詞論述 1719左

94 丁煒(清)
紫雲詞 1618左

97 丁耀亢(清)
家政須知 754右
逍遙遊 1397右
陸舫詩草 1398左
椒丘詩 1398左
丁野鶴先生遺稿 1398左
化人遊 1703左
赤松遊 1703左
表忠記 1703左

1021_0 兀

87 兀欽仄(金)
青烏先生葬經(注) 900左
葬經(注) 900左

1021_1 元

10 元天歷中官撰
大元海運記 476左

17 元司農司
農桑輯要 778左

21 元行沖(唐)
釋疑論 94左
御注孝經疏 157右
孝經疏鈔(疏) 157右

24 元結(唐)
次山集 1224左
元次山詩集 1224左
唐元次山文集、拾遺 1224左
次山子 1224右
篋中集(輯) 1538右

元稹(唐)
承旨學士院記 469左
鶯鶯傳 1102左
會眞記 1102左
元氏長慶集、集外文章 1230右 1231左

28 元復(宋釋)
武林西湖高僧事略、續(元敬同撰) 445左

30 元淮(元)
金囦吟 1303右
金囦集 1303右

44 元革(唐)
五木經(注) 951左

47 元好問(金)
遺山題跋 990右
續夷堅志 1091右
遺山集 1299左、右
遺山先生文集 1299左
元遺山先生集 1299左
遺山先生詩集 1299右
遺山集補遺 1299右
元遺山先生文選 1299右
唐詩鼓吹(輯) 1540左
中州集(輯) 1542左
遺山樂府 1610右 1611左
遺山先生新樂府 1610右
新樂府 1610右
元遺山先生新樂府 1610右
中州樂府(輯) 1646左

48 元敬(宋釋)
武林西湖高僧事略(元復同撰) 445左

49 元妙宗(宋)
太上助國救民總眞祕要(編) 1152左

67 元明善(元)
清河集 1307右

76 元陽子(口)
黃帝陰符經頌 1136右
還丹歌訣(輯) 1167左

77 元覺(唐釋)
永嘉集 1189左
永嘉證道歌 1189左

90 元懷(元)
拊掌錄 1123左

1021_4 霍

30 霍濟之(宋)
先天金丹大道玄奧口訣(述) 1176左

42 霍韜(明)
家訓 753左

1022_7 万

23 万俟詠(宋)
大聲集 1596左
万俟紹之(宋)
郢莊詞 1607左

1023_0 下

26 下總種畜場(日本)
牧羊指引 792右

1023_2 震

87 震鈞(民國)
庚子西行記事 330右
渤海國志 358右
兩漢三國學案 412右
八旗詩媛小傳 438右
洛陽迦藍記鉤沈 567左
八旗人著述存目 648左
陸子新語校注 712左

1024_7 夏

00 夏庭芝(元)
靑樓集 436左
夏文彥(元)
圖繪寶鑑 433右
夏文範(明)
蓮湖樂府 1713左
夏辛銘(清)
讀毛詩日記 60左
夏言(明)
南宮奏稾 497右
桂洲文集 1339右
鷗園新曲 1712左

05 夏竦(宋)
古文四聲韻 198左
新集古文四聲韻 198左
夏英公雜詩 1243右
文莊集 1243右

10 夏一駒(清)
古印考略 664左

古印考略摘抄 664左
夏元鼎(宋)
黃帝陰符經講義、圖說 1135右
紫陽眞人悟眞篇講義 1166右
南嶽遇師本末 1173左
蓬萊鼓吹 1605左
夏震武(淸)
衰說考誤 98左
寤言質疑 749右
悔言 749右
悔言辨正 749右
12 夏孫桐(民國)
悔龕詞 1642右
21 夏仁虎(民國)
舊京秋詞 523右
22 夏鼎(淸)
幼科鐵鏡 839左
保赤要言 839左
夏鼎武(淸)
詩序辨 64左
讀禮私記 87右
悔言辨正附記* 749右
庭聞憶略、竹坡先生遺文(輯) 749左
夏鸞翔(淸)
少廣縋鑿 888左
洞方術圖解 888左
致曲術 888左
致曲圖解 888左
萬象一原 888右
夏氏算學四種 1738右
23 夏允彝(明)
幸存錄 318右
夏獻綸(淸)
臺灣地輿圖說 543右
24 夏德(宋)
衞生十全方、奇疾方 857右
27 夏倪(宋)
五桃軒集 1260右
夏侯建(漢)
尙書小夏侯章句 35右
夏侯審(唐)
香閨韵事 798左
夏侯湛(晉)
夏侯子新論 718右
夏侯常侍集 1204右
夏侯陽(□)
夏侯陽算經 878左
夏侯勝(漢)
尙書大夏侯章句 35右
夏侯曾先(□)
會稽地志 541左
夏伊蘭(淸)
吟紅閣詩鈔 1488左
夏僎(宋)
尙書詳解 38右
28 夏綸(淸)
無瑕璧傳奇 1707左
杏花村傳奇 1707左
瑞筠圖傳奇 1707左
廣寒梯傳奇 1707左
南陽樂傳奇 1707左
花萼吟傳奇 1707左
30 夏完淳(明)
續幸存錄 318右
夏內史集 1374左
夏節愍公集 1374左
雲間三子新詩合稿(輯) 1546右
夏內史詞 1614右
夏良勝(明)
東洲初稾 1341左
夏寶晉(淸)
山右金石錄 674左
37 夏浸之(明)
書史紀原 433左
40 夏大觀(淸)
九江考 585右
44 夏荃(淸)
歷代年號重襲考 463左
梓里舊聞(輯) 536右
歷代錢譜考 653左
退庵錢譜 663右
退庵筆記、宋石齋筆談、六客之廬筆談 1028右
夏勤墉(淸)
紀事約言 377左
夏樹芳(明)
奇姓通 396左
茶董 784左
酒顚 806右
60 夏旦(明)
葯圃同春 788右
夏昌祺(淸)
雪窗新語 1093右
64 夏時(明)
錢塘湖山勝槩詩文 597右
71 夏原吉(明)
一統肇基錄 305右
夏忠靖集 1329右
76 夏駰(淸)
交山平寇本末 325左
80 夏曾傳(淸)
音學緒餘 210左
86 夏錫疇(淸)
強恕堂傳家集 755右
87 夏鍭(明)
夏赤城集 1335左
90 夏尙樸(明)
東巖集 1341右
92 夏炘(淸)
詩經集傳校勘記 52右
讀詩劄記 59左
詩章句攷 59左
詩樂存亡譜 61左
學禮管釋 78左
檀弓辨誣 88左
學禮管釋 95左
學制統述 97右
三綱制服尊尊述義 98左
六書轉注說 190右
詩古韻表二十二部集說 212左
明翰林學士當塗陶主敬先生年譜 407左
漢賈誼政事疏攷補 494右
述朱質疑 746右
漢唐諸儒與聞錄 746右
訏謨成竹 775右
息游詠歌 1458左
景紫堂文集 1458左
養痾三編 1741右
99 夏燮(淸)
音學辨微校正* 214左
四聲切韻表校正* 214左
校漢書八表 266左
明通鑑、目錄、前編、附編 291右
兩朝剝復錄(校證) 318左
中西紀事 328左
忠節吳次尾先生年譜、樓山遺事(輯) 409左

1024$_7$ 霞

65 霞映(口)
太清玉司左院祕要上法(撰次) 1172左

1040$_0$ 干

00 干文傳(元)
仁里漫稾 1310右
10 干丙來(清)
湖濱匪災紀略 335左
30 干寶(晉)
易解 9左
周易注 9左
周易干氏注 9左
易注 9左
干氏易傳 9左
周官禮注 69左
周官禮干氏注 69左
周官注 69左
春秋左氏函傳義 105右
晉紀 287右
干寶晉紀 287右
後養議 459右
干子 964左、右
搜神記 1084左、右
秦女賣枕記 1084右
蘇娥訴冤記 1095右
蘇娥訴寃記 1095右
庾朔君別傳 1095右
東越祭蛇記 1095右 1096左

于

00 于立(元)
會稽外史集 1316左
于文濬(清)
石香存稿 1497左
于奕正(明)
帝京景物略(劉侗同撰) 522右
天下金石志 655右
樸草選 1365右
08 于謙(明)
少保于公奏議 496右
于忠肅集 1330右
于忠肅公集 1331左
于肅愍公集、拾遺 1331左
李卓吾評于節闇集 1331左
10 于石(宋)
紫巖詩選 1297左
紫巖于先生詩選 1297左
紫巖集 1297左
12 于孔兼(明)
于景素集 1359左
13 于武陵(唐)
于武陵詩集 1236左
17 于弼清(清)
恆齋日記 749右
22 于鬯(清)
卦氣直日考 28左
周易讀異 34左
尙書讀異 48右
讀周禮日記 72左
讀儀禮日記 78左
殤服、殤服發揮、兼祧議 81左
儀禮讀異 82右
讀小戴日記 87右
夏小正家塾本 93左
四禮補注 95右
鄉黨補義 144左
新定魯論語述 144右
孟子分章考 149右
爾雅釋親宗族考 165右
香草校書、續 178左
說文平段 187左
說文職墨 189左
新方言眉語 226右
史記散筆 264左
戰國策注、序錄、年表 296左
古女考、補考 438右
花燭閒談 462左
畫話 934右
酒話 1080右
適言 1081左
偶語 1081左
澧溪文集 1516右
香草尺牘 1516右
香草談文 1588右
閒書四種 1740左
27 于鵠(唐)
于鵠詩集 1227左
31 于源(清)
一粟廬詩一稿、二稿 1485左
柳隱叢譚 1586右
鐙窗瑣話 1586右
34 于濆(唐)
于濆詩集 1236左
37 于鄴(唐)
揚州夢記 1110左
于鄴詩集 1240左
38 于道顯(金)
離峯老人集 1298左
于肇(宋)
鏤塘瑣記 538左
39 于逖(五代)
聞奇錄 1054左
聞奇錄佚文 1054左
靈應錄 1089右
40 于克襄(清)
茅山紀遊 593左
41 于桓(清)
金壇圍城紀事詩 334左
44 于蔭霖(清)
悚齋家傳 392左
悚齋日記 451右
悚齋奏議 501左
南陽商學偶存 749左
于燕芳(明)
勦奴議撮 313左
燕市雜詩 1374右
53 于成龍(清)
政書 501右
60 于國柱(清)
爛柯神機 944左
80 于義方(唐)
黑心符 1049左
82 于鍾岳(清)
西笑山房詩鈔 1508右
伯英遺稿 1508右
87 于欽(元)
齊乘 532左
88 于箴(民國)
續修藁城縣志(纂) 515右
于敏中(清)
浙程備覽 537右
于敏中(清)等
欽定臨清紀略 293右
國朝宮史 459左
94 于愼行(明)
瓌言夢語 998右
雜記 998右
穀城山館詩集 1355左

1040$_9$ 平

21 平步青(清)
讀經拾瀋 177右
讀史拾瀋 380左
霞外攟屑 1013右
樵隱昔寱 1486右
國朝文棷題辭 1565右
61 平顯(明)
松雨軒詩集 1326右
64 平疇(清)
耕烟草堂詩鈔 1497右

1043$_0$ 天

23 天然癡叟(明)
石點頭 1128右
天台野人(明)
存論 1001右
26 天和子(宋)
善謔集 1122左
34 天池生(明) 見徐渭
44 天花才子(清)
快心編初集、二集、三集(輯) 1131左
47 天都山臣(明)
女直考 324左
建州女眞考 324左
建州女直考 324左
天都逸史(明)
曲讌 939左
天嘏(民國)
南北春秋 331左
滿清外史 354左
變異錄 354左
60 天目山樵(清) 見張文虎
65 天嘯生(民國)
黃花岡十傑紀實 387右
80 天谷老人(口)
天谷老人小兒語補 760左

1050$_6$ 更

25 更生氏(明)
重校劍俠傳雙紅記 1700右

1060$_0$ 石

00 石龐(清)
觀物篇 975右
悟語 975右
08 石嶅(宋)
中庸輯略(輯) 134右
09 石麟(清)等
山西通志(修) 515右
10 石玉崑(清)
小五義、續 1131右
石天基(清)
石成金官紳約、十反說 474左
12 石延年(宋)
五胡十六國考鏡 356右
石曼卿詩集 1244左
17 石承進(宋)
三朝聖政錄 343右
石子章(元)
秦脩然竹塢聽琴 1648左
秦脩然竹塢聽琴雜劇 1648左
竹塢聽琴 1648右
黃貴孃秋夜竹窗雨殘本 1648右
石子章雜劇 1749左
石君寶(元)
李亞仙花酒曲江池雜劇 1659左
李亞仙花酒曲江池 1659左
古杭新刊的本關目風月紫雲庭 1659左
風月紫雲亭 1659左
魯大夫秋胡戲妻雜劇 1659左
魯大夫秋胡戲妻 1659左
石君寶雜劇 1750左
18 石瑤(明)
熊峯集 1335右
石閣老集 1335右
21 石仁鏡(清)
數學心得 886左
天象災祥分類攷 895左
22 石崇階(清)
清戒 1033右
24 石贊清(清)
飣餖吟詞 1634左
30 石室道人(明) 見程羽文
31 石渠(清・吳縣)
葵青居詩錄 1473右
夢蝶草 1473右
石渠(清・華亭)
翠苕館詩 1502左
40 石杰(口)
游戲三昧 1127右
石嘉吉(清)
聽雨樓詩 1468左
石壽棠(清)
醫原 823左
41 石坪居士(清)
消寒新詠(鐵橋道人、問津漁者同撰) 436左
44 石茂良(宋)
避戎夜話 299右
避戎嘉話 299右
石孝友(宋)
金谷遺音 1603左
46 石韞玉(清)
讀左卮言 108左
漢書刊誤 265右
袁文箋正(箋) 1423左
獨學廬初稿 1444左
獨學廬二稿 1444左
獨學廬三稿 1444左
獨學廬四稿 1444左
獨學廬五稿 1444左
船山詩選(輯) 1446右
文選編珠 1532右
花間樂府、外集 1628右
花韻庵詩餘 1628右
微波詞 1628右
伏生授經 1688右
羅敷采桑 1688右
桃葉渡江 1689左
桃源漁父 1689左
梅妃作賦 1689左
樂天開閣 1689左
賈島祭詩 1689左
琴操參禪 1689左
對山救友 1689左
花間九奏(一名花間樂府) 1750右
50 石申(漢)
通占大象曆星經(甘公同撰) 894左
星經(甘公同撰) 894右
石泰(宋)
還源篇 1171右
修眞十書(輯) 1742右
53 石成金(清)
笑得好 1126右
笑得好選 1126右

今覺樓 1129左
鐵菱角 1129左
雙鴛配 1129左
四命寃 1129左
倒肥黿 1129左
洲老虎 1129左
自害自 1129左
人擡人 1129左
官業債 1129左
錦堂春 1129左
牛丞相 1129左
狗狀元 1129左
說蜣螂 1129左
飛蝴蝶 1129左
村中俏 1129右
關外緣 1129右
假都天 1129右
眞菩薩 1129右
老作孽、求嗣眞銓 1129右
少知非 1129右
刻剝窮 1129右
寬厚富 1129右
斬刑廳 1129右
埋積賊 1129右
擲金杯 1129右
還玉佩 1129右
乩仙偈、往生奇逝傳 1129右
亦佛歌 1129右
枉貪贓 1129右
空爲惡 1129右
三錠窟 1130左
一文碑 1130左
晦氣船 1130左
魂靈帶 1130左
得會銀 1130左
失春酒 1130左
旌烈妻 1130左
剮淫婦 1130左
定死期 1130左
出死期 1130左
長懽悅 1130左
莫焦愁 1130左
沈大漢 1130左
麻小江 1130左
追命鬼 1130左
討債兒 1130左
除魘魅 1130右
打縣官 1130右
下爲上 1130右
奪鑾卑 1130右
投胎哭、六道因果圖說 1130右
念佛功 1130右
通天樂 1741右

60 石景芬(清)
誦淸閣詩鈔 1472左

80 石人隱士(明)
渕莊 697左

石鑫(清)
敬畏齋公牘 503左

石介(宋)
長春子 723右
趙延嗣傳 1114右
徂徠集 1245左
石守道先生集 1245左
徂徠詩鈔 1245左
徂徠詩集 1245左

90 石光霽(明)
春秋鉤玄 125右

99 石榮暲(民國)
元代征倭記(輯) 304左
合河政記 474右
庫頁島志略 633右
明代祕籍三種(輯) 1740左

1060_0 百

00 百玄子(口)
金丹眞一論 1171左

10 百一居士(清)
壺天錄 1080右

17 百子山樵(明) 見阮大鋮

21 百歲寓翁(宋) 見袁褧

西

00 西方子(口)
明堂灸經 842左
西方子明堂灸經 842左

07 西郊野叟(宋) 見陳巖肖

10 西王母(口)
問上元夫人書 1201右

32 西溪山人(清)
吳門畫舫錄 1075左

35 西淸(淸)
黑龍江外記 528左

37 西湖安樂山樵(清) 見吳長元

西湖居士(明)
鬱輪袍傳奇 1698右
靈犀錦傳奇 1698右
詩賦盟傳奇 1698右
明月環傳奇 1698右

38 西泠嘯翁(清) 見葛元煦

西泠野樵(清)
繪芳錄 1131右

西泠長(明)
泊菴芙蓉影 1701左

44 西韓生(明)
尋常事(輯) 1124右

60 西田直養(日本)
日本金石年表 675左

77 西屏道人(明) 見朱恬烄

酉

76 酉陽(清)
女盜俠傳 1120左

1060_1 吾

72 吾丘瑞(明)
運甓記 1702左

吾丘衍(元)
續古篆韻 198右
周秦刻石釋音 666左
學古編 939右
三十五舉 939右
閒居錄 991左
綠衣人傳 1117左
三女星傳 1117左
竹素山房詩集 1304左
竹素山房集 1304左
竹素山房詩 1304左

吾丘壽王(漢)
吾丘壽王書 713左

晉

60 晉口(金)
晉眞人語錄 1183右

1060_3 雷

00 雷亮功(清)
桂林田海記 323左

10 雷震(民國)
新燕語 331左

12 雷廷珍(清)
經義正衡敍錄 178左
時學正衡 722右

14 雷琳(清)
說文通論(錢樹棠、錢樹立同輯) 188左
15 雷翀(明)
豫章語錄 732左
22 雷豐(清)
時病論 825右
雷岸居士(清)
瓊花夢(一名江花夢) 1710左
33 雷浚(清)
睡餘偶筆 176右
說文外篇 188右
說文引經例辨 192右
韵府鉤沈 212右
學古堂日記叢鈔(汪之昌同輯) 1029左
道福堂詩集 1477右
乃有廬雜著 1477右
37 雷次宗(劉宋)
喪服經傳略注 80右
略注喪服經傳 80右
儀禮喪服經傳略注 80右
五經要義 169左
豫章古今記 550右
豫章記 550右
40 雷大震(清)
病機約論 823右
脈訣入門(程曦、江誠同撰) 848右
藥賦新編(程曦、江誠同撰) 855左
方歌別類(程曦、江誠同撰) 860右
醫家四要 1737右
雷大升(清)
琴韵居詩存 1470右
雷士俊(清)
艾陵文鈔、詩鈔 1399左
雷柱(清)
曾子點註 682右
60 雷口(漢)
五經要義(一題劉宋雷次宗撰) 169左
雷思齊(宋)
易圖通變 30左
易筮通變 896右
67 雷躍龍(明)
雷石菴尙書遺集 1355右
77 雷學淇(清)
古經服緯(釋) 98左
古經服緯釋問* 98左
介菴經說、補 175左
世本(輯) 276左
世本考證* 276左
古經天象考、圖說、緒說 874左
83 雷鋐(清)
勵志雜錄 743右
讀書偶記 743右
88 雷鐏(清)
古經服緯 98左
92 雷愷(民國)
求古居宋本書考證* 647左

1062_0 可

44 可恭(金)
宋俘記 302左
88 可笑人(清) 見周稚廉

1064_8 醉

10 醉石居士(清)
羅浮夢記 1080左
77 醉月子(明)
精選雅笑(輯) 1125左
80 醉翁外史(清)
俠女記 1710右
烈女記 1710右

1073_1 雲

10 雲靈子(口)
菡珠經 1040左
12 雲水道人(明) 見楊之炯
22 雲川道人(清)
絳囊撮要(輯) 859左
40 雲南叢書處
滇文叢錄、作者小傳(輯) 1549左
44 雲茂琦(清)
闡道堂遺稿 1487左

1080_6 貢

20 貢禹(漢)
春秋公羊貢氏義 113右
21 貢師泰(元)
貢玩齋詩集 1314右
玩齋集、拾遺 1314右
40 貢奎(元)
雲林集 1308左
95 貢性之(元)
貢南湖詩集 1316右
南湖集 1316右

賈

00 賈亨(明)
算法全能集(輯) 879右
03 賈誼(漢)
周易賈氏義 4左
易賈氏義 4左
書賈氏義 35右
新書 712右 713左
賈子 712右
金門子 712右
賈長沙集 1197右 1198左
賈太傅文 1198左
賈長沙集選 1198左
08 賈敦臨(清)
桂鬱巖洞記 576右
12 賈弘文(清)
鐵嶺縣志(修) 516左
14 賈耽(唐)
殘地志 511左
貞元十道錄 511左
十道記 511左
郡國縣道記 511左
15 賈臻(清)
接護越南貢使日記 479右
退厓公牘文字 502左
郡齋筆乘 1010右
退厓日劄 1010右
叩槃集 1472右
故城賈氏手澤彙編(輯) 1550左
20 賈維孝(明)
賈隱君集 1344左
21 賈步緯(清)
躔離引蒙 876左
下學菴句股六術(注) 884右
弧角拾遺(注) 885左
開方表(述) 888右
22 賈嵩(宋)
華陽陶隱居內傳 449左

22 賈山(漢)
至言 712右
25 賈仲名(明)
荆楚臣重對玉梳 1668右
荆楚臣重對玉梳記雜劇 1668右
重對玉梳記 1669左
蕭淑蘭情寄菩薩蠻 1669左
蕭淑蘭情寄菩薩蠻雜劇 1669左
蕭淑蘭 1669左
鐵拐李度金童玉女 1669左
鐵拐李度金童玉女雜劇(一名金安壽) 1669左
新鐫鐵拐李度金童玉女 1669左
呂洞賓桃柳昇仙夢 1669左
27 賈鳧西(明)
木皮子詞 1714右
木皮散人鼓詞 1714右
賈島(唐)
唐賈浪仙長江集 1231左
賈浪仙長江集 1231左
長江集、閬仙詩附集 1231左
二南密旨 1568左
28 賈似道(宋)
促織經 796左
悅生隨抄 1063左
34 賈汝愚(清)
孟門草 1458右
椿莊文輯 1458右
賈逵(漢)
周易賈氏義 5右
易賈氏注 5右
古文尚書訓 37左
書古文訓 37右
尚書古文同異 37右
書古文同異 37右
毛詩賈氏義 50右
周禮賈氏解詁 68左
周禮賈氏注 68右
春秋左氏傳解詁 103右
春秋左氏解詁 103右
春秋左氏長經章句 103右
春秋三家經本訓詁 121右
國語注 294右
國語解詁 294右
國語賈景伯注 294右
國語賈氏注 294右
38 賈道玄(元)
隨機應化錄(編集) 450左
44 賈執(口)
英賢傳 395右
賈樹誠(清)
賈比部遺集 1506右
60 賈思勰(後魏)
齊民要術 777右
要術佚文 778左
賈思同(後魏)
春秋傳駮 106左
賈昌朝(宋)
羣經音辨 180左
77 賈開宗(清)
遡園語商 737右
遡園文集、詩集 1377右
四憶堂詩集、遺稿(練貞吉、徐作肅、宋犖同選注) 1385左
秋興八首偶論 1564右
80 賈善翔(宋)
高道傳 447左
猶龍傳 448右
南華眞經直音、南華邈 695左
天上玉女記 1115右
太上出家傳度儀(編集) 1163左
賈公彥(唐)
周禮註疏(疏) 68右
周禮注疏(疏) 69左
附釋音周禮注疏(疏) 69左
儀禮注疏(疏) 75右
儀禮疏 75右
76左
87 賈銘(元)
飲食須知 954左

1090_0 不

01 不語先生(宋) 見晁載之
10 不覊生(清)
詞媛姓氏錄 438右
不可解人(明) 見朱宗藩
30 不空(唐釋)
一切如來尊勝陀羅尼(譯) 1187左

1090_4 栗

00 栗應宏(明)
栗太行集 1346右

粟

38 粟海庵居士(清)
燕臺鴻爪集 947右

1111_0 北

00 北京二十四號官話字母義塾頭班
拼漢合璧五洲歌略(拼譯) 216左
77 北周明帝
後周明帝集 1215左
80 北谷(清)
愼始集 461右

1111_1 玩

44 玩花主人(明)
粧樓記 1700右

1111_4 班

22 班彪(漢)
叔皮集 1199左
60 班固(漢)
周易班氏義 5左
周禮班氏義 68右
儀禮班氏義 75右
白虎通德論 166右
白虎通 166右
白虎通義 166右
漢書 264右
265左
前漢書 265左
漢書佚文 265左
校正古今人表 398右
漢書食貨志 474右
漢書地理志 506右
前漢書藝文志 641右
漢武帝內傳、外傳 1094右
武帝內傳 1094右
漢孝武內傳 1094右
漢武內傳 1094右
漢武故事 1094右
1095左
漢孝武故事 1095左
漢武事略 1095左
班蘭臺集 1199左
蘭臺集 1199左
班孟堅集 1199右
67 班昭(漢)
爲兄上書 494右

女誡 757左
曹大家女誡 757左
曹大家集 1199右

1111_7 甄

12 甄烈（劉宋）
湘州記 547左
22 甄鸞（北周）
周髀算經（重述） 866右
數術記遺（注） 877右
五曹算經（注） 878左
張丘建算經（注） 878左
五經算術 878左
26 甄皇后（魏）
讓長秋宮表 494右

1112_7 瑪

40 瑪吉士（葡國）
新釋地理備考全書 626右
歐羅巴各國總敍 637右
地球總論 807右

1118_6 項

03 項竣（吳）
始學篇 202右
10 項元汴（明）
宣鑪博論 660右
香錄 798右
筆錄 800左
墨錄 801左
紙錄 802左
硯錄 803右
研錄 803右
書錄 921左
帖錄 924右
畫錄、畫訣 929左
琴錄 936右
蕉窗九錄 1739左
項霦（明）
孝經述註 158左
12 項廷紀（清）
憶雲詞甲稾、乙稾、丙稾、丁稾、删存 1630右
20 項維貞（清）
燕臺筆錄（輯） 523左
26 項穆（明）
書法雅言 921左
青鏤管夢 921左
27 項名達（清）
橢圜術 884左
下學葊句股六術 884左
句股六術 884右
下學菴句股六術 884右
平三角和較術 884右
開諸乘方捷術 884右
30 項安世（宋）
周易玩辭 14左
項氏家說 1020左
平安悔稿 1275右
40 項樟（清）
遊禪窟寺記 597右
42 項斯（唐）
項斯詩集 1234右
項子遷詩 1234右
44 項夢原（明）
兩宮鼎建記（一題賀仲軾撰） 489右
項蕙（清）
廣寧縣志（修） 516左
項世芳（明）
玉局鉤玄（輯） 943右
65 項映薇（清）
古禾雜識 540左
88 項篤壽（明）
今獻備遺 400右
97 項炯（元）
可立集 1319左
項可立集 1319左

1120_7 琴

32 琴溪拙叟（清）見黃廷鑑

1123_2 張

00 張立民
上蔡語錄校記（劉錫嘏同撰）* 727左
爾雅臺答問續編（王培德同輯）* 750左
吹萬集（輯） 1563左
張瘦郎（明）
步雪初聲 1713左
張亮采
補遼史交聘表 369右
張亮基（清）
張大司馬奏稿 500左
張彥遠（唐）
法書要錄（輯） 918右
名畫記 926左
歷代名畫記 926左
名畫獵精 926左
名畫獵精錄 926左
張齊賢（宋）
洛陽搢紳舊聞記 340左
張方（晉）
楚國先賢傳 390右
張方平（宋）
芻蕘奧論 495右
樂全集 1246右
樸齋小集 1246右
張方湛（清）
忠文靖節編 409左
張商英（宋）
黃石公素書（注） 771右 772左
素書（注） 771右
三才定位圖 1153左
金籙齋投簡儀（删）1159右
金籙齋三洞讚詠儀（編） 1181右
宗禪辯 1191右
護法論 1191右
張商英（宋）等
續清涼傳 445右
張應文（明）
清祕藏摘抄 672左
羅鍾齋蘭譜 790左
清祕藏 909左
張應遴（清）
虞山勝地紀略 536左
張應泰（明）
史疑 375左
張應譽（清）
篤志齋周易解 27左
篤志齋春秋解 130左
張庚（清）
通鑑綱目釋地補注 283右
通鑑綱目釋地糾繆 283右
圖畫精意識 931右
畫論 931右
強恕齋畫論 931右
瓜田畫論 931右
浦山論畫 931右
強恕齋本樊紹述遺文（注） 1229右
古詩十九首解 1538左
張廉（清）

麻疹闡注 841右
00 張度(清)
說文解字索隱 188右
說文補例 188右
張慶綰(清)
世恩堂文鈔 1464左
張慶成(清)
秋樵詩鈔 1451右
張慶長(清)
黎岐紀聞 554左
張慶榮(清)
稻香樓詩稾 1472右
張唐英(宋)
九國志(補) 359左
蜀檮杌 361左
張意(明)
張臯副集 1346右
張文麟(明)
端巖公年譜 407右
張文虎(清)
懷舊雜記 387右
湖樓校書記、餘記 451右
西泠續記 616右
蓮龕尋夢記 616右
夢因錄 617左
撰聯偶記 944左
俗語集對 944左
庋辭偶存 946右
舒藝室隨筆、續筆、餘集 1028右
舒藝室餘筆 1028右
記夢四則 1093右
舒藝室雜著甲編、乙編、賸稿 1475左
舒藝室詩存 1475左
舒藝室詩續存 1475左
鼠壤餘蔬 1475左
舒藝室詩 1475左
舒藝室尺牘偶存(一名張嘯山先生尺牘) 1475左
索笑詞 1633左
牧豬餘聲 1714左
舒藝室雜存 1739左
張文伯(宋)
九經疑難 170左
張文詮(清)
定川草堂文集小品 912左
張文柱(明)
張文學集 1365右
張文蘊(清)
江源考 580右
螺江日記、續編 1005左
張文成(唐)
遊仙窟 1097右
張文光(清)
斗齋詩選 1390左
張文炳(清)
虛字考 224左
張辯(梁)
受籙次第法信儀 1163右
張諒(口)
韻林 207右
張玄之(劉宋)
吳興山墟名 540左
張袞(明)
水南翰記 1000左
張水南文集 1343左
張學士集 1343左
張襄(清)
錦槎軒詩集 1465左
01 張龍文(清)
旗亭讌 1685左
張諸之(清)
東明紀行 619左
困學錄 749左
讀書記疑 749左
廣三字經(王晉之同重訂) 762左
陶淵明述酒詩解 1207左
敬齋存稿 1506左
02 張端(元)
溝南漫存稾 1317右
張端亮(清)
遊乾陽洞紀略 591右
撫松吟集 1400右
張端義(宋)
貴耳集 987右
988左
貴耳錄 987右
張譏(陳)
周易張氏講疏 10左
03 張誼(明)
宦游紀聞 1067右
張詠(宋)
乖崖集 1241右
乖崖先生文集、附集 1241右
張乖崖事文錄 1241右
乖崖集存 1241右
乖崖詩鈔 1242左
乖崖詩集 1242左
張詠(清)
雲南風土記 559右
張誠(清)
嬰山小園詩集 1468左
04 張詩(明)
張崑崙集 1337右
張誥(清)
耜洲詩鈔 1468左
張讀(唐)
宣室志 1107左、右
宣室志佚文 1107右
陸顒傳 1108右
求心錄 1108右
05 張靖之(明)
審是帙(一名雜言) 1002左
07 張翊(宋)
花經 788左
張翊儁(清)
見山樓詩集 1499左
張諮(口燕)
涼記 357右
08 張鷟(唐)
耳目記 339左
判決錄 1041左
龍筋鳳髓判 1041左
朝野僉載 1047左
朝野僉載佚文 1047右
張敦仁(清)
撫本禮記鄭注考異 83右
資治通鑑刊本識誤 282右
嚴永思先生通鑑補正略(輯錄) 283左
鹽鐵論考證* 713左
緝古算經(細草) 878右
張敦實(宋)
潛虛發微論 892右
張敦培(清)
蔚秀軒詩存 1442右
張敦頤(宋)
六朝事迹編類 533左
六朝事迹 533左
增廣註釋音辯柳集(音辯) 1230右

增廣註釋音辯唐柳先生集、別集、外集(音辯) 1230右
張詮(口燕)
南燕書 357右
張說(唐)
梁四公記 1097右
虬髯客傳（一題前蜀杜光庭撰） 1112右
錢本草 1121左
張說之集 1218左
張燕公集 1218左
張說之文集、補 1218右
張謙宜(清)
硯齋論文 1584左
硯齋詩談 1584左
10 張一棟(口)
居家儀禮 460右
張一鵬(民國)
讀毛詩日記 60右
張一卿(明)
續史疑 375左
張三錫(明)
病機部 820左
治法彙 820左
運氣略 825左
經絡考 843左
四診法 851左
本草選 854左
張正(清)
外科醫鏡 832右
張正茂(清)
龜臺琬琰 1094左
張正見(陳)
陳張散騎集 1213右
張玉珍(清)
晚香居詞 1626右
張玉綸(清)
毛詩古樂音 61左
夢月軒詩鈔 1471右
張玉孃(元)
張大家蘭雪集 1302左
蘭雪集 1302左
蘭雪詞 1614左
張玉書(清)
扈從賜遊記 452右
昭代樂章恭紀 458右
遊千頂山記 590左
外國紀 624右
張文貞集 1404左
張文貞公文錄 1404右
張玉書(清)等
康熙字典 196左
張玉堂(清)
公餘閒詠詩鈔 1489右
張至龍(宋)
雪林删餘 1294左
張五典(清)
荷塘詩集 1441左
張靈(明)
崔書生傳 1119左
張霔(清)
欸乃書屋乙亥詩集 1416右
張丁(明)
西臺慟哭記註 1296右
冬青樹引註 1296右
張元賡(清)
張氏巵言 1073左
張元德(口)
丹論訣旨心鑑 1178右
張元勳(民國)
清麓年譜 423右
訓蒙詩輯解 761右
張元凱(明)
伐檀齋集 1350右
張元濟
禮記要義校勘記* 85左
春秋傳校勘記* 123左
張狀元孟子傳校勘記* 146右
班馬字類校勘記* 224左
南唐書(馬令)校勘記* 360右
南唐書(陸游)校勘記* 360右
吳越備史校勘記* 361左
漢丞相諸葛忠武侯傳校勘記* 404左
麟臺故事校記* 470左
故唐律疏義校勘記* 487左
獨斷校勘記* 490右
三輔黃圖校勘記* 563右
洛陽伽藍記校勘記* 567左
金石錄校勘記* 655右
隸釋校勘記* 666左
通玄眞經校勘記* 692右
文始眞經校勘記* 693左
新雕洞靈眞經校勘記* 699右
張子語錄校勘記* 726左
龜山先生語錄校勘記* 727右
丞相魏公譚訓校勘記* 983左
古今註校記* 1017左
夢溪筆談校勘記* 1018右
雲溪友議校勘記* 1049右
墨莊漫錄校勘記* 1060左
清波雜志校勘記* 1061右
東皋子集校勘記* 1215右
宋之問集校勘記* 1216右
唐皇甫曾詩集校勘記* 1222右
唐皇甫冉詩集校勘記* 1223右
元氏長慶集校文* 1231左
周賀詩集校勘記* 1232左
朱慶餘詩集校勘記* 1232右
唐甫里先生文集校勘記* 1233右
唐祕書省正字先輩徐公釣磯文集校勘記* 1240左
李丞相詩集校勘記* 1240右
王黃州小畜集札記* 1242左
忠愍公詩集校勘記* 1242右
參寥子詩集校勘記* 1257左
負薪對校勘表* 1259右
眉山唐先生文集校勘記* 1261左
沈忠敏公龜谿集校勘記* 1264左
盤洲文集札記* 1268左
翠微南征錄校勘記* 1281左
吾汶藁校勘記* 1285右
三山鄭菊山先生清雋集校勘記* 1286左
鄭所南先生文集校勘記* 1289右
所南翁一百二十圖詩集校勘記* 1290左

錦錢餘笑校勘記* 1290左
金華黄先生文集札記* 1310左
龜巢藁校勘記* 1320右
敬業堂集補遺（輯）1406右
張氏藝文（輯） 1549右
涉園修禊集（輯） 1554右
涉園題詠續編（輯）1558左
山谷琴趣外篇校勘記* 1594右

10 張元幹（宋）
蘆川歸來集 1260左
蘆川歸來集鈔 1260左
蘆川歸來集補鈔 1260左
蘆川詞 1596右

張元素（金）
病機氣宜保命集（一題劉完素撰） 809左
潔古家珍 818左
潔古老人珍珠囊 853右
藏府標本藥式 853右

張元忭（明）
張陽和文選 1355右

張丙炎（清）
冰甌館詞 1636右

張雨（元）
玄品錄 447右
句曲張外史詩集 1310左
句曲外史集、張伯雨集外詩 1310左
貞居先生詩集 1310左
句曲外史貞居先生詩集 1310左
貞居詞 1613左

張雨（明）
邊政考 483右

張爾岐（清）
儀禮鄭注句讀、監本正誤、石經正誤 76右
儀禮讀本（句讀）、監本正誤、石本誤字 76右
老子說略 691左
風角書 895左
蒿庵閒話 1003左
蒿庵集捃逸 1381右

張爾嘉（清）
難中記 334右
孫花翁墓徵 569左

張爾田（民國）
玉溪生年譜會箋 426右
白喉證治通考 835左
遯盦樂府 1643右
詞莂（補錄） 1646右

張平子（口）
太上洞神五星讚 1137右

張天復（明）
皇輿考 513右

張天英（元）
石渠居士集 1312右

張天如（清）
永順小志 550左

張天民（清）
淮城日記 316右

張霸（漢）
百兩篇 35右
尙書百兩篇 35右

張百寬（清）
酒痕詞 1640右

張晉（清）
續尤西堂擬明史樂府 383左

張可久（元）
張小山小令 1711右
小山樂府前集、後集、續集、別集、外集、補集 1711右

張可中（民國）
淸寧館古泉叢話 664左
淸寧館治印雜說 942左
趨庭隨錄 1016右
天籟閣諸鈔 1128左
天籟閣談小說 1131右
天籟閣雜著、集方 1519右
趨庭別錄 1519右
天籟閣詩存 1528右
天籟閣詩話 1589左
庸菴遺集 1744右

張靄（清）
曙春詩草 1424左

張雲璈（清）
金牛湖漁唱 599左
四寸學 1027左
蠟味小稾 1437右
復丁老人草 1437右
簡松草堂文集、詩集 1437右
知還草 1437右
選學膠言 1532左
三影閣箏語 1626左

11 張甄陶（清）
澳門圖說 554右
澳門形勢論 554右
制馭澳夷論 554右

張預（宋）
十七史百將傳（輯） 403右

張預（清）
北行紀程 618右
赴津日識 618右
崇蘭堂詩初存 1507左
崇蘭堂文存外集 1507左
虞菴詞 1639左
崇蘭堂日記 1735左

12 張登（清）
診宗三昧（輯） 849右
傷寒舌鑑 851右

張登瀛（清）
育書 976左

張璠（晉）
易注 8右
周易集解 8右
周易張氏集解 8右
易集解 8右
漢記 286右 287左
後漢記 287左

張聯奎（清）
曝犢亭詩鈔 1465左

張弘（清）
霽陽詩鈔 1437右

張弘牧（清）
孏髯集 1419右

張弘範（元）
淮陽集 1300右
淮陽詩餘 1611右
淮陽樂府 1611右

張弧（唐）
素履子 719右 720左

張烈（清）
讀易日鈔 20左
王學質疑 740左

張廷玉（清）
澄懷老人自訂年譜 410右
澄懷園語 755右
澄懷園文存 1412左

澄懷園載賡集 1412左
張廷玉(清)等
明史 275右
流賊傳 315右
明史地理志 513左
明史藝文志 644左
張廷珪(清)
遊單山記 589右
張廷濟(清)
竹里耆者詩 434右
明孝廉李巢二先生圖詠(輯)* 568右
清儀閣金石題識 658左
清儀閣雜詠 658右
清儀閣藏器目 659右
清儀閣所藏古器物文 672左
竹里耆舊詩 1454左
感逝詩 1454左
順安詩草 1454左
竹田樂府 1627右
張廷棟(清)
半農草舍詩選 1491右
綠榕書屋賸草 1491右
張廷相(清)
玉燕樓書法（魯一貞同撰） 921右
張廷驤(清)
贅言十則 474左
張延世(清)
廣錢譜 477左
廣田水月錢譜 477左
張孔昭(清)
拳經、拳法備要 777左
13 張武略(明)
擬易 974左
張戩(唐)
考聲 223左
古今正字 223右
集訓 223右
文字典說 223右
文字釋要 223右
14 張琦(明)
白齋詩集 1338右
竹里詩集、文略 1338右
張白齋集 1338右
張琦(清)
戰國策釋地 296左
素問釋義 809右
宛鄰詩 1447左
宛鄰書屋古詩錄(輯) 1447左
宛鄰文 1447左
宛鄰文集 1447左
立山詞 1626右
張瑛(清)
通鑑宋本校勘記、元本校勘記 282右
張瑋(金)等
大金集禮 457右
張瑋(明)
葉先生偶言(參) 737左
如此齋詩 1364右
15 張翀(明)
渾然子 972左
張融(南齊)
聖證論(評) 168右
少子 965左
齊張長史集 1209左
張長史集選 1209左
張建(金)
蘭泉老人遺集 1299左
16 張理(元)
易象圖說內篇、外篇 30左
大易象數鉤深圖 30左
張聰咸(清)
左傳杜注辨證 108右
經史質疑錄 1028左
張琛光(清)
巴楚州鄉土志 518左
17 張丑(明)
茶經 783右
硃砂魚譜 793右
論墨 801左
清河書畫舫 910右
眞蹟日錄 911左
清河祕篋書畫表 911左
法書名畫見聞表 911左
米庵鑒古百一詩 911左
南陽法書表 921左
南陽名畫表 930左
缾花譜 956左
鑒古百一詩 1363右
張氏四種 1739左
張孟同(周)
歲寒子 708左
張孟兼(明)
白石山房逸稾 1325右
白石山房逸稿、補錄 1325右
張羽(明)
靜居集 1324左
張來儀先生文集 1324左
張來儀集 1324左
掬清稿 1328左
東田遺稾 1338右
張玿美(清)張之浚(清)等
武威縣志(修) 517左
鎭番縣誌(修) 517左
永昌縣誌(修) 517左
古浪縣誌(修) 517左
平番縣誌(修) 517左
張璐(清)
傷寒纘論 811右
傷寒緒論 811右
張氏醫通 821左
診宗三昧 849右
本經逢原 854右
漁石賸草 1475右
張鼐(明)
遼籌、陳謠雜詠 313左
遼夷略 313左
526右
吳淞甲乙倭變志 912左
張弼(明)
張東海集 1332左
張承(明)
張氏風范 393右
家塾私言 995右
安陽張承小說 1068左
張石河文稿 1332左
別縣思錄(輯) 1552左
張承燮(清)
孔孟志略 414右
張氏母訓 758右
女兒書輯八種(輯) 1737左
小兒書輯八種(輯) 1737左
儒先訓要十四種、續四種(輯) 1737左
張豫章(清)等
御選四朝詩(輯) 1744右
張弨(清)
昭陵六駿贊辯 666左
唐昭陵六駿贊辨 666左
瘞鶴銘辯 667左

漢隸字原校本　670右
濟州學碑釋文　675右
棧行圖詩　1391左
17 張子冀(明)
張事軒集　1352左
張子特(清)
絳守居園池記註　1229右
張子和(清)
江南好詞　533右
張子培(清)
春溫三字訣　828右
溫病三字經　828右
張勇(清)
張襄壯奏疏　499左
張習孔(清)
家訓　754左
七勸口號　1033右
張君玉(清)
嘉穀山房詩草　1505左
張君房(宋)
麗情集　1055左
乘異記　1090右
織女星傳　1114右
雲笈七籤　1183左
張君寶(明)
三丰丹訣　1174右
張三丰先生全集　1185左
三丰眞人玄譚全集　1186左
張君相(唐)
道德眞經集解　687右
張翼廷(民國)
等韻切音指南　215左
病亡始末紀(輯)　432右
寄寄山房公牘錄遺　503左
寄寄山房鼠疫雜誌(輯)　829左
寄寄山房叢鈔(輯)　1015右
寄寄山房叢鈔續集　1015右
寄寄山房叢鈔又集　1015右
寄寄山房塞愚詩話　1589右
20 張位(明)
問奇集　198右
發音錄　209左
道德經註　690右
陰符經註　1136右
張喬(唐)
張喬詩集　1237右
張喬詩、文　1237右
張雋(清)
西廬詩集　1367右
張舜琴(清)
不冷堂遺集　1507右
張舜典(明)
致曲言　736右
明德集大旨總論　736右
張雞山集　1361左
雞山語要　1736左
張舜民(宋)
畫墁錄　1057左
畫墁集　1255右
畫墁詞　1593右
張信民(明)
曹月川先生年譜　418右
張抱初先生文集　1359左
張千里(清)
千里醫案　863左
張孚敬(明)
諭對錄　494左
張文忠公奏疏　497左
張文忠公詩稿、續、文稿　1338左
張受長(清)
健餘先生撫豫條敎(輯)　472右
張禹(漢)
孝經安昌侯說　155右
張香海(清)
東牟紀事　483左
宦蜀紀程　617左
密厓文鈔　1486右
白溝草　1486右
蓼六唫　1486右
宦豫草　1486右
錦城吟　1486右
宦蜀草　1486右
棧雲小槧　1486右
驛鐙小槧　1486右
筍輿吟　1486右
潼江草　1487左
聽鶯池館閒詠　1487左
燕遊小草　1487左
楚遊小草　1487左
慈竹軒制藝　1487左
篷背吟　1487左
張爵(明)
京師五城坊巷衚衕集　522右
張釆田(民國)見張爾田
張秉直(清)
論語緒言　141右
學庸集疏　153左
四書集疏附正　153左
治平大略　722左
開知錄　745右
文談　1584左
張維(宋)
魚樂軒吟稿　1268左
張維屏(清)
國朝詩人徵略初稿　425左
花甲閒談　431右
桂遊日記　607左
松心文鈔　1455左
松心詩集　1455左
聽松廬詩鈔　1455左
松心詩錄　1455左
松心雜詩　1455右
松心集　1455右
聽松廬駢體文鈔　1455右
聽松廬詩略　1455右
聽松廬詩鈔　1455右
春遊唱和詩(輯)　1555左
藝談錄　1565右
聽松廬詩話　1587左
21 張仁熙(清)
雪堂墨品　801右
張仁美(清)
西湖紀遊　598右
寶閒齋詩集　1466右
張能麟(清)
進賢說　459左
張能臣(宋)
酒名記　806左
張行(民國)
小說閒話　1131右
張行孚(清)
說文楬原　188右
說文發疑　188右
說文審音　191右
蠶事要略　785右
張行成(宋)
翼玄　892左
元包數總義　892右
元包數義　892右
皇極經世索隱　893左
皇極經世觀物外篇衍義　893左

易通變 893右
張行簡(金)
人倫大統賦 905左
張虙(宋)
月令解 89左
張虞侯(明)
驚筵辨 375左
張倬(清)
傷寒兼證析義 815左
張衡(漢)
靈憲注 867左
靈憲 867左
渾天儀 867左
渾儀 867右
張河間集 1199右
張河澗集 1199右
張師顏(金)
南遷錄 302右
張師正(宋)
倦游雜錄 1055右
倦游錄 1055右
括異志 1090右
張師載(清)
張清恪公年譜（張師栻同撰） 410左
課子隨筆(輯) 760右
張師栻(清)
張清恪公年譜（張師載同撰） 410左
張師愚(元)
宛陵羣英集（汪澤民同輯） 1546右
張貞(清)
遊雲龍山記 595右
渠亭文稾 1396右
或語 1396右
潛州集 1396右
娛老集、遺稾 1396右
張貞生(清)
玉山遺響 576右
唾居隨錄 740左
庸書文錄 1388右
張紫琳(清)
紅蘭逸乘 535右
22 張崟(清)
逃禪閣集 1445右
張鑾(清)
滬上秋懷倡和集(輯) 1553右
張鼎(民國)
春暉樓讀易日記 29左
春暉樓禹貢地理學要 45右
春暉樓論語說遺 144左
春暉樓四書說略 155左
張鼎元(清)
萬青軒先生年譜 423右
張鼎思(明)
代醉編 1070右
張鼎銘(清)
近青山草堂詩初稿 1511右
張後覺(明)
禹貢集註 45左
張弘山先生集 1345左
張山農(清)
和涉江梅花詩 1377右
集唐梅花詩 1377右
張崇德(清)
五嶽考 571左
張崇蘭(清)
讀易一斑 26左
古文尚書私議 47右
悔廬文鈔、文補 1515右
中聲集 1515右
粗才集 1515右
夢溪櫂謳 1640右
張繼(唐)
張祠部詩集 1224右
張繼文(清)
石州年譜 423左
張繼先(宋)
明眞破妄章頌 1182左
虛靖眞君詞 1596左
張繼良(民國)
素蘭集補遺(輯)* 1366左
張繼煦
張文襄公治鄂記 331左
張綖(明)
南湖詩餘 1614右
詩餘圖譜(輯) 1715右
23 張參(唐)
五經文字 179右 184右
重編五經文字 179右
張允祥(清)
廣惜字說 1033右
張獻翼(明)
讀易紀聞 17右
語言談 766右
義妓傳 1118右
張敉集 1345左
張岱(明)
西湖夢尋 598左
夢憶 1071左
陶庵夢憶 1071左
瑯嬛文集 1367右
24 張先(宋)
張都官集 1244左
安陸集 1592右
子野詞 1592右
張子野詞 1592右 1593左
張佳胤(明)
張居來集 1354左
張佳梅(清)
補梅書屋詩存 1515左
張佳圖(明)
江陰節義略 389左
張德彝(清)
使俄日記 480左
航海述奇 619右
隨使日記 619右
使還日記 619右
使英雜記 636右
使法雜記 637左
張德瀛(清)
詞徵(輯) 1720右
張德明(清)
航海述奇 625右
張德堅(清)
太平天國別史（原名賊情彙纂・輯） 333左
張德輝(元)
邊堠紀行 611左
塞北紀行 611左
張偉庚(清)
白雲軒存稿 1497左
張升(漢)
反論 962左
張幼倫(唐)
禮記外傳(注) 84右
張幼學(清)
雙虹堂詩合選 1511右
張紞(明)
雲南機務抄黃(輯) 306右

24 張紈英（清）
鄰雲友月之居詩初稿 1466右
餐楓館文集 1466右
25 張仲文（宋）
白獺髓 346右
張仲遠（吳）
月波洞中記（傳本） 904右
張仲深（元）
子淵詩集 1319左
張仲壽（元）
疇齋墨譜 800右
疇齋琴譜 937右
疇齋二譜、外錄 1739左
張佛繡（清）
職思居詩鈔 1439左
張朱雲（清）
梅花賦註 1377右
張朱瑩（清）
蘭心閣詩稟 1472右
張紳（明）
法書通釋 920右
張純一（民國）
晏子春秋校注 683右
26 張自烈（明）
與古人書 1124左
芑山文集、詩集 1370右
張自勳（明）
綱目續麟、校正凡例 284左
綱目續麟彙覽、附案 284左
張自牧（清）
瀛海論 625左
蠡測卮言 625左
張自坤（清）
頤齋僅存草 1429右
張自超（清）
春秋宗朱辨義 127右
張伯端（宋）
玉清金笥青華祕文金寶內鍊丹訣 1165左
玉清金笥青華祕文金寶內鍊丹法 1165左
悟眞篇 1166左
悟眞外篇 1166右
金丹四百字 1171左
紫陽眞人詞 1592右
張伯行（清）
道統錄 412左
正誼堂集 499右
近思錄（集解） 728左
朱子語類輯略（輯） 728右
濂洛關閩書（輯併注） 730右
困學錄集粹 742左
廣近思錄（輯） 742左
續近思錄（集解） 742右
居濟一得 579右
小學集解 759左
養正類編 760右
學規類編 763右
正誼堂文集、續集 1406右
唐宋八大家文鈔（輯） 1536右
濂洛風雅（輯） 1542左
張伯魁（清）
寄吾廬初稿選鈔 1462左
張伯淳（元）
養蒙集 1302右
養蒙先生集 1302右
養蒙先生詞 1612左
張伯楨（民國）
汪兆銘庚戌被逮供詞（錄） 331左
篁溪家譜 393右
南海康先生傳 412左
達賴喇嘛傳 445左
班禪額爾德尼傳 445左
諸佛出世事蹟考 445左
白尊者普仁傳 445右
白尊者普仁舍利塔銘 445右
榮武佛傳 445右
榮武佛開光說法錄 445右
袁督師配祀關岳議案（輯） 459左
西藏大呼畢勒罕考 561右
西藏聖蹟考 561右
佛法靈感記 1191左
甲戌雜感 1527左
焚餘草 1528右
愁思集 1528右
篁溪歸釣圖題詞（輯） 1559右
張侃（宋）
張氏拙軒集 1283右
張儼（吳）
默記 963右
太古蠶馬記 1095右
張侃（宋）
拙軒詞 1604右
張吳曼（清）
切法指南 214左
無言祕訣 214左
按聲指數法 214左
切法辨疑 214左
梅花百和 1377左
梅花集句 1377左
梅花十咏 1377左
集唐梅花詩 1377左
梅花賦 1377左
大梅歌 1377右
律蘇和陶 1377右
梅花詩集唐 1377右
八十自壽 1377右
張嵲（宋）
紫微集 1264左
張穆（清）
顧亭林先生年譜 420左
閻潛邱先生年譜 421左
蒙古游牧記 526左
唐兩京城坊考（校補） 529右
昆侖異同考 571左
俄羅斯事補輯 635右
月齋籖記 635右
鏡鏡詅癡（編校） 807左
月齋文集、詩集 1474左
27 張勻（清）
玉嬌梨 1131左
平山冷燕 1131左
長生樂 1705右
張佩芳（口）
唐陸宣公翰苑集（注） 1226右
張象津（清）
考工釋車 73右
等韻簡明指掌圖、論 214右
離騷經章句疏義 1196右
白雲山房詩集、文集 1447左
張儗（宋）
棋經 943左
元元棋經 943右
棊經 943右
張惣（清）
南村觴政 950右

張奂（漢）
　張太常集　1200左
張綱（宋）
　華陽集　1263右
　張章簡集　1263右
　華陽長短句　1597右
張綱孫（清）
　獸經　795右
張緗英（清）
　緯青遺稿　1454左
　緯青詞　1628右
張紹伯（清）
　沙雅縣鄉土志　518左
張紹修（清）
　時疫白喉捷要　834右
張紹南（清）
　孫淵如先生年譜　422右
張紹松（清）
　話雨山房吟草　1483右
張縚英（清）
　澹菊軒詩初稿　1459右
　澹蘜軒詩藁　1459右
　澹蘜軒詞　1630右
28 張以寧（明）
　春秋春王正月考、辨疑　130右
　翠屏集　1323左
　張翰講集　1323左
張作楠（清）
　補宋潛溪唐仲友補傳　418右
　高弧細草　873右
　新測恒星圖表　873右
　新測中星圖表　873右
　新測更漏中星表　874左
　金華晷漏中星表　874左
　交食細草　874左
　揣籥小錄、續錄　874左
　量倉通法　883左
　方田通法補例　883左
　倉田通法續編　883左
　弧角設如　883右
　弧三角舉隅　883右
　八線類編　883右
　八線對數類編　883右
　倉田通法　1738右
張僧鑒（晉）
　潯陽記　551左
張從正（金）
　儒門事親　818左
張儉（明）
　圭山近稿　1344左
張綸（明）
　林泉隨筆　995左
張綸英（清）
　綠槐書屋詩初稿　1461左
30 張宣（明）
　青暘集　1325右
張濂溪（清）
　拚漢合璧五洲歌略（校訂）　216左
張淳（宋）
　儀禮識誤　82左
張寧（明）
　讀史錄　374右
　方洲雜錄　1066左
　方洲雜言　1066左
　方洲集　1332右
　奉使錄　1332右
　方洲先生奉使錄　1332右
張永祺（清）
　張爾成詩　1378右
張永明（明）
　張莊僖文集　1347右
張永銓（清）
　遊潭柘寺記　589左
張家玉（明）
　張文烈公遺詩　1372右
　張文烈遺集　1372右
張家珍（明）
　寒木居詩鈔　1372右
張宸（清）
　平圃雜記　352右
張適（清）
　約言　1126左
張之純（民國）
　春秋繁露（評註）　117左
　晏子春秋（評注）　683右
　荀子（評注）　685左
　老子（評注）　691右
　文子（評注）　692右
　莊子（評注）　696右
　列子（評注）　698右
　鶡冠子（評注）　700左
　管子（評注）　701左
　商君書（評注）　702左
　韓非子（評注）　703右
　墨子（評注）　706左
　尸子（評注）　707右
　呂氏春秋（評注）　709左
　新書（評注）　713左
　揚子法言（評注）　715左
　孫子（評注）　770左
　淮南子（評注）　961右
張之象（明）
　鹽鐵論（注）　713右
　楚騷綺語（輯）　1197右
　張王屋集　1348左
張之浚（清）
　天山學道編　1419左
張之浚（清）張玿美（清）等
　武威縣志（修）　517左
　鎮番縣誌（修）　517左
　永昌縣誌（修）　517左
　古浪縣誌（修）　517左
　平番縣誌（修）　517左
張之洞（清）
　讀經札記　177右
　廣雅堂雜著　177右
　張文襄公奏議　501左
　張文襄公電奏　501左
　張文襄公電牘　502右
　四川省城尊經書院記　570左
　書目答問　648左、右
　廣雅堂論金石札　658右
　輶軒語　765左
　勸學篇　765左
　張香濤學使學究語　765左
　張文襄公詩集　1500左
　張文襄公古文　1500左
　廣雅堂散體文　1500左
　張文襄公駢文　1500右
　廣雅堂駢體文　1500右
　廣雅碎金　1500右
　廣雅堂試帖　1500右
　張文襄公書札　1500右
　張文襄公尺牘　1500右
　張文襄公家書　1500右
　二家詠古詩（樊增祥合撰）　1545右
　沆瀣集（樊增祥合撰）　1545右
張之翰（元）

西巖集 1304左
西巖詞 1613左
30 張憲(元)
玉笥集 1317左
張憲和(清)
讀公羊注紀疑 116左
公羊臆 116左
張守(宋)
毘陵集 1261左
張守節(唐)
史記正義 263右
張宇(元)
石泉集 1300左
張宇初(明)
元始无量度人上品妙經通義(注) 1133左
道門十規 1156右
三十代天師虚靖眞君語錄(輯) 1184右
峴泉集 1328右
張安保(清)
晚翠軒詞 1636左
張宇(清)
雪蕉集鈔 1415右
張謇(民國)
雪宧繡譜(錄) 797右
張季直文鈔 1520右
張良(漢)
高上玉皇本行集經(校正) 1134左
張良臣(宋)
雪窗小稿 1274右
雪窗小集 1274右
雪窗小集補遺 1274右
張寰(明)
張通參集 1340右
張定(明)
在田錄 305左
張實(宋)
流紅記 1115左
張實居(清)
蕭亭詩選 1401左
師友詩傳錄(王士禛、張篤慶同答) 1582右
張寶德(清)
漢射陽石門畫象彙考(輯) 669右
張宗良(清)
普法戰紀輯要(譯) 635右
張宗芝(清)
以介編(王潙同輯) 430左
張宗蒼(清)
張篁村詩 1414左
張宗橚(清)
藕村詞存 1622左
詞林紀事(輯) 1719右
張宗松(清)
清綺齋藏書目 646右
捫腹齋詩鈔 1418右
張宗泰(清)
周官禮經注正誤 71右
孟子七篇諸國年表、說 149右
爾雅注疏本正誤 163左
竹書紀年(校補) 285右
質疑删存 1027左
張宋臣(明)
交食經、日食一貫歌、月食一貫歌(指授) 870左
31 張江(清)
四書辨疑、補(輯) 154右
四書緒餘錄、補(輯) 154右
四書識小錄(輯) 154右
四書武備編(輯) 154右
四書樂器編(輯) 154右
四書拾遺(輯) 154右
張江裁
北京庚戌橋史考 331左
東莞袁督師遺事(輯) 408右
東莞袁督師後裔考 408右
燕都名伶傳 437左
燕居修史圖志(輯) 453左
燕市負販瑣記 524左
北京天橋志 524左
燕京訪古錄 524左
北京崇效寺訓雞圖志(輯) 524左
天津楊柳青小志 525左
金陵山水街道叢考 533右
北京廟宇徵存錄 566左
北京梨園掌故長編(輯) 948右
北京梨園金石文字錄(輯) 948右
北平梨園竹枝詞薈編(輯) 948右
燕歸來簃隨筆 948右
九青圖詠(輯) 1560左
張澐(清)
地理驪珠 902右
張滑(明)
易經增註、易考(輯) 18右
張源(清)
櫻桃宴 1685左
張源達(清)
學爲福齋詩鈔 1478右
張福僖(清)
光論(譯) 807左
張憑(晉)
論語張氏注 139右
32 張洲(清)
出峽記 580右
探靈巖記 590右
遊浚雲記 607右
張淵懿(清)
月聽軒詩餘 1617右
張泓(清)
滇南憶舊錄 559左
滇南新語 559左
張潑(明)
庚申紀事 313右
張遜(元)
溪雲集 1313右
33 張心泰(清)
粵遊小志 606左
張必剛(清)
舟行記 614右
張泌(南唐)
尸媚傳 1113右
蔣琛傳 1114左
韋安道傳 1114左
妝樓記 1121右
張舍人詞 1592左
張溥(明)
春秋四傳斷 126左
春秋書法解 126左
春秋列國論 130右
通鑑紀事本末(論正) 292左
宋史紀事本末(論正) 292左
元史紀事本末(論正) 292右

漢魏六朝一百三家集（輯） 1744右
張浚（宋）
紫巖居士易傳 13左
紫巖易傳 13左
中興備覽 496左
張梁（清）
澹吟樓詞 1622左
34 張爲（唐）
主客圖 1568右
詩人主客圖 1568右
張爲主客圖 1568右
張爲儒（清）
蟲獲軒詩鈔 1422左
張澍（清）
子夏易傳（輯） 3右
世本（輯併補注） 276左
漢皇德傳（輯） 296右
涼州記（輯） 357右
西河記（輯） 358左
三輔決錄（輯） 388左
風俗通姓氏篇（輯併注） 395左
西夏姓氏錄 396右
李氏事蹟考（輯） 426左
十三州志（輯） 510左
三秦記（輯） 528右
三輔舊事（輯） 529左
三輔故事（輯） 529左
西河舊事（輯） 529左
涼州異物志（輯） 530左
沙州記（輯） 530左
續黔書 557右
黔中紀聞 558左
周生烈子（輯） 717右
司馬法、逸文（輯） 771左
陰常侍詩話（輯） 1563右
張湛（晉）
沖虛至德眞經（注） 697右 698左
列子（注） 697右 698左
列子沖虛至德眞經註 697右
張漪（清）
詩傳題辭故、補 58左
春秋經翼 129左
論語異文集覽 144右
四書文、經文、律詩、律賦、雜著、絕筆 1465右
張漢（清）
留硯堂詩選 1412右
張漢儒（明）
張漢儒疏稿 499左
張汝霖（清）
張氏詩說 57左
澳門記略（印光任同撰） 554右
澳門紀略（印光任同撰） 554右
澳門形勢篇 554右
澳蕃篇 554右
張汝瑚（明）
宋文憲先生集選（選） 1322右
劉文成先生集選（選） 1323左
方正學先生集選（選） 1329左
王文成先生集選（選） 1337左
歸震川先生集選（選） 1345右
唐荊川先生集選（選） 1346左
王遵巖先生集選（選） 1349左
茅鹿門先生集選（選） 1349右
張汝南（清）
浙遊日記 599左
張濤（清）
查東山年譜（查穀同注） 419右
張洪（宋）
朱子讀書法（齊熙同輯） 762左
張洪（明）
使緬錄 480左
張沐（清）
周易疏略 20左
書經疏略 41左
詩經疏略 55右
禮記疏略 85右
春秋疏略 126右
大學疏略 133左
中庸疏略 135右
論語疏略 141左
孟子疏略 147右
張祜（唐）
唐張處士詩集 1232右
張處士詩集 1232右
張祜詩集 1232右
張達慶（清）
聽泉詩鈔 1468左
35 張津（宋）等
乾道四明圖經 520右
張禮（宋）
遊城南記 590左
遊城南注 590右
36 張洎（宋）
賈氏談錄 339右
張淏（宋）
寶慶續會稽志* 521左
艮嶽記 564左
雲谷雜記 987左
張遇春（清）
張遇春致戈登書 328右
37 張渥（元）
貞期生稾 1313右
張洵（清）
張文節公遺集 1479右
張潮（清）
聯莊、聯騷 944左
飲中八仙令 950右
玩月約 960左
幽夢影 1074左
虞初新志（輯） 1074左
貧卦 1126右
書本草 1126右
花鳥春秋 1127左
補花底拾遺 1127左
酒律 1127左
鹿葱花館詩鈔 1408右
七療 1408右
張潤貞（清）
適來子 975右
張鴻（清）
醫砭（原名愼疾芻言補輯） 822左
張鴻（民國）
長毋相忘室詞 1643左
張鴻卓（清）
綠雪館詞鈔 1629右
張鴻佑（清）
張念籠詩 1401左
張鴻績（清）
枯桐閣詞 1638右

37 張鴻磐(明)
西州合譜 425左
張鴻儀(清)
張企龐詩 1400右
張鴻桷(清)
苕岑經義鈔(輯) 1563左
張淑(清)
晚香閣詩鈔 1461右
張淑媄(口)
刺繡圖 797右
張夾仲(明)
周易玩辭困學記 18右
待軒詩記 55左

瀾堂夕話、偶書 1581左
張深(清)
悔昨齋詩錄 1466左
晦昨齋詩錄 1466左
張祖廉
定盦先生年譜外記 423左
張祖詠(清)
張叉益詩 1390右
張祖翼(清)
倫敦風土記 637左
張祖綬(清)
留香閣詩問 1588右
張退公(口)
張退公墨竹記 927右
墨竹記 927右
38 張瀚(明)
松窗夢語 996左
奚囊蠹餘 1347右
武林怡老會詩集(輯) 1552左
張滋蘭(清)
清溪詩稿(一名潮生閣詩稿) 1463左
張澂(宋)
畫錄廣遺 434左
927右
張海(清)
西藏紀述 560右
張海鵬(清)
意林補遺(輯)* 1035右
千字文萃(輯) 1729左
宮詞小纂(輯) 1733右
張洽(宋)
春秋集註、綱領 124左
春秋集傳 124左
張祥齡(清)
詞論 1720右
張祥河(清)
會典簡明錄(輯) 455右
粵西筆述(輯) 555右
續驂鸞錄 616左
關隴輿中偶憶編 1011左
高歌集(輯) 1456右
驂鸞吟稾 1456右
桂勝集、外集 1456右
肆覲集 1456右
藍橋集 1457左
北山之什 1457左
南山集 1457左
張裕釗(清)
張濂亭文鈔 1484右
張廉卿先生尺牘 1484右
張遂辰(明)
集注傷寒論(參注) 811左
張卿子傷寒論 811左
張道(清)
字典翼 195右
舊唐書疑義 272右
舊唐書勘同 272右
臨安旬制記 321左
臨安旬制紀 321左
唐浙中長官考 399右
定鄉小識 539右
雪煩叢識 1011右
鷗巢閒筆 1011右
雪煩廬記異 1093右
漁浦草堂文集 1481右
漁浦草堂詩(一名張伯幾詩) 1482左
全浙詩話刊誤 1566左
漚巢詩話 1587右
蘇亭詩話 1587右
鶴背生詞 1635左
梅花夢 1710左
張道宗(元)
紀古滇說原集 558右
張道濬(明)
從戎始末、兵燹瑣記 316左
張道浚(清)
遊勞山記 592左
張道洽(宋)
實齋詠梅集 1287右
張肇煐(清)
愚溪詩稿 1446左
39 張遴白(清)
難遊錄 321右
40 張九韶(明)
理學類編 731左
張九一(明)
張周田集 1354右
張九齡(唐)
千秋金鑑 719右
張九齡集 1218右
張曲江集 1218右
曲江集 1218右
唐丞相曲江張先生文集 1218右
唐丞相曲江張文獻公集 1218右
張九成(宋)
中庸說 134右
論語絕句 140右
孟子傳 146右
張狀元孟子傳 146右
橫浦日新 982右
橫浦語錄 982右
橫浦集 1265右
橫浦詩鈔 1265右
橫浦集補鈔 1265右
張九鐔(清)
易通 23右
竹書紀年考證 286左
笙雅堂文集、詩集 1447左
竹南賦略 1447左
張九鉞(清)
乾溪洞記 575右
遊楊歷巖記 607左
遊銅瓦寺記 608左
張大亨(宋)
春秋通訓 122右
春秋五禮例宗 130右
張大受(清)
張大受詩選 1417右
張大純(清)
姑蘇采風類記 535右
張大復(清)
聞雁齋筆談 1069右
梅花草堂集 1069右
梅花草堂筆談 1069右
醉菩提傳奇 1705左
重重喜傳奇 1705左

雙福壽　1705左
吉祥兆　1705右
金剛鳳傳奇　1705右
快活三　1705右
紫瓊瑤　1705右
釣魚船　1705右
如是觀　1705右
海潮音　1705右
讀書聲　1705右
梅花草堂曲談　1722左
張大齡(明)
晉五胡指掌　356右
唐藩鎮指掌　368左
史論　375左
說史雋言　375左
隨筆　375左
支離漫語　375左
晉唐指掌　1733左
張大淳(宋)
三茅眞君加封事典(編)　1154右
張大都(民國)
燕市賈販瑣錄　523右
張大昌(清)
王深寧先生年譜　418右
廣陵曲江復對　537右
臨平記補遺、續　538右
龍興祥符戒壇寺志　566右
張太素(□)
訂正太素脈祕訣(述)　850右
太素脈祕訣(述)　850右
張友書(清)
倚雲閣詞　1632左
張士保(清)
雲臺二十八將圖像(繪)　385左
張士瀛(清)
地球韻言　626左
張士掄(明)
張心父集　1356右
張士驤(清)
雪雅堂醫案、類中祕旨　863右
張奎(明)
正德金山衛志(修)　515左
張培敦(清)
如畫樓詩鈔　1469左
張培仁(清)
妙香室叢話　1077左
張堯同(宋)
嘉禾百詠　540左
張在辛(清)
輯硯瑣言　804左
隸法瑣言　921右
解畫瑣言　933左
篆印心法　940右
寫照瑣言　1406右
撰杖瑣言　1406右
爐餘志略　1406右
侑觴瑣言　1406右
畫石瑣言　1406右
夕照回光　1406右
張內蘊(明)
三吳水考(周大韶同撰)　583右
張有(宋)
復古編　198左
張南莊(清)
何典　1131右
張存中(元)
四書通證　151左
張存惠(金)
重修政和經史證類備用本草　853右
張志聰(清)
黃帝內經素問集註　809左
黃帝內經靈樞集註　809左
本草崇原(注釋)　852右
侶仙堂類辯　866左
張志和(唐)
玄眞子外篇　1170左
玄眞子　1170左
玄眞子漁歌記　1227左
張志淳(明)
南園漫錄　993左
張燾(清)
津門雜記　525左
張嘉祿(清)
寸草廬贈言(輯)　440右
寸草廬奏稿　501左
困學紀聞補注　1021右
小謨觴館文集注　1450右
張吉(明)
貞觀小斷　378右
三朝奏議　496右
陸學訂疑　729右
張古城先生詩集　1334左
張古城先生文略　1334左
古城集　1334左
張壽頤
瘍科綱要　832右
沈氏女科輯要箋疏　836右
張壽卿(元)
謝金蓮詩酒紅梨花　1658左
謝金蓮詩酒紅梨花雜劇　1658右
詩酒紅梨花　1658右
紅梨花雜劇　1658右
張壽卿雜劇　1750左
張壽鏞(民國)
宋季忠義錄補錄*　386左
雪交亭正氣錄(馮貞羣合補注)　402右
豐清敏公遺事續增附錄*　406左
豐清敏公遺事校勘記*　406左
賀祕監外紀(馮貞羣合輯)　426左
孫拾遺外紀(輯)　426右
味吾廬外紀　432右
慈湖筆述攷　650右
南山筆作考　650右
六藝綱目校勘記*　759右
豐清敏公詩文輯存(輯)　1254左
舒嬾堂詩文存(輯)　1254右
慈湖先生遺書新增附錄(輯)*　1275左
補校夢窗新詞藁　1607左
張壽榮(清)
成人篇　756右
各經承師立學考四編(輯)　1729左
張來初(明)
一聲鶯　1071左
張森楷(清)
賁園書庫目錄輯略　640左
張森書(清)
借薇山館詩　1471左
41 張樞(宋)
張樞詞　1608右
張標(清)
農丹　780右

42 張壎(清)
秦游詩 1443右
張埏(宋)
零陵志 548右
張韜(清)
王節使重續木蘭詩1686左
李翰林醉草清平調1686左
杜秀才痛哭霸亭廟1686左
戴院長神行薊州道1686左
續四聲猿 1750右
張斯桂(清)
使東詩錄 619右
張機(漢)
傷寒論 811左
集注傷寒論 811左
傷寒鈐法 813右
金匱要略方論 816右
新編金匱要略方論 816右
金匱玉函要略方論 816右
辨脈法篇、平脈法篇850左
張機南(清)
雲南三江水道考 586左
43 張弋(清)
秋江煙草 1294左
秋江煙草補遺 1294左
張式(清)
畫譚 934左
張載(晉)
晉張孟陽集 1204右
張孟陽集選 1204右
張載(宋)
横渠先生易說 11右
横渠易說 11右
易說 11右
西銘 725左
東銘 725左
横渠正蒙 725左
正蒙 725左
張子全書拾遺 725右
張子全書附錄 725右
横渠經學理窟 725右
經學理窟 725右
横渠語錄 725右
張子語錄、後錄 726左
語錄抄 726左
事天謨 726左
張横渠文集 726左
横渠子 726左
張横渠先生文集 1250左
張子文集抄 1250左
張子全書 1736左
張載華(清)
詞綜偶評(輯) 1720左
張栻(宋)
南軒易說 13右
南軒先生論語解 140右
癸巳論語解 140右
南軒先生孟子說 147左
癸巳孟子說 147左
諸葛武侯傳 404左
漢丞相諸葛忠武侯列傳404左
漢丞相諸葛忠武侯傳 404左
南軒集 1277左
南軒文集 1277左
張南軒先生文集 1277左
44 張協(晉)
晉張景陽集 1204右
張景陽集選 1204右
張埜(元)
古山樂府 1613右
張萱(明)
疑耀 1022右
張萱(明)孫能傳(明)等
內閣藏書目錄 645左
張蓋(清)
柿葉庵詩選 1387右
張藎(清)
彷園酒評 950左
仿園酒評 950左
彷園清語 959左
張翥(元)
張蛻菴詩集 1312左
蛻菴詩 1312左
蛻菴集 1312左
蛻巖詞 1614左
張藻(清)
培遠堂詩集 1407左
張夢徵(清)
青樓韻語(輯) 1534右
張芹(明)
備遺錄 401左
建文忠節錄 401左
張芬(清)
兩面樓詩稿 1458左
張芳(清)
黛史 1072右
稼菴黛史 1126左
張芳湄(清)
篔谷詩選 1402右
張芾(清)
廣哀詩 1477右
冰谿吟草 1477右
張蔭榘(清)
杭城辛酉紀事詩(吳淦同撰) 335左
張蔚然(明)
三百篇聲譜 937右
西園詩塵 1580右
張茂涗(清)
代數句股術 889右
張茂滋(清)
餘生錄 321右
張茂節(清)
大興歲時志稿(李開泰同輯) 523左
張燕昌(清)
飛白錄(陸紹曾同撰) 433右
羽扇譜 800左
金粟箋說 802右
張懋宷(明)
亢倉子(校) 699右
鬼谷子(校) 707左
張懋賢(明)
詩源撮要 1580右
張懋賞(清)
重訂擬瑟譜(段仔文同輯) 938左
張孝祥(宋)
張于湖集 1272右
于湖集 1272右
于湖居士文集 1272右
于湖詞 1602左
于湖居士文集樂府1602左
于湖先生長短句、拾遺 1602左
張勃(晉)
吳錄 278右
吳地理志 508左
張萬福(唐)
洞玄靈寶无量度人經訣音義 1133左
洞玄靈寶三師名諱形狀居觀方所文(編錄) 1154右
三洞衆戒文(輯) 1155左

三洞法服科戒文(編錄) 1156左
醮三洞眞文五法正一盟威籙立成儀 1163左
洞玄靈寶道士受三洞經誡法籙擇日曆 1163右
張萬鍾(清)
鴿經 795左
張華(晉)
師曠禽經(注) 794右
禽經(注) 794右
博物志 1038右
博物記 1038右
博物志佚文 1038右
感應類從志 1039左
神異經(注) 1083左
神異記(注) 1083左
列異傳(一題魏文帝撰) 1083右
晉張司空集（一名張茂先集） 1204左
張司空集 1204左
張華理(清)
喪服今制表 462左
喪服雜說 462左
張英(清)
易經衷論 20左
書經衷論 41左
南巡扈從紀略 613左
聰訓齋語 755左
恆產瑣言 755左
張文端公恆產瑣言 755右
飯有十二合說 954右
文端集 1398右
存誠堂詩集 1398右
篤素堂詩集、文集 1398右
篤素堂文集 1398右
存誠堂應制詩 1398右
張文端公詩文選 1398右
篤素堂集鈔 1737左
張英(清)葉方藹(清)等
御定孝經衍義 755左
張若海(口)
玄壇刊誤論 1163右
張著(唐)
建康宮殿簿 564左
張著(明)
永嘉先生集 1329右
張藹生(清)
河防述言 579右
張世仁(清)
香谷詩鈔 1431右
張世源(民國)
古今文派述略(注) 1588左
張世友(清)
濬吳淞江議 583右
張世南(宋)
游宦紀聞 1062右
張世昌(清)
斅坡詩鈔 1430右
張其淦(民國)
邵村學易 29左
洪範微 46右
左傳禮說 110右
邵村詠史詩鈔 382左
松柏山房駢體文鈔 1525右
明代千遺民詩詠初編、二編、三編(輯) 1544左
張其勤(清)
爐藏道里新記 561右
張其是(清)
碧草軒詩鈔 1403右
張其錦(清)
淩次仲先生年譜 422右
張其翻(清)
兩漢朔閏表、漢太初以前朔閏表 875左
張其煌(民國)
默嗇泊虛孤徂齋游記 588右
還桂日記 620右
獨志堂詩詞 1527左
獨志堂文 1527左
張楚叔(明)
白雲齋選訂樂府吳騷合編(張旭初同輯) 1715左
衡曲麈譚 1722右
張楚金(唐)
翰苑 1041左
張楚鍾(清)
易圖瑣解 31右
易演圖 31右
易圖管見 31右
四書理話 154左
四書理畫 154左
羣經理話 176右
羣經理畫 176右
字學韻學 193左
史鑑理話 377左
史鑑理畫 377左
小學近思理話 748右
小學近思理畫 748右
性理理話 748右
性理理畫 748右
管見理話 748右
管見理畫 748右
理畫括例 748右
測圓海鏡識別詳解 879左
算學心悟 886右
珠算金鍼 886右
算學瑣解 886右
算學演圖 886右
五行雜說 908右
張萊(明)
京口三山志 572右
張桂林(清)
讀漢摘腴 377右
讀唐論略 378右
晉哲會歸 387右
鴻鷗瑣錄 618右
燕趙同軌 618右
秦晉連程 619左
蠶叢計陸 619左
堪輿譜槩 903左
張蘊(宋)
斗野支稾 1294左
斗野稾支卷 1294左
斗野稾 1294左
46 張旭初(明)
白雲齋選訂樂府吳騷合編(張楚叔同輯) 1715左
張坦(清)
履閣詩集 1426左
張觀美(清)
寄影軒詩鈔 1481左
張觀光(元)
屏巖小稿 1303左
張恕(清)
漢書讀、辨字、常談 265右
張柏(清)
脈經眞本 848左
張相文(民國)
帝賊譜 363左
湛然居士年譜 407左
中國地理沿革史 505右
韓邊外志 527左

成吉思汗陵寢辨證書 568右
南園遊記 588右
耶律楚材西遊錄今釋 610右
佛學地理志 626右
萬法精理 978右
沌谷筆談 1082右
南園詩存 1524右
南園文存 1524右

47 張墀(清)等
康熙本東安縣志(纂) 515左

張鶴徵(清)
涉園題詠(輯) 1558左

張鶴騰(明)
增訂傷暑全書 827左
增訂葉評傷暑全書 827左

張聲玠(清)
訊獅 1690左
題肆 1690左
琴别 1690左
畫隱 1690左
碎胡琴 1690左
安市 1690左
看眞 1690左
游山 1690左
壽甫 1690左
玉田春水軒雜齣 1751左

張聲道(宋)
岳陽乙志 548左

張朝晉(清)
爽葬雜說 903左

張朝績(清)
聞濤軒詩稿 1440右

張起巖(元)
華峯漫稾 1305左

張杓(清)
磨甋齋文存 1465左

張根(宋)
吳園易解 12右
吳園周易解 12右

50 張夷令(明)
迂仙别記(輯) 1123右

張擴(宋)
東窻集 1262左

張泰(明)
羣英書義(輯) 40右

張泰交(清)
歷代車戰敍略 775左

張泰來(清)
包軒遺編 1432右
補希堂文集 1432右
江西詩社宗派圖錄 1566右

張惠言(清)
周易荀氏九家(輯) 6左
周易鄭氏注(訂正) 6左
周易注(訂正) 6左
周易鄭注(訂正) 6左
易義別錄(輯) 6右
周易虞氏義 24左
周易虞氏消息 24左
虞氏易禮 24左
虞氏易事 24右
虞氏易候 24右
虞氏易言 24右
周易鄭氏義 24右
周易荀氏九家義 24右
易圖條辨 31左
讀儀禮記 77右
儀禮圖 82左
儀禮宮室圖、說 82左
冕弁冠服圖 98左
冕弁冠服表 98左
易緯略義 236左
墨子經說解 706左
握奇經定本、正義 768右
青囊天玉通義(輯) 901左
劉海峯文鈔(選) 1417右
茗柯文初編、二編、三編、四編 1445左
茗柯文稿 1445右
茗柯文補編、外編 1445右
擬名家制藝 1445右
茗柯詞 1625左
詞選(輯) 1644右
周易鄭荀義 1727左

張春(明)
不二歌集 1361左

張春華(清)
滬城歲事衢歌 524右

張表臣(宋)
珊瑚鉤詩話 1571左
張表臣詩話 1571左

張貴勝(清)
遣愁集(輯) 1125右

張耒(宋)
張宛邱詩說 52左
詩說 52左
明道雜志 1057右
竹夫人傳 1057右
宛邱集 1257左
柯山集 1257左
張右史文集 1257左
柯山集補 1257左
宛丘題跋 1257右
宛丘先生文粹 1257右
宛丘詩鈔 1257右
宛丘詩集 1257右
宛丘集補鈔 1257右
柯山詩餘 1595左

張東烈(民國)
代數盈朒細草 891左

51 張振烈(清)
綠綺樓詩鈔 1504右

張振鋆(清)
痧喉正義 834右
鬻嬰提要說 840左
釐正按摩要術 843右

53 張蠙(唐)
張蠙詩集 1239右

張成孫(清)
說文諧聲譜 191右
端虛勉一居文集 1462右

張成招(宋)
評注東萊左氏博議 109右

張盛藻(清)
南雁蕩紀遊 601右
中雁蕩紀遊 602左

張戒(宋)
歲寒堂詩話 1573左

54 張軌(晉)
周易張氏義 8右

張持眞(清)
懺法大觀(輯) 1164左

56 張揖(魏)
蒼頡篇(訓詁) 200左
三蒼(訓詁) 200右
埤倉 202左
廣雅 218左
博雅 218左
廣雅佚文 218左
古今字詁 222左
雜字 222左

張輯(宋)

東澤綺語 1605右
清江漁譜 1606左
57 張拯滋(民國)
通俗內科學 825右
張邦幾(宋)
侍兒小名錄拾遺 398左
續侍兒小名錄 398左
侍兒小名錄 398左
張邦伸(清)
三黑水考 586左
張邦奇(明)
養心亭集 1340右
張邦基(宋)
陳州牡丹記 790右
汴都平康記 1056右
墨莊漫錄 1060左
張輅(元)
大華希夷志 449右
58 張掄(宋)
紹興內府古器評 662左
蓮社詞 1603右
張掄(清)
醒菴存稿 1497左
60 張口(口)
張氏土地記 507右
張口(唐)
張延綬別傳殘 405左
張口(宋)
唐鴻臚卿越國公靈虛見素真人傳 449右
張星(清)
璠甫綺語 1631左
小娜嬛詞箋 1631左
張星柳(清)
天船詩集 1507左
張天船詩選 1507左
張星烺
泗陽張沌谷居士年譜 424左
泗陽張沌谷居士榮哀錄(輯)* 424左
張昱(元)
可閒老人集 1312右
張光弼詩集 1313左
廬陵集 1313左
張國維(明)
吳中水利書 583右
張國賓(元)
薛仁貴榮歸故里雜劇 1654左
新刊的本薛仁貴衣錦還鄉關目 1654左
薛仁貴榮歸故里 1654左
新刊的本薛仁貴衣錦還鄉 1654左
相國寺公孫合汗衫雜劇 1654左
相國寺公孫汗衫記 1654左
大都新編關目公孫汗衫記 1654左
相國寺公孫合汗衫 1654左
羅李郎大鬧相國寺 1654左
羅李郎大鬧相國寺雜劇 1654右
張國賓雜劇 1749左
張國淦(民國)
鄖溪集校勘記* 1251左
張四維(明)
雙烈記 1695右
張四科(清)
響山詞 1623左
張思孝(清)
鷲邊詞 1627右
張因(清)
綠秋書屋詩集 1434右
張昇(明)
瀛涯勝覽集 623左
張昌申(清)
煙話 1014左
張固(唐)
幽閒鼓吹 338左
張杲(宋)
醫說 866左
張果(唐)
道體論(述) 966左
黃帝陰符經注 1135右
玄珠歌 1176左
玉洞大神丹砂真要訣(纂) 1177左
張景(明)
補疑獄集 488左
張景江(清)
恆星餘論 873右
張景燾(清)
馤塘醫話 865左
張景陽(清)
一得山房詩鈔 1501右
61 張顯(晉)
析言論、古今訓 964右
張顒(晉)
玉照定真經(注) 903右
62 張昕(清)
停霞詩鈔 1407左
63 張畹香(清)
醫病簡要 823左
張氏溫暑醫旨 828左
張畹香醫案 863左
64 張時徹(明)
攝生衆妙方 858左
張司馬集 1345左
66 張賜采(清)
竺嵒詩存 1438右
67 張曜孫(清)
明發錄(輯) 431右
產孕集 837右
重訂產孕集 837右
張鳴珂(清)
說文佚字攷 192左
疑年賡錄 399左
寒松閣題跋 917左
寒松閣談藝瑣錄 934左
寒松閣詩 1498左
寒松閣駢體文、續 1498左
寒松閣詞 1637右
張鳴鳳(明)
桂勝、桂故 570左
張躍鱗(清)
撝菴詩稿鈔 1443右
張嗣成(元)
道德真經章句訓頌 690左
太上道德真經章句訓頌 690左
張照(清)
天瓶齋書畫題跋 916左
天瓶齋書畫題跋補輯 916左
68 張畋(宋)
九河公語錄 405左
70 張璧(元)
雲岐子保命集論類要 814左
雲岐子論經絡迎隨補瀉法 842右
雲岐子七表八裏九道脈訣論并治法 848右
張驤(民國)

廣釋親附錄 221右

71 張陛(明)

救荒事宜 477右

引勝小約 950左

張原(明)

玉坡奏議 497右

張驥(民國)

周禮醫師補注 72右

左氏秦和傳補注 432右

史記扁鵲倉公傳補注 432右

後漢書華佗傳補注 433左

漢書藝文志方技補注 653左

子華子醫道篇注 817右

春溫三字訣方歌(輯) 828右

痢疾三字訣歌括(輯) 830右

三字經湯方歌括(增輯) 861左

72 張丘建(口)

張丘建算經 878左

張隱(晉)

文士傳 424左

文士傳佚文 424左

張隱居(口)

張眞人金石靈砂論 1177左

張岳(明)

小山類稿 1342左

張岳崧(清)

筠心堂文集 1451右

74 張腊(清)

賦閒樓詩集 1401左

77 張堅(清)

夢中緣 1707左

梅花簪 1707左

懷沙記 1707左

玉獅墜 1707左

張鳳翼(明)

談輅 998左

譚輅 998左

紅拂記 1693右

重校註釋紅拂記 1693右

紅拂記 1693右

陳眉公批評紅拂記 1693右

新刻出像音註點板徐孝克孝義祝髮記 1693右

灌園記 1693右

新刊音註出像齊世子灌園記 1693右

新灌園 1693右

竊符記 1693右

新刻出像音註花將軍虎符記 1693右

女丈夫(劉晉充同撰) 1693右

張鳳翔(明)

張伎陵集 1336右

張月娟(清)

餞月樓詩鈔 1503左

張鵬(清)

濬小清河議 582右

張鵬一(民國)

決疑要注(輯) 456右

隋書經籍志補 643左

傅子(輯) 718右

傅子校補(輯) 718右

馮曲陽集(校補) 1199左

三傅集(輯) 1550左

摯太常遺書(輯) 1742右

北地傅氏遺書(輯) 1747左

扶風班氏佚書(輯) 1747左

張鵬飛(清)

關中水利議 582左

張鵬翮(清)

江防述略 483左

治下河論 583右

治下河水論 583右

奉使俄羅斯日記 613右

奉使俄羅斯行程錄 613右 614左

奉使俄羅斯日記 613右

張履祥(清)

讀易筆記 19左

讀史 375右

讀史記 377右

楊園先生喪葬雜錄(輯) 460右

喪葬雜錄(輯) 460右

楊園先生喪祭雜說(輯) 461左

喪祭雜說(輯) 461左

葬親社約(輯) 461左

讀許魯齋心法偶記 731左

初學備忘 738左

張楊園初學備忘 738左

楊園先生備忘、錄遺 738左

備忘錄 738左

楊園先生言行見聞錄 738右

楊園先生訓門人語 738右

楊園先生門人所記 738右

訓門人語 738右

願學記 738右

問目 738右

答問 738右

讀厚語偶記 738右

淑艾錄 738右

楊園訓子語 754右

張楊園訓子語 754右

張楊園先生訓子語 754右

楊園先生訓子語 754右

訓子語 754右

楊園先生近古錄 754右

近古錄 754右

農書(補) 779左

補農書 779左

言行見聞錄 1003左

近鑑 1033右

楊園先生文集 1380右

楊園詩 1380右

楊園先生詩文 1380右

楊園先生未刻稿 1380右

楊園書 1380右

讀諸文集偶記 1581右

楊園先生經正錄、學規(輯) 1736右

經正錄、學規(輯) 1736右

張際亮(清)

翠微山記 571左

遊大孤山記 605右

金臺殘淚記 947右

亨甫詩選 1461左

張駒賢(清)

春秋繁露淩注校正 *117左

元和郡縣圖志攷證 *511左

張熙純(清)

曇華閣詞 1624左

張又新(唐)

煎茶水記 954右

張學仁(清)

靑苔館詩鈔 1461右

張學象(清)

硯隱集 1382右

張學禮(清)

使琉球紀 630左

中山紀略 630左

張開福(清)

山樵書外紀 667左

張開模（清）
甕珠室集聯 945右
張問陶（清）
船山詩選 1446右
張興載（清）
天瓶齋書畫題跋補輯 916左
79 張勝（吳）
桂陽先賢傳（輯） 391左
80 張佺（明）
張文僖集 1330右
張金吾（清）
廣釋名 220右
兩漢五經博士考 412右 470右
言舊錄 423左
張金圻（清）
如是觀園記 565左
園居錄詩鑑 1503左
張鏡（清）
刺疔捷法 833左
張鏡心（明）
易經增註、易考 18右
馭交記 627右
張鉉（元）
至大金陵新志 518右
張介賓（明）
類經 809左
傷寒典 815左
質疑錄 820右
傳忠錄 820右
雜證謨 820右
外科鈐 831左
外科鈐古方 831左
婦人規 836左
婦人規古方 836左
景岳十機摘要 836左
宜麟策、續集 836左
小兒則 838右
小兒則古方 838右
痘疹詮 841左
痘疹詮古方 841左
脈神章 849左
本草正 854左
古方八陣 858右
新方八陣 858右
新方八略 858右
景岳全書 1737右
張羲年（清）
周官隨筆 71左
喪禮詳考 79左
曒蔗文集、詩集 1421右
張令儀（清）
蠹窗詩集 1420左
蠹窗詩餘 1622左
張美翊（清）
蒙古西域諸國錢譜（定） 663右
張毓溫（清）
藁城縣光緒志（纂） 515右
張義澍（清）
士那補釋 785左
張合（明）
宙載 996右
張曾望（清）
卅六芙蓉館詩存 1497右
張含（明）
李太白詩選（輯） 1220左
張愈光詩文選 1341左
張禺山集 1341左
張公庠（宋）
宮詞 1251右
泗州集 1251右
張養浩（元）
牧民忠告 472左
風憲忠告 472左
經進風憲忠告 472左
廟堂忠告 472左
歸田類稾 1308左
雲莊類藁 1308左
雲莊張文忠公休居自適小樂府 1711右
三事忠告 1734左
爲政忠告 1734左
81 張矩（宋）
梅淵詞 1607右
張榘（宋）
芸窗詞 1610左
82 張鍾秀（清）
乾隆束鹿縣志（纂） 515左
83 張鉞（明）
漢天師世家（校） 449左
張鐵華（清）
西泠鴻爪 1462左
84 張銑（唐）
六臣註文選（李善、呂延濟、劉良、呂向、李周翰同撰） 1531左
張鏌（清）
梅邊吹篴譜 1632左
餅說奩詞 1632左
雙屬玉亭詞 1632左
85 張鍊（明）
雙溪樂府 1712左
86 張錦蘊（清）
鏡譚 737右
張錫瑜（清）
史表功比說 264右
張錫純（民國）
羚羊角辨 855右
張錫嶸（清）
孝經章句 160左
讀朱就正錄、續編 160左
孝經問答 160左
張錫恭（民國）
喪服鄭氏學 81左
禮學大義 95右
炳燭隨筆 1030右
茹荼軒續集 1522左
張錫蝦（清）
拙餘老人遺稿 1496左
張錫穀（清）
雀研齋文錄 1446右
張錫懌（清）
嘯閣餘聲 1617右
張知甫（宋）
張氏可書 1059右
可書 1060左
87 張鈞衡（民國）
尙書註疏校勘記* 36右
唐書直筆新例校記*373左
建炎以來朝野雜記逸文（輯）* 455左
吳郡志校勘記* 519左
88 張鎰（唐）
張氏三禮圖 98右
孟子張氏音義 149右
張鑑（宋）
賞心樂事 504左
張鑑（清）
西夏紀事本末 292右
冬青館古宮詞 382左
秋水文叢外集 382左
墨妙亭碑目攷、附考676左

淺近錄 745右
冬青館甲集、乙集 1454左

88 張鎡(宋)
梅品 788右
桂隱百課 955右
四并集 958左
仕學規範(輯) 985左
玉照堂梅品 1062左
南湖集 1277右
詩學規範 1574左
玉照堂詞鈔 1604左
南湖詩餘 1604左

張簡(元)
雲丘道人集 1319右

張符驤(清)
依歸草初刻、二刻、遺文 1416左

張篤慶(清)
明季詠史百一詩 384左
師友詩傳錄(王士禛、張實居同答) 1582右

張敏同(□)
長安志(校正) 529右

張節(清)
傷燥論 822右
瘟疫論 827左
痘源論 841右
持脈大法 849右
本草分經 855左
學醫一得 864右
附經 865左

張籍(唐)
張司業樂府集 1225右
唐張司業詩集 1225右
張文昌集 1226左
張司業集 1226左
張司業詩集 1226左
張文昌文集 1226左

90 張惟赤(清)
入告編、遺編 499右
退思軒詩集 1392左

張惟驤(民國)
清代毘陵名人小傳 389左
清代名人同姓名略 397左
清代名人小名錄 397右
疑年錄彙編、補遺、分韻人表 399左
疑年錄外編、分韻人表 399左
歷代帝王疑年錄 399左
毘陵名人疑年錄 399左
名人生日表(補) 399左
續名人生日表 399左
重訂名人生日表、分韻人表 399左
名人忌日表 399右
太史公疑年考 417左
歷代諱字譜 464左
家諱考 464左
明清巍科姓氏錄 465右
清代毘陵書目 648左
小雙寂庵瑣談 1016右
小雙寂庵文稿、詩稿 1528右

張懷瓘(唐)
書斷 918右

張懷淮(清)
小倉選集(輯) 1423左
甌北選集(輯) 1427右
夢樓選集(輯) 1429左
童山選集(輯) 1432左
四家選集(輯) 1745右

張光(□)
醉綠圖 952左

張光烈(清)
殉烈記 334右

張光祖(元)
言行龜鑑(輯) 385右

張光裕(清)
桂考 784右

張光孝(明)
華州志(纂) 516右

張肖傖
燕塵菊影錄 437左
歌臺摭舊錄 948右
蒨蒨室劇話 948右

張尙瑗(清)
三傳折諸 127右
讀戰國策隨筆 296左
石里雜識 1074右

張尙賢(清)
奉天形勢論 527左
奉天形勢 527左

張炎(宋)
山中白雲詞、補錄、續補 1609右
玉田詞 1609右
山中白雲 1609右
詞源 1717左
樂府指迷 1717右
玉田先生樂府指迷 1717右

91 張炳(清)
南屛百詠(輯) 599右

張炳翔(民國)
段氏說文注訂札記* 186右
諧聲補逸札記* 191右
說文聲訂札記* 191右
說文新附攷札記* 192左

93 張熾章(民國)
煙霞草堂從學記 423右

94 張愼言(明)
洎水齋文鈔、詩鈔 1363右

張愼儀(清)
廣釋親(補輯) 221右

張愼儀(民國)
詩經異文補釋 67右
續方言新校補 226右
方言別錄 226右
蜀方言 226右
厩叜摭筆 1014右
今悔庵詩、補錄、文 1517左
今悔庵詞 1640右

張煒(宋)
芝田小詩 1295右

96 張煌言(明)
北征紀略 323右
張閣學文集 1373右
張蒼水全集、題咏、張忠烈公詩文題中人物攷略、補 1373右
張蒼水集 1373右
采薇吟殘稿 1373右

97 張恂(清)
知魚樂齋存稿 1496右

張煥豐(清)
寒碧軒賸墨 1515左

張煥綸(清)
自有樂地吟草 1515左

張煥斗(民國)
逸廬天籟 1519右

98 張愉曾(清)
十六國年表 365右

張敞(晉)
東宮舊事 456右

張燧(明)
千百年眼 1001左

張熷(清)
讀史舉正 379右
99 張瑩(口)
漢南記 546右
張瑩(清)
香雪館遺詩 1515左
張燮(明)
東西洋考 624左
張燮承(清)
翻切簡可篇 214右
杜詩百篇(輯) 1223右
小滄浪詩話 1586右
張榮(清)
空明子崇川獨行傳 387右
空明子崇川節婦傳 438右
空明子茸城賦注(撰併注) 524右
空明子雜錄 1005左
空明子文集、詩集 1416左
崇川贈言(輯) 1553右

1164_0 研

10 研雪子(明) 見周公魯

1168_6 碩

60 碩園(明)
還魂記(刪定) 1694左

1173_2 裴

00 裴庭裕(唐)
東觀奏記 298右
裴文禩(清)
雉舟酬唱集(楊恩壽同撰) 1555右
裴玄(吳)
裴氏新言 963右
10 裴一中(清)
言醫 864左
17 裴務齊(唐)
切韻 205右
18 裴瑜(唐)
爾雅裴氏注 163右
20 裴秀(晉)
禹貢九州制地圖論 44右
裴維侒(民國)
香草亭詞 1642右
35 裴迪(唐)
輞川集(王維同撰) 1551左
38 裴啓(晉)
裴啓語林 1046左
裴子語林 1046左
44 裴蔭森(清)
勸濟飢民詩 1485右
裴孝源(唐)
貞觀公私畫史 925右
48 裴松之(劉宋)
集注喪服經傳 80右
三國志(注) 268左
晉紀 288左
60 裴景仁(劉宋)
秦記 358左
76 裴駰(劉宋)
史記集解 263左
80 裴鉉(唐)
上玄高眞延壽赤書 1169左
82 裴鉶(唐)
傳奇 1107左
崔煒傳 1107左
韋自東傳 1107左
張無頗傳 1107左
山莊夜怪錄 1107左

1212_7 瑞

22 瑞山(清)
婼羌縣鄉土志圖 518左

1220_0 列

27 列禦寇(周)
沖虛至德眞經 697右 698左
列子 697右 698左、右
沖虛眞經 697右
列子沖虛眞經 697右 698右
列子沖虛至德眞經 697右

1223_0 水

24 水佳胤(清)
容臺佐議 458左
蘭臺奏疏 498右
理美堂集 1375右
沙上集 1375右
沙上吟 1375右
書牘雜著 1375右
鄉會試策判墨藝 1376左
30 水寶璐(清)
向若水公年譜 408右
向若水公政蹟行述崇祀錄(輯) 408右
40 水嘉穀(清)
水氏傳經世系表 392左
77 水卿謨(明)
海若遺稿 1359左

弘

21 弘仁(清釋)
黃山圖(繪) 573右
畫偈 930左
50 弘本(明釋)
柏支亭稿 1357右

1240_1 延

10 延一(宋釋)
廣淸涼傳 445右
17 延君壽(清)
老生常談 1588右
88 延篤(漢)
春秋左氏傳延氏注 103右
左傳延氏注 103右

1241_0 孔

00 孔齊(元)
靜齋至正直記 1065左
孔慶霽(清)
衍元小草(孔慶霱、勞絅章合撰) 891左
孔慶霱(清)
衍元小草(孔慶霽、勞絅章合撰) 891左
孔廣牧(清)
禮記天算釋 90左
先聖生卒年月日攷 415左
勿二三齋詩集 1456右
飲冰子詞存 1629右
孔廣森(清)
大戴禮記補注、序錄 91左
禮學卮言 95左
春秋公羊經傳通義 115右
春秋公羊通義 115右
經學卮言 173右
詩聲類、聲類分例 211左
曾子十二篇讀本(補注) 682右
少廣正負術 882右

儀鄭堂文集 1441右
儀鄭堂文 1441右
顨軒駢儷文 1441右
駢儷文 1441右
儀鄭堂遺稿 1441右

00 孔廣林(清)
周易注(輯) 6右
尙書大傳注(輯) 35左
尙書鄭注(增訂) 37左
尙書注(增訂) 37左
毛詩譜 64右
周官肊測、敍錄 71右
答周禮難(輯) 73右
儀禮肊測、敍錄 77右
儀禮士冠禮箋 78右
喪服變除(輯) 79右
魯禮禘祫義(輯) 96左
禘祫觿解篇 96右
明堂億 97左
吉凶服名用篇、敍錄 98左
三禮目錄(輯) 99左
箴左氏膏肓(輯併補) 104左
發公羊墨守(輯) 115左
釋穀梁廢疾(輯) 118右
論語注(輯) 137左
孝經注(輯) 156左
駮五經異義(輯併補證) 167右
六藝論(輯) 167右
鄭志(輯) 168左
尙書中候鄭注(輯) 243左
尙書中候注(輯) 243左
論語篇目弟子(輯) 415右
璿璣錦雜劇 1688右
女專諸雜劇 1688右
松年長生引 1688右
東城老父鬭雞懺傳奇 1708左

孔廣居(清)
說文疑疑 187左

孔文仲(宋)
舍人集 1253右
文仲清江集鈔 1253右
文仲清江集補鈔 1253右

10 孔靈符(劉宋)
會稽記 541左
會稽記佚文 541左

孔元措(金)
孔氏祖庭廣記 415右

孔元舒(口)
在窮記 1036右

孔平仲(宋)
孔氏雜說 981右 982左
珩璜新論 981右
談苑 1057左
孔氏談苑 1057左
續世說 1057左
朝散集 1255左
平仲清江集鈔 1255左
平仲清江集補鈔 1255左

孔天胤(明)
孔方伯集 1347左

12 孔延之(宋)
會稽掇英總集(輯) 1547左

13 孔武仲(宋)
宗伯集 1254右
武仲清江集鈔 1254右

15 孔融(漢)
孔少府集 1200右
孔北海集 1200右
孔文舉集 1200右

17 孔璐華(清)
唐宋舊經樓稿 1452左

20 孔稚圭(南齊)
南齊孔詹事集 1209左
孔詹事集 1209左
孔詹事集選 1209左

孔維(宋)
宋校勘五經正義奏請雕版表 182右

21 孔衍(晉)
凶禮 78右
春秋公羊孔氏傳 115左
春秋後語 296左
春秋後國語 296左

孔衍栻(清)
畫訣 932右

孔貞瑄(清)
泰山紀勝 592左

孔穎達(唐)
周易兼義(正義) 7左
周易注疏(正義) 7左
周易正義 7左
尙書註疏(疏) 36右
尙書正義(疏) 36右
附釋音尙書注疏(疏) 36右
毛詩註疏(疏) 50左
毛詩正義(疏) 50左
附釋音毛詩注疏(疏) 50左
禮記註疏(疏) 83右 84左
附釋音禮記注疏(疏) 84左
春秋左傳註疏(疏) 105左
春秋左傳正義(疏) 105左
附釋音春秋左傳注疏(疏) 105左

孔穎達(唐)等
十三經序錄 182右

22 孔胤樾(清)
孔心一詩 1397右

孔繼勳(清)
嶽雪樓詩存 1479右

孔繼涵(清)
五經文字疑 179右
九經字樣疑 180左
水經釋地 577右
同度記 882左
長行經 951右
紅櫚書屋詩集 1433左
雜體文稾 1433左
微波榭遺書 1433右
剄冰詞 1625左
算經十書(輯) 1738右

孔繼堯(清)
蓮鄉題畫偶存 917左

孔繼鑅(清)
心嚮往齋詩文集 1475右

24 孔鮒(漢)
小爾雅 216右 217左
小爾雅佚文 217左
詰墨 706左
孔叢子 711右 712左
孔叢 711右

25 孔傳(宋)
東家雜記 415左、右
白孔六帖(白居易合撰) 1041左

孔傳游(口)
大衍新法 893右

27 孔倜(宋)
宣靖妖化錄 1059右

孔伋(周)
子思子書 683右
子思子全書 683右
子思子 683右

28 孔倫（晉）
集注喪服經傳 80左
30 孔穿（周）
讕言 685左
孔憲庚（清）
經之文鈔 1489左
孔憲彝（清）
繡山文鈔 1470左
孔安國（漢）
尙書（傳） 35右
36左
隸古定尙書（傳） 36左
書經（傳） 36左
監本纂圖重言重意互注點校尙書（傳） 36左
尙書註疏（傳） 36右
尙書正義（傳） 36右
附釋音尙書注疏（傳） 36右
論語孔氏訓解 136右
論語孔氏注 136右
孔注論語 136右
古文孝經（傳） 156左
古文孝經孔氏傳 156左
孝經（傳） 156左
31 孔邇（明）
雲蕉館紀談 1070左
37 孔淑成（清）
學靜軒遺詩 1474左
43 孔求（周）
子家子 684左
60 孔口（晉）
孔氏志怪 1085左
孔晁（晉）
聖證論（答） 168右
汲冢周書（注） 276右
逸周書（注） 277左
春秋外傳國語孔氏注 295左
國語注 295左
謚法（劉熙合注） 463右
64 孔曄（晉）
會稽記（一題劉宋孔靈符撰） 541左
夏侯鬼語記 1096右
67 孔昭案（清）
紹仁齋浦游吟 1509右
77 孔學詩（元）
大都新栞關目的本東窗事犯 1662左
秦太師東窗事犯 1662左
孔文卿雜劇 1749左
孔興釪（清）
孔紹先詩 1400右
80 孔毓圻（清）等
幸魯盛典 458右
孔毓焞（清）
絅齋隨筆 744右
90 孔尙任（清）
人瑞錄 444左
出山異數記 452右
享金簿摘抄 672左
享金簿 909右
岸堂稿 1406左
小忽雷、大忽雷（顧彩同撰） 1706左

1249_3 孫

00 孫應鼇（明）
淮海易談 17左
四書近語 151右
教秦緒言 762右
幽心瑤草 998右
學孔精舍詩鈔 1354左
孫山甫督學文集 1354左
補輯雜文 1354左
孫應時（宋）
燭湖集、附編 1276左
孫廣（唐）
嘯旨 953左
玉川子嘯旨 953左
孫文昱（民國）
周易總義考證* 14右
周禮總義考證* 70左
學林考證* 1019右
孫文爔（清）
湖墅詩鈔（輯） 1440右
孫奕（宋）
示兒編 1020左
履齋示兒編 1020左
01 孫顏（清）
經腴類纂（輯） 171右
03 孫詒讓（清）
周禮正義 72左
周禮政要 72左
契文舉例 673左
墨子閒詁、後語 706左
顧亭林詩校記 1382左
籀高詩詞 1508左
09 孫麟趾（清）
詞逕 1720右
10 孫一元（明）
太白山人漫稾 1340左
孫山人集 1340左
孫一奎（明）
赤水玄珠 820左
醫旨緒餘 820左
孫文垣醫案 861右
孫玉庭（清）
自記年譜 410右
鹽法隅說 476右
延釐堂奏疏 499右
延釐堂文集 1442左
延釐堂詩集 1442左
孫玉田（清）
鑄史駢言 1044左
孫爾準（清）
遊黃公澗記 594右
孫雲鶴（清）
聽雨廔詞 1626右
孫雲鳳（清）
玉簫樓詩集 1446右
湘筠館詞 1626右
孫雲錦（清）
宦游偶錄 353左
流離雜記 1011右
雜文僅存 1482左
孫不二（金）
孫不二元君法語 1173右
孫不二元君傳述丹道祕書 1742右
12 孫廷璋（清）
亢藝堂集 1486左
孫廷銓（清）
漢史億 377右
顏山雜記 532右
南征紀略 612右
琉璃誌 799右
琴譜指法省文 937右
沚亭刪定文集 1382右
沚亭自刪詩 1382右
13 孫武（周）
孫子 769左、右
孫子佚文 769左
孫琮（清）
左傳選（輯） 103左
公羊傳選（輯） 113右

穀梁傳選(輯)　118左
國語選(輯)　294左
史記選(輯)　371左
韓昌黎文選(選)　1227右
柳柳州文選(選)　1230左
歐陽廬陵文選(選)　1246左
蘇老泉文選(選)　1247右
曾南豐文選(選)　1249左
王臨川文選(選)　1250右
蘇東坡文選(選)　1252右
蘇潁濱文選(選)　1254左
西漢文選(輯)　1537右
東漢文選(輯)　1537右
山曉閣詞集　1621左

17 孫孟平(民國)
開封府君年譜(輯)　423右

孫璠(清)
澹一齋章譜(刻)　942左

孫承勳(清)
讀雪軒詞　1632右

孫承宗(明)
車營百八叩　774右
高陽文集　1361左

孫承澤(清)
思陵勤政紀(一名烈皇勤政記)　315左
山居隨筆　375右
元朝典故編年考　455右
思陵典禮紀　458左
春明夢餘錄　522右
庚子消夏錄碑帖攷　668右
研山齋雜記　909右
庚子消夏記　911左
聞者軒帖考　924右

孫承恩(明)
瀼溪草堂稿　1340右

孫柔之(梁)
孫氏瑞應圖　906右
瑞應圖　906右
瑞應圖記　906右

18 孫致彌(清)
梅沜詞　1621右

20 孫季咸(清)
孝經鄭注附音　160右

21 孫能傳(明)張萱(明)等
內閣藏書目錄　645左

孫頠(唐)
潤玉傳　1097右
神女傳　1097右
　1098左
沈警遇神女記　1098左
幻異志　1098左
見夢記　1098左
申宗傳　1098左
板橋記　1098左

孫經世(清)
經傳釋詞補　181左

孫綽(晉)
論語孫氏集解　139左
孫子　964右
孫綽子　964右
孫廷尉集　1206右
孫廷尉集選　1206右

22 孫鼛(民國)
山水純全集(校)　927右

孫鼎(明)
新編詩義集說　54右

孫鼎宜
難經章句　810右
傷寒雜病論讀本　812右
傷寒雜病論章句　812右
醫學三言　824右
明堂孔穴鍼灸治要　843左
脈經鈔(輯)　848左

孫鼎臣(清)
河防紀略　580左
畚塘芻論　722右
蒼莨初集詩集、文集　1479左
蒼莨詞　1634右

孫繼皐(明)
宗伯集　1358左

孫繼魯(明)
孫清愍公文集、詩集　1344左

孫繼芳(明)
磯園稗史　350右

23 孫峻(清)
文瀾閣志(孫樹禮同撰)　565左
陳忠肅公墓錄　569左

孫岱(清)
歸震川先生年譜　429右

24 孫德謙(民國)
太史公書義法　374左
漢書藝文志舉例　374左
金稷山段氏二妙年譜　429左
劉向校讎學纂微　640左
滏水集補遺(輯)　1299左
滹南遺老集補遺(輯)　1299左
莊靖集補遺(輯)　1299右
二妙集補遺(輯)　1549右
六朝麗指　1590右
明秀集補遺(輯)　1610右
天籟集補遺(輯)　1611右

孫偉(明)
孫鷺沙集　1339左

孫升(宋)
孫公談圃(述)　342右
孫君孚先生奏議事略　496左

孫緒(明)
無用閒談　994左
夜冢決賭記　1118左
沙溪集　1338右

25 孫仲章(元)
河南府張鼎勘頭巾　1656右
河南府張鼎勘頭巾雜劇　1657左
孫仲章雜劇　1749右

孫傳庭(明)
孫白谷集　1367左
白谷集　1367左

孫傳瑗
待旦集　1530左

孫傳鳳(清)
中越東西定議全界約文(錄)　484左
洨民遺文　1510左

26 孫伯觀(明)
讀書通　763左

孫侃(清)
爾雅直音　165左
重編五經文字(編勘)　179右
重編九經字樣(編勘)　180左

孫穆(宋)
鷄林類事　627左

27 孫佩芬(清)
季紅花館偶吟　1505左

孫紹遠(宋)
聲畫集(輯)　927右

28 孫作(明)
滄螺集 1325右
孫復(宋)
春秋尊王發微 122左
孫明復小集 1244左
孫從添(清)
藏書記要 641左
上善堂宋元板精鈔舊鈔書目 647左
30 孫宜(明)
洞庭集 304右
孫漁人集 1356右
孫濟世(清)
說文說 188左
孫肩(明)
甲乙雜箸 1370左
孫家穀(清)
使西書略 619左
襄陵詩草 1453右
種玉詞 1628右
襄陵詞草 1628右
孫之騄(清)
尙書大傳 35左
考定竹書 285右
二申野錄 352右
南漳子 539左
晴川蟹錄、後錄、續錄 794左
枝語 794左
玉川子詩註 1226左
樊紹述集註 1229右
孫宅揆(清)
敎稼書(一名區田圖說) 780右
孫宗瀚(清)
盛京疆域考(楊同桂同輯) 527左
孫宗鑑(宋)
東皐雜錄 1058右
西畬瑣錄 1058右
31 孫馮(清)
小方壺試律詩 1488右
孫馮翼(清)
子夏易傳(輯) 3右
易義考逸 24右
禹貢地理古注考 45左
三禮圖(輯) 98右
說文正字(王琭同撰) 187右
釋人注 221左
世本(輯) 276左
謚法(輯) 463右
二渠九河考、圖 579左
關中水道記 582左
四庫全書輯永樂大典本書目 645左
江寧金石待訪錄 674左
莊子注、莊子考逸(輯) 694左
商子(孫星衍同校) 702左
新論(輯) 715左
神農本草經(孫星衍同輯) 852右
本草經(孫星衍同輯) 852右
淮南萬畢術(輯) 905右
許愼淮南子注(輯) 961左
皇覽(輯) 1040左
逸子書(輯) 1735右
孫汧如(清)
釋冰書 975左
孫源文(清)
餓方朔 1685左
32 孫兆重(宋)
黃帝內經素問補註釋文(改誤) 808左
重廣補註黃帝內經素問(改誤) 808左
黃帝內經靈樞(改誤) 808右
孫兆湝(清)
風土雜錄 562左
33 孫治(清)
武林靈隱寺誌 566右
34 孫澍(清)
商邱史記(贅論) 376左
杜主開明前志(一名望帝杜宇叢帝鼈令前志·輯) 569右
孫春皐詩集、文鈔、外集 1466右
國朝古文選(輯) 1545左
孫汝霖(清)
養拙齋詩鈔 1484右
孫汝聽(宋)
蘇潁濱年表 427右
孫汝忠(明)
頂批金丹眞傳 1175左
孫濤(清)
全唐詩話續編(輯) 1564左
35 孫淸元(清)
抱素堂遺詩 1440左
孫淸士(清)
吉人詩鈔 1485右
孫灝(清)
泮涇雜事詩 524右
澥月樓詞槀 1637左
37 孫淑(元)
綠窗遺稿 1317右
孫過庭(唐)
書譜 918右
孫逢吉(宋)
職官分紀 466左
孫運錦(清)
邇渚唱和集(輯) 1553左 1556右
38 孫道絢(宋)
沖虛詞 1599左
孫道乾(清)
小螺盦病榻憶語(輯) 1079左
小螺菴病榻憶語(輯) 1079左
孫棨(唐)
北里志 1049右
孫內翰北里誌 1050左
39 孫逖(唐)
孫逖集 1219左
唐孫集賢詩集 1219左
40 孫雄(民國)
名人生日表 399左
周愨愼公全集提要(輯) 651左
道咸同光四朝詩史一斑錄初編敍例 1565右
眉韻樓詩話 1589左
孫大綬(明)
茶經外集 782右
茶譜外集 783右
孫大焜(清)
萩蘭山房文鈔 1465左
孫奭(宋)
音注孟子(音義) 145左
孟子註疏解經(疏) 145右
孟子正義(疏) 145右
孟子注疏(疏) 145右
孟子音義 149右

律文音義* 487左

40 孫奭(宋)等
律音義 487左

孫希旦(清)
孫太史稿 1432右

孫志祖(清)
讀書脞錄、續編 173左
1026左
家語疏證 681右
經史問答校記 1025右
申鄭軒遺文 1432右
文選李注補正 1530右
文選理學權輿補 1532左
文選考異 1532左

孫嘉淦(清)
孫文定公南遊記 588左
南遊記 588左
孫文定公文錄 1413左

孫奇逢(清)
讀易大旨 19左
書經近指 41左
四書近指 151右
晚年批定四書近指 151右
乙丙紀事 314左
畿輔人物考 387右
中州人物考 390左
理學宗傳 412左
孫徵君日譜錄存 451左
遊譜 451左
夏峯先生語錄 737右
夏峯答問 737右
孫鍾元先生答問 737右
孝友堂家規 754左
孝友堂家訓 754左
容城鍾元孫先生 1376右
夏峯先生集 1376右
孫鍾元集 1376右
孫夏峯遺書 1743左

孫樵(唐)
書何易于 1106右
孫可之集 1235左
孫可之文集 1235左
唐孫樵集 1235左
經緯集 1235左
可之先生全集錄 1235左

孫森(清)
硯辨 804右

41 孫檽(清)
蜨花吟館詩鈔 1492右
餘墨偶談節錄 1587左

孫楨(明)
石雲先生澥迂談 858左
石雲先生題跋 914左
石雲先生印譜釋考 940左
石雲先生語錄 1002右
石雲先生詩 1345左
石雲先生尺牘 1345右

44 孫夢觀(宋)
雪窗集 1287左
雪窗先生文集 1287左

孫芳(清)
悟雲詩存 1465左

孫蘭(清)
大地山河圖說 513右
古今外國名考 624右
柳庭輿地隅說 975右

孫葆田(清)
漢儒傳經記 182左
孟志編略 416右
漢人經解輯存序目 650左
校經室文集 1517右

孫燕貽(明)
長嘯餘 1002左

孫懋(明)
孫毅菴奏議 497右

孫蓀意(清)
貽硯齋詩稿 1465左
衍波詞 1631右

孫楚(晉)
孫馮翊集 1204左

孫蕡(明)
孫西菴集 1324右
西菴集 1324右
孫仲衍集 1324右

孫樹禮(清)
文瀾閣志(孫峻同撰) 565左
義烈墓錄 569右
樊公祠錄 569左

孫枝蔚(清)
空同集選(姚佺同選) 1337左
大復集選(姚佺同選) 1340左
滄溟集選(姚佺同選) 1350左
弇州集選(姚佺同選) 1352右
漑堂詞 1620右

45 孫樓(明)
吳音奇字(輯) 199左

孫柚(明)
琴心記 1696右

46 孫旭(清)
平吳錄 325左

孫覿(宋)
鴻慶居士集補遺 1262右
鴻慶集鈔 1262右
鴻慶居士集 1262右
鴻慶居士文集 1262右
鴻慶集補鈔 1262右

47 孫瑴(明)
河圖括地象(輯) 228左
河圖始開圖(輯) 228左
河圖挺佐輔(輯) 228右
河圖稽燿鉤(輯) 228右
河圖帝覽禧(輯) 229左
河圖握矩記(輯) 229左
河圖玉版(輯) 229右
龍魚河圖(輯) 229右
河圖會昌符(輯) 231左
河圖帝通紀(輯) 231左
河圖眞紀鉤(輯) 231右
河圖祕徵(輯) 232左
河圖稽命徵(輯) 232左
河圖要元篇(輯) 232右
河圖考靈曜(輯) 232右
河圖提劉篇(輯) 233左
河圖絳象(輯) 233右
河圖著命(輯) 233右
雒書靈准聽(輯) 234右
洛書甄曜度(輯) 234右
洛書摘六辟(輯) 235左
洛書錄運法(輯) 235右
孔子河洛讖(輯) 235右
錄運期讖(輯) 235右
甄曜度讖(輯) 236左
易通卦驗(輯) 237左
易坤靈圖(輯) 237左
易稽覽圖(輯) 237右
易河圖數(輯) 238左
易筮類謀(輯) 238左
易九厄讖(輯) 238右
易辨終備(輯) 238右
易中孚傳(輯) 239左
易通統圖(輯) 239左

易統驗玄圖（輯） 239右
易運期（輯） 239右
易萌氣樞（輯） 239右
尙書考靈曜（輯） 240右
尙書帝命驗（輯） 240右
尙書璇璣鈐（輯） 241左
尙書刑德放（輯） 241右
尙書運期授（輯） 242左
尙書帝驗期（輯） 242左
洪範緯（輯） 242右
尙書中候（輯） 242右
尙書五行傳（輯） 243左
中候握河紀（輯） 243右
中候考河命（輯） 243右
中候洛予命（輯） 243右
中候摘洛戒（輯） 244左
中候擿洛戒（輯） 244左
中候儀明篇（輯） 244左
中候義明（輯） 244左
中候敕省圖（輯） 244左
中候稷起（輯） 244右
中候準讖哲（輯） 244右
中候運行（輯） 244右
詩含神霧（輯） 245右
詩推度災（輯） 245右
詩汎歷樞（輯） 246左
禮含文嘉（輯） 247左
禮稽命徵（輯） 247左
禮斗威儀（輯） 247右
樂動聲儀（輯） 248左
樂稽耀嘉（輯） 248右
樂叶圖徵（輯） 249左
春秋演孔圖（輯） 249右
春秋元命包（輯） 250左
春秋文耀鉤（輯） 250右
春秋運斗樞（輯） 251左
春秋感精符（輯） 251左
春秋合誠圖（輯） 251右
春秋考異郵（輯） 252左
春秋保乾圖（輯） 252左
春秋漢含孳（輯） 252右
春秋佐助期（輯） 253左
春秋握誠圖（輯） 253左
春秋潛潭巴（輯） 253右
春秋說題辭（輯） 254左
春秋命歷序（輯） 254右
春秋內事（輯） 254右
論語比考讖（輯） 255右
論語譔考（輯） 256左
論語譔考讖（輯） 256左
論語摘輔象（輯） 256左
論語摘衰聖（輯） 256右
論語陰嬉讖（輯） 257左
孝經援神契（輯） 257右
孝經中契（輯） 258左
孝經左契（輯） 258左
孝經右契（輯） 258右
孝經鉤命訣（輯） 259左
孝經內事圖（輯） 259左
孝經威嬉拒（輯） 259右
古微書（輯） 1729右
河圖緯（輯） 1729右
河圖雜緯篇（輯） 1730左
洛書緯（輯） 1730左
河洛讖（輯） 1730左
易緯（輯） 1730左
易雜緯（輯） 1730右
尙書緯（輯） 1730右
中候雜篇（輯） 1730右
詩緯（輯） 1730右
禮緯（輯） 1731左
樂緯（輯） 1731左
春秋緯（輯） 1731左
論語緯（輯） 1731右
孝經緯（輯） 1731右
孫郁（清）
孫雪厓詩 1400右
繡幃燈傳奇 1706左
新編雙魚珮傳奇 1706左
天寶曲史 1706左
孫穀祥（宋）
野老記聞（原題誤應作王□撰） 1020右
48 孫梅（清）
四六叢話緣起 1590右
50 孫抗（宋）
映雪齋集 1244右
孫泰來（明）等
孫文垣醫案（輯） 861右
孫本（明）
孝經釋疑 158右
古文孝經說 158右
52 孫揆（唐）
靈應傳（一題唐□□撰） 1111左
53 孫成（清）
錦州府志（劉源溥同纂修） 516左
孫盛（晉）
易象妙于見形論 32右
魏氏春秋 287左
魏春秋 287左
晉陽秋 287右
孫甫（宋）
唐史論斷 378左
孫諫議唐史記論 378左
60 孫□（晉）
答夫許邁書 1206右
孫星衍（清）
周易集解 24左
孫氏周易集解 24左
古文尙書（補集） 37左
尙書讀本（補集） 37左
尙書今古文注疏 42右
尙書逸文（補訂） 49左
夏小正傳（校） 91右
明堂考 97左
春秋釋例（莊述祖同校） 112右
問字堂集 174左
魏三體石經遺字考 184左
蒼頡篇（輯） 200左
急就章考異 201右
建立伏博士始末 417左
鄭司農年譜 417右
廣黃帝本行記（校） 448右
軒轅黃帝傳（校） 448右
漢禮器制度（輯） 456左
漢官（輯） 466右
漢官解詁（輯） 466右
漢舊儀（校） 466右
漢舊儀補遺（輯）* 466右
漢官儀（輯） 467左
漢官典職儀式選用（輯） 467左
漢儀（輯） 467左
括地志（輯） 510右
元和郡縣圖志闕卷佚文（輯）* 511左
渚宮舊事（校） 546左
渚宮舊事補遺（輯）* 546左
三輔黃圖（莊逵吉同校） 563右
孫氏祠堂書目內編、外編 647左
平津館鑒藏記書籍、續編 651右
廉石居藏書記 651右

寰宇訪碑錄(邢澍同撰) 665左
古刻叢鈔(重輯) 666左
京畿金石考 673右
泰山石刻記 675右
孔子集語(輯) 681右
晏子春秋(校) 683左
晏子春秋音義 683左
商子(孫馮翼同校) 702左
尸子(輯) 707右
燕丹子(校輯) 711左
六韜(校) 769左
孫子十家註（吳人驥同校） 769右
吳子(校) 770左
華氏中藏經(校) 817右
神農本草經（孫馮翼同輯） 852右
本草經(孫馮翼同輯) 852右
服鹽藥法 856左
千金寶要(校) 856左
祕授清寧丸方(輯) 859右
祕製大黃清寧丸方 859右
史記天官書補目 867右
黃帝金匱玉衡經(校) 897左
黃帝龍首經(校) 897右
黃帝授三子玄女經(校) 898左
平津館鑒藏書畫記 911右
琴操(校) 937左
琴操補遺(輯)* 937左
物理論(集校) 964右
牟子(校) 1189右
一切經音義(莊炘、錢坫同校) 1191右
芳茂山人詩錄 1442左
問字堂集 1442左
岱南閣集 1442左
平津館文稿 1442右
五松園文稿 1442右
嘉穀堂集 1442右
芳茂山人文集 1442右
孫淵如詩文集 1442右
雨粟樓詩 1442右
孫淵如先生文補遺 1442右
問字堂外集 1442右
續古文苑(輯) 1535右
沛上停雲集(輯) 1554左
漢官六種(輯) 1734左
黃帝五書(校) 1738右

60 孫星華(清)
春秋釋例校勘記* 112右
春秋繁露校勘記* 116右
春秋集傳纂例校勘記* 121右
白虎通義校勘記* 167左
鄭志校勘記* 168左
兩漢刊誤補遺校勘記* 267右
新唐書糾謬校勘記* 273左
唐語林拾遺(錄文)* 340左
唐語林校勘記* 340左
建炎以來朝野雜記校勘記* 455左
麟臺故事拾遺(輯)* 469右
麟臺故事考異* 469右
輿地廣記校勘記* 512右
傅子(重輯) 718左
蘇沈良方校勘記* 856右
能改齋漫錄拾遺(輯)* 1019左
意林拾遺(輯)* 1035右
文忠集拾遺(增訂)* 1221左
小畜集拾遺(錄文)* 1242左
南陽集拾遺(錄文)* 1242右
文恭集拾遺(錄文)* 1244左
景文集拾遺(輯)* 1244右
公是集拾遺(錄文)* 1248右
公是集續拾遺(輯)* 1248右
忠肅集拾遺(錄文)* 1252左
浮溪集拾遺(輯)* 1262左
茶山集拾遺(錄文)* 1263右
南澗甲乙稿拾遺(錄文)* 1268右
絜齋集拾遺(錄文)* 1275右
章泉稿拾遺(輯)* 1280左
蒙齋集拾遺(錄文) 1281右

孫國仁(清)
逸書徵 49左
逸詩徵 65左
月令輯佚 88右
禮記月令攷異 89左
左傳賦詩義證 112右
孟子集語 149左
四書古語錄證 154右
漢書人表略校 398右
史記弟子傳名字齒居攷 416左
孟子弟子門人攷 417左
各史地志同名錄 505右
墨子引書說 706右

孫思邈(唐)
千金月令 503右
銀海精微 833右
攝養枕中方 843右
玄女房中經 847右
千金要方 856左
孫眞人備急千金要方 856左
千金寶要 856左
備急海上仙方 856右
孫眞人海上方 856右
存神鍊氣銘(述) 1168左
保生銘(述) 1168左

孫景烈(清)
校正康對山先生武功縣志(校注) 517左

61 孫點(清)
歷下志遊、外編 591左

63 孫默(清)
十五家詞(輯) 1748右

71 孫原理(明)
元音(輯) 1543左

孫原湘(清)
天眞閣詞 1627右

72 孫彤(清) 見孫馮翼

孫岳頒(清)等
佩文齋書畫譜 911右

77 孫鳳(明)
孫氏書畫鈔 910右

孫覺(宋)
龍學孫公春秋經解 122右
春秋經解 122右
孫莘老先生奏議事略、奏議補遺 495右

孫同元(清)
弟子職注 701右
六韜逸文(輯)* 769左

孫周(清)
大瓠堂詩錄 1485左
孫鵬(清)
南村詩集 1413左
孫學勤(清)
薄命曲 1514左
78 孫覽(宋)
孫傅師先生奏議事略 495右
80 孫金礪(清)
紅橋倡和第一集(輯) 1646右
廣陵倡和詞(輯) 1646右
孫鑛(明)
荀子(鍾惺同評選) 684右
書畫跋跋 914左
劉子(評) 965右
无能子(批點) 966右
孫毓(晉)
毛詩異同評 51左
五禮駁 93右
春秋左氏傳義注 104右
孫氏成敗志 718右
孫毓修(民國)
經典釋文校勘記(輯)* 179左
唐石經攷異、補(輯) 185左
史通札記(輯)* 373左
南華眞經札記* 694右
愼子內篇校文* 702右
唐元次山文集補(輯)* 1224左
河南穆公集校補* 1243左
亭林詩集校補(輯)* 1381右
河岳英靈集校文* 1539左
河汾諸老詩集校語* 1546左
孫毓汶(清)
遲菴集杜詩 1495左
82 孫鍾齡(明)
東郭記 1698左
醉鄉記 1698左
84 孫鑄(清)
十瓶齋石言(刻) 942右
孫錤(清)
蜀破鏡 316右
楊文憲公年譜(補訂) 429右
岷陽古帝墓祠後志(輯)* 569右
瘦石文鈔、外集 1457右
87 孫鏘(清)
稭堂閣史考證校勘記* 395左
歷代紀元彙考(校補) 462右
孫鏘鳴(清)
陳文節公年譜 418右
孫郃(唐)
孫拾遺遺集 1239左
孫拾遺文纂 1239左
88 孫銳(宋)
孫耕閒集 1295左
孫篤先(清)
孫淮浦先生語類 977左
90 孫惟信(宋)
花翁詞 1604右
孫堂(清)
子夏易傳(輯) 3左
周易章句(輯・孟喜撰) 4左
周易章句(輯・京房撰) 4左
周易傳(輯) 5左
周易章句(輯・劉表撰) 5右
周易注(輯・宋衷撰) 5右
周易注(輯・荀爽撰) 5右
九家周易集注(輯) 6左
周易注(重校) 6左
鄭氏周易注(重校) 6左
周易注補遺(輯)* 6左
鄭氏周易注補遺(輯)* 6左
周易注(輯・王肅撰) 7右
周易章句(輯・董遇撰) 7右
周易述(增補) 7右
陸氏周易述(增補) 8左
周易注(輯・虞翻撰) 8左
周易注(輯・姚信撰) 8左
蜀才周易注(輯) 8左
周易義(輯・向秀撰) 8右
周易義(輯・翟玄撰) 8右
周易集解(輯) 8右
周易注(補・干寶撰) 9左
周易注(輯・王廙撰) 9左
周易義疏(輯) 9右
孫光庭
觀貞老人哀輓錄(輯) 441左
孫光憲(宋)
通紀(一名通曆・續) 285左
北夢瑣言 339左
孫中丞詞 1592右
孫光祖(清)
六書緣起 941右
古今印制 941右
篆印發微 941右
孫炎(魏)
禮記孫氏注 84右
爾雅孫氏注 162左
爾雅孫氏音 162左
爾雅音注 162左
孫氏爾雅正義拾遺 162左
91 孫愐(唐)
唐韻 205右
切韻 205右
唐韻佚文 205右
孫炳奎(清)
同仁祠錄 569左
94 孫愼行(明)
恩恤諸公志略 402左
玄晏齋困思鈔 974左
97 孫恂(唐)
洛京獵記 1108左
獵狐記 1108左
孫烱(清)
硯山齋墨譜 801右
99 孫瑩培(清)
翠薇僊館詞 1632左

1269_1 酥

17 酥醪洞主(清) 見陳銘珪

1314_0 武

00 武玄之(唐)
韻銓 206左
韻詮 206右
10 武元衡(唐)
武元衡集 1227左
臨淮詩集 1227左
武平一(唐)
景龍文館記 336右
14 武珪(宋)
燕北雜記 347左

20 武億(清)
三禮義證 95左
箴膏肓(校) 104左
發墨守(校) 115左
起廢疾(校) 118右
駁五經異義(校) 167右
鄭志(校) 168左
羣經義證 173左
經讀考異、補、句讀敘述、補、翟晴江四書考異內句讀 181左
金石一跋、二跋、三跋 657右
授堂金石文字續跋 657右
句讀敘述、補 1026右
授堂文鈔、續集 1436左
授堂詩鈔 1436左
鄭氏遺書(校) 1728左
21 武衍(宋)
適安藏拙餘藁 1283右
適安藏拙餘藁、乙藁 1283右
適安藏拙餘稿 1283右
26 武穆淳(清)
讀畫山房文鈔 1451左
32 武澄(清)
張子年譜 417右
34 武漢臣(元)
散家財天賜老生兒雜劇 1657左
天賜老生兒 1657左
新刊的本散家財天賜老生兒 1657左
散家財天賜老生兒 1657左
李素蘭風月玉壺春雜劇 1657左
李素蘭風月玉壺春 1657右
包待制智賺生金閣雜劇 1657右
包待制智賺生金閣 1657右
虎牢關三戰呂布殘本 1657右
武漢臣雜劇 1749右
74 武陵逸史(宋) 見何士信
88 武敏之(劉宋)
三十國春秋 356左

1323_6 強

07 強望泰(清)
強蓴圃太守上當事三書 1508左
10 強至(宋)
韓忠獻公遺事 405右
韓忠獻遺事 405右
韓魏公遺事 405右
祠部集 1251左
24 強仕(明)
強德州集 1347左
27 強名子(口)
眞氣還元銘(注解) 1167左
34 強汝諤(清)
周易集義 27右
強汝詢(清)
求益齋讀書記 177左
金壇見聞記 334左
漢州郡縣吏制考 467右
垜積衍術 888右
求益齋隨筆 1012左
求益齋文集 1486左
35 強溱(清)
佩雅堂詩鈔 1457左
60 強思齊(前蜀)
道德眞經玄德纂疏 688左

1420_0 耐

26 耐得翁(宋) 見趙口
27 耐修子(清)
洞主仙師白喉治法忌表抉微(錄) 834右
白喉治法忌表抉微(錄) 834右
44 耐菴(宋)
靖康稗史(輯) 1732右

1421_7 殖

60 殖口(晉)
殖氏志怪記 1085左

1464_7 破

97 破慳道人(明) 見徐復祚

1519_4 珠

26 珠泉居士(清)
續板橋雜記 1073右
雪鴻小記 1073右
31 珠江寓舫(清)
劫灰錄 322左

1550_1 甦

44 甦菴道人(清) 見楊棨

1610_4 聖

48 聖敎(清釋)
懶餘吟草 1499左

1611_4 理

22 理啚和(明)
理寒石先生文集 1367右

1613_2 環

30 環濟(吳)
帝王要略 490右

1660_1 碧

21 碧虛子(宋) 見陳景元
44 碧蕉軒主人(清)
不了緣 1684左

1661_4 醒

39 醒迷子(清)
醒迷錄 1034右

1710_7 孟

00 孟文瑞(清)
春脚集(輯) 860左
04 孟詵(唐)
食療本草 855右
07 孟郊(唐)
孟東野集 1225右
孟東野詩集 1225右
10 孟元老(宋)
東京夢華錄 544左
夢華錄 544右
孟要甫(口)
諸家神品丹法(述) 1178左
13 孟瑢樾(清)
豐暇筆談 1093右
14 孟珙(宋)
蒙韃備錄 303左
17 孟瑤(清)
孟二靑詩 1401左
21 孟稱舜(明)
桃花人面 1676左
桃源三訪 1676左
死裏逃生 1676左

花前一笑 1676左
鄭節度殘唐再創 1676左
英雄成敗 1676左
泣賦眼兒媚 1676左
眼兒媚 1676左
花舫緣(原本) 1676左
新鐫節義鴛鴦塚嬌紅記 1699左
張玉娘閨房三清鸚鵡墓貞文記 1699左
新鐫二胥記 1699左
古今名劇合選(輯) 1751右
新鐫古今名劇酹江集(輯) 1751右
新鐫古今名劇柳枝集(輯) 1751右

24 孟化鯉(明)
曹月川先生錄粹(輯) 731左
孟雲浦先生文集 1358左
孟雲浦集 1358左

孟德斯鳩(法國)
萬法精理 978右

29 孟秋(明)
孟我疆先生集 1352右

30 孟淮(明)
孟衢源集 1348右

孟安排(梁)
道教義樞 1183右

孟定恭(民國)
布特哈志略 528右

孟宗寶(元)
洞霄詩集(輯) 567右

31 孟河(清)
幼科直言 839左

34 孟漢卿(元)
張孔目智勘魔合羅 1659右
張孔目智勘魔合羅雜劇 1659右
智勘魔合羅 1659右
新刊關目張鼎智勘魔合羅 1659右
孟漢卿雜劇 1750左

孟浩(清)
墨莊詩鈔 1440右

孟浩然(唐)
孟浩然集 1219左
孟襄陽詩集 1219左
孟襄陽集 1219左
孟襄陽詩鈔 1219右
孟浩然詩集 1219右

36 孟昶(晉)
韻會 204左

38 孟洋(明)
孟有涯集 1340右

孟棨(唐)
崔護傳 1109左
樂昌公主傳 1109左
本事詩 1563右

40 孟奎(元)
粗解刑統賦(解) 487左

孟喜(漢)
周易章句 4左
易章句 4左
周易孟氏章句 4左

孟森(民國)
科場案 324右
順天闈 324右
大獄記略綴餘 324右
江南闈 324右
河南山東山西闈 324右
奏銷案 324右
朱方旦案 325右
閒閒錄案 327左
字貫案 327右
袁了凡斬蛟記考 419右
金聖歎考、羅隱秀才 430左
王紫稼考 437左
董小宛考 440左
橫波夫人考 440左
孔四貞事考 440左
蒙古郭爾羅斯後旗旅行記 590左
文藝談 1015右
心史筆粹 1031左
丁香花 1031左
小說題跋 1132左
西樓記傳奇考 1723右

42 孟彬(清)
十國宮詞 382右

47 孟超然(清)
喪禮輯要 461右
使粵日記 615左
使蜀日記 615左
晚聞錄 744右
焚香錄 744右
求復錄 744右
家誠錄 755右
誠是錄 903左
瓜棚避暑錄 1026左
廣愛錄 1034左
亦園亭居士詩鈔 1429右
亦園亭居士文鈔 1429右
孟氏八錄 1740左

77 孟貫(後周)
孟一之詩集 1240右
晚唐孟貫詩 1240右

80 孟今氏(清)
醫醫醫 824左

86 孟錦香(民國)
春暉閣紅餘吟草 1524左

1712_0 刁

21 刁步忠
喉科家訓 835左

27 刁包(清)
易酌 19左
雜卦圖、諸圖附考 30右
四書翊注 152左
潛室劄記 738左
斯文正統(輯) 738左
用六集 1378右

72 刁質明
喉科家訓 835左

1712_7 耶

25 耶律純(遼)
星命總括 904左

耶律楚材(元)
西遊錄 610右
玄風慶會錄 1182右
湛然居士集 1299右
1300左
湛然居士文集 1299右

耶律履(金)
耶律文獻公詞 1611左

耶律鑄(元)
雙溪醉隱集 1307左
雙溪醉隱詩餘 1613右

鄧

00 鄧慶采(明)
荔枝譜 787右

鄧文濱(清)
醒睡錄初集(輯) 1079左

鄧文原(元)

巴西文集 1305右
素履齋稾 1306左
00 鄧章(清)
鼇山存眞草 1491右
10 鄧玉函(明西洋)
遠西奇器圖說錄最(口授) 807右
測天約說 869右
大測 869右
黃赤道距度表 869右
割圜八線表(羅雅谷、湯若望合撰) 880左
鄧元錫(明)
易經繹 17右
書經繹 40右
詩經繹 54右
三禮編繹 94右
春秋通 126左
鄧潛谷集 1353左
12 鄧廷楨(清)
許氏說文解字雙聲疊韻譜 191右
許氏說文雙聲叠韻譜 191右
詩雙聲叠韻譜 212左
雙硯齋筆記 1028左
雙硯齋詩鈔 1455左
雙硯齋詞鈔 1629左
雙硯齋詞話 1720左
鄧廷羅(清)
孫子集註 770左
兵鏡備考 775左
兵鏡或問 775左
17 鄧予垣(明)
病中抽史 375右
鄧子龍(明)
陣法直指 774右
18 鄧瑜(清)
蕉窗詞 1638右
24 鄧德明(晉)
南康記 550右
25 鄧傳安(清)
蠡測彙抄 543右
蠡測彙鈔 1463右
26 鄧皇后(漢)
敎鄧子弟詔 493右
鄧伯羔(明)
藝彀、彀補 1022右
鄧繹(清)
雲山讀書記內學、外治 1012右
藻川堂譚藝 1030左
藻川堂詩集選 1499右
藻川堂文內集、外集 1499右
藻川堂詩集 1499右
27 鄧凱(明)
也是錄(一名永曆帝入緬本末) 323左
求野錄 323右
鄧名世(宋)
古今姓氏書辨證 395右
鄧粲(晉)
晉紀 288左
28 鄧儀(明)
鄧山人集 1356右
鄧牧(宋)
洞霄圖志 567右
大滌洞天記 567右
伯牙琴 1297右
30 鄧之誠
護國軍紀實 335右
鄧實(民國)
吾炙集小傳 425左
靈谷紀遊稿(輯) 596左
談藝錄 910左
竹嬾畫賸附錄(輯)*930左
有明兩大儒手帖(輯) 1560右
禁書目錄(輯) 1735左
31 鄧潛(民國)
牟珠詞 1643左
37 鄧深(宋)
鄧紳伯集 1264左
大隱居士集 1264左
40 鄧大林(清)
杏林莊吟草 1434右
鄧士憲(清)
愼誠堂詩鈔 1422右
鄧有功(宋)
上淸骨髓靈文鬼律 1156左
上淸天心正法(删定) 1167右
鄧嘉縝(民國)
晴花暖玉詞 1641左
鄧嘉純(清)
空一切盦詞 1639右
鄧嘉緝(清)
上谷訪碑記 675左
扁善齋詩選 1504左
42 鄧析(周)
鄧析子 703右
鄧子 703右
44 鄧苑(明)
一草亭目科全書 833右
鄧林(宋)
皇荂曲 1292左
45 鄧柟(口)
道法宗旨圖衍義(纂圖) 1153右
鄧椿(宋)
畫繼 927右
50 鄧肅(宋)
栟櫚集 1265左
栟櫚詩集 1265左
栟櫚集鈔 1265左
栟櫚詞 1599左
鄧忠臣(宋)等
同文館唱和詩 1551右
53 鄧輔綸(清)
白香亭詩 1497右
70 鄧雅(元)
玉笥集 1322右
77 鄧履中(明)
仰止堂集 1372右
鄧學先(清)
鄧虹橋遺詩 1469右
80 鄧鐘(明)
安南圖誌 628左
84 鄧錡(元)
道德眞經三解 690左
87 鄧翔(淸)
知不足齋詩草 1494左
90 鄧光薦(宋)
文丞相督府忠義傳 400左
92 鄧剡(宋)
中齋詞 1609右

1716_4 珞
17 珞琭子(口)
三命指迷賦 904左
新刊祕訣三命指迷賦 904左

1720_7 了
27 了緣子(清)

醋說 1127右
36 了禪(淸釋)
月輝詩存 1475右

1721$_4$ 翟

00 翟玄(口)
周易義 8右
周易翟氏義 8右
易義 8右
10 翟云升(淸)
說文形聲後案 188左
說文辨異 188左
肄許外篇 188左
古韻證 212左
校正古今人表 398右
覆校穆天子傳 711左
焦氏易林校略 896左
17 翟翬(淸)
聲調譜拾遺 1586左
23 翟台(明)
惜陰書院緒言 734左
水西答問 734右
31 翟灝(淸)
四學考異 155左
爾雅補郭 164左
通俗編 226左
艮山雜志 539左
湖山便覽 598右
34 翟汝文(宋)
忠惠集 1261右
44 翟澫(淸)
九畹史論 376右
翟耆年(宋)
籀史 657左
47 翟均廉(淸)
周易章句證異 23右
海塘錄 585左
60 翟思忠(元)
魏鄭公諫續錄(輯) 404右

1722$_7$ 務

53 務成子(口)
上淸黃庭內景經(注) 1140右
太上黃庭外景經(注) 1140右

胥

03 胥斌(淸)
文選集腋(輯) 1532右
10 胥元一(元)
黃帝陰符經心法(注) 1136右

鬻

21 鬻熊(周)
鬻子 685右 686左

酈

11 酈琥(明)
會仙女誌 1067左
38 酈道元(後魏)
水經注 577左
水經注佚文 577右

1723$_2$ 承

28 承齡(淸)
冰蠶詞 1634右
40 承培元(淸)
廣潛研堂說文答問疏證 188左
說文引經證例 192右

豫

00 豫章叢書編刻局(民國)
四庫著錄江西先哲遺書鈔目(輯) 648左

1740$_7$ 子

21 子虛道人(口)
玉皇心印經(注) 1134左
子虛氏(淸)
尺牘初桄、附(輯) 1561左
通問便集(輯注) 1561左
53 子成(元釋)
折疑論、續增補折疑頌論詩 1191右
77 子賢(元釋)
一愚集 1314右

孕

40 孕眞子(蜀)
高上玉皇心印經(注) 1134左

1742$_7$ 邗

21 邗上蒙人(淸)
風月夢 1131右
31 邗江小遊仙客(淸)
菊部羣英 436右

邢

02 邢端
于鍾岳別傳 411右
10 邢雲路(明)
古今律曆考 869左
戊申立春考證 869左
14 邢璹(唐)
周易註 7左
周易彙義(注) 7左
周易注疏(注) 7左
周易略例(注) 32右
周易集解略例(注) 32右
易略例(注) 32右
17 邢邵(北齊)
邢特進集 1214左
邢特進集選 1214左
22 邢崇先(淸)
鞠笙年譜、日記 432左
鞠笙遺集 1510右
27 邢凱(宋)
坦齋通編 986左
邢侗(明)
墨譚、墨記、程君房墨讚 801左
30 邢宥(明)
湄丘集 1331右
34 邢澍(淸)
寰宇訪碑錄(孫星衍同撰) 665左
金石文字辨異 670右
60 邢昉(明)
石臼前集、後集 1371右
石臼後集選 1371右
邢昺(宋)
論語註疏解經(疏) 138右
論語正義(疏) 138右
論語注疏(疏) 138右
孝經正義(疏) 157左
孝經注疏(疏) 157左、右
孝經疏鈔(正義) 157右
爾雅讀本(疏) 162右
爾雅註疏(疏) 162右
爾雅注疏(疏) 162右
爾雅疏 163左
77 邢居實(宋)

附掌錄(一題元元懷撰) 1123左

80 邢慈靜(明)
追述黔塗略 612左
黔塗略 612左

1750$_6$ 鞏

22 鞏豐(宋)
後耳目志 1061右
鞏氏後耳目志 1061右
栗齋詩集 1276右

47 鞏懿修(清)
圖南齋著卜 897左
圖南集 1444左

1750$_7$ 尹

00 尹文(周)
尹文子 704左
尹文子佚文 704左

10 尹元煒(清)
谿上遺聞集錄、別錄541左

尹更始(漢)
春秋穀梁傳章句 118左

12 尹廷高(元)
玉井樵唱 1302右

22 尹繼美(清)
周易集傳、考證、校正(錄) 16左
詩管見 59右
詩地理攷略、圖 61右
黄縣志稿 518右
閩遊記略 617左
蠡書 976右
鼎吉堂詩鈔 1482右
鼎吉堂文鈔 1482右

尹繼善(清)等
八秩壽序壽詩 431右

24 尹壯圖(清)
尹楚珍先生年譜 410右

25 尹佚(周)
史佚書 705左

35 尹洙(宋)
五代春秋 290右
河南集 1245左
河南先生文集 1245左
皇雅 1245左

40 尹士選(清)
珊洲別墅詩鈔 1496左

尹臺(明)
洞麓堂集 1347右
尹洞山集 1347右

尹直(明)
北征事蹟(錄) 308右
謇齋瑣綴錄 348右
瑣綴錄 348右

尹壇(明)
會稽三賦註(補注) 541左

尹有本(清)
徵驗圖考 899左
陽宅指南(發義) 899右
催官篇(注) 901右
七十二葬法(發義) 901右
達僧問答(注) 901右
地理辨正補義 902左
玉函眞義古鏡歌(發義) 902左
地理精語 903左

尹志平(金)
清和眞人北遊語錄(述) 1184右
葆光集 1299左

尹嘉銓(清)
小學義疏 759左
小學或問 759左
小學後編 759左
小學考證 759左
小學釋文 759左

尹喜(周)
無上妙道文始眞經 693左
關尹子 693左、右
關尹子文始眞經 693左、右
文始經 693左
文始眞經 693左、右

42 尹彭壽(清)
說文部首讀補注 189右
漢隸辨體 199左
國朝治說文家書目 653左
魏晉石存目 665右
石鼓文匯 667右
山左南北朝石刻存目 674左

44 尹藝(清)
廿我齋詩稿 1479右

尹樹琪(清)
清芬閣詩草 1491右

尹樹民(清)
印鐙箋 941左

55 尹耕雲(清)
遊翠微山記 589左
遊大伾山記 603右
遊風穴山記 603右

尹耕雲(清)等
豫軍紀略 329左

60 尹口(漢)
尹都尉書 777右

尹昌衡(民國)
易鈂 29左
止園自記 412左
聖學淵源詮證 750左
止園原性論 978左
止心篇 978左
止園經術訐時 978左
王道法言 978左
止園文集 1529右
止園詩鈔 1529右

65 尹畊(明)
譯語 526左
鄉約 774左
塞語 774左

67 尹鶚(前蜀)
妖巫傳 1113右
尹參卿詞 1591右

80 尹會一(清)
健餘先生讀書筆記 153左
健餘先生撫豫條教 472右
尹少宰奏議 499右
呂語集粹 735左
健餘劄記 743左
君鑑錄 750右
臣鑑錄 751左
女鑑錄 758左
士鑑錄 764左
健餘先生文集 1414右
健餘先生尺牘 1414右
四鑑錄 1736右
尹健餘先生全集 1744左

86 尹知章(唐)
管子(注) 700右

90 尹愔(唐)
老子說五廚經註 1146右
五廚經(注) 1146右

尹尙廉(清)
玉案山房詩草 1466右

尹焞(宋)
和靖集 1259右
和靖尹先生文集 1259右

尹和靖先生集 1259右
尹和靖集 1259右

1752_7 那

32 那遜蘭保(清)
芸香館遺詩 1502右

1760_2 習

37 習鑿齒(晉)
漢晉春秋 287右
襄陽耆舊傳 390右
391左
襄陽記 390右
391左
襄陽耆舊記 391左
襄陽耆舊記佚文 391左

1762_0 司

30 司空圖(唐)
容成侯傳 1109左
司空表聖詩 1237左
司空表聖文集 1237左
司空表聖集 1237左
司空表聖詩集 1237左
詩品 1568左
詩品二十四則 1568左
二十四詩品 1568左
司空曙(唐)
司空曙集 1226右
唐司空文明詩集 1226右
司守謙(明)
訓蒙駢句 1044右
60 司星子韋(周)
宋司星子韋書 906右
71 司馬承禎(唐)
修眞精義雜論(述) 843右
服氣精義論(述) 843右
太上昇玄消災護命妙經頌 1134右
上清含象劍鑑圖 1153右
天隱子 1169右
1170左
天隱子養生書 1169右
坐忘論 1170左
司馬子 1170左
上清侍帝晨桐栢眞人眞圖讚(錄) 1182左
司馬穰苴(周)
司馬法 770右
司馬法逸文 770右
771左
司馬兵法 770右
司馬法佚文 771左
司馬子 771左
司馬貞(唐)
史記索隱 263右
司馬彪(晉)
後漢書(續志) 266右
續漢書 278左
九州春秋 297左
零陵先賢傳 391左
後漢書郡國志 507右
莊子注、莊子注考逸 694左
戰略 772右
泰山生令記 1095右
司馬遷(漢)
史記 263左
史記佚文 263左
太史公素王妙論 906右
司馬子長集 1198右
司馬遷(漢)等
二十四史序錄 370右
司馬相如(漢)
凡將篇 200右
201左
凡將 201左
司馬長卿集 1198左
司馬文園集 1198左
司馬文園集選 1198左
司馬扎(唐)
司馬扎先輩詩集 1236左
司馬光(宋)
溫公易說 11右
易說 11右
疑孟 146右
孝經指解 157右
古文孝經指解 157右
司馬溫公切韻 213左
切韻指掌圖 213左
資治通鑑 282左
資治通鑑考異 282右
資治通鑑目錄 282右
通鑑目錄 282右
資治通鑑釋例圖譜 282右
通鑑釋例 282右
資治通鑑釋例 282右
稽古錄 285左
司馬溫公稽古錄 285左
涑水紀聞 341右
溫公瑣語 341右
瑣語 341右
史剡 374左
書儀 460左
司馬氏書儀 460左
纂圖互注揚子法言(李軌、柳宗元、宋咸、吳祕合注) 714右
新纂門目五臣音註揚子法言(李軌、柳宗元、宋咸、吳祕合注) 715左
法言集註 715左
道德眞經論 688左
家範 751右
集註太玄經 892左
增補太玄集注 892左
涑水家儀 751右
居家雜儀 752左
司馬溫公居家雜儀 752左
潛虛 892右
古局象棋圖 943右
投壺格 948右
投壺新格 948右
投壺儀節 948右
涑水迂書 967右
迂書 967右
傳家集 1249右
溫國文正公文集 1249右
司馬文正公傳家集 1249右
司馬溫公詩集 1249右
司馬溫公文集 1249右
獨樂園稿 1249右
司馬溫公尺牘 1249右
司馬溫公詩話 1569右
續詩話 1569右
溫公續詩話 1569右
司馬光(宋)等
類篇 196左
洛中耆英會 1551左
洛中耆英會 1551左
78 司膳內人(宋)
玉食批 954左

酌

10 酌元亭主人(明)
照世盃 1129左

1762_7 邵

00 邵亨貞(元)
野處集 1321左
蟻術詩選 1321左
蟻術詞選 1614左

00 邵齊烈(清)
凝道堂集 1422右
邵齊熊(清)
隱几山房詩集 1426左
邵齊然(清)
聊存草 1426左
邵齊燾(清)
玉芝堂詩集 1423右
玉芝堂文集 1423右
邵齊鰲(清)
樂陶閣集 1426左
邵慶辰(清)
五色瓜廬尺牘叢殘 1512左
邵雍(宋)
漁樵對問 723右
漁樵問對 723右
邵子 723右
皇極經世 893左
皇極經世書 893左
無名公傳 1055右
康節邵子詩 1186左
伊川擊壤集 1247右
擊壤集 1247右
伊川擊壤集、集外詩 1247右
擊壤集選 1247右
安樂窩吟 1248左
03 邵詠(清)
種芝山房文鈔 1461右
06 邵謁(唐)
邵謁詩 1236右
邵謁詩集 1236右
晚唐邵謁詩 1236右
邵諤(唐)
望氣經 894右
10 邵晉涵(清)
爾雅正義 164右
南江文鈔 649左
南江書錄 649左
四庫全書提要分纂稾 649左
南江札記 1026右
12 邵登瀛(清)
四時病機 825右
溫毒病論 827右
女科歌訣 837左
邵瑞彭(民國)
卦合表 29左
太誓決疑 46左
齊詩鈐 65右
說林 221右
吳越春秋札記 355右
蜎子考 417左
書目二編 647右
管子隱義 701左
諸子雜記 713右
地羃古義 876右
天部全表 876右
日食表 876右
三統曆置閏表 876右
三統超辰表 876右
三統中小餘表 876右
三統曆簡表 876右
曆法表 876右
古曆表 876右
周殷曆表 876右
古曆鉤沈 876右
曆算雜記 877左
大歲異聞證 877左
推策備檢 877左
楡廬數典 1030右
梧丘雜札 1030右
茛若渠小記 1030右
謏聞錄 1030右
次室讀書記 1030右
牟子校補 1189右
一切經音義校勘記 1191右
次公詩集 1527右
壯學堂文 1527右
詞書記要 1589左
次公詞稿 1643右
邵廷烈(清)
學易臆說(輯) 26左
思源錄 393左
飼鳩記略 479左
婁江雜詞(輯) 535右
穿山小識(輯) 573左
逕亭雜說(輯) 1008右
望益編(輯) 1558右
邵廷采(清)
東南紀事 319左
西南紀事 319左
思復堂文集 1406左
14 邵瑛(清)
劉炫規杜持平 108左
17 邵玘(清)
荔裳詩鈔(居德修同輯) 1382右
愚山詩鈔(居德修同輯) 1385左
竹垞詩鈔(居德修同輯) 1394左
阮亭詩鈔(居德修同輯) 1396左
邵璨(明)
香囊記 1692左
重校五倫傳香囊記 1692左
新刊重訂出相附釋標註香囊記 1692左
邵承照(清)
五峯山志(詳纂) 572左
弟子職章句訓纂(輯) 701左
21 邵經邦(明)
弘道錄 720右
弘藝錄 1343左
藝苑玄機 1578右
26 邵伯溫(宋)
易學辨惑 12右
河南邵氏聞見前錄 344左
聞見前錄 344左
河南邵氏聞見錄 344左
邵穆生(口)
黃帝陰符經竊註、圖說 1137左
太上黃庭內景玉經直註、圖說 1140右
28 邵以正(明)
長春劉眞人語錄(輯) 1184右
30 邵寶(明)
簡端錄 170右
學史 374右
對客燕談 1066左
容春堂前集、後集、續集、別集 1335左
邵文莊公集 1335左
邵二泉集 1335左
31 邵潛(明)
循吏傳 403右
引年錄 846右
嚶鳴錄 1037右
志幻錄 1092右
34 邵浩(宋)
坡門酬唱集(輯) 1551右
邵遠平(清)
元史類編 281右
建文帝後紀 307左
40 邵太緯(清)

薄海番域錄 632右
邵士洙(清)
十國雜詠 382右
43 邵博(宋)
河南邵氏聞見後錄 344左
聞見後錄 344左
邵氏聞見後錄 344左
44 邵蘭蓀(清)
邵氏醫案 863右
邵蘭孫醫案 863右
邵若愚(宋)
道德眞經直解 688右
邵樹忠(清)
展碧山房駢體文選 1510左
邵桂子(宋)
雪舟脞語（一名甕天脞語） 1064左
慵菴小集 1297右
邵桂子(宋)等
小易 990右
47 邵懿辰(清)
尙書通義 43右
尙書傳授同異考 47右
禮經通論 95右
李氏孝經注輯本 160左
半巖廬日記 451右
明季國初進士履歷跋後 465右
四庫簡明目錄標注 645左
曾子大孝編注 682右
忱行錄 748左
位西先生遺稿 1475右
半巖廬遺文、補、遺詩、補 1475右
48 邵松年(民國)
輶軒博記續編 390左
50 邵泰衢(清)
檀弓疑問 88左
史記疑問 264左
60 邵口(明)
玄宗內典諸經註(輯) 1742右
邵思(宋)
姓解 395右
雁門野說 1054右
野說 1054右
67 邵嗣宗(清)
筮仕金鑑 473左
舊鄉行紀 614右
洗心錄 743右
葬考(輯) 902右
邵嗣堯(清)
易圖定本 30右
重訂擬瑟譜 938左
71 邵長蘅(清)
閻典史傳 409左
東坡先生年譜(訂) 427右
毘陵諸山記 572右
飛來峯記 574左
毘陵諸水記 582右
彈山吾家山遊記 593右
遊秦園記 594右
遊張公洞記 594右
遊孤山記 600左
遊赤壁記 603右
施註蘇詩（李必恒同補注） 1253左
蘇詩王註正譌 1253左
青門詩 1398左
邵青門全集 1398左
青門文鈔 1398左
邵青門文錄 1398左
77 邵同珍(清)
醫易一理 852左
80 邵僉(明)
邵文莊公年譜（吳道成同撰） 419左
邵曾鑑(清)
集句詞 1639右
86 邵錫榮(清)
探西詞 1618左
90 邵光祖(元)
切韻指掌圖檢圖之例（補）* 213左
邵棠(清)
懶雲山莊詩鈔 1493左
91 邵炳揚(清)
經驗方(輯) 860右

1833_4 憨

11 憨頭陀(明) 見眞可
15 憨融上人(明)
宮庭睹記 458左
22 憨山道人(明) 見德清

1874_0 改

14 改琦(清)
玉壺山房詞 1628左

1918_0 耿

00 耿文光(清)
萬卷精華樓藏書記 649右
26 耿保衡(清)
少尹詩 1480右
耿保遐(清)
蕉窗訓蒙錄、詩文 761右
28 耿徵庶(清)
蕃卿詩存 1480右
耿徵文(清)
雅季詩存 1480右
耿徵雨(清)
聽雨軒詩鈔、文鈔 1459左
耿徵信(清)
符君詩存 1480右
29 耿嶸美(清)
峋菴詩 1469左
30 耿定向(明)
先進遺風 400右
象山先生要語(輯) 729右
權子 1068右
1123右
耿天臺集 1352左
31 耿澐(清)
雪村詩草摘刊 1462右
34 耿湋(唐)
耿湋集 1225左
耿湋詩集 1225左
耿拾遺詩集 1225左
40 耿南仲(宋)
周易新講義 12左
41 耿極(清)
王制管窺 88左
44 耿蔭樓(明)
國脈民天 780右
80 耿全美(清)
具菴詩草摘刊 1480右

2

2010$_4$ 重

61 重顯（宋釋）
祖英集 1243右
雪竇顯和尚明覺大師頌古集、拈古、瀑泉集 1243右

2013$_2$ 黍

88 黍餘裔孫（清） 見屠紳

2021$_4$ 住

46 住想（明釋）
愼柔五書 826右
胡愼柔先生五書要語 826右

2022$_7$ 喬

00 喬方立（清）
花雨香齋集 1420左
20 喬重禧（清）
陔南池館遺集 1486右
喬億（清）
小獨秀齋詩 1415左
窺園吟稿 1415左
江上吟 1415左
三晉遊草 1415左
夕秀軒遺草 1415左
惜餘存稿 1415左
劍溪文略 1415左
燕石碎編 1415右
劍溪外集 1415右
大歷詩略（輯） 1540右
杜詩義法 1564右
劍溪說詩、又編 1587右
40 喬大鴻（清）
槐陰樓集 1441左
喬大鈞（清）
聽雨草堂集 1420左
喬吉（元）
續劍俠傳 1117右
杜牧之詩酒揚州夢 1662右
杜牧之詩酒揚州夢雜劇 1662右
杜牧之揚州夢 1662右
新鐫杜牧之詩酒揚州夢 1662右
詩酒揚州夢 1662右
玉簫女兩世姻緣 1662右
玉簫女兩世姻緣雜劇 1662右
兩世姻緣 1662右
李太白匹配金錢記 1662右
李太白匹配金錢記雜劇 1663左
新鐫李太白匹配金錢記 1663左
金錢記 1663左
李雲英風送梧桐葉雜劇（一題明李唐賓撰） 1668右
喬夢符小令 1712左
惺惺道人樂府 1712左
文湖州集詞 1712左
摭遺 1712左
夢符散曲 1751右
44 喬世寧（明）
丘隅意見 971左
喬三石集 1348右
喬萊（清）
喬氏易俟 19右
灕湘二水記 585右
遊永州近治山水記 604右
遊七星巖記 607左
遊伏波巖記 607左
48 喬松年（清）
論語淺解 143左
古微書存考（輯） 227右
古微書訂誤（輯） 227右
河圖括地象（輯） 228左
河圖始開圖（輯） 228右
河圖挺佐輔（輯） 228右
河圖稽耀鉤（輯） 229左
河圖帝覽嬉（輯） 229左
河圖握矩起（輯） 229右
河圖玉版（輯） 229右
龍魚河圖（輯） 230左
泛引河圖（輯） 230左
河圖合古篇（輯） 230左
河圖今占篇（輯） 230左
河圖赤伏符（輯） 230左
河圖闓苞受（輯） 230右
河圖抃光篇（輯） 230右
河圖龍文（輯） 230右
河圖錄運法（輯） 230右
河圖說徵（輯） 230右
河圖說徵祥（輯） 231左
河圖會昌符（輯） 231左
河圖帝通紀（輯） 231右
河圖眞紀鉤（輯） 231右
河圖考鉤（輯） 231右
河圖祕徵（輯） 232左
河圖稽命徵（輯） 232左
河圖揆命篇（輯） 232右
河圖要元篇（輯） 232右
河圖天靈（輯） 233左
河圖提劉篇（輯） 233右
圖緯絳象（輯） 233右
河圖著命（輯） 234左
河圖皇參持（輯） 234左
河圖帝視萌（輯） 234左
雒書靈準聽（輯） 234右
雒書甄曜度（輯） 234右
雒書摘六辟（輯） 235左
雒書寶號命（輯） 235左
雒書說禾（輯） 235左
雒書錄運法（輯） 235右
泛引雒書（輯） 235右
雒書錄運期（輯） 235右
易乾鑿度（輯） 236左
乾坤鑿度（輯） 236右
易通卦驗（輯） 237左
易稽覽圖（輯） 237右
易是類謀（輯） 238左
易辨終備（輯） 238右
易中孚傳（輯） 239左
易天人應（輯） 239左
易通統圖（輯） 239右
易運期（輯） 239右
易內傳（輯） 239右
易萌氣樞（輯） 240左
易內篇（輯） 240左
易傳太初篇（輯） 240左
泛引易緯（輯） 240左
尙書考靈曜（輯） 240右
尙書帝命驗（輯） 241左
尙書璇璣鈐（輯） 241左
尙書刑德放（輯） 241右
尙書運期授（輯） 242左
尙書帝驗期（輯） 242右
尙書洪範記（輯） 242右
泛引尙書緯（輯） 242右
尙書中候（輯） 242右
中候握河紀（輯） 243右
中候我應（輯） 243右
中候考河命（輯） 243右
中候雒予命（輯） 243右

中候雒師謀(輯)　244左
中候摘雒貳(輯)　244左
中候儀明(輯)　244左
中候敕省圖(輯)　244右
中候稷起(輯)　244右
中候準讖哲(輯)　244右
中候合符后(輯)　244右
中候運衡(輯)　245左
中候契握(輯)　245左
中候苗興(輯)　245左
詩含神霧(輯)　245右
詩推度災(輯)　246左
詩汎歷樞(輯)　246左
泛引詩緯(輯)　246右
禮含文嘉(輯)　247左
禮稽命徵(輯)　247右
禮斗威儀(輯)　247右
泛引禮緯(輯)　248左
樂動聲儀(輯)　248右
樂稽耀嘉(輯)　248右
樂叶圖徵(輯)　249左
泛引樂緯(輯)　249左
春秋演孔圖(輯)　249右
春秋元命包(輯)　250左
春秋文曜鉤(輯)　250右
春秋運斗樞(輯)　251左
春秋感精符(輯)　251右
春秋合誠圖(輯)　251右
春秋考異郵(輯)　252左
春秋保乾圖(輯)　252右
春秋漢含孳(輯)　252右
春秋佐助期(輯)　253左
春秋握誠圖(輯)　253右
春秋潛潭巴(輯)　253右
春秋說題辭(輯)　254左
春秋命歷序(輯)　254右
春秋內事(輯)　254右
春秋錄圖(輯)　255左
春秋錄運法(輯)　255左
春秋孔錄法(輯)　255左
春秋璇璣樞(輯)　255左
春秋揆命篇(輯)　255左
春秋河圖揆命篇(輯)　255左
春秋玉版(輯)　255左
春秋瑞應傳(輯)　255右
泛引春秋緯(輯)　255右
論語比考(輯)　255右
論語譔考(輯)　256左
論語摘輔象(輯)　256左
論語摘衰聖(輯)　256右
論語素王受命讖(輯)　256右
論語崇爵讖(輯)　257左
論語糾滑讖(輯)　257左
論語陰嬉讖(輯)　257左
泛引論語讖(輯)　257右
孝經援神契(輯)　257右
孝經中契(輯)　258左
孝經左契(輯)　258右
孝經右契(輯)　258右
孝經鉤命決(輯)　259左
孝經內事(輯)　259右
孝經中黃(輯)　259右
孝經河圖(輯)　259右
孝經威嬉拒(輯)　260左
泛引孝經緯(輯)　260左
喬勤恪公奏議　500右
蘿藦亭札記　1029左
緯攟(輯)　1729右
河圖緯(輯)　1729右
河圖雜篇(輯)　1730左
雒書緯(輯)　1730左
雒書緯雜篇(輯)　1730左
易緯(輯)　1730右
尙書緯(輯)　1730右
詩緯(輯)　1731左
禮緯(輯)　1731左
樂緯(輯)　1731左
春秋緯(輯)　1731左
春秋緯雜篇(輯)　1731右
論語緯(輯)　1731右
論語緯雜篇(輯)　1731右
孝經緯(輯)　1731右
孝經緯雜篇(輯)　1731右

50 喬中和(明)
大易通變　18左
說易　18左
葩經旁意　55左
古大學注　132右
元音譜　213右
說疇　893右
大九數　893右
圖書衍　894左
陰符經註　1137左
喬還一先生餘稿括抄　1371右

86 喬知之(唐)
唐喬知之詩集　1218左

90 喬光烈(清)
遊磻溪記　590右
遊龍門記　590右
登華山記　590右

2024_7 愛

21 愛虛老人(清)
古方彙精(輯)　859右

44 愛菊主人(清)
花史　1074右

2025_2 舜

12 舜水蘧然子(明)
見車任遠

2026_1 信

10 信天翁(清)
丁酉北闈大獄記略　324右

47 信都芳(後魏)
樂書　99右

2033_1 焦

04 焦竑(明)
俗書刊誤　198右
國史經籍志　644左
荀子(注釋)　684右
老子翼　690右 691左
老子考異　691左
老子(注釋)　691左
莊子翼　695右
莊子(注釋)　695右
列子(注釋)　698右
韓非子(注釋)　703左
呂氏春秋(注釋)　708右
揚子(注釋)　715左
文中子(注釋)　719左
養正圖解　760左
墨苑序　801左
淮南子(注釋)　961右
支談　972右
焦氏筆乘、續集　998右
焦氏類林　1043右
陰符經解　1136右
澹園集、續集　1359右
焦澹園集　1359右

07 焦贛(漢)
易林　895右 896左
焦氏易林　895右

焦氏易林 896左

12 焦廷琥(清)

尙書伸孔篇 43左
冕服考 98左
三傳經文辨異 129右
先府君事略 422右
讀書小記 1027右
蜜梅花館文錄 1453左
蜜梅花館詩錄 1453左
因柳閣詞鈔 1628右

17 焦承秀(清)

靑氈夢 1078左

20 焦秉貞(清)

御製耕織圖詩(繪) 779左

22 焦循(清)

易章句 24右
易通釋 25左
周易補疏 25左
易話 25左
易廣記 25左
易圖略 31左
尙書補疏 43左
禹貢鄭注釋 45左
古文尙書辨 47左
毛詩補疏 58左
陸氏草木鳥獸蟲魚疏(疏) 62左
禮記補疏 87左
羣經宮室圖 97右
春秋左傳補疏 108左
論語補疏 142左
論語通釋 142左
孟子正義 148左
邗記 536右
北湖小志 583左
里堂家訓 756左
李翁醫記 862右
釋輪 882右
釋橢 882右
加減乘除釋 882右
釋弧 882右
天元一釋 882右
開方通釋 882右
劇說 947右
花部農譚 947右
易餘籥錄 1008左
憶書 1076右
雕菰集 1446左
焦里堂先生軼文 1446左
雕菰集文錄 1446左
揚州足徵錄(輯) 1546右
紅薇翠竹詞 1626右
仲軒詞 1626右
雕菰樓詞話 1719右
易餘曲錄 1723左
雕菰樓易學三書 1727左
六經補疏 1728右
里堂學算記 1738左

30 焦之夏(明)

歲寒集 1371右

40 焦袁熹(清)

春秋闕如編 127右
此木軒四書說 152右
此木軒讀四書注疏 152右
儒林譜 181右
此木軒泉下錄 387左
小國春秋 356左
此木軒枝葉錄 742右
此木軒尙志錄 742右
太玄解 892左
潛虛解 893左
此木軒贅語 1005右
此木軒雜著 1005右
此木軒雜錄彙編 1024右
此木軒食木 1190右
此木軒昌黎文選(選) 1228左
此木軒柳州文選(選) 1230左
此木軒廬陵文選(選) 1246左
此木軒詩 1410左
此木軒歷科詩經文 1410左
此木軒自訂義存 1410左
此木軒歷科程墨 1410左
此木軒選四六文(輯) 1536右
此木軒五言七言律詩選讀本(輯) 1540右
此木軒論詩 1583左
此木軒論制義彙編(輯) 1590右

60 焦勗(明)

火攻挈要(述) 774右

2040_7 季

04 季麒光(清)

臺灣雜記 543左
還羅別記 631左

24 季佑申(清)

鴻雪偶留(輯) 1459左

37 季逢元(民國)

壺隱謎存 947左

44 季蘭韻(清)

楚畹閣詩餘 1630右

50 季本(明)

詩說解頤 54右

51 季振宜(清)

延令宋版書目(一名季滄葦藏書目) 646右

66 季嬰(明)

西湖手鏡 598左

隻

60 隻圓(□)

記響拓玉印譜 664右

雙

35 雙淸(明)

晉塵 1001右

62 雙影盦生(淸)

法嬰祕笈 436右

2043_0 奚

17 奚子明(淸)

多稼集 781左

33 奚淢(宋)

秋崖詞 1607右

77 奚岡(淸)

冬花庵題畫絕句 916右
奚鐵生先生印譜(刻) 942右
冬花庵印存(刻) 942右
冬花庵燼餘稿 1436左

2060_9 香

10 香雪道人(淸) 見宣鼎

22 香山慈幼院(民國)

慈幼編(輯) 761右

32 香溪漁隱(淸)

鳳城品花記 948左

80 香谷氏(淸)

殘籠故事 1074右

2064_8 皎

23 皎然(唐釋)

唐皎然詩集 1224右
杼山集 1224右
晝上人集 1224右
詩式 1568右
中序 1568右
詩議 1568右
評論 1568右

2071$_4$ 毛

00 毛亨(漢)
毛詩註(傳) 49右
毛詩(傳) 49右
50左
毛詩詁訓傳 49右
毛詩二南殘卷(傳) 49右
詩經(傳) 50左
詩經讀本(傳) 50左
毛詩註疏(傳) 50左
毛詩正義(傳) 50左
附釋音毛詩注疏(傳) 50左
毛應龍(元)
周官集傳 70左
毛應觀(清)
井田計畝 475左
地理徵今 505右
天文祛異 875左
毛慶善(清)
澗上草堂紀略續編(輯)* 568右
毛文錫(前蜀)
毛司徒詞 1591右
04 毛謨(清)
說文檢字 192右
10 毛元仁(明)
寒檠膚見 973左
毛晉(明)
毛詩草木鳥獸蟲魚疏廣要 62左
毛詩陸疏廣要 62左
詩疏廣要 62左
米襄陽志林(輯) 435右
海嶽志林(輯) 435右
虞鄉雜記 536左
隱湖題跋 651右
香國 799左
和古人詩 1367右
和今人詩 1368左
和友人詩 1368左
野外詩 1368左
三家宮詞(輯) 1744右
二家宮詞(輯) 1745左
宋六十名家詞(輯) 1748右
毛霦(清)
平叛記 315左
14 毛琳(清)
溪南詩草 1438右
17 毛珝(宋)
吾竹小藁 1292右
毛聚奎(明)
呑月子集 1383右
20 毛秀惠(清)
毛孺人詩 1431右
21 毛幵(宋)
樵隱詞 1602右
樵隱詩餘 1602右
毛師柱(清)
毛端峯詩 1401右
22 毛嶽生(清)
元書后妃公主列傳 438右
24 毛先舒(清)
詩辯坻 55右
古韻通略(括略併注) 209右
韻白 210左
聲韻叢說 210左
韻問 210左
南唐拾遺記 360右
喪禮雜說 461左
常禮雜說 461左
螺峯說錄、稚黃子文洴 740左
聖學眞語 740左
格物問答 740左
語小 740左
家人子語 767左
稚黃子 975左
匡林 1004左
思古堂集 1387左
潠書 1387左
小匡文鈔 1387右
東苑文鈔 1387右
東苑詩鈔 1387右
蕊雲集 1387右
晚唱 1387右
鸞情集選 1387右
諺說(輯) 1562左
南曲入聲客問 1716右
塡詞名解(撰併注) 1718右
毛升芳(清)
毛乳雪詩 1403左
30 毛滂(宋)
東堂集 1260左
東堂小集 1260左
東堂詞 1596右
毛永椿(清)
思無邪室吟草 1492右
毛永柏(清)
小紅薇館吟草 1492右
小紅薇館拾餘詩鈔 1492右
毛扆(清)
汲古閣珍藏祕本書目 646左
毛憲(明)
三近齋語錄 733左
毛宗藩(清)
峽源集 1511左
34 毛逵(清)
毛錦來詩 1397左
38 毛祥麟(清)
毛對山醫話 865左
對山醫話 865左
墨餘錄 1079左
對山餘墨 1079左
40 毛大瀛(清)
戲鷗居詞話、叢話 1720左
毛士(清)
春秋諸家解、總論 129右
春秋三子傳 129右
春秋三傳駁語 129右
毛直方(元)
聊復軒斐集 1300左
毛在(明)
先進遺風(增補) 400右
毛奇齡(清)
仲氏易 20右
推易始末 20右
易小帖 20右
易韻 33右
尙書廣聽錄 41左
舜典補亡 44右
古文尙書冤詞 47左
毛詩寫官記 55右
詩札 55右
詩傳詩說駁義 55右
白鷺洲主客說詩 56左
國風省篇 60右
續詩傳鳥名 62右

周禮問 70右
昏禮辨正 78右
喪禮吾說篇 78右
三年服制考 81左
辨定祭禮通俗譜 82左
檀弓訂誤 88左
郊社禘祫問 96左
明堂問 97左
廟制折衷 97左
學校問 97右
大小宗通繹 97右
聖諭樂本解說 101左
皇言定聲錄 101左
竟山樂錄(一名古學復興錄) 101左
春秋屬辭比事記 126右
春秋條貫篇 127左
春秋毛氏傳 127左
春秋簡書刊誤 127左
大學證文 133左
大學知本圖說 133左
大學問 133左
中庸說 135右
論語稽求篇 141左、右
四書索解 152左
四書賸言、補 152左
聖門釋非錄 152左
四書改錯 152左
孝經問 159左
經問、補 171左
古今通韻 208左
韻學要指(一名古今通韻括略) 210左
韻學指要 210左
越語肯綮錄 226左
河圖洛書原舛編 227右
武宗外紀 310左
明武宗外紀 310左
後鑒錄 352左
易齋馮公年譜 409右
王文成傳本 419左
明新建伯王文成公傳本 419左
勝朝彤史拾遺記 438右
彤史拾遺記 438右
辨定嘉靖大禮議 457右
北郊配位尊西向議 458左
北郊配位議 458左
何御史孝子祠主復位錄 459左
家禮辨說 461左
古禮今律無繼嗣文 461左
古今無慶生日文 461左
禁室女守志殉死文 461左
三年服制考 461左
制科雜錄 465左
杭志三詰三誤辨 520左
蕭山縣志刊誤 521左
集課記 524左
杭城治火議 538右
蠻司合誌 562右
三江考 582右
湘湖水利志 584右
曾子問講錄 682右
辨聖學非道學文 722左
太極圖說遺議 724左
逸講箋 740左
折客辨學文 740左
春秋占筮書 897左
後觀石錄 956右
西河襍箋 1004左
答三辨文 1024左
天問補註 1197左
西河文集 1389左
館課擬文 1389左
釋二辨文 1389左
辨忠臣不徒死文 1389左
西河詩集 1389左
西河詩話 1582左
填詞 1616右
毛翰林詞 1617左
當樓詞 1617左
擬連廂詞 1714左
西河詞話 1718右
50 毛貴銘(清)
西垣黔苗竹枝詞 558左
黔苗竹枝詞 558左
西垣詩鈔 1481右
51 毛振鋭(清)
西征記 326右
57 毛邦翰(宋)
六經圖(補) 179左
60 毛晃(宋)
禹貢指南 44右
增修互註禮部韻略(增注) 206右
毛昌傑(清)
續漢書郡國志釋略 507右
77 毛鳳苞(明) 見毛晉
毛鳳枝(清)
陝西南山谷口考 572左
毛居正(宋)
六經正誤 180左
增修互註禮部韻略(重增) 206右
毛際可(清)
吳山紀遊 599右
燈謎 946右
孟子人名庾詞 946右
鶴舫文鈔 1395右
映竹軒詞 1619左
毛際盛(清)
說文解字述誼 186右
毛熙震(後蜀)
毛祕書詞 1592左
79 毛勝(宋)
水族加恩簿 1122右
80 毛念恃(清)
宋儒龜山楊先生年譜 418左
豫章羅先生年譜 418左
延平李先生年譜 418左
紫陽朱先生年譜 418左
97 毛煥文(清)
萬寶全書(輯) 1126右

2090_4 采

40 采九德(明)
倭變事略 311左
44 采蘅子(清) 見宋口

2091_4 纏

17 纏子(周)
纏子 705左

2110_0 上

10 上元夫人(口)
答西王母書 1201右
30 上官融(宋)
友會談叢 1054右
上官周(清)
晚笑堂畫傳(繪) 935左
76 上陽子(元) 見陳致虛

2120_1 步

11 步非烟(唐)
答趙象書 1231左

2121$_0$ 仁

仁(明釋)
釋夢觀集 1326左
44 仁孝文皇后(明)
內訓 757左
仁孝文皇后內訓 757左
勸善錄 1032右
61 仁顯(口釋)
廣畫錄 928左

2121$_7$ 伍

12 伍瑞隆(清)
胭脂紀事 1127左
20 伍喬(南唐)
伍喬詩集 1240右
晚唐伍喬詩 1240右
伍喬詩 1240右
27 伍魯興(清)
蓉湖吟稿 1458右
28 伍以仁(清)
澹齋詩草 1489左
30 伍守虛(明)
仙佛合宗語錄(校注) 1185左
伍守陽(明)
天仙正理(撰併注) 1173右
天仙眞理直論增註、附 1173右
金丹要訣 1173右
伍眞人丹道九篇 1173右
仙佛合宗語錄 1185左
伍宇澄(清)
飲淥軒隨筆 1007右 1076左
秋水亭詩鈔 1435右
伍宇昭(清)
艤舟亭集 1432右
伍安貧(梁)
武陵記 549右
32 伍兆鰲(清)
蕉林書屋詩鈔、賦鈔 1489左
蕉林書屋詞鈔 1635右
伍兆燦(清)
青愛山房詩鈔 1489左
37 伍涵芬(清)
讀書樂趣約選(輯) 1036右
67 伍嗣興(清)
磊軒小稿 1461右
餐玉詞 1631左
88 伍餘福(明)
三吳水利論 583右
苹野纂聞 1067左
苹野纂聞 1067左

虎

44 虎林醉犀生(清)
四海記 1094左
科場餤口 1127左

虛

05 虛靖天師(明)
靈笈寶章 1181左
50 虛中(口釋)
流類手鑑 1581左

盧

00 盧育和(民國)
醫原(錄) 824左
盧文弨(清)
周易注疏校正 7左
周易略例校正 32右
尙書大傳補遺、續補遺(輯)* 35左
尙書大傳考異* 35左
尙書注疏校正 36右
呂氏讀詩記補闕 52右
儀禮注疏詳校 76左
儀禮注疏校正 76左
禮記注疏校補 84左
春秋左傳注疏校正 105右
春秋繁露(校) 116右
白虎通德論校勘補遺* 166右
鍾山札記 172左
龍城札記 172左
經典釋文考證 179左
經典釋文敍錄(校正) 179右
五經正義表(錄) 182右
輶軒使者絕代語釋別國方言校正補遺(丁杰同校)* 225左
史記惠景閒侯者年表校補 264右
續漢書志注補校正 267右
續漢書志注補 267右
晉書校正 269左
魏書校補 270右
新唐書糾謬校補 273左
宋史孝宗紀補脫 274左
金史補脫 274右
汲冢周書校正補遺* 277左
資治通鑑序補逸 282右
史通校正 373左
讀史札記 379右
晉書禮志校正 456左
魏書禮志校補 456右
金史禮志補脫 457左
獨斷(校) 490右
水經序補逸 577右
文獻通考經籍校補 641右
宋史藝文志補(錄) 643右
補遼金元藝文志(錄) 643右
嘯堂集古錄校補 661左
晏子春秋校正 683左
荀子校勘補遺(謝墉同校)* 684左
列子張湛注校正 698左
韓非子校正 703左
山海經圖贊補逸 710左
新書(校) 712右
鹽鐵論校補 713右
新序校補 714左
說苑校補 714左
新論校正 715右
申鑒校正 716右
顏氏家訓注補併重校、壬子年重校* 751右
顏氏家訓(補注) 751右
晉書天文志校正 868左
揚雄太玄經校正(錄) 892左
潛虛校正 892右
風俗通義(校) 979左
風俗通義校正逸文 979左
鍾山札記 1025右
龍城札記 1025右
論學劄說十則 1025右
西京雜記(校) 1046左
春渚紀聞補闕 1059左
鮑照集校補 1209左
章蘇州集校正拾遺 1221右
白氏文集校正 1230左
元微之文集校補 1231左
林和靖集校正 1243左

抱經堂文集 1423右
明史藝文志(錄) 1735左
羣書拾補初編 1740左
羣書拾補補遺 1740左

00 盧辯(北周)
大戴禮記(注) 91左
曾子十二篇讀本(注) 682右

盧言(唐)
盧氏雜說 1051右
雜說 1051右
雜說佚文 1051右

盧襄(宋)
西征記 609左

04 盧諶(晉)
雜祭法 459右

05 盧靖(民國)
三通序(錄) 454左

07 盧戇章(民國)
製字略解列表 215右
廣東切音字母 215右
廈門切音字母 215右
漳州切音字母 215右
泉州切音字母 216左
福州切音字母 216左
官話切音字母 216左
中國切音字母 216左
一目了然初階 216右
中國字母北京切音合訂 1729右

10 盧亘(元)
盧含雪詩集 1304右
彥威集 1304右

盧元素(清)
繡槳軒遺詩 1467右

14 盧琦(元)
圭峯集 1309右

16 盧碧筠(清)
璧雲軒賸稿 1480左

19 盧耿(民國)
倘論張仲景傷寒論校勘續記* 811右
醫門法律校勘續記* 820右
寓意草校勘續記* 862左

20 盧重元(唐)
列子注 698左

21 盧師孔(明)
都下贈言錄(輯) 1552左

23 盧紘(清)
四照堂集 1399右
盧澹崖詩選 1399右

24 盧先駱(清)
紅樓夢竹枝詞 1132右

盧綝(晉)
八王故事 297左
晉八王故事 297左
晉四王遺事 297左

25 盧生甫(清)
東湖乘 540左

26 盧和(明)
食物本草 855右

27 盧象昇(明)
忠肅集 1368右
盧忠肅公文集 1368右
盧忠肅公書牘 1368右

盧僎(唐)
盧僎集 1218右

28 盧以緯(元)
語助 224左

盧復(明)
芷園臆草存案 861右

盧綸(唐)
盧綸集 1225左
唐盧戶部詩集 1225右
盧戶部詩集 1225右

30 盧之頤(明)
廣成子校 697左
黃石公素書(訂) 772左
痎瘧論疏 830左
學古診則 849左
本草乘雅半偈 854左
譚子化書(校) 967左

盧憲(宋)
嘉定鎮江志 519右

31 盧涇材(明)
鄭桐菴先生年譜上卷(徐雲祥同撰) 419右

37 盧湧(清)
蓉湖存稿 1496右

盧鴻(唐)
終南十志 564右

盧祖皐(宋)
蒲江詞 1604左
蒲江居士詞 1604左
蒲江詞稿 1604右

38 盧遵元(唐)
太上肘後玉經方 1168右

盧肇(唐)
文標集 1234右

40 盧大雅(明)
盧羽士集 1357左

盧士元(清)
盧長公史隟、續史隟 379左

盧存心(清)
文廟從祀弟子贊 416左
蠟談、雜說 1006左

44 盧懋
論語新注 144左

盧摯(元)
疎齋集 1302左
疏齋詞 1611右

盧若騰(清)
島居隨錄 1072左

盧世漼(清)
讀杜私言 1564右

盧植(漢)
小戴禮記注 83左
盧氏禮記解詁 83左
禮記盧氏注 83左
禮記解詁 83右

45 盧柟(明)
蠛蠓集 1356左
盧次楩集 1356左
譚友夏批點想當然傳奇 1699右

50 盧中苓(□)
北帝伏魔經法建壇儀(編) 1164左

60 盧□(□)
周易盧氏注 10左
盧氏易注 10左

盧□(唐)
逸史 1051左

盧□(宋)
博物志(周日用同注) 1038右

盧見曾(清)
漁洋感舊集小傳 425左
漁洋山人感舊集小傳 425左
金石三例(輯) 1735右

盧思道(隋)
盧武陽集 1215左
盧武陽集選 1215左

67 盧照鄰(唐)

盧照鄰集 1215右
盧照鄰文集 1216左
幽憂子集 1216左
盧昇之集 1216左

80 盧仝(唐)
春秋摘微 122左
玉泉子 1048右
盧仝詩集、集外詩 1226左
玉川子詩集、外集 1226左
盧仝集 1226左

盧鎬(清)
月船居士詩稿 1426左

盧前
琵琶賺雜劇 1691左
茱萸會雜劇 1691左
無爲州雜劇 1691左
仇宛娘雜劇 1691左
燕子僧雜劇 1691左
雲莊張文忠公休居自適小樂府校記* 1711右
梨園按試樂府新聲校記* 1715左
中州樂府音韻類編校記* 1716左
飲虹簃論清詞百家 1721右
飲虹五種 1751左
元人雜劇全集(輯) 1751右

84 盧鎮(元)
重修琴川志 519左

90 盧懷(宋)
抒情錄 1569左

91 盧炳(宋)
烘堂詞 1600左
烘堂集 1600左

2122_0 何

00 何應龍(宋)
橘潭詩藁 1293左

何應祺(清)
守默齋詩稿 1496左

何應圖(清)
劍生遺草 1494左

何文煥(清)
歷代詩話考索 1582左

何京(清)
文堂集驗方(輯) 861左

10 何玉瑛(清)
疎影軒詩稿 1429右

何五雲(清)
紅橋詞 1619右

何瑭(明)
陰陽管見 970左
柏齋集 1337右
何文定公柏齋集 1337右
何粹夫集 1338左
柏齋先生樂府 1712左

何元錫(清)
竹汀先生日記鈔(輯) 640右

何震(明)
學古編(續) 939右

何震川(太平天国)等
建天京於金陵論 332左
貶妖穴爲罪隸論 332左

何天衢(清)
不寐齋詩略 1489左

12 何琇(清)
樵香小記 1025左

何延慶(清)
寄漚詩存 1508左

何延之(唐)
蘭亭始末記 1049右

14 何琦(晉)
孫曾爲後議 80左

何琪(清)
唐棲志略藁 539左

17 何孟春(明)
擬古樂府(注) 381右
何文簡疏議 497左
餘冬緒錄摘鈔 993右
子元案垢 994左
何燕泉先生餘冬敍錄內篇、外篇、閏 994左
燕泉何先生遺藁 1337右
餘冬詩話 1577右

何承天(劉宋)
禮論 93右
纂文 219左
纂要文徵遺 219左
姓苑 395右
何承天說 395右
靈棋經(顏幼明合注) 898左
靈棊本章正經(顏幼明合注) 898左
宋何衡陽集 1207右
何衡陽集 1207右
何衡陽集選 1207右

19 何耿繩(清)
學治一得編 489左

20 何喬新(明)
百將傳續編(輯) 403右
勘處播州事情疏 496右
椒邱文集 1332左
何椒邱集 1332左

何妥(隋)
周易何氏講疏 10右
周易講疏 10右

何采(清)
南磵詞 1615左
南澗詞選 1615右

何秉智(民國)
楊劉周三先生語錄合鈔(輯) 1736右

21 何仁山(清)
草草草堂詩草 1476右

22 何胤(梁)
毛詩隱義 51右
禮記隱義 84右

何鼎(清)
香草詞 1620左

何仙朗(明)
花案 1040左

何崇祖(明)
廬江郡何氏家記 392右

24 何先(宋)
異聞記 1116右

何德潤(清)
武川寇難詩草 335左

何偉然(明)
嘔絲(一名別論初本) 1002左
秋粒樓眉剕 1068右

何休(漢)
冠禮約制 78右
左氏膏肓 103右
春秋公羊經傳解詁 114左
春秋公羊傳(解詁) 114左
春秋公羊傳讀本(解詁) 114左
春秋公羊註疏(解詁) 114左
春秋公羊傳註疏(解詁) 114左
監本附釋音春秋公羊注疏(解詁) 114左
春秋文謚例 114右
駁春秋釋痾 114右
春秋釋痾駁 114右
春秋漢議 114右

公羊墨守 115左
穀梁廢疾 118左
論語何氏注 137右
何注論語 137右

25 何失(元)
得之集 1317右

何傳瑤(清)
寶硯堂硯辨 804右

27 何佩玉(清)
藕香館詩鈔 1488左

何粲(宋)
洞靈眞經註 699左、右
亢倉子註 699左
新雕洞靈眞經(注) 699右

何紹基(清)
何蝯叟日記 616右
東洲艸堂金石跋 658右
東洲艸堂金石詩 658右
爭坐位帖集字聯 944右

28 何綸錦(清)
論語直旨 142左
巢雲閣詩鈔 1463右
古三疾齋雜著 1463右

29 何秋濤(清)
周易爻辰申鄭義 27右
禹貢鄭氏略例 45右
校正元親征錄 303右
元親征錄(校正) 303右
征烏梁海述略 327左
哈薩克述略 327左
俄羅斯互市始末 480左
雅克薩考 485左
尼布楚考 485左
尼布楚城考 485左
北徼形勢考 485左
北徼喀倫考 485左
蒙古游牧記(補) 526左
艮維窩集考 527左
額爾齊斯河源流考 582右
北徼水道考 625左
北徼山脈考 628左
色楞格河源流考 628左
庫葉附近諸島考 632右
俄羅斯形勢考 636左
俄羅斯諸路疆域考 636左
俄羅斯分部說 636左
俄羅斯叢記 636左
北徼城邑考 636左
北徼方物考 636左
俄羅斯進呈書籍記 640右

30 何永紹(清)
龍眠遊記 596左
遊浮山記 596左

何家琪(清)
冷語、質語 976右
天根文鈔、文法、續集、詩鈔 1509右

何宇度(明)
益部談資 556右

何良傅(明)
何禮部集 1349左

何良俊(明)
四友齋書論 921左
四友齋畫論 929左
四友齋叢說 997左
四友齋叢說摘鈔 997左
何氏語林 1068左
何翰林集 1349左
何翰目集 1349左
四友齋曲說 1721右
明何元朗徐陽初曲論(徐復祚同撰) 1722左

何良臣(明)
陣紀 774左

31 何遷(明)
何刑侍集 1344右

32 何溪汶(宋)
竹莊詩話 1575右

何遜(梁)
何記室集 1211右
何水部集 1211右
何記室集選 1211右

33 何溥(南唐)
靈城精義 901左

34 何法盛(劉宋)
晉中興書 279右
何法盛晉中興書 279右
晉中興徵祥說 279右

何汝霖(清)
瀋陽紀程 616左

38 何澂(清)
臺陽雜詠 544左
思古齋隨筆 1005右

何游(清)
何澹安醫案 862左

何道全(元)
隨機應化錄(述) 450左

40 何大庚(清)
英夷說 636右

何大復(明) 見何景明

何大猷(清)
秩堂賸稿 1492左

何太青(清)
春暉書屋詩集 1464右

何士晉(明)
工部廠庫須知 469左

何士信(宋)
草堂詩餘(輯) 1644左
類編草堂詩餘 1644左
精選名賢詞話草堂詩餘 1644左
增修箋註妙選羣英草堂詩餘前集、後集 1644左

何士壎(清)
澤月齋集 1399右

何士域(清)
珠樹堂集 1399右

何士顒(清)
南園詩選 1441左

何志高(清)
易經本意 26左
釋書 43左
釋詩 59左
釋禮 95左
春秋大傳補說 121左

何壽章(清)
蘇甘室讀說文小識 189左

何去非(宋)
何博士備論 773右
武經七書(輯) 1737左
校正武經七書(輯) 1737左

何森(清)
隙亭賸草、雜言 1487左

41 何楷(明)
古周易訂詁 18右
詩經世本古義 55左
詩經世本目 55左

43 何栻(清)
袝蘇集(一名悔餘菴集句楹聯) 944右
悔餘菴文稿、詩稿 1478左
餘辛集(一名悔餘菴尺牘) 1478左

44 何基(宋)

金華何北山先生正學編 730右
何北山先生遺集 1285右

何夢瑤(清)
賡和錄 102左
何氏醫碥 821右
神效脚氣祕方 826左
追痨仙方 826右
婦科良方 836右
幼科良方 839左
痘疹良方 841左
算迪 882左

何夢桂(宋)
潛齋文集 1294右
潛齋詩鈔 1294右
潛齋集補鈔 1294右
潛齋詞 1609右

何薳(宋)
墨記 800右
春渚記墨 800右
春渚紀聞 1059左
韓奉議鸚歌傳 1116左

何若瑤(清)
春秋公羊注疏質疑 114右
前漢書注考證 265右
後漢書注考證 267左
先世事略 392右
海陀華館文集、詩集 1483右

何世文(清)
安所遇軒詩鈔 1496右

何世璂(清)
然燈記聞(錄) 1582右

何其偉(清)
醫學妙諦(輯) 822右
救迷良方 859右

何其傑(清)
周易經典證略 27左
說文字原引 189右
別雅類 220左
山邑先後加復學額志 465左
淮郡文渠志 583左
山鹽阜安四院課藝 1511左
龍城書院課藝 1511左
鳳鳴書院課藝 1511左
讀選集箴 1532右

何其超(清)
棗花老屋集 1502左

何樹崙(清)
雪交亭正氣錄(附注) 402右

何桂珍(清)
補輯朱子大學講義 133右
訓蒙千文 203右
訓蒙千字文 203右
何文貞公千字文 203右
訓蒙千文註 203右
續理學正宗 748左
何文貞公遺集 1478右
何文貞公文集 1478右
何文貞公遺書 1744左

45 何棟如(明)
何太僕集 1362右

46 何坦(宋)
西疇老人常言 720左
西疇常言 720右

何如璋(清)
使東述略 629右
使東雜記 629右
何少詹文鈔 1500右

47 何朝昌(清)
春藻堂詩集 1489右

何超(唐)
晉書音義* 269左

48 何翰章(清)
輶軒使者絕代語釋別國方言箋疏校勘記* 225右

何松(清)
文選類雋(輯) 1532右

50 何中(元)
知非堂稿 1305右
知非堂稾 1305右

55 何慧生(清)
梅神吟館詩草 1477右

何耕(宋)
蕙菴詩稿 1271右

57 何絜(清)
象山記 573左

60 何國宗(清)
地球圖說（錢大昕同潤色） 807左

何思(清)
玉艷詞 1620左

何晏(魏)
周易何氏解 7右
論語(集解) 138左
論語義疏(集解) 138左
論語集解義疏 138左
論語註疏解經(集解) 138右
論語正義(集解) 138右
論語注疏(集解) 138右
九江志 550右
九江記 550右

何異(宋)
宋中興三公年表 369左
宋中興學士院題名、東宮官寮題名、行在雜買務雜賣場提轄官題名、三公年表 470左

何異孫(元)
十一經問對 170右

何是非(明)
風倒梧桐記 323左

何景福(元)
鐵牛翁遺稿 1308左

何景明(明)
鄉射直節 460右
學約書程 762右
四箴雜言 766右
大復論 970左
何子雜言 970左
何仲默先生詩集 1340左
大復集 1340左
何大復詩集 1340左
信陽詩集 1340左
何大復集 1340左
大復集選 1340左

63 何貽霈(清)
成周徹法演 175左

64 何時秋(清)
松菊山房詩删 1492左

68 何晦(唐)
摭言(一題王定保撰) 464右
唐摭言(一題王定保撰) 464右

72 何剛德(民國)
春明夢錄 353右
西江贅語 354右
郡齋影事 453左

何彤文(清)
西溪偶錄 1452左

何彤雲(清)
賡縵堂集 1484左

80 何金堂(清)
何竹有詩集 1470右

80 何鏞(清)
瑪琈山房紅樓夢詞 1639右
何曾(口)
聖琵琶傳 1119左
81 何鈺麟(清)
吟梅閣集唐 1480左
87 何舒
傷寒金匱方易解(編) 816右
病因證治問答(編) 824右
天人要義表 824右
醫門法律續編(編) 824右
病理方藥滙參(編) 824右
維摩醫室問答、陰陽大法表、暑門症治要略 825左
時病精要便讀(編) 829左
脈學綱要(編) 850右
問診實在易 851左
舌診問答 851右
本草法語 855右
特效藥選便讀 855右
研方必讀(編) 861左
方藥實在易 861左
90 何光(宋)
異聞 1056右
何光(民國)
喉科祕訣(編錄) 835左
何光遠(後蜀)
鑑戒錄 1053左、右
重雕足本鑒誡錄 1053右
何熔(清)
何氏心傳 826右
何氏虛勞心傳 827左
91 何炳(清)
輿覽 514右
何焯(清)
義門題跋 669左
庚子銷夏記校文 911左
鈍吟雜錄(評) 1003左
校訂困學紀聞三箋(閻若璩、全祖望同撰) 1021右
義門讀書記 1024右
蘇學士文集校語* 1246右
中興間氣集校文* 1539左
92 何剡(宋)
酒爾雅 806左
97 何輝宁(清)
甑峯先生遺稿 1419左

2122_1 行

02 行端(元釋)
寒拾里人稾 1304右
33 行溥(明釋)
橐堂集選 1358左
47 行均(遼釋)
龍龕手鑑 196左

2122_7 衞

10 衞元嵩(北周)
元包 892左
元包經傳 892右
易元包 892右
11 衞冀隆(後魏)
難杜 106左
14 衞瓘(晉)
論語衞氏集注 138右
衞琪(元)
玉清无極總眞文昌大洞仙經(注) 1133右
玉清无極總眞文昌大洞仙經序圖* 1133右
21 衞仁近(元)
敬聚齋稾 1313右
30 衞宏(漢)
古文尚書訓旨 37右
書古文訓旨 37右
古文官書 196右
漢官舊儀 466右
漢舊儀 466右
衞宗武(宋)
秋聲集 1291右
秋聲詩餘 1608右
31 衞涇(宋)
後樂集 1276右
33 衞泳(清)
鴛鴦譜 1125右
悅容編 1125右
冰雪攜(一名晚明百家小品・輯) 1544左
36 衞湜(宋)
禮記集說 85左
43 衞博(宋)
定菴類稿 1282右
71 衞阩(唐)
唐王屋山中巖臺正一先生廟碣 449右
82 衞鑠(晉)
筆陣圖 917右
衞夫人筆陣圖 917右
授楊羲書 1204左
91 衞恆(晉)
四體書勢 917右

2123_4 虞

11 虞琴(清)
四明人鑑(繪圖) 389右
虞預(晉)
晉書 279左
會稽典錄 389右
20 虞集(元)
古字便覽 198右
道園子 731左
就日錄(一題宋趙口撰) 989左
虞邵菴詩集 1308右
虞伯生詩 1308右
道園學古錄 1308右
道園遺稿 1308右
虞文靖公全集詩、詩遺稿、文 1309左
伯生詩後 1309左
虞道園文選 1309左
虞道園先生文選 1309左
道園遺藁樂府 1612右
道園樂府 1612右
鳴鶴餘音、馮尊師二十首 1612右
22 虞山逸民(明) 見錢謙益
24 虞儔(宋)
尊白堂集 1275左
27 虞盤佑(口)
孝子傳 443左
虞翻(吳)
周易注 8左
易注 8左
春秋外傳國語虞氏注 294右
國語注 294右
國語虞氏注 294右
28 虞聳(晉)
穹天論 867右
30 虞淳熙(明)
從今文孝經說 158右

孝經集靈、附集 160右
虞子集靈節略 160右
勝蓮社約 959右
黄帝陰符經(評點)1135右
31 虞潭(晉)
投壺變 948右
32 虞兆漋(清)
校定前漢書自序 265右
天香樓偶得 1005左
1024右
軒渠詩稿 1399左
軒渠集 1399左
軒渠詩餘稿 1616右
33 虞溥(晉)
江表傳 297左
厲學 762左
34 虞汝明(宋)
古琴疏 936左
38 虞裕(元)
談撰 1065左
談選 1065左
40 虞喜(晉)
論語虞氏讚注 139左
通疑 459右
虞林 459右
釋滯 459右
安天論 868左
虞喜志林 1045右
志林新書 1045右
志林佚文 1045右
虞徵士遺書 1739左
44 虞堪(明)
希澹園詩集 1327右
虞山人詩 1327右
鼓枻稿 1327右
虞荔(梁)
鼎錄 662右
虞茂(隋)
隋區宇圖志 510右
虞世南(唐)
帝王略論 374左
筆髓論 918左
北堂書鈔 1040右
虞世南集 1215右
虞祕監集 1215右
55 虞摶(明)
醫學正傳 820左
60 虞景璜(清)
讀詩瑣言 60左
澹園學禮畢記 87右
澹園讀書畢記 95右
四書瑣言 154右
說文瑣言 189左
野錄 1013右
澹園隨筆 1013右
睡餘錄 1013右
77 虞熙(明)
辨學遺牘(利瑪竇同撰)
1192右
虞卿(周)
虞氏春秋 685右
87 虞銘新(民國)
性理說 750左
和欽文初編 1526左
文辭我見 1589右
93 虞悰(劉宋)
食珍錄 953左

2124$_0$ 虔

35 虔禮寶(清)
椿蔭堂詩存稿 1431右

2128$_6$ 潁

30 潁容(漢)
春秋釋例 112右

顓

12 顓孫師(周)
顓孫子書 682右

2133$_1$ 熊

00 熊立品(清)
治疫全書 827右
痢瘧纂要 830左
痘麻紺珠 841左
熊方(宋)
補後漢書年表 363左
後漢書年表 363左
熊應雄(清)
小兒推拿廣意(輯) 843右
熊文泰(清)
四十賢人集 1419左
熊文舉(清)
墨楯 317左
熊先生詩 1371右
10 熊三拔(明西洋)
泰西水法(口譯) 807右
簡平儀說(口譯) 869左
表度說(口譯) 869右
12 熊廷弼(明)
熊襄愍公集 1362右
15 熊璉(清)
澹僊詞 1630左
16 熊璟崇(清)
海崖文錄 1447左
20 熊禾(宋)
勿軒集 1296左
熊勿軒先生文集 1296左
勿軒長短句 1610左
21 熊卓(明)
熊侍御集 1337右
26 熊伯龍(清)
熊學士文集錄 1391左
27 熊象黻(清)
熊補亭遺詩 1461右
熊象援(清)
三國志小樂府箋注(注)
382右
熊綱大(宋)
性理羣書句解(注) 730左
28 熊稔寰(明)
精選天下時尙南北徽池
雅調(輯) 1715左
30 熊安生(北周)
禮記熊氏義疏 84右
熊良鞏(清)
西園遺稿 1406左
熊良輔(元)
周易本義集成 16左
熊寶泰(清)
三國志小樂府箋注 382右
藕頤類稿、外集 1461右
閒居戲吟箋注 1461右
熊宗立(明)
類證注釋錢氏小兒方訣
(注) 838左
37 熊過(明)
周易象旨決錄 17左
春秋明志錄 125右
40 熊大年(元)
養蒙大訓(輯) 759右
熊士鵬(清)
鵠山小隱文集 1464左
鵠山小隱詩集 1464左

東坡文集 1464左
東坡詩集 1464左
毫學文集、續刻 1464左
毫學詩集、續刻 1464左
壯遊草 1464左
桐芭雜著 1464左
吾同山館試帖 1464左
天門書院雜著 1464左
吾同山館改課 1464左
荆湖知舊詩鈔(輯) 1544右
竟陵詩選(輯) 1548左
竟陵文選(輯) 1548左
竟陵詩話(輯) 1585右
鵠山小隱詩話 1585右

40 熊克(宋)
中興小紀 290右

44 熊夢祥(元)
松雲道人集 1312右

熊蕃(宋)
宣和北苑貢茶錄 783右

熊其英(清)
含齋詩賸 1500左

熊其光(清)
蘇林詩賸 1478右
海琴樓遺文 1500左

46 熊埋(□)
論語熊氏說 140左

50 熊忠(元)
古今韻會舉要 207右

66 熊賜履(清)
學統 412左
邇語 741右

67 熊明遇(明)
羅岕茶記 784左

熊鳴岐(明)
昭代王章、名例(輯) 455右

77 熊朋來(元)
熊先生經說 170左
五經說 170左
經說 170左
瑟譜 938左

80 熊人霖(清)
尋雲草 1403左

88 熊笏(清)
中風論 826左

熊節(宋)
性理羣書句解(輯) 730左

2140_6 卓

00 卓文君(漢)
與相如書 1198左
白頭吟 1198左
司馬相如誄 1198左

10 卓爾康(明)
春秋辨義 126左
表度說(周子愚同筆錄) 869右

28 卓從之(元)
中州樂府音韻類編 1716左

38 卓洽(清)
靈石軒存稿 1496右

67 卓明卿(明)
卓光祿集 1365左

80 卓人月(明)
花舫緣(重編) 1676左

88 卓筆峯(清)
借園詩存 1496右

2143_0 衡

22 衡嶽眞子(唐)
玄珠心鏡註 1176左
大道守一寶章 1176左

2155_0 拜

48 拜松居士(清)
達生篇(增訂) 836右
保嬰要旨(增訂) 841右
種痘法(增訂) 841右

2160_2 皆

50 皆春居士(明) 見龍遵敍

2172_7 師

50 師史氏(清) 見孫點

53 師成子(清)
靈藥祕方 858右

60 師曠(周)
師曠禽經 794右
禽經 794右

77 師覺授(劉宋)
孝子傳 443左

88 師範(清)
征安南紀略 327右
滇繫(輯) 559右
入滇陸程考 559右
入滇江路考 559右
開金沙江議 586右
緬事述略 631右
入緬路程 631右
課餘隨錄 1007右
師荔扉先生詩集 1441右
二餘堂文稿 1441右
蔭椿書屋詩話 1586左

2190_3 紫

28 紫微山人(清) 見張韶

2190_4 柴

07 柴望(宋)
丙丁龜鑑(輯) 907右
秋堂集 1287右 1288左
秋堂遺稿 1288左
秋堂詩餘 1608右

10 柴元皐(元)
清庵瑩蟾子語錄(編) 1183右

柴栗棨(民國)
故宮漫載 564右

24 柴升(清)
東坡先生詩鈔(周之鱗同選) 1252右
山谷先生詩鈔(周之鱗同選) 1255右
放翁先生詩鈔(周之鱗同選) 1270右
石湖先生詩鈔(周之鱗同選) 1270右

27 柴紹炳(清)
古韻通略 209右

28 柴復貞(明)
柴氏四隱集(輯) 1549左

40 柴杰(清)
西湖百詠 599左

52 柴靜儀(清)
凝香室詩鈔 1377左

77 柴桑(清)
京師偶記 523左
懷遠偶記 537左
遊秦偶記 614左
聞見雜錄 1014左

2191_0 紅

10 紅雪山莊外史(淸) 見朱翔淸
33 紅心詞客(淸) 見沈起鳳

2191_1 經

90 經半園(淸)
諷蘪詞 1515右

2210_8 豐

00 豐慶(明)
豐淸敏公遺事新增附錄(輯)* 406左
10 豐干(唐釋)
豐干拾得詩(拾得同撰) 1540右
22 豐後廣瀨達(日本)
遊綿溪記 634右
25 豐紳(淸)
延禧堂詩鈔 1466右
26 豐稷(宋)
豐淸敏公奏疏輯存 496左
豐淸敏公詩文輯存 1254左
40 豐坊(明)
眞賞齋賦 910右
童學書程 921左
書訣 921左

2220_7 岑

23 岑參(唐)
岑嘉州集 1221右
岑參集 1221右
岑嘉州詩 1222左
27 岑象求(宋)
吉凶影響錄 1090右
30 岑安卿(元)
栲栳山人集 1311右

2221_4 任

00 任廣(宋)
書敍指南 1042左
任奕(漢)
任子 962右
04 任訥
涉東樂府補遺(輯錄)* 1712左
中原晋韻作詞十法疏證 1716左
曲諧 1724右
散曲概論 1724右
曲海揚波 1724右
淸人散曲選刊(輯) 1752左
10 任雲倬(淸)
周易諸卦合象考 24右
周易互體卦變考 24右
11 任預(劉宋)
禮論條牒 93右
12 任瑗(淸)
遊萬柳池記 595右
赤泉元筌 821右
14 任劭僔(淸)
滄粟庵詩存 1516右
16 任環(明)
山海漫談 1351右
17 任豫(晉)
益州記 555右
21 任熊(淸)
高士傳(繪) 935左
劍俠傳、續(繪) 935左
於越先賢傳(繪) 935左
列仙酒牌(繪) 935右
25 任傳藻(民國)
續修藁城縣志(修) 515右
32 任淵(宋)
山谷內集註 1256左
山谷內集詩注 1256左
後山詩註 1258左
后山詩(注) 1258左
任兆麟(淸)
尙書大傳(選輯) 35左
書序(選輯) 48右
詩序(選輯) 63右
韓詩外傳(選輯) 66右
大戴禮記(選輯) 91左
夏小正(選輯) 91右
夏小正補注 92左
樂記(選輯) 99右
春秋繁露(選輯) 116右
白虎通德論(選輯) 167左
說文(選輯) 189右
蒼頡篇(輯) 199右
三蒼攷逸補正 200右
聲音表 211左
小爾雅(選輯) 217左
釋名(選輯) 217右
周易乾鑿度(選輯) 236左
逸周書(選輯) 276右
竹書紀年(選輯) 285右
漢紀(選輯) 286右
武王踐阼記(選輯) 294左
晉史乘(選輯) 354右
楚史檮杌(選輯) 355左
吳越春秋(選輯) 355左
綱目通論 376右
歷代通論 376右
襄陽耆舊記(訂) 391左
孟子時事略 416右
列女傳(選輯) 437右
高士傳(選輯) 441右
壽者傳(訂) 444左
周公諡法(選輯) 463右
四民月令(輯) 503右
石鼓文集釋 667右
家語(選輯) 681左
曾子(選輯) 682左
晏子春秋(選輯) 683左
荀卿子(選輯) 684左
鬻子(選輯) 685右
老子(選輯) 686右
莊子(選輯) 694左
列子(選輯) 697右
管子(選輯) 700左
弟子職(選輯) 701左
韓非子(選輯) 702右
尸子(補遺) 707右
尸子(選輯) 707右
呂覽(選輯) 708左
新書(選輯) 712右
新序(選輯) 714左
說苑(選輯) 714左
揚子法言(選輯) 714右
孫子(選輯) 769左
司馬法(選輯) 770右
尉繚子(選輯) 771左
弦哥古樂譜 938左
簫譜 938左
淮南子(選輯) 960右
世說新語(選輯) 1046右
楚辭(選輯) 1195右
心齋集詩藁 1463左
心齋文藁 1463左
林屋詩藁 1463左
翡翠林閨秀雅集(輯) 1554左
文章始(校) 1567右
雜著 1729左
37 任洛(明)等
遼東志(重修) 515右

38 任瀚(明)
任少海集 1346右
任啓運(清)
周易洗心 21左
尙書章句內篇、外篇 41右
尙書約注 41右
田賦考 74左
禮記章句 86左
天子肆獻祼饋食禮纂 96右
肆獻祼饋食禮 96右
宮室考 97左
朝廟宮室考 97左
朝廟宮室考竝圖 97左
四書約旨 153左
孝經章句 159右
清芬樓遺稿 1412左
40 任大椿(清)
深衣釋例 89右
弁服釋例 98左
字書(輯) 193右
字苑(輯) 194左
字林考逸(輯) 194左
文字集略(輯) 194右
字略(輯) 194右
字統(輯) 195左
異字苑(輯) 195右
字類(輯) 195右
古文官書、古文奇字、郭訓古文奇字(輯) 196右
文字指歸(輯) 196右
字體(輯) 197左
字諟(輯) 197左
倉頡篇、倉頡訓詁、倉頡解詁(輯) 199右
三倉、三倉訓詁、三倉解詁(輯) 200右
凡將篇(輯) 200右
勸學篇(輯) 201右
聖皇篇(輯) 202左
埤倉(輯) 202左
廣蒼(輯) 202右
聲類(輯) 203右
韻集(輯) 204左
音譜(輯) 204左
聲譜(輯) 204右
古今字音(輯) 204右
韻略(輯) 204右
切韻(輯) 205左
證俗音(輯) 208左
通俗文(輯) 218右
辨釋名(輯) 218右
纂文(輯) 219左
證俗文(輯) 219左
纂要(輯) 219右
釋繒 221左
古今字詁(輯) 222左
雜字(輯) 222左
周成雜字(輯) 222左
雜字解詁(輯) 222右
字指(輯) 222右
小學篇(輯) 223左
異字音(輯) 223左
列子釋文考異 698左
小學鉤沈(輯) 1729左
任士林(元)
松鄉文集 1305左
松鄉集 1305左
43 任越菴(清)
傷寒法祖 815右
44 任艾生(清)
惠泉鴻爪 452右
同川紀事百詠 536左
任蕃(唐)
夢遊錄 1110右
櫻桃青衣傳 1110右
唐任藩詩小集 1237右
任蕃小集 1237右
45 任棟(清)
度嶺日記 617右
47 任嘏(魏)
任子道論 963左
50 任泰(清)
質疑 176右
60 任昉(梁)
地理書抄(輯) 505左
述異記 1086右 1087左
述異記佚文 1087左
任彥升集 1210右
任中丞集 1210右
任彥昇集 1211左
任中丞集選 1211左
文章緣起 1567右
文章始 1567右
67 任照一(口)
黃帝陰符經注解 1136左
75 任陳晉(清)
易象大意存解 23右
99 任燮(宋)
書虞雍公守唐鄧事 301右

2221$_4$ 崔

00 崔應榴(清)
吾亦廬稿 173右
攤飯續譚 1027左
01 崔龍
胡林翼語錄、通論(輯) 722右
08 崔敦詩(宋)
崔舍人玉堂類稿 1274左
玉堂類藁 1274左
崔舍人西垣類藁 1274左
西垣類藁 1274左
崔敦禮(宋)
芻言 967右
宮教集 1274左
10 崔靈恩(梁)
集注毛詩 51右
毛詩集注 51右
三禮義宗 94左
15 崔融(唐)
唐嵩高山啓母廟碑銘 568左
17 崔弼(清)
珍帚編詩集 1463左
崔子方(宋)
春秋經解 123左
春秋例要 123左
西疇居士春秋本例 123左
春秋本例 123左
18 崔致遠(唐)
桂苑筆耕集 1233左
23 崔俊良(清)
瑞香吟館遺草 1490右
24 崔幼蘭(清)
針餘吟稿 1434右
27 崔凱(劉宋)
喪服難問 80右
崔龜圖(唐)
北戶錄(注) 552左
崔豹(晉)
古今注 1017左
崔峒(唐)
唐崔補闕詩集 1226右
崔紀(清)
讀孟子劄記 147右

28 崔以學(清)
桐石山房詩 1471左
30 崔寔(漢)
四民月令 503左、右
農家諺 779右
崔氏政論 962右
崔寔正論 962右
醓呀子 962右
33 崔述(清)
易卦圖說 31左
古文尚書辨僞 47左
讀風偶識 60右
五服異同彙考 81左
經傳禘祀通考 96右
論語餘說 142左
考信錄提要 380左
補上古考信錄 380右
唐虞考信錄 380右
夏考信錄 380右
商考信錄 380右
豐鎬考信錄 380右
豐鎬考信別錄 380右
考古續說 381左
三代經界通考 381左
洙泗考信錄 415左
洙泗考信餘錄 415左
孟子事實錄 416右
考信附錄 422左
三代正朔通考 454左
無聞集 1434左
知非集 1434左
荍田賸筆殘稿 1434左
崔東壁先生佚文 1434左
考信錄 1733左
王政三大典考 1733左
崔東壁遺書 1740右
34 崔邁(清)
訥庵筆談 1026右
尙友堂文集 1434左
寸心知詩集 1434左
尙友堂說詩 1585右
崔德皋先生遺書 1744左
37 崔鴻(後魏)
十六國春秋 356左
別本十六國春秋 356右
十六國春秋纂錄校本 356右
前趙錄 356右
後趙錄 357左
蜀錄 357左
後蜀錄 357左
前燕錄 357左
後燕錄 357右
北燕錄 357右
南燕錄 357右
前涼錄 357右
前秦錄 358左
後秦錄 358右
西秦錄 358右
38 崔塗(唐)
崔塗詩集 1238右
40 崔士棨(明)
新增發蒙古今巧對(增)* 944左
崔希範(漢)
入藥鏡 1139左
崔嘉彥(宋)
玉函經(注) 848右
脈訣 848右
崔嘉祥(明)
崔鳴吾紀事 311右
46 崔旭(清)
津門百詠 525左
念堂詩鈔 1463左
崔覲(口)
周易崔氏注 9右
47 崔朝慶(民國)
讀四元玉鑑記 879右
讀代數術記 891左
60 崔旦(明)
海運編 476左
崔國因(清)
出使美日祕國日記 620左
61 崔顥(唐)
崔顥集 1220左
崔顥詩集 1220右
66 崔曙(唐)
崔曙集 1220左
76 崔駰(漢)
東漢崔亭伯集 1199右
崔亭伯集 1199右
77 崔學古(清)
幼訓 760左
少學 760右
崔與之(宋)
崔淸獻公集 1278左
菊坡集 1278左
80 崔令欽(唐)
敎坊記 1047右
崔公度(宋)
金華神記 1115左
84 崔銑(明)
易大象說 17左
讀易餘言 17左
大學全文通釋 132右
中庸凡 135左
漫記 350左
後渠漫記 350左
後渠雜識 350左
洹詞記事鈔、續鈔 350左
明臣十節 386右
皇明理學名臣言行錄 413左
南陸志 587左
程志 726右
後渠子 732右
士翼 733左
松窗寤言 733左
松窗寤言摘錄 733左
聲律啓蒙 944左
元城行錄(輯)* 983右
后渠庸書 995左
庸書 995左
洹詞 1339左
崔文敏公洹詞 1339左
崔後渠集 1339右
96 崔憬(唐)
周易探玄 10右
易探玄 10右

2222_7 峁

22 峁乩參同子(清)
天山清辨 1011左

嵩

37 嵩祿(清)
天香雲舫詩草 1439右
80 嵩年(清)
竹素園詩草 1439右

2224_1 岸

90 岸堂主人(清) 見孔尙任

2224_4 倭

21 倭仁(清)
莎車行紀 616右

爲學大指 764右
倭文端公遺書、續 1472左

2224_7 後

26 後白石生(清) 見蔣曰豫
44 後藤省(日本)
傷風約言 816右

2238_6 嶺

40 嶺南玉社(民國)
玉社古玉所見錄(輯) 671左
古玉圖(輯) 671右

2277_0 山

08 山謙之(劉宋)
南徐州記 532右
丹陽記 532右
吳興記 540左、右
21 山止(清釋)
韜光庵紀遊集(輯) 599右
34 山濤(晉)
山公啓事 495左
55 山井鼎(日本)
尙書古文考 48右
尙書古字辨異 48右
七經孟子考文 181右
60 山田敬直(日本)
遊保津川記 634右

2290_0 利

11 利瑪竇(明西洋)
明末羅馬字注音文章(原名明季之歐化美術及羅馬字注音) 216右
經天該 869左
乾坤體義 869左
幾何原本(口譯) 879右
同文算指前編、通編(授) 880左
圜容較義(授) 880左
測量法義(口譯) 880左
西琴曲意(譯) 939左
重刻二十五言 972右
友論 972右
交友論 972右
天主實義 1192右
重刻畸人十篇 1192右
辨學遺牘(虞熙同撰) 1192右
12 利登(宋)
骳藁 1294左
碧澗詞 1607右
91 利類思(清西洋)
進呈鷹論(譯) 795左
利類思(清西洋)安文思(清西洋)南懷仁(清西洋)等
西方要紀 635左

2290_1 崇

34 崇祜(清)
養志書屋詩鈔 1501右
35 崇禮(清)
奉使朝鮮日記 619左
71 崇厚(清)
盛京典制備考(增輯) 527左

2290_4 巢

10 巢玉菴(明)
嘉賓心令 949右
巢元方(隋)
巢氏諸病源候論 817右
巢氏諸病源候總論 817右
17 巢子梁(明)
葉先生偶言(訂) 737左
67 巢鳴盛(清)
老圃良言 786左

樂

07 樂韶鳳(明)等
洪武正韻 207右
10 樂雷發(宋)
雪磯叢稿 1288右
雪磯叢藁 1288右
37 樂資(晉)
春秋後傳 296右
九州要記 509左
50 樂史(宋)
寰宇記 512左
太平寰宇記 512左
太平寰宇記佚文 512左
柘枝譜 939左
廣卓異記 1054右
楊太眞外傳 1114左
太眞外傳 1114左
楊妃外傳 1114左
綠珠傳 1114左
綠珠內傳 1114左
77 樂朋龜(唐)
西川青羊宮碑銘 568左
87 樂鈞(清)
耳食錄 1077左
青芝山館駢體文集 1450右
斷水詞 1628左

欒

00 欒立本(清)
慼思錄 440右
38 欒肇(晉)
論語欒氏釋疑 139左

2291_3 繼

53 繼成子(明) 見朱理堯
60 繼昌(清)等
抱朴子附篇 1184左

2297_7 稻

20 稻香齋村學究(清)
村學究語 761左
44 稻葉嵓吉(日本)
遼東志解題* 515右

2300_0 卜

00 卜商(周)
子夏易傳 3左、右
周易子夏傳 3右
小序 63右
詩小序 63右
詩序 63右
卜子書 682左
20 卜舜年(明)
石林西墅遺稿 1375左
40 卜大同(明)
備倭圖記 482左
備倭記 482右
43 卜式(漢)
養羊法 792右
44 卜世臣(明)
冬青記 1695左
62 卜則巍(唐)
卜氏雪心賦删定 901左
75 卜陳彝(清)
握蘭軒隨筆 1024左

2320$_2$ 參

30 參寥子(唐) 見高彥休

2321$_0$ 允

35 允禮(清)
恩旨彙紀 452右
西藏日記 560左
奉使紀行詩、奉使行紀 614右
靜遠齋詩集 1425左
自得園文鈔 1425左
春和堂詩集 1425左
春和堂紀恩詩 1425左
37 允祿(清)
世宗憲皇帝上諭八旗、上諭旗務議覆、諭行旗務奏議(輯) 494左
允祿(清)等
欽定同文韻統 208左
協紀辨方書 908右
38 允祥(清)
怡賢親王疏鈔 581右
怡賢親王奏議 581右

2323$_4$ 伏

17 伏琛(晉)
三齊略記 532左
三齊記佚文 532左
60 伏曼容(梁)
周易伏氏集解 9右
79 伏勝(漢)
伏生尚書 34右
尚書大傳 35左
尚書大傳佚文 35左
尚書大傳定本 35左
80 伏無忌(漢)
伏侯古今注 490左

2324$_2$ 傅

00 傅亮(劉宋)
續文章志 645右
宋傅光祿集 1207右
傅光祿集選 1207右
傅亮(唐)
靈應錄(一題五代于逖撰) 1089右
傅奕(唐)
道德經古本篇(校定) 686右
傅玄(晉)
傅子 718左、右
傅鶉觚集 1203右
鶉觚集 1203右
晉司隸校尉傅玄集 1203右
傅鶉觚集選 1203右
02 傅新德(明)
誠勗淺言 763左
傅文恪公全集 1362右
07 傅毅(漢)
傅司馬集 1199右
傅蘭臺集 1199右
09 傅麟昭(清)
猶見篇 767右
10 傅玉書(清)
黔風(輯) 1548右
傅霄(口)
華陽陶隱居集(輯) 1210右
陶貞白集(輯) 1210右
傅雲龍(清)
北洋海防津要表 483左
六大州說 625右
日本沿革 629右
日本風俗 629右
日本疆域險要 629右
日本山表說 630左
日本河渠志 630左
地圖經緯說 807右
地橢圓說 807右
傅霖(宋)
刑統賦 487左
12 傅飛卿(口)
高上月宮太陰元君孝道仙王靈寶淨明黃素書、序例(解) 1167右
17 傅習(元)
元風雅前集(輯) 1542右
皇元風雅前集(輯) 1542右
20 傅維鱗(清)
明書 282左
21 傅熊湘(民國)
鈍安雜著 978左
鈍盦脞錄 1016左
鈍安詩 1528左
鈍安文 1528左
鈍安詞 1643右
傅衡(清)
師古堂詞 1638右
傅占衡(明)
湘騆堂集 1375左
傅平叔先生集 1375左
湘帆堂文錄 1376右
傅紫璘(清)
鵠吟樓詩鈔 1488左
22 傅巖(明)
護國寺元人諸天畫像讚 1192左
傅山(清)
霜紅龕家訓 754右
女科 836左
產後編 836左
冷雲齋冰燈詩 1378右
霜紅龕詩略 1378右
傅徵君霜紅龕詩鈔 1378右
紅羅鏡 1703左
傅崧卿(宋)
夏小正戴氏傳(注) 91右
26 傅伯辰(清)
戒淫寶訓 1034右
28 傅以漸(清)
易經通注(曹本榮同撰) 19左
御定易經通注(曹本榮同撰) 19左
傅以禮(清)
殘明宰輔年表 370左
唐史論斷校勘記* 378左
晉諸公敍讚(輯) 385右
元朝名臣事略校勘記* 400右
晉公卿禮秩故事(輯) 467右
續文章志(輯) 645右
有萬憙齋石刻跋 669左
傅子(輯) 718左
殘明大統曆 877左
傅蘭臺集(輯) 1199右
文定集拾遺(錄文)* 1267左
攻媿集拾遺(輯)* 1273右
傅芳集(輯) 1550左
然脂百一編(輯) 1742左
30 傅寅(宋)
杏溪傅氏禹貢集解 44右
禹貢集解 44右

禹貢說斷 44右
30 傅宗龍(明)
傅忠壯公文集、詩集 1363左
傅察(宋)
忠肅集 1264右
傅忠肅集 1264右
傅忠肅公集 1264右
32 傅遜(明)
左傳屬事 107左
34 傅爲詝(清)
藏密詩鈔 1419左
傅爲霖(清)
傅暘谷詩 1393左
傅汝舟(明)
傅木虛集 1337右
傅山人集 1337右
續傅山人集 1337右
傅遠度(明)
七幅菴 1002左
36 傅澤洪(清)
行水金鑑 578左
37 傅洞眞(口)
太上玄靈北斗本命延生經註 1144右
40 傅九淵(清)
有不爲齋算學 890左
傅堯俞(宋)
書賈偉節廟 1056左
傅存吾(元)
元風雅後集(輯) 1542右
皇元風雅後集(輯) 1542右
傅壽彤(清)
孝經述(述) 159右
古音類表 212右
孔庭學裔 412右
澹勤室詩 1495左
44 傅藻(宋)
東坡紀年錄 427右
傅蘭雅(英國)
格致彙編(輯) 807左
數學理(口譯) 890右
算式集要(口譯) 890右
三角數理(口譯) 890右
代數術(口譯) 890右
微積溯源(口譯) 890右
代數難題解法(口譯) 890右
公法總論(汪振聲合譯) 977左
傅若金(元)
傅玉樓詩集 1317右
傅與礪詩文集 1317右
傅與礪詩集、文集 1317右
清江集 1317右
傅若金詩 1317右
詩法正論 1577左
詩文正法 1577左
47 傅起岩(明)
傅夢求集 1344左
續傅夢求集 1344左
傅桐(清)
梧生駢體文鈔 1485右
48 傅增湘(民國)
陵陽先生詩校勘記* 1260右
東維子文集校勘記* 1315右
傅松元(清)
醫經玉屑 823右
舌胎統志、課藝芻議析疑 851右
醫案摘奇 863右
50 傅春官(清)
金陵歷代建置表 533右
53 傅成霖(民國)
傅渭礎先生手札 1529左
傅咸(晉)
七經詩 169左
傅中丞集 1204左
中丞集 1204左
傅中丞集選 1204左
56 傅暢(晉)
晉諸公讚 385右
晉公卿禮秩、晉故事 467右
晉公卿禮秩故事 467右
60 傅口(口)
周易傅氏注 9右
傅國(明)
遼廣實錄 313左
61 傅顯(清)
緬甸瑣記 631右
74 傅肱(宋)
蟹譜 793右
77 傅眉(清)
我詩略 1392右
80 傅金銓(清)
自題所畫 917左
入藥鏡(注) 1139右
呂祖沁園春(注) 1139右
天仙正理讀法點睛 1173右
黃鶴賦(釋) 1174右
百句章(釋) 1174右
眞經歌(釋) 1174右
鼎器歌(釋) 1174右
採金歌(釋) 1174右
新鐫道書五篇註(釋) 1174右
丹經示讀 1174右
頂批金丹眞傳 1175左
道書試金石 1175左
新鐫道書度人梯徑(釋) 1181右
道書一貫眞機易簡錄 1185左
性天正鵠 1185左
新鐫道書樵陽經附集(輯)* 1185左
心學 1185右
道書杯溪錄 1185右
赤水吟 1185右
道海津梁 1185右
康節邵子詩(注) 1186左
91 傅恆(清)等
御纂周易述義 23左
欽定詩義折中 57左
御纂詩義折中 57左
御纂春秋直解 128右
欽定西域同文志 227左
御定清文鑑、補編、總綱、補總綱 227左
欽定平定準噶爾方略前編、正編、續編 293右
皇清職貢圖 625左

2325_0 臧

00 臧庸(清)
子夏易傳(述) 3右
馬王易義(輯) 5右
周易鄭注敍錄* 6左
毛詩馬王微 58左
韓詩遺說、訂譌 67左
儀禮喪服馬王注(輯) 79左
盧氏禮記解詁(輯) 83左
蔡氏月令章句(輯) 88右

三禮目錄(輯) 99左
鄭氏三禮目錄(輯) 99左
孝經鄭氏解(輯) 156右
爾雅漢注(輯) 162左
六藝論(補輯) 167右
鄭氏六藝論(補輯) 167右
經義雜記敍錄(輯)*173右
拜經日記 174右
拜經文集 174右
唐石經攷異補* 185左
通俗文、敍錄(輯) 218右
漢書音義、敍錄(輯)265左
新譯大方廣佛華嚴經音義敍錄(輯)* 1192左

14 臧琳(清)
六藝論(輯) 167右
鄭氏六藝論(輯) 167右
經義雜記 173右

30 臧良圻(清)
廣平梅花館詩草 1483右
爽氣西來齋詩草 1483右
春夢初覺室詩草 1483右
春夢初覺室塡詞 1635左

臧良基(清)
鴻迹館詩存 1469右
鴻迹館塡詞 1632左

34 臧達德(清)
履霜集 822右

40 臧壽恭(清)
春秋左氏古義 108右

44 臧懋循(明)
元曲選(輯) 1751右

臧著爵(清)
攷古軒遺墨 1516右

74 臧勵龢(民國)
補陳疆域志 510左

80 臧鏞堂(清) 見臧庸

96 臧煜珍(清)
亦佳園詩存 1495右

99 臧榮緒(南齊)
晉書 279右
臧榮緒晉書 279右

2350_0 牟

00 牟應震(清)
詩問 58右
毛詩物名考 61右
韻譜 212左
毛詩奇句韻攷 212左
毛詩古韻 212左
毛詩古韻雜論 212左

牟庭(清)
周公年表 403右

15 牟融(漢)
牟子(一名理惑論)1189右

23 牟巘(宋)
牟氏陵陽集 1295左
陵陽集 1295右
陵陽先生集 1295右
陵陽詞 1608右

2360_0 台

77 台隆阿(清)
岫巖志略(修) 516左

2360_4 昝

27 昝殷(唐)
經效產寶 835左
食醫心鑑 855右

2397_2 嵇

00 嵇康(魏)
春秋左氏傳嵇氏音 113左
高士傳 441左
聖賢高士傳 441左
聖賢高士傳贊 441左
嵇中散集 1202右
1203左
嵇叔夜集 1203左
嵇中散集佚文 1203左
嵇中散集選 1203左
靈源子 1203左

14 嵇璜(清)等
工部進乾隆四十三年七月分用過雜項銀錢數目黃册 490左

30 嵇永仁(清)
抱犢山房集 1392左
劉國師敎習扯淡歌1685右
杜秀才痛哭泥神廟1685右
癡和尙街頭笑布袋1685右
憤司馬夢裏罵閻羅1686左
雙報應 1705左
揚州夢 1705左
續離騷 1750右

80 嵇曾筠(清)等
浙江通志(修) 519右

嵇含(晉)
南方草木狀 551左
南方草木狀佚文 551右

2411_7 豔

24 豔豔生(清)
昭陽趣史 1131左

2420_0 射

80 射慈(吳)
喪服變除圖 79右
80左
禮記音義隱 90左、右

2421_6 俺

88 俺答(明)
北狄順義王俺答謝表 312右

2421_7 仇

22 仇繼恆(淸)
陝境漢江流域貿易稽核表 476左

23 仇俊卿(明)
通史它石 375左
玄機通 973右

32 仇兆鼇(淸)
杜詩詳註、附編 1223右

34 仇遠(元)
稗史 1064右
1123左
金淵集 1306左
山村遺集 1306左
山村遺稾 1306左
無弦琴譜 1612右

2422_7 僞

31 僞江蘇省蘇州圖書館編纂委員會
吳下名園記(輯) 564右

2423_1 德

00 德立(淸釋)
藕華園詩 1376左

德亮(淸釋)
雪牀遺詩續刻 1407右

21 德行(唐釋)
四字經 903右

34 德洪(宋釋) 見惠洪

35 德清(明釋)
憨山老人年譜自敍實錄 445右
觀老莊影響論 1189左
44 德菱
清宮禁二年記 329右

2424_1 侍

44 侍其瑋(宋)
續千文 203左

2425_6 偉

12 偉烈亞力(英國)
談天(口譯) 876左

2426_0 儲

00 儲方慶(清)
東湖記 581右
23 儲晥峯(民國)
儲光羲詩集附錄(輯)* 1220右
儲嗣宗詩集附錄(輯)* 1236左
24 儲巏(明)
柴墟文集 1335左
33 儲泳(宋)
祛疑說 985右
祛疑說纂 985右
儲祕書(清)
花嶼詞 1624左
40 儲大文(清)
河套志略 526左
河套略 526左
賀蘭山口記 530右
遊石柱山記 597左
存硯樓文集 1416右
儲在文(清)
遊海嶽庵記 595左
44 儲夢熊(清)
余棲書屋詞藁 1630右
儲華谷(口)
周易參同契(注) 1180左
55 儲慧(清)
哦月樓詩存 1511左
哦月軒詩餘 1640左
67 儲嗣宗(唐)
儲嗣宗詩集 1236左
唐儲進士詩集 1236左
中唐儲嗣宗詩 1236左
77 儲欣(清)
昌黎先生全集錄(選) 1228左
習之先生全集錄(選) 1229左
河東先生全集錄、外集(選) 1230左
可之先生全集錄(選) 1235左
六一居士全集錄、外集錄(選) 1246左
老泉先生全集錄(選) 1247右
南豐先生全集錄(選) 1249左
臨川先生全集錄(選) 1250右
東坡先生全集錄(選) 1252右
欒城先生全集錄(選) 1254左
在陸文鈔 1395左
90 儲光羲(唐)
儲光羲詩集 1220右
儲光羲集 1220右
唐儲光羲詩集 1220右
儲光羲詩 1220右

2426_1 借

51 借軒居士(清)
借軒墨存 802左

2454_1 特

94 特愼菴(清)
盛京典制備考 527左

2472_7 帥

00 帥方蔚(清)
詞垣日記 470右
咫聞軒詩草 1459左
咫聞軒賸稾 1459左
紫雯軒館課錄存、經義 1459左
咫聞軒遺稾 1459左
左海交游錄 1459左
23 帥我(清)
帥子古詩選 1406左
墨瀾亭文集 1406左
27 帥仍祖(清)
別本嗜退山房稾 1413左
30 帥家相(清)
卓山詩集 1421右
三十乘書樓詩集(一名卓山詩續集) 1421右
帥之憲(清)
帥子文公崇祀鄉賢錄、行述、贈詩 423左
帥公子文重與鹿鳴筵宴錄(輯) 423左
綠滿窗前草 1486右
帥氏清芬集萃編(輯) 1549左
42 帥機(明)
帥惟審先生集 1357右
48 帥翰階(清)
綠陰紅雨軒詩鈔 1462左
80 帥念祖(清)
區田編 780右
樹人堂詩、蒐遺 1418右
多博唫 1418右
宗憲文鈔 1418右
90 帥光祖(清)
老樹軒詩集 1434右

2480_6 贊

30 贊寧(宋釋)
傳載略 361左
傳載 361左
宋高僧傳 445左
筍譜 786左
感應類從志(一題晉張華撰) 1039左

2492_1 綺

10 綺石先生(口)
理虛元鑑 826右

2492_7 納

02 納新(元) 見迺賢

2498_6 續

34 續法(口釋)
首楞嚴神咒灌頂疏 1187右

2500_0 牛

00 牛應之(清)
雨窗消意錄 1076右

03 牛誠修(民國)
晉昌遺文彙鈔(輯) 1546左
12 牛弘(隋)
牛奇章集 1215左
牛奇章集選 1215右
22 牛嶠(前蜀)
靈怪錄 1090左
織女 1113左
牛給事詞 1591右
24 牛先達(清)
亦樂亭詩集 1464左
28 牛僧孺(唐)
幽怪錄 1102右
玄怪錄 1102右
周秦行紀 1102右
齊推女傳 1102右
冥遇傳 1102右
37 牛運震(清)
周易解 22右
詩志 57左
春秋傳 128左
論語隨筆 141右
孟子論文 147右
讀史糾謬 373右
空山堂史記評註 373右
遊五姓湖記 590左
金石經眼錄(補說) 656左
空山堂文集、詩集 1420右
38 牛道淳(元)
文始眞經註(直解) 693右
析疑指迷論 1175右
40 牛希濟(後唐)
牛中丞詞 1592左
44 牛樹梅(清)
二語合編(輯) 1737左
50 牛肅(唐)
吳保安傳 1102左
紀聞 1102左
王賈傳 1102左
51 牛振聲(清)
勇烈節孝彙編 438右
訓士瑣言 747左
省克捷訣 747右
牛涇村遺著三種 1736右
87 牛鈕(清)等
日講易經解義 20左

2520_6 仲

12 仲弘道(清)
甌香集 1402左
21 仲仁(宋釋)
畫梅譜 927左
華光梅譜 927左
44 仲蘅(清)
武林元妙觀志 567右
50 仲由(周)
仲子書 681右
71 仲長統(漢)
仲長統論 717左
昌言 717左
仲長子昌言 717左
甕山子 717左
77 仲學輅(清)
金龍四大王祠墓錄 569左
廣蠶桑說輯補 785右
80 仲并(宋)
浮山集 1268右
浮山詩餘 1599右
91 仲恆(清)
詞韻 1715右

2522_7 佛

47 佛嬾老人(清) 見宗廷輔
73 佛陀多羅(唐釋)
大方廣圓覺修多羅了義經(譯) 1186右
77 佛眉(清釋)
龍潭集 1438左

2524_0 健

81 健飯老人(清)
饋貧糧(輯) 1561左

2590_0 朱

00 朱方藹(清)
畫梅題記 916左
春橋詩選 1426右
小長蘆漁唱 1623右
朱育(吳)
異字苑 195右
異字 222右
會稽土地記 541左
朱育(吳)韋昭(吳)等
毛詩答雜問 51左
朱應(吳)
扶南異物志 621右
朱應登(明)
朱升之集 1338右
朱應昌(明)
洗影樓集 1372左
朱庭珍(清)
穆清堂詩鈔、續集 1470右
筱園詩話 1587右
朱慶蕚(清)
秋水堂遺詩 1497右
朱慶餘(唐)
冥音錄(一題唐口口撰) 1110右 1111左
冥音記(一題唐口口撰) 1111左
朱慶餘詩集 1232右
朱廣川(清)
政和堂遺稿 1458右
朱賡(明)
茶史 407右
朱賡堯(清)
涇南詩稿 1511左
快晴室駢體文 1511左
朱賡颺(清)
小西詩稿 1511左
朱亦棟(清)
易經札記 23右
尙書札記 42右
詩經札記 58左
周禮札記 71右
儀禮札記 77右
禮記札記 86右
左傳札記 108左
公穀札記 129左
論語札記 142左
孟子札記 148左
孝經札記 159右
爾雅札記 164右
羣書札記 1026右
朱文熊(清)
江蘇新字母 215右
朱文藻(清)
說文繫傳考異附錄*186左
厲樊榭先生年譜 431右
三藏聖教序考 445右
崇福寺志 566右
金鼓洞志 567右
鑒公精舍納涼圖題詠(輯) 1558左

00 朱文懋(清)
直閣朱公祠墓錄 569左
朱文娟(清)
述懷小序 1435右
朱文翰(清)等
嘉慶山陰縣志 521左
朱文烋(清)
易圖正旨 27右
從學劄記 746右
五子見心錄 746左
愼甫文存 1457右
朱奕梁(清)
種痘心法 841右
朱奕簪(清)
芋栗園遺詩 1413左
朱音恬(清)
傷寒論注 812左
金匱要略注 817左
運氣要略 825左
婦科輯要 836右
幼科輯要 839左
脈法心參 849右
醫方捷徑 859左
朱讓栩(明)
擬古宮詞 1342右
朱雍(宋)
梅詞 1602右
朱衮(明)
觀微子 970左
朱襄(清)
漫與詩稿 1407左
一亭雲集 1407左
02 朱端章(宋)
衛生家寶產科備要 835右
03 朱誠泳(明)
小鳴稾 1336左
04 朱謀垔(明)
書史會要續編* 433左
畫史會要 433右
朱謀瑋(明)
詩故 55左
駢雅 220左
藩獻記 386左
05 朱諫(明)
李詩辨疑 1220左
朱蕩南集 1337右
07 朱記榮(清)
國朝未栞遺書志略 648右
行素堂集古印存(輯) 664左
金石三例續編(輯) 1735右
金石三例再續編(輯) 1735右
08 朱敦儒(宋)
樵歌 1597右
樵歌拾遺 1597右
朱詮鉌(明)
凝齋稿 1340左
朱議霶(明)
朱中尉詩集 1374左
09 朱麟應(清)
積業齋續鴛鴦湖櫂歌 584左
10 朱一新(清)
漢書管見 265右
京師坊巷志稿 523左
京師坊巷志、考證(繆荃孫合撰) 523右
吉林形勢 527右
無邪堂答問 1030左
佩弦齋文存、駢文存、詩存 1507右
佩弦齋試帖存、律賦存、雜存 1507右
佩弦齋尺牘(一名朱鼎甫先生尺牘) 1507右
義烏朱氏論學遺札 1507右
朱一是(明)
欠庵避亂小記 351右
爲可堂詩集鈔 1375左
朱玉岑(清)
韻史補* 372左
朱玉芝(清)
霜筠集 1413左
朱元育(清)
悟眞篇闡幽 1166右
參同契闡幽 1180右
朱元弼(明)
禮記通註 85右
猶及編 1069右
朱元律(清)
觶谷集 1428左
朱元象(清)
月峯集 1428左
朱元英(清)
左傳拾遺 107右
左傳博議拾遺 109右
助語小品 224右
夏雲存稿 1409右
虹城子集 1409右
詩學金丹 1583左
朱元櫂(清)
繼芳集 1419右
朱元昇(宋)
三易備遺 34左
朱元璧(清)
錦囊集 1411左
朱元會(清)
紹前集 1408左
朱爾田(清)
綠芸吟館詩鈔 1496左
朱震(宋)
漢上易傳、周易卦圖、周易叢說 12右
周易集傳 12右
朱震亨(元)
醫學發明 819左
丹溪朱氏脈因證治 819左
脈因證治 819左
平治會萃 819左
丹溪先生金匱鉤玄 819左
金匱鉤玄 819左
格致餘論 819左
丹溪先生心法 819右
活法機要 819右
丹溪治痘要法 840右
新刻校定脈訣指掌病式圖說 848左
丹溪脈訣指掌 848左
局方發揮 857左
怪疴單 861右
風水問答 901右
朱百度(清)
漢碑徵經 668左
朱雲從(清)
龍燈賺 1705左
朱雲錦(清)
河南關塞形勝說 544左
嵩山說 575左
黃河說 579左
淮水說 581左
賈魯河說 585左
朱雲熼(清)
岱宗大觀 572左
12 朱廷佐(明)

春雨堂集 1366左

朱廷楝(清)

紉蘭軒詩稿 1509右

朱延年(清)

懸磬集 1427右

朱孔彰(清)

咸豐以來功臣別傳 403左

中興將帥別傳 403左

林和靖詩集附錄(輯)* 1243左

朱孔陽(清)

歷代陵寢備考、歷代宗廟附考 568左

14 朱珪(明)

名蹟錄(輯) 666右

朱珪(清)

文昌孝經(校) 1150右

元皇大道眞君救劫寶經(校) 1150右

文昌應化元皇大道眞君說注生延嗣妙應眞經(校) 1150右 1151左

陰騭文註(校) 1157左

知足齋文集 1430左

知足齋進呈文稿 1430左

朱琦(清・濟南)

倚華樓詩 1428左

朱琦(清・桂林)

怡志堂文集、詩集 1473左

怡志堂文初編 1473左

怡志堂文鈔 1473左

怡志堂詩鈔 1473右

伯韓詩鈔 1473右

來鶴山房文鈔 1473右

朱瑋(清)

遊馬鞍山記 593右

15 朱建(漢)

平原君書 712左

16 朱理堯(明)

脩業堂稿 1366左

17 朱丞曾(清)

毅堂集 1435左

朱孟震(明)

西南夷風土記 559右

河上楮談 1069左

汾上續談 1069左

浣水續談 1069左

游宦餘談 1069左

朱秉器文集、詩集 1357右

玉笥詩談、續 1579右

朱翌(宋)

猗覺寮雜記 985右 986左

灊山集 1266左

灊山詩餘 1599左

朱瑛(清)

金粟詞 1630左

朱承爵(明)

存餘堂詩話 1578左

朱子素(清)

嘉定屠城紀略 320右

東塘日劄 320右

嘉定縣乙酉紀事 320右

嘉定屠城慘史 321左

朱君復(明)

諸子斟淑 681左

朱柔英(明)

雙星館集 1353右

19 朱琰(清)

金粟逸人逸事 435右

陶說 796右

湖樓集 1440左

笠亭詩選 1440左

20 朱集璜(明)

觀復堂集 1368左

觀復堂稿略 1368左

朱維魚(清)

河汾旅話 615左

21 朱倬(元)

詩經疑問 54左

詩疑問 54左

朱衡(明)

道南源委 414左

朱鎮山集 1347左

朱師轍

石隱山人自訂年譜（補注） 423左

朱頫(清)

武岡集 1413左

朱紫貴(清)

楓江草堂詩集、文集 1460左

楓江漁唱 1631左

清湘瑤瑟譜、續譜 1631左

22 朱鼎(明)

玉鏡臺記 1698左

朱崇正(明)

傷寒類書活人總括（附遺） 813右 857右

朱崇勳(清)

桐陰書屋詩 1449左

朱崇道(清)

湖上草堂詩 1449左

朱繼芳(宋)

靜佳龍尋藁、乙藁 1286右

靜佳乙藁補遺 1286右

靜佳詩集 1286右

朱綬(清)

攝山紀遊 593左

香爐峯紀遊 601左

朱稻孫(清)

竹垞府君行述（朱桂孫同撰） 420右

朱綵(明)

西村詩集補遺(輯)* 1336右

23 朱允榿(明)

保和齋稿 1355左

朱弁(宋)

曲洧舊聞 344左

通玄眞經註 692右

道言（徐靈府、杜道堅合注） 692右

續骫骳說 1062左

風月堂詩話 1571左

24 朱仕琇(清)

遊鼓山記 602左

重遊靈應峯記 603左

梅崖居士集文錄 1422右

朱佐(宋)

類編朱氏集驗醫方 857右

朱佐(明)

前定錄補遺 1117右

前定錄補 1117右

朱佐朝(清)

瓔珞會 1704左

乾坤嘯 1704左

豔雲亭 1704左

懷古堂新編後漁家樂傳奇 1704左

御雪豹 1704左

血影石傳奇 1704左

軒轅鏡 1704左

石麟鏡 1704左
五代榮 1704左
朝陽鳳 1704左
吉慶圖 1704左
奪秋魁 1704左
雙和合 1704左
24 朱德潤(元)
古玉圖攷 671右
亦政堂重修古玉圖 671右
寶古堂重考古玉圖 671右
存復齋文集 1314左
存復齋集 1314左
存復齋續集 1314左
朱皠(清)
未央天傳奇 1704左
十五貫 1704左
聚寶盆 1704右
新編龍鳳錢 1704右
秦樓月 1704右
翡翠園 1704右
錦衣歸 1704右
萬年觴 1704右
朱紈(明)
茂邊紀事 310右
朱緒曾(清)
開有益齋經說 176左
昌國典詠 541左
曹集考異 1202左
北山集 1471左
朱續曾(清)
璞疑詩集 1441右
25 朱仲(漢)
相貝經 793右
朱健根(明)
務本公集 1346右
朱純嘏(清)
種痘(輯)* 840右
26 朱自英(宋)
章獻明肅皇后受上清畢法籙記 1154右
朱得之(明)
新刻印古詩語 54右
老子通義 690右
莊子通義 695左
列子通義 698右
宵練匣 733左
朱和義(清)
萬竹樓詞選 1634右
新聲譜(輯) 1715左
朱和羹(清)
臨池心解 923左
朱緗(清)
雲根清壑山房詩 1411右
觀稼樓詩 1411右
吳船書屋詩 1411右
楓香集 1411右
27 朱凱(元)
劉玄德醉走黃鶴樓 1663右
昊天塔孟良盜骨雜劇 1663右
朱仰之(口)
周易朱氏義 10右
朱豹(明)
朱福州集 1342左
朱象先(元)
終南山說經臺歷代眞仙碑記 448左
古樓觀紫雲衍慶集(輯) 567左
朱象賢(清)
印典 940右
聞見偶錄 1075右
朱彝尊(清)
尙書古文辨 47左
古文尙書辨 47左
逸經補正(輯) 171左
史館纂傳 282左
孔子弟子考 416左
孔子門人考 416左
孟子弟子考 416右
鴛央湖櫂歌（譚吉璁同撰） 584左
遊晉祠記 589右
登嶧山記 591右
竹垞行笈書目 646右
經義考 649右
兩淮鹽筴書引證羣書目錄(輯) 653左
兩淮鹽筴書引證書目(輯) 653左
潛采堂宋人集目錄、元人集目錄 654左
潛采堂宋金元人集目 654左
全唐詩未備書目(輯) 654左
明詩綜采輯書目(輯) 654左
明詩綜采摭書目(輯) 654左
金石文字跋尾 657右
說硯 804左
曝書亭書畫跋 915左
論畫絕句(和) 931左
曝書亭集 1394左
曝書亭文稾 1394左
曝書亭集外詩、文 1394左
竹垞文鈔 1394左
竹垞詩鈔 1394左
竹垞老人晚年手牘 1394左
明詩綜(輯) 1543右
至正庚辛唱和集(重編) 1551右
江湖載酒集 1618右
曝書亭詞 1618右
靜志居琴趣 1618右
茶煙閣體物集 1618右
曝書亭删餘詞、曝書亭詞手稿原目 1618右
詞綜(輯) 1644右
葉兒樂府 1713右
曝書亭集葉兒樂府 1713右
潛采堂書目四種 1735左
曝書亭詞三種 1748左
朱綱(清)
蒼雪山房稿 1416右
朱紹頤(清)
挹翠樓詩存 1499左
朱紹曾(清)
華峯集 1427左
28 朱舲(清)
朱文端公年譜 410左
30 朱永年(明)
朱仲開集 1348左
朱家相(明)
漕船志(增修) 476左
朱之璣(清)
棗花書屋詩集 1465右
朱之瑜(明)
安南供役紀事 321右
陽九述略 352右
改定釋奠儀注 458左
舜水文集 1371左
朱之馮(明)
朱勉齋集 1369左
朱之赤(明)
朱臥菴藏書畫目 911左
朱之蕃(明)

江南春詞集(輯) 1553左
朱憲章(清)
算學報(輯) 890左
朱守方(清)
瓣香外集 1480左
朱宗淑(清)
修竹廬吟稿 1443右
朱宗藩(明)
小青娘風流院傳奇1698右
朱察卿(明)
朱山人集 1356左
31 朱河(宋)
除紅譜 951右
朱濬(清)
倦遊集 1436右
朱福清(清)
鴛湖求舊錄 389右
求舊續錄 389右
最樂亭詩草 1513左
朱福泰(清)
五代會要校勘記（沈鎭同撰)* 454右
32 朱淛(明)
天馬山房遺稿 1340右
朱兆熊(清)
春秋經傳日表 111左
春秋日食星度表 131左
春秋歲星行表 131左
34 朱爲弼(清)
禹貢孔正義引地理志考證 45右
論語經解 142右
漢書引經劄記 265右
平湖朱氏家譜錄要 392右
西巡舊典等劄記 458右
朱茮堂奏稿 499右
漢書地理志考證 506右
集篆隸屏聯稿 944左
鈕經堂文鈔 1451左
朱茮堂經進文 1451左
四書文殘稿、試帖詩殘稿 1451左
茮聲館詞 1628左
朱法滿(口)
要修科儀戒律鈔 1156左
朱濤(清)
榲書集 1449右
朱浩文(清)
女三字經 758左
朱洪章(清)
從戎紀略 333左
35 朱清榮(清)
袪疑說(重訂) 985右
朱漣(清)
居敬集 1431右
朱禮(元)
漢唐事箋前集、後集454左
36 朱澤生(清)
鷗邊漁唱 1624左
朱澤澐(清)
遊蒙山記 591右
37 朱潮(清)
寶善堂遺稿 1497右
朱瀾(清)
待潮集 1426左
朱鴻(明)
孝經質疑 158右
朱文公刊誤孝經旨意 158右
五經孝語(輯) 754左
四書孝語(輯) 754左
朱鴻儒(清)
愛吾廬詩鈔 1515左
朱淑眞(宋)
朱淑眞斷腸詩集 1275左
斷腸集 1275左
斷腸詞 1607右
朱淑貞斷腸詞 1607右
朱次琦(清)
是汝師齋遺詩 1475左
朱祖文(明)
丙寅北行日譜 313右
北行日譜 313右
朱祖謀(民國)
梡鞠錄 945右
彊邨棄稾 1522左
樂章集校記* 1592右
張子野詞校記* 1593左
臨川先生歌曲校記* 1593右
小山詞校記* 1593右
山谷琴趣外篇校記* 1594右
淮海居士長短句校記* 1594右
寶晉長短句校記* 1594右
片玉集校記* 1595右
東山詞校記* 1596右
賀方回詞校記* 1596右
東山詞補校記* 1596右
東堂詞校記* 1596右
樵歌校記* 1597右
鄮峯眞隱大曲校記* 1599右
盤洲樂章校記* 1599右
介庵琴趣外篇校記* 1600左
石湖詞校記* 1601右
松坡詞校記* 1602左
稼軒長短句補遺校記* 1603左
稼軒詞補遺校記* 1603左
南湖詩餘校記* 1604左
龍洲詞校記* 1604左
蒲江詞稿校記* 1604右
涓川居士詞校記* 1604右
後村長短句校記* 1605左
白石道人歌曲校記* 1605右
澗泉詩餘校記* 1606左
履齋先生詩餘校記* 1606右
夢窗詞校勘記* 1607左
夢窗詞集(校) 1607左
夢窗詞集小箋* 1607左
蘋洲漁笛譜校記* 1609左
須溪詞校記* 1609左
日湖漁唱校記* 1609左
西麓繼周集校記* 1609左
山中白雲校記* 1609右
竹山詞校記* 1610左
遺山樂府校記* 1611左
秋澗樂府校記* 1611右
蛻巖詞校記* 1614左
彊邨樂府 1641右
彊邨語業 1641右
彊邨詞賸稿、集外詞 1641右
雲謠集雜曲子校記* 1645左
尊前集校記* 1645右
中州樂府校記* 1646左
詞莂(輯) 1646右
湖州詞徵(輯) 1647左
國朝湖州詞錄(輯)1647左
滄海遺音集(輯) 1749左

37 朱祖蔭(民國)
救荒一得錄(馮嘉錫同輯) 479左
朱祖義(元)
尙書句解 40左
朱冠瀛(清)
指馬樓詞鈔 1638左
朱遐年(清)
洲居集 1425左
朱逢甲(清)
沿海形勢論 483左
西域設行省議 484左
高麗論略 628右
朱逢年(清)
雲圃集 1440右
朱運樞(清)
讀左別解 109左
世族譜系 111左
箋經瑣說 130左
列國年表 130右
論古撮要 130右
經文辨異 131右
38 朱啓鈐
東三省蒙務公牘彙編(輯) 485左
匡几圖 797右
絲繡筆記(輯) 797右
清內府藏刻絲書畫錄(輯) 797右
清內府藏繡線書畫錄(輯) 798左
刺繡書畫錄 798左
女紅傳徵略(輯) 798左
存素堂絲繡錄(輯) 798左
40 朱九經(明)
匡山烈傳奇 1699左
朱大韶(清)
春秋傳禮徵 110右
實事求是齋經義 176左
朱士端(清)
說文校定本 188左
宜祿堂收藏金石記、補編 658左
彊識編、續 1028左
吉金樂石山房文集、續編、詩集 1467右
朱士璋(清)
讀月樓吟稿 1515左
朱士雲(清)
草間日記 328右
朱士棣(清)
潯初賦稿 1430右
朱圭(清)
淩烟閣功臣圖像(刻) 385右
御製耕織圖詩(刻) 779左
無雙譜(刻) 935左
御製避暑山莊圖詠(刻) 1557右
朱上如木刻四種(刻) 1739左
朱墉(清)
雪浪集 1407右
懷山園遺文 1407右
朱在勤(清)
次民詩稿 1494左
朱克敬(清)
儒林瑣記 387左
通商諸國記 626左
柔遠新書 723左
鷗言內篇、外篇、雜錄 977左
暝庵雜識、二識 1013右
暝庵詩錄 1479左
暝庵學詩 1479左
暝庵叢稿 1479左
晦鳴錄(輯) 1544右
浮湘訪學集(輯) 1745右
朱希濟(前蜀)
妖妄傳 1113左
朱希祖(民國)
鴨江行部志節本(考證) 526右
朱希晦(元)
雲松巢集 1317右
朱有燉(明)
元宮詞 383左
新編甄月娥春風慶朔堂 1669右
春風慶朔堂 1669右
新編美姻緣風月桃源景 1669右
新編清河縣繼母大賢 1669右
清河縣繼母大賢 1669右
新編趙貞姬身後團圓夢 1670左
趙貞姬身後團圓夢 1670左
新編劉盼春守志香囊怨 1670左
劉盼春守志香囊怨 1670左
香囊怨 1670左
新編宣平巷劉金兒復落娼 1670左
新編福祿壽仙官慶會 1670左
福祿壽仙官慶會 1670左
新編神后山秋獮得騶虞 1670左
新編黑旋風仗義疏財 1670右
黑旋風仗義疏財 1670右
新編紫陽仙三度常椿壽 1670右
紫陽仙三度常椿壽 1670右
東華仙三度十長生 1670右
羣仙慶壽蟠桃會 1670右
瑤池會八仙慶壽 1670右
新編瑤池會八仙慶壽 1670右
呂洞賓花月神仙會 1671左
新編洛陽風月牡丹僊 1671左
洛陽風月牡丹仙 1671左
風月牡丹僊 1671左
新編天香圃牡丹品 1671左
新編十美人慶賞牡丹園 1671左
十美人慶賞牡丹園 1671左
新編張天師明斷辰鉤月 1671左
張天師明斷辰鉤月 1671左
新編孟浩然踏雪尋梅 1671右
孟浩然踏雪尋梅 1671右
新編小天香半夜朝元 1671右
新編李妙清花裏悟眞如 1671右
新編李亞仙花酒曲江池 1671右
李亞仙花酒曲江池 1671右
惠禪師三度小桃紅 1671右
三度小桃紅 1671右
新編摑搜判官喬斷鬼 1671右
新編豹子和尙自還俗 1672左

新編蘭紅葉從良烟花夢 1672左
河嵩神靈芝慶壽 1672左
四時花月賽嬌容 1672左
南極星度脫海棠仙 1672左
善知識苦海回頭 1672左
誠齋樂府 1712左
誠齋樂府二十四種 1750右

朱南杰（宋）
學吟 1287右

朱存理（明）
趙氏鐵網珊瑚 910左
珊瑚木難 914左
存悔齋稿補遺（輯）* 1307左
存悔齋詩補遺（輯）* 1307左
樓居雜著 1333右
野航詩稾、文稾 1333右

朱燾（清）
北窗囈語 1079右
簫材琴德廬詞稿 1632左

朱熹（宋）
周易讀本（本義） 13右
易經（本義） 13右
周易本義 13右
重刻周易本義 13右
晦庵先生朱文公易說 14右
朱文公易說 15左
文公易說 15左
易學啓蒙、啓蒙五贊 29右
易五贊 32右
古文尙書（輯） 38左
朱子說書綱領 38右
詩經（集傳） 52左
詩集傳、詩序辨說 52左、右
新刻詩傳綱領 52右
詩綱領 52右
詩序辨說 63右
詩序辨 63右
儀禮經傳通解 76左
朱子儀禮釋宮 81右
大學（章句） 132左
中庸（章句） 134右
中庸輯略（刪定） 134右
論語（注） 138左
論語（集注） 140右
論語讀本（集注） 140右
論語或問 140右
國朝諸老先生論語精義 140右
孟子（集注） 145右 146右
孟子讀本（集注） 146右
孟子或問 146右
孟子精義 147左
孟子要略 147左
論孟精義 150左
國朝諸老先生論孟精義 150左
四書章句集註 150左
四書集注 150左
四書或問 150左
孝經刊誤 157右
朱子孝經刊誤 158左
朱子五經語類 170左
資治通鑑綱目 283右
宋朱晦庵先生名臣言行錄前集 399右
名臣言行錄前集 399右
宋名臣言行錄前集 400左
五朝名臣言行錄 400左
宋朱晦庵先生名臣言行錄後集 400左
名臣言行錄後集 400左
宋名臣言行錄後集 400左
三朝名臣言行錄 400左
伊雒淵源錄 412右
伊洛淵源錄 412右
善敎名臣安定先生言行錄（輯） 417右
二十四孝原編 443右
記外大父祝公遺事 444左
紹熙州縣釋奠儀圖 457左
家禮雜儀（輯） 460左
家禮 460左
通禮（輯） 460左
朱文公政訓 471右
武夷櫂歌 602右
太極圖解（注） 724左
太極圖說（注） 724左
通書解 724右
通書（注） 724右
西銘（注） 725左
西銘解 725左
正蒙（注） 725左
河南程氏遺書（輯） 726右
二程遺書（輯） 726右
河南程氏外書（輯） 726右
二程外書（輯） 726右
二程語錄（輯） 726右
上蔡先生語錄（輯） 727左
上蔡語錄（輯） 727左
性理吟 727右
近思錄（呂祖謙同輯） 727右 728左
朱子原訂近思錄（呂祖謙同輯） 728左
延平李先生師弟子答問、後錄（輯） 728左
延平答問、後錄、補錄（輯） 728左
雜學辨 728左
御纂朱子全書 728左
朱子五書 728右
朱子書 728右
經濟文衡前集、後集、續集 728右
朱子語類、文集 728右
朱子語類纂 728右
朱子語類四纂 728右
朱子訓子帖 752左
訓子從學帖 752左
小學、考異 758右
訓學齋規 759左
朱子童蒙須知 759右
童蒙須知 759右
朱子訓蒙詩百首 759右
敬齋箴 759右
朱子白鹿洞規條 762左
白鹿洞揭示 762左
朱子白鹿洞書院揭示 762左
白鹿洞書院學規 762左
白鹿書院敎規 762左
增損呂氏鄉約（訂） 765右
朱子增損呂氏鄉約（訂） 765右
晦庵題跋 913右
朱子陰符經考異 1135右
陰符經考異 1135右
黃帝陰符經註解 1136左
周易參同契註（考異） 1179右
朱子周易參同契考異 1179右
周易參同契考異 1179右
楚辭集註、辨證、後語 1195左
屈大夫文（集注） 1195右
原本韓文考異 1228左
昌黎先生集攷異 1228左
別本韓文考異、外集、遺文 1228左
朱文公校昌黎先生文集、外集、遺文 1228左

韓文考異、外集考異、遺文考異 1228左
晦菴集、續集、別集1271右
晦庵先生朱文公文集、續集、別集 1271右
朱子大全文集、續集、別集 1271右
朱子文集 1272左
文公集鈔 1272左
文公集補鈔 1272左
朱子詩集 1272左
朱子詩選 1272左
朱子閒適詩選 1272左
文公朱先生感興詩1272左
晦庵詩說 1574左
晦庵詞 1602左
重校稽古樓四書(集注) 1727右
二程全書(輯) 1735右
河南程氏全書(輯) 1735右
張子全書(注) 1736左
朱子遺書重刻合編1736左

40 朱熹(宋)等
南嶽倡酬集 1551右

朱嘉徵(清)
止谿文鈔、詩集鈔 1378右

朱嘉金(清)
臞仙吟館遺稿 1502左

朱韋盇(清)
金愚詩草 1424左

朱右(明)
白雲稾 1323右

朱右曾(清)
詩地理徵 61右
逸周書集訓校釋、逸文 277左
古本竹書紀年輯校(輯) 286左

朱樟(清)
里居雜詩 1407左

42 朱圻(清)
夏雲堂稿 1395左

朱彭(清)
南宋古蹟考 538左
吳山遺事詩 574左
西湖遺事詩 598右

朱彬(清)
禮記訓纂 87左
經傳攷證 173右

43 朱載堉(明)
樂學新說 100左
律學新說 101左
律呂精義內編 101左
律呂精義外篇 101左
旋宮合樂譜 101左
鄉飲詩樂譜 101左
聖壽萬年歷 868右 869左
律歷融通、音義 869左
萬年歷備攷 869左
嘉量算經、問答 879右
算學新說 879右
操縵古樂譜 937右
瑟譜 938左
六代小舞譜 939左
小舞鄉樂譜 939左
二佾綴兆圖 939左
靈星小舞譜 939左

朱朴(明)
西村詩集 1336右

朱栻之(清)
星新經 875左

44 朱蘭臯(清)
葛覃集 1451右

朱蔚然(明)
關尹子(校) 693右
商子(訂) 702左

朱孝臧(清) 見朱祖謀

朱葵心(明)
新刻回春記 1700左

朱英(清)
倒鴛鴦傳奇 1705左

朱苞(明)
讀書些子會心 737右

朱世重(清)
峨秀堂詩鈔 1470左

朱世傑(元)
算學啓蒙 879左
新編筭學啓蒙 879左
四元玉鑑 879右

朱桂孫(清)
竹垞府君行述(朱稻孫同撰) 420右

朱桂森(清)
澹持集 1492右

朱桂楨(清)
莊恪集 1450右

朱桂模(清)
在莒集 1494右

朱權(明)
臞仙神隱 779左
焚香七要 798右
地理正言 902左
天皇至道太清玉册1184右
宮詞 1329右
賡和中峯詩韻 1329右
獨步大羅天 1669右
沖漠子獨步大羅天 1669右
卓文君私奔相如 1669右
荊釵記 1692左
重校古荊釵記 1692左
新刻原本王狀元荊釵記 1692左
屠赤水先生批評荊釵記 1692左
太和正音譜 1716左
北曲譜 1716左
詞品 1721右
丹丘先生曲論 1721右

45 朱橚(明)
救荒本草 786右
普濟方 858左

46 朱觀熰(明)
中立公集 1349右

朱槔(宋)
玉瀾集 1265右
玉瀾集鈔 1265右
玉瀾集補鈔 1266左

47 朱鶴齡(清)
尙書埤傳 41左
禹貢長箋 45左
詩經通義 55右
讀左日鈔、補 107左
李義山詩註 1234左
李義山詩集注 1234左
愚菴小集 1379左
愚菴雜著 1379左

朱鶴年(清)
朱雀橋邊野草 1445左

朱朝瑛(清)
讀易略記 19左
讀尙書略記 41左
讀詩略記 55右
讀周禮略記 70右
讀儀禮略記 76右
讀禮記略記 85右

讀春秋略記 126右
疊庵雜述 1002右
朱期(明)
新編奇遇玉丸記 1698左
朱楓(淸)
古金待問錄、錄餘、續錄 663左
秦漢瓦圖記 673左
雍州金石記、記餘 675左
排山小集 1418右
排山後集、續集 1418右
48 朱棆(淸)
青岑遺稿 1470右
萬卷書屋詩存 1470右
朱松(宋)
韋齋集 1265右
韋齋詩鈔 1265右
韋齋集補鈔 1265右
朱松年(淸)
江村集 1413右
49 朱妙端(明)
靜庵賸稿 1334右
50 朱中楣(淸)
鏡閣新聲 1615左
朱申(宋)
周禮句解 70左
朱文公定古文孝經(注) 158左
晦菴先生所定古文孝經句解 158左
朱本中(淸)
格物須知 806右
修養須知 847左
飲食須知 855右
急救須知 858右
朱惠明(明)
痘疹傳心錄 840右
朱書(淸)
遊瀨鄉記 544右
遊歷記存 587右
朱素臣(淸) 見朱㿥
52 朱揆(唐)
諧噱錄(一題劉訥言撰) 1121左
釵小志 1121右
53 朱輔(宋)
溪蠻叢笑 550左
朱軾(淸)
周易傳義合訂 21左
儀禮節略、圖 77左
禮記纂言(校補) 85左
大戴禮記(句讀) 91左
春秋鈔 127右
孝經(按) 158左
歷代名臣傳、續編(蔡世遠同輯) 399右
歷代循吏傳(蔡世遠同輯) 403右
歷代名儒傳(蔡世遠同輯) 412左
呂氏四禮翼(評點) 460右
廣惠編 478右
顏氏家訓(評點) 751左
家範(評點) 751右
朱文端公文集 1410右
朱彧(宋)
可談 1058左
萍洲可談 1058左
54 朱拱樋(明)
宗室匡南集 1356右
60 朱曰藩(明)
朱子价集 1351右
朱國漢(淸)
朱布衣詩鈔 1388左
朱國楨(明)
皇明大政記(輯) 291左
皇明大事記(輯) 292右
皇明開國臣傳(輯) 401左
皇明遜國臣傳(輯) 401右
皇明大訓記(輯) 493右
湧幢小品 999左
朱文肅公詩文集 1364右
朱晨(明)
古今碑帖攷 665左
朱思本(元)
貞一齋文、詩稿 1310右
貞一齋雜著、詩稿 1310右
貞一齋詞 1613右
朱冕(淸)
臥秋草堂詩鈔 1424左
朱昇(淸)
蜀中草鈔 1388左
朱昆田(淸)
南史識小錄、北史識小錄(沈名蓀同輯) 372左
笛漁小稿 1406右
朱昂(宋)
續骫骳說(一題朱弁撰) 1062左
朱昂(淸)
秋潭詩選 1399左
竹嶼詩選(選) 1434右
綠陰槐夏閣詞 1624左
朱景玄(唐)
唐朝名畫錄 926左
朱景彝
胥山朱氏述德錄 392右
瑞龍展墓日記 621左
朱景素(淸)
絮雪吟 1488左
朱景昭(淸)
讀詩劄記 59左
左傳杜注摘謬 109左
讀春秋劄記 129右
劫餘小紀 333右
讀莊劄記 696左
無夢軒詩 1495左
無夢軒文集 1495左
無夢軒家書 1495左
論文蒭說 1587右
61 朱點(淸)
東郊土物詩(輯) 539右
朱顯祖(淸)
瓊花志 792左
朱顯槐(明)
宗室武岡王集 1355右
64 朱曉(淸)
廣抑戒錄 950左
朱睦㮮(明)
周易稽疑 18左
五經稽疑 170右
授經圖 181右
革除逸史 307左
萬卷堂書目 646左
朱晞(宋)
桂巖吟稿 1286左
朱晞顏(元)
瓢泉吟稿 1309右
鯨背吟 1309右
鯨背吟集 1309右
瓢泉詞 1614左
67 朱明鎬(明)
史糾 379左
朱暉(宋)
絕倒錄 1122右

二五九〇。 朱(四七—六七)

67 朱鷺(明)
擁絮迂談 307右
71 朱厚煜(明)
居敬堂集 1334左
朱長文(宋)
易經解 12左
吳郡圖經續記 518右
墨池編 919左
琴史 936左
樂圃餘稾 1254左
樂圃餘稿 1254左
朱長春(明)
管子(通演) 700右
73 朱駿聲(清)
儀禮經注一隅 77右
夏小正補傳 92右
春秋左傳識小錄 108右
春秋平議 129右
春秋亂賊考 130右
春秋三家異文覈 131右
說文段注拈誤 187左
說文通訓定聲補遺 188左
六書叚借經徵 190右
小學識餘 212左
小爾雅約注 217左
說雅 220右
石隱山人自訂年譜 423左
歲星表 874右
離騷賦補注 1196右
傳經室文集、賦鈔 1458左
74 朱肱(宋)
酒經 806左
北山酒經 806左
增注類證活人書 813左
類證活人書、釋音、辨誤、傷寒藥性 813左
朱驊(清)
朱汗朱詩 1392左
朱膢(清)
朱丹木詩集 1472左
朱丹木詩選 1472左
77 朱鳳(晉)
晉書 279左
朱鳳毛(清)
虛白山房詩集 1503左
朱鳳穉
時痘論 842左
朱鳳森(清)
才人福傳奇 1708左
輞川圖傳奇 1708左
金石緣傳奇 1708左
十二釵傳奇 1708左
平錸記傳奇 1708左
守濬記傳奇 1708左
朱用純(清)
朱柏廬先生大學講義、中庸講義 152右
朱柏廬先生編年毋欺錄 420右
毋欺錄 739左
朱柏廬先生勸言 754右
朱柏廬先生治家格言 754右
無欺錄 1003左
愧訥集 1384右
柏廬外集 1384右
朱同(明)
覆瓿集 1324右
朱殿芬(清)
遊韜光庵記 599右
朱履貞(清)
書學捷要 922右
朱際虞(清)
汴水說 585左
朱學勤(清)
結一廬書目、宋元本書目 647右
別本結一廬書目 647右
朱學勤(清)等
欽定勦平粵匪方略 334右
79 朱勝非(宋)
秀水閒居錄 1058右
80 朱義冑
林氏弟子表 425右
貞文先生年譜 432右
貞文先生學行記 432右
春覺齋箸述記 651左
朱令昭(清)
朱令昭詩 1414左
朱毓楷(清)
讀書解義 1027左
朱善(明)
詩解頤 54左
朱曾喆(清)
養中之塾文集 1402右
朱公遷(元)
詩經疏義 54左
四書通旨 151左
82 朱鍾(清)
遊徂徠記 592左
朱劍芒
陶菴夢憶附考* 1071左
窔聞續窔聞附考* 1071右
三儂贅人廣自序附考* 1072左
揚州夢附考* 1072右
香畹樓憶語附考* 1077右
小螺菴病榻憶語附考* 1079左
喬王二姬合傳附考* 1119右
美化文學名著年表 1589右
84 朱鎮(清)
澹如軒詩 1485左
澹如軒吟草 1485左
86 朱錦綬(清)
讀史記日記 264左
讀漢書日記 266左
朱錫綬(清)
幽夢續影 1079右
朱鐸(清)
愚谷遺詩 1487左
87 朱翔清(清)
埋憂集、續集 1078右
88 朱銓(明)
爾雅貫珠(輯) 164左
山海經腴詞(輯) 710左
朱鑑(宋)
晦庵先生朱文公易說(輯) 14右
朱文公易說(輯) 15左
文公易說(輯) 15左
詩傳遺說 53右
朱鑑成(清)
嵋君詩鈔 1490左
朱筠(清)
遊靑山記 597左
笥河文集 1428右
乙丑集 1428右
古詩十九首說(口授) 1538左
朱笏廷(民國)
瓦鳴集 1529左
朱簡(清)
印經 941右

印章要論　941右
朱質(清)
二亭詩鈔　1424左
90 朱堂(清)
吉光集　1404右
朱光熾(清)
清芬館詞草　1634右
朱當㴐(明)
靖難功臣錄　401右
朱棠(清)
讀史方輿紀要統論　513右
91 朱炳如(明)
明朱白野先生溫陵留墨　1354右
92 朱恬烄(明)
綠筠軒稿　1355右
99 朱榮璪(清)
奇門遁甲啓悟(輯)　905右

2590₆ 种

08 种放(宋)
退士傳　1114右

2599₆ 練

21 練貞吉(清)
四憶堂詩集、遺稿(賈開宗、徐作肅、宋犖同選注)　1385左
30 練安(明)
練中丞集　1328左
練中丞金川集　1328左
練榜眼集　1328左
46 練恕(清)
後漢書注刊誤　267左
後漢公卿表　364左
西秦百官表　366左
北周公卿表　367右
明謚法攷　463右
五代地理攷　511右
伯穎雜文　1485右

2600₀ 白

10 白玉蟾(宋)
玉隆集　447左
蟾仙解老　689左
道德寶章　689左
太上道德寶章翼(章句)　689左
九天應元雷聲普化天尊玉樞寶經集註　1134右
太上老君說常清靜經註(分章正誤)　1144左
金液還丹印證圖詩(授)　1153左
海瓊問道集　1172右
紫清指玄集　1174左
金華沖碧丹經祕旨、傳　1177右
海瓊白眞人語錄(述)　1184右
海瓊白眞君語錄(述)　1184右
上清集　1279左
武夷集　1279左
瓊琯眞人集　1279左
玉蟾集鈔　1279左
玉蟾先生詩餘、續　1605左
白雪樓主人(明)　見孫鍾齡
白雲霽(明)
道藏目錄詳註　650右
續道藏經目錄　653右
白雲子(唐)　見司馬承禎
白雲子(金)　見王丹桂
12 白珽(元)
湛淵靜語　991左
湛淵集　1303左
湛淵遺稾、補　1303左
17 白孕彩(清)
測魚詩略　1387右
21 白行簡(唐)
天地陰陽交歡大樂賦　847右
李娃傳　1101左
汧國夫人傳　1101左
三夢記　1101左
22 白胤謙(清)
學言、續　737右
東谷集詩、續刻、文、續刻　1390右
歸庸齋詩、文　1390右
桑榆集詩、文　1390右
白嶽山人(清)
碧落雜誌(錄)　1155左
42 白樸(元)
天籟集、摭遺　1611右
天籟集補遺　1611右
唐明皇秋夜梧桐雨　1647右
唐明皇秋夜梧桐雨雜劇　1647右
秋夜梧桐雨　1647右
新鐫唐明皇秋夜梧桐雨　1647右
裴少俊牆頭馬上　1647右
裴少俊牆頭馬上雜劇　1647右
牆頭馬上　1648左
董秀英花月東牆記　1648左
董秀英花月東牆記殘本　1648左
韓釆蘋御水流紅葉殘本　1648左
李克用箭射雙雕殘本　1648左
錢塘夢　1648左
白仁甫雜劇　1749左
47 白桐生(清)
江上維舟詞附錄*　1636右
60 白愚(明)
汴圍濕襟錄　316左
77 白居易(唐)
廬山草堂記　565右
草堂三謠　565右
三教論衡　966左
白孔六帖(孔傳合撰)　1041左
太湖石記　1048右
琵琶婦傳　1101左
醉吟先生傳　1101左
長恨歌傳(撰歌)　1101右
白氏長慶集　1229右
白氏文集　1229右
白香山詩集　1229右
白香山詩長慶集、後集、別集　1230左
香山閒適詩選　1230左
香山酒頌　1552右
文苑詩格　1568左
金鍼詩格　1568左
洛中九老會　1551左
香山九老詩　1551左
香山九老會詩　1551左

自

11 自非和尚(明)　見鄧凱
自非逸史(明)　見鄧凱
23 自然子(宋)　見吳悞

2610₄ 皇

26 皇侃(梁)
禮記皇氏義疏 84右
論語義疏 138左、右
論語集解義疏 138左
孝經皇氏義疏 157左
27 皇象(吳)
急就章(書) 201左
53 皇甫庸(明)
近峯記略 (原題誤應作皇甫錄撰) 348右
近峯聞略 (原題誤應作皇甫錄撰) 994左
皇甫謐(晉)
帝王世記 275右
列女傳 437右
高士傳 441左
高士傳佚文 441右
達士傳 441右
帝王經界紀 505右
鍼灸甲乙經 842左
甲乙經 842左
鍼經節要 842左
年歷 867右
玄晏春秋 1045左
龐娥親傳 1095右
皇甫牧(宋)
玉匣記 1054左
皇甫汸(明)
皇甫司勳集 1343右
皇甫百泉集 1343右
續皇甫百泉集 1343右
皇甫濂(明)
皇甫理山集 1349左
續皇甫理山集 1349左
皇甫涍(明)
逸民傳 442左
皇甫少玄集、外集 1343左
皇甫沖(明)
皇甫華陽集 1341右
皇甫湜(唐)
皇甫持正集 1229左
皇甫持正文集 1229左
皇甫松(唐)
醉鄉日月 949右
檀欒子詞 1591右
皇甫枚(唐)
三水小牘、逸文 1050左
三水小牘佚文 1050左
驚聽錄 1050左
非煙傳 1108左
非烟傳 1108右
步非烟傳 1108右
飛烟傳 1108右
却要傳 1108右
侯元傳 1108右
皇甫冉(唐)
皇甫冉集 1223右
皇甫冉詩集 1223右
皇甫補闕詩集 1223右
唐皇甫冉詩集 1223右
皇甫規(漢)
皇甫司農集 1200左
皇甫口(唐)
原化記 1089右
皇甫周(宋)
神咒錄 1181右
皇甫曾(唐)
皇甫曾集 1222左
唐皇甫曾詩集 1222左
皇甫御史詩集 1222左
皇甫錄(明)
皇明紀略 348右
近峯記略 348右
近峯記略摘鈔 348右
近峯聞略 994左

2620₀ 伯
01 伯顏子中(元)
子中集 1303右

伽
44 伽梵達摩(唐釋)
千手千眼觀世音菩薩廣大圓滿無礙大悲心陀羅尼經(譯) 1187左

2621₃ 鬼
80 鬼谷子(周)
術言 707左
李虛中命書 903右

2622₇ 偶
41 偶桓(明)
乾坤清氣集(輯) 1543左

2629₄ 保
36 保暹(宋釋)
處囊訣 1576左
77 保巴(元) 見保八
80 保八(元)
易原奧義 15右
周易原旨 15右

2633₀ 息
00 息齋道人(宋) 見李嘉謀
息齋居士(明)
攝生要語 847左
42 息機子(明)
雜劇選(輯) 1751右

2641₃ 魏
00 魏彥(清)
重刊宋紹熙公羊傳注音本校記* 114左
魏齊賢(宋)
五百家播芳大全文粹(葉棻同輯) 1541左
魏裔魯(清)
魏竟甫詩 1397右
魏裔介(清)
魏文毅公奏議 499左
瓊琚珮語 739左
論性書 739左
樗林偶筆、續筆、閒筆 1003右
兼濟堂文集 1384左
兼濟堂集 1384左
魏貞菴詩 1384左
魏石生詩選 1384左
魏應嘉(明)
夥壞封疆錄 401右
魏慶之(宋)
詩人玉屑 1575左 1717右
魏文帝
典論 717左
列異傳 1083右 1084左
魏文帝集 1202左
魏文帝詩格 1566右
詩格 1566右
魏文侯(周)
孝經傳 155右
魏文侯書 684左
09 魏麟徵(清)
閩行日記 614左

西湖和蘇詩 1400左
閩中吟 1400左
石屋初集、二集、三集、四集 1400右
10 魏元曠(民國)
易纂言外翼校勘記* 15右
讀易考原校勘記* 16右
易學變通校勘記、校勘續記* 16右
易獨斷 28右
易言隨錄 28右
劵易苞校勘記* 30右
周書雜論 44左
詩故校勘記* 55左
周官集傳校勘記* 70左
喪服彙識 81左
禮訓纂 87右
春秋通議 130左
大學古本訓 134左
四書疑節校勘記* 151左
四書經疑貫通校勘記* 151左
庭聞錄校勘記* 325左
光宣僉載 329右
黨目記 354左
匪目記 354左
堅冰志 354左
史記達旨 374左
酌酌古論 377左
三臣傳 403右
南宮舊事 465右
西曹舊事 468右
審判稿 489左
都門懷舊記 523右
都門瑣記 523右
居東記 527左
西山志略 576左
咸賓錄校勘記* 623右
朝鮮賦校勘記* 627左
潛園學說 723左
潛書 723左
潛園讀書法 765右
尙論張仲景傷寒論校勘記* 811右
醫門法律校勘記* 820右
寓意草校勘記* 862左
藏一話腴校勘記* 988右
東谷贅言校勘記* 996左
寒夜錄校勘記* 1002右
蕉窗隨筆 1015右
牘言 1015右
拾遺錄校勘記* 1023左
昭疑錄 1030右
潛園或問 1030右
離騷逆志(注) 1196右
曲阜集(校) 1255左
王魏公集校勘記* 1255左
溪堂集校勘補遺（胡思敬同撰）* 1263左
飄然集校勘記* 1266左
野處類稿校勘記（胡思敬同撰）* 1268右
誠齋策問校勘記* 1269右
雪坡舍人集校勘記* 1288左
須溪集校勘記* 1291右
芳洲集校勘記* 1294右
松巢漫稿校勘記* 1296右
樂庵遺稿校勘記* 1311左
僅存集校勘記* 1314右
寓庵詩集校勘記* 1321右
靜居集校勘記* 1324左
春雨軒集校勘記* 1326左
芑山文集校勘記（胡思敬同撰）* 1370右
髻山文鈔校勘記* 1370右
朱中尉詩集校勘記* 1374左
四照堂文集校勘記補* 1378左
耻夫詩鈔校勘記* 1425右
潛園詩集 1521左
潛園詩續鈔 1521左
匡山避暑錄 1521左
潛園文集 1521左
潛園文續鈔 1521左
潛園書牘、續稿 1521左
蕉窗詩話、續編 1588右
詩話後編 1588右
潛園詞 1641左
潛園詞續鈔 1641右
述古錄 1741左
魏于雲(清)
重集列女傳例 438左
于雲殘冊（原名情種筆札） 1476右
魏天應(宋)
論學繩尺(輯) 1562右
魏晉封(清)
竹中記 316左
西除集 1384左
12 魏廷珍(清)
伐蛟說 781右
13 魏武帝
孫子(注) 769右
兵書接要 772右
魏武帝集 1201右
17 魏了翁(宋)
周易要義 14右
尙書要義、序說 39右
毛詩要義 53左
儀禮要義 76左
禮記要義 85左
春秋左傳要義 106右
學醫隨筆 866左
正朔考 868右
鶴山題跋 914左
古今考 1020右
經外雜鈔 1021左
鶴山筆錄 1021左
師友雅言 1021左
鶴山渠陽讀書雜抄 1035右
鶴山全集 1281左
重校鶴山先生大全文集 1281左
鶴山詩集 1281右
鶴山集鈔 1281右
重校鶴山先生大全文集長短句 1604右
魏承班(前蜀)
妖蠱傳 1113右
魏太尉詞 1591右
20 魏秀仁(清)
銅仙殘淚 352右
魏季子(清)
羽琌山民逸事（繆荃孫合撰） 423左
22 魏崑陽(明)
倉庚集 1071左
魏繇(清)
金谿題跋 917左
文斤山民集 1505左
泳經堂叢書 1505左
復初文錄 1505左
金谿詞 1639左
25 魏仲舉(宋)
五百家註音辨昌黎先生文集(輯) 1228左

五百家注昌黎文集(輯) 1228左
五百家註柳先生集、新編外集(輯) 1230右
韓文類譜(輯) 1734左
26 魏伯陽(漢)
參同契正文 1179左
參同契 1179右
魏峴(宋)
四明它山水利備覽 584右
27 魏象樞(清)
魏敏果公年譜 409右
庸言 739左
聖人家門喻 754右
寒松堂集 1384左
寒松堂詩集 1384左
魏魯(漢)
黃石公素書(注) 771右
28 魏徵(唐)
魏鄭公詩集、文集 1216左
魏徵(唐)等
羣書治要子鈔(輯) 1035左
治要節鈔(輯) 1035左
羣書治要(輯) 1035左
魏徵(唐)長孫無忌(唐)等
隋書 271右
隋書地理志 510右
隋書經籍志 643左
魏收(北齊)
魏書 270右
魏書地形志 510左
魏特進集 1214左
魏特進集選 1214左
30 魏之琇(清)
續名醫類案 861右
柳洲醫話 864右
柳洲遺稿 1441左
魏憲(清)
魏惟度詩 1398左
魏良輔(明)
曲律 1721右
31 魏濬(明)
易義古象通 18左
嶠南瑣記 555右
魏源(清)
書古微 43左
詩古微 67右
蒙雅 220右
聖武記 293左
開國龍興記 324左
綏服內蒙古記 324左
綏服外蒙古記 324左
征撫朝鮮記 324左
征準噶爾記 326左
苗防論 326左
撫綏西藏記 326左
西藏後記 326左
綏服厄魯特蒙古記 326右
兩征厄魯特記 326右
西南夷改流記 326右
蕩平準部記 327左
勘定回疆記 327左
綏服西屬國記 327左
新疆後事記 327左
征緬甸記 327右
征撫安南記 327右
征廓爾喀記 327右
康熙乾隆俄羅斯盟聘記 480左
俄羅斯盟聘記 480左
俄羅斯附記 480左
西北邊域考 484左
昆侖釋 571左
岡底斯山考 571左
葱嶺三幹考 571左
北幹考 571左
大金沙江考 586右
五大洲釋 625左
越南疆域考 631左
北印度以外疆域考 632左
英吉利小記 636右
老子本義 691右
古微堂內集、外集 1460左
33 魏浣初(明)
新刻魏仲雪先生批評投筆記 1692左
34 魏禧(清)
師友行輩議 461左
救荒策 478左
兵謀 775左
兵法 775左
兵跡 775左
日錄 975左
日錄裏言 975左
日錄雜說 975左
魏叔子文集外篇、日錄、詩集 1389右
魏叔子文鈔 1389右
勺庭文鈔 1389右
日錄論文 1582左
35 魏禮(清)
魏季子文集 1393左
魏季子文鈔 1393左
36 魏祝亭(清)
荊南苗俗記 549右
兩粵猺俗記 553右
蜀九種夷記 557右
藏俗記 561左
37 魏祖清(清)
村居救急方、附餘(輯) 858右
魏初(元)
青崖集 1303右
青崖詞 1613左
魏朗(漢)
魏子 716左
38 魏道明(金)
蕭閑老人明秀集注 1610右
40 魏大中(明)
藏密齋集 1363左
藏密齋書牘 1363左
魏士達(元)
敦交集(輯) 1542右
魏直(明)
博愛心鑑 840右
博愛心鑑撮要 840右
魏眞己(隋)
孝經訓注 157左
魏校(明)
周禮沿革傳 70左
春秋經世 125右
大學指歸、考異 132右
經世策 286右
官職會通 468左
莊渠先生文集 1339右
魏莊渠先生書 1339右
莊渠遺書 1339右
魏莊渠先生集 1340左
41 魏標(清)
湖墅雜詩 539右
44 魏荔彤(清)
大易通解 19右
魏貞菴先生年譜 409右
懷舫自述 421右

懷舫詩集、續集、別集　1411右
懷舫雜著、續刻　1411右
懷舫集（一名偶遂草）　1411右
懷舫別集　1411右
恭紀聖恩詩　1411右
懷舫詞、續、別集　1622右
續廿二史彈詞　1714右
魏茂林（清）
駢雅訓纂　220左
魏華存
元始大洞玉經、大洞玉經疏要十二義、大洞玉經壇儀、總論（疏義）　1133右
魏世傑（清）
魏興士文集（一名梓室文稿）　1404右
魏世儼（清）
魏敬士文集（一名爲谷文稿）　1409左
魏世傚（清）
魏昭士文集（一名耕廡文稿）　1409左
45 魏坤（清）
漫遊小鈔　1406左
47 魏杞（宋）
魏文節遺書　1270左
50 魏泰（宋）
東軒筆錄　342右
臨漢隱居詩話　1570左
魏青江（清）
宅譜指要　899右
宅譜邇言　899右
選時造命　899右
宅譜修方　899右
65 魏畊（明）
雪翁詩集　1372右
67 魏野（宋）
東觀集　1242左
鉅鹿東觀集　1242左
草堂集　1242左
77 魏周琬（清）
充射堂大易餘論　21左
充射堂春秋餘論　127右
充射堂詩集、二集、三集、四集、五集　1406左
充射堂文鈔　1406左
魏際瑞（清）
讀書法　763右
偶書　974右
魏伯子雜說　1004左
魏伯子文集　1387左
魏伯子文鈔　1387左
魏伯子文錄　1387左
伯子論文　1581右
魏學誠（清）等
魏敏果公年譜（錄）　409右
魏學渠（清）
青城詞　1617左
魏學洙（明）
溹水居遺稿　1374右
魏學禮（明）
魏季朗集　1350右
魏學洢（明）
茅簷集　1368左
魏學曾（明）
馬文莊公文集選敍述*　1354左
80 魏公子牟（周）
公子牟子　699左
86 魏錫曾（清）
開成石經圖攷　185左
績語堂碑錄　666右
庚子消夏記校文校勘記*　911左
績語堂題跋　917左
書學緒聞　923左
績語堂論印彙錄　942左
績語堂詩存、文存　1499左
94 魏愼餘（清）
中憲詩鈔　1509右
97 魏煥（明）
明九邊考　484右
皇明九邊考　485左

2643_0 吳

00 吳立（清）
字香亭梅花百詠　1431右
吳龐（清）
錦蒲團　1703左
吳亮（元）
忍書（輯）　1032右
忍經（輯）　1032右
吳彥夔（宋）
傳信適用方　857右
吳育（清）
遊峽山寺記　607左
遊金粟泉記　607左
訪蘇泉記　607左
吳山子遺文　1452右
吳商（晉）
雜禮議　93右
吳高增（清）
乾州小志　550左
遊柯山記　601左
遊吼山記　601左
吳應和（清）
樊榭山房詩（馬洵同選）　1415左
海珊詩（馬洵同選）　1418右
丁辛老屋詩（馬洵同選）　1420右
蘀石齋詩（馬洵同選）　1421右
小倉山房詩（馬洵同選）　1423左
有正味齋詩（馬洵同選）　1436右
吳應逵（清）
嶺南荔支譜　787右
吳應枚（清）
滇南雜記　559右
吳應箕（明）
東林本末　314左
東林事略　314左
東林紀事本末論　314左
南都防亂公揭　314右
啓禎兩朝剝復錄　318左
兩朝剝復錄　318左
熹朝忠節死臣列傳　402左
留都見聞錄　533右
庚辛壬癸錄　1001左
讀書止觀錄　1036左
樓山堂集　1367右
吳慶燾（清）
襄陽沿革略　546右
襄陽兵事略　546右
襄陽蓺文略　648左
襄陽金石略　676右
吳慶坻（民國）
蕉廊脞錄　1014右
吳唐林（清）
橫山草堂詞　1639右

00 吳廣霈(清)
南行日記 619右
天下大勢通論 626左
石鼓文考證 667右
吳亦鼎(清)
痲疹備要方論 842左
吳文溥(清)
苗疆指掌 327右
漢唐石刻目錄 665右
愼餘編 744右
師貞備覽 775右
少見錄 1076左
南野堂詩集 1461右
南野堂筆記 1585右
南野堂續筆記五種 1742左
吳文英(宋)
夢窗甲藁、乙藁、丙藁、丁藁、絕筆、文英新詞藁 1606右 1607左
夢窗稿 1607左
夢窗甲藁、乙藁、丙藁、丁藁 1607左
甲乙丙丁藁 1607左
夢窗詞集 1607左
01 吳龍翰(宋)
古梅吟稿、遺稿 1295右
古梅吟藁 1295右
03 吳誠(清)
蟾士賦稿 1430右
04 吳訥(元)
萬戶集 1316右
吳訥(明)
棠陰比事(删正) 488右
棠陰比事原編(删正) 488右
棠陰比事續編、補編 488右
07 吳翊寅(清)
釋名疏證校議* 217右
十六國春秋纂錄校本校勘記* 356右
08 吳謙(清)
菊人賦稿 1430右
吳謙(清)等
訂正仲景全書傷寒論註(輯) 811右
編輯傷寒心法要訣 815左
訂正仲景全書金匱要略註(輯) 817左
編輯雜病心法要訣 821左
編輯運氣要訣 825左
編輯外科心法要訣 831左
編輯正骨心法要旨 833右
編輯眼科心法要訣 834左
編輯婦科心法要訣 836右
編輯幼科雜病心法要訣 839左
編輯痘疹心法要訣 841左
編輯幼科種痘心法要旨 841左
編輯刺灸心法要訣 842右
編輯四診心法要訣 851左
删補名醫方論(輯) 859左
醫宗金鑑(輯) 1737右
09 吳麟徵(明)
家誡要言 753右
吳忠節公遺集 1369左
10 吳正子(宋)
箋註評點李長吉歌詩、外集 1231右
吳玉樹(清)
寶前兩溪志略 520右
吳玉搢(清)
說文引經攷 192右
別雅 220左
山陽志遺 519右
金石存(輯) 656右
十憶詩 1417右
吳玉輝(清)
夢唐詩餘 1628左
吳瑭(清)
溫病條辨 828左
增補評註溫病條辨 828左
吳鞠通先生醫案 863左
吳鞠通醫案 863左
吳元音(清)
葬經箋註、圖說 900右
吳元凱(清)
蒼水詩鈔 1496右
吳元潤(清)
香溪瑤翠詞 1623右
吳元泰(明)
新刊八仙出處東遊記 1131左
吳元善(清)
延陵弟子紀要 863左
吳下逸民(明)
劉公旦先生死義記 409左
吳下阿蒙(清)
斷袖篇 1081左
吳震方(清)
嶺南雜記 553左
讀書質疑 1024右
說鈴(原輯) 1734右
吳霞生(清)
老子附證 691左
擬摘入藏南華經 975右
無譜曲 1714右
吳雯(清)
蓮洋詩鈔 1404右
蓮洋集 1404右
蓮洋詩 1404右
吳晉錫(清)
半生自紀 409右
吳雷發(清)
香天談藪 1073左
說詩菅蒯 1582左
吳可(宋)
藏海居士集 1265右
藏海詩話 1571左
吳雲(清)
焦山志(輯) 572右
兩罍軒藏器目 659右
吳雲蒸(清)
說文引經異字 192右
11 吳非(清)
三唐傳國編年 290右
楚漢帝月表 363左
12 吳廷楨(清)
吳廷楨詩選 1409左
吳廷華(清)
儀禮章句 77左
吳廷楝(清)
拙修集、續編、補編 1459右
吳廷鈖(清)
塔影樓詞 1635左
吳廷燮(民國)
晉方鎭年表 365左
東晉方鎭年表 365右
元魏方鎭年表 367右
唐方鎭年表、考證 368左
北宋經撫年表 369左
南宋制撫年表 369左
遼方鎭年表 369右
金方鎭年表 369右

元行省丞相平章政事年表 370左
明督撫年表 370左
13′吳琯(明)
古今逸史 1741左
15 吳晴符(清)
客窗閒話 1077右
吳融(唐)
寃債志 1089左
1110左
唐英歌詩 1239左
16 吳理(清)
崇禎宮詞(注) 384左
17 吳孟思(宋)
吳氏印譜（一名漢晉印章圖譜・刻） 942左
吳孟堅(清)
一草亭讀史漫筆 376左
偶存草 1399左
雁字和韻詩 1399左
吳翌鳳(清)
古歡堂經籍舉要 650左
東齋脞語 1007右
遜志堂雜鈔 1007右
鐙窗叢錄 1007右
曼香詞 1625右
吳瑛(清)
梧琰經 898右
吳瑟甫歌詩 1507左
吳鼒(清)
周易大衍辨 22右
三正考 131左
老子解 691左
老子別錄 692左
非老 692左
吳承仕(民國)
儀禮經注疑直 77右
蔔漢微言(記) 1015右
吳承志(清)
漢書地理志水道圖說補正 507左
唐賈耽記邊州入四夷道里考實 511左
今水經注 578左
山海經地理今釋 710右
横陽札記 1030左
遜齋文集 1516左
吳承恩(明)
射陽先生文存 1344左
射陽先生曲存 1713左
吳子良(宋)
荆溪林下偶談 1574左
林下偶譚 1574左
吳氏詩話 1574左
吳子孝(明)
吳少參集 1343左
20 吳重憙(清)
閑閑老人滏水文集校札記、附錄* 1298右
津步聯吟集、詞(李葆恂同撰) 1556左
吳喬(清)
離光錄 936左
西崑發微 1234左
圍爐詩話 1581左
答萬季野詩問 1581右
吳受福(民國)
古禾雜識(續補) 540左
石鼓文集字聯 944右
小穜字林試帖偶存 1511右
運甓編 1511右
吳季子(明)
書憲 1001右
有情癡 1002左
吳秉仁(清)
攟聞詞 1620左
吳秉鈞(清)
課鵡詞 1620左
吳維嶽(明)
吳霽寰集 1349右
21 吳仁傑(宋)
易圖說 29右
兩漢刊誤補遺 267右
陶靖節先生年譜 425右
離騷草木疏 1197左
吳仁傑(清)
自感疊韻六十章 1461左
殉難傳題詞(輯) 1559右
吳處厚(宋)
論相 904右
青箱雜記 981左
吳卓信(清)
約喪禮經傳 79左
喪禮經傳約 79左
漢書地理志補注 506右
吳衡照(清)
蓮子居詞話 1720左
吳幵(宋)
漫堂隨筆 1056右
優古堂詩話 1570右
吳師道(元)
戰國策校注 295右
戰國策(重校) 296左
陶靖節詩註附錄* 1207左
陶靖節先生詩附錄* 1207左
絳守居園池記註（趙仁舉、許謙同撰） 1229右
禮部集 1313左
敬鄉錄 1547右
吳禮部詩話 1577左
吳禮部詞話 1717右
吳師直(元)
耿聽聲傳 1117左
吳貞(清)
類傷寒辨 815右
吳穎(清)
史輪 375右
世書 974右
善易者言 1003右
吳穎芳(清)
臨江鄉人詩、拾遺 1420左
22 吳豐本(清)
海漚漁唱 1638右
吳任臣(清)
十國春秋 359左
山海經廣註 710左
吳嵩梁(清)
表忠錄(輯) 407左
東鄉風土記 551左
增修鵞湖書田志 569右
武夷紀游圖詠 602右
廬山紀游圖詠 605右
粵游日記 616左
聽香館叢錄(輯) 1008右
香蘇山館古體詩集、今體詩集、文集 1450左
新田十憶圖詠(輯) 1558右
香蘇草堂圖詠(輯) 1558右
秦淮春泛圖詠(輯) 1558右
拜梅圖詠(輯) 1558右
蓮花博士圖詠(輯) 1558右
鶴聽詩圖詠(輯) 1558右
石溪舫詩話 1586左
吳嶽(明)
清流摘鏡 313右

二六四三〇 吳（一二一二二）

22 吳崑（明）
脈語　849左
醫方考　858左
吳山（清）
青山集　1407右
吳山秀（清）
擬王之臣與其友絕交書　1514左
23 吳允嘉（清）
浮梁陶政志、景鎮舊事　796右
吳代（清）
苗歌（輯）　1562左
吳峻（清）
莊子解　696左
24 吳化龍（元）
左氏蒙求　106右
吳先聲（清）
敦好堂論印　941右
吳德旋（清）
重刊續纂宜荆縣志　519右
初月樓論書隨筆　922右
初月樓聞見錄、續錄　1076右
初月樓文鈔、續鈔　1461右
初月樓詩鈔　1461右
初月樓古文緒論　1586右
初月樓文談　1586右
初月樓四種　1744左
吳德修（明）
新刻出相音釋點板東方朔偷桃記　1697右
吳德煦（清）
章谷屯志略　557右
吳偉業（清）
復社紀事　314右
綏寇紀略　315右
鹿樵紀聞　318右
梅村集　1379左
梅村文集　1379左
梅村家藏藁　1379左
梅村集外詩　1379左
吳梅村歌詩　1379左
鷓鴣斑　1379左
梅村詩鈔　1379右
吳先生詩　1379右
吳梅村詩　1379右
吳梅村先生編年詩集、詩詞補鈔　1379右
吳詩集覽　1379右
芝麋集（選）　1387左
三餘集（選）　1389左
碩園集（選）　1392右
東岡集（選）　1401右
秋水集（選）　1401右
健菴集（選）　1401右
步檐集（選）　1401右
東皐集（選）　1401右
水鄉集（選）　1401右
忍菴集（選）　1402右
梅村詩話　1581左
吳梅村先生詩話　1581左
吳梅村先生詩餘　1615左
梅村詩餘　1615左
梅村詞　1615左
臨春閣　1684右
通天臺　1684右
秣陵春傳奇　1703右
秣陵春（一名雙影記）　1703右
梅村先生樂府三種　1750右
梅村樂府二種　1750右
吳綺（清）
揚州鼓吹詞序　536左
嶺南風物紀　553左
林蕙堂集　1387左
藝香詞　1616右
吳縝（宋）
唐書糾謬　272右
新唐書糾謬　273左
五代史記纂誤　273右
五代史纂誤　273右
25 吳仲（明）
通惠河志　581左
吳仲（清）
續詩人徵略後集　425左
吳傳澐（清）
藝蘭要訣　790右
26 吳自牧（宋）
夢粱錄　538左
吳伯宗（明）
榮進錄　1327右
吳儼（明）
吳文肅公摘藁　1335左
吳皐（元）
吾吾類藁　1320右
27 吳修（清）
昭代名人尺牘小傳　387左
續疑年錄　398右
青霞館論畫絕句　933左
復園紅板橋詩（輯）　1558右
吳修祜（清）
十三經舊學加商　177左
述聞瑣記約鈔　1030左
轅下吟編　1498左
蘦畤山莊駢散芰存　1498右
吳趨詞鈔　1637右
吳紹箕（清）
劫夢涙談　333左
塵夢醒談　1080左
筆夢清談　1080左
游夢倦談　1080左
四夢彙譚　1742左
28 吳以誠（清）
古藤書屋詩存　1485左
吳徽敍（清）
緘石集文鈔　1462右
吳儆（宋）
竹洲集　1269左
棣華雜著　1269左
竹洲詩鈔　1269左
竹洲詩集　1269左
竹洲集補鈔　1269左
竹洲詞　1601左
吳儀一（清）
仕的　472右
徐園秋花譜　788右
吳儀洛（清）
本草從新　854右
成方切用　859左
吳從先（明）
香本紀　799左
儒禪　974左
小窗自紀　1000左
小窗自紀雜著　1000左
交友觀　1000左
小窗別紀　1037右
小窗清紀　1037右
金小品傳　1118右
徐郎小傳　1118右
頓子眞小傳　1119左
妓虎傳　1119左
擬合德諫飛燕書　1358右
小窗豔紀　1533右
29 吳綃（清）
嘯雪庵詩鈔　1394左
嘯雪菴詩餘　1618左
吳秋士（清）

天下名山記(輯)　587右
天下名山遊記(輯)　587右
30 吳宣崇(清)
鼠疫約編　829左
吳沆(宋)
易璇璣　12右
環溪詩話　1574左
吳寧瀾(清)
保嬰易知錄　839右
吳寬(明)
皇明平吳錄　305右
平吳錄　305右
湯媪傳　1066左
家藏集　1333左
匏翁家藏集　1333左
吳家楨(清)
金陵紀事雜詠　333右
吳家懋(清)
欣所遇齋詩存　1467右
吳家桂(清)
洗冤外編(輯)　488左
折獄金鍼(輯)　488右
吳進(清)
遊三龍潭記　593左
遊雲臺山北記　595右
吳之登(清)
粵游詞　1620左
吳之鯨(明)
武林梵志　566左
吳之英(民國)
儀禮奭固　78右
儀禮奭固禮事圖　82左
儀禮奭固禮器圖　82左
經學初程(廖平同撰)　178右
漢師傳經表　182右
經脈分圖　850右
天文圖攷　876右
壽櫟廬文集、詩集　1522右
壽櫟廬巵言和天　1522右
吳之振(清)
荔裳詩選(選)　1383左
顧菴詩選(選)　1384右
愚山詩選(選)　1385右
繹堂詩選(選)　1389右
西樵詩選(選)　1391右
湟榛詩選(選)　1392左
阮亭詩選(選)　1396左
說巖詩選(選)　1402右
宋詩鈔(輯)　1745左
吳騫(清)
許氏詩譜鈔(校)　64右
詩譜補亡後訂、拾遺　64右
孫氏爾雅正義拾遺(輯)　162左
唐開成石經考異　185左
蜀石經毛詩考異(輯)　185左
東江遺事(輯)　315左
陳乾初先生年譜　420左
吳兔牀日記　451左
西湖蘇文忠公祠從祀議　459左
桃溪客語　534左
蠡塘漁乃、續　540左
荆南遊草　594右
遊張公洞記　594右
遊龍池山記　594右
可懷錄、續錄　615左
國山碑考　667左
陽羨名陶錄、續　796右
愼終錄要(校訂)　903左
論印絕句、續編(輯)　941左
南宋方爐題咏(輯)　959右
讒書校*　980左
尖陽叢筆　1007左
扶風傳信錄(輯)　1120左
典裘購書歌　1405右
粵東懷古　1405右
拜經樓詩集、續編、再續編　1431左
愚谷文存　1431左
哀蘭絕句　1431左
拜經樓集外詩　1431左
拜經樓詩話　1585左
萬花漁唱　1624左
吳騫(清)等
陽羨摩厓紀錄　675右
吳守一(清)
春秋日食質疑　131左
吳安謙(清)
聽雨草堂詩存　1502左
吳安業(清)
小斜川室初存詩　1480右
吳宏(宋)
獨醒雜志　345左
吳容寬(太平天国)等
詔書蓋璽頒行論　332左
吳官業(清)
小鄂不館初存草　1494右
吳寶三(清)
鞠隱山莊遺詩、稟稿　1506右
吳寶芝(清)
花木鳥獸集類　1044左
吳宗濂(清)
澳大利亞洲新志(趙元益同譯)　639左
吳宗憲(清)
淸閟遺稿　1469左
31 吳潛(宋)
許國公奏議　496左
履齋遺集　1282左
四明吟稿　1282左
履齋先生詩餘、續集、別集　1606右
吳福生(元)
夜山圖題詠(輯)　1557左
32 吳淵(宋)
退菴先生遺集　1282左
退菴遺集　1282左
退庵詞　1606右
吳兆(明)
吳非熊集　1365右
吳兆宜(清)
徐孝穆集箋註　1213右
徐孝穆集(注)　1213右
徐孝穆全集(注)　1213右
庾開府集箋註　1214右
玉臺新詠(注)　1533左
吳兆騫(清)
秋笳集　1395左
歸來草堂尺牘　1395左
吳澄(元)
易纂言　15右
易纂言外翼　15右
書纂言　40左
批點考工記(考注)　72右
儀禮逸經傳　76右
禮記纂言　85左
三禮敍錄　94左
春秋纂言、總例　124右
吳文正公較定今文孝經　158左
孝經(校定)　158左
孝經定本　158左

月令七十二候集解 504左
道德眞經註 690左
莊子內篇訂正 696右
艸廬子 731左
劉江東家藏善本葬書(刪) 900左
琴言十則、指法譜 936右
吳草廬詩集 1304左
吳文正集 1304左
草廬集 1304左
吳草廬先生文選 1304左
草廬詞 1612左
33 吳泳(宋)
鶴林集 1281右
鶴林詞 1606左
吳祕(宋)
纂圖互注揚子法言(李軌、柳宗元、宋咸、司馬光合注) 714右
新纂門目五臣音註揚子法言(李軌、柳宗元、宋咸、司馬光合注) 715左
34 吳湛(清)
粵歌(輯) 1561右
吳汝綸(清)
易說 28左
尙書故 43右
夏小正私箋 93左
荀子(點勘) 685左
老子(點勘) 691右
莊子(點勘) 696左
管子(點勘) 701左
韓非子(點勘) 703左
墨子(點勘) 706左
太玄(點勘) 892左
賈長沙集選(評選) 1198左
司馬文園集選(評選) 1198左
劉子駿集選(評選) 1198右
揚侍郎集選(評選) 1199左
蔡中郎集選(評選) 1200右
陳思王集選(評選) 1202右
阮步兵集選(評選) 1202右
嵇中散集選(評選) 1203左
鍾司徒集選(評選) 1203左
傅鶉觚集選(評選) 1203右
杜征南集選(評選) 1204左
成公子安集選(評選) 1204左
荀公曾集選(評選) 1204左
傅中丞集選(評選) 1204左
張孟陽集選(評選) 1204右
張景陽集選(評選) 1204右
潘太常集選(評選) 1205左
陸平原集選(評選) 1205右
陸清河集選(評選) 1205右
劉越石集選(評選) 1206左
郭弘農集選(評選) 1206左
王右軍集選(評選) 1206左
王大令集選(評選) 1206右
孫廷尉集選(評選) 1206右
陶彭澤集選(評選) 1207右
傅光祿集選(評選) 1207右
何衡陽集選(評選) 1207右
顏光祿集選(評選) 1208左
謝康樂集選(評選) 1208左
謝法曹集選(評選) 1208右
袁陽源集選(評選) 1208右
鮑參軍集選(評選) 1209左
謝光祿集選(評選) 1209左
張長史集選(評選) 1209左
孔詹事集選(評選) 1209左
王文憲集選(評選) 1209右
竟陵王集選(評選) 1209右
謝宣城集選(評選) 1209右
王寧朔集選(評選) 1210左
沈隱侯集選(評選) 1210左
江醴陵集選(評選) 1210右
陶隱居集選(評選) 1210右
任中丞集選(評選) 1211左
劉戶曹集選(評選) 1211左
梁武帝集選(評選) 1211左
王左丞集選(評選) 1211左
丘司空集選(評選) 1211右
吳朝請集選(評選) 1211右
陸太常集選(評選) 1211右
何記室集選(評選) 1211右
劉祕書集選(評選) 1212左
王詹事集選(評選) 1212左
劉豫章集選(評選) 1212左
劉庶子集選(評選) 1212左
庾度支集選(評選) 1212左
梁昭明集選(評選) 1212右
梁簡文帝集選(評選) 1213左
梁元帝集選(評選) 1213左
沈侍中集選(評選) 1213左
徐僕射集選(評選) 1213右
江令君集選(評選) 1213右
陳後主集選(評選) 1214左
高令公集選(評選) 1214左
溫侍讀集選(評選) 1214左
邢特進集選(評選) 1214左
魏特進集選(評選) 1214左
王司空集選(評選) 1214右
庾開府集選(評選) 1215左
盧武陽集選(評選) 1215左
薛司隸集選(評選) 1215左
牛奇章集選(評選) 1215右
隋煬帝集選(評選) 1215右
韓翰林集(評注) 1239左
桐城吳先生文集、詩集 1506右
吳摯甫文鈔 1506右
桐城吳先生尺牘、諭兒書 1506右
吳汝弌(宋)
雲臥詩集 1290左
雲臥詩藁 1290右
吳浩(清)
十三經義疑 172左
35 吳清皐(清)
壺庵詩、駢體文 1457左
吳清漣(清)
灌園居偶存草、試帖 1437右
吳清藻(清)
夢煙舫詩 1435左
吳清鵬(清)
笏庵詩、試帖 1467左
吳清學(清)
小西山房遺詩 1437右
吳禮之(宋)
順受老人詞 1604右
36 吳渭(宋)
月泉吟社(輯) 1557左
吳禔(宋)
宋徽宗聖濟經(注) 818左
37 吳淑(宋)
譴名錄 397左
事類賦(撰併注) 1041右
江淮異人錄 1114右
吳祖德(清)
自怡吟鈔 1488右
馬洲吟鈔 1488右
怡園同人吟鈔(輯) 1544右
續刊同人吟鈔(輯) 1544右
茸城老友會詩序題詞(輯) 1558右

吳祖枚(清)
西谿聯吟(陳如松同撰) 600左
38 吳淦(清)
杭城辛酉紀事詩(張蔭榘同撰) 335左
吳激(金)
東山樂府 1611左
吳海(元)
聞過齋集、遺詩 1321右
吳朝宗先生聞過齋集 1321右
吳道源(清)
女科切要 837左
吳道成(明)
邵文莊公年譜(邵賁同撰) 419左
吳啓熊(清)
飽墨堂吟草鈔 1392左
40 吳大受(清)
詩筏 1584左
吳大澂(清)
皇華紀程 480右
吉林勘界記 480右
權衡度量實驗攷 657左
愙齋藏器目 660左
續百家姓印譜考略 664左
續百家姓印譜 664左
論古雜識 672右
吳士玉(清)
吳士玉詩選 1409左
吳士瑛(清)
痢疾明辨 830右
吳士權(明)
黃山行六頌 573左
吳士鑑(民國)
尙書釋文校語* 48右
清宮詞 384左
補晉書經籍志 642右
吳克誠(宋)
吳公教子書(一名天玉經外傳)、四十八局圖說 901左
吳克恭(元)
寅夫集 1318右
吳鼒(清)
陽宅撮要 899右
百蕚紅詞 1624右
吳有性(明)
溫疫論 827左
重訂醫門普度瘟疫論 827左
吳夌雲(清)
經說 173右
廣韻說 211左
小學說 224右
吳氏遺箸 1728右
吳存(元)
樂庵遺稿 1311左
樂庵詩餘 1613右
吳存楷(清)
江鄉節物詩 539左
硯壽堂詩鈔、續鈔 1452左
硯壽堂詩餘 1629左
吳志淳(明)
吳主一集 1323左
主一集 1323左
吳志忠(清)
四書章句集注附考 153右
釋名(校) 217右
吳燾(清)
川中雜識 557左
遊蜀日記 618左
遊蜀後記 618左
梨園舊話 948左
吳嘉德(清)
保赤篇(一名保赤輯要) 839右
吳嘉紀(清)
陋軒詩 1385右
吳嘉賓(清)
喪服會通說 81左
吳嘉善(清)
割圜八線綴術(述草) 885左
粟布演草(李善蘭、曾紀鴻同演) 885右
筆算 886右
今有術 886右
分法 886右
開方 887左
平方各形術 887左
平圓各形圖 887左
立方立圓術 887左
句股 887左
衰分 887左
盈不足 887左
方程 887左
平三角邊角互求術 887左
弧三角術 887左
測量高遠術 887右
天元一術釋例 887右
天元名式釋例 887右
天元一草 887右
天元問答 887右
方程天元合釋 887右
四元名式釋例 887右
四元草、四元加減乘除釋 887右
算書廿一種 1738右
九章翼 1738右
吳壽萱(清)
垂綫互求術 890左
平方和較術 890左
壘徵比例術 890左
治算學日記三種 1738右
吳壽暘(清)
拜經樓藏書題跋記 652左
吳枋(宋)
宜齋野乘 987左
41 吳樞(清)
閒居戲吟箋注 1461右
吳桭臣(清)
寧古塔紀略 527右 528左
閩遊偶記 602左
42 吳斯佐(清)
幸齋詩錄 1513左
吳彬(清)
酒政六則 950右
吳樸(清)
簾波閣詩鈔 1470左
43 吳式芬(清)
雙虞壺齋藏器目 659右
吳式釗(清)
六書綱目 190右
切韻導原 215左
彊靜齋詩錄 1512左
吳城(清)
迎鑾新曲(厲鶚同撰) 1688左
吳載鰲(明)
記荔枝 787右
吳越望(清)
師范詩草 1424左
吳棫(宋)

韻補 207左
43 吳樑(清)
秋雪山房初存詩 1492右
44 吳協(唐)
三代鼎器錄 659左
吳勤邦(清)
春秋隨筆 129右
素書輯註 772左
秋芸館詩稿 1485左
秋芸館古文稿 1485左
秋芸館駢體文稿 1485左
吳藻(清)
花簾詞 1625右
香南雪北詞 1625右
吳藻詞 1625右
喬影(一名飲酒讀離圖) 1689右
吳夢暘(明)
射堂集選 1365右
吳莊(清)
聞評 376左
族譜誌略 392右
花甲自譜 431左
吳鰥放言 975左
非庵雜著 1740左
吳兢(唐)
貞觀政要 297右
樂府解題 937右
唐闕史(一題高彥休撰) 1052左
闕史(一題高彥休撰) 1052左
御覽闕史(一題高彥休撰) 1052左
開元升平源 1102左
樂府古題要解 1589右
吳芾(宋)
湖山集 1268右
吳荔娘(清)
蘭陂剩稿 1439左
吳蘭庭(清)
五代史記纂誤補 273右
胥石詩存(原名南雪草堂詩集)、文存(原名族譜稿存) 1429左
吳蘭修(清)
南漢紀 361右
南漢地理志 511右
南漢金石志 656右
端溪硯史 804右
黃竹子傳 1120左
桐花閣詞 1630左
桐花閣詞鈔 1630左
吳蔚光(清)
小湖田樂府 1626左
吳芝雲(清)
火珠林(校正) 896右
吳芝瑛(民國)
剪淞留影集(輯) 1545右
吳燕蘭(清)
侯鯖新錄 1014右
吳評悅容編(評) 1125右
吳恭亨(民國)
悔晦堂對聯 945右
悔晦堂日記 1015左
悔晦堂詩集 1520右
悔晦堂雜詩 1520右
悔晦堂文集 1520右
悔晦堂尺牘 1520右
吳懋謙(清)
苧菴壽言(自輯) 430右
豫章遊稿 605左
苧菴遺集 1403左
苧菴二集 1403左
華苹山人詩集 1403左
華平近律 1403左
華平戲作 1403左
梅花書屋倡和詩(輯) 1553右
吳懋清(清)
横塘文鈔 1455左
吳萃(宋)
視聽抄 1060左
吳英(清)
四書章句集注定本辨 152右
四書家塾讀本句讀 152右
有竹石軒經句說 171左
吳若(宋)
東南防守利便(陳克同撰) 483右
東南防守利便(陳克同撰) 483右
吳若準(清)
洛陽伽藍記集證* 567左
吳若冰(清)
悟雪堂詩鈔 1487右
吳蓄昌(明)
祇欠庵集 1374左
吳莅(清)
佩袜閣詞 1639左
吳世忠(明)
重刻西沱吳先生蠢遇錄(一名西沱奏議) 497左
吳世美(明)
新鍥重訂出像附釋標註驚鴻記 1696右
吳世尚(清)
莊子解 696左
吳芸華(清)
養花軒詩鈔 1472左
吳其禎(清)
緬甸圖說 631右
吳楚(清)
西谿詩集 1376右
吳樹聲(清)
歌麻古韻考 212右
鼎堂金石錄 661左
吳萊(元)
三朝野史 347左
南海古蹟記 553左
南海山水人物古蹟記 553左
遊甬東山水古蹟記 600右
淵穎集 1315右 1316左
淵穎吳先生集 1315右 1316左
吳桂森(明)
周易像象述 18右
吳素衣集 1359右
吳菘(清)
箋卉 788右
卉箋 788右
吳林(清)
吳蕈譜 786右
45 吳坤修(清)
兵法彙編 1737右
新刊釋氏十三經(輯) 1742右
46 吳恕(元)
傷寒活人指掌 814左
吳如愚(宋)
準齋雜記 730左
準齋雜說 730左
吳槐綬
南陽藥證彙解 812右
傷寒理解 816右

金匱方證詳解　817右
吳楫(清)
春秋本義　108左
47 吳均(梁)
齊春秋　290左
吳興入東記　540右
續齊諧記　1087左
1096右
吳朝請集　1211右
吳朝請集選　1211右
吳均(清)
霏玉軒詩草　1441左
吳起(周)
春秋左氏傳吳氏義　103右
吳子　770左、右
48 吳增僅(清)
三國郡縣表　508左
吳敬梓(清)
儒林外史　1131左
吳梅(民國)
霜厓曲跋　652右
霜厓讀畫錄　917右
霜厓詩錄　1528左
霜厓詞錄　1643右
煖香樓雜劇　1691左
湘眞閣譜*　1691左
無價寶譜*　1691左
惆悵爨譜*　1691左
論詞法　1721左
50 吳中行(明)
賜餘堂集　1357右
吳中蕃(明)
敝帚集　1374右
吳中情奴(明)
相思譜　1677左
吳聿(宋)
觀林詩話　1572右
吳擴(明)
吳之山集　1356左
吳泰來(清)
漁菴詩選(選)　1429右
研山堂集　1434左
硯山堂集　1434左
竹嶼詩選　1434右
曇香閣琴趣　1625右
吳肅公(清)
讀禮問　94右
明語林　352左
廣祀典議　461右
改元考同　462右
天官考異　870右
五行問　908右
酒約　960左
吳本泰(清)
西谿梵隱志　566左
海粟堂詩鈔　1372右
吳本履(清)
詩畫巢遺稿　1467右
吳屯侯(清)
西亭詩　1399左
吳東發(清)
瘞鶴銘考　667左
石鼓釋文考異　667右
石鼓文章句　667右
石鼓辨　667右
石鼓鑑　667右
石鼓釋文考異或問　667右
石鼓爾雅　667右
敍鼓　667右
尊道堂詩鈔　1437左
51 吳振棫(清)
黔語　558左
吳振周(清)
岳起齋詩存　1379左
53 吳拭(明)
武夷雜記　602右
武夷游記　602右
吳成佐(清)
懶庵先生經史論存、補
1423右
55 吳農祥(清)
西湖水利考　584右
57 吳邦慶(清)
水利營田圖說　581右
畿輔水利輯覽　581右
畿輔水道管見、畿輔水
利私議　581右
澤農要錄　780右
吳邦治(清)
黃山紀日　596左
鶴關詩初集、二集　1418左
鶴關文賸　1418左
60 吳口(口)
中饋錄　954左
吳口(清・江寧)
棲霞山遊記　607左
吳口(清・湖北)
北遊紀略　620左
吳口(清・常熟)
喉科附方(輯)*　834左
尤氏喉科附方(輯)*　834左
吳曰愼(清)
周易本義爻徵　20右
吳國倫(明)
陳張事略　362左
吳川樓集　1353右
續吳川樓集　1353右
吳國賢(清)
蓮鷺雙谿舍遺稿　1511右
吳易(明)
吳長興伯集　1374左
吳思孝(清)
句股割圜記(注)　882左
吳旻(明)
扶壽精方(輯)　858左
吳昇(清)
九華新譜　789右
小羅浮山館詩鈔　1443右
吳昌綬(民國)
勞氏碎金(輯)　652左
吳昌齡(元)
花間四友東坡夢雜劇
1658右
花間四友東坡夢　1658右
張天師斷風花雪月雜劇
1658右
張天師斷風花雪月　1658右
唐三藏西天取經　1658右
楊東來先生批西遊記
1658右
鬼子母揭鉢記殘本1658右
二郎收猪八戒　1659左
吳昌齡雜劇　1750左
吳昌南(清)
存眞錄　749右
吳昌瑩(清)
經詞衍釋　181左
吳昌榮(清)
蘇門山人登嘯集詩鈔、
續　1494右
蘇門山人登嘯集　1494右
吳昆田(清)
山陽風俗物產志　537左
潄六山房讀書記　1028右

60 吳景牆(清)
宜興荆溪縣新志(纂) 519右
吳景奎(元)
藥房樵唱 1313右
葯房樵唱 1313右
葯房樂府 1613右
吳景旭(清)
南山堂自訂詩 1394右
歷代詩話 1582左
吳景果(清)
半淞詩存 1408左
61 吳顥(清)
睫巢詩鈔 1429左
遊仙詩 1429左
62 吳則禮(宋)
北湖集 1263左
北湖詩餘 1597左
64 吳時來(明)
寤齋先生遺稿 1354左
65 吳映奎(清)
顧亭林先生年譜 420左
顧亭林先生年譜(車持謙同撰) 420左
67 吳瞻泰(清)
陶詩彙注 1207左
吳昭良(清)
月巖詩鈔 1481左
70 吳辟疆
書畫書錄解題補編 650左
書畫書錄解題補乙編 650右
廣堪齋藏畫(輯) 935左
71 吳歷(清)
墨井畫跋 914右
墨井題跋 914右
墨井詩鈔 1395右
三巴集(一名墺中雜詠) 1395右
吳長元(清)
燕蘭小譜 436左
宸垣識餘 523左
斜川集訂誤* 1261右
72 吳脈鬯(清)
增輯易象圖說 30右
易經卦變解八宮說 30右
昱青堂雜集 1400右
74 吳慰祖
清代河臣傳(汪胡楨同輯) 403左
吳騏(清)
讀書偶見 1004左
75 吳陳琰(清)
春秋三傳異同考 128左
五經今文古文考 180右
攬勝圖 950左
放生會約 960右
曠園雜志 1093左
77 吳鳳翔(清)
天瓢文鈔 1387右
吳鳳昌(清)
纓義樓金香錄(輯) 440右
吳鳳前(清)
昔巢先生遺稿 1512左
吳隆元(清)
孝經三本管窺 159右
吳熙載(清)
匏瓜室詞 1632左
吳殳(清)
懷陵流寇始終錄(輯) 315右
手臂錄 777左
吳學炯(清)
吳南溪詩 1393左
吳闓思(清)
匡廬紀游 605左
吳與弼(明)
康齋文集 1330右
吳康齋集 1330右
吳興祚(清)
留村詞 1619左
80 吳人(清)
三婦評牡丹亭雜紀(輯) 1723左
吳人驥(清)
孫子十家註遺說(孫星衍同校)* 769右
吳全節(元)
看雲集 1310右
吳金壽(清)
三家醫案合刻(輯) 1738左
吳鎬(清)
漢魏六朝志墓金石例、唐人志墓諸例 670左
吳普(魏)等
神農本草經(述) 852右
本草經(述) 852右
神農本草(述) 852右
神農本草經贊(述經) 853左
吳曾(宋)
能改齋漫錄 1019左
辨誤錄 1019左
吳曾英(清)
覆瓿叢談 562左
南洋各島國論 632右
吳會(清)
竹所詞稿 1631左
82 吳鍾史(清)
高麗形勢 628右
朝鮮風土略述 628右
東遊記 628右
遊高麗王城記 628右
地理說略 807右
83 吳鉞(清)
竹罏圖詠、補(輯) 1559右
84 吳鎮(元)
竹派 928左
文湖州竹派 928左
梅花菴藁 1311左
梅花道人遺墨 1311左
梅道人遺墨 1311左
梅花道人詞 1613左
吳鎮(清)
韻史 381右
松花庵韻史 381右
松花菴詩草 1425左
松花菴遊草 1425左
松花菴逸草 1425左
蘭山詩草 1425左
松花菴律古、續藁 1425右
松花菴集唐 1425右
松花菴雜藁 1425右
松花菴文藁、次編 1425右
八病說 1585左
聲調譜 1585左
86 吳錫麒(清)
有正味齋日記 451左
熱河小記 525右
遊西山記 588右
泛大通橋記 589左
遊泰山記 592左
遊焦山記 595左
還京日記 615右
南歸記 615右

有正味齋詩、駢體文、律
賦、試帖 1436右
有正味齋賦稿 1436右
有正味齋律賦 1436右
有正味齋文續集 1436右
有正味齋尺牘 1436右
1437左
有正味齋尺牘 1437左
吳穀人尺牘 1437左
有正味齋詞 1625右
佇月樓琴言 1626左
三影亭寫生譜 1626左
鐵撥餘音 1626左
江上尋煙語 1626左
紅橋笛唱 1626左
有正味齋曲 1713右
有正味齋集南北曲 1713右
有正味齋詞五種 1748左
吳錫麟(清)
訪秋書屋遺詩 1435左
吳錫祿(清)
留爪集鈔 1425左
吳錫疇(宋)
蘭皐集 1288左
87 吳鈞(清)
類傷寒辨(輯) 815右
吳鏐(清)
歸雅堂詩集 1418左
吳銘道(清)
横山遊記 597左
88 吳筠(唐)
南統大君內丹九章經
1146右
太平兩同書 1156右
宗玄先生玄綱論 1170右
玄綱論 1170右
神仙可學論 1175右
宗玄先生文集 1221左
宗玄集 1221左
吳篤(口)
趨書 357左
吳敏樹(清)
遊大雲山記 604左
柈湖詩錄 1474左
吳箕(宋)
常談 986左
90 吳小姑(清)
唾絨詞 1639左
吳惟信(宋)
菊潭詩集 1293左
菊潭詩集補遺 1293左
吳懷珍(清)
待堂文 1499左
吳懷清(民國)
二曲先生年譜 420右
雪木先生年譜 420右
天生先生年譜 421左
關中三李年譜 1733右
吳堂(清)
肯哉文鈔 1443右
吳光(清)
使交集 1397右
吳太史遺稿 1397右
吳光酉(清)
陸清獻公年譜 421左
陸清獻公年譜定本 421左
吳尙先(清)
理瀹外治方要 860右
理瀹駢文摘要 860右
吳尙憙(清)
寫均廔詞 1630左
吳尙默(明)
西臺摘疏 498右
吳省蘭(清)
五代宮詞 382右
十國宮詞 382右
楚南小紀 547右
楚峒志略 550左
河源紀略承修稿 579左
河源圖說 579左
皇上七旬萬壽千字文
1430左
吳省欽(清)
官韻考異 210右
吳當(元)
學言詩稿 1319右
吳炎(清)
國史考異(訂) 381左
今樂府 383左
今樂府(評) 383左
吳赤溟先生文集 1377右
吳棠禎(清)
鳳車詞 1622左
91 吳恆(清)
吳氏吉光集 1486右
吳炳(明)
綠牡丹傳奇 1699左
綠牡丹 1699右
療妬羹傳奇 1699右
療妬羹記 1699右
畫中人傳奇 1699右
西園記 1699右
西園記傳奇 1699右
情郵記 1699右
情郵記傳奇 1699右
情郵傳奇 1699右
粲花別墅五種曲 1751左
吳炳南(清)
三續華州志(修) 516右
吳焯(清)
徑山遊草 600左
繡谷亭薰習錄經部、集
部 647左
92 吳愷(明)
讀書十六觀補 763左
93 吳煺(清)
五聲反切正均 214右
杉亭詞 1623左
吳熾昌(清)
客窗閒話、續 1080左
94 吳恢傑(清)
西征日記、東歸日記 618左
省身藥石 1012右
96 吳悞(宋)
漁莊邂逅錄(述) 1171左
丹房須知(述) 1177左
指歸集 1178左
吳燡(清)
醫學輯要(輯) 851左
97 吳炯(宋)
五總志 1058右
98 吳敞(清)
來青堂遺草 1488右
99 吳榮光(清)
吾學錄初編 455右
辛丑消夏記 912左

2690₀ 和

14 和琳(清)
芸香堂詩集 1447左
15 和珅(清)
嘉樂堂詩集 1440右
30 和寧(清)
西藏賦 560右
37 和凝(後晉)

疑獄集(和𡊮合撰) 488左
宮詞 1240右
紅葉稿 1592左

44 和苑(口)
解鳥語經 794右

和苞(前趙)
漢趙記 356右

50 和素(清)
琴譜合璧 937右

54 和𡊮(宋)
疑獄集(和凝合撰) 488左

57 和邦額(清)
夜譚隨錄 1082左

2691₄ 程

00 程康莊(清)
自課堂文、詩選 1382右
衍愚詞 1615右
自課堂詩餘 1615右

程庭(清)
停驂隨筆 614左
春帆紀程 614左
若菴文 1418左
若菴古今詩 1418左
若菴詩餘 1622右

程庭鷺(清)
夢盦居士自編年譜 432左
小松圓閣書畫跋 916右
多暇錄 1077右
以恬養智齋詞錄 1631右

程文憲(明)
中洲野錄 551左

程文海(元) 見程鉅夫

程文囿(清)
傷寒提鉤 815右
傷寒析疑 816左
醫學溯源 822右
雜症滙參 822右
女科原旨 837左
幼科集要 839右
痘疹精華 841右
諸脈條辨 849右
方藥備考 859右
杏軒醫案 862右
程杏軒醫案 862右

程文榮(清)
南邨帖攷 925左

02 程端禮(元)
集慶路江東書院講義 731左
讀書分年日程、綱領 762右
程氏家塾讀書分年日程、綱領 762右
畏齋集 1308左

程端蒙(宋)
程蒙齋性理字訓 729右
程董二先生學則(董銖同撰) 762右

程端學(元)
春秋本義 124右
春秋或問 124右
春秋三傳辨疑 125左
積齋集 1311左

09 程麟(清)
此中人語 1081左

10 程正揆(清)
滄州紀事 317右
甲申紀事 317右
程端伯詩選 1371左

程正敏(宋)
剡溪野語 1062左

程石鄰(清)
鵪鶉譜 795左

程百二(明)
品茶要錄補 783左

程可中(明)
汲上集選 1368左

程可則(清)
程湟榛詩 1392左
湟榛詩選 1392左

程雲(清)
程天翼詩 1390右

程雲鵬(明)
慈幼新書 839左

程霖壽(清)
湖天曉角詞 1639右

12 程弘毅(清)
酒警 950左

程廷祚(清)
大易擇言 21右
周易正解 21右
易學精義 21右
晚書訂疑 47左
左傳人名辨異 111左
人名辨異 111左
春秋地名辨異 111右
地名辨異 111右
春秋職官考略 112左
職官攷略 112左
論語說 141右
晉書地理志證今 508左
遊周橋記 596左
占法訂誤 897左
青溪集 1414右
春秋識小錄 1727右

13 程珌(宋)
洛水集 1279左
洛水小集 1279左
洛水詞 1606左

14 程琦(清)
芳嶼稿 1438左

17 程羽文(明)
一歲芳華 504右
月令演 504右
劍氣 774右
田家曆 780左
花曆 788左
花小名(輯) 788左
二六功課 846右
清閑供 959左
四時歡 959左
客齋使令反 1124右
鴛鴦牒 1124右
石交 1125左
詩本事 1125左
程氏曲藻 1722左

程瑤田(清)
禹貢三江考 45左
考工創物小記 73左
磬折古義 73左
溝洫疆理小記 74左
水地小記 74左
儀禮經注疑直 77右
儀禮喪服文足徵記 81左
釋宮小記 97右
宗法小記 97右
聲律小記 102左
樂器三事能言、補編 102左
解字小記 190左
九穀考 220右
釋草小記 221左
釋蟲小記 221左
果蠃轉語記 221左
論學小記 744左
論學外篇 744左
紀硯 804左
數度小記 873左

九勢碎事 922左
書勢 922左
蓮飲集濠上吟稿 1426右
讀書求解 1426右
讓堂亦政錄 1426右
修辭餘鈔 1426右
嘉定贈別詩文(輯)1554左
通藝錄 1728右

程了一(宋)
丹房奧論 1178左

18 程玠(明)
松厓醫徑 820左
簡明眼科學 833右

20 程秉格(清)
益神智室詩 1481左

程秉釗(清)
瓊州雜事詩 554右

21 程卓(宋)
使金錄 301右

程師恭(清)
陳檢討四六(註) 1391右

22 程川(清)
朱子五經語類(編) 170左
晴沙文鈔 1440左
餞唐集鈔 1440左

程崟(清)
左傳義法舉要(王兆符同錄) 110左

24 程先甲(清)
蒯公子範歷任治所崇祀錄(輯) 432左
金陵賦 533右

程德調(清)
讀古本大學 133右
我疑錄 154左

程德賚(清)
程子香文鈔 1460左

程德全(民國)
庚子交涉隅錄 330右
賜福樓筆記 453左
兩淮案牘鈔存(輯) 477左
程中丞奏稿 501右
撫東政略 503左
賜福樓啓事 1522右

26 程穆衡(清)
考定檀弓(章句) 88左
太倉州名考 535右
太倉風俗記 535右
迓亭雜說 1008右
吳梅村先生編年詩集、詩詞補鈔(原箋)1379右

27 程俱(宋)
韓文公歷官記 426右
麟臺故事 469右
北山小集 1262左
北山集 1262左
北山小集鈔 1262左

28 程以寧(明)
太上道德寶章翼(闡疏) 689左
南華眞經(注疏) 695右

程作舟(清)
尙書外傳 41左
心經 742右
皇極書、皇極外書 893右
疑團 1024左
皇明詩話 1565左

程復心(元)
孔子論語年譜 414右
孟子年譜 416左

30 程沆(清)
經驗良方(輯) 860左
潔華錄(輯) 1034右
徵麟錄(輯) 1034右
脩省格言(輯) 1034右
集古詩附存(輯) 1488右

程濟(明)
從亡隨筆 307左

程之驥(清)
開方用表簡術 890左

32 程兆胤(明)
詩評(錄) 1574左

程遜我(清)
噶喇吧紀略、拾遺 633左

33 程泳涵(清)
問梅龕詩餘 1636左

程演生
黃山志定本校記、黃山志續集校記 573右

34 程遠(清)
印旨 941右

35 程冲斗(明)
蹶張心法 776右
長鎗法選 776右
單刀法選 776右
少林棍法闡宗 776右
程氏心法 1737右

36 程遇孫(宋)等
成都文類(輯) 1548右

37 程洵(宋)
克庵先生尊德性齋小集 1286右

程鴻詔(清)
夏小正集說 92右
先德記 394左
唐兩京城坊考補記 529右
雞澤脞錄 1011右
迎靄筆記 1011右
有恆心齋前集、文、詩、駢體文、外集 1485右
贈言錄(輯) 1554右
有恆心齋詩餘 1635左
有恆心齋詞餘 1714左

程鴻烈(明)
周易會占 896右

程祖慶(清)
吳郡金石目 674左

程迥(宋)
三器圖義 477左
醫經正本書 818左
周易古占法(下卷又題古周易章句外編)896右
周易古占 896右

程通(明)
貞白遺稿 1329左

38 程道生(明)
遁甲演義 905右

程啓朱(清)
程念伊詩 1390右

程棨(元)
三柳軒雜識 1064右

40 程雄(清)
琴學八則 936右
松風閣琴譜、抒懷操937右

程大璋(民國)
王制通論 88左
王制義按 88左
古今僞書考書後 640右
無終始齋詩文集 1526左

程大位(清)
增刪算法統宗 879右

程大約(明)
中山狼圖 801左
利瑪竇題寶像圖 801左

40 程大中(清)
四書逸箋 153右
程大昌(宋)
易原 13左
程尙書禹貢論、後論 44右
禹貢論、後論 44右
禹貢山川地理圖 44右
詩論 52左
北邊備對 484右
雍錄 529左
函潼關要志 562左
樗蒲經略 951右
程氏則古 984右
攷古編 1020左
程氏考古編 1020左
演繁露、續演繁露 1020左
程氏演繁露 1020左
文簡公詞 1601左
程士廉(明)
帝妃春遊 1675左
程垓(宋)
書舟詞 1606左
程嘉燧(明)
浙江偶記 612左
程孟陽集 1361右
松圓浪淘集 1361右
松圓浪淘集選 1361右
松圓偈庵集 1361右
偈庵集 1361右
耦耕詩集、文集 1361右
耦耕堂集選 1361右
程眞如(清)
峨嵋槍法(達意) 776右
41 程樞(明)
顯忠錄(輯) 407左
程楷(明)
明斷編 374右
42 程晳(明)
曼先生語錄 731左
44 程封(清)
楊文憲公年譜(改輯) 429右
程芝田(清)
醫法心傳 823左
程若庸(宋)
程氏性理字訓 730右
性理字訓 730右
程世爵(清)
笑林廣記 1126右
程世基(清)
鏡亭軼事 444右
程林(清)
聖濟總錄纂要(刪訂) 857左
醫暇巵言 864右
50 程本(周)
子華子 707右 708左
程本立(明)
程巽隱先生全集 1328左
巽隱集 1328左
程巽隱先生文集 1328左
巽隱先生文集 1328左
51 程振甲(清)
木庵藏器目 659右
52 程哲(清)
窰器說 796右
60 程瞳(明)
新安學繫錄 414左
閑闢錄(輯) 732右
程國彭(清)
醫學心悟 825右
程恩澤(清)
國策地名考 296左
程侍郎遺集 1453左
程景沂(清)
遊戲錄 1039右
61 程顥(宋)
論定性書 726左
河南程氏遺書(程頤同撰) 726右
二程遺書(程頤同撰) 726右
河南程氏外書(程頤同撰) 726右
二程外書(程頤同撰) 726右
二程語錄、文集(程頤同撰) 726右
明道先生詩集 1252左
二程文集(程頤同撰) 1550左
河南程氏文集、遺文(程頤同撰) 1550左
明道文集 1550左
二程全書(程頤同撰) 1735右
河南程氏全書(程頤同撰) 1735右
63 程畹(清)
潛庵漫筆 1080左
驚喜集 1080左
67 程昭(口)
九還七返龍虎金丹析理眞訣(述) 1164右
程嗣章(清)
明宮詞 383右
程煦元(民國)
澉誌補錄(修) 520右
68 程曦(清)
病機約論(江誠、雷大震同撰) 823右
脈訣入門(江誠、雷大震同撰) 848右
藥賦新編(江誠、雷大震同撰) 855左
方歌別類(江誠、雷大震同撰) 860右
醫家四要(江誠、雷大震同撰) 1737右
71 程頤(宋)
周易程氏傳 11右
易傳 12左
伊川易傳 12左
周易(傳) 12左
易程傳 12左
易經(傳) 12左
河南程氏經說 169右
程氏經說 169右
伊川經說 169右
家世舊事 394左
程明道先生行狀 418左
顏子所好何學論 726左
河南程氏遺書(程顥同撰) 726右
二程遺書(程顥同撰) 726右
河南程氏外書(程顥同撰) 726右
二程外書(程顥同撰) 726右
二程語錄、文集(程顥同撰) 726右
二程文集(程顥同撰) 1550左
河南程氏文集、遺文(程顥同撰) 1550左
伊川文集、遺文 1550左
二程全書(程顥同撰) 1735右
河南程氏全書(程顥同撰) 1735右

77 程際盛(清)
周禮故書考 74右
儀禮古文今文考 82右
禮記古訓考 86右
説文古語考 192右
駢字分箋 193左
古韻異同摘要 211左
續方言補正 226右
玉臺新詠(删補) 1533左
三禮鄭註考 1727左
程開祜(明)
籌遼碩畫(輯) 496右
80 程善之(民國)
清代割地談 479右
倦雲憶語 1082右
程曾(漢)
孟子程氏章句 145左
程含章(清)
途中記 615右
嶺南集 1446左
程月川先生遺集 1446左
程公説(宋)
春秋分紀 124左
程公許(宋)
滄洲塵缶編 1281右
81 程鉅夫(元)
雪樓集 1304左
雪樓樂府 1612左
楚國文憲公雪樓程先生文集樂府 1612左
程頌芬(民國)
牧莊詞 1642右
程頌萬(民國)
鹿川文集 1525左
鹿川詩集 1525左
楚望閣詩集 1525左
石巢詩集 1525左
湘社集(輯) 1545右
定巢詞集 1642右
美人長壽盦詞集 1642右
鹿川詞 1643左
82 程鍾(清)
義貞事跡(輯) 444左
蕭湖遊覽記 595右
88 程敏政(明)
宋遺民錄(輯) 386左
篁墩集 1334左
明文衡(輯) 1544左
皇明文衡(輯) 1544左
新安文獻志(輯) 1547左
90 程懷璟(清)
不波書舫詩稿 1463右
程省(清)
測字祕牒 906左
相字祕牒 906右
程炎(清) 見程際盛

2692_2 穆

27 穆修(宋)
穆參軍集 1243左、右
河南集 1243左
河南穆公集 1243左
48 穆翰(清)
明刑管見錄 489左
77 穆尼閣(清西洋)
天步眞原 870右
天步眞原人命部 904左

2694_7 穋

77 穋門嘯史(清) 見葉承宗

2698_1 緹

99 緹縈(漢)
爲父上書 494右

2712_7 歸

17 歸子寧(明)
三吳水利錄附錄* 583左
40 歸有光(明)
封龍子(輯評) 66右
東萊子(輯評) 109右
桂巖子(輯評) 116右
白虎通(輯評) 167左
備倭事略 311右
馬政志 482左
三吳水利錄、續錄 583左
晏子(輯評) 683左
子家子(輯評) 684左
荀子(輯評) 684右
三柱子(輯評) 685右
鬻子(輯評) 686左
老子(輯評) 690右
文子(輯評) 692右
關尹子(輯評) 693右
莊子(輯評) 695右
列子(輯評) 698右
亢倉子(輯評) 699右
鶡冠子(輯評) 700左
管子(輯評) 700右
商子(輯評) 702左
愼子(輯評) 702右
韓非子(輯評) 703左
鄧析子(輯評) 703右
尹文子(輯評) 704左
公孫龍子(輯評) 704右
惠子(輯評) 705左
隋巢子(輯評) 705左
胡非子(輯評) 705左
墨子(輯評) 705右
鬼谷子(輯評) 707左
尸子(輯評) 707右
子華子(輯評) 708左
汗子(輯評) 708左
亹亹子(輯評) 708左
波弄子(輯評) 708左
希子(輯評) 708左
薛子(輯評) 708左
風胡子(輯評) 708左
歲寒子(輯評) 708左
呂子(輯評) 708右
首山子(輯評) 709左
潼山子(輯評) 709左
雲晃子(輯評) 709左
孔叢子(輯評) 712左
雲陽子(輯評) 712左
金門子(輯評) 712右
貞山子(輯評) 713右
青黎子(輯評) 714左
揚子(輯評) 715左
荆山子(輯評) 715左
回中子(輯評) 715右
小荀子(輯評) 716右
徐子(輯評) 717左
鬻山子(輯評) 717左
文中子(輯評) 719左
長春子(輯評) 723右
邵子(輯評) 723右
横渠子(輯評) 726左
艸廬子(輯評) 731左
道園子(輯評) 731左
子牙子(輯評) 769左
孫武子(輯評) 770左
吳子(輯評) 770右
司馬子(輯評) 771左
尉繚子(輯評) 771右
黄石子(輯評) 772左
淮南子(輯評) 961右
委宛子(輯評) 962左

愼陽子(輯評) 962左
嵖岈子(輯評) 962右
符子(輯評) 962右
金樓子(輯評) 965左
石匏子(輯評) 965右
靈壁子(輯評) 966左
鹿門子(輯評) 966右
无能子(輯評) 966右
譚子(輯評) 967左
郁離子(輯評) 968右
風俗通(輯評) 979右
天隱子(輯評) 1170左
玄眞子(輯評) 1170左
抱朴子(輯評) 1184左
玉虛子(輯評) 1195右
鹿谿子(輯評) 1197左
吉雲子(輯評) 1198右
鏡機子(輯評) 1202左
靈源子(輯評) 1203左
白雲子(輯評) 1205左
千山子(輯評) 1205右
亥山子(輯評) 1224右
協律子(輯評) 1229左
來子(輯評) 1233左
文泉子(輯評) 1233右
天隨子(輯評) 1233右
震川文集、別集 1345右
震川先生集、別集 1345右
歸震川先生集選 1345右
歸震川文選 1345右
歸震川先生文選 1345右
歸震川文鈔 1345右
震川尺牘 1345右
歸震川尺牘 1345右
雲門子(輯評) 1567左

44 歸莊(清)
尋花日記 587右
歸玄恭先生文續鈔 1381右
看花雜詠 1381右
萬古愁曲 1714右
校正萬古愁(一名擊筑餘音) 1714右

歸懋儀(清)
繡餘小草 1468右
聽雪詞 1625左

55 歸耕子(唐)
神仙鍊丹點鑄三元寶照法 1168右

84 歸鋤子(清)
紅樓夢補 1131左

2713_2 黎

00 黎立武(元)
大學發微、大學本旨 132左
中庸指歸、圖 135左
中庸分章 135左

黎應南(清)
開方說下卷 883左

黎庶燾(清)
慕耕草堂詩鈔 1494右
琴洲詞 1637左

黎庶蕃(清)
椒園詩鈔 1498左
雪鴻詞 1637右

黎庶昌(清)
春秋左傳杜注校勘記 105左
左傳杜註校勘記 105左
論語附錄* 138左
廣韻校札* 206右
曾文正公年譜 411左
丁亥入都紀程 618右
奉使倫敦記 619左
奉使英倫記 619左
遊鹽原記 630左
遊日光山記 630左
訪徐福墓記 630左
卜來敦記 637左
巴黎賽會紀略 637左
續古文辭類纂輯 1537左

05 黎靖德(宋)
朱子語類(輯) 728右

10 黎玉書(明)
雪窓集 1369左

12 黎廷瑞(宋)
芳洲集 1294右
芳洲詩餘 1611右

黎延祖(明)
瓜圃小草 1372左

21 黎虞孫(清)
海底讐(范公讓同譯) 1131右

22 黎崱(越南)
安南志略 634左
靜樂稾 1530右

黎崇宣(明)
貽清堂集 1371左

黎崇勛(明)
鸞鳴集 1361左

黎崇敕(明)
文水居集 1361左

27 黎久(明)
未齋雜言 969右
黎子雜釋 969右

30 黎淳先(明)
薛言 1363右

黎永椿(清)
說文通檢 193左

黎安理(清)
長山公自書年譜 422右
夢餘筆談 1076左

黎密(明)
籟鳴集 1366左

32 黎兆勳(清)
侍雪堂詩鈔 1473右
葑煙亭詞 1632左

黎兆鏊(明)
愧菴稿 1368右

黎澄(越南)
南翁夢錄 634左

37 黎祖功(明)
不已集選 1368左

38 黎遂球(明)
周易爻物當名 18右
西湖雜記 598左
運掌經 952右
桐堦副墨 952右
戒殺文 1033左
花底拾遺 1124右
蓮鬚閣集 1370左
蓮鬚閣文鈔 1370左
蓮鬚閣集選 1370左

40 黎士宏(清)
西陲聞見錄 530左
仁恕堂筆記 1072右

黎培敬(清)
竹閒道人自述年譜 411右
黎文肅公奏議 501左
黎文肅公公牘 502右
黔軺紀程 618左
求補拙齋文略、詩略、外集 1486左
黎文肅公雜著 1486左
黎文肅公書札 1486左

42 黎彭齡(明)
芙航集 1371右

黎彭祖（明）
醇曜堂集　1372左
57 黎邦瑊（明）
洞石集　1355左
黎邦琛（明）
黎邦琛集　1355左
黎邦璘（明）
黎邦璘集　1355左
黎邦琰（明）
旅中稿　1355左
67 黎瞻（明）
燕臺集　1341右
71 黎原超（清）
侶樊草堂詩鈔　1504左
77 黎民衷（明）
司封集　1354右
黎民褒（明）
希蹤稿　1344左
黎民表（明）
瑤石山人藁　1347左
瑤石山人詩稿　1347左、右
黎瑤石集　1347右
黎民懷（明）
清居集　1347右
黎貫（明）
臺中集　1342左
91 黎炳元（清）
英吉沙爾廳鄉土志　518右
92 黎愷（清）
石頭山人遺稿　1457右
97 黎恂（清）
蛉石齋詩鈔　1457左
千家詩注　1534右
黎耀宗（清）
聽秋閣詩鈔　1490左

2713_6 蠡

32 蠡測子（清）　見尹繼美

2720_7 多

77 多隆阿（清）
易原　26右
毛詩多識　59右
慧珠閣詩鈔　1478右

2721_2 危

00 危亦林（元）
世醫得效方　858左
22 危山（明）等
重刊宜興縣舊志（纂）　519左
24 危稹（宋）
巽齋小集　1277左
巽齋小集補遺　1277左
40 危大有（明）
道德眞經集義　690右
50 危素（明）
元海運志　476左
雲林集　1323右
說學齋稿　1323右

2721_7 倪

00 倪文蔚（清）
禹貢說　45右
08 倪謙（明）
朝鮮紀事　479右
倪文僖集　1331右
倪文僖公集　1331右
奉使朝鮮倡和集（輯）　1552左
10 倪元璐（明）
兒易內儀以　18右
兒易外儀　18右
國賦紀略　475左
倪文貞奏疏　498右
倪文貞集、續編、講編、詩集　1367左
倪文正集　1367左
倪元藻（清）
澗南遺草　1491右
倪元坦（清）
志樂輯略　102右
老子參註　691右
二曲集錄要（選）　740右
箴銘錄要（輯）　744右
儒學入門　744右
儒門語要（輯）　744右
家規　756左
湯文正公志學會規（訂）　764左
畬香草　1440右
倪天隱（宋）
周易口義（記）　11右
12 倪瑞璿（清）
靜香閣詩草　1438右
倪璠（清）
庾子山年譜　426左
神州古史考　537右
庾子山集註、總釋　1214右
14 倪瓚（元）
雲林堂飲食製度集　954左
倪雲林詩集　1316右
倪雲林先生詩集、集外詩　1316右
淸閟閣集　1317左
淸閟閣全集　1317左
倪隱君集　1317左
淸閟閣藁　1317左
倪雲林詩　1317左
淸閟閣詞　1613右
雲林詞　1613右
雲林樂府　1613右
17 倪承瓚（清）
詩句題解韻編四集（輯）　1045左
18 倪玢（清）
小淸閟閣詩鈔　1469左
20 倪維德（明）
原機啓微　833右
21 倪上述（清）
孝經章句、刊誤辯說　159右
損齋遺書　1412右
倪倬（清）
讀左瑣言　107右
倪偁（宋）
綺川詞　1600左
23 倪允昌（明）
光明藏（一名醒言）　1001右
倪峻（明）
倪維嶽集　1330左
26 倪伯鰲（明）
擬唐人宮詞　1357左
擬唐人塞下曲　1357左
閨辭百詠　1357左
28 倪復（明）
鍾律通考　101左
30 倪守約（宋）
金華赤松山志　574右
赤松山志　574右
倪宗正（明）黃海（明）等
竹橋十詠　541右
34 倪濤（清）
六藝之一錄、續編　921右

37 倪鴻(清)
曼陀羅盦詩鈔 1506右
38 倪道原(元)
太初集 1310右
40 倪士毅(元)
作義要訣 1590右
倪在田(清)
揚州禦寇錄 334左
42 倪樸(宋)
倪石陵書 1274右
44 倪枝維(清)
產寶 837右
48 倪敬(明)
倪汝敬集 1331右
57 倪輅(明)
南詔野史(集) 559左
58 倪蛻(清)
滇雲歷年傳 559左
滇小紀 559左
蛻翁詩集、文集 1405右
60 倪國璉(清)
欽定康濟錄 478右
倪思(宋)
班馬異同 266左
經鉏堂雜志 967右
經鉏堂雜誌 968左
67 倪明進(清)
中州集 1463左
72 倪岳(明)
清谿漫稾 1333右
青谿漫稿 1333右
80 倪會鼎(清)
倪文正公年譜 419右
90 倪尙誼(明)
春秋集傳(補) 125左
97 倪燦(清)
宋史藝文志補(黃虞稷同撰) 643右
補遼金元藝文志 643右
揚雄太玄經校正 892左
明史藝文志(黃虞稷同撰) 1735左
99 倪榮桂(清)
談天緒言(輯) 873右
天文管窺 873右
西法命盤圖說 904左
祿命要覽(輯) 904左
選擇當知(輯) 908右

2722₀ 向

11 向瑢(清)
向惕齋先生集 1413左
17 向孟(宋)
土牛經 908左
向子諲(宋)
酒邊詞 1598左
酒邊集 1598左
20 向秀(晉)
周易義 8右
周易向氏義 8右
易義 8右
30 向滈(宋)
樂齋詞 1598左
64 向時鳴(清)
川主五神合傳(續補) 444左

2722₂ 修

26 修和(清) 見吳湛

2723₂ 衆

20 衆香主人(清)
衆香國 436右

2723₃ 佟

44 佟世南(清)
東白堂詞 1616右
佟世思(清)
鮓話 554左
耳書 1074右
77 佟鳳彩(清)
佟高岡詩 1385左

2723₄ 侯

00 侯方域(清)
侯朝宗文鈔 1384右
壯悔堂文集、遺稿 1384右
雪苑文鈔 1384右
壯悔堂文錄 1384右
四憶堂詩集 1384右
1385左
侯朝宗尺牘 1385左
侯方曾(清)
瀓志樓詩藁 1405左
侯應瑜(明)
固陵小草 1362右
岱帖詩 1362右
侯康(清)
穀梁禮證 120右
春秋古經說 129右
後漢書補注續 266右
三國志補注續 268右
補後漢書藝文志 642左
補三國藝文志 642左
侯文燦(清)
名家詞(輯) 1748右
名家詞集十種(輯) 1748右
侯京曾(清)
鵠珠堂詩藁 1438左
07 侯毅(民國)
洪憲舊聞、項城就任祕聞 335右
10 侯一元(明)
二谷讀書記 734左
侯二谷集 1348右
侯元棐(清)
問渡小草 1391左
侯于趙(明)
西園雜詠 1355右
侯雲松(清)
薄游草 1455左
12 侯登岸(清)
兩漢經學彙考 182左
掖乘 532右
志古編 1487右
侯延慶(宋)
退齋筆錄 346右
退齋雅聞錄 1063左
14 侯瑾(漢)
漢皇德傳 296右
17 侯弼(明)
丹溪治痘要法(輯) 840右
侯君素(隋) 見侯白
21 侯仁朔(清)
侯氏書品 921右
25 侯失勒約翰(英國)
談天 876左
26 侯白(隋)
旌異記 1087右
啓顏錄 1120右
啓顏錄佚文 1120右
啓顏錄敦煌卷子本 1120右
啓顏錄太平廣記引 1120右
啓顏錄類說本 1120右

啓顏錄續百川學海本 1120右
啓顏錄廣滑稽本 1121左
啓顏錄捧腹編本 1121左
27 侯甸(明)
西樵野記 1066右
侯峒曾(明)
仍貽堂集 1367左
28 侯作霖(清)
二頃園遺藁 1438左
30 侯寧極(唐)
藥譜 853左
侯扆棐(清)
湘園詩草 1401左
侯之翰(清)
柱明集 1375右
侯寘(宋)
孏窟詞 1600右
37 侯洵(清)
侯方域年譜 430右
侯洛(清)
貯虛堂詩集 1438左
侯運盛(清)
嘯雪堂詩藁 1418左
侯運昌(清)
玩極堂詩藁 1418左
侯運隆(清)
聞可堂詩藁 1418左
侯賚燦(清)
西江紀遊草 1467右
40 侯大有(清)
蓼村遺稿 1438右
侯克中(元)
艮齋詩集 1305左
44 侯苞(漢)
韓詩翼要 66右 67左
46 侯如曾(清)
居業堂遺藁 1438左
48 侯敬菴(清)
瘋門辨症(鄭鳳山同輯) 833左
50 侯中毓(清)
棣軒遺藁 1438左
侯書遠(清)
泰履樓偶作 1438右
57 侯邦寧(清)
汝固集 1383右
侯邦定(清)
燕遊草 1383右
60 侯果(口)
周易侯氏注 10右
易注 10右
71 侯長松(清)
飲香軒詩藁 1438右
75 侯體蒙(清)
悔菴詩藁 1399左
侯體隨(清)
氾葉集 1394右
侯體巽(清)
偶吟 1398右
77 侯鳳苞(清)
策學例言 465左
80 侯善淵(金)
黃帝陰符經註 1136右
太上老君說常淸靜經註 1144左
太上太淸天童護命妙經註 1145左
上淸太玄九陽圖 1153左
上淸太玄鑑誡論 1156右
上淸太玄集(逃) 1183右

俁

10 俁玉立(元)
世玉集 1312右

2724_7 殷

00 殷文圭(唐)
殷文圭詩集 1239右
殷文圭詩、文 1239右
10 殷元正(清)
河圖(原輯) 227右
河圖帝系譜(原輯) 227右
河圖括地象(原輯) 228左
河圖始開圖(原輯) 228右
河圖挺佐輔(原輯) 228右
河圖稽耀鉤(原輯) 229左
河圖帝覽嬉(原輯) 229左
河圖握矩紀(原輯) 229右
河圖玉版(原輯) 229右
龍魚河圖(原輯) 230左
河圖合古篇(一名河圖令占篇·原輯) 230左
河圖赤伏符(原輯) 230右
河圖闓苞受(原輯) 230右
河圖龍文(原輯) 230右
河圖錄運法(原輯) 230右
河圖會昌符(原輯) 231左
河圖帝通紀(原輯) 231右
河圖眞紀鉤(原輯) 231右
河圖考鉤(原輯) 232左
河圖八文(原輯) 232左
河圖祕徵篇(原輯) 232左
河圖稽命徵(原輯) 232右
河圖要元篇(原輯) 232右
河圖考靈曜(原輯) 233左
河圖叶光篇(原輯) 233左
河圖聖洽(原輯) 233左
河圖提劉(原輯) 233右
河圖絳象(一名河圖緯象·原輯) 233右
河圖皇参持(原輯) 234左
河圖帝視萌(原輯) 234左
雒書(原輯) 234左
雒書靈準聽(原輯) 234右
雒書甄曜度(原輯) 235左
雒書摘六辟(原輯) 235左
雒書寶予命(原輯) 235左
雒書說禾(一名洛書說河·原輯) 235左
雒書兵鈐(原輯) 235左
雒書錄運期(原輯) 236左
易緯(原輯) 236左
易緯通卦驗(原輯) 237左
易緯坤靈圖(原輯) 237右
易緯稽覽圖(原輯) 238左
易緯是類謀(一名易緯筮謀類·原輯) 238左
易緯辨終備(原輯) 238右
易緯天人應(原輯) 239左
易緯萌氣樞(原輯) 240左
易緯乾元序制記(原輯) 240左
尙書緯(原輯) 240右
尙書考靈耀(原輯) 240右
尙書帝命驗(一名尙書帝命期又名尙書帝驗期又名尙書帝命驗期又名尙書令命驗·原輯) 241左
尙書璇璣鈐(原輯) 241右
尙書刑德放(原輯) 241右
尙書運期授(原輯) 242左
詩緯(原輯) 245左

詩緯含神霧(原輯) 245右
詩緯含文候(原輯) 245右
詩緯推度災(原輯) 246左
詩緯紀歷樞(一名詩緯汎歷樞又名詩緯氾歷樞又名詩緯記歷樞原輯) 246右
禮緯(原輯) 246右
禮緯含文嘉(原輯) 247左
禮緯稽命徵(原輯) 247右
禮緯斗威儀(原輯) 248左
樂緯(原輯) 248左
樂緯動聲儀(原輯) 248右
樂緯稽耀嘉(原輯) 249左
樂緯叶圖徵(原輯) 249左
春秋孔演圖(原輯) 249右
春秋元命苞(原輯) 250左
禮緯元命包(原輯) 250左

10 殷雲霄(明)
殷石川集 1340左

12 殷璠(唐)
河嶽英靈集(輯) 1538右
丹陽集(輯) 1546右

20 殷秉璣(清)
玉簫詞 1639右

24 殷化行(清)
西征紀略 326左

殷勳(清)
受正玄機神光經 905左

25 殷仲文(晉)
孝經殷氏注 156右

殷仲堪(晉)
論語殷氏解 139左
字訓 223左

26 殷自芳(清)
籌運篇 580左

30 殷家儁(清)
格術補(箋) 886右

34 殷淮深
玉簪記曲譜 1717左
浣紗記曲譜 1717左
豔雲亭曲譜 1717左

38 殷啓聖(明)
新鋟天下時尚南北新調(輯) 1715左

40 殷奎(明)
強齋集 1327右

44 殷基(吳)
通語 718左
丁新婦傳 1095右

殷芸(梁)
商芸小說 1046右
殷芸小說 1047左
小說 1047左
小說佚文 1047左

46 殷如琳(清)
碧華館吟草 1496右

47 殷都(明)
日本犯華考 480左
日本考略 627右

48 殷敬順(唐)
沖虛至德眞經釋文 698左
列子釋文 698左

66 殷曙(清)
竹溪雜述 1005左

72 殷岳(清)
留耕堂詩集 1378右

2725_2 解

21 解縉(明)
天潢玉牒 305左
春雨雜述 920右
文毅集 1329右
解學士集 1329右

解縉(明)等
古今列女傳 438左

35 解漣(清)
遭亂紀略 333右

44 解蒙(元)
易精蘊大義 16右

2725_7 伊

44 伊摯(商)
伊尹書 685右

伊世珍(元)
瑯嬛記 1065左

2726_1 詹

10 詹玉(元)
天遊詞 1612左

18 詹玠(宋)
遺史紀聞 1056左

22 詹繼瑞(宋)
傳道集(陳守默同輯) 1172右

37 詹初(宋)
寒松閣集 1283左

38 詹道傳(元)
四書纂箋 151左

74 詹勵吾
觀酒狂齋詩錄 1530左

75 詹體仁(宋)
詹元善先生遺集 1275右

2731_2 鮑

00 鮑應鼇(明)
明臣謚彙考 463右

鮑康(清)
鮑臆園丈手札 658右
鮑臆園手札 658右
大錢圖錄 663右
觀古閣泉說 663右
觀古閣叢稿、續稿、三編 1481右

鮑文逵(清)
野雲詩鈔 1449右

10 鮑雲龍(宋)
天原發微 893右

12 鮑廷博(清)
南宋八家集(輯) 1745左
知不足齋輯錄宋集補遺(輯) 1745左

17 鮑君徽(唐)
乞歸疏 1226右

22 鮑彪(宋)
鮑氏戰國策注 295右
戰國策(注) 295右 296左

鮑鼎
裒殘守缺齋藏器目 660左
愙齋集古錄校勘記 661左
漢賈夫人馬姜墓石刻考釋 667左
默厂金石三書 1735右

鮑山(明)
野菜博錄 787左

23 鮑俊(清)
榕塘吟館詩鈔 1469右

24 鮑倚雲(清)
退餘叢話 1075右

26 鮑皐(清)
十美詩 1418右

30 鮑之芬(清)
三秀齋詩鈔 1443右

三秀齋詞 1624右
鮑之蘭(清)
起雲閣詩鈔 1443右
鮑之蕙(清)
清娛閣詩鈔 1443右
清娛閣吟稿 1443右
33 鮑溶(唐)
鮑溶詩、集外詩 1232左
鮑溶詩集、外集 1232左
37 鮑祖祥(清)
智囊補 1013右
40 鮑在齊(明)
蒲團上語 1002左
44 鮑協中(口)
續髻鬟品 1121左
鮑桂星(清)
覺生詠史詩 382左
鮑覺生先生未刻詩 1446右
覺生賦鈔 1446右
50 鮑東里(清)
十三經源流口訣 182左
歷代國號總括歌 372右
史鑑節要便讀 372右
廿三史評口訣 373右
聖門諸賢述略 416左
直省府名歌訣 514左
51 鮑振方(清)
輿地形勢論 514左
金石訂例 670右
67 鮑照(劉宋)
鮑氏集 1208右
鮑明遠集 1208右
鮑參軍集 1208右
鮑參軍集選 1209左
77 鮑堅(口)
武陵記(一題南齊黃閔撰) 549右
88 鮑鉁(清)
雪泥鴻爪錄 562左
亞谷叢書 1006左
稗勺 1075左
道腴堂詩編、續 1414右
道腴堂雜編 1414右
道腴堂脞錄 1414右
道腴堂雜著 1414右
俟逸亭新編 1414右
小蔟園新編、續編 1414右

2732₀ 勺

38 勺洋氏(清) 見李兆元

鮦

76 鮦陽居士(宋)
復雅歌詞(輯) 1645右

2732₇ 烏

12 烏孫公主(漢)
上宣帝書 494右
42 烏斯道(明)
譚節婦祠堂記 569右
春草齋集 1327左

鄔

00 鄔慶時
孝經通論 160右
經學導言 179左
番禺隱語解 227左
窮忙小記 335右
九峯采蘭記 453左
番禺末業志 553右
南村草堂筆記 553右
白鵞洲小志 554左
齊家淺說 757左
自然略說 807左
東齋雜誌 978右
聽雨樓隨筆 978右
白桃花館雜憶 1017左
鼎樓詩草 1530左
28 鄔以謙(清)
立德堂詩話 1588右
30 鄔寶理(清)
達菴隨筆 1013左
鄔寶珍(清)
吉祥錄 756右
明珠(輯) 1036右
智因閣詩集 1515右
38 鄔啓祚(清)
耕雲別墅詩集 1498右
耕雲別墅詩話 1587左
詩學要言(輯) 1587左
40 鄔大昕(宋)
鄉賢公遺著 1263左

2733₂ 忽

60 忽思慧(元)
飲膳正要 954左

2733₆ 魚

00 魚玄機(唐)
唐女郎魚玄機詩 1235右
17 魚翼(清)
海虞畫苑略 435左
90 魚豢(晉)
三國典略 297左
魏略 297左

2742₇ 鄒

00 鄒方鍔(清)
杭州遊記 588左
論書十則 922左
鄒文柏(清)
籌世芻議 723左
紀略 977左
紀略摘鈔 977左
蘋香書屋文鈔 1513左
02 鄒訢(宋) 見朱熹
10 鄒一桂(清)
洋菊譜 789右
小山畫譜 931右
鄒玉卿(明)
雙螭璧 1698右
青虹嘯傳奇 1698右
鄒元標(明)
願學集 1362左
鄒南臯集 1362左
12 鄒登龍(宋)
梅屋吟藁 1293右
梅屋吟 1293右
鄒登泰(民國)
西廬懷舊集(輯) 1544右
鄒弢(清)
萬國風俗考略 626右
地球方域考略 626右
塞爾維羅馬尼蒲加利三國合考 637右
地輿總說 807右
三借廬贅譚 1080右
三借廬筆談 1080右
澆愁集 1513右
16 鄒聖脈(清)
易經備旨(纂輯) 22左
書經備旨(纂輯) 42左
詩經備旨(纂輯) 57左

禮記全文備旨(纂輯)86右
春秋備旨(纂輯) 128左
20 鄒維璉(明)
讀史雜記 375右
自儆錄 375右
達觀樓遺箸二種 1733左
21 鄒衍(周)
鄒子 906右
鄒子書 906右
23 鄒代鈞(清)
西征紀程 620左
24 鄒德□(明)
東坡遺意(顧杲同書) 924右
26 鄒伯奇(清)
補小爾雅釋度量衡 217左
栗布演草、補 885右
學計一得 886左
格術補 886左、右
對數尺記 886右
乘方捷算 886右
補小爾雅釋度量衡 886右
鄒徵君存稿 886右 1479右
乘方捷術 886右
鄒徵君遺書 1738右
30 鄒淮(宋)
星象考 868右
鄒之麟(明)
女俠傳 1119左
鄒守益(明)
鄒東廓集 1342左
鄒安(民國)
雙王鉨齋金石圖錄(輯) 656左
萬里遺珍拾補(輯) 656右
周金文存(輯) 661右
十友名言(輯) 805右
藝術類徵(輯) 910左
鄒安鬯(清)
開方之分還原術(補圖) 885左
32 鄒祗謨(清)
鄒訏士詩選 1394右
麗農詞 1617右
遠志齋詞衷 1718右
34 鄒湛(晉)
周易統略 8左
鄒漪(清)
明季遺聞 319左
明季遺聞拾遺 319左
程端伯詩選(選) 1371左
周櫟園詩選(選) 1381左
曹秋岳詩選(選) 1382左
魏石生詩選(選) 1384左
嚴灝亭詩選(選) 1384左
曹顧庵詩選(選) 1384右
施愚山詩選(選) 1385右
趙蘊退詩選(選) 1387左
楊猶龍詩選(選) 1388左
彭禹峯詩選(選) 1390左
鄒訏士詩選(選) 1394右
王貽上詩選(選) 1396左
姜眞源詩選(選) 1399左
王玉叔詩選(選) 1399左
劉航石詩選(選) 1399左
劉岸先生詩選(選)1399右
盧澹崖詩選(選) 1399右
黃雲孫詩選(選) 1399右
錢日庵詩選(選) 1399右
柯素培詩選(選) 1400左
鄒漢勛(清)
讀書偶識 176左
五韵論 214右
紅崖刻石釋文 667右
顓頊厤攷 875左
讀書偶識 1028右
斅藝齋文集、詩 1474左
鄒浩(宋)
道鄉集 1259右
道鄉詩鈔 1259右
道鄉集補鈔 1259右
35 鄒迪光(明)
良常仙系記 448左
愚公谷乘 564右
36 鄒澤(清)
反身要語 749右
40 鄒在寅(清)
照膽臺志略 569左
鄒存淦(清)
外治壽世方(輯) 860右
鄒森(明)
觀心約 971左
41 鄒樞(清)
十美詞紀 1127左
43 鄒式金(清)
風流塚 1685左
44 鄒樹榮(清)
夏小正管窺 92右
三國志偶辨 268右
綱目隨筆 283右
楊文節公年譜 428右
宋文清公年譜 429左
危太樸年譜 429左
志乘删補 522左
各種聯語 945左
干支春帖子 945左
敝帚享金編 1013左
紺珠記事錄 1038左
軼典僻事便覽 1038左
聞見偶記 1079左
袁文箋正補正 1423左
藹青編年詩草 1506左
公車前草、後草 1506右
46 鄒柏森(清)
括蒼金石志補遺 676左
嚴州金石錄 677右
47 鄒均(清)
讀史論略 376右
讀史樂府 382左
輿圖論略 514左
方輿纂要 514左
十二樹梅花書屋古文、時文、詩鈔 1471右
60 鄒□(晉)
鄒子 964左
鄒旦(明)等
重刊宜興縣舊志(修) 519左
70 鄒壁(明)
鄒九峯集 1344左
76 鄒陽(漢)
鄒陽書 960右
77 鄒閎甫(□)
廣州先賢傳 391左
80 鄒鉉(元)
壽親養老新書(續) 845右
鄒兌金(清)
空堂話 1685左
86 鄒智(明)
立齋遺女 1335右
91 鄒炳泰(清)
紀聽松菴竹鑪始末 959右
午風堂叢談 1007右
午風堂詩集 1434右

2743₀ 奥

00 奥玄寶（日本）
茗壺圖錄 797左

2744₇ 般

52 般剌密帝（唐釋）
易筋經義（譯） 776右
大佛頂如來密因修證了義諸菩薩萬行首楞嚴經（譯） 1187右

2748₂ 欵

60 欵思居士（明） 見盧柟

2752₀ 物

44 物茂卿（日本）
海外新書 977左
46 物觀（日本）
七經孟子考文補遺 181右

2752₇ 鵝

37 鵝湖逸士（清）
老狐談歷代麗人記 1080左

2760₃ 魯

00 魯應龍（宋）
括異志 1091左
閑窗括異志 1091左
聞窗括異志 1091左
魯褒（晉）
錢神論 979右
10 魯一貞（清）
玉燕樓書法（張廷相同撰） 921右
魯一同（清）
白耷山人年譜 430右
寅賓錄（輯） 430右
右軍年譜 435左
清河風俗物產志 537左
通甫類藁文、續編 1474左
通父詩存、詩存之餘 1474左
補過軒四書文 1474左
14 魯琪光（清）
南豐風俗物產志 551左
21 魯貞（元）
桐山老農集 1315左
22 魯訔（宋）
杜工部年譜（呂大防、蔡興宗同撰） 426左
杜工部詩年譜 426左
杜工部草堂詩箋（編） 1223左
魯山（明釋）
釋魯山集 1364左
24 魯紘昭（明）
李溫陵外紀（輯） 419右
25 魯仲連（周）
魯連子 685右
三柱子 685右
37 魯迅
會稽先賢傳（輯） 389右
會稽典錄、存疑（輯） 389右
會稽後賢傳記（輯） 389右
會稽先賢像讚（輯） 389右
會稽土地記（輯） 541左
會稽記（輯・賀循撰） 541左
會稽記（輯・孔靈符撰） 541左
會稽地志（輯） 541左
靑史子（輯） 711左
水飾（輯） 953左
裴子語林（輯） 1046左
郭子（輯） 1046左
俗說（輯） 1046右
小說（輯） 1047左
妬記（輯） 1047左
列異傳（輯） 1084左
異聞記（輯） 1084左
陸氏異林（輯） 1084左
王浮神異記（輯） 1084左
曹毗志怪（輯） 1084右
祖台之志怪（輯） 1084右
戴祚甄異傳（輯） 1084右
荀氏靈鬼志（輯） 1085左
玄中記（輯） 1085左
孔氏志怪（輯） 1085左
謝氏鬼神列傳（輯） 1085左
殖氏志怪記（輯） 1085左
齊諧記（輯） 1086左
幽明錄（輯） 1086左
宣驗記（輯） 1086右
古異傳（輯） 1086右
郭季產集異記（輯） 1086右
冥祥記（輯） 1086右
述異記（輯） 1086右
劉之遴神錄（輯） 1087左
集靈記（輯） 1087左
旌異記（輯） 1087右
神怪錄（輯） 1087右
續異記（輯） 1087右
錄異傳（輯） 1087右
雜鬼神志怪（輯） 1087右
詳異記 1087右
漢武故事（輯） 1095左
笑林（輯） 1120右
稗邊小綴 1132左
40 魯九皐（清）
詩學源流考 1587右
制義準繩 1590右
審題要旨 1591左
44 魯恭（漢）
周易魯恭義 5左
易魯氏義 5左
魯世任（明）
魯媿尹集 1369右
魯蕡（清）
仲實類藁 1498右
仲實詩存 1498右
67 魯明善（元）
農桑撮要 778右
農桑衣食撮要 778右
農桑衣食撮要佚文 778右
86 魯鐸（明）
魯文恪公集 1338右
88 魯筆（清）
楚辭達 1196右
99 魯燮光（清）
蕭山茂材錄（輯） 390左
淩溪丁氏雙烈卷遺蹟（輯） 438右
周節婦志姜詩遺蹟（輯） 439右
毛西河先生曼殊留視圖册遺蹟（輯） 440右
固陵雜錄（輯） 541右
周荆山志雪堂贈言遺蹟（輯） 565右
胶堰備攷（輯） 584右
山右訪碑記 674左
金石志存（輯） 676左

2762₀ 句

12 句延慶（宋）

錦里耆舊傳(一名成都理亂記) 361左

38 句道興(唐)
搜神記 1089左

2762_7 部

97 部煥元(清)
部淩玉詩 1388右

2771_2 包

00 包育華(清)
傷寒方法 816左

03 包誠(清)
重訂產孕集補遺* 837右

包識生(民國)
傷寒論章節(編) 811左
傷寒論講義 812右
傷寒表 816左
傷寒方講義 816左

10 包三鑢(清)
包氏喉證家寶 834右

21 包何(唐)
賓鬼傳 1098左
包何集 1222左
唐包刑侍詩集 1222左
包刑侍詩集 1222左

24 包佶(唐)
包佶集 1222左
唐包祕監詩集 1222左
包祕監詩集 1222左

28 包儀(清)
易原就正 20左

30 包家吉(清)
滇遊日記 618右

34 包汝楫(明)
南中紀聞 562右

37 包湑(唐)
會昌解頤錄 1048右

44 包世臣(清)
中衢一勺 475左
三案始末 489左
齊民四術農、禮、刑、兵 722右
兩淵 775右
雌雄淵 775右
藝舟雙楫 922右
安吳論書 922右
說儲 976左
管情三義賦、詩、詞 1455左
濁泉編 1455左

包世榮(清)
毛詩禮徵 61左
中衢一勺(包愼言同注) 475左

53 包咸(漢)
論語包氏章句 137左
論語包氏注 137右
論語包注 137右
包咸注論語 137右

57 包拯(宋)
孝肅包公奏議 495左
包孝肅奏議 495左

77 包履吉(清)
補園賸稾 1506左

86 包錫咸(清)
讀爾雅日記 165左

88 包節(明)
包侍御集 1347左

94 包愼言(清)
春秋公羊傳曆譜 117右
中衢一勺(包世榮同注) 475左

包恢(宋)
敝帚稿略 1282左

97 包燿(清)
皇極經世書緒言(復增圖注) 893左

2772_0 幻

40 幻眞先生(口)
胎息經註 843右

2774_7 岷

23 岷峨山人(明) 見尹畊

2790_4 粲

44 粲花主人(明) 見吳炳

2791_7 紀

00 紀慶曾(清)
疊翠居文集 1450左

10 紀磊(清)
周易消息 26左
虞氏逸象考正、續纂 26左
虞氏易義補注 26左
九家易象辨證 26左
周易本義辨證補訂 26右
漢儒傳易源流(輯) 32右

17 紀瓊(清)
繡餘小稿 1407右

紀君祥(元)
趙氏孤兒大報讐雜劇 1655右
趙氏孤兒 1656左
趙氏孤兒大報讐 1656左
紀君祥雜劇 1749右

30 紀容舒(清)
唐韻考 206左
孫氏唐韻考 206左
重斠唐韻攷 206左
玉臺新詠考異 1533左

40 紀大復(清)
紀半樵詩 1446左

紀大奎(清)
易問 23右
觀易外編 31左
古律經傳附考 102右
老子約說 691左
薛文清公讀書錄鈔、讀書續錄鈔(輯) 731右
枕上銘 756左
紀氏敬義堂家訓述錄 756左
書紳錄 756左
筆算便覽 882左
考訂河洛理數便覽 894左
紀愼齋求雨全書 895左
重刊紀愼齋先生祈雨全書 895右
求雨篇 895右
六壬類聚 897右
地理末學 903左
地理水法要訣 903左
仕學備餘 908右
悟眞篇(輯訂) 1167左
俞氏參同契發揮五言註摘錄 1180左
周易參同契集韻 1180右
雙桂堂稿、續編 1437左
雙桂堂時文稿 1437左
課子遺編 1437左
雙桂堂文錄 1437左
雙桂堂易說二種 1727左
敬義堂家訓 1737左

45 紀坤(明)
花王閣賸稿 1372左

51 紀振倫(明)

鐫新編全像三桂聯芳記 1697右
新鐫武侯七勝記 1697右
60 紀昃(清)
桂山堂詩鈔 1404左
65 紀映鍾(清)
戇叟詩鈔 1387右
紀檗子詩 1388左
67 紀昀(清)
審定風雅遺音 63左
沈氏四聲考 210右
明懿安皇后外傳 439右
烏魯木齊雜詩 530右
烏魯木齊雜記 530右
閱微草堂筆記摘抄 672左
閱微草堂筆記 1093左
閱微草堂筆記約選 1093左
灤陽消夏錄 1093左
如是我聞 1093左
槐西雜志 1093左
姑妄聽之 1093左
灤陽續錄 1093右
李義山詩集(點論)1234左
後山集鈔(點論) 1258左
館課存藁 1426左
紀文達公文錄 1426左
瀛奎律髓刊誤 1533右
刪正方虛谷瀛奎律髓 1533右
刪正二馮評閱才調集 1539右
庚辰集(輯) 1562右
唐人試律說 1564左
玉溪生詩說 1564右
文心雕龍(評) 1567左
閱微草堂筆記 1741右
88 紀鑑(清)
貫虱心傳 776右

2792₂ 繆

01 繆襲(魏)
皇覽逸禮、中霤禮 93右
尤射 776左
15 繆珠蓀(民國)
霞珍詞 1641左
24 繆德棻(清)
庚申浙變記 334右
30 繆濟齋(清)
咸同宣威大事記 329右
繆之鎔(清)
文貞公年譜 408左
繆宗儼(清)
桐邨詩稾 1407左
31 繆沅(清)
繆沅詩選 1412左
繆福照(清)
治蠱新方(重訂) 830右
33 繆泳(清)
荇谿詩集 1403右
34 繆祐孫(清)
通俄道里表 485右
俄羅斯源流考 636左
俄羅斯疆域編 636左
俄羅斯水道記 636左
俄羅斯山形志 636左
俄羅斯戶口略 636左
取悉畢爾始末記 636右
取中亞細亞始末記 636右
俄遊日記 636右
38 繆遵義(清)
繆宜亭醫案 862右
40 繆希雍(明)
先醒齋廣筆記 820右
神農本草經疏 852右
本草經疏 852右
葬經翼、難解二十四篇 900右
41 繆楷(民國)
爾雅稗疏 165右
44 繆協(晉)
論語繆氏說 139左
繆荃孫(民國)
宋校勘五經正義奏請雕版表(錄) 182右
蜀石經校記 185右
東都事略校記 281左
安祿山事跡校記* 298左
九國志逸文(輯) 359左
九國志校 359左
北燕百官表 366左
後涼百官表 366左
北涼百官表 366左
南涼百官表 366左
西涼百官表 366左
夏百官表 366左
南朝史精語札記* 372左
華陽國志巴郡士女逸文(輯) 391右
國史儒林傳 414左
顧亭林先生年譜校補* 420左
瞿木夫先生自訂年譜(校定) 422右
羽琌山民逸事(魏季子合撰) 423左
厲樊榭先生年譜(補訂) 431右
建炎以來朝野雜記逸文(錄) 455左
大金集禮校勘記* 457右
元和郡縣志闕卷逸文(輯) 511右
京師坊巷志、考證(朱一新合撰) 523右
中吳紀聞校勘記* 534右
吳興山墟名(輯) 540左
吳興記(輯) 540右
遼藝文志 644左
清學部圖書館善本書目 645右
重編紅雨樓題跋(重輯) 651左
士禮居藏書題跋記續(輯) 652左
士禮居藏書題跋再續記(輯) 652左
清學部圖書館方志目 653左
金石錄札記、今存碑目* 655右
集古錄目、原目(輯)664右
蒼崖先生金石例札記* 669右
江西金石目 674右
愼子補遺、逸文* 702右
雲自在堪筆記 1014右
雲自在龕筆記 1014右
三水小牘(校補) 1050左
京本通俗小說(輯)1128右
歐陽行周文集校記* 1227右
皇甫持正集校記* 1229左
東坡集校記* 1252右
剡源集逸文(輯) 1303左
剡源集校 1303左
舊德集(輯) 1550右
名家詞(輯) 1748右
繆荃孫(民國)等

司空表聖文集校記* 1237左

47 繆朝荃(清)
玉峯志校勘記* 519左
玉峯續志校勘記* 519左
太倉州志校勘記* 519右

48 繆敬持(清)
東林同難錄、同難列傳、同難附傳 402右

52 繆播(晉)
論語旨序 138右

60 繆曰藻(清)
寓意錄 911右

繆昌期(明)
從野堂存稿 1361左

67 繆嗣寅(清)
曉谷詩橐 1407左

72 繆彤(清)
臚傳紀事 465左
遊洞庭西山記 594左

77 繆艮(清)
泛湖偶記 1077右
珠江名花小傳 1081左
沈秀英傳 1081左
徐娘自述詩記 1449右

繆闐(清)
原音瑣辨 100左
同治甲子未上書 100左
律呂通今圖說 103左
律易 103左
音調定程 103左
絃徽宣祕 103左
律呂名義算數辨 103左

80 繆公恩(清)
夢鶴軒楳澥詩鈔 1440右

88 繆鑑(元)
苔石效顰集 1297左
效顰集 1305左

2793$_2$ 綠

67 綠野堂(明) 見陳繼儒

2793$_3$ 終

37 終軍(漢)
終軍書 960右

2794$_0$ 叔

12 叔孫通(漢)
漢禮器制度 456左

2796$_2$ 紹

22 紹嵩(宋釋)
亞愚江浙紀行集句詩 610左

27 紹岷(日本釋)
鹿門宕嶽諸遊記 634左

44 紹英(清)
大清孝定景皇后事略 441左

77 紹興縣修志委員會(民國)
紹興縣志資料第一輯(輯) 521左

紹興醫學會(民國)
溼溫時疫治療法(輯) 828右

2822$_7$ 倫

24 倫德(英國)
代數難題解法 890右

2823$_7$ 佮

00 佮玄(漢)
趙飛燕外傳 1094左
趙后外傳 1094左
飛燕外傳 1094左

2824$_0$ 徹

27 徹綱(清釋)等
昭覺丈雪醉禪師語錄(編) 1189左

2824$_7$ 復

25 復儂氏(清)
都門紀變百詠(杞廬氏同撰) 330右

2826$_6$ 僧

34 僧祐(梁釋)
弘明集 1191左

38 僧肇(後秦釋)
維摩詰經解二種(注) 1187右
寶藏論 1188左

57 僧揮(宋釋)
寶月集 1594左

2829$_4$ 徐

00 徐立綱(清)
易經旁訓 22右
書經旁訓 42左
詩經旁訓 57左
禮記旁訓 86右
春秋旁訓 128左

徐鹿卿(宋)
清正存稿 1279左
宋宗伯徐清正公存稿 1279左
靜軒詩集 1279右
徐清正公詞 1606左

徐充(明)
汴遊錄 611右
暖姝由筆 997右

徐應秋(明)
玉芝堂談薈(輯) 1037右

徐應芬(明)
遇變紀略 317左
燕都識餘 317左

徐康(清)
前塵夢影錄摘抄 672左
窳叟墨錄 802左
前塵夢影錄 910左

徐夜(清)
睡足軒詩選(王士禛同輯) 1341右
徐詩 1380右
阮亭詩餘(邱石常同評) 1619左

徐度(宋)
却掃編 344右

徐慶(清)
信徵錄 1092右

徐慶治(清)
紅樓夢排律 1132右

徐廣(晉)
禮論答問 93右
晉紀 279左
孝子傳 442右
彈碁經 951左

徐文靖(清)
周易拾遺 21左
禹貢會箋、圖 45左
經言拾遺 171右
竹書紀年統箋、前編、雜述 286左
竹書統箋 286左

天下山河兩戒考、圖513右
天文考略　872右
管城碩記　1024右
志寧堂稿　1410右
徐文范（清）
東晉南北朝輿地表　508左
徐文駒（清）
猩猩灘記　581右
遊喜雨亭記　590右
丹崖文鈔　1409右
徐文錫（清）
徐竹所先生遺稿　1495右
徐文炳（清）
徐孝穆集箋註備考*　1213右
徐孝穆集備考*　1213右
徐孝穆全集備考*　1213右
徐京（清）
藝菊簡易　789右
02 徐端（清）
安瀾紀要　580左
迴瀾紀要　580左
徐新六（民國）
復盦覓句圖題詠（輯）　1560左
徐新華（民國）
彤芬室筆記　1016右
彤芬室文　1528右
08 徐謙（明）
仁端錄　840右
10 徐一夔（明）
始豐稿　1325右
徐一夔（明）等
明集禮　457右
徐三重（明）
採芹錄　999左
徐玉麐（清）
植八杉齋詩鈔　1514右
徐靈府（唐）
天台山記　574左
通玄眞經註　692左
道言（朱弁、杜道堅合注）　692右
徐靈期（劉宋）
南嶽記　575左
徐元（明）
八義記　1697左
徐元文（清）
與俄羅斯國定界之碑　485左
俄羅斯疆界碑記　485左
徐元端（清）
繡閒詞　1615右
徐元潤（清）
銅僊傳　662左
困知長語　746右
觀所養齋詩槀　1515左
漢東集詩　1515左
北樓集詩　1515左
徐元太（明）
喻林　1043左
徐元杰（宋）
楳埜集　1286右
楳野集　1286右
徐元梅（清）等
嘉慶山陰縣志（修）521左
徐元美（清）
艾言　975左
徐元第（清）
重刻遊杭合集（徐時棟同撰）　1555左
徐震（清）
牡丹亭骰譜　952左
美人譜　1126左
徐于（明）
魯化遺詩鈔　1375左
徐霆（宋）
黑韃事略（疏證）　303左
徐天麟（宋）
西漢會要　454左
東漢會要　454右
徐天衡（明）
餘慶錄　1033左
徐天祜（宋）
吳越春秋（音注）　355左
徐再思（元）
酸甜樂府（貫雲石同撰）　1711右
徐石麒（明）
官爵志　468左
徐石麒（清）
花傭月令　786左
坦庵枕函待問編　974左
客齋餘話　974左
古今青白眼　1038左
坦庵詩餘甕吟　1615左
甕吟　1615左
且謠　1615左
美人詞　1615左
坦庵買花錢雜劇　1686左
坦庵大轉輪雜劇　1686右
坦庵拈花笑雜劇　1686右
坦庵浮西施雜劇　1686右
坦庵樂府忝香集　1713右
坦菴詞三種　1748左
徐晉卿（宋）
春秋類對賦　106左
徐雲祥（明）
鄭桐菴先生年譜上卷（盧涇材同撰）　419右
徐霖（明）
繡襦記（一題薛近兗撰）　1694左
11 徐珂（民國）
夢湘囈語　432右
先公徐印香先生先妣陸太淑人傳志（輯）444右
五刑考略　486右
可言　1015右
聞見日抄　1015右
雪窗閒筆　1015右
梅西日錄　1015右
云爾編　1015右
天蘇閣筆談　1015右
仲可筆記　1016左
松陰暇筆　1016左
呻餘放言　1016左
範園客話　1016左
雪窗零話　1016左
雪窗雜話　1016左
大受堂札記　1016左
知足語　1128左
天足考略　1128左
小自立齋文　1525左
眞如室詩　1525左
秀水董氏五世詩鈔（輯）　1550左
六憶詞（輯）　1643左
純飛館詞　1643左
純飛館詞續　1643左
純飛館詞三集　1643左
樂府補題（校）　1646左
譚仲修先生復堂詞話（輯）　1720右
近詞叢話　1721左

曲稡 1723右

11 徐碩(元)

至元嘉禾志 520左

12 徐瑞(宋)

松巢漫稿 1296右

徐璣(宋)

二薇亭詩集、補 1278右 1279左

二薇亭集 1278右

二薇亭集補遺 1278右

徐璣集補 1278右

二薇亭詩鈔 1279左

二薇亭集補鈔 1279左

徐璣(清)

湖山詞 1620右

徐廷垣(清)

春秋管窺 127左

徐廷祺(清)

怡雲館詩鈔 1494右

夢草詞 1636右

徐延祚(清)

醫意內景圖說 852左

醫粹精言、續 865右

醫意 865右

醫醫瑣言 865右

徐延旭(清)

中外交界各隘卡略 483右

越南世系沿革略 631左

越南山川略 631左

越南道路略 631左

14 徐琪(民國)

雲麾碑陰先翰詩 671左

鸞綸紀寵詩 1519右

冬日百詠 1519右

名山福壽編 1556左

蘇海餘波 1556左

留雲集 1556左

墨池賡和 1556左

葡萄徵事詩 1559右

西堂得桂詩(輯) 1559右

廣小圃詠 1641左

玉可盦詞存、補 1641左

九芝仙館行卷(輯) 1745右

徐葰(清)

肩鳳齋存稿 1496右

15 徐建生

壽考附錄(輯) 411右

徐建寅(清)

歐遊雜錄 619右

德國議院章程(譯) 637左

談天(續述) 876左

17 徐瑤(清)

太恨生傳 1120左

雙溪泛月詞 1622左

徐鼐(清)

孕花吟草 1473右

徐乃昌(民國)

續方言又補 227左

吳越春秋札記* 355左

吳越春秋逸文(輯)* 355左

後漢儒林傳補逸續增(輯)* 412右

續後漢儒林傳補逸 412右

補漢兵志札記* 481左

皖詞紀勝(輯) 537左

南陵縣建置沿革表 537右

雲仙散錄札記* 1052左

續幽怪錄札記* 1105左

續幽怪錄佚文(輯)* 1105左

徐公文集補遺(輯)* 1241右

徐公文集校勘記* 1241右

焦里堂先生軼文(輯) 1446左

篋中集札記* 1538右

閨秀詞鈔(輯) 1644右

徐承禧(清)等

敞帚齋主人年譜(注) 423右

徐子平(宋)

珞琭子三命消息賦註 903右

徐子苓(清)

敦艮吉齋文鈔、詩存、詩存補遺 1476右

徐子陽(明)

皇明天全先生遺事 407右

天全先生遺事 407右

徐子光(宋)

蒙求集註* 1041右

李氏蒙求(集注) 1041右

徐召南(民國)

評注產科心法(評) 837左

18 徐政杰(清)

女科輯要(注) 836右

徐致祥(清)

嘉定先生奏議 501左

姑妄存之詩鈔 1500右

徐璈(清)

黃山紀勝 596右

20 徐俯(宋)

東湖居士集 1260左

徐信符

翁山文鈔佚文(輯)* 1394右

徐孚遠(明)

交行摘稿 1368左

徐孚吉(清)

爾雅詁 165左

徐舫(元)

滄江散人集 1315左

徐集孫(宋)

竹所吟藁 1294右

竹所吟稿 1294右

徐秉義(清)

恭迎大駕記 452左

培林堂書目 646右

徐維則(清)

廣川書跋(輯) 913右

21 徐衎(□)

風騷要式 1581左

徐倬(清)

蠡山記 574左

心遠樓詩鈔 1391左

全唐詩錄(輯) 1540右

徐熊飛(清)

春雪亭詩話 1586左

徐師謙(清)

臥梅廬詩存 1503左

臥梅廬詩餘 1638右

徐貞(清)

珠樓遺稿 1452左

徐貞明(明)

潞水客談 581左

西北水利議 582左

徐經(清)

詩說匯訂 59左

讀左存愚 108右

春秋禮經(輯) 110右

左傳兵訣 110右

左傳兵法(輯) 110右

左傳歌謠(輯) 112右

春秋書法凡例、胡氏釋例 112右
左傳精語(輯) 113左
公穀精語(輯) 131右
外傳精語(輯) 294右
國策精語(輯) 296左
朱子事彙纂略(輯) 418右
孫吳兵訣(輯) 770左
雅歌堂愼陟集詩鈔 1467右
雅歌堂文集 1467右
雅歌堂賦 1467右
朱梅崖文譜 1565右
雅歌堂甃坪詩話 1587右
雅歌堂外集 1728右

徐經孫(宋)
矩山存稿 1285右
宋學士徐文惠公存稿 1285右
文惠詩集 1285右
矩山詞 1606右

22 徐鼎康(民國)
家庭雜憶 1016左
秋根詩鈔 1527右

徐僑(宋)
毅齋詩集別錄 1277左

徐嵩(清)
玉山閣稿 1448右

徐嶷(唐)
物怪錄 1111右

徐崑(清)
家傳 393右
遯齋偶筆 1006左
晝溪詩集 1428右
小有齋自娛集 1428右

徐崇(民國)
補南北史藝文志 642右

徐樂(漢)
徐樂書 961右

徐繼恩(清)
逸亭易論 21右

徐繼畬(清)
徐松龕批後漢書 378左
徐氏本支敍傳 393右
松龕先生奏疏 500左
松龕奏疏 500左
兩漢幽幷涼三州今地考略 507左
漢志沿邊十郡考略 507左
地球誌略 625左
五印度論 631右
俄羅斯國志略 636左
松龕先生文集、詩集 1460右
松龕文集、詩集 1460右
松龕全集 1744左

23 徐允哲(清)
響泉詞 1621右

徐獻忠(明)
吳興掌故集(輯) 540右
水品全秩 955左
水品 955左
唐詩品 1564左

徐緘(清)
急痧方論 829左
弔脚痧方論 829左
嘉興徐子默先生吊脚痧論 829左

24 徐德音(清)
綠淨軒詩鈔 1408左

徐德森(清)
讀通鑑日記 283左

徐德英(明)
革除建文皇帝紀 307左

徐勉之(元)
保越錄 304右

徐紘(明)
明名臣琬琰錄、續錄 400右
皇明名臣琬琰錄、後錄、續錄 400右

25 徐傳詩(清)
星湄詩話 1586左

徐紳(明)
秦書疏(輯) 494右
西漢書疏(輯) 494右
東漢書疏(輯) 494右

徐積(宋)
節孝語錄 720左
節孝先生語錄、事實 720左
節孝集 1251右
節孝詩鈔 1251右
節孝詩集 1251右
節孝集補鈔 1251右

26 徐自明(宋)
宋宰輔編年錄 468左

徐伯齡(明)
蟫精雋 992右

27 徐多綬(清)
菊農公遺詩 1511右

徐多紳(清)
藕卿公遺詩 1511右

徐多鏐(清)
杏伯公遺詩 1511右

徐多鈐(清)
蓉史公遺詩 1511右

徐夤(唐) 見徐寅

徐紉裳(清)
稟啓零紈(輯) 1038左

徐紹楨(民國)
四書質疑 155左
孝經質疑 160右
三國志質疑 269左
後漢書朔閏攷 876右
句股通義 890右
學一齋算課草(輯) 890右
學一齋算學問答(輯) 890右

28 徐以清(明)
鑑古瑣譚 375左

徐作肅(清)
四憶堂詩集、遺稿(賈開宗、練貞吉、宋犖同選注) 1385左

徐復祚(明)
家兒私語 393右
花當閣叢談(一名村老委談) 1070右
一文錢 1674左
紅梨記 1696右
校正原本紅梨記 1696右
投梭記 1696右
新刻出相點板宵光記 1696右
明何元朗徐陽初曲論(何良俊同撰) 1722左
三家村老曲談 1722左

徐儀世(明)
明輔起家考 400右

30 徐瀛(清)
應差蠻族 557右
西征日記 561左
晉藏小錄 561左
旃林紀略 561左
拉臺四境 561左

徐渡漁
徐渡漁先生醫案 864左

徐永宣(清)
徐永宣詩選 1408左

清暉贈言(輯) 1553右
30 徐家榦(清)
苗疆聞見錄 558右
徐守信(宋)
虛靜沖和先生徐神翁語錄(述) 449右
徐宏祖(明)
徐霞客遊記 587右
黔遊日記 607右
徐官(明)
古今印史 940左
徐寅(唐)
徐昭夢詩集 1239右
徐正字詩賦 1239右
釣磯文集 1239右
徐正字集 1240左
唐祕書省正字先輩徐公釣磯文集、補 1240左
雅道機要 1569左
徐寶謙(清)
亞陶公遺詩 1510左
徐寶善(清)
壺園集 1453右
徐宗亮(清)
歸廬談往錄 353右
石民府君行狀 411左
徐勇烈公行狀 411左
黑龍江述略 528左
善思齋詩鈔、續鈔 1508右
善思齋文鈔、續鈔 1508右
徐宗襄(清)
絜月詞 1631左
徐宗幹(清)
斯未信齋奏疏 500左
斯未信齋官牘 502左
斯未信齋軍書 502左
黯淡灘記 585左
浮海前記 616右
渡海後記 616右
斯未信齋雜錄 1010左
斯未信齋語錄 1010左
斯未信齋藝文 1460右
斯未信齋文編 1744左
31 徐沅(民國)
簷醉雜記 354左
徐河清(清)
東道集 1497左
玉犧館詩集 1497左
綸音堂詩集 1497左
紫薇閣詩集 1497左
30 徐灝(清)
樂律攷 103左
通介堂經說 177左
象形文釋 188右
靈州山人詩錄 1485左
靈洲山人詩鈔 1485左
徐福謙(清)
潄珊公遺詩 1511右
徐禎稷(明)
恥言 736右
徐禎卿(明)
翦勝野聞 304右
新倩籍 424右
異林 1066右
徐昌穀集 1339右
迪功集 1339右
徐迪功詩集、外集 1339右
徐迪功集 1339右
迪功集選 1339右
太湖新錄(文徵明同撰) 1552左
談藝錄 1578右
32 徐兆瑋(民國)
芙蓉莊紅豆錄(輯) 594左
徐兆鼇(清)
未覺軒賸草 1490左
徐泓(□)
棋手勢 943左
33 徐沁(清)
謝皐羽年譜 428右
謝皐羽先生年譜 428右
明畫錄 434右
金華遊錄注 601右
灌園十二師 959左
徐浦(明)
春秋四傳私考 126左
徐溥(明)
謙齋文錄 1332右
徐溥(明)等
明會典 455右
34 徐法績(清)
徐太常公遺集 1467左
徐汝廉(明)
枕餘 737右
徐波(明)
徐元歎先生殘稾（一名浪齋新舊詩） 1366右
徐達源(清)
澗上草堂紀略(輯) 568右
35 徐迪惠(清)
地理辨正圖說 903左
36 徐渭(明)
徐文長自著畸譜 429右
煎茶七類（一題高叔嗣撰） 955左
諧史 1123右
唐李長吉詩集、外集(董懋策同批評) 1231右
青藤書屋文集 1352左
徐文長佚草 1352左
徐文長逸稿 1352左
徐文學集 1352左
漁陽三弄 1672右
狂鼓史漁陽三弄 1672右
翠鄉夢 1672右
玉禪師翠鄉一夢 1672右
木蘭女 1673左
雌木蘭 1673左
雌木蘭替父從征 1673左
雌木蘭替父從軍 1673左
黃崇嘏女狀元 1673左
女狀元 1673左
女狀元辭凰得鳳 1673左
舊編南九宮目錄 1716右
十三調南曲音節譜 1716右
十三調南呂音節譜 1716右
南詞敍錄 1722左
四聲猿 1750右
徐邈(晉)
周易徐氏音 33左
易音注 33左
古文尙書音 48左
毛詩音 62右
毛詩徐氏音 62右
周禮徐氏音 74右
禮記徐氏音 90右
春秋徐氏音 113左
春秋穀梁傳注義 119左
37 徐潤第(清)
說易 24右
圖說 31左
中庸私解 136左
逍遙遊釋 697左
臆說 745左
雜言 745左
敦艮齋劄記 745左

敦艮齋雜篇 745左
敦艮齋遺文 1445右
徐鴻謨(清)
薝蔔花館詩集 1477左
薝蔔花館詞集 1633左
薝蔔花館詞 1633右
徐鴻鈞(清)
讀毛詩日記 60左
讀漢書日記 266左
徐淑(漢)
答夫秦嘉書 1200右
再答夫秦嘉書 1200右
徐凝(清)
泉村詩選 1376左
徐袍(明)
宋仁山金先生年譜 418右
徐逢吉(清)
清波小志 538右
北西廂記釋義字音大全 1651右
38 徐汾(清)
二十一史徵 373右
徐道玄(元)
太上玄靈北斗本命延生眞經註(校正) 1144右
徐道齡(元)
太上玄靈北斗本命延生眞經註 1144右
40 徐大椿(清)
道德經註 691左
老子道德經(注) 691左
內經詮釋 809右
難經經釋 810右
傷寒約編 815左
傷寒類方 815左
傷寒論類方 815左
醫學源流論 821右
愼疾芻言 821右
醫砭(原名愼疾芻言) 822左
六經病解 822左
雜病源 822左
醫貫砭 822左
外科正宗(評) 831左
徐評外科正宗 831左
女科醫案 837左
脈訣啓悟注釋 848左
洄溪脈學 849右
舌鑑總論 851右
神農本草經百種錄 852右
蘭臺軌範 859左
洄溪祕方 859左
徐批葉天士晚年方案眞本(評) 862右
洄溪醫案、附 862右
陰符經註 1137左
洄溪道情 1714左
道情 1714左
樂府傳聲 1723左
徐大焯(元)
燼餘錄 347左
徐友蘭(清)
羣書拾補識語 1025右
徐士鑾(清)
古泉叢攷(一名藏雲閣識小錄・輯) 664左
宋豔 1080右
徐士俊(清)
三百篇鳥獸草木記 62左
月令演 504右
婦德四箴 757右
十眉謠 1125右
春波影 1676左
絡冰絲 1676右
香草吟傳奇 1703左
載花舲傳奇 1703左
徐士芳(清)
雲屋殘編 1467右
徐士燕(清)
歲貢士壽臧府君年譜 423左
徐士林(清)
徐雨峯中丞勘語 489左
徐士怡(清)
寄生山館詩賸 1502左
瘦玉詞鈔 1638右
徐在(清)
演谿詩集 1388右
徐克祥(清)
蒓湖公遺詩 1493右
徐克范(清)
讀史記十表(補) 264右
徐鼒(清)
小腆紀年附攷 319左
讀書雜釋 1028右
未灰齋文集、外集 1475右
徐有壬(清)
用表推日食三差 874右
朔食九服里差 875左
測圜密率 884右
橢圜正術 884右
造各表簡法(一名垛積招差) 884右
截球解義 884右
弧三角拾遺 885左
弧角拾遺 885左
橢圜求周術 885左
割圜八線綴術 885左
徐氏算學三種 1738左
務民義齋算學(一名徐莊愍公算書) 1738右
徐有貞(明)
武功集 1331左
徐南珍(清)
思可堂詩集 1405左
徐嘉(清)
得月樓艸 1403左
徐韋佩(清)
靜志齋吟草 1511左
徐吉(明)
徐巡按揭帖 314左
徐奮鵬(明)
詩經解註 54右
徐春樞(清)
志寧堂稿(注) 1410右
徐壽基(清)
春秋釋地韻編 112左
經義懸解 178左
甲子紀年表 463右
玩古 672右
品芳錄 788右
曠論 1014左
續廣博物志 1039左
酌雅堂駢體文集 1514右
徐眞木(清)
懷古堂詩集 1400左
徐賁(明)
北郭集 1326左
徐幼文集 1326左
徐來(清)
一曲灘詞 1621右
徐枋(清)
居易堂集 1388左
徐榜(明)
宦遊日記 472右

白水質問 736左
濟南紀政 1069右
40 徐森(清)
荷香水亭吟草 1513右
己壬叢稿 1513右
41 徐柯(清)
一老庵文鈔 1392右
一老庵遺稿 1392右
42 徐彬(清)
金匱要略論註 816右
44 徐藻(清)
鑒齋詩草 1424左
徐夢莘(宋)
三朝北盟會編 292右
徐兢(宋)
使高麗錄 626右
宣和奉使高麗圖經 626右
徐芳(清)
諾臯廣志 1092右
徐芳烈(清)
浙東紀略 321左
徐蘭(清)
塞上雜記 527左
蓀香詩草 1408左
臆吟集鈔 1408左
徐葆光(清)
中山傳信錄 630右
遊山南記 630右
徐蓮塘(清)
薛案辨疏 824左
徐懋賢(清)
忠貞軼記 317右
徐攀鳳(清)
選注規李 1531左
選學糾何 1532右
徐著謙(清)
子梅公遺詩 1511右
徐世倫(清)
算學各法引蒙(周毓英、李炳章同撰) 889右
徐世溥(清)
夏小正解 92左
江變紀略 322右
西山遊記 605左
榆溪詩鈔 1379左
榆溪集選 1379左
榆溪詩話 1581左
徐世昌(民國)
顏李師承記(輯) 414左
恕谷語要(輯) 740右
習齋語要(輯) 741右
徐世隆(元)
威卿集 1300右
徐楚畹(清)
四書人名廋辭 946右
徐樹丕(明)
識小錄 1001右
徐樹穀(清)
哀江南賦註(徐炯同輯) 1215左
李義山文集箋註(箋) 1234左
徐樹鈞(清)
圓明園詞序(王闓運合撰) 564右
徐楙(清)
徐問渠印譜(刻) 943左
絕妙好詞箋續鈔補錄(輯)* 1645右
45 徐楝(清)
牧令書輯要(輯) 474左
保甲書輯要(原輯) 482左
46 徐觀(元)
蓮塘二姬傳 1117右
徐觀文(清)
芸齋詩鈔 1424左
徐如珂(明)
攻渝紀事 313右
徐念陽公集 1361左
徐娛庭(清)
漢槎友扎(輯) 1560右
徐相雨(清)
渤海疆域考 358右
47 徐鋆(民國)
澹廬讀畫詩 917左
徐朝俊(清)
自鳴鐘表圖說 808左
中星表 874左
揆日正方圖表 874左
日晷圖法 874左
天地圖儀 874左
測夜時晷 874左
海域大觀 874左
高厚蒙求摘略 874右
天學入門 874右
高弧句股合表 884左
徐桐(清)
課子隨筆續編(輯) 760右
48 徐增(清)
武林靈隱寺誌(重編) 566右
賴古集(選) 1381左
四照堂集(選) 1399右
比部集(選) 1399右
窺園集(選) 1399右
僅齋集(選) 1399右
珠樹堂集(選) 1399右
澤月齋集(選) 1399右
而菴詩話 1582左
徐乾(晉)
春秋穀梁傳徐氏注 119左
徐乾學(清)
讀禮通考 99左
資治通鑑後編 284右
遊普陀峯記 603左
傳是樓宋元板書目 646右
傳是樓宋元本書目 646右
傳是樓書目 646右
教習堂條約 763右
憺園文錄 1395右
徐乾學(清)等
御選古文淵鑑(輯注) 1536右
徐幹(漢)
周易徐幹義 5左
中論 716右
中論纂 716右
中論佚文 717左
徐子 717左
徐偉長集 1200右
徐榦(清)
亨甫詩選(輯) 1461左
樵川二家詩(輯) 1746左
徐松(清)
徐星伯說文段注札記 186右
明氏實錄(校補) 362左
東朝崇養錄 458右
登科記考 464左
新斠注地里志集釋 506右
唐兩京城坊考 529右
新疆賦 531右
元河南志(輯) 544右
西域水道記 582右
西域水道記校補 582右

漢書西域傳補注 621左
星伯先生小集 1455右
50 徐中行(明)
徐龍灣集 1353右
續徐龍灣集 1353右
徐中道(清)
江草集 1424左
徐泰(明)
詩談 1578左
徐青(清)
景廉堂年譜 410右
徐肅穎(明)
丹桂記(删潤) 1696右
徐本立(清)
詞律拾遺(輯)* 1716左
徐忠(清)
周櫟園奇緣記 1119右
徐書受(清)
敎經堂談藪 1008左
敎經堂詩 1447右
徐春(清)
四書私談 154左
徐東(元)
編類運使復齋郭公敏行錄(輯) 407左
運使復齋郭公言行錄 407左
51 徐振(清)
四繪軒詩鈔 1409左
徐振常(清)
繭室遺詩 1512左
53 徐咸(宋)
相馬書 792左
徐咸(明)
西園雜記 350左
55 徐慧(元)
淨明忠孝全書(校正) 1183右
58 徐整(吳)
毛詩譜注 64右
毛詩譜暢 64右
三五歷記 380左
長曆 867右
60 徐口(周)
徐子 685右
徐口(宋)
易傳燈 14右
徐口(清)
聽雨軒筆記 1076左
徐晟(清)
續名賢小記 388右
存友札小引 1561左
徐昌(清)
鴣鷫詩鈔 1404左
徐圖(明)等
行人司重刻書目 654右
徐昆(清)
古詩十九首說(筆述) 1538左
徐昂(民國)
京氏易傳箋 29左
釋鄭氏爻辰補 29左
周易虞氏學 29左
周易對象通釋 29左
經傳詁易 29左
爻辰表 29左
易音 34左
詩經今古文篇旨異同60右
詩經形釋 63右
說文部首音釋 192左
說文音釋 192左
聲韻學撮要 213左
聲韻補遺 213左
詩經聲韻譜 213左
聲紐通轉 215左
等韻通轉圖證 215左
音說 215左
律呂納音指法 215左
普庵釋談章音釋 215左
釋小 221右
英文不規則動字分類表 227左
石鼓文音釋 668左
道德經儒詮 692左
課兒讀書錄 761右
演玄 894左
河洛數釋 894左
易林勘複 896左
六壬卦課 897右
遁甲釋要 905右
國學商榷記 978右
三教探原 978右
休復齋雜志 1016右
佛學筆記 1191左
楞嚴咒校勘記 1192左
讀新約全書 1192右
楚辭音 1197左
詩詞一得 1589右
文談 1589右
馬氏文通訂誤 1589右
徐昂發(清)
畏壘筆記 1024右
畏壘山人詩 1408左
畏壘山人文集 1408左
宮詞 1408左
徐昂發詩選 1408左
61 徐㕓(明)
殺狗記 1691右
徐喈鳳(清)
蔭綠詞 1620右
徐顯(元)
稗史集傳 424右
稗傳 424右
63 徐畹蘭(清)
紅樓葉戲譜 952右
鬘華室詩選 1513右
64 徐晞(清)
赤巖集 1419右
徐時琪(明)
綠綺新聲 937右
徐時榕(清)
季仙先生遺稿 1485左
徐時棟(清)
尙書逸湯誓考 49左
山中學詩記 59右
徐偃王志(輯) 355右
宋元四明六志校勘記 521左
四明它山水利備覽釋文* 584右
四明它山水利備覽校勘記* 584右
煙嶼樓文集、詩集 1477右
重刻遊杭合集(徐元第同撰) 1555左
67 徐明善(元)
天南行記 611左
安南行記 611左
芳谷集 1302左
徐昭慶(明)
考工記通 73左
檀弓通 88左
徐昭華(清)
徐都講詩 1403右
徐鄂(清)

梨花雪(一名白霓裳)　1690右
白頭新　1690右
67 徐照(宋)
芳蘭軒詩集、補　1284左
芳蘭軒集　1284左
芳蘭軒集補遺　1284左
徐照集補　1284左
芳蘭軒詩鈔　1284左
芳蘭軒集補鈔　1284左
徐郎(唐)
周易新義　11左
71 徐階(明)
學則辯　734左
徐相公集　1344左
72 徐岳(漢)
數術記遺　877右
徐岳(清)
見聞錄　1074左
74 徐陵(陳)
徐僕射集　1213左
徐孝穆集　1213右
徐孝穆全集　1213右
徐僕射集選　1213右
玉臺新詠(輯)　1533左
76 徐陽輝(明)
有情癡　1675右
脫囊穎　1675右
77 徐堅(清)
餘冬璅錄　435右
印戔說　940右
徐堅(唐)等
初學記　1041左
徐用誠(明)
玉機微義（一名醫學折衷)　819右
本草發揮　854左
徐同柏(清)
从古堂款識學　661左
清儀閣古印附注　664左
徐學謨(明)
春秋億　126左
歸有園麈談　972左
徐問(明)
讀書劄記　732右
徐尙書集　1339左
徐民瞻(宋)
晉二俊文集(輯)　1747左
徐與喬(清)
五經讀法　172左
78 徐鑾(明)
徐清正公年譜　406右
80 徐人傑(清)
疎影山莊吟稿　1494左
徐鏡(民國)
鈞天樂譜　1716右
療妬羹譜　1717左
魚兒佛譜　1717左
伏虎韜譜　1717左
情郵譜　1717左
才人福譜　1717左
徐鏞(清)
醫學舉要(輯)　823左
徐鉉(宋)等
說文解字(校定)　185右
圍棋義例　943左
稽神錄、拾遺　1090左
稽神錄校補　1090左
騎省集　1241左
徐公文集　1241右
騎省集鈔　1241右
騎省集補鈔　1241右
徐令信(唐)
玉壓譜　939右
徐無黨(宋)
五代史記(注)　273右
五代史(注)　273右
新五代史記(注)　273右
徐善遷(清)
楚畹詩餘　1628左
徐養正(明)
范運吉傳　443右
徐養原(清)
周官故書攷　75左
儀禮古今文異同　82右
儀禮今古文異同疏證　82右
儀禮古今文異同疏證　82右
律呂臆說　102右
管色攷　102右
荀勗笛律圖注　102右
論語魯讀攷　144右
頑石廬經說　174左
81 徐鍇(南唐)
說文解字繫傳　186左
說文解字部敍　189右
說文解字篆韻譜　191左
說文解字韻譜　191左
82 徐鍾恂(民國)
時得佳趣軒謎存　947左
84 徐釚(清)
遊鼓山記　602左
本事詩(輯)　1534左
徐電發楓江漁父小像題詠(輯)　1557右
菊莊詞　1620右
南州草堂詞話　1719左
詞苑叢談　1719左
徐祺(清)
琴況　936右
86 徐錫麟(清)
熙朝新語(錢泳同撰)　353左
徐錫可(清)
得酒趣齋詩鈔、硯銘　1455右
87 徐鈞(宋)
史詠集　381右
史詠詩集　381右
徐鈞(清)
小有齋自娛集　1503左
88 徐筠(清)
芋香山房詩鈔　1483右
90 徐懷祖(清)
臺灣隨筆　543左
徐堂(清)
五經贊(注)　172右
徐光溥(宋)
自號錄　398左
徐光啓(明)
農政全書　779左
占候　780左
泰西水法(筆錄)　807右
簡平儀說(劄記)　869左
學曆小辯　869右
幾何原本(筆錄)　879右
測量法義(筆錄)　880左
測量異同　880左
句股義　880右
靈言蠡測(筆錄)　1192右
徐光啓(明)龍華民(明西洋)等
新法算書　1738左
徐卷石(明)
頂門針　1190右
徐炫(唐)

五代新說 336左
玄怪記 1088右

91 徐炬(明)
酒譜 806右

94 徐慥(宋)
漫笑錄 1122右

徐𤊹(明)
重編紅雨樓題跋 651左
荔枝譜 787右
閩中海錯疏(補疏) 793左
紅雲社約 959右
筆精 1023左
徐氏筆精 1023左
鼇峯集選 1365左

96 徐惺(清)
橫江詞 1618左

97 徐灼(清)
漢安徵信錄 329左

徐炯(清)
五代史記補考 273右
哀江南賦註(徐樹穀同輯) 1215左
李義山文集箋註(注) 1234左

徐熥(明)
幔亭詩集 1365左

徐燦(清)
拙政園詩集 1390左
拙政園詩餘 1616右

99 徐榮(清)
懷古田舍詩鈔 1459右

2835₁ 鮮

10 鮮于樞(元)
紙箋譜 802左
相學齋雜鈔 991左
困學齋雜錄 991左
困學齋雜記 991左
困學齋詩集 1305右
困學齋集 1305右

2854₀ 牧

90 牧常晁(元)
玄宗直指萬法同歸 1183右

2891₆ 稅

77 稅與權(宋)
易學啓蒙小傳、古經傳 29右

2921₂ 倦

38 倦遊逸叟(清) 見吳燾

2998₀ 秋

07 秋郊子(明)
飛丸記 1700右

10 秋雪(民國)
小詩選(選) 1545右

60 秋星(清)
女俠翠雲孃傳 1120左

秋田散人(清)
醫學說約 824左

80 秋谷老人(清) 見趙執信

3

3010$_1$ 空

50 空青先生(口)
陽宅論 899右

3010$_6$ 宣

05 宣靖(宋)
妖化錄 1090右
21 宣穎(清)
南華經解 695右
南華經解選讀 695右
22 宣鼎(清)
夜雨秋燈錄 1093右 1094左
天長宣氏三十六聲粉鐸圖詠、鐸餘逸韻 1503右
返魂香傳奇 1709左
44 宣若海(朝鮮)
瀋陽日記 352右

3010$_7$ 宜

72 宜垕(清)
初使泰西記 619左

3011$_4$ 淮

40 淮南八公(漢)
八公相鶴經(一題口浮丘公撰) 795左

3011$_7$ 瀛

44 瀛若氏(清)
三風十愆記 536左
琴川三風十愆記 536左

3014$_7$ 淳

10 淳于髡(周)
波弄子 708左
淳于髡(周)等
王度記、三正記 93左

3020$_2$ 寥

60 寥園主人(清)
樂府雅聯 944右

3021$_4$ 寇

30 寇準(宋)
寇萊公集 1242右
寇忠愍公詩集 1242右
忠愍公詩集 1242右
寇宗(清)
菊逸山房天學 895左
菊逸山房山法備收(輯) 903左
寇宗奭(宋)
重修政和經史證類備用本草(衍義) 853右
本草衍義 853右
圖經衍義本草 853右
圖經集註衍義本草 853右
40 寇才質(金)
道德眞經四子古道集解(輯) 689右
太上道德眞經四子古道集解 689右

3021$_7$ 扈

44 扈蒙(宋)
宋東太一宮碑銘 567右

3022$_7$ 扁

47 扁鵲(周)
子午經 842左

房

00 房玄齡(唐)
管子(注) 700左、右
20 房千里(唐)
投荒雜錄 552左
骰子選格 951右
楊娼傳 1106左
26 房皞(元)
白雲子集 1300左
34 房祺(元)
河汾諸老詩集(輯) 1546左
60 房景先(後魏)
五經疑問 169右

甯

07 甯調元(民國)
讀漢書劄記 266左
南幽筆記 452左
莊子補釋 696右
南幽雜俎 1016左
朗吟詩草(一名南音) 1528左
明夷詩鈔 1528左
南幽百絕句 1528左
太一詩存 1528左
太乙文存 1528左
太乙箋啓 1528左
箋啓補遺 1528左
詩存補遺 1528左
太乙叢話 1565右
明夷詞鈔 1643右
10 甯一玉(明)
析骨分經 843左
41 甯楷(清)
重刊宜興縣志(纂) 519左
重刊荆溪縣志(纂) 519右
43 甯越(周)
甯子 685左
53 甯戚(周)
相牛經 792左
71 甯原(明)
食鑒本草 855右
80 甯全眞(宋)
上淸靈寶大法(授) 1152左
靈寶領教濟度金書(授) 1158右

3023$_2$ 永

00 永亨(宋)
搜採異聞錄 984右
13 永瑢(清)
惺齋詩課 1435左
16 永理(清)
詒晉齋隨筆 1008右
詒晉齋集、後集 1441右
26 永保(清)
烏魯木齊事宜(修) 517左
塔爾巴哈台事宜、伊犂事宜(纂修) 517右
塔爾巴哈臺事宜(纂修) 517右
30 永富鳳(日本)
吐方考 861右
60 永恩(清)
度藍關 1686右
雙兔記 1707右
三世記 1707右
四友記 1707右

五虎記 1707右

71 永頤（宋釋）

雲泉詩集 1295右

雲泉詩稿 1295右

家

03 家誠之（宋）

丹淵年譜 427左

石室先生年譜 427左

80 家鉉翁（宋）

則堂先生春秋集傳詳説、綱領 124右

春秋詳説 124右

則堂集 1295右

則堂詩餘 1610左

3024_7 寖

80 寖食閒人（民國） 見丁惟魯

3026_1 宿

77 宿鳳翀（清）

松石館詩集 1398左

西山草堂詞 1625左

3030_2 適

30 適之（宋釋）

金壺字考 224左

3030_3 寒

22 寒山（唐釋）

寒山子詩集 1218左

寒山詩集 1218左

寒山詩 1218左

3033_2 宓

10 宓不齊（周）

宓子 682右

3034_2 守

38 守遂（唐釋）

佛説四十二章經（注） 1187左

3040_1 宇

00 宇文紹奕（宋）

石林燕語考異* 491右

宇文士及（唐）

粧臺記 1121左

宇文懋昭（宋）

金志 281右

大金國志 281右

金國志 281右

宇文材（口）等

筆花軒 1127右

宇文公諒（元）

純節先生集 1316左

宰

17 宰予（周）

宰子書 682左

3040_4 安

00 安文溥

大元大一統志輯本（金毓黻合輯）* 513左

安文思（清西洋）利類思（清西洋）南懷仁（清西洋）等

西方要紀 635左

11 安璿（清）

安孟公手訂文稿 1406左

安璿珠（清）

周易翼釋義 26右

安璿珠（清）等

德輿子（注） 976左

18 安致遠（清）

鼙音 431左

登岐山記 591右

遊仰天記 591右

遊石門記 591右

遊五蓮記 591右

遊九仙記 591右

玉磑集 1401左

紀城文稾、詩稾 1401左

吳江旅嘯 1401左

21 安師斌

農言著實（注） 779右

22 安樂山樵（清） 見吳長元

24 安岐（清）

墨緣彙觀錄（錄） 911右

25 安積信（日本）

遊松連高雄二山記 634右

27 安磐（明）

頤山詩話 1578右

35 安清翹（清）

樂律心得 102右

一綫表用 873右

推步惟是 873右

矩綫原本 882右

學算存略 882右

40 安吉（清）

夏時考 92左

44 安世高（漢釋）

佛説十八泥犁經（譯） 1187左

佛説鬼問目蓮經（譯） 1187左

佛説八大人覺經（譯） 1187左

52 安拙廬主人（清）

詠梨集試帖（續） 1489左

55 安井元越（日本）

臉穴折衷 843左

77 安熙（元）

默菴集 1307右

安默庵先生文集 1307右

默庵樂府 1612左

80 安念祖（清）

衆香閣文稿、詩艸 1487右

88 安箕（清）

秉蘭錄 614左

綺樹閣詩稾、賦稾 1401右

3042_7 寓

22 寓山居士（明）

魚兒佛（重編） 1675右

3060_4 客

32 客溪樵隱（明） 見鄧凱

3060_6 宮

10 宮天挺（元）

死生交范張雞黍雜劇 1661右

死生交范張雞黍 1661右

范張雞黍 1661右

新刊死生交范張雞黍 1662左

新刊關目嚴子陵垂釣七里灘 1662左

宮大用雜劇 1750左

24 宮偉鏐（清）

微尚錄存 536右

庭聞州世説、續 1003右

先進風格 1003右

春雨草堂別集 1383右

37 宮鴻曆(清)
宮鴻曆詩選 1409左
40 宮南莊(口)
醒世要言 768左
44 宮夢仁(清)
讀書紀數略 1044左

3060_6 富

17 富弼(宋)
富鄭公詩集 1245左
23 富俊(清)
科布多政務總册 628右
40 富大用(元)
事文類聚新集、外集* 1042左

3062_1 寄

00 寄齋寄生(清)
燕臺花史(蜃橋逸客、兜率宮待者同撰) 948左
12 寄瓢子(清)
溫熱贅言 828左

3073_2 寰

30 寰宇顯聖公(明)
新編孔夫子周遊列國大成麒麟記 1701左

3077_2 密

42 密斯樗(英國)
探路日記 620左

3077_7 官

40 官志春(清)
綠雲山房遺草 1501左
41 官楨揚(清)
紫薇山館遺草 1501左
97 官煥揚(清)
桐桂軒課孫草 1501左

3080_1 蹇

30 蹇蹇(清)
今齊諧(輯) 1080右
60 蹇昌辰(宋)
黃帝陰符經解 1136左
77 蹇駒(宋)
采石瓜洲斃亮記 301左

3080_6 實

47 實懿(清釋)
雲居聖水寺志(重纂) 566右
77 實月(清釋)
武林理安寺志 566右

竇

26 竇泉(唐)
字格 918右
述書賦 918右
27 竇絅(清)
遊峨眉山記 607右
28 竇儀(宋)等
重詳定刑統 487左
30 竇容莊(清)等
崇祀鄉賢名宦錄(輯) 421左
39 竇遴奇(清)
竇松濤詩 1390右
40 竇垿(清)
晚聞齋稿待焚錄 500左
銖寸錄 747左
竇克勤(清)
尋樂堂日錄 421左
事親庸言 742右
理學正宗 742右
尋樂堂家規 755右
泌陽學條規 763右
尋樂堂學規 763右
告先師文 763右
尋樂堂劄記 975右
勸善歌 1034左
悲飢詩 1408右
嵩陽酬和集(輯) 1553右
44 竇蒙(唐)
述書賦(注) 918右
竇苹(宋)
酒譜 805右
竇材(宋)
扁鵲心書、神方(重集) 818左
63 竇默(元)
竇太師流注指要賦 842右
84 竇鎮(清)
國朝書畫家筆錄(輯) 435左

寶

04 寶誌(梁釋)
文字釋訓 223左
12 寶廷(清)
長白先生奏議 501左
庭聞憶略、竹坡先生遺文 749左
47 寶鋆(清)
佩蘅詩鈔 628右
97 寶輝(清)
醫醫小草、游藝誌略 865右

3090_1 宗

03 宗誼(明)
愚囊彙稿 1374左
10 宗元鼎(清)
宗定九詩 1401右
12 宗廷輔(清)
辨字通俗編(輯) 199右
寓崇雜記 525左
趨園觀梅記 594左
壬子秋試行記 618左
選例彙鈔(輯) 1532右
三橋春游曲唱和集(輯) 1555左
古今論詩集句(輯) 1586右
21 宗衍(元釋)
碧山堂集 1308右
22 宗山(清)
窺生鐵齋詞 1639右
26 宗稷辰(清)
躬恥齋格言(輯) 1036右
27 宗粲(清)
繭香館唫艸 1503左
32 宗測(南齊)
衡山記 575左
34 宗泐(明釋)
全室外集、續集 1323右
釋全室集 1323右
36 宗澤(宋)
宗忠簡集 1259左
宋宗忠簡公集 1259左
宗忠簡公集 1259左
宋宗忠簡公文集、遺事 1259左
忠簡公集 1259左
43 宗婉(清)
夢湘樓詩藁 1497左

瀟湘賡詞 1638左
60 宗星藩(清)
蠶桑說略 785右
61 宗顯(明釋)
龍柎齋稿 1365右
71 宗臣(明)
西征記 311左
宗子相集 1352右
90 宗懍(梁)
荆楚歲時記 546左
宗常(清釋)
切韻正音經緯圖 214左

察

37 察罕(元)
帝王紀年纂要 362左
重訂帝王紀年纂要 362左

3090_4 宋

00 宋彥(明)
山行雜記 588右
宋齊邱(南唐)
玉管照神局 904右
宋育仁(民國)
詩經說例 60左
禮記曲禮上下內則說例 87右
學記補注 89右
夏小正說例 93左
大學修身章說例 134左
論語學而里仁說例 144左
孟子說例 149左
孝經正義 160右
許氏說文解字說例 189左
急就篇(句讀) 201右
泰西各國采風記 626右
管子弟子職說例 701右
國語敬姜論勞逸說例 758右
三唐詩品 1540右
宋高宗
高宗皇帝御製翰墨志 919右
翰墨志 919右
宋應星(明)
天工開物 806右
宋慶之(宋)
飲冰詩集 1295左
宋庠(宋)
國語補音 295左
楊文公談苑(重訂) 980左
宋元憲集 1244左
元憲集 1244左
元憲詩稿 1244右
宋衷(漢)
周易注 5右
周易宋氏注 5右
易注 5右
世本(注) 276左
太玄宋氏注 891右
04 宋訥(明)
西隱集 1323左
07 宋詡(明)
竹嶼山房雜部（宋公望同撰） 1039右
10 宋玉(周)
巫山神女夢 1197左
鹿谿子 1197左
宋玉卿(民國)
戊壬錄 330左
宋五仁(清)
春蘿書屋詩存 1435左
宋无(元)
啽囈集 1064右 1306左
翠寒集 1306左
鯨背吟(一題朱晞顏撰) 1309右
宋雷(明)
西吳里語 540右
宋雲公(金)
傷寒類證 813右
11 宋珏(明)
荔枝譜 787右
12 宋登春(明)
宋布衣集 1363左
淸平閣倡和詩(輯) 1553左
13 宋琬(清)
安雅堂詩 1382右
安雅堂文集、重刻文集 1382右
入蜀集 1382右
安雅堂未刻稿 1382右
宋先生詩 1382右
荔裳詩鈔 1382右 1383左
宋荔裳詩 1382右
安雅堂詩選 1382右
荔裳詩選 1383左
安雅堂書啓 1383左
二鄉亭詞 1615右
祭皐陶 1685右
14 宋瑾(清)
根心堂學規 763右
人譜補圖 766右
古觀人法 905左
17 宋子安(宋)
東溪試茶錄 783左
試茶錄 783左
宋翼(民國)
黑熱病證治指南 829左
18 宋政和中敕編
聖濟總錄纂要 857左
19 宋褧(元)
燕石集 1313左
燕石近體樂府 1613左
20 宋維藩(清)
滇游詞 1623右
21 宋衡(清)
莫非師也齋文錄 1515右
宋經畬(清)
甎文考略、餘 673左
22 宋鸞(□)
道德經篇章玄頌 1182左
宋繼種(清)
增補四書經史摘證(輯) 153左
宋纁(明)
四禮初稿 99左
古今藥石 1035右
莊敏公遺集 1352右
宋綬(宋)
宋西太乙宮碑銘 567右
24 宋緒(明)
元詩體要(輯) 1543左
26 宋白(宋)
宮詞 1241右
宋文安公宮詞 1241右
宋自遜(宋)
漁樵笛譜 1610右
宋伯仁(宋)
酒小史 806左
梅花喜神譜 935左
西塍集 1294左
雪巖吟草甲卷忘機集 1294左
雪巖吟草 1294左

西陲稿、續稿 1294右
海陵稿 1294右
雪巖吟草補遺 1294右
雪巖集鈔 1294右

26 宋伯魯(清)
新疆建置志 531右

宋保(清)
諧聲補逸 191右

宋和(清)
西干記 537左

宋綿初(清)
韓詩內傳徵、敍錄、疑義 66左
釋服 98左
瓞園經說 173左

27 宋躬(口)
孝子傳 443左

宋紹濂(清)
子熙賸草 1501左

宋紹興中敕撰
祕書省續編到四庫闕書目 645左

28 宋徽宗
宋徽宗御解道德眞經 688右
冲虛至德眞經義解 698左
大觀茶論 783右
宋徽宗聖濟經 818左
宣和論畫雜評 927右
西昇經(注) 1146左
宋徽宗宮詞 1258右
宮詞 1258右
宣和御製宮詞 1258右
宋徽宗詞 1595左

宋徵輿(清)
瑣聞錄、別錄 352左
東村記事 352左

宋儀望(明)
宋望之集 1353左

30 宋汴(宋)
采異記(一題陳達叟撰) 1090右

宋濂(明)
平漢錄(一題童承敍撰) 305右
洪武聖政記 306右
渤泥入貢記 306右
浦陽人物記 390左
潛溪邃言 968右
蘿山雜言 968右
燕書 968右
龍門子凝道記 968右
宋學士全集 1322右
文憲集 1322右
宋學士文集 1322右
宋文憲公全集 1322右
宋景濂未刻集 1322右
宋學士集 1322右
宋文憲先生集選 1322右
宋景濂先生文選 1322右
文原 1577右

宋濂(明)王禕(明)等
元史 275左
元史地理志 513左

宋永岳(清)
志異續編 1074右

宋之問(唐)
宋之問集 1216右

宋賓穎(清)
黜朱梁紀年論 373右

宋宗眞(明)等
大明玄教立成齋醮儀範(編) 1158右

31 宋沾(明)
福山公遺集 1360左

宋顧樂(清)
夢曉樓隨筆 1584右

32 宋淵(口)
麓山記 575右

宋兆淇(清)
南病別鑑(輯) 827右
南病別鑑續集* 827右

宋沂(元)
春詠亭集 1312右

33 宋演(清)
信古齋句股一貫述、雜述 888右

34 宋禧(元)
庸菴集 1312右

36 宋湘(清)
宋芷灣先生詩 1437右

宋澤元(清)
鳥臺詩案雜記(輯)* 427右
懺花盦詩鈔 1510左
四家詠史樂府(輯) 1733右

37 宋祖駿(清)
周易卦變圖說 31右
補五代史藝文志 643右
樸學廬文初鈔、詩鈔 1498右
樸學廬文鈔 1498右
樸學廬外集鈔 1498右

宋祁(宋)
益部方物略記 556右
宋景文雜說 967左
宋景文公筆記 980左
筆記 980左、右
宋景文筆記 980左
宋景文集 1244右
景文集 1244右
宋景文公集 1244右
景文詩集 1244右
西州猥稿 1244右
宋景文公長短句 1593左

宋祁(宋)歐陽修(宋)等
唐書 272右
唐書地理志 510右
唐書藝文志 643左

38 宋滋蘭(清)
省疚齋吟稿 1510右

宋滋蓍(清)
恐齋詩鈔 1510右

40 宋大業(清)
北征日記 326左

宋大樽(清)
爾雅新義(校) 164左
爾雅新義敍錄(輯)* 164左
茗香詩論 1586左
詩論 1586左

宋在詩(清)
讀詩遵朱近思錄 57左
說左 107右
論語贅言 141右
說孟 147右
憶往編 421右
見聞瑣錄 1006左
懷古堂偶存文稿、詩稿 1415右

宋志沂(清)
梅笛菴詞賸稿 1637右

宋眞宗
宋眞宗御製玉京集 1182右
佛說四十二章經注 1188左

44 宋葆淳(清)
漢汜勝之遺書(輯) 777右
汜勝之遺書(輯) 777右

宋懋澄（明）
竹嶼山房雜部（輯）1039右
宋若昭（唐）
女論語 757左
宋尙宮女論語 757左
牛應貞傳 1102左
宋世良（後魏）
字略 194左
宋世犖（清）
周禮故書疏證 75左
儀禮古今文疏證 82右
遊唐王山記 603左
确山駢體文 1449右
文則校語* 1573左
宋其沅（清）
求己筆記 746左
梅花書屋文、詩 1452右
宋權（清）
文康公遺集 1390左
46 宋翀（清）
六齋卑議 977左
47 宋均（魏）
河圖說命徵宋注 231左
尙書帝命驗宋注 241左
詩緯（注） 245左
詩緯含神霧（注） 245右
詩含神霧（注） 245右
詩緯推度災（注） 246左
詩推度災（注） 246左
詩緯氾歷樞（注） 246右
禮緯含文嘉（注） 247左
禮含文嘉（注） 247左
禮緯稽命徵（注） 247右
禮稽命徵（注） 247右
禮緯斗威儀（注） 248左
樂緯動聲儀（注） 248右
樂動聲儀（注） 248右
樂緯稽耀嘉（注） 249左
樂緯叶圖徵（注） 249左
樂協圖徵（注） 249左
春秋緯（注） 249右
春秋緯演孔圖（注） 250左
春秋演孔圖（注） 250左
春秋緯元命苞（注） 250左
春秋元命苞（注） 250右
春秋緯文耀鉤（注） 250右
春秋文耀鉤（注） 250右
春秋緯運斗樞（注） 251左
春秋運斗樞（注） 251左
春秋緯感精符（注） 251右
春秋感精符（注） 251右
春秋緯合誠圖（注） 252左
春秋合誠圖（注） 252左
春秋緯合誠圖（一名合讖圖・注） 252左
春秋緯考異郵（注） 252左
春秋攷異郵（注） 252左
春秋緯保乾圖（注） 252右
春秋保乾圖（注） 252右
春秋緯漢含孳（注） 253左
春秋緯佐助期（注） 253左
春秋佐助期（注） 253左
春秋緯握誠圖（注） 253右
春秋握誠圖（注） 253右
春秋緯潛潭巴（注） 253右
254左
春秋潛潭巴（注） 254左
春秋緯說題辭（注） 254左
春秋說題辭（注） 254左
春秋命歷序（注） 254右
春秋命厤序（注） 254右
春秋內事（注） 254右
255左
論語讖（注） 255右
1731右
論語比考讖（注） 255右
256左
論語撰考讖（注） 256左
論語摘輔象（注） 256左
論語摘衰聖承進讖（注）
256右
論語摘衰聖（注） 256右
論語素王受命讖（注）
256右
論語崇爵讖（注） 257左
論語糾滑讖（注） 257左
論語陰嬉讖（注） 257右
孝經緯援神契（注） 258左
孝經援神契（注） 258左
孝經中契（注） 258左
孝經左契（注） 258右
孝經右契（注） 258右
孝經契（注） 259左
孝經緯鉤命訣（注） 259左
孝經鉤命決（注） 259左
孝經內事（注） 259右
孝經內事圖（注） 259右
孝經內記圖（注） 259右
孝經威嬉拒（注） 260左
孝經古祕（注） 260左
孝經雌雄圖（注） 260左
孝經章句（注） 260左
世本（注） 276左
孝經緯（注） 1731右
宋起鳳（清）
家塾座右銘 763右
50 宋本（元）
至治集 1313右
宋惠人（清）
勸諭十二條 1034右
宋書升（民國）
旭齋文鈔 1518左
51 宋振譽（清）
金薤琳琅補遺（輯）*666右
53 宋成櫏（清）
宋湘甌先生行述（述）*
431右
宋咸（宋）
小爾雅（注） 217左
孔叢子（注） 711右
法言（注） 714右
纂圖互注揚子法言（李軌、柳宗元、吳祕、司馬光合注） 714右
新纂門目五臣音注揚子法言（李軌、柳宗元、吳祕、司馬光合注） 715左
宋咸熙（清）
古易音訓（輯） 33右
周易音訓（輯） 33右
惜陰日記 175左
55 宋曹（清）
書法約言 921右
60 宋口（宋）
分門古今類事 1059右
新編分門古今類事 1059右
宋口（清）
蟲鳴漫錄 1080右
宋昌悅（清）
暢谷文存 1439右
宋景昌（清）
詳解九章算法札記*877右
數書九章札記* 878右
楊輝算法札記 879左
開方之分還原術（補草）
885左
宋景關（清）
乍浦志、續纂 520右
九峯文鈔 1430右
桑阿吟屋稿 1430右

話桑賦稿 1430右
賦棄合編(輯) 1746左
67 宋鳴珂(清)
南川草堂詩鈔 1448右
宋鳴璜(清)
味經齋存稿 1441左
宋鳴瓊(清)
味雪樓詩草、别稿 1449左
味雪樓詩稿 1449左
71 宋長白(清)
柳亭詩話 1585右
72 宋剛中(宋)
衡陽志 548右
75 宋陳壽(清)
同治束鹿縣志(修) 515右
77 宋鳳翔(明)
秋涇筆乘 1000右
宋居白(唐)
幸蜀記 360右
宋熙寧中定
熙寧新定時服式 798左
78 宋鑒(清)
尙書攷辨 41右
80 宋慈(宋)
宋提刑洗冤集錄 488左
宋公望(明)
竹嶼山房雜部(宋詡同撰) 1039右
81 宋鈃(周)
宋子 711左
87 宋翔(清)
宋子飛詩 1390右
宋翔鳳(清)
周易攷異 34左
尙書略說 43左
尙書譜 49左
漢甘露石渠禮議(輯) 93右
大學古義說 133右
論語鄭氏注(輯) 137左
論語說義 142右
論語師法表 144右
孟子劉注(輯) 146左
孟子趙注補正 148左
四書釋地辨證 155左
五經通義(輯) 166左
五經要義(輯) 166右
過庭錄 175左
1028左
小爾雅訓纂 217左
帝王世紀(集校) 275右
論語孔子弟子目錄(輯) 415右
管子識誤 700右
憶山堂詩錄 1455右
樸學齋文錄 1455右
洞簫樓詩紀 1455右
答雷竹卿書 1455右
香草詞 1629左
洞簫詞 1629左
碧雲盦詞 1629左
樂府餘論 1720左
浮谿精舍詞三種 1748左
88 宋敏求(宋)
春明退朝錄 491左
唐大詔令集(輯) 493右
長安志 529右
94 宋愼機(清)
卬浦賦稿 1430右
96 宋惕(明)
髻山文鈔 1370右
99 宋犖(清)
文康公年譜 409右
西陂類稿 499右
遊姑蘇臺記 593右
漫堂墨品 801右
漫堂書畫跋 915左
論畫絕句(原唱) 931左
怪石贊 956右
筠廊偶筆 1073左
筠廊二筆 1073右
四憶堂詩集、遺稿(賈開宗、練貞吉、徐作肅同選注) 1385左
宋氏綿津詩鈔 1396右
西陂類稾 1396右
黃海山花圖詠 1396右
西陂類稾文錄 1396右
漫堂說詩 1583左
楓香詞 1619左

3092_7 竊

27 竊名(清)
燈謎源流攷 947左

3111_0 江

00 江立(清)
夜船吹篴詞 1624左
江應宿(明)
名醫類案(增補) 861右
江文波(清)
蒲犂廳鄉土志 518左
03 江誠(清)
病機約論(程曦、雷大震同撰) 823右
脈訣入門(程曦、雷大震同撰) 848右
藥賦新編(程曦、雷大震同撰) 855左
方歌別類(程曦、雷大震同撰) 860右
醫家四要(程曦、雷大震同撰) 1737右
江詒(口)
瑤臺片玉乙種(一名花底拾遺集) 1713左
10 江元祚(明)
孝經集文(輯) 158右
孝經彙註(刪輯) 158右
今文孝經直解(訂) 159左
孝經考 161左
傳經始末 161左
全經綱目 161左
宗傳圖考 754左
全孝圖說 754左
孝字釋 754左
全孝心法 754左
誦經威儀 754左
曾子孝實附錄(刪注) 754左
孝經彙目 754左
江爾維(清)
七峯詩稿 1452左
江爾松(明)
論定錄(輯) 408左
江天一(明)
江止庵遺集 1374右
12 江登雲(清)
東南三國記 628左
14 江瓘(明)
名醫類案 861右
江瑛(清)
綠月廈詞 1638左
15 江珠(清)
青藜閣集詩 1446右
青藜閣詩集 1446右

青藜閣集詞 1623右
青藜閣詞 1626右
17 江盈科(明)
雪濤談叢 1070左
雪濤小說 1070左
1124左
談言 1124左
雪濤諧史 1124左
雪濤詩評 1564右
閨秀詩評 1579右
江承之(清)
安甫遺學 175右
江翚(□)
玉簫傳 1119左
江乙(周)
囂囂子 708左
21 江順貽(清)
三家詞品(郭麐、楊夔生同撰) 1719右
詞學集成(輯) 1720右
江上蹇叟(清) 見夏燮
江仁徵(清)
味吾廬詩存、文存 1512右
江衡(清)
句股演代 888右
學計韻言 888右
垛積解義 888右
對數淺釋 888右
縱方備證 888右
算式集要(筆述) 890右
24 江休復(宋)
隣幾雜誌 1055左
江隣幾雜志 1055左
嘉祐雜志 1055左
醴泉筆錄 1055左
雜志 1055左
26 江皐(明)
證佛名譚 1190右
江皐(清)
染香詞 1619右
江總(陳)
江令君集 1213右
江令君集選 1213右
28 江微(晉)
陳留風俗傳(一題□圈稱撰) 544右
30 江注(明)
江注詩集 1366左
江永(清)
周禮疑義舉要 71左
儀禮釋例 81右
儀禮釋宮增註 81右
禮記訓義擇言 86左
深衣考誤 89右
禮書綱目 99左
律呂闡微 101右
律呂新論 101右
律呂新義 101右
春秋地理考實 111右
羣經補義 171右
鄉黨圖考 171右
古韻標準、詩韻舉例 210左
音學辨微 214左
四聲切韻表、凡例 214左
孔子年譜輯注 414右
近思錄集註 728左
朱子原訂近思錄(集注) 728左
推步法解 872右
算學、續 881右
數學、續 881右
翼梅 881右
江家球
遜遯吟 1530左
江家瑂
偪側吟 1530左
江進之(明)
雪濤小書(輯) 1002左
江之蘭(清)
醫津一筏(一名內經釋要) 809右
香雪齋樂事 959左
文房約 960左
江之春(明)
安龍紀事 323左
31 江沅(清)
說文釋例 187右
說文解字音均表 191右
江濬源(清)
于役滇南記 328左
臨安府志序言 522右
北上偶錄 1007左
居暇邇言 1007左
介亭筆記 1007左
介亭文集 1432左
介亭詩鈔 1432左
介亭外集 1432左
獨秀山房四書文、續編 1432左
33 江邃(劉宋)
文釋 965左
34 江淹(梁)
銅劍讚 799右
江文通集 1210左
江文通文集 1210左
梁江文通文集 1210左
江醴陵集 1210左
江醴陵集選 1210右
江浩然(清)
叢殘小語 1025左
北田文略 1414右
北田詩臆 1414右
江湖客詞 1622右
36 江湜(清)
伏敔堂詩集 1502左
37 江洵(宋)
燈下閒談 339左
江湖散人(明)
占驗書(輯) 898右
江涵暾(清)
筆花醫鏡 823左
江遹(宋)
沖虛至德眞經解 698右
38 江瀚(民國)
詩經四家異文攷補 67右
孔學發微 978左
石翁山房札記 1030右
慎所立齋詩集 1520右
慎所立齋文集 1520右
江瀓(宋)
道德眞經疏義 689右
40 江大鯤(明)等
福建運司志(修) 476右
江士式(清)
夢花窗詞 1622左
江有誥(清)
羣經韻讀 181左
唐韻四聲正 206左
江氏音學敘錄 211右
古韻總論 211右
詩經韻讀 211右
先秦韻讀 211右
楚辭韻讀、宋賦韻讀 211右
廿一部諧聲表 211右
入聲表 212左
等韻叢說 214右

江氏音學十書 1729右

40 江有㷇(清)
- 海嶽堂詩稿 1501右

41 江標(清)
- 黃蕘圃先生年譜 422右
- 欽定四庫全書總目提要四部類敍(輯) 639右
- 張憶娘簪華圖卷題詠(輯) 1559右
- 沅湘通藝錄、四書文(輯) 1563左
- 紅蕉詞 1640右

43 江式(後魏)
- 古今文字表 196右

44 江藩(清)
- 周易述補 21右
- 樂縣考 102右
- 爾雅小箋 164右
- 隸經文、續 174左
- 舟車聞見錄、雜錄續集、續錄三集 353左
- 國朝漢學師承記 413右
- 漢學師承記 413右
- 國朝經師經義目錄 413右
- 經師經義目錄 413右
- 國朝宋學淵源記、附記 413右
- 宋學淵源記、附記 413右
- 續南方草木狀 551右
- 河賦注 579左
- 廣南禽蟲述、獸述 794右
- 端研記 804左
- 半氊齋題跋 1027左
- 炳燭室雜文 1445右
- 扁舟載酒詞 1626右
- 炳燭齋雜著 1741左

江考卿(清)
- 傷科方書 833右
- 江氏傷科學 833右

江萬川(清)
- 菊逸山房天學(一題寇宗撰) 895左

江萬里(宋)
- 宣政雜錄 1063左

47 江聲(清)
- 尙書集注音疏 42左
- 尙書逸文(輯) 49左
- 論語竢質 141右 142左
- 尙書經師系表 181右
- 惠氏讀說文記(參補) 186左
- 六書說 190左
- 恆星說 873左

50 江春(清)
- 隨月讀書樓集 1425左

江東之(明)
- 撫黔紀略 472右
- 臺中疏草 498左
- 廷中疏草 498左
- 黔中疏草 498左
- 鎮沅紀略 501右
- 家居小適 568右
- 山居小適 573左

51 江振先(清)
- 文峯遺稿 1452左

江振鷺(清)
- 玉華詩鈔 1470左

60 江昉(清)
- 晴綺軒集 1427左
- 練溪漁唱 1623右
- 集山中白雲詞 1623右
- 集山中白雲詞句 1623右

江日昇(清)
- 臺灣外記 323右

江昱(清)
- 蒲褐山房集(輯) 1426右
- 研山堂集(輯) 1434左
- 蘋洲漁笛譜(考證) 1609左
- 蘋洲漁笛譜集外詞(輯)* 1609左
- 山中白雲(疏證) 1609右
- 梅鶴詞 1623左

67 江暉(明)
- 亶爰子詩集 1342左

77 江闓(清)
- 江辰六文集 1399右
- 春蕪詞 1619右

江熙(晉)
- 春秋公羊穀梁二傳評 121右
- 論語江氏集解 139左

江熙(清)
- 掃軌閒談 1075左

78 江臨泰(清)
- 量倉通法(補圖) 883左
- 方田通法補例(補圖) 883左
- 倉田通法續編(補圖) 883左
- 弧角設如(補對數) 883右
- 弧三角舉隅(補圖) 883右
- 倉田通法(補圖) 1738右

80 江尊(清)
- 江西谷印譜(刻) 943左

江含春(清)
- 訓詁珠塵 224右
- 龍山紀載 353左
- 步天歌圖註 876左
- 金丹悟 1174右
- 金丹疑 1174右
- 試金石二十四詠 1175右
- 解眞篇 1185左
- 楞園詩草 1475右
- 楞園賦說 1591左

82 江鍾秀
- 御書徵言(輯) 392右
- 孔孟圖歌 414右
- 興學創聞 444右
- 庶人禮略類編 462右
- 尊孔大義 723左
- 孔孟重行周流議 723右
- 尊宗贅議 768左

86 江錫齡(清)
- 青城山行記 607右

90 江少虞(宋)
- 事實類苑(輯) 1042左
- 皇朝類苑 1042左
- 新雕皇朝類苑 1042左

江尙質(清)
- 澄暉堂詞 1622左
- 古今詞話(增輯) 1719右

98 江敞(晉)
- 陳留志(一題口圈稱撰) 544右

3111_1 沅

33 沅浦癡漁(清) 見余嵩慶

3111_4 汪

00 汪立名(清)
- 白香山年譜、年譜舊本 426右
- 天下名山記(校訂) 587右
- 天下名山遊記(校訂) 587右

汪膺(明)

寸碧堂詩集、外集 1369右
汪應婁(明)
棲約齋集選 1357右
汪應辰(宋)
石林燕語辨 491右
文定集 1267左
汪應銓(清)
容安齋詩集 1416左
汪度(清)
藁城縣光緒志(修) 515右
玉山堂詞 1627右
汪廣洋(明)
鳳池吟藁 1323左
汪右丞集 1323左
汪文綺(清)
雜症會心錄 825右
汪文臺(清)
十三經注疏校勘記識語 181左
後漢書(輯・謝承撰) 277右
後漢書(輯・薛瑩撰) 278左
續漢書(輯) 278左
後漢書(輯・華嶠撰) 278左
後漢書(輯・謝沈撰) 278左
後漢書(輯・袁山松撰) 278左
失氏名後漢書(輯) 278右
漢記(輯) 286右
汪文柏(清)
唱和詩(輯) 1553左
西河慰悼詩(輯) 1553左
湯餅辭(輯) 1553左
花嶼嚶鳴(輯) 1553左
同心言初集、二集(輯) 1553左
題照集(輯) 1557右
寵硯錄(輯) 1557右
汪文泰(清)
紅毛番暎咭唎考略(輯) 636右
01 汪龍(清)
毛詩異義 58左
02 汪端(清)
自然好學齋詩鈔 1453右
自然好學齋詩集 1453右
04 汪詩儂(民國)
清華集(輯) 1544右
10 汪元爵(清)
涇西書屋詩稿、文稿 1453右
汪元量(宋)
湖山類稿 1296左
水雲集 1296左
水雲詩鈔 1296左
水雲詩集 1296左
水雲集補鈔 1296左
宋舊宮人詩詞(輯) 1551右
水雲詞 1610左
汪可孫(元)
雲宮法語(纂) 1170右
汪雲(清)
枕上吟 1469右
汪雲程(口)
蹴踘圖譜 949左
11 汪砢玉(明)
西子湖拾翠餘談 598左
珊瑚網 914右
汪氏珊瑚網畫繼、畫據、畫法 930左
12 汪廷訥(明)
坐隱先生訂碁譜、題贈 943右
坐隱園戲墨 953左
坐隱先生集 1356左
廣陵月 1674左
獅吼記 1695右
投桃記 1695右
三祝記 1695右
種玉記 1695右
玉茗堂批評種玉記 1695右
彩舟記 1695右
義烈記 1695右
重訂天書記 1695右
汪廷珍(清)
作賦例言 1590左
汪廷楷(清)
西陲總統事略(原輯) 531左
13 汪琬(清)
詩問 56左
喪服或問 81左
東都事略跋 281左
擬明史列傳 282左
蘇州汪氏族譜 392右
先府君事略 430右
迎駕始末 452右
古今五服考異 461左
遊姑蘇臺記 593右
遊馬駕山記 593右
說鈴 1073左
汪氏說鈴 1073左
歸詩考異 1345右
鈍翁詩稾、文稾 1389右
堯峯文鈔 1389右 1390左
汪鈍翁文鈔 1390左
鈍翁類稾 1743右
鈍翁續稾 1743右
鈍翁外稾 1743右
鈍翁別稾 1743右
14 汪瑻(清)
幻影集(輯) 596右
珠璧集(輯) 596右
默音集 1424右
16 汪琭(清)
無聞子 976右
旅譚 1012右
松壓小錄 1012右
隨山館叢稾 1497右
隨山館猥稾、續稾 1497右
芙生詩鈔 1497右
隨山館尺牘 1497右
隨山館詞稾、續稾 1637右
隨山館詞 1637右
17 汪孟鋗(清)
宋僧元淨外傳 445右
龍井見聞錄 539左
汪瑚(清)
汪海樹詞 1627左
汪琡(清)
古香樓詩鈔 1491右
汪璐(清)
藏書題識(輯) 651右
汪承慶(清)
墨壽閣詞鈔 1636右
汪子祜(明)
石西集 1356左
18 汪珍(元)
南山先生集 1309左
20 汪維堂(清)
摹印祕論(輯) 940右
21 汪師亮(清)

澹園集 1441左
21 汪師韓(清)
觀象居易傳箋 20左
孝經約義 159左
金絲錄 785左
葉戲原起 952右
談書錄 1006左
韓門綴學、續編 1025右
孫文志疑 1235左
蘇詩選評箋釋 1253左
上湖紀歲詩編、續編 1419左
上湖分類文編 1419左
上湖文編補鈔 1419左
文選理學權輿 1532左
詩學纂聞 1584右
春星堂詩集(輯) 1746右
汪縉(清)
遊江上諸山記 595右
讀佛祖四十偈私記 1190右
汪子文錄、二錄、錄後、三錄、詩錄 1427左
汪大紳文鈔 1427左
22 汪繼壕(清)
宣和北苑貢茶錄(校) 783右
汪繼培(清)
元史本證(補) 275左
三史同名錄(補) 397左
尹文子(校) 704左
尸子、存疑(輯) 707右
潛夫論(箋) 716左
尸子尹文子合刻(輯) 1735右
23 汪俊(明)
汪石潭集 1342右
汪紱(清)
周易詮義 21右
易經如話 21右
書經詮義 41右
詩經詮義 57左
禮記章句 86左
禮記或問 86左
參讀禮志疑 95左
樂經或問 100左
樂經律呂通解 101右
春秋集傳 128左
四書詮義 153左
孝經章句、或問 159右
詩韻析 210右
六禮或問 461右
大風集 461右
山海經存(釋) 710左
策略 722左
讀近思錄 728左
讀讀書錄 731右
讀困知記 732左
理學逢源 743左
讀問學錄 743右
戊笈談兵 775左
物詮 806右
醫林纂要探源 821右
立雪齋琴譜 937右
儒先晤語 1025左
讀陰符經 1137左
讀參同契 1180右
雙池文集 1415左
浙刻雙池遺書十二種 1740右
24 汪德容(清)
重閬齋集 1413左
重閬齋文集 1413右
汪德鉞(清)
周易偶記、周易雜卦反對互圖、讀易義例 23右
尙書偶記 42右
毛詩偶記 57右
周官偶記 71右
禮經偶記 77右
讀禮偶記 86右
春秋偶記 128右
論語大學偶記 153右
汪科爵(清)
遠春樓讀經筆存 175右
遠春樓四史筆存 372左
汪科顯(清)
樸樹廬剩稿 1474右
汪緒宜(清)
磵村集 1493左
26 汪伯薦(清)
崇禮堂詩 1376右
汪皐鶴(清)
太白山行紀 590右
汪繹(清)
秋影樓詩集 1412左
汪稷(明)
蟻術詩選(輯) 1321左
27 汪黎慶(民國)
開元文字音義(輯) 196左
字樣(輯) 197右
韻銓(輯) 206左
韻英(輯) 206右
小學叢殘四種(輯) 1729左
汪紹焻(清)
紀墨小言、補編 801右
28 汪以誠(清)
再續華州志(修) 516右
汪价(清)
三儂贅人廣自序 1072左
30 汪淮(清)
黝山紀遊 596右
黟山紀游 597左
汪之元(清)
天下有山堂畫藝 931右
汪之順(清)
梅湖詩鈔 1377右
汪之昌(清)
趨庭聞見述 393左
資政公遺訓 756右
家塾瑣語 761右
學古堂日記叢鈔(雷浚同輯) 1029左
刻和字石印記 1500左
述祖詩 1500左
汪憲(清)
說文繫傳考異 186左
烈女傳 438左
汪宏(清)
望診遵經 851左
汪定基(民國)
兆芝賸玉 1525右
汪定執(民國)
汪祠譜序(輯) 393左
攀鱗附翼 1526左
吉光片羽(輯) 1545右
贈言萃珍(輯) 1557左
雁帛魚牋(輯) 1561左
汪宗沂(清)
逸禮大義論 95右
太公兵法逸文(輯) 769左
武侯八陣兵法輯略、用陣雜錄 772右
衞公兵法輯本、舊唐書李靖傳攷證(輯) 772右
雲氣占候 895左
汪氏兵學(撰併輯) 1737右

31 汪灝(清)
隨鑾紀恩 452右
汪灝(清)等
御定廣羣芳譜 779左
32 汪兆麒(清)
集西廂酒籌 950右
汪兆鏞(民國)
誦芬錄 393左
樱窗雜記 1015左
微尙齋詩 1523左
雨屋深鐙詞 1642右
汪近聖(清)
鑑古齋墨藪 801右
33 汪必昌(清)
醫階辨證 866左
34 汪汝謙(清)
汴都賦附錄(陳繼儒合輯)* 544左
西湖韻事 598左
畫舫記 960左
畫舫約 960左
不繫園集 1375左
隨喜庵集 1375右
隨喜盦集 1375右
綺詠 1375右
綺詠續集 1375右
夢草 1375右
聽雪軒集 1375右
遊草 1375右
閩遊詩紀 1375右
松溪集 1375右
夢香樓集 1375右
汪汝式(清)
信芳閣詩存 1457左
汪汝懋(明)
山居四要 1039右
汪洪度(清)
黃山領要錄 573右
汪遠孫(清)
經典釋文補條例 179右
國語攷異* 294左
國語明道本考異 295左
國語三君注輯存 295左
國語發正 295左
遼史紀年表 369左
西遼紀年表 369右
漢書地理志校本 506右
借閒隨筆 1009右
借閒生詩 1453右
借閒生詞 1631左
國語校注本三種 1732左
36 汪澤民(元)
宛陵遺稾 1309左
宛陵羣英集(張師愚同輯) 1546右
汪禔(明)
投壺儀節(輯) 949左
檗菴集 1341右
37 汪淑娟(清)
曇花集 1636左
曇華詞 1637右
汪汲(清)
十三經紀字 181左
字典紀字 196左
疊字編 199左
解毒編 831右
彙集經驗方 859右
怪疾奇方 859右
琴曲萃覽 937右
宋樂類編 938右
漱經齋座右銘類編、續編 1034左
事物原會 1044左
韻府紀字 1044右
詞名集解、續編 1719右
院本名目 1723左
南北詞名宮調彙錄 1723左
樂府標源 1723左
樂府遺聲 1723左
雜劇待考 1723左
汪運(清)
劍峯詩鈔 1483左
38 汪道昆(明)
北虜紀略 310右
楚騷品 949右
數錢葉譜 952左
七烈傳 1118右
高唐夢 1673右
洛水悲 1673右
五湖遊 1673右
遠山戲 1673右
汪啓淑(清)
續印人傳 435右
飛鴻堂印人傳 436左
40 汪大任(清)
詩序辨正 64左
汪大淵(元)
島夷志略 623左
汪大鈞(清)
傳經表補正 182左
經傳建立博士表 182左
汪士進(清)
聽雨詞 1634右
汪士通(清)
延青閣詞 1623左
汪士鐘(清)
藝芸書舍宋元本書目 647左
汪士鋐(清)
瘞鶴銘考 667左
若谷小集 1409左
汪士鋐(清)等
黃山志續集、圖 573右
汪士鐸(清)
漢志志疑 266左
南北史補志 454右
南北史補志未刊稿 454右
漢志釋地略 506右
續溪山水記 570左
梅村賸稿 1473左
汪克寬(元)
經禮補逸 76右
春秋胡傳附錄纂疏 123左
環谷集 1317右
汪有典(清)
前明忠義別傳 401左
汪志伊(清)
荒政輯要 479左
西湖詩 599左
汪喜孫(清)
喪服答問紀實 81左
尙友記(輯) 387右
孤兒編 392右
汪氏學行記、壽母小記(輯) 393左
容甫先生年譜 422左
先君年表 422左
從政錄 1457左
汪孟慈文集 1457左
汪柱(清)
砥石齋韻品雜齣 1688右
破牢愁 1688右
採蘭紉佩 1688右
賞菊傾酒 1688右
愛梅錫號 1688右
畫竹傳神 1688右

詩扇記傳奇 1708左
夢裏緣傳奇（一名洞圓主人塡詞） 1708左
砥石齋散曲 1713右
賞心幽品四種 1751左

40 汪森(清)
粵西叢載 555左
粵西詩載、文載(輯) 1548左
碧巢詞 1620左

41 汪梧鳳(清)
屈原賦注音義* 1196左
屈原賦戴氏注音義* 1196左

汪楨(清)
史弋 376左

42 汪機(明)
讀素問鈔(續注) 809左
運氣易覽 825左
外科理例、方 832左
痘治理辨、方 840右
針灸問對 842右
脈訣刊誤集解附錄(輯)* 848左
脈訣刊誤附錄(輯)* 848左
石山醫案 861右

43 汪越(清)
讀史記十表 264右

44 汪藻(宋)
浮溪集 1262左
浮溪文粹 1262左
浮溪集鈔 1262左
浮溪集補鈔 1262左
浮溪詞 1597左

汪夢斗(宋)
北遊詩集 1295左
北遊集 1295左
杏山摭稿 1295左
北游集 1609右

汪蘆英(清)
吟香館詩草 1438右

汪薇(清)
詩倫(輯) 1534左

汪懋麟(清)
百尺梧桐閣文錄 1402右
錦瑟詞 1620右

汪懋芳(清)
壽花軒詩略 1480左

汪莘(宋)
方壺存稿 1283左
壺山先生四六 1283左
方壺存藁 1283左
方壺詩餘 1606左

汪孝寬(清)
夢萱室遺詩 1510左

汪若海(宋)
麟書 1056右

汪喆(清)
評注產科心法 837左

汪世雋(清)
凭隱詩餘 1628左

汪世泰(清)
碧梧山館詞 1630右
七家詞鈔(輯) 1748右

汪萊(清)
樂律逢源 102右
今有錄 102右
覆載通幾、四邊形算法 873右
校正九章算術及戴氏訂訛 877右
衡齋算學 883左
考定磬氏倨句令鼓旁線中縣而縣居線右解 883左
參兩算經 883左
衡齋文集 1454左
衡齋遺書 1738左

46 汪韞玉(清)
聽月樓遺草 1438右

汪楫(清)
中山沿革志 630左
使琉球雜錄 630右
册封琉球疏鈔 630右
悔齋詩 1397左
山聞詩、續集 1397左
京華詩 1397右
觀海集 1397右

47 汪鋆(清)
清湘老人題記(輯) 914右
補瘞鶴銘考 925左
揚州畫苑錄 934左
十二硯齋隨錄 1011右
梅邊吹笛詞 1636左

汪鶴孫(清)
延芬堂集 1401左
匯香詞 1620左
蔗閣詩餘 1620左

汪胡楨
清代河臣傳（吳慰祖同輯） 403左

50 汪中(清)
大戴禮記正誤 91左
春秋述義 129左
春秋列國官名異同考 131右
述學 173左
經義知新記 173左
國語校文 295左
廣陵通典 536右
舊學蓄疑 1026右
述學內篇、外篇、別錄 1435左
汪容甫先生詩集 1435右
容甫先生遺詩 1435右
汪容甫先生遺文、附鈔 1435右
汪容甫文箋 1435右

汪由敦(清)
松泉文集、詩集 1415左
松泉文錄 1415左

51 汪振之(清)
陶貞白集校勘記* 1210右

汪振聲(清)
公法總論(傅蘭雅合譯) 977左

汪振甲(清)
詹詹集 1413左

52 汪挺(明)
書法粹言 921右

汪掇甲(清)
夕秀齋詩鈔 1413左

60 汪口(清)
陸氏易解(輯) 8左
干氏易傳(輯) 9左

汪曰楨(清)
四聲切韻表(補正) 214左
隨山宇方鈔 860左
歷代長術輯要、古今推步諸術考 875左
疑年表 875右
太歲超辰表 875右
甲子紀元表 875右
古今朔閏考 875右
朔餘考 875右
歲餘度餘考 875右
授時術氣朔用數鈐 875右

授時術諸應定率表 875右
四分術章蔀定律表 875右
古今諸術考 875右
玉鑑堂詩集 1477左
荔牆詞 1633右
戴氏三俊集(輯) 1747右
汪國瀠(清)
樂志齋詩集 1381右
汪昂(清)
經絡歌訣 843左
瀕湖二十七脈歌 849左
改正內景五臟六腑經絡圖說 852左
本草備要 854右
增訂本草備要 854右
醫方集解、急救良方 858右
醫方湯頭歌訣 858右
汪景龍(清)
月香綺業 1625左
美人香草詞 1625左
碧雲詞 1625左
61 汪晫(宋)
曾子全書(輯) 682左
曾子(輯) 682左
子思子全書(輯) 683右
子思子(輯) 683右
西園康範詩集 1279左
康範詩集 1279左
康範詩餘 1606左
汪顯節(明)
繪林題識(輯) 929右
梅塢貽瓊(輯) 1552左
65 汪嘯尹(清)
千字文釋義(輯) 203右
67 汪照(清)
大戴禮注補 91右
77 汪鵬(清)
袖海編 629左
汪與圖(清)
明賢蒙正錄(參評) 413右
汪巽東(清)
天馬山房詩別錄雲間百詠 524右
汪賢衢(清)
水亭詩存 1470右
80 汪人驥(清)
昔柳摭談(重輯) 1079左
汪全德(清)
崇睦山房詞 1626左
汪全泰(清)
鐵盂居士存稿 1463右
汪金順(清)
傳書樓詩稿 1439右
汪鎬京(清)
紅朮軒紫泥法定本 940右
紅朮軒紫泥法 940右
汪曾武(民國)
外家紀聞 392右
83 汪鉞(清)
悔少集注(注) 1415左
86 汪錫祺(清)
棲霞山攬勝記 593左
88 汪篔(清)
春星堂續集(輯) 1746右
汪筠(清)
馬首農言校勘記* 779右
汪伯子箐菴遺稾 1404左
汪籛(清)
水莊花館詩鈔 1477左
汪箴(清)
徵信錄 328右
劫餘草 1483左
90 汪惟憲(清)
積山雜記 425左
寒燈絮語 755右
汪光復(明)
航澥遺聞 321右
續明季遺聞 321右
汪炎昶(宋)
古逸民先生集 1297左
97 汪輝祖(清)
元史本證 275左
九史同姓名略 397左
三史同名錄 397左
病榻夢痕錄、錄餘 410右
病榻夢痕錄節要 410右
越女表微錄 438右
春陵褒貞錄 439左
佐治藥言 473左
續佐治藥言 473左
學治臆說 473左
學治續說 473右
學治說贅 473右
雙節堂庸訓 755右
善俗書 1034左

3112_0 河

21 河上公(漢)
道德眞經註 686右
老子註 686右
老子道德經(章句) 686右
道德經評注(章句) 687左
纂圖互注老子章句 687左
音註河上公老子道德經(章句) 687左
33 河濱漁者(元) 見李好文
河濱丈人(明)
攝生要義 846右
44 河世寧(日本)
全唐詩逸(輯) 1540右
50 河東先生(唐) 見柳宗元

3112_7 馮

00 馮應京(明)
六家詩名物疏 61左
馮賡颺(清)
拙園詩選 1467左
馮京第(明)
蕈溪自課 763左
蘭易下卷 790左
蘭史 790左
讀書燈 959左
三山吟 1374左
簞溪集 1374左
馮侍郎遺書 1743左
07 馮翊(唐)
桂苑叢談 1052右
馮詢(清)
子良詩存 1467右
10 馮一梅(清)
西方子明堂灸經校勘記* 842左
銅人針灸經校勘記* 842右
馮一鵬(清)
塞外雜識 562左
馮至(清)
書疑 43左
周官序論 74右
史繹 376右
古史序論 377左
金汀拾遺 394右
道學世系 412左
尢都名教錄 541右
惜字三宜 1034左

鴻文補擬 1127左
森齋雜葅 1462左
綠野莊詩草 1462左
森齋彙稿 1741右

10 馮元正(清)
牧餘詩草 1424左

馮元仲(明)
奕旦評 943右

馮可賓(明)
岕茶牋 784左

馮可鏞(清)
慈湖先生年譜(葉意深同撰) 418右
慈湖先生遺書補編(輯)* 1275左

馮雲濠(清)
宋元學案(王梓材同校) 412右
宋元學案攷略(王梓材同輯)* 412右
宋元學案補遺、別附、序錄(王梓材同輯) 412右

馮雲驤(清)
寒山詩餘 1617右

11 馮班(清)
鈍吟書要 921右
鈍吟老人雜錄 1003左
鈍吟雜錄 1003左 1581左
馮氏小集 1383左
鈍吟集 1383左
鈍吟別集 1383左
鈍吟餘集 1383左
遊仙詩 1383左
鈍吟老人集外詩 1383左
鈍吟老人文稿 1383左
鈍吟樂府 1713右
鈍吟老人遺稿 1743右

12 馮登府(清)
三家詩異文疏證 67右
論語異文考證 144右
逸經補正(補) 171左
十三經詁答問 175左
石經閣日抄 175右
石經補攷 183左
漢石經攷異 184左
魏石經攷異 184左
唐石經攷異 185左
唐石經誤字辨 185左
蜀石經攷異 185左
北宋石經攷異 185右
南宋石經攷異、遺字 185右
國朝石經攷異 185右
石經閣金石跋文 658左
金石綜例 670右
閩中金石志(輯) 676右
酌史岩摭譚 1028右
風懷詩補註 1394左
花墩琴雅 1628右
月湖秋瑟 1628右
釣船笛譜 1628右
種芸仙館詞三種 1748左

馮瑞(清)
棣華堂詞 1621右

馮瑗(明)
開原圖說 527右

馮廷櫆(清)
馮舍人遺詩 1406右

馮延己(南唐)
墨崑崙傳 1113右
崑崙奴傳 1113右
陽春集 1592左

13 馮瑄(清)
鎖石齋詩稿鈔存 1469左

馮武(清)
書法正傳 921右

14 馮琦(明)
宋史紀事本末 292左
經濟類編(輯) 1043左
海岱會集(輯) 1552左

15 馮甦(清)
見聞隨筆 322左
滇考 559左

17 馮取洽(宋)
雙溪詞 1607右

馮承輝(清)
歷朝印識 436左
印學管見 941右

馮子振(元)
馮海粟梅花百詠詩 1305右
海粟集 1305右
梅花百詠(釋明本同撰) 1551右
千片雪 1552右

20 馮集梧(清)
樊川詩集、別集、外集(注) 1233左

21 馮衍(漢)
馮曲陽集 1199左

馮幵(民國)
回風堂詞 1642右

馮貞羣
雪交亭正氣錄(張壽鏞合補注) 402右
錢忠介公年譜 409右
賀祕監外紀(張壽鏞合輯) 426左
春酒堂外紀(輯) 431左
馮王兩侍郎墓錄(輯) 569右
海涵萬象錄考證* 969右

馮經(清)
周易略解 23右
羣經互解 173右
周髀算經述 866右
算略 882左

22 馮山(宋)
馮安岳集 1254左
安岳吟稿 1254左

馮繼先(後蜀)
春秋名號歸一圖 109右 110左

23 馮允秀(清)
梅花逸叟集 1409左

24 馮仕正(清)
水豹堂詩選 1408左

28 馮從吾(明)
馮氏族譜 394左
馮氏家乘 394左
元儒考略 413左
關學編 414左
馮少墟關學編 414左
關學原編 414左
辨學錄 735右
疑思錄 735右
訂士編 735右
寶慶語錄 736左
善利圖說 736左
太華書院會語 736左
池陽語錄 736左
關中書院語錄 736左
馮少墟關中四先生要語錄 736左
關中士夫會約 762右
學會約 762右
士戒 762右

諭俗 766左
馮少墟文集 1359右
馮少墟續集 1359右
馮少墟集 1359右
馮少墟語錄 1736左
30 馮永年(清)
看山樓詩鈔 1504左
31 馮濬(清)
延正學齋詩集 1506左
馮福京(元)等
大德昌國州圖志 521左
32 馮兆張(清)
內經纂要 809右
雜症大小合參 821左
外科精要 831左
女科精要 836左
痘疹全集 841左
脈訣纂要 848左
雜症痘疹藥性主治合參 854右
藥按 864右
34 馮汝弼(明)
祐山雜說 1068左
馮浩(清)
玉谿生年譜 426右
38 馮澂(清)
通肯河一帶開民屯議 485右
馮海粟(元) 見馮子振
馮裕(明)
方伯集 1341左
40 馮培光(清)
倚魚山閣詩集 1490右
馮存(清)
慕閑詩草 1424左
馮志沂(清)
遊翠微山記 589左
馮嘉錫(民國)
救荒一得錄(朱祖蔭同輯) 479左
馮喜賡(清)
旭林府君行述 431右
濟北頌言(輯) 431右
馮來霈(清)
刈雲詩草 1424左
41 馮柯(明)
質言 721左
迴瀾正論 737右
求是編 737右
小學補 759左
三極通 893右
貞白五書 1739右
42 馮晳華(清)
雪鴻草 1490右
43 馮城寶(清)
玉儀軒吟草 1490右
馮婉琳(清)
鑑蘋室詩草 1515左
44 馮夢龍(明)
甲申紀事(輯) 317左
燕都日記 317左
牌經、馬吊脚例 952左
增廣智囊補(輯) 1070右
笑府 1124左
笑府選 1124左
廣笑府 1124右
古今譚概 1124右
黃山謎 1561右
殺狗記(訂定) 1691右
新灌園(改定) 1693右
女丈夫(改定) 1693右
墨憨齋重定三會親風流夢(改定) 1695左
酒家傭(改定) 1695左
墨憨齋詳定酒家傭傳奇 1695右
夢磊記(改定) 1697左
墨憨齋重定夢磊傳奇(改定) 1697左
量江記(改定) 1697右
精忠旗(改定) 1699右
墨憨齋新訂精忠旗傳奇(改定) 1699右
灑雪堂(改定) 1699右
墨憨齋新定灑雪堂傳奇(改定) 1700左
雙雄記 1700左
墨憨齋重定雙雄傳奇 1700右
萬事足 1700右
墨憨齋訂定萬事足傳奇 1700右
楚江情(改定) 1703左
馮夢禎(明)
歷代貢舉志 464左
快雪堂漫錄 1069左
馮夢祖(清)
蒼源剩草 1403右
馮夢周(元)
續積善錄 1032右
馮世雍(明)
呂梁洪志 471左
馮三石集 1344左
馮世澂(清)
讀段注說文解字日記 187左
說文部首歌(案) 189右
馮贄(唐)
雲仙散錄 1051右 1052左
雲仙雜記 1051右 1052左
記事珠 1052左
南部烟花記 1052左
馮樹森(清)
四言閨鑑(輯) 758右
馮桂芬(清)
周禮職官分屬歌 74左
說文部首歌 189右
山海經表目 710右
弧矢算術細草圖解 883左
馮椅(宋)
厚齋易學 14右
46 馮如京(清)
粵槎日記 612右
北征紀略 612右
秋水詩、文 1390右
秋水宮詞 1390右
馮柷(清)
一樱居詩稿 1401右
47 馮朝陽(清)
麗亭遺草 1465左
馮嫻(清)
湘靈集 1407右
50 馮泰運(明)
天啓本東安縣志(纂) 515左
馮春暉(清)
拳石山房遺集、雜著 1451左
東山酬唱(輯) 1554右
60 馮□(清)
昔柳摭談(輯) 1079左
馮國倚(清)
有嘉聲齋賸草 1462左
馮國士(清)

操練洋槍淺言(葛道殷同撰) 777左

60 馮國鑫(民國)
宣城秋雨錄 1082左

馮昌奕(清)
續華州志(修) 516右

馮昌奕(清)等
寧遠州志(修) 516左

馮景(清)
解春集 171左
山公九原 975右
蘇詩續補遺(注)* 1253左
解春集文鈔 1417右
解春集詩鈔 1417右
少渠文鈔 1417右

62 馮昕華(清)
巢雲山房詩鈔 1490右

64 馮時可(明)
文所易說 17右
詩臆 54右
左氏討 107左
左氏釋 107左
左氏論 107左
滇行紀略 611右
黔中語錄、續語錄 735左
茶錄 784左
上池雜說、經目屢驗良方 864左
雨航雜錄 998右
蓬窗續錄 998右
林間社約 1033左
石湖稿 1357右
金閶稿 1357右
黔中程式 1590右

馮時行(宋)
縉雲文集 1273左
縉雲集鈔 1273左

馮時化(明)
酒史 806右

65 馮晴華(清)
有槼吟館詩鈔 1490右

67 馮明期(明)
馮明期詩 1362右

馮煦(民國)
建康同遊記 592右
金陵紀遊 592右
增廣箋註簡齋詩集校勘記* 1265左

蒙香室賦錄 1518左
蒿盦詞 1641左
宋六十家詞選(輯) 1646左
蒿庵論詞 1721左

71 馮辰(清)
李恕谷先生年譜 421右

馮騤聲(清)
抱經閣集 1512右

77 馮履端(清)
繡閒草 1420右

馮履瑩(清)
團香吟 1421右

80 馮金伯(清)
詞苑萃編(輯) 1720左

馮金銛(清)
六梅書屋存稿 1497左

馮公亮(清)
白蘭堂詩選 1419右

87 馮舒(清)
虞山妖亂志 430左
默菴遺藁 1377右
詩紀匡謬 1533右
懷舊集(輯) 1544左

88 馮鑑(前蜀)
劉馮事始(劉存合撰) 1041左
續事始 1041左

89 馮鐙(清)
醉鶴詩草 1502右

90 馮惟訥(明)
光祿集 1348右
馮少洲集 1348右
古詩紀(輯) 1533右

馮惟重(明)
大行集 1348右

馮惟健(明)
陂門集 1351右

馮惟敏(明)
石門集 1350左
馮海浮集 1350左
不伏老 1673左
一世不伏老 1673左
僧尼共犯傳奇 1673左
僧尼共犯 1673左
海浮山堂詞稿 1712右

93 馮焌光(清)
輿地略 514左
汝水說 585左

3114$_0$ 汗

67 汗明(周)
汗子 708左

3116$_0$ 酒

41 酒狂仙客(明) 見朱載堉

3116$_1$ 潛

08 潛說友(元)
咸淳臨安志 520左

40 潛眞子(口)
還丹顯妙通幽集 1165左

3119$_6$ 源

30 源之熙(日本)
遊嵐峽記 634右

37 源通魏(日本)
萬病皆鬱論 825左

77 源印(清釋)
揚州萸灣勝覽(輯) 536右

3126$_6$ 福

00 福慶(清)
異域竹枝詞 531左

28 福徵(明釋) 見譚貞默

40 福克(德國)
西行瑣錄 329右

50 福申(清)
科場則例(補輯) 465左

3128$_6$ 顧

00 顧彥夫(明)
顧同府集 1342左

顧應祥(明)
測圓海鏡分類釋術 879左
弧矢算術 879右

顧廣圻(清)
說文辨疑、條記 187右
百宋一廛賦 651右
思適齋書跋 652左
荀子(校) 684右
韓非子識誤* 703左
履齋示兒編重校補* 1020左
駱賓王文集考異* 1217右
呂衡州集考證* 1229左
呂衡州文集考證* 1229左

思適齋集 1450左
思適齋集補遺、再補遺 1450左
顧廣譽(清)
學詩詳說 59左
學詩正詁 59左
四禮榷疑 99左
悔過齋劄記 747左
悔過齋文集 1461左
悔過齋續集 1461左
顧文彬(清)
眉綠樓詞聯 944左
顧文薦(宋)
負暄雜錄 990左
船窗夜話 1063右
01 顧譚(吳)
顧子新言 717右
05 顧靖遠(清)
素靈摘要 809左
症方發明 821左
脈法删繁 849右
內景圖解 852左
本草必用 854右
格言彙纂 864右
10 顧元慶(明)
瘞鶴銘考 667左
茶譜 783右
大石山房十友譜 805左
十友圖贊 805左
山房十友圖贊 805左
簷曝偶談 1000左
雲林遺事 1068左
陽山新錄(岳岱同撰) 1552右
夷白齋詩話 1580左
顧元熙(清)
蘭修館賦稿 1464左
顧震宇(明)
萬曆仙居縣志(修纂) 521左
顧震福(清)
字書(輯) 193右
字苑(輯) 194左
文字集略(輯) 194右
字略(輯) 195左
字統(輯) 195左
異字苑(輯) 195右
字類(輯) 195右
古文官書(輯) 196右
古文奇字(輯) 196右
文字指歸(輯) 197左
字體(輯) 197左
字諟(輯) 197左
倉頡篇(輯) 200左
倉頡解詁(輯) 200左
三倉(輯) 200右
三倉解詁(輯) 200右
凡將篇(輯) 201左
勸學篇(輯) 202左
聖皇篇(輯) 202左
埤倉(輯) 202右
廣倉(輯) 202右
聲類(輯) 204左
韵集(輯) 204左
音譜(輯) 204右
聲譜(輯) 204右
韻略(輯) 205左
陸詞切韻(輯) 205左
切韻(輯・郭知玄撰) 205右
切韻(輯・王仁煦撰) 205右
切韻(輯・祝尙邱撰) 205右
東宮切韻(輯) 205右
釋氏切韻(輯) 205右
切韻(輯・裴務齊撰) 205右
切韻(輯・麻果撰) 205右
切韻(輯・李審言撰) 205右
切韻(輯・蔣魴撰) 205右
切韻(輯) 205右
切韻(輯・孫愐撰) 205右
證俗音(輯) 208左
通俗文(輯) 218右
辨釋名(輯) 219左
纂文(輯) 219左
纂要(輯) 219右
古今字詁(輯) 222左
周成雜字(輯) 222右
雜字解詁(輯) 222右
字指(輯) 223左
小學篇(輯) 223左
跬園謎稿 947左
商舊社友謎存(輯) 1739左
顧天楷(明)
遣竽集 1358右
顧可久(明)
顧憲副集 1342左
顧雲(唐)
顧雲詩、文 1237右
顧雲(清)
遼陽聞見錄 527右
盋山詩錄 1507左
11 顧非熊(唐)
妙女傳 1104左
顧非熊詩集 1232右
顧非熊詩 1232右
顧張思(清)
寓暍雜詠 525左
12 顧廷璋(清)
顧陸遺詩(陸孝曾同撰) 1545左
顧廷綸(清)
北征日記 616左
玉笥山房要集、文 1450左
顧廷鏞(清)
治水要法(輯) 583右
14 顧瑛(元)
玉山名勝集、外集(輯) 535右
玉山草堂集、集外詩 1318右
玉山璞稿 1318右
玉山璞藁 1318右
玉山逸稿、續補 1319左
草堂雅集(輯) 1551右
製曲十六觀 1721右
顧瑛(元)等
玉山紀遊 594右
16 顧聖(明)
顧山人集 1357左
顧聖之(明)
螘談 1071左
17 顧予咸(清)
雅園居士自敘 324右
溫飛卿集箋注(補注) 1235右
溫飛卿詩集、別集、集外詩(補注) 1235右
顧承(清)
吳門耆舊記 388右
行素居詩鈔、文鈔 1488右
19 顧璘(明)
國寶新編 424右
近言 970左

浮湘集 1338左
山中集 1338左
憑几集、續集 1338左
息園存稿 1338右
綏慟集 1338右
顧華玉集 1338右
顧司寇集 1338右

21 顧師軾(清)
梅村先生年譜、世系 430右
勿憚改齋吟草、續草 1461左

顧貞立(清)
栖香閣詞 1619右

顧貞觀(清)
顧端文公年譜(補) 408左
彈指詞 1619右

22 顧彪(隋)
古文尙書疏 37右
尙書顧氏疏 37右
尙書義疏 38左

顧山貞(明)
客滇述 317左

顧彩(清)
容美紀游 604左
小忽雷、大忽雷(孔尙任同撰) 1706左
第十一段錦詞話 1720左

23 顧允成(明)
事定錄 408左
小辨齋偶存 1359左

顧允默(明)
顧伯子集 1357左

顧我愚(清)
顧伯虬遺詩 1500左

顧岱(清)
澹雪詞 1617右

24 顧德華(清)
花韻樓醫案 863左

顧德馨(清)
蘭谷遺稾 1504左

顧偉南(明)
丙申日記 351右

顧升誥(清)
拾餘偶存 1471左

25 顧仲(清)
養小錄 954右

顧仲方(明)
筆花樓新聲 1713左

26 顧絪(清)
二顧先生遺詩(顧杲合撰) 1551左

27 顧佩芳(清)
懷清書屋吟稿 1487左
蕉雨吟稿 1487右

顧敻(後蜀)
袁氏傳 1113右
顧太尉詞 1591右

顧名(清)等
重刊續纂宜荆縣志(修) 519右

28 顧微(晉)
廣州記 551右

顧儀卿(清)
醫中一得 865左

顧從義(明)
法帖釋文考異 923右

顧岕(明)
海槎餘錄 554左

30 顧淳(清)
毛詩古音述 213左
聲韻轉迻略 215左

顧淳慶(清)
鶴巢老人語錄 747右
衍洛圖說 747右
學醫隨筆 865左
鶴巢詩存 1473右

顧家樹(清)
介卿遺艸 1508左

顧之逵(清)
說鈴(選編) 1734右

顧憲成(明)
四書講義 151右
小心齋劄記 735右
東林會約 735右
證性編 735右
東林商語 735右
虞山商語 735右
經正堂商語 735右
志矩堂商語 735右
仁文商語 735右
南岳商語 735右
當下繹 735右
還經錄 735右
自反錄 735右
涇皐藏稿 1358右
顧涇陽集 1358右

顧宗伊(清)
孔子三朝記輯注 93左
曾子古本輯注 682右
子思子遺編輯注 683右
荀子新書輯注 684右

顧宗泰(清)
遊鍾山記 592右
遊茶山記 593右
遊虎山橋記 593右
遊焦山記 595左
月滿樓甄藻錄 1038左
月滿樓詩別集 1440右

31 顧沅(清)
乾坤正氣集(輯) 1537左

顧潛(明)
靜觀堂集 1337右

34 顧斗英(明)
小菴羅集 1366左

顧禧(宋)
志道集 1272右

35 顧清(明)
傍秋亭雜記 994左
東江家藏集 1336左
顧東江集 1336左

顧迪光(民國)
潄塵室集 1522右

36 顧況(唐)
華陽眞逸詩 1225左
顧況集 1225左
顧逋翁詩集 1225左
華陽集 1225左

37 顧湄(清)
吳下喪禮辨 461右
水鄉集 1401右

顧凝遠(明)
畫引 930左
蟋蟀在堂艸 1365右

顧祖禹(清)
方輿紀要形勢論略 513右
方輿紀要序錄 513右

顧初昱(清)
課暇吟 1487右

顧祿(清)
清嘉錄 535左
吳趨風土錄 535左
省闈日記 616右
藝菊須知 789右

38 顧滄籌(清)

陽明按索(旁注) 899左
璇璣經(旁注) 903右
顧道稷(清)
思問錄 1009左
顧啓元(明)
客座曲語 1722左
40 顧左(明)
朋壽圖詩(輯) 1557左
顧大韶(明)
顧仲恭討錢岱檄* 444左
顧大申(清)
顧見山詩 1391左
顧大典(明)
青衫記 1695左
顧太清(清)
天游閣集、詩補 1462左
顧士璉(清)
新劉河志正集、附集(輯) 583左
水利五論 583左
顧士璉(清)等
婁江志(輯) 583左
顧奎光(清)
春秋隨筆 128右
顧有孝(清)
友約 960左
顧存仁(明)
顧給舍集 1347左
顧壽楨(清)
周列士傳 385左
孟晉齋文集、外集 1500左
顧櫰三(清)
通俗文(輯) 218右
通俗文補音* 218右
補後漢書藝文志 642左
補五代史藝文志 643左
風俗通義佚文(輯) 979左
補輯風俗通義佚文(輯) 979左
然松閣賦鈔、詩鈔、存稿 1472左
燃松閣存稿 1472左
顧森(清)
燕京記 523左
41 顧頡剛
崔東壁評論、續輯(輯) 422左
崔東壁先生親友事文彙輯(趙貞信同輯) 422左
顧樞(清)
顧端文公年譜(編) 408左
顧庸菴集 1370左
44 顧夢游(明)
顧與治詩集 1368右
顧夢圭(明)
疣贅錄、續錄 1344左
顧廉訪集 1344左
顧蘭圃(清)
救急篇 859左
顧苓(清)
金陵野鈔 319右
南都死難紀略 402右
三朝大議錄 458左
三吳舊語 535左
塔影園集、詩集 1379右
顧懋宏(明)
炳燭軒詩集 1353左
南雍草 1353右
楚思賦 1353右
顧若璞(明)
臥月軒稿 1366左
臥月軒詩稿 1366右
顧藹吉(清)
隸辨 199左
顧其志(明)
攬茝微言 1000右
顧樹聲(清)
讀周易日記 28右
顧桂芬(清)
輪臺縣鄉土志 518左
45 顧棟高(清)
毛詩類釋、續編 56右
春秋大事表、輿圖 110左
春秋大事表序錄 110左
春秋五禮源流口號 110右
春秋列國卿大夫世系表 111左
春秋列國地形口號 111右
司馬溫國文正公年譜、遺事 406左
王荊國文公年譜、遺事 406左
王安石年譜、遺事 406左
46 顧觀光(清)
帝王世紀(輯) 276左
國策紀年 296左
吳越春秋校勘記 355右
七國地理考 506左
華陽國志校勘記 556左
中江考 582右
南江考 582右
傷寒雜病論補注 812左
神農本草經(輯) 852右
周髀算經校勘記 866右
西日月攷補遺 874右
甲子元術簡法 874右
癸卯元術簡法 874右
五星簡法 874右
七國正朔不同攷 874右
回回秝解 874右
九執秝解 874右
六秝通考 874右
秝學卮言 874右
算賸初編、續編、餘稾 884右
九數外錄 884右
武陵山人雜著 1485左
顧韞玉(清)
芸暉小閣吟草 1449右
47 顧翃(清)
金粟萃集 1471右
顧鶴慶(清)
天台遊記 601左
弢庵詩集 1449右
顧歡(南齊)
論語顧氏注 139右
道德眞經注疏 687右
夷夏論 1185左
顧起元(明)
中庸外傳 135左
名公像記 386右
顧氏小史 395左
傷逝記 425左
客座贅語 533右
諸寺奇物記 566左
金陵古金石攷目 674左
遯居士批莊子內篇 696右
商子(釋) 702左
魚品 793左
潘方凱墨序 801左
壺天吷語 974左
說略 1043右
遯居士戲墨 1124左
遯園漫稿 1361右
蟄庵日錄 1361右
嬾眞草堂集 1361右

47 顧起經(明)
王右丞集、外編附錄(箋) 1219右
顧起綸(明)
國雅品 1565左
48 顧翰(清)
拜石山房集 1466左
綠秋草堂詞 1631右
拜石山房詞鈔 1631右
拜石山房詞 1631右
顧敬恂(清)
筠溪詩草 1449左
50 顧夷(晉)
顧子義訓 718右
義記 718右
52 顧虬(清)
秋夢齋詩稿 1443左
53 顧成志(清)
治齋讀詩蒙說 57左
課餘偶筆 1008右
55 顧曲詞人(清)
海上羣芳譜(懺情侍者同撰) 1080右
顧曲散人(明)
太霞曲語 1722左
57 顧邦瑞(民國)
消寒三十韻 1522左
60 顧昉之(明)
拾香草 1373左
顧易(明)
先桂軒府君年譜 429左
先自如府君年譜 429右
顧恩瀚(民國)
竹素園叢談 1082右
顧杲(明)
東坡遺意(鄒德□同書) 924右
二顧先生遺詩(顧緗合撰) 1551左
顧景星(清)
野菜贊 787左
白茅堂文錄 1388左
白茅堂詞 1616右
61 顧照世(清)
味蔗軒詩鈔 1471右
67 顧鳴鳳(民國)
泰西人物志 392左
勸補拙齋漫錄 432右
西吳類牘摘要 503左
武陵著作譚 648左
蝸巢聯語 945右
養閒草堂隨筆 1038右
念蘐池館文存 1526左
小辟疆園詩存 1526左
顧盟(元)
仲贄集 1313右
顧野王(梁)
爾雅顧氏音 163左
爾雅音 163右
爾雅音注 163右
玉篇直音 194左
玉篇 194右
輿地志 510左
玉符瑞圖 906右
顧嗣立(清)
閭邱先生自訂年譜 431左
春樹閒鈔 1074右
溫飛卿集箋注(續注) 1235右
溫飛卿詩集、別集、集外詩(續注) 1235右
顧嗣立詩選 1411左
寒廳詩話 1583右
元詩選(輯) 1745右
顧嗣協(清)
怡雲集 1404左
68 顧敭憲(清)
幽蘭草 1458右
71 顧厚焜(清)
對馬島考 630左
美國地理兵要 638右
美利加英屬地小志 638右
巴西地理兵要 638右
巴西政治攷 638右
顧斆愉(清)
靄雲草 1458右
75 顧陳垿(清)
內則章句 89左
鍾律陳數 101右
八矢注字說、注字圖 210左
77 顧鳳藻(清)
夏小正經傳集解 92右
顧與沐(明)
顧端文公年譜 408左
80 顧金壽(清)
重訂靈蘭要覽 820左
重訂痧疫指迷(評) 829右
重訂幼科金鑑評 839右
顧夔(清)
城北草堂詩餘 1628右
城北草堂詞餘 1713右
顧慈(清)
韻松樓詩集 1487右
顧曾壽(清)
性命雙修慧命正旨(撮要) 1174右
顧曾烜(清)
華原風土詞 529右
顧公燮(清)
消夏閑記摘抄 1075右
消夏閑記選存 1075右
84 顧鎮(清)
虞東學詩 57左
黃崑圃先生年譜 421右
虞東先生文錄 1423右
顧鎮(清)等
九秩壽序壽詩 431右
86 顧錫(清)
銀海指南 834左
顧錫疇(明)
綱鑑正史約 285右
87 顧翎(清)
茝香詞鈔 1630左
茝香詞 1630左
88 顧敏恆(清)
笠舫詩藁 1448右
笠舫詩稿 1448右
90 顧炎武(清)
易音 33右
左傳杜解補正 107左
日知錄 171左
1023右
五經同異 180右
九經誤字 180右
石經考 182右
唐韻正 206左
韻補正 207左
吳才老韻補正 207左
音論 209右
古音表 209右
詩本音 209右
明季實錄 319左
聖安紀事 319右
聖安皇帝本紀 319右
聖安本紀 319右
救文格論 373左

日知錄史評 379左
顧氏譜系考 395左
天下郡國利病書 513右
營平二州地名記 525左
京東考古錄 525左
山東考古錄 532左
譎觚十事 561右
譎觚 562左
歷代帝王宅京記 562左
歷代宅京記 562左
昌平山水記 570左
五臺山記 571右
北嶽辨 571右
求古錄 656右
金石文字記 657左
日知錄之餘 1023右
菰中隨筆 1023右
亭林雜錄 1023右
雜錄 1023右
亭林文集 1381右
亭林詩集 1381右
亭林餘集 1381右
亭林軼詩 1381右
亭林先生集外詩 1381右
亭林文錄 1381右
亭林文鈔 1382左
顧亭林先生尺牘 1382左
顧亭林尺牘 1382左
音學五書 1729左

92 顧愷之(晉)
啓蒙記 203左

97 顧恂(明)
桂軒先生全集 1332左

99 顧燮光(民國)
古誌彙目初集 665左
古誌新目初編 665右
漢劉熊碑攷 666右
夢碧簃石言 671左
兩浙金石别錄 674左
河朔金石目、待訪目 674右
河朔新碑目 674右
河南古物調查表證誤 674右
袁州石刻記 676右
河朔訪古新錄 677右
河朔訪古隨筆 677右
灤水聯唫圖題詩彙存、續編(輯) 1558左

3130₃ 遯

60 遯園居士(明) 見顧起元

3130₆ 迺

77 迺賢(元)
河朔訪古記 611左
迺前岡詩集 1319左
金臺集 1319左

3213₀ 冰

44 冰華生(明) 見江進之
冰華梅史(明) 見曹大章

3213₄ 濮

00 濮文綺(清)
彈綠詞 1638右
濮文暹(清)
提牢瑣記 489左

33 濮淙(清)
澹軒集 1402左

90 濮光孝(清)
學圃詩鈔 1419右

3214₇ 浮

26 浮白齋主人(明)
雅謔 1123右
笑林(輯) 1123右

60 浮園主人(清)
仙壇花雨(輯) 1094左

72 浮丘公(口)
相鶴經 794右
八公相鶴經 795左

3215₇ 淨

31 淨源(宋釋)
肇論中吳集解 1188左

3216₉ 潘

00 潘亮(清)
一得吟 1437右
潘亮熙(清)
渾齋小稾 1494右
潘康保(清)
迦蘭陀室詩鈔 1499右
潘府(明)
南山素言 732左
潘奕雋(清)
說文蠡箋 187左
說文解字通正 187左
潘奕興(清)
研香堂遺草 1435左
潘音(宋)
讀書錄存遺 730右
待清軒遺稿 1297右

10 潘正衡(清)
黎齋詩草 1490左
潘正煒(清)
聽颿樓書畫記、續刻 911右
潘霨(清)
傷寒論類方(增輯) 815左
長沙方歌括(增輯) 815右
醫學金鍼(增輯) 822右
十藥神書(注) 826左
增訂十藥神書(周揚俊、陳念祖同注) 826右
產寶(增輯) 837右
女科要略(輯) 837右
十二段錦(增刪) 845左
內功圖說 845左
理瀹外治方要(輯) 860右
爛存詩鈔 1505左
潘天成(清)
鐵廬集、外集、後錄 1392右
潘雷(清)
浮白小草 1461左

12 潘飛聲(民國)
羅浮紀游 606右
西海紀行卷 620右
遊薩克遜日記 620右
天外歸槎錄 620右
柏林竹枝詞 637右
老劍文稿 1522左
香海集 1522右
游樵漫草 1522右
悼亡百韻 1522右
海上秋吟(輯) 1556右
在山泉詩話 1588右
海山詞 1642左
花語詞 1642左
珠江低唱 1642左
長相思詞 1642左
飲瓊槳館詞 1642左
粵詞雅 1721左
論粵東詞絕句 1721左
論嶺南詞絕句 1721左

14 潘殖(宋)
忘筌書 12右

17 潘承弼

蘧盦遺墨(輯) 935右
瞿忠宣公蠟丸書侯忠節公絕纓書合璧(輯) 1560右
楊忠烈公左忠毅公遺札合璧(輯) 1560右
明季忠烈尺牘初編(輯) 1560右
明季忠烈尺牘二編(輯) 1560右
潘氏一家言(重輯) 1747右
17 潘承厚(民國)
蘧盦遺墨(繪) 935右
元明詩翰(輯) 1560左
明季吳中三老手札(輯) 1560右
明清藏書家尺牘(輯) 1560右
明清畫苑尺牘(輯) 1560右
潘承焯(清)
俎豆集 384右
潘承煒(清)
鯨湝課藝 1440右
潘子眞(宋)
潘子眞詩話 1571左
20 潘孚美(清)
紅樓百美詩 1132右
潘季馴(明)
潘司空奏疏 497右
河防一覽 579右
兩河經略 579右
潘牥(宋)
紫岩詞 1607右
潘維城(清)
論語古注集箋 143左
21 潘衍桐(清)
靈隱書藏紀事(輯) 641左
潘貞敏(清)
佩韋齋詩鈔 1492左
22 潘任(清)
周禮札記 72左
讀孝經日記 160右
孝經鄭注攷證 160右
博約齋經說 178左
雙桂軒答問 178左
說文粹言疏證 189左
鄭君粹言(輯) 716左
希鄭堂經義 1515左
潘鼎珪(清)
安南紀遊 631左
24 潘德輿(清)
示兒長語 756左
金壺浪墨 1457左
潘緯(宋)
增廣註釋音辯柳集(音義) 1230右
增廣註釋音辯唐柳先生集、別集、外集(音義) 1230右
潘緯(明)
潘象安集 1365右
25 潘健榮(清)
翠竹軒詩鈔 1492左
潘純(元)
子素集 1313右
26 潘自牧(宋)
記纂淵海 1042左
潘伯修(元)
江檻集 1307右
27 潘名熊(清)
評琴書屋醫略 865左
評琴書屋吟草 1490右
28 潘徽(□)
纂韻 204左
潘綸恩(清)
道聽塗說 1077右
30 潘永季(清)
讀史記劄記 264左
讀明史劄記 275右
潘永因(清)
宋稗類鈔(輯) 1044左
潘之淙(明)
切韻 207右
書法離鉤 921右
潘之博(民國)
弱盦詩 1526右
弱盦詞 1642左
潘之恆(明)
牛塘小志 566左
太湖泉志 583左
宛陵二水評 584左
廣菌譜 786右
南陔六舟記 799左
劇評 947右
六博譜 952左
葉子譜、續 952左
曲中志 1068左
金陵妓品 1068左
滁婦傳 1118右
涉江集選 1355左
曲豔品、後、續 1722左
秦淮劇品 1722左
潘容卿(清)
紅樓百美詩 1132右
潘良貴(宋)
默成文集 1263右
潘定桂(清)
三十六村草堂詩鈔 1492左
潘宗鄴(清)
習虛堂草 1425右
潘宗岳(清)
溫宿縣分防柯坪鄉土志 517右
34 潘遠(前蜀)
西墅記譚 1053左
記文譚 1053左
37 潘祖蔭(清)
己丑恩科鄉試監臨紀事、武鄉試監臨紀事 465左
瀋陽紀程 618左
古塤攷釋(輯) 673左
鄭盦詩存、文存 1498右
壬申消夏詩(輯) 1555右
癸酉消夏詩(輯) 1555右
南苑唱和詩(輯) 1555右
越三子集(輯) 1746左
潘祖同(清)
竹山堂聯語 945左
潘祖年(民國)
拙速詩存 1525右
38 潘游龍(明)
笑禪錄 1124左
潘遵顏(清)
二十四琅玕仙館詩鈔 1474右
潘遵璈(清)
香隱盦詞 1633左
潘遵禮(清)
草綠書窗賸稿 1453右
潘遵祁(清)
須靜齋雲煙過眼錄(錄) 912左
西圃題畫詩 916右
潘道根(清)

晚香書札　1458左
潘啓榮(淸)
澹虛齋詩草　1491右
40 潘大臨(宋)
潘邠老小集　1263左
潘士藻(明)
洗心齋讀易述　17右
潘士權(淸)
洪範注補　46右
大樂元音　100左
學庸一得　153左
潘希曾(明)
竹澗奏議　497右
竹澗集　1338左
竹澗先生文集　1338左
潘志詒(淸)
燕庭遺稿　1508右
潘志萬(淸)
潘氏三松堂書畫記(輯)　912右
笏盦集詩　1508右
笏盦集詞　1640左
潘氏一家言(輯)　1747右
44 潘若同(宋)
郡閣雅言　1054右
潘世璜(淸)
周程張子合鈔(輯)　727左
朱子節要鈔(輯)　729左
薛子讀書錄鈔(輯)　731右
高子講義(輯)　736左
得心編(輯)　745左
一得錄　745左
須靜齋雲煙過眼錄　912左
潘世淸(淸)
雲洋山館詩鈔　1490左
潘世恩(淸)
使滇日記　616左
思補齋筆記　1009右
消暑隨筆　1036左
蘭陔絜養圖詠(輯)　1558左
家慶圖詠(輯)　1558左
46 潘塤(明)
楮記室　1067左 1123右
潘恕(淸)
雙桐圃詩鈔　1487右
潘相(淸)
周易尊翼　22右
尙書可解輯粹　42左
周禮撮要　71左
禮記釐編　86右
春秋尊孟　110左
春秋應舉輯要　128右
春秋比事參義　128右
毛詩古音參義　210右
澧志舉要　521右
琉球入學見聞錄　630右
吾學錄　976左
事友錄　1006右
讐文書屋集略、尺牘略　1422右
約六齋制藝　1422右
經學八書　1728右
潘檉(宋)
轉菴集　1280右
潘檉章(淸)
國史考異　381左
今樂府　383左
今樂府(評)　383左
潘楫(明)
醫燈續燄　849左
50 潘耒(淸)
遊西洞庭記　594左
遊天台山記　601左
遊仙居諸山記　601左
遊仙巖記　601右
遊鴈蕩山記　601右
遊南鴈蕩記　601右
遊玉甑峯記　602左
遊鼓山記　602左
遊林慮山記　603左
遊中嶽記　603右
遊金牛山記　604右
遊南嶽記　604右
遊永州三巖記　604右
遊廬山記　605右
遊羅浮記　606右
金石文字記(補遺)　657左
硯銘　804左
遂初堂集外詩文稿　1402右
稼堂文鈔　1402右
潘素心(淸)
不櫛吟　1446右
53 潘成穀(淸)
碧雲仙館吟草　1509左
60 潘口(明)
潘氏詩集　1357右
潘思齊(淸)
蒙泉詩鈔　1440左
潘思榘(淸)
周易淺釋　21右
潘恩(明)
潘尙書集　1343左
潘昂霄(元)
河源志　578右
河源記　578右
金石例　669右
蒼崖先生金石例　669右
72 潘岳(晉)
關中記　528右
潘黃門集　1205左
潘安仁集　1205左
77 潘尼(晉)
潘太常集　1205左
潘太常集選　1205左
潘眉(淸)
三國志攷證　268右
孟子遊歷考　416右
潘閬(宋)
逍遙集　1242右
逍遙詞　1592右
80 潘鏡泉(淸)
蓉舟遺詩　1492左
潘介祉(淸)
瀟花香榭吟草　1506右
潘介繁(淸)
桐西書屋詩鈔、文鈔　1497右
潘曾瑋(淸)
養閒草堂圖記(輯)　1559左
橫塘泛月圖記(輯)　1559左
玉洤詞　1634右
潘曾沂(淸)
豐豫莊本書　781左
潘豐豫莊本書　781左
區種法　781左
潘曾瑩(淸)
墨緣小錄　435左
丙午使滇日記　616右
小鷗波館畫識、畫寄　934左
82 潘鍾瑞(淸)
逆黨姓名紀略　333左
庚申噩夢記　334左
蘇臺麋鹿記　334左
奉思錄　394右

貞烈編 440右
香禪精舍游記 588左
紀游草 588左
鄂行日記 618左
歙行日記 618左
金石文字跋尾 658左
虎阜石刻僅存錄、舊佚錄、舊存今佚錄 676左
香禪詞 1636左
二茗詩集(輯) 1745右
石氏喬梓詩集(輯) 1746右
86 潘鐸(清)
方輿紀要簡覽 514左
87 潘鏐(清)
石帆吟 1403右
90 潘光瀛(清)
梧桐庭院詩鈔 1505右
91 潘炳孚(明)
珠塵遺稿 1374左
97 潘炤(清)
西泠舊事百詠 539左
海喇行 1462左
涷水鈔 1462左
從心錄 1631左
小滄桑 1687右
烏蘭誓 1708左
99 潘榮陛(清)
帝京歲時紀勝 523左

3230_2 近

27 近魯草堂主人(清)
養疴客談 1074右

3300_0 心

10 心一山人(明)
新刻出像音註何文秀玉釵記 1701左
36 心禪(清釋)
一得集 863右
50 心史氏(民國) 見孟森

3312_7 浦

00 浦應麒(明)
浦道徵集 1347左
10 浦石師(清)
重訂囊祕喉書增錄*834右
14 浦瑾(明)
浦文玉集 1343左
30 浦祊(明)
遊明聖湖日記 598左
31 浦源(明)
浦舍人詩集 1327左
浦舍人集 1327左
47 浦起龍(清)
史通通釋 373左
84 浦銑(清)
復小齋賦話 1590左

3315_3 淺

60 淺田惟常(日本)
先哲醫話 865右

3390_4 梁

00 梁廉夫(清)
不知醫必要 860右
梁文科(清)
日省錄 767右
梁章鉅(清)
三國志旁證 268右
退菴自訂年譜 423左
乾嘉全閩詩傳小傳 425右
南省公餘錄 468右
遊鴈蕩日記 601右
遊雁蕩山日記 601右
農候雜占 780左
退菴隨筆 1009左
浪跡叢談 1009左
浪跡續談 1009左
歸田瑣記 1009左
古格言(輯) 1036左
閩川閨秀詩話 1566左
退庵論文 1586右
02 梁端(清)
列女傳、續列女傳(校注) 437右
梁彣(清)
四書題說 154左
正念齋語 746左
近思齋答問 746左
近思齋雜箸 1469右
近思齋書牘 1469右
04 梁詩正(清)等
欽定叶韻彙輯 208左
西湖志纂 598右
10 梁一儒(明)
梁一儒詩 1358左
梁正(口)
梁氏三禮圖 98右
梁玉繩(清)
瞥記 172右
1026右
史記志疑 264左
人表考 398右
元號略 463左
遊龍巖記 608左
誌銘廣例 670左
呂子校補、續補 708右
蛻稿 1427左
梁元帝
纂要 219右
懷舊志序 384右
全德志論 384右
古今同姓名錄 396右
忠臣傳序 399右
丹陽尹傳序 399右
孝德傳序 443左
荆南地志 546右
荆南記 546右
職貢圖 622左
職貢圖序 622左
金樓子藏書攷 645右
金樓子著書攷 647右
梁元帝山水松石格 925左
山水松石格 925左
金樓子 965左
梁元帝集 1213左
梁元帝集選 1213左
梁天錫(明)
安南來威圖册、輯略(輯) 311左
梁雲龍(明)
梁中丞集 1362左
12 梁聯德(清)
恆峯文鈔 1418右
梁廷枏(清)
論語古解 143左
南越五主傳 356左
南越叢錄 356左
南漢書 361右
南漢書考異 361右
南漢叢錄 361右
南漢文字略 361右
東坡事類 427右
粤道貢國說 625左
蘭崙偶說 636右

合省國說 638左
藤花亭鏡譜 660右
書餘 661右
金石稱例 670右
續金石稱例 670右
碑文摘奇 670右
藤花亭書畫跋 916右
耶穌教難入中國說 1192右
江南春詞集考* 1553左
斷緣夢雜劇 1689右
江梅夢雜劇 1689右
圓香夢雜劇 1690左
曇花夢雜劇 1690左
曲話 1723左

13 梁武帝
周易大義 9右
樂社大義 100右
鍾律緯 100右
論語梁武帝注 139右
孝經義疏 157左
書評 918左
梁武帝集 1211左
梁武帝御製集 1211左
梁武帝集選 1211左

18 梁孜(明)
梁中舍集 1356右

20 梁億(明)
遵聞錄 348右

23 梁巘(清)
梁聞山先生評書帖 922左
評書帖 922左

24 梁他山(清)
讀律琯朗 488左

梁德繩(清)
古春軒詞 1625右

梁儲(明)
鬱洲遺稾 1334左

25 梁傑庸(清)
小山園吟草 1490右

26 梁覬(梁)
論語梁氏注釋 139左

梁伯顯(清)
桃花仙館詩鈔 1481右

27 梁佩蘭(清)
六瑩堂集、二集、評詞 1395右

梁紹壬(清)
蘇小小考 439左
兩般秋雨盦隨筆 1078左
兩般秋雨庵詩選 1459右
韻蘭序 1459右
兩般秋雨盦曲談 1723左

28 梁份(清)
懷葛堂集 1401右

30 梁宣帝
梁宣帝集 1213左

梁濟(清)
侍疾日記 451右
別竹辭花記 452右
感劬山房日記節鈔 1014左
伏卵錄 1014左
遺筆彙存 1515右
辛壬類稾 1515右

梁淯(民國)
不自棄齋詩草 1525左

梁永泰(清)
鹿洲吟草 1491右

梁寅(元)
周易參義 16右
詩演義 54左
策要 991右
石門集 1317左
石門詞 1613右

31 梁潛(明)
泊菴集 1329左
泊庵先生文集、詩鈔 1329左

33 梁述孔(清)
如嬰齋文鈔 1484右

34 梁汝璠(清)
本學居文鈔 1487右

35 梁清寬(清)
梁敷五詩 1390右

梁清遠(清)
西廬漫筆 352左
眠雲閑錄 1003右
藤亭漫抄 1003右
情話記 1003右
巡簷筆乘 1003右
臥疴隨筆 1003右
今是齋日鈔 1003右
閉影雜識 1003右
采榮錄 1003右
飽卿談叢 1003右
過庭暇錄 1003右
東齋掌鈔 1004左
予寧漫筆 1004左
晏如筆記 1004左
晏如齋檠史 1004左
耳順記 1004左
裔翁檠史 1004左
休園語林 1004左

梁清標(清)
梁蒼巖詩 1387右
棠村詞 1616右

37 梁逸(清)
紅葉村詩稾 1400左

38 梁啓超(民國)
李文忠公事略 411右
梁任公文鈔 1526左
飲冰室詩話 1589左

40 梁九圖(清)
談石 957左

梁克家(宋)
淳熙三山志 521右

梁希曾(清)
癧科全書 833左

梁有譽(明)
梁比部集 1353右

43 梁載言(唐)
十道志 511左
十道志佚文 511左
梁四公記(一題張說撰) 1097右

44 梁夢龍(明)
海運新考 476左

梁蘭(明)
畦樂詩集 1326右
畦樂先生詩集 1327左

梁燕(清)
曼園詩鈔 1492右

梁恭辰(清)
北東園筆錄初編、續編、三編、四編 1077左
廣東火劫記 1077左

45 梁棟(宋)
隆吉詩鈔 1294右
隆吉詩集 1295左
隆吉集補鈔 1295左

47 梁朝鍾(明)
喻園集 1374右

50 梁本之(明)
坦庵先生文集 1327左

60 梁口(清・錢塘)

廣釋親 221右
60梁口(清・鹿邑)
黑水洋考 586右
梁國正(清)
溫柔鄉記 1128左
梁國治(清)等
欽定國子監志 468右
71梁辰魚(明)
梁國子生集 1349左
紅線女 1673右
浣紗記 1693左
怡雲閣浣紗記 1693左
重刻出像浣紗記 1693左
江東白苧、續 1712右
72梁丘子(口)
黃庭內景玉經註 1140右
太上黃庭內景玉經(注) 1140右
黃庭外景玉經註 1140右
太上黃庭外景經(注) 1140右
梁丘賀(漢)
周易梁丘氏章句 4左
77梁同書(清)
直語補證 226左
筆史 800左
頻羅庵題跋 916右
頻羅庵書畫跋 916右
頻羅庵論書 922左
古銅瓷器攷 957右
日貫齋塗說 1006右
頻羅庵詩、集杜、文1426左
梁履繩(清)
左通補釋 108左
梁學昌(清)
庭立記聞(輯) 1026右
80梁益(元)
詩傳旁通 54左
88梁簡文帝
毛詩十五國風義 60右
梁簡文帝集 1212右
梁簡文帝御製集 1212右
梁簡文帝集選 1213左
94梁煒(清)
菽堂分田錄 1006右
97梁炯(清)
蔗境軒詩鈔 1504右

3411_1 湛

23湛然(唐釋)
止觀輔行傳宏決(一名輔行記) 1188右
湛然(明釋)
魚兒佛(原本) 1675右
31湛福(清釋)
介庵印譜(刻) 942左
44湛若水(明)
春秋正傳 125右
新論 732左
甘泉新論 732左
格物通 732左
聖學格物通 732右
湛甘泉先生文集 1335右
湛甘泉集 1335右
60湛愚老人(清)
心燈錄 1189左

3411_2 沈

00沈亨惠(清)
環碧主人賸稿 1469右
沈彥模(清)
看山樓草 1511右
沈庭瑞(宋)
華蓋山浮丘王郭三眞君事實 448右
沈文(明)
聖君初政記 306右
沈文阿(陳)
春秋左氏經傳義略 105右
沈奕琛(清)
湖舫詩(輯) 1553左
沈該(宋)
易小傳 13左
繫辭補注 32左
沈襄(明)
青霞年譜 407右
02沈端節(宋)
克齋詞 1600右
03沈謐(明)
沈少參集 1346右
04沈謹學(清)
沈四山人詩錄 1473左
07沈韶和(清)
新編簡字特別課本 215左
08沈旋(梁)
集注爾雅 163左
爾雅集注 163左
沈敦和(清)
俄羅斯國志略 636右
英吉利國志略 637左
法蘭西國志略 637左
德意志國志略 637左
沈說(宋)
庸齋小集 1290右
沈謙(清)
臨平記 538右
東江子 975左
學海蠡測 1024左
紅樓夢賦 1132左
塡詞雜說 1718右
09沈麟(民國)
溫熱經解 828右
10沈一炳(清)
呂祖師三尼醫世功訣 1185右
沈亞之(唐)
新城錄 298左
湘中怨詞 1103右
湘中怨辭 1103右
異夢錄 1104左
秦夢記 1104左
馮燕傳 1104左
李紳傳 1104左
歌者葉記 1104左
中唐沈亞之詩 1232左
沈下賢集 1232左
沈下賢文集 1232左
沈亞夫(宋)
黃帝陰符經注 1136左
沈璋寶(清)
警庵文存 1508左
沈元琨(清)
書齋快事 959右
沈元溥(清)
畿輔紀聞 328右
沈元泰(清)
道光會稽縣志稾(王藩同纂) 521左
沈元欽(清)
秋鐙錄 352左
沈丙瑩(清)
春星草堂集 1504左
沈爾燝(清)
月團詞 1621右

沈可培(清)
鄭康成年譜 417左
比紅兒詩註 1238左
沈雲(清)
台灣鄭氏始末 323右
11 沈棨(宋)
春秋比事 123右
12 沈登瀛(清)
深柳堂文集 1460左
沈登階(清)
青霞醫案 863右
沈登善(清)
獨寤園叢鈔(輯) 1732右
沈璠(清)
沈氏醫案 862左
沈弘正(明)
蟲天志 1040左
沈廷文(清)
廣事同纂 1038左
沈廷芳(清)
十三經註疏正字 180右
切近編(桑調元同輯) 743右
椒園文鈔 1421左
沈廷桂(清)
虞美人傳 1120左
沈孔鍵(清)
柴門詩鈔 1438左
14 沈瓚(明)
近事叢殘 1070右
16 沈璟(明)
重校十無端巧合紅蕖記 1695左
重校埋劍記 1695左
重校雙魚記 1695左
義俠記 1695左
重校義俠記 1695左
桃符記 1695左
一種情傳奇 1695左
博笑記 1695左
新刻博笑記 1695左
南曲譜 1716右
17 沈豫(清)
讀易寡過 25右
周官識小 71右
春秋左傳服注存、續 108右
左官異禮略 112左
讀經如面 175右
袁浦札記 175右
讀史雜記 380左
羣書提要 649右
皇淸經解提要、續編 650左
皇淸經解淵源錄、外編 651左
仿今言 1009左
秋陰雜記 1009右
羣書雜義 1028左
芙村文鈔 1493左
芙村學吟 1493左
沈君烈(明)
卽山論 1002左
沈翼世(清)
磷秋閣詩鈔 1405左
20 沈重(北周)
毛詩義疏 51右
毛詩沈氏義疏 51右
周官禮義疏 69右
禮記沈氏義疏 84右
樂律義 100右
沈雋曦(清)
金陵癸甲摭談補 333右
沈鯨(明)
雙珠記 1692右
鮫綃記 1692右
新刻全像易鞋記 1692右
沈孚中(明)
譚友夏鍾伯敬先生批評綰春園傳奇 1700左
沈受先(明)
三元記 1692右
馮京三元記 1692右
沈季友(清)
秋蓬俚語 1405左
檇李詩繫(輯) 1547左
沈采(明)
千金記 1692右
新刻出像音註花欄韓信千金記 1692右
新刻出像音註花欄裴度香山還帶記 1692右
新刊重訂出相附釋標註裴度香山還帶記 1692右
沈維基(清)
沈氏經驗方 859左
沈纕(清)
翡翠樓集詩 1444右
翡翠樓詩集 1444右
浣紗詞 1624右
翡翠樓集詞 1625左
21 沈行(明)
集古梅花詩 1340右
沈師昌(明)
沈師昌詩 1366左
22 沈岸登(清)
黑蝶齋詞 1618右
沈巖(清)
世說新語校語* 1046右
沈樂善(清)等
嘉慶束鹿縣志(修) 515右
沈繼孫(明)
墨法集要 800右
沈彩(清)
春雨樓雜文、詩 1458左
採香詞 1630左
23 沈峻(清)
鼃甌解 1034左
沈岱瞻(清)
同志贈言(輯) 420左
24 沈仕(明)
硯譜 803右
研譜 803右
攝生要錄 846左
林下清錄 958左
林下盟 958左
怡情小錄 995右
桃花仕女傳 1118左
沈青門集 1344右
唾窗絨 1712左
沈佳(清)
明儒言行錄、續錄 413左
沈佳胤(明)
翰海(輯) 1560左
沈德麟(民國)
環綠軒選詞 1643右
沈德潛(清)
沈德潛自訂年譜 431右
浙江通省志圖說 537右
遊牛頭隖記 593右
遊虞山記 594左
遊漁洋山記 594右
遊蒜山記 595左
黃山遊草 596左
鸞嘯集 596右
台山遊草 601左
暢敘譜 950右

歸愚文鈔、餘集 1412左
歸愚詩鈔、餘集 1412左
矢音集 1412左
歸田集 1412左
恭頌南巡詩 1412左
歸愚文錄 1412左
耕養齋集(選) 1425右
媕雅堂集(選) 1426右
履二齋集(選) 1426右
辛楣吟藁(選) 1427右
聽雨樓集(選) 1427右
宛委山房集(選) 1429右
硯山堂集(選) 1434左
古詩源(選) 1534左
說詩晬語 1583右
歸愚詩餘 1622右

24 沈德符(明)
萬曆野獲編 351左
秦璽始末 940左
飛鳧語略 958右
敝帚齋餘談 1070右
敝帚齋餘談節錄 1070右
敝帚軒剩語 1070右
顧曲雜言 1722右

沈綺(清)
環碧軒詩集 1408左

25 沈仲方(清)
東山國語(補述) 281右

沈仲緯(元)
刑統賦疏 487左

沈仲圭
吳山散記 865右

沈純(清)
西事類編(輯) 625右
西事蠡測 625右

沈練(清)
廣蠶桑說輯補 785右

26 沈自晉(明)
翠屏山 1700左
望湖亭記 1700左
越溪新詠 1713左
黍離續奏 1713左
不殊堂近草 1713左

沈自徵(明)
鞭歌妓 1675右
簪花髻 1675右
霸亭秋 1675右

沈自南(清)
藝林彙攷 1024左

沈堡(清)
淮遊紀略 587右
唱莊 697左
懷舊吟 1419右

沈保靖(清)
讀孟集說 148右
韓非子錄要 703左
怡雲堂詩集 1504右
怡雲堂雜文 1504右
怡雲堂內集 1504右
怡雲堂戊子集 1504右

沈鯉(明)
亦玉堂稿 1353左

沈皞日(清)
柘西精舍集 1620左
柘西精舍詞 1620左

沈穆孫(清)
碧梧秋館詞鈔 1636左

27 沈修(民國)
原書 189右
寶書堂詩集 1523左
未園集略 1523左
未園集選 1523左
冷雅 1643右

沈俶(宋)
諧史 1122右

沈名蓀(清)
南史識小錄、北史識小錄(朱昆田同輯) 372左

沈魯(明)等
斯文會詩 1557左

沈約(梁)
宋書 269右
晉書 280左
竹書紀年(注) 285右
宋書州郡志、考證 509左
棋品 943左
袖中記 1036右
俗說 1046右
梁四公記(一題唐張說撰) 1097右
梁沈約集 1210左
沈隱侯集 1210左
沈休文集 1210左
沈隱侯集選 1210左

沈叔埏(清)
頤綵堂文錄 1433左

沈紹祖(清)等
永昌縣誌(纂) 517左

28 沈作喆(宋)
寓簡 984右

沈佺期(唐)
沈雲卿集 1218右
沈佺期集 1218右

沈復(清)
浪遊記快 588左
浮生六記 1076右

沈齡(清)
續方言疏證 225左

29 沈峭(口)
論語沈氏說 139右

30 沈宜修(明)
鸝吹(一名午夢堂遺集) 1366右
鸝吹選(一名午夢堂遺集) 1366右
梅花詩 1366右
伊人思(輯) 1543右
鸝吹詞 1614右

沈淮(明)
孝經會通 158右

沈瀛(宋)
竹齋詞 1601右

沈濂(清)
懷小編 1028右
蓮溪吟稾、續刻 1470左
蓮溪文稿、續刻 1470左
蓮溪試帖 1470左
桂馨塾課(輯) 1470左

沈寵綏(明)
度曲須知 1722右

沈永令(清)
嘆霞閣詞 1622左

沈家霦(清)
松桂林草 1511右

沈家本(民國)
史記瑣言 264右
漢書瑣言 266左
後漢書瑣言 267左
續漢書志瑣言 267右
三國志瑣言 269左
歷代刑官考 468右
刑制總考 486左
刑制分考 486左
赦考 486左
律令 486左

獄考 486左
刑具考 486左
行刑之制考 486左
死刑之數 486右
充軍考 486右
鹽法私礬私茶同居酒禁丁年考 486右
律目考 486右
唐死罪總類 486右
漢律摭遺 486右
明律目箋 487右
明大誥峻令考 487右
續漢書志注所引書目 653左
三國志注所引書目 653左
世說注所引書目 653左
文選李善注書目 653右
日南隨筆 1014右
寄簃文存 1517右
沈碧樓偶存稿 1517右
諸史瑣言 1732左
歷代刑法考 1734右
古書目四種 1735左

沈之問(清)
解圍元藪(輯) 833左

沈守之(清)
借巢筆記 353左

沈定年(清)
經藝新畬(輯) 177右

沈宗元(民國)
西藏風俗記 561右

沈宗騫(清)
芥舟學畫編 933右

沈宗畸(民國)
宣南零夢錄 948左
詩鞶(輯) 1545左
鍊庵駢體文選(輯) 1545左
實獲齋文鈔(輯) 1545左
駢花閣文選(輯) 1545左
樸學齋文鈔(輯) 1545左
今詞綜(輯) 1647左

31 沈源深(清)
勸學淺語 765左

32 沈兆澐(清)
篷窗附錄 1077左

沈近思(清)
勵志錄 743左

33 沈心(清)
怪石錄 957左

34 沈汝瀚(清)
除氛錄 328左
平臺除氛錄 328左
學治錄初編、二編 502左
臺防學治錄 502左
泉務學治錄 502左
我師錄 747左
沈氏遺書 747右
固圉錄 775右
武備固圉錄 775右
武備圖繪 775右

沈濤(清)
易音補遺 33右
論語孔注辨僞 142右
江上遺聞 320右
瑟榭叢談 1010左
交翠軒筆記 1010左
銅熨斗齋隨筆 1028左
柴辟亭讀書記 1028左
柴辟亭詩二集 1466左
十經齋文二集 1466左
絳雲樓印拓本題辭(輯) 1558右
匏廬詩話 1587左
九曲漁莊詞 1631右

沈禧(元)
竹窗詞 1614左

沈遼(宋)
雲巢編 1255左
雲巢詩鈔 1255左
雲巢集補鈔 1255左

35 沈清瑞(清)
韓詩故 67左
沈氏羣峯集、外集 1448右
七娛 1448右

沈清旭(清)
借箸雜俎 1011左

沈遘(宋)
西溪集 1251左
西溪文集 1251右
西溪集鈔 1251右
西谿集補鈔 1251右

36 沈澤蘅(清)
小摩圍閣詩鈔 1505右

37 沈淑(清)
春秋左傳分國土地名 112左
左傳職官 112左
左傳列國職官 112左
左傳器物宮室 112左
陸氏經典異文輯(輯) 179左
經典異文補(輯) 179右
陸氏經典異文補(輯) 179右
注疏瑣語 182右
春秋經玩 1727右
沈氏經學 1728右

沈祖緜
玄空祕旨通釋 899左
玄機賦通釋 899左
飛星賦通釋 899左
紫白訣通釋 899左

沈祖復(清)
醫驗隨筆 863右

沈初(清)
西清筆記 352右

沈逢吉(清)
七夕夜遊記 1080左

沈朗(清)
恬翁集 1409左

38 沈汾(南唐)
續仙傳 446右
續神仙傳 446右

沈祥龍(清)
論詞隨筆 1720右

沈道寬(清)
論語比 142右
六書糠秕 190右
八法筌蹄 922右
操縵易知 936右
話山草堂詩鈔、文鈔 1452右
六義郛郭 1586右
話山草堂詞鈔 1629左
話山草堂雜著 1741左

沈道暎(清)
沈彥澂詩 1407左

40 沈大本(清)
城南夜話、續話 1093右

沈大成(清)
學福齋雜著 1025左
學福齋文錄 1445右

沈士謙(明)
明良錄略 401左

沈士瑛(清)
美人揉碎梅花迴文圖 1388右

40 沈垚（清）
台灣鄭氏始末（注） 323右
西游記金山以東釋 611左
落颿樓文稿 1460右
落帆樓文集 1460右
落帆樓文遺稿 1461左
沈堯咨（清）
晚盥集鈔 1403左
沈赤然（清）
公羊穀梁異同合評 129左
寒夜叢談 1007右
寄傲軒讀書隨筆、續筆、三筆 1027左
五研齋詩鈔、文鈔 1436左
沈李龍（清）
脈訣秘傳 848左
沈嘉轍（清）等
南宋雜事詩 382右
沈右（元）
清輝樓稾 1316右
沈壽（民國）
雪宧繡譜（述） 797右
沈雄（清）
柳塘詞 1621右
柳塘詞話 1719右
古今詞話（輯） 1719右
41 沈樞（宋）
通鑑總類 371右
42 沈機（明）
梅涇草堂集鈔 1369右
43 沈尤含（明）
吳子（王克安同訂） 770右
44 沈荃（清）
沈繹堂詩 1389右
繹堂詩選 1389右
沈萍如（清）
鱠殘篇 824左
沈蓼菴（清）
蓼菴手述 1469左
沈夢麟（元）
花溪集 1318左
沈夢蘭（清）
周易學 28左
周禮學 72左
孟子學 148右
五省溝洫圖說、補錄 578右
水北家訓 756右
沈夢書（清）
海門遺詩 1467左
沈蘭先（清）
淳化閣帖跋 924左
沈蕙玉（清）
聊一軒詩稿 1439左
沈蕙纕（清）
謚法考（錄） 463右
沈懋功（明）
山遊十六觀 1002左
沈荀蔚（清）
蜀難敍略 316右
沈世良（清）
楞華室詞 1635左
沈樹德（清）
慈壽堂文鈔 1419右
沈樹鏞（清）
書畫心賞日錄 912右
養花館書畫目（編） 912右
沈桂（清）
從扈隆福寺小記 452右
沈棋（清）
讀經心解 175左
兼山堂文集、詩集 1461右
湘夢詞 1631左
45 沈榛（清）
松籟閣詩餘 1620右
47 沈朝宣（明）
嘉靖仁和縣志 520左
沈鵠應（民國）
崦廔詞 1642右
沈起（清）
查東山年譜 419右
沈起元（清）
周易孔義集說 21右
課士條言 764左
沈起鳳（清）
諧鐸 1076左
續諧鐸 1076左
報恩緣 1707右
才人福 1707右
文星榜 1707右
伏虎韜 1708左
沈氏傳奇四種 1751左
48 沈翰卿（明）
沈石灘集 1366左
50 沈中楹（清）
觴政 950左
沈泰（明）
盛明雜劇二集（輯） 1752左
沈泰（明）等
盛明雜劇（輯） 1752左
52 沈揆（宋）
顏氏家訓攷證* 751左
沈括（宋）
本朝茶法 783左
忘懷錄 799左
藥議 853左
蘇沈良方（蘇軾同撰） 856右
蘇沈內翰良方（蘇軾同撰） 856右
惠民藥局記 865右
沈存中圖畫歌 926右
夢溪筆談、續筆談 1018右
夢溪補筆談 1019左
紫姑神傳 1115右
長興集 1251左
沈中允集 1251左
54 沈持玉（清）
停雲閣詩稿 1438右
55 沈捷（清）
增訂心相百二十善 1033右
心相百二十善 1034左
58 沈敕（明）
荆溪外紀（輯） 1546右
60 沈□（宋）
鬼董 1117左
沈□（明）
沈氏農書 779左
農書 779左
沈□（□）
宣爐小志 662右
沈曰霖（清）
粵西瑣記 555左
晉人麈 1075右
沈曰富（清）
沈端恪公年譜 410右
沈星煒（清）
悼亡詞 1514左
沈國治（清）
韻香廬詩鈔 1467右
沈思倫（清）
學語雜篇 975左
沈思孝（明）
晉錄 525右

秦錄 529左

沈恩孚(民國)

澳大利亞洲志譯本(輯) 639右

沈愚(明)

懷賢錄(輯) 428右

沈昌世(清)

邃山牘稿 1468左

沈畏堂(清)

孔氏三出辯 415左

沈景麟(明)

无能子(李廷謨同訂正) 966右

61 沈顥(明)

畫麈 930左

63 沈默(清)

發幽錄 389左

64 沈時譽(明)

葉選醫衡 820右

65 沈映鈐(清)

退庵隨筆 1010右

退庵牘稿 1479右

67 沈明宗(清)

傷寒六經辨證治法 811右

傷寒六經纂註 811右

金匱要略編註 817左

沈註金匱要略 817左

虛勞內傷 826右

溫熱病論 827左

女科附翼 836左

客窗偶談 864右

沈明臣(明)

沈嘉則集 1352左

白嶽游稿(輯) 1552右

沈野(明)

印談 940左

68 沈喻(清)

御製避暑山莊圖詠(繪) 1557右

沈晦(宋)

環碧亭詩集 1264右

71 沈辰垣(清)等

御定歷代詩餘(輯) 1644右

沈既濟(唐)

枕中記 1098右

任氏傳 1099左

雷民傳 1099左

陶峴傳 1099左

沈長慶(明)

弋說 1002左

沈長春(清)

小如詩存 1447左

72 沈彤(清)

尙書小疏 41右

周官祿田考 74左

儀禮鄭注監本刊誤 75右

儀禮小疏 77左

春秋左氏小疏 107右

春秋左氏傳小疏 107右

春秋左傳小疏 107右

果堂集 171右 1414左

釋骨 220右

尋淮源記 580右

登泰山記 592左

遊包山記 594左

遊豐山記 603右

果堂文錄 1414左

沈氏(清)

憂菴大司馬幷夫人合稿（姚啓聖同撰） 1545左

77 沈周(明)

杜東原先生年譜 429左

客坐新聞 1066左

石田雜記 1066左

石田先生集 1332左

沈石田集 1332左

石田詩選 1332左

沈履端(清)

竹岳樓艸 1419右

沈又彭(清)

醫經讀(輯) 809右

傷寒論讀(輯) 811右

女科輯要 836右

沈學(清)

盛世元音 216右

沈與求(宋)

龜溪集 1264左

沈忠敏公龜谿集 1264左

龜谿集鈔 1264左

龜谿集補鈔 1264左

龜溪長短句 1598左

79 沈驎士(南齊)

周易沈氏要略 9左

論語沈氏訓注 139右

80 沈金鰲(清)

傷寒論綱目 812左

雜病源流犀燭 822左

婦科玉尺 837左

幼科釋謎 839右

要藥分劑 854右

沈鎬(清)

蜀遊記 607右

沈義父(宋)

樂府指迷 1717右

沈氏樂府指迷 1717右

沈善登(清)

需時眇言 28左

沈氏改正揲蓍法 897左

論餘適濟編 977左

經正民興說 977左

報恩論 1189左

沈善寶(清)

鴻雪廔詞 1627右

沈曾植(民國)

元親征錄（李文田合校注） 303右

島夷志略廣證 623左

曼陀羅寱詞 1641左

菌閣瑣談 1721左

沈會宗(宋)

沈文伯詞 1597左

82 沈鍾泰(清)

荻書樓遺草 1438左

84 沈鎮(清)

五代會要校勘記（朱福泰同撰）* 454右

85 沈涷(明)

青霞集 1348右

86 沈鍠(清)

石頭記評贊序 1132左

沈錦桐(清)

毓麟策(輯) 837左

法古宜今(輯) 859右

沈錫爵(清)

浙東紀遊草 600右

沈知言(唐)

通玄祕術(集) 1179左

87 沈銘石(清)

沈子磻遺文正編、外編 1502右

沈銘彝(清)

後漢書注又補 267左

雲東逸史年譜 429右

沈欽韓(清)

春秋左氏傳補注 108左
春秋左氏傳地名補注 112左
讀金石萃編條記 656右
韓集補注 1228右
王荆公詩集李壁注勘誤補正、王荆公文集注 1250右
蘇詩查注補正 1253左
范石湖詩集注 1271左
㓜學堂文稿 1451右

88 沈節甫（明）
忍書續編（輯） 1032右
紀錄彙編（輯） 1732右

89 沈鑅彪（清）
續修雲林寺誌 566右

90 沈惟賢（民國）
前漢匈奴表 363左
後漢匈奴表 364左
晉五胡表 365右
讀史日記三種 1733左

沈懷遠（口）
南越志 552左
南越記 552左
南越志佚文 552左

沈常（明）
流寇陷巢記（原名沈存仲再生紀異錄） 317左

91 沈炳震（清）
九經辨字瀆蒙 180右
廿一史四譜 362右
歷代世系紀年編 362右
唐書宰相世系表訂譌 368左
唐詩金粉（輯） 1540右

沈炳巽（清）
水經注集釋訂訛 577右
權齋老人筆記 1006左
權齋文稿 1420左

92 沈愷（明）
沈鳳峯集 1346右
續沈鳳峯集 1346右

96 沈焜（民國）
一浮漚齋詩選 1523右

97 沈炯（陳）
沈侍中集 1213左
沈侍中集選 1213左

沈煥（宋）
定川遺書 1274右

99 沈瑩（吳）
臨海異物志 541右
臨海異物志佚文 541右

沈鎣（清）
留漚唫館詞存 1633左

3411_2 池

25 池生春（清）
明道先生年譜（諸星杓同撰） 418左
伊川先生年譜（諸星杓同撰） 418左

40 池志澂（民國）
全臺遊記 603左

50 池本理（明）
禽星易見 908左

3411_4 灌

60 灌園耐得翁（宋） 見趙口
72 灌隱主人（清） 見吳偉業

3413_1 法

10 法天（明釋）
朝天集 1323左

法雲（宋釋）
翻譯名義集 1191右

24 法偉堂（清）
山左訪碑錄 674左

44 法芝瑞（清）
京口僨城錄 328左

53 法成（唐釋）
釋迦牟尼如來像法滅盡之記（譯） 1189右

61 法顯（晉釋）
神僧傳 445右
佛國記 621右
三十國記 622左
法顯記 622左
佛說雜藏經（譯） 1187左

3413_2 漆

70 漆雕口（周）
漆雕子 682左

3413_4 漠

37 漠鴻氏（清）
小家語 1014右

漢

33 漢濱讀易者（民國） 見辜鴻銘

50 漢史氏（民國）
滿清興亡史 372右

67 漢明帝
五家要說章句 37左

3414_7 淩

00 淩堃（清）
周易翼 26右
易卦候 31右
尙書述 43右
學春秋理辯 129右
告蒙編 176左
孫子（增注） 769右
吳子（評校） 770右
司馬法（注） 771左
醫宗寶笈 823左
易林 896左
相地指迷（輯） 902左
德輿集 1460左

淩立（明）
碧筠館詩稿 1354左

10 淩霄（清）
區田圖說 780右

淩霞（清）
癖好堂收藏金石書目 653左
天隱堂文錄 1512左

淩雲翰（明）
柘軒集 1324右
柘軒詞 1614右

12 淩登名（明）
榕城隨筆 542右
壁疏 1000左

淩廷堪（清）
禮經釋例 81右
禮經釋例目錄 81右
晉泰始笛律匡謬 102右
校禮堂文集 174左
元遺山先生年譜 429左
燕樂考原 938右
校禮堂詩集、文集 1443左
梅邊吹笛譜、補錄 1624左
淩次仲先生遺書 1744左

17 淩承樞（清）

紅樓夢詞 1132左
20 淩秀(口)
管絃記 936左
淩禹聲
霍亂平議 830左
淩稚隆(明)
史記評林(輯) 263右
漢書評林(輯) 265左
史記短長說(淩迪知同訂正) 296右
24 淩德(清)
欬論經旨 827左
女科折衷纂要(輯) 837右
專治痲痧初編(輯) 842左
25 淩仲望(明)
月暎 1002左
27 淩奐(清)
醫學薪傳 653左
外科方外奇方(輯) 831右
飼鶴亭集方 860右
淩臨靈方 863右
30 淩準(元)
餘艎日疏 1065右
淩寶樞(清)
小茗柯館詩詞稿 1516左
淩寶樹(清)
第六水村居稿 1516左
31 淩江(清)
論語集解、敘說(增注) 142右
孟子補義 148左
淩祉媛(清)
翠螺閣詞 1639左
34 淩濛初(明)
拍案驚奇 1128右
西廂記五劇五本解證 1651右
虬髯翁 1676左
35 淩迪知(明)
史記短長說(淩稚隆同訂正) 296右
左國腴詞(輯) 371右
太史華句(輯) 371右
兩漢雋言後集(輯) 371右
萬姓統譜、氏族博攷396左
文選錦字錄(輯) 1532左
36 淩泗(清)
五畝園小志志餘(謝家福同輯)* 564右
桃塢百詠 564右
莘廬文 1501右
莘廬遺詩 1501右
浮梅日記 1501右
松陵水災新樂府 1501右
莘廬詩餘 1637右
38 淩遂知(清)
青玉館集 305左
40 淩奎(清)
孟子補義(注) 148左
44 淩萬頃(宋)
玉峯志 519左
45 淩帙女(清)
清湘樓詩選 1474右
56 淩揚藻(清)
春秋咫聞鈔 129左
四書紀疑錄 153右
拄楣蕝記 462左
蠡勺編 1027左
藥洲花農詩略、文略、文略續 1445左
國朝嶺海詩鈔(輯)1548左
60 淩景曦(清)
青玉館集(注) 305左
66 淩曙(清)
禮論略鈔 77右
儀禮禮服通釋 81左
禮說 95左
公羊問答 115右
春秋繁露注 117左
春秋公羊禮疏 117右
公羊禮疏 117右
公羊禮說 117右
四書典故覈 154左
羣書答問 1027右
67 淩鳴喈(清)
論語集解、敘說 142右
疏河心鏡 580左
東林粹語 737右
盤溪歸釣圖題辭(輯) 1558右
77 淩丹陛(清)
六梅書屋尺牘 1493右
80 淩義渠(明)
淩忠介集 1367左
淩忠介公文集 1367右
86 淩錫祺(清)
尊道先生年譜(輯) 420左
96 淩煜(清)
柏巖乙稿、丙稿 1498右

3418_1 洪

00 洪亮吉(清)
毛詩天文考 61右
春秋左傳詁 108左
傳經表、通經表 182左
六書轉注錄 190右
漢魏音 211左
比雅 220右
附鮚軒外集 382左
唐宋小樂府 382左
擬兩晉南北史樂府 382右
兩晉南北史樂府 382右
外家紀聞 394右
補三國疆域志 507右
東晉疆域志 508右
十六國疆域志 509左
乾隆府廳州縣圖志 514左
天山客話 531左
淨海記 591左
遊幕府山泛舟江口記 592右
遊清涼山記 592右
遊消夏灣記 594右
遊京口南山記 595右
遊南湖記 597左
遊九華山記 597左
遊天台山記 601左
遊武夷山記 602右
遊廬山記 605右
少寨洞記 608左
獅子崖記 608左
伊犂日記 615右
遣戍伊犂日記 615右
弟子職箋釋 701左
曉讀書齋初錄、二錄、三錄、四錄 1027左
卷施閣文甲集 1436左
卷施閣文乙集 1436左
卷施閣詩 1436左
更生齋文甲集、乙集、續集、詩、續集 1436左
更生齋文錄 1436左
附鮚軒詩 1436右
洪北江詩文集 1436右
玉麈集 1436右
七招 1436右
洪稚存先生尺牘 1436右

北江詩話 1586左
更生齋詩餘 1625右
冰天雪窖詞 1625右
機聲鐙影詞 1625右
更生齋詩餘二種 1748左
00 洪應明(明)
菜根譚 973右
月旦堂仙佛奇踪 1186左
還初道人箸書二種 1739右
洪文科(明)
語窺今古 1000右
10 洪玉圖(清)
歙問 537左
洪震煊(清)
夏小正疏義、異字記、釋音 92右
檆堂詩鈔 1450右
14 洪瑹(宋)
空同詞 1608左
17 洪承疇(清)
經略洪承疇奏對筆記 324左
江南總督洪承疇詳查舊額解南本折錢糧及酌定支用起解事宜册 475右
21 洪仁玕(太平天国)
資政新篇 332右
欽定英傑歸眞 332右
英傑歸眞 332右
欽定軍次實錄 332右
欽命文衡正總裁精忠軍師干王寶製 332右
天父天兄天王太平天国九年會試題 332右
誅妖檄文 332右
太平天日 332右
洪仁玕(太平天国)等
干王洪仁玕等口供 332右
24 洪勳(清)
遊歷聞見拾遺 626左
遊歷聞見錄總略 635右
遊歷瑞典那威聞見錄 637右
遊歷意大利聞見錄 637右
遊歷西班牙聞見錄 637右
遊歷葡萄牙聞見錄 637右
洪皓(宋)
松漠紀聞、續 302右
鄱陽集 1272左
鄱陽詞 1598左
洪齮孫(清)
補梁疆域志 509右
27 洪佩聲(清)
松漠紀聞考異* 302右
洪芻(宋)
香譜 798右
海外怪洋記 1116左
老圃集、遺文 1263右
洪老圃集 1263右
30 洪守美(明)
易說醒 18左
洪良品(清)
古文尙書辨惑 47右
古文尙書釋難 47右
古文尙書析疑 47右
古文尙書商是 47右
西山遊記 589左
遊五腦山記 603右
遊麻姑洞記 603右
巴船紀程 618左
東歸錄 618左
北征日記 618左
32 洪适(宋)
隸釋 666左
隸續 666左
歙州硯譜(一題唐積撰) 802右
盤洲集 1268左
盤洲文集、拾遺 1268左
盤州集 1268左
盤洲樂章 1599右
洪業
崔東壁遺書引得(編) 655左
34 洪汝奎(清)
洪忠宣公年譜 406右
洪文惠公年譜(增訂) 428左
洪文安公年譜 428左
洪文敏公年譜(增訂) 428左
盤洲文集校記* 1268左
平齋文集校記* 1281右
四洪年譜(輯) 1733右
豫章三洪集(輯) 1747左
洪汝闓(民國)
果贏轉語記校記* 221左
洪邁(宋)
史記法語(輯) 263右
南朝史精語 372左
糖霜譜 805右
隨筆兆 907右
容齋隨筆、續筆、三筆、四筆、五筆 984右
隨筆 984右
容齋五筆 984右
俗考 1020左
經子法語(輯) 1035右
對雨編 1060右
夷堅支志 1090右
夷堅志 1091左
夷堅志陰德 1091左
鬼國記、續 1116左
鳴鶴山記 1116左
福州猴王神記 1116左
野處類稿、集外詩 1268左、右
容齋題跋 1268右
萬首唐人絕句詩(輯) 1539右
容齋詩話 1573左
容齋四六叢談 1590右
37 洪咨夔(宋)
春秋說 124左
平齋文集 1281右
平齋詞 1606左
38 洪遂(宋)
侍兒小名錄 397右
三續侍兒小名錄 397右
洪遵(宋)
訂正史記眞本 263右
翰苑遺事 470左
泉志 663左
洪氏集驗方 857右
譜雙 951右
翰苑羣書(輯) 1734左
40 洪希文(元)
續軒渠集 1311左
去華山人詞 1613左
洪榜(清)
初堂遺稿 1440右
41 洪枰(清)
地理枝言 903左
雪蘆老人詩稿 1432左
洪梧(清)等

歷代壽考名臣錄(輯) 399右

43 洪朴(清)
伯初文存、詩鈔、時藝 1440右

44 洪若皋(清)
海寇記 323右
閩難記 325右
釋奠考 456左
遊鍾山記 592右
遊鼓山記 602左

45 洪坤煊(清)
地齋詩鈔 1444右

47 洪朝選(明)
洪芳洲集 1349左

55 洪轉(清釋)
夢綠堂槍法 776右
夢綠草堂槍法 777左

60 洪昇(清)
四嬋娟 1686右
長生殿 1706左

71 洪頤煊(清)
歸藏(輯) 34左
喪服變除(輯) 79左
孔子三朝記(注) 93左
石渠禮論(輯) 93右
禮經宮室答問 97右
春秋土地名(輯) 111右
春秋決獄(輯) 117左
孝經鄭注補證 159右
五經通義(輯) 166左
五經要義(輯) 166右
六藝論(輯) 168左
讀書叢錄 174右
汲冢瑣語(輯) 277右
竹書紀年(校) 285右
楚漢春秋(輯) 296右
蜀王本紀(輯) 356左
諸史考異 379右
鄭玄別傳(輯) 417左
茂陵書(輯) 490右
漢志水道考證 507左
漢志水道疏證 507左
臨海記(輯) 541右
台州札記 542左
別錄(輯) 644右
七略(輯) 644右
平津讀碑記、續記、再續、三續 669左
公孫尼子(輯) 683右
子思子(輯) 683右
魯連子(輯) 685右
管子義證 700右
范子計然(輯) 709右
穆天子傳(校) 711左
黃帝問玄女兵法(輯) 768右
太公金匱(輯) 769左
氾勝之書(輯) 777右
靈憲(輯) 867左
渾天儀(輯) 867左
師曠占(輯) 897右
夢書(輯) 906左
白澤圖(輯) 907左
地鏡圖(輯) 907左
讀書叢錄 1027右
讀書叢錄節鈔 1027右
漢武故事(輯) 1095左
筠軒文鈔 1449右
筠軒詩鈔 1449右
國朝名人詞翰(輯)1544左
經典集林(輯) 1741右

75 洪陳光(民國)
羣經大義、補題(輯)179左

77 洪月誠(明)
秋水鏡(一名臆見)1002左
洪朋(宋)
洪龜父集 1263左
清非集 1263右
洪巽(宋)
暘谷謾錄 988右
暘谷漫錄 988右
洪興祖(宋)
韓子年譜 426右
楚詞補註 1195左

83 洪飴孫(清)
三國職官表 364右
史目表 373右

87 洪鈞(清)
元史譯文證補 275左

88 洪符孫(清)
齊雲山人文集 1456左

90 洪炎(宋)
西渡集 1260左、右
西渡詩集 1260左
洪焱祖(元)
爾雅翼(音釋) 220左
杏庭摘稾 1307右

94 洪煒(清)
虛損啓微 826右
盤珠集胎產症治(施雯、嚴潔同纂) 837左

3419_0 沐

60 沐昂(明)
滄海遺珠(輯) 1548右

3424_7 被

36 被褐先生(明) 見張應文

3425_6 禕

16 禕理哲(美國)
地球說略 626右

3426_0 褚

00 褚亨奭(清)
姑蘇名賢後紀 388右
褚亮(唐)
褚亮集 1216左

23 褚峻(清)
金石經眼錄(摹圖) 656左

25 褚仲都(梁)
周易褚氏講疏 9右
易注 9右
論語褚氏義疏 139右

26 褚伯秀(宋)
南華眞經義海纂微 695左

30 褚寅亮(清)
儀禮管見 77左

32 褚澄(南齊)
褚氏遺書 817右

38 褚遂良(唐)
新室志 798左
唐褚河南陰符經墨跡(書) 923左
鬼塚志 1087右
1088左
褚遂良集 1216右

44 褚藏言(唐)
竇氏聯珠集(輯) 1550右
褚孝錫(宋)
紹熙長沙志 548左
褚華(清)
滬城備考 524右
閩雜記 542右
木棉譜 782左

水蜜桃譜 787右

80 褚人穫(清)

續蟹譜 793右

堅瓠首集、二集、三集、四集、五集、六集、七集、八集、九集、十集、續集、廣集、補集、祕集、餘集 1004右

90 褚少孫(漢)

漢褚先生集 1198右

3430$_2$ 邁

40 邁柱(清)等

湖廣通志(修) 521右

3430$_4$ 達

14 達瑛(清釋)

梅檀閣詩鈔 1436右

20 達受(清釋)

寶素室金石書畫編年錄 909右

44 達林(清)

烏魯木齊事宜(龍鐸同纂) 517左

60 達園鉏菜叟(清) 見吳鼒

3510$_6$ 冲

10 冲一眞君(明)

祿嗣奇談 1181左

3512$_7$ 清

00 清高宗

御製律呂正義後編 102左

御製評鑑闡要 376右

御譯大藏經目錄 653右

日知薈說 750右

御製樂善堂文集定本 1422左

御製文初集、二集 1422左

御製詩初集、二集、三集、四集 1422左

御製詩文十全集 1422右

御製避暑山莊圖詠(和) 1557右

清康熙二十五年敕修

太祖高皇帝聖訓 494左

清康熙二十六年敕修

世祖章皇帝聖訓 494左

清康熙三十八年敕撰

欽定春秋傳說彙纂 127左

清康熙四十二年敕輯

御定全唐詩 1540右

清康熙四十五年敕輯

御定佩文齋詠物詩選 1557右

清康熙四十六年敕輯

御定歷代題畫詩類 1558左

清康熙四十九年敕撰

淵鑑類函 1043右

清康熙五十年敕輯

御定全金詩 1542右

清康熙五十年敕撰

御定佩文韻府 1044右

清康熙五十五年敕撰

御定韻府拾遺 1044右

清康熙五十八年敕撰

御定駢字類編 1044右

清康熙六十年敕撰

御定子史精華 1044左

清康熙六十一年敕輯

御定千叟宴詩 1553右

清康熙六十一年敕撰

御定分類字錦 1044右

清康熙中敕修

大清太祖承天廣運聖德神功肇紀立極仁孝睿武弘文定業高皇帝實錄 291右

清雍正五年敕撰

八旗通志初集 481右

清雍正六年敕撰

執中成憲 750右

清雍正九年敕修

聖祖仁皇帝聖訓 494左

14 清珙(元釋)

石屋禪師山居詩集 1313左

山居詩 1313左

16 清聖祖

周易(案) 13右

書經(案) 39左

詩經(案) 52左

禮記(案) 85右

日講禮記解義 86左

律呂正義 101右

御定律呂正義 101右

御製律呂正義 101右

春秋傳說薈要(案) 127左

日講春秋解義 127左

御批通鑑綱目 283右

御批通鑑綱目前編、舉要 284左

御批通鑑綱目續編 284左

康熙御製百家姓 396右

御製耕織圖詩(題) 779左

曆象考成 872右

數理精蘊 881右

聖祖仁皇帝御製文集 1408右

御選古文淵鑑(選) 1536右

御選唐詩(輯) 1540右

御選宋詩(輯) 1542左

御選金詩(輯) 1542左

御選元詩(輯) 1543左

御選明詩(輯) 1543右

御製避暑山莊圖詠 1557右

21 清順治九年敕撰

欽定服色肩輿永例 460右

清順治中敕修

太宗文皇帝聖訓 494左

22 清出洋肄業局

西學課程彙編(譯) 807左

30 清涼道人(清) 見徐口

清戶部

奉天等省民數穀數彙總黃册(乾隆六年・編) 475右

清容主人(清) 見蔣士銓

31 清河老人(口)

元始无量度人上品妙經註(頌) 1133左

32 清溪道人(明) 見方汝浩

清淨散人(金) 見孫不二

40 清內閣典籍廳

內閣典籍廳關支康熙廿八年秋冬二季俸米黃册(編) 476左

清嘉慶四年敕撰

欽定石渠寶笈三編總目 911右

清嘉慶十三年敕撰

欽定授衣廣訓 782左

清嘉慶二十五年敕撰

大清一統志 513右

44 清世宗

日講春秋解義(校定)　127左
御纂孝經集註　159左
世宗憲皇帝上諭內閣　494左
世宗憲皇帝硃批諭旨　494左
庭訓格言(述)　750右
聖祖仁皇帝庭訓格言(述)　750右
聖諭廣訓　767左
悦心集(輯)　1036左
世宗憲皇帝御製文集　1412右

清世祖
御註孝經　159左
孝獻莊和至德宣仁溫惠端敬皇后行狀　440左
董妃行狀　440左
御製人臣儆心錄　472右
御註道德經　691左
資政要覽、後序　722左
內則衍義　757右

48 清乾隆二年敕撰
授時通考　779左
歷象考成後編　872右

清乾隆三年敕選
御選唐宋文醇　1536右

清乾隆五年敕修
世宗憲皇帝聖訓　494左

清乾隆九年敕撰
欽定八旗滿洲氏族通譜　387左
詞林典故　470右
大清一統志表　513右
御定儀象考成　872右
祕殿珠林　911右

清乾隆十一年敕撰
資治通鑑綱目三編　284左

清乾隆十二年敕輯
皇清文穎　1545左

清乾隆十二年敕撰
續文獻通考　453右
皇朝文獻通考　453右
欽定滿洲祭神祭天典禮　458右
皇朝文獻通考四裔考　635右

清乾隆十三年敕輯
乾隆寶譜　942右

清乾隆十三年敕撰
欽定周官義疏　71左
欽定儀禮義疏　77左
欽定禮記義疏　86右
欽定三禮義疏　1727左

清乾隆十四年敕撰
西清古鑑　660左

清乾隆十五年敕選
御選唐宋詩醇　1534左

清乾隆十五年敕撰
錢錄　663左

清乾隆十九年敕撰
石渠寶笈　911右

清乾隆二十四年敕撰
欽定皇朝禮器圖式　458右

清乾隆二十九年敕撰
欽定大清會典　455右
欽定大清會典則例　455右
大清一統志　513右

清乾隆三十二年敕撰
御批通鑑輯覽、明唐桂二王本末　284右
續通典　453左
皇朝通典　453左
續通志　453右
皇朝通志　453右

清乾隆三十四年敕撰
淳化閣帖釋文　924左

清乾隆三十八年敕撰
欽定音韻述微　208左
皇清開國方略　293左

清乾隆三十九年敕撰
欽定日下舊聞考　523左

清乾隆四十年敕撰
御定通鑑綱目三編　284右
御撰資治通鑑綱目三編　284右
欽定天祿琳琅書目　651左

清乾隆四十一年敕撰
欽定勝朝殉節諸臣錄　402右
欽定四庫全書考證　649左
四庫全書考證　649左

清乾隆四十三年敕撰
奏繳咨禁書目　648右
違礙書目　648右
欽定西清硯譜　804左

清乾隆四十四年敕撰
欽定蒙古王公功績表傳　402右
欽定盛京通志　516左

清乾隆四十五年敕撰
欽定歷代職官表　466左
歷代職官表　466左

清乾隆四十六年敕輯
明臣奏議　496右
御選明臣奏議　496右

清乾隆四十六年敕撰
欽定遼史語解　274右
欽定金史語解　274右
欽定金國語解　274右
欽定元史語解　275左
欽定蘭州紀略　293右
欽定宗室王公功績表傳　402右
欽定熱河志　515右

清乾隆四十七年補繪
欽定補繪離騷全圖　1197右
欽定補繪離騷圖　1197右

清乾隆四十七年敕撰
欽定河源紀略　579左
銷燬抽燬書目　648右
全燬書目　648右
抽燬書目　648右
欽定四庫全書總目　649左

清乾隆四十八年敕撰
欽定古今儲貳金鑑　376右

清乾隆四十九年敕撰
欽定石峯堡紀略　293右
四庫全書序　639右

清乾隆五十三年敕撰
樂律正俗　102左
欽定詩經樂譜　102左
欽定詩經樂譜全書　102左
詩經樂譜　102左
欽定臺灣紀略　293右
禁書總目　648右

清乾隆五十五年敕輯
欽定千叟宴詩　1553右

清乾隆五十六年敕撰
國史貳臣傳表　403左

清乾隆中敕譯
欽定繙譯五經、四書　227左

清乾隆中敕輯
清內府藏古玉印　664左

清乾隆中敕撰
各省進呈書目　645左

四庫全書薈要目 645右
南薰殿尊藏圖像目 932左
茶庫藏貯圖像目 932右
50 清吏部稽俸廳
乾隆三年在京文職漢官俸米及職名黃册(編) 476左
吏部進道光廿三年春夏二季在京文職漢官領過俸米及職名黃册(編) 476左
吏部進道光廿三年秋冬二季在京文職漢官領過俸米及職名黃册(編) 476左
65 清嘯生(明)
喜逢春 1701左
74 清陵亭長(明) 見楊嗣昌
90 清光緒中敕撰
光緒會典(一名周禮今證)、會典學十要、內閣要義、六部總義、欽定職官總目、職官增減裁併及堂屬簡明表 455右
91 清恆(清釋)
借菴詩鈔 1468右
借庵詩選 1468右

3520_6 神

14 神珙(唐釋)
四聲五音九弄反紐圖 213左
53 神彧(宋釋)
文彧詩格 1576左

3529_0 祩

30 祩宏(明釋)
武林西湖高僧事略續* 445左
孝義無礙庵錄 566右
禪學(輯) 1189左
竹窗合筆 1190右
竹窗隨筆 1190右
證佛名譚(輯) 1190右

3530_0 連

00 連文沖(清)
霍亂審證舉要 830左
連文鳳(宋)
百正集 1297右
34 連斗山(清)
周易辨畫 22右
71 連朧聲(清)
北溪先生全集補遺(輯) 1277右

3610_0 泗

12 泗水潛夫(宋) 見周密

3611_0 況

32 況澄(口)
廣千字文 203右
77 況周頤(民國)
萬邑西南山石刻記、南浦郡報善寺兩唐碑釋文 677左
選巷叢談 1014右
卤底叢談 1015左
蘭雲菱夢樓筆記 1015左
蕙風簃隨筆 1015左
蕙風簃二筆 1015左
香東漫筆 1015左
玉梅後詞 1640右
新鶯詞 1642左
第一生修梅花館詞 1642左
蕙風琴趣 1642左
蕙風詞 1642左
薇省詞鈔(輯) 1647左
粵西詞見(輯) 1647左
香海棠館詞話 1721左
阮盦筆記五種 1740左
82 況鍾(明)
況太守集 1330左

3611_1 混

23 混然子(元) 見王玠
35 混沌子(明)
錦身機要指源篇、大道修眞捷要選仙指源篇 844右

3611_7 溫

00 溫庭筠(唐)
採茶錄 954右
乾䐑子 1051左
乾䐑子佚文 1051左
靚粧錄 1121右
金荃集、別集 1235左
溫庭筠詩集、集外詩、別集 1235左
溫飛卿詩集 1235右
金奩集 1591右
金荃詞 1591右
02 溫新(明)
溫太谷集 1348右
14 溫璜(明)
溫氏母訓(述) 753右
溫寶忠先生遺稿 1364左
溫忠烈公遺稿 1364左
17 溫承志(清)
平海紀略 328左
溫豫(宋)
續補侍兒小名錄 397右 398左
侍兒小名錄 398左
溫子昇(後魏)
溫侍讀集 1214左
溫侍讀集選 1214左
21 溫睿臨(清)
本朝八旗軍志 481右
出塞圖畫山川記 562左
罪言 579右
25 溫純(明)
溫恭毅公集 1355右
溫恭毅公文集 1355右
二園詩集 1355右
26 溫自知(清)
海印樓集 1419右
28 溫以介(明) 見溫璜
溫儀(清)
紀堂遺稿 1415右
34 溫汝适(清)
曲江年譜 404右
唐丞相曲江張文獻公集(校) 1218右
曲江集考證* 1219左
溫達等(清)
親征朔漠方略 293左
40 溫大雅(唐)
大唐創業起居注 290左
溫嘉鈺(清)
資治通鑑綱目校勘記 283右
續資治通鑑綱目校勘記 284左

43 溫博(□)
花間集補(輯)* 1645左
44 溫蕙(清)
讀書一間鈔 1585右
溫革(宋)
隱窟雜志 1060左
十友瑣說 1060左
60 溫□(唐)
爲夫請戍邊自贖表1219左
溫日知(明)
嶼浮閣賦集 1364右
溫曰鑑(清)
讀魏書地形志隨筆 510左
魏書地形志校錄 510左
勘書巢未定稿 1471左
古壁叢鈔 1471左
76 溫颺(清)
古本大學解 133右
80 溫曾緒(清)
默菴詩鈔 1439右
溫畬(唐)
續定命錄 1048右

3612_7 湯

00 湯應隆(清)
借樹軒集 1420左
湯襄隆(清)
古槐草堂集 1420左
03 湯斌(清)
乾坤兩卦解 32左
潛庵先生擬明史稿 282左
洛學編 414右
乾清門奏對記 452右
湯子遺書 499左
潛庵先生疏稿 499右
困學錄 740左
潛庵先生志學會約 740右
志學會約 740右
常語筆存 740右
湯文正公遺書擇鈔 740右
湯文正公家書 754右
湯子遺書、續編 1392右
潛庵先生遺稿 1392右
潛庵先生全集 1392右
湯潛庵先生集 1392右
潛庵文鈔 1392右
潛庵先生遺藁文錄1392右
湯斌(清)等
徵君孫先生年譜 419右
孫夏峯先生年譜 419右
13 湯球(清)
晉書(輯・王隱撰) 279左
晉書(輯・虞預撰) 279左
晉書(輯・朱鳳撰) 279左
晉中興書(輯) 279右
晉書(輯・謝靈運撰) 279右
晉書(輯・臧榮緒撰) 279右
晉書(輯・沈約撰) 280左
晉書(輯・蕭子雲撰) 280左
晉諸公別傳(輯) 280右
晉紀(輯・陸機撰) 287左
晉紀(輯・干寶撰) 287右
漢晉春秋(輯) 287右
晉陽秋(輯) 287右
續晉陽秋(輯) 288左
晉紀(輯・鄧粲撰) 288左
晉紀(輯・曹嘉之撰) 288左
晉紀(輯・劉謙之撰) 288左
晉紀(輯・裴松之撰) 288右
晉史草(輯) 288右
惠帝起居注(輯) 289左
晉春秋(輯) 297右
三十國春秋(輯・武敏之撰) 356左
三十國春秋(輯・蕭方等撰) 356左
十六國春秋纂錄校本(輯) 356右
十六國春秋輯補、年表(輯) 356右
漢趙記(輯) 356右
二石傳(輯) 356右
趙書(輯・田融撰) 356右
趙書(輯・吳篤撰) 357左
蜀李書(輯) 357左
燕書(輯) 357左
燕志(輯) 357左
南燕書(輯・張詮撰) 357右
南燕書(輯・王景暉撰) 357右
涼記(輯・張諮撰) 357右
涼記(輯・段龜龍撰) 358左
西河記(輯) 358左
燉煌實錄(輯) 358左
秦書(輯) 358左
秦記(輯) 358左
後秦記(輯) 358右
晉書輯本(輯) 1732左
九家舊晉書輯本(輯) 1732左
漢晉春秋輯本(輯)1732左
晉紀輯本(輯) 1732左
晉陽秋輯本(輯) 1732左
三十國春秋輯本(輯) 1733左
14 湯璹(宋)
建炎德安守禦錄 300右
守城錄(陳規同撰) 773右
17 湯瑤卿(清)
蓬室偶吟 1446左
湯子垂(明)
續精忠記 1698右
22 湯胤勣(明)
湯將軍集 1335右
23 湯允謨(元)
雲煙過眼錄續集摘抄 672左
雲煙過眼續錄 909左
雲煙過眼錄續集 909左
25 湯傳楹(清)
遊吳山記 593左
遊虎邱記 593左
虎邱往還記 593左
靈巖懷舊記 593右
閒餘筆話 1073左
湘中草 1387左
27 湯修業(清)
鄭埜陽寃獄辨 408右
34 湯漢(宋)
陶靖節詩註 1207左
陶靖節先生詩(注) 1207左
妙絕古今(輯) 1536左
湯沐(明)
湯廷尉公餘日錄 994左
公餘日錄 994左
37 湯潄玉(清)
玉臺畫史、別錄(輯)434左
40 湯大奎(清)
炙硯瑣談 1007左
湯盋仙(清)

乘化遺安 432左
金陵百四十八景 533右
山水同名錄 570左
蝨仙泉譜 578左
書畫筆談 912左
題畫雜言 917左
栩栩園題畫 917左
楹聯遊戲、楹聯續刻、楹聯聚寶 944左
蝨仙石品、續集、石交錄 957左
待園瑣語 1011左
蝨仙詩集 1514左
蝨仙絕句 1514右
落葉相思小草 1514右
栩栩園翔陽集 1514右
小隱園初集詩、文集雜俎 1514右
小隱園二集詩 1514右
蝨仙文集 1514右
蝨仙小品 1514右
蝨仙雜俎 1514右
蝨仙尺牘 1514右
小隱園尺牘 1514右
消夏雜記 1588右
栩栩園詞鈔 1640左
小隱園詞鈔 1640左

40 湯右曾(清)
懷清堂集 1405左

44 湯燕生(清)
蕭湯二老遺詩合編(蕭雲從同撰) 1545左

湯若望(清西洋)
火攻挈要、圖(授) 774右
遠鏡說 807左
測天約說(訂) 869右
大測(訂) 869右
日躔表(訂) 869右
日躔曆指(訂) 869右
月離表(訂) 869右
月離曆指(訂) 869右
五緯表(訂) 869右
五緯曆指(訂) 869右
渾天儀說 870左
測食 870左
新法曆引(删定) 870左
曆法西傳 870左
新法表異 870左
古今交食考 870左
交食曆指 870左
交食表 870左
新曆曉或 870左
新歷曉惑 870左
新法表異 870左
比例規解(訂) 880左
測量全義(訂) 880左
割圜八綫表(羅雅谷、鄧玉函合撰) 880左
籌算(訂) 880左

湯世澍(清)
東廂記 1709右

46 湯狷石(清)
鄭鄤事蹟(輯) 408右

47 湯朝(清)
蕉雲遺詩 1438右

50 湯春生(清)
夏閏晚景瑣說 1081左

61 湯顯祖(明)
陰符經解 1136右
湯義仍先生集 1359左
紫簫記 1694左
新刻出像點板音註李十郎紫簫記 1694右
還魂記 1694右
玉茗堂還魂記、圖 1694右
新刻牡丹亭還魂記 1694右
牡丹亭 1694右
紫釵記 1694右
柳浪館批評玉茗堂紫釵記 1694右
邯鄲記 1694右
邯鄲夢記 1694右
南柯記 1694右
玉茗堂南柯記 1695左
南柯夢 1695左
墨憨齋重定三會親風流夢 1695左
玉茗堂批評種玉記 1695右
玉茗堂批評紅梅記 1696右
玉茗堂批評新著續西廂昇仙記、釋義 1698右

63 湯貽汾(清)
畫筌析覽 933右
琴隱園詩 1455右
琴隱園詞稾 1629右
畫梅樓倚聲 1629右

72 湯垕(元)
畫論 928右
畫鑒 928右
古今畫鑑 928右

77 湯開先(明)
潭庵集選 1365右

80 湯金釗(清)
遊焦山記 595左
儒門法語輯要 742左

91 湯炳龍(元)
北村集 1300右

3614₁ 澤

10 澤元愷(日本)
登富士山記 634左
登金華山記 634右

3614₇ 漫

38 漫遊野史(清)
海角遺編 320右

3621₀ 祝

03 祝誠(元)
蓮堂詩話 1576右

06 祝韻梅(清)
普濟應驗良方(輯) 860右

12 祝廷華(民國)
怡園賸稿 1528右

23 祝允明(明)
江海殲渠記 310左
野記 349右
九朝野記 349右
枝山前聞 349右
讀書筆記 969右
浮物 969右
前聞記 993右
蠶衣 993右
猥談 1066右
志怪錄 1092左
語怪 1092左
語怪四編 1092左
義虎傳 1118左
懷星堂集 1335左
祝枝山集 1335左

25 祝純嘏(清)
孤忠後錄 321左

26 祝穆(宋)
方輿勝覽 512右
事文類聚前集、後集、續集、別集 1042左

32 祝淵(元)

事文類聚遺集* 1042左
祝淵(明)
月隱先生遺集、外編 1372右
月隱遺稿鈔 1372右
33 祝泌(宋)
皇極聲音數 207右
觀物篇解、皇極經世解起數訣 893左
六壬大占 897右
38 祝淦(清)
淑艾錄(輯) 738右
祝肇(明)
金石契 424右
40 祝堯(元)
古賦辨體、外集(輯) 1535左
42 祝塏(清)
易說 27右
體微齋日記錄存 451右
體微齋遺編語錄、詩 749左
44 祝世祿(明)
祝子小言 973左
環碧齋小言 973左
環碧齋詩 1355右
環碧齋尺牘 1355右
60 祝昌泰(清)
謝參軍詩鈔(輯) 1296右
64 祝時泰(明)
西湖八社詩帖(輯) 1552左
65 祝味菊
傷寒新義 812右
傷寒方解 816右
病理發揮 824右
診斷提綱 851左
80 祝介(清)
蜀亂述聞 329左
90 祝尙邱(唐)
切韻 205右

3625₆ 禪

10 禪一(淸釋)
燒香曲 1714右

3630₀ 迦

44 迦葉摩騰(漢釋)
佛說四十二章經(竺法蘭同譯) 1187左

3630₂ 邊

10 邊貢(明)
邊華泉集 1338左
華泉集 1338左
邊華泉詩集 1338左
華泉先生集選 1338左
17 邊習(明)
睡足軒詩選 1341右
26 邊保樞(清)
劍虹龕詞 1639右
30 邊實(宋)
玉峯續志 519左
38 邊浴禮(清)
空青館詞 1634左
40 邊大綬(明)
虎口餘生記 316左
邊壽民(清)
葦間老人題畫集 916左

3630₃ 還

76 還陽子(唐)
大還丹金虎白龍論(述) 1178右

3711₂ 氾

79 氾勝之(漢)
氾勝之書 777右
漢氾勝之遺書 777右
氾勝之遺書 777右
氾勝之書佚文 777右

3712₀ 泖

33 泖濱野客(淸)
解酲語 1080右

洞

67 洞明子(元)
西雲集 1301左
76 洞陽子(口) 見呂口

湖

72 湖隱居士(明)
金鈿盒傳奇 1698右

潮

47 潮聲(淸)
記栗主殺賊事 1120左

3712₇ 滑

40 滑壽(元)
讀素問鈔(輯) 809左
難經本義 810右
增輯難經本義 810右
十四經發揮 843左
診家樞要 848右
90 滑惟善(明)
寶櫝記 1092右

3713₆ 漁

76 漁陽公(宋)
漁陽石譜 956右
漁陽公石譜 956右

3716₁ 澹

55 澹慧居士(明)
評點鳳求凰 1701左

3716₄ 潞

31 潞河漁者(淸) 見李嘉績

3717₂ 涵

21 涵虛子(明) 見朱權
57 涵蟾子(口)
金液還丹印證圖詩(注) 1153左
諸眞元奧集成(輯) 1172右
金丹正理大全(輯) 1742右

3718₁ 凝

00 凝齋道人(明) 見朱詮鉌
76 凝陽子(金) 見董守志

3721₀ 祖

03 祖詠(唐)
祖詠集 1220右
12 祖珽(北齊)等
修文殿御覽 1040右
修文御覽 1040右
20 祖秀(宋釋)
華陽宮紀事 564左
23 祖台之(晉)
志怪錄 1084右
祖台之志怪 1084右
35 祖沖之(晉)
述異記 1086右

40 祖士衡(宋)
西齋話記 1055左
46 祖柏(元釋)
不繫舟集 1316左
61 祖暅(梁)
渾天論 868左
80 祖無擇(宋)
龍學文集 1245左
洛陽九老祖龍學文集 1245右
87 祖銘(元釋)
古鼎外集 1311右

3722_7 祁

06 祁韻士(清)
鶴皋年譜 422右
己庚編 475左
西陲總統事略(編纂) 531左
西陲要略 531左
新疆要略 531左
西陲竹枝詞 531右
西域釋地 531右
萬里行程記 615右
濛池行稿 615右
09 祁麟佳(明)
錯轉輪 1676右
10 祁正
邵村壽言二集(輯) 424左
17 祁承㸁(明)
澹生堂藏書約 641左
澹生堂藏書目 646左
22 祁彪佳(明)
越中園亭記 565右
祁忠惠公遺集 1370左
寓山注(輯) 1557右
30 祁寯藻(清)
說文解字繫傳校勘記* 186左
馬首農言 779右
73 祁駿佳(清)
遯翁隨筆 1005左

3723_2 禄

34 禄洪(明)
北征集 1366左
67 禄昭聞(金)
凝陽董眞人遇仙記 450左

3730_2 通

00 通玄先生(唐) 見張果

過

50 過春山(清)
湘雲遺稿 1624左
67 過路人(清) 見張南莊
87 過銘簠(清)
蠹魚稿 1378左

3730_3 退

00 退廬居士(民國) 見胡思敬
10 退一步居散人(清) 見吉珩

逯

50 逯中立(明)
周易劄記 18右
兩垣奏議 498左

3730_4 逢

21 逢行珪(唐)
鬻子(注) 686左

遲

38 遲祚永(清)
道南錄初稿 743右

3772_7 郎

10 郎玉銘(清)
靈檀碎金 1044左
12 郎廷極(清)
文廟從祀先賢先儒考 412左
勝飲編 806右
集唐要法 1583左
郎廷槐(清)
師友詩傳錄(問) 1582右
14 郎瑛(明)
七修類稿、七修續稿 995右
續巳稾 1092左
七修類藳 1123右
32 郎兆玉(明)
墨子(評) 705右
子華子(評) 708左
無類生詩選 1364右
38 郎遂(清)
杏花村志(輯) 537右
郎肇(口)
長生胎元神用經(注) 844左
40 郎士元(唐)
郎士元集 1223右
郎士元詩集 1223右
郎刺史詩集 1223右
44 郎蔚之(隋)
隋州郡圖經 510右
64 郎曄(宋)
唐陸宣公奏議註 495左
註陸宣公奏議 495左
老泉先生文集(注) 1247右
經進嘉祐文集事略(注) 1247右
經進東坡文集事略(注) 1253左
經進欒城文集事略(注) 1254左

3780_6 資

80 資益館主人(民國)
華嶽圖經校勘記* 572左
春暉閣詩選校勘記* 1480右
七經樓文鈔校勘記* 1480右

3810_4 塗

64 塗時相(明)
養蒙圖說 760左

3813_2 淞

11 淞北玉鮀生(清) 見王韜

滋

67 滋野貞主(日本)等
祕府略 197右

3813_7 冷

08 冷謙(明)
修齡要指 846左
冷仙琴聲十六法 936右
40 冷士嵋(清)
遊焦山記 595左

3814$_7$ 游

18 游酢(宋)
易說 12右
中庸義 134右
論語雜解 140右
孟子雜解 146右
錄二程先生語(輯) 726左
游廌山集 1256左
游定夫遺文遺詩 1256左
荆齋詩集 1256左

23 游戲主人(淸)
笑林廣記(輯) 1126右

31 游潛(明)
博物志補 1039左
夢蕉存稿 1340右
夢蕉詩話 1578左

40 游九言(宋)
默齋遺稿、增輯 1281左
默齋詞 1607右

44 游藝(淸)
天經或問前集 870右

50 游東昇(淸)
游日生先生集 1395左

60 游日章(明)
駢語雕龍 1043左

3815$_7$ 海

00 海麻士(英國)
三角數理 890右

10 海霈(淸)
兩宦江南紀略 452右
西行日紀 617右
選輯駢珠小草(輯) 946左
判餘隨錄 1504左
秋燈集錦(蔣愈昌同撰) 1534右
淮程旅韻(輯) 1555右
並蒂芙蓉館倡酬集(輯) 1555右
安豐聯詠(輯) 1555右

12 海瑞(明)
元祐黨籍碑考、慶元僞學逆黨籍 400左
海忠介公集 1350左
備忘集 1350左
海剛峯先生集 1350左
海剛峯集 1350左

33 海濱野史(淸)
建州私志 324左

34 海達兒(明)等
天文書(譯) 868右

40 海來道人(明) 見路惠期

72 海岳(淸釋)
黄山賦 573右

74 海陵癯仙(淸)
梁園花影 1080右

3819$_4$ 涂

00 涂慶瀾(淸)
國朝耆老錄 444左
荔隱居日記偶存 618右
荔隱居衞生集語 847右
荔隱居楹聯偶存 945左
荔隱山房詩草 1506左
荔隱山房進奉文 1506左
荔隱山房文略 1506左

12 涂瑞(淸)
從姑山記 576左
遊福山記 606左

31 涂溍生(元)
周易經疑 16左

3830$_1$ 迮

37 迮朗(淸)
三萬六千頃湖中畫船錄 933左

47 迮鶴壽(淸)
齊詩翼氏學 65右

3830$_6$ 道

00 道忞(淸釋)
奏對機緣 1190右

15 道融(淸釋)
鴈山便覽記 574右

17 道璨(宋釋)
柳塘外集 1292右

30 道宣(唐釋)
廣弘明集 1191右

道濟(宋釋)
濟祖師文集 1186左

道濟(淸釋)
大滌子題畫詩跋 914右
淸湘老人題記 914右
苦瓜和尙畫語錄 930右
畫語錄 930右
苦瓜和尙畫語 930右

道騫(隋釋)
楚辭音 1197左

道安(晉釋)
西域志 621右

31 道潛(宋釋)
參寥子集 1257左
參寥集 1257左
參寥子詩集 1257左
參寥詩鈔 1257左
參寥集補鈔 1257左

44 道世(唐釋)
法苑珠林 1189右

71 道厓(唐釋)
心要經(譯) 1187右

道原(宋釋)
景德傳燈錄 445左

77 道開(明釋)
藏逸經書 653右

3860$_4$ 啓

00 啓玄子(唐) 見王冰

3866$_8$ 豁

77 豁眉(淸釋)
隨扣詩草 1438左

3912$_0$ 沙

11 沙張白(淸)
定峯文選 1401右

17 沙琛(淸)
點蒼山人詩鈔 1471左

40 沙克什(元) 見瞻思

47 沙起雲(淸)
日本雜詩 629左

60 沙圖穆蘇(元) 見薩理彌實

3930$_2$ 逍

37 逍遙子(口)
逍遙子導引訣 844右

4

4001$_1$ 左

00 左文質(宋)
吳興統紀 540右
24 左緯(宋)
委羽居士集 1266左
30 左宰(清)
左忠毅公年譜 408左
左寶森(清)
說經囈語 176右
左宗棠(清)
左文襄公奏稿 500右
左文襄公謝摺 500右
左文襄公批札 502右
左文襄公咨札、告示502右
左文襄公文集、詩集、聯語 1477左
左文襄公書牘、說帖 1477左
31 左潛(清)
綴術釋明(釋) 882左
割圜八線綴術(補草)885左
粟布演草(丁取忠同述) 885右
綴術釋戴(釋) 885右
圜率攷眞圖解(曾紀鴻、黃宗憲同撰) 888右
求一術通解(參定) 888右
38 左祥(元)
琴堂諭俗編(續增) 766左
40 左克明(元)
古樂府(輯) 1533左
41 左楨(民國)
燹湖草堂楹聯彙存 945右
燹湖草堂筆記 1082左
燹湖草堂詩 1521左
燹湖草堂文鈔 1521左
燹湖草堂詩餘 1641左
44 左芬(晉)
上元皇后誄表 439左
鬱金頌 1204右
左懋第(明)
左忠貞公集 1369右
左忠貞公文集 1369右
53 左輔(明)
太極後圖說 724左
左輔(清)
念宛齋詞鈔 1624左
60 左國璣(明)
左中川集 1342左
左思(晉)
左太沖集 1204右
77 左眉(清)
蔡傳正訛 39左
靜菴文集、詩集 1449左
86 左錫璇(清)
碧梧紅蕉館詞 1636右
左錫嘉(清)
冷吟僊館詩餘 1637左
88 左銓(明)
東井誥勅 494左
90 左光斗(明)
左忠毅公集 1363左
左掌子(口)
證道歌 1171右

4001$_7$ 九

01 九龍眞逸 見陳伯陶
10 九一老人
治疔錄要(輯) 833左
80 九鐘主人(民國) 見吳士鑑

4003$_0$ 大

02 大訢(元釋)
蒲室集 1309右
20 大依(清釋)
釋南菴詩 1398左
大信(口)
谷神賦(注) 1166左
21 大須(清釋)
芥航詩存 1499右
32 大汕厂翁(清)
海外紀事 614左
40 大圭(元釋)
夢觀集 1321左
42 大橋尙因(日本)
疝癥積聚編 826左
44 大村西崖(日本)
塑壁殘影改定稿 799右
55 大典(日本釋)
遊石山記 634右
72 大隱翁(宋) 見朱肱
80 大善(明釋)
西溪百詠 600左
84 大錯(明釋) 見錢邦芑

太

00 太玄子(金) 見侯善淵
10 太平老人(宋)
袖中錦 1037左
21 太上隱者(唐)
仙吏傳(輯) 1111右
太行山人(唐)
嗇關錄 358右
26 太白山人(口)
神仙養生祕術(傳)1179左
30 太室山人(明・古越) 見祁麟佳
太室山人(明・嘉定) 見徐學謨
太宰純(日本)
古文孝經孔氏傳(音)156左
孝經(音) 156左
登富嶽記 634左
35 太淸眞人(口)
九轉流珠神仙九丹經 1179左
50 太史叔明(梁)
論語太史氏集解 139右
太史籀(周)
史籀篇 193右

4003$_6$ 奭

30 奭良(民國)
史亭識小錄 381左
野棠軒摭言 1016右
野棠軒游戲集 1520右
野棠軒文集、詩集 1520右
野棠軒獻酬集 1520右
野棠軒詞集 1641左

4010$_0$ 土

30 土室道民(清)
鯁詩讖 1685左

4010$_6$ 查

00 查奕慶(清)
白雲儔侶傳 425右
東南諸山記 574左

14 查琪(清)
新婦譜補 757右
22 查繼佐(清)
罪惟錄 281右
東山國語 281右
魯春秋 321左
敬修堂釣業 499左
粤游雜詠 1378左
釣業 1378左
續西廂 1684左
九宮譜定總論 1716右
東山遺集二種 1743左
查繼超(清)
塡詞圖譜、續集(增輯) 1715右
24 查德基(清)
讀史記日記 264左
30 查容(清)
浣花詞 1619右
34 查爲仁(清)
蓮坡詩話(一名蔗塘外集) 1584左
絕妙好詞箋(厲鶚同箋) 1645右
查禧(民國)
蘭因館吟草 1521左
35 查禮(民國)
慤題上方二山紀游集 589左
慤題上方二山紀游 589左
畫梅題跋 916左
畫梅題記 916左
題畫梅 916左
榕巢詞話 1719右
銅鼓書堂詞話 1719右
37 查潤身(清)
東海鰥生詞鈔 1638左
查涵(清)
西莊詞鈔 1617右
40 查志隆(明)
岱史 572左
44 查萬合(明)
查了吾先生正陽篇選錄 820右
47 查穀(清)
查東山年譜(張濤同注) 419右
50 查拉吳麟(清)
江源記 580右
60 查昇(清)
鄂渚紀事 326左
查昌業(清)
林於館詩集 1441左
67 查嗣璉(清)
蘇詩辨正 1253左
77 查居廣(元)
學詩初槀 1307右
80 查人漢(清)
西湖遊記 599左
86 查鐸(明)
毅齋經說 170右
毅齋奏疏 497右
楚中會條 734右
水西會條 734右
水西會語 734右
94 查愼行(清)
周易玩辭集解 20右
易說 20右
廬山紀遊 605右
人海記 1005右
得樹樓雜鈔 1024右
補註東坡編年詩 1253左
敬業堂集 1406右
敬業堂詩集、續集 1406右
敬業堂集補遺 1406右
初白詩鈔 1406右
餘波詞 1621左

4016₁ 培
02 培端(美國)
地球推方圖說 807右

4020₇ 麥
17 麥孟華(民國)
蛻盦詩 1526右
蛻盦詞 1642左
38 麥啓科(清)
潛修堂吟草 1501左

4022₇ 內
44 內藤菊造(日本)
山羊全書 792右

布
01 布顏圖(清)
畫學心法問答 932左

希
26 希得利(英國)
直隸口外遊記 589右
28 希復(明釋)
釋同石集 1356右
30 希寫(周)
希子 708左
50 希夷先生(宋) 見陳摶
60 希旦(宋釋)
釋希旦詩 1289右

有
44 有若(周)
有子書 682左

南
21 南卓(唐)
羯鼓錄 938右
22 南山逸史(清)
半臂寒 1684左
長公妹 1684左
中郎女 1684左
京兆眉 1684左
翠鈿緣 1684左
南山道人(明) 見朱允禮
30 南注生(清) 見唐景崧
南宮靖一(宋)
隋史斷 378左
37 南逢吉(明)
會稽三賦注(注) 541左
57 南郇居士(民國)
邗江遊記 588右
60 南國外史(清)
遊黃嶽記 596右
南園嘯客(清)
平吳事略 320右
開國平吳事略 320右
90 南懷仁(清西洋)
坤輿外紀 624左
坤輿圖說 624左
西方要紀(利類思、安文思等同撰) 635左

4024₇ 皮
60 皮日休(唐)
皮子世錄 392右
鹿門子 966左、右

鹿門子隱書　966左
鹿門隱書　966右
文藪雜著　1236右
文藪　1236右
皮子文藪　1236右
皮日休文集　1236右
唐皮日休文藪　1236右
皮從事倡酬詩　1236右

86 皮錫瑞(清)
尙書大傳疏證　35右
今文尙書攷證　44左
古文尙書寃詞平議　47右
答臨孝存周禮難疏證　73右
王制箋　88左
魯禮禘祫義疏證　96左
孝經鄭注疏　160左
聖證論補評　168右
六藝論疏證　168左
鄭志疏證　168右
鄭記攷證　168右
經學通論　178左
經訓書院自課文　178左
經學歷史　182左
尙書中候疏證　243左
漢碑引經攷　668左
漢碑引緯攷　668左
師伏堂詠史、駢文、詩草　1509左
師伏堂詠史詞　1639右

4033₁ 志

88 志銳(清)
張家口至烏里雅蘇台竹枝詞　619左

4040₁ 辜

37 辜鴻銘(民國)
張文襄幕府紀聞　330右

55 辜典韶(清)
乳谿賦稿　1430右

4040₇ 支

00 支立(明)
十處士傳　1118左

12 支廷訓(明)
十影君傳　1071左

22 支豐宜(清)
曲目表　654左

23 支允堅(明)
時事漫紀　351左
軼史隨筆　375左
軼語考鏡　1022右
藝苑閒評　1580左

32 支遁(晉釋)
支遁集　1206左

42 支機生(清)　見繆艮

44 支華平(明)
九發　974左
錢冨　974左

李

00 李充(晉)
論語李氏集注　139左

李亢(唐)
獨異志　1050右

李彥章(清)
榕園識字編　199左
潤經堂自治官書　473右
江南催耕課稻編　782左
榕園文鈔　1453右
榕園詩鈔　1454左

李序(元)
絅縕集　1319右

李齊賢(朝鮮)
益齋亂稿、拾遺　1530左
益齋長短句　1643右

李方學(清)
寧遠縣鄉土志　517右

李商隱(唐)
李賀小傳　426右
義山雜記　1049左
宜都內人　1106左
齊魯二生　1106左
義山雜纂　1121左
雜纂　1121右
三家雜纂（王君玉、蘇軾合撰）　1121右
唐李義山詩集　1233右
李義山集　1233右
李商隱詩集　1233右　1234左
李義山詩集　1233右　1234左
李義山文集　1234左
玉谿生詩箋註、補　1234左
樊南文集詳注、補　1234左
樊南文集補編　1234左

李廌(宋)
洛陽名園記（一題李格非撰）　565右
畫品　927左
德隅齋畫品　927左
李廌畫品　927左
德隅堂畫品　927左
罰爵典故　949右
濟南先生師友談記　982左
師友談記　982左
濟南集　1256右
李方叔遺稿　1256右
濟南先生文粹　1256右

李應徵(明)
藿園詩存　1358左

李應昇(明)
落落齋遺集　1367左

李廉(元)
春秋諸傳會通　125左
春秋會通　125左

李廉方
辛亥武昌首義紀　331左

李庚(宋)
天台前集、續集（林思蒧同輯）　542左

李庭(元)
寓庵集　1308右
寓庵詞　1611左

李慶申
楊梅驗方　832右
痰癧法門　833左
喉蛾捷訣　835左

李慶辰(清)
醉茶吟草　1512右

李唐賓(明)
李雲英風送梧桐葉　1668右
李雲英風送梧桐葉雜劇　1668右

李賡芸(清)
炳燭編　1027左

李文麟(清)
李武選集　1351右

李文仲(元)
字鑑　198右

李文安(清)
李光祿公遺集　1481右

李文察(明)
樂記補說　99右
興樂要論　100左
律呂新書補注　101左

皇明青宮樂調、圖 938左
李文淵(清)
左傳評 108左
李文治(清)
形聲通(楊瓊同撰) 215右
李文漢
楊林兩隱君集(李文林同輯) 1746右
李文瀚(清)
紫荊花傳奇 1709右
胭脂舄傳奇 1709右
銀漢槎傳奇 1709右
鳳飛樓傳奇 1710左
李文藻(清)
琉璃廠書肆記 640右
南澗文集 1429左
南澗遺文、補編 1429左
李文蔚(元)
同樂院燕青博魚雜劇 1648右
同樂院燕青博魚 1648右
燕青博魚 1648右
破苻堅蔣神靈應 1648右
張子房圯橋進履 1649左
李文蔚雜劇 1749左
李文桂(清)
坦室遺文、雜著 1450左
李文林
楊林兩隱君集(李文漢同輯) 1746右
李文耕(清)
孝弟錄 443右
喜聞過齋文集 1446左
李文田(清)
元朝祕史(注) 303右
朔方備乘札記 485左
元親征錄(沈曾植同校注) 303右
寧古塔紀略(注) 528左
西遊錄注 610右
元耶律文正公西遊錄略注補(注) 610右
和林詩 628左
和林金石錄 677左
和林金石攷 677左
雙溪醉隱集(箋) 1307左
李文誠公遺詩 1499右
順德師著述 1734右
李文燭(明)
金丹四百字解 1171左
黃白鏡、續 1181左
李文耀(清)等
乾隆東鹿縣志(修) 515左
李文炤(清)
周易本義拾遺、周易序例、周易拾遺 21左
周禮集傳、綱領 71左
春秋集傳 128左
家禮拾遺 461右
家禮喪祭拾遺 461右
恆齋文集 1412左
李文榮(清)
知醫必辨 823左
仿寓意草 863左
李言恭(明)
日本考(郝杰同撰) 627右
李公子集 1344右
李玄眞(唐)
訪祖越王墳狀 1217右
李玄眞(□)
上清金母求仙上法(演) 1151右
李衷純(明)
澂楚齋詩集 1366左
李衷燦(清)
李梅邨詩 1400右
李京(元)
雲南志略 558右
鳩巢漫稾 1304右
01 李龍石(清)
螢蟬叢考 380左
東白日鈔 380左
辨惑適願自惜齋摘錄 1013左
八一問答 1013左
食硯漱經唾餘錄 1013左
鳳敔雉噫吟草 1510右
三影低思吟草 1510右
二不草堂詩鈔 1510右
寄窩鈔存 1510右
養園漫稿 1510右
我存稿、續稿 1510右
湫龍檻虎答慰 1510右
二可叉銘書屋稿存 1510右
李龏(宋)
汝陽端平詩雋(選) 1287右
端平詩雋(選) 1287右
翦綃集 1292右
梅花衲 1292右
唐僧弘秀集(輯) 1539右
02 李端(唐)
李端集 1225右
李端詩集 1225右
李新(宋)
跨鼇集 1257右
03 李謐(後魏)
明堂制度論 96右
李誠(清)
古禮樂述 95左
雲南水道考、滇南山川辨誤 586左
李誡(宋)
木經 489右
營造法式 489右
李識侯
暑症發源(參訂) 829左
04 李謨(清)
壽梅山房詩存 1405左
05 李靖(唐)
唐太宗李衞公問對 772右
李衞公問對 773左
天老神光經(修) 1168右
07 李翊(明)
俗呼小錄 225右
陳子高傳 1119左
衣山詩鈔 1431右
李翊灼(清)
敦煌石室經卷中未入藏經論著述目錄、疑僞外道目錄 653右
李詡(明)
續吳郡志 519左
戒庵老人漫筆 996右
戒菴漫筆 996右
李調元(清)
易古文 33右
鄭氏古文尚書證訛 37左
童山詩音說 63左
周禮摘箋 71右
儀禮古今考 82右
禮記補註 86右
夏小正箋 92左
春秋左傳會要 110左
左傳官名考 112左
春秋三傳比 128右

逸孟子(輯) 145左
十三經注疏錦字(輯) 182右
六書分毫 190右
古音合 211左
通詁 220左
奇字名 220左
方言藻 226右
樂府侍兒小名 398左
樂府侍兒小名錄 398左
淡墨錄 465左
制義科瑣記 465左
月令氣候圖說 504右
羅江縣志 522左
南越筆記 553左
井蛙雜記 557左
出口程記 615左
蜀碑記補 675左
然犀志 793右
諸家藏書簿 922右
諸家藏畫簿(輯) 932右
卍齋瑣錄 1026左
勦說 1026左
尾蔗叢談 1075右
童山詩集 1431右
童山文集 1431右
粵東皇華集 1431右
五代花月 1432左
童山詩選 1432左
童山選集 1432左
全五代詩(輯) 1541左
蜀詩(費密同續輯) 1548右
蜀雅(輯) 1548右
雨村詩話 1585右
賦話 1590左
蠢翁詞 1625左
雨村詞話 1719右
雨村曲話 1723左
粵風(輯) 1747右

07 李韶九(朝鮮)
朝鮮小記 633右

08 李於陽(清)
即園詩鈔 1456左

李放(民國)
皇清書史 433右
八旗畫錄前編、後編 934右
畫家知希錄 934右

李詳(民國)
文心雕龍補注* 1567左
興化李審言先生與東莞張次溪論文書 1588右

10 李正儒(明)
藁城縣嘉靖志 515右

李正民(宋)
大隱集 1263左

李玉(清)
墨憨齋訂定人獸關傳奇 1703左
一笠庵新編人獸關傳奇 1703左
一笠庵新編一捧雪傳奇 1703左
墨憨齋重訂永團圓傳奇 1703右
一笠庵新編永團圓傳奇 1703右
一笠庵新編占花魁傳奇 1703右
一笠庵新編兩鬚眉傳奇 1703右
一笠庵彙編清忠譜傳奇 1703右
一笠庵新編眉山秀傳奇 1703右
牛頭山 1703右
太平錢 1703右
千鍾祿 1703右
萬里圓 1703右
麒麟閣 1703右
意中人 1703右

李玉湛(清)
一笑先生詩鈔、文鈔 1504左

李玉棻(清)
甌鉢羅室書畫過目攷 912右

李至(宋)
二李唱和集(李昉同撰) 1551左

李璋煜(清)
愛吾鼎齋藏器目 659右

李元(清)
蠕範 794左

李元膺(宋)
李元膺詞 1595右

李元庚(清)
望社姓氏考(輯) 386右
山陽河下園亭記 565左

李元度(清)
國朝先正事略 403左
林文忠公傳略 410右
周文忠公傳略 411左
胡文忠公傳略 411左
遊金焦北固山記 595左
遊連雲山記 604左
登天嶽山記 604左
重遊嶽麓記 604右
小學弦歌約選(輯) 1534右

李元珪(元)
廷璧集 1313右

李元弼(宋)
作邑自箴 471左

李元卓(宋)
莊列十論 698右

李元鼎(清)
文江酬唱 1615左

李元綱(宋)
聖門事業圖 729右
厚德錄 1032左

李元春(清)
左氏兵法(評輯) 110右
經傳摭餘 174右
諸經緒說 174右
諸史簡論 379右
重訂懿畜編(訂) 399右
馮少墟關學編(訂) 414左
學宮輯略(增輯) 415右
諸史孝友傳輯 443右
四禮辨俗 462左
經世文選要(輯) 722右
芻蕘私語 722右
張子釋要 726左
理學備考正編、副編(增輯) 742左
閒居鏡語 745右
正學文要(輯) 745右
夕照編 745右
餘生錄 745右
桐閣性理十三論 745右
桐閣關中三先生語要(錄) 745右
敎家約言 756左
華原書院志 764右
授徒閒筆 764右
潼川書院志 764右
農桑書錄要、二編(輯) 779右

益聞散錄 1009右
諸子雜斷 1009右
桐窓𡖖説 1009右
羣書摘旨 1009右
病牀日札 1009右
圖書檢要 1044左
時齋文集初刻、續刻、又續 1454左
時齋詩集初刻、續刻、又續 1454左
桐窗殘筆 1454左
桐窗餘稾 1454左
桐窗散存 1454右
桐閣拾遺 1454右
西河古文錄 1454右
花筆草 1454右
時齋四書簡題、補 1454右
兩朝文選要(輯) 1537左
經義文選要(輯) 1537右
關中兩朝詩鈔、補、又補(輯) 1546左
關中兩朝賦鈔(輯) 1546左
關中兩朝文鈔、補(輯) 1546左
諸集揀批 1586右
初學四書文法述聞 1591左
桐窗課解偶編、續編 1591左
四書文法摘要 1591左
桐窗餘著三書 1736右
桐窗雜著十種 1736右
關中道脈四種書(輯) 1736右

李元昭(明)
李千戶集 1345左

李元陽(明)
銀山鐵壁謾談 525右
中谿家傳彙稿 1343右

李爵(清)
李坦園詩 1391右

李夏器(清)
同岑集 1547左

李于潢(清)
汴宋竹枝詞 544右

李耳(周)
道德眞經 686左、右
老子道德經 686右 687左 690右 691左
老子 686右 690右 691左、右
老子佚文 686右
老子殘卷六種 686右
老子上篇道經 686右
老子下篇德經 686右
道德經古本篇 686右
道德經 687左
老子道德眞經 687左、右

李雯(清)
蓼齋詞 1616右

李天馥(清)
容齋千首詩 1397左
容齋詩餘 1619右

李天植(清)
九山遊草 587右
遊敬亭山記 597左
雲岫山遊記 600左
遊陳山記 600左
龍湫集 1377左
蜃園文集、詩前集、後集、續集、七言雜詠 1377左
蜃園集拾遺 1377左
梅花百詠、集句 1377左

李天根(清)
爝火錄 319左

李天民(金)
南征錄彙(輯) 302左

李石(唐)
開城錄 1050右

李石(宋)
方舟經說 170左
續博物志 1039左
方舟集 1275右
方舟詩集 1275右
方舟詩餘 1601右

李百藥(唐)
北齊書 271左
北齊書佚文 271左
李百藥集 1216左

李可久(明)
華州志(修) 516右

李雲麟(清)
天柱刊崖記 573左
遊北岳記 590左
遊勞山記 592左
遊林慮記 603左
遊中岳記 603右

李雲鵠(明)
李侍御集 1360右

李雲鴻(明)
李秋羽集 1360右

李雲鴈(明)
李白羽集 1360右

李霖(宋)
道德眞經取善集 689左

11 李彌遜(宋)
筠谿集 1262右
竹谿集 1262右
筠溪樂府 1598右
筠谿詞 1598右

12 李登(魏)
聲類 203右

李琇(清)
道南堂詩集 1402右

李瑞裕(清)
愛竹館詩稾 1503右

李聯琇(清)
紫琅遊記 589右
彌羅閣望山記 593左
葛壇遊記 606左
臨川答問 1029左

李聯芬(清)
陶情小草 1491右

李聯蕃(清)
松壽軒詩鈔 1501右

李發甲(清)
李中丞遺集 1422右

李廷謨(明)
无能子(沈景麟同訂正) 966右

李廷棨(清)
種玉山房詩草 1470右
百八唱和集(馬國翰同撰) 1555左

李廷榜(清)
冕常賸稿 1493左

李廷相(明)
濮陽蒲汀李先生家藏目錄 646左

李廷忠(宋)
橘山四六 1276左
橘山樂府 1604左

李廷棨(清)
鐵嶺縣志(補輯) 516左

12 李延壽(唐)
南史　271右
南史佚文　272左
北史　272左
北史佚文　272左
潘妃傳　439左
馮淑妃傳　439左
狂奴傳　1097左
14 李琪(宋)
春秋王霸列國世紀編　124左
春秋世紀編　124左
李瓚(元)
弋陽山樵稾　1313右
李確(清)　見李天植
15 李翀(元)
日聞錄　991右
李建勳(南唐)
李丞相詩集　1240右
李丞相詩　1240右
16 李璟(南唐)
二主詞(李煜同撰)　1645左
南唐二主詞(李煜同撰)　1645右
李硯莊(清)
重訂醫門普度瘟疫論　827左
17 李孟(元)
秋谷集　1305左
李孟羣(清)
蓼東賸草　1484右
李珣(前蜀)
李德潤詞　1591右
瓊瑤集　1591右
李琪(唐)
薛濤傳　439右
李璵(明)
羣芳清玩(輯)　1739左
李承淵(清)
古文辭類纂校勘記*　1537左
李承燾(清)
一爐香室詩存　1512左
李承勛(明)
名劍記　799右
李豫亨(明)
推蓬寤語　846左
997左
青烏緒言　902左
三事遡眞　971右
李子金(清)
律呂心法全書　101右
書學愼餘　210左
幾何易簡集　881右
李羣玉(唐)
李文山詩集　1235左
李羣玉詩集、後集　1235左
李羣玉集、後集　1235左
18 李珍(清)
水西紀略　313右
李玫(唐)
纂異記　1088右
異聞實錄　1088右
李致遠(元)
大婦小妻還牢末　1656右
都孔目風雨還牢末雜劇　1656右
李孜(宋)
纂異記　1091右
20 李重華(清)
貞一齋詩說　1584左
李秀成(太平天国)
忠王致潮王書　333左
忠王致護王書　333左
李舜臣(宋)
江東十鑑　374右
李舜臣(明)
愚谷集　1344右
李千乘(金)
太上黃庭中景經(注)　1149右
李孚青(清)
道旁散人集　1410右
野香亭集　1410右
盤隱山樵詩集　1410右
李受彤(清)
澳門形勢論　554右
李季可(宋)
松窗百說　967右
李集(清)
鶴徵前錄　387左
李維(宋)
邦計彙編　475左
菘坪小稿　1243右
李維楨(明)
黃帝祠額解　568右
李維樾(明)
忠貞錄(林增志同輯)　407左
諫垣奏議　498右
諫垣奏議補遺　498右
李維世(清)
石魚齋詩選　1385左
21 李上交(宋)
近事會元　490右
李步青(清)
春秋后妃本事詩　382左
遯齋殘稿　1509右
李仁元(清)
靜觀齋詩　1486左
靜觀齋詩鈔　1486左
李虛中(唐)
李虛中命書(注)　903右
李何事(明)
白雲梯　1001右
李何煒(清)
默耕詩選　1391左
李儒烈(明)
東溟蠡測　997右
李衞(清)
欽頒州縣事宜(田文鏡同撰)　472右
李衞(清)等
畿輔通志(修)　515左
李處權(宋)
崧菴集　1265右
李處全(宋)
晦庵詞　1605右
李頻(唐)
梨岳集　1235右
梨岳詩集　1236左
李衎(元)
畫竹譜　928左
竹譜、圖　928左
竹譜詳錄、圖　928左
李衡(宋)
周易義海撮要　13左
樂菴語錄　967右
李師中(宋)
珠溪詩集　1248左
李經迒(清)
李襲侯遺集　1515右
李綽(唐)

尙書故實 1051右
22 李彪(清)
周易標義 27左
李鼎(明)
偶譚 973左
李鼎(清)
西湖小史 598右
李鼎元(清)
使琉球記 630右
李鼎祚(唐)
易傳 11左
周易集解 11左
李氏易傳 11左
李仙根(清)
安南雜記 630右
李邕(唐)
李北海集 1219左
李嶠(唐)
李嶠集 1216右
李嶠雜詠 1216右
雜詠 1217左
評詩格 1567右
李山甫(唐)
李山甫詩集 1237右
李崇禮(清)
章水經流考 585右
李崇階(清)
釜水吟 1392右
李樂(口)
唐一庵先生年譜 419右
李繼本(元)
一山文集 1321左
李崧霖(清)
三十樹梅花書屋詩鈔 1383左
23 李獻民(宋)
雲齋廣錄 1057右
李俊甫(宋)
莆陽比事 542右
李俊民(金)
莊靖集 1299右
莊靖先生遺集 1299右
莊靖集補遺 1299右
莊靖先生集 1299右
莊靖先生樂府 1610右
李紱(清)
遊梅田洞記 606左
陸象山先生全集(評點) 1274右
穆堂文鈔 1412左
24 李化龍(明)
平播全書 313左
李化楠(清)
醒園錄 954右
萬善堂集(一名李石亭詩集) 1422右
李石亭文集 1422右
李魁春(清)等
恕谷中庸講語(錄) 135右
李先芳(明)
讀詩私記 54右
李尙寶集 1353左
李佐賢(清)
石泉書屋金石題跋 658左
石泉書屋藏器目 659右
古泉匯首集、元集、亨集、利集、貞集 663右
續泉說 664左
書畫鑑影 912左
吾廬筆談 1077右
武定詩續鈔(輯) 1480右
石泉書屋類稿、詩鈔、律賦、尺牘、館課詩、制藝、制藝補編 1480右
李德(明)
李仲修集 1326右
李德(清)
喀爾喀風土記 628左
李德鴻(口)
珠神眞經 903左
李德洽(清)
上品丹法節次(原述) 1175左
李德裕(唐)
文武兩朝獻替記 298左
次柳氏舊聞 336右
明皇十七事 337左
三聖記 447右
平泉山居草木記 565右
平泉山居記 565右
窮愁志 966左
玄眞子漁歌記(錄) 1227左
李衞公詩集 1231左
會昌一品集、別集、外集 1231左
李衞公會昌一品集、別集、外集 1231左
李文饒文集、別集、外集、補 1231左
李德林(隋)
李懷州集 1215左
李幼武(宋)
宋名臣言行錄續集(一名皇朝名臣言行續錄) 400左
名臣言行錄續集 400左
宋名臣言行錄別集(一名四朝名臣言行錄) 400左
名臣言行錄別集 400左
宋名臣言行錄外集(一名皇朝道學名臣言行外錄) 413左
名臣言行錄外集 413左
李贊元(清)
李蓀園詩 1392左
李纈香(清)
堞影軒存稿 1496右
25 李傳煃(清)
銀月山房詩草 1505左
李紳(唐)
追昔遊集 1231右
追昔遊詩集 1231右
26 李白(唐)
李翰林集 1220左
李集 1220左
李太白詩選 1220左
李太白集 1220左
李詩鈔評 1220左
李太白文集 1220左
靑蓮觴咏 1552右
李太白詞 1591左
李保(宋)
續北山酒經 806左
李皐(清)
子銘先生遺集 1485右
27 李盤(明)
李盤金湯十二籌、圖式 774右
李佩金(清)
生香館詞 1627右
李向榮(清)
浣愁草(一名雲門詩集) 1376右
李侗(宋)

李延平先生文集 1264右
27 李象鵾(清)
上谷存牘 502左
中州存牘 502左
虔南存牘 502左
黔臬存牘 502左
黔藩存牘 502左
春明雜著 1466左
里居雜著 1466左
雙圃氏同館賦鈔、詩鈔 1466左
李翺(唐)
論語筆解(韓愈同撰) 140左
卓異記 337左
高愍女傳 439左
楊烈婦傳 439右
來南錄 608右
何首烏錄 784右
五木經 951左
李文公集 1228右 1229左
唐李文公集 1228右
習之先生全集錄 1229左
協律子 1229左
李舟(唐)
切韻 205左
李約(唐)
道德眞經新註 688左
李綱(宋)
靖康傳信錄 300左
建炎進退志 300左
建炎時政記 300左
梁溪集 1264左
梁溪詞 1597右
李忠定梁溪詞 1597右
宋丞相李忠定公別集 1732右
李忠定公別集 1732右
李絳(唐)
李相國論事集 405左
28 李作舟(清)
五之堂詩鈔 1427左
李攸(宋)
宋朝事實 454右
李復(宋)
潏水集 1259左
李復言(唐)
續幽怪錄 1105左
續玄怪錄十九則 1105左
五眞記 1105左
魚服記 1105左
竇玉傳 1105左
李衞公別傳 1105右
張老傳 1105右
裴諶傳 1105右
王恭伯傳 1105右
柳歸舜傳 1105右
李從周(宋)
字通 198左
李齡(明)
李宮詹文集 1331左
李綸光(清)
笠山詩草 1494左
30 李流謙(宋)
澹齋集 1273左
澹齋詞 1600左
李流芳(明)
西湖臥遊圖題跋(輯) 914右
檀園集 1363左
李濂(明)
汴京遺蹟志 544右
汴京勼異記 1092左
李嵩渚集 1341左
李淳風(唐)
周易玄義 10右
乙巳占 894右
玉曆通政經 894右
質龜論 898左
金鎖流珠引(注) 1163左
太上赤文洞神三籙(注) 1176右
李淳風(唐)等
周髀算經(注釋) 866右
九章算術(注釋) 877左
孫子算經(注釋) 877右
海島算經(注釋) 877右
五曹算經(注釋) 878左
張丘建算經(注釋) 878左
五經算術(注釋) 878左
李涪(唐)
李涪刊誤 1017右
刊誤 1017右
李氏刊誤 1017右
李肩吾(宋)
蠙洲詞 1609左
李永修(清)
蓮青詩館吟稿 1493左
李家瑞(清)
蕉雨山房詩集 1476左
李家漁(朝鮮)
箕田攷(李義慶同輯) 633右
李進取(元)
神龍殿欒巴噀酒殘本 1657右
李進取雜劇 1749右
李之彥(宋)
硯譜 803左
東谷所見 968左
東谷隨筆 968左
李之鼎(民國)
陶邕州小集輯補(輯)* 1248左
無爲集校記* 1254左
湖山集輯補(輯)* 1268右
安晚堂詩集輯補(輯)* 1279右
李之儀(宋)
姑溪題跋 913左
姑溪居士前集、後集 1259右
姑溪居士文集、後集 1259右
姑溪集 1259右
姑溪詞 1596左
李之藻(明)
頖宮禮樂疏 458左
渾蓋通憲圖說 869左
同文算指前編、通編(演) 880左
圜容較義(演) 880左
李之芳(清)
平定耿逆記 325右
李憲喬(清)
少鶴先生詩鈔 1441左
李憲暠(清)
定性齋集 1433左
蓮塘遺集 1433左
李宏(宋)
琴溪集 1267左
李富孫(清)
李氏易解賸義 25左
易經異文釋 33右
詩經異文釋 67右
春秋左傳異文釋 113左
春秋公羊傳異文釋 118左

春秋穀梁傳異文釋　120右
鶴徵前錄(李遇孫同續)　387左
鶴徵後錄　387左
漢魏六朝墓銘纂例　670左
春秋三傳異文釋　1727右
李審言(唐)
切韻　205右
李寄(清)
李介立詩鈔　1382左
李良年(清)
秋錦文鈔　1404左
秋錦山房詞　1619右
詞壇紀事　1718右
詞家辨證　1719左
李寅(明)
視彼亭詩存　1375左
李實(明)
蜀語　226左
北使錄　308右
李寶淦(民國)
三國志平議　269左
魏書平議　271左
北齊書平議　271左
周書平議　271右
呂氏春秋高注補正　708右
漢堂文鈔　1518左
漢堂詩鈔　1518左
濯纓室詩鈔　1518左
問月詞　1642右
李宗文(清)
律詩四辨　1584右
李宗諤(宋)
先公談錄(錄)　405左
談錄(錄)　405左
龍瑞觀禹穴陽明洞天圖經(修定)　567右
李宗瀛(清)
小廬詩鈔　1483左
李宗木(明)
李杏山集　1344右
李宗蓮(清)
懷珉精舍金石跋　658右
懷岷精舍金石跋尾　658右
李宗昉(清)
黔記　558左
遊西山記　589左
遊吼山記　601左
遊龜峯山記　605左
遊廬山天池記　605右
31 李江(唐)
元包經傳(注)　892右
元包(注)　892右
易元包(注)　892右
李江(清)
鄉塾正誤　765左
龍泉園語　1011左
蘭陽養疴雜記　1012左
見聞錄　1012左
龍泉園詩草、文草、尺牘、題跋　1501右
龍泉園集　1744右
李淖(唐)
秦中歲時記　529左
李潛夫(元)
包待制智賺灰闌記雜劇　1659左
包待制智勘灰闌記　1659左
李行道雜劇　1750左
李濬(唐)
松窗雜錄　1050右
松窗雜記　1050右
摭異記　1051左
李灝(清)
周易說研錄　23右
詩說活參　58左
禮經酌古　77右
春秋求中錄　128右
李源道(元)
仲淵集　1321左
李祉(宋)
陳盼兒傳　1116右
李禎(明)　見李昌祺
32 李滮(清)
籌算法　890左
李兆元(清)
春暉餘話　1010右
梅影叢談　1010右
客牕臆語　1010右
中州觚餘　1010右
十二筆舫雜錄　1740左
李兆洛(清)
紀元編　463左
歷代地理志韻編今釋　505左
皇朝一統輿圖　514左
皇朝輿地韻編　514左
遊浮山記　596左
端溪硯坑記　804右
端溪研坑記　804右
養一齋文集、詩集、賦　1450右
養一齋文錄　1450右
養一齋尺牘(一名李申耆先生尺牘)　1450右
駢體文鈔(輯)　1537左
養一齋詩餘　1628左
李澄宇
讀春秋蠡述　130左
讀史記蠡述　264右
讀漢書蠡述　266左
讀後漢書蠡述　267左
讀三國志蠡述　269左
讀國語蠡述　295右
未晚樓聯稿　946左
未晚樓文存、別卷　1530左
未晚樓文續存、別卷　1530左
未晚樓書牘、續存　1530左
讀春秋國語四史蠡述　1732左
李澄中(清)
遊桃源山記　604左
遊太華寺記　608左
滇行日記　613左
臥象山房詩正集　1403左
白雲村文集　1403左
滇南集　1403左
李澄叟(宋)
畫山水訣　927右
李沂(清)
秋星閣詩話　1581左
李巡(漢)
爾雅李氏注　161右 162左
爾雅注　161右
李遜之(明)
三朝野紀　318左
崇禎朝紀略(即三朝野記卷四至七)　318右
崇禎朝記事(即三朝野記卷四至七)　318右
33 李心衡(清)
金川瑣記　557右

33 李心傳(宋)
丙子學易編 14右
建炎以來繫年要錄 291左
舊聞證誤 381左
道命錄(輯) 418左
建炎以來朝野雜記甲集、乙集 455左
李心敬(清)
蠹餘草 1462左
李必恆(清)
施註蘇詩(邵長蘅同補注) 1253左
李必恆詩選 1411左
李泌(唐)
枕中記(一題沈既濟撰) 1098右
李溥光(元)
雪庵字要 920左
雪菴集 1304右
李冶(唐)
薛濤李冶詩集(薛濤同撰) 1541左
李冶(元)
測圓海鏡 879左
測圓海鏡細草 879左
益古演段 879左
敬齋古今黈 1021右
敬齋先生古今黈、逸文 1022左
李治民(清)
稜翁詩鈔 1401右
李黼平(清)
毛詩紬義 58左
吳門集 1451左
南歸集 1451左
著花庵集 1451左
李繡子先生詩 1451左
34 李斗(清)
揚州畫舫錄 536左
揚州名勝錄 536右
永報堂詩集 1443左
艾堂樂府 1624左
奇酸記傳奇 1708左
歲星記傳奇 1708左
艾塘曲錄 1723右
傳奇二種 1751左
李汝珍(清)
鏡花緣 1131右
李濤(宋)
蒙泉詩稾 1292左
李浩(清)
李氏詩存(輯) 1746右
李洪(宋)
芸菴類稾 1279右
芸庵詩餘 1603左
李洪(宋)等
李氏花萼集 1645右
李洪宣(明)
緣情手鑒詩格 1580右
李遠(唐)
青塘錄 530右
李遠詩集 1234右
李達(明)
李行季遺詩 1366右
李行季詩餘 1614右
35 李沖昭(唐)
南嶽小錄 575右
李清(清)
袁督師斬毛文龍始末 315左
督師袁崇煥計斬毛文龍始末 315左
三垣筆記 318右
鶴齡錄 444左
折獄新語 489左
李清馥(清)
閩中理學淵源考 414左
榕村譜錄合考 421左
道南講授 743右
李清植(清)
儀禮纂錄 77左
文貞公年譜 410左
淛嗖存愚 743左
李清照(宋)
金石錄後序 655右
打馬圖 951左
馬戲圖譜 951左
打馬圖經 951左
漱玉詞 1597右
李清照詞 1597右
李迪光(清)
身世準繩 1034左
36 李沺(清)
擬罪言 723左
天文管窺 876左
籌算津梁 889右
六壬摘要 897右
人學 977左
李湘芝(清)
柳絮集 1429右
李暹(明)
使西域記(陳誠同撰) 628左
西域番國記(陳誠同撰) 628左
西域行程記(陳誠同撰) 628左
李遇孫(清)
尙書隸古定釋文 48右
筆嘔偶述 175左
鶴徵前錄(李富孫同續) 387左
金石學錄 414右
金石餘論 658右
日知錄續補正 1023右
意林補(錄)* 1035左
37 李泂(元)
溉之集 1316左
李洞(唐)
李洞詩集 1240左
李才江詩集 1240左
李鴻章(清)
甲午戰爭電報錄 330左
馬關議和中日談話錄 330左
李文忠公遺集 1484右
李鴻儀(清)
二半山房吟草 1492左
李漁(清)
笠翁偶集摘錄 909右
閒情偶寄 1039右
喬復生王再來二姬合傳 1119右
一家言文集、詩集、二集、別集 1381左
耐歌詞 1615右
憐香伴傳奇 1704右
風箏誤傳奇 1704右
意中緣傳奇 1704右
蜃中樓傳奇 1704右
凰求鳳傳奇 1704右
奈何天傳奇(一名奇福記) 1704右
比目魚傳奇 1705左
玉搔頭傳奇 1705左
巧團圓傳奇(一名夢中樓) 1705左

慎鸞交傳奇 1705左
笠翁詞韻 1715右
窺詞管見 1718右
笠翁劇論 1722右
李祖堯(宋)
內簡尺牘編註 1262右
宋孫仲益內簡尺牘(編注) 1262右
李祖惠(清)
西征賦 614左
李祖陶(清)
補尙史論贊 377右
前漢書細讀 377右
後漢書贅語 377右
讀三國志書後 378左
讀明史雜著 379左
遊靑原山記 606左
元遺山先生文選(選) 1299右
姚牧菴先生文選(選) 1302左
吳草廬先生文選(選) 1304左
虞道園先生文選(選) 1309左
宋景濂先生文選(選) 1322右
王陽明先生文選(選) 1337左
歸震川先生文選(選) 1345右
唐荊川先生文選(選) 1346左
邁堂文略 1452左
李祁(元)
雲陽集 1314左
李迅(宋)
集驗背疽方 831右
李逸民(宋)
忘憂淸樂集(輯) 943右
李過(宋)
西谿易說 14右
李鄴嗣(清)
西漢節義傳論 377右
馬弔說 952右
杲堂詩鈔、文鈔 1388左
杲堂文續鈔 1388右
集世說詩 1388右
甬上高僧詩(輯) 1547右
38 李淦(淸)
燕翼篇 755左
李瀚(後晉)
蒙求 1041左
蒙求正文 1041右
李氏蒙求 1041右
李裕(元)
中行齋集 1319左
李遂(明)
明禦倭軍制 311右
李遵義(民國)
毛詩草名今釋 62右
毛詩魚名今考、嘉魚考 62右
孔子藝事考 415左
銀幣考 477左
墾餘閒話 779右
種薯經證 782左
墾餘讀書錄 1015左
樵隱詩存、文存 1518左
李道謙(元)
甘水仙源錄(輯) 447右
七眞年譜 447右
終南山祖庭仙眞內傳 448左
李道平(清)
周易集解纂疏 26右
易筮遺占 897左
李道純(元)
道德會元、序例 690左
周易尙占 896右
太上昇玄消災護命妙經註 1134右
无上赤文洞古眞經註 1139左
太上大通經註 1140左
太上老君說常淸靜經註 1144左
中和集 1165右
三天易髓 1165右
全眞集玄祕要 1165右
淸庵瑩蟾子語錄(述) 1183右
淸庵先生詞 1611左
李道淸(淸)
飮露詞 1640右
李肇(唐)
翰林志 469左
唐國史補 1047右
1048左
國史補 1048左
李肇亨(明)
婦女雙名記 397右
墨君題語 914右
醉鷗墨君題語 914右
李肇生(清)
龜樹根館詩草 1505右
李肇增(清)
冰持庵詞 1636右
40 李九標(明)等
山水隣新鐫出像四大癡傳奇 1700左
李大章(淸)等
康熙本東安縣志(修) 515左
李大防(民國)
歷代聖哲學粹後編 (陳朝爵同輯)* 750左
李大鏞(清)
河務所聞集 580左
李友香(淸)
紙香書屋存稿 1496右
李士標(明)
蒼雪齋詩存 1369右
李士瞻(元)
經濟文集 1319右
經濟集 1319右
李士鉁(淸)
周易注 28左
李圭(淸)
雅片事略 328左
思痛記 334右
東行日記 619右
美會紀略 638左
李奎(明)
種蘭訣 790左
龍珠山房詩集 1348左
湖上篇 1348左
李直(宋)
皇宋十朝綱要 290右
李直夫(元)
便宜行事虎頭牌雜劇 1654右
便宜行事虎頭牌 1654右
鄧伯道棄子留姪殘本 1654右
李直夫雜劇 1749左

40 李克(周)
李克書 684左
李希聖(清)
雁影齋讀書記 652右
雁影齋詩 1515右
李有(元)
古杭雜記 538左、右
李有祺(清)
夢鯉山房詩鈔 1490左
李有棠(清)
遼史紀事本末 292右
金史紀事本末 292右
李存(元)
俟菴集 1311左
李志龔(清)
迂翁詩草 1481左
李志常(元)
長春眞人西遊記 610右
長春子遊記 610右
李燾(宋)
韻譜 207左
續資治通鑑長編 284右
六朝通鑑博議 374左
李文簡詩集 1268左
李杰(明)
道藏目錄詳註 650右
李嘉謀(宋)
道德眞經義解 689左
元始說先天道德經註解 1133左
李嘉績(清)
汧陽述古編 529右
榆塞紀行錄 529右
五萬卷閣書目記 652左
汧陽述古編金石編 675右
江上草堂前稾 1506右
代耕堂中稾 1506右
代耕堂雜著 1506右
李嘉祐(唐)
李嘉祐集 1222左
臺閣集 1222左
李韋之(宋)
邵陽志 549左
李吉甫(唐)
元和郡縣志 511左
元和郡縣圖志 511左
元和郡縣志闕卷佚文 511右
十道志 511右
緱次鄭欽悅辨大同古銘論 1099左
李壽卿(元)
說鱄諸伍員吹簫雜劇 1655右
說鱄諸伍員吹簫 1655右
月明和尙度柳翠 1655右
月明和尙度柳翠雜劇 1655右
鼓盆歌莊子嘆骷髏殘本 1655右
李壽卿雜劇 1749右
李來章(清)
連陽八排風土記 554左
八排風土記 554左
敕賜紫雲書院志 569右
連山書院志 569右
達天錄 742右
書紳語略 742右
學要八箴 763右
紫雲書院讀史偶譚 764左
聖諭圖象衍義 764左
御製訓飭士子文淺解、宣講儀注、宣講條約 764左
聖諭衍義三字歌俗解 764左
南陽書院學規 764左
聖諭宣講鄉保條約、儀注 767左
禮山園文集、文集後編、續集、詩集 1408右
嵩少遊草 1408右
鎖闈雜詠 1408右
新城王氏西城別墅十三詠 1408右
41 李概(清)
李文恭公行述 411左
李桓(清)
甲癸夢痕記 353左
賓退紀談 353左
明論 379左
寶章齋奏疏 501左
寶章齋官書 502右
寶章齋詩錄 1495左
寶章齋文錄 1495左
寶章齋尺牘 1495左
李樗(宋)
李迂仲黃實夫毛詩集解(黃櫄同撰) 53左
毛詩集解(黃櫄同撰) 53左
李楷(清)
霧堂經訓 171左
霧堂詹言 1002右
霧堂雜著 1003左
岸翁散筆 1003左
飛翰叢語 1003左
楚騷偶擬 1376左
河濱遺書鈔 1739右
42 李彭(宋)
日涉園集 1260右
玉澗小集 1260右
李彭老(宋)
龜溪二隱詞 1608右
李斯(秦)
用筆法 917右
43 李尤(漢)
漢蘭臺令李伯仁集(一名李蘭臺集) 1199右
李式玉(清)
四十張紙牌說 952右
李式穀(清)
易經衷要(輯) 25左
書經衷要(輯) 43左
詩經衷要(輯) 58左
禮記衷要(輯) 87左
春秋衷要(輯) 129左
李朴(宋)
豐清敏公遺事 406左
李栻(明)
歷代小史(輯) 1732左
44 李封若(明)
瞻禮舍利記 1191左
李翥(明)
慧因寺志 566左
李塨(清)
周易傳註、周易筮考 21左
詩經傳註 56右
學禮 94右
郊社考辨 96左
禘祫考辨 96左
宗廟考辨 96右
李氏學樂錄 101右
學樂錄 101右
春秋傳註 127右
大學傳註 133左
大學傳註問 133左
大學辨業 133左

中庸傳註 135右
中庸傳註問 135右
恕谷中庸講語(述) 135右
論語傳註 141右
論語傳註問 141右
閱史郄視 376左
顏習齋先生年譜 421左
田賦考辨 475右
擬太平策 722左
平書訂 722左
瘳忘編 722左
恕谷語要 740右
聖經學規纂 743左
論學 743左
訟過則例 743左
小學稽業 760右
學射錄 776右
天道偶測 872右
瘳忘編、續論 1005右
評乙古文 1036左
恕谷詩集 1410左
恕谷後集 1410左
四考辨 1727左
傳註問 1727右
李恕谷遺書 1736右

李藻(清)
棲香閣藏稿 1511右

李夢陽(明)
祕錄 310左
空同子 970左
空同子纂 970左
六烈女傳 1118左
李崆峒先生詩集 1337左
李空同詩集 1337左
空同詩集 1337左
空同集 1337左
李空同集 1337左
空同集選 1337左

李蘭芬(清)
蘭芬詩存 1512右

李蔭(明)
李比部集 1348左

李葆素(清)
繡餘草 1487右

李葆恂(民國)
海王村所見書畫錄 912右
三邕翠墨簃題跋 917左
無益有益齋論畫詩 934右
舊學盦筆記 1014右
紅螺山館詩鈔 1522右
紅蠃山館遺詩 1522右
津步聯吟集、詞 1556左

李蘇(明)
見物 794左

李孝昌(清)
委懷書舫遺草 1505右

李孝美(宋)
墨譜法式 800右

李孝光(元)
雁山十記 574左
李五峯詩集 1314右
五峯集 1314右
五峯詞 1613左

李攀龍(明)
韻學事類(輯) 207右
詩學事類(輯) 1043左
入藥鏡(王玠、彭好古合注) 1139左
滄溟集 1349右
滄溟詩集 1350左
李學憲集 1350左
續李滄溟集 1350左
滄溟集選 1350左
古今詩刪(輯) 1533右

李華(唐)
李遐叔文集 1221右

李英(明)
李英集 1357右
李生集 1357右

李耆卿(宋)
文章精義 1575右

李若立(唐)
略出籯金 1041左

李若水(宋)
忠愍集 1265左
李忠愍公集 1265右

李若川(宋)
延月樓詩稿 1269右

李世澤(明)
切韻射標 213右

李世祿(清)
修防瑣志 580左

李世芳(清)
青藜閣文鈔 1428左

李蓘(明)
黃谷譔談 998左
李太史集 1353右
李子田詩集 1353右
李內翰集 1353右
宋藝圃集(輯) 1541右
元藝圃集(輯) 1543左

李贄(明)
易因 17右
說書 151右
養生醍醐 846右
博識 958左
龍湖閒話 997右
李氏續焚書 997右
賢奕選 997右
理譚 997右
篔窓筆記 997右
精騎錄 998左
尊重口 1035右
異史 1068右
山中一夕話 1123右
李卓吾批選陶淵明集 1207左
李卓吾批選王摩詰集 1219右
李卓吾評選方正學文集(輯) 1329左
李卓吾評于節闇集 1331左
李卓吾評選楊椒山集(輯) 1350右
焚書 1353左
李氏焚書 1353左
騷壇千金訣 1579左
文字禪 1579左
李卓吾先生批評幽閨記 1691右
李卓吾先生批評琵琶記 1691右
李卓吾先生批評玉合記 1694左

李材(元)
解醒語 347右
子構集 1316右

李材(明)
李見羅集 1365右

李桂蘭(清)
思齊草堂詩鈔 1491右

李模(清)
碧幢雜識 976左

李林松(清)
周易述補 22左
易園文集、詩集 1462左

易園詞集 1631左
44 李林甫(唐)
唐六典(注) 467右
李林甫(唐)等
唐月令注 503右
唐明皇月令注解 503右
45 李坤(民國)
齊風說 60右
思亭詩鈔、文鈔 1524左
李厚安詩選 1524左
滇詩拾遺補(輯) 1548右
李坤元(清)
忍齋雜識 1076右
46 李覯(唐)
李元賓文編、外編 1227左
李元賓文集 1227左
李觀(清)
拾草堂詩存 1422右
李如一(明)
水南翰記(一題張衮撰) 1000左
李如圭(宋)
儀禮集釋 76左
儀禮釋宮 81右
李如篪(宋)
東園叢說 983右
李媞(清)
猶得住樓詩稿 1474右
猶得住樓詞稿 1632右
李賀(唐)
李長吉集 1231右
李長吉文集 1231右
李長吉詩集、外集 1231右
歌詩編、集外詩 1231右
昌谷集、外集 1231右
唐李長吉詩集、外集 1231右
李長吉歌詩、外集 1231右
47 李⿰女羽(清)
雲華詩鈔 1462右
李懿曾(清)
遊鷄鳴寺記 592右
李朝威(唐)
柳毅傳 1099右
柳參軍傳 1099右
李好文(元)
長安志圖 529右
李好古(宋)
碎錦詞 1610左
李好古(元)
沙門島張生煮海雜劇 1658左
沙門島張生煮海 1658左
張生煮海 1658左
李好古雜劇 1749右
李翿(清)
蘭溪詩鈔 1436左
李超孫(清)
詩氏族考 61右
李超瓊(清)
石船居公牘賸稿 502右
藤軒筆錄 1012右
柜軒筆錄 1012右
石船居雜箸賸稿 1504右
石船居古今體詩賸稿 1504右
李杞(宋)
用易詳解 15左
李桐(清)
五峯山志(輯) 572左
李根濚
九保節孝錄略(輯) 439左
九保詩錄(輯) 1548右
李根源
李希白先生年譜 432右
觀貞老人壽序錄(輯) 441左
滇西兵要界務圖注 484左
鎭揚遊記 595左
虎阜金石經眼錄、補 676左
洞庭山金石 676左
闕塋石刻錄、補錄、嶽峙山石刻 676左
九保金石文存(輯) 677左
吳郡西山訪古記 677右
東齋詩鈔、續鈔、文鈔、續鈔 1529右
娛親雅言(輯) 1560左
明滇南五名臣遺集(輯) 1746左
李根源等
明雷石菴胡二峯遺集合刊(輯) 1746左
李格非(宋)
洛陽名園記 565右
48 李翰(明)
名馬記 792左
李翰穎(清)
岫巖志略(纂) 516左
李媺(清)
琴好樓小製 1438右
李敬之(清)
鄉兵管見 776左
李梅賓(明)
精忠旗 1699右
墨憨齋新訂精忠旗傳奇 1699右
50 李中(南唐)
異僧傳 1114左
碧雲集 1240右
李中正(宋)
泰軒易傳 14左
李中馥(明)
原李耳載 1070右
李中梓(明)
傷寒括要 815左
增補病機沙篆 820右
診家正眼 849左
本草通元 854左
雷公炮製藥性解 854左
李中黃(清)
逸樓論史 376左
李中桂(清)等
光緒東鹿鄉土志(纂修) 515右
李泰(唐)等
魏王泰括地志 510右
括地志 510右
511左
李本固(明)
汝南遺事 545左
李忠鯁(清)
八磚吟館詩存 1468左
李春枝(清)
古禮樂述附錄* 95左
李素甫(明)
元宵鬧傳奇 1698右
李東紹(清)
雪溪集文鈔 1419左
李東陽(明)
新舊唐書雜論 378右
李西崖擬古樂府 381右
西涯樂府 381右
擬古樂府 381右
明會典(重修) 455右

懷麓堂集 1333右
李文正公集 1334左
麓堂詩話 1577右
懷麓堂詩話 1577右
51 李振裕(清)
白石山房文錄 1400右
52 李播(隋)
大象賦 868左
李哲濬(清)
歷代紀元彙考續編*462右
53 李輔(明)等
全遼志 515右
李成(宋)
李成山水訣 926右
山水訣 926右
李成之(口)
玉室經(述) 1170右
李咸用(唐)
唐李推官披沙集 1237右
李盛基(清)
湘煙閣詩鐘(選) 946左
54 李軌(晉)
周易李氏音 33左
周禮李氏音 74右
晉泰始起居注 288右
晉咸寧起居注 289左
晉泰康起居注 289左
晉咸和起居注 289左
李軌(晉)
揚子法言(注) 714右
纂圖互注揚子法言(柳宗元、宋咸、吳祕、司馬光合注) 714右
新纂門目五臣音註揚子法言(柳宗元、宋咸、吳祕、司馬光合注) 715左
李輮(明)
筠谷詩 1329右
筠谷詩集 1329右
李勣(唐)等
新修本草 853左
56 李揚華(清)
經解籌世 177右
公餘手存 455右
西征籌筆 500右
紙上談 1012右
李提摩太(英國)
游歷西藏紀 561右
三十一國志要 626右
安南論 634右
緬甸論 635左
歐洲各國開闢非洲考 638左
李覯(宋)
盱江集、外集 1247左
直講李先生文集、外集 1247左
盱江集鈔 1247左
盱江集補鈔 1247左
57 李邦彥(宋)
延福宮曲宴記 299左
李邦獻(宋)
省心雜言 727右
李邦黻(清)
春秋摘微(輯) 122左
李徵士遺稿 1505右
李輈(清)
言易錄 28左
學庸註釋 154右
當差紀略 452右
牧沔紀略 474右
言官錄 474右
論學諸篇 749左
道學內篇註釋 749左
言學書 749右
自得廬雜著 749右
60 李口(宋)
悟眞集 1297右
李口(清)
寧化風俗志 543左
李口(口)
宜都山川記 547左
李昉(宋)
二李唱和集(李至同撰) 1551左
李昉(宋)等
禁林讌會集 469右
太平御覽 1041右
太平廣記 1054右
太平御覽道部 1184右
文苑英華(輯) 1535右
李日華(明・嘉興)
姓氏譜纂 396左
梅墟先生別錄(鄭琰同撰) 419右
味水軒日記 450右
官制備攷 468左
輿圖摘要 513右
禮白嶽記 611右
篷櫳夜話 612左
璽召錄 612左
薊旋錄 612左
墨君題語 914右
竹嬾墨君題語 914右
竹嬾畫媵、續畫媵 930左
運泉約 955右
浣俗約 959右
六研齋筆記、二筆、三筆 999左
紫桃軒雜綴、又綴 999左
時物典彙 1043右
四六類編(輯) 1536左
恬致堂詩話 1580右
李日華(明・吳縣)
李日華南西廂記 1692左
西廂記 1692左
南西廂記 1692左
南西廂 1692右
新刻出像音註花欄南調西廂記 1692右
李日景(清)
醉筆堂三十六善 1033右
李旦華(清)
厚齋詩選 1431右
李呈芬(明)
射經 776左
李星沅(清)
李文恭公奏議 500左
李文恭公詩集、文集 1460右
李文恭公詩存 1460右
李昱(清)等
歸安縣志(修) 520右
李國龍(清)
六友堂臘草 1490右
李國木(明)
搜玄曠覽(輯) 902右
索隱玄宗(輯) 902右
李國梅(清)
林下風淸集 1439左
李易(宋)
李敷詩集 1266右
李思聰(宋)
洞淵集 1183右
李思衍(元)
兩山稿 1301右
李思中(清)
談劍廬詩稿 1485右

60 李因培(清)
鶴峯詩鈔 1423右
李因篤(清)
古今韵攷 210左
儀小經 1024左
漢詩音註 1537右
李呂(宋)
澹軒集 1269右
澹軒詩餘 1601左
李昌齡(宋)
樂善錄 1031右
樂善錄略 1031右
太上感應篇(傳) 1156右
李昌祺(明)
剪燈餘話 1118左
月夜彈琴記 1118左
鞦韆會記 1118左
香車和雪記 1118左
賈雲華還魂記 1118左
運甓漫稿 1327左
至正妓人行 1327左
李昌符(唐)
李昌符詩集 1236左
李昴英(宋)
文溪存稿 1286左
文溪集 1286左
文谿集 1286左
文溪詞 1608左
李杲(金)
蘭室祕藏 813右
內外傷辨惑論 818左
內外傷辨 818左
脾胃論 818右
雷公泡製藥性賦 853右
李果(清)
遊支硎中峯記 593右
李景亮(唐)
李章武傳 1099右
人虎傳 1099右
李景元(口)
淵源道妙洞眞繼篇(集解) 1146右
李景元(清)
紅樹山莊詩鈔 1485右
李景雲(清)
修竹軒遺草 1490左
李景董(清)
桂巖居詩稿 1464右
李景星
史記評議 374左
漢書評議 374左
後漢書評議 374左
三國志評議 374左
61 李顒(晉)
尙書集注 37右
李顒(清)
四書反身錄 152右
觀感錄 413左
司牧寶鑑(輯) 472右
二曲集錄要 740右
堊室錄感 767左
二曲全集 1392左
62 李昕(宋)
九域志 512左
63 李默(明)
孤樹裒談 350右
李貽德(清)
春秋左傳賈服注輯述 108右
64 李時珍(明)
瀕湖脈學 849左
奇經八脈考 849左
本草綱目 854左
李時行(明)
李駕部前集、後集 1350右
青霞漫稿 1350右
李青霞集 1350右
李時勉(明)
古廉集 1327左
李時中(元)
開壇闡教黃粱夢 1653右
邯鄲道省悟黃粱夢雜劇 1653右
邯鄲道省悟黃粱夢 1653右
李曄(明)
草閣集、文集 1327左
草閣詩集、文集 1327左
李草閣詩集、文集 1327左
65 李晴峯(清)
龍川先生詩鈔 1496左
67 李晚芳(清)
讀史管見 373右
女學言行纂 758左
李菉猗女史全書 1744左
李明復(宋)
春秋集義、綱領 124左
李昭玘(宋)
樂靜集 1258右
樂靜居士集 1258右
李昭祥(明)
龍江船廠志 490左
李嗣眞(唐)
後書品 918右
續畫品錄 925右
李鶚翀(明)
江陰李氏得月樓書目摘錄 646左
藏說小萃(輯) 1736右
68 李畋(宋)
該聞錄 1054右
李暾(清)
東門寄軒草 1418左
閑閑閣草 1418左
70 李壁(宋)
中興戰功錄 301左
王荆公詩註 1250右
71 李頎(唐)
李頎集 1220右
李頎詩集 1220右
李匡乂(唐)
資暇錄 1017右
資暇集 1017右
資暇錄佚文 1017右
李長霞(清)
錡齋詩集 1505左
李長科(明)
胎產護生篇(輯) 836左
李長祥(明)
天問閣集 1374右
天問閣文集 1374右
李長卿(明)
松霞館贅言 974左
李槩(劉宋)
音譜 204左
72 李劉(宋)
四六標準 1282左
梅亭先生四六標準 1282左
李隱(唐)
瀟湘錄 1107左
漱石軒筆記 1107左
李朏(晉)
烏衣鬼軍記 1096左
李彤(晉)
單行字 194左

字指 222右

李岳瑞(民國)
春冰室野乘 353右
郢雲詞 1642左

76 李陽冰(唐)
陽冰筆法 918右
陽冰(誤題冰陽)筆訣 918右
論篆 939左

77 李鳳廷
玉紀正誤 671右

李鳳苞(清)
使德日記 620左

李鳳岡(清)
六十壽言(輯) 432左

李用粹(清)
舊德堂醫案 862左

李周翰(唐)
六臣註文選(李善、呂延濟、劉良、張銑、呂向同撰) 1531左

李鵬飛(元)
三元延壽參贊書(集)846左

李駉(宋)
黃帝八十一難經纂圖句解、註義圖序論 810左

李熙文(清)
李叔豹遺詩 1479左

李學詩(民國)
羅生山館詩集、文稿 1526右
治平吟草 1526右

李開先(明)
中麓畫品 929左
園林午夢 1672右
新編林冲寶劍記 1693左
南曲次韻(王九思同撰) 1712右

李開泰(清)
大興歲時志稿(張茂節同輯) 523左
宛平歲時志稿(王養濂同輯) 523左

李賢(唐)
後漢書(注) 266右

李賢(明)
天順日錄 309左
古穰雜錄(一名莘野纂聞) 348左
古穰雜錄摘抄 348左
賜遊西苑記 564左
古穰集 1331右

李賢(明)等
明一統志 513左

79 李騰蛟(清)
半廬文稿、詩稿 1389右
李咸齋文鈔 1389右

80 李仝(宋)
珞琭子三命消息賦(注) 903右

李益(唐)
李益集 1225右
李君虞詩集 1225右
李尙書詩集 1225右

李金鏞(清)
琿牘偶存 480右

李鏡渠(民國)
項子遷詩考異* 1234右

李鈜(清)
稼書先生年譜(陸宸徵同撰) 420右

李介(明)
天香閣隨筆 351右
天香閣集 1374右

李念慈(清)
李劬菴詩 1395左

李慈銘(清)
重訂周易二閭記 23左
重訂周易小義 23左
史記札記 264左
漢書札記 266左
後漢書札記 267左
三國志札記 268右
晉書札記 269右
宋書札記 269右
梁書札記 270左
魏書札記 270右
隋書札記 271右
南史札記 272左
北史札記 272左
越中先賢祠目序例 568右
蘿菴游賞小志 588左
越縵堂菊話 948左
窮愁錄 1012右
柯山漫錄 1012右
越縵筆記 1029右
越縵堂日記鈔 1030左
越縵堂詩文集 1498左
越縵山房叢稾 1498左
湖塘林館駢體文鈔(一名越縵堂類稾) 1498左
越縵叢稾棄餘 1498左
越縵堂文鈔 1498左
蘿菴日鈔 1535左
霞川花隱詞 1637右

李毓秀(清)
四書字類釋義 155左
弟子規 760右

李毓清(清)
一桂軒詩鈔 1487右

李毓林(清)
六勿軒詩存 1501左

李毓如(清)
鞠部明僮選勝錄 437左

李義慶(朝鮮)
箕田攷(李家漁同輯)633右

李善(唐)
文選註 1530右
六臣註文選(呂延濟、劉良、張銑、呂向、李周翰同撰) 1531左

李善蘭(清)
火器眞訣 777左
麟德術解 875左
天算或問 875左
談天(刪述) 876左
粟布演草(吳嘉善、曾紀鴻同演) 885右
方圓闡幽 885右
弧矢啓祕 886左
對數探原 886左
垛積比類 886左
橢圓新術 886左
橢圓正術解 886左
橢圓拾遺 886左
對數尖錐變法釋 886左
級數回求 886左
四元解 886左

李曾伯(宋)
班馬字類補遺* 224左
可齋雜稾、續稿 1286右
可齋詩稾 1286右
可齋詩集 1286右
可齋詞 1608左
可齋雜稾詞、續稾詞 1608左

李曾裕(清)

舒嘯樓詩集 1494右
枝安山房詞草 1637左
80 李含章(清)
蘩香詩草 1398右
李公佐(唐)
古嶽瀆經 1100右
南柯記、枕中記 1100右
南柯太守傳 1100右
盧江馮媼傳 1100右
謝小娥傳 1100右
李公煥(宋)
箋注陶淵明集 1207左
81 李鍇(清)
尙史 276右
睫巢集、後集 1413右
李鐵君先生文鈔 1413右
含中集 1413右
82 李鍾珏(清)
新嘉坡風土記 631右
李鍾倫(清)
周禮訓纂 70右
周禮纂訓 70右
三禮儀制歌訣 98左
經書源流歌訣 182左
歷代姓系歌訣 372右
83 李鎔經(清)
三立閣史鈔 387右
雜文偶存 1483右
86 李錫蕃(清)
借根方句股細草 888右
87 李鈞(清)
轉漕日記 616右
李鈞和(清)
紅豆詞 1634左
88 李筌(唐)
太白陰經 773左
神機制敵太白陰經 773左
閫外春秋殘 773左
黃帝陰符經疏 1135右
陰符經疏 1135右
李筌(唐)等
黃帝陰符經集註 1135左
陰符經(注) 1135左
陰符經解(注) 1135右
集註陰符經 1135右
黃帝陰符經(注) 1135右
李銳(清)
周易虞氏略例 33左
漢三統術 867左
漢四分術 867左
漢乾象術 867右
補修宋奉元術 868左
補修宋占天術 868左
日法朔餘彊弱攷 873右
召誥日名攷 873右
方程新術草 883左
句股算術細草 883左
弧矢算術細草 883左
開方說 883左
李簡(元)
學易記 16左
李簡易(宋)
無上玉皇心印經 1134左
玉谿子丹經指要(纂集) 1165左
李符(清)
花南老屋詩集 1402左
耒邊詞 1620右
李繁(唐)
鄴侯外傳 1097左、右
李泌傳 1097右
鄴侯家傳 1097右
李籍(唐)
周髀算經音義* 866右
九章算術音義* 877左
90 李懷民(清)
石桐先生詩鈔 1433左
李惇(清)
左傳通釋 107右
羣經識小 172右
李光(宋)
讀易詳說 12右
莊簡集 1265右
椒亭小集 1265右
李莊簡詞 1596左
李光玄(口)
金液還丹百問訣(集) 1167左
李光謙(清)
雙桐書屋賸藁 1471左
李光霽(清)
劫餘雜識 334左
李光型(清)
二李經說(李光墺同撰) 172左
李光廷(清)
詩譜(輯) 64右
廣元遺山年譜 429左
庫爾喀喇烏蘇沿革攷 531右
塔爾巴哈臺沿革考 531右
崑崙說 571左
漢西域圖攷 621右
亞剌伯沿革考 632左
俾路芝沿革考 632左
普法戰紀輯要(輯) 635右
治要節鈔(節鈔) 1035左
李光地(清)
周易通論 20左
周易觀彖 20左
周易觀彖大指 20左
易義前選(輯) 20右
尙書七篇解義 41右
尙書解義 41右
洪範說 46右
榕村詩所 56左
詩所 56左
朱子禮纂(輯) 94右
古樂經傳 101右
春秋燬餘 127左
大學古本說 133左
中庸章段 135右
中庸餘論 135右
中庸四記 135右
讀論語劄記 141右
讀孟子劄記 147右
大學古本說、中庸章段、中庸餘論、讀論語劄記、讀孟子劄記 152右
孝經全註 159左
榕村字畫辨訛 199左
榕村韻書 214左
泰山脈絡紀 572左
榕村通書篇 724右
正蒙註 725右
註解正蒙 725右
正蒙注解 725右
二程子遺書纂、外書纂(輯) 727左
朱子語類四纂(輯) 728右
性理(輯) 741右
榕村講授(輯) 741右
榕村語錄 742左
握奇經訂本(注) 768右
握奇經註 768右
歷象本要 872右
曆算合要 872右

陰符經註　1137左
參同契註　1180右
離騷經(注)　1196左
離騷經解　1196左
九歌注　1196右
韓子粹言(輯)　1228左
榕村全集　1404左
榕村集　1404左
榕村續集　1404左
榕村別集　1404左
榕村制義初集、二集、三集、四集　1404左
榕村全集文錄　1404左
榕村詩選(輯)　1534左
古文精藻(輯)　1536右
名文前選(輯)　1562右
程墨前選(輯)　1562右
四書解義　1727右
李光地(清)等
御纂周易折中　20左
欽定音韻闡微　208左
御定月令輯要、圖說504右
御纂朱子全書(輯)　728左
御纂性理精義(輯)　742左
星歷考原　908右
李光坡(清)
周禮述注　70右
儀禮述注　76右
禮記述注　86左
李光塽(清)
二李經說(李光型同撰)　172左
李光暎(清)
觀妙齋金石文考略　657右
李光昭(清)
乾隆本東安縣志(纂修)　515左
李光壂(清)
守汴日志　316左
李肖龍(宋)
崔清獻公言行錄　406右
李尙暲(清)
優盋羅室文稿、詩稿　1475右
李當之(晉)
藥錄　853左
李卷(清)
登大王峯記　603左
李棠階(清)
四書約解　154左
志節編　385左
李文清公奏疏　500左
語錄　747左
李文清公文集　1461左
91 李炳(清)
辨疫瑣言　827右
李炳章(清)
算學各法引蒙(周毓英、徐世倫同撰)　889右
93 李煊(清)
南澗行　1503右
94 李愼言(清)
潛確錄　420右
李愼儒(清)
遼史地理志考　512右
李愼傳(清)
行山路記　591左
李愼溶(民國)
華影吹笙室詞　1643左
96 李悝(周)
法經　701右
李惺(清)
藥言、藥言賸稿　746右
冰言、補　746右
李西漚老學究語　761左
老學究語　761左
銅鞄館弢書、補　1009右
邛郲詩稿　1457右
西漚文　1457右
西漚制藝　1457右
西漚試帖　1457右
李煜(南唐)
李後主詞　1592左
二主詞(李璟同撰)1645左
南唐二主詞(李璟同撰)　1645右
97 李灼光(清)
松雲閣詩鈔　1490右
李炤祿(清)
雲巖小志　577左
靈巖小志　577左
賦草　1465右
律唐　1465右
律李　1465右
律杜　1465右
律選　1465右
律陶　1465右
琴劍集　1465右
鴻爪留餘　1465右
鶴心偶寄　1465右
壽蔆詞(輯)　1554右
斑菊(輯)　1554右
99 李榮(唐)
道德眞經註　687右
李榮陛(清)
周易篇第　23右
易考、續考　23右
尙書篇第　42右
書經補篇　42右
尙書考　42右
禹貢山川考　45左
四書解細論　153右
雲緬山川志　570右
江源考證　580右
黑水考證　586左
大圍山遊紀略　604左
鄧公嶺經行記　606左
黃皮山遊紀略　606左
大陽山遊紀略　606左
年歷考　867右
厚岡詩集、文集　1434右
厚岡文錄　1435左
萬載李氏遺書四種1734右

4040_7 孛

43 孛术魯翀(元)
孛术魯文靖公遺文1311左
菊潭集　1311左
44 孛蘭肹(元)等
大元大一統志　513左

4046_5 嘉

27 嘉約翰(美國)
皮膚新編(口譯)　832右

4050_6 韋

00 韋應物(唐)
韋蘇州集、拾遺　1221右
韋刺史詩集　1221右
韋蘇州詩集　1221右
韋蘇州詩鈔　1221右
蘇州閒適詩選　1221右
韋康元(清)
偶香園詩草　1501右
韋廉臣(英國)
日本載筆　634右

埃及紀略 638左
00 韋玄成(漢)
魯詩韋氏說 65右
魯詩韋氏義 65右
02 韋端符(唐)
衞公故物記 1048右
韋誕(魏)
筆墨法 917右
14 韋珪(元)
梅花百詠 1321左
17 韋孟(元)
酒乘 806左
韋承(宋)
甕中人語 299右
21 韋行規(唐)
保生月錄 845左
韋處厚(唐)
翰林學士記 469左
24 韋續(唐)
五十六種書法 919左
九品書 919左
書品優劣 919左
續書品 919左
書評 919左
墨藪 919左
書訣墨藪 919左
26 韋臯(唐)
鸚鵡舍利塔記 1191左
27 韋絢(唐)
劉賓客嘉話錄(錄) 1051左
嘉話錄佚文(錄) 1051右
戎幕閒談 1051右
30 韋宗泗(民國)
逍遙齋謎存 947左
韋宗海(清)
一經廬謎存 947左
33 韋述(唐)
西都雜記 529左
兩京新記 529右
兩京記 529右
34 韋漢卿(宋)
元包經傳(音釋) 892右
元包(音釋) 892右
37 韋澳(唐)
諸道山河地名要略 511右
44 韋莊(前蜀)
峽程記 580右
浣花集 1241左
秦婦吟 1241左
又玄集(輯) 1539左
浣花詞 1591右
韋執誼(唐)
翰林院故事 469右
46 韋坦(清)
歸化行程記 617左
47 韋穀(後蜀)
才調集(輯) 1539右
67 韋昭(吳)
孝經解讚 156右
辨釋名 218右
國語(注) 294左
韋昭(吳)朱育(吳)等
毛詩答雜問 51左
70 韋驤(宋)
錢塘集 1252左
錢唐韋先生文集 1252左
錢塘集補 1252左
韋先生詞 1593右
71 韋巨源(唐)
食譜 953右
77 韋居安(宋)
梅澗詩話 1575左
90 韋光黻(清)
聞見闡幽錄 1014左

4060$_0$ 古

21 古虞野史氏(清)
潮災紀略 536左
40 古直
諸葛忠武侯年譜 404左
曹子建年譜 425右
陶靖節年譜 426左
陶靖節年歲考證 426左
客人對 553右
隅樓雜記 1017左
曹子建詩箋 1202右
曹子建詩箋定本 1202右
阮嗣宗詠懷詩箋定本 1202右
陶靖節詩箋、餘錄、校勘記 1207右
陶靖節詩箋定本 1207右
汪容甫文箋 1435右
黃公度先生詩箋 1508左
層冰文略 1529右
東林遊草 1530左
客人駢體文選(輯) 1545右
漢詩辨證 1563左
詩品箋 1567左
客人三先生詩選(輯) 1746左
古杭才人(元)
宦門子弟錯立身 1664右
古杭書會(元)
小孫屠 1664右
41 古狂生(明)
醉醒石 1129左
43 古城貞吉(日本)
鎭南浦開埠記(譯) 634左
古越函三館(明)
見陳汝元
44 古藏室史臣(清)
見黃宗羲
87 古銘猷(清)
謎話 947左

4060$_1$ 吉

10 吉天保(宋)
孫子集注(輯) 769右
孫子註解(輯) 769右
孫子十家註(輯) 769右
11 吉珩(清)
祇可自怡 1078左
求放心齋詩鈔 1487左
80 吉益東洞(日本)
藥徵 855右

4060$_9$ 杏

44 杏村老農(清)
蕉牕聞見錄 1014左

4064$_1$ 壽

30 壽寧(元釋)
靜安八詠集(輯) 566左
壽富(清)
先考侍御公年譜 411右
44 壽芝(清)
紅樓夢譜 1132左

4071$_0$ 七

10 七弦河上釣叟(清)
英吉利廣東入城始末 328右
22 七峯樵道人(清)

七峯遺編 320右

40 七十一(清)

西陲紀事本末 293右
外藩列傳 484左
新疆紀略 531左
回疆風土記 531左
軍臺道里表 531左
鄂羅斯傳 635右

4073_2 袁

00 袁康(漢)

越絕書 355右

袁康(清)

說文疊韵(劉熙載同撰) 191右

袁文(宋)

甕牖閒評 1019右

袁文揆(清)

時雍堂詩稿 1441左
滇南詩略(袁文典同輯) 1548右
滇南文略(輯) 1548右

袁文典(清)

陶村詩鈔 1427左
袁陶村文集 1427左
滇南詩略(袁文揆同輯) 1548右

袁文炤(清)

蛾術山房詩鈔 1450左

袁衷(明)

庭幃雜錄(袁襄、袁裳、袁表、袁袞同記) 992左

袁表(明)

世緯 720右
袁學憲集 1345左

袁袞(明)

庭幃雜錄(袁衷、袁襄、袁裳、袁表同記) 992左

袁襄(明)

庭幃雜錄(袁衷、袁裳、袁表、袁袞同記) 992左

07 袁郊(唐)

三輔舊事 528右
甘澤謠 1107右

袁韶(宋)

錢塘先賢傳贊 389左

08 袁說友(宋)

東塘集 1274右

10 袁三俊(清)

篆刻十三略 940右

袁王壽(劉宋)

古異傳 1086右

袁于令(清)

雙鶯傳 1684右
西樓記 1703左
劍嘯閣自訂西樓夢傳奇 1703左
劍嘯閣鷫鸘裘記 1703左
楚江情 1703左

11 袁班(明)

證治心傳 820右

袁彌渡(清)

漱芳亭詩鈔 1434左

12 袁廷檮(清)

紅蕙山房吟稾 1449左

17 袁翟(清)

淞逸詩存 1474右

袁翼(清)

邃懷堂詩集 1458左

19 袁褧(宋)

楓窗小牘 345左

袁褧(明)

奉天刑賞錄 307右

20 袁喬(晉)

論語袁氏注 139左

袁采(宋)

世範 752左、右
袁氏世範 752左、右

21 袁步先(清)

循陔吟草鈔 1445右

袁仁(明)

尙書砭蔡編 39左
尙書蔡註考誤 39左
毛詩或問 54右
春秋胡傳考誤 123左

袁仁林(清)

虛字說 224左
古文周易參同契註 1180右

22 袁山松(晉)

後漢書 278左
郡國志 507右
宜都記 547左

袁崇煥(明)

袁督師遺集 1364右

袁繼咸(明)

潯陽紀事 319右

袁綬(清)

閩南雜詠 1493右
瑤華閣詩草 1493右
瑤華閣詞 1635右

23 袁俊翁(元)

四書疑節 151左

24 袁佑(清)

袁杜少詩 1402右

26 袁保慶(清)

自乂瑣言 1012左

袁保齡(清)

閣學公公牘 502右
聯語錄存 945左
雪鴻吟社詩鐘 946左
閣學公文稿拾遺、詩稿拾遺 1507左
閣學公書札、錄遺 1507左

袁保恆(清)

文誠公奏議、函牘 501左
文誠公文稿拾遺、詩稿拾遺 1484右

27 袁凱(明)

海叟集、集外詩 1327右
袁海叟詩集、補 1327右
袁海叟集 1327右

30 袁寧珍(清)

主客圖圖考(輯) 1568右

袁之鼐(清)

漱瑛樓詩存 1478右

袁之蘭(清)

秋聲館詩草 1478右

袁守定(清)

圖民錄 722左

袁準(晉)

喪服經傳袁氏注 80左
袁子正書 718右
袁子正論 1017左

袁宏(晉)

後漢紀 287左
去伐論 718右

袁宏道(明)

華嵩遊草 587右
西湖紀述 598左
廣莊 697左
促織志 796左
觴政 950左
瓶史 956左
德山暑譚 973左

瓶花齋雜錄 1070右
醉叟傳 1119左
拙效傳 1119左
狂言、別集 1362左
廣陵集 1362左
敝篋集 1362左
破研齋集 1362左
桃源詠 1362左
袁中郎未刻遺稿 1362右

30 袁宮桂(清)
洴澼百金方(輯) 775左

袁定遠(清)
歷代銓選志 466左

袁宗道(明)
丹鉛(一名雜說) 999左
新鐫玉蟠袁會元集 1360左
白蘇齋類集 1360左

31 袁福徵(明)
腁陣譜 951左
腁陣篇 951左

32 袁祈年(明)
楚狂之歌 1369右
小袁幼稿 1369右
近遊草 1369右

34 袁達德(明)
禽蟲述 796左

36 袁昶(清)
合肥相國壽言 411右
香嚴老人壽言 411右
香嚴尙書壽言 411右
嚴州圖經校字記* 521右
衢藏通志校字記* 522右
尊經閣募捐藏書章程、祀典錄 641右
中江尊經閣藏書目 645右
經籍舉要(增訂) 648左
中江講院建立經誼治事兩齋章程 765右
姚文敏公遺稿校勘記* 1331右
春闈雜詠 1507右
于湖小集 1507右
金陵雜事詩 1507右
漸西村人初集 1507右
安般簃集 1507右
漚簃擬墨 1508左
于湖題襟集(輯) 1555右

袁昶(清)等
尊經閣藏書目 1735左

37 袁淑(劉宋)
宋袁陽源集 1208右
袁忠憲集 1208右
袁陽源集選 1208右

袁淑眞(宋)
黃帝陰符經集解 1136左

袁祖志(清)
出洋須知 474左
重修滬游雜記 589右
瀛海採問紀實 625右
西俗雜誌 625右
涉洋管見 625右
隨園瑣記 1012左
海外吟 1494右
海上吟 1494右

袁通(清)
飲水詞鈔(選) 1621左
捧月樓詞 1627右

38 袁啓旭(清)
中江詩略 1376右

40 袁九齡(明)
壺矢銘 949左

袁士元(元)
書林外集 1316左
書林詞 1613右

袁堯年(清)
尙書大傳注(校補) 35左
尙書略說注(校補) 37左
駁五經異義(補輯) 167右
尙書五行傳注(校補) 243左

袁克文(民國)
寒雲書景(輯) 655左

袁希謝(清)
素言集 1487左

袁嘉(清)
湘痕閣詩稿 1480左
湘痕閣存稿 1497左
湘痕閣詞稿 1637左

袁嘉謨(清)
冷官餘談 1013右

袁嘉穀(民國)
明贈光祿寺卿路南楊公忠節錄(輯) 408左

袁去華(宋)
宣卿詞 1600右

41 袁樞(宋)
通鑑紀事本末 291右
292左

42 袁彬(明)
北征事蹟 308右

袁機(清)
素文女子遺稿 1424左

44 袁孝政(唐)
劉子(注) 965右
劉子新論(注) 965右
新論(注) 965右
德言(注) 965右

袁華(明)
玉山紀遊(輯) 594右
耕學齋詩集 1323右
可傳集 1323右

袁世傳(清)
中議公事實紀略 411右
母德錄(袁世威同撰) 438右
袁氏家書(輯) 1549右

袁世紀(清)
守身執玉軒遺文 1504左

袁世威(清)
母德錄(袁世傳同撰) 438右

袁黃(明)
詩外別傳 55左
河圖洛書解 227右
寶坻政書 501右
皇都水利 581左
訓兒俗說 753右
訓子言 753右
勸農書 779左
祈嗣眞詮 835右
攝生三要 846右
曆法新書 869左
淨行別品 1188右
靜坐要訣 1189左
袁生懺法 1190右

袁樹(清)
諸子詹詹錄 681左
端溪硯譜記 804左
紅豆村人詩稿 1432右
紅豆村人續稿 1432右

45 袁棟(清)
書隱曲說 1723左

47 袁杼(清)
樓居小草 1424左

袁桷(元)
延祐四明志 520右

澄懷錄 1065左
清容居士集 1307左
48 袁枚(清)
摛褱隨園史論 379右
隨園八十壽言(輯) 431右
遊黃山記 596右
遊黃龍山記 602左
遊仙都峯記 602左
遊武夷山記 602右
遊廬山記 605右
遊丹霞記 606右
遊桂林諸山記 607左
隨園食單 954右
牘外餘言 976左
隨園隨筆 1006右
新齊諧、續 1093左
子不語、續 1093左
纏足談 1127右
小倉山房文集 1423左
小倉山房詩集 1423左
袁太史時文 1423左
隨園文鈔 1423左
小倉山房文錄 1423左
小倉山房外集 1423左
小倉山房詩 1423左
小倉選集 1423左
袁文箋正 1423左
小倉山房尺牘 1423右
音註小倉山房尺牘 1423右
隨園女弟子詩選(輯) 1544左
續同人集(輯) 1553右
隨園雅集圖題詠(輯) 1558左
隨園詩話 1584右
續詩品 1584右
小倉山房續詩品 1584右
袁家三妹合稿(輯) 1747左
50 袁中道(明)
袁小修日記(一名珂雪齋外集又名遊居杮錄) 450右
一瓢道士傳 1119左
代少年謝狎妓書 1124左
禪門本草補 1190左
袁小修集 1362右
珂雪齋近集 1362右
珂雪齋詩集、文集 1362右
袁申儒(宋)
蜀道征討比事 301左
袁夫人(魏)
答卞夫人書 1201右
袁青萍
中東戰紀輯要(選輯) 330左
袁忠徹(明)
符臺外集 1330左
袁表(明)
庭幃雜錄(袁衷、袁襄、袁裳、袁袞同記) 992左
閩中十子詩(馬熒同輯) 1746左
51 袁振業(清)
榆園雜興詩 1502左
53 袁甫(宋)
蒙齋中庸講義 134右
蒙齋集 1281右
60 袁□(清)
原瘄要論 841右
袁易(元)
靜春堂集 1306右
靜春堂詩集 1306右
靜春詞 1612右
袁甲三(清)
端敏公集奏議、函牘 500左
袁昂(梁)
書評 918左
古今書評 918左
袁杲(清)
山右吟草 1490左
袁景星(清)
崇川書香錄(劉長華同撰) 387右
67 袁路先(清)
日香居課餘吟草鈔 1465左
71 袁頤(宋)
楓窗小牘(續) 345左
74 袁勵準(民國)
中州墨錄 802左
77 袁堅(清)
六芳草堂詩存 1460左
柳枝唱和詞(輯) 1555左
袁學瀾(清)
春秋樂府 382左
十國宮詞 382右
蘇臺攬勝詞 535左
姑蘇竹枝詞 535右
吳都新年雜詠 535右
吳門歲暮雜詠 535右
吳俗諷喻詩 535右
海昌觀潮集 540左
金陵遊草 592右
虎邱雜事詩 593右
西泠遊草 599右
田家四時詩 1495右
春歸詞 1637左
柘湖道情 1714左
84 袁鎮邦(清)
井夫詩存 1484左
87 袁鈞(清)
易注(輯) 6左
尙書大傳注(輯) 35左
尙書注(輯) 37左
尙書略說注(輯) 37左
詩譜(輯) 64右
答臨碩難禮(輯) 73右
喪服變除(輯) 79左
魯禮禘祫義(輯) 96左
三禮目錄(輯) 99左
春秋傳服氏注(輯) 104左
箴膏肓(輯) 104左
發墨守(輯) 115左
釋廢疾(輯) 118右
論語注(輯) 137左
孝經注(輯) 156左
駮五經異義(輯) 167右
六藝論(輯) 167右
鄭志(輯) 168左
鄭記(輯) 168右
尙書中候注(輯) 243左
尙書五行傳注(輯) 243左
孔子弟子目錄(輯) 415右
鄭君紀年(訂正) 417右
瞻袞堂文集 1463左
四明文徵(輯) 1547右
90 袁裳(明)
庭幃雜錄(袁衷、袁襄、袁表、袁袞同記) 992左
袁棠(清)
盈書閣遺稿 1444右
繡餘吟稿 1444右
洮瓊館詞 1624右
91 袁焯
叢桂草堂醫案 864左
97 袁烱(清)
桐溪耆隱集、補錄(輯) 1547左

99 袁燮(宋)
絜齋家塾書鈔 38右
絜齋毛詩經筵講義 53左
絜齋集 1275右
袁正獻公遺文鈔 1275右

4080₁ 眞

10 眞可(明釋)
長松茹退 973右
22 眞山民(宋)
眞山民詩集 1295右
1296左
眞山民集 1296左
山民詩鈔 1296左
山民詩集 1296左
24 眞德秀(宋)
三禮考 94左
四書集編 150左
政經 471右
眞文忠公政經 471右
西山政訓 471右
諭僚屬文 471右
大學衍義 720左
西山先生眞文忠公讀書記 730左
讀書記 730左
眞文忠公心經 730左
心經 730左
眞西山先生教子齋規 751右
諭俗文 765右
西山題跋 914左
西山先生眞文忠公文集 1279右
西山文集 1279右
眞西山先生集 1279右
西山文鈔 1279右
西山先生詩集 1279右
宋眞西山先生溫陵留墨 1279右
文章正宗復刻、續(輯) 1536左
文章正宗、續集(輯) 1536左
30 眞空(明釋)
新編篇韻貫珠集、直指玉鑰匙門法 213右

4090₀ 木

44 木村杏卿(日本)
宇內高山大河考 626右
55 木拂(明釋) 見葉紹袁
80 木公恕(明)
雪山詩選 1342右

4090₃ 索

05 索靖(晉)
草書狀 917右
30 索寧安(清)
滿洲祭天祭神儀注 461右
滿洲婚禮儀注 461右
追遠論四十則 461右
滿洲家祠祭祀儀注 462左
44 索芬(清)
晴雲書屋稿 1395左

4090₈ 來

20 來集之(明)
卦義一得 18右
讀易隅通 18右
易圖親見 30右
四傳權衡 126左
羽族通譜 1126左
女紅紗塗抹試官 1676右
禿碧紗炎涼秀士 1676右
小青娘挑燈閒看牡丹亭 1676右
26 來保(清)等
欽定平定金川方略 293左
欽定大淸通禮 458右
27 來鵠(唐)
來子 1233左
42 來斯行(明)
槎菴燕語 973右
無盡燈(一名客邸塵談) 1189左
50 來青閣主人(清)
片羽集(輯) 947右
86 來知德(明)
周易集注 17右
來瞿唐集 1352右

4091₆ 檀

38 檀道鸞(劉宋)
續晉陽秋 287右
288左
44 檀萃(清)
粵囊 553左
黔囊 558左
滇海虞衡記 559左
說蠻 563左
五谿考 585右
穆天子傳注疏(疏) 711左

4091₇ 杭

00 杭辛齋(民國)
學易筆談初集、二集 29左
讀易雜識 29左
愚一錄易說訂 29左
易楔 31右
易數偶得 31右
沈氏改正揲蓍法(輯) 897左
30 杭淮(明)
雙溪集 1338右
杭東卿集 1338右
杭濟(明)
杭世卿集 1337右
32 杭澄(清)
臥雪軒吟草 1421左
43 杭棫(清)
松吹讀書堂題詠(輯) 1557右
小松吹讀書堂題詠(輯) 1557右
44 杭世駿(清)
禮經質疑 95左
質疑 172左
1025左
經進講義 172左
石經考異 183左
續方言 226左
史記考證 263右
三國志補注 268左
晉書補傳贊 280右
漢書蒙拾 372左
後漢書蒙拾 372左
諸史然疑 379左
宣德彝器譜附錄* 660右
經史質疑 1025左
訂訛類編、續補 1025左
鴻詞所業 1417左
文選課虛 1532左
榕城詩話 1566左
道古堂外集 1740右

4093₁ 樵

22 樵川樵叟(宋)

慶元黨禁 385右

4141_6 姬

17 姬翼(元)
知常先生雲山集 1611左
25 姬佛陀
古石抱守錄(輯) 666左
戩壽堂所藏殷墟文字(輯) 672右
專門名家一集、二集、三集(輯) 673左
40 姬志眞(元)
雲山集 1300右

4191_6 桓

00 桓玄(晉)
周易繫辭桓氏注 32左
01 桓譚(漢)
新論 715左
荆山子 715左
30 桓寬(漢)
鹽鐵論 713左、右
貞山子 713右
71 桓階(魏)
桓令君集 1201右
79 桓驎(漢)
西王母傳 1095左
88 桓範(魏)
桓氏世要論 963左
世要論 963左

4192_0 柯

11 柯琴(清)
傷寒論註 811右
傷寒論翼 811右
傷寒附翼 811右
傷寒來蘇集 1737右
14 柯劭忞(民國)
春秋穀梁傳補注 120左
譯史補 275左
新元史 275右
新元史考證 275右
28 柯聳(清)
柯素培詩 1400左
柯素培詩選 1400左
31 柯潛(明)
竹巖詩集、文集 1332左
34 柯汝霖(清)
武林第宅考 565左
柯汝鍔(清)
甕天錄 1027右
37 柯逢時(民國)
大觀本草札記 853右
40 柯九思(元)
丹邱生集 1319右
丹丘生稾 1319右
60 柯昌濟(民國)
金文分域編 659左
韡華閣集古錄跋尾 662左
90 柯尙遷(明)
周禮全經釋原 70右
96 柯煜(清)
小丹丘詩稿 1410右

4192_7 樗

42 樗櫟道人(元) 見秦志安

4212_2 彭

02 彭端淑(清)
萃龍山記 576右
白鶴堂文錄 1419左
07 彭韶(明)
彭惠安集 1332右
10 彭元瑞(清)
石經考文提要 183左
知聖道齋書目 647左
知聖道齋讀書跋尾、金石跋尾 651右
知聖道齋讀書跋 651右
萬壽衢歌樂章 1430左
御製全韻詩恭跋千字文 1430左
宋四六話 1564右
彭而述(清)
郴東桂陽小記 549左
桂陽石洞記 575右
遊涪溪記 604右
飛雲洞記 607右
湘行記 612右
彭禹峯詩選 1390左
彭百川(宋)
太平治迹統類前集 455左
太平治蹟統類 455左
12 彭孫遹(清)
松桂堂全集 1395左
南淮集 1395左
延露詞 1618右
金粟詞 1618右
金粟閨詞百首 1618右
詞統源流 1719左
詞藻 1719左
金粟詞話 1719左
彭孫貽(清)
明朝紀事本末補編 292右
平寇志 315右
山中聞見錄 318左
虔臺節略 321右
虔臺逸史 321右
湖西遺事 321右
嶺上紀行 352左
茗香堂史論 376左
彭氏舊聞錄 394左
甲申以後亡臣表 402右
太僕行略 409右
客舍偶聞 1072左
彭孝介雜著 1384左
茗齋集 1384左
明詩(輯) 1543右
茗齋詩餘 1616左
18 彭致中(元)
鳴鶴餘音(輯) 1646右
20 彭乘(宋)
墨客揮犀 1055右
續墨客揮犀 1055右
22 彭任(清)
彭中叔文鈔 1383右
彭崧毓(清)
雲南風土紀事詩 559右
緬述 631右
溫凊錄 847左
中饋錄 954右
漁舟紀談、續談 1011左
山中懷往詩 1480左
養親須知 1737左
25 彭仲剛(宋)
琴堂諭俗編(鄭玉道同撰) 766左
彭績(清)
遊西山記 593右
秋士先生遺集 1434右
27 彭龜年(宋)
止堂集 1275右
彭叔夏(宋)
文苑英華辨證 1535右

27 彭紹升(清)
良吏述 403左
儒行述 413右
不諼錄(輯) 421左
測海集(輯) 1433右
二林居集 1433右
二林居文錄 1433右
彭尺木文鈔 1433右
28 彭作楨(民國)
三省從政錄 503左
歷史人名對 946左
歷史地名對、物名對 946左
翹蔥軒集聯 946左
豔體集聯 946左
翹蔥軒謎語 947左
讀書識餘 1031左
棄書 1529左
翹蔥軒文集 1529左
翹蔥軒文集續編 1529左
蓬萊箋啓 1529左
彭作邦(清)
周易史證 26左
易傳偶解 26左
30 彭宣(漢)
周易彭氏義 5左
易彭氏義 5左
彭寧求(清)
歷代關市征稅記 475右
彭定求(清)
明賢蒙正錄(輯) 413右
南畇老人自訂年譜 421左
不諼錄 421左
儒門法語(輯) 742左
儒門法語輯要(輯) 742左
密證錄 742左
姚江釋毀錄 742左
眞詮(校正) 1173右
南畇詩稾、文稾、小題文稿 1404右
南畇全集 1744左
彭宗孟(明)
江上雜疏 534左
31 彭汪(漢)
左氏奇說 104右
32 彭兆蓀(清)
泛潁記 584左
天池記 590左
懺摩錄 745左
潘瀾筆記 1027右
小謨觴館詩集、續集、文集、續集 1450右
小謨觴館文集注 1450右
南北朝文鈔(輯) 1537左
小謨觴館詩餘 1627右
34 彭汝讓(明)
木几冗談 973右
彭汝礪(宋)
鄱陽集 1254右
彭汝實(明)
六詔紀聞(前卷一名會撒夷情後卷一名南荒振玉・輯) 558右
36 彭湘(清)
晉風 525右
37 彭洵(清)
續刊青城山記 577左
彭祖賢(清)
南畇老人自訂年譜(輯) 421左
彭棨(元)
仲愈集 1313右
38 彭遵泗(清)
蜀碧 316右
彭啓豐(清)
芝庭先生集(輯) 1420左
40 彭大翼(明)
山堂肆考 1043左
彭大雅(宋)
黑韃事略 303左
彭士望(清)
翠微峯記 576右
遊西陽山記 606左
彭躬菴文鈔 1380左
恥躬堂文錄 1380左
彭堯諭(清)
強聒錄 1005左
彭希涑(清)
二十二史感應錄 1034左
蘭臺遺稾、續編 1445左
44 彭華(明)
彭文思公文集 1333左
彭蘊章(清)
詒穀老人自訂年譜 411左
歸樸龕叢稿、續編 1459左
松風閣詩鈔 1459左
鶴和樓制義、補編 1459左
彭文敬公全集 1744左
彭蘊璨(清)
歷代畫史彙傳(輯) 434左
47 彭好古(明)
入藥鏡(王玠、李攀龍合注) 1139左
金碧古文龍虎上經(解) 1169右
金丹四百字注 1171左
金丹四百字注釋(注) 1171左
彭期生(明)
彭節愍公家書 1367右
50 彭泰來(清)
詩義堂後集 1468左
天問閣外集 1468左
57 彭耜(宋)
道德眞經集註、釋文、雜說 689左
太上道德眞經集注、釋文、雜說 689左
道德眞經集注釋文 689左
金華沖碧丹經祕旨、傳(受) 1177右
60 彭昱堯(清)
子穆詩鈔 1470右
致翼堂文集、詩集 1471左
致翼堂文鈔 1471左
彭子穆先生詞集 1631左
64 彭曉(後蜀)
周易參同契鼎器歌明鏡圖 1179右
周易參同契分章通眞義 1179右
周易參同契通眞義 1179右
彭時(明)
彭文憲公筆記 348左
可齋雜記 348左
彭公筆記 348右
彭文憲公文集、殿試策 1331左
74 彭慰高(清)
紀時略 432左
省身雜錄 756左
仙心閣詩鈔 1483右
仙心閣文鈔 1484左
80 彭年(明)
林水錄 577右
82 彭劍南(清)
影梅菴傳奇 1708左
香畹樓 1708左

90 彭光斗(清)
閩瑣紀 542右
91 彭炳(元)
元亮集 1310右

4220_0 蒯

24 蒯德模(清)
吳中判牘 489左
帶耕堂遺詩 1478左
37 蒯通(漢)
蒯子 960右
90 蒯光典(清)
金粟齋遺集 1509右

4240_0 荆

34 荆浩(後梁)
豫章先生論畫山水賦 926左
畫山水賦 926左
筆記法(一名畫山水錄) 926右
44 荆執禮(宋)
大宋寶祐四年丙辰歲會天萬年具注曆 877左

4241_3 姚

00 姚應績(宋)
衢本郡齋讀書志(編) 649左
姚康(清)
白白齋貨殖傳評 444左
姚廉敬(明)
姚本修集 1356右
姚廣孝(明)
道餘錄 969左
姚少師集 1324右
姚廣孝(明)等
永樂大典目錄 645左
姚文然(清)
舟行日記 612右
虛直軒文集、外集 1390左
姚端恪公文錄 1390左
姚文奐(元)
野航亭稾 1315左
姚文安(後魏)
春秋傳駮(秦道靜同述) 106左
姚文灝(明)
浙西水利書 584右
姚文枏(清)
江防海防策 483左
姚文棟(民國)
雲南勘界籌邊記 483右
籌邊記 483右
偵探記 484左
集思廣益編 484左
東北邊防論 485右
東槎雜著 633右
琉球說略(譯) 633右
安南小志 633右
天南同人集(輯) 1559右
姚文田(清)
學易討原 24左
春秋經傳朔閏表 111左
四書瑣語 153右
說文校議(嚴可均同撰) 187右
說文聲系 191左
繆篆分韻、補 199左
古音諧 211左
四聲易知錄 211右
漢初年月日表 296右
歷代建元重號 463左
廣陵事略 536右
顓頊厤術 873右
夏殷厤章蔀合表 873右
周初年月日歲星考 882右
陽宅闢謬 900左
邃雅堂集、文集續編 1444右
邃雅堂文錄 1444右
邃雅堂學古錄 1740右
姚文燮(清)
昌谷集注 1231右
01 姚龍光(清)
崇實堂醫案 863右
03 姚斌桐(清)
還初堂詞鈔 1634右
04 姚詩雅(清)
景石齋詞略 1639右
10 姚正鏞(清)
江上維舟詞 1636右
姚晉圻(清)
經義積微記 178左
姚氏家俗記 756右
觀書例 765左
東安日程 765左
姚可成(明)
救荒野譜 787左
12 姚廷傑(清)
敎孝編 767右
戒淫錄 1034左
17 姚孟起(清)
字學憶參 923左
姚鼐(清)
左傳補注 107右
公羊傳補注 115右
穀梁傳補注 120左
三傳補注 128右
惜抱軒九經說 172右
國語補注 295左
前後藏考 560右
五嶽說 571左
登泰山記 592左
遊靈巖記 592左
遊雙谿記 596左
遊媚筆泉記 596左
惜抱軒書錄 649左
莊子章義 696左
惜抱軒法帖題跋 916右
法帖題跋 916右
惜抱軒筆記 1026左
惜抱軒文集、文後集、詩集、詩後集、詩外集 1430左
惜抱軒先生文選 1430左
姚姬傳文鈔 1430左
惜褒先生尺牘 1430左
惜抱先生尺牘補編 1430左
姚惜抱尺牘 1430左
五言今體詩鈔(輯) 1534左
七言今體詩鈔(輯) 1534左
古文辭類纂(輯) 1537左
古文辭類纂約選(纂) 1537左
古文辭彙纂序目 1537左
姚承輿(清)
牛營突營記略 328右
勝營記略 333右
和營記略 333右
赴營記略 334左
杭湖防堵記略 334右
姚正甫文集 1496左
姚子翼(明)
抄白遍地錦 1699左
上林春 1699左
姚配中(清)

周易姚氏學 25右
周易通論月令 25右
易學闡元 26左
書學拾遺 923左
一經廬琴學、琴操題解 936右
一經廬文鈔 1459右

20 姚舜牧(明)
詩經疑問 54右
孝經疑問 158右
姚氏藥言 753右
藥言 753右

姚信(吳)
周易注 8左
周易姚氏注 8左
易注 8左
昕天論 867右
士緯 963右

21 姚儒(明)
教家要略 753左

姚虞(明)
嶺海輿圖 553左

姚衡(清)
寒秀艸堂筆記 1010右

姚稱(宋)
攟生月令 845右

22 姚綬(明)
穀庵集選 1332左

24 姚德耀(清)
清香閣詩鈔 1422右

姚勉(宋)
雪坡文集 1288左
雪坡舍人集 1288左
雪坡詞 1608右

26 姚和都(後魏)
後秦記 358右

27 姚伊憲(清)
古芬書屋律賦 1437左

姚旬(明)
觀頤摘稿 1333左

姚鵠(唐)
唐姚鵠詩集 1234右
晚唐姚鵠詩 1234右

28 姚佺(清)
空同集選(孫枝蔚同選) 1337左
大復集選(孫枝蔚同選) 1340左
滄溟集選(孫枝蔚同選) 1350左
弇州集選(孫枝蔚同選) 1352右

30 姚寬(宋)
西溪叢語 1019左
西溪叢語 1019右
姚氏殘語 1019右

姚永樸(民國)
蛻私軒易說 28右
尙書誼略、敍錄 44左
歷代聖哲學粹(輯) 750左
先正嘉言約鈔(編) 750左
邇言(輯) 750左
蛻軒集、續 1523右

姚永年
見貽雜錄(輯) 393左
南蔭堂姚氏家乘雜詠、續詠 1530左
澧溪姚氏詩鈔(輯) 1549左

姚之駰(清)
後漢書補逸 277右
元明事類鈔 1038左

姚宗典(明)
存是錄 313左

31 姚濬昌(清)
中復堂年譜 432左

姚福(明)
青溪暇筆 349左
清溪暇筆 349左

姚福奎(清)等
日河新燈錄 946右

33 姚必成(清)
西農遺稿 1494左

姚述堯(宋)
簫臺公餘詞 1601左

34 姚汝能(唐)
安祿山事蹟 298左

35 姚清華(清)
紘詩塾詩 1455左

37 姚淑(明)
海棠居詩集 1374右

姚咨(明)
姚山人集 1343右
續姚山人集 1343右

38 姚啓聖(清)
憂菴大司馬幷夫人合稿(沈氏同撰) 1545左

40 姚雄鋭
古書疑義舉例補附 1029右

姚士陞(清)
空明谷詞 1621右

姚士粦(明)
易解附錄、後語(補) 6右
易解(輯) 7右
陸氏易解(輯) 7右
周易述(輯) 7右
陸氏周易述(輯) 8左
後梁春秋 358右
吳少君遺事 442左
見只編 1070左

姚培謙(清)
春秋左傳杜注補輯 105左
昌黎詩鈔(選) 1228左
河東詩鈔(選) 1230左
廬陵詩鈔(選) 1246左
老泉詩鈔(選) 1247右
南豐詩鈔(選) 1249左
半山詩鈔(選) 1250右
東坡詩鈔(選) 1252右
欒城詩鈔(選) 1254左

41 姚樞(元)
雪齋集 1301左

姚櫃(明)
姚培吾集 1361左

44 姚苧田(清)
史記菁華錄(摘錄) 371左

姚蘭泉(清)
秋塘蜀道詩 1426左

姚茂良(明)
新刻出像音註唐朝張巡許遠雙忠記 1692左
金丸記 1701左
精忠記 1701左

姚芝生(清)
讀史探驪錄 371右

姚孝錫(宋)
怡雲軒詩集 1263右
醉軒集 1263右

姚華(民國)
弗堂詞、菉猗曲、庚午春詞 1643左
菉猗室曲話 1724左
曲海一勺 1724左

姚世錫(清)
前徽錄 389右

姚其慶(淸)
吉仙牘稿 1500右
姚其愼(民國)
六宜樓詩稿 1522左
六宜樓吟草 1522左
姚棻(淸)
蝦夷紀略 632右
45 姚椿(淸)
樗寮文續藁 1455右
46 姚覲元(淸)
說文檢字補遺* 192右
涪州石魚文字所見錄(錢保塘同撰) 677左
三十五舉校勘記 939右
咫進齋詩文稿 1483右
47 姚桐壽(元)
樂郊私語 347右
50 姚東之(淸)
易錄 25右
伯山日記 451左
連山綏猺廳志 522左
伯山文集、詩集 1456右
51 姚振宗(淸)
漢書藝文志條理 641右
漢書藝文志拾補 641右
後漢藝文志 642左
三國藝文志 642右
隋書經籍志考證 643左
七略別錄佚文(輯) 644右
七略佚文(輯) 644右
56 姚規(口)
周易姚氏注 9右
60 姚最(陳)
後畫品錄 925左
續畫品 925右
姚思廉(唐)
梁書 270左
梁書佚文 270左
陳書 270左
姚思勤(淸)
東河櫂歌 584左
澄鑒堂律賦 1437左
姚晏(淸)
中州金石目 674右
再續三十五舉 941右
76 姚陽元(淸)
春艸堂遺稿 1502左
77 姚陶(淸)
雲臺山記 573左
姚鵬圖(民國)
扶桑百八吟 633右
姚際恆(淸)
詩經論旨 56右
古今僞書考 640左
好古堂家藏書畫記、續收書畫奇物記 911右
80 姚鏞(宋)
雪篷詩藁 1282右
雪篷稿 1282右
姚鉉(宋)
唐文粹(輯) 1541左
重校正唐文粹(輯) 1541左
姚前樞(淸)
紅林禽館詩錄 1495左
紅林禽館詞錄 1637左
姚前機(淸)
井眉居詩錄 1495左
姚夔(明)
姚文敏公奏議補缺 496右
姚文敏公遺稿 1331右
姚念曾(淸)
賜墨齋詩 1440左
賜墨齋詞 1624左
姚合(唐)
中山狼傳(一題宋謝良撰) 1116右
姚少監詩 1232左
姚少監詩集 1232左
中唐姚合詩 1232左
極玄集(輯) 1539左
86 姚錫光(淸)
籌蒙芻議 485右
87 姚鈞培(淸)等
德輿子外篇(注) 976左
90 姚惟芹(明)
東齋稿略、濟美錄摘略 1355右
姚懷祥(淸)
姚公遺蹟詩鈔 1469右
姚光鼐(淸)
遊大明湖記 591右
91 姚炳(淸)
詩識名解 61右
98 姚燧(元)
姚文公牧菴集 1302左
牧菴文集 1302左
牧庵集 1302左
牧菴集 1302左
姚牧菴先生文選 1302左
西林日記 1576右
牧菴詞 1611右
99 姚瑩(淸)
姚氏先德傳 393左
卡倫形勢記 485左
東溟奏稿 500左
東槎紀略 543右
臺北道里記 543右
噶瑪蘭紀略 543右
埔裏社紀略 543右
東西勢社番記 543右
康輶紀行 561左
前藏三十一城考 561左
察木多西諸部考 561左
乍丫圖說 561左
遊白鶴峯記 596左
遊欖山記 606右
庫倫記 628左
記英俄二夷構兵 635右
英吉利地圖說 636右
俄羅斯方域 636左
心說 976左
識小錄 1009右
寸陰叢錄 1009右
東溟文集、外集、文後集、文外集 1456右
後湘詩集、二集、續集 1456右
中復堂遺稿、續編 1456右
姚燮(淸)
夏小正求是 92右
虎邱弔眞娘墓文 568右
復莊詩問 1474左
復莊駢儷文榷、二編 1474左
玉鉤斜哀隋宮人文 1474左
國朝駢體正宗評本、補編 1545左
疎影樓詞 1632右
畫邊琴趣 1632右
吳涇蘋唱 1632右
剪鐙夜語 1632右
石雲吟雅 1632右
疏影樓詞四種 1748左

4252₁ 靳
33 靳治荊(淸)

思舊錄 387左
53 靳輔（清）
靳文襄奏疏 499右
治河奏績書 579右
靳文襄公治河方略 579右
99 靳榮藩（清）
詠史偶稿 383右
綠溪語 1025右
吳詩集覽、談藪、補註（輯注） 1379右
綠溪初稿 1427左
綠溪詩 1427左
綠溪詞 1620右

4257$_7$ 韜

00 韜廬子（清） 見汪宗沂

4282$_1$ 斯

44 斯植（宋釋）
采芝集、續集 1287左

4291$_3$ 桃

30 桃渡學者（清） 見鈕格

4299$_4$ 櫟

10 櫟下老人（清） 見周亮工

4301$_0$ 尤

00 尤袤（宋）
遂初堂書目 645右
梁溪遺稿、補編 1271右
梁谿遺稾 1271右
遂初小稿 1271右
文選注攷異 1531右
全唐詩話 1564左
17 尤玘（元）
萬柳溪邊舊話 392左
18 尤珍（清）
擬明史樂府（注） 383左
明史樂府（注） 383左
外國竹枝詞（注） 624左
20 尤乘（清）
喉科祕本 834左
尤氏喉科祕本 834左
尤氏喉科祕書 834左
壽世正編（輯） 847左
壽世青編、病後調理服食法（輯） 847左
勿藥須知 847左
尤維熊（清）
遊燕子洞記 608左
27 尤侗（清）
明史擬稿、外國傳、藝文志 282左
看鑑偶評 375右
擬明史樂府 383左
明史樂府 383左
宮閨小名錄 398左
悔庵年譜 430右
遊靈巖記 593右
遊虞山記 594左
外國竹枝詞 624左
後性理吟 727右
眞率會約 960左
簋貳約 960左
五九枝譚 974右
讀東坡志林 981左
艮齋雜說 1023右
豆腐戒 1033右
戒賭文 1033右
病約三章 1125右
負卦 1125右
美人判 1125右
艮齋倦稿詩集、文集 1385右
西堂剩稿 1385右
西堂秋夢錄 1385右
西堂小草 1385右
論語詩 1385右
續論語詩 1385右
學庸孟子詩 1385右
四書詩 1385右
右北平集 1385右
看雲草堂集 1385右
述祖詩 1386左
于京集 1386左
哀絃集 1386左
年譜圖詩 1386左
香奩詠物詩 1386左
五色連珠 1386左
七釋 1386左
尤西堂尺牘 1386左
錫山尤氏文存、詩存（輯） 1549左
小影圖贊（輯） 1557右
百末詞 1616左
讀離騷 1685右
弔琵琶 1685右
桃花源 1685右
黑白衞 1685右
鈞天樂 1685右
李白登科記（一名淸平調） 1685右
百末詞餘 1713右
西堂樂府 1713右
西堂文集 1743右
西堂餘集 1743右
西堂樂府 1750右
37 尤澹仙（清）
曉春閣詩稿 1458左
曉春閣詩集 1458左
64 尤時熙（明）
尤西川先生文集 1345左
尤西川集 1345左
83 尤綜（明）
萬柳溪邊近話 392左
89 尤鏜（明）
淸賢記 999左
93 尤怡（清）
傷寒貫珠集 811右
金匱要略心典 817左
金匱翼 821左
靜香樓醫案 862左
醫學讀書記、續記 864右

4304$_2$ 博

10 博爾都（清）
白燕栖詩草 1377左
67 博明（清）
鳳城瑣錄 527左
朝鮮軼事 628右
西齋偶得 1026左
西齋詩輯遺 1431右

4313$_2$ 求

17 求那跋陀羅（劉宋釋）
楞伽阿跋多羅寶經（譯） 1186右

4315$_0$ 城

11 城北遺民（元） 見徐大焯

4373$_2$ 裘

10 裘玉（明）
殉身錄 401左
15 裘璉（清）
集翠裘 1686左
昆明池 1686左

鑑湖隱 1686左
旗亭館 1686左
明翠湖亭四韻事 1750右
44 裘萬頃(宋)
裘竹齋詩集 1276右
竹齋詩集 1276右
竹齋先生詩集 1276右
竹齋集鈔 1277左

4385₀ 戴

00 戴亨(清)
慶芝堂詩集 1416右
07 戴望(清)
論語注 143右
管子校正 700右 701左
顏氏學記 741右
謫麐堂遺集 1500左
戴翊清(清)
治家格言繹義 754右
10 戴震(清)
尚書義考 42左
毛鄭詩考正 57左
杲溪詩經補注 57右
考工記圖 73左
中庸補注 136左
孟子字義疏證 147右 148左
經考 172右
經考附錄 172右
戴東原集 172右 1425右
古韻標準、詩韻舉例(參定) 210左
聲韻攷 210右
聲類表 214右
方言疏證 225左
續方言 226左
水地記 578左
原善 744左
緒言 744左
原象 873左
續天文略 873左
九章算術(補圖) 877左
五經算術考證* 878左
句股割圜記 882左
策算 882左
屈原賦注初稿 1196左
屈原賦注、通釋 1196左
屈原賦戴氏注、通釋 1196左
東原文集 1425右
戴東原先生遺墨 1425右
戴氏遺書 1744左
戴東原先生全集 1744左
戴天章(清)
瘟疫明辨、方 827左
廣溫熱論、方 827左
12 戴延介(清)
銀藤花館詞 1626左
戴延年(清)
搏沙錄 425右
吳語 535左
秋燈叢話 1075右
16 戴聖(漢)
石渠禮論 93左、右
漢甘露石渠禮議 93右
17 戴璐(清)
藤陰雜記 523左
吳興詩話 1566左
戴翼子(清)
白蓉集 1427左
20 戴重(明)
河郵集選 1374右
戴孚(唐)
廣異記 1089左
22 戴樂爾(英國)
亞東論略 561右
24 戴德(漢)
喪服變除 79左
大戴喪服變除 79左
大戴禮記 91左
夏小正傳 91右
夏小正戴氏傳 91右
戴德江(美國)
地理志略 626右
俄西亞尼嘎洲志略 635左
戴德堅(清)
蓬萊館尺牘 1516右
25 戴穗孫(清)
詩鐘 946左
27 戴凱之(晉)
竹譜 782左
戴侗(元)
六書故 190左
戴名世(清)
崇禎癸未榆林城守紀略 316左
榆林城守紀略 316左
孑遺錄 317左
崇禎甲申保定城守紀略 317右
保定城守紀略 317右
戴褐夫集紀略 318左
弘光朝僞東宮僞后及黨禍紀略 319右
弘光乙酉揚州城守紀略 320左
揚州城守紀略 320左
乙酉揚州城守紀略 320左
戴褐夫集紀行 614左
南還記 614左
日本風土記 629左
戴褐夫集、戴刻戴褐夫集目錄 1408右
戴棨(清)
嚴陵紀略、裁嚴郡九姓漁課錄 474左
東甌紀略、東甌留別和章 474左
桐溪紀略 474左
杭嘉湖三府減漕紀略、奏稿 475右
聽鸝山館文鈔 1471左
戴絅孫(清)
味雪齋詩鈔、文鈔甲集、乙集 1460右
戴雪帆詩選 1460右
戴叔倫(唐)
戴叔倫集 1225左
戴叔倫詩集 1225左
28 戴以恆(清)
醉蘇齋畫訣 934左
戴復古(宋)
石屏集 1284右
石屏詩集 1284右
石屏續集 1284右
石屏詩鈔 1284右
石屏集補鈔 1284右
石屏詞 1607左
石屏長短句 1607左
30 戴洸(清)
僅齋集 1399右
戴淳(清)
晚翠軒詩鈔、續鈔、三鈔、四鈔、五鈔、漫稿 1469左
戴宏(漢)

解疑論　114左

30 戴良(元)
九靈山房集、補編　1320左
戴九靈集　1320左
九靈山房遺藁詩、文、補編　1320左

31 戴福謙(清)
種玉山房詩集　1475左

32 戴兆祚(清)
于公德政錄　410左
邑侯于公政績紀略　410左

戴溪(宋)
續呂氏家塾讀詩記　52右
春秋講義　124左
石鼓論語問答　140右

34 戴逵(晉)
五經大義　169左

35 戴清(清)
四書典故攷辨　155左
羣經釋地　174左

37 戴鴻(清)
翻卦挨星圖訣考著　902右

戴祖啓(清)
陝甘諸山考　571右

戴冠(明)
禮記集說辯疑　85右
濯纓亭筆記　1066左
戴學憲集　1333右

38 戴瀚(清)
雪村編年詩賸　1418右

戴祚(晉)
西征記　608左
甄異記　1084右
戴祚甄異傳　1084右

戴肇辰(清)
求治管見、續增　474左
瓊臺紀事錄　554左
靈芝唱答集(輯)　1554右

戴啓偉(清)
嘯月樓印賞　941右

戴啓宗(元)
脈訣刊誤集解　848左
脈訣刊誤　848左

40 戴大昌(清)
駁毛西河四書改錯　152右
補餘堂四書問答　153右
琴音標準　936右
補餘堂文集　1443左
補餘堂詩鈔　1443左

戴梓(清)
耕煙草堂詩鈔　1405右

42 戴彭(清)
戊笈談兵補校錄*　775左
四翼附編　776左

44 戴埴(宋)
鼠璞　1021左
戴氏鼠璞　1021右
戴仲培先生詩文　1287左

戴芬(清)
重蔭樓詩集　1481左

戴蓮芬(清)
鸝砭軒質言　1080右

戴其員(清)
戴雪看詩　1392右

戴蒓(清)
紅蕉盦詩集　1476右

45 戴坤(清)
喟菴叢錄　1081左

47 戴起宗(元)
紫陽眞人悟眞篇註疏　1166右

戴栩(宋)
浣川集　1282右

50 戴表元(元)
剡源集　1303左
剡源戴先生文集　1303左
剡源集逸文　1303左
剡源文鈔　1303右

戴東(清)
鵲南雜錄　1073左
熙怡錄　1074右

56 戴揚森(清)
湘涵試帖　1443左

60 戴昺(宋)
東野農歌集　1288左
農歌集鈔　1288左
農歌集補鈔　1288左
農歌續集　1288左

67 戴明說(清)
戴道默詩　1390左

戴煦(清)
音分古義、附　212左
外切密率　885右
假數測圓　885右
對數簡法、續　885右
綴術釋戴(原本)　885右
求表捷術　1738右

71 戴原禮(明)
推求師意　819右
祕傳證治要訣　819右
證治要訣類方(輯)　858左

77 戴熙(清)
古泉叢話　663右
賜硯齋題畫偶錄　916右
林君復詩(選)　1243左
姜白石詩(選)　1280右
倪雲林詩(選)　1317左
王元章詩(選)　1324右
訪粵集　1473左

80 戴善夫(元)
陶學士醉寫風光好　1660左
陶學士醉寫風光好雜劇　1660右
柳耆卿詩酒翫江樓殘本　1660右
瘸李岳詩酒翫江亭　1660右
戴善夫雜劇　1750左

87 戴鈞衡(清)
戴名世年譜　431左

88 戴笠(清)
將亡妖孽　315右
懷陵流寇始終錄　315右
甲申剩事　315右
行在陽秋　322左

戴敏(宋)
東皋詩鈔　1283右
東皋集補鈔　1283右

99 戴燮元(清)
東牟守城紀略、東牟守城詩　329左
粵遊錄　617右
北轅錄　617右
聽鸝軒詩鈔　1481右
瑞芝山房詩鈔、文鈔　1550右

4390_0 朴

00 朴齊家(朝鮮)
貞蕤稾略　1530左
貞蕤稿略　1530右

4410_0 封

33 封演(唐)
封氏聞見記　979右

4410₄ 董

00 董康(民國)
曲目韻編 654左
課花盦詞 1643左
讀曲叢刊(輯) 1752左
董慶酉(清)
四明詩幹(輯) 1547右
董廢翁(清)
西塘感症 825右
董文驥(清)
恩賜御書記 452左
湫泉閣詩集、文集 1391左
07 董毅(清)
蛻學齋詞 1634左
續詞選(輯) 1644右
董詔(清)
說文測義 187左
遊釣臺記 590右
08 董說(明)
南潛日記 451左
七國考 454左
非烟香法 799左
楝花磯隨筆 1023左
西遊補、續雜記 1130右
豐草庵詩集、文前集、後集 1373右
寶雲詩集 1373右
禪樂府 1373右
10 董靈預(清)
榘山續草 1377右
董元愷(清)
蒼梧詞 1618左
董雲鶴(清)
涵清閣詩鈔 1487左
12 董瑞椿(清)
讀爾雅日記、讀爾雅補記 165左
董廷策(清)
退補齋隨筆 1012左
研花館吟草 1486左
香石齋吟草 1486左
13 董琅(清)
甬東正氣集(輯) 1547右
17 董玘(明)
中峯集 1340左
中峯制藝 1340左
20 董受祺(民國)
碧雲詞 1641左
董秉純(清)
全謝山先生年譜 421右
百花吟 1428右
春雨樓初删稿 1429左
21 董衝(宋)
唐書釋音* 272右
22 董豐垣(清)
識小編 172右
竹書紀年辨證、補遺辨證 286左
董鼎(元)
書傳 39左
尙書輯錄纂注 39左
書傳纂注 39左
朱文公刊誤古文孝經(注) 158左
孝經大義 158左
24 董德寧(清)
老子道德經本義 691右
黃帝陰符經本義(注) 1137左
太上黃庭經發微(注) 1141右
仙傳宗源 1155左
悟眞外篇(輯) 1166右
悟眞篇正義 1166右
元丹篇 1174左
丹道發微 1174左
周易參同契正義 1180右
性學筌蹄 1185左
修眞六書(輯) 1742右
元眞錄 1742右
董偉業(清)
揚州竹枝詞 536右
25 董仲舒(漢)
周易董氏義 4左
春秋繁露 116左
董子春秋繁露 116右
桂巖子春秋繁露 116右
桂巖子 116右
春秋繁露佚文 116右
春秋決事 117左
春秋決獄 117左
公羊治獄 117左
春秋陰陽 117左
孝經董氏義 156左
董仲舒集 1198左
董膠西集 1198左、右
董子文集 1198右
董傳策(明)
烏蠻瀧夜談記 586左
奇游漫記 587左
廓然子五述 997左
采薇集 1353右
邕歈稿 1354左
董傑(明)
五城奏疏 497左
八士辯 720右
27 董解元(金)
董解元西廂記 1691左
董解元西廂、圖 1691左
董紀(明)
西郊笑端集 1327左
28 董以寧(清)
天文說 872右
正誼堂詩集 1393右
文友文選 1393右
董文友詩選 1394左
蓉渡詞 1618左
董份(明)
泌園集 1348右
30 董濂(清)
四明宋僧詩、元僧詩(輯) 1547左
董守諭(明)
卦變考略 18右
讀易一鈔易餘 18右
董守志(金)
葛仙翁太極冲玄至道心傳 1173左
董良玉(清)
公文緣起 459右
梅山夢草 1507右
楚生文存 1507右
添丁小西之廬詩草 1507右
31 董潛(明)
諏吉新書 908左
董逌(宋)
錢譜(一題明董遹撰) 663右
廣川書跋 913右
廣川畫跋 913右
34 董漢醇(元)
羣仙要語纂集(編) 1184右
羣仙要語(編) 1184右
董漢策(清)
窺園集 1399右

34 董祐誠(清)
水經注圖說殘稾 577右
遊牛頭山記 590右
三統術衍補 867左
斜弧三邊求角補術 883右
堆垛求積術 883右
割圜連比例術圖解 883右
橢圜求周術 884左
董方立文甲集、乙集 1453右
蘭石齋駢體文鈔 1453右
蘭石詞 1628右
董方立遺書 1738左
35 董沛(清)
汝東判語 489左
吳平贅言 493右
晦闇齋筆語 502右
南屏贅語 502右
正誼堂文集 1497右
六一山房詩集、續集 1497右
36 董遇(魏)
周易章句 7右
周易董氏章句 7右
易章句 7右
春秋左氏經傳章句 104右
37 董洵(清)
多野齋印說 940右
董潮(清)
東皐雜鈔 1075右
東亭詩選 1428右
漱花詞 1623右
董汲(宋)
脚氣治法總要 826左
脚氣治法 826左
小兒斑疹備急方論 840左
旅舍備要方 856右
董遹(明)
錢譜 663右
38 董棨(清)
養素居畫學鉤深 933右
養素居畫學 934左
40 董大倫(清)
梅坪詩鈔 1410右
董士錫(清)
齊物論齋文集 1466右
齊物論齋賦 1466右
齊物論齋詞 1631右
董壽慈(清)
西泠閨詠後序 1513右
董眞卿(元)
周易經傳集程朱解附錄纂註 16左
周易會通 16左
41 董楷(宋)
周易傳義附錄 15左
易傳義附錄 15左
42 董斯張(明)
吳興備志 520右
吹景集 1000右
廣博物志 1043右
靜嘯齋遺文 1364右
43 董越(明)
朝鮮賦 627左
朝鮮雜志 627右
董榕(清)
周子年譜 417右
周子遺事(輯) 417右
列代褒崇(輯) 417右
44 董基誠(清)
子詵駢體文鈔 1467右
玉椒詞 1631右
董懋策(明)
大易牀頭私錄 17右
大學大意、中庸大意、論語解、孟子解 151右
老子翼評點 691左
莊子翼評點 695右
唐李長吉詩集、外集(徐渭同批評) 1231右
董華鈞(清)
純德彙編、續刻(輯)443右
董其昌(明)
學科考略 464左
畫禪室隨筆 910右
董華亭書畫錄 910右
論畫瑣言 929右
畫眼 929右
畫旨 929右
骨董十三說 957右
筠軒清閟錄 958右
容臺隨筆 973右
46 董相(清)
獨石軒詩逸存 1416左
47 董穀(明)
續澉水誌(修) 520左
豢龍子 971右
冥影契 972左
碧里雜存 997左
綵線貫明珠秋檠錄1068左
50 董史(宋)
皇宋書錄、外篇 433右
53 董威(清)
學宛堂詩稿 1513右
60 董國祥(清)
鐵嶺縣志(纂) 516左
董國英(清)
傳經堂家規 755右
董思靖(宋)
道德眞經集解、序說689左
太上老子道德經集解 689左
洞玄靈寶自然九天生神章經解義 1139右
董思恭(唐)
董思恭集 1217左
64 董勛(魏)
問禮俗 459右
67 董嗣成(明)
董禮部集、尺牘 1360右
董嗣杲(宋)
西湖百詠 597右
廬山集 1295右
英溪集 1295右
77 董開宗(清)
藝苑古文稿 1418右
80 董金鑑(清)
考工記續校* 72右
春秋繁露集註 117左
論語竢質續校* 142左
六書說續校* 190左
羅猨集續校* 351左
蠻書續校* 358右
東家雜記續校、補校* 415右
孔氏祖庭廣記續補校* 415右
吳太夫人年譜 440右
列仙傳補校* 446左
疑仙傳續校* 447左
吳郡圖經續記續校* 518右
南海百詠續校* 552右
茅亭客話續校* 556右
質孔說續校* 742右
九賢祕典續校* 773左
傷寒九十論續校* 813左

劉江東家藏善本葄書續校* 900左
角力記續校* 949右
三教平心論補校* 968左
密齋筆記續校* 987右
鷃林子續校* 997左
雞肋編續校* 1059左
幽明錄續校* 1086左
續幽怪錄續校* 1105左
綠珠傳續校* 1114右
李師師外傳續校* 1116左
西齋淨土詩補校* 1188右
梅花字字香續校* 1306右
丁鶴年集續校* 1322左
中峯集附錄(輯)* 1340左
天涯行乞圖題辭(輯) 1559右
艇齋詩話續校、補校* 1569右
蓮堂詩話續校* 1576右
董俞(清)
玉鳧詞 1618左
董無心(周)
董子 685右
董弅(宋)
閒燕常談 345左
嚴陵集(輯) 1547右
董毓琦(清)
試造氣行輪船始末 490左
笠寫壺金 876左
交食南車 876左
全輿分野釋略 887右
髀矩測營 887右
天代蒙泉細草、天元加減乘除釋例、天元晰理衍草、算學闢邪崇正說 888左
籌算補編 888左
籌筆初梯 888左
盛世參苓、九章補例888左
胡氏宕田算稿 888左
九環西解 888左
視徑舉隅 888左
梅心集、續集 1475左
董含(清)
三岡識略 1004左
蓴鄉贅筆 1073左
85 董銖(宋)
程董二先生學則（程端蒙同撰） 762右
87 董銀峯(明)
長歷鉤玄（一名綈裘寶書） 908左
董欽德(清)
天籟集鈔存 1395右
董欽德(清)等
康熙會稽縣志(纂) 521左
96 董煟(宋)
救荒活民書 477右
董熜(清)
讀國語劄記 295右
蛾子時述小記 1025左
97 董恂(清)
宮閨聯名譜 438左
度隴記 617左
鳳臺祇謁筆記 617左
永寧祇謁筆記 617左

4410₇ 藍

21 藍仁(明)
藍山集 1326左
藍山詩集 1326左
22 藍鼎元(清)
脩史試筆 281左
平臺紀略 293左
平臺紀 293左
東征集 326右
平臺灣生番論 326右
潮州海防記 482右
鹿洲公案 488右
鹿洲奏疏 499右
東征雜記 543左
瓊州記 554左
邊省苗蠻事宜論 563左
南洋事宜論 632右
棉陽學準 743左
女學 758左
鹿洲初集 1412右
鹿洲文錄 1412右
33 藍浦(清)
景德鎮陶錄 797左
86 藍智(明)
藍澗集 1326左
藍澗詩集 1326左

4411₂ 范

00 范亨(口燕)
燕書 357左
范應元(宋)
老子道德經古本集注 689右
范康(元)
陳季卿悞上竹葉舟雜劇 1663左
新刊關目陳季卿悟道竹葉舟 1663左
范文瀾
文心雕龍註 1567右
范文若(明)
山水隣新鐫花筵賺1699左
花筵賺 1699左
夢花酣 1699左
鴛鴦棒 1699左
北曲譜 1716左
02 范端杲(宋)
范楊溪先生遺文 1273左
范端臣(宋)
范蒙齋先生遺文 1272右
07 范望(晉)
太玄經(注) 891右
892左
范郘鼎(清)
理學備考正編、副編742左
10 范正敏(宋)
遯齋閒覽 1055左
遯齋閑覽 1122左
范玉琨(清)
安東改河議 580左
佐治芻言 580左
馬棚灣漫工始末 584左
范元亨(清)
問園詩集 1495左
范爾梅(清)
大易札記 22左
易輪 22左
易卦考 22右
尙書札記 42左
毛詩札記 57左
周禮札記 71左
禮記札記 86右
樂律考 102左
春秋札記 128左
大學札記 133右
中庸札記 136左
論語札記 141右
孟子札記 147右
明儒考 744左

語錄 744左
琴律考 936右
詩文 1419左

10 范震薇(清)
左類初定 109左
四書述 153右
巢雲軒詩鈔 1462右

12 范璣(清)
過雲廬畫論 934左

范弘嗣(明)
范竹溪集 1371左

17 范承堃(清)
昭忠祠志 569左

范承斌(清)
范允公詩 1397右

范承謨(清)
忠貞集 1389右
畫壁詩 1389右
范覲公詩 1389右

范承烈(清)
范彥公詩 1405右

18 范致明(宋)
岳陽風土記 548左

20 范重棨(清)
五代宮詞(注) 382右

范受益(明)
尋親記 1697右
新鐫圖像音註周羽敎子尋親記 1698左

范季隨(宋)
陵陽室中語 1572右
陵陽先生室中語 1572右

21 范處義(宋)
逸齋詩補傳 52左
詩補傳 52左

24 范勳(清)
寧遠州志(纂) 516左
廣寧縣志(纂) 516左

范勳(清)等
錦縣志(纂) 516左

25 范仲淹(宋)
政府奏議 495左
范文正公政府奏議 495左
義莊規矩 765右
范氏義莊規矩 765右
文正集、別集、補編 1243右
范文正公集、別集、尺牘 1243右
范文正公文集 1243右
范文正公詩餘 1592右

范純仁(宋)
范忠宣奏議 495右
范忠宣文集、遺文 1251右
忠宣公詩餘 1593右

26 范鯤(清)
蜀山葬書 903左

27 范蠡(周)
養魚經 792右

范脩然(□)
至言總 1170左

28 范從律(清)
繭屋詩草、文存 1419左

30 范宣(晉)
禮記范氏音 90右
禮論難 93右

范宜賓(清)
陰符玄解(注釋) 1137左

范濂(明)
雲間據目抄 524右

范甯(晉)
書范氏集解 37右
古文尙書舜典注 44左
禮雜問 93右
春秋穀梁傳(集解) 119左
春秋穀梁傳讀本(集解) 119左
春秋穀梁註疏(集解) 119左
春秋穀梁傳注疏(集解) 119右
監本附音春秋穀梁注疏(集解) 119右
答薄氏駁穀梁義 119右
薄叔元問穀梁義 119右
穀梁傳例 120右
論語范氏注 139左

范家相(清)
詩瀋 57右
三家詩拾遺 67右
重訂三家詩拾遺 67右
夏小正輯註(輯) 92左
家語證僞 681右

范永澄(清)
函清館詩草 1440左
退白居士詩草 1440左

31 范汪(晉)
祭典 459右
荆州記 545左

33 范浚(宋)
香溪集 1269左
范香溪先生文集 1269左
香溪集鈔 1269右
香溪集補鈔 1269右

34 范凌釁(清)
冷灰詞 1636右

35 范漣(清)
佩湘詩稿 1488左

范迪襄(清)
聖域述聞續編(輯) *415右

36 范溫(宋)
潛溪詩眼 1571左

37 范深(清)
枉了集 1081左

范祖禹(宋)
孝經(說) 157右
古文孝經指解(說) 157右
孝經指解(說) 157右
唐鑑 290左
帝學 750右
范太史集 1254右

范祖述(清)
杭俗遺風 539右

范資(五代)
玉堂閑話 1054左
玉堂閒話佚文 1054左

40 范大澈(明)
碑帖紀證 668右

范培蘭(清)
太乙神鍼方(傳) 842右

范志敏(明)
鼇峯倡和詩(輯) 1552左

范壽金(清)
元耶律文正公西游錄略注補(補) 610右

范壽銘(民國)
循園金石文字跋尾 658右
元氏誌錄、補遺目錄 665右
循園古冢遺文跋尾 669右

范來庚(清)
南潯鎭志 520右

范梈(元)
范德機詩 1308右
范德機詩集 1308右
德機集 1308右
木天禁語 1577左
詩學禁臠 1577左
詩格 1577左

44 范韓(清)
范氏記私史事 325左

范世彦(明)
磨忠記 1698右
新鐫磨忠記 1698右
范樹鍭(明)
繡江集 1001右
47 范垌(宋)
吳越備史(林禹同撰) 361左
50 范泰(劉宋)
古今善言 1034右
范泰恆(清)
經書卮言 1585左
范本禮(清)
吳疆域圖說 355右
河源異同辨 579左
富良江源流考 586右
范奉常(清)
竹坪詩草 1491左
51 范攄(唐)
雲溪友議 1049右
53 范成大(宋)
吳郡志 518右 519左
桂海虞衡志 554右
桂海虞衡志佚文 555左
桂海雜志 555左
桂海蠻志 555左
桂海巖洞志 576右
攬轡錄 609右
驂鸞錄 609右
吳船錄 609右 610左
桂海金石志 677右
桂海果志 787左
桂海花志 788左
桂海草木志 788左
桂海花木志 788左
梅譜 788右
范村梅譜 788右
菊譜 789左
范村菊譜 789左
石湖菊譜 789左
桂海蟲魚志 794左
桂海禽志 794右
桂海獸志 795左
桂海香志 798右
桂海器志 800左
桂海酒志 806左
太湖石志 956右
石湖詩集 1270右
石湖居士詩集 1270右
石湖詩鈔 1270右
石湖集鈔 1270右
石湖集補鈔 1270右
石湖先生詩鈔 1270右
石湖詩選 1270右
石湖詞 1601右
石湖紀行三錄 1735左
60 范景文(明)
范文忠集 1364右
范文忠公文集 1364右
64 范晞文(宋)
對牀夜話 1575右
范曄(劉宋)
後漢書 266右
王昭君傳 439左
67 范昭逵(清)
從西紀略 326左
范路(清)
靈蘭館詩集 1379左
70 范驤(清)
海寧縣志略 520左
71 范長生(蜀)
蜀才周易注 8左
周易蜀才注 8左
易注(一名蜀才易注) 8左
77 范周(清)
范雪樵詩 1390左
范鵬(清)
存悔集 1428右
80 范公詒(清)
兩漢書舊本攷 267右
潔齋金石言 659左
范公讜(清)
海底讐(黎虞孫同譯) 1131右
范公偁(宋)
過庭錄 1059右
81 范鍇(清)
吉貝居雜記(錄) 275左
苕谿漁隱詩藁(一名湖錄紀事詩) 389右
吳興志續編(輯) 520右
吳興山墟名(輯) 540左
吳興記(輯) 540左
吳興入東記(輯) 540右
吳興統紀(輯) 540右
潯谿紀事詩 540右
蜀產吟 557左
吳興藏書錄(輯) 640右
華笑廎襍筆 1011右
苕谿漁隱詞 1627左
詞源附記* 1717右
84 范鎮(宋)
東齋記事 341左
范蜀公集 1246左
87 范欽(明)
嘉靖新例(蕭世延、楊本仁同編) 487左
90 范惟一(明)
范中方集 1349右
范惟丕(明)
范中吳集 1351右
范光文(清)
閩行隨筆 612右
99 范燮(清)
王制集說(筆述) 88右

4412$_7$ 蒲

21 蒲處貫(宋)
保生要錄 845右
23 蒲俊卿(明)
新刻全像漢劉秀雲臺記 1697右
25 蒲積中(宋)
古今歲時雜詠(輯) 1541左
32 蒲淵
修身齊家章注 134左
38 蒲道源(元)
閒居叢稿 1306左
閑居叢藁 1306左
順齋樂府 1612右
40 蒲壽宬(宋)
心泉學詩稿 1297右
心泉詩餘 1610左
48 蒲松齡(清)
聊齋志異拾遺 1120左

4414$_2$ 薄

17 薄承硯(清)
傲霜園詩鈔 1501左

4414$_8$ 蕿

88 蕿笙(清) 見況周頤

4414$_9$ 萍

27 萍鄉花史(明) 見曹大章

4416$_0$ 堵

12 堵廷棻(清)
衛花符 1685左
22 堵胤錫(明)
堵文忠公集 1372右

4420$_2$ 蓼

44 蓼花庵主人(清) 見李惺

4420$_7$ 夢

09 夢麟(清)
太谷山堂集 1427右
44 夢花主人(清)
春宵寱賸 1075左
夢莽(清)
海上見聞錄(輯) 323右
夢英(宋釋)
篆書目錄偏旁字源五百四十部(書) 189右
47 夢鶴居士(清) 見顧彩
63 夢畹生(清) 見黃協塤

4421$_2$ 苑

13 苑琯(清)
健餘先生讀書筆記(輯錄) 153左

4421$_4$ 花

06 花韻菴主人(清) 見石韞玉
44 花蕊夫人(後蜀) 見費氏
花村看行侍者(清)
談往 352左
花村談往 352左

莊

00 莊亨陽(清)
歷法問答 872右
莊氏算學 882左
秋水堂文集、餘集、詩集 1416左
莊慶椿(清)
冬榮室詩鈔 1493左
聞氣集 1493左
10 莊一夔(清)
福幼編 839左
遂生編 841左
莊元植(清)
澂觀齋詩 1510左
勵學室詩存 1510左
寄廬詩草、續存 1510左
寄廬春莫懷人詩 1510左
寄廬倡和詩鈔、續鈔、叉鈔(輯) 1555右
莊元臣(明)
古詩獵雋(輯) 68左
莊氏族譜 393右
昭代事始 493左
朝綱變例 493左
水程日記 612左
南華雅言、重言 697左
莊子達言 697左
韓呂弋腴 709左
治家條約 753右
叔苴子 970右
叔苴子內篇、拾遺、外篇 970右
二術編 1001左
巵言日出 1001左
涉古記事 1001左
剪綵 1001左
雜錄 1001左
搜微錄 1022右
伐山語 1044右
陰符經註解 1137左
家書 1357右
唐詩摘句(輯) 1579右
文訣 1579右
行文須知 1579右
論學須知 1579右
言解 1579右
錦盤奇勢 1580左
客談(輯) 1590右
12 莊廷旉(清)
地圖說 625右
莊廷鑨(清)
明史鈔略 282左
15 莊臻鳳(清)
琴聲十六法 936右
21 莊綽(宋)
鷄肋編 1058右
莊縉度(清)
迦齡盦詩鈔 1457左
22 莊鼎鉉(清)
古音駢字續編(莊履豐同撰)* 209左
莊綬甲(清)
尙書考異 43左
釋書名 193左
拾遺補藝齋詩鈔 1451右
拾遺補藝齋文鈔 1451右
拾遺補藝齋詞鈔 1628左
27 莊盤珠(清)
秋水軒詩選 1462右
秋水軒詞 1631右
盤珠詞 1631右
32 莊兆洙(清)
東山老人詩賸 1493左
33 莊述祖(清)
尙書今古文考證 42右
尙書記、校逸 42右
毛詩周頌口義 61左
毛詩考證 63左
夏時明堂陰陽經 92左
夏時說義 92左
夏小正等例文句音義 92左
夏小正等例 92右
春秋釋例(孫星衍同校) 112右
白虎通德論闕文(輯)* 166右
白虎通闕文(輯)* 167左
白虎通考* 167左
五經小學述 181左
說文古籀疏證目(一名古文甲乙篇) 193右
說文古籀疏證 193右
歷代載籍足徵錄 641右
石鼓然疑 667右
弟子職集解 701左
珍埶宧文鈔、詩鈔 1441左
漢鼓吹鐃歌曲句解 1538左
明堂陰陽夏小正經傳考釋 1727左
34 莊逵吉(清)
三輔黃圖(孫星衍同校) 563右
淮南子(校) 961左
40 莊士彥(清)
梅笙詞 1635左
莊士敏(清)
玉餘外編文鈔 1499右

玉餘尺牘附編 1499右
莊有可(清)
周官指掌 71右
莊存與(清)
八卦觀象解 22右
卦氣解 22右
彖傳論 22右
彖象論 23左
繫辭傳論 32左
尙書既見 42左
尙書說 42左
毛詩說 57左
周官記 71左
周官說 71左
周官說補 71左
樂說 100左
春秋正辭、舉例、要指 128右
四書說 153左
43 莊棫(清)
蒿庵詩 1498左
蒿庵詞 1637右
中白詞 1637右
44 莊世驥(清)
急就章攷異 201右
60 莊口(口)
莊氏易義 9右
莊昶(明)
莊定山集 1334左
定山集 1334左
77 莊周(周)
南華眞經 693右 694左、右 695右
莊子南華眞經 693右 694左、右
莊子 693右 694左、右 695左、右 696左
逸莊子 694左
莊子佚文 694左
莊子內篇 696右
纂圖互注南華眞經 694右
莊履豐(清)
古音駢字續編（莊鼎鉉同撰）* 209左
92 莊炘(清)
一切經音義(錢坫、孫星衍同校) 1191右

薩
16 薩理彌實(元)
瑞竹堂經驗方 858左
44 薩英額(清)
吉林外記 527右
47 薩都拉(元) 見薩都剌
薩都剌(元)
薩天錫詩集、集外詩 1318左
雁門集、集外詩 1318左
雁門集 1318左
天錫集 1318左
天錫詞 1614左
雁門集 1614左

4421_7 梵
14 梵琦(元釋)
西齋淨土詩 1188右

4422_1 蘅
44 蘅蕪室(明)
再生緣 1673右

4422_2 茅
10 茅一相(明)
茶具圖贊 797左
陳希夷坐功圖(補閱) 844右
繪妙 930左
茅元儀(明)
野航史話 1000右
西峯淡話 1000右
西玄青鳥記 1119左
12 茅瑞徵(明)
東夷考略、圖、東事答問 526右
皇明象胥錄 624左
28 茅僧曇(明)
蘇園翁 1676右
秦廷筑 1676右
金門戟 1676右
醉新豐 1676右
鬧門神 1676右
雙合歡 1677左
45 茅坤(明)
徐海本末 311右
紀剿除徐海本末 311右
海寇後編 312左
唐大家韓文公文鈔(選) 1227右
唐大家柳柳州文鈔(選) 1230左
宋大家歐陽文忠公文鈔(選) 1246左
宋大家蘇文公文鈔(選) 1247左
宋大家曾文定公文鈔(選) 1249左
宋大家王文公文鈔(選) 1250右
宋大家蘇文忠公文鈔(選) 1252右
宋大家蘇文定公文鈔(選) 1254左
茅副使集 1349右
茅鹿門先生集選 1349右
唐宋八大家文鈔(輯) 1744右
60 茅星來(清)
近思錄集註、附說 728左
鈍叟文鈔 1409右
68 茅曦蔚(清)
大廷尉茗柯淩公殉節紀略 409左

4422_7 芮
43 芮城(清)
禮記篇目 85右
52 芮挺章(唐)
國秀集(輯) 1539左
60 芮日松(清)
禹貢今釋 45右
71 芮長恤(清)
綱目分注補遺 283右
衞衷臏稿 1406左

芬
22 芬利它行者(清)
竹西花事小錄 1072右
88 芬餘氏(清)
醫原 824左

荔
24 荔牆蹇士(清) 見汪曰楨

幕
05 幕講(明釋) 見目講

4422$_7$ 蕭

00 蕭立(宋)
蕭冰厓詩集拾遺 1289右
蕭彥(明)
制府疏草 498左
蕭方(梁)等
三十國春秋 356左
蕭應叟(宋)
元始无量度人上品妙經內義 1133左
蕭庭滋(清)
長沙方歌括(潘霨同增輯) 815右
蕭廣濟(晉)
孝子傳 442右
蕭廩(明)
陽明先生要語(輯) 732右
蕭文業(清)
永慕廬文集 1495右
蕭該(隋)
漢書音義 265左
蕭雍(明)
赤山會約 736左
赤山會語 736右
01 蕭龍(明)
蕭給諫湖山集 1334左
02 蕭端蒙(明)
蕭御史同野集 1350右
03 蕭誠齋(清)
齋志長懷聯語 945右
齋志長懷詩集 1508右
05 蕭諫(清)
務時敏齋詩集 1490左
10 蕭震(清)
史略 376右
蕭雲從(清)
離騷圖(繪) 1197右
離騷圖經(繪) 1197右
欽定補繪離騷全圖 1197右
欽定補繪離騷圖 1197右
蕭湯二老遺詩合編(湯燕生同撰) 1545左
12 蕭廷芝(元)
金丹大成集 1166左
金丹大成 1166左
17 蕭子雲(梁)
晉書 280左
蕭子良(南齊)
南齊竟陵王集 1209右
竟陵王集選 1209右
蕭子顯(梁)
南齊書 269右
晉史草 288右
南齊書州郡志 509右
20 蕭統(梁)
錦帶書 503左
令旨解二諦義 1188左
昭明太子集 1212右
梁昭明太子集 1212右
梁昭明太子文集 1212右
梁昭明集選 1212右
文選(輯) 1530右
21 蕭穎士(唐)
蕭茂挺文集 1224左
蕭茂挺集 1224左
22 蕭嵩(唐)等
大唐開元禮 456右
蕭繼炳(清)
論學俚言 741左
23 蕭參(宋)
希通錄 987左
蕭然奎(清)
綏定縣鄉土志 517右
24 蕭德祥(元)
楊氏女殺狗勸夫雜劇 1664左
斷殺狗勸夫 1664右
蕭綺(梁)
王子年拾遺記(錄) 1085右
拾遺記(錄) 1085右
28 蕭牧生(清)
寄生館集 1459左
蕭綸(梁)等
梁代帝王合集 1550右
30 蕭良榦(明)
拙齋十議 475左
稽山會約 734右
拙齋學測 734右
筆記 998右
34 蕭漢中(元)
讀易考原 16右
35 蕭清泰(清)
藝菊新編 789右
37 蕭洵(明)
故宮遺錄 564左
元故宮遺錄 564左
蕭渙唐(清)
醫脈摘要(輯) 824左
38 蕭道存(口)
修眞太極混元圖 1153左
蕭道管(清)
說文重文管見 189左
列女傳集注 437右
平安室雜記 452右
道安室雜文 1509右
蕭閒堂遺詩 1509右
戴花平安室詞 1640左
40 蕭雄(清)
聽園西疆雜述詩 531右
蕭大亨(明)
夷俗記 525右
蕭奭齡(清)
永憲錄 326右
蕭士贇(元)
分類補註李太白集(删補) 1220左
李太白集(删補) 1220左
分類補註李太白詩、分類編次文(删補) 1220左
蕭士麟(清)
左傳紺珠(補輯) 109左
蕭士瑋(清)
春浮園偶錄 450右
蕭齋日紀 450右
深牧菴日涉錄 450右
南歸日錄 612左
汴遊錄 612左
春浮園詩集、文集 1376右
牘雋 1376右
蕭培元(清)
思過齋雜體詩存 1478左
蕭克(明)
山水忠肝集摘要 902左
蕭有作(民國)
蕭齋聯語 946左
蕭齋詩集 1528左
蕭吉(隋)
樂譜集解 100右
五行大義 907左
蕭眞宰(宋)
黃帝陰符經解義 1136左
42 蕭壎(清)
女科經綸 836左

44 蕭㪺(元)
勤齋集 1301右
勤齋詞 1612左
蕭世延(明)
嘉靖新例(楊本仁、范欽同編) 487左
蕭楚(宋)
春秋辨疑 122右
123左
48 蕭枚生(清)
記嘆咭唎求澳始末 480右
60 蕭國寶(元)
輝山存稾 1302右
蕭曇(清)
經史管窺 1027右
64 蕭曉亭(清)
瘋門全書 833左
77 蕭與成(明)
蕭太史鐵峯集 1342左
80 蕭令裕(清)
粤東市舶論 475右
英吉利記 636右
寄生館駢文 1471右
88 蕭鎰(元)
四書待問 151左
蕭敏(明)
蕭冰厓詩集拾遺(輯)
1289右
90 蕭光遠(清)
周易屬辭、通例、通說 26右
漢書彙鈔 372左
鹿山雜著 1503右
蕭常(宋)
續後漢書、義例、音義
278右
91 蕭恆貞(清)
月慶琴語 1630右
99 蕭榮爵(清)
曾忠襄公年譜(增訂)
411右
曾忠襄公榮哀錄(輯)
411右

蘭

10 蘭雪軒主人(明)
元宮詞 383左
44 蘭芳(明)
韻略匯通 209右
蘭茂(明)
韻略易通 208左
醫門擥要 851左
滇南本草 854左
聲律發蒙 1044左
蘭隱君集 1330右

4423₂ 蒙

10 蒙正發(明)
三湘從事紀 322右

藤

30 藤宏光(日本)
順叔吟草 1530右
60 藤田豐八(日本)
島夷誌略校注 623左
71 藤原佐世(日本)
日本國見在書目錄 644左

4424₀ 苻

37 苻朗(晉)
苻子 964右
965左

4424₂ 蔣

00 蔣主忠(明)
愼齋集 1332右
蔣慶篪(清)
謙受益齋文集 1495左
蔣慶第(清)
友竹草堂楹聯 945左
友竹草堂隨筆 1012左
友竹草堂文集、詩 1484右
蔣文鴻(清)
水滨國權歌 1640左
蔣文勛(民國)
山傭遺詩 1525右
08 蔣敦復(清)
綠簫詞 1632右
碧田詞 1632右
紅衲詞 1632右
靑瑟詞 1632右
白華詞 1632右
拈花詞 1632右
芬陀利室詞話 1720右
芬陀利室詞六種 1748左
10 蔣一彪(明)
古文參同契集解、箋註集解、三相類集解(輯)
1180左
蔣一葵(明)
長安客話 522右
堯山堂偶雋 1580右
堯山堂曲紀 1722右
蔣元(淸)
人範 761左
蔣元庭(淸)
道藏輯要總目(輯) 653右
太乙金華宗旨(輯) 1173左
蔣元慶(淸)
讀小戴禮盧植注日記 83右
讀爾雅日記 165左
蔣平階(明)
東林始末 314右
畢少保公傳 408右
玉函眞義天元歌(述)
894右
陽宅指南 899右
陽宅三格辨 899右
祕傳水龍經(輯) 901左
地理辨正補義(補傳)
902左
玉函眞義古鏡歌 902左
地理古鏡歌 902左
相地指迷 902左
12 蔣瑞藻(民國)
神州異產後志* 794左
小說考證(輯) 1132左
續杜工部詩話 1564左
蔣廷錫(淸)
尙書地理今釋 48左
書經地理今釋 48左
蔣廷錫詩選 1411左
13 蔣琬(蜀)
蔣恭侯集 1203右
14 蔣琦齡(淸)
集唐楹聯 944右
空靑水碧齋文集、詩集、補遺 1478左
白華之什 1478左
15 蔣融庵(□)
道德眞經頌 1182左
17 蔣子正(元)
山房隨筆 1576右
20 蔣魴(唐)
切韻 205右

20 蔣維鈞(清)
義門讀書記(輯) 1024右
21 蔣仁(清)
吉羅盦印存(刻) 942右
蔣仁榮(清)
孟子音義攷證 149右
蔣偕(唐)
李相國論事集(輯) 405左
蔣衡(清)
拙存堂題跋 669左
拙存堂碑帖題跋 669左
書法論 922左
樂府釋(輯) 1590左
蔣師轍(清)
臺遊日記 603左
青溪詩選 1508左
蔣穎叔(宋)
蔣氏日錄 1060左
22 蔣山卿(明)
蔣南泠集 1342右
蔣繼伯(清)
曉瀛遺稿 1494右
24 蔣德璟(明)
藿經 795左
蔣德鈞(清)
三通序(輯) 454左
牧令書鈔(鈔) 474左
曾文正公雜著鈔(鈔) 767右
羣書治要子鈔(鈔) 1035左
三才略(輯) 1044左
26 蔣和(清)
說文部首表 189右
說文字原表、字原表說 190左
漢碑隸體舉要 199右
學書雜論 922左
寫竹雜記 932右
學畫雜論 932右
27 蔣伊(清)
條奏疏稿、續刊 499右
蔣氏家訓 755左
蔣紉蘭(清)
鮮潔亭詩餘 1622右
蔣叔輿(宋)
无上黃籙大齋立成儀、修書本末(編集) 1160左
28 蔣攸銛(清)
黔軺紀行集 615右
蔣徽(清)
琴香閣詩箋 1450左
30 蔣濟(魏)
蔣子萬機論 962右
山陽死友傳 1095左、右
蔣之奇(宋)
三徑集 1253右
蔣之翰之奇遺稿（蔣之翰同撰） 1550右
蔣之翹(明)
天啓宮詞 383右
唐韓昌黎集、外集、遺文(輯注) 1228右
唐柳河東集、外集、遺文(輯注) 1230右
蔣之翰(宋)
蔣之翰之奇遺稿（蔣之奇同撰） 1550右
蔣宏任(清)
峽川志略 540左
峽石山水志 570左
蔣寶齡(清)
墨林今話 435左
蔣寶素(清)
醫略十三篇、列方、闢絡考、人迎辨 825右
31 蔣溎(清)
秋舫詩鈔 1451右
32 蔣兆蘭(民國)
詞說 1721左
33 蔣溥(清)
欽定盤山志 571左
蔣溥(清)等
御覽經史講義(輯) 722右
35 蔣津(宋)
葦航紀談 1062右
蔣清翊(清)
緯學原流興廢考 227右
支遁集補遺(輯)* 1206左
蔣清瑞(民國)
柘湖宦遊錄(輯) 432右
月河草堂叢鈔 1520左
湖州十家詩選(輯) 1547左
36 蔣湘南(清)
卦氣表、卦氣證 27右
華嶽圖經 572左
後涇渠志 582左
江西水道攷 585右
廬山紀遊 605右
西征述、後西征述 616右
游藝錄、別錄 976右
春暉閣詩選 1480右
七經樓文鈔 1480右
38 蔣啓敭(清)
敎士彙編 764右
訓俗邇言 767右
問梅軒詩草偶存 1478左
問梅軒文稿偶存 1478左
蔣棨渭(清)
萬鋆雲樓詩 1492右
40 蔣大鴻(明) 見蔣平階
蔣友仁(清西洋)
地球圖說(譯) 807左
蔣士超(民國)
清朝論詩絕句 1565右
蔣士銓(清)
忠雅堂文集、詩集 1426右
忠雅堂文錄 1426右
忠雅堂評選四六法海(輯) 1536右
銅絃詞 1623左
忠雅堂詞 1623左
四絃秋(一名青衫淚) 1688左
一片石 1688左
第二碑(一名後一片石) 1688左
采石磯 1688左
採樵圖 1688左
廬山會 1688左
康衢樂 1688左
忉利天 1688左
長生樂 1688左
昇平瑞 1688左
空谷香 1707左
香祖樓 1707左
冬青樹 1707左
臨川夢 1707右
桂林霜(一名賜衣記) 1707右
雪中人 1707右
江州涙傳奇 1707右
蔣鉛山九種曲（一名清容外集） 1751左
蔣南棠(清)
求拙齋遺詩 1512右

蔣志達
趨庭錄 1016右
42 蔣彬若(清)
次園詩存 1511左
44 蔣芷儕(民國)
都門識小錄 354左
蔣埴(清)
宦海慈航 1033右
蔣夢蘭(清)
香山詩稿 1407左
蔣蕁(清)
醉園詩存 1510右
蔣薰(清)
首陽山記 572左
天台山記 574左
桃花隘諸山記 574右
芙蓉嶂諸山記 574右
小仙都諸山記 574右
黃龍山記 574右
三巖洞記 574右
留素堂詩集鈔 1390左
蔣孝(明)
舊編南九宮譜、十三調南曲音節譜 1716右
蔣若椰(明)
石桃丙舍草 1369左
蔣茝生(清)
墨林今話續編* 435左
蔣其章(清)
文苑菁華(輯) 1563左
蔣樹杞
伏溫症治實驗談 829左
46 蔣坦(清)
秋鐙瑣憶 1078左
47 蔣超伯(清)
爽鳩要錄(輯) 489左
南行紀程 616右
南漘楛語 1029右
榕堂續錄 1038左
通齋詩集 1484左
垂金蔭綠軒詩鈔 1484左
圃珖巖館詩鈔 1484左
通齋文集、遺稿、外集 1484左
窺豹集 1484左
文苑珠林(輯) 1537右
50 蔣春霖(清)
水雲樓賸藁 1478右
水雲樓詞、續、詩賸藁 1636左
55 蔣捷(宋)
竹山詞 1610左
60 蔣曰豫(清)
詩經異文 63左
韓詩輯 67左
論語集解校補 138左
兩漢傳經表 182左
國語賈景伯注(輯) 294右
許叔重淮南子注(輯) 961左
離騷釋韻 1197左
問奇室詩集、續集、文集 1502左
秋雅 1637右
滂喜齋學錄 1740右
蔣曰綸(清)
心傳述證錄 1154左
蔣國平(清)
平叔詩存 1513右
蔣國祚(清)
兩漢紀字句異同考 287左
黃庭內景經(注) 1140右
黃庭外景經(注) 1141左
蔣易(元)
元風雅(輯) 1542右
國朝風雅、雜編(輯) 1542右
蔣易(清)
石閭集 1399左
蔣恩(清)
兵災紀略 334右
蔣景祁(清)
罨畫溪詞 1621右
66 蔣賜勳(清)
挹翠山房小草 1471右
70 蔣防(唐)
霍小玉傳 1100左
幻戲志 1100右
馬自然傳 1100右
71 蔣驥(清)
續書法論 922左
九宮新式 922左
傳神祕要 932左
讀畫紀聞 932左
山帶閣註楚詞、餘論 1195左
楚辭說韻 1197左
72 蔣彤(清)
武進李先生年譜、先師小德錄 422右
暨陽答問(輯) 976右
丹稜文鈔 1497左
74 蔣勵常(清)
養正編 761左
十室遺語 976右
類藻引注 1044左
岳麓文集 1478左
77 蔣鳳藻(清)
鐵華館藏集部善本書目 653右
心矩齋尺牘 1506右
蔣居祉(清)
本草擇要綱目(輯) 854左
蔣學鏞(清)
鄞志稿 521左
樗菴存藁 1426左
蔣丹林(清)
蔣丹林學使義學規條 765右
80 蔣斧(民國)
尚書校勘記* 36左
老子化胡經考* 1151左
老子化胡經軼文(輯)* 1151左
摩尼教流行中國考略* 1192左
沙州文錄(輯) 1546右
蔣愈昌(清)
秋燈集錦(海霈同撰) 1534右
84 蔣鑛(明)
沆瀣子 974左
90 蔣堂(宋)
春卿遺稿、續編 1243右
蔣光煦(清)
錢塘遺事校 347左
吳越春秋校 355左
唐摭言校 464右
論書目唱和集(馬玉堂同撰) 640左
別下齋書畫錄(編) 912左
東湖叢記 1029左
酉陽雜俎校 1049右
花事草堂學吟 1477左
斠補隅錄(輯校) 1740右

90 蔣光陞(清)
疏勒府鄉土志 518左
94 蔣愼修(□)
黃庭內外玉景經解1141左
98 蔣悌生(明)
五經蠡測 170右

4428$_6$ 蘋

41 蘋梗(清)
秦淮感舊集(輯) 1081左

4429$_4$ 葆

90 葆光子(清)
物妖志(輯) 1080右

4430$_4$ 蓮

21 蓮儒(明釋)
畫禪 434左
竹派(一題元吳鎮撰) 928左
文湖州竹派(一題元吳鎮撰) 928左
38 蓮海居士(清)
紅樓夢觥史 951左

蓬

38 蓬道人(清) 見楊恩壽

4430$_7$ 芝

27 芝嶼樵客(清)
兒科醒 839右
44 芝菴(元)
唱論 1721右

4433$_1$ 蕉

51 蕉軒氏(清)
廣三字經 762左

燕

11 燕北閒人(清) 見文康
27 燕歸來簃主人 見張江裁
30 燕客(明)
詔獄慘言 313右

4433$_3$ 蕊

15 蕊珠舊史(清) 見楊懋建
22 蕊崖老人(清)
身世金箴 1034右

慕

20 慕維廉(英國)
地理全志 626右
印度志略 635左
英屬地志 635左
30 慕容彥逢(宋)
摛文堂集 1260左
40 慕眞山人(清) 見俞達

4439$_4$ 蘇

00 蘇彥(晉)
蘇子 964左
蘇庠(宋)
後湖詞 1595右
蘇廙(唐)
湯品 955左
十六湯品 955左
蘇六朋(清)
枕琴僅存草 1489右
10 蘇瓌(唐)等
散頒刑部格(刪定) 487左
蘇元儁(明)
重校呂眞人黃粱夢境記 1697右
蘇爾德(清)
新疆回部志(輯) 517左
蘇天爵(元)
元朝名臣事略 400右
治世龜鑑 720右
滋溪文稾 1314左
滋溪集 1314左
元文類(輯) 1543左
國朝文類 1543左
蘇天木(清)
潛虛述義、考異 893左
蘇霖(元)
書法鉤玄 920右
11 蘇頲(唐)
壠上記 1088左
蘇廷碩集 1217左
20 蘇舜欽(宋)
聞見雜錄 341右
蘇學士集 1246右
蘇學士文集 1246右
滄浪集鈔 1246右
滄浪集補鈔 1246右
24 蘇特(唐)
衣冠盛事 338左
26 蘇伯衡(明)
蘇平仲集 1325右
蘇平仲文集 1325右
蘇穆(清)
儲素樓詞 1635右
貯素廔詞 1635右
27 蘇象先(宋)
丞相魏公譚訓 983左
蘇紹炳(清)
夢遊赤壁圖題詞(輯) 1559右
28 蘇復之(明)
金印合縱記 1692右
重校金印記 1693左
30 蘇淳(□)
蘇子 700左
蘇寬(□)
春秋左傳義疏 106左
蘇宗仁
黃山遊記(輯) 596右
31 蘇濬(明)
鷄鳴偶記 973左
蘇源生(清)
大學臆說 133右
貞壽堂贈言(輯) 440右
省身錄 747右
記過齋文稿 1475右
師友札記(輯) 1561左
記過齋叢書(輯) 1736右
蘇源明(唐)
元包經傳(傳) 892右
元包(傳) 892右
易元包(傳) 892右
34 蘇汝謙(清)
雪波詞鈔 1634左
雪波詞 1634左
蘇祐(明)
雲中事記 310右
逌旃璅言 996右
蘇督撫集 1346左
35 蘇瀜(清)
惕齋見聞錄 352左
36 蘇澤東(民國)
祖坡吟館詩鈔 1523右
宋臺秋唱(輯) 1556左
37 蘇泂(宋)
泠然齋詩集 1285左

蘇洵(宋)
孟子(評點) 146右
謚法 463右
蘇氏族譜 751右
權書 773左
老泉先生集 1247左
嘉祐集 1247左
老泉集 1247左
老泉先生文集補遺 1247左
宋大家蘇文公文鈔 1247左
嘉祐集選 1247右
蘇老泉文選 1247右
老泉詩鈔 1247右
老泉先生全集錄 1247右
老蘇文選 1247右
老泉先生文集 1247右
經進嘉祐文集事略 1247右
蘇老泉尺牘 1247右
蘇鴻(清)
侶石山房詩草 1462左
蘇過(宋)
斜川集 1261右
40 蘇士現(明)
閒情十二憮 1125左
蘇士潛(明)
蘇氏家語 753右
蘇士樞(清)
易義參 25左
44 蘇蕙(前秦)
織錦璇璣圖 1207右
蘇耆(宋)
閒談錄 340右
次續翰林志 469左
蘇世璋(清)
瑞圃詩鈔 1438右
蘇林(魏)
陳留耆舊傳 390右
50 蘇秦(周)
蘇子 707左
53 蘇軾(宋)
東坡先生易傳 12左
蘇氏易傳 12左
東坡易傳 12左
東坡先生書傳 38左
東坡書傳 38左
廣成子解 696右
廣成子註 697左
酒經 805右
東坡酒經 806左
蘇沈良方(沈括同撰) 856右
蘇沈內翰良方(沈括同撰) 856右
東坡題跋 913左
雜書琴事 936左
東坡先生志林集 981左
志林 981左
東坡先生志林 981左
東坡志林 981左
物類相感志 1039左
格物麤談 1039左
東坡手澤 1056左
仇池筆記 1056左
東坡先生仇池筆記 1056左
問答錄 1056左
漁樵閒話錄 1056左
漁樵閒話 1056右
天篆記 1056右
子姑神記 1056右
方山子傳 1056右
雜纂二續 1121右
雜纂(王君玉同續) 1121右
三家雜纂(王君玉同續) 1121右
調謔編 1122左
艾子雜說 1122左
東坡先生集 1252左
東坡全集 1252左、右
東坡文集 1252右
蘇東坡和陶詩 1252右
東坡集、後集、奏議、外制集、內制集、樂語、應詔集、續集 1252右
東坡詩鈔 1252右
東坡詩集 1252右
東坡集補鈔 1252右
宋大家蘇文忠公文鈔 1252右
東坡先生詩鈔 1252右
蘇東坡文選 1252右
東坡詩選 1252右
東坡先生全集錄 1252右
大蘇文選 1252右
東坡閒適詩選 1253左
經進東坡文集事略 1253左
蘇文忠公尺牘 1253右
東坡先生翰墨尺牘 1253右
蘇東坡尺牘 1253右
東坡詩話 1570左
東坡詞 1593右
東坡樂府 1594左
東坡詞、拾遺 1594左
57 蘇拯(唐)
蘇拯詩集 1240左
58 蘇轍(宋)
潁濱先生詩集傳 52左
詩集傳 52左
潁濱先生春秋集解 122右
春秋集解 122右
論語拾遺 140左
孟子解 146右
古史 276右
蘇黃門龍川別志 342左
龍川別志 342左
蘇黃門龍川略志 452左
龍川略志 452左
道德眞經註 688右
老子解 688右
潁濱先生道德經解 688右
道德經解 688右
遊仙夢記 1115右
潁濱先生集 1253右
欒城集、後集、三集 1253右
欒城文集 1253右
欒城應詔集 1253右
宋大家蘇文定公文鈔 1254左
蘇潁濱文選 1254左
欒城詩選 1254左
欒城詩鈔 1254左
欒城先生全集錄 1254左
小蘇文選 1254左
經進欒城文集事略 1254左
詩病五事 1570左
60 蘇易簡(宋)
續翰林志 469左
硯譜 802右
文房四譜 805左
64 蘇時學(清)
墨子刊誤 705右
寶墨樓詩册 1484左
67 蘇鶚(唐)
蘇氏演義 1018左
杜陽雜編 1050左
同昌公主外傳 1109左
同昌公主傳 1109左
77 蘇門嘯侶(清・魏博)
見孫郁
蘇門嘯侶(清・吳門)
見李玉
蘇民(民國)
所聞錄 354左

80 蘇念禮(清)
雌伏吟 1501右
蘇念淑(清)
綠窗吟草 1492左
81 蘇頌(宋)
新儀象法要 868左
魏公題跋 913左
蘇魏公集 1250左
蘇侍郎集 1250左
88 蘇籀(宋)
欒城先生遺言(記) 981右
欒城遺言(記) 981右
遺言(記) 981右
雙溪集 1272右
90 蘇惇元(清)
張楊園先生年譜 420左
方望溪先生年譜 431左

4440_0 艾

21 艾儒略(明西洋)
職方外紀 624左
幾何要法(口述) 880左
西學凡 972右
26 艾自新(明)
艾雲蒼語錄 736右
艾自修(明)
艾雪蒼語錄 736右
27 艾約瑟(美國)
過蜀峽記 580右
土國戰事述略 635左
冰洋事蹟述略 639右
34 艾衲居士(清)
豆棚閑話(編) 1130右
40 艾南英(明)
禹貢圖註 45左
艾千子先生集 1363右
天傭子集 1363右
艾千子先生全稿 1363右
艾東鄉文選 1363右
56 艾暢(清)
至堂詩鈔 1463右
作文法 1591左
95 艾性夫(元)
剩語 1302右

4442_7 萬

00 萬應隆(明)
三峯史論 375右
三峯傳稿 387左
萬言(清)
管邨文鈔內編 1405右
10 萬震(吳)
南州異物志 621右
12 萬廷蘭(清)
朝代紀元表 463左
17 萬承勳(清)
西郭冰雪集 1411右
苦吟 1411右
千之草堂編年文鈔 1411右
萬承蒼(清)
孺廬先生文錄 1415右
20 萬維翰(清)
幕學舉要 473左
21 萬經(清)
漢魏碑考 668左
分隸偶存 922左
22 萬後賢(口)
貯香小品 1039右
24 萬斛泉(清)
春秋四傳詁經 129右
資治通鑑綱目正編正誤補 283右
資治通鑑綱目前編辨誤 284左
童蒙須知韻語 761左
尉山堂稿 1475左
27 萬繩栻(清)
撏撦集(輯) 1556左
30 萬宗師(宋)
雷法議玄篇 1152左
31 萬福康(清)
明周端孝先生血疏題跋 314左
40 萬友正(清)
汗漫集 1428右
萬士和(明)
萬履菴集 1351左
續萬履菴集 1351左
萬壽祺(清)
墨表 801左
論墨 801右
印說 940左
隰西草堂詩、文 1378右
萬年少遺詩 1378右
隰西草堂詩集、文集、拾遺 1378右
隰西草堂詞 1615左
42 萬斯備(清)
深省堂詩集 1398右
萬斯大(清)
周官辨非 70右
儀禮商 76右
禮記偶箋 86左
學禮質疑 94右
宗法論 97右
學春秋隨筆 127左
萬斯同(清)
廟制圖考 97左
石經考 183左
漢魏石經考 183左
唐宋石經考 183左
庚申君遺事(輯) 304右
歷代史表 362左
補歷代史表 362右
漢將相大臣年表 363左
新莽大臣年表 363左
東漢諸帝統系圖 363右
東漢諸王世表 363右
東漢雲臺功臣侯表 363右
東漢外戚侯表 363右
東漢宦者侯表 363右
東漢將相大臣年表 363右
東漢九卿年表 364左
三國大事年表 364左
三國漢季方鎮年表 364右
三國諸王世表 364右
魏國將相大臣年表 364右
魏將相大臣年表 364右
魏方鎮年表 364右
漢將相大臣年表 364右
吳將相大臣年表 364右
兩晉諸帝統系圖 365左
晉諸王世表 365左
晉功臣世表 365左
晉將相大臣年表 365左
東晉將相大臣年表 365左
晉方鎮年表 365左
東晉方鎮年表 365右
僞漢將相大臣年表 365右
晉僭僞諸國世表 365右
僞趙將相大臣年表 365右
僞成將相大臣年表 365右
僞燕將相大臣年表 365右

晉僭僞諸國年表 365右
僞後燕將相大臣年表 366左
僞南燕將相大臣年表 366左
僞秦將相大臣年表 366左
僞後秦將相大臣年表 366左
宋諸王世表 366右
宋將相大臣年表 366右
宋方鎭年表 366右
齊諸王世表 366右
齊將相大臣年表 366右
齊方鎭年表 367左
梁諸王世表 367左
梁將相大臣年表 367左
陳諸王世表 367左
陳將相大臣年表 367左
魏諸帝統系圖 367左
魏諸王世表 367左
魏異姓諸王世表 367左
魏外戚諸王世表 367左
魏將相大臣年表 367左
東魏將相大臣年表 367左
西魏將相大臣年表 367左
北齊諸王世表 367右
北齊異姓諸王世表 367右
北齊將相大臣年表 367右
周諸王世表 367右
周公卿年表 367右
隋諸王世表 367右
隋將相大臣年表 367右
唐功臣世表 367右
唐將相大臣年表 368左
武氏諸王表 368左
唐宦官封爵表 368左
唐鎭十道節度使表 368左
唐邊鎭年表 368左
唐諸蕃君長世表 368右
五代諸王世表 368右
五代諸國世表 368右
五代諸國年表 368右
五代諸鎭年表 368右
五代將相大臣年表 368右
吳將相大臣年表 368右
南唐將相大臣年表 368右
蜀將相大臣年表 368右
後蜀將相大臣年表 369左
吳越將相大臣年表 369左
吳越將相州鎭年表 369左
南漢將相大臣年表 369左
北漢將相大臣年表 369左
宋大臣年表 369左
遼諸帝統系圖 369左
遼大臣年表 369右
金諸帝統系圖 369右
金將相大臣年表 369右
金衍慶宮功臣錄 369右
新樂府 383左
宋季忠義錄 386左
簪纓盛事錄 400右
儒林宗派 412左
歷代紀元彙考 462右
南宋六陵遺事(輯) 569左
崑崙河源考 578右
萬季野先生遺稿 1399右
石園文集 1399右

44 萬夢丹(清)
韻香書室吟稿 1488左

萬世德(明)
海防圖論補 482右

萬樹(清)
璇璣碎錦 1395右
香膽詞 1619左
風流棒傳奇 1706左
念八翻傳奇 1706左
空青石傳奇 1706左
詞律 1716左

50 萬泰(清)
黄熟香考 799左
續騷堂集 1368左

萬表(明)
海寇議 311右
灼艾集、續、餘、別集 995右
玩鹿亭稿 1343右
萬總戎集 1343右

57 萬邦孚(明)
擇日便覽(增補) 908左

64 萬時華(明)
溉園詩集 1369左
溉園集選 1369左
溉園詩餘 1615左

77 萬民英(明)
星學大成 904左
三命通會 904左

80 萬全(明)
萬氏家傳傷寒摘錦 814右
萬氏家傳保命歌括 820左
萬氏家傳廣嗣紀要 835右
萬氏家傳婦人祕科(一名內科要訣) 835右
萬氏祕傳片玉心書 838右
新刊萬氏家傳幼科發揮 838右
幼科發揮 838右
萬氏家藏育嬰家祕 838右
萬氏家傳痘疹心法 840右
萬氏祕傳片玉痘疹 840右
新刊萬氏家傳養生四要 846左

90 萬惟檀(明)
詩餘圖譜 1715右

萬光泰(清)
五宗圖說 95左
說文凝錦錄 186右
元祕史略(節錄) 303右
魏氏補證 396右

萬尙父(明)
聽心齋客問 1185左

4443_0 樊

10 樊雨(清)
五之草堂詩稿 1481右

20 樊維城(明)
鹽邑志林(輯) 1741左

21 樊綽(唐)
蠻書 358右

30 樊宗師(唐)
樊宗師集 1229左
強恕齋本樊紹述遺文 1229右
樊紹述集 1229右
樊子 1229右
絳守園池記 1229右

37 樊深(北周)
七經義綱 169右

38 樊裕發(清)
梅村文鈔 1440左

42 樊彬(清)
燕都雜詠 523右
歷代舊聞 523右
熙朝嘉話 523右
都城瑣記 523右
津門小令 525左

44 樊封(清)
南海百詠續編 553左
捉麈集 1489右

44 樊恭(魏)
廣蒼 202右
48 樊增祥(民國)
樊山公牘 503左
蘇門游記 603右
樊園戰詩續記(輯) 946右
雲門初集 1518左
北游集 1518右
東歸集 1518右
涉江集 1518右
金臺集 1518右
淡吟集 1518右
水浙集 1518右
西征集 1518右
關中集、後集 1518右
還山集 1518右
轉蓬集 1518右
西山集 1518右
後西征集 1518右
紫蘭堂集 1518右
染香集 1518右
樊山文 1518右
鏡煙堂集 1518右
東園集、後集 1519左
身雲閣集 1519左
身雲閣後集 1519左
青門消夏集 1519左
朝天集 1519左
晚晴軒集 1519左
柳下集 1519左
赴召集 1519左
北臺集、後集 1519左
執殳集 1519左
西京酬唱集 1519左
掌綸集 1519左
洛花集 1519左
西京酬唱後集 1519左
晉聲樹集 1519左
煎茶集 1519左
鰈舫集 1519右
近光集 1519右
兩艖艀齋集 1519右
紫薇集 1519右
紫薇二集、三集 1519右
十憶集 1519右
畫妃亭試帖 1519右
樊山批判時文 1519右
彩雲曲並序 1519右
二家詠古詩、沆瀣集(張之洞合撰) 1545右
京輦題襟集(輯) 1556左
紫泥酬唱集(輯) 1556左
樊園五日戰時記 1588右
東溪草堂詞 1641左
五十麝齋詞賡 1641左
雙紅豆館詞賡 1641左
弄珠詞 1641左
詠物詞 1641左
二家試帖(輯) 1745右
二家詞鈔(輯) 1748右
二家詞賡(輯) 1749左
60 樊景升(清)
湖海草堂詞 1636左
77 樊鵬(明)
樊南溟集 1346左
84 樊鎮
樊集句讀合刻三種(輯) 1742右
90 樊光(漢)
爾雅樊氏注 161右
爾雅注 161右

4443_0 莫

00 莫庭芝(清)
青田山廬詩鈔 1478右
青田山廬詞鈔 1634右
青田山廬詞 1634右
17 莫君陳(宋)
月河所聞集 1055左
20 莫秉清(明)
采隱草 1366左
21 莫止(明)
莫南沙集 1335左
24 莫休符(唐)
桂林風土記 554右
27 莫叔明(明)
莫公遠集 1355右
40 莫友芝(清)
唐寫本說文解字木部箋異 180右
韻學源流 212右
持靜齋藏書紀要 652左
宋元舊本書經眼錄 652右
影山草堂詩鈔 1476左
郘亭詩鈔 1476左
郘亭遺詩 1476左
郘亭遺文 1476左
郘亭外集 1476左
影山詞、外集 1633左
43 莫栻(清)
清波三志(續訂) 539左
46 莫如忠(明)
莫中江集 1349左
48 莫枚士(清)
研經言 823左
58 莫釐山人(清)
燕都日記(增補) 317左
60 莫是龍(明)
畫說 929右
筆塵 998右
石秀齋集 1353左
莫少江集 1353左
77 莫與儔(清)
貞定先生遺集 1446右
94 莫熺(清)
月令考 89左

4445_6 韓

00 韓彥直(宋)
橘錄 787左
橘譜 787左
韓康伯(晉)
周易註(魏王弼合撰) 7左
周易彖義(魏王弼合注) 7左
周易注疏(魏王弼合注) 7左
周易正義(魏王弼合注) 7左
韓奕(明)
易牙遺意 954左
韓山人詞 1614右
韓奕(清)
海防集要 482右
韓雍(明)
襄毅文集 1331右
10 韓玉(宋)
東浦詞 1595右
韓元吉(宋)
桐陰舊話 395左
南澗甲乙稾 1268右
南澗小集 1268右
南澗詩餘 1599右
韓百謙(朝鮮)
箕田攷 633右
韓醇(宋)
詁訓柳先生文集、外集、新編外集 1230右
柳河東集、外集、新編外集(音釋) 1230右

韓霖(明)
愼守要錄 774右
11 韓非(周)
韓非子 702右
703左、右
韓非子佚文 702右
13 韓琬(唐)
御史臺記 470右
御史臺記佚文 470右
14 韓琦(宋)
安陽集 1246右
韓魏公集 1246右
安陽集鈔 1246右
安陽集補鈔 1246右
17 韓悉(明)
韓氏醫通 820左
20 韓信同(元)
韓氏三禮圖說 98右
韓維(宋)
南陽集 1248右
南陽集鈔 1248右
南陽集補鈔 1248右
南陽詞 1593右
22 韓崇(淸)
寶鐵齋金石文跋尾 658左
26 韓保徵(民國)
盈朒演代 891左
27 韓偓(唐)
金鑾密記 338右
煬帝迷樓記（一題唐□□撰） 1109右
迷樓記(一題唐□□撰) 1109右
煬帝海山記（一題唐□□撰） 1109右
海山記(一題唐□□撰) 1109右
隋煬帝海山記（一題唐□□撰） 1110左
煬帝開河記（一題唐□□撰） 1110左
開河記(一題唐□□撰) 1110左
韓翰林詩集 1238右
晚唐韓渥詩 1238右
玉山樵人集 1238右
韓內翰別集 1238右
翰林集 1238右
韓翰林集 1239左
香奩集 1239左
唐翰林學士中書舍人韓致光香奩集 1239左
韓內翰香奩集 1239左
香籢集 1239左
香奩詞 1591右
30 韓守益(明)
韓中允集 1324左
31 韓淲(宋)
澗泉日記 986右
987左
澗泉集 1280左
澗泉吟稿 1280左
澗泉詞 1606左
澗泉詩餘 1606左
32 韓祇和(宋)
傷寒微旨 812右
傷寒微旨論 812右
38 韓道昭(金)
改併五音集韻 207右
五音集韻 207右
改併五音類聚四聲篇 207右
44 韓夢周(淸)
遊孤山記 592左
東省養蠶成法 785右
韓若雲(唐)
韓仙傳 449右
韓菼(淸)
江陰城守記 320左
滿淸入關暴政之一 320左
47 韓翃(唐)
韓君平集 1224右
唐駕部侍郞知制誥中書舍人韓君平詩集 1224右
韓君平詩集 1224右
韓超(淸)
獨山平匪記 329右
遵義平匪日記 329右
苗變記事 329右
韓南溪四種 1733左
50 韓泰華(淸)
玉雨堂書畫記 912左
無事爲福齋隨筆 1010右
52 韓拙(宋)
山水純全集 927左
韓氏山水純全集 927右
57 韓邦靖(明)
朝邑縣志 516右
朝邑志 516右
朝邑韓志 516右
校正朝邑志 516右
校正韓汝慶先生朝邑志 516右
韓參議集 1341左
韓邦奇(明)
易學啓蒙意見 30左
洪範圖解 46左
苑洛志樂 100右
樂律舉要 100右
律呂直解 101左
啓蒙意見 893右
苑洛集 1339右
1712左
韓苑洛集 1339右
60 韓日華(淸)
揚州畫舫詞 536右
韓思(宋)
五代登科記 464右
韓昂(明)
圖繪寶鑑(續) 433右
62 韓則愈(淸)
五嶽約 570右
雁山雜記 574左
66 韓嬰(漢)
周易韓氏傳 3右
韓詩故 66左
韓詩 66左
韓詩內傳 66左
韓詩外傳 66左、右
新刻韓詩外傳 66左
詩外傳 66左
韓詩外傳佚文 66右
封龍子 66右
韓詩說 66右
67 韓𠲜(宋)
蕭閒詞 1604右
韓鄂(唐)
歲華紀麗 504左
76 韓陽(明)
皇明西江詩選(輯) 1548左
77 韓鳳翔(淸)
夢花草堂詩錄 1470左
韓駒(宋)
陵陽集 1260右
陵陽先生詩 1260右
陵陽詩鈔 1260右
陵陽集補鈔 1260右
韓學渾(淸)
切時政要 499右
80 韓愈(唐)

論語筆解 140左
順宗實錄 290左
昌黎雜說 979右
怪道士傳 1100左
下邳侯革華傳 1100左
毛穎傳 1100左
韓文、外集、集傳、遺集 1227右
昌黎先生詩集、外集、遺集 1227右
唐大家韓文公文鈔 1227右
韓昌黎文選 1227右
韓吏部詩鈔 1228左
昌黎詩鈔 1228左
此木軒昌黎文選 1228左
韓子粹言 1228左
昌黎先生全集錄 1228左
韓文選 1228左
唐韓昌黎集、外集、遺文 1228右
韓昌黎尺牘 1228右
80 韓善徵(清)
瘧疾論 830左
86 韓錦雲(清)
白鶴軒集 1474右
95 韓性(元)
五雲漫稾 1307左
韓性同(宋)
古遺小集 1297左

4446_0 姑

44 姑蘇第二狂筆(明) 見畢魏

茹

08 茹敦和(清)
周易證籤 23左
周易二閭記 23左
重訂周易二閭記 23左
讀易日札 23左
易講會籤 23左
兩孚益記 23左
八卦方位守傳 23左
大衍守傳 23左
大衍一說 23左
周易象考、辭考、占考 23左
周易小義 23左
重訂周易小義 23左
尙書未定稿 42左
竹香齋古文 1424右
竹香齋文錄 1424右

4450_2 摯

21 摯虞(晉)
三輔決錄(注) 388左
決疑要注 456左
畿服經 509左
晉摯太常集 1204右
摯太常文集 1204右
文章流別 1566右
文章流別志論 1566右
摯太常遺書 1742右

4450_4 華

01 華譚(晉)
華氏新論 718右
10 華夏(明)
過宜言 1335左
華雲(明)
華比部集 1351左
12 華廷獻(明)
閩游月記 321右
閩事紀略 321右
14 華琳(清)
南宗抉祕 934左
17 華胥(清)
畫餘譜 1618左
華胥大夫(清) 見張際亮
華翼綸(清)
畫說 934左
22 華嶽(清)
急救腹痛暴卒病解 829右
華嶠(晉)
後漢書 278左
後漢書注 278左
23 華允誠(清)
高忠憲公年譜 408左
華佗(漢)
中藏經 817右
華氏中藏經 817右
內照法 851右
24 華幼武(元)
黃楊集 1318右
華氏黃楊集 1318右
28 華復蠡(明)
兩廣紀略 323左
粵中偶記 322左
29 華嶸(清)
勿自棄軒遺稿 176右
味鮮集試帖、集唐人句 1473右
30 華定祁(清)
日新樓詩草 1484左
華宗韡(明)
慮得集 460左
華察(明)
華學士集 1343左
34 華湛恩(清)
綱目志疑 283右
五代春秋志疑 290右
後漢三公年表 363右
防海形勢考 483左
防江形勢考 483左
天下形勢考 514右
憩遊偶考 562左
水道總考 578左
華汝德(明)
石田詩選(輯) 1332左
37 華淑(明)
草堂隨筆 1001右
說雋 1071左
談麈 1071左
癖顚小史 1071左
逃名傳 1071左
44 華衡芳(清)
測候叢談(筆述) 876左
學算筆談 888右
盈朒廣義 889左
代數初學 889左
垛積演較 889左
青朱出入圖說 889左
拋物線說 889左
臺積術解 889左
連分數學 889左
決疑數學 889左
測量法 889左
微積初學 889左
積較客難 889左
積較術 889左
諸乘方變式 889左
數根術解 889左
開方古義 889右
開方別術 889右
算法須知 889右
算草叢存 889右
答數界限 889右

三角數理(筆述) 890右
微積溯源(筆述) 890右
代數難題解法(筆述) 890右
代數術(筆述) 890右
恒河沙館草 1738右
華世芳(清)
沿海形勢論 483左
華世熙(清)
行我法軒二十四孝試帖 1503左
48 華乾龍(明)
海運說 476右
50 華本松(清)
百色志略 555右
60 華日來(清)
蒲江縣練團規約 482左
山館學規 764右
山館偶存 1473左
華里司(英國)
代數術 890右
微積溯源 890右
72 華鬘生(清) 見王韜
華岳(宋)
翠微先生北征錄 720右
翠微南征錄、雜錄 1280右 1281左
76 華陽復(口)
洞玄靈寶自然九天生神章經注、音釋 1140左
華陽道隱(明) 見周同谷
77 華學烈(清)
杭城再陷紀實 334右
華學泉(清)
春秋疑義 127左
80 華孳享(清)
增訂歐陽文忠公年譜 427左
華谷里民(清) 見張文虎
84 華鎮(宋)
雲溪居士集 1258右
藜齋小集 1258右
88 華鑰(明)
吳中勝記 535左
90 華光道人(宋) 見仲仁

4452₇ 勒

00 勒方錡(清)
太素齋詞 1633右
24 勒德洪(清)等
平定三逆方略 293左
37 勒深之(清)
闇三寶齋詩 1498右

4453₀ 芺

44 芺蓉外史(清)
閨律 1127左

英

英(元釋)
白雲集 1304右
26 英和(清)
卜魁紀略 528右
卜魁城賦 528右
英和(清)等
欽定春秋左傳讀本 108左
春秋左傳讀本 108左

4453₂ 蕢

29 蕢秋散人(清) 見張匀

4460₀ 苗

34 苗爲(唐)
大象賦(注) 868左
40 苗大素(元)
玄教大公案(舉) 1170右
苗希頤(宋)
虛靜沖和先生徐神翁語錄(輯) 449右
80 苗夔(清)
毛詩韵訂 63左
說文建首字讀 189右
說文聲訂 191右
說文聲讀表 191右
歌麻古韻考(補注) 212右
苗善時(元)
純陽帝君神化妙通紀(輯) 449右

4460₁ 耆

44 耆英(清)
唐陸宣公集(增輯) 1226左

4460₂ 茗

21 茗上愚公(明) 見茅瑞徵

4460₄ 若

17 若耶野老(清) 見徐士俊

4460₇ 蒼

23 蒼弁山樵(清)
吳逆取亡錄 325左
71 蒼厓氏(口)
黃帝陰符經(注) 1137左

4462₇ 荀

30 荀宗道(元)
續後漢書(注) 278右

荀

17 荀柔之(劉宋)
周易繫辭荀氏注 32左
21 荀綽(晉)
晉後略 297左
晉百官表注 467右
28 荀徵(清)
亭林詩集校文 1382左
36 荀況(周)
荀子 684左、右 685左
荀卿子 684左
荀子佚文 684左
纂圖互注荀子 684左
40 荀爽(漢)
周易注 5右
周易荀氏注 5右
易言 5右
禮傳 83右
荀氏禮傳 93右
44 荀萬秋(南齊)
禮論鈔略 94左
60 荀口(晉)
靈鬼志 1085左
荀氏靈鬼志 1085左
荀勗(晉)
中經簿 644右
魏荀公曾集 1204左
荀公曾集選 1204左
67 荀鷊(明) 見范文若
98 荀悅(漢)
前漢紀 286右
漢紀 286右
小荀子 716左、右
申鑒 716左、右

典論 716右
東漢荀侍中集 1200右
荀侍中集 1200右

4462₇ 葫

44 葫蘆道人(清)
鹹鬮小史 318左

4471₁ 老

44 老菭(清) 見桂馥
老萊子(周)
老萊子 699左
50 老吏(民國)
貪官汚吏傳 403左
奴才小史 403左

4471₂ 也

60 也是山人(口)
也是山人醫案 863右

4471₇ 世

11 世碩(周)
世子 684左

4472₇ 茆

39 茆泮林(清)
毛詩注疏校勘記校字補 50右
周禮注疏校勘記校字補 69左
三禮經義附錄 95右
纂要文徵遺(輯) 219左
世本(輯) 276右
楚漢春秋、疑義(輯) 296右
三輔決錄(輯) 388左
孝子傳(輯・劉向撰) 442左
孝子傳(輯・蕭廣濟撰) 442右
孝子傳(輯・王歆撰) 442右
孝子傳(輯・王韶之撰) 442右
孝子傳(輯・周景式撰) 442右
孝子傳(輯・師覺授撰) 443左
孝子傳(輯・宋躬撰) 443左
孝子傳(輯・虞盤佑撰) 443左
孝子傳(輯・鄭緝之撰) 443左
孝子傳(輯) 443左
孝子傳補遺(輯) 443左
伏侯古今注(輯) 490左
唐月令注(輯) 503右
唐月令續考 504左
唐月令注續補遺 504左
莊子注、音、逸篇、逸語、疑義(輯) 694左
呂氏春秋補校 709左
計然萬物錄(輯) 709右
淮南萬畢術(輯) 905右
玄中記(輯) 1085左
古孝子傳(輯) 1734左

葛

00 葛立方(宋)
侍郎葛公歸愚集 1268左
歸愚集 1268左
韻語陽秋 1572左
歸愚詞 1600右
葛雍(金)
劉河間傷寒直格論方(編) 813右
傷寒直格方(編) 813右
傷寒直格論(編) 813右
葛玄(漢)
太上慈悲道場消災九幽懺(纂輯) 1162左
浮黎鼻祖金華秘訣(注) 1173左
09 葛麟(明)
葛中翰集 1371右
10 葛元煦(清)
滬游雜記 589右
重修滬游雜記 589右
臨民要略(輯) 1734右
葛天民(宋)
無懷小集 1280右
葛無懷小集 1280右
12 葛引生(明)
家禮摘要 460右
東山論草 1353左
東山餘墨 1353左
20 葛秀英(清)
澹香廔詞 1625右
25 葛仲選(明)
泰律、外篇 101左
27 葛紹體(宋)
東山詩選 1293左
28 葛徵奇(明)
蕪園詩集鈔 1370右
30 葛宜(清)
玉窗遺稿 1397左
玉窗詩餘 1619右
葛定遠(清)
逃禪吟鈔 1394右
葛定辰(清)
詠年堂詩集鈔 1394右
34 葛洪(晉)
葛氏喪服變除 80右
字苑 194左
要用字苑 194左
神仙傳 446左、右
列仙傳佚文 446右
葛仙翁肘後備急方 856左
肘後備急方 856左
西京雜記 1045右
麻姑傳 1096左
登涉符籙 1152右
元始上眞衆仙記 1154左
枕中書 1154左
金木萬靈論 1178右
抱朴子 1184左
葛稚川內篇、外篇 1184左
抱朴子佚文 1184左
抱朴子駢言 1184左
抱朴子外篇 1184右
葛洪(宋)
涉史隨筆 374右
35 葛澧(宋)
聖宋錢塘賦 537右
38 葛泠(清)
東阿詩鈔 1408右
葛道殷(清)
操練洋槍淺言(馮國士同撰) 777左
用礮要言 777右
44 葛萬里(清)
別號錄 398左
三袁先生年表 425左
鈔詩姓氏 425左
牧翁先生年譜 430左
牧齋先生年譜 430左
萬曆丁酉同年玫 465右

志料 535右
夢航雜說 975右
淸異錄 1002右
夢航雜綴 1026右
句圖 1376左
葛其仁(淸)
小爾雅疏證 217左
47 葛起耕(宋)
檜庭吟稿 1290右
48 葛乾孫(元)
十藥神書 826左
增訂十藥神書 826右
60 葛見堯(明)
含少論略 936左
葛昌楣
蘼蕪紀聞(輯) 440左
62 葛昕(明)
集玉山房稿 1365左
71 葛長庚(宋) 見白玉蟾
72 葛剛正(宋)
三續千字文注 203左
79 葛勝仲(宋)
丹陽集 1261右
丹陽詞 1596右
80 葛含馨(明)
陰符經(點校) 1137左
97 葛郯(宋)
信齋詞 1601左

4473$_1$ 藝

44 藝蘭生(淸)
評花新譜 436右
宣南雜俎(輯) 948左
側帽餘談 948左
鳳城品花記（賦豔詞人同注） 948左
鴻雪軒紀豔(輯) 1742左

4474$_1$ 薛

00 薛應旂(明)
甲子會紀 362左
紀述 733右
薛方山紀述 734左
照心犀 734左
方山紀述 734左
方山先生文錄 1348左
薛憲副集 1348左
薛方山集 1348左
薛章憲(明)
薛浮休集 1339左
薛雍(明)
薛孝廉拯庵文集 1347左
薛玄曦(元)
上淸集 1312右
07 薛調(唐)
無雙傳 1105右
1106左
劉無雙傳 1105右
10 薛雪(淸)
溼熱條辯 827右
薛生白溼熱條辨 827右
溫瘧論 830左
薛生白醫案 862右
掃葉莊一瓢老人醫案 862右
一瓢詩話 1584左
薛元燕
尻輪集 1530左
薛于瑛(淸)
靈峽學則 765左
薛仁齋先生遺集 1497右
12 薛延年(元)
人倫大統賦(注) 905左
13 薛瑄(明)
新刻讀詩錄 54右
從政錄 472左
薛文淸公從政錄 472左
薛子道論 731左
薛公讀書錄 731左
讀書錄、續錄 731右
薛文淸公讀書錄 731右
薛文淸公讀書錄鈔、讀書續錄鈔 731右
薛子讀書錄鈔 731右
薛文淸集 1330右
薛敬軒先生文集 1330右
薛文淸公文集 1330右
薛敬軒集 1330右
17 薛瓊(淸)
絳雪詞 1622左
薛己(明)
明醫雜著(注) 820左
內科摘要 825左
外科樞要 831左
外科心法 831左
外科經驗方 831左
外科精要(注) 832左
立齋外科發揮 832左
癘瘍機要 833左
外傷金鏡錄 833左
正體類要 833右
原機啓微附錄* 833右
口齒類要 835左
婦人良方(注) 835右
校註婦人良方 835右
女科撮要 835右
保嬰粹要 838右
保嬰金鏡錄 838右
陳氏小兒痘疹方論(注) 840左
敖氏傷寒金鏡錄(校) 851左
薛氏醫案 1737右
18 薛致玄(元)
道德眞經藏室纂微開題科文疏、纂微手鈔 689右
20 薛季宣(宋)
尙書隸古定經文 34右
書古文訓 38右
浪語集 1273左
艮齋先生薛常州浪語集 1273左
浪語集鈔 1273左
薛季昭(元)
元始无量度人上品妙經註解 1133左
21 薛能(唐)
薛許昌詩集 1234右
薛虞(口)
周易薛氏記 6右
易音注 6右
薛虞畿(明)
春秋別典 286右
薛師石(宋)
瓜廬集 1290右
瓜廬詩 1290右
薛貞(晉)
歸藏、連山易(注) 34左
22 薛崗(明)
天爵堂筆餘 1000左
23 薛俊(明)
日本寄語 227左
日本國考略 627右
日本考略 627右
25 薛傳均(淸)
說文答問疏證 188左

四四七四一 薛 (二五—九〇)

潛揅堂說文答問疏證 188左
文選古字通疏證 1532右
26 薛侃(明)
薛御史中離集 1341右
薛韞(清)
虎門記 553右
澳門記 554右
薛嵎(宋)
雲泉詩集 1289右
雲泉詩 1289右
28 薛收(唐)
元經傳 285左
元經薛氏傳 285左
30 薛宜興(民國)
凡民謎存 947左
薛寀(明)
堆山先生前集鈔 1368左
31 薛福成(清)
浙東籌防錄 330左
庸庵文九則 353右
出使公牘 479右
滇緬分界疏略 483右
滇緬劃界圖說 483右
出使奏疏 501左
出使英法義比四國日記 619左、右
出使日記續刻 619右
大九州說 625右
白雷登避暑記 637左
澳大利亞可自強說 639左
籌洋芻議 722右
庸盦筆記 1080左
庸庵文編、文續編、文外編、海外文編 1500右
論文集要(輯) 1588左
32 薛近兗(明)
繡襦記 1694左
陳眉公批評繡襦記 1694左
34 薛漢(漢)
薛君韓詩章句 66右
薛漢(元)
薛象峯詩集 1307右
宗海集 1307右
薛濤(唐)
薛濤詩 1232右
薛濤李冶詩集(李冶同撰) 1541左
38 薛道衡(隋)
薛司隸集 1215左
薛司隸集選 1215左
薛道光(宋)
紫陽眞人悟眞篇三註(陸墅、陳致虛合注) 1166右
悟眞篇(注) 1166右
還丹復命篇 1171右
復命篇 1171右
40 薛培榕(清)
朝鮮八道紀要 628右
東藩紀要、補錄(輯) 628右
朝鮮輿地說 628右
朝鮮風俗記 628右
朝鮮會通條例 628右
薛嘉穎(清)
易經精華(輯) 27右
書經精華(輯) 43右
詩經精華(輯) 59右
周禮精華(輯) 72左
薛壽(清)
隋書考異* 271右
學詁齋文集 1476右
43 薛始亨(清)
蒯緱館十一章 1401左
44 薛蘭英(元)
聯芳集(薛蕙英同撰) 1550右
薛蕙(明)
老子集解、考異 690右
約言 733左
西原約言 733左
考功集 1341左
薛考功集 1341右
薛蕙英(元)
聯芳集(薛蘭英同撰) 1550右
47 薛起鳳(清)
薛家三遺文 1432左
薛格(明)
薛檢討集 1337右
48 薛敬之(明)
思菴野錄 731右
50 薛春黎(清)
味經得雋齋律賦 1477右
薛素素(明)
花瑣事 1040左
51 薛據(宋)
孔子集語(輯) 681右
60 薛旦(清)
昭君夢 1685左
薛甲(明)
薛兵憲集 1346右
64 薛時雨(清)
藤香館小品 944右
藤香館詩鈔 1479左
藤香館詩續鈔 1479左
藤香館詞 1634右
西湖櫓唱詞 1634右
西湖櫓唱 1634右
江舟欸乃 1634右
藤香館詞二種 1748右
67 薛昭蘊(前蜀)
幻影傳 1113左
薛侍郎詞 1591右
72 薛所蘊(清)
薛行屋詩選 1376右
76 薛陽桂(清)
梅華問答編 1186左
77 薛鳳祚(清)
兩河清彙 579右
天步眞原(譯) 870右
天學會通 870右
天步眞原人命部(譯) 904左
薛鳳九(清)
難情雜記 334右
薛鳳翔(明)
亳州牡丹表 791左
牡丹八書 791左
亳州牡丹說 791左
薛用弱(唐)
集異記 1102右
李淸傳 1103左
薛岡(明)
天爵堂集選 1365右
薛居正(宋)等
舊五代史 273左
舊五代史郡縣志 511右
薛熙(清)
練閱火器陣記 777左
80 薛鑫(清)
念鞠齋時文賸稿 1496右
82 薛鎧(明)
錢氏小兒直訣(注) 838左
保嬰撮要 838右
90 薛尙功(宋)

歷代鐘鼎彝器款識法帖 661左
薛尚質（明）
常熟水論 583右
91 薛炳（口）
荀子大義錄 685左
96 薛燭（周）
薛子 708左
99 薛瑩（晉）
後漢書 278左
漢後記 278左
漢後書 278左
薛瑩（唐）
震澤龍女傳 1106左
龍女傳 1106左
洛神傳 1106右
鄭德璘傳 1106右

4477_0 甘

00 甘立（元）
允從集 1306右
甘京（淸）
夙興語 739右
心病說 767右
10 甘雨（淸）
補過齋遺集 1485右
甘霖（明）
天星祕竅圖書 894右
羅經祕竅圖書 899左
地理祕竅 902右
奇門遁甲祕要 905右
選擇通書祕竅 908左
25 甘仲賢（淸）
觀象反求錄 28左
28 甘復（元）
山窗餘藁 1320右
山窗餘稿 1320右
30 甘容（漢）
易下邳傳甘氏義 5左
33 甘泳（元）
東溪集 1300左
38 甘啓華（淸）
焚餘小草 1488左
44 甘樹椿（民國）
甘氏家訓 756右
靈庵先生遺詩 1518左
60 甘羅（秦）
滝山子 709左
66 甘暘（明）
印章集說 940左
67 甘曜湘（淸）
莎車府鄉土志 518左
甘煦（淸）
月波樓詩草 1457左
77 甘鵬雲（民國）
楚師儒傳 390右
潛江舊聞 546右
潛廬隨筆 1015左
綦風居士集擴遺（輯） 1359右
潛廬詩錄 1523右
潛廬類稿 1523右
甘鵬雲（民國）等
大隱樓集校勘記（輯）* 1351左
80 甘公（漢）
通占大象曆星經（石申同撰） 894左
星經（石申同撰） 894右

4477_7 萓

71 萓原是善（日本）
東宮切韻 205右

4480_1 其

38 其滄（明）
三祉記 1700左

楚

36 楚澤先生（口）
太淸石壁記（編） 1176右

4480_6 黃

00 黃亨（淸）
仰高軒詩草 1472右
黃彥（淸）
藝庵遺詩 1458左
黃彥平（宋）
三餘集 1264左
黃庶（宋）
伐檀集 1250右
青社黃先生伐檀集 1250右
黃應麒（淸）
周易述翼 22左
黃庚（元）
月屋漫藁 1303左
黃庭堅（宋）
宜州乙酉家乘 450左
宜州家乘 450右
山谷題跋 913左
涪翁雜說 1019左
士大夫食時五觀 1031右
杜詩箋 1222右
山谷內集、外集、別集 1255右
豫章黃先生文集 1255右
豫章先生文粹 1255右
山谷詩鈔 1255右
山谷集鈔 1255右
山谷集補鈔 1255右
山谷先生詩鈔 1255右
山谷詩選 1255右
黃文節公尺牘 1256左
山谷簡尺 1256左
山谷老人刀筆 1256左
黃山谷尺牘 1256左
山谷詞 1594左
山谷琴趣外篇 1594右
山谷詞 1594右
黃度（宋）
尙書說 38右
黃慶澄（淸）
東遊日記 630左
黃文雷（宋）
看雲小集 1290右
黃文琛（淸）
思貽堂詩 1470左
黃文蓮（淸）
聽雨樓集 1427右
黃文暘（淸）
重訂曲海總目 650右
黃玄（明）
黃博士詩 1328右
黃玄鍾（漢）
蓬萊山西竈還丹歌 1178左
黃衷（明）
海語 623右
01 黃龍德（明）
茶說 783右
02 黃端伯（明）
瑤光閣集 1370左
黃訓（明）
名臣經濟錄（輯） 496右
05 黃諫（明）

帝王紀年纂要(訂) 362左
重訂帝王紀年纂要 362左
07 黃韶(明)
道南先生集 1334右
10 黃一淵(明)
黃處士遙峯閣集 1375左
黃正位(明)
陽春奏三種(輯) 1751右
黃正賓(明)
國朝當機錄 351左
黃玉蟾(清)
孟子年譜 416右
黃丕烈(清)
周禮札記* 68右
儀禮校錄、續校* 75右
夏小正戴氏傳校錄* 91右
國語札記* 294左
戰國策札記* 295右
輿地廣記札記* 512右
求古居宋本書 647左
百宋一廛書錄 651右
百宋一廛賦(注) 651右
士禮居藏書題跋記續 652左
士禮居藏書題跋再續記 652左
蕘圃藏書題識續錄、蕘圃雜著、蕘圃藏書題識再續錄 652左
汪本隸釋刊誤 666左
山海經校勘記* 710左
傷寒總病論札記* 813左
唐女郎魚玄機詩考異* 1235右
楊太后宮詞附錄(輯)* 1278右
蕘言 1446右
虎丘詩唱和詩集(輯) 1554左
夢境圖唱和詩集(輯) 1554左
狀元會倡和詩集(輯) 1554左
三經音義(輯) 1728左
同人唱和詩(輯) 1747右
黃玹(朝鮮)
梅泉詩選 1530右
黃璋(清)
楊龜山先生年譜考證(輯) 418左
宜園詞 1625左
黃雪蓑(元) 見夏庭芝
黃元御(清)
素問懸解、校餘偶識 809右
靈樞懸解 809右
素靈微蘊 809右
難經懸解 810右
傷寒懸解 812左
傷寒說意 815左
金匱懸解 817左
四聖心源 821右
天人解、六氣解 821右
四聖懸樞 821右
長沙藥解 854右
玉楸藥解 854右
黃元賓(元)
廷美集 1316左
黃元治(清)
黔中雜記 557右
黃元吉(元)
淨明忠孝全書(輯) 1183右
黃元吉(明)
黃廷道夜走流星馬 1669右
黃元釜(明)
丁山先生集 1333左
黃元會(明)
服食崇儉論 1033左
黃震(宋)
新刻讀詩一得 54左
戊辰修史傳 281左
古今紀要 370右
黃氏日抄古今紀要逸編 370右
古今紀要逸編 370右
黃氏日鈔 1021右
黃石翁(元)
松瀑稾 1310左
黃石公(漢)
黃石公素書 771右
素書 771右
黃石公記 771右
黃石公 772左
黃石公三略 772左
太公三略 772左
三略 772左
黃石子 772左
黃百家(清)
明制女官考 458左
征南射法 776左
內家拳法 777左
哨記 792右
句股矩測解原 881右
學箕初稿 1400左
黃可垂(清)
呂宋紀略 633左
黃可潤(清)
口北三廳志(纂修) 515右
11 黃冀之(宋)
南爐紀聞 301左
12 黃瑞(清)
台州金石錄、甎錄、金石甎文闕訪目 676左
黃瑞節(宋)
朱子陰符經考異(附錄) 1135右
陰符經考異(附錄) 1135右
周易參同契註(附錄) 1179右
朱子周易參同契考異(附錄) 1179右
周易參同契考異(附錄) 1179右
黃璞(唐)
閩川名士傳 390左
黃廷桂(清)等
四川通志(修) 522左
黃廷鑑(清)
三十六字母辨 214右
虞邑紀變略 320右
遊鵜鴣峯記 594左
第六絃溪詩鈔 1445右
第六絃溪文鈔 1445右
黃孔昭(明)
定軒存稿、拾遺 1332左
13 黃琮(清)
知蔬味齋詩鈔(一名蜀游草) 1461左
黃渠卿詩選 1461左
滇詩嗣音集(輯) 1548右
16 黃理(清)
畊南詩鈔、補鈔 1462右
宮閨詞 1462右
秋花四十詠 1462右
論孟詩 1462右
黃氏詩餘 1631右
17 黃孟威(明)
雅俗辨 763左

黃珣(明)
文僖公集 1334右
黃承吉(清)
字詁(按) 224右
承吉兄字說 224右
義府(按) 1024左
夢陔堂詩集 1464左
夢陔堂文集 1464左
夢陔堂文說 1586右
黃承昊(明)
折肱漫錄 864左
黃承谷(清)
二山賸稿 1490左
黃子高(清)
續三十五舉 942左
知稼軒詩鈔 1460左
粵詩蒐逸(輯) 1548左
黃子雲(清)
野鴻詩的 1584左
黃子發(唐)
相雨書 779右
黃子肅(明) 見黃省曾
18 黃玠(元)
弁山小隱吟錄 1311左
黃瑜(明)
雙槐歲鈔 349左
黃玢(清)
耕壓集 1403右
20 黃千人(清)
閨詞雜怨 1408右
黃香(漢)
責髯奴辭 1045左
黃爵滋(清)
僊屏書屋詩錄 1459右
讀山谷詩評 1565左
黃維玉(清)
莅嘉遺蹟 421左
黃維翰(民國)
渤海國記 358右
白喉辨症 835左
21 黃儒(宋)
品茶要錄 783左
茶品要錄 783左
黃虞稷(清)
宋史藝文志補(倪燦同撰) 643右
千頃堂書目 644左
徵刻唐宋祕本書目(周在浚同撰) 648右
明史藝文志(倪燦同撰) 1735左
黃貞麟(清)
快山堂詩集 1394右
黃貞觀(清)
永德堂詩草 1382右
黃穎(晉)
周易黃氏注 9左
易注 9左
22 黃任(清)
黃志伊詩 1400右
香草箋 1413右
黃任恆(民國)
兩漢書舊本攷(校補) 267右
毛本梁書校議(錄) 270左
遼代年表 369右
古譜纂例 392左
古孝彙傳 443右
補遼史藝文志 644左
遼代金石錄 658右
桂考(校) 784右
桂考續(輯)* 784右
陳修園方歌(注) 860右
吳鞠通方歌(注) 860右
遼文補錄(輯) 1542左
遼代文學考 1565左
遼痕五種 1732左
黃崇惺(清)
草心樓讀畫集 934左
二江草堂文 1482右
黃繼善(宋)
史學提要 372左
23 黃允交(明)
雜纂三續 1121右
黃俊(明)
周易通略 16右
黃峨(明)
錦字書 1067右
楊狀元妻詩集 1343右
楊夫人曲 1712右
楊夫人樂府 1712右
24 黃佐(明)
革除遺事 306右
革除遺事節本 306右
廣州人物傳 391右
泰泉鄉禮 460右
翰林記 470左
小學古訓 758右
泰泉集 1341右
黃泰泉集 1341右
黃太泉集 1341右
黃德華(清)
槐花吟館詩鈔 1473左
黃休復(宋)
益州名畫錄 435左
茅亭客話 556左
25 黃生(清)
字詁 224右
義府 1024左
唐詩矩(輯) 1540右
黃仲元(宋)
四如講稾 170左
四如集 1291左
有宋福建莆陽黃仲元四如先生文藁 1291左
黃仲昭(明)
未軒文集 1334右
黃仲炎(宋)
春秋通說 124左
黃伸(清)
黃美中詩 1401左
黃佛頤(清)
粵洲公年譜 419左
文裕公年譜 419左
雙槐公年譜 429右
廣州城坊志 553右
武溪集補佚(輯)* 1244右
黃傳祁(清)
醫學折衷勸讀篇 824左
黃傳驥(清)
史學纂要 372右
黃秩模(清)
學道粹言(輯) 747左
奇證祕錄 823左
登瀛寶筏(輯) 1740左
黃秩模(清)等
保甲團練事宜 482左
黃秩榘(清)
剿辦崇仁會匪事略 335左
26 黃自如(宋)
金丹四百字(注) 1171左
黃伯思(宋)
燕几圖 797左
東觀餘論 908右

法帖刊誤 923右
26 黃保康(清)
與壻遺言 756右
醫林獵要 823右
陳修園方歌(注) 860右
吳鞠通方歌(注) 860右
貽令堂雜俎 1013右
醫學三書 1737右
27 黃凱鈞(清)
圓明園記 564右
圓明園恭紀 564右
橘旁雜論 822右
證治指要 822右
一覽延齡 847左
上池涓滴 852左
藥籠小品 855左
肘後偶鈔 862右
友漁齋醫話六種 1738左
黃向堅(清)
尋親紀程 612左
黃孝子尋親紀程 612左
滇還日記 612右
黃孝子紀程 1735左
黃彝凱(清)
鐵笛詞 1640右
黃魯曾(明)
劉向古列女傳、續列女傳(贊) 437右
鍾呂二仙傳 449右
黃繩先(清)
墨舫賸稿 1424右
黃叔琳(清)
文心雕龍輯註 1567左
黃叔璥(清)
臺海使槎錄 543右
臺灣使槎錄 543右
中州金石攷 674右
黃叔燦(清)
參譜 784右
籟鳴詩鈔 1425右
黃紹鳳(清)
列女詩幷序 438左
黃紹第(清)
縵庵遺稿 1512右
二黃先生詩葺（黃紹箕合撰） 1550左
黃紹箕(民國)
廣藝舟雙楫評論 923左
鮮庵遺稿 1509左
鮮庵遺文 1509左
二黃先生詩葺（黃紹第合撰） 1550左
28 黃以周(清)
周易故訓訂 27右
周易注疏賸本 27右
禮說 95右
禮說略 95右
羣經說 177左
經說略 177左
史說略 380左
子敍 650左
晏子春秋校勘記* 683左
黃帝內經明堂敍、舊鈔太素經校本敍、黃帝內經、集注敍、黃帝內經素問重校正敍 810左
黃帝內經明堂附錄* 851右
儆季文鈔 1497右
黃作孚(明)
訒齋詩草 1354左
黃倫(宋)
尙書精義 38右
黃徹(宋)
䂬溪詩話 1572右
黃復初(明)
陽基部 899右
郭氏葬經刪定(輯) 900左
楊公金函經刪定(輯) 900右
曾氏水龍經校（一名青囊經序・輯） 901左
卜氏雪心賦刪定(輯) 901左
龍部 902左
穴部 902左
作用部 902左
警世要言 902左
理氣部 902右
水部 902右
砂部 902右
尅擇部、奇聞口訣 908左
黃復圭(元)
君瑞集 1316右
30 黃淮(明)
省愆集 1329右
黃文簡公介菴集 1329右
黃淮(明)楊士奇(明)等
歷代名臣奏議(輯) 494右
黃汴(明)
新刻水陸路程便覽 513右
黃淳耀(明)
史記論略 377右
詠史樂府 381右
黃忠節公甲申日記 451左
山左筆談 532左
吾師錄 737左
繇己錄 737左
陶菴自監錄 1001左
陶菴全集 1371右
陶庵集 1371右
陶庵集（一名黃嘉定吾師錄） 1372左
陶庵文集 1372左
陶菴詩 1372左
陶菴文 1372左
陶菴雜箸 1372左
和陶詩 1372左
黃永(清)
姍姍傳 1119右
黃雲孫詩選 1399右
溪南詞 1617右
黃永年(清)
春秋四傳異同辨 128左
遊玉簾泉記 605右
靜子日記 743右
南莊類稿 1417右
白雲詩鈔 1417右
匡遊草 1417右
奉使集 1417右
南庄類稿文錄 1417右
黃家鼎(清)
西征日記 618右
歸程紀略 618右
西征詩錄 1482右
西征文存 1482右
補不足齋文 1482右
黃家岱(清)
尙書講義(黃家辰同撰) 44左
嬹藝軒雜著 1030左
黃家遴(清)
楊公政績紀 407右
黃家辰(清)
尙書講義(黃家岱同撰) 44左
黃家舒(清)

城南寺　1685左
黃之瑞(明)
草廬經略輿圖總論　513左
黃之雋(清)
遊鷹窠頂記　600左
泛瀟湘記　604右
浯溪記　605左
遊隱山記　607左
詹言　1005右
香屑集　1416左
黃之鼎(清)
黃訥庵詩　1400右
黃憲(漢)
天祿閣外史　962左
愼陽子　962左
黃憲淸(清)
拙宜園詞　1638右
黃安濤(清)
吳下尋山記　593左
牟珠洞記　607右
賢己編　1077左
黃寓庸(明)
士令（一名學政・郭子章同撰）　1002左
黃宮繡(清)
本草求眞　854右
黃富民(清)
黃勤敏公年譜　431右
過庭小草　1460左
黃定齊(清)
垂老讀書廬詩草、雜體文　1455右
黃定文(清)
東井詩鈔　1437左
東井文鈔　1437左
黃定宜(清)
孔子年譜輯注　414右
黃定蘭(清)
明人尺牘(輯)　1560左
黃寶田(清)
稻鄉樵唱　1501左
黃寶銘(清)
子新遺詩　1501左
黃宗庠(清)
鏡巖樓詩集　1380左
黃宗崇(清)
石語亭詩草　1401左
黃宗憲(清)
八線對數類編(校正)　883右
圜率攷眞圖解(左潛、曾紀鴻同撰)　888右
求一術通解　888右
黃宗揚(明)
鴻集亭詩草　1363右
黃宗昌(明)
於斯堂詩集　1368右
黃宗臣(清)
澹心齋詩集　1379左
黃宗羲(清)
易學象數論　19左
象數論　19左
深衣考　89右
孟子師說　147右
汰存錄　318右
汰存錄紀辨　319左
行朝錄　319左
弘光實錄鈔　319右
魯紀年　321左
海外慟哭記　321左
舟山興廢　321左
日本乞師紀　321左
四明山寨紀　321左
隆武紀年　321右
贛州失事紀　322左
紹武爭立紀　322左
永歷紀年　322左
沙定洲紀亂　322左
滇攷　322左
賜姓始末　323右
思舊錄　387左
黃氏家錄　394右
張元箸先生事略　409右
鄭成功傳　409右
宋元學案　412右
明儒學案　413左
四明山志　574左
今水經、表　578左
匡廬遊錄　605左
金石要例、論文管見　669右　670左
明夷待訪錄　721右
破邪論　721右
七怪　721右
歷代甲子考　870右
授時厤故　870右
西臺慟哭記註　1296右
冬青引注　1296右
剡源文鈔(輯)　1303左
南雷文約　1379右
南雷文定前集、後集、三集　1379右
南雷文定四集　1379右
南雷文定五集　1379右
南雷詩歷　1379右
南雷文案、外卷　1380左
吾悔集　1380左
撰杖集　1380左
南雷餘集　1380左
南雷文錄　1380左
明文海(輯)　1544左
行朝錄　1732右
黃宗會(清)
四明山遊錄　600右
黃宗炎(清)
周易象辭　19右
周易尋門餘論　19右
易學辨惑　19右
31 黃涇祥(清)
荳蔻詞　1636右
黃溍(元)
黃氏筆記　991左
日損齋筆記　1022左
黃文獻集　1310左
黃文獻公集　1310左
金華黃先生文集　1310左
日損齋稿　1310右
鐵崖先生復古詩集(評)　1315右
黃灝(宋)
敘古千文(注)　203左
黃福(明)
奉使安南水程日記　611右
32 黃淵耀(明)
存誠錄　737右
玉版錄　1185左
拈花錄　1190右
谷濂先生遺書　1372左
谷簾學吟　1372左
自怡草　1372左
鶴鳴集　1372左
黃兆森(清)
鬱輪袍　1706左
夢揚州　1706左
飲中仙　1706左
藍橋驛　1706右

忠孝福 1706右
四才子傳奇 1751左
32 黄滔(唐)
黄滔詩集 1239右
黄御史集 1239右
唐黄御史集 1239右
唐黄先生文集 1239右
莆陽黄御史集、別錄 1239右
33 黄溥(明)
閒中今古錄摘抄 1066右
閒中今古錄 1066右 1067左
黄治(清)
雁書記 1708右
玉簪記 1708右
黄濱虹
歙潭渡黄氏先德錄 394右
仁德莊義田舊聞 768左
任耕感言 768左
黄述寧
黄澹翁醫案 864左
34 黄為良(清)
醫學一統 823左
黄漢(清)
貓苑 795右
黄汝亨(明)
狂言紀略 375左
天目遊記 600左
寓林清言 1069右
黄汝成(清)
古今朔實考校補 874右
古今歲實考校補 874右
日知錄集釋、刊誤、續刊誤 1023右
日知錄栞誤合刻 1023右
袖海樓文錄 1454左
黄洪憲(明)
朝鮮國紀 627右
35 黄沛翹(清)
西藏圖考 561右
西藏要隘考 561右
黄清老(元)
樵水集 1313左
36 黄湘南(清)
大潙山房遺藁 1444左
紅雪詞鈔 1624右
黄澤(元)
易學濫觴 16左
37 黄潤玉(明)
寧波府簡要志 520右
海涵萬象錄 969左、右
海涵萬象 969右
黄鴻中(清)
華蕚館詩草 1416左
黄祖顓(清)
別本千字文、續千字文、再續千字文 203右
黄逢元(民國)
補晉書藝文志 642右
38 黄淦(清)
易經旁訓增訂精義 22右
周易精義 24左
書經旁訓增訂精義 42左
書經精義 42右
詩經旁訓增訂精義 57左
詩經精義 58左
周禮精義 71右
儀禮精義、補編 77右
禮記旁訓增訂精義 86右
禮記精義 87左
春秋旁訓增訂精義 128左
春秋精義 129左
黄海(明)倪宗正(明)等
竹橋十詠 541右
黄遵憲(清)
日本雜事 629右
日本國志序例 629右
人境廬詩草 1508左
黄公度先生詩 1508左
黄公度先生詩箋 1508左
黄道(明)
黄趙客集 1357左
黄道(清)
獶歌(輯) 1562左
黄道周(明)
易象正 18左
黄先生洪範明義 46左
洪範明義 46右
黄先生月令明義 89左
月令明義 89左
坊記集傳 89右
表記集傳 89右
黄先生緇衣集傳 89右
緇衣集傳 89右
黄先生儒行集傳 89右
儒行集傳 90左
春秋表記問業、春秋坊記問業 126左
春秋問業 126左
孝經本質 159左
黄忠端公孝經辯義 159左
孝經集傳 159左
孝經讀本(集傳) 159左
重訂懿畜編(原輯) 399右
廣名將傳 403右
榕壇問業 737左
三易洞璣 894左
黄石齋先生集 1364左
黄石齋未刻稿 1364左
黄幼元集 1364左
黄肇敏(清)
黄山紀遊 596右
40 黄大受(宋)
露香拾藁 1290右
黄大華(民國)
東漢皇子王世系表 363右
東漢中興功臣侯世系表 363右
東漢三公年表 364左
三國志三公宰輔年表 364右
隋唐之際月表 367右
唐藩鎮年表 368左
金宰輔年表 369右
元分藩諸王世表 370左
元西域三藩年表 370左
明宰輔考略 370左
明七卿考略 370左
漢志郡國沿革攷 507右
黄大輿(宋)
梅苑(輯) 1644左
羣賢梅苑(輯) 1644左
黄奭(清)
子夏易傳(輯) 3右
易章句(輯・孟喜撰) 4左
易章句(輯・京房撰) 4左
易傳(輯) 5左
易章句(輯・劉表撰) 5右
易注(輯・宋衷撰) 5右
易言(輯) 5右
九家易集注(輯) 6左
周易注(輯) 6右
易音注(輯) 6右
易注(輯・王肅撰) 7右

易章句(輯・董遇撰) 7右
易述(輯) 8左
易注(輯・虞翻撰) 8左
易注(輯・姚信撰) 8左
易注（一名蜀才易注・輯・范長生撰） 8左
易義(輯・向秀撰) 8右
易義(輯・翟玄撰) 8右
易注(輯・張璠撰) 8右
易集解(輯) 8右
易注(輯・干寶撰) 9左
易注(輯・王廙撰) 9左
易注(輯・黃穎撰) 9左
易注(輯・褚仲都撰) 9右
莊氏易義(輯) 9右
易注(輯・周弘正撰) 10左
盧氏易注(輯) 10左
易雜家注(輯) 10右
周易講疏(輯) 10右
易注(輯・侯果撰) 10右
易探玄(輯) 10右
易傳(輯) 11右
乾坤義(輯) 32左
繫辭義疏(輯) 32左
繫辭疏(輯) 32左
易音注(輯) 33左
尙書大傳注(輯) 35左
尙書章句(輯) 35右
尙書百兩篇(輯) 35右
尙書古文注(輯) 37左
尙書義疏(輯) 38左
洪範五行傳(輯) 46左
毛詩注(輯・馬融撰) 50右
毛詩注(輯・王肅撰) 50右
毛詩申鄭義(輯) 51左
毛詩異同評(輯) 51左
毛詩譜(輯) 64右
魯詩傳(輯) 65右
齊詩傳(輯) 65右
韓詩內傳(輯) 66左
周官傳(輯) 68右
周官注(輯) 69左
答臨孝存周禮難(輯) 73右
儀禮喪服經傳(輯) 79左
喪服變除(輯) 79右
儀禮喪服注(輯) 79右
喪服要記(輯) 79右
喪服變除圖(輯) 80左
儀禮喪服經傳略注(輯) 80右
禮記解詁(輯) 83右
月令章句(輯) 88右
明堂月令論(輯) 88右
月令問答(輯) 89左
禮記音義隱(輯) 90右
石渠禮論(輯) 93右
三禮義宗(輯) 94左
魯禮禘祫義(輯) 96左
三禮圖(輯) 98右
三禮目錄(輯) 99左
鍾律書(輯) 100右
春秋左氏解詁(輯) 103右
春秋左氏傳解誼(輯) 104左
箴左氏膏肓(輯) 104左
春秋左氏傳述義(輯) 106左
規過(輯) 106左
春秋土地名(輯) 111右
發公羊墨守(輯) 115左
公羊治獄(輯) 117左
春秋盟會圖(輯) 117右
釋穀梁廢疾(輯) 118右
春秋穀梁傳注(輯) 118右
穀梁傳例(輯) 120右
論語注(輯) 137左
孟子注(輯) 146左
孝經解(輯) 156右
爾雅犍爲文學注(輯) 161右
爾雅注(輯・劉歆撰) 161右
爾雅注(輯・樊光撰) 161右
爾雅注(輯・李巡撰) 161右
爾雅音注(輯・孫炎撰) 162左
爾雅音義(輯) 163左
爾雅集注(輯) 163左
爾雅音(輯・顧野王撰) 163右
爾雅音注(輯・顧野王撰) 163右
爾雅音注(輯・施乾撰) 163右
爾雅音(輯・施乾撰) 163右
爾雅音(輯・謝嶠撰) 163右
爾雅音注(輯・謝嶠撰) 163右
爾雅衆家注(輯) 163右
爾雅圖贊(輯) 165右
五經通義(輯) 166左
駮五經異義(輯) 167右
六藝論(輯) 168左
鄭志(輯) 168右
五經然否論(輯) 169左
五經要義(輯) 169左
五經疑問(輯) 169右
字書(輯) 193右
文字集略(輯) 194右
字略(輯) 195左
字統(輯) 195左
桂苑珠叢(輯) 195左
新字林(輯) 195右
開元文字音義(輯) 196左
文字指歸(輯) 197左
倉頡篇(輯) 200左
蒼頡解詁(輯) 200左
三倉解詁(輯) 200右
凡將篇(輯) 200右
蒼頡訓纂(輯) 201右
勸學篇(輯) 202左
埤倉(輯) 202左
廣倉(輯) 202右
聲類(輯) 203右
韻集(輯) 204左
音譜(輯) 204右
聲譜(輯) 204右
韻略(輯) 205左
切韻(輯) 205左
唐韻(輯) 205右
韻海鏡源(輯) 206左
通俗文(輯) 218右
辨釋名(輯) 219左
纂文(輯) 219左
纂要(輯) 219右
古今字詁(輯) 222左
字指(輯) 223左
小學(輯) 224左
河圖(輯) 227右
河圖括地象、括地圖(輯) 228左
河圖始開圖(輯) 228右
河圖挺佐輔(輯) 228右
河圖稽耀鉤(輯) 229左
河圖帝覽嬉(輯) 229左
河圖握矩記(輯) 229右
河圖玉版(輯) 229右
龍魚河圖(輯) 230左
河圖合古篇(輯) 230左

四四八〇六 黃（四〇）

四四八〇六 黃（四〇）

河圖赤伏符(輯) 230左
河圖闓苞授(輯) 230右
河圖祿運法(輯) 230右
河圖說徵(輯) 231左
河圖會昌符(輯) 231左
河圖帝通紀(輯) 231右
河圖眞鉤(輯) 231右
河圖祕徵(輯) 232左
河圖稽命徵(輯) 232右
河圖要元(輯) 232右
河圖考靈曜(輯) 233左
河圖叶光紀(輯) 233左
河圖天靈(輯) 233左
河圖聖洽符(輯) 233左
河圖提劉(輯) 233右
河圖絳象(輯) 233右
河圖著命(輯) 234左
河圖皇參持(輯) 234左
雒書(輯) 234左
雒書靈准聽(輯) 234右
雒書甄曜度(輯) 234右
雒書摘六辟(輯) 235左
易緯(輯) 236左
易乾鑿度鄭氏注(輯) 236右
易乾坤鑿度鄭氏注(輯) 236右
易通卦驗鄭氏注(輯) 237左
易坤靈圖鄭氏注(輯) 237右
易稽覽圖鄭氏注(輯) 238左
易是類謀鄭氏注(輯) 238右
易辨終備鄭氏注(輯) 239左
易乾元序制記鄭氏注(輯) 240左
尙書緯(輯) 240左
尙書考靈曜(輯) 240右
尙書帝命驗(輯) 241左
尙書璇璣鈐(輯) 241右
尙書刑德放(輯) 241右
尙書運期授(輯) 242左
尙書中候(輯) 242右
詩緯(輯) 245左
詩含神霧(輯) 245右
詩推度災(輯) 246左
詩汎歷樞(輯) 246右
禮緯(輯) 246右
禮含文嘉(輯) 247左
禮稽命徵(輯) 247右
禮斗威儀(輯) 248左
樂緯(輯) 248左
樂動聲儀(輯) 248右
樂稽耀嘉(輯) 248右
樂協圖徵(輯) 249左
春秋(輯) 249右
春秋演孔圖(輯) 250左
春秋元命苞(輯) 250右
春秋文耀鉤(輯) 250右
春秋運斗樞(輯) 251左
春秋感精符(輯) 251右
春秋合誠圖(輯) 252左
春秋考異郵(輯) 252左
春秋保乾圖(輯) 252右
春秋佐助期(輯) 253左
春秋握誠圖(輯) 253右
春秋潛潭巴(輯) 254左
春秋說題辭(輯) 254左
春秋命厤序(輯) 254右
春秋內事(輯) 255左
論語讖(輯) 255右
論語比考讖(輯) 256左
論語撰考讖(輯) 256左
論語摘輔象(輯) 256右
論語摘衰聖(輯) 256右
論語素王受命讖(輯) 256右
論語崇爵讖(輯) 257左
論語紀滑讖(輯) 257左
論語陰嬉讖(輯) 257右
孝經(輯) 257右
孝經援神契(輯) 258左
孝經中契(輯) 258左
孝經左契(輯) 258右
孝經右契(輯) 258右
孝經契(輯) 259左
孝經鉤命決(輯) 259左
孝經內記圖(輯) 259右
孝經威嬉拒(輯) 260左
孝經古祕(輯) 260左
孝經雌雄圖(輯) 260左
孝經章句(輯) 260左
後漢書(輯・謝承撰) 278左
漢後記(輯) 278左
漢後書(輯・薛瑩撰) 278左
後漢書(輯・華嶠撰) 278左
後漢書注(輯) 278左
後漢書(輯・謝沈撰) 278左
後漢書(輯・袁山松撰) 278左
晉書(輯・王隱撰) 279左
晉書(輯・虞預撰) 279左
晉書(輯・朱鳳撰) 279左
晉紀(輯・徐廣撰) 279左
晉中興書、徵祥說(輯) 279右
晉書(輯・謝靈運撰) 279右
晉書(輯・臧榮緒撰) 279右
晉書(輯・沈約撰) 280左
晉書(輯・蕭子雲撰) 280左
晉書(輯) 280左、右
晉紀(輯) 280左、右
竹書紀年(輯) 285右
漢記(輯) 287左
後漢記(輯) 287左
晉書(輯・陸機撰) 287左
晉紀(輯・干寶撰) 287右
漢晉春秋(輯) 287右
晉陽秋(輯) 287右
續晉陽秋(輯) 287右
晉紀(輯・鄧粲撰) 288左
晉紀(輯・曹嘉之撰) 288左
晉世譜(輯) 288左
晉紀(輯・劉謙之撰) 288左
晉紀(輯・裴松之撰) 288左
晉安帝紀(輯) 288右
晉起居注(輯) 288右
晉史草(輯) 288右
晉錄(輯) 288右
晉武帝起居注(輯) 288右
晉泰始起居注(輯) 288右
晉咸寧起居注(輯) 289左
晉泰康起居注(輯) 289左
惠帝起居注(輯) 289左
晉永安起居注(輯) 289左
晉建武起居注(輯) 289左
晉太興起居注(輯) 289左
晉咸和起居注(輯) 289左

晉咸康起居注(輯) 289左
晉康帝起居注(輯) 289右
晉永和起居注(輯) 289右
晉孝武帝起居注(輯) 289右
晉太元起居注(輯) 289右
晉隆安起居注(輯) 289右
晉義熙起居注(輯) 289右
國語解詁(輯) 294右
國語注(輯・賈逵撰) 294右
國語章句(輯) 294右
國語注(輯・虞翻撰) 294右
國語注(輯・唐固撰) 295左
國語注(輯・孔晁撰) 295左
春秋後語(輯) 296左
春秋後傳(輯) 296右
楚漢春秋(輯) 296右
九州春秋(輯) 297左
晉後略(輯) 297左
晉八王故事(輯) 297左
晉四王遺事(輯) 297左
晉要事(輯) 336左
晉朝雜事(輯) 336左
建武故事(輯) 336左
晉山陵故事(輯) 336左
古史考(輯) 380左
英雄記(輯) 385左
晉諸公讚(輯) 385右
三輔決錄(輯) 388左
論語篇目弟子(輯) 416左
鄭司農年譜(案) 417右
孝子傳(輯・劉向撰) 442右
孝子傳(輯・蕭廣濟撰) 442右
孝子傳(輯・師覺授撰) 443右
問禮俗(輯) 459右
漢官(輯) 466右
漢官解詁(輯) 466右
漢舊儀(輯) 466右
漢官儀(輯) 467左
漢官典儀(輯) 467左
漢儀(輯) 467左
晉官品令(輯) 467右
王朝目錄(輯) 467右
晉百官名(輯) 467右
晉公卿禮秩、晉故事(輯) 467右
晉百官表注(輯) 467右
秋審實緩、章程、直省附錄(校) 487右
律綱(校) 487右
伏侯古今注(輯) 490左
唐明皇月令注解(輯) 503右
晉書地道記(輯) 508右
晉太康三年地記(輯) 509左
括地志(輯) 511左
渚宮舊事(輯) 546左
逸莊子(輯) 694左
莊子注(輯) 694左
法經(輯) 701右
范子計然(輯) 709右
典論(輯) 717左
法訓(輯) 717右
六韜(輯) 769左
戰略(輯) 772右
神農本草經(輯) 852右
乾象術(輯) 867右
易元包(輯) 892右
易雜占條例法(輯) 895右
易洞林(輯) 896右
遁甲開山圖(輯) 905左
淮南王萬畢術(輯) 906左
古今樂錄(輯) 935右
琴操(輯) 937左
淮南子注(輯) 961左
物理論(輯) 964右
正誼錄(輯) 1034右
消暑隨筆子目* 1036左
魏皇覽(輯) 1040左
郭氏玄中記(輯) 1085左
膾雲集 1472右
端綺集 1555左
爾雅古義(輯) 1728左
漢學堂經解(輯) 1728左
高密遺書(輯) 1728左
通德堂經解(輯) 1728左
通緯(輯) 1729右
河圖緯(輯) 1729右
孝經緯(輯) 1731右
衆家晉史(輯) 1732左
子史鉤沈(輯) 1741右

40 黄士珣(清)
北隅掌錄 539右
翠雲館律賦、試體詩 1437左

黄培芳(清)
新會修志條例 514右
浮山紀勝 606右
嶺海樓詩鈔 1463右

黄克中(清)
涵清館詩草 1418右

黄希(宋)
黄氏補註杜詩 1223左

黄嘉愛(明)
潁州集 1344左

黄嘉仁(明)
半山先生集 1344左

黄嘉芝(清)
小酉山房謄草 1473左

黄嘉善(明)
見山樓詩草 1360右

黄眞人(口)
喉科祕訣 835左

黄杜覺(清)
蓼庵文鈔 1440右

41 黄姬水(明)
貧士傳 441右
黄質山集 1349左

黄標(明)
平夏錄 306左

42 黄彭年(清)
明范文忠公畫像宦蹟圖題詞 408右
黄輔相行狀 411左
循良錄(輯) 411左
賢母錄(輯) 440右
紫泥日記 465左
明五忠手蹟攷存 1029右
黄忠端公明誠堂十四札疏證、題詞 1364左

黄壎(清)
友晉軒詩集 1401左

黄櫄(宋)
李迂仲黄實夫毛詩集解(李樗同撰) 53左
毛詩集解(李樗同撰) 53左

黄機(宋)
竹齋詩餘 1608左

43 黄式三(清)
易釋 25右

尙書啓幪　43左
春秋釋　129右
論語後案　142右
經說　175右
音均部略　212左
周季編略　286右
史說　376右
讀通考　453右
鄭君粹言(輯)　716左
朱呂問答　746右
黄氏塾課（一名經外緒言）　764右
讀子集　1010左
炳燭錄　1010左
雜箸　1458左
儆居外集　1458左
儆居集　1740右

43 黄式祜(淸)
篔山詩鈔　1462右

黄婉璚(淸)
茶香閣遺草　1468右
紅雪詞鈔附錄（黄本驥同撰）*　1624右
茶香閣詞　1634左

44 黄協塤(淸)
淞南夢影錄　524右
粉墨叢談　948左
鋤經書舍零墨　1012右

黄勤業(淸)
蜀遊日記　616右

黄塽(淸)
脩竹山房詩草　1400右

黄蘭雪(淸)
月珠樓詩鈔　1461右

黄蔭普
翁山文鈔佚文二輯(輯)*　1394右

黄恭(晉)
十四州記　509左

黄莅若(淸)
黄石笥詩　1392右

黄世發(淸)
羣經冠服圖考　98左

黄世榮(淸)
爾雅釋言集解後案　165右
嘉定物產表　525左
治療偶記　865右
味退居隨筆　1013左
味退居文集　1508右
味退居文外集　1508右
蝯叟詩存　1508右
書牘存稿　1508右

黄樹穀(淸)
扶風縣石刻記　675右

黄模(淸)
夏小正分箋　92左
夏小正異義　92左
壽花堂律賦　1433左

黄楙材(淸)
西徼水道　586右
滬游脞記　589左
西輶日記　620左
遊歷芻言　626左
和林考　628左
印度劄記　631右
得一齋雜著　1734右

46 黄垍(淸)
夕霏亭詩集　1400左

黄坦(淸)
紫雪軒詩集　1400左

黄堣(淸)
栗里詩草　1400左

47 黄鶴(宋)
黄氏補註杜詩(續)　1223左
黄氏集千家註杜工部詩史補遺　1223左

黄鶴(淸)
寄廬遺稿　1419左

黄朝英(宋)
靖康緗素雜記　1018右
緗素雜記　1018右

黄朝桂(淸)
詩書古訓補遺　174右
廣春秋人地名對　945右

黄朝槐(淸)
荀子詩說箋　58左
何劭公論語義臆義　142右

黄超曾(淸)
同文集(輯)　1556左

黄桐孫(淸)
嶺外雜言　553右
古干亭詩集、文集　1462右

48 黄榦(宋)
儀禮經傳通解續*　76左
朱文公行狀　418左
朱子行狀　418左
勉齋集　1277左
黄勉齋先生文集　1277左
勉齋先生集　1277右
勉齋集鈔　1277右

50 黄中松(淸)
詩疑辨證　57右

黄中堅(淸)
擬更季漢書昭烈皇帝本紀　278右

黄蛟起(淸)
西神叢語　535右

黄本仁(元)
玄宗直指萬法同歸(編)　1183右

黄本驥(淸)
三禮從今　95右
六經蒙求　176左
詩韻檢字、韻字辨似　208左
姓氏解紛　396左
顏魯公年譜　404右
聖域述聞(輯)　415右
賢母錄、旌節錄(續)　438左
避諱錄　464左
郡縣分韻考　514左
湖南方物志　547右
皇朝經籍志　644左
金石萃編補目　656左
集古錄目(輯)　664右
元碑存目　665右
古誌石華(輯)　666右
隋唐石刻拾遺、關中金石記隋唐石刻原目　675左
顏書編年錄　923左
癡學　1009左
文忠集拾遺(輯)*　1221左
三長物齋文略　1464右
三長物齋詩略　1464右
嵊山甜雪　1464右
夏小正試帖　1465左
明尺牘墨華(輯)　1560左
三志合編(輯)　1734右

黄本騏(淸)
歷代統系錄　362右
賢母錄、旌節錄　438左
歷代紀元表　463左
年號分韻錄　463左
三十六灣草廬稿　1464右

紅雪詞鈔附錄（黄琬璚同撰）* 1624右
黄本銓（清）
梟林小史 329左
黄春渠（口）
三禮類綜 94右
51 黄振成（清）
軍中草 1484右
黄軒祖（清）
遊梁瑣記 1079左
52 黄哲（明）
黄庸之集 1326右
53 黄輔辰（清）
營田輯要內篇、外篇475右
黄成（明）
髹飾錄 799右
57 黄邦寧（清）
岳忠武王年譜 406右
岳忠武王遺事 406右
60 黄國瑾（清）
訓眞書屋詩存、文存 1508右
黄國瑚（清）
養性讀書齋詩存 1512左
黄易（清）
訪碑圖題記、修武氏祠堂記 670右
岱巖訪古日記 677右
嵩洛訪碑日記 677右
黄小松先生印譜（刻） 942右
小蓬萊閣印存（刻） 942右
小蓬萊賸稿 1435右
黄昇（宋）
散花菴詞 1608左
玉林詞 1608左
花菴絶妙詞選（輯）1644左
絶妙詞選（輯） 1644左
唐宋諸賢絶妙詞選（輯） 1644左
中興以來絶妙詞選（輯） 1645右
花菴詞選（輯） 1645右
黄圖珌（清）
看山閣閒筆 1126右
黄景仁（清）
兩當軒詩 1437右
詩評 1586左
竹眠詞 1626右
悔存詞選 1626右
黄景福（清）
中山見聞辨異 630右
黄景昉（明）
屛居十二課 958右
64 黄晞（宋）
聱隅子歔欷瑣微論 967左、右
聱隅子 967右
黄暐（明）
篷窗類記 349左
蓬軒吳記（一題楊循吉撰） 535左
蓬軒別記（一題楊循吉撰） 1066左
67 黄明曦（清）
江上孤忠錄 320左
黄歇（周）
周易黄氏義 3右
75 黄體芳（清）
江南徵書文牘、司鐸箴言 648右
醉鄉瑣志 1079右
漱蘭詩葺、補遺 1499左
黄體中（清）
來山閣詩草 1418左
77 黄周星（清）
百家姓新箋 396右
復姓紀事 430左
衡嶽遊記 604右
度詞 946右
將就園記 955右
張靈崔瑩合傳 1119右
小半斤謠 1125右
酒社芻言 1125右
鬱單越頌 1189右
前身散見集編年詩續鈔 1380右
夏爲堂別集 1380右
黄九煙先生和楚女詩 1380右
千春一恨集唐詩六十首 1380右
試官述懷 1684右
夏爲堂人天樂傳奇1702右
惜花報 1702右
夏爲堂散曲 1713左
製曲枝語 1722右
黄鵬揚（清）
讀史吟評 381右
黄履翁（宋）
源流至論別集* 1042右
黄居眞（口）
黄帝陰符經注 1136左
黄熙虞（清）
詩愚餘草 1492左
黄閔（南齊）
武陵記 549右
武陵源記 549右
黄與堅（清）
論學三說 763左
廣論學三說 763左
忍菴集 1402右
80 黄人（清）
大獄記、龍川先生詩鈔、私史獄（輯） 325右
黄人傑（宋）
可軒曲林 1603左
黄金石（清）
秀華續咏 1510左
黄金臺（清）
遊獅子林記 593左
遊虞山記 594左
遊平波臺記 594左
遊細林山記 594右
遊橫雲山記 594右
遊焦山記 595左
遊硤石兩山記 600左
遊道場白雀諸山記 600右
紅樓夢雜詠 1132左
黄鏡渠（清）
自怡齋吟稿 1508左
黄鏡淸（清）
可怡齋賸稿 1508左
黄俞言（明）
黄辭 1001右
黄尊素（明）
說略 318左
黄忠端公集 1364左
黄毓祺（明）
黄介子詩鈔 1369左
黄義仲（晉）
十三州記 599左
黄公度（宋）
知稼翁集 1267右
莆陽知稼翁文集 1267右
知稼翁集鈔 1267右

知稼翁集補鈔 1267右
知稼翁詞 1599右
莆陽知稼翁詞 1599右
知稼翁詞集 1599右
80 黃公望(元)
寫山水訣 928左
大癡畫訣 928左
紙舟先生全眞直指(傳) 1165左
抱一子三峯老人丹訣(傳) 1176左
抱一函三祕訣(傳) 1176左
大癡道人集 1308左
黃公瑾(口)
地祇上將溫太保傳(校正) 449右
地祇上將溫太保傳補遺(纂集)* 449右
黃公紹(宋)
在軒集 1294右 1302右
在軒詞 1609右
黃公輔(明)
北燕巖集 1364右
81 黃鈺(清)
平辨脈法歌括 849右
本經便讀(輯) 853左
名醫別錄(輯) 855左
82 黃劍莽(民國)
東豔禍傳奇 1710右
南冠血傳奇 1710右
83 黃鉞(清)
兩朝恩賚記 431右
畫友錄 434右
泛槎錄 588左
壹齋集游記 588左
遊歷山記 591左
遊佛峪龍洞記 591左
遊黃山記 596右
二十四畫品 933左
畫品 933左
壹齋集 1441右
奏御集 1441右
壹齋集賦 1441右
黃鎔(民國)
書尙書弘道編(筆述) 44左
周禮訂本略注(筆述) 72左
四益館經學四變記、五變記(箋述) 178右
經傳九州通解 178右
書中候弘道篇(筆述) 243左
詩緯新解(補證) 245左
撼龍經傳訂本注(筆述) 900右
地理辨正補正(筆述) 903右
世界哲理進化退化演說(箋釋) 977右
84 黃鎮(清)
春谷遺草 1415左
黃鎮成(元)
尙書通考 40左
秋聲集 1312右
86 黃錫紱(清)
地理眞蹤 903左
黃錫齡(清)
水經要覽 578左
黃錫禧(清)
棲雲山館詞 1636右
黃錫祖(清)
香圃詩鈔 1483右
黃錫蕃(清)
閩中書畫錄 435左
閩雜記 542右
刻碑姓名錄 671左
閩中錄異 1093右
87 黃鈞(民國)
校正萬古愁(一名擊筑餘音·校正) 1714右
黃鈞宰(清)
金壺浪墨 353左
金壺遯墨 353左
西山遊記 589左
南行日記 617左
北行日錄 617左
金壺逸墨 1013左
金壺醉墨(一名醉言) 1013右
金壺戲墨 1078左
心影 1078左
金壺淚墨 1078左
金壺七墨 1742左
88 黃鑑(宋)
楊文公談苑(錄) 980左
90 黃懷孝(清)
江上孤忠錄(龔丙吉同重訂) 320左
存齋古文、續編 1493左
黃光大(宋)
積善錄 1032左
黃尙質(明)
景州集 1345左
黃省曾(明)
洪武宮詞 383右
高士傳(頌) 441右
列仙傳(贊) 446左
續仙傳(贊) 446右
吳風錄 535左
西洋朝貢典錄 623右
申鑒(注) 716左
仕意篇 720右
農圃四書 779左
稻品 781右
理生玉鏡稻品 781右
蠶經 785左
養蠶經 785右
種芋法 786左
芋經 786左
藝菊 789左
藝菊書 789右
藝菊訣 789右
菊譜下卷 789右
養魚經 792右
魚經 792右
獸經 795左
客問 971左
擬詩外傳 971左
黃五嶽集 1342右
續黃五嶽集 1342右
西湖遊詠(田汝成同撰) 1552左
黃氏詩法 1578左
詩法 1578左
黃裳(宋)
演山集 1255左
演山詞 1594左
黃粹吾(明)
玉茗堂批評新著續西廂昇仙記、釋義 1698右
91 黃炳垕(清)
黃氏家錄續錄(輯)* 394右
黃氏世德傳贊、竹橋黃氏誥敕、新建竹橋黃氏忠獻義塾記(撰併輯) 394右
黃忠端公年譜 408左

黃梨洲先生年譜 420左
五緯捷算 875右
交食捷算 875右
曆史厤準 875右
測地志要 886左
誦芬詩略 1504左
八旬自述百韵詩 1504左
96 黃焜(清)
邊防三事 483右
黃煜(明)
人變述略 314左
碧血錄(輯) 402左
99 黃燮清(清)
倚晴樓詩集、續集 1474左
倚晴樓詩餘 1632右
國朝詞綜續編(輯) 1646右
茂陵絃 1709左
帝女花 1709左
脊令原 1709左
鴛鴦鏡 1709左
凌波影 1709左
桃谿雪 1709左
居官鑑 1709左
當鑪豔 1709左
宓妃影傳奇 1709左
倚晴樓七種曲 1751左
黃㽦(宋)
山谷年譜 427右
山谷先生年譜 427右
黃榮康(民國)
清宮詞本事 384左
凹園詩鈔、續鈔 1527左
凹園詞 1643右
擊劍詞 1643右

4490$_0$ 村

55 村井杶(日本)
藥徵續編 855右
60 村田口(日本)
古巴述略 639左

槲

60 槲園外史(明) 見葉憲祖
槲園居士(明) 見葉憲祖

4490$_1$ 蔡

00 蔡方炳(清)
歷代馬政志 481右
海防篇 482右
輿地全覽 513右
廣輿記提要 513右
正學矩(輯) 740左
憤助編(輯) 740左
讀書法(輯) 763右
蔡襄(宋)
茶錄 783左
荔枝譜 787左
龍壽丹記 1114右
蔡莆陽詩集 1248左
蔡忠惠集 1248左
端明集 1248左
蔡京(宋)
太清樓侍宴記 299左
保和殿曲宴記 299左
01 蔡龍孫(清)
內簡尺牘編註(蔡焯同增訂) 1262右
宋孫仲益內簡尺牘(蔡焯同增訂) 1262右
04 蔡謨(晉)
蔡氏喪服譜 80左
論語蔡氏注 139右
10 蔡正孫(宋)
詩林廣記前集、後集 1570右
蔡元翼(清)
花塢吟 1403右
蔡元定(宋)
律呂新書 100右
發微論 901右
蔡氏發微論校、穴情賦 901右
西山公集 1282左
蔡爾康(清)
中東古今和戰端委考 380左
屑玉叢譚初集(錢徵同輯) 1742左
屑玉叢譚二集(錢徵同輯) 1742左
屑玉叢譚三集(錢徵同輯) 1742左
屑玉叢譚四集(錢徵同輯) 1742左
蔡雲(清)
蔡氏月令(輯) 88右
漢書人表考校補 398右
續人表考校補 398右
續漢書人表考校補 398右
元號略補遺 463左
元號略續校補 463左
癖談 663右
呂子校補獻疑 709左
續呂子校補獻疑 709左
讀瞥記校補 1026右
補校庭立記聞 1026右
清白士集校補 1740右
12 蔡發(宋)
牧堂公集 1272左
蔡廷弼(清)
太虛齋賦稿 1447右
句留集、續集 1448左
蘭江負米集 1448左
趨庭集 1448左
荷鋤草 1448左
鉶磬微吟 1448左
丙舍集 1448左
于役集 1448左
浪遊草 1448左
周甲集 1448左
林下草 1448左
秋窗病餘錄 1448左
鮚埼小詠 1448左
琴硯錄 1448左
還雲草 1448左
花影集 1448左
酒痕錄 1448左
百四十軒吟 1448右
太虛齋課兒試帖 1448右
金線集 1448右
草窗隨筆錄、續 1448右
百末詞、續、二集 1627左
晉春秋傳奇 1708右
蔡癸(漢)
蔡癸書 777右
蔡鑋(明)
洨濱語錄 733右
蔡洨濱集 1346右
13 蔡琬(清)
蘊眞軒小草 1422左
14 蔡琳(清)
荻華堂詩存 1501左
17 蔡羽(明)
太藪外史 970右
遼陽海神傳(述) 1118左
蔡翰目集 1342右
蔡乃煌(民國)
絜園詩鐘(輯) 946右

絜園詩鐘續錄(輯) 946右

19 蔡琰(漢)

胡茄十八拍 1200右

20 蔡維藩(明)

陳蔡二先生合併痘疹方(陳文中合撰) 840右

痘疹方論 840右

21 蔡上翔(清)

王文公年譜考略節要 406左

蔡卓勳(民國)

塵影 432右

花拾遺 1040左

瀛壺詩鈔 1524左

瀛壺文鈔 1524左

一家言(瀛壺文鈔補) 1524左

聞聞錄 1524左

鵲夢影(撰併輯) 1524左

瀛壺聯鈔 1524左

寄樓鱗爪集(輯) 1545右

蔡紫瓊(清)

花鳳樓吟稾 1488左

22 蔡鼎(明)

孫高陽前後督師略跋 408左

孫高陽先生前後督師略跋 408左

孫愷陽先生殉城論 408右

蔡邕(漢)

月令章句 88右

蔡氏月令章句 88右

月令蔡氏章句 88右

蔡氏月令 88右

明堂月令論 88右

月令問答 89左

勸學篇 201右 202左

聖皇篇 202左

獨斷 490左

獨斷佚文 490右

篆勢 917右

琴操 937左

蔡中郎集、外紀、外集 1200左

蔡中郎文集、外傳 1200左

蔡中郎集選 1200右

23 蔡傳(宋)

書考辯 39右

24 蔡德晉(清)

禮經本義 77右

蔡偉(唐)

魏夫人傳（一題顏眞卿撰） 439左

蔡幼學(宋)

育德堂外制 1276左

25 蔡仲光(清)

地震說 807左

蔡伸(宋)

友古詞 1598左

友古居士詞 1598右

27 蔡絛(宋)

鐵圍山叢談 344左

金玉詩話 1572左

西清詩話 1572左

蔡名衡(清)

翠微亭題名考(輯) 671左

蔡繩格(民國)

燕城勝蹟志 523右

北京歲時志 523右

燕城花木志 523右

北京禮俗小志 523右

燕市商標孴錄 523右

燕市貨聲 523右

28 蔡肇(宋)

北狩行錄 299右

30 蔡沆(宋)

復齋公集 1276左

蔡卞(宋)

毛詩名物解 61左

蔡家琬(清)

煙譜 784右

蔡家駒(清)

天算捷表 890左

32 蔡淵(宋)

周易卦爻經傳訓解 14左

易象意言 14左

節齋公集 1276左

蔡澄(清)

雞窗叢話 1007右

34 蔡沈(宋)

書經(集傳) 38右 39左

書集傳、書序集傳 38右 39左

書序註 48右

書序說 48右

至書 730左

洪範皇極內篇 893右

九峯公集 1276左

蔡汝楠(明)

蔡白石集、續集 1350右

蔡洪(晉)

化清經 964左

蔡氏化清經 964左

35 蔡清(明)

易經蒙引 17左

四書蒙引、別附 151左

密箴 766左

虛齋集 1334右

蔡虛齋集 1334右

37 蔡潤石(明)

蔡夫人未刻稿 1364左

蔡祖庚(清)

嬾園觴政 950右

38 蔡啓盛(清)

春在堂全書校勘記 1482右

40 蔡大績(清)

古永興往哲記 389右

蔡士順(明)

李仲達被逮紀略 314左

蔡克猷(民國)

易說 29左

散溪遺書日記 451右

喪禮通俗編 462右

松俗處喪非禮辨 462右

問道錄 1016右

讀書錄記疑 1031左

拙修集記疑 1460左

散溪詩文集 1528右

蔡志頤(元)

中和集(編) 1165右

蔡壽臧(清)

蜺石文鈔 1466左

蔡壽祺(清)

槑盦先生惠蜀書 329左

槑盦先生籌蜀記 329左

夢綠草堂詩鈔（一名采蘭集）、續集（一名鳳簫集） 1478右

蔡杭(宋)

久軒公集 1283右

43 蔡戡(宋)

定齋集 1275左

定齋詩餘 1603左

44 蔡夢弼（宋）
杜工部草堂詩箋 1223左
集註草堂杜工部詩外集（會箋） 1223左
草堂詩話 1564左
杜工部草堂詩話 1564左
蔡蕙清（清）
挹甕齋詩草 1465左
蔡懋德（明）
蔡忠恪公語錄 737左
蔡世遠（清）
歷代名臣傳、續編（朱軾同輯） 399右
歷代循吏傳（朱軾同輯） 403右
歷代名儒傳（朱軾同輯） 412左
二希堂文集 1413左
二希堂文錄 1413左
古文雅正（輯） 1536右
蔡世鉞（清）
禹貢讀 45右
讀劉昫書隨筆 272右
讀舊唐書隨筆 272右
閩南文鈔 1469左
都門文鈔 1469左
味蕉試帖 1469左
蔡權（宋）
靜軒公集 1283右
蔡模（宋）
孟子集疏 147左
近思續錄（輯） 728左
文公朱先生感興詩（注） 1272左
覺軒公集 1283右
45 蔡柟（宋）
浩歌集 1599左
47 蔡格（宋）
素軒公集 1283右
48 蔡松年（金）
蕭閑老人明秀集注 1610右
明秀集補遺 1610右
60 蔡□（□）
黃帝陰符經注 1136左
蔡□（清）
丁節母詩存 1497左
蔡愚若（清）
嶺南遊草 1496左
蔡景君（漢）
蔡氏易說 4右
蔡景眞（清）
笠夫雜錄 1006左
61 蔡顯（清）
閒漁閒閒錄 1007左
72 蔡質（漢）
朝會儀記 456左
漢官典職儀式選用 467左
漢官典儀 467左
77 蔡興宗（宋）
杜工部年譜（呂大防、魯訔同撰） 426左
86 蔡錦青（清）
宦游吟草 1505右
蔡錫齡（清）
永定河源考 581左
玉峯遊記 594左
中亞細亞圖說略 632左
鹹海紀略 632左
紅苗紀略 638左
87 蔡鈞（清）
出使須知 474左
出洋瑣記 620左
喉科十八證 834右
88 蔡節（宋）
論語集說 140右
90 蔡少銘（民國）
侍齋古今詩鈔 1529左
侍齋文鈔、詩鈔 1529左
91 蔡焯（清）
內簡尺牘編註（蔡龍孫同增訂） 1262右
宋孫仲益內簡尺牘（蔡龍孫同增訂） 1262右
97 蔡燿（清）
懶人詩集 1375右

4490_3 綦

22 綦崇禮（宋）
北海集 1263右
77 綦毋邃（晉）
孟子綦毋氏注 146左

4490_4 葉

00 葉方藹（清）張英（清）等
御定孝經衍義 755左
讀書齋偶存稿 1396右
葉方恆（清）
全河備考 578右
葉意深（清）
慈湖先生年譜（馮可鏞同撰） 418右
葉奕苞（清）
金石錄補、續跋 657右
金石小箋 657右
醉鄉約法 950右
賓告 960左
10 葉爾齡（民國）
蹇盦謎存 947左
葉爾寬（清）
摹印傳燈 942左
葉酉（清）
春秋究遺 130左
葉雷生（清）
葉蓉菴詩 1390右
葉霖（清）
難經正義 810右
增訂傷暑全書 827左
增訂葉評傷暑全書 827左
增補評註溫病條辨（王士雄、曹炳章合評注） 828左
葉氏伏氣解 828右
伏氣解 828右
脈說 850左
12 葉廷琯（清）
遊石公山記 594左
吹網錄 1010左
鷗陂漁話 1010左
楙花盦詩、外集 1459左
石林詩話拾遺、附錄（輯）* 1571右
葉廷珪（宋）
名香譜 798右
海錄碎事 1042左
葉廷秀（明）
孝經集註（參） 158右
朱文公政訓摘要（纂評） 471右
眞西山政訓摘要（纂評） 471右
葉潤山疏稿 498右
葉潤山奏疏 498右
魯鄒游記 612左
研幾集略（點增） 720左
抄朱子劄言（纂評） 729左

呂先生語錄(輯評) 733左
呻吟語(輯評) 734右
四大恩論(評) 737左
講學大義 737左
偶言 737左
葉先生偶言 737左
朱子學訓(鈔評) 762左
詩譚續集(節錄鶴林玉露・節評) 988右
陰符經(重閱) 1137左
儆學詩(評) 1364右
遠道隨筆 1367左
和朱文公感興詩 1367左
秋興詩 1367左
就正錄 1367左
素園詩 1367左
和儆學詩(評) 1367左
和儆學詩續集(評)1367左
續詩譚 1580右

17 葉承宗(清)
孔方兄 1684右
賈閬僊 1684右
十三娘笑擲神奸首1684右
狗咬呂洞賓雜劇 1684右

葉尋源(清)
玉壺詞 1620右

葉子奇(明)
太玄本旨 892左
草木子 969左
重刊草木子 969左

20 葉采(宋)
近思錄集解 728左

葉秉敬(明)
字孿 198右
適彴編 973右
書肆說鈴 1000右
類次書肆說鈴 1023左
敬君詩話 1580左

葉稚斐(清)
英雄概傳奇 1703右
琥珀匙 1704左

21 葉衍蘭(清)
秋夢盦詞 1635左

葉熊(清)
深寧先生文鈔摭餘編(輯) 1288右

22 葉山(明)
八白易傳 17左

24 葉德輝(民國)
月令章句(輯) 88右
天文本單經論語校勘記 144左
孟子章句、劉熙事蹟考(輯) 146左
六書古微 190右
同聲假借字考 190右
說文讀若字考、說文讀同字考 192左
說文籀文考證、說籀193右
釋人疏證 221左
覺迷要錄(輯) 330左
郋柳氏舊聞考異* 337左
宋忠定趙周王別錄(輯) 406右
石林遺事(輯) 428左
疏香閣遺錄 440左
石林燕語校* 491右
山公啓事、佚事(輯)495左
宋趙忠定奏議(輯) 496左
古今夏時表、易通卦驗節候校文 505左
書林清話 641左
藏書十約 641右
祕書省續編到四庫闕書目(考證) 645左
徵刻唐宋祕本書目考證、徵刻書啓五先生事略* 648右
古泉雜詠 664左
鬻子(校輯) 685右
傅子(輯) 718左
傅子訂譌* 718左
淮南萬畢術(輯) 906左
瑞應圖記(輯) 906右
游藝卮言 912右
觀畫百詠 934右
淮南鴻烈閒詁(輯) 961左
郋園論學書札 978左
郭氏玄中記(輯) 1085左
汪文摘謬校記* 1390左
義烏朱氏論學遺札(輯) 1507右
消夏百一詩 1523右
崑崙皕詠 1523右
曲中九友詩 1523右
觀古堂詩集 1523右
郋園山居文錄 1524左
觀古堂文外集 1524左
觀古堂駢儷文 1524左
觀劇絕句(輯) 1544右
崑崙集、續、釋文(輯) 1556右
石林詩話拾遺補、附錄補遺(輯)* 1571右
曝書亭删餘詞校勘記* 1618右
說文段注校三種(輯) 1729左
唐人小傳三種(輯)1742左

葉紈紈(明)
愁言(一名芳雪軒遺集)、附集 1372右
愁言選(一名芳雪軒遺集) 1373左
芳雪軒詞 1614右

27 葉向高(明)
四夷考 623右

葉舟(清)
山窗覺夢節要 756左
梅溪先生勸學質言 764右

葉名灃(清)
橋西雜記 1011左
敦夙好齋詩稿 1476左

葉紹袁(明)
啓禎記聞錄 318右
屺雁哀(輯) 425左
葉天寥自撰年譜、續429右 430左
天寥道人自撰年譜、續 430左
天寥年譜別記(一名半不軒留事) 430左
彤奩續些(輯) 439右
彤奩續些選、附(輯) 439右
疏香閣附集(輯) 440左
甲行日注 451左
湖隱外史 536左
窈聞、續 1071右
瓊花鏡 1071右
秦齋怨 1366右
葉天寥四種 1734左
午夢堂全集(輯) 1747右

葉紹翁(宋)
四朝聞見錄 346左
靖逸小藁 1292左
靖逸小集 1292左
靖逸小集補遺 1292右

葉紹鈞
十三經索引(輯) 655左

30 葉永盛(明)
浙鹺紀事 476右
玉城奏疏 497右
葉適(宋)
水心題跋 914左
習學記言 1020右
習學記言序目 1020右
永嘉八面鋒(一題陳傅良撰) 1042左
永嘉先生八面鋒(一題陳傅良撰) 1042左
水心集 1276左
水心先生文集 1276左
水心文集 1276左
水心先生別集 1276左
賢良進卷 1276左
水心詩鈔 1276左
水心集補鈔 1276左
葉憲祖(明)
青錦園賦草 1362左
廣連珠 1362左
灌將軍使酒罵座記 1674左
易水寒 1674右
金翠寒衣記 1674右
北邙說法 1674右
團花鳳 1674右
夭桃紈扇 1674右
春豔夭桃紈扇 1674右
碧蓮繡符 1674右
夏豔碧蓮繡符 1674右
丹桂鈿合 1674右
秋豔丹桂鈿合 1674右
素梅玉蟾 1674右
冬豔素梅玉蟾 1675左
鸞鎞記 1697左
金鎖記 1697左
四豔記 1751左
葉良表(明)
新刻出像晉註管鮑分金記 1695右
葉寘(宋)
坦齋筆衡 985右
32 葉兆晉(清)
碎海樓自怡草 1481左
35 葉淸臣(宋)
述煮茶小品 955左
37 葉瀾(民國)
地學歌略(葉瀚同撰) 807右
天文歌略 876左
38 葉瀚(民國)
穀梁釋經重辭說 120右
六藝通誼初稿 178右
六藝通誼 178右
六藝偶見 178右
揚雄方言存沒考 225右
上古史 372右
中國通史 372右
元史講義 372右
元史札記 372右
孔子世家箋注 415左
西域帕米爾輿地攷 484右
秦敦考釋 662左
碑石像目 665左
湖北沔陽陸氏舊藏北齊造象攷 665右
晚學廬藏碑象目存 665右
漢畫偶譚 671左
河南陝西省造象蕞錄 673右
浙江四川直隸造象目蕞錄 673右
常山貞石志造象目 673右
浙江杭州西湖石屋洞摩崖像 674左
龍門有年月造象錄初稿 674右
龍門有年月造象錄 674右
四川摩崖像 677左
龍門象種略考 677右
老子學派考 692左
墨經詁義 706左
墨經詁義初稿 706左
墨辨斠注 706左
墨辨斠注初稿 706左
墨辨斠注殘稿 706左
墨辯釋要札記、墨辯釋詞擬目 706左
墨守要義 706左
墨學派衍攷證 706右
墨說要指 706右
中國學術史長編 797左
中國美術史(陶瓷編) 797左
唐陶史札記 797左
瓷史札記 797左
織繡史札記 797右
塑壁殘影改定稿(譯) 799右
中國美術史雕刻編 799右
角工雕刻札記 799右
地學歌略(葉瀾同撰) 807右
十二經脈考 850右
靈樞解剖學逑大旨 852左
靈素解剖學 852左
靈素解剖學初稿 852左
本草綱目輯注札記 854左
中國美術史定稿 910左
中國學術史 978左、右
中國學術史定稿(一名續殷代學術史) 978左
國學通論 978右
國學研究法 978右
晚學廬札記 1030右
晚學廬文稿 1523左
晚學廬詩文稿、尺牘稿 1523右
文心雕龍私記 1567右
樂章集選(輯) 1592右
葉裕仁(清)
許松濱先生條答評*748右
葉啓勳(民國)
說文籀文考證補遺*193右
40 葉大慶(宋)
考古質疑 1020右
葉大莊(淸)
喪服經傳補疏 81左
禮記審議 87左
大戴禮記審議 91右
退學錄(一名偕寒堂校書記) 1030左
寫經齋初稿 1504右
寫經齋續稿 1504右
寫經齋文稿 1504右
小玲瓏閣詞 1638右
葉志詵(淸)
平安館藏器目 659右
神農本草經贊、月令七十二候贊 853左
葉嘉棆(淸)
方國珍寇溫始末 304右
葉檀(淸)
醞藉堂試體詩 1466左
葉森(元)
古今同姓名錄(補) 396右
41 葉樞(宋)
龍瑞觀禹穴陽明洞天圖經 567右

42 葉機（清）
洩湖入江議　583右
洩湖水入江議　584左
43 葉樾（宋）
端溪硯譜（訂）　803左
44 葉封（清）
嵩陽石刻集記　676右
葉夢珠（清）
續編綏寇紀略　315右
閱世編（輯）　524左
葉夢得（宋）
禮記解　85左
春秋左傳讞　106右
春秋公羊傳讞　115右
春秋穀梁傳讞　120左
石林先生春秋傳　123右
春秋傳　123右
春秋考　123右
急就章（臨）　201左
石林燕語　491左
老子解　688右
石林家訓　752右
石林治生家訓要略　752右
玉澗雜書　983左
避暑錄話　983左
石林避暑錄話　983左
乙卯避暑錄　983左
巖下放言　983左、右
岩下放言　983右
蒙齋筆談（節錄巖下放言）　983右
石林居士建康集　1261右
建康集鈔　1261右
建康集補鈔　1262左
石林詩話　1571右
石林詞　1597左
葉芳（明）
葉客集　1357左
葉蘭（元）
寓庵詩集　1321右
葉蕙心（清）
爾雅古注斠　165左
蘭如詩鈔　1495左
葉恭綽
皇明四朝成仁錄（校訂）　402右
葉懋（元）
僅存集　1314右
葉茵（宋）
順適堂吟藁甲集、乙集、丙集、丁集、戊集　1292左
順適堂吟藁　1292左
順適堂吟稿　1292左
葉世倕（明）
百旻遺草　1373左
葉世傛（明）
靈護集　1373左
葉樹廉（清）
梁江文通文集校補（輯）*　1210左
葉棻（宋）
五百家播芳大全文粹（魏齊賢同輯）　1541左
葉桂（清）
葉選醫衡（輯）　820右
指南摘要　827右
溫熱論　827右
葉天士溫熱論　827右
葉氏眼科方　834左
幼科要略　839左
經驗方　859左
葉天士醫案　862左
葉天士家傳祕訣　862右
徐批葉天士晚年方案眞本　862右
許點葉案存眞類編　862右
眉壽堂方案選存　862右
45 葉坤（清）
花溪遺草　1420右
47 葉桐（清）
愚峯詩鈔　1489左
50 葉申薌（清）
小庚詞存　1629左
小庚詞　1629左
天籟軒詞選（輯）　1644右
閩詞鈔（輯）　1647左
天籟軒詞譜、詞韻　1716左
本事詞　1720左
葉本（清）
固庵詩鈔　1489左
葉春及（明）
石洞集　1353右
53 葉盛（明）
水東日記　348左
水東記略　348左
水東日記摘鈔　348左
菉竹堂書目　646左
菉竹堂碑目　665右
葉氏菉竹堂碑目　665右
57 葉抱崧（清）
說叩　1026左
60 葉□（宋）
愛日齋叢抄　990左
愛日齋叢鈔　990左
葉□（□）
七十四種疔瘡圖說（傳）　833左
葉昌熾（民國）
吳錄（輯）　279左
朱參軍畫象題詞（輯）　444右
永初山川古今記（輯）　509右
十三州志（輯）　510左
關中記（輯）　528右
辛氏三秦記（輯）　528右
秦州記（輯）　530左
三齊略記（輯）　532左
南徐州記（輯）　532右
南兗州記（輯）　532右
壽陽記（輯）　537左
洛陽記（輯・陸機撰）　544右
洛陽記（輯・□□撰）　544右
荆州記（輯）　545右
宜都山川記（輯）　547左
豫章記（輯）　550右
南越志（輯）　552左
晉宮閣銘（輯）　563右
述征記（輯）　608左
西征記（輯）　608左
藏書紀事詩　641左
邠州石室錄　675右
61 葉顒（元）
樵雲獨唱　1315左
樵雲獨唱詩集　1315左
64 葉時（宋）
禮經會元　69右
宋葉文康公禮經會元節本　69右
77 葉鳳毛（清）
說學齋經說　171右
內閣小志、內閣故事　468右
葉隆禮（宋）
遼志　281左

契丹國志 281右
葉眉(民國)
皇淸書人別號錄 433右
葉留(元)
爲政善報事類 472左
79 葉騰驤(淸)
綏史(删節) 315右
80 葉金壽(淸)
舅盦壺盧銘 959右
葉羌鏞(淸)
呂宋記略 633左
蘇祿記略 633左
82 葉鍾進(淸)
英吉利國夷情紀略 636右
84 葉鑚(淸)
散花菴叢語 1075右
87 葉鈞(淸)
重訂三家詩拾遺(重訂) 67右
葉銘(民國)
說文書目、說文統系圖題跋 652右
金石書目 653左
印譜目 653左
葉氏印譜存目 653左
傳古別錄(校訂) 663左
葉舒璐(淸)
分干詩鈔 1403左
葉舒穎(淸)
葉學山先生詩稿 1403右
90 葉小鸞(明)
豔體聯珠 1125左
返生香(一名疎香閣遺集)、附集 1373左
疎香閣詞 1614右
葉小紈(明)
鴛鴦夢 1676右
葉棠(淸)
天元一術圖說 886左
99 葉燮(淸)
已畦瑣語 472右
江南星野辨 533左
汪文摘謬 1390左
已畦文集、詩集、殘餘詩稿 1392右
原詩 1582左

蘂

15 蘂珠舊史(淸) 見楊懋建

藥

26 藥伽(淸)
留我相庵詞 1640左

4491₀ 杜

00 杜文瀾(淸)
平定粵寇紀略 333左
平定粵匪紀略 333左
方輿紀要形勢論略(錄) 513右
藝蘭四說 790右
太乙神鍼方(訂定) 842右
曼陀羅華閣瑣記 1078左
古謠諺(輯) 1562左
采香詞 1633右
詞律補遺* 1716左
詞律校勘記 1716左
憩園詞話 1720右
初學史論合編(輯) 1733左
06 杜諤(宋)
春秋會義 122右
07 杜詔(淸)
讀史論略 376右
08 杜旃(宋)
癖齋小集 1287左
10 杜元勳(淸)
秋紅霓詠 1511右
杜晉卿(淸)等
客中異聞錄 1079左
11 杜預(晉)
喪服要集 80左
春秋左傳註 104右
春秋經傳集解 104右 105左
春秋左氏傳(注) 104右 105左
春秋左傳(集解) 104右
左傳杜林合注(注) 105左
春秋左傳注疏(注) 105左
春秋左傳正義(注) 105左
附釋音春秋左傳注疏(注) 105左
春秋長歷 111左
春秋地名 111右
春秋釋例 112右
春秋左氏經傳集解後序 113右
晉杜征南集 1203右
杜征南集 1204左
杜征南集選 1204左
12 杜登春(淸)
社事始末 314右
杜延業(唐)
晉春秋 297右
14 杜瑛(元)
緱山集 1300右
15 杜臻(淸)
海防述略 482右
閩粵巡視紀略 612右
16 杜環(唐)
經行記 608右
17 杜瓊(明)
紀善錄 388右
杜東原詩集、文集 1330右
杜子春(漢)
周禮杜氏注 68左
21 杜衍(宋)
杜祁公摭稿 1243左
杜仁傑(元)
善夫先生集 1300左
22 杜芥(淸)
些山集輯 1384左
23 杜綰(宋)
雲林石譜 956左
石譜 956左
24 杜佑(唐)
通典 453左
杜佑(唐)等
九通序錄 454左
28 杜從古(宋)
集篆古文韻海 196左
杜牧(唐)
考工記(注) 72右
竇烈女傳 439右
杜秋傳 1104右
樊川集 1233左
樊川文集、外集、別集 1233左
樊川詩集、別集、外集 1233左
30 杜安世(宋)
壽域詞 1593左
杜壽域詞 1593左
杜審言(唐)
杜審言詩集 1217左
杜審言集 1217左

30 杜寶(唐)
大業雜記 297右
大業拾遺錄 297右
水飾 953左
31 杜濬(清)
變雅堂文集、詩集 1380右
變雅堂文錄 1380右
38 杜游(清)
洛川詩略 1460左
杜道堅(元)
道德玄經原旨 690左
玄經原旨發揮 690左
通玄眞經纘義、釋音 692右
文子纘義 692右
道言(徐靈府、朱弁合注) 692右
40 杜大珪(宋)
名臣碑傳琬琰集(輯) 400左
杜臺卿(隋)
玉燭寶典 503右
43 杜求煃(清)
茶餘漫錄(輯) 1014左
44 杜蔭棠(清)
明人詩品 1565右
杜荀鶴(唐)
松窗雜記(一題李濬撰) 1050右
唐風集 1239左
杜荀鶴文集 1239左
杜林(漢)
倉頡訓詁 200左
46 杜恕(魏)
杜氏體論 963左
體論 963左
杜氏篤論 963左
篤論 963左
50 杜夷(晉)
杜氏幽求新書 964左
幽求子 964左
杜青荑(唐)
奇鬼傳 1111右
杜本(元)
傷寒金鏡錄(增定) 851左
敖氏傷寒金鏡錄(增定) 851左
清江碧嶂集 1309右
谷音(輯) 1542右
杜貴墀(清)
巴陵人物志 391左
典禮質疑 462左
漢律輯證 486右
讀書法彙 765左
桐華閣文集 1486左
桐華閣詞鈔 1635右
53 杜甫(唐)
杜集 1222右
杜工部集、外集、文集 1222右
杜工部詩鈔 1222右
少陵閒適詩選 1222右
杜詩百篇 1223右
60 杜思敬(元)
鍼經節要(節鈔) 842左
鍼經摘英集(節鈔) 842右
雜類名方(輯) 857右
濟生拔粹方(輯) 1737右
杜昌丁(清)
藏行紀程 560左
67 杜嗣先(唐)
兔園策府 1040右
77 杜鳳岐(清)
紀遊吟草 1505左
杜巽才(明)
霞外雜俎 1032右
80 杜俞(清)
彭剛直公長江百條(節錄) 481右
吳船日記 481右
江口巡船章程 481右
水師說略 481右
普法兵事記 635右
河北致用精舍學規 765右
元穆日記 977左
采菽堂筆記 1013右
苦口藥 1036右
元穆文鈔 1511左
黃陵詩鈔 1511左
黃陵書牘 1511左
采菽堂書牘 1511左
杜公瞻(隋)
編珠、續編珠 1040右
86 杜知耕(清)
幾何論約 881右
數學鑰 881右
87 杜鈞(清)
公餘偶筆(選) 1076右
風塵備忘錄 1553右
88 杜範(宋)
杜清獻集 1281右
清獻集 1281右
90 杜光庭(前蜀)
墉城集仙錄 447右
王氏神仙傳 447右
天壇王屋山聖迹記 568左
名山洞天福地記 570右
洞天福地嶽瀆名山記 570右
洞天福地記 570右
道德眞經廣聖義 688左
玉函經 848右
廣成先生玉函經 848右
錄異記 1089右 1090左
虬髯客傳 1112右
豪客傳 1113左
神仙感遇傳 1113左
仙傳拾遺 1113左
太上老君說常淸靜經註 1144左
金籙齋啓壇儀(集) 1159左
金籙齋懺方儀(集) 1159左
太上黃籙齋儀(集) 1160左
太上靈寶玉匱明眞齋懺方儀(集) 1161左
太上靈寶玉匱明眞大齋懺方儀(集) 1161左
太上靈寶玉匱明眞大齋言功儀(集) 1161左
太上洞淵三昧神呪齋懺謝儀(删定) 1161左
太上洞淵三昧神呪齋清旦行道儀(删定) 1161左
太上洞淵三昧神呪齋十方懺儀(删定) 1161左
太上洞玄靈寶授度儀(删定) 1161右
太上三五正一盟威閱籙醮儀(删定) 1162左
太上正一閱籙儀(集) 1162左
洞神三皇七十二君齋方懺儀(删定) 1162右
太上洞神太元河圖三元仰謝儀(修) 1162右
太上三洞傳授道德經紫虛籙拜表儀(集) 1162右
道門科範大全集(删定) 1163左

太上宣慈助化章 1182右
道教靈驗記 1183左
歷代崇道記 1183左
廣成集 1241左

4491$_{2}$ 枕

10 枕雷道士（民國） 見劉世珩

4491$_{4}$ 桂

00 桂文燦（清）
鄭氏詩箋禮注異義攷 61左
論語皇疏考證 138右
孟子趙注考證 148右
孝經集解 160左
經學博采錄 177右
弟子職解詁 701右
潛心堂集 1508右
28 桂馥（清）
說文解字校勘記殘槀（錄） 186左
說文解字義證 186右
桂未谷說文段注鈔、補鈔 186右
說文注鈔、補鈔 186右
國朝隸品 922左
續三十五舉、再續 941左
續三十五舉（乙巳更定本） 941左
札樸 1026左
晚學集 1432右
放楊枝 1688左
題園壁 1688右
謁府帥 1688右
投圂中 1688右
後四聲猿 1750右
40 桂壇（清）等
先考皓庭府君事略 423右
44 桂萬榮（宋）
棠陰比事 488右
棠陰比事原編 488右
47 桂超萬（清）
宦遊紀略、續 473右
梅村山水記 573右
養浩齋詩稿、詩評 1456左
養浩齋詩續稿 1456左
惇裕堂文集 1456左
57 桂邦傑（清）
逸珊王公行略 432左
99 桂榮（清）
冬青館古宮詞（注） 382左
秋水文叢外集（注） 382左

蘿

00 蘿摩庵老人（清）
懷芳記 437左

權

21 權衡（明）
庚申外史 304左、右
24 權德輿（唐）
權德輿集 1227左
權文公詩集 1227左
權文公集 1227左
權載之文集、補刻 1227左

4492$_{7}$ 藕

44 藕莊氏（清） 見洪亮吉

4494$_{7}$ 棱

26 棱伽山民（清） 見顧曾壽

4499$_{0}$ 林

00 林應麒（明）
介山稿略 1345左
林介山集 1345右
林亦之（宋）
網山集 1273左、右
網山月魚集 1273左
林文俊（明）
方齋詩文集 1342左
林章（明）
林孝廉集選 1365右
08 林謙（清）
國地異名錄 626左
林謙光（清）
臺灣紀略 543左
澎湖紀略 544左
10 林正大（宋）
風雅遺音 1604右
林玉衡（清）
榮寶堂詩鈔 1502右
林至（宋）
易裨傳、外篇 29右
林靈眞（元）
靈寶領教濟度金書（編） 1158右
林元鼎（宋）
元始无量度人上品妙經內義丹旨綱目舉要（述）* 1133左
林霍（清）
武夷遊記 602右
林爾嘉
閩中金石略考證 676右
林天任（元）
嗣教籙* 1158右
林天佑
秋瘧指南 830左
林雲銘（清）
遊雨花臺記 593左
讀莊子法 695右
吳山鷇音 1617右
林栗（宋）
周易經傳集解 13左
12 林登（宋）
續博物志 1039左
林瑀（宋）
太玄經釋文* 892左
林聯桂（清）
見星廬文鈔 1470右
見星廬館閣詩話 1587右
見星廬賦話 1590左
林廷式（清）
怡雲山房文鈔 1480左
17 林弼（明）
登州集 1323右
林登州集 1324左
林子雲（清）
崎陽雜詠 1492左
林子中（宋）
鞠堂野史 345左
野史 345左
林子長（宋）
論學繩尺（注） 1562右
林召棠（清）
心亭亭居文鈔 1470左
林翼池（清）
卯峒記 575左
20 林儁（清）
由藏歸程記 560右
林億（宋）
黃帝內經靈樞（校正） 808右

20 林億(宋)等
黃帝內經素問補註釋文(校正) 808左
重廣補註黃帝內經素問(校正) 808左
金匱要略方論(詮次) 816右
新編金匱要略方論(詮次) 816右
金匱玉函要略方論(詮次) 816右
孫眞人備急千金要方(校正) 856左
孫眞人備急千金要方 校正 856左
林季仲(宋)
竹軒雜著 1272左
林禹(宋)
吳越備史(范坰同撰) 361左
21 林虙(宋)
西漢詔令(輯) 493右
22 林樂知(美國)
中西關繫略論 479右
使法事略 480右
喀什噶爾略論 532左
地理淺說 626右
東南洋島紀略 635左
三得惟枝島紀略 635左
阿比西尼亞國述略 638左
23 林俊(明)
見素奏疏 497左
見素文集、續集 1334右
24 林佶(清)
全遼備考 527左
遊水尾巖記 602右
漢甘泉宮瓦記 673左
樸學齋小記、雜文 1004右
漁洋山人精華錄(輯) 1396左
精華錄(輯) 1396左
26 林自然(宋)
長生指要篇(述) 1171右
林伯桐(清)
毛詩通考 58右
毛詩識小 58右
史記蠡測 264左
士人家儀考 462左
品官家儀考 462左
人家冠昏喪祭考 462左
公車見聞錄 465左
學海堂志 569右
供冀小言 722右
脩本堂稿 1455左
月亭詩鈔 1455左
古諺箋 1562左
冠昏喪祭儀考 1734左
林泉生(元)
覺是集 1321左
27 林侗(清)
來齋金石考 657右
來齋金石刻考略 657右
唐昭陵石蹟考略、謁唐昭陵記 675左
林紓(民國)
春覺齋論畫 934右
林琴南文鈔 1520左
28 林以寧(清)
鳳簫樓詩集 1407右
30 林寬(唐)
林寬詩集 1236右
晚唐林寬詩 1236右
林之奇(宋)
三山拙齋林先生尙書全解 38左
尙書全解 38左
拙齋文集 1268左
觀瀾文集甲集、乙集(輯) 1535右
林之芬(清)
塗山紀遊 597左
遊荆山記 597右
林之松(清)
綠天亭詩集、文集 1439右
林寶(唐)
元和姓纂 395右
姓纂 395右
32 林兆豐(清)
隸經賸義 178左
林兆恩(明)
常清靜經(釋) 1144右
摩訶般若波羅蜜多心經釋 1188左
33 林溥(清)
古州雜記 558右
林逋(宋)
省心錄 723右
省心詮要 723右
和靖詩集 1242右
1243左
宋林和靖先生詩集 1243左
林和靖詩集、拾遺 1243左
和靖詩鈔 1243左
和靖集補鈔 1243左
林君復詩 1243左
34 林漢佳(清)
葵圃存草 1470左
林洪(宋)
茹草紀事 786右
文房圖贊 805左
新豐酒法 806左
山家清供 953右
山家清事 957右
林達泉(清)
林太僕文鈔 1498左
36 林湘東(清)
皮膚新編(筆述) 832右
37 林鴻(明)
鳴盛集 1326左
林膳部詩 1326右
林員外集 1326右
38 林道原(清)
東蒙古形勢考 526左
40 林大椿(清)
紅寇記 335左
林大椿
六一詞校記* 1593左
林大春(明)
林提學井丹集 1354左
林大欽(明)
林殿撰東莆集 1346右
林士元(明)
北泉草堂遺稿 1342左
林堯叟(宋)
春秋左傳(補注) 105左
左傳杜林合注(補注) 105左
春秋(晉注) 123左
林希(宋)
孫少述傳 427左
林希元(明)
易經存疑 16右
荒政叢言 477右
林希逸(宋)
鬳齋考工記解 72右
道德眞經口義 689左
鬳齋老子口義 689右

南華眞經口義 695左
鬳齋莊子口義 695左
莊子口義 695左
沖虛至德眞經鬳齋口義 698右
鬳齋列子口義 698右
鬳齋續集 1287左
竹溪十一稾詩選 1287左
竹溪十一稿 1287左
竹溪詩集 1287左
林希恩(明)
明經會約 763左
歌學譜 936左
詩文浪談 1580右
林志堅(元)
道德眞經註 690左
林志烜(民國)
淵潁吳先生集札記* 1316左
重校正唐文粹校勘記* 1541左
林森(明)
痧症全書 829左
42 林彭年(清)
朝珊賸草 1501右
43 林越(宋)
漢雋 371右
兩漢雋言前集(輯) 371右
44 林芳(宋)
田閒書 968左
林燕典(清)
志親堂集 1503右
林世勤(明)
駢語雕龍(注) 1043左
林世璧(明)
林公子集 1348右
林樹寅(清)
古鏡錄 1077左
林蘊(唐)
林邵州遺集 1240左
45 林坤(元)
誠齋雜記 1064左
46 林旭(清)
晚翠軒集 1516右
47 林鶴年(清)
四庫全書表文箋釋 639右
48 林增志(明)
忠貞錄(李維樾同輯) 407左
50 林中麒(清)
漢閣賦稿 1430右
林春(明)
林東城文集 1343右
林春溥(清)
春秋經傳比事 129左
孟子外書補證(補證) 149左
四書拾遺 154左
識字續編 199右
宜略識字 199右
竹書紀年補證、本末、後案 286左
古史紀年 286左
古史考年異同表、後說 286右
戰國紀年、地輿、年表 286右
武王克殷日記 294左
開闢傳疑 380左
滅國五十考 380右
孔子世家補訂 415左
孔門師弟年表、後說416左
孟子列傳纂 416右
孟子時事年表、後說416右
論世約編 1009右
閒居雜錄 1009右
開卷偶得 1028左
古書拾遺 1036左
林表民(宋)
天台前集別編、續集別編(輯)* 542左
玉溪吟草 1292左
赤城集(輯) 1547右
54 林轅(元)
谷神篇(述) 1165右
60 林口(明)
惑溺供 1071右
林思蒧(宋)
天台前集、續集(李庚同輯) 542左
林景熙(宋)
林霽山集 1295左
白石樵唱鈔 1295左
白石樵唱集 1295左
白石樵唱集補鈔 1295左
霽山先生集、拾遺 1295左
62 林則徐(清)
信及錄 328左
林文忠公政書、蒐遺500左
林文忠公奏議 500左
滇軺紀程 616左
荷戈紀程 616左
四洲志(譯) 625左
華事夷言 625左
俄羅斯國紀要 636左
俄羅斯國總記 636左
雲左山房詩鈔 1456右
雲左山房詩餘 1629右
64 林時對(明)
留補堂文集選 1373右
林時益(清)
林確齋文鈔 1385左
67 林嗣環(清)
荔枝話 787右
71 林長孺(日本)
豈止快錄 634左
林頤山(清)
經述 177右
77 林同(宋)
孝詩 443右
林同孝詩 443右
林駉(宋)
源流至論前集、後集、續集 1042右
林熙春(明)
林尙書城南書莊集1359左
林岊(宋)
毛詩講義 53右
80 林金相(民國)
五五語 945右
擬言 978左
讀書錄 1016左
察邇言錄 1016左
圭窗集 1175右
林鎬(清)
雙樹生詩草 1461右
83 林鉞 見林越
90 林光世(宋)
水村易鏡 30左
林光朝(宋)
艾軒集 1268左
艾軒詩鈔 1268左
林尙仁(宋)
端隱吟藁 1293右
94 林愼思(唐)

續孟子 719右
仲蒙子 719右

4593_2 棣

00 棣麽甘(英國)
數學理 890右
44 棣華園主人(清)
閨秀詩評(輯) 1588左

4594_4 樓

14 樓璹(宋)
於潛令樓公進耕織二圖詩 778左
醉翁寱語 1060右
21 樓穎(宋)
善慧大士傳錄(輯) 445右
23 樓卜瀍(清)
鐵厓詠史注(注) 381右
鐵崖樂府注 1315左
鐵崖逸編註(注) 1315右
40 樓杏春(清)
粲花館詩鈔 1500右
粲花館詞鈔 1638左
60 樓昉(宋)
東漢詔令(輯) 493右
崇古文訣 1536左
過庭錄 1575左
88 樓鑰(宋)
樂書正誤 100左
范文正公年譜 405右
北行日錄 610左
攻媿題跋 913右
攻媿集 1273右
攻媿集鈔 1274左
攻媿集補鈔 1274左

4596_3 椿

51 椿軒居士(清)
鳳凰琴 1709右
雙龍珠 1709右
金榜山 1709右
四賢配 1709右
孝感天 1709右
天感孝 1709右

4600_0 加

98 加悅傳一郎(日本)
算法圓理括嚢 890右

4611_0 坦

28 坦谿寓翁(清)
燕臺花表 1081右

4621_0 觀

00 觀弈道人(清) 見紀昀
11 觀頮道人(清)
連山歸藏逸文(輯) 34左
孔壁書序(編) 48右
禘說(輯) 96右
郊說(輯) 96右
春秋紀年(輯) 110右
爾雅歲陽攷(輯) 165右
五國執政表(輯) 363左
集聖賢羣輔錄(輯) 384右
孔門弟子攷(輯) 416左
門人攷(輯) 416左
孟子弟子攷(輯) 417左
戰國七雄圖說(輯) 506左
焦氏易林吉語(輯) 896左
玉海祥瑞錄(輯) 1037左
事物紀原(輯) 1041右
抱朴子駢言(輯) 1184左
笙詩補亡(輯) 1205左

4622_7 獨

12 獨孤及(唐)
毘陵集 1224左
獨孤滔(口)
丹方鑑源 1178左
37 獨逸窩退士(清)
笑笑錄(輯) 1127右

4624_7 幔

00 幔亭歌者(清) 見袁于令
幔亭僊史(清) 見袁于令
幔亭峯歌者(清) 見袁于令

4640_0 如

00 如疾(清釋)
武夷導遊記 602右

4680_6 賀

00 賀應旌(清)
漳河源流考 581左
01 賀龍驤(清)
道門一切經總目(輯) 650右
重刊道藏輯要總目 653右
重刊道藏輯要子目初編、續編 653右
12 賀瑞麟(清)
重刊朱子通鑑綱目原本改字備考* 283右
陸清獻公年譜補遺(輯)* 421左
朱子語類正譌、記疑(輯)* 728右
朱子遺書重刻記疑 729左
清麓日記 749左
信好錄(輯) 749左
福永堂彙鈔(輯) 756右
訓女三字文(書) 758左
誨兒編(輯) 761右
清麓訓詞 761右
伊川擊壤集補遺(輯)* 1247右
朱子大全文集正譌、記疑、正譌記疑補遺* 1271右
清麓文集 1486左
程朱行狀(輯) 1733右
朱子遺書重刻合編(輯) 1736左
辨學七種(輯) 1736右
女學七種(輯) 1737左
養正叢編(輯) 1737左
蒙養書十三種(輯) 1737左
養蒙書九種(輯) 1737左
四忠集(輯) 1744右
16 賀瑒(梁)
禮記新義疏 84右
17 賀琛(梁)
謚法 463右
20 賀雙卿(清)
雪壓軒詞 1622左
22 賀循(晉)
葬禮 79左
賀氏喪服譜 80左
賀氏喪服要記 80左
宗議 456右
答庾亮問宗議 456右
會稽記 541左
25 賀仲軾(明)
冬官紀事 489右

兩宮鼎建記 489右
27 賀稱圭(清)
眠雲館詩集 1408右
28 賀復徵(明)
文章辨體彙選(輯)1536左
30 賀宿(清)
懿安事略 439右
賀宗章(民國)
焦尾集 1522右
33 賀述(梁)
禮統 94左
37 賀逢聖(明)
賀文忠公集 1364右
44 賀桂(清)
竹隱樓詩草 1407右
63 賀貽孫(清)
易觸 19左
詩觸 55左
詩筏 55左
水田居激書 974右
激書 974右
水田居文集 1388右
水田居存詩 1388右
水田居文錄 1388右
騷筏 1563左
64 賀時泰(明)
賀陽亨集 1364右
71 賀長齡(清)
孝經述(輯注) 159右
經世文粹(輯) 722右
72 賀氏(□)
會稽先賢像讚 389右
84 賀鑄(宋)
慶湖遺老集 1259右
慶湖遺老詩集、拾遺 1259右
慶湖集 1259右
1260左
東山詞 1596左
賀方回詞 1596右
東山寓聲樂府 1596右
東山寓聲樂府補鈔1596右
東山詞補 1596右
86 賀知章(唐)
賀祕監集 1218左
87 賀欽(明)
醫閭漫記 349左
醫閭集 1333右
醫閭先生集 1333右
90 賀裳(清)
皺水軒詞筌 1718左

4690_0 柏

00 柏堃(民國)
涇獻詩存、外編(輯) 1546右
涇獻文存、外編(輯) 1546右
47 柏起宗(明)
東江始末 315左

相

60 相國道(宋)
四六餘話(一題楊囦道撰) 1590右
雲莊四六餘話(一題楊囦道撰) 1590右
80 相益(清釋)
片雲行草 1492左

4692_7 楊

00 楊亶驊(清)
古本大學輯解 134左
中庸本解、中庸提要136左
楊亨(清)
白門新柳記補記* 1079右
楊鹿鳴(民國)
藝蘭瑣言 790右
評蘭瑣言 790右
畫蘭瑣言 934右
詠蘭瑣言 1589左
楊齊賢(宋)
分類補註李太白集1220左
李太白集(集注) 1220左
分類補註李太白詩、分類編次文 1220左
楊方(晉)
五經鉤沈 169左
楊方達(清)
周易輯說存正 22左
易說通旨略 22左
易學圖說會通、圖說續聞 30右
尙書通典略 42左
尙書約旨 42左
春秋義補註 128左
正蒙集說 725右
楊鷹揚(清)
參易發凡 24右
楊應琚(清)
據鞍錄 614右
楊廉(明)
琬琰錄 401右
楊庭秀(金)
楊晦叟遺集 1299左
楊慶之(清)
歷代鼎甲錄(輯) 465右
南行日記 617右
楊賡元(清)
讀毛詩日記 60左
讀爾雅日記 165左
楊文言(清)
南蘭紀事詩鈔 1400左
楊文儷(明)
孫夫人詩集 1347右
孫夫人集 1347右
楊文奎(明)
翠紅鄉兒女兩團圓雜劇 1668右
翠紅鄉兒女兩團圓 1668右
楊文杰(清)
東城記餘 539右
01 楊龍方(清)
重訂囊祕喉書 834右
03 楊誠齋(明)
李亞仙花酒曲江池(原題誤應作朱有燉撰) 1671右
04 楊誌中(清)
惜春山房遺詩 1516右
05 楊譓(元)
崑山郡志 519左
10 楊一清(明)
西征日錄 310左
關中奏議 497左
關中奏議全集 497左
制府雜錄 773右
石淙詩鈔 1334右
楊文襄公文集、詩集 1334右
楊一葵(明)
裔乘 623右
楊王休(宋)
宋中興館閣儲藏圖書記(輯) 927右
楊至和(明)

西遊記傳 1130右
10 楊至質(宋)
勿齋先生文集 1296右
勿齋集 1296右
楊丕復(清)
儀禮經傳通解、序說、雜說、綱領 78左
春秋經傳合編、雜說、書法彙表、辨疑 129右
朱子四書纂要 148右
輿地沿革表 505右
揚州輿地沿革表 536右
楊丕灼(清)
洛浦縣鄉土志 518左
楊元愷
西湖一月記 599右
癸亥續遊記 599右
楊于庭(明)
春秋質疑 126左
楊于果(清)
史漢箋論 266右
審巖文集 1436左
楊无咎(宋)
響屧譜 951右
逃禪詞 1599右
楊天惠(宋)
彰明附子記 784右
楊雲峯(清)
臨症驗舌法 851右
楊雲鵬(元)
陶然集 1300左
11 楊瑢(清)
溫病醫方撮要 828左
12 楊瑀(元)
山居新語 347左
山居新話 347左
楊珽(明)
龍膏記 1698左
楊引傳(清)
獨悟庵叢鈔 1742左
楊弘道(元)
小亨集 1300左
小亨詩餘 1611左
楊廷瑞(清)
說文正俗 189左
說文經斠 192右
楊廷理(清)
東瀛紀事 327右
楊廷和(明)
楊文忠公三錄 497左
樂府餘音 1712左
楊廷樞(明)
全吳紀略 314左
楊廷桂(清)
嶺隅文鈔 1480左
楊延齡(宋)
楊公筆錄 982左
13 楊瑄(明)
復辟錄 308右
16 楊珅(清)
匪石山房詩鈔 1391右
17 楊瓊(清)
形聲通(李文治同撰) 215右
楊翮(元)
佩玉齋類稾 1316右
楊承慶(後魏)
字統 195左
楊承鯤(明)
碣石編 1358右
楊承禧(民國)
楊致存詩 1523左
楊豫孫(明)
西堂日記 972左
楊幼殷集 1352左
20 楊秀元(清)
半半山莊農言著實 779右
農言著實 779右
楊秀芝(清)
女史吟 1510左
楊億(宋)
歷代銓政要略 466左
楊文公談苑(述) 980左
武夷新集 1243左
楊公逸詩文 1243左
楊文公集 1243左
西崑酬唱集(輯) 1551右
楊倞(唐)
纂圖互注荀子(注) 684左
荀子(注) 684左、右
楊孚(漢)
楊議郎著書 551左
異物志 551左
楊季鸞(清)
春星閣詩鈔 1481左
楊舫(清)
白鳳樓詩鈔 1488左
楊爵(明)
周易辨錄 17左
楊忠介集 1342右
楊斛山集 1342右
楊禾(清)
易蘊 23右
楊秉桂(清)
潛吉堂雜著 909右
畫蘭題記 917左
楊秉杷(清)
楊氏雜錄 1028右
楊維德(宋)等
遁甲符應經 905左
楊維楨(元)
鐵厓詠史 381右
鐵厓詠史注 381右
鐵厓小樂府 381右
除紅譜(一題宋朱河撰) 951右
煮茶夢記 1065右
啞倡志 1117右
南樓美人傳 1117右
楊鐵崖古樂府 1315左
鐵崖先生古樂府 1315左
鐵崖古樂府、樂府補 1315左
復古詩集 1315右
鐵崖先生復古詩集 1315右
鐵崖復古詩 1315右
鐵崖先生詩集 1315右
鐵崖先生集 1315右
復古香奩集 1315右
麗則遺音 1315右
東維子集 1315右
東維子文集 1315右
鐵崖逸編註 1315右
大雅集(評點) 1542右
西湖竹枝詞(輯) 1552左
西湖竹枝集 1552左
21 楊上善(隋)
黃帝內經太素、遺文(撰注) 808右
黃帝內經明堂 851右
楊師道(唐)
楊師道集 1216右
楊衒之(後魏)
洛陽伽藍記 567左
伽藍記 567左
楊貞一(明)
詩音辯略 62右

22 楊後(清)
柳門遺稿 1494右
楊循吉(明)
遼小史 302左
金小史 303左
吳中往哲記 388右
往哲錄 388右
蘇談 534右
吳中故語 534右
蓬軒吳記 535左
廬陽客記 537左
金山雜志 572右
居山雜志 572右
蓬軒別記 1066左
七人聯句詩記 1552左
聯句詩紀 1578右
楊巍(明)
存家詩稿 1353左
楊山松(清)
召對紀實 315右
被難紀略 315右
楊屾(清)
豳風廣義 779左
知本提綱(摘錄) 779左
修齊直指(節錄) 779左
楊繼端(清)
古雪詩餘 1626左
楊繼盛(明)
椒山遺囑 753左
楊忠愍公遺筆 753左
楊忠愍傳家寶訓 753左
楊椒山先生遺訓 753左
容城忠愍楊先生文集 1350左
楊忠愍集 1350左
楊忠愍公全集 1350右
楊椒山先生文集 1350右
楊忠愍公集 1350右
楊椒山集 1350右
李卓吾評選楊椒山集 1350右
楊繼益(明)
澹齋內言、外言 1000左
楊繼榮(清)
柳塘詩鈔 1483左
23 楊允孚(元)
灤京雜詠 526左
24 楊備(宋)
蘿軒外集 1251左
楊德澤(明)
楊監筆記 323左
楊德周(明)
銅馬編 1362右
楊德榮(清)
夏蟲自語 335左
華庭詩鈔 1506左
楊偉(晉)
時務論 964左
25 楊仲良(宋)
皇宋通鑑長編紀事本末 292左
通鑑長編紀事本末 292左
楊傳第(清)
古今韻攷附記* 210左
汀鷺詩餘 1636左
楊傑(宋)
無爲集 1254左、右
26 楊自懲(明)
梅讀先生存稿 1330右
楊皇后(宋)
楊太后宮詞 1278右
楊伯嵒(宋)
九經補韻 207左
臆乘 1021右
六帖補 1041左
楊侃(宋)
兩漢博聞 371右
楊泉(晉)
太玄經 892左
物理論 964右
楊偍(宋)
古今詞話(輯) 1717右
楊峴(清)
藐叟年譜 432左
遲鴻軒所見書畫錄(輯) 912左
遲鴻軒詩棄、文棄、詩續、文續 1479右
楊和甫(宋)
行都紀事(一題陳晦撰) 1061右
楊穆(明)
西墅雜記 1067左
27 楊修(宋)
六朝遺事雜詠 382右
楊象濟(清)
錢塘百詠 539右
楊奐(元)
汴故宮記 564左
山陵雜記 568左
還山遺稿 1301左
還山遺藁 1301左
楊彝珍(清)
移芝室詩鈔 1474右
楊名宁(清)
雜諍 1025左
楊名時(清)
周易劄記 21左
易經劄記 21左
詩經劄記 56右
大學講義 133右
中庸講義 135右
四書劄記 153左
自滇入都程記 614左
經書言學指要 742右
程功錄 742右
楊氏文集、別集 1410左
楊峒(清)
律服考古錄 461右
書巖賸稿 1437右
楊繩武(明)
楊文毅公文集、詩集 1371左
楊繩武(清)
鍾山書院規約 764左
論文四則 1584右
楊紹文(清)
雲在文稾 1466右
楊紹和(清)
海源閣藏書目 647左
28 楊以貞(清)
志遠齋史話 377左
止焚稿 723左
楊以任(明)
楊維節先生稿 1371左
楊作枚(清)
句股闡微(補) 880右
楊倫(清)
九柏山房集 1437右
楊復(宋)
儀禮圖、儀禮旁通圖 82左
楊復吉(清)
遼史拾遺補 274右
夢闌瑣筆 1007右
楊儀(明)

明良記 350右
壟起雜事 362左
高坡異纂 1067右
保孤記 1067右
金姬傳、別記 1118右
金姬小傳、別記 1118右
李姬傳 1118右

28 楊從清(清)
北京形勢大略 523左

楊繪(宋)
時賢本事曲子集(輯) 1717左

30 楊淮(清)
古豔樂府 1472左

楊家麟(清)
史餘萃覽 347左
勝國文徵(輯) 352右

楊之森(明)
鬻子補(輯)* 685右 686左

楊之炯(明)
新鐫全像藍橋玉杵記 1698左
蓬瀛眞境 1713左
天台奇遇 1713右

楊守敬(民國)
春秋穀梁傳考異* 119左
余仁仲萬卷堂穀梁傳考異 119左
漢書地理志補校 507左
三國郡縣表、考證(補正) 508左
隋書地理志考證 510右
藏書絕句 641左

楊守阯(明)
碧川文選 1333右

楊守陳(明)
楊文懿公文集 1332右

楊寅秋(明)
臨皐文集 1358左

楊賓(清)
柳邊紀略 526右
鐵函齋書跋 668右
楊大瓢先生雜文殘稿 1401左

楊寶鏞(民國)
石經傳本彙攷 183左
三續疑年錄補正 399左
昭代分隸名人小傳 433右
昭代分隸名人小傳清本 433右
書畫家齊名錄 434左
龍淵爐齋金石書目 653左
遜國遺文攷 656左
孫趙寰宇訪碑錄刊誤補遺 665左
古碑證文選本 666右
羣碑舊拓本辨 671左
古碑孤本錄 671左
僞刻重橅碑記 671左
漢墓闕神道攷 671左
續隸篇所據碑目 671左
石門碑刻見存目攷 674左
鄒縣四山摩厓目 674左
江寧蕭梁石刻見存目 674左
龍門山魏刻目 674右
復初齋文集補遺(輯) 1431右

楊宗發(清)
白雲樓詩鈔 1398左
白雲樓詩話 1583左

楊宗稷(民國)
古琴考(輯) 937左
琴話 937左
琴學隨筆 937左
琴餘漫錄 937左
琴鏡 937左
琴譜 938左
琴粹(輯) 1739左

楊宗灝(清)
都濡備乘 558右

31 楊江(清)
河套圖考 562右

楊潛(宋)
雲間志、續入 515左

32 楊州彥(清)
楊宜樓詩 1397左

楊兆鋆(清)
須曼精廬算學 890左

33 楊溥(明)
禪玄顯教編 444右

楊浚(清)
談聞錄(輯) 542右
蓄艾錄(輯) 865左
稽古錄(輯) 1079右
聽雨錄(輯) 1079右
碎金錄(輯) 1079右
昨非錄(輯) 1079右
臥遊錄(輯) 1079右
噴飯錄(輯) 1127右
療聞集(輯) 1544右

楊補(清)
遊黃山記 596左

35 楊漣(明)
楊忠烈公文集 1362右
楊大洪先生文集 1362右

36 楊澤民(宋)
和清眞詞 1605右

37 楊潮觀(清)
新豐店馬周獨酌 1686右
大江西小姑送風 1686右
李衞公替龍行雨 1686右
黃石婆授計逃關 1686右
快活山樵歌九轉 1686右
窮阮籍醉罵財神 1687左
溫太眞晉陽分別 1687左
邯鄲郡錯嫁才人 1687左
賀蘭山謫仙贈帶 1687左
開金榜朱衣點頭 1687左
夜香臺持齋訓子 1687左
汲長孺矯詔發倉 1687左
魯仲連單鞭蹈海 1687左
荷花蕩將種逃生 1687左
灌口二郎初顯聖 1687左
魏徵破笏再朝天 1687左
動文昌狀元配瞽 1687左
感天后神女露筋 1687左
華表柱延陵掛劍 1687左
東萊郡暮夜卻金 1687左
下江南曹彬誓衆 1687左
韓文公雪擁藍關 1687右
荀灌娘圍城救父 1687右
信陵君義葬金釵 1687右
偷桃捉住東方朔 1687右
換扇巧逢春夢婆 1687右
西塞山漁翁封拜 1687右
諸葛亮夜祭瀘江 1687右
凝碧池忠魂再表 1687右
大葱嶺隻履西歸 1687右
寇萊公思親罷宴 1687右
翠微亭卸甲閒遊 1687右
吟風閣譜 1716右

楊凝(唐)
楊凝詩集 1226右

楊深秀(清)
楊漪春侍御奏稿 501左

雪虛聲堂詩鈔 1508右
楊冠卿(宋)
客亭類稿 1285右
客亭樂府 1602左
楊通佺(清)
竹西詞 1619右
楊逢辰(清)
坦園四書對聯(楊恩壽同撰) 945左
38 楊肇祉(明)
唐詩名媛集(輯) 1540左
唐詩香奩集(輯) 1540左
唐詩觀妓集(輯) 1540左
唐詩名花集(輯) 1540左
楊棨(清)
出圍城記 328右
40 楊乂(晉)
周易卦序論 8右
楊大堉(清)
儀禮正義(補) 77右
楊友敬(清)
本草經解要附餘 855左
楊士雲(明)
楊弘山先生存稿 1339左
楊士弘(元)
唐音(輯) 1540左
楊士聰(明)
甲申核眞略 317右
南行日記 317右
玉堂薈記 351右
楊士修(明)
印母 940左
周公謹印說删(節錄) 940左
楊士瀛(宋)
傷寒類書活人總括 813右
仁齋直指 857右
楊士奇(明)
三朝聖諭錄 308左
東里全集、別集 1329左
楊士奇(明)等
文淵閣書目 645左
楊士奇(明)黃淮(明)等
歷代名臣奏議(輯) 494右
楊士勛(唐)
春秋穀梁註疏(疏) 119左
春秋穀梁傳注疏(疏) 119右
監本附音春秋穀梁注疏(疏) 119右
穀梁疏 119右
楊士美(清)
山中問答 975左
楊堯弼(宋)
僞齊錄 301左
楊在(宋)
還丹衆仙論(集) 1164右
楊希閔(清)
漢諸葛忠武侯年譜 404左
唐李鄴侯年譜 405左
唐陸宣公年譜 405左
宋韓忠獻公年譜 406左
王文公年譜考略節要 406左
王文公年譜考略節要附存(輯)* 406左
李忠定公年譜 406右
吳聘君年譜 418右
陸文安公年譜 418右
胡文敬公年譜 419左
明王文成公年譜節鈔(節鈔) 419左
晉陶徵士年譜 425右
歐陽文忠公年譜 427左
曾文定公年譜 427左
黃文節公年譜 427右
漢徐徵士年譜 442左
讀書舉要 765左
楊燾(清)
改定井田溝洫圖說 475左
翰墨卮言(輯) 922右
介石文集、詩 1469左
楊嘉(民國)
瑞安黃氏蔘綏閣舊本書目初編 647右
曝書隨筆 652右
輔行記校注 1188右
輶軒樓遺稿 1529右
楊壽枏(民國)
貫華叢錄 566左
雲薖漫錄 1082右
楊梓(元)
古杭新刊關目霍光鬼諫 1662左
忠義士豫讓呑炭 1662左
敬德不伏老 1662左
41 楊垣(清)
抱璞山房詩鈔 1471右
楊桓(元)
六書統 190左
楊樞(明)
淞故述 524左
42 楊圻(民國)
檀青引 1526左
43 楊式傅(清)
果報聞見錄 1092右
楊城書(清)
蒔古齋隨筆 976左
淸鑑錄 976左
讀書雜志 1027右
蒔古齋吟稿、遺言 1466右
楊載(元)
楊仲弘詩 1308左
楊仲弘集 1308左
翰林楊仲弘詩 1308右
仲弘集 1308右
杜律心法 1564右
詩法家數 1576右
詩學正源 1577左
44 楊基(明)
眉菴集 1324左
楊孟載集 1324左
眉庵詞 1614右
楊芳燦(清)
吟翠軒詩 1442左
芙蓉山館尺牘(一名楊蓉裳先生尺牘) 1442左
芙蓉山館師友尺牘(輯) 1561左
吟翠軒初稿 1624左
芙蓉山館詞 1624左
楊葆彝(清)
毘陵楊氏詩存(輯) 1747右
楊葆光(清)
天台遊記 601左
楊懋建(清)
辛壬癸甲錄 436右
長安看花記 436右
丁年玉筍志 436右
夢華瑣簿 947右
京塵劇錄 948左
京塵雜錄 1080右
楊萬里(宋)
誠齋易傳 13右
揮麈錄(一題王明清撰) 345右

誠齋揮麈錄(一題王明清撰) 345右
淳熙薦士錄 385右
俊婢傳(輯) 1116右
天問天對解 1196右
誠齋集 1269右
楊文節公詩集(一名誠齋詩集) 1269右
誠齋策問 1269右
誠齋江湖集鈔、荆溪集鈔、西歸集鈔、南海集鈔、朝天集鈔、江西道院集鈔、朝天續集鈔、江東集鈔、退休集鈔 1269右
誠齋集補鈔 1269右
誠齋詩選 1270左
誠齋詩話 1573左
誠齋樂府 1601左

44 楊芸(清)
琴清閣詞 1624右

楊樹達
古書疑義舉例續補 1029右

楊樹椿(清)
西埜楊氏壬申譜 394右
學旨要略 748右
損齋語錄鈔 748右
損齋文鈔、外集 1479右

45 楊椿(清)
湯文正公年譜定本(重輯) 410左

46 楊相如(唐)
君臣政理論 966左

47 楊朝慶(民國)
王龍詞 1643左

楊朝英(元)
樂府新編陽春白雪前集、後集、補集(輯) 1715左
朝野新聲太平樂府(輯) 1715左

楊起元(明)
近溪子大學答問集(輯) 132右
近溪子中庸答問集(輯) 135左
近溪子論語答問集(輯) 141左
近溪子孟子答問集(輯) 147左
孝經(注) 158右
孝經宗旨(錄) 160右
孝經引證 161左
白沙先生語錄(輯) 731右
貞復楊先生學解 735左
楊先生冬日記 735左
歸善楊先生證學編 735右
南中論學存笥稿 1358左
四書答問(輯) 1727右
說孝三書(輯) 1728左

楊超(清)
逸齋詩鈔 1493左

48 楊翰(清)
先德錄 394右
浯溪紀遊詩 605左
粵西得碑記 676右
息柯雜著 917左
歸石軒畫談 934左
袌遺草堂詩鈔 1476右 1477左
息柯白箋 1477左
夢綠亭會合詩、續編(輯) 1559右

楊翰鳳(清)
鏡海樓詩集 1502右

楊敬傅(清)
春水船詞鈔 1632左

楊敬德(元)
楊仲禮集、補 1321右
仲禮集 1321右

50 楊中(明)
楊通府集 1341左

楊中訥(清)
菂房心語 797左

楊中楠(清)
艾軒詩集鈔 1400左

楊本仁(明)
嘉靖新例(蕭世延、范欽同編) 487左

楊春芳(明)
奇子雜言 973左

52 楊揆(清)
桐華吟館稿 1444右

楊蟠(宋)
楊公濟原唱* 597右
章安集 1251左

楊蟠(清)等
竹垞小志(編錄) 565左

楊靜娟(清)
春雨樓詩鈔 1471左

55 楊捷(清)
迎駕記 452左
迎駕紀恩 452左

60 楊昱(明)
牧鑑(輯) 472左

楊國杰(清)
一齋書繹說 744左
勸學淺說 744右
退聞錄 744右

楊國楨(清)
易經音訓 34左
書經音訓 48右
詩經音訓 63左
周禮音訓 75左
儀禮音訓 82右
禮記音訓 90右
春秋左傳音訓 113左
春秋公羊傳音訓 118左
春秋穀梁傳音訓 120右
孝經音訓 161左
爾雅音訓 165左

楊晨(民國)
詩攷補訂 60左
三國志札記 269左
河西楊氏家譜 394右
三國會要 454右
路橋志略 521左
臨海異物志(輯) 541右
修復宋理學二徐先生祠墓錄(輯) 569右
二徐祠墓錄(輯) 569右
台州藝文略 648左
台州金石略 674右
敦書咫聞 1030左
瀛洲咫聞 1030左
崇雅堂詩稿、文稿 1518左
赤城別集(輯) 1547右
生辰倡和集(輯) 1556左
湖墅倡和集(輯) 1556左

楊囦道(宋)
四六餘話 1590右
雲莊四六餘語 1590右

楊思聖(清)
且亭詩鈔 1388左
楊猶龍詩 1388左
楊猶龍詩選 1388左

楊思本(清)
楊因之詩 1390左
楊恩濬(民國)
顧齋簡譜 432左
楊恩壽(清)
詩序韻語 64左
眼福編初集、二集、三集 917左
坦園四書對聯(楊逢辰同撰) 945左
燈社嬉春集 946右
蘭芷零香錄 1072右
坦園文錄、詩錄、賦錄、偶錄 1501右
雉舟酬唱集(裴文禩同撰) 1555右
坦園詞錄 1638左
再來人 1710左
桃花源 1710左
麻灘驛 1710左
姽嫿封 1710左
姽嫿封傳奇 1710左
桂枝香 1710左
理靈坡 1710左
坦園詞餘 1714左
詞餘叢話、續 1723右
坦園叢稿 1744右
坦園傳奇六種 1751右
楊甲(宋)
六經圖 179左
棣華館小集 1275右
楊甲仁(清)
北游日錄 741右
憂患日錄 741右
自驗錄 741右
下學錄 741右
芙城錄 741右
楊果(元)
西菴集 1300左
楊景賢(元)
馬丹陽度脫劉行首1664左
馬丹陽度脫劉行首雜劇 1664左
楊景曾(清)
二十四書品 923左
書品 923左
61 楊顯之(元)
臨江驛瀟湘秋夜雨雜劇 1653右
臨江驛瀟湘夜雨 1653右
秋夜瀟湘雨 1653右
鄭孔目風雪酷寒亭1653右
鄭孔目風雪酷寒亭雜劇 1654左
楊顯之雜劇 1749左
63 楊踐形
易學演講錄第一編 29右
太極圖說考原篇 31右
太極粹言 31右
太極圖攷 31右
太極圖象作法之研究31右
64 楊時(宋)
河南程氏粹言(輯) 726右
二程粹言(輯) 726右
龜山語錄 727左
龜山先生語錄、後錄 727左、右
龜山集 1258右
楊龜山先生集 1258右
楊時喬(明)
馬政紀 482左
皇朝馬政記 482左
楊時偉(明)
諸葛忠武書(輯) 404左
楊時寧(明)
宣大山西三鎮圖說 485左
楊曄(唐)
膳夫經 953右
膳夫經手錄 953右
67 楊明(明)
髹飾錄(注) 799右
楊昭儁(民國)
說文難檢字錄 193左
古今韻略注訂 213左
漢書箋遺 266左
呂氏春秋補注 709左
淨樂宧談藝 910左
淨樂宧論畫 934右
淨樂宧詩存 1523左
淨樂宧文存 1523左
淨樂宧雜存 1523左
淨樂宧簡畢 1523左
楊嗣昌(明)
武陵競渡略 906右
71 楊巨源(唐)
李謩吹笛記 1048右
紅線傳 1107右
崑崙奴傳 1108左
楊少尹詩集 1227右
楊長年(清)
妙香齋集 1476右
72 楊垕(清)
耻夫詩鈔 1425右
楊朏(宋)
閩海蠱毒記 830右
74 楊陸榮(清)
易互 21左
禹貢臆參 45左
經學臆參 171右
五代史志疑 273右
三藩紀事本末 293左
殷頑錄 402右
潭西詩集 1402左
75 楊體仁(明)
皇極經世心易發微 893左
77 楊鳳韶(清)
東萊先生音註唐鑑考異* 290左
楊鳳徽(民國)
南皐筆記 1082左
楊鳳苞(清)
遊大小玲瓏山記 600右
秋室集 1443左
西湖秋柳詞 1443左
秋室遺文 1443左
楊鳳姝(清)
鴻寶樓詩鈔 1462左
楊鳳昌(清)
知陋軒迂談 747左
楊同桂(清)
瀋故 527左
盛京疆域考(孫宗翰同輯) 527左
楊履道(清)
續尤西堂擬明史樂府(注) 383左
楊履基(清)
楊鐵齋中庸講語 136左
陸清獻公年譜原本 421左
楊鐵齋小學劄記 759左
峯泖詩鈔 1422右
楊履泰(清)
周易倚數錄 31左
楊際昌(清)
蘭室叢談 1006右
在淵草 1428左
儆嬉草 1428左

醉月草 1428左
夢魘草 1428左
北海草 1428左
碧梧草 1428左
國朝詩話 1565右
77 楊熙齡(民國)
著園藥物學 855右
著園醫話 865右
楊學可(明)
明氏實録 362左
楊學沆(清)
吳梅村先生編年詩集、詩詞補鈔(補注) 1379右
楊開基(清)
復葊遺書 1429右
楊譽龍(清)
紫薇花館詞稿(一名春光百一詞·普文同注) 1640右
80 楊益(唐)
撼龍 900右
疑龍 900右
撼龍經、疑龍經 900右
龍經疑龍、撼龍統說 900右
葬法倒杖十二法 900右
楊公金函經删定 900右
青囊奥語 900右
天玉經內傳、外編 901左
天玉經 901左
都天寶照經 901左
楊鑣(清)
遼陽州志(纂修) 516左
楊夔(清)
讀易臆說 28左
西湖記游草 599右
集四書對 945左
紅薔薇館未删吟草 1507左
秦鏡漢硯齋詩餘 1639左
楊夔生(清)
匏園掌録 1008右
眞松閣集 1488右
過雲精舍詞 1630左
眞松閣詞 1630左
三家詞品(郭麐、江順貽同撰) 1719右
續十二詞品 1719右
楊毓輝(清)
大洋海大西洋海印度海北冰海南冰海考 586右
楊公遠(元)
野趣有聲畫 1301右
81 楊鉅(唐)
翰林學士院舊規 469右
82 楊鍾寶(清)
瑣荷譜 791右
楊鍾羲(民國)
弟子職音誼 701右
西齋偶得附錄(撰集)* 1026左
雪橋詩話、二集、三集、餘集 1565右
白山詞介(輯) 1647左
86 楊錫紱(清)
四知堂文錄 1420左
楊錫觀(清)
六書例解 190左
楊鐸(清)
函青閣金石記 657左
中州金石目錄 674右
楊知新(清)
西湖秋柳詞(注) 1443左
楊智遠(宋)
梅仙觀記 568左
87 楊鉤(元)
增廣鐘鼎篆韻 198右
楊銘柱(清)
史筌 372右
88 楊銳(清)
說經堂詩草 1509右
楊簡(宋)
楊氏易傳 14左
五誥解 46右
慈湖詩傳 53左
先聖大訓 729右
石魚偶記 1020右
慈湖遺書、續集 1275左
慈湖先生遺書、續集 1275左
慈湖小集 1275左
90 楊惟德(宋)
六壬神定經 897右
楊惟休(明)
楊惟休詩 1366左
楊光先(清)
野獲 499左
楊光儀(清)
耄學齋晬語 749左
楊光輔(清)
淞南樂府 524右
楊尙文(清)
鏡鏡詅癡(繪圖) 807左
楊炎正(宋)
西樵語業 1603右
91 楊炳勳(清)
問鸝山館詩鈔 1501左
楊炳南(清)
海錄 625左
94 楊愼(明)
檀弓記(注) 87右
檀弓叢訓 87右
檀孟批點(附注) 170左
升菴經說 170右
古音獵要 208右
古音附錄 208右
古音餘 208右
古音略例 208右
古音駢字 208右
209左
古音複字 209左
轉注古音略、古音後語 209左
古音叢目 209左
奇字韻 209左
玉名詁 220左
俗言 226左
希姓錄 396左
滇載記 558右
滇記 558右
雲南山川志 570左
金石古文(輯) 656右
石鼓文音釋 667右
晏子春秋(評點) 683左
鬻子(評注) 686左
關尹子(評注) 693右
莊子闕誤(一題宋陳景元撰) 695左
亢倉子(評) 699右
商子(評) 702左
鄧子(評注) 703右
公孫龍子(評注) 704右
鬼谷子(評注) 707左
山海經補註 710左
黃石公素書(評) 772左
異魚圖贊 793左
楊升菴先生異魚圖贊 793左
書品 920右
墨池瑣錄 920右

法帖神品目 924右
畫品 929左
名畫神品目 929左
譚子化書(評) 967左
墐戶錄 995右
璅語編 995右
蛴鎈瓴筆 995右
病榻手吹 995右
丹鉛雜錄 1022左
丹鉛續錄 1022左
丹鉛餘錄、摘錄、總錄
1022右
譚苑醍醐 1022右
1578右
古雋(輯) 1035右
秇林伐山 1037左
謝華啓秀 1044右
哲匠金桴 1044右
均藻 1044右
均藻 1044右
世說舊注(輯) 1046右
江花品藻 1067右
麗情集、斥麗情集 1067右
倉庚傳 1067右
1118左
升菴集 1341左
楊升菴集 1341左
風雅逸篇(輯) 1561右
古今風謠(輯) 1561右
古文韻語(輯) 1561右
古今諺(輯) 1562右
閒書杜律 1564右
升菴詩話 1578右
詩話補遺 1578右
千里面譚 1578右
草堂詩餘(批點) 1644左
詞林萬選(輯) 1644左
洞天玄記 1672右
蘭亭會（原題誤應作許
潮撰） 1675左
陶情樂府、拾遺 1712右
辭品、拾遺 1718左
詞品、拾遺、補 1718左
升菴辭品 1718左
升庵韻學七種 1729左
楊愼(明)等
關尹子(批點) 693右
玲瓏倡和 1712右
楊煃(清)
修竹軒詩鈔 1494右
楊煒(清)
雲竹集 1437右
96 楊惺惺(清)
吟香摘蠹集 1487右
楊懌曾(清)
使滇紀程 615右
97 楊輝(宋)
詳解九章算法、纂類 877右
楊氏算法 878右
楊輝算法 878右
田畝比類乘除捷法 878右
算法通變本末 878右
乘除通變算寶 878右
法算取用本末（史仲榮
同撰） 879左
續古摘奇算法 879左
楊輝斗(清)
楊潤丘詩 1397左
楊炯(唐)
楊炯集 1216左
盈川集 1216左
楊盈川集 1216左
楊炯文集 1216右
楊炯(清)
南遊草 1419右
楊煥綸(清)
竹巖詩鈔 1429左
99 楊燮(清)
勗亭集 1409右
楊榮(明)
北征記 307右
楊文敏集 1329右
楊榮緒(清)
讀律提綱 488左

4702₇ 郟

22 郟鼎元(清)
讀毛詩日記 60左
58 郟掄逵(清)
虞山畫志 435左

鳩

00 鳩摩羅什(姚秦釋)
阿彌陀經(譯) 1186右
維摩詰所說經（一名不
可思議解脫經） 1186右
摩訶般若波羅蜜(譯)
1186右
佛說金剛般若波羅蜜經
（譯） 1186右
妙法蓮華經(譯) 1186右
佛垂般涅槃略說教誡經
（一名佛遺教經・譯）
1186右

4722₇ 郁

00 郁離子(清) 見吳璵
10 郁元英
藹迂集 1530左
30 郁永河(清)
僞鄭逸事 323右
採硫日記 543左
番境補遺 543左
裨海紀遊 603左
海上紀略 624右
34 郁法(明)
省身錄 737右
37 郁逢慶(明)
書畫題跋記、續題跋記
914右
38 郁遵(元)
至正庚辛唱和集(編)
1551右
44 郁葆青(民國)
餐霞集 1528右
48 郁松年(清)
續後漢書(蕭常)札記*
278右
續後漢書(郝經)札記*
278右
剡源集札記* 1303左
清容居士集札記* 1307左
77 郁屛翰(民國)
素擬集 1518左
郁履行(明)
諧浪(輯) 1124左

郗

44 郗萌(漢)
宣夜說 867右

鶴

22 鶴山先生(宋) 見魏了翁

4724₇ 彀

00 彀齋主人(明)

獨醫錄 1580右

4732$_7$ 郝

00 郝慶柏
永樂大典書目考 645左
07 郝郊(明)
入蜀紀見 556右
10 郝玉麟(清)等
福建通志(修) 521右
廣東通志(修) 522左
郝天挺(元)
唐詩鼓吹(注) 1540左
11 郝玶(清)
綱鑑紀年 463左
郝正陽語錄(紀) 744右
一齋劄記 744右
一齋家規 755右
小學或問 759左
一齋詩 1433右
21 郝經(元)
續後漢書 278右
陵川集 1301左
郝文忠公集 1301左
38 郝浴(清)
中山史論 376左
中山奏議 499左
郝雪海先生筆記 740左
中山文鈔、詩鈔 1391左
中山集詩鈔 1391左
40 郝大通(金)
太古集 1298右
郝培元(清)
梅叟閒評 755右
郝杰(明)
日本考(李言恭同撰) 627右
47 郝懿行(清)
易說、便錄 24左
書說 42右
詩說 58左
詩問 58左
詩經拾遺(輯) 65左
禮記箋 87左
春秋說略 129左
春秋比 129左
爾雅郭注義疏 164右
爾雅義疏 164右
證俗文 219右
宋瑣語 269右
汲冢周書輯要、逸書(輯) 276右
竹書紀年校正、通考 286左
晉宋書故 381左
補宋書食貨志 474右
補宋書刑法志 486右
遊方山記 591右
洪花洞記 591右
荀子補注 684右
山海經箋疏、圖讚、訂譌、敍錄 710右
顏氏家訓斠記 751右
梅叟閒評(注) 755右
寶訓 779右
蜂衙小記 792右
記海錯 793右
燕子春秋 795左
曬書堂筆記 1008左
曬書堂筆錄 1008左
曬書堂詩鈔、試帖 1444左
曬書堂文集、外集、別集 1444左
曬書堂時文 1444左
和鳴集(王照圓同撰) 1554左
曬書堂詩餘 1624右
48 郝敬(明)
易領 17右
問易補 18左
學易枝言 18左
周易正解 18左
尙書別解 41左
尙書辨解 41左
毛詩原解 55左
毛詩序說 64左
周禮完解 70右
儀禮節解 76右
禮記通解 85右
春秋非左 107左
批點左氏新語 107左
春秋直解 126左
論語詳解 141左
孟子說解 147左
四書攝提 151右
談經 171左
讀書通 209右
批點史記瑣瑣 263右
批點前漢書瑣瑣 265左
史漢愚按 266左
批點後漢書瑣瑣 266右
批點三國志瑣瑣 268左
批點晉書瑣瑣 269左
批點南史瑣瑣 272左
批點北史瑣瑣 272左
批點舊唐書瑣瑣 272右
諫草 498左
時習新知 736左
閑邪記 736左
批選杜工部詩(評) 1223左
嘯歌 1360左
小山草 1360左
四書制義 1360左
藝圃傖談 1580左
60 郝景春(明)
郝太僕遺集 1364右

4742$_7$ 郄

60 郄口(元)
刑統賦(韻釋) 487左

4748$_6$ 嬾

10 嬾雲山人(清) 見許豫

4750$_2$ 拏

10 拏雲主人 見楊元愷

4752$_0$ 鞠

37 鞠通生(明) 見沈自晉
77 鞠履厚(清)
印文考略 941右

4762$_0$ 胡

00 胡亶(清)
中星譜 870右
胡彥昇(清)
樂律表微 102左
胡方(清)
周易本義註 20右
胡方平(宋)
易學啓蒙通釋、圖 30左
胡應麟(明)
三墳補逸 294左
史書佔畢 379左
玉壺遐覽 448左
經籍會通 639右
四部正譌 640左
九流緒論 973左

華陽博議 999左
莊嶽委談 999左
丹鉛新錄 1022右
甲乙剩言 1069右
二酉綴遺 1069右
雙樹幻鈔 1190右
少室山房類藁 1358左
詩藪內編、外編、續編、雜編 1579右
藝林學山 1579右
少室山房曲考 1722左
少室山房筆叢 1739右
筆叢 1739右
續筆叢 1739右
少室山房集 1743左

胡庭(清)
畸人之詩略 1399左

胡廣(漢)
胡廣漢制度 456左
漢官解詁(注) 466右

胡廣(明)
胡文穆雜著 992左

胡廣(明)等
周易大全 16右
書傳大全 40右
詩經大全 54右
禮記大全 85右
春秋大全 125右
大學章句大全、或問 132左
中庸集註章句大全、或問 135左
中庸章句大全 135左
論語集註大全 141左
孟子集註大全 147左
性理大全書 731左

胡文楷
東萊呂太史春秋左傳類編校勘記* 106右
鄭守愚文集校勘記* 1238右
夷白齋藁校勘記* 1320左

胡文田(民國)
遊奉天行宮記 564右
奉天行宮游記 564右

胡文學(清)
李贅 452左
淮鹺本論 476右
胡氏疏稿 499左
甬上耆舊詩(輯) 1547右

胡文煥(明)
逸詩(輯) 65左
論語會心詩 141左
字學備考 193左
文會堂詞韻(輯) 208左
招擬假如行移體式 458左
官禮制攷 468左
瑣言摘附(輯) 487右
華夷風土志 623右
新刻華夷風土志 624左
附庥合覽 908左
諸子續要(纂輯) 1035右
祝壽綿年(輯) 1037右
名物法言(輯) 1043右
類修要訣、續附(輯) 1172右

胡文煥(明)等
讀律歌(輯) 487右

10 胡一桂(元)
周易本義附錄纂註 15右
易本義附錄纂疏 15右
周易發明啓蒙翼傳、外篇 29右
易學啓蒙翼傳 29右
十七史纂古今通要 374右

胡一中(元)
定正洪範集說 46左

胡三省(元)
資治通鑑(音注) 282左
通鑑釋文辯誤 283左
資治通鑑釋文辨誤 283左

胡玉縉(民國)
說文舊音補注、續、改錯 191左
說文舊音 191左

胡元玉(清)
璧沼集 177右
鄭許字義異同評 181右
漢音鉤沈、敍例、附記 212右
雅學攷 216右
駁春秋名字解詁 221右
授經簃集(輯) 1563左
研經書院課集(輯) 1563左
東山書院課集(輯) 1563左

胡元儀(清)
毛詩譜(輯) 64右
北海三攷 417右
瞻闋集虛 1014左

始誦經室文錄 1510右
詞旨(釋) 1718左

胡元直(清)
介堂經解 178左
介堂詩詞 1509左
介堂文筆 1509左
癸甲試賦 1509左

胡元暉(清)
子貫附言 976左

胡元質(宋)
左氏摘奇 113左

胡元常(清)
新校資治通鑑敍錄(輯) 283左
論書絕句 923左

胡爾榮(清)
破鐵網 909右

胡震(元)
周易衍義 15右

胡震亨(明)
易解附錄、後語(輯) 6右
讀書雜錄 1023左
唐詩談叢 1564左
唐音癸籤 1564左

胡天游(元)
傲軒吟稿 1319左

胡天游(清)
春秋夏正 130右
龍母洞記 590左
烈女李三行 1416右

胡雲翼
女性詞選(輯) 1645左
宋名家詞選(輯) 1646左
清代詞選(輯) 1647左

11 胡非子(周)
胡非子 705左

胡珏(清)
扁鵲心書、神方(參論) 818左
醫家心法(評) 820右
四明心法(評) 821左

胡璩(唐)
譚賓錄 1106左

12 胡珽(清)
考工記校譌* 72右
論語竢質校譌* 141右 142左
六書說校譌* 190左

霜猨集校譌* 351左
蠻書校譌* 358右
東家雜記校譌* 415左、右
孔氏祖庭廣記校譌*415右
列仙傳校譌* 446左
疑仙傳校譌* 447左
吳郡圖經續記校勘記* 518右
南海百詠校譌* 552右
茅亭客話校勘記* 556右
質孔說校譌* 742右
九賢祕典校譌* 773左
傷寒九十論校譌* 813左
劉江東家藏善本葬書校譌* 900左
角力記校譌* 949左
三教平心論校譌* 968左
密齋筆記、續記校譌* 987右
鶡林子校譌* 997左
雞肋編校勘記* 1059左
幽明錄校譌* 1086左
續幽怪錄拾遺(輯)* 1105左
續幽怪錄校勘記* 1105左
綠珠傳校勘記* 1114右
李師師外傳校譌* 1116左
西齋淨土詩校譌* 1188右
梅花字字香校譌* 1306右
丁鶴年集校譌* 1322左
艇齋詩話校譌* 1569右
蓮堂詩話校譌* 1576右
12 胡瑗(宋)
周易口義 11右
洪範口義 46左
皇祐新樂圖記（阮逸同撰） 938左
胡廷綬(清)
尙書古今文五藏說 47右
胡延(清)
長安宮詞 384左
16 胡琨(清)
泥封印古錄 664左
胡珵(宋)
蒼梧雜志 1054右
胡珵(清)
書農府君年譜 422右
17 胡承諾(清)
繹志、劄記 721右
讀書說 721右
胡承譜(清)
隻塵譚、續 1007左
胡承珙(清)
毛詩後箋 58右
儀禮古今文疏義 82右
爾雅古義 164右
小爾雅義證 217左
韓集補注(訂) 1228右
求是堂文集、駢體文 1451右
求是堂詩集 1451右
求是堂詩餘 1629左
胡承琛(清)
種義園詩草 1424右
胡承錕(清)
萊娛軒詩草 1425左
胡君復(民國)
王湘綺文鈔(選) 1517左
林琴南文鈔(選) 1520左
嚴幾道文鈔(選) 1520右
張季直文鈔(選) 1520右
馬通伯文鈔(選) 1521左
康南海文鈔(選) 1522左
章太炎文鈔(選) 1524右
梁任公文鈔(選) 1526左
18 胡璇(明)
胡二峯侍郎遺集 1371右
20 胡重(清)
說文字原韻表 190左
胡舜申(宋)
己酉避亂錄 300右
胡季堂(清)
扈從木蘭行程日記 615左
培蔭軒雜記 1007左
培蔭軒詩集 1447左
培蔭軒文集 1447左
胡香昊(清)
香草堂詩鈔 1397左
胡秉虔(清)
卦本圖攷 31左
尙書序錄 48右
說文管見 187右
古韻論 211右
漢西京博士考 412右
河州景忠錄、附記 530左
胡維新(明)
兩京遺編(輯) 1741左
胡維霖(明)
墨池浪語 997左
胡維翰(民國)
雛鳳精舍存稿 1517右
21 胡仁(清)
海雪詩龕詩鈔 1505右
胡行簡(元)
樗隱集 1320右
胡虔(清)
柿葉軒筆記 1025右
胡睿烈(清)
炅齋詩集 1420左
胡師安(元)等
元西湖書院重整書目 645左
22 胡淵(清)
蒙養詩教 760右
胡鼎(清)
筆耕錄 1030左
守拙齋詩存、文存 1505右
丹溪詩鈔(輯) 1549右
丹溪文鈔(輯) 1549右
胡嶠(五代)
陷虜記 608右
陷北記 608右
胡繼先(明)
楊大洪先生忠烈實錄(輯) 408左
胡崧(清)
啓矇眞諦(輯) 1738左
23 胡我琨(明)
錢通 477左
24 胡德琳(清)
碧腴齋詩存 1428右
胡侍(明)
墅談 970右
眞珠船 996左
胡偉(宋)
宮詞 1283左
胡納(宋)
見聞錄 1054右
胡纘宗(明)
新刻胡氏詩識(編) 54右
25 胡仲弓(宋)
葦航漫遊稿 1289右
胡仲參(宋)
竹莊小藁 1290右

胡傳(淸)
東陲道里形勢 485右
十三道嘠牙河紀略 582左
26 胡自治(淸)
翰墨巵言 922右
胡皇后(後魏)
下田益宗令 493右
賜崔亮璽書 493右
胡儼(明)
胡氏雜說 992左
頤菴文選 1329左
27 胡佩芳(淸)
蘭圃遺草 1487右
胡仔(宋)
孔子編年 414右
苕溪漁隱叢話 1572左
胡夤(淸)
射侯考 78右
明堂考 97左
明明子論語集解義疏 143右
切音啓蒙 215左
大衍集 1503右
約仙遺稿 1503右
胡紀榮(民國)
汶叟詩存 1520左
胡穉(宋)
簡齋先生年譜 428左
增廣箋註簡齋詩集、正誤 1265左
無住詞(箋) 1599左
胡紹勳(淸)
四書拾義 154左
胡紹煐(淸)
文選箋證 1532右
30 胡永吉(淸)
大洋海大西洋海印度海北冰海南冰海攷 587左
胡家萱(淸)
織餘草 1511右
胡宿(宋)
文恭集 1244左
胡文恭詩集 1244左
胡之玫(宋)
太上靈寶淨明宗教錄(胡士信同輯) 1742右
胡之棣(淸)
師儉堂詩鈔 1405左
胡憲仲(明)
仰子遺語 972左
仰崖遺語 972左
胡安(明)
胡苑卿集 1351右
胡安國(宋)
春秋綱領 123左
春秋傳 123左
春秋胡氏傳 123左
胡宏(宋)
皇王大紀 286左
知言 727右
胡子知言、疑義 727右
五峯集 1268右
胡寅(宋)
敍古千文 203左
致堂讀史管見 374左
斐然集 1266左
胡宗憲(明)
籌海圖編 482右
海防圖論（一題鄭若曾撰） 482右
胡宗楙(民國)
東萊呂太史文集考異* 1273右
倪石陵書考異* 1274右
魯齋王文憲公文集考異* 1286左
淵穎吳先生集考異* 1316左
敬鄉錄考異* 1547右
31 胡江(明)
談剰 1000左
32 胡淵(民國)
南香畫語 935左
隨感錄 1016右
南香詩鈔 1529右
胡兆般(淸)
居易齋詩鈔、雜作 1421左
胡兆春(淸)
尊聞堂文集、詩集 1510左
胡祗遹(元)
紫山大全集 1304左
33 胡浚(淸)
綠蘿山莊駢體文集 1455左
34 胡澍(淸)
說文解字部目(書) 189右
黃帝內經素問校義 809右
素問校義 809右
內經素問校義 810左
止觀輔行傳宏決（一名輔行記・錄） 1188右
胡達源(淸)
弟子箴言 764右
36 胡混成(口)
金丹正宗(編) 1171左
胡渭(淸)
易圖明辨 30右
禹貢錐指、例略圖 45左
洪範正論 46右
大學翼眞 133左
37 胡淑福(民國)
潔貞紗櫥繡餘存草 1517左
胡次焱(宋)
梅巖文集 1294右
胡祖翮(淸)
修防事宜 580右
水道參攷 585左
38 胡祥麟(淸)
虞氏易消息圖說初稿 31左
虞氏易消息圖說 31左
胡祥鑅(淸)
帕米爾輯略 484左
胡啓俊(淸)
蜂房春秋 1127左
40 胡大文(淸)
壽聲堂存稿 1504左
胡大經(民國)
道存堂存稿 1517左
胡太初(宋)
晝簾緒論 471右
胡士信(宋)
太上靈寶淨明宗教錄(胡之玫同輯) 1742右
胡士行(宋)
尙書詳解 39右
胡奎(明)
斗南老人集 1327右
胡直(明)
胡子衡齊 734左
衡廬精舍藏稿、續稿 1351右
胡廬山集 1351右
胡培翬(淸)
儀禮正義 77右
禘祫問答 96右

禘祫答問 96右
燕寢考 97右
研六室雜著 175右
研六室文鈔 1456左
40 胡克家(清)
通鑑外紀(注補) 284右
文選攷異* 1530右
胡有恂(民國)
伯子詩稿 1522右
丹溪詩鈔、續鈔(輯) 1549右
胡存善(元)
類聚名賢樂府羣玉(輯) 1715左
41 胡柯(宋)
廬陵歐陽文忠公年譜 427左
42 胡斯鐔(清)
眠琴館詩鈔 1505右
胡樸安(民國)
律數說 103左
音學辨微校刊記* 214左
漢人不服滿人表 354左
髮史 354左
胡氏家乘 393左
包愼伯先生年譜 423左
周秦諸子書目 650左
戴先生所著書攷 651左
周秦諸子學略 681左
筆志 800左
紙說 802右
臺體截積術 891右
代數助變術 891右
圓理拾遺 891右
衍元略法 891右
奇石記 957左
餘墨 1016右
胤禎外傳 1082右
多鐸妃劉氏外傳 1082右
唐人傳奇選(胡懷琛同選) 1097左
子夜歌(胡懷琛同輯) 1535左
胡笳十八拍及其他(輯) 1535左
南社詩選(輯) 1545右
南社文選(輯) 1546左
讀漢文記 1563左
論文雜記 1589左
歷代文章論略 1589左
南社詞選(輯) 1647左
44 胡夢昱(宋)
竹林愚隱集 1282右
胡薇元(清)
漢易十三家(輯) 6右
霜菉亭易說 28左
詩緯含神霧訓纂 245右
詩緯推度災訓纂 246左
詩緯氾歷樞訓纂 246右
道德經達詁 691右
三州學錄 749右
公瀍導源 977左
湖上草堂詩 1513左
夢痕館詩話 1588左
鵲華秋 1690左
青霞夢 1690左
樊川夢 1690右
繙書圖 1690右
壺中樂 1690右
歲寒居詞話 1720右
壺庵五種曲 1751左
胡世寧(明)
胡端敏奏議 497左
胡世安(清)
異魚圖贊箋 793左
異魚圖贊補 793左
異魚贊閏集 793左
奘子(注) 1229右
胡桂生(清)
海枃堂文、詩 1503右
胡蘊玉(民國) 見胡樸安
胡林翼(清)
胡林翼奏議 500右
胡文忠公奏議 500右
胡文忠公遺集 500右
胡林翼批札 502右
胡林翼語錄、通論 722右
讀史兵略 775右
胡文忠公遺集 1476右
胡文忠公書牘 1476右
胡林翼書牘 1476右
46 胡韞玉(民國) 見胡樸安
48 胡翰(明)
胡仲子集 1325右
胡敬(清)
國朝院畫錄 434右
大元海運記(輯) 476左
淳祐臨安志輯逸(輯) 520左
定鄉雜著 539右
西清劄記 912左
南薰殿圖像攷 933右
崇雅堂駢體文鈔 1450右
崇雅堂文鈔、詩鈔、應制存稿、刪餘詩 1450右
胡松(明)
唐宋元名表(輯) 1562右
50 胡泰(明)
趨避檢 908左
52 胡虬齡(清)
棣華居詩略 1421右
53 胡咸臨(清)
炙硯詞 1636左
55 胡捷(清)
讀書舫詩鈔 1415右
60 胡□(□)
女範 757右
胡思敬(民國)
周易通略校勘記* 16右
券易苞校勘續記* 30右
詩故校勘續記* 55左
周官集傳校勘續記* 70左
四書疑節貫通校勘續記* 151左
五代史補校勘記* 298右
松漠紀聞校勘記* 302右
黑韃事略校勘記* 303左
庚申外史校勘記* 304右
姜氏祕史校勘記* 307左
北征錄、後錄校勘記* 307右
庭聞錄校勘續記* 325左
戊戌履霜錄 330左
驢背集 330右
大盜竊國記 335右
九朝新語、十朝新語外編 354左
國聞備乘 354左
江南野史附錄、校勘記* 359右
王船山讀通鑑論辨正 376左
經幄管見校勘記* 378右
備遺錄校勘記* 401左
丙午釐定官制芻論 468左
鹽乘 477左

退廬疏稿 501右
滇海虞衡志校勘記* 559左
江源考證校勘記* 580右
咸賓錄校勘續記* 623右
審國病書 723左
理學類編校勘記* 731左
年歷考校勘記* 867右
激書校勘記* 974右
藏一話腴校勘續記* 988右
寒夜錄校勘續記* 1002右
拾遺錄校勘續記* 1023左
文標集校勘記* 1234右
雲臺編校勘記* 1238右
舍人集校勘記* 1253右
宗伯集校勘記* 1254右
朝散集校勘記* 1255左
曲阜集校勘續記* 1255左
王魏公集校勘續記* 1255左
溪堂集校勘補遺（魏元曠同撰）* 1263左
飄然集校勘續記* 1266左
野處類稿校勘記（魏元曠同撰）* 1268右
應齋雜箸校勘記* 1268右
誠齋策問校勘續記* 1269右
雲莊集校勘記* 1272左
義豐集校勘記* 1274左
自鳴集校勘記* 1277左
格齋四六校勘記* 1277右
宋宗伯徐清正存稿校勘記(劉家立同撰)* 1279左
雪坡舍人集校勘續記、後記* 1288左
碧梧玩芳集校勘記* 1288左
須溪集校勘續記* 1291右
芳洲集校勘續記* 1294右
松巢漫稿校勘續記* 1296右
芳谷集校勘記* 1302左
范德機詩集校勘記* 1308右
揭文安公詩集、詩續集、文集校勘記* 1309左
樂庵遺稿校勘續記* 1311左
僅存集校勘續記* 1314右
山窗餘稿校勘記* 1320右
寓庵詩集校勘續記* 1321右
靜居集校勘續記* 1324左
春雨軒集校勘續記* 1326左
芑山文集、詩集校勘記（魏元曠同撰）* 1370右
髻山文鈔校勘續記* 1370右
朱中尉詩集校勘續記* 1374左
四照堂文集、詩集校勘記* 1378左
懷葛堂集校勘續記* 1401右
暢谷文存校勘記* 1439右
退廬文集、詩集 1525右
退廬箋牘 1525右
豫章詩話校勘記* 1566左
元三家易說(輯) 1727左
宋人小史三種(輯)1732左
明人小史八種(輯)1732右
明季逸史二種(輯)1732右
宜春張氏所著書二種(輯) 1740左
四宋人集(輯) 1745左
九宋人集(輯) 1745左
元二大家集(輯) 1745右
四元人集(輯) 1745右
明季六遺老集(輯)1745右
吉州二義集(輯) 1746左
袁州二唐人集(輯)1746左

67 胡鳴玉(清)
訂譌雜錄 1024右

胡嗣廉(明)
加減靈祕十八方(輯) 858左

胡煦(清)
周易函書約存、約注、別集 20右
卜法詳考 897左

71 胡匡衷(清)
周禮畿內授田考實 74左
侯國職官表 74左
儀禮釋官 81右
禘祫問答（原題誤應作胡培翬撰） 96右
鄭氏儀禮目錄校證 99左

胡長新(清)
表忠錄、續錄(輯) 409左
忠烈編(輯) 409右

胡長孺(元)
石塘稾 1301右

胡長齡(清)
儉德齋隨筆 335左

74 胡助(元)
純白齋類稿 1309右
純白類稾 1309右

77 胡鳳丹(清)
唐鑑音注考異* 290左
青冢志(輯) 568右
航海圖說 586右
金華叢書書目提要 651左
蜀碑記辨譌考異* 674右
楓山章先生語錄考異* 732左
楹聯集錦(輯) 945左
駱丞集辨譌考異* 1217左
忠簡公集辨譌考異* 1259左
龍川文集辨譌考異* 1278左
唐四家詩集辨譌考異 1541左
石洞貽芳集考異* 1557右
六朝四家全集辨訛攷異 1563右
採輯歷朝詩話(輯)1563右 1564左

胡居仁(明)
易象鈔 17左
居業錄 731右
胡敬齋先生居業錄 731右
胡文敬公集 1333左
胡敬齋先生文集 1333左
文敬胡先生集 1333左
胡敬齋集 1333左

胡學書(清)
養拙齋詩存 1505右

80 胡介(宋)
常德圖經 549右

胡念修(清)
問湘樓駢文初稿(輯) 1512左
四家纂文敘錄彙編(輯) 1588左

胡念萱(清)

息園舊德錄(輯) 393左
80 胡曾(唐)
詠史詩 381左
新彫注胡曾詠史詩 381左
84 胡錡(宋)
耕祿藁 1123左
86 胡錫燕(清)
詩古音繹 213左
胡知柔(宋)
象臺首末(輯) 406右
87 胡翔瀛(清)
易經徵實解 28右
易象授蒙 28右
竹廬家話 756右
女閑 758右
友義 768左
孫淮浦先生語類(輯) 977左
偶筆 1013左
偶爾吟 1473右
寒夜集 1473右
柳溪倩書 1473右
柳溪碎語 1473右
圖銘合看 1474左
松軒九圖(輯) 1559左
88 胡銓(宋)
周禮解 69右
禮記解 85左
春秋解 123右
經筵玉音問答 452左
澹菴文集 1266右
胡澹庵先生文集 1266右
胡忠簡公文集補遺 1266右
澹菴集 1266右
澹菴長短句 1599左
胡忠簡澹菴長短句 1599右
90 胡懷琛(民國)
中庸淺說 136右
太白國籍問題 426左
描寫人生斷片之歸有光 429右
老子補註 691右
老子學辨 692左
莊子集解補正 696右
列子張湛註補正 698左
惠施詭辯新解 705左
神州異產志(輯) 794左
淮南集解補正 961右
樸學齋夜談 1016右
讀書雜記 1031左
王念孫讀書雜誌正誤 1031左
札迻正誤 1031左
唐人傳奇選(胡樸安同選) 1097左
福履理路詩鈔 1528右
上武詩鈔 1528右
江村集 1529左
秋山文存 1529左
子夜歌(胡樸安同輯) 1535左
蘭閨清課(選) 1545右
海天詩話 1589左
文則 1589左
胡愔(唐)
黃庭內景五藏六府圖 851右
黃庭內景五臟六腑圖說 852左
黃庭內景五臟六腑補瀉圖 852左
胡光岱(口)
酒史 806右
胡光斗(清)
晉註小倉山房尺牘(箋) 1423右
胡尙衡(清)
一鑑樓詩略 1391左
胡常德(清)
讀說文日記 189左
胡爌(明)
拾遺錄 1023左
胡粹中(明)
元史續編 291左
91 胡炳文(元)
周易本義通釋 15右
易本義通釋 15右
輯錄雲峯文集易義 15右
四書通 150右
純正蒙求 762左
雲峯集 1304左
雲峯詩餘 1612左
94 胡愼儀(清)
石蘭詩鈔 1439左

4762_7 都

26 都穆(明)
遊名山記 587左
金薤琳琅 666右
寓意編 910左
南濠居士文跋 914左
聽雨紀談 993左
都公譚纂 1066右
玉壺冰 1066右
南濠詩話 1578左
57 都絜(宋)
易變體義 13左
77 都卬(明)
三餘贅筆 992右

4772_7 邯

67 邯鄲綽(魏)
五經析疑 168右
邯鄲淳(魏)
姚江曹娥碑 439左
藝經 953左
笑林 1120右

4780_1 起

11 起北赤心子(明)
新話撫粹(輯) 1125左

4780_6 超

23 超然子(金) 見王吉昌
48 超乾(清釋)
鳳皇山聖果寺志 566右

4791_7 杞

00 杞廬氏(清)
都門紀變百詠(復儂氏同撰) 330右

4792_0 柳

10 柳三變(宋) 見柳永
16 柳珵(唐)
常侍言旨 337右
上清傳 1106左
21 柳師尹(宋)
王幼玉記 1115左
26 柳得恭(朝鮮)
燕臺再游錄 352右
灤陽錄 615右
二十一都懷古詩 634左
30 柳永(宋)
樂章集、續添曲子 1592右
柳屯田樂章集 1592右
樂章集選 1592右

柳守元(口)
三壇圓滿天仙大戒略說 1157左
道門功課 1164左
柳寶詒(清)
溫熱逢源 828右
柳宗元(唐)
先友記 385右
段太尉逸事狀 404右
晉問 525右
揚子新注 714右
纂圖互注揚子法言(李軌、宋咸、吳祕、司馬光合注) 714右
新纂門目五臣音注揚子法言(李軌、宋咸、吳祕、司馬光合注) 715左
絃子記 939左
河東先生龍城錄 1048左
龍城錄 1048左
李赤傳 1100左
梓人傳 1100左
種樹郭橐駝傳 1100左
捕蛇者說 1100左
河間傳 1100左
河間婦傳 1100左
宋清傳 1100左
柳文、別集、外集 1230左
柳河東先生詩集 1230左
柳河東詩集 1230左
柳柳州集 1230左
唐大家柳柳州文鈔 1230左
柳柳州文選 1230左
柳河東詩鈔 1230左
河東詩鈔 1230左
此木軒柳州文選 1230左
河東先生全集錄、外集 1230左
柳文選 1230左
柳河東集、外集、新編外集 1230右
河東先生集、外集、集傳 1230右
唐柳河東集、外集、遺文 1230右
柳柳州尺牘 1230右
35 柳沖用(口)
巨勝歌 1178右
37 柳湖(口)
五方神傳 1119左
44 柳華陽(口)
性命雙脩慧命正旨 1174右
柳樹芳(清)
分湖柳氏重修家譜 393左
分湖小識 519左
勝溪竹枝詞 536左
養餘齋初集、二集、三集 1457右
54 柳拱辰(宋)
永州風土記 548右
60 柳是(清)
柳如是詩 1376左
77 柳開(宋)
河東集 1241右
河東先生集 1241右
柳興恩(清)
穀梁大義述 120左
柳貫(元)
打棗譜 787右
王魁傳 1117左
金鳳釵記 1117左
柳初陽詩集 1308左
待制集 1308左
柳待制文集 1308左
80 柳公權(唐)
小說舊聞記 1048右
90 柳堂(清)
東平教案記 330右
蒙難追筆 333右
史外韻語書後 383右
周甲錄 432左
宰惠紀略 474左
災賑日記 479左
宰德小記 503左
牧東紀略 503左
舟行吟草 1513左
仕餘吟草 1513左
宦遊吟草 1513左
北上吟草 1513左
蓮溪吟草 1513左
書札記事 1513左
97 柳燦(唐)
夢雋 906左

4792$_7$ 橘

12 橘瑞超(日本)
日本橘氏敦煌將來藏經目錄 653右
40 橘南溪(日本)
霧島山記 634右

4826$_1$ 猶

34 猶法賢(清)
黔史 558左

4864$_0$ 故

30 故宮博物院
賞溥傑書畫目(輯) 912右
收到書畫目錄(輯) 912右
諸位大人借去書籍字畫玩物等糙賬(輯) 912右
外借字畫浮記簿(輯) 912右

敬

00 敬文(清)
紅葉山樵詩草 1439右
02 敬訓(清)
叢蘭山館詩草 1439右
21 敬虛子(明)
小隱書全帖 442左
30 敬安(民國釋)
寄禪遺詩 1520左

4893$_2$ 松

26 松泉居士(清) 見安岐
80 松年(清)
頤園論畫 934右
88 松筠(清)
綏服紀略 325右
綏服紀略圖詩 325右
古品節錄 384右
新疆疆域總敘 531左
西陲總統事略(纂定) 531左
西招圖略 560右
西藏圖說、自成都府至後藏路程 560右
西藏巡邊記 560右
藏寧路程 560右
西招審隘篇 560右
西招紀行詩 560右
西招紀行 560右
丁巳秋閱吟 560右
招西秋閱紀 560右

4894$_0$ 枚

20 枚乘(漢)
枚叔集 1198左

4895$_7$ 梅

00 梅應發(宋)
開慶四明續志(劉錫同撰) 520右
梅庚(清)
知我錄 387左
梅文鼎(清)
勿菴歷算書記 650左
勿菴歷算書目 650左
仰儀簡儀二銘補註 871左
二儀銘補注 871左
恆星紀要 871左
五星紀要 871左
五星管見 871左
南極諸星考 871左
火星本法 871左
火星本法圖說 871右
七政細草補註 871右
細草補注 871右
上三星軌迹成繞日圓象 871右
雜著 871右
揆日紀要 871右
七政前均簡法 871右
揆日候星紀要 871右
學歷說 871右
曆學疑問 871右
歷學疑問補 871右
曆學駢枝 872左
歲周地度合攷 872左
授時平立定三差詳說 872左
曆學答問 872左
交食管見 872左
諸方節氣加時日軌高度表 872左
冬至攷 872左
交食蒙求 872左
月食蒙求 872左
日食蒙求、附說 872右
大統歷志 872右
三角法舉要 880右
句股闡微 880右
弧三角舉要 880右
環中黍尺 880右
塹堵測量 880右
方圓冪積 880右
幾何補編 880右 881左
解八線割圓之根 881左
筆算 881左
古算衍略 881左
籌算 881左
度算釋例 881左
方程論 881左
少廣拾遺 881左
句股舉隅 881左
幾何通解 881右
平三角舉要 881右
古算器考 881右
交食 1738左
七政 1738左
梅文鼐(清)
中西經星同異考 871左
08 梅鷟(明)
古易考原 32右
尚書考異 40右
南廱志經籍考 645左
22 梅彪(唐)
石藥爾雅(輯) 1177右
梅鼎和(明)
孝經疏鈔(鈔) 157右
梅鼎祚(明)
才鬼記(增輯) 1110右
李詩鈔評(評) 1220左
杜詩鈔評(評) 1223左
古樂苑(輯) 1533右
皇霸文紀(輯) 1536右
釋文紀(輯) 1536右
西漢文紀(輯) 1537右
東漢文紀(輯) 1537右
西晉文紀(輯) 1538左
宋文紀(輯) 1538左
南齊文紀(輯) 1538右
梁文紀(輯) 1538右
陳文紀(輯) 1538右
北齊文紀(輯) 1538右
後周文紀(輯) 1538右
隋文紀(輯) 1538右
崑崙奴 1674左
玉合記 1694左
李卓吾先生批評玉合記 1694左
長命縷 1694左
25 梅純(明)
損齋備忘錄 993左
28 梅谿釣徒(清)
批評釋義音字琵琶記、圖劄記(輯)* 1691右
30 梅淳(明)
岳陽紀勝彙編(輯) 548左
34 梅漪老人(清) 見姚文田
35 梅清(清)
梅瞿山詩 1388右
38 梅啓照(清)
彊恕齋吟草 1495左
40 梅士勸(明)
唾餘集選 1373右
梅堯臣(宋)
碧雲騢 340右
碧雲騢錄 340右
宛陵集 1245左
宛陵先生集 1245左
宛陵先生文集 1245左
宛陵詩鈔 1245左
宛陵詩集 1245左
宛陵詩選 1245左
梅氏詩評 1569左
詩評 1569左
續金鍼詩格 1569左
梅志暹(明)
重陽庵集 567右
44 梅芳老人(清) 見蔣曰綸
梅孝已(明)
灑雪堂 1699右
墨憨齋新定灑雪堂傳奇 1700左
梅摯(宋)
梅諫議集 1247左
梅英杰(清)
胡林翼年譜 411左
梅村野史(清) 見吳偉業
47 梅瑴成(清)
操縵卮言 871右
測北極出地簡法 872右
增刪算法統宗(增刪) 879右
赤水遺珍 881右
方田度里 882左
53 梅成棟(清)
欲起竹間樓存稿 1463左
樹君詩鈔 1463左
吟齋筆存 1587左
60 梅□(晉)

梅子新論 718右
80 梅毓(清)
劉更生年表 417左
梅曾亮(清)
泛通河記 589左
遊小盤谷記 592右
遊瓜步山記 593左
柏梘山房文鈔 1457右
柏梘山房駢體文鈔 1457右
梅伯言文鈔 1457右
梅伯言先生尺牘 1457右

4928_0 狄

17 狄子奇(清)
國策地名考(箋) 296左
孔子編年 415左
孟子編年 416右
狄君厚(元)
新編關目晉文公火燒介之推 1658左
晉文公火燒介之推 1658左
狄君厚雜劇 1750左
20 狄億(清)
暢春苑御試恭紀 470左
菊社約 960左
綺霞詞 1621右

4942_0 妙

47 妙聲(明釋)
東皋錄 1324左

4980_2 趙

00 趙彥端(宋)
介菴詞 1600左
介菴趙寶文雅詞 1600左
介庵琴趣外篇、補 1600左
趙彥衛(宋)
東巡記 300右
御塞行程 512右
雲麓漫抄 986右
雲麓漫鈔 986右
趙彥修(清)
畫友詩 435左
趙彥肅(宋)
復齋易說 12左
趙彥暉(清)
存存齋醫話稿 865左
趙方蔭華(清)
雙清閣詩 1470右
雙清閣詩餘 1632左
趙慶聖(清)
月巖詩遺 1433右
趙慶熺(清)
香銷酒醒詞 1632左
香銷酒醒曲 1713右
趙文(元)
青山集 1302右
青山稾 1302右
青山詩餘 1611右
趙文華(明)
演伎細事 947右
趙文哲(清)
媕雅堂詩集 1426左
媕雅堂集 1426右
媕雅堂詩話 1585左
媕雅堂詞 1625左
趙雍(元)
趙待制遺稾 1313左
待制詞 1613左
趙待制詞 1613左
01 趙龍文(清)
猺歌(輯) 1561右
02 趙新(清)
還硯齋周易述 27右
還硯齋易漢學擬旨 27右
還硯齋大學題解參略 134左
還硯齋中庸題解參略 136左
續琉球國志略 630右
還硯齋雜著、古近體詩略、賦稿、大題文稿、試帖 1477左
03 趙詒琛(民國)
顧千里先生年譜 422右
爨龍顏碑考釋(輯) 667左
06 趙韻花(清)
醖香樓集 1503右
07 趙望齡(清)
竹廬詩鈔 1434右
趙譔(明)
趙忠愍公景忠集 1367右
08 趙謙(明)
造化經綸圖 992左
10 趙一清(清)
稽堂閭史考證 395左
水經注附錄* 577左
水經注釋、刊誤 577右
東潛文稿 1432右
趙元一(唐)
奉天錄 298左
趙元紹(清)
總宜山房詩集 1453左
趙元祚(清)
滇南山水綱目 570右
趙元益(清)
澳大利亞洲新志(吳宗濂同譯) 639左
數學理(筆述) 890右
趙元愷(清)
一樹棠棣館詩集 1453左
趙爾巽(民國)等
清史河渠志(纂) 578右
趙晉(清)
文選敂音 1532右
趙雷生(清)
省齋詩鈔 1449左
趙函(清)
樂潛堂集 1471右
12 趙瑞泉(民國)
東萊趙氏先世學行記(輯) 394右
歷代綸音(輯) 394右
趙瑗(清)
檢齋遺集 1424右
趙聯元(清)
鑑辨小言 905左
麗郡詩徵、文徵(輯) 1548右
趙烈文(清)
庚申避亂實錄(一名庚申日記) 334左
趙磻老(宋)
拙庵詞 1601右
14 趙琦美(明)
脈望館書目 646左
脈望館鈔校本古今雜劇(輯) 1751右
趙琪(民國)
世美堂文鈔(輯) 1550左
東萊趙氏先世酬唱集(輯) 1553右
16 趙環(清)
繡餘草 1434左

17 趙孟頫(元)
玄元十子圖 447右
松雪齋集、外集 1304右
松雪齋文集、詩文外集 1304右
松雪齋詞 1612左
松雪詞 1612右
松雪齋文集樂府 1612右
趙孟奎(宋)
分門纂類唐歌詩(輯) 1539右
趙孟堅(宋)
彝齋文編 1286左
彝齋集 1286左
彝齋詩餘 1606右
趙珣(宋)
熙寧酒課 475左
趙弼(明)
效顰集 1065右
趙承恩(清)
歷代名臣奏議選(輯) 494右
趙子櫟(宋)
杜工部年譜 426左
趙君舉(宋)
趙子發詞 1595右
趙司直(明)
敧閣集 1368左
趙翼(清)
皇朝武功紀盛 293左
平定兩金川述略 326右
平定臺灣述略 327右
廿二史劄記 379右
粵滇雜記 563左
簷曝雜記 635右
1007左
陔餘叢考 1025右
成語(輯) 1025右
甌北詩鈔 1427左
甌北集 1427左
甌北選集 1427右
甌北詩話、續詩話 1585左
18 趙瑜(明)
兒世說 1069右
19 趙璘(唐)
因話錄 337右
趙璘(清)等
古浪縣誌(纂) 517左
20 趙采(元)
周易程朱傳義折衷 15右
趙秉文(金)
道德眞經集解 689右
滏水集 1298右
閑閑老人滏水文集 1298右
閑閑老人詩集 1299左
滏水集補遺 1299左
趙秉忠(明)
江西輿地圖說 550左
趙維新(明)
感述錄、續錄 734左
趙維烈(清)
蘭舫詞 1620左
21 趙順孫(宋)
四書纂疏 150右
格庵奏稿 496右
趙仁基(清)
九疊山房詩存 1453右
趙仁舉(元)
絳守居園池記註(吳師道、許謙同撰) 1229右
絳守居園池記句讀(定) 1229右
趙偕(元)
趙寶峯先生文集 1312左
寶峯集 1312左
趙師尹(明)
絳守居園池記註 1229右
趙師秀(宋)
清苑齋詩集 1284右
清苑齋集 1284右
清苑齋集補遺 1284右
清苑齋詩鈔 1284右
清苑齋集補鈔 1284右
衆妙集(輯) 1539右
趙師俠(宋)
坦菴詞 1598右
趙貞信
崔東壁先生親友事文彙輯(顧頡剛同輯) 422左
崔東壁遺書初刻本校勘記 1434左
趙經達(民國)
歸玄恭先生年譜 430右
汪堯峯先生年譜 431左
22 趙彪詔(清)
談虎 795右
說蛇 796左
趙鼎(宋)
建炎筆錄 300右
辯誣筆錄 300右
家訓筆錄 752左
忠正德文集 1264左
得全居士詞 1597右
趙忠簡得全居士詞 1597右
趙鼎臣(宋)
竹隱畸士集 1263左
趙鸞掖(清)
世美堂詩鈔(輯) 1550左
趙崇嶓(宋)
白雲小稿 1604左
趙崇絢(宋)
雞肋 1037左
續雞肋 1037左
趙崇禮(明)
文燕齋遺稿 1374右
趙崇祚(後蜀)
花間集(輯) 1645左
趙崇鉘(宋)
鷗渚微吟 1292左
趙繼序(清)
周易圖書質疑 22右
漢儒傳經記、歷朝崇經記 181右
23 趙我佩(清)
碧桃館詞 1634左
趙台鼎(明)
脈望 972左
24 趙德湘(清)
澹仙詩鈔 1483左
趙佑(清)
尙書質疑 42右
尙書異讀考 48右
詩細 57右
草木疏(校正) 62左
毛詩草木鳥獸蟲魚疏(校正) 62左
讀春秋存稿 128右
春秋三傳雜案 128右
四書溫故錄 153右
敖山記 572左
遊懷玉山記 605左
清獻堂詩文集 1427左
清獻堂文錄 1427左
趙升(宋)
朝野類要 492左

趙帥(清)
偉堂詩鈔 1434右
趙岐(漢)
孟子(注) 145左、右
音注孟子(注) 145左
孟子註疏解經(注) 145右
孟子正義(注) 145右
孟子注疏(注) 145右
孟子章指、篇敍 145右
三輔決錄 388左
趙太常集 1200左
25 趙仲全(明)
梅峯語錄 734右
26 趙皇后(漢)
奏牋成帝 494右
趙魏(清)
御史臺精舍碑題名(錄) 470右
郎官石柱題名(錄) 470右
竹崦盦傳鈔書目 647左
竹崦盦金石目錄(輯) 655右
27 趙崡(明)
石墨鐫華 668右
趙繩祖(清)
肯堂詩鈔 1463左
趙綱(明)
趙文學集 1356右
趙叔向(宋)
肯綮錄 1019左
趙紹祖(清)
金仁山論孟考證輯要(輯) 150右
四書集註管窺 153右
新舊唐書互證 273左
通鑑注商 283左
竹書紀年校補 286左
金石文鈔、續鈔 656右
古墨齋金石跋 657右
安徽金石略 676左
涇川金石記 677右
讀書偶記 1027左
消暑錄 1028右
琴士詩鈔、文鈔 1442左
蘭言集 1442左
古墨齋詩鈔 1463左
趙氏淵源集(輯) 1550左
28 趙以文(清)
遺詩鈔(劉文煒同撰) 1545左
趙以德(宋)
重刊金匱玉函經二註、補方(衍義) 816右
趙以夫(宋)
易通 14右
虛齋樂府 1606右
趙以錕(清)
讀左剩語 109左
閩史瑣言 535右
30 趙宜眞(明)
仙傳外科祕方 830右
靈寶歸空訣(編述) 1168左
原陽子法語 1170右
趙宜中(明)
六藝綱目(附注) 759右
趙汸(元)
周易文詮 16右
春秋左氏傳補注 106右
春秋屬辭 125左
春秋師說 125左
春秋金鎖匙 125左
春秋集傳 125左
葬書問對 901右
東山存稿 1320右
東山存槀 1320右
趙濂(清)
醫門補要 823右
趙寧(清)
江防集要 483左
趙完璧(明)
海壑吟稿 1350右
趙永貞(明)
勸眞詩 1033右
趙宿膺(清)
建譜誌餘 307左
趙進美(清)
趙韞退詩選 1387左
趙之謙(清)
張忠烈公年譜 409右
補寰宇訪碑錄、失編(輯) 665左
勇盧閒詰 785左
趙之琛(清)
趙次閑先生印譜(刻) 942右
萍寄室印存(刻) 942右
趙之俊(清)
東行述 420右
趙守勳(清)
甄溪小稿 1427右
趙宏恩(清)等
江南通志(修) 518右
趙容(清)
誦詩小識 58右
趙宧光(明)
寒山帚談、拾遺 921左
篆學指南 940左
趙宧光(明)等
寒山誌傳 442左
趙良霨(清)
讀易經 23右
讀詩經 57右
讀禮記 86右
讀春秋 128右
肖巖詩鈔 1433右
趙良震(清)
耕氓草 1427右
趙良爵(清)
台巖詩鈔 1434左
趙良霖(清)
築巖詩集 1428左
趙良猷(清)
論語註參 142左
竹坡小草 1428左
趙寅(宋)
韓魏公事 405右
趙賓(清)
學易庵詩選 1390右
31 趙溍(宋)
養疴漫筆 1063右
趙祉皆(民國)
聽濤屋詩鈔 152[illegible]左
33 趙必瑑(宋)
覆瓿集 1291左
秋曉先生覆瓿集 1291左
覆瓿詞 1609右
34 趙湛(清)
玉暉堂詩集 1387右
趙汝談(宋)
介軒詩集 1269右
趙汝礪(宋)
北苑別錄 783右
趙汝适(宋)
諸蕃志 622右

34 趙汝楳(宋)
周易輯聞、易雅、筮宗15左
趙汝晃(宋)
退齋詞 1609左
趙汝愚(宋)
諸臣奏議(輯) 495左
宋趙忠定奏議 496左
趙汝回(宋)
東閣吟稿 1269右
趙汝騰(宋)
庸齋集 1286左
趙汝鐩(宋)
野谷詩稿 1280右
野谷詩集 1280右
趙濤(淸)
後漢書札記 267左
35 趙淸衡(明)
先君趙冢宰忠毅公行述 408左
趙迪(明)
趙鳴秋集 1326右
36 趙湘(宋)
南陽集 1242右
南陽詩集 1242右
趙溫(漢)
周易趙氏義 5左
37 趙渙(明)
唱酬餘響(史玄同撰) 1553左
趙祖慶(淸)
枕山面水草堂詩鈔 1463左
趙祖銘(民國)
書目答問校勘記* 648右
涉趣園詩集 1525右
涉趣園集、別集 1525右
來南雜俎 1525右
38 趙道(元)
歷世眞仙體道通鑑、續編、後集(編修) 447左
40 趙九成(宋)
考古圖釋文 660左
趙爽(漢)
周髀算經(注) 866右
趙友廣(淸)
懶雲詩鈔 1428左
趙友璋(淸)
龜山遺草 1434右
趙友蘭(淸)
澹音閣詞 1633左
趙友欽(元)
革象新書 868右
重修革象新書 868右
趙友烜(淸)
馥雲軒詩集 1428左
趙士麟(淸)
武林草、附刻 1399右
讀書堂綵衣全集 1399右
趙士禎(明)
倭情屯田議 312左
備邊屯田車銃議、車銃圖、倭情屯田議 773右
神器譜 777左
神器譜或問 777左
趙士喆(明)
皇綱錄 285右
建文年譜、甲申秋杪山僧問答 307左
擴廓帖木兒列傳 407左
毛文龍孔有德列傳 408右
北虜三娘子列傳 439右
萊史(輯) 532右
石室談詩 1580右
逸史三傳 1733右
趙士履(明)
居亭雜記 1070右
趙奎昌(淸)
澄懷堂詩集 1479右
趙壹(漢)
非草書 917右
趙計吏集 1200右
趙在翰(淸)
七緯敍錄敍目(輯) 227右
易乾鑿度(輯) 236右
易乾坤鑿度(輯) 236右
易通卦驗(輯) 237左
易坤靈圖(輯) 237右
易稽覽圖(輯) 238左
易是類謀(輯) 238右
易辨終備(輯) 239左
易乾元序制記(輯) 240左
尙書攷靈曜(輯) 240右
尙書帝命驗(輯) 241左
尙書琁機鈐(輯) 241右
尙書刑德放(輯) 241右
尙書運期授(輯) 242左
尙書緯附錄(輯) 245左
詩含神霧(輯) 245右
詩推度災(輯) 246左
詩汎歷樞(輯) 246右
詩緯附錄(輯) 246右
禮含文嘉(輯) 247左
禮稽命徵(輯) 247右
禮斗威儀(輯) 248左
禮緯附錄(輯) 248左
樂動聲儀(輯) 248右
樂稽耀嘉(輯) 249左
樂叶圖徵(輯) 249左
樂緯附錄(輯) 249右
春秋演孔圖(輯) 249右
春秋元命苞(輯) 250左
春秋文耀鉤(輯) 250右
春秋運斗樞(輯) 251左
春秋感精符(輯) 251右
春秋合誠圖(輯) 251右
春秋攷異郵(輯) 252左
春秋保乾圖(輯) 252右
春秋漢含孳(輯) 252右
春秋佐助期(輯) 253左
春秋握誠圖(輯) 253右
春秋潛潭巴(輯) 253右
春秋說題辭(輯) 254左
春秋緯附錄(輯) 255右
孝經援神契(輯) 257右
孝經鉤命決(輯) 259左
孝經緯附錄(輯) 260左
趙希文(淸)
漱芳居遺草 1421左
趙希璜(淸)
淇泉摹古錄 677右
趙希弁(宋)
郡齋讀書志考異、附志* 649左
昭德先生郡齋讀書志附志、攷異* 649左
趙希鵠(宋)
洞天淸錄 958左
洞天淸祿集 958左
趙希檞(宋)
抱拙小藁 1292左
趙南星(明)
學庸正說 151右
大學正說、中庸正說 151右
孝經(訂注) 158右

正心會前漢書抄(輯) 371左
正心會後漢書抄(輯) 371左
味檗齋遺筆 375左
曹大家女誡直解 757左
女兒經註 757右
三字經註 761右
上醫本草 855右
趙忠毅公閒居擇言 999左
笑贊 1123右
離騷經訂註 1196左
嘉祐集選(選) 1247右
趙忠毅公文集 1359右
味檗齋文集 1359右
目前集 1359右
夢白先生集 1360左
芳茹園樂府 1713左
教家二書 1736右

趙志堅(宋)
道德眞經疏義 689右

趙悳(宋)
詩辨說 54左
四書箋義、紀遺 150右
四書箋義纂要、續遺 150右
太華太白紀游略 590右
太白紀遊略 590右
太華紀遊略 590右

趙古農(清)
十八娘傳 1120左

趙吉士(清)
魏忠賢始末 313右
流寇瑣記 315右
交山平寇詳文 325左
交山平寇書牘 325左
萬青閣自訂詳案 501右
遊卦山記 589右
寄園寄所寄摘錄 1073左
寄園寄所寄 1126左
萬青閣自訂文集 1393右
萬青閣自訂詩 1393右
萬青閣勘河詩記 1393右
寄園集字詩 1393右
萬青閣歸隱詩 1393右
夏日吟 1393右
問天旅嘯 1393右
狃青閣秋集 1393右
燕山秋吟 1393右
林臥遙集 1393右
採朮雜咏 1393右
哭臨紀事 1393右
萬青閣自訂制藝 1393右
丹陽舟次唱和(輯) 1553右
萬青閣文訓 1582左
萬青閣詩餘 1617右

趙杏樓(清)
百花扇序 1516右

41 趙楷(清)
柳蔭居詩草 1434右

43 趙載(晉)
璇璣經 903右
元經(注) 906右

趙朴(宋)
成都古今記 557左

44 趙藩(民國)
向湖村舍詩二集 1527右
趙樾村詩選 1527右
錢南園先生守株圖題詞錄(輯) 1560左
滇詞叢錄(輯) 1647左
劍川羅楊二子遺詩合鈔(輯) 1746右
呈貢文氏三遺集合鈔(輯) 1746右
保山二袁遺詩(輯) 1747左

趙夢齡(清)
區種五種(輯) 1737右

趙蓮城(清)
讀史偶論 377左
豹隱堂近作詩稿、楹聯 1495右
蠡測集 1495右
坐言集 1495右
豹隱堂文集 1495右
豹隱堂近作雜稿、書跋 1495右

趙執信(清)
海鷗小譜 1074左
海漚小譜 1074左
因園集 1410左
飴山詩集、文集 1410左
飴山文錄 1410左
秋谷詩鈔 1410左
聲調譜 1583左
聲調前譜、後譜、續譜 1583右
趙秋谷所傳聲調譜 1583右
談龍錄 1583右
飴山詩餘 1621左

趙萬里
宋金元名家詞補遺(輯) 1645左

趙萬年(宋)
襄陽守城錄 301右
裨幄集 1295右

趙葵(宋)
行營雜錄 346左

趙茗狂
影梅菴憶語附考* 1072左
浮生六記附考* 1076右

趙蕃(宋)
乾道稾 1280左
淳熙稿 1280左
章泉稿 1280左
章泉詩集 1280左

趙樹吉(清)
郁鄢山房疏艸 501左
甕天瑣錄 1011右
郁鄢山房詩存 1481右
郁鄢山房文略 1481右
郁鄢山房駢文 1481右

趙棻(清)
南宋宮閨雜詠 382右
濾月軒詩集、續集、文集、續集 1458左
濾月軒詩餘 1630左

趙植庭(清)
倚樓詞 1629右

45 趙蕤(唐)
關氏易傳(注) 10左
長短經 965右

46 趙坦(清)
春秋異文箋 131右
寶甓齋札記 174左
寶甓齋文集 174左
小港記 539左
杭州城南古蹟記 599右
煙霞嶺遊記 599右

趙如源(明)
左傳杜林合注(王道焜同輯) 105左

47 趙均(明)
寒山金石林部目 655右
金石林時地考 655右
寒山堂金石林時地考 655右

趙懿(清)
趙懿子印譜(刻) 943左

夢悔樓詞 1639右

47 趙鶴(明)

金華呂東萊先生正學編(輯) 729右

金華何北山先生正學編(輯) 730右

金華王魯齋先生傳集(輯) 730右

金華章楓山先生正學編(輯) 732左

趙獬(清)

梅軒草 1428右

趙嘏(唐)

渭南詩集 1234左

趙栩然(明)

和徵學詩 1367左

48 趙增瑀(清)

鵝山文摘鈔 353右

趙敬襄(清)

四書圖表就正 153右

四書集註引用姓氏攷(輯) 155左

字書三辨 199左

竹岡同學錄 391左

竹岡鴻爪錄 422右

端溪書院志 569右

困學紀聞參注 1021右

竹岡小草 1396右

竹岡詩草 1396右

竹岡雜綴、續 1396右

竹屋寒衾圖(輯) 1559左

端溪課藝(輯) 1562右

竹岡詩話 1583左

趙敬如(清)

蠶桑說 785右

趙楡森(清)

羅盤解 899左

50 趙申喬(清)

趙忠毅公文錄 1404右

趙抃(宋)

御試備官日記 299左

趙清獻公詩集 1246右

清獻集 1246右

清獻詩鈔 1247左

清獻詩集 1247左

趙青藜(清)

讀左管窺 107右

星閣史論 376右

星閣正論 743右

箴友言 743右

星閣詩集 1420右

趙惠元(清)

楊文憲公寫韻樓遺像題詞彙鈔(輯) 1559左

53 趙輔(明)

平夷賦 309左

平夷錄 309左

趙威(清)

趙書癡詩 1406左

54 趙撝謙(明)

六書本義 190左

考古文集 1326左

56 趙輯寧(清)

中書典故彙記(校補) 468右

57 趙邦清(明)

曹月川先生語錄(輯) 731左

60 趙口(宋)

古杭夢遊錄 537右

都城紀勝 537右

就日錄 989左

趙星垣(清)

雲閣遺草 1463左

趙昱(清)

春草園小景分記 565左

春草園小記 565左

趙國華(清)

鵲華行館詩鐘(輯) 946左

趙景良(元)

忠義集(輯) 1541右

趙景賢(清)

趙忠節公遺墨 1461左

64 趙時庚(宋)

金漳蘭譜 789右

蘭譜奧法 790左

趙曄(漢)

吳越春秋 355左

吳女紫玉傳 1095左

楚王鑄劍記 1095左

67 趙明誠(宋)

金石錄 655右

趙明倫(明)

閒說 998左

68 趙曦明(明)

江上孤忠錄(一題黃明曦撰) 320左

顏氏家訓(注) 751右

71 趙匡(唐)

春秋闡微纂類義疏 121右

趙長卿(宋)

惜香樂府 1598右

趙槩(宋)

聞見錄 1055左

77 趙鵬飛(宋)

木訥先生春秋經筌 124左

春秋經筌 124左

趙殿成(清)

王右丞集箋註 1219右

趙際飛(清)

五松遺草 1421左

趙聞禮(宋)

釣月詞 1607右

陽春白雪、外集(輯) 1646左

趙學敏(清)

鳳仙譜 791右

本草綱目正誤 854左

火戲略 949左

趙民(口)

亶甲集(述) 1171右

趙與虤(宋)

娛書堂詩話 1575左

趙與衮(宋)

辛巳泣蘄錄 301右

趙與時(宋)

觴政述 949右

賓退錄 988右

林靈素傳 1116右

80 趙令畤(宋)

侯鯖錄 982左

聊復集 1595左

商調蝶戀花詞 1711右

趙善璙(宋)

自警篇 766左

自警編 766左

趙善政(明)

賓退錄 350右

趙善湘(宋)

洪範統一 46左

趙善括(宋)

應齋雜著 1268右

應齋詞 1600右

趙善譽(宋)

易說 14左
趙公豫(宋)
燕堂詩稿 1270左
83 趙釴(明)
鷃林子 997左
古今原始 1043左
趙鉞(清)
唐御史臺精舍題名考(勞格同撰) 470右
唐尚書省郎官石柱題名考(勞格同撰) 470右
86 趙知希(清)
環石齋詩集 1416左
涇川詩話 1566左
87 趙鈞彤(清)
西行日記 615左
趙銘(清)
琴鶴山房駢體文鈔 1497右
90 趙惟暕(唐)
琴書 936左
趙懷玉(清)
韓詩外傳(校) 66右
韓詩外傳補逸(輯)* 66右
韓詩外傳校注補逸(輯)* 66右
遊洞庭兩山記 594左
遊兩尖山記 600左
雲溪樂府 1626左
秋籟吟 1626左
趙光(清)
趙文恪公遺集 1460右
91 趙炳龍(清)
居易軒詩遺鈔、文遺鈔 1384右
趙炳麟(民國)
光緒大事彙鑑 329右
宣統大事鑑 331左
興亡彙鑑 379左
彙呈朱子論治本各疏(輯) 496左
諫院奏事錄 501右
庭訓錄(輯) 756右
柏巖聯語偶存 945右
柏巖文存 1526左
柏巖詩存 1526左
潛幷廬詩存 1526左
潛幷廬詩存初續 1526左
潛幷廬雜存 1526左
柏巖感舊詩話 1589左
92 趙愷
鄭子尹先生年譜 423右
趙恬養(清)
增訂解人頤新集 1126右
94 趙愼畛(清)
榆巢雜識 1076右
96 趙煜(漢)
韓詩趙氏學 67左
韓詩趙氏義 67左
97 趙耀(清)
寒山留緒(輯) 442左
99 趙燮元(清)
葵陽詩鈔 1434右

5

5000_6 中

44 中麓放客(明) 見李開先
中英(清釋)
龍華院稿 1383右
中菴子(淸)
儒經撮要 178左
道統中一經 740右
四子丹元 740右
學鏡約 740右
心聖直指 740右
嘉言存略 740右
公餘證可 740右
塵譚摘 740右
47 中根淑(日本)
琉球形勢略 634右

史

00 史玄(明)
舊京遺事 522右
唱酬餘響(趙渙同撰) 1553左
04 史謹(明)
獨醉亭集 1327右
10 史一經(淸)
味古齋詩存 1494右
小滄嶼山房詩存 1494右
史正志(宋)
菊譜 789左
史氏菊譜 789左
史老圃菊譜 789左
史震林(淸)
重訂西靑散記 1075右
西淸散記 1075右
欠愁集 1422左
華陽散稿 1422左
史可法(明)
史道鄰先生遺稿 1370左
史忠正公集 1370左
史忠正公文集 1370左
11 史珥(淸)
史記勦說 264左
漢書勦說 265右
後漢書勦說 267左
三國志勦說 268右
史彌寧(宋)
友林乙稿 1283左
17 史弼(元)
景行錄 766左
史承豫(淸)
遊蜀山記 594右
遊善卷洞記 594右
伏牛洞記 604左
史翼經(淸)
苹園二史詩集(史宜綸同撰) 1549左
18 史致準(淸)
尙書繹聞 43右
讀左評錄 109左
20 史季溫(宋)
山谷別集註* 1256左
山谷別集詩注 1256左
22 史崇(唐)等
一切道經音義妙門由起 1147右
史崧(宋)
黃帝內經靈樞略 808右
黃帝素問靈樞集註 808右
25 史仲彬(明)
致身錄 307左
史仲榮(宋)
法算取用本末(楊輝同撰) 879左
26 史伯璿(元)
四書管窺 151左
管窺外編 991左
史得威(明)
維揚殉節紀略 409左
27 史久華(淸)
邵蘭蓀醫案(評注) 863右
史槃(明)
新刻出相點板櫻桃記 1697左
新刻宋璟鵜釵記 1697左
吐絨記 1697左
夢磊記 1697左
墨憨齋重定夢磊傳奇 1697左
史繩祖(宋)
學齋佔畢 1021左
學齋佔畢纂 1021左
學齋呫嗶 1021左
學齋佔嗶 1021左
28 史徵(唐)
周易口訣義 11左
30 史宜綸(淸)
苹園二史詩集(史翼經同撰) 1549左
史容(宋)
山谷外集註* 1256左
山谷外集詩注 1256左
32 史澄(淸)
趨庭瑣語 976右
退思軒詩存、試帖 1504左
34 史浩(宋)
尙書講義 38左
兩鈔摘腴(輯) 984右
鄮峯眞隱漫錄 1267右
鄮峯眞隱大曲、詞曲 1599右
史達祖(宋)
梅溪詞 1605左
38 史游(漢)
急就章 201左
急就篇 201左
急就 201左
皇象本急就章 201左
校松江本急就篇 201右
40 史堯弼(宋)
蓮峯集 1272右
史樟(元)
莊周夢胡蝶 1648左
44 史堪(宋)
史載之方 857左
評注史載之方 857左
史夢蘭(淸)
疊雅 220右
燕說 226右
全史宮詞 382左
雙名錄 397右
異號類編 398左
蕙庭壽言(輯) 440右
家藏書畫記 912左
放言百首 977左
止園筆談 1012左
爾爾書屋詩草、文鈔 1482右
硯農制義 1483左
梧風竹月書巢試帖 1483左
樂亭四書文鈔、續編(輯) 1483左
永平詩存、續編(輯) 1548左

樗壽贈言(輯) 1555右
古今風謠(注) 1561右
古今風謠拾遺(輯) 1561右
古今諺(注) 1562左
古今諺拾遺(輯) 1562左
永平三子遺書(輯) 1740左
史蕁(清)
再續華州志(纂) 516右
史桂芳(明)
史惺堂集 1352左
47 史起欽(明)
韓詩外傳纂要(輯) 66右
列子纂要(輯) 698右
呂氏纂要(輯) 708右
劉子纂要(輯) 965右
55 史典(清)
願體醫話 864右
60 史口(宋)
釣磯立談 359右
史易(清)
奇門臆解 905右
63 史默(周)
周易史氏義 3右
71 史臣紀(明)
史文學集 1356右
77 史履升(清)
放言百首(箋注) 977左
史冊(清)
隆平紀事 304右
80 史善長(清・山陰)
輪臺雜記 531右
東還紀略 616左
史善長(清・吳江)
味根山房詩鈔、文集 1453左
秋樹讀書樓遺集 1453左
84 史鑄(宋)
會稽三賦(增注) 541左
百菊集譜、菊史補遺、諸菊品目 789左
88 史鑑(明)
西村十記 597右
西村集 1333左
史山人集 1333左
史簡(清)
鄱陽五家集(輯) 1746左
90 史惇(明)
痛餘雜錄 351右
97 史炤(宋)
資治通鑑釋文 282右
99 史榮(清)
審定風雅遺音 63左

申

10 申不害(周)
申子 702右
11 申頲(清)
耐俗軒新樂府 1034左
22 申繼揆(清)
比部集 1399右
24 申佳胤(明)
申忠愍詩集 1371左
申端愍公集 1371左
申端愍公詩集 1371左
申端愍公文集 1371左
34 申濩元(清)
讀毛詩日記 60左
37 申涵盼(清)
申鳧盟先生年譜略(申涵煜同撰) 430右
申鳧盟先生年譜(申涵煜同撰) 431左
忠裕堂集 1398右
申定舫詩 1398右
申涵光(清)
荊園進語 739右
荊園小語 739右
荊園語錄 739右
聰山詩選 1386左
聰山文錄 1386左
申鳧盟詩 1386左
聰山文集 1386左
聰山集 1386左
申涵煜(清)
通鑑評語 376左
申鳧盟先生年譜略(申涵盼同撰) 430右
申鳧盟先生年譜(申涵盼同撰) 431左
省心短語 740右
40 申培(漢)
詩說 65左
新刻詩說 65左
魯詩傳 65左、右
魯詩故 65右
47 申報館
寰宇瑣紀(輯) 626左
瀛寰瑣紀(輯) 626左
異書四種(輯) 1742左
續異書四種(輯) 1742左
擬說四種(輯) 1742左
64 申時行(明)
召對錄 312右
77 申居鄖(清)
西巖贅語 743右
申氏拾遺集(輯) 1549左
永年申氏遺書(輯) 1740左

車

07 車望湖(清)
車雙秀集(車寅慶同撰) 1549左
10 車玉襄(清)
車別駕集 1496左
車元昺(清)
車廣文集 1507右
車无咎(清)
車貢士集 1406左
21 車頻(前秦)
秦書 358左
22 車胤(晉)
車太常集 1206右
車任遠(明)
蕉鹿夢 1675右
車鼎晉(清)
車督學集 1407左
車鼎豐(清)
車雙亭集 1409右
車鼎黃(清)
車隱君集 1383右
26 車伯雅(清)
青溪載酒記 1077右
燈味軒詩稿、古今體詩稿 1488左
燈味軒文稿、駢體文稿、賦、試帖詩 1488左
燈味軒詞稿 1635左
汾祠記 1707右
28 車以遵(清)
車逸民集 1382左
車似慶(宋)
五經論 170左
30 車寅慶(清)
車雙秀集(車望湖同撰) 1549左

31 車江英(清)
藍關雪 1686右
柳州烟 1686右
醉翁亭 1686右
遊赤壁 1686右
四名家塡詞摘齣 1750右
33 車泌書(清)
車敎授集 1382右
40 車大任(明)
車參政集 1359左
車垓(宋)
內外服制通釋 80右
44 車萬育(清)
車都諫集 1400左
車萬期(清)
車飲賓集 1405左
車若水(宋)
脚氣集 989左
玉峯先生脚氣集 989左
50 車書(清)
子尙詩存 1481左
54 車持謙(清)
顧亭林先生年譜(吳映奎同撰) 420右
67 車照(清)
車孝廉集 1512右

5013_2 泰

10 泰不華(元)
泰顧北詩集 1317右
顧北集 1317右

5022_7 青

10 青元眞人(口)
元始无量度人上品妙經註(注) 1133左
27 青烏子(漢)
相地骨經(授) 900左
青烏先生葬經 900左
葬經 900左
32 青浮山人(清)
董華亭書畫錄(輯) 910右
33 青心居士(民國)
藕船詩話 1589右
43 青城子(清) 見宋永岳

5023_0 本

03 本誠(元釋)
凝始子集 1314左
77 本月(清釋)
旅菴奏對錄 1190右

5033_3 惠

00 惠康野叟(明)
識餘 1023右
08 惠施(周)
惠子 705左
10 惠龗嗣(清)
二曲歷年紀略 420右
27 惠凱(宋釋)
金山志 572右
34 惠洪(宋釋)
僧寶傳 445左
石門題跋 913左
林間錄、後集 1190左
石門文字禪 1266左
石門詩鈔 1266左
石門文字禪集補鈔 1266左
冷齋夜話 1572右
40 惠士奇(清)
易說 21左
禮說 94右
半農春秋說 127右
春秋說 128左
半農先生春秋說 128左
大學說 133右
南中集 1411右
採蕁集 1411右
紅豆齋時術錄 1411右
44 惠麓酒民(清) 見袁宮桂
45 惠棟(清)
鄭氏周易(增補) 6左
新本鄭氏周易(增補) 6左
周易注(增補) 6左
鄭氏周易注(增補) 6左
周易述 21右
易漢學 22左
周易古義 22左
周易本義辯證 22左
周易爻辰圖 30右
易例 33左
尙書古義 41右
古文尙書考 47左
毛詩古義 57左
周禮古義 71左
儀禮古義 77左
禮記古義 86右
禘說 96右
明堂大道錄 97左
左傳補注 107右
春秋左傳補註 107右
公羊古義 115右
穀梁古義 120左
易大誼 136左
易大義 136左
論語古義 141右
九經古義 172左
惠氏讀說文記 186左
後漢書補注 266右
續漢志補注 267左
漢事會最人物志(輯) 385左
漁洋山人自撰年譜(注補) 431左
尸子附錄(輯)* 707右
松崖筆記 1025左
九曜齋筆記 1025左
太上感應篇注 1156右
漁洋山人精華錄訓纂 1396右
松崖文鈔 1417左
77 惠周惕(清)
詩說 56左、右
硯谿先生遺稿 1405左

5040_4 婁

10 婁元禮(明)
田家五行 780左
42 婁機(宋)
漢隸字源 198左
班馬字類 224左
50 婁東羽衣客(清)
鏡花水月 1076右
77 婁堅(明)
學古緒言 1362左
吳歈小草 1362左

5044_7 冉

00 冉雍(周)
冉子書 682左
43 冉求(周)
冉子書 682左
46 冉覲祖(清)
易經詳說 20左
書經詳說 41左
詩經詳說 56左

禮記詳說 86左
春秋詳說 127左
四書玩注詳說 152右
孝經詳說 159左
河圖洛書同異考 227右
55 冉耕（周）
冉子書 681右

5060_0 由

80 由余（周）
由余書 707左

5060_1 書

72 書隱老人（清） 見張壽榮

5060_3 春

44 春華子（口）
復續丙丁龜鑑（輯） 907右

5090_4 秦

00 秦應陽（清）
草草亭詩稾 1407左
秦文（明）
礩東集錄 1337右
秦文炳（清）
松石廬筆記 1081左
松石廬詩存、雜文 1514左
10 秦玉（宋）
歐陽詹傳 1117左
秦再思（宋）
洛中紀異錄 1054左
紀異錄 1054右
秦更年
姚黃集輯（輯） 1557右
秦醇（宋）
趙后遺事 1115左
趙氏二美遺蹤 1115左
趙飛燕別傳 1115左
譚意歌傳 1115左
秦雲（清）
十國宮詞 382右
百衲琴（秦敏樹同撰） 946左
秦霖熙（清）
治驗錄（輯） 840左
11 秦麗昌（清）
禮經學述 95左
13 秦武域（清）
西湖雜咏 598右
聞見瓣香錄 976左
15 秦臻（清）
冷紅館賸稿 1501左
冷紅館詩補鈔 1501左
修修利齋偶存 1501左
冷紅詞 1638左
20 秦舜昌（明）
林衣集 1374左
秦系（唐）
秦隱君集 1224左
唐秦隱君詩集 1224左
秦公緒詩集 1224左
26 秦伯未
癆病指南 827左
秦緗業（清）
平浙紀略（陳鍾英同撰） 334右
30 秦瀛（清）
重編淮海先生年譜節要 428左
31 秦福基（民國）
玉壺天詩錄 1523右
32 秦兆蘭（清）
聽松濤館詞稿 1636左
33 秦梁（明）
秦方伯集 1353左
34 秦湛（宋）
蠶書（一題秦觀撰） 785左
37 秦祖永（清）
繪事津梁 934左
桐陰畫訣 934右
桐陰論畫 934右
七家印跋（輯） 942左
38 秦瀚（明）
從川詩集 1347左
秦封君集 1347左
秦遵宗（清）
小天集 742右
秦道靜（後魏）
春秋傳駁（姚文安同述） 106左
40 秦九韶（宋）
數學九章 878左
秦志安（元）
金蓮正宗記 447左
秦嘉謨（清）
世本（輯補） 276左
42 秦韜玉（唐）
秦韜玉詩集 1238左
44 秦夢鶴（清）
玉涵堂剩稿 1489左
秦菁（吳）
秦子 963右
秦蘭徵（明）
天啓宮詞 383右
天啓宮中詞 383右
秦蕙田（清）
五禮通考 99左
五禮通攷序錄 99左
觀象授時 172左
秦樹銛（清）
勉鋤山館存稿 1502右
45 秦樓外史（明） 見王驥德
秦枘
蜀辛 331左
桐蠶通說 785右
野語 1016右
四休堂逸稿、後稿 1529右
雩芬集（輯） 1549右
46 秦旭（明）
修敬詩集 1331左
秦修敬集 1331右
秦觀（宋）
蠶書 785左
淮海題跋 913左
法帖通解 923右
勸善錄 1031右
淮海集、後集 1256右
秦少游詩集 1256右
淮海先生文粹 1256右
淮海集鈔 1256右
淮海集補鈔 1256右
淮海詞 1594右
少游詩餘 1594右
淮海長短句 1594右
淮海居士長短句 1594右
47 秦朝釪（清）
消寒詩話 1584右
48 秦松齡（清）
毛詩日箋 56左
蒼峴山人文錄 1398右
微雲詞 1619右
50 秦東來（清）
易象致用說 27右
論語贅解 143右

復初堂文集 1503右

60 秦恩復(清)

列子附盧注攷證* 698左

鬼谷子(校) 707左

鬼谷子篇目考* 707左

秦昌遴(明)

症因脈治 820右

67 秦鳴夏(明)

白厓集 1351右

秦鳴雷(明)

談資 997右

倚雲樓遺集 1351右

77 秦際唐(清)

南岡草堂詩選 1500左

秦又安

傷寒論校勘記 811左

80 秦金(明)

鳳山詩集 1335右

秦端敏公集 1335右

秦鏞(明)

秦弱水集 1372右

83 秦鉞(明)

慈湖家記 740左

86 秦錫淳(清)

白雲山樓集 1422左

秦錫圭(民國)

補晉執政表 365左

補晉方鎭表 365左

秦錫田(民國)

補晉宗室王侯表 365左

補晉異姓封爵表 365左

補晉僭國年表 365右

88 秦簡夫(元)

宜秋山趙禮讓肥雜劇 1663左

孝義士趙禮讓肥 1663右

東堂老勸破家子弟雜劇 1663右

東堂老勸破家子弟 1663右

東堂老 1663右

陶母剪髮待賓 1663右

秦篤輝(清)

易象通義 25右

讀史賸言 377左

平書 1010左

秦敏樹(清)

百衲琴(秦雲同撰) 946左

90 秦惟蓉(清)

貯雲書屋詩鈔 1489左

秦惟梅(清)

青霞吟館詩鈔 1489左

99 秦榮光(清)

補晉書藝文志 642右

5090_6 東

42 東晳(晉)

五經通論 169左

發蒙記 202右

203左

汲冢書鈔 277右

晉東廣微集 1204右

白雲子 1205左

笙詩補亡 1205左

東

00 東方明(宋)

珞琭子三命消息賦(疏) 903右

東方朔(漢)

探春歷記 779右

探春曆記 779右

靈棊經 898左

靈棊本章正經 898左

神異經 1082右 1083左

東方朔神異經 1083左

神異經佚文 1083左

神異記 1083左

十洲記 1083左、右

海內十洲記 1083左、右

海內十洲三島記 1083右

洞玄靈寶五嶽古本眞形圖(編) 1153右

東方先生集 1198右

東方大中集 1198右

吉雲子 1198右

東方朔(漢)等

太上黃庭內景玉經(注) 1140右

21 東僊(清)

芋佛 1690右

賦棋 1690右

逼月 1690右

平濟 1690右

22 東山釣史(清) 見查繼佐

38 東海鬱藍生(明) 見呂天成

44 東坡居士(宋) 見蘇軾

東蔭商(清)

華山經 571右

51 東軒主人(清)

述異記 1092右

東軒居士(宋)

衞濟寶書 831右

76 東陽无疑(劉宋)

齊諧記 1086左

5103_2 據

41 據梧子(清)

筆夢 444左

筆夢敍 444左

5108_6 擷

44 擷芳主人(明) 見馬佶人

5178_6 頓

17 頓弱(秦)

首山子 709左

5201_4 托

40 托克托(元) 見脫脫

5202_1 折

00 折彥質(宋)

葆眞居士集 1269左

5203_4 揆

81 揆敍(清)等

御製避暑山莊圖詠(注) 1557右

5206_9 播

44 播花居士(清)

燕臺集豔二十四花品(輯) 947右

5207_2 拙

18 拙政老人(清) 見許嘉猷

27 拙修主人(清) 見李愰

5209_4 採

44 採芝客(清)

鴛鴦夢傳奇 1704右

5225_7 靜

34 靜洪(隋釋)
韻英 205左
65 靜嘯齋主人(明) 見董說

5300₀ 戈

32 戈汕(明)
蝶几譜 797右
40 戈直(元)
貞觀政要(集論) 297右
43 戈載(清)
詞林正韻、發凡 1715右
宋七家詞選(輯) 1748右

5302₇ 輔

00 輔廣(宋)
詩童子問 53左
詩經協韻考異 62右

5320₀ 成

00 成文燦(清)
惺齋詩存 1468右
成玄英(唐)
老子開題 687右
南華眞經注疏(疏) 694右
南華眞經(疏) 694右
03 成鷲(清釋)
紀夢編年、續編 445右
漁樵問答 974右
11 成孺(清) 見成蓉鏡
12 成瑞(清)
薜荔山莊詩草 1471右
成廷珪(元)
成柳庄詩集 1310左
居竹軒集 1310左
20 成僎(清)
海鷗集存稿 1468右
24 成德(清) 見性德
26 成伯璵(唐)
毛詩指說 51右
禮記外傳 84右
38 成肇麐(清)
唐五代詞選(輯) 1645左
44 成蓉鏡(清)
周易釋爻例 26右
禹貢班義述 45右
尙書厤譜 47右
春秋世族譜拾遺 110右
春秋世譜拾遺 110右
春秋日南至譜 131左
明明德解義 133右
論語論仁釋 144左
鄭志攷證 168右
切韵表 212右
詩聲類表 212右
釋名補證 217右
史漢駢枝 266右
成氏先德傳 392右
寶應儒林事略 414左
寶應文苑事略 425右
唐月令續考(增訂) 504左
唐月令注續補遺(增訂) 504左
唐月令注跋 504左
漢欒水入伺龍谿考 507左
宋州郡志校勘記 509右
東山政教錄 723左
太極衍義 724左
我師錄 748左
必自錄 748左
庸德錄 748左
心巢困勉記 748左
校經堂學程、勸約、學議 748左
國朝師儒論略 748左
三統術補衍 867左
漢太初厤考 867左
大初厤譜 876左
推步迪蒙記 876左
駉思室答問 1029左
經史駢枝 1029左
心巢文錄、詩錄 1478右
50 成書(清)
避暑山莊紀事詩 1443右
52 成靜蘭(清)
二餘集 1448右
60 成果(清釋)
小浮山齋詩 1492左
80 成無已(金)
注解傷寒論(注) 811左
傷寒論註(注) 811左
集注傷寒論(注) 811左
傷寒明理論、論方、後集 813右
成公綏(晉)
晉成公子安集 1204左
成公子安集選 1204左
81 成矩(宋)
重刻周易本義(輯) 13右
周易本義(輯) 13右
90 成光(清)
成仲謙詩 1404左
95 成性(清)
選石記 956右
成率菴詩 1388右

戚

00 戚袞(陳)
周禮戚氏晉 74右
22 戚繼光(明)
練兵實紀、雜集 774左
練兵紀實、雜集 774左
紀效新書 774左
莅戎要略 774左
37 戚逢年(清)
竹笏軒謎存 947左
44 戚桂裳(清)
東犨集 1493右
53 戚輔之(元)
遼東志略 526右
佩楚軒客談 1065右
77 戚學標(清)
讀詩或問 58左
四書偶談 153右
說文補攷 187左
說文叉考、補考 187左
諧聲補證、補 191左
毛詩證讀 211左
方音 226右
台州外書(輯) 541右
台事隨筆 541右
客寓雜錄 1007右
鶴泉文鈔、續選 1434右
鶴泉集唐、初編 1434右
集李三百篇 1434右
口頭語(輯) 1562左
古人言(輯) 1562右
90 戚光(元)
南唐書音釋* 360右

盛

00 盛康(清)
經世文粹續編(輯)* 722右
盛慶紱(清)
重訂越南圖說 631左

越南地輿圖說 631左
04 盛謨(清)
黃婆洞記 603右
06 盛韻(清)
宿月詩草 1439右
08 盛於斯(清)
休庵前集、後集 1381右
10 盛百二(清)
尙書釋天 47右
增訂敎稼書 780右
淄硯錄 804左
柚堂筆談 1006右
柚堂續筆談 1006右
柚堂文存 1425左
皆山樓吟稿 1425左
12 盛弘之(劉宋)
荆州記 545右
20 盛禾(清)
明季殉國諸臣錄 402右
稼村塡詞 1621右
22 盛樂(清)
劍山詩鈔 1402右
留雪堂懷人詩鈔 1402右
27 盛繩祖(清)
衞藏識略 560右
入藏程站 560右
30 盛寅(明)
醫經祕旨 819右
33 盛沄(清)
聽雪詩選 1439右
40 盛大謨(清)
國風錄 60右
于埜左傳錄 109左
論語聞 143左
象居錄 1006右
蠹墨 1006右
字雲巢詩鈔 1402右
字雲巢文集 1402右
盛大士(清)
宋書補表 366右
遊劍門記 594左
谿山臥游錄 933右
樸學齋筆記 1008右
44 盛萬年(明)
拙政編 351左
盛世佐(清)
儀禮集編 77左
46 盛如梓(元)
庶齋老學叢談 990右
47 盛朝勛(清)
唐述山房日錄 1028右
盛楓(清)
嘉禾徵獻錄、外紀 389左
梨雨選聲 1621左
48 盛敬(明)
封建考 380右
50 盛本柟(清)
滴露堂小品 1621右
60 盛昱(清)
雪屐尋碑錄(輯) 666右
鬱華閣遺集詩 1508右
意園文略 1509左
64 盛時泰(明)
棲霞小志 572右
蒼潤軒碑跋 668右
77 盛際時(清)
人中龍傳奇 1705右
新編臙脂雪傳奇 1705右
盛熙明(元)
法書考 920右
圖畫攷 928右
80 盛鏡(清)
寄軒詩鈔 1402左
91 盛炳緯(民國)
養園賸稾 1521左

5340_0 戎

60 戎昱(唐)
戎昱詩集 1225左
中唐戎昱詩 1225左

戒

61 戒顯(清釋)
現果隨錄 1191左

5350_3 戔

53 戔戔居士(明)
小靑傳 1119左

5403_2 轅

60 轅固(漢)
齊詩傳 65右

5504_3 摶

39 摶沙拙老(清)
閒處光陰 1010左

5505_3 捧

44 捧花生(清)
秦淮畫舫錄 1077左
畫舫餘譚 1077左
三十六春小譜 1077左

5533_7 慧

14 慧琳(劉宋釋)
論語琳公說 139右
20 慧皎(梁釋)
高僧傳 444右
34 慧遠(晉釋)
廬山記略 576左
38 慧祥(唐釋)
古淸涼傳 445右
44 慧苑(唐釋)
新譯大方廣佛華嚴經音義 1191右 1192左
大方廣佛華嚴經音義 1191右
47 慧超(唐釋)
慧超往五天竺傳殘卷 608右
慧超往五天竺國傳殘卷 608右
60 慧日(宋釋)
禪本草 1190左

5560_0 曲

60 曲園居士(清) 見俞樾

5560_6 曹

00 曹亮武(清)
南耕詞 1622左
曹彥約(宋)
經幄管見 378右
昌谷集 1276右
曹應鐘(清)
咍敢覽館稿 1496右
曹庭棟(清)
老老恒言 847左
畫蘭題句 916左
曹度(清)
說墨貽兄孫西侯 801右
曹唐(唐)
曹從事詩集 1237右
曹唐詩 1237右
曹文埴(清)

遊黃山記　596右
曹文晦(元)
新山稾　1318右
新山詩集　1318右
曹文炳(元)
霞間稿　1318右
02 曹端(明)
太極圖說述解　724左
通書述解　724右
西銘述解　725左
夜行燭　731左
曹月川先生家規輯略　753左
曹月川先生文集　1330左
曹月川集　1330左
10 曹一士(清)
四焉齋文集　1412右
四焉齋詩集　1412右
曹一介(元)
友竹稿　1321左
曹玉珂(清)
曹陸海詩　1397左
曹元方(清)
耘蓮詩鈔　1394右
曹元忠(民國)
桂苑珠叢(輯)　195右
倉頡篇補本續(輯)　200左
纂要解(輯)　219右
纂要(輯)　219右
禮議　459左
括地志(輯)　511左
兩京新記(輯)　529右
荆州記(輯)　545右
沙州石室文字記　651左
箋經室所見宋元書題跋　652右
司馬法古注(輯)　771左
司馬法古注音義*　771左
樂府補亡　1642右
雲韶詞　1642右
凌波詞　1642右
曹元用(元)
超然集　1305右
曹爾堪(清)
曹顧菴詩　1384左
曹顧庵詩選　1384右
顧菴詩選　1384右
南溪詞　1616左
曹于汴(明)
仰節堂集　1359右
曹眞予集　1359右
曹石(清)
秋煙草堂詩稿　1418右
11 曹璿(明)
瓊花集(輯)　792左
12 曹廷杰(清)
東北邊防輯要　485右
東三省輿地圖說　526右
東三省輿圖說　526右
西伯利東偏紀要　632左
伯利探路記　632左
曹廷棟(清)
宋百家詩存(輯)　1745左
16 曹琨(民國)
騰越杜亂紀實　329右
19 曹珖(明)
讀詩　55左
讀大學　132右
讀中庸　135左
讀論語　141左
讀孟子　147左
20 曹垂璨(清)
竹香亭詩餘　1616右
曹秀先(清)
衍琵琶行　1421左
曹禾(清)
醫學讀書志、附志　650左
瘍醫雅言　832右
痘疹索隱　842左
未庵初集　1403左
21 曹仁虎(清)
轉注古義考　190左
七十二候考　504右
秋潭詩選(選)　1399左
硯靜齋集　1429右
宛委山房集　1429右
漁菴詩選　1429右
刻燭集(輯)　1554左
曹仁鏡(清)
欣賞齋尺牘(輯)　1515左
曹貞吉(清)
詠物十詞　800左
珂雪詞　1619左
22 曹胤儒(明)
盱壇眞詮　736右
古握機經、緯(注)　768右
曹崇慶(清)
逸園詩稿　1502右
曹樂齋(清)
運氣掌訣錄　825左
23 曹允文(民國)
漁隱詩鈔　1529左
24 曹德馨(清)
西域瑣記、西域詩　531右
鐵硯齋存稿　1493右
26 曹伯啓(元)
曹文貞詩集、後錄　1305左
漢泉漫稿　1305左
漢泉漫藁　1305左
漢泉曹文貞公詩集樂府　1612右
漢泉樂府　1612右
27 曹組(宋)
箕潁詞　1598右
曹元寵詞　1598右
曹紹(元)
歙硯說、辨歙石說　803左
安雅堂觥律　949右
安雅堂酒令　949右
30 曹宜約(明)
橘坡稿　1331左
曹家達(民國)
氣聽齋駢文零拾　1524右
曹家駒(清)
說夢　351右
曹之謙(元)
兌齋集　1300左
曹之璜(清)
西湖六橋桃評　598右
曹憲(隋)
桂苑珠叢　195右
文字指歸　196右
廣雅(音釋)　218左
博雅(音釋)　218左
博雅音　218右
曹安(明)
讕言長語　992左、右
讕言編　992右
曹寅(清)
楝亭書目　646右
荔軒詞　1622左
曹宗璠(清)
遊金華洞記　601右
南華泚筆　695右

塵餘 1075左
洮浦集 1398左
崑禾堂集 1398右
33 曹心怡(清)
喉痧正的 834右
曹溶(清)
劉豫事蹟 301左
崇禎五十宰相傳 402右
四譯館增訂館則、新增館則(增) 470右
明漕運志 476右
流通古書約 641左
靜惕堂書目宋人集、元人文集 653右
靜惕堂藏宋元人集目 653右
古林金石表 655右
硯錄 803右
靜惕堂詩 1382左
曹秋岳詩 1382左
曹秋岳詩選 1382左
靜惕堂詞 1615右
寓言集 1615右
34 曹浚漢(清)
精河廳鄉土志 517右
曹淇(宋)
訓兒錄 752右
37 曹冠(宋)
燕喜詞 1601左
曹邍(宋)
松山詞 1608左
曹逢庚(清)
春秋輯說彙解 128右
淡和堂經說 172左
曹鄴(唐)
梅妃傳(一題宋□□撰) 1115右
曹鄴詩集 1236左
曹祠部集 1236左
曹祠部詩集 1236左
晚唐曹鄴詩 1236左
38 曹道冲(宋)等
黃帝陰符經集解 1136左
黃帝陰符經十眞集解 1136左
40 曹大文(民國)
成章詩鈔 1529左
曹大章(明)
燕都妓品 1068右
蓮臺仙會品 1068右
秦淮士女表 1068右
廣陵女士殿最 1068右
曹太史文集 1354左
曹大同(明)
曹于野集 1350右
曹大鎬(明)
化碧錄 1374右
曹士勳(清)
荐梗詩鈔 1419右
曹士冕(宋)
法帖譜系 923右
曹堉(清)
遊横山記 594右
儀鄭堂殘稾 1468左
曹存心(清)
曹仁伯醫案論 863左
過庭錄存 863左
延陵弟子紀要 863左
琉球百問 866左
琉球問答奇病論 866左
曹嘉(宋)
嚴蘂傳 1116右
曹嘉之(晉)
晉紀 288左
43 曹載奎(清)
懷米山房藏器目 659右
44 曹基(清)
雲心編 1403右
曹尊眞(清)
絡緯吟 1432右
曹華峯(清)
增補評注治溫提要 828左
曹蕃(明)
荔枝譜 787右
曹樹翹(清)
滇南雜志 559右
烏斯藏考 561左
曹植(魏)
聖皇篇(一題漢蔡邕撰) 202左
曹子建集、逸文 1202左
曹子建文集 1202左
陳思王集 1202左
魏曹子建集 1202左
鏡機子 1202左
陳思王集選 1202右
曹子建詩箋 1202右
曹子建詩箋定本 1202右
洛神賦 1202右
曹楙堅(清)
音匏隨筆 1028左
48 曹松(唐)
曹松詩集 1240左
50 曹申吉(清)
澹餘筆記 493左
曹澹餘詩 1397左
曹肅孫(清)
遲悔齋經說 176左
交遊錄、續 387右
洛學拾遺補編 414右
遲悔齋年譜 423左
芝亭舊稿 1468左
遲悔齋文鈔、雜著 1468左
曹本(元)
續復古編 198左
曹本榮(清)
易經通注(傅以漸同撰) 19左
御定易經通注(傅以漸同撰) 19左
曹素功(清)
藝粟齋墨品 801右
51 曹振鏞(清)
話雲軒詠史詩 382左
53 曹咸熙(清)
松風舞鶴圖題辭(輯) 1558左
授經教子圖題辭(輯) 1558左
淲湖漁隱圖題辭(輯) 1558左
采菊思親圖題辭(輯) 1558左
55 曹扶蒼(清)
均賦策 475右
60 曹晟(清)
十三日備嘗記 328右
夷患備嘗記、事略附記 328右
紅亂紀事草 329左
覺夢錄 329左
曹景芝(清)
壽研山房詞 1636右
61 曹毗(晉)
曹毗志怪 1084右
杜蘭香傳 1096左
杜蘭香別傳 1096左
64 曹勛(宋)

北狩見聞錄 299右
松隱文集 1264左、右
松隱集 1264右
松隱詞 1599左
松隱樂府 1599左
67 曹昭(明)
格古要論 909左
格古論 909左
新增格古要論 909左
70 曹驤(清)
英字入門 227左
上海曹氏書存目錄(編) 648左
71 曹臣(明)
舌華錄 1124右
77 曹履泰(明)
靖海紀略 315左
曹學詩(清)
陰騭文頌 1157左
曹學佺(明)
燕都名勝志稿 522右
蜀中廣記 556右
蜀中名勝記 556右
北朝詩(輯) 1533右
漢詩(輯) 1537右
魏詩(輯) 1538左
晉詩(輯) 1538左
宋詩(輯) 1538左
齊詩(輯) 1538右
梁詩(輯) 1538右
陳詩(輯) 1538右
隋詩(輯) 1538右
初盛唐詩選(輯) 1540左
中唐詩選(輯) 1540左
晚唐詩選(輯) 1540左
唐詩拾遺(輯) 1540左
宋詩選(輯) 1542左
元詩選(輯) 1543左
明詩一集選(輯) 1543左
明詩次集選(輯) 1543右
明詩三集選、三續集(輯) 1543右
明詩四集選、四續集(輯) 1543右
明詩五集選、續五集、五續集(輯) 1543右
明詩六集選、六續集(輯) 1543右
明續集、再續集(輯) 1543右
閨秀集(輯) 1543右
社集(輯) 1543右
陝西集(輯) 1546左
南直集(輯) 1546右
浙江集(輯) 1547左
福建集(輯) 1547右
河南集(輯) 1548左
楚集(輯) 1548左
江西集(輯) 1548左
江右集(輯) 1548左
四川集(輯) 1548右
古逸歌謠(輯) 1561右
蜀中詩話 1566右
石倉歷代詩選(輯) 1744右
古詩選(輯) 1744右
唐詩選(輯) 1745左
明詩選(輯) 1745右
80 曹金籀(清)
春秋鑽燧 130右
古文原始 199右
夢西湖絕句 599右
釋天 875左
籀書詩集(一名蟬蛻集) 1479右
籀書文集內篇、外篇、續篇 1480左
籀書詞集(一名無盡鐙詞) 1635左
86 曹錫珪(清)
拂珠樓偶鈔 1421右
曹錫黼(清)
桃花吟 1687右
張雀網廷平感世 1687右
序蘭亭內史臨波 1687右
宴滕王子安檢韻 1688左
寓同谷老杜興歌 1688左
四色石 1750右
87 曹鈞(清)
雲山洞紀遊 597左
南遊筆記 597右
88 曹敏(清)
小亭信口吟 1497左
曹敏(民國)
病梅龕詩 1529左
曹籀(清) 見曹金籀
90 曹煒(清)
庵村志 519左
91 曹炳章(民國)
市隱廬醫學雜著(評) 824左
瘟疫明辨、方(評) 827左
增補評註溫病條辨(評注) 828左
霍亂寒熱辨正 830左
對山醫話補編(輯) *865左
曹炳曾(清)
放言居詩集 1410右
曹炳燮(清)
遂初詩草 1484左
94 曹愼儀(清)
玉雨詞 1630左
曹焕曾(清)
長嘯軒詩集 1410右
96 曹煜曾(清)
道腴堂集 1410右
99 曹榮(民國)
各省獨立史別裁 331左

5580$_6$ 費

00 費庚吉(清)
墨訣 802左
費唐臣(元)
蘇子瞻風雪貶黃州 1660右
蘇子瞻風雪貶黃州殘本 1660右
費唐臣雜劇 1750左
費衮(宋)
梁谿漫志 985左
梁溪漫志 985右
10 費元祿(明)
鼂采館清課 1070左
鼂采清課 1070左
12 費廷璜(民國)
讀說文玉篇日記 189左
古文官書(輯) 196右
費延釐(清)
使閩日記 618右
17 費子彬
食養療法 847右
20 費信(明)
星槎勝覽 623左、右
21 費經虞(清)
蜀詩(輯) 1548右
26 費伯雄(清)
醫醇賸義 823左
食鑑本草 856左

本草飲食譜(輯) 856左
醫方論 860右
留雲山館詩鈔 1488右
留雲山館文鈔 1488右
留雲山館詩餘 1635右

30 費瀛(明)
大書長語 921左

費密(清)
荒書 316右
弘道書 721右
燕峯詩鈔 1389左
蜀詩(李調元同續輯) 1548右
費氏遺書三種 1743右

37 費祖芬(清)
讀儀禮日記 78左

費冠卿(唐)
費冠卿詩 1232左

40 費直(漢)
費氏易 4右
周易分野 895右
費氏易林 895右

41 費樞(宋)
廉吏傳 403右
釣磯立談 1057右

44 費著(元)
成都氏族譜 396左
錢幣譜 477左
歲華紀麗譜 556右
成都游宴記 557左
蜀錦譜 797右
蜀牋譜 802左
牋紙譜 802左

72 費氏(後蜀)
花蘂夫人詩集 1241左
花蕊詩鈔 1241左
花蕊夫人宮詞 1241左
蜀花蘂夫人宮詞 1241左
宮詞 1241左

80 費養莊(清)
痧疫指迷 829右
重訂痧疫指迷 829右
重訂幼科金鑑評 839右

86 費錫璜(清)
掣鯨堂詩選 1402左
掣鯨堂集 1402左
漢詩總說 1563左

90 費尙伊(明)
市隱園集 1366左

5602$_{7}$ 揭

20 揭重熙(明)
揭蒿庵先生集 1372右

22 揭傒斯(元)
揭秋宜詩集 1309左
揭曼碩詩 1309左
文安集 1309左
揭文安公全集 1309左
揭文安公詩集、詩續集、文集 1309左
秋宜集 1309左
揭文安公文粹 1309左
揭曼碩文選 1309右
詩法正宗 1577左
詩宗正法眼藏 1577左

34 揭祐民(元)
盱里子集 1317左

63 揭暄(清)
璇璣遺述、圖 871左

揚

40 揚雄(漢)
琴清英 99右
訓纂篇 201右
蒼頡訓纂 201右
輶軒絕代語 224右
方言佚文 225左
輶軒使者絕代語釋別國方言 225左
方言 225左
絕代語釋別國方言 225左
蜀王本紀 356左
十二州箴 471左
揚子 714右 715左
揚子法言 714右 715左
法言 714右 715左
纂圖互注揚子法言 714右
新纂門目五臣音註揚子法言 715左
難蓋天 867左
揚子太玄經 891右
太玄經 891右 892左
太玄佚文 891右
太玄 892左
反離騷 1197右
揚子雲集 1199左
揚侍郎集 1199左
揚侍郎集選 1199左

5608$_{6}$ 損

56 損損齋主人(民國)
道學指南(輯) 1186左

5701$_{2}$ 抱

24 抱犢山農(清) 見嵇永仁

70 抱甕外史(明)
星變志 312右

5703$_{2}$ 輾

23 輾然子(元) 見元懷

5706$_{2}$ 招

10 招元傳(清)
三岳山房文鈔 1463左

57 招招舟子(清)
問蘇小小鄭孝女秋瑾松風和尙何以同葬於西泠橋試研究其命意所在 1516右

5728$_{2}$ 歃

22 歃嵐道人(清) 見鄭由熙

5743$_{0}$ 契

22 契嵩(宋釋)
鐔津集 1245右
鐔津文集 1245右
山游倡和詩(輯) 1551右

25 契生(清釋)
慧海小草 1492左

5798$_{6}$ 賴

00 賴文俊(宋)
催官評龍篇 901右
催官篇 901右
七十二葬法 901右
賴公天星篇校 901右

10 賴于宣(清)
藁城縣康熙志(重輯) 515右

28 賴以邠(清)
塡詞圖譜、續集 1715右

賴從謙(明)
石函平砂玉尺經纂(輯) 902左

30 賴良(元)
大雅集(輯)　1542右
77 賴學海(清)
盧舟詩草　1492右

5802_7 輪

00 輪應(淸釋)
女科祕要(考定)　837左
女科祕旨　837左

5806_1 拾

26 拾得(唐釋)
豐干拾得詩(豐干同撰)　1540右

5824_0 敖

22 敖繼公(元)
儀禮集說　76右
31 敖福合(淸)
聖駕親征噶爾旦方略(譯)　326左
44 敖英(明)
愼言集訓(輯)　766右
綠雪亭雜言　995右
東谷贅言　995右
996左
敖東谷集　1342右
60 敖口(元)
傷寒金鏡錄　851左
敖氏傷寒金鏡錄　851左
77 敖陶孫(宋)
臞翁詩集　1278左
臞翁集　1278左
詩評　1574左
敖器之詩話　1574左

6

6000₀ 口

07 口毅(清)
瀛環志略訂誤 626左
14 口瑾(清)
會湖雜文、筆餘 1516右
22 口繼光(清)
翼譜叢談 790右
38 口肇(魏)
儒棋格 943左

6008₆ 曠

07 曠望生(清)
小腳文 1127右
88 曠敏本(清)
岣嶁韻牋 208左
聲韻訂訛 210右
史鑑撮要 370右
岣嶁鑑撮 372右
岣嶁刪餘文草 1421左
岣嶁刪餘詩草 1421左
岣嶁文草雜著 1421左
岣嶁韻語 1421左
岣嶁仿古 1421左
岣嶁時藝 1421左

6010₁ 目

05 目講(明釋)
陰陽寶海三元玉鏡奇書(一名三白寶海) 899左
江氏百問目講禪師地理書、地理索隱 902右

6010₄ 墨

17 墨翟(周)
墨子 705右
706左
墨子佚文 705右
18 墨憨齋主人(明) 見馮夢龍
44 墨莊氏(清)
彬雅 220右
字林經策萃華 220右

6011₃ 晁

03 晁詠之(宋)
書張主客遺事 1057左
08 晁說之(宋)
中庸傳 134右
儒言 727右
晁氏儒言 727右
晁氏客語 967右
景迂生集 1259左
嵩山文集 1259右
景迂小集 1259右
10 晁元禮(宋)
閑齋琴趣外篇 1594右
33 晁補之(宋)
七述 537右
无咎題跋 913左
雞肋集 1258左
濟北晁先生雞肋集 1258左
濟北先生文粹 1258右
雞肋集鈔 1258右
雞肋集補鈔 1258右
琴趣外篇 1595左
晁无咎詞 1595左
晁氏琴趣外篇 1595左
34 晁邁(宋)
紀談錄 982右
35 晁沖之(宋)
具茨晁先生詩集 1258右
晁具茨先生詩集 1259左
具茨集鈔 1259左
具茨集補鈔 1259左
晁叔用詞 1596左
37 晁迥(宋)
昭德新編 967左
法藏碎金錄 1190左
晁文元公道院集要 1190左
道院集要 1190左
43 晁載之(宋)
談助 1035右
續談助(輯) 1739右
77 晁貫之(宋)
墨經 800右
80 晁公武(宋)
衢本郡齋讀書志 649左
郡齋讀書志、後志 649左
昭德先生郡齋讀書志、後志 649左
晁公遡(宋)
嵩山居士集 1272左

6012₇ 蜀

10 蜀西樵也(清) 見王增祺

6021₀ 四

10 四不頭陀(清)
曇波 436右
12 四水潛夫(宋) 見周密

見

10 見吾老人(清) 見馬時芳
40 見南山人(清)
茶餘談薈 1080右

6022₇ 易

21 易順鼎(民國)
易音補顧 33右
大學私訂本 134左
經義莛撞 178右
讀經貸記 178右
盾墨拾餘 330左
國朝學案目錄 414左
國朝文苑傳(輯) 425左
國朝孝子小傳(輯) 443左
讀老札記 691右
吳社詩鐘(輯) 946右
哭庵賞菊詩 948左
淮南許注鉤沈 961左
出都詩錄 1521右
吳篷詩錄 1521右
樊山沌水詩錄 1521右
蜀船詩錄 1521右
巴山詩錄 1521右
錦里詩錄 1521右
峨眉詩錄 1521右
青城詩錄 1521右
林屋詩錄 1521右
游梁詩賸 1521右
游梁詩賸賸 1522左
摩圍閣詩 1522左
燕榻集 1522左
孔門詩集 1522左
琴志樓遊山詩 1522左
琴志樓編年詩集 1522左
春人賦 1522左
慕皐廬雜稿 1522左
丁戊之間行卷 1522左
倚霞宮筆錄(輯) 1535左
鄂湘酬唱集(輯) 1556右

廬山詩錄(輯)　1556右
玉虛齋唱和詩(輯)1556右
吳社集(輯)　1556右
楚頌亭詞第四集　1641右
鬘天影事譜　1641右
摩圍閣詞　1641右
容園詞綜　1644右
栗臺夢語(輯)　1647左
30 易之瀚(清)
四元釋例　879右
易宏(清)
雲華閣詩略　1398左
坡亭詞鈔　1618左
33 易祓(宋)
周易總義　14右
周官總義　70左
周禮總義　70左
周官總義職方氏注　72右
40 易大厂(民國)
信道詞校記*　1594左
後湖詞校記*　1595右
曹元寵詞校記*　1598右
易大艮(明)
易氏醫案　861右
50 易中(清)
梅溪剩稿文鈔　1422右
易本烺(清)
易解釁通　26左
讀左劄記　109左
春秋楚地答問　112左
紙園筆記經餘　176左
字體蒙求　199右
伸顧　209右
紙園筆記皇朝故事　353左
紙園筆記史略　380左
姓觿荚誤　396左
雲杜故事　1078左
一鑫詩存　1485右
青龍山集　1485右
一粟齋試帖　1486左
99 易瑩(清)
玉虛齋集　1514左

6033₀ 恩

86 恩錫(清)
曼陀羅館紀程　618左
出邊紀程　618左

6033₂ 愚

80 愚谷老人(宋)
延壽第一紳言　846左

6040₀ 田

00 田文鏡(清)
欽頒州縣事宜(李衞同撰)　472右
10 田需(清)
水東草堂詩　1404左
田霡(清)
鬲津草堂詩　1405左
田雯(清)
蒙齋年譜、續　431左
長河志籍考　532右
黔書　557右
苗俗記　558左
黔苗蠻記　558左
嵩嶽考　574右
濟瀆考　582右
觀水雜記　583右
遊少林寺記　603右
遊太室記　603右
遊桐柏山記　603右
古歡堂集雜著　1024右
古歡堂集　1397左
12 田廷俊(清)
拼音代字訣　215右
數目代字訣(原名代字訣)　216左
15 田融(口燕)
趙書　356右
22 田嵩岳(清)
中外述遊　620左
23 田俅(周)
田俅子　705左
30 田實發(清)
玉禾山人集　1418右
田寶臣(清)
小學駢支　220右
田宗漢(清)
重訂時行伏陰芻言　828右
醫寄伏陰論　828右
伏陰論　828右
34 田爲(宋)
荐嘔集　1596左
田汝成(明)
炎徼紀聞　310左
行邊紀聞　310左
遼紀　310右
委巷叢談　538右
熙朝樂事　538右
西湖遊覽志、志餘　597右
幽怪錄　1118右
阿寄傳　1118右
田叔禾小集　1346左
田豫陽集　1346左
西湖遊詠(黃省曾同撰)　1552左
田汝耔(明)
田莘野集　1342左
36 田況(宋)
儒林公議　340右
田渭(宋)
辰州風土記　549左
38 田道人(清)　見奚子明
田肇麗(清)
蒙齋年譜補*　431左
有懷堂文集、詩集　1405右
43 田榕(清)
碧山堂詩鈔　1414左
44 田懋(清)等
田文端公行述　410左
田藝蘅(明)
易圖　30右
留靑日札　351左
陽關三疊圖譜　938右
醉鄉律令　949右
小酒令　949右
煮泉小品　955左
玉笑零音　972左
留靑日札摘鈔　997右
留靑日札　997右
春雨逸響　997右
香宇詩談　1579左
50 田中榮信(日本)
長沙正經證彙(輯)　825左
60 田易(清)
鄉談　1073左
67 田明昶(清)
觀書後例　765左
77 田同之(清)
西圃叢辨　1006左
硯思集　1416左
二學亭文涘　1416左
安德明詩選遺(輯)　1546右

西圃文說、詩說 1584左
晚香詞 1622右
西圃詞說 1719左

78 田騈(周)
田子 685右

80 田普光(淸)
後漢儒林傳補逸 412右

86 田錫(宋)
麴本草 805右
咸平集 1241右
咸平詩集 1241右

6040_4 晏

02 晏端書(淸)
粤游紀程 617左
使滇紀程 617左
西江軺程記 617左

10 晏天章(元)
棋經(一題宋張儗撰) 943左
元元棋經(一題宋張儗撰) 943右
棊經(嚴德甫同注) 943右

15 晏殊(宋)
晏同叔先生集 1244左
晏元獻遺文 1244左
元獻遺文 1244左
蘿軒外集 1244左
珠玉詞 1593左

22 晏幾道(宋)
晏叔原先生集 1256左
小山詞 1593右

42 晏斯盛(淸)
學易初津 23右
易翼宗 24左
易翼說 24左
黔中水道記 586左
楚蒙山房詩 1416右
楚蒙山房文集 1416右
楚蒙山房易經解 1727左

44 晏模(南燕)
齊地記 532左

66 晏嬰(周)
晏子春秋 682右 683左、右
晏子佚文 683左
晏子 683左

6040_7 曼

44 曼華室女史(淸) 見徐畹蘭

6050_4 畢

00 畢亨(淸)
九水山房文存 1451右
畢方濟(明西洋)
靈言蠡勺(口譯) 1192右
畢應辰(淸)
悔齋詩稿 1494右
畢庭杰(淸)
淸抱居賸稿 1509右

12 畢廷斌(淸)
笨夫詩鈔 1428右

25 畢仲詢(宋)
幙府燕閒錄 1055右
畢仲游(宋)
西臺集 1257右

26 畢自嚴(明)
石隱園藏稿 1360右
畢魏(明)
滑稽館新編三報恩傳奇 1700左
竹葉舟傳奇 1700左

28 畢以珣(淸)
孫子十家註敍錄* 769右

31 畢沅(淸)
夏小正攷注 92左
傳經表 181右
通經表 182左
說文解字舊音(輯) 191左
說文舊音(輯) 191左
音同義異辯 199左
經典文字辨證書 199左
釋名疏證、續釋名 217右
續資治通鑑 285左
晉書地理志新補正 508右
晉書地道記(輯) 508右
晉太康三年地記(輯) 509左
關中勝蹟圖誌 529左
關中勝蹟圖志 529左
長安志、圖(校) 529右
三輔黃圖(校) 563右
中州金石記 676右
關中金石記 677左
老子道德經攷異 691左
墨子篇目考(校注)*705右
呂氏春秋攷(輯校)*708右
山海經(校) 709右

40 畢大生(淸)
蘭秋介雅堂詩略 1403右

44 畢恭(明)等
遼東志(修) 515右
畢華珍(淸)
律呂元音 103左

51 畢振姬(淸)
西北之文 1401左

77 畢熙暘(淸)
佛解 1190右

6060_0 呂

03 呂誠(元)
來鶴亭詩 1321右
來鶴亭集 1321右
來鶴草堂稾 1321右
旣白軒稾 1322左
竹洲歸田稾 1322左

07 呂望(周)
六韜 768右
六韜逸文 769左
六韜佚文 769左
子牙子 769左
太公金匱 769左
呂調陽(淸)
易一貫 27左
洪範原數 46右
詩序議 64左
考工記考、圖 73左
周官司徒類攷 74左
古律呂考 103左
大學節訓 134左
中庸節訓 136左
論孟疑義 154左
羣經釋地 176右
逸經釋 176右
六書十二聲傳、解字贅言 212右
三代紀年考 380右
曰若編 397右
輿地今古圖考 505右
古史釋地 505右
史表號名通釋 506左
漢地理志詳釋 507左
漢書地理志詳釋 507左
東南洋鍼路 632右
商周彝器釋銘 661左

諸子釋地 681左
五藏山經傳、海內經附傳 710右
穆天子傳釋 711左
釋天 876左
重訂談天正義 876左
釋地三種 1734右
志學編八種 1741左
10 呂元亮(清)
趙客亭先生年譜紀略 410左
呂元素(宋)
道門定制(集成) 1152左
呂元善(明)
聖門志 415右
呂震(明)等
宣德鼎彝譜 660右
宣德彝器圖譜 660右
呂震名(清)
傷寒尋源 816左
呂夏卿(宋)
唐書直筆 373左
唐書直筆新例、新例須知 373左
呂天成(明)
齊東絕倒 1674左
曲品 1722左
呂不韋(秦)
周易呂氏義 3右
呂氏春秋 708左、右 709左
呂覽 708左
呂氏春秋佚文 708右
呂子 708右
12 呂延濟(唐)
六臣註文選(李善、劉良、張銑、呂向、李周翰同撰) 1531左
呂飛鵬(清)
周禮補注 71右
14 呂璜(清)
月滄文集 1452左
月滄詩集 1452左
月滄文鈔 1452右
初月樓古文緒論 1586右
初月樓文談 1586右
15 呂殊(宋)
敏齋稿 1277右
20 呂喬年(宋)
麗澤論說集錄(輯) 729右
呂僑孫(清)
曼香書屋詞 1634左
呂釆芝(清)
秌笳詞 1633左
呂維祜(明)
孝經翼 158右
呂維祺(明)
孝經本義 158右
孝經或問 158右
韻母 213右
同文鐸 213右
韻鑰 213右
四譯館增定館則、新增館則(輯) 470右
徵學詩 1364右
呂豫石集 1364右
21 呂毖(明)
明朝小史(輯) 351左
明宮史(輯) 458左
呂師濂(清)
守齋詞 1617右
22 呂嵒(唐)
易說、圖解 11左
太上玄元道德經解(闡義) 688左
玉樞寶經(讚解) 1134右
呂祖沁園春 1139右
先天斗帝敕演無上玄功靈妙眞經疏解 1150右
九皇新經註解 1150右
十六品經 1150右
同參經 1150右
呂帝心經 1150右
先天一炁度人妙經 1150右
延生證聖眞經 1150右
金玉寶經 1150右
醒心眞經 1150右
靈寶畢法(傳) 1172左
金丹詩訣 1172右
金華宗旨、金華宗旨闡幽問答 1173左
三寶心鐙 1173左
微言摘要 1173左
黃鶴賦 1174右
百句章 1174右
眞經歌 1174右
鼎器歌 1174右
採金歌 1174右
新鐫道書五篇註 1174右
孚佑上帝語錄大觀、孚佑帝君正教編 1185左
東園語錄 1185左
純陽眞人渾成集 1232右
純陽呂眞人文集 1232右
呂帝文集、詩集 1232右
五經合編 1742左
呂種玉(清)
言鯖 1005左
24 呂皓(宋)
雲谿稿 1277左
26 呂得勝(明)
女小兒語 757右
呂近溪女兒語 757右
小兒語 760左
明呂近溪先生小兒語 760左
呂近溪小兒語 760左
27 呂向(唐)
六臣註文選(李善、呂延濟、劉良、張銑、李周翰同撰) 1531左
28 呂佺孫(清)
百塼考 673左
呂從慶(唐)
豐溪存稿 1237左
30 呂定(宋)
說劍吟 1275右
仲安集鈔 1276左
呂宗傑(元)
書經補遺 40右 920右
31 呂祉(宋)
東南防守利便(輯) 483右
東南防守利便(輯) 483右
32 呂兆禧(明)
呂錫侯筆記 1023左
33 呂浦(元)
竹溪稿 1305左
呂濱老(宋)
聖求詞 1598右
呂聖求詞 1598右
34 呂洪烈(清)
葯菴詞 1618左
36 呂溫(唐)
呂衡州詩集 1229左
呂衡州集 1229左
呂和叔文集 1229左

37 呂祖謙(宋)
周易本義(音訓) 13右
易說 13右
周易繫辭精義(輯) 32左
晦庵先生校正周易繫辭精義(輯) 32左
古易音訓 33右
周易音訓 33右
增修東萊書說 38右
呂氏家塾讀詩記 52右
李迂仲黄實夫毛詩集解(釋音) 53左
毛詩集解(釋音) 53左
左氏傳說 106右
春秋左氏傳說 106右
春秋左氏傳續說 106右
左氏傳續說 106右
東萊呂太史春秋左傳類編 106右
東萊先生左氏博議 109右
東萊子 109右
春秋集解（一題呂本中撰） 123右
大事記、通釋、解題 285左
唐鑑(音注) 290左
東萊先生音注唐鑑 290左
東萊先生史記詳節(輯) 371左
東萊先生西漢書詳節(輯) 371左
東萊先生東漢書詳節(輯) 371左
東萊先生三國志詳節(輯) 371左
東萊先生晉書詳節(輯) 371左
東萊先生南史詳節(輯) 371左
東萊先生北史詳節(輯) 371左
東萊先生隋書詳節(輯) 371右
東萊先生唐書詳節(輯) 371右
東萊先生五代史詳節(輯) 371右
歷代制度詳說 454左
入越記 600右
晉註河上公老子道德經(校正) 687左
近思錄(朱熹同輯) 727右 728左
朱子原訂近思錄(朱熹同輯) 728左
麗澤論說集錄 729右
金華呂東萊先生正學編 729右
少儀外傳 759右
紫薇雜記（一題呂本中撰） 984左
詩律武庫、後集 1042左
臥游錄 1061左
呂東萊先生文集 1273右
東萊呂太史文集、別集、外集 1273右
東萊集 1273右
呂東萊尺牘 1273右
觀瀾文集(集注) 1535右
古文關鍵(輯) 1536左
宋文鑑(輯) 1542左
皇朝文鑑(輯) 1542左

呂祖謙(宋)等
古周易(編) 13右
東萊呂氏古易(編) 14左
周易古本(編) 14左

呂祖海(清)
豐壽山樵詩鈔 1491左

38 呂道生(唐)
定命錄 1048右

呂道爔(明)
字學源流 193左

40 呂大圭(宋)
春秋或問 124左
春秋五論 124右

呂大忠(宋)
呂氏鄉約 765右
藍田呂氏鄉約 765右
呂氏鄉約、鄉儀 765右
鄉約 765右
增損呂氏鄉約 765右
朱子增損呂氏鄉約 765右
增修藍田鄉約 765右

呂大防(宋)
杜工部年譜(蔡興宗、魯訔同撰) 426左
韓吏部文公集年譜 426左

呂大臨(宋)
禮記傳 85左
亦政堂重修考古圖 660左
考古圖 660左

呂太古(宋)
道門通教必用集 1163左

呂培(清)等
洪北江先生年譜 422左

呂才(唐)
陰陽書 907右

呂希哲(宋)
發明義理 982右
傳講雜記 982右
呂氏雜記 982右
侍講日記 982右

呂南公(宋)
灌園集 1257右

呂存德(清)
尙志齋愼思記、訟過記 749右

44 呂世宜(清)
古今文字通釋(述) 193右
愛吾廬文鈔 1472左

45 呂坤(明)
交泰韻 209左
新吾呂君墓誌銘 419右
四禮翼 460右
呂仲子先生四禮翼 460右
呂氏四禮翼 460右
四禮疑、喪禮餘言 460右
呂新吾先生實政錄 472右
天日 475左
修城 489右
展城或問 489右
河工書 579右
省心紀 734右
呻吟語 734右 735左
呻吟語摘 734右
呻吟語節錄 734右
呂子節錄、續 734右 735左
呻吟語選 735左
呂新吾先生閨範圖說(注) 757右
閨範(注) 757右
續小兒語 760左
呂新吾續小兒語 760左
演小兒語 760左
呂新吾先生演小兒語 760左
呂新吾訓子詞 760左
呂新吾先生社學要略 762右
救命書 774右

疹科(輯) 841左
呂新吾先生身家盛衰循環圖說 1032右
宗約歌 1032右
好人歌 1033左
呂新吾好人歌 1033左
呂新吾先生好人歌 1033左
黃帝陰符經(注) 1136右
呂新吾先生去僞齋文集 1354右
反輓歌 1354右
呂新吾集 1354右

呂柟(明)
周易說翼 17左
涇野先生周易說翼 17左
尙書說要 40右
毛詩說序 63右
春秋說志 125右
四書因問 151左
禮問 460左
涇野先生禮問 460右
周子抄釋 724右
橫渠張子抄釋 726左
張子抄釋 726左
二程子抄釋 726右
朱子抄釋 729左
涇野集 733左
涇野子內篇 733左
呂先生語錄 733左
呂涇野集 1339右
呂涇野經說 1728左
宋四子抄釋 1736左

47 呂聲之(宋)
沃州鴈山吟 1281左
雁山吟 1281左

50 呂中(宋)
大事記講義 378右

呂本中(宋)
春秋集解 123右
東萊呂紫微師友雜志 413左
官箴 471左
呂氏官箴 471右
呂榮公官箴 471右
呂舍人官箴、雜說 471右
童蒙訓 758右
紫薇雜記 984左
紫微雜說 984左
東萊呂紫微雜說 984左
軒渠錄 1122左
東萊詩集 1260右
東萊先生詩集 1261左
紫薇集 1261左
東萊呂紫微詩話 1571右
紫薇詩話 1571右
紫微詞 1600左

呂惠卿(宋)
宋中太乙宮碑銘 568左
道德眞經傳 688右

52 呂靜(晉)
韻集 204左

60 呂□(□)
太上洞玄靈寶天尊說救苦妙經註解 1142右

呂星垣(清)
龍井遊記 599右
道場山遊記 600右
遊天平山記 603左
泛百門泉記 603右

呂思誠(元)
仲實集 1314左

64 呂時臣(明)
呂山人集、續集 1349左

71 呂原明(宋)
歲時雜記 504左

呂愿中(宋)
撫松集 1269右

呂頤浩(宋)
燕魏雜記 525左
忠穆集 1261右

77 呂周任(唐)
泗州大水記 537左

呂陶(宋)
淨德集 1252左

呂陶(民國)
秋陽草 1525右

呂留良(清)
東莊醫案 862左
賣藝文 975左
陳大士先生未刻稿(輯評) 1362左
艾千子先生全稿(輯評) 1363右
章大力先生全稿(輯評) 1369左
羅文止先生全稿(輯評) 1369右
楊維節先生稿(輯評) 1371左
呂用晦文集、續集 1388左
東莊吟稿 1388左

79 呂勝己(宋)
渭川居士詞 1604右

80 呂午(宋)
左史諫草 496左

呂公忠(清)
呂用晦先生行略 420右

86 呂錫時(清)
質璞草 1514左

90 呂棠(明)
宣德彝器譜(輯) 660右

93 呂熾(清)
尹健餘先生年譜 421右

94 呂忱(晉)
字林 194左

97 呂耀台(清)
拳鶴山房詞 1636左

99 呂榮義(宋)
上庠錄 464右

昌

22 昌巖(明)
玉振 737右

冒

00 冒廣生
外家紀聞 393左
冒嵩少憲副年譜 408右
冒得庵參議年譜 429右
冒巢民徵君年譜、補 430右
雲郎小史 437左
永嘉高僧碑傳集、補(輯) 445左
匽從親耕記 459左
癸卯大科記 465右
于役東陵記 568左
鉢池山志、志餘 573左
莽鏡釋文 662左
哥窯譜 797左
青田石考 942左
戲言 948右
謝康樂集拾遺(輯) 1208左
謝康樂集校勘記 1208左
甌城叟集輯(輯) 1290左
五峯集補遺(輯)* 1314右
柔克齋詩輯(輯) 1318右

風懷詩案　1394左
小三吾亭文甲集、詩　1529右
和謝康樂詩　1529右
如皋冒氏詩略(輯)1549左
同人集補(輯)　1553左
冠柳詞(輯)　1594左
小三吾亭詞　1643右
如皋冒氏詞略(輯)1647左
小三吾亭詞話　1721右
疚齋小品　1741左
五周先生集(輯)　1746右
二黃先生集(輯)　1747右

00 冒褒(清)
婦人集(注)　438左
鑄錯軒詩葺　1381左

冒襄(清)
宣爐歌注　662右
宣爐注　662右
芥茶彙鈔　784左
蘭言　790左
影梅庵憶語、悼亡題咏集　1072左
巢民詩集、文集　1381左
香儷園偶存　1381左
寒碧孤吟　1381左
泛雪小草　1381左
集美人名詩　1381左
樸巢詩選、文選　1381左
冒氏小品四種　1743右

31 冒沅(清)
枕干錄(輯)　411左

40 冒嘉穗(清)
寒碧堂詩葺　1402右

46 冒坦然(清)
鹿樵集葺　1380右

47 冒起宗(明)
馭交記(訂)　627右

冒超處(清)
簡兮堂文賸　1380左

50 冒春榮(清)
葚原詩說　1584右

60 冒日乾(明)
增定存笥小草　1370右

77 冒丹書(清)
婦人集補　438左
枕煙亭詩葺　1402右

80 冒愈昌(明)
冒伯麐先生集　1368右

88 冒篚(清)
前後元夕讌集詩(輯)　1553右

6060₄ 圖

16 圖理琛(清)
異域錄　624右
　625左

6071₂ 圈

21 圈稱(口)
陳留風俗傳　544右
陳留志　544右

6071₇ 黿

84 黿錯(漢)
黿氏新書　960右

6072₇ 昂

40 昂吉(元)
啓文集　1318左

6073₁ 㬪

99 㬪瑩(宋釋)
珞琭子賦註　904左

6080₀ 貝

14 貝琳(明)
七政推步　868右

17 貝瓊(明)
貝清江先生全集　1325左
清江貝先生文集、詩集 1325左
清江詩集、文集　1325左
眞眞曲　1325左
清江貝先生詩餘　1614右

40 貝墉(清)
七姬詠林(輯)　438右

50 貝青喬(清)
咄咄吟　328右
苗俗記　563左
苗妓詩　1475左

6080₆ 員

77 員興宗(宋)
辨言　984右
九華集　1272右

圓

10 圓至(元釋)
牧潛集　1305右
筠溪牧潛集　1305右
三體唐詩(注)　1539右

22 圓鼎(清釋)
滇釋紀　445左

圓嶠眞逸(清) 見陳文述

67 圓明老人(金) 見高道寬

6090₄ 果

03 果斌(明釋)
釋牛峯集　1357左

10 果爾敏(清)
洗俗齋詩草　1491左

6090₆ 景

00 景方昶(民國)
東北輿地釋略　526右

30 景淳(宋釋)
詩評　1574左

景安(清)
深省堂自箴錄　744右
深省堂自箴續錄　744右
深省堂隨筆　1009右
深省堂閒吟集　1447左
保陽吟草　1447右
深省堂文集　1447右

32 景淨(唐釋)
景教流行中國碑頌1192右

60 景口(周)
景子　683右

景日昣(清)
嵩臺最錄(輯)　410右
嵩臺學製書、摭象半月錄、薦後錄　502左
嵩臺隨筆　554左

景星(元)
大學集說啓蒙　132左
中庸集說啓蒙　135左

景星杓(清)
山齋客譚　1092右

80 景善(清)
景善日記　330左

97 景煥(宋)
野人閒話　360右
牧豎閒談　1054左

6091₄ 羅

00 羅鹿齡(明)
羅山人集 1356右
羅稟(明)
茶解 784左
羅文彬(清)
平黔紀略(王秉恩同撰) 329左
02 羅誘(宋)
宜春傳信錄 550右
10 羅璋(清)
公餘寄詠詩鈔 1491右
羅元煥(清)
粵臺徵雅錄 391右
羅震亨(清)等
羅氏一家集 1550右
羅霆震(元)
武當紀勝集 575左
羅天尺(清)
五山志林 553右
羅天益(元)
衞生寶鑑 818右
羅謙甫治驗案 861右
羅更(民國)
經考附錄校記* 172右
15 羅聘(清)
我信錄 976左
17 羅玘(明)
羅圭峯文集 1335左
羅珊(清)
味鐙閣詩鈔 1490左
羅柔(明)
羅太守集、續集 1336左
20 羅香林
先考幼山府君年譜 424左
21 羅師揚(民國)
寧東羅譜禮俗譜 554左
興民學校小史 570左
亞洲史 633右
山廬文鈔、詩鈔 1524右
22 羅繼祖
遼漢臣世系表 369右
明宰相世臣傳 402右
李蜃園先生年譜 419右
程易疇先生年譜 422左
朱笥河先生年譜 422左
段懋堂先生年譜 422左
乘軺錄(輯) 609左
蜃園集拾遺(輯) 1377左
24 羅先登(元)
文房圖贊續 805左
續文房圖贊 805左
羅勉道(口)
南華眞經循本 695左
28 羅以智(清)
新門散記 539右
恬養齋文鈔 1473左
羅倫(明)
一峯集 1332右
羅一峯集 1332右
羅從彥(宋)
豫章文集 1261右
羅豫章先生文集 1261右
羅豫章先生集 1261右
豫章先生詩集 1261右
30 羅宿(清)
夢蒼山館遺詩 1515右
羅定昌(清)
臟腑圖說症治要言合璧 852左
醫案類錄 863右
31 羅濬(宋)
寶慶四明志 520右
羅福葆
古寫經尾題錄存補遺(輯)* 1192左
羅福萇(民國)
宋史夏國傳集註、系表 361右
西夏國書略說 361右
古寫經尾題錄存(輯) 1192左
沙州文錄補(輯)* 1546右
羅福頤
宋史夏國傳集注(補) 361右
印譜考 650右
小學考補目 652右
西夏文存、外編(輯) 1542左
遼文續拾、彙目(輯) 1542左
33 羅泌(宋)
路史 276右
34 羅汝芳(明)
近溪子大學答問集 132右
近溪子中庸答問集 135左
近溪子論語答問集 141左
近溪子孟子答問集 147左
孝經宗旨(述) 160右
羅近溪集 1350左
四書答問 1727右
羅汝蘭(清)
鼠疫約編(增輯) 829左
羅汝懷(清)
綠漪草堂詩鈔 1473右
羅洪先(明)
金陵冬遊紀略 592左
念庵子 734左
念菴集 1345左
羅贊善集 1345左
羅念菴集 1345左
羅祐(明)
新刊音註出像韓朋十義記(音註) 1701右
36 羅澤南(清)
周易附說 26右
讀孟子劄記 148右
羅山記 575左
遊龍山記 604左
遊天井峯記 604左
遊石門記 604左
遊南嶽記 604右
西銘講義 725左
人極衍義 747左
姚江學辨 747左
小學韻語 759左
羅忠節公遺集 1466右
37 羅鄴(唐)
蔣子文傳 1109左
羅鄴詩集 1237右
40 羅大經(宋)
鶴林玉露 988左、右
詩譚續集(節錄鶴林玉露) 988右
羅士琳(清)
春秋朔閏異同 131左
疇人傳(續) 414右
周無專鼎銘考 661右
新編筭學啓蒙識誤* 879左
四元玉鑑細草 879右
比例匯通 884左
增廣新術 884左
句股容三事拾遺、附存 884左
演元九式 884左

句股截積和較算術 884左
臺錐積演 884左
三角和較算例 884左
弧矢算術補 884左
四象細草假令之圖 884左
40 羅有高（清）
貞婦屠印姑傳 439右
遊廬山記 606左
尊聞居士集 1431左
羅臺山文鈔 1431左
羅志讓（清）
億堂文鈔 1506左
羅志仁（宋）
姑蘇筆記 1063右
羅嘉蓉（清）
雲根老屋詩鈔 1490右
43 羅越峯（清）
疑難急症簡方（輯） 861左
44 羅莊（民國）
初日樓稿 1529右
羅芳洲（民國）
詞學研究（輯） 1752左
羅蒙正（元）
希呂集 1319右
羅懋登（明）
新刻三寶太監西洋記通俗演義（輯） 1130右
羅苹（宋）
路史（注） 276右
羅萬傑（明）
羅吏部瞻六堂集 1371右
羅萬藻（明）
此觀堂集 1369右
羅文止先生集 1369右
羅文止先生全稿 1369右
羅世瑤（清）
行軍方便便方（輯） 861左
羅椅（宋）
放翁詩選前集（選） 1270左
澗谷精選陸放翁詩集前集（選） 1270右
澗谷遺集 1289左
46 羅柏村（英國）
公法總論 977左
50 羅東生
傷寒捷徑（述） 816右
51 羅振玉（民國）
敦煌古寫本周易王注校勘記 7左
隸古文尚書顧命殘本補考* 36左
敦煌古寫本毛詩校記 50左
毛鄭詩斠議 60左
毛詩草木鳥獸蟲魚疏（校） 62左
金州講習會論語講義 144左
漢熹平石經殘字集錄 183右
漢熹平石經集錄續補 183右
漢熹平石經集錄又續編、續拾 183右
漢熹平石經殘字集錄、續編、三編、四編 183右
干祿字書箋證 197右
倉頡篇殘簡考釋 200左
三國志證聞校勘記 269左
梁書斠議 270左
陳書斠議 270右
北齊書斠議 271左
周書斠議 271右
隋書斠議 271右
續宋中興編年資治通鑑校記 284右
古寫本貞觀政要佚篇（輯）* 297右
古寫本貞觀政要校記* 297右
補宋書宗室世系表 366右
唐書宰相世系表補正 368左
瓜沙曹氏年表 368左
高昌麴氏年表 368左
高郵王氏六葉傳狀碑誌集（輯） 392右
上虞羅氏枝分譜 395左
元和姓纂校勘記、佚文 395右
張義潮傳 405左
補唐書張義潮傳 405左
萬年少先生年譜 430左
高士傳（輯） 441右
徐俟齋先生年譜 442左
遼帝后哀册文錄（輯） 457左
紀元編（校訂） 463左
唐折衝府考（校補） 481左
唐折衝府考拾遺* 481左
唐折衝府考補 481左
三補唐折衝府考補 481右
唐折衝府考補拾遺 481右
沙州志殘校錄札記* 530左
廬山記校勘記 576左
流沙訪古記 591左
慧超往五天竺國傳殘卷校錄札記* 608右
五十日夢痕錄 620右
經義考目錄、校記 649右
大雲書庫藏書題識 652右
宋元釋藏刊本考 654右
雪堂校刊羣書敍錄 655左
雪堂藏古器物目 656左
雪堂所藏古器物圖說 656左
古器物范圖錄、附說 656左
歷代符牌圖錄（輯） 656左
歷代符牌圖錄後編（輯） 656左
秦金石刻辭（輯） 656左
金泥石屑、附說 656左
地劵徵存 656左
蒿里遺珍（輯） 656右
蒿里遺珍考釋* 656右
雪堂金石文字跋尾 658右
俑廬日札 659左
海外吉金錄 659左
古鏡圖錄 660右
殷文存（輯） 661左
夨彝考釋 661右
漢兩京以來鏡銘集錄 662左
古器物識小錄 663左
鏡話 663左
四朝鈔幣圖錄（輯） 663右
四朝鈔幣圖錄考釋* 663右
齊魯封泥集存（輯） 664左
赫連泉館古印存（輯） 664右
赫連泉館古印續存（輯） 664右
貞松堂唐宋以來官印集存（輯） 664右
璽印姓氏徵補正 664右
寰宇訪碑錄刊謬* 665左
補寰宇訪碑錄刊誤* 665左
蒿里遺文目錄 665左
蒿里遺文目錄續編 665左

墓誌徵存目錄 665左
漢石存目(校補) 665右
魏晉石存目(校補) 665右
海外貞珉錄 665右
漢晉石刻墨影(輯) 666左
石鼓文考釋 668左
石交錄 668左
殷虛古器物圖錄、附說(輯) 672右
鐵雲藏龜之餘(輯) 672右
殷墟書契後編(輯) 672右
殷商貞卜文字考 672右
殷虛書契待問編(輯) 673左
秦漢瓦當文字(輯) 673左
古明器圖錄(輯) 673左
恆農專錄 673右
楚州城磚錄 673右
專誌徵存 673右
高昌專錄 673右
流沙墜簡(輯) 673右
流沙墜簡考釋、補遺考釋(王國維同撰)* 673右
洛陽存古閣藏石目 674右
三韓冢墓遺文目錄 675左
昭陵碑錄(輯) 675右
昭陵碑錄校錄劄記、補* 675右
西陲石刻錄 675右
西陲石刻後錄 675右
淮陰金石僅存錄、附編(輯) 676左
楚州金石錄、存目(錄) 676左
芒洛冢墓遺文 676右
和林金石錄(校定) 677左
道德經考異 691右
南華眞經殘卷校記 696右
帝範校記* 750右
帝範校補 750右
臣軌校記* 751左
宸翰樓所藏書畫目錄 912右
雪堂書畫跋尾 917左
隋唐以來官印集存(輯) 943左
劉子校記 965右
本朝學術源流概略 978右
集蓼編 1015右
俗說 1040左
老子化胡經補攷、校勘記* 1151左
抱朴子校記 1184右
姚秦寫本僧肇維摩詰經解殘卷校記 1187右
王子安集佚文(輯) 1218左
王子安集佚文校記* 1218左
遼海吟、續吟 1525左
後丁戊稿 1525左
松翁賸稿 1525左
雲窗漫稿 1525左
車塵稿 1525左
松翁未焚稾 1525左
遼居稾、乙稾 1525左
貞松老人外集 1525左
宋槧文苑英華殘本校記 1536左
國朝文範(輯) 1545右
春秋後語卷背記(輯) 1645左
羣經叢殘(輯) 1728左
遼居雜箸 1741左
羣書叢殘(輯) 1741左
敦煌石室碎金(輯) 1741右
敦煌零拾(輯) 1752左

羅振玉(民國)等
葦間老人題畫集(輯) 916左

羅振常(民國)
新唐書斠議 273左
郎氏事輯(輯) 418左
懷賢錄(訂補) 428右
澗上草堂紀略拾遺(輯)* 568右
自怡悅齋藏書目(訂) 652左
老泉先生文集補遺(輯) 1247左
老泉先生文集考異* 1247右
經進嘉祐文集事略(輯) 1247右
經進嘉祐文集事略考異* 1247右
經進東坡文集事略考異* 1253左
經進欒城文集事略(輯) 1254左
經進欒城文集事略考異* 1254左
遯渚唱和集拾遺(輯)* 1556右

52 羅虬(唐)
花九錫 788左
比紅兒詩 1238左

60 羅日褧(明)
咸賓錄 623右

羅喦(清)
現成話 1412右

61 羅點(宋)
聞見錄 1062左

67 羅明祖(明)
寓楚雜著 316左
史旁 375右
襄邑實錄 501右
井福錄 774右
漢上末言 894左
地理微緒 902左
侮莊 974左
京音集 1371左
羅紋山文集 1371左
羅紋山詩餘 1614右

70 羅璧(宋)
識遺 989左、右
羅氏識遺 989右

羅雅谷(明西洋)
日躔表 869右
日躔曆指 869右
月離表 869右
月離曆指 869右
五緯表 869右
五緯曆指 869右
渾天儀說(訂) 870左
古今交食考(訂) 870左
交食曆指(訂) 870左
交食表(訂) 870左
測量全義 880左
比例規解 880左
割圜八線表(鄧玉函、湯若望合撰) 880左
籌算 880左

71 羅辰(清)
遊靜谷衕記 604右
遊隱山六洞記 607左

羅頎(明)
物原 1043左

羅願(宋)

爾雅翼 219右
220左
新安志 519右
鄂州小集 1273左
羅鄂州小集 1273左
72 羅隱(唐)
廣陵妖亂志、逸文
298左、右
兩同書 966左
讒書 980左
說石烈士 1109左
拾甲子年事 1109右
甲乙集 1237左
羅昭諫集 1237左
77 羅與之(宋)
雪坡小稾 1293左
雪坡小藁 1293左
羅貫中(元)
冥感記 1092左
宋太祖龍虎風雲會
1664左
龍虎風雲會 1664左
80 羅美(清)
內經博義 809左
羅含(晉)
湘中記 547左
羅公升(宋)
滄洲集 1297左
81 羅頌(宋)
羅鄂州遺文 1273左
羅渠(清)
臨安旬制紀附錄(輯)*
321左
87 羅欽順(明)
羅整庵先生困知記 732左
困知記、續、三續、四續、續補、外編 732左
整菴存稿 1335右
羅整庵先生存稾 1335右
羅整菴集 1335右
90 羅惇衍(清)
集義軒詠史詩 382左
羅惇曧(民國)
德宗承統私記 329右
中日兵事本末 330左
割臺記 330左
庚子國變記 330右
拳變餘聞 330右
太平天國戰記 335左
中俄伊犂交涉始末 480右
鞠部叢譚 948右
94 羅燁(宋)
醉翁談錄(輯) 1122右

6184$_7$ 販
10 販雲翁(清) 見湯盉仙

6204$_7$ 曖
37 曖初氏(清)
望夫石 1690右

6301$_2$ 晼
20 晼香留夢室主(清)
見黃協塤

6333$_4$ 默
23 默然子(金) 見劉通微
40 默希子(唐) 見徐靈府

6384$_0$ 賦
24 賦豔詞人(清)
鳳城品花記(藝蘭生同注) 948左

6401$_1$ 曉
22 曉嵐(清) 見楊亨
99 曉瑩(宋釋)
羅湖野錄 1190左

6401$_4$ 畦
25 畦生(漢)
春秋公羊畦生義 113右

6404$_1$ 時
00 時庸勱(清)
聲譜 212右
聲說 212右
時雍(金)
道德眞經全解 689右
37 時瀾(宋)
增修東萊書說(修定)38右
60 時曰醇(清)
百雞術衍 885右

6621$_4$ 瞿
00 瞿應紹(清)
月壺題畫詩 917左
瞿玄錫(清)
庚寅十一月初五日始安事略 323左
庚寅始安事略 323左
03 瞿詒謀(清)
墨莊詩草 1444右
10 瞿元霖(清)
蘇常日記 451右
天逸道人存稿 1477右
24 瞿佑(明)
四時宜忌 504右
居家宜忌、續錄、又續錄、三續錄 906左
宣和牌譜 952右
俗事方 1039右
剪燈新話 1117右
聯芳樓記 1117右
聚景園記 1117右
雙頭牡丹燈記 1117右
西閣寄梅記 1117右
詠物詩 1326右
歸田詩話 1577右
27 瞿紹堅(清)
吹月塡詞館賸稾 1625右
30 瞿宣穎
北京建置談薈 524左
34 瞿汝稷(明)
指月錄 1189左
37 瞿鴻禨(民國)
使豫日記 620右
使閩日記 620右
超覽樓詩稿 1520左
38 瞿啓甲(民國)
宋金元本書影(輯) 655左
43 瞿式穀(明)
幾何要法(筆受) 880左
瞿式耜(明)
瞿忠宣公集 1366右
浩氣吟 1366右
瞿忠宣公手札 1366右
蠟丸書 1366右
44 瞿世瑛(清)
淸吟閣書目 647右
瞿共美(明)
粵游見聞 322右
東明聞見錄 322右
50 瞿中溶(清)

漢石經攷異補正 184左
瞿木夫先生自訂年譜 422右
古泉山館題跋 652左
集古虎符魚符考 656左
古泉山館金石文編殘稿 658左
漢武梁祠堂石刻畫像考、圖 665右
奕載堂古玉圖錄 672左
瞿木夫文集 1454左

60 瞿昌文(清)
粵行紀事 322右
粵行小紀 322右

瞿曇悉達(唐)
唐開元占經 894右

瞿園居士(清)
綠天香雪簃詩話 1588右

77 瞿熙邦
勞氏碎金（王大隆同補輯） 652左

80 瞿鏞(清)
鐵琴銅劍樓宋元本書目 647右
鐵琴銅劍樓藏書目錄 649右
鐵琴銅劍樓詞草 1630右

86 瞿智(元)
睿夫集 1319右

90 瞿懷亭(清)
簡明限期表(輯) 455右

6624₈ 嚴

00 嚴章福(清)
說文校議議 187右
經典通用考 192右

04 嚴謹(清)
清嘯樓詩鈔 1513左

07 嚴調御(明)等
作朋集選 1550右

10 嚴元照(清)
爾雅匡名 164右
蕙櫋雜記 1008右
娛親雅言 1027右
悔菴學文 1451左
柯家山館遺詩 1451左
柯家山館詞 1628左

嚴可均(清)
孝經鄭注(輯) 156左
孝經鄭氏注(輯) 156左
爾雅一切注音(輯) 163右
爾雅圖贊(輯) 165右
唐石經校文 185左
說文訂訂 186左
說文校議(姚文田同撰) 187右
說文聲類 191左
說文聲類出入表 191左
聖賢高士傳贊(輯) 441左
甲癸議 488右
平津館金石萃編(輯) 657左
鐵橋金石跋 658左
商君書、考(校) 702左
山海經圖贊(輯) 710左
典語(輯) 717右
傅子(輯) 718左
蔣子萬機論(輯) 962右
劉氏政論(輯) 963左
桓氏世要論(輯) 963左
杜氏篤論(輯) 963左
華陽陶隱居集(輯) 1210右
鐵橋漫稿 1446右

12 嚴廷中(清)
岩泉山人詩四選存稿 1460左
藥欄詩話 1587左
麝塵詞 1631左
武則天風流案卷（一名判豔） 1689右
沈媚娘秋聰情話（一名譜秋） 1689右
洛陽殿無雙豔福 1689右
秋聲譜 1751左

13 嚴武(唐)
嚴武集 1224左

嚴武順(明)
月會約 959右

17 嚴羽(宋)
嚴滄浪詩集 1285左
滄浪集 1285左
滄浪吟 1285左
滄浪嚴先生吟卷 1285左
滄浪詩集 1285左
滄浪吟集鈔 1285左
滄浪詩話 1574右
滄浪嚴先生詩談 1574右
滄浪吟卷 1574右
詩評 1574右
詩辯 1574右
考證、答出繼叔臨安吳景僊書 1574右
詩法 1574右
詩體 1574右

20 嚴維(唐)
嚴維集 1224右
嚴維詩集 1224右
嚴正文詩集 1225左

21 嚴衍(明)
嚴永思先生通鑑補正略 283左

嚴虞惇(清)
讀詩質疑 56右
豔囮二則 1074左
思庵閑筆 1074右

24 嚴德甫(元)
棊經(晏天章同注) 943右

26 嚴保庸(清)
孤篷聽雨錄 1077右
盂蘭夢傳奇 1708右
盂蘭夢 1709左

27 嚴粲(宋)
詩緝 53右
華谷集 1294左

嚴繩孫(清)
秋水文集 1389左
秋水詞 1616右

28 嚴復(民國)
老子道德經注(評點) 687右
嚴幾道文鈔 1520右

30 嚴沆(清)
嚴顥亭詩 1384左
顥亭詩選 1384左
嚴灝亭詩選 1384左

嚴安(漢)
嚴安書 961右

嚴宮方(清)
傷寒捷訣 816左

35 嚴津(清)
安雅堂詩選(選) 1382右
顥亭詩選(選) 1384左
愚山詩選(選) 1385左
斗齋詩選(選) 1390左
學易庵詩選(選) 1390右
信美軒詩選(選) 1392左
稽留詩選(選) 1397右

37 嚴鴻志
退思廬感證輯要 824右
退思廬女科精華 837右
退思廬女科證治約旨 838左
退思廬古今女科醫案選粹 838左
嚴潔(清)
盤珠集胎產症治(施雯、洪煒同纂) 837左
38 嚴澂(明)
松絃館琴譜 937右
嚴澂華(清)
含芳館詩鈔 1503左
嚴遂成(清)
海珊詩鈔 1418右
海珊詩 1418右
嚴遨(清)
賁園詩鈔 1509右
嚴遵(漢)
道德指歸論 687左
道德眞經指歸 687左
40 嚴有翼(宋)
藝苑雌黃 1570右
嚴有禧(清)
漱華隨筆 1075左
嚴杰(清)
經義叢鈔(輯) 174左
嚴杏林(清)等
學一齋句股代數草 890左
42 嚴彭祖(漢)
公羊嚴氏春秋 113右
春秋公羊嚴氏義 113右
春秋盟會圖 117右
43 嚴式誨
切韻指掌圖校記* 213左
重輯曾子遺書(輯) 682左
顏氏家訓補校注* 751右
44 嚴蘅(清)
女世說 1079右
嫩想盦殘藁 1484右
紅燭詞 1635左
嚴蔚(清)
石墨考異 668左
嚴蕊珠(清)
露香閣詩鈔 1461右
嚴懋功(民國)
清代宰輔年表、續補 370右
清代八卿年表 370右
清代總督年表、續補 370右
清代巡撫年表 370右
清代館選分韻彙編 470右
嚴萬里(清) 見嚴可均
嚴植之(梁)
孝經嚴氏注 157左
46 嚴觀(清)
江寧金石待訪目 674左
湖北金石詩 677右
嚴如熤(清)
苗疆師旅考 327右
三省山內風土雜識 562右
三省邊防形勢錄 562右
老林說 562右
苗疆村寨考 563左
苗疆城堡考 563左
苗疆險要考 563左
苗疆道路考 563左
苗疆風俗考 563左
苗疆水道考 586左
71 嚴辰(清)
墨花吟館感舊懷人集 1482右
嚴長明(清)
師友淵源錄 387右
嚴冬有詩集 1429右
金闕攀松集 1429右
玉井搴蓮集 1429右
江淮旅稿 1429右
官閣消寒集(輯) 1554左
74 嚴助(漢)
嚴助書 713左
相貝經(一題朱仲撰) 793右
相兒經 904右
77 嚴用和(宋)
濟生方 857右
80 嚴曾榘(清)
嚴柱峯詩 1400左
93 嚴烺(清)
紅茗山房詩存 1471右
紅茗山房詩餘 1632左
99 嚴榮(清)
述庵先生年譜 421右

6650₆ 單

10 單玉騏(清)
惜陰軒詩草 1496右
17 單子廉(清)
小泉詩草 1491左
30 單宇(明)
菊坡叢語 992左
34 單爲潕(清)
廉泉先生字學一得 224右
單爲鏓(清)
大學述義 133右
大學述義續 133右
中庸述義 136左
中庸述義續 136左
論語述義 143左
論語述義續 143左
孟子述義 148右
孟子述義續 148右
四書鄉音辨譌 155左
讀經劄記 175右
奉萱草堂詩集 1494左
奉萱草堂文鈔 1494左
奉萱草堂文續集 1494左
四書述義前集 1727右
四書述義後集 1727右
40 單南山(清)
胎產指南 836左
44 單莄樓(清)
碧香閣遺藁 1453左
50 單本(明)
蕉帕記 1696右
新刻五闇蕉帕記 1696右
74 單騎(民國)
新疆旅行記 591左
86 單鍔(宋)
吳中水利書 583左
90 單光亨(清)
醉客詩草 1492右

6701₆ 晚

30 晚進王生(元)
圍棋闖局 1664右
晚進王生雜劇 1750左

6702₀ 明

10 明工部
工部新刊事例 455右
20 明秀(明釋)
釋雪江集 1339左
28 明倫(清釋)

雲居聖水寺志 566右
明僧紹(南齊)
周易繫辭明氏注 32左
30 明宣宗
御製廣寒殿記 564左
廣寒殿記 564左
宣宗皇帝御製詩 1330右
明安圖(清)
割圜密率捷法 882左
綴術釋明(原本) 882左
34 明洪武三十年勅編
大明律附例 487左
明洪武中勅輯
諸司職掌 468左
40 明太祖
御製皇陵碑 305左
御製紀夢 305左
御製西征記 305右
御製平西蜀文 306左
周顛仙傳 450左
御製周顛仙人傳 450左
周顛仙人傳 450左
孝慈錄 460左
御製孝慈錄 460左
大明太祖高皇帝御註道德眞經 690右
明太祖文集 1324左
44 明世宗
勅議或問 493右
48 明教坊
寶光殿天眞祝萬壽(編演) 1677左
衆羣仙慶賞蟠桃會(編演) 1677左
祝聖壽金母獻蟠桃(編演) 1677左
降丹墀三聖慶長生(編演) 1677左
衆神聖慶賀元宵節(編演) 1677左
祝聖壽萬國來朝(編演) 1677左
爭玉板八仙過滄海(編演) 1677左
慶豐年五鬼鬧鍾馗(編演) 1677右
慶賀長春節(編演) 1677右
紫微宮慶賀長春節(編演) 1677右
賀萬壽五龍朝聖(編演) 1677右
衆天仙慶賀長生會(編演) 1677右
慶冬至共享太平宴(編演) 1677右
賀昇平羣仙祝壽(編演) 1677右
慶千秋金母賀延年(編演) 1678左
廣成子祝賀齊天壽(編演) 1678左
黃眉翁賜福上延年(編演) 1678左
感天地羣仙朝聖(編演) 1678左
50 明本(元釋)
中峯禪師梅花百詠 1306右
中峯和馮海粟梅花詩 1307左
梅花百咏 1307左
中峯廣錄 1307左
梅花百詠(馮子振同撰) 1551右
72 明兵部
九邊圖說(輯) 485左
77 明月樹主人(明)
釵釧記 1700右
明開(清釋)
流香一覽 566右

6702₇ 鳴
68 鳴晦廬主人(民國)
聞歌述憶 948右

6706₂ 昭
45 昭槤(清)
嘯亭雜錄、續錄 353左
77 昭覺(清釋)
昭覺丈雪醉禪師語錄(述) 1189左

6710₄ 墅
10 墅西逸叟(清)
過墟志 1073右
過墟志感 1073右

6712₂ 野
10 野雲氏(清) 見王士雄
20 野航居士(清) 見丁耀亢
71 野蠶(清釋)
夢綠詩鈔 1420右

6716₄ 路
20 路秀貞(清)
吟莊館遺詩 1505右
路采五(清)
玩石齋隨筆錄 1014左
玩石齋筆記 1081左
玩石齋文集 1514左
玩石齋詩集 1514左
詩外餘言 1588左
21 路順德(清)
治蠱新方 830右
24 路德(清)
仁在堂論文各法 1591左
25 路傳經(清)
曠觀樓詞 1622左
50 路惠期(明)
鴛鴦縧傳奇 1699左
51 路振(宋)
九國志 359左
乘軺錄 609左

6722₇ 鄂
10 鄂爾泰(清)等
貴州通志(修) 522左
雲南通志(修) 522左
御製避暑山莊圖詠(注) 1557右
88 鄂敏(清)
西湖修褉詩(輯) 1555右

6752₇ 鴨
15 鴨砵(西洋)
般鳥紀略 635左

6786₁ 贍
60 贍思(元)
河防通議 579左
重訂河防通議 579左

6802₁ 喻
01 喻龍(明)
和徽學詩續集 1367左
10 喻正己(元)
詩話雋永 1577右
18 喻政(明)

尫後方(輯) 858右
27 喻歸(晉)
西河記 358左
喻鳬(唐)
喻鳬詩集 1234左
30 喻良能(宋)
香山集 1273左
31 喻福基(清)
海天樓詩鈔 1489右
38 喻祥麟(清)
經義韻言 182左
40 喻太眞(口)等
玄微心印 1181右
60 喻昌(清)
尙論篇、後篇 811左
醫門法律 820右
喻選古方試驗(輯) 858右
寓意草 862左
喻氏遺書 1737右

6802₇ 吟

65 吟嘯樓主人(清)
詠梨集試帖 1489左

6806₁ 哈

17 哈司韋(英國)
算式集要 890右
34 哈達淸格(清)
塔子溝紀略 525右

6832₇ 黔

50 黔婁先生(周)
黔婁子 699左

6908₉ 啖

74 啖助(唐)
春秋集傳 121右
春秋例統 130右

7

7010₄ 壁

60 壁昌(清)
牧令要訣 473右
守邊輯要 484左
兵武聞見錄 775右

7021₄ 雅

11 雅琥(元)
正卿集 1316左
44 雅蘭布(俄國)
聘盟日記 480左

7113₆ 蜃

42 蜃橋逸客(清)
燕臺花史(兜率宮侍者、寄齋寄生同撰) 948左

7121₁ 阮

00 阮亨(清)
皐亭倡和集(輯) 1554右
阮充(清)
雲莊印話(輯) 941右
阮文藻(清)
聽松濤館詩選 1470右
04 阮諶(漢)
三禮圖 98右
10 阮元(清)
周易校勘記、略例校勘記、釋文校勘記 7左
周易注疏校勘記、略例校勘記、釋文校勘記 7左
尙書校勘記、釋文校勘記 36右
尙書注疏校勘記、釋文校勘記 36右
毛詩校勘記、釋文校勘記 50左
毛詩注疏校勘記、釋文校勘記 50左
三家詩補遺 67右
周禮校勘記、釋文校勘記 69左
周禮注疏校勘記、釋文校勘記 69左
考工記車制圖解 73右
車制圖解 73右
儀禮校勘記、釋文校勘記 75右
儀禮注疏校勘記、釋文校勘記 76左
禮記校勘記、釋文校勘記 84左
禮記注疏校勘記、釋文校勘記 84左
春秋公羊傳校勘記、釋文校勘記 114右
春秋公羊傳注疏校勘記、釋文校勘記 114右
春秋左傳校勘記、釋文校勘記 105右
春秋左氏傳注疏校勘記、釋文校勘記 105右
春秋穀梁傳校勘記、釋文校勘記 119右
春秋穀梁傳注疏校勘記、釋文校勘記 119右
論語校勘記、釋文校勘記 138右
論語注疏校勘記、釋文校勘記 138右
孟子校勘記、音義校勘記 145右
孟子注疏校勘記、音義校勘記 145右
孝經校勘記、釋文校勘記 157右
孝經注疏校勘記、釋文校勘記 157右
孝經義疏 159右
爾雅校勘記、釋文校勘記 163左
爾雅注疏校勘記、釋文校勘記 163左
揅經室集 174右
詩書古訓 174右
儀禮石經校勘記 183左
儒林傳稿 413左
疇人傳 414右
鄭司農年譜(補訂) 417右
竹垞小志(訂) 565左
積古齋藏器目 659右
積古齋鐘鼎彝器款識 661左
漢延熹西嶽華山碑考 666右
曾子注釋、敍錄 682右
曾子十篇注釋 682右
地球圖說補圖* 807左
石渠隨筆 911右
石畫記 957左
定香亭筆談 1008右
小滄浪筆談 1008右
揅經室詩錄 1449左
揅經室一集、二集、三集、四集、四集詩、續集、再續集、外集 1449左
淮海英靈集甲集、乙集、丙集、丁集、戊集、壬集、癸集(輯) 1546右
八甎吟館刻燭集(輯) 1558右
詁經精舍文集(輯) 1562右
廣陵詩事 1566左
十三經注疏校勘記 1728左
阮元聲(明)
博識續箋 1001左
阮晉(清)
劉伶臺記 595右
12 阮瑀(漢)
魏阮元瑜集 1201左
阮元瑜集 1201左
13 阮武(魏)
阮子政論 963左
17 阮承信(清)
呻吟語選(選) 735左
24 阮先(清)
揚州北湖續志 583左
阮升基(清)等
重刊宜興縣志(修) 519左
28 阮復祖(清)
夢蛟山人集 1435右
百秋閒咏 1435右
阮復祖(清)等
竹園集記 1554左
30 阮宗瑗(清)
遊燕子磯沿山諸洞記 592右
遊觀音門譙樓記 592右
遊北固山記 595左
遊湖心寺記 599右
31 阮福(清)
孝經義疏 159右
孝經義疏補 160左
歷代帝王年表(續) 362右

滇南古金石錄 677左
文筆考(輯) 1587右
小琅嬛叢記(輯) 1740右
37 阮逸(宋)
元經薛氏傳(注) 285左
元經(注) 285左
中說(注) 719左
文中子中說(注) 719左
皇祐新樂圖記(胡瑗同撰) 938左
40 阮大鋮(明)
詠懷堂新編勘蝴蝶雙金榜記 1700右
詠懷堂新編燕子箋記 1700右
懷遠堂批點燕子箋 1700右
詠懷堂新編十錯認春燈謎記 1700右
遙集堂新編馬郎俠牟尼合記 1700右
石巢傳奇四種 1751左
44 阮芝生(清)
左傳杜註拾遺 108右
阮孝緒(梁)
文字集略 194右
七錄序目 645右
七錄 645右
阮葵生(清)
蒙古吉林土風記 526左
西番各寺記 566左
長白山記 571右
熱河源記 581左
茶餘客話 1075右
53 阮咸(晉)
三墳(注) 293右
古三墳(注) 293右
60 阮恩灤(清)
慈暉館詞 1637左
67 阮鶚(明)
楓山章先生年譜 419左
72 阮劉文如(清)
漢書疑年錄 399左
後漢書疑年錄 399左
三國魏志疑年錄、蜀志疑年錄、吳志疑年錄 399左
晉書疑年錄 399左
77 阮堅之(明)
碣石宮鑾語 1002左
阮閱(宋)
郴江百詠、輯補 1266右
詩話總龜前集、後集(輯) 1571右
增修詩話總龜、後集(輯) 1571右
阮戶部詞 1595右
80 阮鏞(清)
醇雅堂詩略 1480右
81 阮敍之(口)
南兗州記 532右
88 阮籍(晉)
樂論 935右
阮嗣宗集 1202右
阮步兵集 1202右
阮步兵集選 1202右
阮嗣宗詠懷詩箋定本 1202右
90 阮惟和(清)
讀小戴禮日記 87右
91 阮烜輝(清)
述昔吟草 1464右
淚餘續草 1464右
朝天集 1464右
吟齏小鈔 1464右
重光集 1464右
吟秋百律 1464右
漢四女唐五女詩咏景鈔(輯) 1534右
石臺聯詠(輯) 1555左
澹園倡和(輯) 1555左
97 阮燦輝(清)
匏菴詩鈔 1452右
館課存稿 1452右

7122_0 阿

44 阿桂(清)等
御定滿洲蒙古漢字三合切音清文鑑 227左
欽定平定兩金川方略 293左
八旬萬壽盛典 458右
欽定滿洲源流考 526右

7122_7 厲

20 厲秀芳(清)
夢談隨錄 474左
眞州風土記 536右
40 厲志(清)
白華山人詩集 1468左
白華山人詩說 1586右
67 厲鶚(清)
遼史拾遺 274左
玉臺書史 433左
南宋院畫錄 434左
南宋院畫錄補遺 434右
東城雜記 539左
增修雲林寺志 566右
湖船錄 799右
樊榭山房集、續集、文集 1414右
游仙集 1414右
樊榭山房集外詩 1414右 1415左
樊榭山房賦 1415左
樊榭山房詩 1415左
宋詩紀事 1564右
樊榭山房詞 1622右
絕妙好詞箋(查爲仁同箋) 1645右
迎鑾新曲(吳城同撰) 1688左
北樂府小令 1713右
樊榭山房集北樂府小令 1713右

鴈

30 鴈宕山樵(明) 見陳忱

7128_6 願

34 願爲明鏡室主人(清)
讀紅樓夢雜記 1132左

7129_6 原

30 原良(清)
玄圃餘珍 335右
史會大綱 375右
友古特評 375右
羣古對觀 375右
左國補議 377右
山野寱言 722左
身世要則 737右
明宗正學 738左
讀餘誌略 1389右
韻林隨筆 1582左

7132_7 馬

00 馬文升(明)
西征石城記 309左

撫安東夷記 309左
興復哈密記 309右
興復哈密國王記 309右
哈密國王記 309右
馬端肅奏議 496右
馬端肅公三記 1732右
馬文植(清)
外科傳薪集 831右
馬評陶批外科全生集、新增馬氏試驗祕方(評) 832右
馬培之先生醫案 832右
馬文燦(清)
洗塵法 959左
馬麐(元)
公振集 1321右
01 馬龍(明)
涓塘奇遇傳 1117右
02 馬端臨(元)
新刻文獻詩考 54左
文獻通考 453右
10 馬一龍(明)
元圖大衍 30左
農說 780右
馬玉麟(元)
東皐先生詩集 1321左
馬玉堂(清)
論書目唱和集(蔣光煦同撰) 640左
馬元調(明)
橫山遊記 598左
12 馬瑞辰(清)
毛詩傳箋通釋 58右
馬弘衛(明)
采菊雜咏 789右
馬廷鸞(宋)
碧梧玩芳集 1288左
碧梧玩芳詩餘 1608右
15 馬臻(元)
霞外詩集 1304左
霞外集 1304左
馬融(漢)
周易傳 5左
周易馬氏傳 5左
易傳 5左
馬王易義(王肅合撰) 5右
尙書注 37左
尙書馬氏傳 37左
古文尙書(鄭玄同注) 37左
尙書讀本(鄭玄同注) 37左
毛詩馬氏注 50右
毛詩注 50右
周官傳 68右
喪服經傳 79左
喪服經傳馬氏注 79左
儀禮喪服經傳 79左
儀禮喪服馬王注(王肅合撰) 79左
禮記馬氏注 83左
春秋三傳異同說 121左
論語馬氏訓說 136右
馬融注論語 137左
孝經馬氏注 156左
尙書中候馬注 243左
忠經 715右
東漢馬季長集 1199右
馬建忠(清)
朝俄交界考 486左
勘旅順記 618右
南行記 619右
東行初錄、續錄、三錄 619右
17 馬孟禎(清)
桐城馬太僕奏略 498左
馬太僕奏略 498左
馬翩飛(清)
翊翊齋筆記 743右
翊翊齋文鈔 1424右
翊翊齋詩鈔 1424右
翊翊齋遺書 1744左
馬承昭(清)
廿二史發蒙(輯) 371右
馬子嚴(宋)
岳陽甲志 548左
古洲詞 1603右
18 馬致遠(元)
孤雁漢宮秋 1652左
破幽夢孤鴈漢宮秋雜劇 1652左
漢元帝孤鴈漢宮秋 1652左
破幽夢孤鴈漢宮秋 1652右
西華山陳摶高臥 1652右
西華山陳摶高臥雜劇 1652右
新刊的本泰華山陳摶高臥 1652右
江州司馬青衫淚 1652右
江州司馬青衫泪雜劇 1652右
青衫淚 1652右
半夜雷轟薦福碑 1652右
半夜雷轟薦福碑雜劇 1653左
新鐫半夜雷轟薦福碑 1653左
雷轟薦福碑 1653左
呂洞賓三醉岳陽樓 1653左
呂洞賓三醉岳陽樓雜劇 1653左
馬丹陽三度任風子雜劇 1653左
馬丹陽三度任風子 1653左
三度任風子 1653左
新刊關目馬丹陽三度任風子 1653右
開壇闡教黃粱夢(李時中、花李郎、紅字李二同撰) 1653右
邯鄲道省悟黃粱夢雜劇(李時中、花李郎、紅字李二同撰) 1653右
邯鄲道省悟黃粱夢(李時中、花李郎、紅字李二同撰) 1653右
劉晨阮肇誤入桃源 1653右
大婦小妻還牢末(一題李致遠撰) 1656右
孟浩然踏雪尋梅(原題誤應作明朱有燉撰) 1671右
東籬樂府 1711右
馬致遠雜劇 1749左
20 馬位(清)
秋窗隨筆 1584左
馬縞(後唐)
中華古今注 1018左
23 馬俊良(清)
國朝麗體金膏(一名拜颺集・輯) 1545左
麗體金膏(輯) 1545左
說郛雜著(輯) 1741右
馬棫士(清)
卷石齋語錄 741左
24 馬先登(清)
關西馬氏世行錄、後錄、續錄、又續錄、又續錄之餘(輯) 393右
護送越南貢使日記 480左
再送越南貢使日記 480左
釋命 747右
勿待軒文集存稾 1459左
燼餘志過錄(輯) 1549右
馬佶人(明)

十錦塘 1700左
荷花蕩（一名斐堂戲墨蓮盟） 1700左
24 馬緒(清)
抱樸居詩、續編 1433右
25 馬生龍(明)
鳳凰臺記事 348左
馬純(宋)
陶朱新錄 1059右
26 馬自強(明)
馬文莊公文集選 1354左
馬皇后(漢)
不封外戚詔 493右
又報章帝詔 493右
馬總(唐)
通紀(一名通歷) 285左
唐年補錄 1048左
大唐奇事 1100左
意林(輯) 1035左
27 馬俶(清)
評點馬氏醫案印機草 862左
馬魯(清)
南華瀝滴萃 696左
南苑一知集叢談 1007左
山對齋文詩存稿 1441左
南苑一知集論詩 1585左
馬槃什(口)
等音 213右
28 馬徵麐(清)
周易正蒙、讀易綱領 27左
尙書篇誼正蒙 43右
毛詩鄭譜疏證 65左
四詩世次通譜 65左
儀禮先簿 78左
夏小正箋疏 92右
大學古本參誼 134左
毛詩七聲四音譜 212右
孟子年譜 416右
官制沿革表 466左
選舉沿革表 466左
長江津要 483左
歷代地理沿革圖(增輯) 505右
食貨書 537左
仙源礦士參語 748左
大衍筮法直解 897左
淡園文集 1482左
馬從聘(明)
蘭臺奏疏 498左
30 馬汶(清)
繡雲石圖記 957左
馬永易(宋)
實賓錄 1036右
馬永卿(宋)
元城先生語錄(輯) 983右
元城語錄(輯) 983右
元城語錄佚文(輯) 983右
嬾眞子 983右
984左
嬾眞子錄 984左
嬾眞子錄 984左
馬之龍(清)
卦極圖說 30右
雪樓詩選 1456左
馬宗璉(清)
春秋左傳補注 108右
左傳補注 108右
馬宗素(元)
劉河間傷寒醫鑒 814左
31 馬福安(清)
止齋文鈔 1472左
32 馬浮
復性書院講錄(講) 750左
泰和宜山會語合刻 978右
33 馬泌(清)
印學集成 941右
馬治(元)
荆南倡和集(周砥同撰) 1551右
34 馬汝爲(清)
馬悔齋先生遺集 1410左
馬汝楫(清)
雲笙詞 1636右
馬汝驥(明)
馬西玄集、續集 1342左
35 馬清樞(清)
臺陽雜興 544左
馬禮遜(英國)
外國史略 626右
37 馬洵(清)
樊榭山房詩（吳應和同選） 1415左
海珊詩(吳應和同選) 1418右
丁辛老屋詩（吳應和同選） 1420右
蘀石齋詩(吳應和同選) 1421右
小倉山房詩（吳應和同選） 1423左
有正味齋詩（吳應和同選） 1436右
馬祖常(元)
馬文貞公石田集 1310右
石田集 1310右
1311左
馬石田文集 1310右
馬冠羣(清)
順天地略 524左
直隸地略 525左
山西地略 525右
蒙古地略 526左
察哈爾地略 526左
奉天地略 527左
牧廠地略 527右
吉林地略 527右
黑龍江地略 528左
陝西地略 529左
甘肅地略 530左
西套厄魯特地略 530右
青海地略 530右
新疆地略 531右
山東地略 532右
江蘇地略 533左
安徽地略 537左
浙江地略 537右
福建地略 542右
河南地略 544左
湖北地略 546右
湖南地略 548左
江西地略 550左
廣東地略 553右
廣西地略 555右
四川地略 557左
貴州地略 558左
雲南地略 559右
喀爾喀地略 628左
馬朗(唐)
釆畫錄 433右
40 馬大年(清)
怡情小錄(錄) 995右
馬士琪(清)
片石齋燼餘草 1407右
馬士英(明)
永城紀略 315左

永牘 315右
馬嘉楨(清)
宗賢和尙集 1382左
馬壽齡(清)
說文段注撰要 187左
43 馬戴(唐)
會昌進士詩集 1234右
馬朴(明)
譚誤 1023左
四六雕蟲 1366左
44 馬蒞昭(囗)
金丹賦(注) 1166左
馬世俊(清)
茅山記 572右
方山記 573左
登燕山記 595右
馬世奇(明)
澹寧居詩集 1371左
馬其昶(民國)
周易費氏學、敍錄 28右
大學誼詁 134左
中庸篇義 136右
中庸誼詁 136右
孝經誼詁 160右
左忠毅公年譜定本 408左
莊子故 696右
屈賦微 1196左
馬通伯文鈔 1521左
三經誼詁 1729左
馬權奇(明)
晏子(刪評) 683左
47 馬歡(明)
瀛涯勝覽 623左
馬朝龍(明)
馬從甫賸餘稿 1349右
50 馬中錫(明)
皐言 970左
東田皐言 970左
東田集 1334右
東田文集、詩集 1334右
60 馬曰琯(清)
沙河逸老小稿 1414左
嶰谷詞 1622右
馬曰琯(清)等
焦山紀遊集(輯) 595左
林屋唱酬錄(輯) 1553右
馬曰璐(清)
南齋集 1414左
南齋詞 1622右
韓柳年譜(輯) 1733右
馬國偉(清)
白洋里墓田丙舍錄(輯) 569右
愚庵初稿、存稿、續稿 1466右
鄂韡聯吟處題贈錄、續錄(輯) 1555左
鄂韡聯吟稿(馬用俊同撰) 1747左
馬國翰(清)
周易子夏傳(輯) 3右
周易古五子傳(輯) 3右
周易韓氏傳(輯) 3右
周易丁氏傳(輯) 3右
周易淮南九師道訓(輯) 4左
周易施氏章句(輯) 4左
周易孟氏章句(輯) 4左
周易梁丘氏章句(輯) 4左
周易京氏章句(輯) 4左
費氏易(輯) 4右
蔡氏易說(輯) 4右
周易馬氏傳(輯) 5左
周易劉氏章句(輯) 5右
周易宋氏注(輯) 5右
周易荀氏注(輯) 5右
周易薛氏記(輯) 6右
周易王氏注(輯) 7右
周易何氏解(輯) 7右
周易董氏章句(輯) 7右
周易陸氏述(輯) 8左
周易姚氏注(輯) 8左
周易蜀才注(輯) 8左
周易統略(輯) 8左
周易卦序論(輯) 8右
周易張氏義(輯) 8右
周易向氏義(輯) 8右
周易翟氏義(輯) 8右
周易張氏集解(輯) 8右
周易干氏注(輯) 9左
周易王氏注(輯) 9左
周易黃氏注(輯) 9左
周易沈氏要略(輯) 9左
周易劉氏義疏(輯) 9右
周易傅氏注(輯) 9右
周易崔氏注(輯) 9右
周易姚氏注(輯) 9右
周易大義(輯) 9右
周易伏氏集解(輯) 9右
周易褚氏講疏(輯) 9右
莊氏易義(輯) 9右
周易周氏義疏(輯) 10左
周易張氏講疏(輯) 10左
周易劉氏注(輯) 10左
周易盧氏注(輯) 10左
周易王氏注(輯) 10左
周易王氏義(輯) 10左
周易朱氏義(輯) 10右
周易何氏講疏(輯) 10右
周易侯氏注(輯) 10右
周易探玄(輯) 10右
周易玄義(輯) 10右
周易新論傳疏(輯) 10右
周易新義(輯) 11左
易纂(輯) 11左
周易繫辭桓氏注(輯) 32左
周易繫辭荀氏注(輯) 32左
周易繫辭明氏注(輯) 32左
易象妙于見形論(輯) 32右
周易王氏音(輯) 33左
周易李氏音(輯) 33左
周易徐氏音(輯) 33左
連山、諸家論說(輯) 34左
歸藏、諸家論說(輯) 34左
今文尙書(輯) 34右
古文尙書(輯) 34右
尙書歐陽章句(輯) 35右
尙書大夏侯章句(輯) 35右
尙書小夏侯章句(輯) 35右
尙書馬氏傳(輯) 37左
尙書王氏注(輯) 37右
尙書劉氏義疏(輯) 37右
尙書述義(輯) 37右
尙書顧氏疏(輯) 37右
古文尙書舜典注(輯) 44左
古文尙書音(輯) 48左
毛詩馬氏注(輯) 50右
毛詩義問(輯) 50右
毛詩王氏注(輯) 50右
毛詩問難(輯) 50右
毛詩義駁(輯) 50右
毛詩奏事(輯) 51左
毛詩駁(輯) 51左
毛詩答雜問(輯) 51左
毛詩異同評(輯) 51左
難孫氏毛詩評(輯) 51左
毛詩舒氏義疏(輯) 51左
毛詩周氏注(輯) 51右

毛詩題綱(輯) 51右
毛詩隱義(輯) 51右
集注毛詩(輯) 51右
毛詩沈氏義疏(輯) 51右
毛詩述義(輯) 51右
施氏詩說(輯) 51右
毛詩十五國風義(輯) 60右
毛詩草蟲經(輯) 62左
毛詩拾遺(輯) 62右
毛詩徐氏音(輯) 62右
毛詩箋音義證(輯) 62右
毛詩序義疏(輯) 63右
毛詩譜暢(輯) 64右
魯詩故(輯) 65右
齊詩傳(輯) 65右
韓詩故(輯) 66左
韓詩內傳(輯) 66左
韓詩說(輯) 66右
薛君韓詩章句(輯) 66右
韓詩翼要(輯) 66右
周禮鄭大夫解詁(輯) 68左
周禮鄭司農解詁(輯) 68左
周禮杜氏注(輯) 68左
周禮賈氏解詁(輯) 68左
周官傳(輯) 68右
周官禮干氏注(輯) 69左
周官禮異同評(輯) 69右
周官禮義疏(輯) 69右
周禮鄭氏音(輯) 74右
周禮徐氏音(輯) 74右
周禮李氏音(輯) 74右
周禮劉氏音(輯) 74右
周禮聶氏音(輯) 74右
周禮戚氏音(輯) 74右
冠禮約制(輯) 78右
鄭氏婚禮(輯) 78右
凶禮(輯) 78右
葬禮(輯) 79左
大戴喪服變除(輯) 79左
喪服經傳馬氏注(輯) 79左
鄭氏喪服變除(輯) 79右
新定禮(輯) 79右
喪服經傳王氏注(輯) 79右
王氏喪服要記(輯) 79右
喪服變除圖(輯) 79右
喪服要集(輯) 80左
喪服經傳袁氏注(輯) 80左
集注喪服經傳(輯) 80左
喪服經傳陳氏注(輯) 80左
喪服釋疑(輯) 80左
蔡氏喪服譜(輯) 80左
賀氏喪服譜(輯) 80左
賀氏喪服要記(輯) 80左
喪服要記注(輯) 80右
葛氏喪服變除(輯) 80右
集注喪服經傳(輯) 80右
略注喪服經傳(輯) 80右
喪服難問(輯) 80右
周氏喪服注(輯) 80右
逆降義(輯) 80右
喪服古今集記(輯) 80右
喪服世行要記(輯) 80右
禮記馬氏注(輯) 83左
禮記盧氏注(輯) 83左
禮傳(輯) 83右
禮記王氏注(輯) 84右
禮記孫氏注(輯) 84右
禮記略解(輯) 84右
禮記隱義(輯) 84右
禮記新義疏(輯) 84右
禮記皇氏義疏(輯) 84右
禮記義證(輯) 84右
禮記沈氏義疏(輯) 84右
禮記熊氏義疏(輯) 84右
禮記外傳(輯) 84右
月令章句(輯) 88右
月令問答(輯) 89左
禮記音義隱(輯) 90右
禮記范氏音(輯) 90右
禮記徐氏音(輯) 90右
禮記劉氏音(輯) 90右
夏小正詩 92右
孔子三朝記(輯) 93左
石渠禮論(輯) 93右
禮雜問(輯) 93右
雜禮議(輯) 93右
禮論難(輯) 93右
禮論答問 93右
禮論(輯) 93右
禮論條牒(輯) 93右
禮義答問 94左
禮論鈔略(輯) 94左
禮統(輯) 94左
禮疑義 94左
三禮義宗(輯) 94左
釋疑論(輯) 94左
魯禮禘祫志(輯) 96左
明堂制度論(輯) 96右
三禮圖(輯) 98右
梁氏三禮圖(輯) 98右
張氏三禮圖(輯) 98右
樂經(輯) 99右
樂記(輯) 99右
樂元語(輯) 99右
琴清英(輯) 99右
樂書(輯) 99右
樂部(輯) 99右
樂社大義(輯) 100右
鍾律緯(輯) 100右
樂律義(輯) 100右
樂譜集解(輯) 100右
春秋左氏傳章句(輯) 103右
春秋牒例章句(輯) 103右
春秋左氏傳解詁(輯) 103右
春秋左氏長經章句(輯) 103右
春秋左氏傳解誼(輯) 104左
春秋成長說(輯) 104左
春秋左氏膏肓釋痾(輯) 104左
左氏奇說(輯) 104右
春秋左傳許氏注(輯) 104右
春秋左氏經傳章句(輯) 104右
春秋左傳王氏注(輯) 104右
春秋左氏傳義注(輯) 104右
春秋左氏函傳義(輯) 105右
春秋左氏經傳義略(輯) 105右
續春秋左氏傳義略(輯) 105右
春秋傳駁(輯) 106左
春秋左氏傳述義(輯) 106左
春秋攻昧(輯) 106左
春秋規過(輯) 106左
春秋左傳義疏(輯) 106左
春秋井田記(輯) 111右
春秋土地名(輯) 111右
春秋釋例(輯) 112右
春秋左氏傳嵇氏音(輯) 113左
春秋徐氏音(輯) 113左

公羊嚴氏春秋(輯) 113右
春秋公羊顔氏記(輯) 113右
解疑論(輯) 114左
春秋文謚例(輯) 114右
春秋决事(輯) 117左
春秋穀梁傳說(輯) 118左
春秋穀梁傳章句(輯) 118左
春秋穀梁傳糜氏注(輯) 118右
春秋穀梁傳注義(輯) 119左
春秋穀梁傳徐氏注(輯) 119左
薄叔元問穀梁義(輯) 119右
春秋穀梁傳鄭氏說(輯) 119右
春秋大傳(輯) 121左
春秋三傳異同說(輯) 121左
春秋公羊穀梁傳解詁(輯) 121右
春秋公羊穀梁二傳評(輯) 121右
春秋集傳(輯) 121右
春秋闡微纂類義統(輯) 121右
春秋折衷論(輯) 121右
春秋例統(輯) 130右
春秋通例(輯) 130右
論語馬氏訓說(輯) 136右
論語孔氏訓解(輯) 136右
論語鄭氏注(輯) 137左
論語包氏章句(輯) 137左
論語周氏章句(輯) 137右
論語王氏義說(輯) 137右
論語陳氏義說(輯) 137右
論語王氏說(輯) 137右
論語周生氏義說(輯) 137右
論語釋疑(輯) 138左
論語譙氏注(輯) 138右
論語衞氏集注(輯) 138右
論語旨序(輯) 138右
論語繆氏說(輯) 139左
論語體略(輯) 139左
論語欒氏釋疑(輯) 139左
論語虞氏讚注(輯) 139左
論語庾氏釋(輯) 139左
論語李氏集注(輯) 139左
論語范氏注(輯) 139左
論語孫氏集解(輯) 139左
論語梁氏注釋(輯) 139左
論語袁氏注(輯) 139左
論語江氏集解(輯) 139左
論語殷氏解(輯) 139左
論語張氏注(輯) 139右
論語蔡氏注(輯) 139右
論語顔氏說(輯) 139右
論語琳公說(輯) 139右
論語沈氏訓注(輯) 139右
論語顧氏注(輯) 139右
論語梁武帝注(輯) 139右
論語太史氏集解(輯) 139右
論語褚氏義疏(輯) 139右
論語沈氏說(輯) 139右
論語熊氏說(輯) 140左
論語隱義注(輯) 140左
古論語(輯) 144右
齊論語(輯) 144右
孟子程氏章句(輯) 145左
孟子章指、篇敍(輯) 145右
孟子劉氏注(輯) 146左
孟子鄭氏注(輯) 146左
孟子高氏章句(輯) 146左
孟子綦毋氏注(輯) 146左
孟子陸氏注(輯) 146左
孟子丁氏手音(輯) 149右
孟子張氏音義(輯) 149右
孝經傳(輯) 155右
孝經長孫氏說(輯) 155右
孝經后氏說(輯) 155右
孝經安昌侯說(輯) 155右
孝經王氏解(輯) 156右
孝經解讚(輯) 156右
孝經殷氏注(輯) 156右
集解孝經(輯) 156右
齊永明諸王孝經講義(輯) 156右
孝經劉氏說(輯) 156右
孝經義疏(輯) 157左
孝經嚴氏注(輯) 157左
孝經皇氏義疏(輯) 157左
古文孝經述義(輯) 157左
孝經訓注(輯) 157左
御注孝經疏(輯) 157右
爾雅犍爲文學注(輯) 161右
爾雅劉氏注(輯) 161右
爾雅樊氏注(輯) 161右
爾雅李氏注(輯) 161右
爾雅孫氏注(輯) 162左
爾雅孫氏音(輯) 162左
爾雅音義(輯) 163左
集注爾雅(輯) 163左
爾雅顧氏音(輯) 163左
爾雅施氏音(輯) 163右
爾雅謝氏音(輯) 163右
爾雅裴氏注(輯) 163右
爾雅圖讚(輯) 165右
五經通義(輯) 166左
六藝論(輯) 168左
聖證論(輯) 168右
五經然否論(輯) 169左
五經通論(輯) 169左
五經鉤沈(輯) 169左
五經大義(輯) 169左
五經要義(輯) 169左
六經略注序(輯) 169左
七經義綱(輯) 169右
目耕帖 176左
石經尙書(輯) 183右
石經魯詩(輯) 183右
石經儀禮(輯) 183右
石經公羊(輯) 183右
石經論語(輯) 183右
三字石經尙書(輯) 184左
三字石經春秋(輯) 184左
史籀篇(輯) 193右
要用字苑(輯) 194左
文字集略(輯) 194右
字統(輯) 195左
桂苑珠叢(輯) 195左
古文官書(輯) 196右
古今文字表(輯) 196右
演說文(輯) 196右
文字指歸(輯) 197左
分毫字樣(輯) 197右
倉頡訓詁 200左
蒼頡篇(輯) 200左
三蒼(輯) 200右
凡將篇(輯) 200右
訓纂篇(輯) 201右
勸學篇(輯) 201右
埤蒼(輯) 202左
廣蒼(輯) 202右
始學篇(輯) 202右

七一三二七 馬(六〇)

發蒙記(輯) 202右
啓蒙記(輯) 203左
庭誥(輯) 203左
詁幼(輯) 203左
聲類(輯) 203右
韻集(輯) 204左
韻略(輯) 205左
四聲五音九弄反紐圖(輯) 213左
通俗文(輯) 218右
辨釋名(輯) 218右
纂文(輯) 219左
纂要(輯) 219右
雜字指(輯) 222左
古今字詁(輯) 222左
雜字(輯) 222左
雜字解詁(輯) 222右
異字(輯) 222右
字指(輯) 222右
尙書緯考靈曜(輯) 240右
尙書緯帝命驗(輯) 241左
尙書緯璇璣鈐(輯) 241右
尙書緯刑德放(輯) 241右
尙書緯運期授(輯) 242左
尙書中候(輯) 243左
詩緯含神霧(輯) 245右
詩緯推度災(輯) 246左
詩緯氾歷樞(輯) 246右
禮緯含文嘉(輯) 247左
禮緯稽命徵(輯) 247右
禮緯斗威儀(輯) 248左
樂緯動聲儀(輯) 248右
樂緯稽耀嘉(輯) 249左
樂緯叶圖徵(輯) 249左
春秋緯演孔圖(輯) 250左
春秋緯元命苞(輯) 250左
春秋緯文耀鉤(輯) 250右
春秋緯運斗樞(輯) 251左
春秋緯感精符(輯) 251右
春秋緯合誠圖(輯) 252左
春秋緯考異郵(輯) 252左
春秋緯保乾圖(輯) 252右
春秋緯漢含孳(輯) 253左
春秋緯佐助期(輯) 253左
春秋緯握誠圖(輯) 253右
春秋緯潛潭巴(輯) 253右
春秋緯說題辭(輯) 254左
春秋命歷序(輯) 254右
春秋內事(輯) 254右
論語比考讖(輯) 255右
論語撰考讖(輯) 256左
論語摘輔象(輯) 256左
論語摘衰聖承進讖(輯) 256右
論語素王受命讖(輯) 256右
論語糾滑讖(輯) 257左
論語崇爵讖(輯) 257左
論語陰嬉讖(輯) 257右
孝經緯援神契(輯) 258左
孝經中契(輯) 258左
孝經左契(輯) 258右
孝經右契(輯) 258右
孝經緯鉤命訣(輯) 259左
孝經內事圖(輯) 259右
孝經古祕(輯) 260左
孝經雌雄圖(輯) 260左
孝經章句(輯) 260左
汲冢書鈔(輯) 277右
古文瑣語(輯) 277右
國語章句(輯) 294右
國語解詁(輯) 294右
春秋外傳國語虞氏注(輯) 294右
春秋外傳國語唐氏注(輯) 294右
春秋外傳國語孔氏注(輯) 295左
國語音(輯) 295左
三五歷記(輯) 380左
論語孔子弟子目錄(輯) 416左
聖賢高士傳(輯) 441左
問禮俗(輯) 459右
後養議(輯) 459右
通疑(輯) 459右
廣林(輯) 459右
釋滯(輯) 459右
祭典(輯) 459右
雜祭法(輯) 459右
伏侯古今注(輯) 490左
帝王要略(輯) 490右
月令七十二候詩 504右
七略別錄(輯) 644右
漆雕子(輯) 682左
宓子(輯) 682右
公孫尼子(輯) 683右
景子(輯) 683右
世子(輯) 684左
魏文侯書(輯) 684左
李克書(輯) 684左
讕言(輯) 685左
甯子(輯) 685左
王孫子(輯) 685左
李氏春秋(輯) 685左
董子(輯) 685右
徐子(輯) 685右
魯連子(輯) 685右
虞氏春秋(輯) 685右
伊尹書(輯) 685右
田子(輯) 685右
辛甲書(輯) 686左
公子牟子(輯) 699左
老萊子(輯) 699左
黔婁子(輯) 699左
鄭長者書(輯) 700左
內業(輯) 701左
申子(輯) 702右
惠子(輯) 705左
史佚書(輯) 705左
田俅子(輯) 705左
隋巢子(輯) 705左
胡非子(輯) 705左
纏子(輯) 705左
蘇子(輯) 707左
闕子(輯) 707左
由余書(輯) 707左
神農書(輯) 709左
野老書(輯) 709左
范子計然(輯) 709右
青史子(輯) 711左
宋子(輯) 711左
平原君書(輯) 712左
劉敬書(輯) 712左
至言(輯) 712右
河間獻王書(輯) 713左
兒寬書(輯) 713左
公孫弘書(輯) 713左
吾丘壽王書(輯) 713左
嚴助書(輯) 713左
正部論(輯) 716左
魏子(輯) 716左
仲長子昌言(輯) 717左
周生子要論(輯) 717右
王氏新書(輯) 717右
法訓(輯) 717右
周子(輯) 717右
顧子新言(輯) 717右
典語(輯) 717右
通語(輯) 718左

袁子正書(輯) 718右
孫氏成敗志(輯) 718右
夏侯子新論(輯) 718右
華氏新論(輯) 718右
去伐論(輯) 718右
梅子新論(輯) 718右
顧子義訓(輯) 718右
治家格言詩 755左
厲學(輯) 762左
尹都尉書(輯) 777右
蔡癸書(輯) 777右
氾勝之書(輯) 777右
家政法(輯) 777右
養羊法(輯) 792右
養魚經(輯) 792右
靈憲(輯) 867左
渾儀(輯) 867左
昕天論(輯) 867右
年歷(輯) 867右
穹天論(輯) 867右
安天論(輯) 868左
太玄經(輯) 892左
泰階六符經(輯) 894左
五殘雜變星書(輯) 894左
未央術(輯) 894左
請雨止雨書(輯) 895左
周易分野(輯) 895右
費氏易林(輯) 895右
易洞林(輯) 896左
夢雋(輯) 906左
宋司星子韋書(輯) 906右
鄒子(輯) 906右
太史公素王妙論(輯)
906右
瑞應圖(輯) 906右
白澤圖(輯) 907左
天鏡(輯) 907左
地鏡(輯) 907左
地鏡圖(輯) 907左
雜五行書(輯) 907左
陰陽書(輯) 907右
草書狀(輯) 917右
四體書勢(輯) 917右
古今樂錄(輯) 935右
琴歷(輯) 936左
琴書(輯) 936左
投壺變(輯) 948右
藝經(輯) 953左
水飾(輯) 953左
蒯子(輯) 960右
黿氏新書(輯) 960右
鄒陽書(輯) 960右
終軍書(輯) 960右
主父偃書(輯) 961右
徐樂書(輯) 961右
嚴安書(輯) 961右
崔氏政論(輯) 962右
蔣子萬機論(輯) 962右
任子道論(輯) 963左
劉氏政論(輯) 963左
阮子政論(輯) 963左
世要論(輯) 963左
杜氏體論(輯) 963左
篤論(輯) 963左
諸葛子(輯) 963右
裴氏新言(輯) 963右
默記(輯) 963右
士緯(輯) 963右
新義(輯) 963右
秦子(輯) 963右
陳子要言(輯) 963右
唐子(輯) 963右
時務論(輯) 964左
化清經(輯) 964左
鄒子(輯) 964左
蘇子(輯) 964左
陸氏要覽(輯) 964左
陸子(輯) 964左
杜氏幽求新書(輯) 964左
干子(輯) 964左
析言論、古今訓(輯)964右
廣志(輯) 964右
孫子(輯) 964右
苻子(輯) 964右
文釋(輯) 965左
少子(輯) 965左
洞極眞經(輯) 965左
博物記(輯) 978右
王子正論(輯) 1017左
袁子正論(輯) 1017左
古今通論(輯) 1017右
讀書記(輯) 1017右
鑒戒象讚(輯) 1031右
古今善言(輯) 1034右
纂要(輯) 1040右
要雅(輯) 1040右
志林新書(輯) 1045右
裴子語林(輯) 1046左
郭子(輯) 1046左
俗說(輯) 1046右
竹如意 1077右
玄中記(輯) 1085左
齊諧記(輯) 1086左
笑林(輯) 1120右
夷夏論(輯) 1185左
玉函山房詩鈔、文集
1472右
玉函山房制義 1472右
玉函山房試帖、續 1473左
文選擬題詩 1532右
百八唱和集（李廷棨同撰） 1555左
農諺(輯) 1562右
買春詩話 1587左
論語讖(輯) 1731右
60 馬思聰(明)
忠節馬光祿先生軼詩
1340左
馬思哈(清)
塞北紀聞 326左
塞北紀程 326左
64 馬時芳(清)
論語義疏 142左
風燭學鈔 412右
馬氏心書 745左
來學纂言 745左
樸麗子 1008左
求心錄 1008左
黃池隨筆 1008左
芝田隨筆 1008左
垂香樓詩稿 1445右
挑燈詩話 1586左
風楹待月 1714右
67 馬明衡(明)
尙書疑義 40右
侍御馬師山先生軼詩、軼文 1342左
馬昭(晉)
聖證論(駁) 168右
75 馬驌(清)
左傳事緯 110左
繹史 292左
77 馬隆(晉)
八陣總述* 768左、右
馬用俊(清)
少白初稿、存稿、續稿
1466右
鄂韡聯吟稿（馬國偉同撰） 1747左

77 馬用錫(清)
理學齋導言 1012左
馬閒卿(明)
馬氏芷君集 1336左
78 馬鑒源(清)
賀復齋先生行狀 423右
79 馬騰蛟(清)
小坡識小錄 1009左
80 馬令(宋)
南唐書 360左
馬愈(明)
馬氏日抄 1066左
81 馬鈺(金)
丹陽眞人語錄(述)1183右
漸悟集 1298左
洞玄金玉集 1298左
丹陽神光燦 1298左
馬敍倫
莊子年表 417左
莊子佚文(輯) 694左
列子僞書考 698右
鄧析子校錄 704左
古書疑義舉例校錄1029右
天馬山房文存 1530左
修辭九論 1589右
84 馬鎮(清)
半間雲詩 1489右
88 馬第伯(漢)
封禪儀記 456左
90 馬光(明)
兩粤夢遊記 323左
97 馬煇(清)
簡通錄 1034左
99 馬熒(明)
閩中十子詩(袁表同輯)
1746左
馬榮祖(清)
文頌 1584左

7171₆ 區

10 區玉章(清)
息踵軒賸草 1464右
24 區仕衡(宋)
理學簡言 730右
九峯先生集 1279左
40 區大相(明)
區太史詩集 1360左
60 區昌豪(清)
葆天爵齋遺草 1467左

7173₂ 長

12 長孫滋(唐)
玄珠心鏡註(傳) 1176左
長孫無忌(唐)等
唐律疏議 486右
長孫無忌(唐)魏徵(唐)等
隋書 271右
隋書地理志 510右
隋書經籍志 643左
長孫口(漢)
孝經長孫氏說 155右
26 長白浩歌子(清) 見慶蘭
38 長海(清)
雷溪草堂詩 1413右
67 長野確(日本)
松陰快談 1009左
80 長谷眞逸(明)
農田餘話 992左
88 長筌子(口)
元始天尊說太古經註
1139左
太上赤文洞古經註1139左
洞淵集 1183右

7178₆ 頤

38 頤道居士(清) 見陳文述

7210₀ 劉

00 劉方(清)
天馬媒 1705左
劉商(唐)
劉虞部詩集 1227左
中唐劉商詩 1227左
劉應中(清)
平苗記 326左
劉應時(宋)
頤庵居士集 1283左
劉應棠(清)
梭山農譜 780右
劉慶生(清)
寄漚館拾餘草 1490右
劉庠(清)
說文蒙求 193左
劉唐卿(元)
降桑椹蔡順奉母 1657左
劉廙(魏)
劉氏政論 963左
劉廞(吳)
新義 963右
劉賡(唐)
稽瑞 907右
劉文淇(清)
左傳舊疏考正 108右
項羽都江都考 296右
楚漢諸侯疆域志 506左
嘉定鎭江志校勘記*519右
藝蘭記 790右
劉文嘉(民國)
古遺詩鈔 1520左
劉文煒(清)
遺詩鈔(趙以文同撰)
1545左
劉言史(唐)
中唐劉言史詩 1229左
劉六德(清)
劉智侯詩 1400右
03 劉謐(元)
三教平心論校譌* 968左
劉誼(清)
藏拙居遺文 749右
04 劉詵(元)
桂隱文集、詩集 1311右
桂隱集 1311右
桂隱詩餘 1612右
劉訥言(唐)
諧噱錄 1121左
05 劉靖(清)
順寧雜著 559右
07 劉詷(口)
混俗頤生錄(集) 845左
劉歆(漢)
鍾律書 100左
春秋左氏傳章句 103右
爾雅劉氏注 161右
爾雅注 161右
七略 644右
七略佚文 644右
西京雜記 (一題晉葛洪撰) 1045右
漢劉子駿集 1198右
劉子駿集 1198右
劉子駿集選 1198右

08 劉於義(清)等
陝西通志(修) 516左
劉效祖(明)
詞臠 1712右
劉謙之(劉宋)
晉紀 288左
09 劉麟(明)
劉清惠集 1338右
劉麟瑞(元)
昭忠逸詠 383左
10 劉一止(宋)
苕溪集 1242右
苕溪樂章 1597左
苕溪詞 1597左
劉一峯(清)
思誠錄 1005右
鑒古錄 1005右
論古錄 1005右
劉一清(元)
錢塘遺事 346右
劉一清(清)
黄庭經解 1141右
劉一明(清)
陰符經註 1137左
悟眞直指 1167左
金丹四百字解 1171左
敲爻歌直解 1174左
百字碑註 1174左
修眞辨難 1174左
棲雲山悟元子修眞辯難參證 1174左
神室八法 1174左
修眞九要 1174左
無根樹解 1174左
悟道錄 1174右
参同契經文直指、参同契直指箋註、参同契直指三相類 1180左
西遊原旨讀法、詩結 1185左
劉三吾(明)等
書傳會選 40右
劉玉(明)
已瘧編 1065右
劉玉麐(清)
爾雅補注淺本 164左
爾雅校義 164右
甓齋遺稿 173左
劉玉汝(元)
詩纘緒 54左
劉玉麟(清)
深竹閒園集 1420左
劉元高(宋)
三劉家集(輯) 1550左
劉元瑞(宋)
太上修眞體元妙道經 1137右
劉元凱(明)
雲鶴先生遺詩 1357右
劉元徵(清)
劉夢闇詩 1392左
劉元道(宋)
无量度人上品妙經旁通圖(編次) 1153左
劉元卿(明)
賢奕編 1069左
應諧錄 1123右
劉而鉉(清)
劉文安公呆齋先生策略(補注) 1331左
劉天和(明)
問水集、黄河圖說 578左
劉晉充(明)
女丈夫(張鳳翼同撰) 1693右
劉雲份(清)
翠樓集、二集、新集(輯) 1543右
十三唐人詩(輯) 1745左
八劉唐人詩(輯) 1747右
12 劉瑞芬(清)
劉中丞奏稿 501左
西輶紀略 619左
養雲山莊文集、續、詩集 1486右
劉璣(明)
正蒙會稿 725左
劉璠(北周)
劉璠梁典 280右
劉廷詔(清)
理學宗傳辨正 412左
劉廷璣(清)
在園雜志 1005右
在園曲志 1723右
劉廷鑾(清)
建文遜國之際月表 370左
劉廷楨(清)
中西骨格辯正 852左
劉廷芝(唐)
劉廷芝集 1217左
劉廷柟(清)
景廉堂偶一草拾遺 1448右
劉延世(宋)
孫公談圃(錄) 342右
13 劉琬懷(清)
補欄詞 1626右
劉瑄(宋)
詩苑衆芳(輯) 1541右
劉球(宋)
隸韻 198右
劉球(明)
兩溪文集 1330右
劉兩谿文集 1330右
劉瓛(南齊)
周易義疏 9右
周易劉氏義疏 9右
乾坤義 32左
繫辭義疏 32左
繫辭疏 32左
孝經劉氏說 156右
劉瓛(南齊)等
毛詩序義疏 63右
14 劉瑾(元)
詩傳通釋 54左
律呂成書 100右
劉琳(明)
拊膝錄 386右
劉劭(魏) 見劉邵
劉劭(梁)
幼童傳 444左
15 劉璉(明)
自怡集 1326左
16 劉琨(晉)
晉劉越石集 1206左
劉越石集 1206左
劉越石集選 1206左
劉理順(明)
劉文烈公集 1371右
劉璟(明)
易齋集 1328左
17 劉孟揚(清)
中國音標字書 215左
劉承幹

周易正義校勘記* 7右
尙書正義校勘記* 37左
毛詩正義校勘記* 50右
禮記正義校勘記* 84左
春秋正義校勘記* 105右
春秋公羊疏校勘記*114右
穀梁疏校勘記* 119右
南唐書補注 360右
重詳定刑統校勘記*487左
希古樓金石萃編(輯) 657左
海東金石苑(補) 677左
雲溪友議校勘記* 1049右

17 劉子翬(宋)
聖傳論 385左
劉屏山先生聖傳論 727右
屏山集 1266左
屏山集鈔 1266左
屏山集補鈔 1266右
屏山詞 1599左

劉子寰(宋)
篁嵲詞 1606左

劉子芬(民國)
古玉考 671右
竹園陶說 797左

劉君錫(元)
龐居士誤放來生債雜劇 1663左
龐居士誤放來生債 1663左

劉邵(魏)
人物志 962右
皇覽(王象同撰) 1040左
魏皇覽(王象同撰) 1040左

劉翼(宋)
心游摘稿 1282右

18 劉珍(漢)等
東觀漢記 277右

劉致(元)
牧庵年譜 429左
姚牧庵年譜 429左
時中集 1319左

20 劉禹錫(唐)
因論 966左
唐劉賓客詩集 1228右
劉賓客文集、外集 1228右

劉秉衡(清)
祥桂堂詩草 1501左

劉秉忠(元)
玉尺經、原經圖式(集) 901右
藏春集 1301左
藏春詞 1611右
藏春樂府 1611右

劉統勳(清)
欽定皇輿西域圖志 517左

劉統勳(清)等
御製評鑑闡要(輯) 376右

劉維謙(清)
詩經叶音辨訛 63左

劉維禎(清)
劉瑞公詩 1397右

21 劉仁本(元)
羽庭集 1314右
羽庭詩集、文集 1314右

劉伍寬(清)
劉伍寬詩 1413右

劉處玄(金)
黃帝陰符經註 1136右
黃庭內景玉經註(解) 1140右
無爲清靜長生眞人至眞語錄 1183右
仙樂集 1184左

劉處靜(唐)
洞玄靈寶三師記 447左

劉衡(清)
州縣須知 473右
庸吏庸言 473右
蜀僚問答 473右
讀律心得 487右
尺筭日晷新義 874左
輯古算經補注 878右
句股尺測量新法 883右
籌表開諸乘方捷法 883右
借根方法淺說 883右
四率淺說 883右
劉簾舫先生吏治三書 1734左

劉師峻(清)
北嶽恆山歷祀上曲陽考 459左

劉師培(民國)
尙書源流考 48左
毛詩札記 60右
毛詩詞例舉要(詳本)63右
毛詩詞例舉要(略本)63右
周禮古注集疏 72左
西漢周官師說考 74右
禮經舊說 78右
逸禮考 82右
春秋左氏傳答問 109右
讀左劄記 109右
春秋左氏傳時月日古例考 113左
春秋左氏傳古例詮微 113左
春秋左氏傳傳例解略 113左
春秋左氏傳傳注例略 113左
春秋左氏傳例略 113左
春秋繁露斠補、佚輯補 117左
春秋古經箋、春秋古經舊注疏證零稿 130左
爾雅蟲名今釋 166左
白虎通義斠補、闕文補訂 167左
白虎通義定本 167左
白虎通德論補釋 167左
白虎通義源流考 167左
羣經大義相通論 178右
經學教科書 178右
小學發微補 191左
周書補正 277左
周書略說 277左
周書王會篇補釋 277右
中國歷史教科書 372右
中國地理教科書 514右
中國民族志 514右
敦煌新出唐寫本提要 651左
晏子春秋斠補定本 683右
晏子春秋斠補、佚文輯補、黃之寀本校記683右
晏子春秋補釋 683右
荀子斠補、佚文輯補685左
荀子補釋 685左
荀子詞例舉要 685左
老子斠補 691右
莊子斠補 696右
管子斠補 701左
韓非子斠補 703右
墨子拾補 706左
穆天子傳補釋 711左
賈子新書斠補、佚文輯補、羣書治要引賈子新書校文 713左

揚子法言斠補、佚文715左
法言補釋 715左
中國民約精義 723左
理學字義通釋 750左
古曆管窺 876右
琴操補釋 937左
國學發微 977右
周末學術史序 977右
兩漢學術發微論 977右
南北學派不同論 977右
漢宋學術異同論 977右
古政原論 977右
古政原始論 977右
攘書 977右
倫理教科書 977右
古書疑義舉例補 1029右
讀書隨筆、續筆 1030左
讀道藏記 1186左
楚辭考異 1196左
左盦集、外集、詩錄1528右
左盦題跋 1528右
中國中古文學史講義 1563右
論文雜記 1589左
文說 1589左
中國文學教科書 1589左
左盦詞錄 1643右
劉師陸(清)
虞夏贖金釋文 663右
劉紫芝(口)
豁落斗(傳) 899右
22 劉爔(清)
五石瓠 1073右 1074左
五石瓠節錄 1073右
風人詩話 1582左
劉巖(清)
大山詩集 1408右
劉仙倫(宋)
招山小集 1283左
招山小集補遺 1283左
招山樂章 1602右
劉崑(清)
南中雜說 559左
劉崑(清)等
保定府祁州東鹿縣志(修) 515左
劉崇遠(南唐)
金華子雜編 1053右
金華子 1053右
劉繼增(民國)
蘋叟年譜續* 432左
竹罏圖詠、補(重輯) 1559右
劉崧(明)
槎翁詩集 1324左
23 劉允鵬(明)
龍筋鳳髓判(注) 1041左
劉獻廷(清)
廣陽雜記 1005左
劉台拱(清)
論語駢枝 142左
劉氏遺書 173右 1740右
經傳小記 173右
方言補校 225右
漢學拾遺 265右
國語補校 295左
荀子補注 684右
淮南子補校 961左
劉端臨先生文集 1441右
劉氏文集 1441右
劉峻(梁)
劉戶曹集 1211左
劉孝標集 1211左
劉戶曹集選 1211左
劉稼(明)等
劉文安公呆齋先生策略(注) 1331左
24 劉仕義(明)
新知錄摘鈔 998左
新知錄 998左
劉魁(明)
劉晴川集 1341左
劉德(漢)
樂元語 99右
河間獻王書 713左
劉德新(清)
餘慶堂十二戒 767右
劉佶(元)
北巡私記 304左
25 劉仲璟(明)
遇恩錄 348左
劉仲甫(宋)
棊訣 943右
劉健(清)
庭聞錄 325左
劉傳瑩(清)
孟子要略(輯) 147左
劉純(明)
玉機微義(一名醫學折衷·續增) 819右
醫經小學 819右
劉績(明)
三禮圖 98右
管子補註 700右
霏雪錄 991右 992左
26 劉伯詳(口)
訂正太素脈祕訣(注) 850右
太素脈秘訣(注) 850右
劉伯川(清)
獨學齋詩集、文集 1440左
劉伯梁(清)
雪夜錄 1025左
鴻齋文集 1440左
劉得仁(唐)
晚唐劉得仁詩 1234左
27 劉向(漢)
周易劉氏義 5左
易劉氏義 5左
洪範五行傳 46左
樂記(校定) 99右
春秋穀梁傳說 118左
春秋穀梁劉更生義 118左
春秋穀梁劉氏義 118左
孟子劉中壘注 145左
五經通義 166左
五經要義 166右
列女傳 437右
古列女傳 437右
新刊古列女傳 437右
孝子傳 442左
列仙傳 446左
列仙傳校正本、讚 446左
別錄 644右
七略別錄 644右
七略別錄佚文 644右
別錄補遺 644右
新序 713右 714左
新序佚文 714左
說苑 714左
說苑佚文 714左
青藜子 714左
漢劉中壘集 1198右

劉子政集 1198右
27 劉侗(明)
帝城景物略（于奕正同撰） 522右
促織志 796左
劉修鏐(民國)
耕饁倡隨錄 1550右
劉修鑑(民國)
獻縣劉氏懿行錄(輯) 394右
蔭餘齋詩草 1527右
劉象豫(清)
順甫遺書 749右
劉將孫(元)
養吾齋集 1303右
養吾齋詩餘 1611右
劉仔肩(明)
雅頌正音(輯) 1543左
劉名芳(清)
五山志略 573左
劉叔贛(宋)
題畫詩 927左
劉紹寬(民國)
方國珍寇溫始末(增訂) 304右
劉紹攽(清)
周易詳說 22右
春秋通論 128左
春秋筆削微旨 128左
四書凝道錄 153左
嵯峨山記 571右
遊章山記 607左
西征記 614右
衞道編(輯注) 743右
握奇經訂本(訂) 768右
九畹古文 1421左
二南遺音、續集(輯) 1546右
28 劉徽(晉)
九章算術(注) 877左
海島算經 877右
劉牧(宋)
易數鉤隱圖、遺論九事 29右
30 劉瀛(清)
珠江奇遇記 1081左
劉瀛賓(清)
學韻紀要 212右

劉汶(元)
師魯集 1316右
劉完素(金)
素問玄機原病式 809左
素問病機氣宜保命集 809左
病機氣宜保命集 809左
劉河間傷寒直格論方 813右
傷寒直格方 813右
傷寒直格論 813右
傷寒標本心法類萃 813右
黄帝素問宣明論方 818左
宣明論方 818左
三消論 826左
劉永之(元)
山陰集 1319右
劉家立(民國)
兵跡校勘記* 775左
宋宗伯徐清正公存稿校勘記(胡思敬同撰)* 1279左
劉家謀(清)
操風瑣錄 226右
鶴場漫志 542右
觀海集 1477右
東洋小艸 1477左
外丁卯橋居士初稾 1477左
斫劍詞 1633右
劉之遴(梁)
劉之遴神錄 1087左
劉宰(宋)
漫塘文集 1277右
漫堂文集 1278左
漫塘詩鈔 1278左
漫塘詩集 1278左
劉安(漢)
周易淮南九師道訓 4左
蠶經 785左
淮南枕中記 845左
淮南萬畢術 905右
淮南王萬畢術 906左
淮南子 960右 961左、右
淮南子佚文 960右
淮南鴻烈解 960右 961左
劉安上(宋)
劉給事集 1261左
劉給諫文集 1261左

劉安瀾(清)
葭洲書屋遺稿 1509右
劉安世(宋)
盡言集 495右
劉先生譚錄 727左
劉先生道護錄 727左
劉安節(宋)
劉左史集 1261左
劉左史文集 1261左
劉良(唐)
六臣註文選(李善、呂延濟、張銑、呂向、李周翰同撰) 1531左
劉定之(明)
易經圖釋 30右
否泰錄 308左
宋史論 378右
劉氏雜志 992左
劉文安公詩集 1331左
劉文安公文集 1331左
劉文安公呆齋先生策略 1331左
劉寅(明)
六韜直解 769左
孫武子直解 769右
吳子直解 770右
吳子(注) 770右
司馬法直解 771左
尉繚子直解 771右
三略直解 772左
唐太宗李衞公問對直解 773左
劉寶楠(清)
論語正義 142右
釋穀 221左
漢石例 670右
愈愚錄 1028左
劉宗洙(清)
天傭館遺稿 1398左
劉宗泗(清)
中洲道學存真錄(輯) 414右
抱膝廬文集 1398右
襄城文獻錄(輯) 1548左
劉宗周(明)
易衍 18左
易圖說 30右
論語學案 141左
保民訓要 482左

劉蕺山奏疏 498右
人極圖 736右
原旨 736右
會語 736右
證學解 736右
學言 736右
聖學宗要 736右
證人社約 763左
人譜 766右
人譜類記 766右
劉蕺山文 1363右
劉蕺山集 1363右
劉子文編 1363右
劉念臺集 1363右
31 劉沅(清)
易經恆解 25左
書經恆解、書序辨正 43左
詩經恆解 58左
周官恆解 71右
儀禮恆解 77右
禮記恆解 87左
春秋恆解 129左
大學古本質言 133右
四書恆解 153右
孝經直解 159右
史存 285右
明良志略 385左
子問、又問 745右
恆言 746左
賸言 746左
家言 746左
雜問 746左
槐軒約言 746左
槐軒俗言 746左
下學梯航 746左
正譌 746左
尋常語 756左
槐軒蒙訓 761左
槐軒雜著 1467左
止唐韻語存 1713右
拾餘四種 1740左
劉潛(梁)
劉豫章集 1212左
劉豫章集選 1212左
劉潛(宋)
司馬頭陀達僧問答 901右
達僧問答 901右
劉源(清)
凌烟閣功臣圖像(繪) 385右
劉源溥(清)
錦州府志(孫成同纂修) 516左
32 劉淵然(明)
原陽子法語(編集) 1170右
劉兆(晉)
春秋左氏傳劉氏注 105右
春秋公羊劉氏注 115右
公羊(注) 115右
春秋穀梁劉氏注 120左
穀梁(注) 120左
春秋公羊穀梁傳集解 121右
春秋公羊穀梁傳解詁 121右
爾雅劉氏注 163左
劉兆彭(清)
拳石山房集 1441左
劉澄之(南齊)
永初山川記 509右
宋永初山川記 509右
永初山川古今記 509右
梁州記 528右
荊州記 545右
鄱陽記 551左
33 劉心瑸(清)
玉紀補 671右
劉心源(清)
遊太行山記 589左
奇觚室樂石文述 666右
劉泌(明)
壟起雜事(一題楊儀撰) 362左
劉黻(宋)
蒙川遺稿 1291右
蒙川先生遺稿 1291右
蒙川詩集 1291右
劉黻(清)
叢桂堂文錄 1461左
34 劉淮年(清)
三十二蘭亭室詩鈔 1501右
劉濩(元)
聲之集 1305右
劉洪(漢)
乾象術 867右
劉淇(清)
助字辨略 224右
劉禧延(清)
劉氏碎金 212右
劉氏遺箸 1028右
中州切音譜贅論 1716右
劉達武(民國)
邵陽車氏一家集補錄(輯) 393左
35 劉清之(宋)
戒子通錄 752左
劉清叟(元)
立雪稾 1300左
36 劉湘客(明)
行在陽秋(一題清戴笠撰) 322左
劉溫舒(宋)
重廣補註黃帝內經素問遺篇(原本)* 808左
補注黃帝內經素問遺篇(原本)* 808左
黃帝內經素問遺篇(原本) 808右
素問入式運氣論奧 808右
劉濐(清)
芳皐棄餘錄 1495左
劉遲(明)
湖山敍遊 598右
劉遇奇(清)
續華州志(纂) 516右
劉邊(元)
自家意思集 1300左
37 劉潤之(明)
二皇甫集(輯) 1549右
劉潤道(清)
哈密直隸廳鄉土志 517右
劉鴻典(清)
莊子約解、外附 696左
續性理吟 727右
感應篇韻語 1156右
劉淑曾(清)
林風閣詩鈔 1509左
劉次莊(宋)
法帖釋文 923右
劉祁(元)
歸潛志 302右
303左
北使記 610左
神仙遯士集 1300右
劉迎(宋)
藤齋小集 1291右

37 劉通微(金)
太上老君說常清靜經頌註 1144左
劉過(宋)
龍洲道人集 1278右
龍洲道人詩集 1278右
龍洲集 1278左、右
龍洲詞 1604左
劉逢源(清)
積書巖詩集 1387右
劉逢祿(清)
尙書今古文集解 43左
書序述聞 49左
箴膏肓評 104右
左氏春秋考證 108右
發墨守評 115左
公羊春秋何氏解詁箋 115右
春秋公羊經何氏釋例 117右
穀梁廢疾申何 118右
論語述何 142右
四書是訓 154左
38 劉海涵
何大復先生年譜(輯) 429右
王師竹先生年譜 429右
賢首紀聞(輯) 575左
龍潭小志(輯) 585左
兩龍潭主人藏鏡圖題詞(輯) 660右
龍潭清話 1016右
信陽詩鈔(輯) 1548左
劉滄(唐)
劉滄詩集 1236左
晚唐劉滄詩 1236左
劉浴德(明)
脈賦訓解 849左
脈訣正譌 849左
壺隱子應手錄 849左
壺隱子醫譚一得 864左
劉遵海(清)
經義存參 177右
有深致軒文稿、駢體文稿、詩賸稿、歌謠賸稿、聯語賸稿、試帖剩稿、制藝稿 1456左
有深致軒集 1744左
劉遵陸(清)
牙牌參禪圖譜 952右
劉道醇(宋)
五代名畫補遺 434左
聖朝名畫評 434左
宋朝名畫評 434左
劉道眞(劉宋)
錢塘記 537右
劉道薈(劉宋)
晉起居注 288右
劉道明(元)
武當福地總眞集 575左
劉肇虞(清)
虞道園文選(選評) 1309左
揭曼碩文選(選評) 1309右
王陽明文選(選評) 1337左
歸震川文選(選評) 1345右
唐荆川文選(選評) 1346左
王遵巖文選(選評) 1349左
艾東鄉文選(選評) 1363右
劉肇培(民國)等
吉光片羽錄 1550右
劉肇域(清)
繡佛齋詩鈔 1474右
劉肇均(清)
擷寧齋詩草 1500左
劉肇隅(清)
徐星伯說文段注札記(錄) 186右
龔定菴說文段注札記(錄) 187左
劉啓彤(清)
英藩政概 626左
英政概 637左
法政概 637左
40 劉乂(唐)
劉乂詩集 1231右
中唐劉乂詩 1231右
劉大夏(明)
劉忠宣公集 1333右
劉大紳(清)
寄庵詩文鈔 1437右
劉寄庵文錄 1437右
劉大彬(元)
茅山志 572右
劉大勤(清)
師友詩傳續錄(問) 1582右
古夫于亭詩問答(問) 1583左
劉大櫆(清)
遊晉祠記 589右
遊百門泉記 603右
遊三遊洞記 604左
海峯先生文錄 1417右
劉海峯文鈔 1417右
論文偶記 1584右
劉友光(清)
劉魚計詩 1390左
劉士瑋(清)
江陵縣志刊誤 521右
漢上叢談 1010右
夢竹軒筆記 1010右
劉士忠(清)
綠珊軒詩草 1480右
劉培元(清)
韓侯釣臺記 595右
西亭詩草 1421右
劉才邵(宋)
檆溪居士集 1262右
劉克(宋)
詩說 53左
劉克莊(宋)
玉牒初草 291左
後村雜記 346左
後村題跋 914左
後村先生題跋 914左
後村集 1284右
後村先生大全集 1285左
後村先生四六 1285左
後村詩鈔 1285左
後村詩集 1285左
後村集補鈔 1285左
南岳詩稿 1285左
分門纂類唐宋時賢千家詩選（一名後村千家詩・輯） 1533左
江西詩派小序 1566左
後村詩話前集、後集、續集、新集 1574右
後村別調、補 1604右 1605左
後村居士集詩餘 1605左
後村居士詩餘 1605左
後村長短句 1605左
後村別調補遺 1605左
劉希岳(宋)
太玄朗然子進道詩(述) 1175右
劉有定(元)

衍極(釋) 920左
劉存(唐)
事始 1040右
劉馮事始(馮鑑合撰) 1041左
劉存仁(清)
詩經口義 59左
勸學芻言 764右
屺雲樓詩選初集、二集、三集 1485右
屺雲樓詩話 1588左
屺雲樓詞 1635右
劉志玄(元)等
金蓮正宗仙源像傳 447右
劉志淵(金)
啓眞集 1299左
劉志學(清)等
典褻購書吟 1554左
劉燾(唐)
樹萱錄 1088右
劉喜海(清)
雜錄(輯) 658右
長安獲古編目 659左
嘉蔭簃藏器目 659右
嘉蔭簃論泉截句 663右
蒐古彙編(輯) 666右
海東金石存攷、待訪目 675左
鼓山題名(輯) 675左
烏石山題名(輯) 675左
臨汀蒼玉洞宋人題名(輯) 675左
昭陵復古錄(輯) 675右
洛陽存古錄(輯) 676右
海東金石苑 677左
嘉蔭簃集 1467左
劉杳(梁)
要雅 1040右
劉壽曾(清)
昏禮重別論對駁義 78右
臨川答問(錄) 1029左
41 劉楨(漢)
毛詩義問 50右
魏劉公幹集 1201右
劉公幹集 1201右
42 劉壎(元)
隱居通議 990右
水雲村稾 1302右
水雲邨稾 1302右
水雲邨詩餘 1611右
劉斯組(清)
皇極經世書緒言(輯) 893左
劉彬(清)
全滇形勢論 559左
永昌土司論 559右
43 劉城(清)
啓禎宮詞 383右
嶧桐集 1378左
嶧桐後集選 1378左
劉域(清)
三續華州志(纂) 516右
劉檝(清)
劉岸先詩選 1399右
44 劉基(明)
翊運錄 348左
劉伯溫先生重纂諸葛忠武侯兵法心要內集、外集 772右
劉伯溫先生百戰奇略 773右
靈棊本章正經(陳世凱合解) 898左
靈棋經(陳世凱合解) 898左
明誠意伯溫靈棋經解 898左
靈城精義(注) 901左
披肝露膽經 901右
滴天髓(注) 904左
佐玄直指圖解 904左
新鍥煙波釣徒奇門定局 905左
郁離子 968右
重刊郁離子 968右
郁離子微 968右
誠意伯文集 1322右
太師誠意伯劉文成公集 1323左
明誠意伯連珠 1323左
擬連珠編 1323左
劉誠意伯集 1323左
劉文成先生集選 1323左
寫情集 1614左
劉藻(清)
姑聽軒詞 1622右
劉芳(後魏)
毛詩箋音義證 62右
禮記義證 84右
劉芳(明)
清嘯齋遺稿 1374左
劉芳喆(清)
拙翁庸語 975左
劉蒙(宋)
菊譜 789左
劉氏菊譜 789左
劉葆楨(清)
尙書今古文集解校勘記(劉翰藻同撰)* 43左
劉恭冕(清)
論語正義(述) 142右
143左
何休注訓論語述 143左
廣經室文鈔 1482左
劉孝孫(唐)
張丘建算經(細草) 878左
續幽明錄 1088左
劉孝孫(宋)
事原 1040右
劉孝綽(梁)
梁劉孝綽集 1211右
劉祕書集 1211右
劉祕書集選 1212左
劉孝標(梁)
世說新語(注) 1046右
世說新書(注) 1046右
世說舊注 1046右
劉孝威(梁)
梁劉孝威集 1212左
劉庶子集 1212左
劉庶子集選 1212左
劉執玉(清)
荔裳詩鈔(選) 1383左
愚山詩鈔(選) 1385右
竹垞詩鈔(選) 1394左
阮亭詩鈔(選) 1396左
初白詩鈔(選) 1406右
秋谷詩鈔(選) 1410左
劉蓀芳(清)
劉航石詩選 1399左
劉摯(宋)
忠肅集 1251右
1252左
劉忠肅集 1252左
劉若愚(明)
酌中志 318左
明宮史 458左

內板經書紀略 654右
酌中志餘(輯) 1732右
44 劉蒼(漢)
南北郊冕服議 456左
劉荀(宋)
明本釋 729左
劉世珩(民國)
啓禎兩朝剝復錄札記* 318左
劉先生年譜 430左
貴池先哲遺書待訪目 648左
西廂記五劇五本圖考據(輯)* 1651右
臨春閣曲譜(定)* 1684右
通天臺曲譜(定)* 1685左
董解元西廂考據(輯)* 1691左
小忽雷曲譜、大忽雷曲譜、雙忽雷本事(輯)* 1706左
重編會眞雜錄(輯) 1724左
貴池二妙集(輯) 1746左
貴池唐人集(輯) 1746左
劉世濬(清)
十三經注疏序(輯) 182右
劉世奇(清)
雙柏齋女史吟、續 1479右
鄭谷詩存 1502右
劉世馨(清)
粵屑 553右
劉世敎(明)
荒箸略 478左
劉世恩(清)
音韵記號 215右
46 劉觀成(清)
金湯輯略 775右
劉駕(唐)
劉駕詩集 1235右
晚唐劉駕詩 1235右
劉恕(宋)
通鑑外紀、目錄 284右
資治通鑑外紀、目錄 284右
劉勰(梁)
文心雕龍 1567左
雲門子 1567左
47 劉郁(元)
西使記 611左
劉聲木(民國)
御批通鑑輯覽五季紀事本末 292左
清芬錄(輯) 394右
桐城文學淵源考、引用書目、名氏目錄 425右
萇楚齋書目 647右
續補彙刻書目、再續補、三續補 648左
直介堂徵訪書目 648右
寰宇訪碑錄校勘記 665左
補寰宇訪碑錄校勘記 665左
再續寰宇訪碑錄校勘記 665左
續補寰宇訪碑錄 665左
萇楚齋隨筆、續筆、三筆 1016左
萇楚齋四筆、五筆、引用書目、目錄 1016左
望溪文集再續補遺、三續補遺(輯) 1411左
曾文正公集外文(輯) 1476左
桐城文學撰述考 1566左
鼻烟叢刻(輯) 1739左
劉起凡(清)等
開原縣志(纂修) 516左
48 劉翰(宋)
小山集 1283左
劉翰藻(清)
尙書今古文集解校勘記(劉葆楨同撰)* 43左
劉敬(漢)
劉敬書 712左
劉敬叔(劉宋)
異苑 1085右 1086左
異苑佚文 1086左
梁清傳 1096右
49 劉棪(清)
玩草園詩鈔、文集 1416左
50 劉晝(北齊)
周易劉晝義 10左
劉子 965左、右
劉子新論 965左、右
新論 965左、右
新論佚文 965右
德言 965右
石匏子 965右
劉靑霞(淸)
劉嘯林史論 376左
愼獨軒文集 1410左
劉靑藜(淸)
金石續錄 657右
高陽山人文集、詩集 1410右
劉靑蓮(淸)
學禮闕疑 95左
古今孝友傳 443右
藕船題跋 651右
續一鄉雅言 767左
七一軒稾 1405右
七一軒詩鈔 1405右
劉靑芝(淸)
尙書辨疑 41右
學詩闕疑 56左
周禮質疑 71左
史記紀疑 263右
史漢異同是非 266左
擬明代人物志 386右
古今孝友傳補遺 443右
古汜城志 521右
江村隨筆 1024右
江村山人未定稾、續稾、閏餘稾 1412左
續錦機 1583右
劉肅(唐)
大唐新語 336右
劉本沛(淸)
虞書 536左
後虞書 536左
劉奉世(宋)
自省集 1257右
劉書年(淸)
四書集字 154左
劉貴陽說經殘稿 176右
劉貴陽經說 176右
滌濫軒說經殘稿 176右
黔亂紀實 329左
江左王謝世系考 392左
黔粤接壤里數考 563左
黔行日記 617左
歸程日記 617左
山外山房詩集 1176左
滌濫軒文殘稿 1476左
滌濫軒詩鈔 1476左
滌濫軒詞殘稿 1633左

滌濫軒雜著　1740右
劉貴陽遺稿　1744右
劉表（漢）
周易章句　5右
周易劉氏章句　5右
易章句　5右
新定禮　79右
五經章句後定　168右
劉東藩（淸）
心葭詩選　1493右
51 劉軻（唐）
牛羊日曆　298左
劉希仁文集　1232左
劉振麟（淸）
東山外紀（周驤同撰）　420左
53 劉或（晉）
長沙耆舊傳　391左
劉威（唐）
劉威詩集　1234右
晩唐劉威詩　1234右
劉咸炘（民國）
治記緖論　87右
史學述林　374左
治史緖論　374左
續校讐通義　640左
校讐述林　640左
中書　1030右
左書　1030右
右書　1030右
內書　1030右
外書　1030右
子疏、學變圖贊　1030右
文學述林　1589左
55 劉典（淸）
劉果敏公從戎識實　411右
劉果敏公奏稿　500右
劉果敏公批牘　502右
劉果敏公文集　1479右
劉果敏公書劄　1479右
57 劉邦鼎（淸）
遂初齋文集　1469左
58 劉蛻（唐）
山書　966左
文泉子集　1233左
唐劉蛻集　1233右
文泉子　1233右
60 劉口（五代）
耳目記　1114左
劉口（明）
王節婦女範捷錄　757右
劉星煒（淸）
思補堂文集　1423右
劉昮（口）
九國志（一題宋路振撰）　359左
劉因（元）
四書集義精要　150右
樍著記　896右
容城文靖劉先生文集　1303左
靜修集、續集　1303右
靜修先生文集　1303右
丁亥集　1303右
靜修遺詩、續集、拾遺　1303右
樵菴詞　1612左
靜修先生文集樂府　1612左
樵庵樂府　1612左
靜脩詞　1612左
劉因之（淸）
讕言瑣記　1077右
蟻餘偶筆、附筆　1475左
劉昌（明）
縣笥瑣探　1065右
縣笥瑣探摘鈔　1066左
中州名賢文表（輯）1746左
劉昌詩（宋）
蘆浦筆記　987左
劉昌宗（口）
周禮劉氏音　74右
禮記劉氏音　90右
劉景先（後趙）
神仙養生祕術（受）1179左
劉景寅（明）
放翁詩選別集（選）*　1270左
澗谷精選陸放翁詩集別集*　1270右
61 劉昞（後魏）
周易劉氏注　10左
燉煌新錄　358左
燉煌實錄　358左
人物志（注）　962右
64 劉時舉（宋）
續宋編年資治通鑑　284右
續宋中興編年資治通鑑、佚文　284右
劉跂（宋）
錢乙傳　433左
暇日記　1057右
王友傳　1115右
學易集　1259左
67 劉晩榮（淸）
廣川畫跋校勘記　913右
南唐書合刻（輯）　1733左
劉昫（後晉）等
舊唐書　272左
舊唐書地理志、考證510右
舊唐書經籍志　643左
劉鳴玉（淸）
梅芝館詩　1419左
劉昭（梁）
後漢書（續志・注）266右
後漢書郡國志（續志・注）　507右
劉嗣綰（淸）
龍泉寺記　589左
尙絅堂駢體文　1446左
尙絅堂尺牘（一名劉芙初先生尺牘）　1446左
箏船詞　1626右
劉鶚（元）
惟實集、外集　1313左
劉鶚（淸）
三省黃河圖說　579左
68 劉盼遂
段玉裁先生年譜（編）422左
高郵王氏父子年譜　422左
71 劉辰（明）
國初事蹟　306右
明朝國初事蹟　306右
劉辰翁（宋）
孟浩然詩集（評）　1219右
王摩詰詩集（評）　1219右
須溪先生校本唐王右丞集　1219右
箋註評點李長吉歌詩、外集（評點）　1231右
放翁詩選後集（選）*　1270左
須溪精選陸放翁詩集精選後集（選）*　1270右
須溪集　1291左、右
須溪四景詩集　1291右
須溪先生四景詩集、補 1291右
須溪詞　1609左

71 劉原道(清)
陽明先生年譜 419左
劉長佑(清)
劉武愼公奏稿 500右
劉武愼公稟牘 502右
劉武愼公官書 502右
劉武愼公遺文詩存雜記 1479左
劉武愼公尺牘 1479左
劉長華(清)
崇川書香錄(袁景星同撰) 387右
歷代同姓名錄 397左
漢晉迄明謚彙攷、皇朝謚彙攷 463右
劉長卿(唐)
劉隨州集、外集 1221左
劉隨州詩 1221左
劉隨州文集、外集 1221左
唐劉隨州詩集 1221左
72 劉髦(明)
易傳撮要 16右
劉岳申(元)
申齋集 1304左
劉質(劉宋)
近異錄 1086右
75 劉體仁(清)
遊焦山記 595左
七頌堂識小錄 909右
七頌堂詩集 1392左
七頌堂詞繹 1718右
劉體仁(民國)
異辭錄 354左
續歷代紀事年表 370右
十七史說 377左
通鑑劄記 377左
劉體恕(口)
呂祖本傳 449右
77 劉堅(清)
說部精華(類次) 1073左
劉鳳(明)
續吳先賢讚 388右
逸民傳(補遺) 442左
劉子威集 1351右
劉履(元)
風雅翼(輯) 1583右
劉履芬(清)
鷗夢詞 1637左
劉履恂(清)
秋槎雜記 173左
劉欣期(晉)
交州記 551右
劉熙(漢)
孟子注 145右
146左
孟子劉注 146左
孟子劉氏注 146左
孟子章句 146左
釋名 217右
逸雅 217右
謚法(孔晁合注) 463右
謚法劉熙注 463右
劉熙載(清)
說文雙聲 191右
說文疊韵(袁康同撰) 191右
四音定切 214右
持志塾言 748左
古桐書屋劄記 748左
游藝約言 1011左
昨非集 1477左
制藝書存 1477左
文概 1587右
藝槩 1587右
詞概 1720右
曲概 1723右
劉聞(元)
容窗集 1316左
劉學誠(清)
太乙照神經、神相證驗百條(輯) 905左
劉學寵(清)
大戴禮逸(輯) 93左
五經通義(輯) 166左
五經析疑(輯) 168右
河圖括地象(輯) 228左
河圖始開圖(輯) 228左
河圖稽耀鉤(輯) 228右
龍魚河圖(輯) 229右
河圖稽命徵(輯) 232左
洛書甄耀度(輯) 234右
易通卦驗(輯) 237左
易巛靈圖(輯) 237右
尙書考靈耀(輯) 240右
尙書旋璣鈐(輯) 241左
尙書帝命期(輯) 242右
尙書中候(輯) 242右
詩含神霧(輯) 245右
詩紀歷圖(輯) 246右
禮含文嘉(輯) 247左
禮稽命徵(輯) 247右
禮斗威儀(輯) 247右
樂稽耀嘉(輯) 248右
春秋緯(輯) 249右
春秋孔演圖(輯) 249右
春秋元命苞(輯) 250左
春秋文曜鉤(輯) 250右
春秋運斗樞(輯) 251左
春秋感精符(輯) 251右
春秋合誠圖(輯) 251右
春秋佐助期(輯) 253左
春秋潛潭巴(輯) 253右
春秋說題辭(輯) 254左
孝經援神契(輯) 257右
孝經左契(輯) 258右
孝經右契(輯) 258右
孝經鉤命決(輯) 259左
孝經內事(輯) 259右
春秋後語(輯) 296左
易飛候(輯) 895右
易洞林(輯) 896左
遁甲開山圖(輯) 905左
諸經緯遺(輯) 1729右
劉學箕(宋)
方是閒居士小稾 1283右
方是閒居士小稿 1283右
方是閑居小稾 1602右
方是閑居士詞 1602右
劉開(宋)
復眞劉三點先生脈訣 848右
劉開(清)
廣列女傳(輯) 438左
雩都行記 551左
樅江遊記 597右
孟涂駢體文 1452右
孟塗駢體文鈔 1453左
劉開兆(清)
芸莽詩集 1465左
劉巴(蜀)
劉令君集 1203左
劉興樾(清)
海嶽行吟草 1493右
80 劉兌(明)
新編金童玉女嬌紅記 1668左

劉斧(宋)
青瑣高議 1056右
遠烟記 1115右
小蓮記 1115右
張女郎傳 1115右
青瑣詩話 1575右
劉羲仲(宋)
資治通鑑問疑 282右
通鑑問疑 282右
劉令嫺(梁)
祭夫徐敬業文 1212右
劉慈孚(清)
四明人鑑(輯) 389右
劉兼(唐)
劉兼詩集 1240左
晚唐劉兼詩 1240左
劉美之(元)
續竹譜 782右
劉弇(宋)
龍雲集 1256左
龍雲先生文集 1256右
龍雲集鈔 1256右
龍雲先生樂府 1594右
劉毓崧(清)
周易舊疏考正 26右
尙書舊疏考正 43右
克復金陵勳德記 333右
王船山叢書校勘記 1387左
通義堂文集 1478右
劉義慶(劉宋)
世說新語 1046左
世說 1046左
世說新書 1046右
說苑 1046右
幽明錄 1086左
宣驗記 1086左、右
劉曾海(清)
四書存參 154左
劉曾騄(清)
周易約注 28左
尙書約注 43右
毛詩約注 59右
周禮可讀 72左
周官約解 72左
儀禮可讀 78左
儀禮約解 78左
禮記可讀 87左
禮記約解 87左
左傳約解 109左
公羊約解 116左
穀梁約解 120左
春秋三傳約注 130左
論語分編 143右
論語約注 143右
論語人考 144左
論語地考 144右
孟子可讀 148右
孟子約解 148右
孟子人考 149右
孝經約解 160左
爾雅約解 165左
夢園經解 177右
戰國策約選 295右
祥符耆舊傳 390左
高風集、續集(輯) 394右
循吏補傳 403右
列女補傳 438左
劉氏家禮 462右
吏覗(輯) 489左
夢園公牘文集 502右
夢園公牘文槀 502右
祥符風土記 544右
夢園蒙訓 761右
夢園初集 1509右
1744左
夢園史學 1732左
夢園二集 1734左
五經讀本 1728右
五經約注 1728右
九經約解 1728右
82 劉鍾英
民國三年本安次縣志(纂修) 515左
84 劉鎭(宋)
隨如百詠 1604右
85 劉餗(唐)
隋唐嘉話 336右
傳載 336右
86 劉錦文(明)
羣英書義(選) 40右
劉錦藻(民國)
皇朝續文獻通考 454左
堅匏盦詩文集 1523右
劉錫(宋)
開慶四明續志（梅應發同撰） 520右
劉錫(清)
韻湖偶吟、後集 1481左
劉錫勇(清)
待廬集 1416左
劉錫信(清)
歷代諱名考 464左
潞城考古錄 524左
劉錫鴻(清)
英軺日記 636右
英軺私記 636右
劉錫嘏
上蔡語錄校記（張立民同撰）* 727左
爾雅臺答問（王培德同輯） 750左
劉知幾(唐)
史通 373左
劉智(晉)
喪服釋疑 80左
論天 868左
劉智(清)
天方典禮擇要解、後編 1192左
87 劉鈞(清)
楊娥傳 1119右
88 劉鑑(元)
經史正音切韻指南 213右
新編經史正音切韻指南 213右
切韻指南 213右
劉筠(宋)
刑法敍略 486左
肥川小集 1243右
劉攽(宋)
孟子外書(注) 149左
東漢書刊誤 266右
漢官儀 951右
公非集 1251左
彭城集 1251左
劉攽貢父詩話 1570左
中山詩話 1570左
貢父詩話 1570左
劉敏中(元)
平宋錄 304左
中菴集 1306右
中庵詩餘 1612左
中庵樂府 1612左
90 劉惟永(元)
道德眞經集義、大旨 690左
劉惟志(元)
字學新書摘鈔(輯) 920右

90 劉光祖(宋)
鶴林詞 1603左
劉光蕡(淸)
尙書微 43右
立政臆解 46右
學記臆解 89左
大學古義 134左
論語時習錄 143右
孟子性善備萬物圖說 149左
孝經本義 160左
史記太史公自序注 417左
史記貨殖列傳注 444左
經世家禮鈔 462右
改設學堂私議、勸設學綴言 465右
前漢書食貨志注 474右
團練私議 482左
陝甘味經書院志 569右
前漢書藝文志注 641右
陝甘味經書院藏書目錄 645右
荀子議兵篇節評 685左
管子小匡篇節評 701左
修齊直指評 749左
濠塹私議 776左
修齊直指(節錄・評) 779左
養蠶歌括 785右
陶淵明閒情賦注 1207左
古詩十九首注 1538左
劉光第(淸)
介白堂詩集 1515右
劉尙友(淸)
定思小記 317左
劉炎(宋)
邇言 986左、右
邇言志見 986右
劉炫(隋)
尙書述義 37右
毛詩述義 51右
春秋左氏傳述義 106左
春秋攻昧 106左
規過 106左
春秋規過 106左
孝經述義 157左
古文孝經述義 157左
91 劉恆瑞(民國)
經歷雜論 824左
伏邪新書 828右
外科學講義 832右
察舌辨症新法 851右
劉炳(明)
劉彥昺集 1326左
春雨軒集 1326左
劉焯(隋)
尙書劉氏義疏 37右
97 劉恂(唐)
嶺表錄異記 552右
嶺表錄異 552右
嶺表錄異記佚文 552右
劉燿椿(淸)
海國歸櫂詞 1635左
98 劉敞(宋)
春秋傳 122左
春秋權衡 122左
劉氏春秋意林 122左
春秋意林 122左
春秋傳說例 122右
公是先生七經小傳 169右
七經小傳 169右
南北朝襍記 297右
公是先生弟子記 723右
公是弟子記 723右
公是集 1248右
1249左
劉熗(宋)
雲莊集 1275右
雲莊詩集 1275右

7210₁ 丘

10 丘雲霄(明)
南行集 1347右
東遊集 1347右
北觀集 1347右
山中集 1347右
11 丘璿(宋)
牡丹榮辱志 791左
12 丘延翰(唐)
天機素書 901左
21 丘處機(金)
攝生消息論 846左
大丹直指 1165左
邱祖全書 1185右
磻溪集 1298右
棲霞長春子丘神仙磻溪集詞 1610右
磻溪詞 1610右
27 丘象升(淸)
丘曙戒詩 1394左
30 丘密(宋)
文定公詞 1603左
丘文定公詞 1603左
31 丘濬(明)
平定交南錄 308左
鹽法考略 476右
錢法纂要 477左
大學衍義補 720左
硏幾集略(纂補) 720左
朱子學的(輯) 728右
丘文莊公集 1331右
瓊臺會稿 1332左
重編瓊臺會稾 1332左
丘仲深集 1332左
新刊重訂附釋標註出相伍倫全備忠孝記 1692左
重校投筆記 1692左
新刻魏仲雪先生批評投筆記 1692左
舉鼎記傳奇 1692左
32 丘兆麟(明)
史遺(輯) 277右
丘毛伯先生集 1363右
36 丘昶(宋)
賓朋宴語 1057右
37 丘逢年(淸)
律書律數條義疏 102右
丘遲(梁)
梁丘司空集 1211右
丘司空集選 1211右
44 丘兢(淸)
遊愛蓮亭記 595右
80 丘公明(陳)
碣石調幽蘭 937右
90 丘光庭(唐)
兼明書 1018左

7223₇ 隱

44 隱芝內秀(口)
太上老君元道眞經註解 1149右
元道經(注) 1149右
50 隱夫玉簡(宋)
疑仙傳 447左
1117左

7226₁ 后

44 后蒼(漢)
齊詩傳 65右
孝經后氏說 155右

7277_2 岳

02 岳端(清)
紅蘭集 1395左
10 岳正(明)
蒙泉類博稿 969右
類博雜言 969右
蒙泉雜言 969右
類博稾 1331右
岳元聲(明)
方言據、續錄 226左
聖學範圍圖說 736左
11 岳珂(宋)
刊正九經三傳沿革例 180左
相臺書塾刊正九經三傳沿革例 180左
金陀粹編、續編 406右
宋少保岳鄂王行實編年 406右
愧郯錄 491右
三命指迷賦(補注) 904左
新刊祕訣三命指迷賦(補注) 904左
寶眞齋法書贊 923右
桯史 1062左
玉楮集 1282右
玉楮詩稾 1282右
玉楮詩稿 1282右
玉楮集鈔 1282右
棠湖詩稿 1282右
棠湖詩 1282右
12 岳飛(宋)
岳武穆遺文 1266右
岳忠武王集 1266右
宋岳忠武王集 1266右
岳忠武王文集 1266右
岳忠武撫稿 1266右
23 岳岱(明)
陽山志 572右
岳山人集 1349左
今雨瑤華(輯) 1543左
陽山新錄(顧元慶同撰) 1552右
26 岳伯川(元)
呂洞賓度鐵拐李岳雜劇 1657右
鐵拐李 1657右
呂洞賓度鐵拐李岳 1657右
新編岳孔目借鐵拐李還魂 1657右
羅光遠夢斷楊貴妃殘本 1657右
岳伯川雜劇 1749右
31 岳濬(清)等
山東通志(修) 518右
60 岳昌源(清)
縹緗集 1382左
77 岳熙載(元)
天文精義賦 868右
天文精義 868右
82 岳鍾琪(清)
岳容齋詩集 1414左

7370_0 卧

10 卧雲子(明) 見孟稱舜

7420_0 尉

24 尉繚(周)
尉繚子 771左
37 尉遲偓(南唐)
中朝故事 338右
尉遲樞(唐)
南楚新聞 1052右

7421_4 陸

00 陸方濤(清)
戊庚隨筆 1005左
味蓴鱸軒詩鈔 1395右
味蓴鱸軒遺文 1395右
陸應宿(清)
筱雲詩集 1444右
陸應穀(清)
抱眞書屋詩鈔 1472右
陸慶頤(清)
觀瀾講義 761右
陸廣微(唐)
吳地記 532右 533左
陸文衡(清)
嗇庵手鏡 1002右
方房詩賸 1377右
陸文圭(元)
牆東類稾 1305右
牆東詩餘 1612右
陸文蔚(清)
采蓴詞 1623左
06 陸韻梅(清)
小鷗波館詩鈔 1484左
09 陸麟書(清)
胥屏山館詩存、文存 1472左
10 陸亙昭(清)
誦芬館詩鈔 1503左
陸亙煇(清)
少蒙詩存 1503左
陸天麟(清)
烟坪詩鈔 1392左
陸西星(明)
老子道德經玄覽 690右
無上玉皇心印妙經測疏 1134左
黃帝陰符經測疏 1136右
崔公入藥鏡測疏 1139右
邱長春眞人青天歌測疏 1139右
龍眉子金丹印證詩測疏 1153左
紫陽眞人金丹四百字測疏 1171左
金丹就正篇 1174左
玄膚論 1174左
純陽呂公百字碑測疏 1174左
金丹大旨圖 1175左
七破論 1175左
周易參同契測疏 1180左
參同契口義 1180左
陸雲(晉)
陸子 964左
陸氏異林 1084左
笑林 1120右
陸士龍文集 1205右
陸士龍集 1205右
陸清河集 1205右
陸清河集選 1205右
陸雲龍(明)
紀遊(輯) 587右
清語部(輯) 1036左
格言集(輯) 1036左
詩最(評注) 1533右
文奇(評注) 1536右
文韻(評注) 1536右
四六儷(輯) 1536右

書雋(評注) 1560左
小札簡(輯) 1560左
詞菁(輯) 1644右
10 陸賈(漢)
楚漢春秋 296右
陸子 712左
陸子新語 712左
新語 712左
雲陽子 712左
12 陸璣(吳)
毛詩草木鳥獸蟲魚疏 62左
草木蟲魚疏 62左
草木鳥獸蟲魚疏 62左
草木疏 62左
陸璣(淸)
西湖吟 599右
陸廷珍(淸)
六因條辨 828左
陸廷楨(民國)
思嗜齋詩賸、文賸 1521左
溉釜家書 1521左
陸廷燦(淸)
續茶經 783左
陸延枝(明)
說聽 1092右
14 陸瑛(淸)
賞奇樓蠹餘稿 1458左
15 陸建(淸)
粲花軒詩稿(一名湄君詩集) 1429左
陸建瀛(淸)
陸文節公奏議 500左
17 陸羽(唐)
茶經 782右
陸珊(淸)
聞妙香室詞 1634右
陸乃普(淸)
陸氏先德錄(輯) 394左
陸弼(明)
陸客集 1351左
酒家傭(欽虹江同撰) 1695左
墨憨齋詳定酒家傭傳奇(欽虹江同撰) 1695右
陸承憲(明)
梅花什 1552右
陸豫(淸)
東虬草堂詞 1636左
20 陸秀夫(宋)
陸忠烈公書 1289右
陸忠烈公遺集 1289右
陸舜(淸)
石門諸山記 571右
陸采(明)
冶城客論 1066左
明珠記 1693左
陸天池南西廂記 1693左
南西廂記 1693左
新刊合併陸天池西廂記 1693左
懷香記 1693左
21 陸上瀾(淸)
芳洲詩文集 1382左
陸仁(元)
乾乾居士集 1320左
陸行直(元)
樂府指迷下卷 1717右
詞旨 1718左
陸師道(明)
陸尙寶遺文 1348左
22 陸倕(梁)
陸太常集 1211右
陸太常集選 1211右
陸鼎(淸)
梅葉閣詩鈔、文鈔 1488右
陸嵩齡(淸)
禦海備覽、江海備覽外編 775右
倚棹閒吟 1471右
牛繭集 1471右
黔滇紀略 1471右
拜五經樓詩賦 1472左
述楊合刻(輯) 1747左
陸仙琥(淸)
吟巢遺稿 1472左
陸樂山(淸)
養生鏡 823右
陸繼輅(淸)
崇百藥齋文錄 1451左
23 陸獻(淸)
庚辛日記 328右
24 陸化熙(明)
詩通 55左
陸德明(唐)
周易(音義) 6右 7左
周易註(音義) 7左
周易彖義音義* 7左
周易注疏(音義) 7左
周易正義(音義) 7左
周易師說 11左
易釋文 33左
周易經典釋文 33右
書經(音義) 36左
尙書(音義) 36左
監本纂圖重言重意互注點校尙書(音義) 36左
尙書註疏(音義) 36右
尙書正義(音義) 36右
附釋音尙書注疏(音義) 36右
尙書釋音 48左
尙書釋文 48右
詩經(音義) 50左
毛詩(音義) 50左
詩經讀本(音義) 50左
毛詩註疏(音義) 50左
毛詩正義(音義) 50左
附釋音毛詩注疏(音義) 50左
周禮(音義) 68右
周禮讀本(音義) 68右
周禮註疏(音義) 68右
周禮注疏(音義) 69左
附釋音周禮注疏(音義) 69左
儀禮(音義) 75右
儀禮注疏(音義) 75右
禮記(音義) 83右
纂圖互註禮記(音義) 83右
禮記註疏(音義) 83右 84左
附釋音禮記注疏(音義) 84左
春秋左傳(音義) 104右 105左
春秋經傳集解(音義) 105左
春秋左傳注疏(音義) 105左
春秋左傳正義(音義) 105左
附釋音春秋左傳注疏(音義) 105左
春秋公羊傳(音義) 114左
春秋公羊經傳解詁(音義) 114左
春秋公羊傳讀本(音義) 114左
春秋公羊註疏(音義) 114左
春秋公羊傳注疏(音義) 114左
監本附釋音春秋公羊注疏(音義) 114左
春秋穀梁傳(音義) 119左
春秋穀梁傳讀本(音義) 119左
春秋穀梁注疏(音義) 119左
春秋穀梁傳注疏(音義) 119右

監本附音春秋穀梁注疏（音義） 119右
陸氏三傳釋文音義 131右
論語（音義） 138左
論語注疏（音義） 138右
論語音義 144右
孝經（音義） 157左
孝經注疏（音義） 157右
孝經今文音義 161左
爾雅（音義） 162右
爾雅讀本（音義） 162右
經典釋文 179左
經典釋文敍錄 179右
老子道德眞經音義*687右
莊子南華眞經音義*693右
纂圖互注南華眞經（音義） 694右
南華眞經（音義） 694右
莊子南華眞經（音義） 694右
莊子（音義） 694右
莊子音義摘錄 696右
列子沖虛眞經音義*697右
陸勳（唐）
集異志 1088左
志怪錄 1088左
志怪 1088右
陸緯（清）
薛文清公讀書錄鈔（輯） 731右
陸纘（清）
宮閨聯名譜（補輯） 438左
25 陸績（吳）
易傳（注） 4右
京氏易傳注 4右
易解 7右
陸氏易解 7右 8左
周易述 7右
陸氏周易述 8左
周易陸氏述 8左
易述 8左
26 陸佃（宋）
爾雅新義 164左
埤雅 219右
鶡冠子（解） 699右 700左
陶山集 1254右
陸伯周（清）
恨塚銘 1081左
27 陸龜蒙（唐）
小名錄 397左
耒耜經 781左
漁具詠 792左
記錦裾 798左
錦裙記 798左
零陵總記 1050右
三異人傳 1109左
笠澤叢書 1233右
甫里先生集 1233右
甫里集 1233右
唐甫里先生文集 1233右
天隨子 1233右
松陵集（輯） 1551左
陸翽（晉）
鄴中記 545左
陸脩靜（劉宋）
太上洞玄靈寶衆簡文 1143左
陸先生道門科略 1156右
洞玄靈寶齋說光燭戒罰燈祝願儀 1161左
洞玄靈寶五感文 1172右
陸儋辰（清）
運氣辯 825左
陸筦泉醫書 825右
陸粲（明）
左傳附註 107左
春秋胡氏傳辨疑 123右
庚巳編 1067右
洞簫記 1118右
陸貞山集 1342右
陸子餘集 1342右
陸紹曾（清）
飛白錄（張燕昌同撰） 433右
28 陸以湉（清）
杭城紀難詩 334右
冷廬醫話、補編 865左
冷廬雜識 1010左
冷廬雜識節錄 1010右
陸從星（清）
小雲液草 1493右
30 陸淳（唐）
春秋集傳纂例 121右
春秋集傳微旨 121右
春秋集傳辯疑 122左
陸宸徵（清）
稼書先生年譜（李鉉同撰） 420右
陸宏度（清）
凭西閣長短句 1618右
陸容（明）
菽園雜記摘鈔 992右
菽園雜記 992右
31 陸江樓（明）
新刻出像音註何文秀玉釵記 1698左
陸沅（清）
蒔桂堂詩鈔 1456右
蒔桂堂試帖鈔 1456右
陸濬原（明）
藜牀瀋餘 1071左
32 陸澄（南齊）
地理書抄 505左
33 陸心源（清）
李氏易傳校 11左
詩說補（輯） 53右
周禮集說補（輯） 70左
春秋集傳纂例校 121右
春秋辨疑校 123左
春秋讞義補（輯） 125右
羣經音辨校 180左
集韻校 207左
宋史翼（輯） 281左
唐語林拾遺（輯目）*340左
唐語林補（輯） 340左
三續疑年錄 399左
元祐黨人傳 400左
國朝名臣事略校（輯） 400右
金石學錄補 414右
朝野雜記校 455左
折獄龜鑑補（輯） 488右
歸安縣志（纂） 520右
北戶錄校勘記* 552左
皕宋樓藏書志、續志649右
儀顧堂題跋、續跋 652右
千甓亭古塼圖釋 673左
千甓亭磚錄、續錄 673左
吳興金石記 676左
道德眞經指歸校補 687左
齊民要術校 778左
硯箋校 803左
巢氏諸病源候論校 817右
外臺祕要校 856右
東觀餘論校 908右
穰梨館過眼錄、續錄912右
論衡校 962左
封氏聞見記校 979右

西溪叢語校 1019右
敬齋古今黈拾遺(輯) 1022左
敬齋古今黈補(輯) 1022左
初學記校 1041左
稽神錄校補(輯) 1090左
集異記校補 1103左
陸士衡集校 1205右
陸士龍集校 1205右
王黃州小畜集校 1242左
元豐類藁補(輯) 1249左
臨川集補(輯) 1250左
錢塘集補(輯) 1252左
曲阜集補(輯) 1255左
柯山集拾遺(輯)* 1257左
柯山集補(輯) 1257左
文定集拾遺(輯目)* 1267左
徐璣集補(輯) 1278右
徐照集補(輯) 1284左
儀顧堂集 1499右
尤本文選考異補 1531右
唐文拾遺、目錄、續拾(輯) 1541左
吳興詩存初集、二集、三集、四集(輯) 1547左
會稽掇英總集校 1547左
續會稽掇英集校補 1547左
宋詩紀事補遺、小傳補正 1564右
羣書校補(輯) 1741左

33 陸泳(元)
吳下田家志 780左
田家五行志佚文 780左

34 陸法言(隋)
切韻 205左
陸詞切韻 205左

陸汝衡(清)
蜀游存稿 618左
醫學總論 865左

37 陸潤庠(清)
內經運氣病釋、內經遺篇病釋(參校) 810左

陸漻(清)
佳趣堂書目 646右

陸次雲(清)
圓圓傳 440左
費宮人傳 440左
湖壖雜記 538右
峒谿纖志 563左
三灘記 604右
譯史 624左
八紘譯史 624左、右
1734右
譯史紀餘 624右
八紘荒史 624右
山林經濟策 722左
尙論持平 1024左
析疑待正 1024左
事文標異 1026左
大有奇書 1073左
澄江集 1402左
北墅緒言 1402左
纖志志餘 1561右
峒谿纖志志餘 1561右
玉山詞 1620左

陸深(明)
平胡錄 305右
聖駕南巡日錄 310右
南巡日錄 310右
大駕北還錄 311左
北還錄 311左
史通會要 373左
科場條貫 464右
豫章漫抄 550右
豫章漫抄摘錄 550右
蜀都雜抄 557左
淮封日記 611右
南遷日記 611右
書輯 924右
古奇器錄、江東藏書目錄小序 957左、右
金臺紀聞 994左、右
金臺紀聞摘鈔 994左
停驂錄、續 994右
停驂錄摘鈔、續 994右
燕閒錄 994右
傳疑錄 994右
玉堂漫筆 994右
玉堂漫筆摘鈔 994右
春風堂隨筆 994右
春雨堂隨筆 994右
中和堂隨筆 995左
春雨堂雜抄 995左
儼山纂錄 995左
儼山外纂 995左
谿山餘話 995左
願豐堂漫書 995左
河汾燕閒錄 995左
同異錄 1037左
知命錄 1066右
儼山集、續集 1339左
陸文裕公集 1339左
儼山外集 1739右

38 陸游(宋)
南唐書 360右
家世舊聞 394左
入蜀記 609左、右
緒訓 752左
放翁家訓 752左
天彭牡丹譜 791左
放翁題跋 913右
老學庵筆記 984右
985左
老學菴筆記 985左
老學庵續筆記 985左
老學菴續筆記 985左
齋居紀事 985左
感知錄 1060右
避暑漫抄 1060右
書包明事 1061左
書二公事 1061左
陳氏老傳 1116左
姚平仲小傳 1116左
放翁詩集 1270左
劍南詩稿 1270左
渭南文集 1270左
放翁逸稿 1270左
渭南逸稿 1270左
劍南詩鈔 1270左
劍南集鈔 1270左
放翁詩選前集、後集、別集 1270左
澗谷精選陸放翁詩集前集、須溪精選後集、別集 1270右
放翁先生詩鈔 1270右
劍南詩選 1270右
劍南閒適詩選 1270右
放翁詞 1601左
渭南文集詞 1601左
陸放翁全集 1743左

陸祚蕃(清)
粵西偶記 555左

陸道和(口)
全眞清規 1156右

40 陸九州(明)
陸文學集 1356左

陸九淵(宋)
象山先生要語 729右
象山集、外集、語錄 1274右

象山先生全集 1274右
陸象山先生全集 1274右
象山先生集 1274右
陸象山先生集節要 1274右
陸友（元）
墨史 800右
研北雜志 1065左
硯北雜誌 1065左
杞菊軒稾 1313右
陸友仁（元）
吳中舊事 534右
陸奎勳（清）
陸堂易學 21左
今文尚書說 41右
陸堂詩學 56右
戴禮緒言 91左
春秋義存錄 127右
陸培（清）
白蕉詞 1622右
陸希聲（唐）
易傳 11右
春秋通例 130右
道德眞經傳 688左
陸志淵（清）
蘭紉詞 1638右
瓠落詞 1638右
陸嘉淑（清）
北游日記 612右
陸梳山（元）
居家制用 753左
陸森（清）
寒山舊廬詩（輯） 1557右
41 陸楨（清）
崇義祠志 569右
42 陸圻（清）
纖言 352左
新婦譜 757右
冥報錄 1092右
陸機（晉）
晉書 287左
晉紀 287左
惠帝起居注 289左
洛陽記 544右
陸機要覽 964左
陸氏要覽 964左
陸士衡集 1205左
陸士衡文集 1205左
陸平原集 1205右
陸士衡集佚文 1205右
干山子 1205右
陸平原集選 1205右
43 陸求可（清）
花山遊記 592右
諸屏山記 595右
西湖遊記 598右
陸密菴詩 1384右
月湄詞 1616左
44 陸蒨（清）
倩影廔遺詞 1635右
陸懋修（清）
內經運氣病釋、內經遺篇病釋 810左
內經運氣表 810左
內經難字音義 810左
傷寒論注（校） 812左
傷寒例新注（校） 812左
讀傷寒論心法（校） 812左
迴瀾說（校） 815右
傷寒論陽明病釋 816左
時節氣候決病法（校） 822左
世補齋文 823左
理虛元鑑（重訂） 826右
廣溫熱論、方（校訂） 827左
女科（校訂） 836左
世補齋不謝方 860右
陸莘行（清）
秋思草堂遺集雲遊始末記 324右
老父雲遊始末 324右
秋思草堂遺集 324右
陸麗京雪罪雲遊記 325左
尊前話舊 1012右
陸孝曾（清）
顧陸遺詩（顧廷璋同撰） 1545左
陸華甫（明）
新刻出相雙鳳齊鳴記 1697右
陸蓉佩（清）
光霽廔詞 1637左
陸世廉（清）
西臺記 1685左
陸世儀（清）
四書講義輯存 152左
明季復社紀略 314右
復社紀略 314右
江右紀變 322右
志學錄 451左
家祭禮 461左
制科議 464右
蘇松浮糧考 475右
常平權法 478左
婁江條議 583右
甲申臆議 721右
思辨錄輯要 738左
陸桴亭思辨錄輯要 738左
論學酬答 738左
五子緒言 738左
性善圖說 738左
虛齋格致傳補註 738左
淮雲問答輯存 738右
治鄉三約 767左
八陣發明 775左
桑梓五防 775左
支更說 775左
論區田 780右
分野說 870右
月道疏、月行九道圖併解 870右
避地三策、改折始末論 1003左
桴亭先生文鈔、續鈔、詩鈔 1380左、右
桴亭先生文集、詩集 1380右
陸桴亭先生文集 1380右
陸世忱（清）
與林奮千先生書 975右
就正錄 1186左
陸贄（唐）
唐陸宣公奏議注 495左
註陸宣公奏議 495左
翰苑集 1226左
唐陸宣公集 1226左
唐陸宣公文集 1226左
唐陸宣公翰苑集 1226左
陸樹蘭（清）
抱月軒詩續鈔 1470左
陸樹聲（明）
陸氏家訓 753左
國學訓諸生十二條 762右
善俗裨議 766左
陸學士題跋 914左
茶寮記 955左
清暑筆談 971左
耄餘褉識 971右

病榻寤言 971右
汲古叢語 971右
長水日鈔 996右
適園語錄 996右
適園褉著 996右
禪林餘藻 1192左
44 陸棻(清)
九曲遊記 603左
遊白雲山記 606右
陸桂森(清)
春秋左傳類聯 944左
陸桂馨(清)
冷甑漫稾 1428左
讀未見書齋文鈔 1428左
46 陸楫(明)
蒹葭堂雜著摘抄 350右
蒹葭堂雜抄 350右
古今說海(輯) 1741右
47 陸埏(明)
賓齋雜著 996右
陸楣(清)
征西紀略 325右
50 陸泰增(清)
客窗偶吟 1447右
淡安遺文 1447右
陸春官(清)
陔餘雜著 1516左
55 陸費墀(清)
字體辨正 199右
帝王廟諡年諱譜 362右
歷代帝王廟諡年諱譜 362右
56 陸損之(清)
東蘺遺稿 1488右
60 陸日章(清)
西村詞草 1636右
陸日愛(清)
壽萱集(輯) 440右
夢逋草堂刧餘稿、文賸 1495右
古柏重青圖題識(輯) 1559左
陸日勳(清)
花村詞賸 1635左
陸日曛(清)
辛夷花館詩賸 1483右
守瓶文賸 1483右
陸思謙(清)
香雪山房遺稿 1472左
陸昌言(清)
月圃詩存 1447右
月圃偶著 1447右
陸果(明)
陸盧龍集 1357左
陸景(吳)
典語 717右
718左
陸景龍(元)
陸湖峯詩集 1307右
64 陸時雍(明)
古詩鏡(輯) 1533右
唐詩鏡(輯) 1540右
詩鏡總論 1580左
陸時化(清)
賞鑑雜說 911右
吳越所見書畫錄 911右
書畫說鈴 911右
67 陸明睿(清)
河圖(增訂) 227右
河圖帝系譜(增訂) 227右
河圖括地象(增訂) 228左
河圖始開圖(增訂) 228右
河圖挺佐輔(增訂) 228右
河圖稽耀鉤(增訂) 229左
河圖帝覽嬉(增訂) 229左
河圖握矩紀(增訂) 229右
河圖玉版(增訂) 229右
龍魚河圖(增訂) 230左
河圖合古篇(一名河圖令占篇・增訂) 230左
河圖赤伏符(增訂) 230右
河圖闓苞受(增訂) 230右
河圖龍文(增訂) 230右
河圖錄運法(增訂) 230右
河圖會昌符(增訂) 231左
河圖帝通紀(增訂) 231右
河圖眞紀鉤(增訂) 231右
河圖考鉤(增訂) 232左
河圖八文(增訂) 232左
河圖祕徵篇(增訂) 232左
河圖稽命徵(增訂) 232右
河圖要元篇(增訂) 232右
河圖考靈曜(增訂) 233左
河圖叶光篇(增訂) 233左
河圖聖洽(增訂) 233左
河圖提劉(增訂) 233右
河圖絳象(一名河圖緯象・增訂) 233右
河圖皇參持(增訂) 234左
河圖帝視萌(增訂) 234左
雒書(增訂) 234左
雒書靈準聽(增訂) 234右
雒書甄曜度(增訂) 235左
雒書摘六辟(增訂) 235左
雒書寶予命(增訂) 235左
雒書說禾(一名洛書說河・增訂) 235左
雒書兵鈐(增訂) 235左
雒書錄運期(增訂) 236左
易緯(增訂) 236左
易緯通卦驗(增訂) 237左
易緯坤靈圖(增訂) 237右
易緯稽覽圖(增訂) 238左
易緯是類謀(一名易緯筮謀類・增訂) 238左
易緯辨終備(增訂) 238右
易緯天人應(增訂) 239左
易緯萌氣樞(增訂) 240左
易緯乾元序制記(增訂) 240左
尙書緯(增訂) 240右
尙書考靈耀(增訂) 240右
尙書帝命驗(一名尙書帝命期、又名尙書帝驗期、又名尙書帝命驗期、又名尙書令命驗・增訂) 241左
尙書璇璣鈐(增訂) 241右
尙書刑德放(增訂) 241右
尙書運期授(增訂) 242左
詩緯(增訂) 245左
詩緯含神霧(增訂) 245右
詩緯含文候(增訂) 245右
詩緯推度災(增訂) 246左
詩緯紀歷樞(一名詩緯汎歷樞、又名詩緯氾歷樞、又名詩緯記歷樞・增訂) 246右
禮緯(增訂) 246右
禮緯含文嘉(增訂) 247左
禮緯稽命徵(增訂) 247右
禮緯斗威儀(增訂) 248左
樂緯(增訂) 248左
樂緯動聲儀(增訂) 248右
樂緯稽耀嘉(增訂) 249左
樂緯叶圖徵(增訂) 249左
春秋孔演圖(增訂) 249右
春秋元命苞(增訂) 250左

禮緯元命包(增訂) 250左
陸明桓(民國)
陸氏詩牘彙編、文牘彙編(輯) 1549右
陸堅(□)
紫陽眞人悟眞篇三註(薛道光、陳致虛合注) 1166右
悟眞篇(薛道光、陳致虛合注) 1166右
71 陸隴其(清)
古文尙書考 47左
禮經會元疏釋 69右
宋葉文康公禮經會元節本(點定) 69右
讀禮志疑 94右
大學大全(輯) 133左
中庸大全(輯) 135右
論語集註大全(輯) 141右
孟子集註大全(輯) 147右
四書講義困勉錄 152右
三魚堂四書講義 152右
松陽講義 152右
戰國策去毒 296左
三魚堂日記 451左
莅政摘要 472右
靈壽陸志節本 515右
讀朱隨筆 729左
呻吟語質疑 735左
王學質疑附錄(輯)*740左
陸稼書先生問學錄 741左
問學錄 741左
學術辨 741左
松陽鈔存 741左
陸稼書先生松陽鈔存 741左
三魚堂賸言 741左
治嘉格言 767左
陸淸獻公治嘉格言 767左
宰嘉訓俗 767左
三魚堂文集、外集 1394左
陸稼書先生文集 1394右
三魚文鈔 1394右
三魚堂文錄 1394右
陸長源(唐)
辨疑志 1088左
陸長春(淸)
遼宮詞 383左
金宮詞 383左
元宮詞 383左
香飲樓賓談 1080左
夢花亭駢體文集 1471左
夢花亭尺牘 1471左
三朝宮詞 1733右
77 陸鳳池(淸)
梯仙閣餘課 1412右
陸居仁(元)
雲松野褐集 1319右
陸輿(淸)
陸雪樵詩 1407左
80 陸慈(□)
切韻 205左
陸善經(唐)
孟子陸氏注 146左
新字林 195右
古今同姓名錄(續) 396右
83 陸釴(明)
賢識錄 349左
病逸漫記 492左
陸鎔(淸)
春林詩選 1488右
86 陸錦燧(淸)
讀爾雅日記 165左
陸錫熊(淸)
炳燭偶鈔 379右
88 陸鎰(明)
吳音奇字(補遺) 199左
陸錀(淸)
讀史小識 376左
敤存小詠史 381右
90 陸光祖(淸)
萬里游草殘稿 1503左
91 陸烜(淸)
吳興遊草 600左
人蔘譜 784右
隴頭芻語 1006右
梅谷偶筆 1006右
梅谷文藁 1423右
梅谷續藁 1423右
耕餘小藁 1423右
梅谷行卷 1423右
夢影詞 1623左
二蠶詞 1623左
陸炳章(淸)
讀毛詩日記 60左
92 陸炘(淸)
春草遺句(陸炌同撰) 1549右
94 陸煒(民國)
客杭詩帳 1528左
97 陸燿(淸)
保德風土記 525右
甘藷錄 782左
烟譜 784右
切問齋文錄 1426左
陸灼(明)
艾子後語 1123右
98 陸炌(淸)
春草遺句(陸炘同撰) 1549右
99 陸鎣(淸)
問花樓詩鈔 1447右
問花樓詩話 1584右
問花樓詞話 1720左
陸榮秙(淸)
五經贊 172右

7422_7 隋

22 隋巢子(周)
隋巢子 705左
96 隋煬帝
隋煬帝集 1215右
隋煬帝集選 1215右

7423_2 隨

10 隨霖(淸)
羊毛溫證論 827右
羊毛瘟論 827右
27 隨緣下士(淸)
林蘭香(輯) 1131右

7529_6 陳

00 陳立(淸)
公羊義疏 115右
白虎通疏證 167左
句溪雜箸 176右
說文諧聲孳生述 191右
陳亮(宋)
三國紀年 378左
歐陽文粹(輯) 1246左
龍川文集 1278左
龍川集 1278左
宋簽判龍川陳先生文鈔 1278左
龍川詞 1603右
龍川詞補 1603右
蘇門六君子文粹(輯) 1745左

00 陳亮(明)
陳徵君詩 1328右
陳彥衡(民國)
舊劇叢談 948右
陳方(元)
孤篷倦客槀 1318右
孤篷倦客集 1318右
陳方平(清)
梅花書屋詩鈔 1501右
陳方海(清)
計有餘齋文稿 1489左
陳高(元)
不繫舟漁集 1321左
陳應行(口)
續句圖 1532左
陳應潤(元)
周易爻變義蘊 16右
陳應芳(明)
敬止集 584左
1358左
陳康黼(清)
古今文派述略 1588左
陳康祺(清)
燕下鄉脞錄 1013左
郎潛紀聞 1013左
陳庚(清)
笑史 1127左
陳庚煥(清)
莊嶽談 744右
童子撫談 744右
謬言意言附識 745左
日記僅存 745左
約語追記 976左
約語補錄 976左
故紙隨筆 1008左
惕園初槀 1469右
惕園外稿 1469右
惕園詩槀 1469右
惕園初藁文 1469右
書札僅存 1469右
陳慶鏞(清)
籀經堂鐘鼎文釋題跋尾 662左
陳慶年(民國)
崇德客捐牘存 475右
橫山保石牘存 503左
存悔齋詩續補遺(輯)* 1307左
快雪齋集補(輯)* 1316右
孤篷倦客集補(輯)* 1318右
陳廣野(明) 見陳與郊
陳賡(元)
子颺集 1300左
陳文政(清)
蓮花山紀略(輯) 409左
陳文述(清)
蘭因集(輯) 438左
西泠懷古集 599左
西泠閨詠 599左
西泠仙詠 599左
西溪雜詠 600左
碧城仙館詩鈔 1454右
岱游集 1454右
陳文藻(清)
愚泉詩選 1468左
陳文蔚(宋)
克齋集 1283右
陳克齋先生集 1283右
陳文中(宋)
陳氏小兒病源方論 838右
小兒痘疹方論 840左
陳氏小兒痘疹方論 840左
陳蔡二先生合併痘疹方(蔡維藩合撰) 840右
陳文田(清)
先我集(輯) 1534右
陳文圖(民國)
華僑革命史 331左
新政遺文 1528左
陳章(清)
竹香詞 1622右
陳奕禧(清)
皋蘭載筆 530左
益州于役記 613右
隱綠軒題識 669左
綠陰亭集 1401右
陳言(宋)
三因極一病證方論 857右
陳言(明)
潁水遺編(陳所學同撰) 1356左
陳音(明)
王玄之傳 1118左
陳玄祐(唐)
離魂記 1098右
陳襄(宋)
神宗皇帝即位使遼語錄 299左
州縣提綱 471左
文昌雜錄(一題龐元英撰) 491左
古靈集 1248左
述古先生詩集 1248右
古靈詩集 1248右
陳京(唐)
葆化錄 1048左
01 陳龍正(明)
陽明先生保甲法(錄) 482左
陽明先生鄉約法(錄) 482左
幾亭政書 721左
學言 737左
續學言 737左
學言詳記 737左
隨時問學再集 737左
家矩 753右
因述 1001左
幾亭文錄 1364左
幾亭續文錄 1364左
陳幾亭集 1364左
舉業素語 1590右
幾亭外書 1743左
陳訏(清)
句股引蒙 881右
宛陵詩選(選) 1245左
廬陵詩選(選) 1246左
南豐詩選(選) 1249左
臨川詩選(選) 1250右
東坡詩選(選) 1252右
欒城詩選(選) 1254左
山谷詩選(選) 1255右
梅溪詩選(選) 1267右
誠齋詩選(選) 1270左
劍南詩選(選) 1270右
石湖詩選(選) 1270右
朱子詩選(選) 1272左
菊磵詩選(選) 1281左
秋崖詩選(選) 1286右
文山詩選(選) 1289左
陳訏謨(明)
蓮湖草 1362右
02 陳新政先生追悼會

新政先生哀思錄(輯)　444右

03 陳謐(民國)
太鶴山人年譜(補輯)　431右

陳誠(明)
使西域記(李暹同撰)　628左
西域番國志(李暹同撰)　628左
西域行程記(李暹同撰)　628左

04 陳塾(清)
凹堂詩草　1439左

陳竑(清)
秀山志(纂)　573右

陳謨(明)
海桑集　1324右

陳詩庭(清)
讀說文證疑　186右

陳詩教(明)
花裏活　1040左

07 陳毅(民國)
東陵道　335右
東陵紀事詩　335右
魏書官氏志疏證　396右

08 陳旅(元)
陳荔溪詩集　1312右
安雅堂集　1312右

陳謙(元)
子平遺稾　1313左
巢蚊睫齋詩稿　1493右

10 陳一松(明)
陳侍郎玉簡山堂集　1352右

陳二白(清)
雙冠誥　1705右
稱人心　1705右

陳三立(民國)
散原精舍集外詩　1520右

陳三聘(宋)
和石湖詞　1601右

陳玉璂(清)
河東君傳　440左
農具記　781左
學文堂文集、詩集　1400右
學文堂詩餘　1620左
耕煙詞　1620左

陳玉澍(清)
毛詩異文箋　63左
卜子年譜　416左

陳玉樹(清)　見陳玉澍

陳玉鄰(清)
秦晉詩存　1468右

陳王謨(清)
射訣集益　776右

陳丁佩(清)
繡譜　797右

陳元龍(宋)
片玉集(集注)　1595右
詳註周美成片玉集　1595右

陳元龍(清)
古玉器(輯)　672左
格致鏡原　1044左
妒律　1126右

陳元龍(清)等
御定歷代賦彙、外集、逸句(輯)　1535左

陳元晉(宋)
漁墅類稾　1281右

陳元祿(清)
十五福堂筆記　394左
抱潛詩存　1494左

陳元靚(宋)
歲時廣記、圖說、總載　504左
事林廣記　1122右

陳元鑾(清)
安南軍營紀略　327右
湖南軍營紀略　327右
黔粵軍營紀略　328左

陳爾幹(清)
柏堂賸稿　1499左

陳于陛(明)
意見　972左

陳霆(明)
宣靖備史　299右
兩山墨談　994左
水南集　1339左
渚山堂詞話　1718左

陳天祥(元)
四書辨疑　150左

陳天錫(元)
鳴琴集　1321右

陳磊(清)
澗南吟稿　1439左

陳函輝(明)
小寒山自序年譜(一名孤忠遺稿)　408右
率豆社約　960左
山椒戲筆(一名腐史)　1124右
青未了　1365左
客椒自刪、再刪　1365左
客還草(一名司馬悔)　1365左
瞿存(一名閉戶吟)　1365左
客心草(一名秣陵秋)　1365左
題紅　1365左
年評社集(一名東園公草)　1365左
家山遊(一名結廬草)　1365左
香奩限韻　1365左
刪社和草　1365左
陳寒山子文　1365左
紀遊合刻　1743左

11 陳裴之(清)
紫姬小傳　440右
湘煙小錄　1077右
香畹樓憶語　1077右

12 陳登(明)
石田集　1329左

陳璞(清)
兩漢紀校記　287左

陳聯芳(明)
奉常集　1352右

陳弘謀(清)
綱鑑正史約(增訂)　285右
司馬文正公年譜(輯)　406左
三通序目(錄)　454左
甲子紀元(輯)　463左
從政遺規　472右
學仕遺規、補篇　473左
在官法戒錄　473左
培遠堂偶存稿　502左
培遠堂文檄　502左
大學衍義輯要(輯)　720左
大學衍義補輯要(輯)　720左
呂子節錄(輯)　734右　735左
呻吟語(輯)　735左
教女遺規　758左

女訓約言 758左
養正遺規、補編 760右
訓俗遺規 767左
培遠堂偶存稿 1416右
培遠堂文集 1416右
手札節要 1416右
培遠堂手札節存 1416右
培遠堂手札節要 1416右
課士直解 1416右
陳榕門先生遺書補遺 1416右
培遠堂文錄 1416右
五種遺規(輯) 1737左

12 陳廷慶(清)
前遊桃花源記 604右
後遊桃花源記 604右

陳廷儒(清)
診餘舉隅錄 863右

陳廷敬(清)
三禮指要 94右
老姥掌遊記 589右
午亭文編 1402左
陳說巖詩 1402左
午亭文鈔 1402左
午亭文錄 1402右
說巖詩選 1402右

陳廷堅(唐)
韻英 206右

陳廷焯(清)
雨齋詞話 1720右

陳廷煒(清)
姓氏考略 396左

14 陳瓘(宋)
了齋易說 12右
了齋詞 1595右

陳堪卿(清)
陳氏安瀾園記 565左

陳璜(清)
旅書 974右
渭川剳存 1394左

陳琳(漢)
陳記室集 1201左
陳孔璋集 1201左

陳確(清)
大學辨 132右
先世遺事紀略 394左
叢桂堂家約 754左
補新婦譜 757右
新婦譜補 757右
葬書 902右
瞽言 974右
辰夏雜言 1003左
俗誤辨 1003左
乾初先生詩集 1378右
乾初先生文集 1378右
乾初先生講義 1378右
乾初先生文鈔、遺詩鈔 1378右
乾初先生別集 1743左

陳劭(唐)
通幽記 1108左

15 陳璉(明)
琴軒集 1330左

陳融(吳)
陳子要言 963右

陳建(明)
擬古樂府(通考) 381右
治安要議 720右
陳清瀾先生學蔀通辯 734左
學蔀通辯 734左

陳建侯(清)
說文提要校訂 189左

16 陳璟章(清)
鹿儕詩臆 1513左

17 陳羽(唐)
陳羽詩集 1227右

陳羽(明)
陳參議集 1348左

陳瑚(清)
大學日程 132右
治病說 475右
救荒定議 478左
築圍說 578左
淮雲問答、續編 738右
講義條約 738右
聖學入門書 763右
蔚村三約 767左
確菴先生文鈔、詩鈔 1381右
從游集(輯) 1544左
離憂集(輯) 1544左
頑潭詩話(輯) 1581右

陳璚(清)
澹園吟草 1491右

陳璲(清)
說文舉例 188右
國語翼解 295右
六九齋饌述槀 1476左

陳瑤(清)
芬響閣附存槀 1504左

陳玖(清)
評註司馬法 771左
評註三略 772左

陳琛(明)
正學編 732右

陳琛(清)
棣香館詩鈔 1503左

陳璨(清)
西湖竹枝詞 599左

陳鼐(明)
百可漫志 1068右

陳鼐(清)
求志集(輯) 1537右

陳乃乾
鬼谷子校記(輯)* 707左

陳豫鍾(清)
求是齋印存(刻) 942右

陳子龍(明)
詩問略 55左
陳忠裕全集 1372右

陳子璣(清)
攬香閣詩稿 1491右

陳子壯(明)
昭代經濟言(輯) 721左
陳文忠公遺集 1367右
陳忠簡公遺集 1367右
禮部存稿 1367右

陳子升(明)
中洲草堂遺集 1375左

陳子昂(唐)
陳子昂集 1218左
陳伯玉集 1218左
陳拾遺集 1218左
陳伯玉文集 1218左

陳子龠(宋)
窗閒記聞 1060右

陳羣(魏)
論語陳氏義說 137右

陳邵(晉)
周官禮異同評 69右

陳翼(清)
敬齋詩鈔 1382左

18 陳玠(清)
書法偶集 921右

陳珍璐(清)
賦鸞賡詞 1637左
陳致虛(元)
上陽子金丹大要列仙誌 447右
太上洞玄靈寶无量度人上品妙經註 1133左
上陽子金丹大要仙派 1163左
紫陽眞人悟眞篇三註（薛道光、陸墅合注） 1166右
悟眞篇(薛道光、陸墅合注) 1166右
上陽子金丹大要 1170右
金丹大要 1170右
上陽子金丹大要圖 1170右
周易參同契分章註 1180左
參同契分章注 1180左
20 陳秀(清)
水山詩草 1438右
陳秀明(元)
東坡詩話錄(輯) 1564右
東坡文談錄(輯) 1564右
陳秀民(元)
寄情稾 1318左
陳喬樅(清)
今文尚書經說攷、敘錄 47右
尚書歐陽夏侯遺說攷 47右
毛詩鄭箋改字說 59左
魯詩遺說攷(述) 65右
魯詩遺說攷敘錄* 65右
齊詩翼氏學疏證 65右
齊詩遺說攷(述) 65右
齊詩遺說攷敘錄* 65右
韓詩遺說攷(述) 67左、右
韓詩遺說攷敘錄* 67右
詩經四家異文攷 67右
禮記鄭讀攷(述) 90右
禮堂經說 176左
詩緯集證 245左
禮堂遺集、詩 1475右
三家詩遺說考(述) 1727左
陳舜系(清)
亂離見聞錄 1385右
陳舜俞(宋)
廬山記 576左
都官集 1251左
陳鱣(清)
孝經鄭氏注(輯) 156左
六藝論(輯) 167右
簡莊疏記 173右
續唐書 281左
鄭君紀年 417右
新坂土風 540左
簡莊隨筆 640右
經籍跋文 651右
中論札記* 716右
中論逸文(輯)* 716右
對策 1027左
簡莊文鈔、續編 1442左
河莊詩鈔 1442左
陳孚(元)
陳笏齋詩集 1302左
觀光稾 1302左
交州稾 1302左
玉堂稾 1302右
陳剛中詩集 1302右
陳季雅(宋)
兩漢博議 377右
陳航(明)
溪山集 1328右
陳禹謨(明)
四書漢詁纂 151右
四書人物概 155左
四書名物考 155左
談經菀 170右
引經釋 170右
駢志 1043右
說儲、二集 1069左
陳秉烈(清)
涔園詩鈔 1439左
陳秉哲(清)
讀文選日記 1532右
陳統(晉)
難孫氏毛詩評 51左
陳維新(明)
重建羅星亭紀略 565右
越屐紀遊 601左
虞屐紀遊 601左
藜編唾餘 1368右
里言 1368右
宦鳥波餘 1368右
園居隨抄 1368右
存笥蠹餘 1368右
兩闈試牘 1368右
陳維崧(清)
婦人集 438左
湖海樓詩集 1391右
陳迦陵文集、儷體文集 1391右
湖海樓集拾遺 1391右
陳檢討四六 1391右
湖海樓尺牘（一名陳其年先生尺牘） 1391右
四六金針 1590右
烏絲詞 1617左
迦陵詞全集 1617左
湖海樓詞 1617左
湖海樓詞集 1617左
迦陵詞 1617左
陳維安(清)
海濱外史 352右
21 陳衍(民國)
尚書舉要 44左
考工記辨證 73左
考工記補疏 73左
說文解字辨證 189左
說文舉例 189左
漁洋山人感舊集小傳（補遺） 425左
感舊集小傳拾遺 425左
石遺室詩集 1521右
石遺室文集 1521右
石遺室詩友詩錄(輯) 1545右
閩詩錄甲集、乙集、丙集、丁集、戊集(補訂) 1547右
朱絲詞 1641右
陳仁玉(宋)
菌譜 786右
賈雲華還魂記（原題誤應作明李昌祺撰） 1118左
陳仁子(宋)
文選補遺(輯) 1532右
陳仁錫(明)
周禮五官考 73右
西湖月觀 598左
西湖月觀紀 598左
陳倬(清)
敦經筆記 177左
香影餘譜 1638左
陳衎(明)

槎上老舌 1001左
21 陳衡恪(民國)
文人畫之價值 934右
陳師文(宋)等
太平惠民和劑局方、指南總論(編) 857左
增廣太平惠民和劑局方、用藥總論(編) 857左
陳師凱(元)
書蔡氏傳旁通 39左
書蔡傳旁通 39左
陳師道(宋)
箕龜論 898右
後山談叢 1057左、右
後山談叢佚文 1057右
後山集 1258左
後山先生集 1258左
後山居士文粹 1258左
後山詩鈔 1258左
後山詩集 1258左
後山集補鈔 1258左
后山詩 1258左
後山集鈔 1258左
後山居士詩話 1570左
後山詩話 1570左
後山詞 1595左
後山居士詞 1595左
陳貞慧(清)
書事七則 351右
過江七事 351右
山陽錄 386右
秋園雜佩 959左
陳定生先生遺書三種 1739右
陳經(宋)
尙書詳解 39右
陳經(清)
荆南小志 534左
遊龍池山記 595左
九子山行記 597左
百四十齋記 615右
墨莊書跋 652左
荆南石刻錄 674左
墨莊文鈔 1449右
墨莊雜著 1734右
陳經國(宋)
龜峯詞(一題陳人傑撰) 1609左
22 陳任暘(清)
焦山續志(輯) 573左
陳鼎(清)
東林列傳 402左
留溪外傳 402左
滇黔紀遊 562右
滇黔土司婚禮記 562右
黃山史概 573右
黔遊記 607右
滇遊記 608左
竹譜 782右
荔枝譜 787右
蛇譜 796左
邵飛飛傳 1120左
陳鼎銘(清)
與春賦稿 1430右
陳後主
陳後主集 1213右
1214左
陳後主集選 1214左
陳巖(宋)
九華詩集 1297左
陳巖肖(宋)
庚溪詩話 1572左
陳循(明)等
寰宇通志 513左
陳崇砥(清)
治蝗書 781右
拙脩老人遺稿 1503左
陳崇德(明)
三峯集 1335左
陳樂(清)
故鄉草詩鈔 1419右
陳繼儒(明)
見聞錄 351左
眉公見聞錄 351左
邵康節先生外紀 417右
煮粥條議 478左
汴都賦附錄(汪汝謙合輯)* 544左
讀書十六觀 762右
茶董(補) 784左
茶董補(輯) 784左
種菊法 789右
虎薈 795右
酒顚(增) 806右
酒顚補(輯) 806右
養生膚語 846右
妮古錄 909左
書畫史 910右
書畫金湯 910右
纙齋印衷(刻) 942右
巖棲幽事 958右
太平淸話 958右
狂夫之言、續 973右
偃曝談餘 999右
偃曝餘談 999右
續偃曝談餘 999右
枕譚 999右
書蕉 999右
筆記 999右
讀書鏡 999右
模世語 999右
1036左
小窗幽記 999右
長者言 1033左
安得長者言 1033左
羣碎錄 1037右
眉公羣碎錄 1037右
銷夏部 1043右
辟寒部 1043右
香案牘 1070左
珍珠船 1070左
李公子傳 1118右
楊幽妍別傳 1118右
陳眉公先生訂正丹淵集、拾遺(訂正) 1248右
田園詩 1360左
眉公詩鈔 1360左
白石樵尺牘 1360左
眉公先生晚香堂小品 1360左
晚香堂集 1360左
白石樵眞稿 1360左
古文品外錄 1536右
寸札粹編(輯) 1560左
佘山詩話 1580左
陳眉公批評西廂記 1651右
西廂記釋義字音 1651右
眞傀儡 1674左
陳眉公批評幽閨記 1691右
陳眉公批評琵琶記 1691右
批評釋義音字琵琶記 1691右
紅拂記音釋* 1693右
陳眉公批評紅拂記 1693右
陳眉公批評繡襦記 1694左
陳眉公批評玉簪記 1696左
陳繼昌(清)
如話齋詩存 1467右

陳崧(清)
數學九章後記 889右
垛積比類後記 889右
借根代數會通 889右
截垛發微 890左
玉鑑垛題闡幽 890左
引綴錄 890左
弧角平儀簡法 890左
橢圓盈縮簡法 890左
23 陳卜(明)
過庵遺稿 1357右
陳允平(宋)
西麓詩藁 1291右
西麓詞 1609左
日湖漁唱 1609左
西麓繼周集 1609左
陳允衡(清)
四溟山人集選(選)1348右
涉江集選(選) 1355左
棲約齋集選(選) 1357右
時術堂集選(選) 1357右
棗堂集選(選) 1358左
梁一儒詩(選) 1358左
雪鴻集選(選) 1360右
松圓浪淘集選(選)1361右
耦耕堂集選(選) 1361右
馮明期詩(選) 1362右
鼇峯集選(選) 1365左
渚宮集選(選) 1365右
潭庵集選(選) 1365右
褐塞軒集選(選) 1365右
樸草選(選) 1365右
天爵堂集選(選) 1365右
射堂集選(選) 1365右
林孝廉集選(選) 1365右
澗上集選(選) 1365右
沈師昌詩(選) 1366左
楊惟休詩(選) 1366左
不已集選(選) 1368左
王學人遺集選(選)1368左
汉上集選(選) 1368左
澉園集選(選) 1369左
嶽歸堂集選、遺集選(選) 1369右
鴿灣集選(選) 1369右
自娛齋集選(選) 1370左
蓮鬚閣集選(選) 1370左
石臼後集選(選) 1371右
昔耶園集選(選) 1373右
唾餘集選(選) 1373右
幾社集選(選) 1373右
河邨集選(選) 1374右
嶧桐後集選(選) 1378左
陳獻章(明)
白沙要語 731右
白沙語要 731右
白沙先生語錄 731右
白沙集 1332右
白沙子 1332右
陳白沙集 1332右
陳傅良(宋)
止齋先生春秋後傳 123右
春秋後傳 123右
歷代兵制 480右
止齋題跋 914左
永嘉八面鋒 1042左
永嘉先生八面鋒 1042左
止齋集補鈔 1273右
止齋文集 1273右
止齋集 1273右
止齋先生文集 1273右
止齋詩鈔 1273右
陳皖永(清)
素賞樓詩稿 1439左
24 陳佐才(明)
陳翼叔詩集 1370右
陳僅(清)
詩誦 58右
羣經質 175右
王深寧先生年譜 418右
竹林答問 1587左
陳德調(清)
存悔堂詩草 1466左
陳德武(宋)
白雪遺音 1610左
白雪詞 1610左
陳德永(元)
兩峯慚稾 1321右
兩峯慙草 1321右
陳偉(清)
愚慮錄 177右
食古錄 177右
待質錄 177右
誨爾錄 749左
居求錄 749左
陳偉勳(清)
酌雅詩話、續編 1587左
陳信(清)
客聰偶談 468左
識物 794左
陳升(清)
尺雲樓詞鈔 1637左
陳岐(清)
醫學傳燈 825右
25 陳仲子(周)
於陵子 708左
陳仲完(明)
簡齋集 1327左
陳仲進(明)
常清集 1327左
陳仲鴻(清)
粵臺徵雅錄(注) 391右
26 陳自得(明)
太平仙記 1673右
陳自明(宋)
外科精要 832左
婦人良方 835右
校註婦人良方 835右
陳伯陶
宋東莞遺民錄、詩文補遺 391右
勝朝粵東遺民錄 391右
陳侃(明)
使琉球錄、夷語夷字627右
琉球使略 627右
陳皐謨(清)
半菴笑政 1126左
笑倒 1126左
笑倒選 1126左
陳吳才(明)
萬松閣記客言 522右
陳峴(宋)
東齋吟稿 1276左
陳繹曾(元)
翰林要訣 920右
詩譜 1577右
文說 1577右
27 陳象古(宋)
道德眞經解 688右
陳奐(清)
毛詩後箋(補) 58右
詩毛氏傳疏 58右
毛詩說 58右
鄭氏箋攷徵 58右
毛詩九穀考 62右
釋毛詩音 63左

毛詩傳義類 63左
公羊逸禮攷徵 117右
師友淵源記 414左
三百堂文集 1457右
27 陳名珂
陶社詩鐘選(輯) 946右
文無館詩鈔 1529右
文無館詞鈔 1643右
陳魯得(清)
栩園詞 1622左
陳魯直(明)
大參陳公手集同人尺牘(輯) 1560右
陳鵠(宋)
耆舊續聞 1062右
西塘集耆舊續聞 1062右
陳峋(清)
出岫集鈔 1401右
陳禦寇(民國)
問字樓詩 1523右
陳叔齊(陳)
籟紀 957右
陳穉君(清)
桐屋遺稾 1481左
陳絳(明)
辨物小志 794左
陳紹觀(清)
其生詩草 1424左
28 陳以仁(元)
存孝打虎 1663左
鴈門關存孝打虎 1663左
飛虎峪存孝打虎 1663左
陳作霖(民國)
東城志略 533右
鳳麓小志 533右
鍾南淮北區域志 533右
金陵物產風土志 533右
南朝梵剎志 566左
石城山志 572右
運瀆橋道小志 582右
養龢軒隨筆 1015左
可園詩存 1517右
陳倫炯(清)
沿海形勢錄 482右
海國聞見錄、圖 624右
海國聞見 624右
大西洋記 624右
小西洋記 624右
東洋記 629左
東南洋記 632右
南洋記 632右
南澳氣記 632右
崑崙記 632右
陳伀(□)
太上說玄天大聖眞武本傳神呪妙經(集疏) 1146右
陳徽言(清)
武昌紀事 333右
南越遊記 606左
陳炯齋遺詩 1491左
湖海詩存 1491左
陳復正(清)
幼幼集成(輯) 839左
陳復心(明)
陽明按索 899左
陳儀(清)
直隸河渠志 581右
陳學士文鈔 581右
陳學士文集 1411右
陳齡(清)
端石擬、藜閣十硯銘804左
29 陳繗(明)
陳檢討集 1336左
30 陳宜甫(元)
秋巖詩集 1305左
陳鎏(明)
別本續千字文 203左
陳沆(清)
簡學齋賦鈔 1453左
陳濟生(清)
再生紀略 317左
廣連珠 1038左
陳淳(宋)
北溪先生講義 729右
北溪先生書問 729右
北溪先生答問 729右
北溪字義 729右
北溪先生字義 729右
北溪先生四書字義 730左
嚴陵講義 730左
道學二辨 730左
小學詩禮 758右
北溪大全集、外集 1277右
北溪先生各體詩 1277右
北溪先生各體文 1277右
陳北溪先生文集 1277右
北溪先生外集 1277右
北溪先生全集補遺 1277右
陳淳(明) 見陳道復
陳家麟(清)
東槎聞見錄 630左
陳之綱(清)
四明古蹟(輯) 540右
想當然詩 1458右
陳之蘭(清)
香國集文錄 1423右
陳守默(宋)
傳道集(詹繼瑞同輯) 1172右
陳準(宋)
北風揚沙錄 302右
陳宏(明)
竹窗存稿 1331右
陳宏緒(清)
江城名蹟 550右
寒夜錄 1002右
石莊先生文錄 1378左
陳良謨(明)
見聞紀訓 1033左
陳忠貞公遺集 1341左
陳寰(明)
祭酒琴溪陳先生集 1341右
陳定國(清)
荔譜 787右
陳寅(民國)
夢玉詞 1642左
陳寅生(清)
冶遊賦 1514左
陳賓(宋)
桃源手聽 1062左
陳實功(明)
外科正宗 831左
徐評外科正宗 831左
陳寶廉(清)
殘葉箋 1503左
陳寶晉(清)
和林格爾廳志略 515右
陳寶鑰(清)
陳綠厓詩 1397右
陳宗誼(清)
考正德清胡氏禹貢圖 45右
陳宗彝(清)

漢石經殘字(輯) 183右
漢熹平石經殘字(輯) 183右
蜀石經殘字(輯) 185左
陳宗彝(民國)
漚公遺稿 1529左
陳宗起(清)
考工記鳥獸蟲魚釋 73右
周禮車服志 74左
考工記異字訓正 75左
考工記異讀訓正 75左
經說、經遺說 176左
丁戊筆記 1028左
養志居文稿彙存、詩殘稿 1454左
陳察(明)
都御史陳虞山先生集、附 1339左
31 陳濬(清)
易義纂釋 26右
易理蒙訓 27左
易說摘存 27左
論語話解 143左
養性齋經訓 176右
諫垣存稿 500右
性理闡說 748左
求在我齋文集、詩集 1504右
陳心泉文稿（一名求在我齋制藝） 1504右
32 陳淵(宋)
默堂集 1267左
默堂先生文集 1267左
陳淵(民國)
小言 978左
茶餘酒後錄 1082右
陳子文藪 1524左
芸窗課藝 1524左
詩文評註(輯) 1535左
詞林拾遺(輯) 1588右
陳瀏(清)
閩鹽正告書 476右
福建鹽務公牘 476右
沛鐸 533右
杯史 796右
匋雅(一名瓷學) 796右
寂園說印 940右
孤圓山莊詩牘 1516左
繡詩樓詩 1516左
陳兆崙(清)
韓文選(選) 1228左
柳文選(選) 1230左
歐文選(選) 1246左
老蘇文選(選) 1247右
曾文選(選) 1249左
王文選(選) 1250右
大蘇文選(選) 1252右
小蘇文選(選) 1254左
紫竹山房文集 1420左
陳沂(明)
詢蒭錄 225右
畜德錄 386右
游名山錄 587左
拘虛晤言 970左
拘虛集、後集 1336左
陳行卿集 1336左
33 陳必復(宋)
山居存藁 1292左
陳溥(清)
安道公年譜 420左
陳治(清)
傷寒近編前集、後集 815左
陳氏醫學近編 821左
濟陰近編 836右
幼幼近編 839左
陳氏診視近纂（一名經絡診視） 851左
陳氏藥理近考 854右
陳述(民國)
補南齊書藝文志 642右
陳梁(明)
韻史 950左
34 陳法(清)
易箋 21右
定齋河工書牘 578右
河干問答 580左
塞外紀程 614左
明辨錄 743左
定齋先生猶存集 1415右
陳漢章(民國)
禮書通故識語 95右
論語徵知錄 144左
孔賈經疏異同評 181右
遼史索隱 274右
周書後案、佚文考 277左
後漢書補表校錄 363右
風俗通姓氏篇校補 395右
南田志略 542左
崇文總目輯釋補正 639右
集古錄補目補 664右
綴學堂河朔碑刻跋尾 669右
歷代車戰考 776左
蘇詩注補 1253右
陳漢卿(明)
陽明按索(補注) 899左
陳汝元(明)
紅蓮債 1675右
金蓮記 1697左
陳濤(民國)
謹擬籌設全國國稅局條議 475右
開裴副總稅務司和議草約第十一款致江海關道節略、附加贅言 479右
粵牘偶存 503左
入蜀日記 620右
南館文鈔 1523右
審安齋詩集 1523右
陳澔(元)
禮記(集說) 85左、右
雲莊禮記集說 85左
陳氏禮記集說 85左
禮記集說凡例 85右
陳洪謨(明)
治世餘聞錄 309右
繼世紀聞 309右
陳洪綬(清)
博古頁子(繪) 952右
陳老蓮離騷圖像(繪) 1197右
陳洪範(明)
北使紀略 319右
陳逵(清)
蘭譜(繪) 935左
陳邁(清)
敬學錄 742左
陳達靈(宋)
紫陽眞人悟眞篇註疏(傳) 1166右
悟眞篇註疏(傳) 1166右
陳達叟(宋)
本心齋疏食譜 953右
蔬食譜 953右
疏食譜 953右
本心齋蔬食譜 953右
采異記 1090右
陳造(宋)

七五二九六 陳（三四—三七）

江湖長翁文集 1272右
江湖長翁詩鈔 1272右
江湖長翁集 1272右
江湖長翁詞 1602左

35 陳冲素(元)
陳虛白規中指南 1165左
規中指南 1165左

陳澧(清)
禹貢圖 45右
陳東塾先生讀詩日錄 59左
聲律通考 103左
東塾讀書記 176右
切韻考、外篇 212左
毛本梁書校議 270左
申范 417右
漢書地理志水道圖說 507左
肇慶修志章程 514右
學海堂志(續) 569右
水經注西南諸水考 577右
漢儒通義(輯) 717左
朱子語類日鈔(輯) 728右
三統術詳說 867左
弧三角平視法 875左
摹印述 942左
東塾讀書記 1029左
憶江南館詞 1633左
東塾遺書 1741右

陳洙(民國)
怡松軒金石偶記(輯) 659左

36 陳洎(宋)
陳副使遺藁 1252左

陳湘生(清)
焦琴吟草 1493右

陳遇夫(清)
史見 376左
正學續 412左
迂言百則 1036左

37 陳洵(民國)
海綃詞 1641右
海綃說詞 1721左
海綃說詞稿 1721左

陳鴻(唐)
長恨傳 1101右
長恨歌傳 1101右
東城老父傳 1101右
見鬼傳 1101右
睦仁蒨傳 1101右

陳鴻壽(清)
種榆僊館印存(刻) 942右

陳淑秀(清)
玉芳亭詩集 1438右

陳澹然(民國)
江表忠略 403左
異伶傳 437左
權制 776左
文憲例言 978左
古棠塾言 978左
寤言 978左
晦僧文略 1523左
晦堂文鑰 1588右

陳夾壬(清)
樵西草堂詩鈔 1491左

陳夾升(宋)
讜論集 495右

陳深(宋)
清全齋讀春秋編 125左
讀春秋編 125左
寧極齋稿 1288右
寧極齋樂府 1610右

陳祖綬(明)
皇明職方地圖表 513右

陳祖培(民國)
亶問 1031左
空言 1031左
文爐 1526左
詩賸 1526左

陳祖范(清)
經咫 171右
經咫摘錄 171右
掌錄 1024右
陳司業文集 1412右
陳司業詩集 1412右
陳司業遺書 1740右

陳祖恭(清)
溫熱病指南集 828左

陳祖念(明)
易用 18左

陳逢衡(清)
逸周書補注 277左
竹書紀年集證 286左
穆天子傳注補正 711左
讀騷樓詩初集、二集 1455右

陳運溶(清)
晉紀(集證) 288左
楚國先賢傳(輯) 390右
長沙耆舊傳(輯) 391左
武陵先賢傳(輯) 391左
零陵先賢傳(輯) 391左
桂陽先賢傳(輯) 391左
桓階別傳(輯) 404左
羅含別傳(輯) 404左
武陵十仙傳(輯) 448左
桂陽列仙傳(輯) 448左
太平寰宇記拾遺(輯) 512左
太平寰宇記辨僞 512左
荆州記(輯・范汪撰) 545左
荆州記(輯・庾仲雍撰) 545左
荆州記(輯・郭仲產撰) 545左
荆州記(輯・盛弘之撰) 545右
荆州記（集證・盛弘之撰） 545右
荆州記(輯・劉澄之撰) 545右
荆州記(輯) 545右
荆州圖經(輯) 545右
荆州圖記(輯) 545右
荆州圖副(輯) 545右
荆州土地記(輯) 545右
荆楚歲時記(輯) 546左
舂陵志(輯) 546右
舂陵舊圖經(輯) 546右
荆南地志(輯) 546右
湘中記(輯・羅含撰) 547左
湘中記(輯・庾仲雍撰) 547左
湘州記(輯・庾仲雍撰) 547左
湘州記(輯・郭仲產撰) 547左
湘州記(輯・甄烈撰) 547左
湘州記(輯) 547右
湘中記(輯) 547右
五溪記(輯) 547右
湖南風土記(輯) 547右
長沙圖經(輯) 548左
紹熙長沙志(輯) 548左
岳州圖經(輯) 548左

岳陽甲志(輯)　548左
岳陽乙志(輯)　548左
祥符茶陵圖經(輯)　548左
乾道茶陵圖經(輯)　548左
衡州圖經(輯)　548右
祥符衡州圖經(輯)　548右
衡陽志(輯)　548右
湘州滎陽郡記(輯)　548右
道州圖經(輯)　548右
道州風俗記(輯)　548右
永州風土記(輯)　548右
永州圖經(輯)　548右
零陵總記(輯)　548右
零陵志(輯)　548右
桂陽記(輯)　548右
桂陽圖經(輯)　549左
桂陽志(輯)　549左
郴州圖經(輯)　549左
邵州圖經(輯)　549左
邵陽志(輯)　549左
武岡志(輯)　549左
都梁志(輯)　549左
辰州圖經(輯)　549左
辰州風土記(輯)　549左
沅陵記(輯)　549右
沅州圖經(輯)　549右
靖州圖經(輯)　549右
武陵記(輯・黄閔撰)　549右
武陵記(輯・伍安貧撰)　549右
朗州圖經(輯)　549右
常德圖經(輯)　549右
澧州圖經(輯)　549右
澧州續圖經(輯)　549右
南嶽記(輯)　575左
衡山記(輯)　575左
麓山記(輯)　575右
衡山圖經(輯)　575右
神境記(輯)　575右
洞庭記(輯)　585左
沅川記(輯)　585右
郴江志(輯)　585右
大清一統輿圖海道集釋　587左
亞歐兩洲沿岸海道紀要　587左
古海國沿革考、沿革表　621左
後漢書大秦國傳補注　621左
南州異物志(輯)　621右
扶南異物志(輯)　621右
扶南土俗傳(輯)　621右
吳時外國傳(輯)　621右
外國圖(輯)　621右
交州以南外國傳(輯)　621右
外國事(輯)　621右
西域諸國志(輯)　621右
扶南記(輯)　621右
扶南傳(輯)　621右
西域志(輯)　621右
湘城訪古錄　676右
歷朝傳記九種(輯)　1733右
荆湖圖經三十六種(輯)　1734右
荆湘地記二十九種(輯)　1734右
古海國遺書鈔(輯)　1735左
湘中名賢遺集五種(輯)　1746左

陳選(明)
孝經正義(注)　158左
小學集註　758右

陳選勳(清)
藍染齋集　1403左

陳朗(清)
雪月梅傳　1131右

38 陳滋(清)
蓉湖草堂存稿　1420右

陳澈(明)
藥症忌宜　854左

陳祚明(清)
稽留詩選　1397右

陳祥裔(清)
蜀都碎事、藝文補遺　557左

陳祥道(宋)
禮書　99左
論語全解　140左

陳道(清)
癸亥紀事　352右

陳道新(清)
躔離法推　873左
交食論義　873左
句股斜要　882左
數理摘要　882左

陳道復(明)
陳白陽集　1339右

陳啓源(清)
毛詩稽古編　56左

陳啓運(清)
北極高度表　873左

陳棨仁(清)
閩中金石略　676右

40 陳九川(明)
陳明水先生集　1343左

陳大庚(清)
周禮序官考　74左

陳大章(清)
詩傳名物集覽　61右

陳大師(口)
碧玉朱砂寒林玉樹匱(述)　1177左

陳大濩(明)
雙溪集　1343左

陳大成(清)
影樹樓詞　1617左

陳大猷(宋)
書集傳或問　39右
尙書集傳或問　39右

陳友仁(元)
周禮集說(輯)　70左

陳士元(明)
易象鉤解　17右
易象彙解　17右
論語類考　141左
孟子雜記　147左
五經異文　180右
古俗字略、漢碑用字、俗用雜字　198右
姓匯　396左
姓觿　396左
名疑集　397左
名疑　397左
江漢叢談　546左
夢占逸旨　906左
象教皮編(輯)　1189右

陳士珂(清)
韓詩外傳疏證　66右
孔子家語疏證　681右

陳士鑛(清)
折獄卮言　488右
明江南治水記　583左

陳直(宋)
壽親養老書　845右

壽親養老新書 845右
章居聽輿 1055左
40 陳直
楚辭拾遺 1195右
陳墉(清)
國朝人書評(輯) 922右
陳壤(清)
梅田詩草 1439右
陳克(宋)
東南防守利便(吳若同撰) 483右
東南防守利便(吳若同撰) 483右
陳子高遺稿 1270左
陳子高遺詩 1270左
赤城詞 1597左
陳克邑(清)
雲怡詩鈔 1409右
陳克繩(清)
西域遺聞 560左
陳克恕(清)
篆刻針度 941左
陳希友(明)
焚餘草 1373左
陳杰(宋)
自堂存稿 1292左
陳杰(清)
回生集(輯) 859左
陳嘉(清)
寫麋廔詞 1636左
陳嘉璡(清)
筆談 821左
醫家祕奧筆談摘要 821左
周慎齋先生脈法解(注) 849左
明周慎齋先生醫家祕奧脈法(注) 849左
陳壽(晉)
三國志 268左
三國志佚文 268左
益都耆舊傳 391右
陳壽熊(清)
讀易漢學私記 22右
陳壽祺(清)
尙書大傳(輯校) 35左
尙書大傳定本(輯校) 35左
尙書大傳定本敍錄、辨譌* 35左
尙書大傳序錄、辨譌* 35右
洪範五行傳(輯) 46左
魯詩遺說攷 65右
齊詩遺說攷 65右
韓詩遺說攷 67左
禮記鄭讀攷 90右
五經異義疏證 167右
左海經辨 175左
左海文集 175左
1454右
說文經字考 192右
東越儒林後傳 414左
東越文苑後傳 425右
左海文集乙編 1454右
絳跗草堂詩集 1454右
東觀存稿 1454右
籑喜堂詩稿 1454右
左海文錄 1454右
靑芙館詞鈔 1629左
二非室詩餘別集 1629左
三家詩遺說考 1727左
陳比部遺集 1744左
陳壽昌(清)
南華眞經正義、南華眞經識餘 696左
陳去病(民國)
袍澤遺音(輯) 1553左
詞旨(重訂) 1718左
陳眞晟(明)
陳剩夫先生集 1331右
布衣陳先生遺集 1331右
陳枋(清)
醉草堂集 1439左
陳樵(元)
鹿皮子集 1310右
陳梓(清)
四書質疑 153左
經義質疑 171右
今樂府(一名九九樂府) 383左
一齋雜著 1007右
刪後文集 1413右
刪後詩存 1413右
陳一齋先生文集 1413右
寓硤草 1413右
客星零草 1413右
定泉詩話 1584左
41 陳垣
舊五代史輯本發覆 273右
薛史輯本避諱例 273右
元西域人華化考 381左
吳漁山先生年譜 435右
釋氏疑年錄、通檢 445左
元典章校補 455左
元典章校補釋例 455左
史諱舉例 464左
淸初僧諍記、表 1189右
墨井集源流考 1395右
陳棲(宋)
負暄野錄 908右
陳桱(明)
資治通鑑綱目前編外紀 284左
通鑑續編 284左
續編宋史辯 378右
42 陳彭年(宋)
江南別錄 359右
貢舉敍略 464左
陳彭年(宋)等
重修玉篇 194右
大廣益會玉篇(重修) 194右
大宋重修廣韻 206右
重修廣韻 206右
廣韻(重修) 206右
陳櫟(元)
書集傳纂疏 39左
尙書集傳纂疏 39左
歷代蒙求 372左
歷朝通略 374右
勤有堂隨錄 990右
感應經 1039右
定宇集、別集 1305左
定宇詩餘 1612左
43 陳域(清)
虛航集 1439右
陳朴(宋)
內丹訣 1171右
44 陳基(元)
夷白齋稿、外集 1320左
夷白齋藁、外集 1320左
陳基(清)
味淸堂詩鈔、補鈔 1489右
陳藎(清)
修慝餘編 740右
陳蓋(口)
新彫注胡曾詠史詩(注) 381左
陳埴(宋)
木鐘集 730左

陳翥(宋)
桐譜　782左
陳坡(清)
諫亭詩草　1439左
陳藻(宋)
樂軒集　1293右
陳夢雷(清)
周易淺述　21左
陳夢根(元)
徐仙翰藻(輯)　1184右
陳夢照(清)
遊白雲山記　606右
陳芬(元)
芸窗私志　1065右
陳芳(清)
華溪草堂集　1439左
陳芳生(清)
訓蒙條例　760右
捕蝗考　781右
陳芳績(清)
歷代地理沿革表　505左
陳蘭森(清)
太平寰宇記補闕(輯)*　512左
陳蘭彬(清)
使美紀略　620左
陳蔚(清)
齊山巖洞志　573右
梅綠詩草　1439左
陳葆光(宋)
三洞羣仙錄　448左
陳蘧(民國)
明清五百年畫派概論　934右
樹石譜　935左
陳懋仁(明)
壽者傳　444左
泉南雜志　542右
文章緣起(注)　1567右
續文章緣起　1567右
陳懋齡(清)
經書算學天文攷　175右
陳懋恆(民國)
己酉避亂錄校勘記*300右
陳孝恭(清)
桂馨書屋遺文　1484右
陳華澤(清)
竹筠書屋詩鈔　1490左
陳耆卿(宋)
嘉定赤城志　521左
赤城志　521左
篔窗集　1282左
篔窗詞　1604右
陳若蓮(清)
西湖雜詠　599左
陳著(宋)
本堂集　1289右
本堂詞　1606右
陳著(清)
婚啓　462右
陳世慶(清)
九十九峯草堂詩鈔1460右
陳世仁(清)
少廣補遺　881左
陳世崇(宋)
從駕記　346右
上壽拜舞記　457左
帶格　798左
隨隱漫錄　989右
陳世凱(元)
靈棊本章正經（劉基合解）　898左
靈棋經(劉基合解)　898左
陳世凱(清)
小兒推拿廣意(訂)　843右
陳世寶(明)
筆疇(一題王達撰)　969左
陳世祥(清)
含影詞　1617左
陳世隆(元)
北軒筆記　990右
兩宋名賢小集(補)1745左
陳世鎔(清)
讀易雜說　26右
求志居書經說　43右
求志居詩經說　59左
求志居禮說　95右
求志居春秋說　129右
大學俟　133右
中庸俟　136左
論語俟　143左
孟子俟　148右
求志居集、外集　1457右
求志居時文、補　1457右
陳其元(清)
日本近事記　629左
庸閒齋筆記　1079左
庸閒齋筆記摘鈔　1079左
陳其瑞(清)
本草撮要(輯)　855左
陳其名(清)
天柱詩草　1439左
陳其藻(清)
毋自欺齋詩稿　1491右
陳其鏕(清)
埃及碑釋(譯錄)　637右
蒙古西域諸國錢譜(譯)　663右
陳其錕(清)
陳禮部集　1470右
陳其榮(清)
倉頡篇(輯)　200左
世本(增訂)　276左
楚漢春秋攷證*　296右
括地志(重訂)　510右
清儀閣金石題識(輯)　658左
陳黃中(清)
紀元要略補*　462右
蒙古邊防議　485左
陳贄(明)
西湖百詠(和韻)　597右
陳樹基(清)
西湖拾遺、附　1130右
陳樹杓(清)
帶經堂書目　647左
陳樹鏞(清)
漢官答問　467右
陳萊孝(清)
春秋經文三傳異同考　131右
陳植(宋)
慎獨叟遺稿　1297左
陳柟(宋)
翠虛篇　1171右
翠虛吟　1171右
泥洹集　1171右
陳模(宋)
東宮備覽　750右
45 陳坤(清)
粵東勦匪紀略　335左
如不及齋詠史詩　382左
嶺南雜事詩鈔　553右

治潮芻言 554左
治黎輯要(輯) 554左
虔鎭圖(輯) 562右
六脈渠圖說 585右
鱷渚迴瀾記 586左
如不及齋詩鈔 1491左
古井遺忠集(輯) 1559右

45 陳堉(清)
雲泉詩草 1439左

陳樋(明)
羅浮志 576右

陳棣(宋)
蒙隱集 1293左

陳椿(元)
熬波圖 805右

陳椿榮(宋)
太上洞玄靈寶无量度人上品經法(集注) 1133左
元始无量度人上品經法(集注) 1133左

陳棟(清)
苧蘿夢 1689右
紫姑神 1689右
維揚夢 1689右
北涇草堂曲論 1723右
北涇草堂外集三種 1751左

46 陳觀圻(清)
息盦尺牘、附存 1510左

陳恕可(元)
樂府補題(輯) 1646左

陳如松(清)
西谿聯吟(吳祖枚同撰) 600左

陳柏(元)
雲嶠集 1306右

陳相(元)
爲政善報事類(注) 472左

陳槐(明)
聞見漫錄 720右

47 陳均(宋)
宋九朝編年備要 290右

陳均(清)
畫眉筆談 795左

陳懿典(明)
讀左漫筆 107左
讀史漫筆 375左
七太子傳 386左
廟祔十五王傳 386左

陳郁(宋)
話腴 988右
藏一話腴 988右
藏一話腴內編、外編 988右

陳鶴(明)
陳鳴野集 1354左

陳鶴(清)
明紀 291左

陳朝爵(民國)
歷代聖哲學粹後編(李大防同輯) 750左

陳朝儼(清)
武夷遊記 602右

陳起(宋)
安晚堂詩集補編(輯)* 1279右
芸居乙藁 1285右
芸居乙稿 1285右
芸居遺詩 1285右
江湖小集(輯) 1541左
江湖後集(輯) 1541左
前賢小集拾遺(輯) 1541右
增廣聖宋高僧詩選前集、後集、續集(輯) 1541右
中興羣公吟藁戊集(輯) 1541右

陳起榮(清)
如不及軒詩草 1490左

陳椨(明)
石山醫案(編) 861右

48 陳翰(唐)
異聞集 1110左
李夫人傳 1110左

陳敬(宋)
香譜 798右
新纂香譜 798右

陳敬(清)
漁亭小草 1471左

陳敬璋(清)
查他山先生年譜 431左
乾初先生遺集外編(輯) 1553左
修況詩餘 1628左

陳敬畏(清)
古詩十九首箋注 1538左

陳敬則(明)
明興雜記 1070左

陳枚(清)
補庵遺稿、詩鈔 1391左
寫心集(一名晚明百家尺牘・輯) 1560右
寫心二集(一名晚明百家尺牘・輯) 1560右

50 陳泰(元)
所安遺集 1311右

陳泰交(明)
尙書註考 40右

陳泰來(明)
陳節愍公奏稿 499左

陳肅(元)
伯將集 1319左

陳本立(清)
黃鵠山記 575左

陳本禮(清)
急就探奇 201右
太玄闡祕、附編、外編 892左
屈辭精義 1196左
協律鉤元、外集 1231右
漢樂府三歌箋註 1537右
漢詩統箋 1748左

陳忠(宋)
菊部頭傳 1116右

陳書(清)
木庵文藁 1500右
木庵居士詩 1500右

陳春(清)
龍筋鳳髓判(補正) 1041左

陳春曉(清)
申江避寇雜感詩 329左
武林失守雜感詩 335左

陳素素(清)
二分明月集 1407右

陳東(明)
陳后岡詩集、文集 1346右
陳后岡集 1346右

陳東(宋)
靖炎兩朝見聞錄 300左
少陽集 1264右
陳修撰集 1264右

陳東(清)
蓬蓬館詩稿 1493右

陳東川(明)
陳隱士集 1356右

51 陳振孫(宋)

直齋書錄解題 649左

52 陳揆(清)

陳祠部公家傳 419右

稽瑞樓書目 647左

稽瑞樓文草 1452右

陳虬(清)

新字甌文七音鐸、甌諺略 216左

甌文音彙 216左

籌邊議 483右

治河議 580左

瘟疫霍亂答問、利濟瘟疫錄驗方 829右

53 陳輔(宋)

陳輔之詩話 1570左

陳盛韶(清)

雙甦歌 488左

陳旉(宋)

農書 778左

55 陳摶(宋)

陳希夷坐功圖 844右

麻衣道者正易心法(受并消息) 896右

正易心法(受并消息) 896右

玉尺經、原經圖式 901右

心相編 1031右

陳希夷心相編 1031右

陰眞君還丹歌注 1139左

陳耕道(清)

疫痧草 829右

56 陳規(宋)

守城機要 773右

守城錄(湯璹同撰) 773右

57 陳邦彥(明)

陳巖野先生集 1373左

陳邦彥(清)

烏衣香牒(輯) 1040左

春駒小譜(輯) 1040左

陳邦福(民國)

日照丁氏藏器目(輯補) 660左

陳邦瞻(明)

宋史紀事本末(增訂) 292左

元史紀事本末 292右

陳撰(清)

玉几山房聽雨錄 538右

玉几山房畫外錄 931右

玉几山房吟卷 1421左

60 陳□(吳越)

葆光錄 1053右

陳□(宋)

瑞州小集 1297右

陳□(清)

陳資齋天下沿海形勢錄、圖 514左

陳□(清)

越南遊記 631左

陳昉(宋)

潁川語小 989左

陳星瑞(清)

談古偶錄 1014右

陳見鑨(清)

藕花詞 1621右

陳思(宋)

小字錄 397左

書小史 433左

寶刻叢編 668右

海棠譜 791右

御覽書苑菁華 920左

兩宋名賢小集(輯) 1745左

陳思(民國)

清眞居士年譜 428左

稼軒先生年譜 428右

白石道人年譜 428右

白石道人歌曲(疏證) 1605右

陳思濟(元)

秋岡先生集 1301右

陳羆齋(明)

新刻出像音註姜詩躍鯉記 1692右

陳田(民國)

明詩紀事鈔(輯) 1565左

陳田夫(宋)

南岳總勝集 575右

陳曼(明)

詠歸堂集 1372右

陳昌(清)

霆軍紀略 333左

陳昌齊(清)

經典釋文附錄 179右

呂氏春秋正誤 708右

測天約術 873右

臨池瑣語 922右

淮南子正誤 961右

新論正誤 965右

楚詞辨韻 1197左

楚辭音義 1197左

賜書堂集鈔、詩鈔 1435左

陳昌沂(清)

大箎吟草 1504左

陳昌運(清)

南溪韓公年譜 411左

陳是集(明)

陳中祕稿 1371左

陳景雍(清)

春影樓詩 1481右

春影樓詩稿 1481右

陳景元(宋)

道德眞經藏室纂微篇、開題 688右

南華眞經章句音義、章句餘事、餘事雜錄 694右

莊子闕誤 695左

沖虛至德眞經釋文(補遺) 698左

列子釋文(補遺) 698左

元始无量度人上品妙經四注、附釋音(集注) 1133左

上淸大洞眞經玉訣音義 1133右

西昇經集註 1146左

碧虛子親傳直指 1165左

陳景雲(清)

兩漢訂誤 267右

通鑑胡注舉正 283左

綱目訂誤 283右

紀元要略 462右

絳雲樓書目(注) 646左

韓集點勘 1228右

柳集點勘 1230右

陳景沂(宋)

全芳備祖前集、後集 1042右

陳景鐘(清)

清波三志 539左

清波小志補 539左

61 陳顯微(宋)

文始眞經言外旨 693左

文始眞經言外經旨 693左

關尹子言外經旨 693左

文始眞經(解) 693右

關尹子(注) 693右
周易參同契解 1180左
參同契(注) 1180左
62 陳則通(元)
春秋提綱 124右
64 陳時(清)
湖山懷古集 599左
湖上青山集 599左
陳暐(明)
吳中金石新編 675右
66 陳暘(宋)
樂書 100左
琴聲經緯 936左
67 陳明申(清)
夔行紀程 615右
陳明善(清)
孟襄陽詩鈔(選) 1219右
王右丞詩鈔(選) 1219右
韋蘇州詩鈔(選) 1221右
杜工部詩鈔(選) 1222右
韓吏部詩鈔(選) 1228左
柳河東詩鈔(選) 1230左
陳盟(明)
崇禎內閣行略、閣臣年表 402右
68 陳晦(宋)
行都紀事 1061右
71 陳阿平(清)
陳獻孟遺詩 1405左
陳阿寶(清)
石壑詩草 1448右
陳厚耀(清)
春秋世族譜 110右
春秋長歷 111左
春秋戰國異辭、通表 286右
陳階平(清)
奉使紀勝 616左
陳驥德(清)
吉雲居書畫錄 912左
吉雲居書畫續錄 912右
陳長方(宋)
步里客談 1059左
唯室集 1268左
陳長庚(清)
夢蘭居士存稿 1487左
陳長生(清)
繪聲閣詩稿 1462右
72 陳所學(明)
潁水遺編(陳言同撰) 1356左
陳騤(宋)
南宋館閣錄 470右
文則 1573右
陳彤蓮(清)
覺鹿軒詩草 1493右
陳岳(唐)
春秋折衷論 121右
77 陳堅(元)
太上感應靈篇圖說 1156右
陳堅(清)
鋏門詩草 1439右
陳鳳(明)
陳山人集 1348左
陳鳳梧(明)
周易(篆書) 3左
尙書(篆書) 34右
毛詩(篆書) 49右
周禮(篆書) 68左
儀禮(篆書) 75左
春秋(篆書) 121左
陳月泉(清)
丹棘園詩 1419左
陳用光(清)
太乙舟文集 1450右
陳陶(南唐)
陳嵩伯詩集 1240右
陳鵬(清)
春秋國都爵姓考 110右
陳鵬年(清)
滄洲近詩 1410左
陳殿蘭(清)
插菊軒詩鈔 1490右
陳殿桂(清)
與袁堂詩集鈔 1388左
陳履(明)
懸榻齋詩集、文集 1357右
陳履和(清)
遺經樓文稿 1489左
陳際新(清)
氣候備考 873左
陳際新(清)等
割圜密率捷法(續) 882左
陳際泰(明)
四書讀 151右
五經讀 171左
陳大士先生集 1362左
陳大士先生未刻稿 1362左
太乙山房集 1362左
陳熙晉(清)
春秋規過考信 106左
春秋述義拾遺 109左
河間劉氏書目考 650右
日損齋筆記(考證) 1022左
陳騄(清)
偶菴集 1399左
陳學繩(清)
兩浙庚辛紀略 334右
陳昌綱(清)
漢志武成日月表 294左
陳與郊(明)
昭君出塞 1675左
文姬入塞 1675左
袁氏義犬 1675左
鸚鵡洲 1695右
櫻桃夢 1696左
麒麟罽 1696左
靈寶刀 1696左
古名家雜劇(輯) 1751右
陳與同(清)
一繫之居遺稿 1505右
陳與冏(清)
絨齋遺稿 1505右
陳與義(宋)
法帖刊誤 923右
法帖釋文刊誤 923右
陳簡齋詩集 1264右
簡齋集 1265左
簡齋詩外集 1265左
簡齋詩鈔 1265左
簡齋集補鈔 1265左
無住詞 1598右
簡齋詞 1599左
陳與尙(清)
悔齋詩稿 1514左
陳賢(清)
佳谷遺稿 1481右
78 陳鑒之(宋)
東齋小集 1291左
80 陳人傑(宋)
龜峯詞 1609左
陳益稷(越南)
安南集 1530右
陳金浩(清)

松江衢歌 524右
陳介祺（清）
簠齋金石文考釋 658左
陳簠齋丈筆記、手札
658右
陳簠齋筆記、手札 659左
簠齋藏器目 659右
簠齋藏器目第二本 659右
簠齋傳古別錄 662右
傳古別錄 663左
訪碑拓碑筆札 671左
陳夔齡（清）
紀元考（輯） 362右
陳念祖（清）
靈素提要淺註 809右
靈素集註節要 809右
張仲景傷寒論原文淺註
812左
傷寒論淺註方論合編 812左
傷寒醫訣串解 815右
長沙方歌括 815右
傷寒眞方歌括 815右
金匱要略淺註 817左
金匱要略淺註方論合編 817左
金匱方歌括 817左
醫學從衆錄 822左
醫學實在易 822左
醫學三字經 822右
醫學金鍼 822右
十藥神書註解 826右
增訂十藥神書（周揚俊、
潘霨同注） 826右
女科要旨 837左
神農本草經讀 853左
景岳新方砭 858右
時方歌括 859右
時方妙用 859右
醫醫偶錄 864右
陳毓升（清）
竹溪社易門詩鈔 1469右
陳普（宋）
武夷櫂歌（注） 602右
石堂先生遺稾 1291左
石堂集 1291左
陳善（宋）
捫蝨新話 984左
陳善鈞（清）
癸丑中州罷兵紀略 333右
陳曾祉（清）
心隱集 1422左
陳曾藙（清）
斲冰集 1403右
陳公亮（宋）
嚴州圖經 521右
81 陳鉦（清）
寒碧軒詩存 1509左
陳矩（民國）
鳧氏爲鍾圖說補義 73右
孟子外書補注 149左
孟子弟子考補正 416右
天全石錄 957左
靈峯草堂集 1509左
陳榘（宋）
北溪先生外集（輯）1277右
82 陳鍾珂（清）
先文恭公年譜 410右
陳鍾祥（清）
岷江紀程 617右
楹帖偶存 944左
依隱齋詩鈔 1472左
夏雨軒雜文 1472右
香草詞 1631左
陳鍾英（清）
答疑孟 146右
羣經咫聞錄 175右
辯宜齋野乘 175右
說文詹詹 188左
平浙紀略（秦緗業同撰）
334右
駁正朔考 868右
退息篇 1014左
陳鍾原（清）
皇朝鼎甲錄（輯） 465右
熙朝尺牘（輯） 1560右
83 陳鉉（清）
鹿忠節公年譜 408右
85 陳鍊（清）
印言 940右
秋水園印說 941左
印說 941左
西林詩鈔 1404右
86 陳錦（清）
切音蒙引 214右
越中觀感錄 389右
酈河陳氏誦芬錄 394左
補勤幼學錄 423右
學廬自鏡語 748右
東溟校伍錄 775右
補勤詩存、續編 1485右
勤餘文牘、續編 1485右
陳錦鸞（清）
情影集存稿 1468右
陳錫麒（清）
粵逆陷寧始末記 335左
陳錫路（清）
黃嬭餘話 1007右
陳鐸（明）
秋碧樂府 1712左
梨雲寄傲 1712右
陳智淵（清）
瀟碧亭吟稿 1491左
87 陳錄（宋）
善誘文 1032左
陳銘（清）等
惠民頌言（輯） 432左
陳銘珪（清）
長春道敎源流 447右
浮山志 576右
荔莊詩存 1505左
陳銘海（清）
句餘土音補注 540右
88 陳銓（口）
喪服經傳陳氏注 80左
陳銳（清）
袌碧齋詞 1639右
袌碧齋詞話 1720右
陳鎰（元）
午溪集 1319左
陳鑑（宋）
東漢文鑑（輯） 1537右
陳鑑（明）
碑藪 664右
癖草文鈔 1365右
陳鑑（清）
虎丘茶經注補 784右
江南魚鮮品 793右
操觚十六觀 1581右
陳鎢（清）
銀礫詞 1629左
陳第（明）
伏羲圖贊、雜卦傳古音
考 30左
尙書疏衍 40右
讀詩拙言 54右
毛詩古音攷 209左

屈宋古音義 209左
屈宋古音攷 209右
五嶽遊草 587左
兩粤遊草 587左
世善堂藏書目錄 646左
意言 972右
松軒講義 972右
謬言 998右
寄心集 1358左
書札燼存 1358左
88 陳簡書(清)
竹素園詩鈔 1491左
90 陳惟彥(民國)
宦游偶記 474右
著述偶存 1524左
陳懷仁(清)
川主五神合傳 444左
陳愔(元)
牡丹燈記 1117右
陳少微(元)
大洞鍊眞寶經修伏靈砂妙訣 1177左
大洞鍊眞寶經九還金丹妙訣 1177左
陳光淞(清)
溫熱論箋正 827右
喉證要旨 834右
陳光裕(清)
謹堂集 1419右
陳光煒(清)
鄯善縣鄉土志 517右
陳尙古(清)
簪雲樓雜說 1074右
陳省(明)
幼溪集 1355左
91 陳炳泰(清)
北行日記 618右
陳焯(清)
湘管齋寓賞編 911右
宋元詩會(輯) 1534左
93 陳悰(明)
天啓宮詞(一題秦蘭徵撰) 383右
天啓宮中詞(一題秦蘭徵撰) 383右
陳烜(清)
悲鳳曲 1687右
仙緣記傳奇 1709左
蜀錦袍傳奇 1709左
燕子樓傳奇 1709左
海虬記傳奇 1709左
梅喜緣傳奇 1709左
梅喜緣 1709右
同亭宴傳奇 1709右
迴流記傳奇 1709右
海雪唫傳奇 1709右
負薪記傳奇 1709右
錯姻緣傳奇 1709右
陳熾(清)
褎春林屋詩 1498右
94 陳忱(明)
水滸後傳 1130右
95 陳性(清)
玉紀 671右
陳性定(元)
仙都志 574右
97 陳恂(明)
餘菴雜錄 1001右
陳耀文(明)
經典稽疑 170右
正楊 1022右
天中記 1043右
花草粹編(輯) 1644左
98 陳悅道(元)
書義斷法 40右
99 陳瑩達(清)
樵湖詩鈔 1489右
陳燮(清)
憶園詩鈔 1462左
陳榮昌(民國)
陳虛齋詩選 1517右
滇詩拾遺(輯) 1548右
二艾遺書(輯) 1736左

7621$_4$ 矓

22 矓仙(明) 見朱權

7622$_7$ 陽

11 陽瑪諾(明西洋)
天問略 869右
24 陽休之(北齊)
韻略 204右
37 陽初子(明) 見徐復祚
38 陽道生(明)
眞詮(傳本) 1173右
40 陽枋(宋)
字溪集 1296右
53 陽成子長(漢)
樂經 99右

7710$_4$ 堅

11 堅彌地(西洋)
印度紀遊 635左

7712$_7$ 邱

10 邱石常(清)
阮亭詩餘(徐夜同評) 1619左
邱晉昕(清)
邱太守文鈔 1502左
20 邱維屏(清)
邱邦士文鈔 1383右
河東文錄 1383右
33 邱心如(清)
筆生花 1714右
34 邱對顏(清)
松寮詩訪存 1489右
37 邱逢甲(清)
嶺雲海日樓詩鈔 1516左
40 邱志廣(清)
蝶庵自藥 738右
柴村文集 1377右
柴村詩鈔 1377右
柴村賦集 1378左
60 邱園(清)
御袍恩 1705左
黨人碑 1705左
幻緣箱傳奇 1705左
77 邱學勄(清)
百十二家墨錄 802左
94 邱煒萲(民國)
菽園贅談 1031左
菽園贅談節錄 1082右
揮麈拾遺 1082右
庚寅偶存 1526左
壬辰冬興 1526右
答粤督書 1526右
邱熺(清)
引痘略 841右
95 邱性善(清)
德滋堂歌詩附鈔 1410右

7714$_8$ 闞

76 闞駰(後魏)

十三州志 510左
86 闞鐸(民國)
髹飾錄箋證* 799右

7721₀ 凮

47 凮胡(周)
凮胡子 708左
88 凮篁嘯隱(清)
花間楹帖 945左
文虎 946右

鳳

00 鳳應韶(清)
讀書瑣記 173左
鳳氏經說 173左
44 鳳恭寶(清)
讀毛詩日記 60左
鳳林書院(元)
名儒草堂詩餘(輯)1646右
精選名儒草堂詩餘(輯) 1646右
80 鳳曾敍(清)
讀漢書日記 266右

7721₄ 尾

40 尾臺逸(日本)
醫餘 866左

7721₆ 覺

08 覺詮(清釋)
性源詩存 1499左
22 覺岸(元釋)
釋氏稽古略 1189左
38 覺澂(明釋)
勸忍百箴考註 766左
92 覺鐙(清釋)
秋屏詩存 1458右

7721₇ 兒

30 兒寬(漢)
兒寬書 713左

肥

21 肥上一民(清) 見王尙辰

兜

00 兜率宮侍者(清)
燕臺花史(蜃橋逸客、寄齋寄生同撰) 948左

7722₀ 月

27 月魯不花(元)
芝軒集 1316左

岡

20 岡千仞(日本)
觀光紀遊 588右
禺于日錄 634左
熱海遊記 634左
使會津記 634左
50 岡本一抱子(日本)
鍼灸素難要旨(訂) 842右
岡本監輔(日本)
萬國史記 626右
印度風俗記 634右
西伯利記 634右
阿塞亞尼亞羣島記 634右
亞非理駕諸國記 638左
埃及國記 638左
亞美理駕諸國記 639左
美國記 639左
墨西哥記 639左
60 岡田挺之(日本)
孝經鄭註(輯) 156右

同

46 同恕(元)
榘菴集 1304右
52 同揆(清釋)
洱海叢談 559左

周

00 周立勳(明)
幾社集選 1373右
周亮工(清)
讀畫錄 434右
印人傳 435右
周櫟園印人傳 435右
閩小紀 542右
閩小記 542右
字觸 898右
書影擇錄 909右
賴古堂書畫跋 915左
同書 1038左
書影 1072左
賴古堂詩 1381左
賴古集 1381左
周櫟園詩選 1381左
尺牘新鈔(輯) 1560右
賴古堂名賢尺牘新鈔(輯) 1561左
賴古堂尺牘新鈔二選(一名藏弆集・輯) 1561左
賴古堂尺牘新鈔三選(一名結隣集・輯) 1561左
周彥質(宋)
宮詞 1262左
周齊曾(明)
囊雲文集 1371右
周方(宋)
至眞子龍虎大丹詩1167左
周高起(明)
洞山岕茶系 784左
陽羨茗壺系 796左
周應庚(清)
海門先正鄉諡表(輯) 389左
周應賓(明)
同姓名錄補(補)* 396右
舊京詞林志 470左
周應治(明)
霞外塵談 1069右
周應合(宋)
景定建康志 518右
周慶麟(清)
不懈齋詩鈔 1503右
周慶雲(民國)
之江濤聲 540左
西溪秋雪庵志(輯) 566右
莫干山志(輯) 574左
旬日紀游 588右
天目游記 600左
海岸梵音 600右
東華塵夢 620右
湯山修禊日記 620右
潯溪文徵(輯) 1547左
百和香集(輯) 1556右
晨風廬唱和詩存、續集(輯) 1556右
甲乙消夏集(輯) 1556右
淞濱吟社集(輯) 1556右
壬癸消寒集(輯) 1556右
靈峯貝葉經題詠(輯) 1559右

經塔題詠(輯) 1559右
00 周慶壬(民國)
三絳隨筆 1015右
周慶森(清)
敝帚集 1515右
周慶賢(清)
晚菘齋遺著 1509左
周廣(明)
慈湖先生遺書、續集(輯) 1275左
周廣業(清)
孟子古注考 148左
孟子逸文考 149右
孟子異本考 150左
孟子出處時地考 416右
冬集紀程 615左
四部寓眼錄補遺 649右
長短經(校) 965右
意林注 1035左
意林逸文(輯)* 1035左
金華子雜編(校注) 1053右
孟子四攷 1727右
周文龍(清)
郁雲語錄 749右
周文璽(清)
雪香齋吟草 1491左
周文璞(宋)
方泉集 1280右
方泉先生詩集 1280右
方泉詩集 1280右
周文玘(宋)
開顏集 1122左
開顏錄 1122左
周文郁(明)
邊事小紀 315右
周文熠(清)
西疇草堂遺詩鈔 1407左
周文煒(清)
觀宅四十吉祥相 1033右
周玄(明)
周祠部詩 1328右
周玄貞(明)
皇經集註(集) 1134左
高上玉皇本行集經註解、諸義攷目(集) 1134左
周玄暐(明)
涇林續記 1069右
01 周龍雯(清)
懷孟草 1407左
02 周端臣(宋)
葵牕詞稿 1603右
03 周詒蘩(清)
靜一齋詩餘 1633右
周贇(清)
蓉裳文稿 1502右
04 周詩(明)
周山人集 1349左
05 周靖(清)
篆隸攷異 199左
姑蘇楊柳枝詞、補、補注(箋注) 1553右
08 周於德(明)
擇日便覽 908左
周旋(明)
畏庵集 1331左
周效璘(民國)
慧觀室謎話 947左
周敦頤(宋)
太極圖說 724左
太極圖解 724左
太極圖說發明 724左
太極圖說通書發明 724左
濂溪通書 724右
通書 724右
周子通書 724右
周子全書 724右
周子遺文、遺詩 1248左
周子文錄 1248左
周元公集 1248左
周濂溪先生全集 1248左
09 周麟之(宋)
海陵集、外集 1270右
10 周二學(清)
賞延素心錄 804右
一角編 931右
周三燮(清)
秦亭山民移居倡和詩(輯) 1555左
周正(清)
遊岠崛院諸山記 591右
遊壢霞洞記 591右
周正方(明)
佩韋子存稿 1336左
周璽(明)
廬陽周忠愍公垂光集 497左
垂光集 497左
周忠愍公垂光集 497左
周元圭(清)
吟秋館詩草 1484左
周元學(明)
先祖通奉府君遺稾 1336右
周霆震(元)
石初集 1314左
周天度(清)
九華日錄 597左
周天益(清)
唐韻餘論 206左
唐韻綜 206左
字義補 224右
11 周斐(晉)
汝南先賢傳 390右
周棐(元)
山長集 1319右
12 周瑞(明)
餐燕堂殘詩 1365左
周弘正(陳)
周易周氏義疏 10左
易注 10左
周弘祖(明)
古今書刻 654右
周廷寀(清)
韓詩外傳校注 66右
周孔教(明)
荒政議 477右
周砥(元)
履道集 1314左
荆南倡和集(馬治同撰) 1551右
14 周琦(明)
東溪日談錄 732左
周瑛(明)
翠渠摘稾 1332右
16 周璟(明)
昭忠錄 404右
17 周羽翀(宋)
三楚新錄 361右
周弼(宋)
汶陽端平詩雋 1287右
端平詩雋 1287右
端平集 1287右
三體唐詩(輯) 1539右
周子祥(清)
心復心齋詩鈔 1491左

周子薌(清)
經驗奇方(輯) 861左
周子幹(明)
周愼齋先生三書 820左
明周愼齋先生醫家祕奥三書 820左
愼齋遺書 820左
周愼齋先生脈法解 849左
明周愼齋先生醫家祕奥脈法 849左
周子愚(明)
表度說(卓爾康同筆錄) 869右
周子義(明)
晏子春秋內篇(注) 683右
周子義(明)等
子彙(輯) 1735右
周召(清)
雙橋隨筆 1005左
周邵蓮(清)
詩攷異字箋餘 67左
周翼杶(清)
冷香齋詩餘 1638左
18 周致中(元)
異域志(輯) 623左
20 周孚(宋)
非詩辨妄 53左
蠹齋鉛刀編 1275左
周稚廉(清)
容居堂詞 1617右
珊瑚玦傳奇 1704右
元寶媒傳奇 1704右
雙忠廟傳奇 1704右
周維鑣(明)
翠渠摘稾補遺(輯)* 1332右
21 周順昌(明)
忠介燼餘集 1364左
周忠介公燼餘集 1364左
周行己(宋)
浮沚集 1263左
周行仁(清)
淳化祕閣法帖源流考 924左
周處(晉)
風土記 534左
陽羨風土記 534左
周師厚(宋)
洛陽花木記 788左
洛陽牡丹記 790右
周紫芝(宋)
詩讞(一名烏臺詩案) 427右
太倉稊米集 1269左
竹坡老人詩話 1573左
竹坡詩話 1573左
竹坡詞 1596左
竹坡老人詞 1596左
22 周鼎(明)
土苴集 1331左
周鼎樞(清)
清聞齋詩存 1429右
周巖(清)
六氣感證要義 823右
本草思辨錄 855左
周繇(唐)
周繇詩 1237左
周中丞集 1237左
周樂清(清)
宴金臺 1708右
定中原 1708右
河梁歸 1708右
琵琶語 1708右
紉蘭佩 1708右
碎金牌 1708右
紞如鼓 1708右
波弋香 1708右
周繼煦(清)
勇盧閒詰評語 785左
幽夢影續評 1012右
蕉心閣詞 1633左
周綵(清)
清籟館存稿 1496左
24 周魁(清)
溫證指歸 827右
周德清(元)
中原音韻、務頭正語作詞起例 1716左
中原音韻作詞十法疏證 1716左
周德大(口)
上清大洞九宮朝修祕訣上道(嗣傳) 1168左
周綺(清)
紅樓夢題詞 1132右
周續之(劉宋)
毛詩周氏注 51右
毛詩序義 63右
周氏喪服注 80右
聖賢高士傳(注) 441左
25 周生(清)
揚州夢 1072右
周生烈(魏)
論語周生氏義說 137右
周生烈子 717右
周生子要論 717右
周健行(清)
鹿城夢憶(原名鹿城紀舊) 1120左
26 周自得(清)
春秋辨疑校勘記* 123左
周伯琦(元)
說文字原 189右
六書正譌 190左
近光集 1315左
扈從詩 1315左
周伯義(清)
焦東閣日記 333右
金山志 572右
北固山志 573左
周保珪(清)
制服表 462左
制服成誦篇 462左
喪服通釋 462左
27 周象明(清)
章庵經說 171左
稱謂考辨 220右
語林考辨(輯) 1562左
周彝(清)
侍疾日記 452右
周甸(清)
嶧山集 1403右
28 周作楫(清)
周夢巖同館賦鈔、詩鈔 1483右
周復俊(明)
元史弼違 291左
東吳名賢記 388右
馬鞍山志 572右
周太僕集 1343左
全蜀藝文志(輯) 1548左
周儀暐(清)
夫椒山館駢文 1452左
惟維齋詩鈔 1452左

夫椒山館集 1452左
夫椒山館詩集 1452左
28 周從龍(明)
大學遵古編 132右
中庸發覆編 135左
周馥(民國)
易理匯參臆言 28右
易理匯參 28右
醇親王巡閲北洋海防日記(錄) 329右
國朝河臣記 403左
周慤愼公自著年譜 411右
水府諸神祀典記 459左
周慤愼公奏稿、電稿 501右
周慤愼公公牘 503左
治水述要 578右
黃河源流考 579左
黃河工段文武兵夫記略 580左
太極圖說(節錄) 724左
張横渠文集(節錄) 726左
二程語錄、文集(節錄) 726右
朱子語類、文集(節錄) 728右
觀省錄(輯) 749右
負暄閒語 977右
身世金箴(節錄) 1034右
玉山文集、詩集 1517右
河防雜著 1735左
宋五子節要(節錄) 1736左
古訓粹編(節錄) 1737左
周綸(清)
柯齋詩餘 1617右
30 周濟(清)
晉略 280右
味雋齋史義 376右
淮鹺問答 476右
折肱錄 933右
止庵遺集 1453左
介存齋文稿 1453左
介存齋詩 1453左
存審軒詞 1628左
止庵詞 1628左
味雋齋詞 1628右
宋四家詞選(輯) 1646左
介存齋論詞雜著、宋四家詞選目錄序論 1720左
論詞雜著 1720左
周永年(清)
儒藏說 641左
先正讀書訣(輯) 764左
周家祿(清)
晉書校勘記 269右
周之琦(清)
金梁夢月詞 1629右
懷夢詞 1629右
鴻雪詞 1629右
退菴詞 1629右
心日齋詞四種 1748左
周之鱗(清)
東坡先生詩鈔（柴升同選） 1252右
山谷先生詩鈔（柴升同選） 1255右
放翁先生詩鈔（柴升同選） 1270右
石湖先生詩鈔（柴升同選） 1270右
周之鏌(清)
薇雲室詩稿 1510左
周守忠(宋)
歷代名醫蒙求、釋音 432右
姝聯(一名姬侍類偶) 438左
養生類纂(輯) 845右
養生月覽(輯) 845右
周準(清)
遊襄城山水記 604左
遊石鐘山記 605右
周宏綸(明)
何之子 973左
周容(清)
春酒堂文存、詩存 1386左
春酒堂詩話 1581右
周密(宋)
綱目疑誤 283右
乾淳起居注 291左
西湖遊幸記 301右
紹熙行禮記 301右
南渡宮禁典儀 457左
高宗幸張府節次略 457左
乾淳御教記 457左
燕射記 457左
唱名記 464右
乾淳歲時記 504左
武林舊事、後集 538左
南宋市肆紀 538左
南宋故都宮殿 564左
吳興園林記 565右
湖山勝槩 597右
志雅堂雜抄摘抄 672左
齊東野語摘抄 672左
雲煙過眼錄摘抄 672左
雲煙過眼錄 909左
思陵書畫記 910左
天基聖節排當樂次 938左
乾淳教坊樂部 938右
雜劇段數 947右
偏安藝流 947右
藝流供奉志 947右
浩然齋視聽抄 989右
浩然齋意抄 989右
齊東野語 989右 990左
志雅堂雜抄 990左
志雅堂雜鈔 990左
澄懷錄 1063右
癸辛雜識前集、後集、續集、別集 1063右
草窗韻語 1288右
浩然齋雅談 1575右
草窗詞、補 1608右
草窗詞集 1608右
蘋洲漁笛譜 1608右 1609左
絕妙好詞箋(輯) 1645右
周寅(清)
耳鳴山人賸藁 1512左
周賓所(明)
識小編 493左
周宗麟(民國)
疚存齋自訂年譜 424左
大理縣鄉土志 522左
孔門學說 723左
蒙學韻語 761右
聯語彙錄 945右
諧聯漫錄 945右
疚存齋隨筆 1016右
疚存齋隨筆續編 1016右
藥言 1036右
事物溯源 1039右
拉雜叢談 1039右
物猶如此錄 1082左
奇聞錄 1082左
古今趣譚 1082右
疚存齋文存、詩存 1523左

狹存齋詩存續編 1523左
狹存齋文存三編 1523左
周宗建(明)
論語商 141左
周忠毅公奏議 498右
周宗濂(清)
日省錄 744左
周宗杬(清)
韓詩外傳校注拾遺* 66右
32 周兆基(清)
佩文詩韻釋要(輯) 208左
周祈(明)
名義考 1023左
33 周心如(清)
博物志(案) 1038右
博物志補(輯)* 1038右
周必大(宋)
辛巳親征錄 301左
壬午龍飛錄 301左
思陵錄 301右
閑居錄 450右
汎舟錄 450右
泛舟遊山錄 450右
淳熙玉堂雜紀 470左
玉堂雜記 470左
周文忠公奏議 496左
歷官表奏 496左
奉詔錄 496左
吳郡諸山錄 572右
九華山錄 573右
廬山錄、後錄 576左
癸未歸廬陵日記 610左
乾道庚寅奏事錄 610左
庚寅奏事錄 610左
壬辰南歸錄 610左
玉蘂辨證 791右
唐昌玉蕊辨證 791右
益公題跋 913右
二老堂雜誌 985左
省齋文稾 1271左
省齋別稾 1271左
益公省齋稾鈔 1271左
益公省齋稾集 1271左
省齋集補鈔 1271左
平園續稾 1271左
益公平園續稿鈔 1271左
平園集補鈔 1271左
詞科舊稾 1271左
掖垣類稾 1271左
玉堂類稾 1271左
政府應制稾 1271左
承明集 1271右
書稾 1271右
二老堂詩話 1573右
近體樂府、遺詩 1602左
平園近體樂府 1602左
雜著述 1739右
文忠集 1743左
周文忠公全集 1743左
周淙(宋)
乾道臨安志 519右
520左
34 周滿(明)
禪宗指要 1189左
周汝登(清)
九諦解疏(解) 735左
周洪謨(明)
疑辯錄 170右
聖駕臨雍錄 457右
諫垣七疏 498左
周沐潤(清)
蟄室詩錄 1480左
周達觀(元)
眞臘風土記 627左
節錄元周達觀眞臘風土記
627左
誠齋雜記(一題林坤撰)
1064右
35 周沛(明)
周浮峯集 1356右
周清原(清)
游雁蕩山記 601右
周溱(清)
鷗亭詩草 1419右
38 周祚(明)
周定齋集 1343左
周祥鈺(清)
大成曲譜論例 1716右
周裕(清)
從征緬甸日記 327左
周遵道(宋)
豹隱紀談 1575左
周道遵(清)
甬上水利志 584右
周肇(清)
東岡集 1401右
40 周大韶(明)
三吳水考(張內蘊同撰)
583右
周大樞(清)
鴻爪錄 1584右
周友良(清)
珠江梅柳記 1078左
周士(元)
丹青扇記 1117右
周士弘(明)
志學堂殘詩 1365右
周在浚(清)
攻口紀略 316左
大梁守城記 316左
南唐書注 360右
徵刻唐宋祕本書目(黃虞稷同撰) 648右
周南(宋)
山房集、後稿 1278右
周南瑞(元)
天下同文集(輯) 1542右
天下同文前甲集(輯) 1542右
周嘉胄(清)
香乘 799左
裝潢志 804右
周嘉猷(清)
三國紀年表 364左
南北史年表 366右
南北史世系表 366右
南北史帝王世系表 366右
五代紀年表 368右
南北史表 1733左
周壽昌(清)
漢書注校補 265右
後漢書注補正 267左
三國志注證遺、補 268右
漢書注校補(地理志)
506右
思益堂日札 1011左
思益堂駢體文鈔 1477右
思益堂詞 1633右
周去非(宋)
嶺外代答 552右
周眞一(宋)
古文龍虎經註疏(印證)
1169左
金碧古文龍虎上經(印證)
1169右
金碧古文龍虎上經註疏(印證) 1169右

40 周眞人(口)
太上洞房內經註 1139左
靈寶浄明院行遣式(編) 1182右
43 周式度(清)
三出辨誤 415左
周越(宋)
法書苑 919左
周朴(唐)
周見素詩集 1238左
44 周羲華(清)
立學先基條說 744左
周夢顏(清)
質孔說 742右
周夢暘(明)
批點考工記(批評) 72右
周夢芳(清)
百聲詩 1516右
百影詩 1516右
周莊(明)
蝶園草殘稿 1370右
周茂蘭(明)
周端孝先生血疏貼黃册 314左
明周端孝先生血疏貼黃眞蹟 314左
周葆濂(清)
且巢詩存 1502左
周孝楷(清)
款紅社詩存 1512右
周世澄(清)
淮軍平捻記 329左
周世澂(清)
春瀑山館詩存 1469左
周世南(宋)等
吳興志續編 520右
周世則(宋)
會稽三賦(注) 541左
周樹人 見魯迅
周權(元)
此山集 1307右
此山先生詩集 1307右
此山先生詩集樂府 1613右
此山先生樂府 1613右
周枝楙(清)
姑蘇楊柳枝詞、補(輯) 1553右
46 周坦綸(清)
玉鴛鴦 1705左
周埧(明)
周草庭集 1338右
周如璧(清)
孤鴻影 1684右
夢幻緣 1684右
周韞玉(民國)
胡周脩輝先生遺稿 1526左
周賀(唐)
周賀詩集 1232左
中唐周賀詩 1232左
周楫(明)
西湖二集、西湖秋色 1128右
47 周朝俊(明)
玉茗堂批評紅梅記 1696右
周起元(明)
周忠愍奏疏 498左
周起渭(清)
桐埜詩集 1410右
50 周中孚(清)
鄭堂讀書記 649右
九曜石刻錄 676右
鄭堂札記 1027右
周青(清)
柳下詞 1634左
周春(清)
中文孝經(輯) 155右
孝經外傳 159右
爾雅補注 164左
十三經音略 181左
小學餘論 210右
代北姓譜 396右
遼金元姓譜 396右
海潮說 807左
佛爾雅 1191右
選材錄 1532左
杜詩雙聲疊韻譜括略 1564右
遼詩話 1565左
耄餘詩話 1585右
周東田(明)
周東田集 1357左
52 周揆(明)
愚直存稿 1334右
周揆源(清)
聽春草堂詩鈔 1470右
周靜(明)
提舉集 1323左
53 周成(魏)
周成難字 222左
雜字解詁 222右
54 周拱辰(明)
公羊墨史 115右
南華眞經影史 695右
離騷草木史、拾細 1197右
聖雨齋詩文集 1373右
聖雨齋詩集 1373右
問魚篇 1373右
56 周揚俊(清)
重刊金匱玉函經二註、補方(補注) 816右
十藥神書(注) 826左
增訂十藥神書(陳念祖、潘霨同注) 826右
溫熱暑疫全書 827左
57 周邦彥(宋)
汴都賦 544左
片玉詞 1595左
片玉集、抄補 1595左
清眞集、集外詞 1595右
58 周捨(梁)
禮疑義 94左
60 周口(漢)
論語周氏章句 137右
周日用(宋)
博物志(盧口同注) 1038右
周星詒(清)
窳櫎日記鈔 451右
傳忠堂書目 652左
窳櫎詩質 1499右
勉憙集詞 1638左
周星蓮(清)
臨池管見 923左
周星譽(清)
鷗堂日記 451右
入都日記 618左
鷗堂賸稿 1486左
漚堂賸稿 1486左
東鷗草堂詞 1635右
周思得(明)
周眞人集 1330左
周因培(清)
榕蔭書屋筆記 746左

周固僕(口)
大道論 1183左
周曇(唐)
經進周曇詠史詩 381右
周是修(明)
芻蕘集 1328左
周景式(口)
孝子傳 442右
62 周暟(清)
瀟湘聽雨詞 1624右
芳草詞 1624右
香草題詞 1624右
周曒(清)
綏菴詩鈔（一名順寧樓稿） 1403右
65 周映康(清)
雪芸草 1402左
66 周嬰(明)
巵林 1023左
67 周明泰
三國志世系表 364右
曾子宣年譜稿 406左
曾子開年譜稿 406左
曾子固年譜稿 427左
後漢縣邑省併表 507右
周明焯
讀易隨筆 29右
繫辭一得 32左
周鳴鑾(清)
公暇墨餘錄存稾 1480左
使黔集 1480左
周暉(明)
金陵瑣事 533右
周氏曲品 1722右
周昭(吳)
周子 717右
70 周驥(清)
東山外紀(劉振麟同撰) 420左
71 周臣(明)
厚生訓纂(輯) 1039右
74 周馳(元)
如是翁集 1304右
75 周體觀(清)
周伯衡詩 1391左
76 周髀(口)
蓋天說 866右
77 周鳳(日本釋)
善隣國寶記 480左
周鳳翔(明)
周文忠公集 1370右
周同谷(明)
霜猿集 351左
霜猨集 351左
周履方(清)
念先堂詩稿 1491左
周履靖(明)
廣易千文 203左
天文占驗(校) 780左
茹草編(輯) 786右
菊譜上卷 789右
獸經(增補) 795右
促織經(續增) 796左
狂夫酒語 806右
金笥玄玄(校) 830右
赤鳳髓(輯) 844右
唐宋衞生歌(輯) 846右
益齡單(輯) 846右
占驗錄(輯) 898右
畫評會海、唐名公山水訣 929左
天形道貌 929左
淇園肖影(輯) 929左
羅浮幻質 929左
九畹遺容 929右
春谷嚶翔 929右
詩牌譜(校續) 952左
羣物奇制(輯) 1039右
閒雲稿 1358右
野人清嘯 1358右
燎松吟 1358右
尋芳咏 1358右
山家語 1358右
泛泖吟 1359左
羣仙降乩語(輯) 1535左
五柳賡歌(和) 1552右
靑蓮觴咏(和) 1552右
香山酒頌(和) 1552右
千片雪(和) 1552右
騷壇祕語 1580右
唐宋元明酒詞(輯) 1644左
錦箋記 1697左
重校錦箋記 1697左
鶴月瑤笙 1712右
夷門廣牘(輯) 1741左
周履靖(明)等
鴛湖唱和稿 1552右
毛公壇倡和詩 1552右
周際華(清)
共城從政錄、海陵從政錄、廣陵從政錄 473右
省心錄 1008右
感深知己錄 1009左
一臏錄 1009左
家蔭堂家言 1009左
家蔭堂詩鈔、文鈔 1454右
家蔭堂尺牘 1454右
周學淵(民國)
八家閒適詩選(選) 1745左
周學海(清)
內經評文素問、遺篇、靈樞(評注) 808右
增輯難經本義 810右
傷寒補例 816左
金匱鉤玄(評注) 819左
三消論(注) 826左
愼柔五書(評注) 826右
溫熱論(注) 827右
幼科要略(注) 839左
診家樞要(注) 848右
諸脈條辨(注) 849右
脈義簡摩 849右
脈簡補義 849右
診家直訣 850左
重訂診家直訣 850左
辨脈法篇、平脈法篇(章句) 850左
辨脈平脈章句 850左
形色外診簡摩 851左
評注史載之方 857左
評點馬氏醫案印機草(評注) 862左
評點葉案存眞類編(類評) 862右
讀醫隨筆 865右
脈學四種 1738左
周學熙(民國)
易經音訓(輯) 34左
書經音訓(輯) 48右
詩義折中、詩經音註(輯) 60左
禮記節本(輯) 87右
左傳經世鈔約選(輯) 103左
論語分類講誦 144左

七經精義纂要 178右
聖哲微言(輯) 178右
周氏師古堂書目提要(輯) 649右
南華經解選讀(選) 695右
近思錄(節錄) 728左
朱子語類日鈔(選) 728右
陽明理學集(節錄) 732右
呻吟語(節錄) 735左
荆園進語(節錄) 739右
荆園小語(節錄) 739右
畜德錄選(節錄) 741右
性理精言(選錄) 750左
庭訓格言(節錄) 750右
聰訓齋語(節錄) 755左
澄懷園語(節錄) 755右
課子隨筆(節錄) 760右
養正遺規(選) 760右
爲學大指(選) 765左
娑羅館清話(節錄) 972右
菜根譚(節錄) 973右
求闕齋日記(節錄) 1011左
東塾讀書記(選) 1029左
格言聯璧(節錄) 1036右
讀書樂趣約選(節錄) 1036右
閱微草堂筆記約選(節錄) 1093左
淵明閒適詩選(輯) 1207左
蘇州閒適詩選(選) 1221右
少陵閒適詩選(選) 1222右
香山閒適詩選(選) 1230左
擊壤集選(選) 1247右
東坡閒適詩選(選) 1253左
劍南閒適詩選(選) 1270右
朱子閒適詩選(選) 1272左
魯齋遺書約鈔(輯) 1301左
張文端公詩文選(選) 1398右
小學弦歌約選(選) 1534右
古文辭類纂約選(選) 1537左
文辭養正舉隅(輯) 1537右
經傳簡本(輯) 1729左
韓王二公遺事(輯) 1733右
中學正宗(選) 1736右
古訓粹編(續錄) 1737左

77 周巽(元)
性情集 1318左

79 周騰虎(清)
先德小識 393左
湌芍華館隨筆 1029左
餐芍華館詩集 1478左
湌芍華館遺文 1478左
蕉心詞 1633右

80 周益(清)
樹蘐草堂文集、詩集 1492右
樹蘐草堂詩餘 1638左

周金(明)
周尙書集 1337右

周金然(清)
南華經傳釋 695右

周金壇(清)
歷代史腴(輯) 371右

周鎬(清)
課易存商 24左
遊北固山記 595左
隨筆雜記 1007右
讀書雜記 1008左
犢山文稿 1443左
犢山詩藁 1443左

周令樹(清)
周計百詩 1390右

周無所住(宋)
金丹直指(述) 1170右

周毓英(清)
七政算學 876左
算學各法引蒙(李炳章、徐世倫同撰) 889右

周毓桂(清)
雲圃詩存 1480左
雲圃詩鈔 1480右

周曾鏞(清)
周菊人先生遺稿 1515右

周曾錦(民國)
藏天室詩 1528左
香草詞 1643右
臥廬詞話 1721左

周公魯(明)
識閒堂第一種翻西廂 1701左

81 周榘(清)
廿二史諱略 464左

84 周鎮(民國)
也是山人醫案(訂正) 863右
惜分陰軒醫案 864左

86 周錫恩(清)
易說 28左
使陝記 618右
觀二生齋隨筆、楹聯附錄 1013左
傳魯堂詩初集 1509左
傳魯堂詩二集 1509左
傳魯堂文集 1509左
傳魯堂駢文 1509左

87 周銘鼎(清)
柯山小志 574左

88 周篔(清)
采山堂詩集 1388右
采山堂詩 1388右
采山堂遺文 1388右

90 周光鎬(明)
周大理明農堂集 1357右

周尙冕(清)
明儒曹月川先生從祀錄(輯) 418右

周棠芬(清)
味閒軒詩鈔 1491右

91 周炳麟(清)
公門懲勸錄 474右

周焯(清)
卜硯山房詩鈔、後集 1418左

93 周怡(明)
訥溪年譜 407右
訥谿奏疏 497右
訥溪雜錄 734左
訥溪文錄、詩錄 1345左
周訥溪集 1345左
訥溪尺牘 1345左

95 周情(清)
海上篇 1484右

96 周憬(民國)
衛生易簡方(輯) 861左
周氏集驗方(輯) 861左
周氏集驗方續編(輯) 861左
周氏易簡方集驗方合刻(輯) 1738左

周煌(清)
琉球國志略 630右

97 周煇(宋)
北轅錄 610左
清波雜志 1061右

清波別志 1061右
周燦(清)
澤畔吟 1379左
98 周悅修(清)
訒庵遺稿 1480左

7722_0 陶

00 陶方琦(清)
鄭易京氏學 28左
鄭易馬氏學 28左
鄭易小學 28左
韓詩遺說補 67右
爾雅古注斠補 165左
漢孳室文鈔 177右 1507左
字林補逸 194左
許君年表攷、許君年表 417左
孝子傳輯本(輯) 442右
蘭當詞 1639左
陶應榮(清)
柳村遺草 1489右
07 陶望齡(明)
游台宕路程 602左
墨雜說 801左
放生辨惑 1033左
10 陶正靖(清)
詩說 56右
春秋說 127右
陶晚聞先生集、補錄 1413左
陶元珍
三國志世系表補遺、訂譌 364右
陶元淳(清)
陶子師先生集 1406左
南崖集 1406左
陶元藻(清)
越畫見聞 435左
陶晉英(明)
楚書 547右
12 陶弘景(梁)
周氏冥通記 449左 1096右
古今刀劍錄 662左
刀劍錄 662右
鬼谷子(注) 706右 707左
養性延命錄(集) 845左
本艸集注序錄 853左
冥通記 1096右
上清握中訣 1139右
登眞隱訣 1143右
洞玄靈寶眞靈位業圖 1154左
眞靈位業圖 1154左
靈寶眞靈位業圖 1154左
太上赤文洞神三籙(集) 1176右
眞誥 1183左
華陽陶隱居集 1210右
陶貞白集 1210右
陶隱居集 1210右
陶通明集 1210右
陶隱居集選 1210右
17 陶弼(宋)
邕州小集 1248左
陶邕州小集 1248左
陶閣史詩集 1248左
陶承熹(清)
惠直堂經驗方(輯) 859左
陶及申(清)
筠菴文選 1407右
21 陶師韓(清)
大洋海大西洋海印度海北冰海南冰海攷 586右
陶貞一(清)
恭紀御試 465左
陶退菴先生集 1412右
30 陶安(明)
陶學士集 1323右
陶宗儀(元)
三墳書(訂) 294左
元氏掖庭記 347右
元氏掖庭侈政 347右
草莽私乘(輯) 386左
書史會要 433左
遊志續編 587左
古刻叢鈔 666左
琴箋圖式 936右
南村輟耕錄 991右
輟耕錄 991右
幽怪錄 1092左
絳守居園池記句讀(述) 1229右
南村詩集 1322左
滄浪櫂歌 1322右
輟耕曲錄 1721右
31 陶潛(晉)
羣輔錄 384右
五柳傳 425右
孝傳 442右
搜神後記 1084右 1085左
續搜神記 1085左
桃花源記 1096左
陶靖節集 1206右
陶彭澤集 1206右 1207左
陶淵明詩 1206右
陶淵明全集 1206右
晉陶靖節集 1206右
陶彭澤詩 1206右
陶文 1206右
陶淵明集 1207左
淵明閒適詩選 1207左
陶靖節先生詩 1207左
李卓吾批選陶淵明集 1207左
靖節先生集 1207左
五柳賡歌 1552右
陶濬宣(清)
月令章句(輯) 88右
周書時訓(輯) 276右
四民月令(輯) 503右
別錄(輯) 644右
七略別錄(輯) 644右
七略(輯) 644右
陶福祝(清)
遠堂詩 1498右
陶福祥(清)
夢溪筆談校字記* 1018右
陶福履(清)
常談 464左
33 陶必銓(清)
萸江古文存、詩存 1443左
陶士升先生萸江文錄 1443左
34 陶澍(清)
黑水考 586右
登君山記 604左
蜀輶日記 616左
靖節先生集(注) 1207左
印心石屋文鈔、詩鈔初集、二集、試律 1452左
漕河禱冰圖詩錄(輯) 1558右

36 陶湘(民國)
昭仁殿天祿琳瑯前編目錄、續編目錄 645左
欽定文淵閣四庫全書目錄(輯) 645左
摛藻堂四庫全書薈要目錄(輯) 645右
內府寫本書目(輯) 645右
景刊宋金元明本詞敍錄 650右
欽定校正補刻通志堂經解目錄(輯) 652右
欽定石經目錄(輯) 652右
五經萃室藏宋板五經目錄(輯) 652右
明代內府經廠本書目(輯) 654右
清代殿板書目(輯) 654右
武英殿聚珍板書目(輯) 654右
武英殿袖珍板書目(輯) 654右
武英殿造辦處寫刻刷印工價併顏料紙張定例(輯) 654右
清代殿板書始末記(輯) 654右
明毛氏汲古閣刻書目錄(輯) 655左
明吳興閔板書目(輯) 655左
明刻傳奇圖像十種(編) 935左
朱上如木刻四種(輯) 1739左
37 陶淑(清)
菊籬詞 1640左
陶涵中(明)
男子雙名記 397右
陶祖光(民國)
金輪精舍藏古玉印(輯) 664左
陶朗先(明)
陶元暉中丞遺集 1361右
38 陶祥忻(清)
馬評陶批外科全生集(批) 832右
40 陶太定(清)
呂祖師三尼醫世說述(輯) 1185右
陶存煦
姚海槎先生年譜 423右
42 陶圻(清)
業儒臆說 742左
43 陶越(清)
禾中災異錄 540左
陶樾(清)
過庭記餘 1074右
44 陶埴(口)
還金述 1178左
陶華(明)
傷寒瑣言 814右
傷寒家祕的本 814右
傷寒家祕殺車槌法方 814右
殺車槌法 814右
傷寒一提金 814右
傷寒證脈藥截江網 814右
傷寒明理續論 814右
癰疽神祕驗方 832左
45 陶棟
埤蒼(輯) 202右
東觀漢紀(輯) 277右
王隱晉書(輯) 279左
何法盛晉中興書(輯) 279右
臧榮緒晉書(輯) 279右
劉璠梁典(輯) 280右
干寶晉紀(輯) 287右
異物志(輯) 561右
相馬經(輯) 792左
相鶴經(輯) 795左
47 陶穀(宋)
清異錄 1041右
50 陶素耜(清)
悟眞篇約註 1166右
金丹大要(刪訂) 1170右
承志錄 1173右
周易參同契脈望 1180右
53 陶輔(明)
桑楡漫志 998左
陶成(清)
四書講習錄 743左
日程 743左
學規 764左
72 陶岳(宋)
五代史補 298右
零陵總記 548右
湖湘故事 1575右
94 陶煒(清)
課業餘談 220左

7722_0 朋

40 朋九萬(宋)
烏臺詩案 427右
東坡烏臺詩案 427右

7722_7 局

23 局外散人(清) 見王棨華
50 局中門外漢(清)
倫敦竹枝詞 637左

閒

60 閒園鞠農(民國) 見蔡繩格

7724_7 服

21 服虔(漢)
左氏傳解誼 103右
春秋傳服氏注 104左
春秋左氏傳解誼 104左
春秋左氏傳服氏注 104左
春秋成長說 104左
春秋左氏膏肓釋痾 104左
通俗文 218右

殿

50 殿春生(清)
明僮小錄續錄* 436右

履

10 履平(明釋)
雲竇寺志略 566右

7726_4 居

22 居巢(清)
今夕盦題畫詩 917左
今夕盦讀畫絕句 934左
77 居月(宋釋)
琴書類集 936右
琴曲譜錄 937右
88 居簡(宋釋)
北磵集 1288右

屠

00 屠應埈(明)
太史屠漸山文集(一名蘭暉堂集) 1346左

屠漸山集 1346左
屠文漪(清)
九章錄要 882左
10 屠元淳(清)
昭代舊聞 352右
梧臆夜話 1005右
萬花擷纈 1044左
21 屠倬(清)
讀畫錄(輯) 933右
屠琴隖印譜(刻) 943左
病榻瑣談 1034右
日下題襟集(輯) 1554右
說詩類編(輯) 1554右
鑾江懷古集(輯) 1554右
銷夏彙存(輯) 1554右
江上詠花集(輯) 1554右
雙藤錄別詩鈔(輯) 1554右
從政未信錄(輯) 1554右
弦韋贈處集(輯) 1554右
山居足音集(輯) 1555左
僧寮吟課(輯) 1555左
湘靈館雜鈔(輯) 1555左
小檀欒室題詞(輯) 1555左
耶谿漁隱題辭(輯) 1559左
眞州官舍十二詠(輯) 1559左
是程堂詞 1629右
22 屠豳叟(明)
彙三圖 952左
24 屠德修(清)
荔裳詩鈔(邵玘同輯) 1382右
愚山詩鈔(邵玘同輯) 1385左
竹垞詩鈔(邵玘同輯) 1394左
阮亭詩鈔(邵玘同輯) 1396左
屠勳(明)
屠康僖公文集(一名太和堂集) 1334左
25 屠紳(清)
六合內外瑣言 1074左
蟫史 1131右
笏巖詩鈔 1435右
鶚亭詩話 1585右
30 屠寄(清)
黑龍江輿地圖、輿圖說 528左
38 屠道和(清)
分類主治(輯) 823左
婦嬰良方(輯) 837右
脈訣匯纂(輯) 848右
本草匯纂(輯) 855左
藥性主治(輯) 855左
雜證良方(輯) 860右
44 屠蘇(清)
小草庵詩鈔 1473右
50 屠本畯(明)
視履約 757右
野菜箋 786右
海味索隱 793左
閩中海錯疏 793左
文字飲 949右
茗笈、品藻 955右
瓶史月表 955右
韋弦佩 1032右
酒鑒 1068左
77 屠隆(明)
荒政考 477右
朔雪北征記 611右
文房器具箋摘抄 672左
茶箋 783右
金魚品 793右
香箋 799左
遊具雅編 799左
遊具箋 799左
起居器服箋 799左
箋譜銘 802右
紙墨筆硯箋 805左
文具雅編 805左
文房器具箋 805左
書箋 921左
帖箋 924右
畫箋 929右
琴箋 936右
盆玩品 955右
考槃餘事 958左
山齋清供箋 958左
清言 972右
娑羅館清言 972右
娑羅館清話 972右
續清言 972右
續娑羅館清言 973左
冥寥子游 973左
娑羅館逸稿 1358右
屠赤水先生批評荆釵記 1692左
曇花記 1694左
修文記 1694左
綵毫記 1694左
屠用寧(清)
蘭蕙鏡 790右
屠用錫(民國)
六經堂遺事(輯) 409右
80 屠曾(元)
周易注(輯) 9左
90 屠爌(清)
大經堂詩集 1388右
91 屠焯(清)
漁莊詩集 1388右
95 屠性(元)
彥德集 1318左

7726$_7$ 眉

50 眉史氏(清·桐城)
見戴名世
眉史氏(清·太倉)
見陸世儀

7727$_0$ 尸

20 尸佼(周)
尸子 707左、右

7727$_2$ 屈

20 屈秉筠(清)
韞玉廔詞 1627左
28 屈復(清)
南華通 696左
楚辭新注 1195右
天問校正 1197左
弱水詩 1439右
34 屈爲彝(清)
古香閣吟草鈔 1455左
40 屈大均(清)
安龍逸史 322左
皇明四朝成仁錄 402右
女官傳 438右
先聖廟林記 568右
登華記 590右
書葉氏女事 1119右
翁山文鈔 1394右
翁山文外 1395左
44 屈蕙纕(清)
含青閣詩餘 1638右
51 屈振鏞(清)

雲峯偶筆 1074右
71 屈原(周)
楚辭 1195右
屈大夫文 1195右
玉虚子 1195右
屈子楚辭 1196左
離騷 1196左
離騷經 1196左
九歌 1196右
77 屈鳳竹(民國)
治家要義 756右

7728_2 欣

77 欣欣客(明)
新刻全像包龍圖公案袁文正還魂記 1701左

7729_1 際

38 際祥(清釋)
敕建淨慈寺志 566右

7733_1 熙

64 熙時子(宋) 見劉攽

7733_6 騷

72 騷隱居士(明) 見張楚叔

7736_4 駱

00 駱文盛(明)
駱翰編集 1347右
10 駱雲(清)
蓋平縣志(纂修) 516左
20 駱秉章(清)
駱文忠公奏稿 500左
駱文忠公奏議 500左
24 駱綺蘭(清)
聽秋軒詩稿 1462左
30 駱賓王(唐)
駱賓王集 1217左
駱丞集 1217左
駱賓王文集 1217右
52 駱靜(清)
嶺雲集 1395左
97 駱燦(清)
梅香館尺牘 1512左

7740_0 閔

00 閔齊伋(明)
春秋公羊傳(裁注) 114左
春秋公羊傳攷* 114左
春秋穀梁傳(裁注) 119左
春秋穀梁傳攷* 119左
五劇箋疑 1651右
閔文振(明)
仰山脞錄 386右
涉異志 1092左
蘭莊詩話 1579左
09 閔麟嗣(清)
古國都今郡縣合考 505左
周末列國有今郡縣考 506左
黄山志定本、圖 573右
黄山松石譜 596左
10 閔一得(清)
瑣言續 844右
養生十三則闡微(纂) 847左
古法養生十三則闡微(纂) 847左
陰符經玄解正義 1137左
雨香天經咒註 1151左
清規玄妙 1157左
還原篇闡微 1171右
太乙金華宗旨(訂正) 1173左
棲雲山悟元子修眞辯難參證 1174左
皇極闔闢證道仙經(訂正) 1175左
如是我聞(訂) 1175左
泄天機 1175左
上品丹法節次(續纂) 1175左
管窺編 1175左
天仙心傳 1175左
天仙道程寶則 1175左
西王母女修正途十則(注) 1175左
泥丸李祖師女宗雙修寶筏(訂) 1175左
碧苑壇經(訂) 1185右
呂祖師三尼醫世說述(疏) 1185右
讀呂祖師三尼醫世說述管窺 1185右
呂祖師三尼醫世功訣(重述併注) 1185右
寥陽殿問答編(訂正) 1185右
二懶心話 1185右
智慧眞言(注) 1185右
一目眞言注 1185右
增智慧眞言注 1185右
祭煉心咒註 1186左
持世陀羅尼經注 1187右
持世陀羅尼經法 1187右
密蹟金剛神咒注 1187右
大悲神咒注 1187右
閔正中(明)等
美人詩 1557右
11 閔裴(明)
裴村遺稿 1374左
12 閔廷楷(清)
養菊法 789右
22 閔山莀(清)
松江府志摘要(輯) 515左
34 閔爲人(清)
泰律補 101左
44 閔孝吉
東林遊草(箋) 1530左
50 閔肅英(清)
瑤草軒詩鈔 1448右
56 閔損(周)
閔子書 682左
60 閔景賢(明)
法楹(輯) 753右
76 閔陽林(清)
金丹四百字注釋(釋) 1171左
81 閔敍(清)
粵述 555左

7740_1 聞

00 聞應槐(清)
讀書雜說 1008右
01 聞龍(明)
茶箋 784左
38 聞啓祥(明)
募種兩堤桃柳議 598左
自娛齋集選 1370左
80 聞人耆年(宋)
備急灸法 842右
聞人規(宋)
痘疹論 840左

7744_0 丹

34丹波元簡（日本）
靈樞識 810左
脈學輯要 850右
77丹邱先生（明） 見朱權

7744$_7$ 段

10段玉裁（清）
古文尚書撰異 42右
毛詩故訓傳定本 57右
毛詩故訓傳 57右
詩經小學 63左
周禮漢讀考 74右
儀禮漢讀考 82右
論學制備忘記 97右
春秋左氏古經、五十凡 108左
經韻樓集 173左
汲古閣說文訂 186左
說文解字注 186右
今韻古分十七部表 211左
六書音均表 211左
明史十二論 379左
戴東原先生年譜 421右
戴東原集覆校札記* 1425右
經韻樓集 1432左
經韻樓集補編 1432左
經韻樓集文錄 1432右
21段熲（漢）
段太尉集 1200左
27段龜龍（北涼）
涼州記 357右
涼記 358左
段仔文（清）
重訂擬瑟譜（張懋賞同輯） 938左
30段安節（唐）
樂府雜錄 935右
琵琶錄 938右
40段克己（金）
二妙集、逸文（段成已同撰） 1549左
遯庵樂府 1611左
段志堅（元）
清和眞人北遊語錄（輯） 1184右
47段朝端（民國）
邵氏姓解辨誤 395右
徐節孝先生年譜 417右
張力臣先生年譜 420右
吳山夫先生年譜 421右
渭南詩集（校補） 1234右
徐集小箋 1251右
48段松苓（清）
山左碑目 674左
50段肅（漢）
春秋穀梁段氏注 118左
51段搢書（清）
歷代統紀表（編注） 362右
歷代疆域表（參注） 505左
歷代沿革表（編次） 505左
53段成己（金）
二妙集（段克己同撰） 1549左
菊軒樂府 1611左
段成式（唐）
梁雜儀注 456右
婚雜儀注 459右
寺塔記 566左
肉攫部 795左
鷙簗格 938右
廬陵官下記 1049左
酉陽雜俎、續集 1049左
唐段少卿酉陽雜俎、續集 1049右
諸皐記 1088右 1089左
支諾皐 1089左
異疾志 1089左
夜叉傳 1106右
劍俠傳 1106右
聶隱娘傳 1106右
崑崙奴傳（一題楊巨源撰） 1108左
髻鬟品 1121左
金剛經鳩異 1191左
段成式詩 1235右
60段國（劉宋）
沙州記 530左
段昌武（宋）
毛詩集解 53右
昌武段氏詩義指南 53右
詩義指南 53右
64段時恆（清）
七峯詩選 1449右
71段長基（清）
歷代統紀表 362右
歷代疆域表 505左
歷代沿革表 505左
80段公路（唐）
北戶錄 552左
96段煜（清）
昭文遺詩 1485左

7748$_2$ 闕

60闕口（周）
闕子 707左

7760$_1$ 閭

53閭甫（明） 見范世彥

7760$_2$ 留

10留正（宋）等
增入名儒講義皇宋中興兩朝聖政、分類事目 291左
留元長（宋）
海瓊問道集（輯） 1172右
留元剛（宋）
顏魯公年譜 404右
50留春閣小史（清）
聽春新詠（輯） 436右

7760$_6$ 閭

72閭丘方遠（唐）
太上洞玄靈寶大綱鈔（述） 1151右
洞玄靈寶眞靈位業圖（校定） 1154左
眞靈位業圖（校定） 1154左
靈寶眞靈位業圖（校定） 1154左

7760$_7$ 問

35問津漁者（清）
消寒新詠（鐵橋山人、石坪居士同撰） 436左

7772$_0$ 印

90印光任（清）
澳門記略（張汝霖同撰） 554右
澳門紀略（張汝霖同撰） 554右

7773$_2$ 艮

00艮庭居士（清） 見潘德輿

7777_2 關

34 關漢卿（元）
單刀會 1649左
古杭新刊的本關大王單刀會 1649左
關大王單刀會 1649左
關大王獨赴單刀會 1649左
大都新編關張雙赴西蜀夢 1649左
關張雙赴西蜀夢 1649左
新刊關目閨怨佳人拜月亭 1649左
閨怨佳人拜月亭 1649左
新刊關目詐妮子調風月 1649左
詐妮子調風月 1649左
感天動地竇娥冤 1649左
感天動地竇娥冤雜劇 1649右
竇娥冤 1649右
杜蘂娘智賞金線池 1649右
杜蘂娘智賞金線池雜劇 1649右
智賞金線池 1649右
望江亭中秋切鱠雜劇 1649右
望江亭中秋切鱠 1649右
望江亭中秋切鱠旦 1649右
溫太眞玉鏡臺 1650左
溫太眞玉鏡臺雜劇 1650左
玉鏡臺 1650左
趙盼兒風月救風塵 1650左
趙盼兒風月救風塵雜劇 1650左
錢大尹智勘緋衣夢 1650左
王閏香夜月四春園 1650右
錢大尹智寵謝天香 1650右
錢大尹智寵謝天香雜劇 1650右
包待制三勘蝴蝶夢 1650右
包待制三勘蝴蝶夢雜劇 1650右
包待制智斬魯齋郎 1650右
包待制智斬魯齋郎雜劇 1650右
狀元堂陳母敎子 1651左
劉夫人慶賞五侯宴 1651左
山神廟裴度還帶 1651左
鄧夫人苦痛哭存孝 1651左
唐明皇哭香囊殘本 1651左
風流孔目春衫記殘本 1651左
續西廂記 1651右
張君瑞慶團圞 1651右
西廂記五劇五本圖（續） 1651右
陳眉公批評西廂記（續） 1651右
尉遲恭單鞭奪槊雜劇（一題尙仲賢撰）1660左
關漢卿雜劇 1749左

37 關朗（後魏）
關氏易傳 10左
洞極眞經 965左

40 關梓（清）
精選集驗良方 860左

41 關姬（北周）
與子宇文護書 1214右

84 關鉄（清）
寥影廔詞 1635右

90 關少白（清）
雙青堂詩鈔 1496左

7777_7 閻

10 閻爾梅（清）
白耷山人詩、文 1378右

20 閻秀卿（明）
吳郡二科志 388右
二科志 388右

22 閻循觀（清）
尙書讀記 42左
春秋一得 128右
遊程符山記 592左
困勉齋私記 744左
西澗草堂集、詩集 1426左
閻循厚（清）
鈍齋詩集 1419右

28 閻復（元）
靜軒集 1309右

30 閻永和（清）
青羊宮二仙菴碑記（輯） 568左

37 閻選（後蜀）
再生記 1113右
閻處士詞 1592左

44 閻孝忠（宋）
閻氏小兒方論 838左
閻若璩（清）
古文尙書疏證 47左
毛朱詩說 56左
喪服翼注 81左
孟子考 149右
四書釋地、續、又續、三續 155左
潛邱劄記 171左
1024右
孟子生卒年月考 416左
孔廟從祀末議 459左
北嶽中嶽論 571左
校訂困學紀聞三箋（何焯、全祖望同撰）1021右

80 閻含卿（明）
斷肉編 1033左

7778_2 歐

22 歐幾里得（西洋）
幾何原本 879右

26 歐伯苓（清）
亞歐兩洲熱度論 807右

30 歐良（宋）
撫掌詞（輯） 1610右

40 歐大任（明）
廣陵儲王趙朱景蔣曾桑朱宗列傳 389左
百越先賢志 391右
思玄堂集 1351左
旅燕集 1351左
浮淮集 1351左
軺中稿 1351左
游梁集 1351左
南翥集 1351左
北轅草 1351左
廱館集 1351左
西署集 1351左
秣陵集 1351左
詔歸集 1351右
蘧園集 1351右
歐虞部文集 1351右
歐司訓集 1351右

60 歐口（清）
地球寒熱各帶論 807右

76 歐陽忞（宋）
輿地廣記 512右
歐陽玄（元）
拯荒事略 477右
河防記 579左
至正河防記 579右
睽車志 1091右
圭齋集 1311右

圭齋文集 1311右
圭齋詞 1613左
歐陽斌元(清)
交食經、日食一貫歌、月食一貫歌(著法) 870左
歐陽詢(唐)
書法 918左
歐陽詢(唐)等
藝文類聚 1040右
歐陽于玉(明)
讀五胡載語 1023左
歐陽棐(宋)
集古錄目 664右
歐陽經(清)
覺非堂稿 1490右
歐陽德(明)
歐陽南野集 1343左
歐陽德隆(宋)
增修校正押韻釋疑 207右
歐陽生(漢)
今文尙書說 35右
尙書歐陽章句 35右
尙書章句 35右
歐陽泉(清)
點勘記 1588左
省堂筆記 1588左
歐陽修(宋)
易童子問 11右
詩本義、鄭氏詩譜補亡 51右
毛詩本義 52左
五代史記 273右
五代史 273右
新五代史記 273右
歸田錄 341左
六一居士傳 427左
濮議 456右
歐陽文忠公奏議 495左
奏議集 495右
河東奉使奏草 495右
河北奉使奏草 495右
奏事錄 495右
五代史職方考 511右
于役志 609左
崇文總目敍釋 639右
集古錄跋尾 657左
集古錄 657左
集古目錄 657左
九射格 776左
洛陽牡丹記 790右
六一題跋 912右
歐陽文忠公試筆 980右
試筆 980右
歐公試筆 980右
筆說 980右
六一筆說 980右
廬陵雜說 980右
桑懌傳 1114右
居士集、外集 1245右
外制集、內制集 1245右
表奏書啓四六集 1245右
書簡 1246左
歐陽文忠詩鈔 1246左
歐陽文忠詩集 1246左
歐陽文忠詩補鈔 1246左
歐陽文粹 1246左
宋大家歐陽文忠公文鈔 1246左
歐陽廬陵文選 1246左
廬陵詩選 1246左
廬陵詩鈔 1246左
六一居士全集錄、外集錄 1246左
歐文選 1246左
歐陽修尺牘 1246左
六一居士詩話 1569左
詩話 1569左
六一詩話 1569右
六一詞、附錄樂語 1593左
近體樂府 1593左
歐陽文忠公集近體樂府 1593右
醉翁琴趣外篇 1593右
文忠集 1742右
歐陽文忠公集 1742右
歐陽文忠全集 1743左
歐陽文忠公全集 1743左
歐陽修(宋)等
太常因革禮 456右
歐陽修(宋)宋祁(宋)等
唐書 272右
新唐書 272右
唐書地理志 510右
唐書藝文志 643左
歐陽詹(唐)
歐陽助教詩集 1227右
歐陽行周集 1227右
歐陽行周文集 1227右
唐歐陽四門集 1227右
歐陽守道(宋)
巽齋文集 1296右
巽齋先生四六 1297左
歐陽必進(明)
交黎勦平事略 311左
歐陽溟(清)
海鶴巢詩鈔 1490右
歐陽澈(宋)
歐陽修撰集 1266左
飄然集 1266左
飄然先生詞 1599左
歐陽東鳳(明)
晉陵先賢傳 389左
素鳳居士集攟遺 1359右
歐陽熙(清)
榮雅堂詩 1498右
歐陽炯(後蜀)
睽車志(--題元歐陽玄撰) 1091右
歐陽舍人詞 1592左
歐陽平章詞 1592左

7780₁ 與

41 與楷(清釋)
小雲棲放生錄(輯) 1034右

輿

38 輿肇(清)
塔爾巴哈臺事宜(增補) 517右

7780₆ 貫

10 貫雲石(元)
貫酸齋詩集 1311右
酸齋集 1311右
酸甜樂府(徐再思同撰) 1711右
24 貫休(唐釋)
唐貫休詩集 1236右
禪月集 1236右 1237左

賢

44 賢芝膺(口)
還丹至藥篇(圖述) 1171右

7790₄ 桑

07 桑調元(清)
桑孝子旌門錄(輯) 444左

切近編(沈廷芳同輯) 743右

20 桑喬(明)
廬山紀事 576右

21 桑貞白(明)
香奩詩草 1359左

27 桑紹良(明)
司馬入相傳奇 1674左
獨樂園司馬入相 1674左

30 桑宣(民國)
補周易口訣義闕卦 29左
禮器釋名 98左
磨盦雜存 178右
許鄭經文異同詁 181右
綿蕞餘紀 468右

44 桑世昌(宋)
蘭亭博議 924左
蘭亭考、羣公帖跋 924左
回文類聚(輯) 1533左

48 桑榆子(口)
延陵先生集新舊服氣經(評) 844左

54 桑拱陽(明)
桑松風集 1372右

87 桑欽(漢)
水經 577左

98 桑悅(明)
太倉州志 519右
思玄庸言 969右
桑子庸言 969右
桑思玄集 1333右

閑

00 閑齋氏(清) 見和邦額

7790₆ 闌

44 闌莊(明)
駒陰冗記 1067左

7821₆ 脫

78 脫脫(元)等
宋史 274左
遼史 274左
金史 274右
宋史地理志 511右
遼史地理志 512右
金史地理志 512右
宋史藝文志 643右

7823₁ 陰

12 陰弘道(唐)
周易新論傳疏 10右

50 陰中夫(元)
韻府羣玉(注) 1042右

51 陰振猷(清)
前型紀略 444右
庭訓筆記 756左

64 陰時夫(元)
韻府羣玉 1042右

71 陰長生(漢)
紫元君授道傳心法(注) 1164右
金碧五相類參同契(注) 1177右
周易參同契(注) 1179右

87 陰鏗(陳)
陰常侍集 1213左
陰常侍詩集 1213左

7834₁ 駢

44 駢蕖道人(清) 見施山

7922₇ 勝

22 勝樂道人(明) 見梅鼎祚

30 勝安芳(日本)
外交餘勢 479右
斷腸記 634右

7923₂ 滕

00 滕康(宋)
翰墨叢記 1060右

03 滕斌(元)
玉霄集 1305右

10 滕元發(宋)
孫威敏征南錄 299左
征南錄 299左

滕元鑑(清)
傳鐙賸稿 1506左

14 滕珙(宋)
經濟文衡前集、後集、續集(輯) 728右

26 滕伯祥(宋)
走馬急疳眞方(輯) 835左

30 滕安上(元)
東菴集 1302右

40 滕檀膚(清)
虛白舫詩刪存、詩荄餘、文鈔附刻 1506左

44 滕萬卿(日本)
難經古義 810右

53 滕輔(口)
愼子(注) 702右

77 滕學濂(清)
棠雲館殘稿 1506左

8

8010₄ 全

37 全祖望（清）
經史問答 172左 1025左
公車徵士小錄 387左
宋元學案（修定） 412右
漢書地理志稽疑 506右
句餘土音補注 540右
浦陽江記 584右
遊華不注記 591左
平山堂記 595右
讀易別錄 652右
校訂困學紀聞三箋（閻若璩、何焯同撰）1021右
全謝山先生遺詩 1420右
鮚埼亭詩集 1420右
鮚埼亭集、外編 1420右
鮚埼亭集文錄 1420右
續甬上耆舊詩集（輯） 1547右

76 全陽子（宋） 見俞琰

8010₇ 益

益（元釋）
柟堂山居詩 1312左

8010₉ 金

00 金病鶴（民國）
西湖新舊夢 599右

金應麟（清）
金氏世德紀（輯） 393左

金應澍（清）
澹盦自娛草 1476右
澹盦詞賸 1633左

金文城（清）
林屋山人夢遊草 1447右
翠娛樓詩草 1447右
翠娛樓雜著 1447右
翠娛樓詩餘 1627左

金文錦（清）
鴝鵒論 795左
黃頭誌 795左
畫眉解 795左
促織經 796左

04 金諸（清）
韻史 372右

06 金諤（清）
篤愼堂爐餘詩稿、文稿 1514左

10 金正喜（朝鮮）
東籬耦談 633右
東古文存（輯） 1549左

金玉相（清）
錫麟寶訓摘要（輯） 837右

金玉岡（清）
天台雁蕩紀游 602左
黃竹山房詩鈔 1422左
黃竹山房詩鈔補 1422左
四盤紀遊 1422左

金至元（清）
芸書閣賸稿 1415右

金元（清）
耘花館詩鈔 1490左

金元鈺（清）
竹人錄 799右

金平（清）
致遠堂集 1404右

金粟庵主（清）
碧落雜誌（重輯） 1155左

13 金武祥（民國）
表忠錄（輯） 406右
思忠錄（輯） 406右
松筠閣貞孝錄（輯） 440右
陽羨風土記校刊記、補輯、續補輯* 534左
赤溪雜志 553右
瀨江雜記 555右
江陰藝文志、校補（輯） 648左
荔枝譜附錄* 787右
粟香隨筆、二筆、三筆、四筆、五筆 1014右
牆東類稾校勘記* 1305右
陶廬雜憶、續咏、補咏、後憶、五憶、六憶1517右
瀨江游草 1517右
霞城唱和集（輯） 1556左
冰泉唱和集、續和、再續和、閏集（輯） 1556左

17 金盈之（宋）
醉翁談錄 1062右
新編醉翁談錄 1062右

金子久（民國）
金氏門診方案 863右
和緩遺風 864左

金君卿（宋）
金氏文集 1250右

21 金仁（清）
味眞山房詩草 1467左

金仁傑（元）
新刊關目全蕭何追韓信 1662左
大都新栞關目的本東窗事犯（一題孔學詩撰） 1662左

金貞祐中官撰
大金德運圖說 457右
金德運圖說 457右

22 金鑾（明）
金白嶼集 1344左
蕭爽齋樂府 1712右

金山農（民國）
本草衍句（錄） 855右

23 金允中（口）
上淸靈寶大法（編併論義） 1152左

24 金德純（清）
旗軍志 481右

金德嘉（清）
居業齋文錄 1405左

金德鑑（清）
急救腹痛暴卒病解（增刪） 829右
焦氏喉科枕祕（輯訂） 834右
爛喉痧痧輯要 834右

金德榮（清）
桐軒詩鈔 1457左

金幼孜（明）
北征錄 307右
前北征錄 307右
金文靖公前北征錄 307右
北征後錄 307右
後北征錄 307右
金文靖集 1329右

金科豫（清）
解脫紀行錄、行吟雜錄 615右

26 金堡（明）
嶺海焚餘 499左

26 金侃(清)
迂齋集 1403右
金吳瀾(清)
朱柏廬先生編年毋欺錄(輯) 420右
金和(清)
仲安遺草 1479左
金纓(清)
格言聯璧 1036右
27 金繩武(清)
泡影集 1636右
金紹城(民國)
畫學講義 934右
30 金永森(清)
三湘從事錄(注) 322右
金之俊(清)
孝獻莊和至德宣仁溫惠端敬皇后傳* 440左
遊洞庭西山記 594左
遊天目山記 600左
遊南嶽記 604右
金豈凡詩選 1378左
金安清(清)
能一編 324左
東倭表 629左
東倭考 629左
31 金江(明)
義烏人物記 390左
32 金兆豐(民國)
遯廬吟草 1525右
拾翠軒詞稿 1642右
金兆鑾(民國)
原瀍 486右
金兆棪(民國)
悔廬吟草 1527右
34 金斗槎(清)
核桃吟 1469右
35 金禮嬴(清)
秋紅丈室遺詩 1451左
36 金涓(元)
青村遺稿 1322左
37 金逸(清)
瘦吟樓詩草 1450右
40 金大登(清)
霞梯詩選 1493右
金大車(明)
金子有集 1346右
金大輿(明)
金子坤集 1346右
金士麒(清)
易義來源 28左
金嘉采(清)
泉志校誤 663左
金壽祺(清)
小有天園雜著 1499右
金賁(清)
匪莪集 1403右
金賁亨(明)
學易記 17左
道南書院錄 413左
台學源流 414左
金檀(清)
青邱高季迪先生年譜 429左
文瑞樓藏書目錄 646右
青邱高季迪先生詩集(輯注) 1325左
金榜(清)
禮箋 95左
海曲方域小志 536右
周易考占 897左
41 金楷里(美國)
測候叢談(口譯) 876左
43 金式玉(清)
竹鄰遺稾 1451右
竹鄰詞 1628左
竹鄰遺稿 1628左
金城(民國)
湘漢百事 331左
44 金埴(清)
巾廂說 1006右
金坡王眞人(口)
道禪集 1183右
金菁茅(清)
遺經樓草 1465左
金恭(清)
玉尺樓畫說 934左
金若蘭(清)
花語軒詩鈔 1465左
金蓉(清)
小漪詩屋吟稾 1446右
金蓉鏡(民國)
痰氣集 503左
訓俗常談 768左
潛書 978左
衍微 1014右
淨土義證 1188右
潛廬文鈔、詩集 1521右
金黃鐘(清)
聽雨芭蕉館詩草 1467左
47 金鶴翀
西湖遊記 599右
金聲(明)
金太史集 1368左
金朝覲(清)
三槐書屋詩鈔 1468右
48 金敬淵(朝鮮)
東籬稗談(記) 633右
東國名勝記 633右
50 金史(清)
無雙譜(繪) 935左
金泰(清)
佩蘅詞 1634左
金忠淳(清)
硯雲甲編(輯) 1741右
硯雲乙編(輯) 1741右
55 金捧閶(清)
守一齋筆記、客牕二筆 1076右
金農(清)
所見古書述 647左
冬心齋研銘 804左
冬心齋硯銘 804左
冬心硯銘 804左
冬心先生畫竹題記 915左
冬心畫梅題記 915右
冬心畫馬題記 915右
冬心畫佛題記 915右
冬心自寫眞題記 915右
冬心先生雜畫題記 916左
論畫雜詩 932左
冬心先生隨筆 1006左
冬心先生集、續集 1414左
冬心先生三體詩 1414左
冬心先生自度曲 1714右
冬心雜記 1739左
冬心畫題記 1739左
冬心先生畫記 1739左
冬心題畫 1739左
58 金鼇(清)
金陵志地錄 533右
60 金日追(清)
儀禮經注疏正譌 76左

金星橋（明）
心得要旨 902左
金國棟（清）
芳潤堂詩稿 1407左
67 金昭鑑（清）
酒箴 950左
金鶚（清）
求古錄禮說 96左
求古錄禮說補遺、續 96左
鄉黨正義 144左
71 金頤增（清）
金剛愍公表忠錄（輯） 411右
74 金陵子（□）
龍虎還丹訣（述） 1177右
77 金尼閣（明西洋）
西儒耳目資 213右
金月巖（□）
紙舟先生全眞直指（編） 1165左
抱一函三祕訣（編）1176左
抱一子三峯老人丹訣（編） 1176左
金履祥（宋）
尙書表注 39右
書經注 40左
金氏尙書注 40左
宋金仁山先生大學疏義 132左
大學疏義 132左
論語集注考證 141左
孟子集註考證 150右
金仁山論孟考證輯要 150右
資治通鑑綱目前編、舉要 283右
通鑑前編、舉要 284左
資治通鑑前編、舉要 284左
仁山先生金文安公文集 1288右
仁山集 1288右
濂洛風雅（輯） 1541右
金學詩（清）
牧豬閒話 952左
金門詔（清）
讀史自娛 376右
明史傳總論 378右
江都鄉賢錄 389左
補三史藝文志 643右
明史經籍志 644左
各體自著 1421右
黃祝文 1421右
80 金人瑞（清）
唱經堂通宗易論 19左
通宗易論 19左
易鈔引 19左
唱經堂釋小雅 61左
釋小雅 61左
唱經堂左傳釋 107左
左傳釋 107左
釋孟子四章 147右
唱經堂釋孟子四章 147右
西城風俗記 974右
唱經堂語錄纂 974右
語錄纂 974右
唱經堂隨手通 974右
隨手通 974右
唱經堂聖人千案 1189左
聖人千案 1189左
念佛三昧 1190右
唱經堂杜詩解 1223左
沈吟樓借杜詩 1381左
唱經堂古詩解 1538左
古詩解 1538左
唱經堂批歐陽永叔詞十二首 1593右
批歐陽永叔詞十二首 1593右
貫華堂才子書彙稿1743右
唱經堂才子書彙稿 1743右
聖歎外書 1743右
聖歎內書 1743右
聖歎雜篇 1743右
金鏡（清）
金忠潔年譜 409左
金鉉（明）
金忠潔公集 1370右
金忠潔公文集 1370右
金忠潔集 1370右
金毓黻
盛京崇謨閣滿文老檔譯本（錄） 324左
渤海國記校錄* 358右
遼會要作法 455左
大元大一統志輯本（安文溥合輯）* 513左
大元大一統志考證(輯)* 513左
東北文獻零拾 527左
遼海書徵 651左
東北古印鉤沈 664右
含中睫巢兩集校錄* 1413右
瑤峯集（輯） 1433右
83 金鉞（民國）
說文提要校訂 189左
說文提要增附（輯） 189左 1729左
說文約言 193左
金剛愍公表忠錄（重輯） 411右
84 金鉷（清）等
廣西通志（修） 522左
88 金銓（清）
善吾廬詩存 1427右
金銳（清）
其恕齋詩草 1467左
金竹坡（唐）
大丹鉛汞論 1178左
金簡（清）
泰山圖說 572左
欽定武英殿聚珍版程式 655左
武英殿聚珍版程式 655左
金簡（清）等
工部進乾隆四十九年分用過緞匹顏料數目黃册 490左
90 金惟賢（清）
南極新地辨 639右
金懷玉（明）
新刻狄梁公返周望雲忠孝記 1696右

8012₇ 翁

00 翁方綱（清）
詩附記 57右
禮記附記 86右
春秋分年系傳表 110右
論語附記 142左
孟子附記 148左
十三經注疏姓氏 182右
石經殘字考 184左
漢石經殘字攷 184左
翁氏家事略記 393右
元遺山先生年譜、墓圖記略 428右
蓮洋吳徵君年譜 431左
米海岳年譜 435右

王雅宜年譜 435右
經義考補正 649右
通志堂經解目錄 649右
兩漢金石記 656右
焦山鼎銘考 660右
瘞鶴銘考 667左
孔子廟堂碑唐本存字(輯) 667右
蘇齋題跋 669左
蘇齋金石題跋 669左
蘇齋唐碑選 670右
粵東金石略 676右
九曜石考 676右
題嵩洛訪碑圖 677右
蘇米齋蘭亭考 924左
天際烏雲帖攷 924右
金剛般若波羅蜜經附注 1187右
蘇詩補注 1253左
復初齋詩集 1431右
栖霞小稿 1431右
嵐漪小艸 1431右
青原小艸 1431右
復初齋集外詩、集外文 1431右
復初齋文集補遺 1431右
王文簡公五言詩、七言詩歌行(訂) 1534左
七言律詩鈔(輯) 1534右
小石帆亭五言詩續鈔(輯) 1534右
復初齋王漁洋詩評 1565右
石洲詩話 1585左
小石帆亭著錄 1585左
詠物七言律詩偶記 1585左
七言詩平仄舉隅 1585左
五言詩平仄舉隅 1585左
七言詩三昧舉隅 1585右

00 翁廣平(清)
書湖州莊氏史獄 325左
餘姚兩孝子萬里尋親記 443右

02 翁端恩(清)
簪華閣詩餘 1635右

10 翁正春(明)
荀子(評林) 684右
老子(評林) 691左
莊子(評林) 695右
列子(評林) 698右
韓非子(評林) 703左
呂氏春秋(評林) 708右
揚子(評林) 715左
文中子(評林) 719左
淮南子(評林) 961右

翁元龍(宋)
處靜詞 1607右

翁元圻(清)
困學紀聞注 1021右

11 翁孺安(明)
素蘭集 1366左

17 翁孟寅(宋)
五峯詞 1608左

翁承贊(唐)
翁拾遺詩集 1239右
晝錦堂詩 1239右

20 翁雒(清)
小蓬海遺詩 1458右
屑屑集 1458右

25 翁仲仁(明)
增補痘疹玉髓金鏡錄 841左
翁仲仁先生痘疹金鏡錄 841左

26 翁白(清)
梅莊遺艸 1399左

27 翁叔元(清)
翁鐵庵年譜 431左

30 翁之潤(清)
桃花春水詞 1640右

32 翁洲老民(清)
海東逸史 321左

40 翁大年(清)
陶齋金石文字跋尾 658左
古兵符考略殘稿 658左
舊館壇碑考 667右

翁森(宋)
一瓢稿賸稿 1297右

44 翁葆光(宋)
悟眞篇注釋 1166右
紫陽眞人悟眞篇註疏(注) 1166右
悟眞篇註疏(注) 1166右
紫陽眞人悟眞直指詳說三乘祕要 1166右
悟眞註疏直指詳說三乘祕要 1166右
悟眞篇直指詳說 1166右

翁萬達(明)
翁襄敏東涯集 1360左
稽愆詩 1360左

翁樹培(清)
翁比部詩鈔 1447左

60 翁昱(清)
試律須知 1591左

翁昂(明)
傳眞祕要 929左

67 翁照(清)
賜書堂詩稿 1412右

90 翁卷(宋)
葦碧軒詩集 1284左、右
西巖集 1284左
葦碧軒集 1284左
葦碧集 1284左
葦碧軒集補遺 1284左
葦碧軒詩鈔 1284左
葦碧軒集補鈔 1284右

8020_7 今

44 今村亮(日本)
醫事啓源 866左

8022_1 俞

00 俞彥(明)
爰園詞話 1718左

俞慶曾(清)
繡墨軒詞 1640右

俞文豹(宋)
吹劍錄 988左
吹劍續錄 988左
吹劍錄外集 988左
唾玉集 988左
清夜錄 1062右

08 俞敦培(清)
酒令叢鈔 951左

俞誨(宋)
百怪斷經 898右

10 俞正燮(清)
癸巳類稿 175左 1027右
癸巳存稿 175左 1027右
黟縣山水記 570左
會通河水道記 580左
高家堰記 584左
俄羅斯佐領考 635右
俄羅斯事輯 635右
俄羅斯長編稿跋 635右

蓋地論 807左
俞震(清)
古今醫案按選 861右
12 俞廷瑛(清)
瓊華室詞 1639右
俞廷椿(宋)
周禮復古編 69右
17 俞承德(清)
高辛硯齋雜著 1093右
19 俞琰(宋)
俞氏易集說 15左
俞氏集說 15左
周易集說 15左
讀易舉要 15左
席上腐談 990左、右
月下偶談 990右
書齋夜話 1021右
黃帝陰符經註 1136左
呂純陽眞人沁園春丹詞註解 1139右
爐火監戒錄 1174右
周易參同契發揮、釋疑 1180左
易外別傳 1180右
23 俞允文(明)
俞仲蔚集 1349右
俞弁(明)
山樵暇語 1067左
逸老堂詩話 1578左
24 俞德鄰(宋)
佩韋齋輯聞 989左
佩韋齋文集 1295左
佩韋齋集 1295左
25 俞繡孫(清)
慧福樓幸草 1510左
慧福廔詞 1639右
26 俞皋(元)
春秋集傳釋義大成 124右
28 俞僧蜜(明)
客齋使令 1124右
30 俞寧世(清)
可儀堂文錄 1407右
俞憲(明)
淑秀總集(輯) 1543左
高楊張徐集(輯) 1745右
劉魏比玉集(輯) 1745右
廣中四傑集(輯) 1746左
二朱詩集(輯) 1746右
魯藩二宗室集(輯) 1746右
二周詩集(輯) 1746右
二杭詩集(輯) 1747左
二俞詩集(輯) 1747左
皇甫昆季集(輯) 1747左
二倪詩集(輯) 1747左
二浦詩集(輯) 1747左
二莫詩集(輯) 1747左
二黃集(輯) 1747右
二謝詩集(輯) 1747右
俞寰(明)
俞繡峯集 1356右
俞宗本(元)
種樹書 778右
田家曆(一題明程羽文撰) 780左
種藥疏 784右
種蔬疏 786左
種果疏 787左
田牧志 792左
納貓經 795右
34 俞汝言(清)
春秋平義 126右
春秋四傳糾正 126右
俞汝礪(宋)
捫膝稿 1267左
俞汝楫(明)等
禮部志稿(纂) 468右
俞遠(元)
豆亭集 1322左
俞達(清)
青樓夢 1131右
37 俞鴻漸(清)
印雪軒隨筆 1077右
40 俞大彰(明)
重陽庵集、附刻(重輯) 567右
俞希魯(元)
至順鎭江志 519右
俞壽滄(清)
鏡古錄 377左
經世文粹、續編(節錄) 722右
俞森(清)
常平倉考 478左
義倉考 478右
社倉考 478右
鄖襄賑濟事宜 478右
捕蝗集要(輯) 781右
荒政叢書(輯) 1734左
42 俞橋(明)
廣嗣要語 835右
43 俞樾(清)
周易平議 27左
周易互體徵 27左
易貫 27左
艮宧易說 27左
卦氣直日考 27左
卦氣續考 27左
玩易篇 31右
邵易補原 31右
八卦方位說 31右
易窮通變化論 32右
尙書平議 43右
達齋書說 43右
毛詩平議 59右
達齋詩說 59右
荀子詩說 59右
詩名物證古 61右
讀韓詩外傳 66右
韓詩外傳平議補錄 66右
周禮平議 72左
儀禮平議 78左
喪服私論 81左
士昏禮對席圖 82左
小戴禮記平議 87左
禮記鄭讀考 90右
禮記異文箋 90右
大戴禮記平議 91右
鄭君駁正三禮考 95右
考工記世室重屋明堂考 97左
玉佩考 98左
樂記異文考 98右
春秋左傳平議 109左
左傳古本分年考 110右
春秋公羊傳平議 116左
春秋繁露平議 117左
春秋穀梁傳平議 120左
達齋春秋論 130左
春秋歲星考 131左
論語平議 143左
論語小言 143左
何劭公論語義 143右
論語鄭義 143右
續論語駢枝 143右
論語古注擇從 143右
孟子古注擇從 148右

八〇三二 俞（四三）

孟子高氏學 148右
孟子纘義內外篇 148右
孟子平議 148右
四書辨疑辨 154右
爾雅平議 165左
羣經賸義 177左
達齋叢說 177左
茶香室經說 177左
經課續編 177左
讀王氏稗疏 177左
九族考 177左
正毛 180左
兒笘錄 188右
第一樓叢書附考 192右
廣雅釋詁疏證拾遺 218左
韵雅 220右
說俞 221右
春秋名字解詁補義 221右
小繁露 226右
周書平議 277左
春秋外傳國語平議 295右
讀吳越春秋 355右
吳越春秋平議補錄 355右
讀越絕書 355右
越絕書平議補錄 355右
銀瓶徵 439右
吳絳雪年譜 440左
百哀篇 440右
俞曲園先生日記殘稿 451右
七十二候考 505左
俞樓經始 565左
俞樓詩記 565左
閩行日記 617右
春在堂全書錄要 651左
讀漢碑 671左
晏子春秋平議 683左
荀子平議 685左
鬻子平議補錄 686左
老子平議 691右
讀文子 692右
文子平議補錄 692右
莊子平議 696左
莊子人名考 697右
列子平議 698右
讀鶡冠子 700左
鶡冠子平議補錄 700左
管子平議 700右
商子平議 702左
韓非子平議 703左
鄧析子平議補錄 703右
讀公孫龍子 704右
公孫龍子平議補錄 704右
墨子平議 705右
鬼谷子平議補錄 707左
呂氏春秋平議 709左
讀山海經 710右
山海經平議補錄 710右
新語平議補錄 712左
賈子平議 712右
讀鹽鐵論 713右
鹽鐵論平議補錄 713右
說苑平議補錄 714左
揚子法言平議 715左
讀潛夫論 716左
潛夫論平議補錄 716左
讀中論 717左
中論平議補錄 717左
讀文中子 719右
文中子平議補錄 719右
孫子平議補錄 770左
瓊英小錄 792左
內經辨言 810左
枕上三字訣 847左
廢醫論 847左
生霸死霸考 876左
揚子太玄平議 892左
九宮衍數 894左
新定牙牌數 898右
游藝錄 906右
五行占 908右
春秋人地名對 944右
楹聯錄存 944右
繹山碑集字聯 944右
校官碑集字聯 944右
曹全碑集字聯 944右
魯峻碑集字聯 945左
樊敏碑集字聯 945左
紀太山銘集字聯 945左
金剛經集字聯 945左
隱書 946右
曲園三耍 952右
曲園墨戲 953左
淮南內篇平議 961右
讀論衡 962左
論衡平議補錄 962左
荅子 976右
議郎 995右
春在堂隨筆 1012左
茶香室叢鈔、續鈔、三鈔、四鈔 1012左
小浮梅閒話 1012左
壺東漫錄 1012左
改吳 1019左
讀王觀國學林 1019右
評袁 1019右
說項 1020左
通李 1022左
日知錄小箋 1023右
訂胡 1025左
古書疑義舉例 1029右
讀書餘錄 1029右
湖樓筆談 1029右
達齋叢說 1029右
著書餘料 1029右
九九銷夏錄 1029右
駢隸 1044右
讀隸輯詞 1045左
右台仙館筆記 1078左
續五九枝譚 1078左
五五 1078左
廣楊園近鑑 1078右
薈蕞編 1078右
耳郵 1078右
一笑 1127右
十二月花神議 1127右
太上感應篇纘義 1156右
讀抱朴子 1184左
抱朴子平議補錄 1184右
金剛般若波羅蜜經注 1187右
金剛經訂義 1188左
梵珠 1191左
讀楚辭 1195右
楚辭平議補錄 1195右
楚辭人名考 1197右
讀昌黎先生集 1228右
賓萌集、外集 1482左
春在堂詩編 1482左
玉堂舊課 1482左
詠物二十一首 1482左
曲園自述詩、補 1482左
集千字文詩 1482左
小蓬萊謠 1482左
春在堂雜文、續編、三編、四編、五編、六編 1482左
詁經精舍自課文 1482左
左傳連珠 1482左
銘篇 1482左

四書文 1482左
俞樓佚文 1482右
俞樓佚詩 1482右
春在堂尺牘 1482右
吳中唱和詩(輯) 1555右
東海投桃集(輯) 1559右
袖中書(輯) 1561左
東瀛詩記 1588左
春在堂詞錄 1635左
老圓 1690右
驪山傳 1710右
梓潼傳 1710右
百空曲 1714右
羣經平議 1728右
第一樓叢書 1728右
諸子平議 1735右
俞樓雜纂 1740右
曲園雜纂 1741右
春在堂傳奇二種 1751右
44 俞夢蕉(清)
蕉軒摭錄 1077左
俞萬春(清)
結水滸全傳 1131右
俞世貴(清)
願體醫話(補) 864右
俞桂(宋)
漁溪詩稾、乙稾 1287左
漁溪詩稿、乙稿 1287左
漁溪詩稾 1287左
47 俞超(清)
見聞近錄 1093右
48 俞松(宋)
蘭亭續考 924左
50 俞泰(明)
俞國昌集 1339左
俞蛟(清)
臨清寇略 327右
遊蹤選勝 588左
讀畫閒評 933左
潮嘉風月記 1076左
潮嘉風月 1076左
鄉曲枝詞 1076左
春明叢說 1076左
齊東妄言 1076左
53 俞成(宋)
螢雪叢說 986左
60 俞思謙(清)
海潮輯說 807左
全唐詩錄補遺(輯)1540右
俞思沖(明)
五嶽臥遊 587右
67 俞暉(明)
俞國光集 1339左
71 俞長城(清)
花甲數譜 952右
可儀堂文集 1405左
77 俞鷗侶(民國)
萍絲集(輯) 1545右
俞興瑞(清)
翏莫子雜識 451左
翏莫子集 1465右
80 俞益謨(清)
振武將軍陝甘提督孫公思克行述 410左
82 俞鍾雲(清)
寶仁堂鹿革囊 1093右
84 俞鎮(元)
學易居筆錄 991左
91 俞焯(元)
詩詞餘話 1577左

8030_7 令

42 令狐德棻(唐)等
周書 271左
令狐澄(唐)
大中遺事 298左
令狐楚(唐)
御覽詩(一名唐歌詩、一名選進集、一名元和御覽・輯) 1539左

8033_1 無

10 無可(唐釋)
僧無可詩集 1238左
33 無心子(明)
全本千祥記 1700右
41 無極子(口)
玉函眞義天元歌(授) 894右
43 無求子(宋) 見朱肱
46 無如子(明)
螢燈(一名贅言) 1001右
90 無懷山人(明) 見馮時化

8033_2 念

90 念常(元釋)
佛祖通載 1189右

8033_3 慈

20 慈受(宋釋)
慈受擬寒山詩 1260右

8040_4 姜

12 姜廷枚(清)
龍南老人自述 430右
龍南集 1378右
17 姜子羔(明)
太僕公詩稿 1354右
21 姜順龍(清)
壬寅存稿 1416右
22 姜岌(後秦)
渾天論答難 868左
24 姜特立(宋)
梅山續稿 1277右
梅山小稿 1277右
梅山詞 1605右
27 姜紹書(清)
無聲詩史 434右
瓊琚譜 671右
韻石齋筆談摘抄 672左
韻石齋筆談 909右
30 姜宸英(清)
湛園札記 171左
海防總論 482右
江防總論 483左
湛園題跋 915左
湛園札記 1024左
湛園集 1393左
湛園未定稿 1393左
西溟文鈔 1393左
眞意堂佚稿 1393左
葦間詩集 1393左
湛園詩稿 1393左
葦間詩稿 1393左
姜先生詩詞拾遺 1393左
湛園藏稿 1393左
湛園文鈔 1393左
湛園未定稾文錄 1393左
姜實節(清)
鶴澗先生遺詩 1406左
姜寶(明)
春秋事義全考 125右
姜鳳阿集 1350左
32 姜兆禎(清)

先考調庵府君行實　430右
先妣吳太君行實　440左
北遊草　1413左
祭亡弟開先文　1413左
32 姜兆錫(清)
書經蔡傳參義　39左
周禮輯義　70右
儀禮經傳註疏參義內編、外編　77左
禮記章義　86左
春秋胡傳參義　123右
春秋公羊穀梁諸傳彙義　127右
孝經本義　159右
爾雅註疏參義　164左
34 姜祺(清)
紅樓夢詩　1132左
松蔭軒稿（一名紅樓新咏）　1470左
35 姜清(明)
姜氏秘史　307左
37 姜逢元(明)
宗伯公賜閒隨筆　1364右
40 姜垚(明)
地理辨正補義(辨正)　902左
姜垚(清)
柯亭詞　1621右
姜南(明)
半村野人閒談　996左
抱璞簡記　996左
投甕隨筆　996左
風月堂雜識　996左
學圃餘力　996左
墨畬錢鎛　996左
瓠里子筆談　996左
洗硯新錄　996左
蓉塘記聞　996右
叩舷憑軾錄　996右
大賓辱語　996右
丑庄日記　1067左
轅築記　1067左
蓉塘詩話　1577右
43 姜榕(清)
破窗風雨樓詩　1445左
53 姜成之(清)
龍砂八家醫案(輯)　861右
58 姜蛻(宋)
養生月錄　846左
60 姜曰廣(明)
輶軒紀事　313右
姜星源(清)
臨雲亭詩鈔　1461右
姜國伊(清)
周易古本撰、附　27右
詩經思無邪序傳　59右
大戴禮記正本　91右
春秋傳義　130左
大學古本述註　134左
中庸古本述註　136左
孟子外書(正本併補注)　149左
孝經述　160左
孔子家語(正本併補注)　681右
蜀記、讀說、補說　749左
傷寒方經解　816左
實風虛風圖　823右
經說　823右
目方　834左
嬰兒　840左
內經脈學部位考　849右
神農本草經(輯)　852右
經驗方　861左
癸甲乙記、丙申續記、丁酉續記、天道問、經問　1012右
尹人文存、詩存、賦話對聯、制藝存　1512右
尹人尺牘存　1512右
醫學六種　1737右
姜國翰(清)
先考徵齋府君家傳　410右
姜圖南(清)
姜眞源詩選　1399左
63 姜貽經(清)
夢田詞　1625左
姜貽績(清)
睫巢詩鈔　1447右
77 姜殿揚
史通札記補(輯)*　373左
權載之文集校補(輯)*　1227左
牧齋有學集校勘記*　1376左
80 姜夔(宋)
續書譜　920左
白石道人續書譜　920左
絳帖平、總錄　924左
白石道人集　1280左
白石詩集　1280左
白石道人詩集、集外詩　1280左
白石道人集補遺　1280右
姜白石詩　1280右
白石詞　1605右
白石道人詞集、別集　1605右
白石道人歌曲、別集　1605右
詩說　1573右
白石道人詩說　1573右
姜氏詩說　1574左
姜午生(明)
公孫龍子(訂)　704右
91 姜炳璋(清)
詩序補義　64左

8044₆ 弇

22 弇山草衣(清)　見朱錫綬

8050₁ 羊

12 羊登萊(清)
賸雪山房詩存　1480右
羊廷機(清)
菊隱吟鈔　1440右
25 羊朱翁(清)　見俞樾
28 羊復禮(清)
蠶桑摘要、圖說　785右
40 羊士諤(唐)
羊士諤集　1227右
羊士諤詩集　1227右
53 羊咸熙(清)
敬愼居詩稿　1485左

8051₃ 毓

40 毓壽(清)
金臺詩鈔　1491左
44 毓蘭居士(清)
保嬰篇　841右
保嬰要旨　841右
種痘法　841右

8060₁ 合

20 合信氏(西洋)
全體新論　852右

普

21 普能（清釋）
　毘陵天甯普能嵩禪師臨終舟楫要語* 1188右
30 普濟（宋釋）
　五燈會元 445左
44 普荷（清釋）
　罔措齋聯集 944左
　擔當遺詩 1377右
60 普恩（清釋）
　峨嵋槍法（立法） 776右
67 普明（口釋）等
　牧牛圖頌、又十頌 1190右
77 普聞（宋釋）
　詩論 1572右

8060_5 善

00 善文（清）
　紫薇花館詞稿（一名春光百一詞・楊譽龍同注） 1640右
20 善住（元釋）
　谷響集 1306左

8060_6 曾

00 曾應銓（清）
　訒庵遺詩 1391右
　曾廉（清）
　禹貢九州今地攷 45右
　元史攷訂 275右
　牂柯客談 558右
　曾庭龍（清）
　莞石遺詩 1382左
　曾文迪（唐）
　青囊序 901左
　曾氏水龍經校（一名青囊經序） 901左
　青囊敍 901左
02 曾新（清）
　叉盤遺詩 1440左
10 曾三異（宋）
　同話錄 986左
　因話錄 986左
　曾元澄（清）
　養拙齋詩 1475左
　曾元海（清）
　少坡遺詩 1469右
　曾元基（清）
　鄰屏遺詩 1472右
　曾元燮（清）
　梅巖遺詩 1468右
　曾爾鴻（民國）
　用逵遺詩 1525右
12 曾瑞（元）
　王月英元夜留鞋記雜劇 1662左
　王月英元夜留鞋記 1662左
　曾廷枚（清）
　音義辨同 181左
　字原徵古 658右
　禊帖緒餘 925左
　游戲三昧 1075右
　樂府津逮 1534右
　西江詩話 1566右
　古諺閒譚 1585右
　曾孫瀾（清）
　醒庵遺詩 1397右
17 曾鞏（宋）
　書經說 38左
　隆平集 281左
　元豐金石跋尾 668右
　元豐題跋 913左
　雜識 1056左
　敍盜 1056左
　後耳目志（原題誤應爲鞏豐撰） 1061右
　鞏氏後耳目志（原題誤應爲鞏豐撰） 1061右
　洪偓傳 1115左
　元豐類稾 1249左
　南豐先生元豐類藁 1249左
　元豐類藁補 1249左
　齊州吟稿 1249左
　宋大家曾文定公文鈔 1249左
　曾南豐文選 1249左
　南豐詩選 1249左
　南豐詩鈔 1249左
　南豐先生全集錄 1249左
　曾文選 1249左
　曾南豐尺牘 1249左
　曾習經（民國）
　蟄庵詞 1642右
20 曾季貍（宋）
　艇齋小集 1272左
　艇齋詩話 1569右
21 曾衍先（清）
　話陶窗遺稿 1441右
　曾衍東（清）
　小豆棚 1076左
22 曾鼎（清）
　醫宗備要 822左
　婦科指歸 837左
　幼科指歸 839右
　痘疹會通 841右
　曾幾（宋）
　茶山集 1263右
　1264左
23 曾參（周）
　曾子書 682左
　曾子 682左
　曾子全書 682左
27 曾紀澤（清）
　說文解字建首五百四十字（書） 189右
　曾惠敏公奏疏 501左
　曾侯日記 619右
　出使英法日記 619右
　使西日記 619右
　曾惠敏公使西日記 619右
　曾惠敏公文集 1506右
　歸樸齋詩鈔戊集、己集 1506右
　曾紀鴻（清）
　粟布演草、補（吳嘉善、李善蘭同演） 885右
　圜率攷眞圖解（左潛、黃宗憲同撰） 888右
　曾紆（宋）
　南遊記舊 344右
　曾紹南（清）
　唯堂遺詩 1465左
28 曾從義（清）
　步適堂遺詩 1421右
30 曾宏父（宋）
　石刻鋪敍 668左
　曾宗彥（清）
　尊酒草堂詩 1515左
31 曾福謙（民國）
　梅月龕詩 1520右
　梅月龕詞 1641左
32 曾兆霖（清）
　蔽茱根齋詩 1495右
　曾兆鍠（清）

于樂遺詩 1514左
37 曾鴻麟(清)
軍峯山小記 576左
曾祖訓(清)
擬庵遺詩 1391左
38 曾肇(宋)
曲阜集 1255左
曲阜集補 1255左
曾棨(明)
曾狀元集 1329右
40 曾大升(清)
依隱堂詩 1407右
曾克敬(清)
芷潭詩鈔 1483左
曾布(宋)
曾公遺錄 299左
曾奮春(清)
紉芳堂遺詩 1468右
41 曾極(宋)
金陵百詠 533左
42 曾樸(民國)
補後漢書藝文志、考 642左
44 曾協(宋)
雲莊集 1272左
雲莊詞 1601右
曾世榮(元)
活幼心書 838右
46 曾覿(宋)
海野詞 1603右
47 曾懿(清)
女學篇 758左
醫學篇 823右
寒溫指南 823右
雜症祕笈 825右
外科纂要 832右
婦科良方 837右
幼科指迷 840左
診病要訣 851左
古歡室詩集 1516右
浣月詞 1640左
50 曾丰(宋)
緣督集 1275左
60 曾日文(口)
四書解 154右
曾國荃(清)
曾忠襄公奏議 501左
曾忠襄公批牘 502右
曾忠襄公文集 1486左
曾忠襄公書札 1486左
曾國藩(清)
讀儀禮錄 78左
孟子要略(按) 147左
曾文正公奏稿 500左
曾文正公奏議 500右
曾文正公批牘 502左
遊後湖記 592右
遊麻姑山記 606左
曾文正公家訓 756左
曾文正公雜箸 767右
曾文正公雜著鈔 767右
曾文正公日記 1011左
求闕齋日記類鈔 1011左
求闕齋日記 1011左
求闕齋語 1011左
求闕齋讀書錄 1029左
曾文正公詩集、文集 1476左
曾文正公集外文 1476左
曾滌生文鈔 1476左
曾文正公書札 1476右
曾文正公手札 1476右
曾文正公家書 1476右
十八家詩鈔(輯) 1534右
經史百家雜鈔(輯) 1537左
經史百家簡編(輯) 1537左
鳴原堂論文 1587左
曾思謙(清)
五梅遺詩 1440左
63 曾畹(清)
曾庭聞詩 1392左
67 曾暉春(清)
自怡軒詩 1468右
73 曾駿章(清)
欣寄小集 1501左
77 曾堅(元)
四明洞天丹山圖詠集(輯) 574左
曾熙丙(明)
儆炫遺詩 1362右
曾興仁(清)
曾氏遺書續錄(輯) 173右
重訂唐說硯考 804左
槃山堂縹緗新記(輯) 1038左
槃山堂詩鈔 1467左
槃山堂文鈔 1467左
板輿迎養圖詩(輯) 1558右
曾貫(元)
易學變通 16右
80 曾益(明)
溫飛卿集箋注 1235右
溫飛卿詩集、別集、集外詩(注) 1235右
曾公亮(宋)丁度(宋)等
武經總要前集、後集 773左
82 曾釗(清)
周易虞氏義箋 24左
虞書命羲和章解 48左
詩毛鄭異同辨 59右
周禮注疏小箋 69左
春秋國都爵姓考補* 110右
字林(校增) 194左
楊議郎著書(輯) 551左
異物志(輯) 551左
交州記(輯) 551右
始興記(輯) 551右
面城樓集鈔 1481右
84 曾鎮鰲(清)
駕海樓稿 1496左
87 曾鈞(清)等
武威縣誌(纂) 517左
鎮番縣誌(纂) 517左
平番縣誌(纂) 517左
88 曾敏行(宋)
獨醒雜志 1060右
91 曾恆德(清)
滋蕙堂法帖題跋 916右
92 曾恬(宋)
上蔡語錄(輯) 727左
94 曾慥(宋)
集仙傳 447左
類說(輯) 1035右
高齋漫錄 1058左
道樞 1169右
至游子 1169右
眞誥篇 1169右
樂府雅詞、拾遺(輯) 1645右
97 曾忬(宋)
靈異小錄 1056右
曾燠(清)
賞雨茅屋外集 1445左
西溪漁隱外集 1445左
國朝駢體正宗評本、補編(輯) 1545左

曾炤(清)
曾麗天詩 1385左
曾燦(清)
曾青藜詩 1384右
六松堂詩集、文集、尺牘 1384右
曾青藜文鈔 1384右
六松堂詩餘 1616左
曾燦垣(清)
即庵詩、遊草 1385左

會

23 會稽澹居士(明) 見王澹翁
會稽女子(明)
題留新嘉驛壁詩序1375左

8060₇ 倉

22 倉山舊主(清) 見袁祖志

8060₈ 谷

00 谷應泰(清)
明史紀事本末 292右
明倭寇始末 311左
博物要覽 957右
03 谷誠(清)
谷艾園文稿 1489右
10 谷霽光
補魏書兵志 481左
唐折衝府考校補 481右
17 谷子敬(明)
呂洞賓三度城南柳1668左
呂洞賓三度城南柳雜劇 1668左
三度城南柳 1668右
28 谷儉(晉)
谷儉集 1206左
35 谷清(清)
味秋吟館紅書(刻) 943左
谷神子(唐) 見鄭還古
77 谷際岐(清)
西阿先生詩草 1434左
九峯園會詩 1434左

8073₂ 公

12 公孫龍(周)
公孫龍子 704右
辨言 704右
公孫弘(漢)
公孫弘書 713左
風后握奇經(解) 768左
握奇經解 768右
公孫尼(周)
公孫尼子 683右

8090₁ 佘

10 佘一元(清)
佘潛滄四書解 152左
17 佘君翼(明)
花鍚新命、廣陵女士花殿最 1124右
47 佘翹(明)
正法眼(一名偶記) 375右
新鐫量江記 1697右
量江記 1697右
87 佘翔(明)
薜荔園集 1355左

8090₄ 余

00 余應魁(清)
宂餘草 1435左
余庚陽(清)
池陽吟草、續草 1503右
余慶遠(清)
維西見聞紀 560左
維西見聞 560左
余慶長(清)
金廠行記 559右
01 余龍光(清)
雙池先生年譜 421右
02 余端(民國)
劍影琴聲室詩賸 1527右
03 余斌
讀陳修園 824右
中華醫學 824右
曉墀脈學 850右
05 余靖(宋)
余襄公奏議 495左
武溪集 1244右
武溪詩鈔 1244右
武溪詩集 1244右
武溪集補鈔 1244右
10 余正垣(明)
昔耶園集選 1373右
余正煥(清)
御製嗣統述聖詩(錄) 384左
皇清開國方略書成聯句(錄) 384左
余元遴(清)
庸言 744左
余丙捷(清)
學宮輯略 415右
12 余廷誥(清)
郭侍郎洋務文鈔(輯) 500右
余廷燦(清)
存吾文集錄 1432左
20 余重耀(民國)
經學略說 178右
釋人 221左
遯廬日記 452左
嵊縣志序 521左
樂平械鬥記 551左
東北閩遊記 602右
五穀考 781右
遯廬古今註 796左
至眞要大論闡義 824右
六氣病考 824右
宗營衞貫解 824右
五運六氣圖表詮註 825左
經穴釋名 843左
脈訣參同契 848右
脈經 850右
脈法考 850右
經脈陰陽原理考 850右
經絡總說 850右
藏象通論 852左
藏象篇 852左
醫學雜編 866左
陰陽五行古義鉤沈 908右
奉天清宮書畫錄 912右
函雅廬碑跋 925左
楹聯拾存 946左
遯廬雜鈔 1031左
遯廬備忘 1031左
遯廬雜考 1031左
遯廬叢說 1031右
遯廬叢鈔 1031右
雜鈔 1031右
彌陀經集解 1187右
楞嚴集解 1187右
心經懸解 1188左
大乘起信論詮 1188左
大乘起信論綱要 1188左

大乘起信論表 1188左
義學刪稿 1188左
八識規矩頌詮解 1188右
成唯識論詮 1188右
佛乘階位 1188右
法界觀 1188右
天台四教儀節要 1188右
法海衍派 1189右
蘊入處界諦緣義 1189右
法海諦塵 1191左
法海溯源 1191左
圓音 1192左
騷旨詩詮 1196右
函雅廬詩稿、續稿、刪稿、文稿 1529右
遯廬駢文 1529右
遯行小稿 1529右
漢魏六朝文擷(輯) 1537右
唐人詩鈔(輯) 1540右
遯廬詞選(輯) 1644右
遯廬選曲(輯) 1715左
讀曲小識 1724右
遯廬文稿 1744右
20 余集(清)
遺山先生年譜略 428右
絕妙好詞箋續鈔(輯)* 1645右
21 余縉(清)
登岱記 592左
共城遊記 603右
22 余嵩慶(清)
擷華小錄 436右
余繼登(明)
典故紀聞 493左
淡然軒集 1358左
23 余允文(宋)
尊孟辨、續辨、別錄 146右
24 余德(明)
余憲副集 1353右
余德壎(清)
鼠疫抉微 829左
27 余象斗(明)
南遊志傳 1131左
新用北方眞武祖師玄天上帝出身全傳(一名北遊記玄帝出身傳) 1131左
余紹祉(清)
元邱素話 974右
30 余永麟(明)
北牕瑣語 1068右
余宏淦(清)
讀尙書日記 44左
余寅(明)
同姓名錄、錄補 396右
余寀(清)
塞程別紀 613左
31 余潛士(清)
居官臆測 473右
困學邇言初編、續編、三編 746右
教學編 764右
耕邨姑留稿 1456左
自鳴集 1456左
北遊草、北遊續詠 1456左
33 余治(清)
後勸農 1710右
活佛圖 1710右
同胞案 1710右
義民記 1710右
海烈婦記 1710右
岳侯訓子 1710右
英雄譜 1711左
風流鑒 1711左
延壽籙 1711左
育怪圖 1711左
屠牛報 1711左
老年福 1711左
文星現 1711左
掃螺記(一名掃蛳記) 1711左
前出劫圖 1711左
後出劫圖 1711左
義犬記 1711左
回頭岸 1711左
推磨記 1711左
公平判 1711左
陰陽獄 1711左
硃砂志 1711左
同科報 1711右
福善圖 1711右
酒樓記 1711右
綠林鐸 1711右
劫海圖 1711右
燒香案 1711右
37 余洞眞(口)
悟玄篇 1170右
余鴻觀(清)
蜀燹死事者略傳 403左
38 余肇鈞(清)
宋簽判龍川陳先生文鈔(輯) 1278左
40 余希芬(清)
郎僊唫稿 1487右
余希嬰(清)
味梅吟草 1487右
余希煌(清)
憨石山房詩鈔 1487右
43 余載(元)
韶舞九成樂補 100左
44 余夢星(清)
吉羽草 1458右
余蕭客(清)
古經解鉤沈 172右
文選音義(輯) 1532左
文選紀聞 1532左
余蘭碩(清)
團扇詞 1622左
余菱(清)
鏡香賸草 1492左
余懋棅(清)
杭郡庠得表忠觀碑記事(輯) 671左
余懋學(明)
說頤 1124左
余萃文(清)
蓀竹堂詩存 1432右
46 余觀復(宋)
北窗詩藁 1293右
50 余本(明)
孝經集註 158右
皇極經世觀物外篇釋義 893左
60 余思詒(清)
古巴節略 638右
65 余嘯松(清)
泂溪祕方(錄) 859左
71 余長慶(清)
習園藏稿 1465右
77 余鵬翀(清)
息六齋遺稿 1440左
余鵬年(清)
曹州牡丹譜、附記 791左
枳六齋詩鈔 1440左
余闕(元)

余竹窓詩集 1317左
余忠宣公靑陽山房集 1317左
靑陽山房集 1317左
靑陽集 1317左
靑陽先生文集 1317左
86 余知古（唐）
渚宮故事 546左
90 余懷（淸）
王翠翹傳 439右
三吳遊覽志 587右
茶史補 784右
婦人鞋襪考 798右
硯林 803右
板橋雜記 1072左、右
五湖遊稿 1514左
秋雪詞 1616左
余常吉（明）
郎川答問 974左
96 余煌（明）
余忠節公遺文 1369左

8211_4 鍾

00 鍾方（淸）
哈密志 517右
鍾廣（民國） 見楊鍾羲
鍾廣生（民國）
新疆志稿 517左
遯盦詩集 1522右
遯盦文集 1522右
代言錄 1522右
遯盦四六文 1522右
鍾文烝（淸）
穀梁補注 120左
魯論語 144右
乙閏錄 1029左
鍾離岫（口）
會稽後賢傳記 389右
鍾離權（漢）
靈寶畢法 1172左
破迷正道歌（述） 1175右
鍾離權（漢）等
高上玉皇心印妙經（注） 1134左
太上老君說常淸靜眞經（注） 1144左
鍾麐（淸）
易書詩禮四經正字考 177左
10 鍾于序（淸）
宗規 755左
17 鍾翼雲（淸）
望錦樓遺稿 1427右
22 鍾鼎（淸）
狄塘櫂歌 584右
23 鍾峻（淸）
守撫紀略 335左
24 鍾動（民國）
鍾季子文錄 1528左
鍾化民（明）
賑豫紀略 478左
鍾偉（淸）
學吟賸草 1504左
25 鍾傳益（淸）
相在爾室邇言 1012右
學治存稿 1461左
29 鍾嶸（梁）
詩品 1566右
32 鍾淵映（淸）
歷代建元考 462右
鍾兆斗（明）
鍾秉文烏槎幕府記 311右
33 鍾梁（淸）
來霞詩鈔 1403左
37 鍾祖孝（淸）
狄塘櫂歌（注） 584右
40 鍾奭（淸）
淞溪遺稿 1495右
鍾奎（淸）
易卦候（注） 31右
德輿子中篇（注）* 976左
44 鍾芳（明）
鍾筠溪集 1341左
鍾薇（明）
倭奴遺事 311右
46 鍾韞（淸）
梅花園存稿 1416左
梅華園詩餘 1620右
50 鍾泰（淸）
簪花書屋遺稿 1465右
鍾泰華（明）
文苑四史 805左
57 鍾輅（唐）
前定錄 1104左
續前定錄 1104右
67 鍾嗣成（元）
新編錄鬼簿 654左
80 鍾令嘉（淸）
柴車倦遊集 1421左
鍾毓（淸）
聘梅僊館詩草 1500左
蜀游草 1500左
江陽草 1500左
半隱先生花甲紀略、文鈔 1515右
望雲懷雨印雪廬詞 1638左
鍾曾齡（淸）
紅藥山房吟稿 1492右
鍾曾淇（淸）
師竹軒草 1515左
鍾曾澤（淸）
纑山小草 1492右
鍾曾洽（淸）
垂裕堂遺草 1515左
鍾會（魏）
老子鍾氏注 687左
鍾子芻蕘 963右
魏鍾司徒集 1203左
鍾司徒集選 1203左
84 鍾錂（淸）
顏習齋先生言行錄（輯） 741右
顏習齋先生闢異錄（輯） 741右
88 鍾筠（淸）
梨雲榭詞 1619左
96 鍾惺（明）
詩經（評點） 55左
新刻逸詩（輯） 65左
三國志注鈔（輯） 268左
史懷 375左
水經注鈔（輯） 577右
荀子（孫鑛同評選） 684右
道言（輯評） 692右
辨言（輯評） 704右
術言（輯評） 707左
鹽鐵論（評） 713右
德言（輯評） 965右
世說新語注鈔（輯） 1046右
諧叢（輯） 1124左
鍾伯敬合集（一名隱秀軒集） 1363左
文心雕龍（輯評） 1567左

譚友夏鍾伯敬批評綰春園傳奇(譚元春同評) 1700左

8315_0 鐵

22 鐵峯居士(明)
保生心鑒(輯) 844右
42 鐵橋山人(清)
消寒新詠(問津漁者、石坪居士同撰) 436左
77 鐵脚道人(明) 見杜巽才

8315_3 錢

00 錢康功(宋)
植杖閒談 1058右
植跋簡談 1058右
錢康公(宋)
植跋簡談(一題錢康功撰) 1058右
錢廉(清)
不朽錄、清溪公題詞(輯) 409左
錢慶曾(清)
隸通 199左
錢文(明)
錢山人集 1334左
錢文子(宋)
補漢兵志 481左
錢文瀚(清)
捍海塘志 584右
錢文樵(清)
晚香堂詩藁 1470左
錢雍(清)
淥坪遺詩 1480左
錢玄同(民國)
左盦年表、著述繫年 424左
錢襄(清)
侍疾要語 847左
07 錢諷(宋)
回溪先生史韻 1042右
08 錢謙益(清)
平蜀記事 313右
國初羣雄事略 362左
列朝詩集小傳 424右
黃山遊記 596左
絳雲樓書目 646左
絳雲樓書目補遺 646右
讀杜詩寄廬小箋 1223左
讀杜二箋 1223左
牧齋初學集 1376左
牧齋有學集、補 1376左
投筆集 1376左
牧齋詩鈔 1376左
錢先生詩 1376左
牧齋集外詩、補 1376左
錢牧齋詩 1376左
牧齋尺牘 1376左
錢牧齋尺牘 1376左
吾炙集(輯) 1544左
東山詶和集(輯) 1553左
10 錢一本(明)
像象管見、序測、例略、題辭、易傳 17右
錢啓新集 1355右
錢元昌(清)
不虛齋詩 1424左
錢元熙(清)
過庭記聞 1008右
錢爾復(清)
沈氏農書(訂正) 779左
錢天樹(清)
是耶樓初稿鈔 1452右
錢百川(明)
錢逸人集 1344左
錢可選(明)
補闕疑 1023左
錢霦(清)
黔西古蹟考 558右
11 錢斐仲(清)
雨花盦詩餘 1634左
12 錢廷熊(清)
燕游詩草 1466右
錢廷熲(清)
棣華堂詩稿 1470右
錢廷薰(清)
見山樓詩鈔、文鈔 1480左
錢廷成(清)
信孚遺詩 1466右
錢廷烜(清)
蘅皐遺詩 1464右
錢廷焯(清)
廉泉山館遺詩 1469左
柏樹軒詩稿 1469左
錢廷烺(清)
綠伽楠精舍詩草 1464右
小謝詞存 1631右
錢廷燿(清)
少坡遺詩 1487左
錢孫愛(清)
錢氏家變錄 440左
河東君殉家難事實 440左
14 錢琦(明)
禱雨雜記 895左
錢子語測 970右
錢公良測語 970右
錢子測語 970右
錢太守集 1341左
錢琦(清)
澄碧齋詩鈔 1421右
澄碧齋別集、遺文 1421右
錢功(宋)
澹山雜識 1059左
錢琳(清)
榕陰草堂遺詩 1449右
17 錢孟鈿(清)
浣青詩草 1433右
浣青詩餘 1625左
錢玘(清)
渼陂遺詩 1433右
錢瑤鶴(清)
焦尾編 1489右
錢子正(明)
綠苔軒集 1325右
錢子義(明)
種菊庵集 1326左
錢乙(宋)
小兒藥證眞訣 838左
小兒藥證直訣、方 838左
錢氏小兒直訣 838左
類證注釋錢氏小兒方訣 838左
20 錢受徵(清)
吳越備史雜考* 361左
錢秉彝(清)
留香閣吟鈔 1514右
21 錢師康(清)
十駕齋養新錄、餘錄(輯) 1025右
錢師璟(清)
先德述聞 395左
嘉定錢氏藝文志略 653左
22 錢任鈞(清)
金塗塔齋詩稿、遺文 1465左
錢鼎銘(清)

頤壽老人年譜(續) 410右
錢綎(清)
四譯館增定館則、新增館則(補) 470右
23 錢允濟(清)
觸懷吟 1466左
24 錢德洪(明)
平濠記 310左
王文成公世德記(王畿同輯) 392左
世德紀(王畿同輯) 392右
王文成公年譜 419左
王文成公年譜節鈔 419左
錢德培(清)
歐遊隨筆 620左
錢侍辰(清)
棣華軒存稿 1493右
錢升(清)
錢日庵詩選 1399右
錢綺(清)
東都事略校勘記 281左
25 錢仲益(明)
錢翰撰集 1327右
錦樹集 1330左
26 錢佃(宋)
荀子考異 684右
錢保塘(清)
春秋疑年錄 111左
字林考逸(輯) 194左
急就篇直音(補音) 201右
辨名小記 221右
帝王世紀續補(輯) 276左
帝王世紀續補考異* 276左
吳越雜事詩錄 382右
錢氏考古錄(輯) 395左
歷代名人生卒錄(輯) 399左
女英傳(輯) 438右
光緒輿地韻編 514右
乾道臨安志札記* 520左
涪州石魚題名記(輯) 677左
涪州石魚文字所見錄(姚觀元同撰) 677左
傅子(輯) 718左
婦學(輯) 758左
物理論(重校) 964右
清風室文鈔、詩鈔 1512左
錢繹(清)
鄭志(錢東垣、錢侗同按) 168左
輶軒使者絕代語釋別國方言箋疏 225右
27 錢侗(清)
鄭志(錢東垣、錢繹同按) 168左
九經補韻(攷證) 207右
崇文總目補遺、附錄(輯)* 644右
宋遼金元四史朔閏考(增補) 873左
錢嚮杲(清)
九峯閣詩集、文集 1512右
錢名世(清)
錢名世詩選 1409左
28 錢徵(清)
屑玉叢譚初集(蔡爾康同輯) 1742左
屑玉叢譚二集(蔡爾康同輯) 1742左
屑玉叢譚三集(蔡爾康同輯) 1742左
屑玉叢譚四集(蔡爾康同輯) 1742左
錢儀吉(清)
補晉兵志 481左
衎石齋晚年詩稿 1456左
錢馥(清)
小學盦遺書 1026右
29 錢嶸(□)
元始大洞玉經(集注) 1133右
30 錢永(清)
北窗吟草 1512右
錢永基(清)
怡情小品(龔廷鈞同輯) 1544右
錢之鼎(清)
三山草堂集 1451右
錢宰(明)
臨安集 1325右
錢良右(元)
江村先生集 1310右
錢良擇(清)
出塞紀略 613右
唐音審體 1583左
錢官俊(清)
愛廬吟草 1485右
錢寶琛(清)
壬癸志槀 389左
頤壽老人年譜 410右
存素堂奏疏 500左
存素堂詩槀 1456右
存素堂文槀 1456右
錢宗源(清)
補拙齋稿 1513右
31 錢濬(清)
穿山記 573左
32 錢澄之(清)
田間易學 19左
田間詩學 55右
所知錄 319左
莊子內篇(注) 696右
屈子楚辭(注) 1196左
田間集 1387右
莊屈合詁 1741左
錢灃(清)
錢南園先生遺集 1433右
錢南園詩選 1433右
33 錢泳(清)
熙朝新語(徐錫麟同撰) 353左
錫山補誌 519左
金塗銅塔攷(輯) 660右
鐵券攷(輯) 660右
銀簡攷(輯) 660右
藝能編(輯) 909右
履園畫學 933左
履園叢話 1008左
梅溪筆記 1076右
履園譚詩 1587右
錢氏三種(輯) 1735右
34 錢濤(清)
百花彈詞 1714右
36 錢湘(清)
綠寥軒遺詞 1633左
37 錢潮(清)
晴江遺詩 1424右
錢鴻寶(清)
棣韡堂吟牘(錢錫寶同撰) 1514右
錢選(元)
習嬾齋槀 1300左
38 錢啓忠(明)
清溪遺稿 1367右

40 錢大昕(清)
十駕齋養新錄、餘錄172右 1025右
潛研堂文集 172右
唐石經攷異 185左
說文答問 186右
經典文字考異 199左
聲類 210右
音韻問答 210右
恆言錄 226左
三史拾遺 267右
修唐書史臣表 272右
新唐書糾謬(校) 273左
新唐書糾謬錢校補遺、附錄* 273左
通鑑注辯正 283左
元史氏族表 370左
廿二史攷異 379右
諸史拾遺 379右
疑年錄 398右
深寧先生年譜 418右
洪文惠公年譜 428左
洪文敏公年譜 428左
陸放翁先生年譜 428左
弇州山人年譜 429右
錢竹汀日記 451左
廿二史考異(漢書) 506右
廿二史考異(續漢書) 507右
廿二史考異(晉書) 508右
廿二史考異(宋書) 509右
廿二史考異(南齊書) 509右
廿二史考異(魏書) 510左
廿二史考異(隋書) 510右
廿二史考異(新舊唐書) 510右
廿二史考異(五代史) 511右
廿二史考異(宋史) 511右
廿二史考異(遼史) 512右
廿二史考異(金史) 512右
廿二史考異(元史) 513左
竹汀先生日記鈔 640右
元史藝文志 644左
補元史蓺文志 644左
潛研堂金石文字目錄 655右
潛研堂金石文跋尾、續、又續、三續 657右
顏氏家訓注補正* 751右
地球圖說(何國宗同潤色) 807左
三統術衍、鈐 866右
算術問答 873左
宋遼金元四史朔閏考 873左
鳳墅殘帖釋文 924右
風俗通逸文(輯) 979左
潛研堂文集、詩集、詩續集 1427右
潛研堂文錄 1427右
辛楣吟藁 1427右

錢大昭(清)
說文統釋自序 187左
說文徐氏新補新附攷證 192左
邇言 226右
漢書辨疑 265右
後漢書辨疑 267左
續漢書辨疑 267右
三國志辨疑 268右
後漢書補表 363左
後漢郡國令長考 364左
漢書辨疑(地理志) 506右
續漢書辨疑(郡國志) 507右
補續漢書藝文志 642左

錢士升(明)
南宋書 281左

錢臺(清)
飛白竹齋詩鈔 1493左

錢培名(清)
越絕書札記* 355右
申鑒札記* 716左
醫經正本書札記* 818左
元城語錄脫文* 983右
陸士衡文集札記* 1205左

錢塘(清)
律呂古誼 102左
溉亭述古錄 172右
史記釋疑 264右
史記三書釋疑 264右
淮南天文訓補註 961右
溉亭述古錄 1448右
響山閣詞 1627左
玉葉詞 1627左

錢希(清)
雲在軒筆談 1080右
雲在軒詩集 1512右

錢希言(明)
遼邸記聞 312右
楚小志 546左
西浮籍 562右
戲瑕 1000左、右

41 錢坫(清)
車制考 73左
論語後錄 142左
爾雅古義 164右
爾雅釋地四篇注 165右
詩音表 211左
異語 220右
新斠注地理志 506右
浣花拜石軒鏡銘集錄 660右
一切經音義(莊炘、孫星衍同校) 1191右

42 錢埰(清)
願學齋唫藁 1468右

錢機(清)
息園遺詩 1433右

43 錢載(清)
十國詞箋略 382右
蘀石齋詩 1421右
萬松居士詞 1623左

錢栻(清)
適意吟 1447右
有眞意齋遺文 1447右

錢榕(清)
遁香小草 1440右

44 錢芬(清)
錢左才集 1426右

錢薇(明)
海石子 720右

錢若水(宋)等
太宗皇帝實錄 290右

錢若洲(清)
觀自得廬詩存 1514右

錢世楨(明)
征東實紀 313左

錢贇(清)
景陸遺詩 1495左

錢樹(清)
梅簃遺詩 1443右

錢樹立(清)
說文通論(雷琳、錢樹棠同輯) 188左

錢樹棠（清）
說文通論（雷琳、錢樹立同輯） 188左
錢棨（清）
讀易緒言 19右
硯癡遺詩 1458右
錢蕖馨（元）
仙閨集 1322右
錢杜（清）
松壺畫贅 933左
松壺畫憶 933右
錢桂（清）
秋岩遺詩 1447右
錢林（清）
玉山草堂集 1446左
玉山草堂續集 1446左
45 錢坤（清）
河賦（注） 579左
錢柟（清）
寸草軒詩賸 1515左
46 錢觀（清）
玉照堂詩稿（一名蕪鶯枝集） 1493左
錢韞素（清）
月來軒詩稿 1503左
錢槐（清）
紅樹山廬詩稿 1463右
47 錢朝鼎（清）
水坑石記 803右
錢起（唐）
錢考功集 1223右
唐錢起詩集 1223右
錢仲文集 1223右
錢考功詩集 1223右
錢椒（清）
補疑年錄 398右
錢穀（明）
吳都文粹續集（輯）1546右
錢穀（清）
敦厚堂近體詩 1514右
48 錢敬堂（清）
囈語偶存 746左
錢松（清）
錢叔蓋先生印譜（刻） 942右
鐵盧印存（刻） 942右
錢枚（清）
齋心草堂詩集 1445右
評花齋詩錄 1445右
微波詞 1624右
微波亭詞選 1624右
50 錢中諧（清）
三吳水利條議 583右
錢泰吉（清）
曝書雜記 640右
錢肅樂（明）
四明先生遺集 1372左
錢忠介公集 1372右
錢東（清）
雙橋書屋遺詩 1449右
雙橋書屋詞存 1627左
錢東垣（清）
鄭志（錢繹、錢侗同按） 168左
錢東垣（清）等
崇文總目（輯釋） 644右
51 錢振倫（清）
玉谿生年譜訂誤 426右
玉谿生詩箋註（錢振常同注） 1234左
樊南文集詳注（錢振常同注） 1234左
樊南文集補編（錢振常同注） 1234左
錢振聲（民國）
衎石齋晚年詩稿（輯） 1456左
錢振鍠（民國）
良心書 750左
名山書論 923左
名山聯語 945右
摘星對聯 945右
語類 978右
錢氏家語 978右
謫星筆談 978右
名山小言 1016右
晚邨集偶證 1388左
衞叓賸稿（輯） 1406左
摘星初集詩、文、說詩、筆談、雜著 1526右
摘星二集文、詩、筆談、雜著 1526右
摘星三集文、詩、筆談 1526右
名山集 1526右
名山續集 1526右
名山三集 1526右
名山四集 1526右
名山五集 1526右
名山六集 1526右
名山七集 1527左
名山文約、續編 1527左
課徒草、續草、三刻、四刻 1527左
乩詩錄（輯） 1535左
文省（輯） 1537右
名山錄（輯） 1537右
名山詩話 1589左
謫星說詩 1589左
謫星詞 1642左
名山詞 1642左
名山詞續 1642左
辛亥道情 1714左
名山叢書 1744右
錢振常（清）
玉谿生詩箋註（錢振倫同注） 1234左
樊南文集詳注（錢振倫同注） 1234左
樊南文集補編（錢振倫同注） 1234左
52 錢靜方
小說叢考 1132左
錢靜娟（清）
課花樓詩存 1492右
56 錢軹（明）
甲申傳信錄 317右
使臣碧血 319右
57 錢邦彥（清）
顧亭林先生年譜（校補） 420左
錢邦芑（明）
甲申紀變錄 317左
甲申紀變實錄 317左
崇禎甲申燕京紀變實錄 317左
崇禎甲申燕都紀變實錄 317左
甲申忠佞記事 317右
甲申三月忠逆諸臣紀事 317右
大錯和尚遺集 1371右
梅柳詩合刻 1371右
60 錢□（宋）
望湖亭題壁詩自序 1297右
錢□（清）
琉球實錄 630右
錢易（宋）
南部新書 339右

洞微志 1090左

60 錢恩棨(清)

紫芳心館詞 1637左

錢杲之(宋)

離騷集傳 1196左

64 錢曉(明)

庭幃雜錄(訂) 992左

錢睦(清)

述古軒詩草 1492右

述古軒詞稿 1635右

錢時(宋)

融堂書解 39右

融堂四書管見 150左

兩漢筆記 377右

錢時穎(清)

曇花叢稿 1493左

錢勛(清)

吳中平寇記 334左

71 錢辰吉(清)

老梅書屋遺詩 1493左

77 錢鳳綸(清)

古香樓詩集 1407右

古香廔詞 1621左

錢月齡(明)

錢羽士集 1357左

錢同壽(民國)

待烹生文集 1525左

錢熙祚(清)

爾雅圖贊(輯) 165右

明皇雜錄校勘記* 337右

明皇雜錄逸文(輯)* 337右

唐語林校勘記* 340左

九國志拾遺(輯)* 359左

古今姓氏書辯證校勘記* 395右

高士傳逸文(輯)* 441右

近事會元校勘記* 490右

吳郡志校勘記* 518右

晏子春秋(校) 683左

鬻子校勘記* 686左

鬻子逸文(輯)* 686左

文子校勘記* 692左

愼子(校) 702右

愼子逸文(輯)* 702右

尹文子校勘記* 704左

尹文子逸文(輯)* 704左

山海經圖贊(輯) 710左

傅子(輯) 718左

司馬法逸文(輯)* 770右

博物志逸文(輯)* 1038右

萍洲可談校勘記* 1058左

漢武帝內傳校勘記* 1094右

守山閣賸稿 1484左

古文苑校勘記* 1535右

錢聞禮(宋)

類證增注傷寒百問歌 813左

錢學綸(清)

語新 1076左

80 錢人龍(民國)

讀毛詩日記 60右

錢人杰(清)

華陔吟館詩鈔 1451右

錢念生(清)

繡餘詞 1630右

錢義方(元)

周易圖說 30左

錢曾(清)

也是園藏書目 646右

述古堂藏書目、宋板書目 646右

讀書敏求記 649右

錢公善(明)

三華集(輯) 1747右

81 錢棨(清)

峴傭說詩(筆錄) 1588左

86 錢錫慶(清)

幼學存草 1502右

錢錫章(清)

倚玉生詩稿 1502右

錢錫正(清)

惜花軒詩稿 1502右

惜花軒詞稿 1638右

錢錫圀(清)

西山遺詩 1502右

錢錫保(清)

韻園遺詩 1502右

錢錫寶(清)

棣韡堂吟賸(錢鴻寶同撰) 1514右

錢錫祉(清)

繩槎遺詩 1502右

87 錢鈞(清)

佳樂堂遺稿 1479右

88 錢符祚(清)

識密齋詩鈔 1457左

90 錢惟演(宋)

玉堂逢辰錄 298右 299左

家王故事 361左

金坡遺事 469右

錢惟善(元)

江月松風集、文錄、續集 1320左

錢尙濠(清)

買愁集(輯) 1534右

91 錢愐(宋)

錢氏私誌 341左

97 錢恂(民國)

重斠唐韻攷 206左

帕米爾分界私議 484右

中俄界綫簡明說 485右

8471_1 鐃

26 鐃自然(元)

繪宗十二忌 928右

27 鐃魯(宋)

白鹿書院教規(輯) 762左

程董二先生學則(輯) 762右

鐃旬宣(清)

奏摺譜 459左

44 鐃夢銘(清)

乾隆宣威州志(纂修) 522右

46 鐃相(明)

鐃副使三溪集 1348左

88 鐃節(宋)

倚松老人集 1252左

倚松老人詩集 1252左

97 鐃炯(清)

說文解字部首訂 189右

六書例說 190右

8511_7 鈍

20 鈍舫老人(清) 見彭慰高

47 鈍根老人(清) 見吳玉搢

8612_7 錫

50 錫泰(清)

說林(一名馬氏隨筆) 1094左

8660$_0$ 智

00 智廣(唐釋)
悉曇字記 1191右
20 智舷(明釋)
黃葉庵遺稿 1374左
60 智昇(唐釋)
開元釋教錄 650右
71 智匠(陳釋)
古今樂錄 935右

8711$_5$ 鈕

12 鈕琇(清)
廣東月令 553左
亳州牡丹述 791左
雜言 975右
觚賸、續編 1072右
竹連珠 1402左
30 鈕永建(民國)
前漢紀校釋 286右
後漢紀校釋 287左
36 鈕澤晟(民國)
自述錄 444右
京遊雜記、記宦迹 620右
解餉隨筆 620右
鈕寅身先生家信 1524右
44 鈕樹玉(清)
段氏說文注訂 186右
說文新附攷、續 192左
急就章(校) 201左
急就章攷證、音略攷證* 201左
皇象本急就章(校) 201左
非石日記鈔、雜文 640右
鈕非石遺文 1444右
匪石山人詩 1444右
匪石山人遺詩 1444右
匪石先生文集 1444右
47 鈕格(清)
新編磨塵鑑 1706左
90 鈕少雅(明)
格正牡丹亭還魂記詞調 1716右

8712$_0$ 鈞

12 鈞磯閒客(宋) 見史□

8716$_0$ 銘

46 銘恕(清)
直隸口外遊記(譯) 589右

8716$_2$ 鎦

34 鎦洪(□)
河間傷寒心要(編) 814左
傷寒心要(編) 814左

8718$_2$ 欽

51 欽虹江(明)
酒家傭(陸弼同撰) 1695左
墨憨齋詳定酒家傭傳奇 1695右
80 欽善(清)
遊白鵲山記 600右
登道場山記 600右
遊雲巖記 600右
遊碧巖記 600右

8742$_7$ 鄭

00 鄭方坤(清)
經稗 172左
本朝名家詩鈔小傳 425右
本朝詩鈔小傳 425右
五代詩話(刪補) 1564右
全閩詩話(輯) 1566左
鄭廉(清)
豫變紀略 316左
鄭文康(明)
平橋藁 1331右
平橋稾 1331右
鄭文寶(宋)
南唐近事 360左
南唐近事佚文 360左
江表志 360左
江南餘載 360左
傳國璽譜 939右
歷代帝王傳國璽譜 939右
鄭文焯(民國)
揚雄說故 192右
揚雄訓纂篇考 201右
清眞居士年譜校記* 428左
高麗國永樂好大王碑釋文纂攷 667左
古玉圖考補正 671右
醫故 866左
夢窗詞校議 1607左
冷紅詞 1641右
比竹餘音 1641右
苕雅餘集 1641右
瘦碧詞 1641右
樵風樂府 1641右
絕妙好詞校錄 1646左
詞源斠律 1721左
鄭章雲(清)
揚城殉難續錄 389左
鄭玄(漢)
周易鄭康成注 6左
周易鄭注 6左
鄭氏周易 6左
新本鄭氏周易 6左
周易注 6左、右
鄭氏周易注 6左
周易鄭氏注 6左
易注 6左
易解附錄、後語(注) 6右
尙書大傳注 35左
尙書大傳定本(注) 35左
古文尙書(馬融同注) 37左
尙書讀本(馬融同注) 37左
鄭氏古文尙書(注) 37左
尙書鄭注 37左
尙書注 37左
尙書古文注 37左
尙書略說注 37左
書贊 49左
毛詩註(箋) 49右
毛詩(箋) 49右 50左
毛詩詁訓傳(箋) 49右
毛詩二南殘卷(箋) 49右
詩經(箋) 50左
詩經讀本(箋) 50左
毛詩註疏(箋) 50左
毛詩正義(箋) 50左
附釋音毛詩注疏(箋) 50左
新刻詩譜 64左
詩譜 64左、右
鄭氏詩譜 64右
毛詩譜 64右
周禮(注) 68右
周禮讀本(注) 68右
周禮註疏(注) 68右
周禮注疏(注) 69左
附釋音周禮注疏(注) 69左
考工記註 72右
答周禮難 73右
答臨碩難禮 73右
答臨孝存周禮難 73右
答臨碩周禮難 73右
周禮鄭氏音 74右

周禮序 75左
儀禮(注) 75右
儀禮注疏(注) 75右
儀禮疏(注) 75右
儀禮讀本(注) 76右
婚禮謁文 78右
喪服變除 79左、右
鄭氏喪服變除 79右
禮記(注) 83右
禮記讀本(注) 83右
禮記佚文(注) 83右
纂圖互註禮記(注) 83右
禮記註疏(注) 83右
禮記注疏(注) 84左
附釋音禮記注疏(注) 84左
魯禮禘祫志 96左
魯禮禘祫義 96左
三禮圖(阮諶同撰) 98右
三禮目錄 98右
99左
鄭氏三禮目錄 99左
箴膏肓 104左
箴左氏膏肓 104左
春秋左傳鄭氏義 104左
發墨守 115左
發公羊墨守 115左
春秋公羊鄭氏義 115左
公羊(注) 115左
起廢疾 118右
釋廢疾 118右
釋穀梁廢疾 118右
大學(注) 132左
中庸(注) 134右
論語鄭氏注 137左
古文論語(注) 137左
論語鄭氏注輯 137左
論語注 137左
鄭注論語 137左
孟子鄭氏注 146左
孝經注 156左
孝經鄭氏注 156左
孝經鄭注 156左、右
孝經鄭氏解 156右
孝經解 156右
爾雅鄭君注 162左
爾雅鄭氏注 162左
五經異義(駁) 167左
駁五經異義 167左
六藝論 167右
鄭氏六藝論 167右
洛書鄭注 234右
周易乾坤鑿度(注) 236左
易緯乾坤鑿度(注) 236右
易乾坤鑿度鄭氏注 236右
周易乾鑿度(注) 236左
易緯乾鑿度(注) 236右
易乾鑿度鄭氏注 236右
易乾鑿度(注) 236右
易緯通卦驗(注) 237左
易通卦驗鄭氏注 237左
易通卦驗(注) 237左
易緯通卦驗鄭注佚文 237左
易緯坤靈圖(注) 237右
易坤靈圖鄭氏注 237右
易坤靈圖(注) 237右
易緯稽覽圖(注) 238左
易稽覽圖鄭氏注 238左
易稽覽圖(注) 238左
易緯是類謀(注) 238右
易是類謀鄭氏注 238右
易是類謀(注) 238右
易緯辨終備(注) 239左
易辨終備鄭氏注 239左
易辨終備(注) 239左
易緯乾元序制記(注) 240左
易乾元序制記鄭氏注 240左
易乾元序制記(注) 240左
尚書考靈曜(注) 240右
尚書緯考靈曜(注) 240右
尚書緯帝命驗(注) 241左
尚書帝命驗(注) 241左
尚書璇璣鈐(注) 241右
尚書緯璇璣鈐(注) 241右
尚書刑德放(注) 241右
尚書緯刑德放(注) 241右
242左
尚書緯運期授(注) 242左
尚書運期授(注) 242左
尚書中候(注) 243左
尚書中候鄭注 243左
尚書五行傳注 243左
論語篇目弟子 415右
416左
孔子弟子目錄 415右
論語孔子弟子目錄 415右
416左
忠經(注) 715右
漢宮香方鄭注 798右
鄭司農集 1200左
鄭康成集 1200左
鄭氏遺書 1728左
高密遺書 1728左
通德堂經解 1728左
易緯(注) 1730右
01 鄭龍如(明)
偶記 1071右
02 鄭端(清)
政學錄 472右
朱子學歸(輯) 729左
03 鄭謐(元)
劉江東家藏善本葬書(注) 900左
地理葬書集註 901右
05 鄭竦(宋)
鄭忠肅公年譜 406右
07 鄭望之(唐)
膳夫錄 953右
10 鄭玉(元)
春秋經傳闕疑 125左
師山文集、遺文 1314右
師山先生文集 1314右
師山集 1314右
鄭玉道(宋)
琴堂諭俗編(彭仲剛同撰) 766左
鄭玉壇(清)
傷寒雜病心法集解、醫方合編 815右
外科圖形脈證、醫方便攷 831左
彤園婦科 837左
幼科心法集解 839右
鄭元慶(清)
禮記集說 86左
廿一史約編(述) 370右
石柱記箋釋 540右
吳興藏書錄 640右
湖錄經籍考 651左
鄭元佐(宋)
新注朱淑眞斷腸詩集、後集 1275左
鄭元勳(明)
影園集 1374右
鄭元祐(元)
遂昌雜錄 347右
遂昌山樵雜錄 347右
遂昌山人雜錄 347右
僑吳集 1313右
僑吳遺集 1314左
鄭元夫(明)
雙門調(一名睡鄉記) 1071左
鄭震(宋)

讀書隅見 982右
讀書愚見 982右
鄭晉德(清)
三友棋譜 943右
11 鄭琟(清)
悅坳遺詩 1475右
12 鄭瑗(明)
井觀瑣言 993左、右
蜩笑偶言 993右
鄭廷玉(元)
楚昭公疎者下船雜劇 1654右
大都新編楚昭王疎者下船 1654右
楚昭公疎者下船 1654右
看錢奴買寃家債主雜劇 1654右
看財奴買寃家債主 1654右
新刊關目看錢奴買寃家債主 1655左
看錢奴買寃家債主 1655左
崔府君斷寃家債主雜劇 1655左
斷寃家債主 1655左
崔府君斷寃家債主 1655左
包龍圖智勘後庭花 1655左
包龍圖智勘後庭花雜劇 1655左
布袋和尚忍字記雜劇 1655左
布袋和尚忍字記 1655左
宋上皇御斷金鳳釵 1655右
鄭廷玉雜劇 1749右
鄭廷鵠(明)
石湖遺稿 1348右
鄭廷桂(清)
景德鎮陶錄(補輯) 797左
鄭廷暘(清)
岱輿詩選(選) 1426右
13 鄭瑄(明)
昨非庵日纂 1037右
17 鄭瑤(宋)等
景定嚴州續志 521右
18 鄭瑜(清)
鸚鵡洲 1684左
汨羅江 1684左
黃鶴樓 1684左
滕王閣 1684右
鄭珍(清)
輪輿私箋 73右
鳧氏圖說 73右
儀禮私箋 78左
巢經巢集經說 176左
巢經巢經說 176左
說文新附考 192左
說文逸字 192左
汗簡箋正 198左
親屬記 221右
鄭學錄 417右
鄭學書目 650右
母教錄 758左
樗繭譜 785右
巢經巢文集、詩集、詩後集、遺詩、逸詩 1474右
巢經巢文鈔、詩鈔前集、後集、外集 1474右
巢經巢詩鈔 1474右
播雅(輯) 1548右
19 鄭琰(明)
梅墟先生別錄(李日華同撰) 419右
20 鄭重光(清)
素圃醫案 862左
鄭采(元)
鄭氏聯璧集(鄭東同撰) 1550右
21 鄭虎臣(宋)
吳都文粹(輯) 1546右
鄭處誨(唐)
明皇雜錄、別錄 337右
鄭偁(魏)
孝經鄭氏注 156右
鄭熊(唐)
番禺雜記 553右
鄭經(明)
延平二王遺集(鄭成功同撰) 1550右
22 鄭巢(唐)
鄭巢詩集 1232右
23 鄭允端(元)
春慵軒詩集 1321左
肅雝集 1321右
鄭獻甫(清)
愚一錄 176左
湞水紀行 606右
桂林諸山別記 607左
象州沸泉記 607左
遊鐵城記 607右
遊白龍洞記 607右
遊丹霞巖九龍洞記 607右
補學軒文集 1473左
24 鄭德懋(清)
汲古閣校刻書目、刻板存亡考(輯) 654右
鄭俠(宋)
西塘集 1254右
西塘先生文集 1254右
西塘詩鈔 1254右
西塘詩集 1254右
西塘集補鈔 1254右
鄭俠如(清)
休園詩餘 1615右
25 鄭仲夔(明)
耳新 1001左
冷賞 1070右
清言 1070右
偶記 1070右
雋區 1070右
鄭伸(宋)
桂陽志 549左
鄭績(清)
夢幻居畫學簡明 933右
夢香園賸草 1490右
26 鄭伯謙(宋)
太平經國之書 70左
鄭伯熊(宋)
鄭敷文書說 38左
敷文鄭氏書說 38左
敷文書說 38左
鄭嵎(唐)
唐鄭嵎詩 1235左
津陽門詩 1235左
鄭緝之(劉宋)
孝子傳 443左
永嘉郡記 542左
27 鄭衆(漢)
周易鄭司農注 5左
易鄭司農注 5左
毛詩先鄭義 50右
周禮鄭司農解詁 68左
鄭氏婚禮 78右
春秋牒例章句 103右
國語章句 294右
國語解詁 294右
鄭紀(明)
東園文集、續編 1333左
28 鄭復光(清)
鏡鏡詅癡 807左

30 鄭之文(明)
重校旗亭記 1696右
鄭之珍(明)
新編目蓮救母勸善戲文 1695右
鄭之僑(清)
濂溪書院勸學編(輯) 764左
農桑易知錄 779右
鄭之城(明)
天啓本東安縣志(修) 515左
鄭守仁(元)
蒙泉集 1316左
鄭準(宋)
開國公遺集 1279左
鄭宏綱(清)
重樓玉鑰續編 834左
鄭定(明)
鄭博士詩 1328右
鄭寶(清)
吟香館存稿 1468右
31 鄭潛(明)
樗菴類藁 1327左
鄭福照(清)
春秋日食攷 131左
晉學雜述 212右
方植之先生年譜 431右
讀志隨筆 537左
潔園詩稿 1499左
潔園綺語 1638右
33 鄭心材(明)
鄭敬中摘語 974左
鄭泳(元)
義門鄭氏家儀 752右
34 鄭澍若(清)
虞初續志(輯) 1074左
鄭汝諧(宋)
東谷鄭先生易翼傳 13左
東谷易翼傳 13左
論語意原 140右
鄭汝璧(明)
皇明帝后紀略、藩封386左
鄭濤(元)
旌義編 752右
鄭洪(元)
素軒集 1317右
鄭禧(元)
春夢錄 1117左
35 鄭清之(宋)
太上感應篇(贊) 1156右
安晚堂詩集 1279右
鄭清之(宋)等
文房四友除授集 1122左
36 鄭還古(唐)
道德眞經指歸(注) 687左
博異記 1103左
博異志 1103左
張遵言傳 1103右
蘇四郎傳 1103右
鬱輪袍傳 1103右
杜子春傳 1103右
龍虎還丹訣頌(注)1182左
37 鄭淑昭(清)
樹蕙背遺詩 1486右
鄭洛書(明)
嘉靖上海縣志(修) 515左
38 鄭裕孚(民國)
彙帖舉要(輯) 925左
寶賢堂集古法帖校語、考正(輯) 925左
劉申叔先生遺書校勘記 1528右
鄭遨(後晉)
逍遙先生遺詩 1240右
鄭棨(唐)
開天傳信記 338右
傳信記 338右
開天傳信錄 338右
40 鄭太和(元)
鄭氏家範 752右
鄭氏規範 752右
金華鄭氏家範 752右
鄭友周(明)
瘁眞鳴 1358左
鄭友賢(宋)
孫子註解遺說* 769右
孫子十家註遺說* 769右
鄭培(清)
綠蔭齋詩稿 1441左
鄭克(宋)
晰獄龜鑑 488左
折獄龜鑑 488左
折獄龜鑑補 488右
鄭克己(宋)
文杏山房雜稿 1277左
鄭志昀(清)
痲疹證治要略 842左
鄭杰(清)
閩詩錄甲集、乙集、丙集、丁集、戊集(輯) 1547右
鄭奮揚(清)
鼠疫約編(參訂) 829左
鄭壽南(清)
谷愚學吟草 1456左
谷愚詩餘 1629右
鄭壽彭(清)
步齋學吟草 1456右
鄭眞(明)
滎陽外史集 1327右
鄭樵(宋)
禮經奥旨 76左
爾雅註 164左
爾雅鄭註 164左
六經奥論 169右
六經奥論鈔 169右
通志 453左
通志略 453右
金石略 655右
夾漈遺稿 1267右
樂府原題 1589右
43 鄭城(清)
貽經堂試體詩 1437左
鄭域(宋)
松窗詞 1604右
44 鄭蘭孫(清)
蓮因室詩集 1477左
蓮因室詞、補 1633右
鄭茂(明)
靖海紀略 311右
鄭恭(清)
武夷山遊記 602右
鄭若庸(明)
玉玦記 1693左
新刻出像音註釋義王商忠節癸靈廟玉玦記 1693左
五福記 1701左
虛舟詞餘 1712右
鄭若曾(明)
蘇松浮賦議 475左
海運圖說 476左
海防圖論 482右
萬里海防 482右
江防圖考 483左
黃河圖議 579右

朝鮮圖說 627左
日本圖纂 627右
琉球圖說 627右
安南圖說 627右
江南經略 774左
鄭世鐸（清）
知本提綱（摘錄・注） 779左
鄭賁（唐）
才鬼記 1110右
45 鄭坤（明）
鄭石南集 1356左
46 鄭旭旦（清）
牌譜 952右
混同天牌譜 952右
鄭觀應（清）
防海危言 483左
防邊危言 483右
鄭柏（明）
金華賢達傳 390左
鄭相如（清）
漢林四傳 1126右
涇山文載小傳（輯）1547左
47 鄭獬（宋）
觥記注 797左
鄖溪集 1250右
幻雲居詩稿 1251左
鄭起（宋）
三山鄭菊山先生清雋集 1285右 1286左
清雋集鈔 1286左
鄭起潛（宋）
聲律關鍵 1590左
鄭起泓（清）
省心雜錄 741左
忍園先生家訓 755左
鄭所南先生詩選（輯） 1290左
鄭杓（元）
衍極 920左
48 鄭乾清（清）
寶應鄭氏家譜 395左
白田鄭氏遺集（輯）1550右
寶應鄭氏贈言錄（輯） 1555右
50 鄭由熙（清）
晚學齋詩初集、二集、續集、文集 1505右
晚學齋外集 1505右
蓮漪詞 1639左
木樨香 1710左
霧中人 1710左
鴈鳴霜（一名花葉粉） 1710左
暗香樓樂府 1751左
鄭東（元）
鄭氏聯璧集（鄭采同撰） 1550右
鄭東湖（清）
切音字說明書（原名切音字教科書） 215右
53 鄭成功（明）
延平二王遺集（鄭經同撰） 1550右
58 鄭敷敎（明）
鄭桐菴先生年譜下卷 419右
鄭桐菴筆記 1070右
鄭桐庵筆記補逸 1071左
桐菴存稿 1367右
重編桐庵文稿 1367右
60 鄭口（唐）
女孝經 757左
鄭氏女孝經 757左
鄭昉（宋）
都梁志 549左
鄭日奎（清）
軍陽山記 576左
東山巖記 576左
水利雜記 581右
遊釣臺記 601右
鄭靜庵先生文錄 1397左
鄭國軒（明）
新刻出像音註劉漢卿白蛇記 1697左
鄭思遠（晉）
眞元妙道要略 1178左
鄭思肖（宋）
一是居士傳 1116右
太極祭鍊內法、內法議略（編集） 1167左
鄭所南先生文集 1289右
鄭所南文集 1289右
所南翁一百二十圖詩集 1290左
圖詩 1290左
錦錢餘笑 1290左
心史 1290左
所南集鈔 1290左
鄭所南先生詩選 1290左
鄭昌棪（清）
暹羅政要 631右
摩洛哥政要 637右
奈搭勒政要 638左
喀納塔政要 638右
海帶政要 638右
山度明哥政要 638右
中亞美利加五國政要 638右
委內瑞辣政要 638右
科侖比亞政要 638右
唵蒯道政要 638右
玻利非亞政要 638右
巴來蒯政要 638右
烏拉乖政要 638右
阿根廷政要 639左
智利政要 639左
鄭杲（清）
論書序大傳 49左
春秋說 130左
書張尙書之洞勸學篇後 765左
鄭東父筆記 1013右
鄭東父雜箸 1013右
鄭東父遺書 1736右
鄭景璧（宋）
蒙齋筆談（節錄巖下放言・原題誤應作葉夢得撰） 983右
劇談錄（一題唐康駢撰） 1108右
紅裳女子傳 1116左
64 鄭曉（明）
大政記 291左
北虜考 293左
皇明遜國記 307左
徵吾錄 350左
吾學編餘 350左
同姓諸王表、傳、異姓三王孔氏世家 386左
異姓諸侯表、傳 386左
名臣記 400右
遜國臣記 401右
三禮述 457右
百官述 468左

直文淵閣諸臣表 468右
兩京典銓表 468右
邊紀略 484右
今言 492右
鄭端簡公今言類編 492右
今言類編 492右
鄭端簡公奏議 497右
地理述 513左
四夷考 623右
天文述 868右
古言 1022右
古言類編 1022右
學古瑣言 1022右
衡門集 1344右
鄭端簡公文集 1344右
鄭澹泉集 1344右
吾學編 1732左
64 鄭曉如(清)
毛詩集解訓蒙 59右
夏時考訓蒙 92右
皇朝聖師考 385左
闕里述聞、補 415右
67 鄭嗣(晉)
春秋穀梁傳鄭氏說 119右
鄭鄤(明)
論語筆解(評) 140左
天山自訂年譜 408右
71 鄭厚(宋)
藝圃折中 967右
鄭長者(周)
鄭長者書 700左
72 鄭剛中(宋)
周易窺餘 12右
西征道里記 609左
北山集 1264右
北山文集 1264右
石羊山房集 1264右
鄭岳(明)
山齋集 1335右
77 鄭鳳山(清)
瘋門辨症(侯敬菴同輯)
833左
鄭履淳(明)
鄭端簡公年譜 419右
鄭居中(宋)等
政和五禮新儀、御製冠
禮 457左
鄭熙績(清)
蘂棲詞 1622左
鄭興(漢)
周禮鄭大夫解詁 68左
鄭興裔(宋)
鄭忠肅公奏議遺集 496左
鄭忠肅奏議遺集 1271左
80 鄭全望(明)
瘴瘧指南 830左
鄭奠一(清)
瘟疫明辨 827左
鄭善夫(明)
經世要談 970右
鄭少谷集 1340右
鄭善長(清)
詞選附錄(輯)* 1644右
鄭谷(唐)
雲臺編 1238右
鄭守愚文集 1238右
84 鄭鎮孫(元)
歷代蒙求纂注(注) 372左
86 鄭錫祺(清)
零金碎玉 1038左
鄭知同(清)
輪輿私箋圖(繪)* 73右
說文淺說 188右
說文本經答問 188右
六書淺說 190右
說文逸字附錄* 192左
屈廬詩稿 1499左
漱芳齋文鈔 1499左
87 鄭欽(明)
伯仲諫臺疏草(鄭銳同
撰) 497右
88 鄭銳(明)
伯仲諫臺疏草(鄭欽同
撰) 497右
90 鄭小白(清)
金瓶梅 1705右
鄭小同(魏)
鄭志(編) 168左
鄭光勳(明)
媚幽閣文娛(輯) 1543左
鄭光祖(元)
古杭新刊關目輔成王周
公攝政 1660右
輔成王周公攝政 1660右
醉思鄉王粲登樓 1660右
醉思鄉王粲登樓雜劇 1660右
王粲登樓 1661左
傷梅香騙翰林風月雜劇
1661左
傷梅香騙翰林風月 1661左
白敏中傷梅香 1661左
翰林風月 1661左
迷青瑣倩女離魂 1661左
迷青瑣倩女離魂雜劇 1661左
倩女離魂 1661左
虎牢關三戰呂布 1661右
立成湯伊尹耕莘 1661右
鍾離春智勇定齊 1661右
程咬金斧劈老君堂1661右
崔懷寶月夜聞箏殘本
1661右
鄭德輝雜劇 1750左
鄭光祖(清)
寧古塔紀略(評) 528左
西域舊聞(輯) 531右
金川舊事(輯) 557右
西藏紀聞(輯併評) 561左
海國聞見(評) 624右
海錄(評) 625左
海島逸志(評) 632右
一斑錄、附編、雜述 976左
鄭常(唐)
洽聞記 1088左
93 鄭烜(清)
崔府君祠錄 569左
95 鄭性(清)
南谿僅眞集 1410右
99 鄭燮(清)
板橋題畫 916左
板橋詩鈔 1415右
板橋家書 1415右
板橋詞鈔 1622右
板橋道情 1714左
道情 1714左
鄭榮(清)
眠綠山房詩草 1493左

8762_2 舒

00 舒亶(宋)
舒嬾堂詩文存 1254右
信道詞 1594左
舒學士詞 1594左
舒亮袞(清)
聯璧詩鈔(舒亮袠同撰)
1550左
舒亮袠(清)

聯璧詩鈔(舒亮衮同撰) 1550左
07 舒詔(清)
傷寒六經定法、問答815右
10 舒天民(元)
六藝綱目 759右
12 舒瑗(口)
毛詩舒氏義疏 51左
19 舒璘(宋)
舒文靖集 1275左
舒文靖公類稾 1275右
20 舒位(清)
春秋詠史樂府 112右
黔苗竹枝詞 558左
絣水齋詩集 1449右
絣水齋詩別集 1449右
乾嘉詩壇點將錄 1565右
重刻足本乾嘉詩壇點將錄 1565右
卓女當壚 1689左
樊姬擁髻 1689左
酉陽修月 1689左
博望訪星 1689右
瓶笙館修簫譜 1750右
22 舒繼英(清)
乾元祕旨 904左
24 舒化(明)等
大明律附例(纂例) 487左
問刑條例(輯) 487右
26 舒纓(明)
舒東岡集 1347右
27 舒紹言(清)等
武林新年雜詠 1558左
32 舒遜(元)
可庵詩餘 1614左
34 舒遠遜(元)
北莊遺稿 1318左
44 舒夢蘭(清)
雙丰公輓詩 410右
遊山日記 605右
古南餘話 1008左
湘舟漫錄 1008左
秋心集、續 1424右
南征集 1424右
驂鸞集 1424右
婺舲餘稿 1424右
和陶詩 1424右
香詞百選 1623左
白香詞譜箋(輯) 1716左
舒芬(明)
易箋問 17左
周禮定本 70右
東觀錄 568右
太極繹義 724左
通書繹義 724右
梓溪文鈔外集 1340右
梓溪文鈔內集 1736左
舒蘭(清)
河源記 578右
舒恭(元)
六藝綱目(注) 759右
50 舒忠讜(明)
褐塞軒集選 1365右
51 舒頔(元)
貞素齋集 1318左
貞素齋詩餘 1614左
72 舒岳祥(宋)
閬風集 1289右
88 舒敏(明)
新增格古要論(編) 909左

8810₁ 竺

17 竺子壽(清)
易經旁訓增訂精義(竺靜甫同增訂) 22右
書經旁訓增訂精義(竺靜甫同增訂) 42左
詩經旁訓增訂精義(竺靜甫同增訂) 57左
禮記旁訓增訂精義(竺靜甫同增訂) 86右
春秋旁訓增訂精義(竺靜甫同增訂) 128左
34 竺法蘭(漢釋)
佛說四十二章經(迦葉摩騰同譯) 1187左
44 竺芝(口)
扶南記 621右
52 竺靜甫(清)
易經旁訓增訂精義(竺子壽同增訂) 22右
書經旁訓增訂精義(竺子壽同增訂) 42左
詩經旁訓增訂精義(竺子壽同增訂) 57左
禮記旁訓增訂精義(竺子壽同增訂) 86右
春秋旁訓增訂精義(竺子壽同增訂) 128左

8810₆ 笪

20 笪重光(清)
書筏 921右
畫筌 930右

8813₇ 鈴

40 鈴木恭(日本)
瀧溪紀遊 634右

8815₃ 籛

27 籛壑外史(清)
海天餘話 1079右

8822₀ 竹

00 竹癡居士(明) 見呂天成
44 竹林寺
胎產新書(傳) 1738左
48 竹梅居士(清)
救急經驗良方 831右

8822₇ 簡

27 簡紹芳(明)
楊文憲公年譜(編) 429右
34 簡社主人(清) 見朱英
40 簡士良(清)
秦瓦硯齋詩鈔 1492右
47 簡朝亮(民國)
尙書集注、答問 44左
禮記子思子言鄭注補正 89右
論語集注補正述疏、答問 143右
孝經集注述疏、答問160右

8823₂ 篆

10 篆玉(清釋)
大昭慶律寺志 566右

8824₀ 符

00 符度仁(口)
修眞祕錄(纂) 845左
44 符葆森(清)
寄鷗館詩錄 1494左
60 符口(漢)
符子 962右

80 符曾(清)
霜柯餘響集 1421左

8840₆ 簞

32 簞溪子(明) 見馮京第

8843₀ 笑

10 笑平(清釋)
龍藏山人臘草 1492左
44 笑蒼道人(清) 見黃周星
88 笑笑先生(清)
山中一夕話(重輯)1123右
笑笑生(明)
金瓶梅詞話 1131左

8860₃ 箇

50 箇中生(清)
吳門畫舫續錄 1075左
畫舫續錄投贈(輯)1556左

8860₄ 箸

37 箸冠道人(清)
八宅明鏡 899右
46 箸帽山人 見金鶴翀
74 箸陂(明) 見陳洪謨

8877₇ 管

00 管庭芬(清)
同治乙丑補釁案(錄) 465左
渟陰志略 524左
越游小錄 601左
絳守居園池記句讀(述) 1229右
管慶祺(清)
徵君陳先生年譜 423左
10 管玉衡(明)
診脈三十二辨(輯) 849左
20 管受之(清)
同文考證(輯) 1729左
25 管仲(周)
管子 700左、右 701左
內業 701左
弟子職 701左、右
27 管紹寧(明)
賜誠堂文集 1370右
30 管寶信(清)
瘍科淺說 832右
34 管涝(清)
家常語 761左
35 管禮耕(清)
操拔齋遺書 1496左
38 管道昇(元)
觀音大士傳 445右
墨竹譜 928左
40 管士駿(清)
詳註筆耕齋尺牘 1513右
管志道(明)
周易六龍解 32右
東溟粹言 735左
從先維俗議 766左
42 管斯駿(清)
府州廳縣異名錄 514左
俄疆客述 636右
44 管世灝(清)
影談 1014右
管世駿(清)
漢管處士年譜 442左
管世銘(清)
讀雪山房雜著 1007左
韞山堂讀書偶得 1026左
韞山堂文錄 1433左
讀雪山房唐詩凡例1564左
47 管鶴(清)
拳匪聞見錄 330左
48 管棆(清)
管棆詩選 1405右
60 管晏(清)等
山東軍興紀略 329左
64 管時敏(明)
蚓竅集 1326右
77 管同(清)
寶山記遊 589右
遊南池記 591左
過關山記 597右
因寄軒尺牘(一名管異之先生尺牘) 1452右
88 管鑑(宋)
養拙堂詞 1603右

8879₄ 餘

10 餘不釣徒(清)
明僮小錄 436右

8918₆ 鎖

27 鎖綠山人(清)
明亡述略 319左

9

9000_0 小

00 小亭山人(淸) 見曹肅孫
10 小石道人(淸)
嘻談錄(輯) 1126右
小雲石海涯(元)
見貫雲石
26 小和山樵(淸)
紅樓復夢 1131左
27 小島知足(日本)
新修本草(輯補) 853左
28 小徹辰薩囊台吉(淸)
欽定蒙古源流 303右
83 小鐵箋道人(淸)
日下看花記 436左

9001_4 惟

62 惟則(元釋)
師子林別錄 1311左

9002_7 慵

04 慵訥居士(淸)
咫聞錄 1077右

9003_2 懷

00 懷應聘(淸)
遊西山記 588右
遊趵突泉記 591右
登洞庭兩山記 594左
遊九華記 597左
34 懷遠(淸)
古今醫徹 822右
98 懷悅(明釋)
詩家一指 1580右

9021_1 光

16 光聰諧(淸)
稼墨軒易學 26左
有不爲齋隨筆 1009左
稼墨軒詩集、文集、外集
1460左
41 光標(淸)
片舫齋詩集 1418左
53 光成采(口)
大易旁通 18右

9022_7 尙

01 尙顔(唐釋)
唐尙顔詩集 1239右
25 尙仲賢(元)
漢高皇濯足氣英布雜劇
1659右
新刊關目漢高皇濯足氣英布 1659右
漢高皇濯足氣英布 1659右
洞庭湖柳毅傳書雜劇
1659右
洞庭湖柳毅傳書 1659右
柳毅傳書 1659右
古杭新刊的本尉遲恭三奪槊 1660左
尉遲恭三奪槊 1660左
尉遲恭單鞭奪槊（一名敬德降唐） 1660左
尉遲恭單鞭奪槊雜劇 1660左
陶淵明歸去來兮殘本
1660左
鳳凰坡越娘背燈殘本
1660左
海神廟王魁負桂英殘本
1660左
尙仲賢雜劇 1750左
32 尙兆山(淸)
赤山湖志 583左
括囊詩草 1499右
37 尙湖漁父(淸)
虞諧志 1074右
60 尙昌懋(淸)
綠雲軒吟草 1489右
83 尙鎔(淸)
史記辨證 264左
聚星札記 1028左
持雅堂文鈔、續集、三集、詩鈔、續集 1481左
持雅堂詩鈔 1481左
三家詩話 1565右

常

11 常璩(晉)
蜀李書 357左
漢中士女志 388左
西州後賢志 391右
華陽國志巴郡士女逸文
391右
梓潼士女志 391右
華陽國志 556左
華陽國志佚文 556左
15 常建(唐)
常建集 1220右
常建詩集 1220右
常建詩 1221左
24 常德(元)
張子和心鏡別集(編)
814左
27 常紀(淸)
愛吟草、前草 1427右
28 常倫(明)
常評事集 1341右
常評事寫情集 1712右
30 常安(淸)
遊西山記 588右
游盤山記 589右
浴溫泉記 589右
遊雲臺山記 595右
32 常沂(唐)
靈鬼志 1098右
顏濬傳 1098右
40 常爽(後魏)
六經略注序 169左
44 常茂徠(淸)
洛陽石刻錄 674右
常懋(宋)
宣和石譜 956右
60 常景(後魏)
鑒戒象讚 1031右
87 常鈞(淸)
敦煌雜鈔 530右
敦煌隨筆 530右
90 常棠(宋)
海鹽澉水志 520左
澉水志 520左
常棠澉水誌 520左
97 常輝(淸)
蘭舫筆記 1006左

9033_1 黨

31 黨湰(淸)
郃陽雜詠(注)* 529右

9050_0 爿

22 爿嶺道人(明) 見張旭初
41 爿標子(淸)

鶯花小譜　947右

9080_0 火

31 火源潔(明)
華夷譯語　227左

9090_4 米

22 米崇吉(口)
新彫注胡曾詠史詩(評注)　381左

40 米友仁(宋)
陽春集　1598左
陽春詞　1598左

44 米芾(宋)
評紙帖　802左
硯史　802右
研史　803左
海岳題跋　913左
米元章書史　919左
米海嶽書史　919左
書史　919右
寶章待訪錄　919右
海岳名言　919右
海嶽名言　919右
米海嶽畫史　927左
畫史　927左
米襄陽遺集　1256右
米襄陽詩集　1256右
寶晉英光集　1257左
襄陽詩鈔　1257左
襄陽詩集　1257左
襄陽集補鈔　1257左
寶晉長短句　1594右

9101_7 恆

00 恆齋
輯溫病條辨論　828左

21 恆仁(清)
月山詩集　1422右
月山詩話　1584右

9106_1 悟

10 悟霈(清釋)
擘竹山房吟草　1436右

9181_4 煙

12 煙水散人(清)
女才子　1080左

9202_1 忻

31 忻江明(清)
鶴巢文存、詩存　1514左

9305_0 懺

95 懺情侍者(清)
海上羣芳譜(顧曲詞人同撰)　1080右

9383_3 燃

27 燃犀道人(清)
驅蠱燃犀錄　830右

9408_1 愼

12 愼到(周)
愼子　702左、右
愼子佚文　702右

44 愼蒙(明)
山棲志　442左
貴陽山泉志　570左
愼懋賞(明)
四夷廣記　624左
愼子(解)　702右

9501_4 性

24 性德(清)
合訂刪補大易集義粹言　20右
禮記陳氏集說補正　85右
陳氏禮記集說補正　85右
淥水亭雜識　1005右
飲水詩集　1409左
飲水詞集　1621左
納蘭詞　1621左
通志堂詞　1621左
飲水詞　1621左
納蘭性德詞　1621左
飲水詞鈔　1621左

37 性通(明釋)
古今禪藻集(正勉同輯)　1533右

9601_4 惺

00 惺庵居士(清)
望江南百調　1640右

9705_6 惲

15 惲珠(清)
紅香館詩草　1451左

47 惲格(清)
畫跋　914右
南田畫跋　914右
題畫詩　915左
畫筌(王翬同評)　930右
甌香館集　1395右
南田詩鈔　1395右
南田詩　1395右

48 惲敬(清)
大雲山房十二章圖說　456左
遊廬山記　605右
遊廬山後記　605右
遊通天巖記　606左
遊翠微峯記　606左
遊羅漢巖記　606左
遊羅浮山記　606右
經丹霞山記　606右
東路記　615右
大雲山房雜記　1008左
大雲山房文稿初集、二集、言集、補編　1444左
大雲山房尺牘(一名惲子居先生尺牘)　1444左

60 惲日初(清)
續證人社約誡　763左

80 惲毓鼎(民國)
清光緒帝外傳(原名崇陵傳信錄)　329右

83 惲鐵樵(民國)
傷寒論輯義按　812右
傷寒論研究　816右
金匱方論　817左
金匱翼方選按　821左
羣經見知錄　824左
生理新語　824左
病理概論　824右
十二經穴病候撮要　824右
熱病學　825右
病理各論　825右
風勞鼓病論　826左
溫病明理　828右
霍亂新論　830左
梅瘡見垣錄　832右
婦科大略　837右
保赤新書　840左
神經系病理治療　840左
脈學發微　850右
論藥集　855右
驗方新按　861左
藥盦醫案　864左

臨證筆記 864左
臨證演講錄 865右
論醫集 866左
鱗爪集 1737右

9708_6 懶

10 懶雪氏（清） 見閔一得
38 懶道人（口）
憨子（錄） 1127右

9722_7 郗

53 郗成（清）
大學澹言 132右
大學學思錄 132右
中庸澹言 135右
中庸學思錄 135右
朱陸異同書 738右
郗冰壑先生雜著 738右
辯陸書 739左
天德王道說 739左
仰思記 739左
三訓俚說 739左
致知階略 739左
儒者十知略 739左
日知錄 739左

9782_7 郟

07 郟韶（元）
雲臺集 1319右

9805_7 悔

80 悔龕居士（清）
清溪惆悵集（輯） 1559右

9942_7 勞

17 勞乃宣（民國）
簡字全譜 215右
京音簡字述略 215右
重訂合聲簡字譜 215右
增訂合聲簡字譜 215右
簡字叢錄 215右
義和拳教門源流考 330右
庚子奉禁義和拳彙錄 330右
拳案雜存 330右
韌叟自訂年譜 424左
新刑律修正案匯錄 488左
古籌算考釋 891左
古籌算考釋續編 891左
籌算淺識 891左
籌算分法淺識 891左
籌算蒙課 891左
垛積籌法 891左
桐鄉勞先生遺稿 1518左
簡字譜錄 1729右
拳案三種 1733左
21 勞經原（清）
唐折衝府考 481左
勞經原（清）等
勞氏碎金 652左
27 勞絅章（民國）
垛積籌法（演） 891左
衍元小草（孔慶霽、孔慶霨合撰） 891左
30 勞潼（清）
救荒備覽 478右
40 勞大與（清）
甌江逸志 542左
44 勞孝輿（清）
西江源流說 585右
春秋詩話 1563左
勞蓉君（清）
綠雲山房詩草 1478左
47 勞格（清）
晉書校勘記 269右 508左
唐御史臺精舍題名考（趙鉞同撰） 470右
唐尚書省郎官石柱題名考（趙鉞同撰） 470右
讀書雜識 1029左
小畜集拾遺（輯目）* 1242左
南陽集拾遺（輯目）* 1242右
文恭集拾遺（輯目）* 1244左
公是集拾遺（輯目）* 1248右
忠肅集拾遺（輯目）* 1252左
茶山集拾遺（輯目）* 1263右
南澗甲乙稿拾遺（輯目）* 1268右
絜齋集拾遺（輯目）* 1275右
蒙齋集拾遺（輯目）* 1281右
文苑英華辨證、拾遺（輯）* 1536左
50 勞史（清）
邇言 742右

9990_4 榮

34 榮漢璋（清）
自怡吟拾存 1496左
榮汝棻（民國）
醫學一得 824左
棠蔭軒遺稿、雜著（輯） 1520左
榮汝楫（清）
半讀齋賸稿、雜著 1499右
35 榮漣（清）
洄泉詩鈔 1419左
38 榮肇（元）
榮祭酒遺文 1301左
40 榮培彥（民國）
蘭言居遺稿附錄（輯）* 1509右
45 榮棣輝（民國）
戊午輓言錄（榮善昌同輯） 433左
毛太君徽音集（榮善昌同輯） 441左
醫學一得補遺（榮善昌同輯）* 824左
自怡吟拾存附錄（榮善昌同輯）* 1496左
60 榮口（口）
遁甲開山圖（解） 905左
80 榮金聲（民國）
凋芳錄（輯） 441左
壬申輓言錄（輯） 444右
榮善昌（民國）
戊午輓言錄（榮棣輝同輯） 433左
毛太君徽音集（榮棣輝同輯） 441左
醫學一得補遺（榮棣輝同輯）* 824左
成思室聯語 945右
自怡吟拾存附錄（榮棣輝同輯）* 1496左
成思室遺稿 1525右
90 榮光世（清）
蘭言居遺稿 1509右